中国石油天然气集团公司年鉴

2003

中国石油天然气集团公司 编

石 油 工 业 出 版 社

图书在版编目（CIP）数据

中国石油天然气集团公司年鉴. 2003/中国石油天然气集团公司编. 北京：石油工业出版社，2004. 4
ISBN 7-5021-4498-6

Ⅰ. 中
Ⅱ. 中
Ⅲ. 中国石油天然气集团公司-2003-年鉴
Ⅳ. F426. 22-54

中国版本图书馆 CIP 数据核字（2004）第 015704 号

许可证号：京工商广临字朝 2003-036 号

中国石油天然气集团公司年鉴
2003/中国石油天然气集团公司编

出版发行：石油工业出版社
（北京安定门外安华里 2 区 1 号　100011）
网　址：www. petropub. com. cn
总　机：（010）64262233　发行部：（010）64210392
经　　销：全国新华书店
印　　刷：石油工业出版社印刷厂印刷

2004 年 4 月第 1 版　2004 年 4 月第 1 次印刷
787×1092 毫米　1/16 印张：41. 25　插页：63
字数：1370 千字　印数：1—5000 册

ISBN7-5021-4498-6/TE·3152
定价：160. 00 元
（如出现印装质量问题，我社发行部负责调换）

《中国石油天然气集团公司年鉴》
编　辑　部

主　　任：张　镇

副 主 任：闫熙照　李　丰

编　　辑：王宇芬　赵冬梅　付　红　鲁海汝

特约编审：王尔伟　孙培国　张玉琪

封面设计：施　云

正文设计：郭俊英

责任校对：李　黎　王　蕾

责任排版：田绿江　张晓军

彩页制作：石油彩印中心

编 辑 说 明

一、《中国石油天然气集团公司年鉴》是中国石油天然气集团公司主办的专业性年鉴，是一部全面记录中国石油天然气集团公司主要发展情况的编年书，是一部具有权威性的大型资料性工具书。书中全面、系统、真实地记述了中国石油天然气集团公司的发展状况，向广大读者展示了中国石油天然气集团公司在社会主义物质文明和精神文明建设中所取得的成就。

二、本年鉴采用“板块式”结构，分类编纂，点面结合，把综合记述和条目记述相结合，力求全面地反映所记事项。全书分为篇目、栏目、条目三个层次，以文字叙述为主，辅以必要的图表。内容包括总述、油气勘探开发生产、油气储运、炼化与销售、对外合作与交流、工程技术服务、科技发展、质量安全与环境保护、企业改革与管理、精神文明建设、机构与人物、企事业单位概览、中国石油天然气集团公司大事纪要等。

三、本年鉴2003年卷所引用的各种数字和资料，截至2002年底。所收资料虽经过反复核实，但由于统计重点不同，来源渠道有别，时间也有差异，因此，难免存在收集不全、照顾不周，甚至互相矛盾之处。书中除特别指明者外，一般指中国石油天然气集团公司统计数字。

四、本年鉴稿件、资料主要由中国石油天然气集团公司机关和中国石油天然气股份有限公司机关各部门的有关领导与专家、各企事业单位办公室或史志办及年鉴办的同志提供，各单位的领导对稿件进行了审阅。

五、为行文简洁，本年鉴中对机构名称一般采取以下处理方法：在首次出现时用全称，随后出现时用简称。例如，“中国石油天然气集团公司”简称为“集团公司”，“中国石油天然气股份有限公司”简称为“股份公司”，“大庆石油管理局”简称为“大庆局”等。

六、遵照年鉴编辑的有关规范，编辑部对撰稿人提供的稿件进行了必要的编辑加工。主要是依据编写大纲与撰稿要求，统一了全书的体例，规范了专业名词术语，删除了明显的重复，补充了部分资料，理顺了语言文字。力求做到文字顺畅、资料翔实、叙述简洁、数据准确。尽管如此，由于编辑水平有限，疏漏和欠妥之处在所难免，恳请读者提出批评意见。

七、在本年鉴的编辑和出版过程中，承蒙集团公司机关和股份公司机关各部门，各企事业单位领导和同志们的大力支持与帮助，在此，谨向为本年鉴提供稿件和资料、审查稿件，以及提供各种帮助的同志们，致以诚挚的谢意。

《中国石油天然气集团公司年鉴》编辑部

2003年12月

序

2002年是我们集团公司认真贯彻落实“三个代表”重要思想、着力推进各项工作全面上水平的一年。在这一年里，集团公司面对错综复杂的国内外市场竞争形势和我国加入世贸组织后出现的新情况，在党中央、国务院的领导下，从党和国家的大局出发，站在战略的高度，用改革的办法、发展的观点分析和处理各种矛盾和问题；坚持以发展为主题、经济效益为中心、结构调整为主线，突出和做强主营业务，放开搞活辅助业务；深化企业改革，强化企业管理，积极推进制度、技术和管理的创新；坚持“两手抓、两手都要硬”，进一步加强党的建设、职工队伍建设和精神文明建设。总之，经过不懈的努力，有效抵御和克服了前进道路上的风险和困难，全年各方面的工作都取得了重要进展和新的业绩。

回顾近几年来特别是2002年的工作，我们集团公司所取得的成绩充分证明，中央确定的国有企业改革发展的方针政策是完全正确的，集团公司所进行的一系列结构调整和改革也是富有成效的，符合“三个代表”的要求，符合国有企业改革发展的方向，符合石油石化企业的实际。对此，我们应当认真总结经验，并在工作中继续坚持和努力发展。这些成绩的取得，是党中央、国务院正确领导以及国家各部委、地方各级党委和政府大力支持的结果，也是整个集团公司干部职工同心同德、锐意进取、艰苦奋斗的结果。

今后，我们要适应改革开放新形势，按照党的十六大关于全面建设小康社会的奋斗目标和提升国际竞争力的战略部署，以与时俱进的精神、求真务实的态度和扎扎实实的行动，努力做好新世纪新阶段企业改革发展的各项工作，开创具有国际竞争力跨国企业集团建设的新局面。

马富才

2003年7月

2003年1月15日至18日，中国石油天然气集团公司2003年工作会议在北京举行　　（吴 森等　摄）

中国石油天然气股份有限公司2003年业绩合同签字仪式　　（吴 森等　摄）

辽河石油勘探局将测井钻井技术及水平井、侧钻井等10项核心技术整合配套并推广应用　（阎文扬　摄）

玉门油田分公司大力推广和应用先进适用的勘探新技术，坚持应用三维地震预测油气层、成像测井识别油气层、近平衡钻井保护油气层、深度酸化压裂解放油气层等四大配套技术。图为三维地震施工现场

（赵勤　摄）

大庆油田有限责任公司突出核心技术攻关，一批关键技术取得了突破。图为用于三元复合驱的注气站

（徐文海　摄）

2002年，长庆油田分公司西峰亿吨级储量大油田基本探明。图为新投产的长庆油田西峰油区40—88井组

（第广龙等　摄）

赵东钻井平台建成下海，将为大港赵东合作区的开发发挥重要作用 （罗 兴 摄）

国内第一个京津地区大型天然气地下储气库——大张坨地下储气库。采用的集输系统、卧式容器等一系列除砂和洗砂技术已取得国家专利 （罗 兴 摄）

2002年7月4日上午，西气东输开工。图为五大开工现场之一的上海白鹤镇开工仪式现场。西气东输是一项举世瞩目的宏大工程，是实施西部大开发战略的重要举措 （韩吉人等 摄）

2002年7月4日上午，西气东输五大开工现场之一的陕西靖边开工仪式现场 （韩吉人等 摄）

西气东输开工后，施工进展优质快速　　（杨孜孜　摄）

西气东输起源地——克拉 2 气田开发建设进展顺利　　（杨孜孜　摄）

2002年10月18日晚10点25分，兰州至成都、重庆的输油管道全线投产成功。这是我国最长的成品油输油管道，全长1250千米，年输送能力为500万吨以上

（赵海鑫　摄）

通过边发展、边规范，专项整治工作取得了重要进展，加油站的软硬件管理上了一个新台阶，并带动了社会加油站的有序经营，"中国石油"的品牌得到了进一步提升

（吕海清　摄）

千万吨级炼厂“龙头”昂起——兰州石化500万吨/年常减压装置开工　　（刘延治等　摄）

2002年，抚顺石油化工公司精细化工开篇之作——2.5万吨/年甲乙酮生产装置，创下建设周期、开工时间、开工负荷、产品纯度四项全国新纪录，其生产规模居全国第一　　（王铁衡等　摄）

科威特27、28号集油站采用的油气集输工艺代表了当前国际油田工程建设的先进水平，显示了集团公司的科技实力

（王 勇 摄）

中国石油首批万吨加油站经理赴美培训班学员启程，参加为期15天的国外学习和培训 （徐 孚等 摄）

2002年11月1日，集团公司机关机构调整和岗位竞聘动员大会在京召开。总部机关机构调整和岗位竞聘工作至此全面启动 （张 平 摄）

2002年12月5日，股份公司召开机关干部大会，宣布其管理层调整。陈耕任总裁，苏树林为高级副总裁 （王明毅 摄）

2002年10月，西藏自治区那曲地区领导代表那曲人民向集团公司赠送富有藏族特色的挂毯，感谢集团公司对当地人民的支援

（韩吉人　摄）

2002年8月，集团公司援藏考察团来到双湖，当地藏族同胞用洁白的哈达、飘香的青稞酒欢迎远方的客人

（宋杰　摄）

示意图

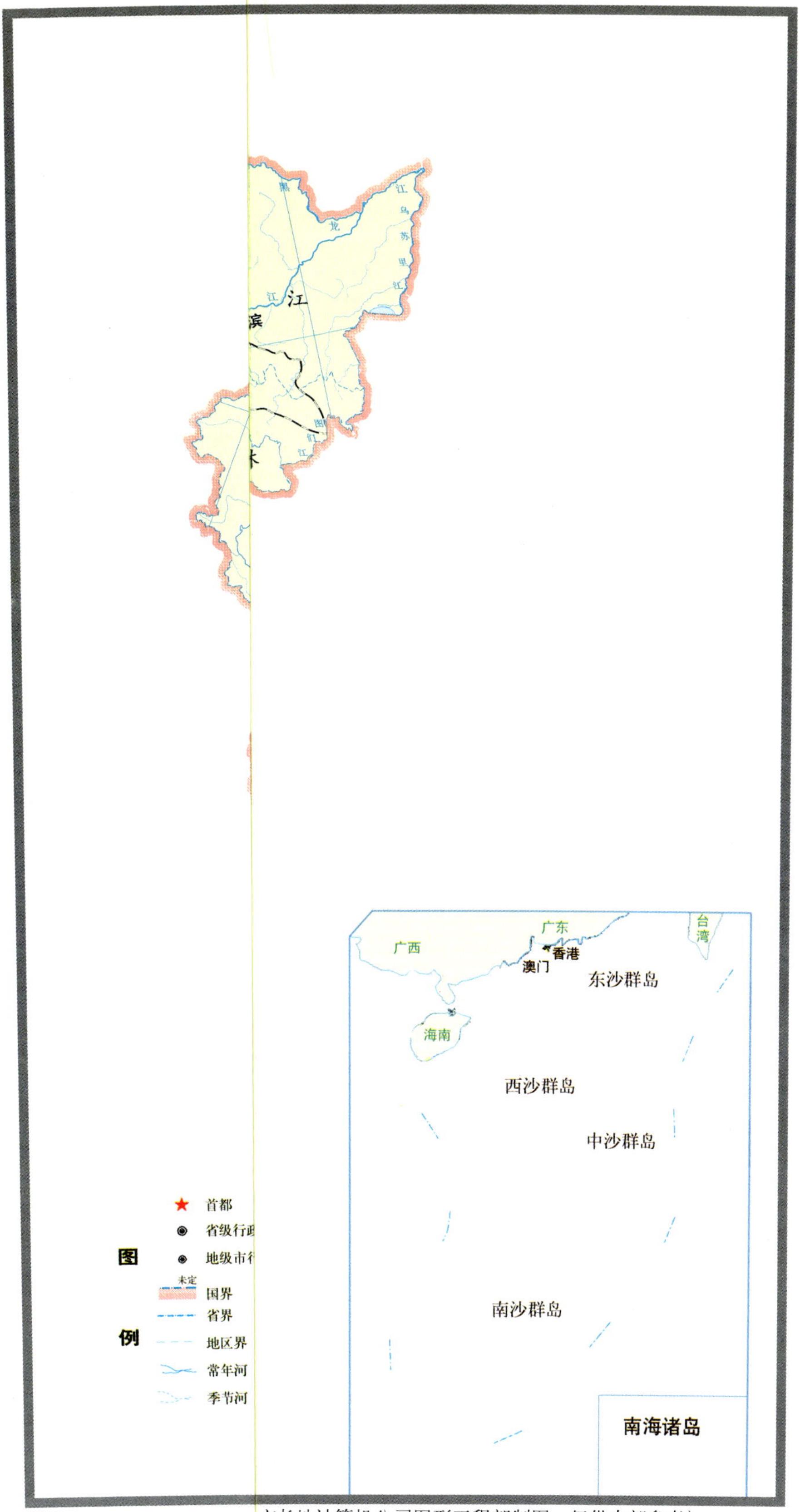

京长地计算机公司图形工程部制图，仅供内部参考）

中国石油天然气集团公司组织机构图

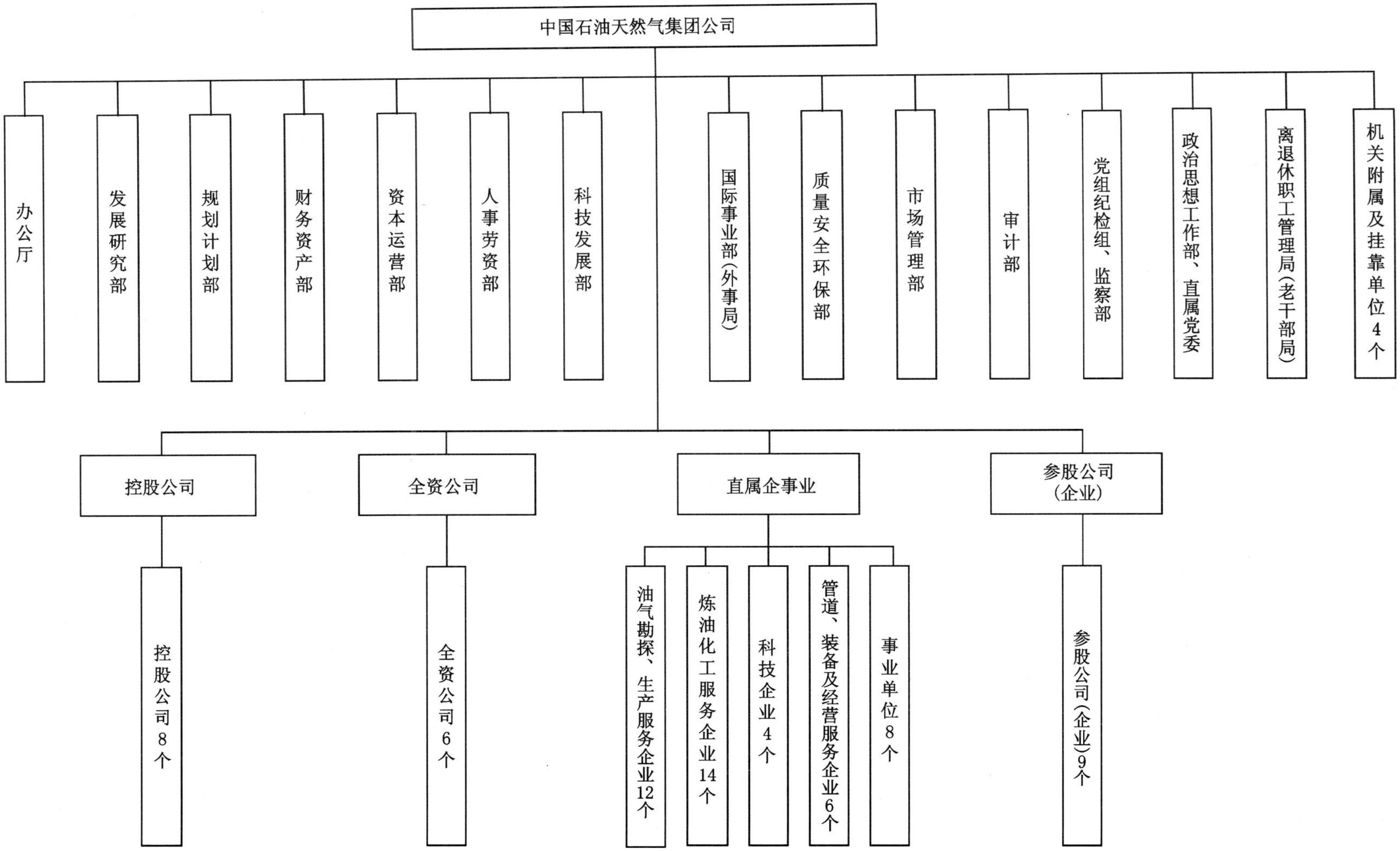

资料截至时间：2002年12月31日。

中国石油天然气股份有限公司组织机构图

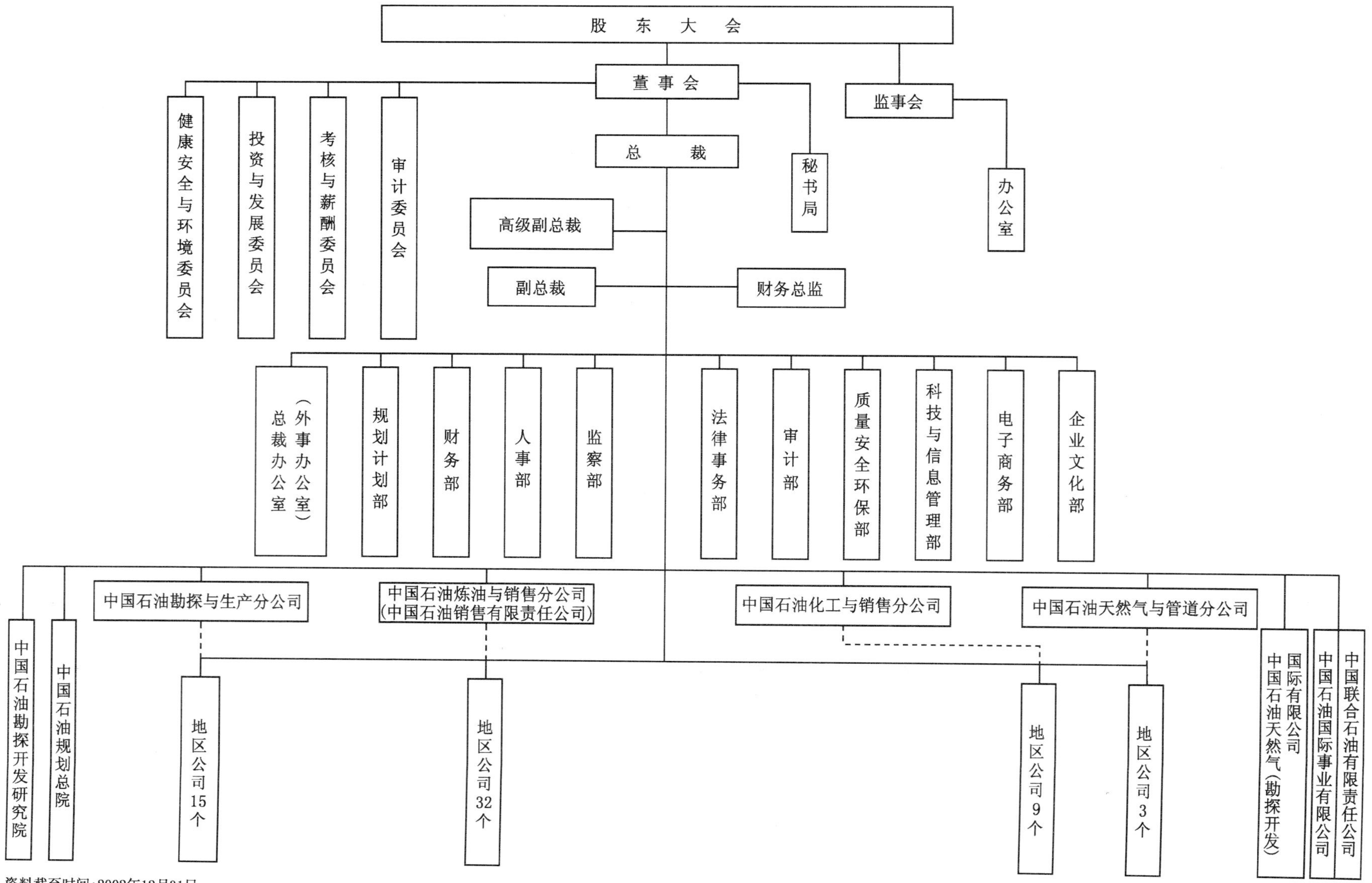

资料截至时间:2002年12月31日。

要　　目

目　　录

第一篇　总　述

综　述

特　载

专　文

专　稿

第二篇　油气勘探开发生产

概　述

经济技术指标

油气勘探

勘探工程技术

勘探管理

市场管理

油田开发

油藏评价

天然气开发

采油工程

地面工程

技术项目

第三篇 油气储运、炼化与销售

天然气与管道

炼油与销售

化工与销售

第四篇 对外合作与交流

对外交流与外事工作

国外油气田勘探开发

股份公司对外合作

对外工程技术服务

石油物资装备出口

股份公司信息工作

学会活动

第七篇　质量安全与环境保护

综述

股份公司 QHSE 发展战略与管理体系

安全生产

股份公司安全生产工作

质量管理与监督

股份公司质量管理工作

标准化工作

股份公司标准化工作

计量工作

股份公司法律顾问工作与管理

人事管理

股份公司人事管理

规划计划改革与管理

股份公司规划计划管理

财务资产改革与管理

股份公司财务管理

资本运营

物资采购与电子商务

审计监督

股份公司审计监督

其他

第九篇　精神文明建设

党建与党群工作

股份公司党建与群众工作

纪检与监察工作

股份公司纪检与监察工作

第十篇　机构与人物

第十一篇　企事业单位概览

第一篇

总　　述

综　　述

2002年中国石油天然气集团公司工作情况概述

2002年是集团公司实施“十五”计划的第二年。在这一年里，面对错综复杂的国内外市场竞争形势和我国加入世贸组织后出现的新情况、新问题，集团公司认真贯彻落实“三个代表”重要思想，依靠全体干部职工团结奋斗，锐意进取，改革、发展、稳定等各方面工作都取得了新的成绩。

（1）经济效益有新提高。随着深化改革、结构调整和技术创新效果的进一步显现，经济效益继续保持较好水平。全年共实现销售收入3791亿元、利润总额535亿元、税金644亿元。

（2）油气勘探开发获得新突破。突出石油勘探，优化天然气部署，强化目标优选，发现了5个亿吨级、15个3000万—5000万吨级、14个1000万—2000万吨级的油气田。全年共新增探明石油地质储量42760万吨、可采储量9254万吨，分别为年计划的100%和106%；新增探明天然气地质储量3358亿立方米、可采储量2109亿立方米，分别为年计划的325%和327%。原油产量稳中有升，达到11761万吨。天然气生产快速增长，年产量超过233亿立方米。国内新建原油生产能力1028.2万吨、天然气生产能力31.28亿立方米，为稳产增产奠定了可靠基础。

（3）炼油、化工及销售业务取得新成绩。着力推进结构调整、技术改造和优化生产运行，全年新建装置17套，改造装置34套，产品质量明显提高。产销衔接更为紧密，全年共加工原油9197.4万吨，生产汽油、柴油和煤油4765万吨，销售量达5405万吨，同比分别增长0.3%、2.4%和4.7%。全年净增加油站1058座，成品油零售比例提高到23.4%。化工产品方面，共生产乙烯158.2万吨、尿素341万吨，同比也有一定增长。炼油与销售板块实现了整体扭亏为盈。

（4）重点工程建设取得新进展。在西部大开发中具有重大意义的西气东输管道工程全面开工建设，到2002年底已焊接完1791千米。途经三省一市40个县（市、区）、全长1250千米的兰成渝输油管道已全面竣工并正式投入运行。陕京线地下储气库、沧淄复线输气管道等已经建成投产，新疆和田输气管道全部竣工。忠武线可研报告获得国家计委批复，初步设计和控制性工程已经开始。

（5）海外业务发展呈现新局面。加大了海外油气勘探的力度，苏丹6区、3/7区和1/2/4区都取得新的突破，拿到探明储量12159万吨。海外油气产量稳步增长。全年海外油田的原油作业产量已上到2129万吨，比2001年增加506万吨，集团公司权益产量达到1014万吨。重点工程进展顺利，阿克纠宾扎纳诺尔油田油气处理厂工程完成，与哈萨克斯坦合资建设的肯—阿输油管线全线贯通并投产。新项目开发成效显著，新签约的阿塞拜疆油田勘探开发项目、土库曼斯坦油田技术服务项目、阿曼5区块项目、印尼项目和哈萨克斯坦滨里海盆地东缘区块项目已开始正式运作。海外技术服务、装备出口、工程承包收入有新的增长，2002年已达10亿美元。

（6）工程技术服务获得新发展。坚持以经济效益为中心，以市场为导向，加大结构调整力度，注重质的提高，施工作业总体水平和质量上了一个新台阶。全年实现经营收入499亿元。股份公司技术服务招投标工作量已超过70%。地区服务公司在为股份公司提供服务的同时，大力开拓外部市场，全年集团公司外部收入所占的比例已达到31.1%。

（7）企业改革迈出新步伐。股份公司法人治理结构更趋完善，地区服务公司改革稳步推进。产业定位工作搞得认真扎实，物探、测井专业化重组顺利完成，公司制改革试点正在推进，干部人事制度改革从上而下逐步推开，产权制度和住房制度改革有新的进展。

（8）企业管理跨上新台阶。通过大力开展严格管理、精细管理和科学管理，生产成本继续下降，管理水平明显提高。战略和决策管理、投资和资金管理以及资产、安全、质量管理等都有明显改善。电子商务进一步推开，全年网上交易额达到193亿元，网上采购降低成本在6亿元以上。

（9）科技创新取得新成果。组织实施国家级科技攻关项目12项、集团公司级科技项目56项。天然气勘探开发等4个国家“973”应用基础研究项目取得重要的阶段性成果，国家重大油气关键技术研究有新进展，重大技术装备研制成果在勘探开发、西气东输工程中得到应用，工程技术研究形成了一批新的重要成果。以技术中心为主体的集团公司技术创新组织体系建设取得实质性进展，科技管理及运行机制得到改善。

（10）精神文明建设又有新进步。深入贯彻党的十五届六中全会精神，按照“八个坚持、八个反对”的要求，以整改问题为重点，巩固“三讲”学习教育成果。党的建设、思想政治工作紧紧围绕生产经营这个中心来展开，在保证和促进改革发展与稳定中发挥了重要作用。以领导干部廉洁自律、从源头上预防和治理腐败为重点的党风廉政建设取得新的成效。领导干部深入基层、调查研究的风气更加浓厚，思想和工作作风有新的改进。富有时代特征、石油特色的企业文化建设取得了新的进展。

一、股份公司

1. 油气勘探获得重大进展和发现，油气生产稳步增长

继续坚持把勘探工作放在首位，加强地质综合研究和前期准备，强化项目管理，推进勘探开发一体化，积极推广应用先进适用的勘探主导新技术。2002年在重点地区取得了一系列重大突破和新进展，主要是在陇东西峰、准噶尔腹部石南东北部、川东罗家寨、库车坳陷迪那2号和柴达木涩北等地区发现或落实了5个亿吨级油气田、15个3000万—5000万吨级油气田。

开发生产方面，实施积极稳定东部、加快发展西部的工作方针，强化老区综合治理，加大聚合物驱、稠油蒸汽驱、低渗透储层改造等开发技术的攻关和应用力度，使油田开发状况进一步改善。全公司当年油田平均综合含水同比略升0.13个百分点，控制在83.11%；油田自然递减率为11.65%、综合递减率为5.23%，同比分别降低2.1个百分点和1.44个百分点。加快重点地区上产步伐，全年新建原油生产能力1028.2万吨，当年产油556.1万吨。2002年，东部油田共生产原油7705万吨，同比减少143万吨，递减幅度比上年下降1.8个百分点；西部油田共生产原油2656万吨，同比增加168万吨，增长幅度比上年提高6.8个百分点。其中，大庆油田生产原油5013万吨，创造了连续27年稳产5000万吨以上的油田开发高水平。新疆油田年产量突破1000万吨，成为西部第一家千万吨级油田。长庆油田生产原油610万吨，是上产幅度最大的油田。塔里木油田原油年产量突破500万吨。

海外油气资源开拓实现了零的突破。2002年，成功收购了印尼戴文项目，当年生产原油224万吨，股份公司获得份额产量56万吨。

2. 炼化业务结构调整取得新的进展，市场开拓成效明显

通过优化资源配置、加大重点项目建设和技改力度等措施，炼化业务布局有所改善，装置结构和产品结构进一步优化。大连石化分公司当年新增一次原油加工能力170万吨，使其炼油能力累计达到千万吨级规模；兰州、抚顺、大庆、吉林等一批各具特色的炼油化工生产基地也正在形成。全年增产柴油115万吨，柴汽比达到1.76，高标号汽油及润滑油、石蜡、沥青等优势产品和高附加值产品的产量有较大增长。汽柴油质量升级工作进展顺利，主要化工产品的质量和档次进一步提高。轻油收率、综合商品率、乙烯加工损失率、树脂专用料比例、合成纤维差别化率等主要技术经济指标继续改善。两段提升管催化技术、清洁油品生产技术、重油深度加工技术等取得重要进展，HCC技术工业化试验实现了预期目标，5万吨/年苯胺和有机硅装置工业化试验取得成功。

炼化产品销售市场进一步拓展。全年共新增油库29座、库容51万立方米；新增加油站1058座，总数达到13160座。成品油零售量同比增加297万吨，增长18.8%；国内零售市场占有率达到23%，同比提高2.4个百分点；化工产品直销率达到33%。同时，国际贸易经营领域逐步拓展，经营规模不断扩大，全年进出口及转口贸易总额达到50.95亿美元。

炼化及销售企业扭亏脱困取得实质性进展。2002年，剔除非经营性因素，21家主要炼化企业有13家实现了盈利，19家油品销售企业有17家实现账面盈利。吉化分公司比2001年减亏9.24亿元，辽化分公司、兰化分公司亏损同比也分别减少6.63亿元和3.2亿元。

3. 重点管道建设进展顺利，天然气业务快速发展

举世瞩目的西气东输工程于2002年7月全面开

工建设，现场施工进展顺利，东段管道主体工程已基本完成。兰成渝管道于2002年9月建成投产，当年输送成品油近80万吨，对保障西部油田和炼厂的平稳运行发挥了积极作用。忠武输气管道的可研报告获得国家批准，控制性工程已先期施工。陕京二线预可研报告已编制完成。

2002年，新建天然气生产能力31.3亿立方米。青海、长庆、西南等油（气）田分公司天然气产量大幅增长，其中青海油田天然气产量同比增长近一倍。天然气销售市场不断拓展，用户结构进一步优化。全年共销售天然气165.2亿立方米，比2001年增长10%，其中供城市民用天然气达53.6亿立方米，同比增长25.7%。陕京线输气量逐年提高，2002年上升到20.5亿立方米，保证了京津地区的用气需求，经济效益也越来越好。

4. 改革取得新的进展，企业管理进一步加强

全面重组了集团公司存续销售企业2994个加油站、478座油库等资产，使股份公司的零售网络得到快速扩张，进一步增强了市场控制力。财务集中管理体制进一步完善，炼化企业已全面实现一级核算，使核算层次得到简化，核算工作进一步规范；推进收支两条线，强化资金、债务集中管理，国际准则下，利息净支出比上年减少5.47亿元。积极推进电子商务，整合物资采办业务，有力地促进了大宗物资的集中采购和成本的降低，全年网上采购额超过100亿元，网上销售额达80亿元以上，节约采购资金6亿元。加快信息化建设步伐，完成了企业资源计划和部分专业应用系统的可行性研究，连通了石油主干网，推广了企业信息门户，建设并应用了物资分类与编码系统、信息标准管理系统和信息资源网站。干部任用机制改革不断深化，地区公司行政副职的选拔任用采取差额竞聘、全员竞聘等方式，总部机关推行竞聘上岗，公开、公正、公平的新的选人用人机制正在逐步形成。

二、存续企业

1. 生产经营状况继续向好的方向发展

各企业按照集团公司的总体部署和要求，真抓实干，完成和超额完成了全年生产经营指标，比2001年有新的增长，并在改革、调整和发展上又取得一些新的突破和进展。据统计，全年共实现营业收入1053亿元，同比增长14%；实现企业增加值300亿元，增长13.8%；完成投资180.25亿元，同比增长22.7%；完成二维地震47915千米、三维地震15369平方千米，分别比2001年增长18.6%和25%；完成钻井进尺1193万米，同比增长3%；完成测井32467井次，录井5705口，分别比2001年增长15.4%和32.3%；完成建筑施工产值166.5亿元，同比增长26.3%；完成加工制造工业产值98.7亿元，同比增长28%，其中炼化延伸加工业务增长114%。按集团公司规定的考核口径，除个别企业外，都实现了盈亏持平或控亏目标。扣除“三项费用”补贴后，重组企业控亏36.8亿元，比2001年减亏20.4亿元。

2. 企业战略研究和发展定位工作全面启动

在基本完成平稳过渡的基础上，各企业立足当前，考虑长远，高度重视战略研究工作。在集团公司的总体战略框架下，采取上下结合、内外结合、理论与实践相结合的方式，集中力量研究制定了企业的产业定位和发展战略方案。集团公司先后两次听取各企业的汇报，从宏观上指导方案研究工作。从总体上看，这项工作做得比较扎实，对规划各企业的发展将起到重要的作用。

3. 跨地区、跨企业专业化重组迈出新的步子

针对企业普遍存在的严重结构性矛盾，按照“做专做强”的总体思路，集团公司对物探、测井两个专业在一定范围内实施跨地区、跨企业重组，组建成立了“中国石油集团东方地球物理勘探有限责任公司”和“中国石油集团测井有限公司”。这次重组涉及物探局和新疆、吐哈、青海、长庆、华北、大港等7个物探单位，长庆、吐哈、青海、华北、西仪厂、江汉测井所等6个测井单位，总资产83.6亿元，净资产近58.9亿元，职工23185人，是集团公司重组改制后一些存续企业进行的一次规模最大的重组。通过专业化重组，从整体上优化资源配置，实现体制和机制创新，统筹研究开发和技术服务，以培育一体化优势，打造具有国际竞争力的劲旅。另外，还借助“石油济柴”上市公司的优势，通过对咸阳钢管钢绳厂、宝鸡石油钢管厂、宝鸡石油机械厂等几家装备制造企业进行改制参股，有效实现了资产重组和借壳上市。

4. 整体分流改制扩大试点工作稳步推进

截至2002年底，集团公司共受理企业整体分流改制立项74家，批准立项63家，并已完成整体分流改制41家，涉及总资产13.6亿元，分流人员6230人；对25个单位实施公司制改革，涉及资产105亿元、职工4.4万多人。同时，还对改制过程中涉及的资产负债处置、股权设置、土地处置、人员及劳动关系处理等问题，组织力量调研，初步形成一套规范的制度、流程和政策体系。物探局装备制造总厂的机械厂、仪器厂等5个单位，管道局的汽修总厂、铁岭机

厂等10个单位，改制为职工控股企业，实现国有资本从非主营业务的有效退出，并通过转换经营机制，使改制单位经济运行质量和效率明显提高。

5. 扭亏脱困工作取得新的突破

集团公司对6户特困企业分别制定了详细的扭亏脱困方案，并采取专项扶持政策，包括加大项目投入力度、帮助置换银行借款、降低财务费用和补充流动资金等，及时协调解决扭亏工作中出现的问题。6户特困企业与集团公司分别签订了扭亏脱困责任书，内部层层分解指标、落实责任，加大改革、调整和管理工作的力度，全年控亏8.3亿元，比2001年减亏5.7亿元，基本完成了阶段性扭亏、减亏目标。吉化集团通过采取多项革命性措施，2002年做到不吃“三项费用”补贴、企业不亏损。

6. 关联交易市场开放和规范运作步入新阶段

2002年，工程技术服务的关联交易市场开放程度已达到70%，股份地区公司与存续企业之间的地区协商、协调机制随之也得到进一步建立和完善，一些单位在实现互利双赢方面积累了宝贵经验。与此同时，集团公司严把市场准入关，按照“一级审查、一级发证”的规定，组织了三批市场准入资格审查，发证2365个；制定下发了集团公司反不正当竞争管理办法等规定，还重点抓了物探、钻井专业的定额编制工作，其中物探定额已经颁布，四川地区的钻井定额也已编制完成。

7. 海外项目跨上新的台阶

全年海外项目共实现营业收入23亿美元，实现利润1.93亿美元，分别比2001年增长69%和42.6%。其中，份额油气销售收入为13亿美元，实现利润1.5亿美元，分别比2001年增长38.3%和38.9%。在油气项目方面，全年新增石油可采储量6548万吨，新建原油生产能力361万吨，生产原油1901万吨、天然气13亿立方米，我方获权益原油产量936万吨、天然气产量8亿立方米，分别比2001年增长12.6%和38.6%。

对外工程承包、技术服务、劳务合作和物资装备出口方面，全年新签合同额13.7亿美元，完成合同额10.7亿美元，实现营业收入10亿美元，分别比2001年增长27%，52%和138%。其中，国际工程公司新签合同额8.4亿美元；实现营业收入5.35亿美元，实现利润1797万美元，均比2001年有较大增长。物探局进入海外市场的地震队达到26个，全年共签订合同额2.7亿美元，实现营业收入1.7亿美元，分别比2001年增长145%和78.5%。管道局在海外签订了2亿多美元的合同额，创出了该局重组以来开拓国际市场的最好成绩。

8. 低产低效油气区块合作开发开始启动

在集团公司引导和股份公司及有关油气田分公司的支持配合下，6家企业的低产低效油气区块合作开发工作进展顺利。全年共完成钻井212口，新建和恢复原油生产能力44.7万吨，当年生产原油42万吨，实现收入3.36亿元。其中，辽河石油勘探局和辽河油田分公司结合实际，将合作开发的范围从低产低效区块扩展到低产井、长停井，并根据项目的不同性质采取不同的合作模式和管理方式，运营效果显著。吉林、大港、华北、长庆、新疆等单位，主动加强与油田公司的协商合作，摸索出既符合企业实际、又互惠互利的合作开发新路子。

9. 积极做好工作，保持大局稳定

集团公司认真贯彻党中央、国务院关于稳定工作的一系列指示精神，针对稳定工作的新变化、新特点，坚持从实际出发，先后制定下发了《关于进一步做好有偿解除劳动关系人员管理工作的暂行意见》、《认真贯彻中共中央、国务院‘通知’精神，进一步做好下岗失业人员再就业工作的意见》等文件，并派遣工作组深入企业第一线，上下结合，共同做好稳定工作。各企业普遍建立了稳定工作责任制，分工负责，逐级排查，尽可能把不稳定因素化解在基层，化解在萌芽状态。特别是针对容易引发不稳定的因素，包括有偿解除劳动关系人员的养老保险、失业保险、医疗保险的接续等，积极配合当地政府妥善解决。同时，切实关心群众生活、帮助解决实际困难，教育和引导下岗失业人员通过劳动力市场实现多渠道、多方式再就业等，经过努力，保持了企业的稳定和生产经营的正常运行。

（黄望平　金泰华）

特　载

关于存续企业深化改革的若干意见

（2002年1月30日中国石油天然气集团公司
以中油研字［2002］第45号文发布）

按照集团公司改革与发展的总体部署，为适应新形势发展的需要，加快推进存续企业的深化改革，制定以下若干意见。

一、存续企业深化改革势在必行

（一）加快推进存续企业深化改革，是集团公司持续重组战略的重要组成部分，也是存续企业自身生存与发展的迫切要求。重组改制以来，各存续企业顾全大局、开拓进取，做了大量艰苦细致和卓有成效的工作，实现了平稳过渡的任务。生产经营状况逐步好转；队伍结构调整、减员增效成效显著；产权制度改革稳步推进；服务意识、市场意识明显增强。但是，企业管理体制和经营机制尚未从根本上改变；战略性结构调整的任务还远没有完成；队伍总量过剩、企业办社会负担沉重等深层次矛盾依然存在。而且，在重组分开运行中又出现一些新的矛盾。这些新旧矛盾交织在一起，严重制约着存续企业的生存、发展和稳定。

（二）“十五”期间，是存续企业改革与发展的关键时期。随着我国加入WTO后国内市场的全面开放，工程技术服务领域的竞争将日趋激烈；国际油价变化和国家有关政策的调整，也将进一步增加企业经营的风险因素。因此，存续企业必须抓住机遇，深化改革，转换机制，加快发展，着力增强技术创新能力和市场竞争能力，促进集团公司重组改制和整体发展战略目标的实现。

二、存续企业深化改革的目标与任务

（三）根据国有经济战略性结构调整和国有企业加快建立现代企业制度的总体要求，按照集团公司加快培育和增强国际竞争力的战略部署，存续企业深化改革的目标是：“十五”期间，基本完成产业结构、队伍结构的战略性调整，形成若干具有一定规模经济实力的地区性服务公司，以及几个市场竞争能力较强的专业性服务公司；基本完成企业的公司制改革，使大多数企业初步建立起现代企业制度。到2005年，在扣除集团公司“三项费用”补贴后，存续企业实现整体扭亏为盈，基本具备自我积累、自我发展的能力。

（四）“十五”期间，存续企业深化改革的主要任务是：

1. 按照有进有退、有所为有所不为的原则，继续以地区服务公司为主，加快推进企业内部体制改革和结构调整，彻底解体“小而全”，完成内部专业化重组。集中力量做专做强主营业务；放开和退出其他一般性业务；创造条件分离办社会职能，进一步优化产业结构、队伍结构和企业组织机构。

2. 按照专业化、集约化的原则，对部分技术含量高、设备更新快、市场竞争性强的技术服务业务和特种作业业务，积极稳妥地进行跨地区、跨企业的专业化重组，培育具有一定规模和技术优势、能够与国内外大公司竞争的专业服务公司。

3. 按照建立现代企业制度的要求，积极推进存续企业的公司制改革，建立规范运作、精干高效的公司管理体制。同时，进一步深化“三项制度”等配套改革，着力转换经营机制，增强企业发展活力。

4. 按照以改革带动管理、以管理促进改革的要求，坚持严格管理、精细管理、科学管理，充分运用信息技术等现代管理手段，努力实现管理创新和管理增效。

三、进一步明确企业的产业定位和发展方向

（五）明确产业定位和发展方向，是存续企业深化改革和调整结构的基础，也是实现集团公司整体协调发展的前提。近两年来，各地区服务公司十分重视以发展解决自身存在的矛盾和问题，但是，也不同程度地存在着都要把自己做大做强，发展思路和产业结构趋同，引发了一些新的重复投资和重复建设现象。为此，需要尽快明确各企业的产业定位和发展方向，从总体上规划好产业布局，优化资源配置，实现存续企业持续、稳定、协调发展。

（六）根据企业不同情况，按照立足现实、着眼未来的原则，存续企业在产业定位和发展方向上，大体可分为综合服务公司、基地服务公司和专业服务公司三种类型：

1. 综合服务公司。主要从事多项工程技术服务、加工制造和生产服务业务，同时兼营其他业务。这类公司在业务发展上，要突出特色，着力搞好内部结构调整，扬长避短，有取有舍。要集中发展优势业务，压缩过剩生产能力。并鼓励这类企业相互之间进行联合重组，推进专业整合，避免重复建设和过度竞争。

2. 基地服务公司。主要以基地为依托，从事石油石化矿（厂）区生产服务和社会服务业务。这类公司在业务发展上，要根据矿（厂）区生产经营和职工生活发展需要，大力推进生产服务专业化、生活后勤社区化管理，努力拓宽有偿服务领域，增加就业岗位，降低服务成本，提高服务质量和经营效益。

3. 专业服务公司。主要以某一专业技术服务为主营业务，一般不再经营其他业务。这类公司要集中力量发展核心业务和核心技术，做专、做强、做精主体业务。同时，积极与其他企业的相关业务进行联合重组，努力使自己成为集团公司在某一专业领域的骨干队伍和开拓国内外市场的中坚力量。

以上几种类型的企业，可根据需要分别改制为集团公司的全资子公司或控股子公司。企业在主要从事生产经营的同时，可由集团公司授权兼有部分资本经营功能。

（七）在明确产业定位和发展方向的基础上，各企业要切实搞好产业结构调整和优化升级。努力做强一块，进一步提高主营业务的集中度和竞争力；控制一块，限制和压缩技术滞后、能力过剩、市场饱和的业务；退出一块，放开和退出与主业无关或关联度不高的业务；淘汰一块，坚决关闭长期亏损、扭亏无望的企业或装置。

四、加快企业内部的改革改组步伐

（八）目前，存续企业直接经营管理的业务范围过宽，组织机构过多，管理链条过长，已成为制约企业改革与发展的主要体制性障碍。今年内，各存续企业要基本完成“两个分离”，即主业与辅业分离，生产服务与社会服务分离，下决心解体内部“小而全”。要通过多种方式，加快剥离与主业无关或关联度较差的业务，并相应改革现行的组织管理体制、努力实现主业与辅业、生产服务与社会服务业务，在管理体制和资产、人员、核算上的分开分离。

（九）积极推进内部专业化重组。各存续企业在实现“两个分离”的基础上，要按照市场竞争的需要，将相同或相近的业务进行重组，整合和优化资源配置，发挥专业优势，实行专业化管理。对工程技术服务业务，以及供水、供电等区域性较强的生产服务业务，要在压缩过剩能力、淘汰落后装备的同时，探索建立事业部制或分公司组织模式，实行相对集中管理，增强对主营业务的控制力；对加工制造业务，要以优势企业和拳头产品为龙头进行重组联合，改造一批有发展前景的企业和装置，开发一批高新技术产品，促进传统产业、产品和技术升级；对多种经营中部分与石油勘探开发、炼油化工、工程技术服务等业务关联度较高，甚至本身就是主业的延伸，并具有一定规模和发展前景的业务，要在理清产权关系的基础上，引导企业进行专业重组，形成一批有竞争力的骨干企业。对社会通用的机修、运输和油田通讯等业务，要通过重组改制等途径，尽可能融入社会，与原主办单位分立脱钩。

（十）积极分离企业办社会职能。按照国家的有关政策和部署，有条件的企业要积极与地方政府协商，尽快分离移交办社会职能。即使移交后仍要暂时承担一定费用，能移交的也要坚决移交。一时不能移交的，可通过改制引入新的投资者，或与地方联办等方式，逐步实现面向社会服务，自主经营。对矿（厂）区社会服务业务，要实行企业化经营、市场化运作，努力做到独立核算、自负盈亏。对有些难以移交社会，又无法实行“四自”经营的矿（厂）区公益性服务业务，应由股份公司、地区服务公司及所在地受益单位共同承担费用。

（十一）加快推进企业内部组织机构改革。要彻底改革企业内部传统的局、厂（处）、大队（车间）、小队（班组）多级管理体制，大力精简管理机构和人员。今年内，要普遍压缩一个管理层次，取消大队级管理机构，撤并一批二、三级单位，逐步建立起精干高效、运转灵活的组织构架，为建立现代企业制度创造良好的体制环境。

五、鼓励进行跨地区、跨企业的专业化重组

（十二）近几年来，随着世界范围内油公司之间的大规模购并，石油服务公司也在加快进行联合、兼并和重组，以进一步增强市场竞争能力。目前，集团公司内部专业技术力量过于分散，自相竞争，不能适应加入WTO以后国内市场全面开放的新格局。亟待对少数技术含量高、设备更新快、需要在更大范围内进行结构调整的业务，实行跨地区、跨企业的专业化重组，培养一批技术、服务、管理、效益一流，具有经济规模实力和竞争能力的专业服务公司。

重组的主要原则是：

1. 在主辅分离、压缩总量的基础上，尽可能做到优势互补，确保重组后规模效益明显，作业能力有质的提高，促进产业升级。

2. 按照建立现代企业制度的要求，以产权为纽带，建立健全公司治理结构，实现体制创新和机制创新，保证参与重组企业双赢互利。

3. 加大专业化重组的技术含量，提高技术创新能力，努力实现研发、制造、服务“一体化”。

（十三）加快推进物探、测井业务的跨地区、跨企业重组。考虑到地区的稳定和发展等多方面因素，今年要以物探局和西部地区测井公司为重点，对物探、测井专业进行重组，分别组建中国石油集团物探和测井两个股份有限公司。参与重组的企业，要将从事物探、测井主体业务的资产，经评估后注入新组建的公司，按照《公司法》的规定，享有相应的股东权益，并承担相应的义务。为了提高新公司的自主研发和制造能力，在重组中要尽可能将有关技术研究开发和装备研制部分整合进来，形成统一的物探、测井技术研发中心，增强公司的技术创新能力和核心竞争力。集团公司和有关企业将进一步研究制定具体重组方案，并针对重组中涉及的一些问题提出相应的政策，经论证后组织实施。

（十四）在物探、测井进行跨企业重组的同时，鼓励各企业之间按照平等互利、优势互补的原则，自主进行专业联合与重组，形成区域性的专业服务公司。在重组的方式上，可以产权为纽带，组建专业性的公司制企业；也可以产品、技术、市场等为纽带，形成各具优势的专业联合体。

六、积极推进企业公司制改革

（十五）公司制是现代企业制度的有效实现形式。目前，大多数存续企业仍保留着传统的管理体制模式，存在着产权不清、权责不明、运作低效等弊端，不能适应市场开放和竞争的需要。要按照“产权清晰、权责明确、政企分开、管理科学”的要求，争取在“十五”期间基本完成存续企业的公司制改革任务，初步建立起符合现代企业制度要求的公司制体制。

（十六）积极推进企业公司制改革进程。今年内，对已改制为公司的企业，要真正建立起责权统一、运转协调、有效制衡的法人治理结构，落实股东（大）会、董事会、监事会、经理层的责任与权利，建立可追溯个人责任的董事会议事制度，确保权力机构、决策机构、监督机构、执行机构依法行使权力并履行职责，加快转换企业经营机制。

其他企业的公司制改革，要选择少数有代表性的企业先行试点，取得经验后逐步推开。对一时难以实现投资主体多元化的企业，可先进行国有独资公司试点，待条件成熟后再向多元投资主体过渡，但务必规范运作，防止“翻牌”。对有条件实行投资主体多元化的企业，可通过集团内企业间相互参股，或吸引社会法人和外商投资入股等方式，积极推进公司制改革。有的还可通过“借壳”上市或直接上市，改制为股份有限公司。

今后，凡新成立的公司，包括在专业化重组中新组建的公司，都要按照《公司法》的要求，从一开始就严格建立起规范的法人治理结构和科学的内部管理体制，实现规范改制、规范运作。

（十七）加快集团公司的功能建设和制度建设。为保证国有资产保值增值和公司制企业的规范运作，集团公司总部要加强功能建设，建立健全出资人代表委派制度和董事、监事推荐提名制度，以及相应的考核、培训、监督制度，行使好出资人的“三项权利”。并认真研究、合理界定集团公司总部的管理权限和职责范围，加快转变管理方式，重点行使好战略规划管理、重大决策管理、股权管理、协调监督等职能，为全资和控股子公司的董事会、监事会履行职权创造条件。

七、搞好各项配套改革，加强企业科学管理

（十八）进一步深化“三项制度”改革。在干部人事制度改革方面，要改变现行按行政级别管理的模式，建立企业及其主要经营管理人员分类分级管理制度；改革现行干部任用制度，实行公开竞聘、择优聘用、定期考核和任期制度，形成管理人员能上能下的用人机制。在劳动用工制度改革方面，要在继续做好“五定”工作的基础上，建立和完善专业技术人员、操作人员公开选聘、竞争上岗和岗位考评制度，强化劳动合同动态管理，加快分流富余人员，形成职工能进能出的用工机制。在分配制度改革方面，要建立以岗位技能工资为主要形式，分配向责任重、贡献大的人员倾斜，以岗定薪、易岗易薪的工资制度，形成收入能增能减的激励机制。同时，相应建立企业年薪和企业补充医疗保险制度。

（十九）进一步深化产权制度改革。在去年试点工作基础上，今年要继续以整体带资分流改制为重点，并积极探索破产、兼并、出售、合资合作等多种方式，全面推进企业产权制度改革，努力盘活存量资产，实现企业资源的优化配置。要把产权制度改革与压缩管理层次结合起来，存续企业产权结构在纵向上原则不超过两级，严格控制多级法人的产生。要把产权制度改革与减员增效程序，落实可追溯的责任追究制度，避免重大决策失误；抓好财务管理，实行资金集中管理和全面预决算制度，严格控制对外投资、对外借款和对外担保，努力降低财务风险；抓好成本管理，建立健全目标成本责任制度，最大限度地降低生产经营成本；抓好法律事务管理，健全法律事务机构，推行总法律顾问制度，依法办事，依法治企；抓好企业信息化管理，建立统一、完整、通畅的信息化管理与服务系统，提高管理工作的效率和效益。同时，进一步加强企业内部管理制度建设，强化现场管理、质量管理、安全管理等基础管理工作，从严治企，堵塞“跑、冒、滴、漏”，杜绝重大事故的发生，不断提高企业科学管理水平。

存续企业深化改革，涉及面广，政策性强，任务艰巨。各单位要加强组织领导，搞好调查研究，充分听取各方面意见，制定周密的实施方案；充分做好职工群众的思想政治工作，上下统一认识，协调配合，规范操作，保证企业改革工作有计划、有步骤的向前推进。

中国石油天然气集团公司
关于贯彻 ISO 14000 环境管理系列标准的实施意见

（2002 年 3 月 19 日中国石油天然气集团公司
以中油质安字［2002］第 116 号文发布）

按照《国有大中型企业建立现代企业制度和加强管理基本规范（试行）》（国办发［2000］64 号）和《国家环境保护“十五”计划》（环发［2001］210 号）的要求，为了应对加入 WTO 后的绿色挑战，推行现代企业环境管理制度，实施建设具有国际竞争力的大型企业集团的发展战略，现就贯彻 ISO 14000 环境管理系列标准提出以下意见。

一、提高对 ISO 14000 环境管理系列标准的认识

ISO 14000 环境管理系列标准，作为国际标准化组织提出的一项旨在促进全球可持续发展战略措施，已成为各国共同遵守的环境管理规范。贯彻 ISO 14000 环境管理系列标准，加快推行 ISO 14000 环境管理体系，是入世后企业一项十分重要和紧迫的任务。

（一）实施可持续发展战略的基本要求。环境保护是我国一项基本国策，是集团公司实施可持续发展战略的必由之路。1996 年我国等同转化了环境管理体系标准（GB/T 24001），2000 年国务院发布了《国有大中型企业建立现代企业制度和加强管理基本规范（试行）》，要求“大中型企业或产品出口企业应努力贯彻 ISO 14000 环境管理系列标准，提倡企业开展环境管理体系认证。”在当今国际绿色浪潮的大环境中，企业忽视环境保护的传统经营思想和粗放型的管理生产模式已行不通，只有通过贯彻 ISO 14000 环境管理体系标准，积极改善环境管理，减少环境风险，促进节约能源，坚持经济效益、社会效益和环境效益的统一，才能实现企业可持续发展。

（二）应对加入 WTO 挑战的重要手段。依照世贸规则，允许以保护自然资源、生态环境及人类健康为由，设置“绿色技术标准”、“绿色关税”、“绿色检疫”等非关税壁垒。在国外，特别是发达国家市场，绿色产品、绿色消费、绿色服务已成为适应消费者时尚、主导贸易潮流和政府环境监管的基本要求。在“绿色贸易壁垒”面前，企业只有抓住机遇、迎接挑战，贯彻 ISO 14000 环境管理系列标准，开发绿色产品，推行清洁生产，才能求得生存和发展；只有通过

ISO 14001环境管理体系认证，获得环境标识，不断提高市场竞争力，才能满足相关方的要求，扩大环境友好产品和服务市场。

（三）符合国际石油公司HSE管理惯例。ISO 14000相对HSE管理体系，虽然都具有科学性、实践性与广泛的指导性，基于共同的戴明（PDCA）管理模式，突出“领导承诺、预防为主、全员参与、持续改进”的管理思想，但由于ISO 14000环境管理体系强调可测量的持续改进目标，是国际通行的标准体系，用ISO 14001环境管理体系认证来规范HSE管理体系，已成为国际石油公司HSE管理体系发展方向和选择雇用承包商、供应商的必要条件。集团公司2000年发布《集团公司HSE管理体系管理手册》时，就提出企业建立HSE管理体系，应充分考虑ISO 14000环境管理系列标准的理念和要求，并提倡进行ISO 14001环境管理体系认证和产品环境标志的认可。

实践表明，石油企业贯彻ISO 14000环境管理系列标准，逐步实现环境管理科学化、系统化、规范化，有利于推动HSE管理与国际通用ISO标准接轨，有利于提高国内外市场竞争力，有利于提高HSE管理的绩效水平，有利于更好地树立企业良好形象。

二、做好ISO 14000与HSE两个管理体系的整合工作

将ISO 14000环境管理体系与HSE管理体系有机整合，是实现体系管理一体化的必然趋势。在建立HSE管理体系的基础上推行ISO 14000环境管理体系，各单位应重点做好以下工作。

（一）加强环境管理体系知识的培训。要把贯彻ISO 14000系列标准作为深化HSE管理体系的重要内容，切实抓好全员培训工作。培训应具有全员性、针对性和实用性。对企业及所属公司（厂）各级领导，重点是抓环境保护法律法规、ISO 14000环境管理体系理念的培训，宣传ISO 14000管理体系在现代企业管理中的意义和地位，明确各级领导在体系运行中所负有的责任；对环境管理、技术人员和审核员，重点是抓环境保护基础知识、ISO 14000环境管理标准的培训，掌握环境因素识别技术方法，明确体系建立的途径和审核知识与技能；对基层员工，重点是抓环境保护意识的培训，掌握ISO 14000环境管理标准对具体岗位的要求，明确在建立和运行管理体系中的职责。

（二）开展环境因素识别和评价。要把识别环境因素和评价重大环境因素作为建立ISO 14000环境管理体系的关键步骤，拓宽、深化HSE风险管理的重要内容。识别和有效控制环境因素是运行环境管理体系的有效保证，必须结合清洁生产和HSE风险管理，抓住环境影响这条主线，从污染物的产生、综合利用、治理、排放等因素综合考虑，从提高资源能源利用率、保护生态环境、使用环境友好产品等目的出发，列出环境因素清单，开展分析评价，筛选重大环境因素，作为制定环保定量指标、相应控制目标和完善环境管理方案的基础。

（三）搞好体系文件的整合。要严格按照ISO 14000环境管理体系标准的要求编写体系文件，完整、准确地体现企业的特点。对于已建立HSE管理体系的单位，要在HSE管理文件基础上，按照ISO 14000环境管理标准进行整合。一般情况下按三个层次编写，即：管理手册、程序文件、作业文件。文件的编写必须对ISO 14000和HSE管理体系核心要素及其相互作用进行描述，并规定相关文件的查询途径。环境管理体系作业文件可与“两书一表”合并，但必须做到分配任务恰当合理，控制过程相互协调，环境管理方案具体可行；程序文件应覆盖ISO 14001环境管理体系标准17个要素。与HSE程序文件整合过程中，必须理顺相互间的接口关系，明确各部门职责，突出环境因素识别评价等内容；环境管理体系管理手册应单独编制，以利于第三方审核认证。

（四）抓好环境管理体系的实施。要把实现环境绩效作为管理体系能否成功运行的标志，自觉建立自我监督和自我完善机制，确保环境管理体系的规范运作，使环境目标、指标得到持续改进。ISO 14000环境管理体系运行可与HSE管理体系实施相结合，突出动态管理的理念和要求。一是根据环境管理方案，提供必要的人力、财力、物力资源；二是通过监测、审核、管理评审等环节，使程序文件和作业文件落实到相关部门和每个员工；三是确定每年持续改进的合理目标，通过不断地完善体系运行，确保预定环境指标的实现。

三、推进ISO 14001环境管理体系认证的有序进行

各企业要按照《国有大中型企业建立现代企业制度和加强管理基本规范（试行）》的要求，认真贯彻ISO 14000环境管理系列标准，加快企业与国际接轨，健全现代企业环境管理制度，积极实施环境管理体系，大胆进行管理创新。

（一）加强环境管理体系建立和实施的领导。企业及所属公司（厂）的行政正职是建立、实施和改进环境管理体系的第一责任者，要亲自抓。同时要指定一名副职为企业的环境管理代表，把领导和承诺作为

ISO 14000 环境管理体系的主线。要设立精干的环境体系运行机构。企业环境管理部门是 ISO 14000 环境管理体系推行和认证的归口管理部门，具体负责 ISO 14000 环境管理体系的宣传、贯彻、建立、运行和认证。各级环境管理人员要加强 ISO 14000 知识的学习，分批获得环境管理体系审核员资质，逐步实行环境管理人员 ISO 14000 的持证上岗。

（二）做好环境管理体系建立和实施的规划。各企业要以局（公司、总厂）为单位，指定项目负责人，具体制订出认证工作计划和时间表，加快 ISO 14001 环境管理体系认证或产品认定的步伐。出国施工作业的单位、加工制造产品的单位、列入国家重点污染控制区的单位、以及供（需）货方有认证要求的单位应优先考虑。2003 年，赴国外施工或加工制造产品的单位，要确保 ISO 14001 认证通过率达到 50%，2005 年达到 80%；油气田生产单位、工程技术和生产服务单位要用 ISO 14000 环境管理系列标准规范 HSE 管理体系的运作，把贯彻 ISO 14000 环境管理体系与实施“绿色作业”示范队活动结合起来，提倡开展 ISO 14001 环境管理体系认证。有条件的企业可结合《环境表现评价》（ISO 14031）标准，建立起适用于本企业的环境表现指标体系，促进 HSE 公报制度与国际石油公司接轨，提高在国际石油市场的竞标能力。

（三）搞好环境管理体系认证的咨询和技术服务。为加强 ISO 14000 与 HSE、ISO 9000 整合，使 ISO 14000 认证工作稳妥有序地进行，各企业环境管理部门要加强对申请认证单位的技术指导，通过试点，稳步推开，督促检查，确保质量。申请认证的单位应选择有资质、信誉好，熟悉石油生产工艺的 ISO 14000 咨询、认证机构提供技术服务。集团公司质量安全与环保部归口管理 ISO 14000 环境管理体系标准贯彻、认证指导工作，实施 ISO 14001 认证、环境标志产品认定、环境公报备案制度。凡是开展 ISO 14001 认证的单位，要书面报集团公司质量安全与环保部备案。对已备案并通过环境管理体系认证或环境标志产品认定的企业，可优先获得污染治理和清洁生产技术支持，并组织开展国际间环保交流。

中国石油天然气集团公司
关于进一步精简会议和文件的有关规定

（2002 年 3 月 31 日中国石油天然气集团公司
以中油办字［2002］第 129 号文发布）

为深入贯彻落实党的十五届六中全会做出的《关于加强和改进党的作风建设的决定》，按照中办、国办《关于进一步精简会议和文件的意见》要求，经集团公司领导办公会议研究讨论，现对集团公司机关精简会议和文件做出如下规定：

一、精简会议，改进会风

（1）减少会议数量。严格控制以集团公司名义召开的会议。除贯彻党中央、国务院重要会议和重要部署的工作会议及研究部署集团公司全局性工作的会议外，原则上不以集团公司党组和集团公司名义召开会议。

严格控制集团公司机关各部门召开的专业工作会议，机关各部门召开专业工作会议每年不得超过 1 次，提倡每两年召开 1 次；机关各部门有关业务工作的部署应纳入专业工作会议内容，特殊情况必须召开的业务会议应尽量合并召开。

严格控制举行各类纪念会、研讨会、座谈会和表彰会。各部门经批准召开的表彰会，要尽量与本部门专业工作会议结合进行，不能结合的应从简进行。

机关各部门及工作机构一律不得召开各种属于联谊性、轮流做东的“片会”。

（2）控制会议规模。经批准召开的会议，要严格执行《机关会议管理办法》（办字［2001］29 号）的有关规定，严格控制会期和参加会议代表人数。机关各部门召开的专业工作会议，会期一般为 4 天（含会议报到时间），会议代表人数最多不超过 150 人；业务会议，会期一般不超过 3 天（含会议报到时间），会议代表人数控制在100人以内。会议工作人员，原则上控制在会议代表人数的10%以内。

机关各部门召开专业工作会议需企业分管领导参加的，要报经集团公司分管领导批准；召开业务会议不得安排企业分管领导参加会议。召开的各类会议，一律不安排与会议无关的部门和人员参加，原则上也不安排非主管领导出席。机关各部门不应以集团公司领导是否出席本部门的会议作为领导是否重视某项工作的依据，也不应以企业领导是否参加会议作为衡量企业是否重视某项工作的依据。

（3）压缩会议经费。机关各部门召开会议要坚持节俭的原则，严格执行《机关会议管理办法》确定的会议费开支标准。各部门不得在社会上的高级宾馆和风景名胜区安排会议；不得安排高消费娱乐、健身活动；不得以各种名义发放礼品、纪念品。要严格会议开支的管理和审核，不得超标准使用会议经费和摊派。转嫁会议负担，不得借会议名义报销与会议无关的开支。凡超出会议费开支标准部分，财务部门不予以报销。

（4）提高会议效率。机关各部门召开的会议，要明确目的，突出主题，周密安排，充分准备；要精心组织，简化程序，缩短讲话（发言）篇幅；会后要加强督查，狠抓落实。召开会议要尽量采用电视电话会议形式。

（5）加强会议的管理。机关各部门召开会议实行会议计划报批制度。各部门应于每年年底前申报下一年度会议计划，会议计划应包括会议名称、时间、地点、规模、会期和出席人数，由部门领导签署意见后报办公厅汇总，并经集团公司领导办公会议或工作例会研究批准后执行。

机关各部门召开的会议必须纳入年度会议计划，因工作需要确需在计划外召开的会议，须报经集团公司领导同意，并报办公厅备案。

二、精简文件，改进文风

（6）严格控制发文数量。以集团公司党组、集团公司名义印发的文件，应是集团公司做出的涉及全系统全局性的重要方针政策、重要决策部署、重要决定等。除集团公司工作会议外，凡已召开会议并印发会议材料的，一律不再发文；国家法律、法规已有明确规定或已发过文件的，一律不再发文；集团公司有关领导在专业工作会议或在企业的重要讲话，可以“中油阅”文件形式印发。对确定印发的文件，机关各部门要严格发送范围，严格控制文件印数。

机关各部门除办公厅外，一律不得以部门名义对系统外部门、单位行文。各部门召开的各类会议，会议通知不得以集团公司或部门文件形式下发。机关各部门以部门名义下发的文件，要按照上述要求，坚持少而精的原则。

（7）严格控制转发文。对党中央、国务院或中办、国办文件，国家有关部委的文件，应注重结合集团公司实际研究制定贯彻执行措施，一般不再以集团公司或机关部门文件形式转发。

（8）严格控制简报。集团公司对上级部门只报送“石油要事简报”；对内统一编发1种简报，原则上机关各部门每月可编发1—2期简报。除此以外，各部门及工作机构均不得再自行编发简报。

（9）提高文件简报实效。印发的各类文件要注重质量，突出指导性、针对性和可操作性，做到主题鲜明，概念准确，文字精练。对文件提出的工作部署和要求要确保落实。机关各部门及工作机构编发的简报，要简明扼要，一事一报，一般不得超过2500字。

三、严格报批程序，减少请领导同志参加的事务性活动

（10）集团公司领导参加的有关事务性活动，要突出重点，精减务实。除特殊需要外，原则上不安排集团公司领导参加企业举办的剪彩、奠基、开业、庆典、颁奖等活动，以及企业召开的各类会议。

确需请集团公司领导出席的有关活动，应经集团公司办公厅统一协调安排。机关各部门及企业单位不得自行邀请、发送请柬。

（11）机关各部门主要领导同志及企业单位党政主要负责同志，因工作需要出国、出境及国内出差，应事前向集团公司办公厅报告备案。

四、加强督促检查，确保落实

（12）领导率先垂范。各级领导同志要从全面实践“三个代表”重要思想、坚决贯彻党的十五届六中全会《决定》的高度，深刻认识精简会议、文件和活动的重要性和必要性。把这项工作作为改进领导方式、转变工作作风的一项重要工作抓紧抓实。集团公司机关各部门要严格执行上述规定，并要持之以恒，在落实上狠下功夫。

（13）加强督促检查工作。集团公司办公厅负责对本规定进行协调落实和督促检查，每年对以集团公司及机关部门名义召开的会议、印发的文件和举办的活动情况进行总结和分析，发现问题，及时纠正。同时，要以提高办事效率为目标，加快信息化建设步伐，不断改进办公方式，更多地采用现代化信息传输方式解决上情下达和下情上达的问题。

中国石油天然气集团公司
人事档案工作管理规定
（试行）

（2002年5月21日中国石油天然气集团公司
以中油人劳字［2002］第218号文发布）

第一章　总　　则

第一条　为加强人事档案工作，提高科学管理水平，实现人事档案管理的制度化、规范化、科学化，更好地为企业人事工作、人事决策工作和企业经济建设服务，根据党和国家有关档案、保密的法规和制度，结合集团公司实际，特制定本规定。

第二条　人事档案工作是党和国家人事工作的重要组成部分，也是国家档案工作的组成部分。它是为贯彻执行党和国家人事工作路线、方针和政策，选贤举能，知人善任，进行现代化建设服务的。

第三条　人事档案是国家机构、社会组织在人事管理活动中形成的记载和反映人员经历、德才水平、工作绩能等内容的，以个人为单位集中保存起来供备查考的原始记录，是历史地、全面地考察了解和正确选拔使用人才的重要依据。

第四条　在人事档案管理工作中，必须贯彻执行《中华人民共和国档案法》、《中华人民共和国保守秘密法》以及党和国家有关人事档案管理的法规、制度，严密保管，确保人事档案的完整与安全。

第二章　体制、机构和职责

第五条　中国石油天然气集团公司（以下简称集团公司）人事档案管理实行集中统一和分级负责的管理体制。集团公司党组管理的领导人员以及集团公司机关工作人员的人事档案，由集团公司统一管理；其他人事档案由其所在企事业单位的组织人事部门集中管理，或由企业所属单位的组织人事部门相对集中管理。不具备保管条件或档案数量较少的单位，其人事档案由上一级单位管理。

第六条　根据中共中央组织部《干部档案工作条例》的规定，每管理一千人的档案需配备一名专职人员，有业务指导任务的单位，要配备相应的业务指导人员。

第七条　因工作需要，新建立人事档案管理机构的单位，必须由上级人事档案业务管理部门对其管档权限、管理范围以及管档条件进行严格的审核。经审查核准的单位，方可开展人事档案管理工作。

第八条　集团公司在中央组织部直接指导下，负责对所属企事业单位及控股公司人事档案工作的宏观管理、业务指导、目标管理的检查验收和审批上报等工作。其主要职责是：

（一）根据党和国家人事档案工作的方针、政策制定有关规定、办法和工作规划，对所属企事业单位及控股公司人事档案工作进行业务指导、监督和检查；掌握人事档案工作情况，研究解决人事档案工作中存在的问题；

（二）负责组织实施人事档案工作目标管理，对企事业单位和控股公司目标管理等级进行检查验收、审批上报、颁发证书（其中管理500卷以上一级单位由中组部颁发证书，管理500卷以下一级单位和申报二级、三级的单位统一由集团公司颁发证书）；

（三）负责制定培训计划，组织人事档案工作人员进行业务培训；

（四）负责开展业务研究，组织人事档案工作经验交流，推广、应用现代化管理技术；

（五）负责对所管理人事档案的收集、整理、利用、转递、统计等工作；

（六）负责做好人事档案的安全、保密、保护工作；

（七）办理其他有关事项。

第九条 集团公司所属企事业单位及控股公司组织人事部门，负责对下属单位人事档案工作的宏观管理、业务指导和目标管理等工作。其主要职责是：

（一）贯彻落实党和国家、集团公司有关人事档案工作文件精神，负责制定本单位人事档案工作规划、计划和管理办法，对下属管档单位人事档案工作进行业务指导、监督和检查；

（二）掌握人事档案工作情况，研究解决工作中存在的问题，推广先进经验和现代化管理技术；

（三）负责组织下属单位实施人事档案工作目标管理，对目标管理情况进行检查考核，并按规定将检查结果报集团公司审批；

（四）负责对下属单位人事档案工作人员的业务培训；

（五）负责对所管人事档案的收集、整理、利用、转递、统计等工作；

（六）负责向集团公司报送工作计划、年度工作总结、人事档案管理办法（规定）以及各类统计报表等；

（七）办理其他有关事项。

第三章 组织领导和队伍建设

第十条 各单位要加强对人事档案工作的领导，将人事档案工作纳入议事日程，明确分管领导，及时研究解决问题。所需经费，列入本单位经费预算，保证落实。

第十一条 各级组织人事部门，要加强人事档案工作队伍建设，选调政治可靠、作风正派、责任心强、具有大专以上学历的中共正式党员从事人事档案管理工作。要妥善解决他们的职级待遇，按规定评定档案或政工系列专业技术职务任职资格。要保持队伍相对稳定，人员变动时，应及时报上级业务主管部门备案，并做好档案和档案材料及业务文件的交接工作。

第十二条 人事档案工作人员应具有较高的政治素质和业务素质，其基本要求是：

（一）坚持四项基本原则，认真学习马列主义、毛泽东思想、邓小平理论和党的各项方针、政策；

（二）热爱本职工作，忠于职守，刻苦钻研业务，具有档案专业及相关专业知识，具备计算机操作等技能，做到持证上岗；

（三）严格遵守《中华人民共和国档案法》和《中华人民共和国保守秘密法》等法律法规，保护人事档案的安全，不得泄露档案内容；

（四）坚持原则，不徇私情，严格执行人事档案管理工作的各项规章制度。

第十三条 各单位根据中组部及集团公司有关规定，对在人事档案工作中做出突出贡献的同志，应给予表扬和奖励；对失职者，应视情节轻重，给予批评教育，直至纪律处分。

第四章 档案的内容和分类

第十四条 各级组织人事部门对所管理的人员都要建立人事档案。人事档案分为正本和副本，副本根据工作需要建立。

第十五条 人事档案正本由历史地、全面地反映人事情况的材料构成。内容及其分类：

第一类 履历材料；

第二类 自传材料；

第三类 鉴定、考核、考察材料；

第四类 学历和评聘专业技术职务材料（包括学历、学位、学绩、培训结业成绩表和评聘专业技术职务、考绩、审批材料）；

第五类 政治历史情况的审查材料（包括甄别、复查材料和依据材料，党籍、参加工作时间等问题的审查材料）；

第六类 参加中国共产党、共青团及民主党派的材料；

第七类 奖励材料（包括科学技术和业务奖励、英雄模范先进事迹）；

第八类 处分材料（包括甄别、复查材料，免于处分的处理意见）；

第九类 录用、任免、聘用、转业、工资、待遇、出国、退（离）休、退职材料及各种代表会代表登记表等材料；

第十类 其他可供组织上参考的材料。

第十六条 人事档案副本是人事档案正本主要材

料的复制件。人事档案副本的具体内容，由正本中以下主要材料的复制件（或重复件）构成：

第一类的近期履历材料；

第三类的主要鉴定、考核材料；

第四类的学历、学位和评聘专业技术职务的材料；

第五类的政治历史情况的审查结论（包括甄别、复查结论）材料；

第七类的奖励材料；

第八类的处分决定（包括甄别、复查结论）材料；

第九类的任免呈报表和工资、待遇、出国审批材料；

其他类别如有重复的材料，也可归入副本。

第五章　管理范围

第十七条　人事档案管理的范围，原则上应与人事管理范围相一致。

第十八条　在职人员档案的管理

（一）集团公司党组成员，人事档案正本由中央组织部管理，副本由集团公司管理；

（二）集团公司党组管理的领导人员，人事档案正本由集团公司管理，副本由所在企业管理；

（三）集团公司所属企事业单位管理的领导人员，人事档案正本由所在企业管理，副本由所在单位管理；

（四）其他人员，人事档案由所在单位相对集中管理。

第十九条　退（离）休人员档案的管理

（一）集团公司党组成员，人事档案由中央组织部保管；

（二）集团公司党组管理的领导人员，人事档案转至所在企业保管；

（三）其他人员，人事档案仍由所在单位保管。

第二十条　死亡人员档案的管理

（一）中央和国务院管理的人员，其档案由原管理单位保管五年后，移交中央档案馆永久保存；

（二）集团公司党组管理的领导人员，其档案转至所在企业保管五年后，移交同级综合档案部门永久保存；

（三）其他人员，人事档案由所在单位保存五年后，移交同级档案部门保存，按同级国家档案部门接收范围的规定移交。

第二十一条　流动人员档案的管理

（一）在职人员因辞职、被辞退、解除劳动合同或聘用合同、自费出国留学等原因与企业脱离劳动关系后，其档案可转至政府人事部门委托的人才流动服务机构（以下简称人才流动服务机构）管理，没有调档函的暂由原单位代为保管；

（二）在职人员在受刑事处分和劳动教养期间，人事档案仍由原所在单位保管。刑满释放和解除劳教后，重新就业的，其档案由新工作单位组织人事部门或人才流动服务机构保管；

（三）在职人员出国不归、失踪、逃亡以后，其档案由原所在单位保管。

第二十二条　人事档案工作人员及其在本单位的直系亲属的档案，由所在单位组织指定有关部门专人保管；组织人事部门工作人员及亲属的档案由档案工作人员设专柜管理。

第六章　档案材料的收集、鉴别与归档

第二十三条　档案材料收集归档，要本着实事求是的原则，着重收集反映其政治思想、品德作风、业务能力、学识水平、工作实绩等材料充实档案。

第二十四条　建立档案材料收集网络。各级组织人事、党（团）组织、纪检监察、工会、教育培训、审计、统战等档案材料形成部门，在材料形成后一个月内送交人事档案管理部门归档。

第二十五条　人事档案管理部门，应掌握形成档案材料的信息，建立联系制度，及时收集新形成的人事档案材料。

第二十六条　收集的档案材料，必须经过认真鉴别。属于归档的材料必须是办理完毕的正式材料；对不符合归档要求的档案材料，应及时通知有关部门补送或补办手续。

第二十七条　不属于归档范围的材料，不得擅自归档，经过鉴别，可视情况予以处理。凡需销毁的材料，必须详细登记，报请主管负责人审查批准，并按规定销毁。

第二十八条　人事档案材料应使用19厘米×26厘米规格的办公用纸，材料左侧应留出装订边。文字

必须用蓝黑墨水、碳素墨水或墨汁书写，不得使用圆珠笔、铅笔、红色墨水、纯蓝墨水和复写纸书写。一般不得使用复印件代替原件归档。

第七章　档案的保管与保护

第二十九条　根据安全保密、便于查找的原则，对人事档案进行严密、科学地保管，不断研究改进保管方法和保护技术。

（一）设置专门的档案库房、阅档室和工作人员办公室。管理1000卷档案，库房面积不小于20平方米，档案库房、阅档室、办公室“三室”分开；管理1000卷以内档案，设专用库房，阅档室和办公室合一，“两室”分开；

（二）逐步采用现代化的设施管理档案，改善档案的保管条件和监护防护手段。档案库房内应配备防盗门窗、铁质档案柜、空调机、灭火器、温湿度表、电风扇或排风扇、去湿机或加湿器、灭菌杀虫等设备；人事档案管理还应配置计算机、打印机、复印机等办公设备；

（三）库房的防火、防潮、防蛀、防盗、防光、防高温等设施和安全措施应经常检查。要保持库房的清洁和库内适宜的温、湿度（要求：温度14—24℃，相对湿度45％—65％），并做好工作记录；

（四）人事档案工作人员要依据组织人事部门提供的人员变动花名册对所管档案进行检查核对，发现问题，及时解决，避免“无头档案”和“人档分离”情况的发生。

第三十条　档案卷皮、档案卷夹的样式、规格要符合中央组织部规定的统一标准。

第三十一条　严禁任何个人私自保存他人的档案。对利用档案材料营私舞弊的，应视情节轻重，予以严肃处理。对违犯《中华人民共和国档案法》、《中华人民共和国保守秘密法》的，要依法处理。

第八章　档案的提供利用

第三十二条　坚持严格保密、方便利用原则，通过多种方式，积极开发利用人事档案信息，主动为有关部门提供准确、高效的服务。

第三十三条　因工作需要查阅和借用人事档案，须遵守下列规定：

（一）查阅单位应填写《查阅人事档案审批表》，按照查阅人事档案的规定办理审批手续。不得凭借调查证明材料、介绍信查阅人事档案；

（二）人事档案管理部门，要根据规定，确定是否提供和提供什么材料；

（三）凡查阅人事档案，利用单位应派中共党员到保管单位查阅室查阅；

（四）档案一般不外借。如必须借出使用时，利用单位应填写《借阅人事档案审批表》，申明借阅理由，须经主管部门负责人批准，并严格履行登记手续，十五天内归还，不得擅自转借他人；

（五）任何个人不得查阅或借用本人及其直系亲属的档案；

（六）各级人事档案管理部门，应制定查阅注意事项。查阅档案，必须严格遵守保密制度和阅档规定，严禁涂改、圈划、抽取、撤换档案材料。查阅者不得泄露或擅自向外公布档案内容，违犯者应视情节轻重，予以批评教育直至纪律处分。属于假公济私者，按违犯《中华人民共和国档案法》处理；

（七）借用、查阅档案的单位或个人，不得擅自复制、拍摄档案内容。因工作需要从档案中取证的，必须请示人事档案主管部门审查批准后才能复制、拍摄。

第三十四条　各级组织人事部门，应根据上述原则结合具体情况，对本单位管理的人事档案的查阅范围、批准权限、登记、归还手续等做出具体规定。

第九章　档案的转递

第三十五条　因改变主管单位等原因需转递档案的，应及时转递。为使人事档案能够随着人员工作调动或职务变动而及时转递，组织人事部门应将人员变动情况，在十五日内通知人事档案管理部门，并建立必要的联系制度。

第三十六条　转递档案应遵循下列规定：

（一）人事档案应通过机要交通转递或组织人事部门派专人送取，不准以特快专递、挂号等方式邮寄或交本人自带；

（二）转递出的档案必须完整齐全，并按规定进行整理，不得扣留材料或分批转出；

（三）转递档案必须填写“人事档案转递通知单”，并严密包封；

（四）档案转递后形成的归档材料必须及时转递，并填写“人事档案材料转递通知单”；

（五）收到档案或材料的单位，经核对无误后，应在回执上签名盖章立即退回。逾期一个月未退回者，转出单位应查询，以防丢失。

第三十七条　对“无头档案”应认真查转，确属查不到下落的，应妥善保管，不得随意销毁。

第十章　附　　则

第三十八条　本规定适用于集团公司所属企事业单位及控股公司，各单位可结合实际，制定实施细则。

第三十九条　本规定自下发之日起执行。

第四十条　本规定由集团公司人事劳资部负责解释。

中国石油天然气集团公司
直属单位工资总量调控办法

（2002年5月20日中国石油天然气集团公司
以中油人劳字［2002］第213号文发布）

第一章　总　　则

第一条　为适应集团公司建立现代企业制度的需要，建立直属单位根据效益决定工资总量的机制，促进其经济效益的提高和自我约束能力及市场竞争能力的增强，特制定本办法。

第二条　工资总量调控原则。

（一）效益优先，兼顾公平。工资总量的调控主要与单位的经济效益挂钩，同时根据其贡献率及社会经济发展总水平确定适度的工资增量。

（二）严考核，硬兑现。根据单位的具体情况合理确定挂钩指标，坚持按办法严考核，硬兑现。

（三）激励与约束相一致。从集团公司整体发展出发，建立有效的内部激励机制，通过工资总量的杠杆调节作用，控制工资水平的均衡增长。

（四）促进发展。通过工资总量调控办法的实施，有效促进单位经济效益和经营管理水平的提高及长远发展。

第三条　本办法适用于集团公司直接核算管理的单位。

第二章　考核办法

第四条　建立以效益指标为主、与贡献值指标相结合的考核指标体系。其中：

对企业单位的考核指标为：

（一）效益指标：实现利润额（亏损企业为控亏额）。

（二）贡献值指标：1. 营业收入；2. 增加值。

对事业单位的考核指标为：

（一）效益指标：经费自给率。

（二）贡献值指标：1. 对外创收收入额；2. 增加值。

第五条　为便于考核、结算及管理，对企事业单位的增加值指标考核，均采取按上一年实际实现值挂钩考核的滚动考核办法。

第六条　实行“两考两挂”的考核管理方式。

（一）“两考”：对各单位的年度工资总额分为基数工资总额和应提工资总额两个类别进行考核。年度基数工资总额是单位当年应提工资总额和后续年度基数工资总额的基础；年度应提工资总额是单位当年可列入成本的工资总额，对后续年度的应提工资总额不产生影响。

（二）“两挂”：一是单位年度基数工资总额中新增工资额与当年实现的营业收入、上年增加值挂钩；二是年度应提工资总额以当年基数工资总额为基数，与当年实现利润（控亏额）、经费自给率挂钩。

第七条 单位年度基数工资总额为上年基数工资总额与本年新增工资额之和。

（一）上年基数工资总额是在上年度工资总额结算核定的当年基数工资总额基础上，考虑部分调整因素后确定。

（二）当年新增工资额与当年实现的营业收入和上年完成的增加值（事业单位为对外创收收入和上年增加值）挂钩，其计算方法是：

$$\text{本单位新增工资额}=\text{全部新增工资额}\times\frac{\text{单位当年社会贡献值}}{\text{全部单位当年社会贡献值之和}}\times\text{调节系数}$$

本单位当年社会贡献值 $=K_1\times$本单位当年营业收入 $+K_2\times$本单位上年增加值

上式中的“调节系数”用以调节不同类型（企业、事业、盈亏状况）单位之间新增工资额情况。其中：盈利企业系数为1.0，事业单位系数为0.9，亏损单位系数不大于0.7。

上式中的比例系数 K_1、K_2，分别代表本单位当年营业收入、上年增加值在当年贡献值中所占权重，即 $K_1+K_2=1$。测算比例系数 K_1、K_2 所需的有关数值由集团公司财务资产部、规划计划部负责确定并提供，人事劳资部负责下达。

第八条 单位年度应提工资总额以基数工资总额为基础，与单位当年实现利润（控亏额）、经费自给率挂钩。

（一）完成实现利润（控亏额）、经费自给率指标的单位，应提工资总额等于基数工资总额。

（二）超额完成实现利润考核指标的单位，年度应提工资总额等于年度基数工资总额加当年超额利润的20%；实现了减亏的单位，年度应提工资总额等于年度基数工资总额加当年减亏额的10%；实现经费自给率并收入大于支出的事业单位，年度应提工资总额等于年度基数工资总额加当年经费余额的10%。

（三）未完成实现利润（或控亏额）、经费自给率考核指标的单位，不核增当年新增工资额增量，均按减少效益额的50%扣减上年工资总额基数，直至核减到上年工资总额基数的70%。

（四）对由盈利变为亏损的单位，年度应提工资总额按上年工资总额基数的70%确定。

第九条 为使工资总量调控办法更为合理，集团公司将逐步通过多种方式，对单位工资增长水平进行指导和调控。

（一）实行年度增资的高限控制。对单位当年新增工资额的最高限额按照集团公司年度平均增资水平的2倍数额予以控制。

（二）引入人工成本指标调控工资总量。对人工成本占总成本的比率低、人工成本工资利润率高的单位有计划地调增工资总量；反之，则限制或不增工资增量；对达到预警线的单位，停止核增工资增量。

（三）结合单位所在地公布的工资指导线和集团公司平均工资增长水平，对单位年度人均工资水平进行控制。

（四）参考单位所在地区公布的劳动力价位，合理核定工资总量，逐步达到宏观调控与微观分配的结合，按地方劳动力价位调控工资增长水平。

第三章 考核、兑现的实施

第十条 对各单位的考核兑现工作分两步进行：每年九月份进行预考核（预考核表见附件1、2），并根据预考核情况在年度工资总额调整计划内进行预兑现；年度财务决算完成后进行年度考核（考核表见附件3、4），并按照年终考核结果进行工资结算（内部审计结果与年度财务决算情况出现偏差时，在下一年度的工资结算时予以调整）。

第十一条 年度考核兑现时，须结合年度财务决算结果，核定单位的年度基数工资总额，兑现年度应提工资总额。单位兑现应提工资总额大于预兑现工资总额的，应视本企业的成本承受能力，将应提工资总额列入当年成本；单位兑现应提工资总额小于预兑现工资总额的，超提部分从下年度的应提工资总额中等额扣减。

第十二条 单位实提工资总额大于实发工资总额的，超提部分作为当年工资结余，建立工资储备金，用于以丰补歉。

第四章 附 则

第十三条 本办法由集团公司人事劳资部负责解

释。

第十四条　本办法自2002年1月1日起实施。已下发文件中，凡考核、奖惩方面内容与本办法不一致的，一律以本办法为准。

中国石油天然气集团公司
土地使用权和土地管理档案管理暂行规定

（2002年6月17日中国石油天然气集团公司以中油计字［2002］第236号文发布）

第一章　总　　则

第一条　为加强企业土地使用权和土地管理档案的管理，保护国有土地资产，维护企业土地使用权合法权益，根据《中华人民共和国土地管理法》、《国务院关于加强国有土地资产管理的通知》和《中华人民共和国档案法》等有关法律、法规，结合集团公司实际，特制定本规定。

第二条　本规定所称土地使用权是指依法通过划拨、出让和国家授权经营等方式取得的（含有权源文件尚未办理土地登记的）国有土地使用权。

第三条　本规定所称国家授权经营土地使用权是指经有批准权限的土地行政主管部门批准并授权中国石油天然气集团公司（以下简称“集团公司”）经营管理的原企业国有划拨土地使用权。

第四条　本规定所称土地管理档案是指企业在土地管理工作中形成的土地使用证和具有保存价值的文字、图纸、图表和声像等文件材料。

第五条　本规定适用于集团公司所属企业。

第二章　土地使用权管理

第六条　1999年重组改制前，集团公司所属企业以划拨、出让等方式取得的土地使用权，土地使用权人为原企业。

第七条　重组改制涉及原企业以划拨方式取得的土地使用权，经国家授权给集团公司经营管理的，按下列情形之一变更土地使用权：

（一）集团公司以土地使用权作价出资（入股）方式配置给原企业，并由原企业以租赁方式给新设企业使用的，土地使用权人为原企业。原企业应持国家授权经营土地使用权文件和集团公司土地使用权配置文件变更土地使用权；

（二）集团公司以土地使用权作价出资（入股）方式配置给原企业，并由原企业以作价出资（入股）方式给新设企业使用的，土地使用权人为新设企业。原企业应协助新设企业变更土地使用权。

第八条　重组改制涉及原企业以出让方式取得的土地使用权，按下列情形之一变更土地使用权：

（一）原企业以租赁方式给新设企业使用的，土地使用权人为原企业。原企业应持土地使用权租赁协议变更土地使用权；

（二）原企业以作价出资（入股）方式给新设企业使用的，土地使用权人为新设企业。原企业应协助新设企业变更土地使用权。

第九条　重组改制涉及原企业的土地使用权，经原企业同意处置给新设企业的，原企业应协助新设企业变更土地使用权。

第十条　被兼并或收购的企业所涉及的土地使用权，按兼并或收购协议变更土地使用权。

第十一条　整体划转给地方政府或其他主管部门的单位所涉及的土地使用权，按划转协议变更土地使用权。

第十二条　国家授权经营土地使用权的处置，应报集团公司审批。

第十三条　未经集团公司审批，发生下列情况之一并造成经济损失的，应追究主要责任人的责任。

（一）改变授权经营土地用途的；

（二）政府因公益事业需要占用已授权经营土地的；

（三）向其他单位和个人转移授权经营土地使用权的。

第十四条　集团公司负责对国家授权经营土地进行监督、检查和管理。企业应于每年度末将国家授权经营土地使用权的变化及保值、增值情况上报集团公司土地主管部门。

第三章　土地管理档案管理

第十五条　土地管理档案的管理和利用，应按照国家土地管理档案工作有关规定和《中国石油天然气集团公司档案管理规定》执行。

第十六条　土地管理档案是集团公司档案的重要组成部分，必须加强对土地管理档案的管理。土地管理档案包括：地籍管理档案、土地利用规划档案、土地监督检查档案和土地科技管理档案等。

第十七条　土地管理档案资料是土地使用权人进行土地使用权变更登记、土地使用证年检和处理土地权属纠纷等工作的法律依据。地籍管理档案资料应包括：征地申请、征地协议、地籍测绘资料、土地征用批准文件和土地使用证等。

第十八条　加强土地管理档案的收集和归档工作。凡分散在下属单位、个人或重组改制后新设企业的土地地籍资料，应抓紧清理并集中归档。

第十九条　土地管理档案归土地使用权人所有，任何单位和个人不得以任何方式据为己有或拒绝归档。未经土地使用权人同意，任何单位和个人不得占有、涂改和销毁土地管理档案。

第二十条　对于拒绝归档或不按规定时间向土地使用权人移交土地管理档案，影响土地使用权变更登记或给企业造成重大经济损失和影响的直接责任者，给予行政处分，并追究相应的法律责任。

第四章　附　　则

第二十一条　本规定由集团公司规划计划部负责解释。

第二十二条　本规定自印发之日起施行。

中国石油天然气集团公司
关于严格收取和发放各类项目评审费的规定

（2002 年 7 月 18 日中国石油天然气集团公司
以中油监字［2002］第 292 号文发布）

第一条　为进一步加强管理，规范各类项目评审费的收取、发放行为，依据有关法规条例，结合集团公司实际，特制定本规定。

第二条　按照国家有关规定，从严控制项目评审。对国家明确规定的，如油气田勘探开发、炼油化工建设、管道工程建设项目的前期咨询、可行性研究、初步设计、评审鉴定、竣工验收及项目后评估，质量、安全、节能、环保、科技开发、职称评审、技能评定、科技奖励等项目评审，严格按国家和集团公司有关规定执行。对国家没有明确规定，但涉及企业发展、效益和形象的项目评审评比，要从严掌握，由上级主管部门和领导审批，严格审批权限、程序和责任。

第三条　严格按国家和集团公司有关规定收取评审费用，并建立相应的管理制度。对国家和集团公司规定允许收费的评审项目，要严格按照规定执行，不准擅自变更收费标准；对国家和集团公司没有明确规定收费标准的评审、评比项目，一律不收取评审费。各项目评审费由本单位财务部门代管，按照项目单独核算管理，按有关规定开支，并建立必要的预决算管理制度。

第四条 集团公司内部的项目评审，一律不准对参加评审的集团公司在职人员发放评审费或变相发放礼品礼金（含代用券）；集团公司在职工作人员，不论以何种身份或名义参加集团公司内部（同级或下级）的项目评审，一律不准收取评审费或礼品礼金（含代用券）。

第五条 外聘专家的评审费，严格按国家规定的标准执行。评审（咨询）费发放标准为：高级专家（院士）、专家组长，工日费用标准为1000元；一般专业技术职称人员，工日费用标准为500元。

外聘专家评审费的发放由主办单位或部门负责，随同项目资金预算一并报主管部门和领导审批，凭外聘专家名单及发放明细表到财务部门报销。

第六条 各单位、各部门要对各自负责的项目评审情况进行一次清查、整改，并严格按本规定执行。

第七条 本规定公布后，对违反规定收取、发放评审费或变相发放、收取礼品礼金（代用券）的行为，将根据有关规定追究责任单位、部门和相关人员的责任。

第八条 本规定由集团公司监察部负责解释。

第九条 本规定自印发之日起施行。

中国石油天然气集团公司
安全监督管理办法

（2002年7月8日中国石油天然气集团公司
以中油质安字［2002］第266号文发布）

第一章　总　　则

第一条 为了加强安全生产监督管理，进一步健全完善安全监督机制，保障职工生命、国家财产安全，防范重特大安全事故的发生，根据国家安全生产管理的有关规定，结合集团公司实际，特制定本办法。

第二条 本办法适用于中国石油天然气集团公司（以下简称集团公司）所属各企事业单位。

第三条 各单位要建立起安全生产监督管理体系，即各级行政正职负总责，分管领导负主管责任，其他领导对所分管工作的安全生产负分管责任，安全总监负监督责任。

第二章　安全监督组织

第四条 集团公司所属各企业要按照集团公司《关于在企业设置安全总监、副总监的通知》（中油人劳字［2001］551号）规定，设置安全总监及副总监。企业安全总监由集团公司审批与管理，由同级副职兼任；安全副总监由企业按助理、副总师审批与管理，安全副总监一般兼任安全部门负责人。

第五条 各单位所属二级生产单位或重大工程施工作业项目，要参照企业安全总监及副总监的设置，设置与配备（或派出）相应的安全总监及副总监，并分别由企业按干部管理权限审批与管理。

第六条 各单位所属的各工程技术服务、工程建设等二级单位，应根据工作需要设立安全监督站，并配备具备资格的专、兼职安全监督，对生产作业场所、工程施工作业项目等实施异体监督。

工程技术服务、工程建设类单位指：物探、钻井、固井、录井、测井、试油、井下作业、油田建设、炼化建设、建筑安装、装置设备检修、炼化检维修等。

第七条 基层生产单位或工程施工作业项目部应从安全监督站聘请安全监督，也可由安全总监及副总监向施工作业项目派驻。

第三章 安全总监、副总监的职责与权利

第八条 各单位安全总监的职责：

（一）监督本单位贯彻执行国家有关安全生产的方针政策、法律法规和标准规范，以及集团公司有关安全生产的规定；

（二）在安全生产第一责任人的主持下，组织对同级副职、职能部门执行安全生产责任制情况的督察，并定期提出考核意见；

（三）指导、协调安全监督站实施现场安全监督检查；

（四）监督安全预评价和“三同时”的实施，督促重大事故隐患的整改及重大事故的处理；

（五）监督本单位健康安全与环保（HSE）和职业安全健康（OSH）管理体系的审核及评审工作；

（六）接受安全生产第一责任人交办的其他安全监督工作。安全副总监协助安全总监，具体负责组织、落实上述任务。

第九条 各单位安全总监（含副总监，下同）的权利：

（一）参加本单位的安全管理工作会议，对其安全工作及安全生产、环境保护和职业健康等方面的业绩考评有建议权；

（二）参加集团公司及企业组织的安全监督业务培训、会议及专业学术活动；

（三）在对生产作业场所、工程施工作业项目的督察过程中，发现重大隐患时，有权决定停工或建议停产；

（四）在对本单位的安全事故“四不放过”原则的执行情况进行监督时，有权调阅有关事故档案。一经发现营私舞弊、隐瞒事故及骗取荣誉的行为，有权直接上报；

（五）对坚持原则，秉公办事和提供事故真实情况者有保护权。

第四章 安全监督站、安全监督的职责与权利

第十条 安全监督站的主要职责：

（一）建立健全各项管理制度和安全监督工作程序，根据本单位年度 HSE 工作规划，制定安全监督站的监督工作计划；

（二）在本单位安全总监的业务领导下，合理选派符合资格的安全监督，以负责对聘请单位实施安全监督、执行现场 HSE 监督任务，并负监督责任；

（三）每月要向安全总监和有关职能部门上报监督工作报告和考核意见；

（四）负责组织专、兼职安全监督的培训和管理，不断提高其工作能力和业务水平。

第十一条 安全监督的职责：

（一）接受安全总监委派或单位聘请，负责派驻单位的生产作业现场或工程施工作业项目的安全监督工作；

（二）监督现场的安全管理、“两书一表”的规范运作及其 HSE 管理体系的审核，监督员工正确执行技术操作规程，及时了解、处理现场 HSE 管理的有关情况；

（三）监督现场执行安全检查制度和隐患整改。一经发现重大事故隐患或重大问题，应及时通知被监督单位有关部门，并同时报告安全总监；

（四）向派驻项目或被监督单位定期提交现场监督的审核意见；

（五）向安全监督站定期提交现场监督的审核工作报告。

第十二条 安全监督站、安全监督的权利：

（一）参加本单位或派驻单位的安全管理工作会议，对其安全工作及安全生产、环境保护和职业健康方面的业绩考评有建议权；

（二）参加集团公司及企业组织的安全监督业务培训、会议及专业学术活动；

（三）在对生产作业场所、工程施工作业项目等监督过程中，有权制止违章作业、违章指挥等不安全行为。发现重大隐患时，有权向其上级组织和有关主管部门进行通报和反映情况；

（四）对坚持原则，秉公办事和提供事故真实情况者有保护权。

第十三条 基层生产单位或工程施工作业项目部在聘请（包括安全总监委派）安全监督时，应与安全监督签订合同，依法明确并履行双方的责任、权利和义务。

第五章 安全监督的任职资格与培训

第十四条 安全监督的基本条件：

（一）具有理工科中专以上学历，且大学毕业后从事专业技术工作 4 年以上，或大专毕业后从事专业技术工作 6 年以上，或中专毕业后从事专业技术工作 8 年以上者。从事过生产技术管理或担任过基层领导者，条件可适当放宽；

（二）掌握安全生产的法律、法规、技术标准和 HSE、OSH 管理体系及 ISO 14000 环境管理体系的相关理论知识；

（三）热爱监督工作，责任心强，有现场工作经验和较强的工作协调能力、组织能力；

（四）具有一定的综合文字、语言表达能力；

（五）接受过安全监督技术培训，取得上岗资格证书。

第十五条 集团公司对安全监督的任职资格实行统一考核、发证，各单位负责进行资格审查。

第十六条 各单位的专、兼职安全监督由集团公司授权的培训单位组织培训、统一考核发证。培训安全监督的教师资格和培训大纲应经集团公司主管部门审查、备案。

第十七条 各单位的安全总监由集团公司主管部门组织培训，经考试、考核合格后发给培训证书。

第六章 安全监督的考核与奖惩

第十八条 各单位应制定安全监督管理及考核办法。依据安全监督的工作业绩、现场表现与专业理论水平等考核结果，评定监督资格和兑现奖惩。对监督业绩突出、保持安全生产无事故的安全监督，应给予表彰或奖励。

第十九条 安全监督站应对安全监督每年进行一次考核。

第二十条 集团公司安全监督的资格有效期为 5 年，分期中考核、到期考核。考核合格者，资格继续有效；考核不合格或工作失误者，应视情节，给予警告处分、暂停或注销资格等处罚。

第七章 附 则

第二十一条 各单位应根据本办法，结合实际，制定具体实施细则。

第二十二条 本办法由集团公司质量安全与环保部负责解释。

第二十三条 本办法自发布之日起施行。

中国石油天然气集团公司未上市企业业务板块划分规范

（2002 年 10 月 9 日中国石油天然气集团公司以中油计字［2002］第 407 号文发布）

集团公司未上市企业业务板块划分规范

板 块	专 业	说 明
工程技术服务	1. 物化探	
	2. 钻井	
	3. 固井	

续表

板块	专业	说明
工程技术服务	4. 测井	含射孔
	5. 录井	
	6. 试油	
	7. 井下作业	
	8. 建筑施工	含油田建设、炼化建设和管道建设
	9. 装置维检修	炼化装置维修、检修
	10. 勘察设计	
	11. 工程监理	
生产服务	1. 供水	
	2. 发电供电	
	3. 供气供暖	
	4. 通信	
	5. 物资供应	
	6. 油品销售	
	7. 运输	含货运、客运、公共交通
	8. 物业管理	含绿化、环卫
	9. 矿区维护	含道路维护
加工制造	1. 机械制造及修配	机械制造、修配
	2. 化工延伸加工	
	3. 建材加工	
	4. 轻工电子制造	
	5. 农业及农副产品加工	
	6. 其他	
社会服务	1. 商饮、旅游、接待服务	商业、餐饮、旅游、宾馆、疗养院、办事处
	2. 中小学教育	小学、中学
	3. 大中专教育	大中专院校及企业办中专
	4. 职业教育	企业办技校、职工培训中心、党校
	5. 医疗卫生	医院、卫生所、防疫站
	6. 新闻出版	电视台、广播、报社、出版社
	7. 文化体育	体育馆、文化馆、俱乐部、青少年宫

续表

板　　块	专　　业	说　　明
社会服务	8. 市政机关	仅限劳资统计使用
	9. 公检法	
	10. 消防	
	11. 离退休管理	
	12. 社会保险中心	
	13. 再就业中心	
	14. 其他	
合作开发油气田	合作开发油气田	
境外业务	1. 勘探开发	
	2. 炼油化工	
	3. 工程技术服务	
	4. 物资装备出口	
管理机关	1. 管理机关	集团公司直属单位管理机关
	2. 机关附属	
科研开发	科研开发	科研院所、技术开发

注：各单位内部已经实行专业化分工的，以二级单位为基础填报，没有实行专业化分工的以三级单位为基础填报。

信息网站、网页建设与管理暂行办法

（2002年11月4日中国石油天然气集团公司
以中油计字［2002］第462号文发布）

第一章　总　　则

第一条　为规范集团公司信息网站/网页的建设、管理和信息网上发布，依据《互联网信息服务管理办法》等有关法规和规章，制定本办法。

第二条　本办法适用于中国石油天然气集团公司（以下简称“集团公司”）总部及所属各单位非经营性网站和网页的建设与管理。

第三条　集团公司系统非经营性网站分为两类：外部网站和内部网站。

第四条　信息网站是当前企业实现信息共享和集成，促进管理信息化，提高管理和运营效率，展示企业形象，提供相关服务的手段之一，要大力推进网站建设，充分发挥网站的作用。

第五条　建设信息网站要严格遵守国家有关的法律法规以及集团公司的有关规定。

第六条　要积极引导和推进浏览型信息网站，特别是内部网站向公务型、门户型网站发展。

第七条　集团公司系统外部网站使用统一的标识，即在所有外部网站首页的显著位置放置统一制作的集团公司标识图案。

第八条　外部网站不得为他人设计、制作、发布网络广告。在外部网站发布自己的商品和服务广告，其广告所推销商品或提供服务应当符合本企业经营范围。不得以新闻报道形式发布广告。

第二章　集团公司外部网站

第九条　集团公司外部网站是建立在因特网（Internet）上的、代表集团公司对外宣传的惟一网站，是集团公司对外发布信息的重要渠道。

第十条　集团公司外部网站的正式名称为：中国石油天然气集团公司外部网站，简称“中国石油集团公司外部网站”，网站标识为：中国石油天然气集团公司，网站地址为：http：//www. cnpc. com. cn。

第十一条　集团公司外部网站的服务对象是：集团公司的客户、合作伙伴和社会公众。

第十二条　集团公司外部网站的任务是：展示集团形象，发布业绩公告，提供信息服务，构架合作桥梁。

第十三条　集团公司外部网站总体要求是：形象鲜明突出，信息及时准确，查询方便快捷，沟通灵活有效。

第十四条　集团公司外部网站建设的原则是：统一规划，统一规范，统一管理，分工负责，共同建设。

第十五条　集团公司各部门按照职能分工，负责提供集团公司外部网站相关栏目信息，不得另行设立独立的外部网站、网页。

第十六条　集团公司外部网站由规划计划部负责组织协调，栏目发布的信息由信息提供部门领导审查，网页中文版由政治部总体审核，英文版由国际合作部审核，保证信息的权威性和一致性。

第三章　所属企事业单位外部网站

第十七条　集团公司所属、具有独立法人资格的企事业单位原则上可以在因特网上建立自己的网站（以下简称“企业外部网站”）。

第十八条　企业外部网站是代表本单位在因特网上对外宣传的惟一网站。

第十九条　企业外部网站建设的原则是：统一规范，自主建设，分级管理；发挥集团整体优势，维护集团整体形象，促进企业的稳定和发展。

第二十条　企业外部网站的任务是：展示企业形象，宣传企业产品、服务和技术，为客户、投资者和合作伙伴提供便捷的信息、咨询服务和沟通渠道。

第二十一条　企业外部网站的命名规则是：以单位名称命名网站，例如大庆石油管理局的外部网站名称为“中国石油天然气集团公司大庆石油管理局网站”，简称“中国石油集团公司大庆石油局网站”，网站标识为：中国石油集团公司大庆石油局。

第二十二条　企业外部网站的地址为：http：//www. XXX. cnpc. com. cn。

其中 XXX 为各单位的网络名称代码，详见集团公司 CNPCnet 接入单位网络名称代码一览表（附表1）。

第二十三条　企业外部网站要填写《集团公司所属单位网站链接登记表》（附件 2），报集团公司规划计划部审查通过后，实施与集团公司外部网站的双向链接。

第二十四条　企业外部网站不得自行披露集团公司及集团公司所属其他企事业单位的信息，原则上不允许链接集团公司系统以外的网站。

第二十五条　所属企事业单位建设外部网站，须向集团公司规划计划部提出申请，并报送建站方案，经批准后方可建设。在本办法发布前已经建好的外部网站，要按本办法进行相应整改，并报集团公司规划计划部登记备案。

第四章　集团公司内部网站

第二十六条　集团公司内部网站是建立在石油计算机网络（CNPCnet）上，为集团公司总部和所属单位的生产、经营、管理、科研和员工培训等服务的网站群，统称为“中国石油集团公司内部网站”；是承担企业资源共享、信息服务、辅助管理、支持决策的信息平台；是集团公司及其所属单位的信息门户，将逐步实现与有关应用的链接与集成。

第二十七条　集团公司内部网站的服务对象是：集团公司系统内的各级领导和全体员工。

第二十八条 集团公司内部网站的建设原则是：统一规划，统一规范，分级建设，分级管理。

第二十九条 集团公司内部各级网站的信息内容应当以企业生产、经营、管理、科研、决策信息为主，暂不设聊天室和自由论坛。

第三十条 集团公司总部内部网站名称为“中国石油天然气集团公司总部内部网站”，简称：中国石油集团公司总部内部网站，网站标识为：中国石油天然气集团公司（内部），网站地址为：http：//www. cnpc。

第三十一条 集团公司总部各部门的网页是集团公司内部网站的一部分，地址为：http：//www. cnpc/YYY/。其中 YYY 为部门网页名称代码。

第三十二条 集团公司所属企事业单位的内部网站（以下简称企业内部网站）名称为本单位名称后加“内部网站”。例如：大庆石油管理局的内部网站名称为：“大庆石油管理局内部网站”，网站标识为：大庆石油管理局。各企事业单位内部网站地址为：http：//www. XXX. cnpc；其中 XXX 为各单位的网络名称代码，详见附件 1。

第三十三条 企业内部网站要与集团公司内部网站链接。企业须填写《集团公司所属单位网站链接登记表》，报集团公司规划计划部审查。审查通过后，在被链接网站首页的显著位置安装集团公司标准的电子标识，实施与集团公司内部网站的双向链接。

第三十四条 内部网站发布广告信息要维护企业的整体形象和网站的权威性，要保证信息的规范性和真实性；广告要集中于网站的广告页面/栏目，并对广告进行合理分类，以便于查询。

第三十五条 广告由信息管理部门统一归口管理。广告内容与业务部门主管业务密切相关的，由相应业务主管部门先行审查把关。

第五章　信息网站管理机构

第三十六条 集团公司总部设立信息网站管理委员会，设主任一名，副主任若干，集团公司总部各有关部门委派一名主管领导担任委员。

第三十七条 集团公司总部信息网站管理委员会的主要职责包括：制定网站发展方向和目标，决定网站栏目设置、页面风格及改版；协调解决网站建设和运行的重大问题；组织网站信息资源，检查上网信息质量等。

第三十八条 集团公司总部网站管理委员会下设网站管理办公室 。办公室设在集团公司规划计划部，受委员会委托，具体负责：

1. 网站建设和运行的日常管理工作；
2. 审查网站的链接申请；
3. 审查上网广告的申请；
4. 向委员会提交年度工作报告和下年度的工作计划。

第三十九条 集团公司总部各有关部门指定一名网站联络员，负责与网站管理办公室的联系以及本部门所负责的网站栏目的信息组织与提供。

第四十条 集团公司所属各企事业单位要确定一名主管领导负责本单位网站的建设、管理和上网信息内容的审核，并可根据实际情况，参照本规定第三十六至第三十九条，设立相应的网站管理机构。

第六章　网页制作要求

第四十一条 网页总体设计风格要保持与集团公司整体宣传基调一致，主题突出，形象鲜明，信息分类合理，浏览查阅方便。

第四十二条 所属企事业单位网站的首页应在明显位置建立与集团公司网站链接的按钮。

第四十三条 网页中文文字采用国标码；外部网页的繁体中文内码采用 BIG 5 编码；英文采用 ISO－8859－2 编码。

第七章　网站及信息安全

第四十四条 各单位要认真贯彻国家有关新闻宣传和信息内容安全管理的文件精神，依据《互联网信息服务管理办法》和《互联网电子公告服务管理暂行规定》等法规要求，提高网站安全意识，加强网站内容的监管，确保网站信息内容安全。

第四十五条 各单位要建立健全网络信息安全组织措施和各项管理制度。

第四十六条 外部网站要采取切实措施，实现与企业内部网络的有效隔离。

第四十七条 各单位在网站建设中应当按照“既

保证信息安全，又方便各级人员使用”的原则，加强安全技术和手段的应用，如采用访问控制技术和信息加密技术，对信息系统的安全进行实时监控，对操作系统、数据库系统和应用系统进行安全加固等。

第四十八条　各网站和信息提供单位应当根据国家有关保密的法律、法规、规章以及集团公司的有关规定，限定上网信息内容。

第四十九条　上网信息的属权归该信息提供部门所有，并由该信息提供部门划定并设置使用范围和操作权限。

第五十条　各单位要监视和防止黑客入侵和病毒侵害，并制订和落实网站一旦被侵害时进行恢复的简便有效的办法和措施。

第五十一条　网站要指定专人负责信息网页数据和系统数据的定期备份，确保数据和系统安全。

第八章　网站运行维护

第五十二条　各单位的信息技术服务部门负责网站的运行维护和技术服务。由专职人员负责提供网站、网页系统的网络环境、技术支持和日常维护，加强网站服务器和网络的监控与管理，确保信息网站的高可用性。

第五十三条　各网站要做到每周 7×24 小时正常运转；浏览反应时间一般不超过 5 秒。遇有可知的中断服务情况，要提前通知服务单位和上级主管部门，并事先在网页显著位置公告。

第五十四条　各网站相关栏目要落实信息提供部门/单位和责任人，规定信息更新周期，确保信息的准确性和时效性；各网站维护单位负责提供信息加载工具、相关技术支持和访问授权。

第九章　附　　则

第五十五条　本办法由集团公司规划计划部负责解释。

第五十六条　各所属单位可根据本规定制订实施细则，并报集团公司规划计划部备案。

第五十七条　本办法自印发之日起施行。以前发布的相关规定与本办法不一致的，以本办法为准。

中国石油天然气集团公司机关岗位聘任实施办法

（2002 年 11 月 6 日中国石油天然气集团公司
以中油人劳字［2002］第 464 号文发布）

根据集团公司机关人事制度改革的总体部署，为建立竞争上岗、能上能下、能进能出的动态管理用人机制，进一步强化机关管理职能，加强功能建设，对集团公司机关部门及直属机构实行岗位聘任，特制定如下实施办法。

一、成立岗位聘任领导小组和专家考评委员会

为加强集团公司机关岗位聘任工作领导，成立集团公司机关岗位聘任领导小组（名单附后），领导小组下设岗位聘任工作办公室，办公室设在人事劳资部。同时，成立专家考评委员会，由集团公司办公厅、纪检监察、人事、直属党委等部门和本部门正职组成。

为做好部门处级以下人员的岗位聘任工作，各部门也要相应成立岗位聘任领导小组，在集团公司岗位聘任领导小组领导下开展工作。

二、岗位聘任的原则

1. 坚持定编、定岗、定员、定责、定岗位规范的原则。实行按需设岗、按岗聘用。

2. 坚持公开选拔、竞争择优的原则。按“五定”方案，现任领导人员和管理人员按任职条件和程序履行聘任手续，对空缺岗位实行公开竞聘。

3. 坚持按岗聘任、逐级负责的原则。对聘任的各级管理岗位，实行个人报名、组织考核、上级审批，一级聘任一级，一级对一级负责。

4. 坚持交流的原则。为加强集团公司机关部门和企事业单位领导力量，适当进行干部交流。

三、聘任岗位的设置

根据集团公司机关部门职能、职责、机构人员编制和岗位设置要求，重新明确集团公司机关部门职务系列。

机关部门：设主任（局长）、副主任（副局长）岗位。处室设处长（主任）、副处长（副主任）、高级主管、主管、主办岗位。

根据工作需要，纪检监察部门设正、副纪检监察专员，组织人事部门设干部监督巡视员、组织员岗位。

有关管理部门，经批准，可设副总工程（经济、会计、审计）师。

部门具体职责、编制、岗位设置见《集团公司机关机构调整方案》。

四、岗位聘任的范围

集团公司机关岗位聘任，按管理层次，分三个层面进行。

1. 部门及直属机构需充实调整的正职，按程序进行考核，由集团公司党组直接聘任。

2. 集团公司机关部门及直属机构的现任副职、副总师、处室正副职领导人员、新设的处室高级主管、主管、主办管理人员按任职条件和程序聘任。

3. 集团公司机关及直属机构，由于人员交流、到龄退出领导岗位等原因空缺岗位，新设领导岗位实行公开竞聘。

部门及直属机构副职空缺岗位，在集团公司、股份公司两个机关及集团公司系统内报名竞聘。

部门副总师、处室正副职空缺岗位，在集团公司、股份公司两个机关及在京单位范围内报名竞聘。

对部分特殊专业岗位，可适当扩大报名范围，但须按程序进行严格审批。

经人事部门核准在各部门正式借调的人员，符合岗位聘任条件的，可列入报名范围。

五、岗位聘任的基本条件

1. 能够认真贯彻执行党和国家的方针政策、法律、法规以及集团公司的各项指示精神，讲学习、讲政治、讲正气，具有良好的思想政治素质。

2. 与时俱进，开拓创新，求真务实，工作业绩突出。具有胜任应聘岗位的组织协调和管理能力，以及相应的专业理论知识和实践经验。

3. 事业心和责任感强。顾全大局，公道正派，坚持原则，清正廉洁，具有较高的群众威信。

4. 具有应聘岗位必须的任职资格和经历，身体健康，适应岗位工作需要。

有关具体条件，见岗位任职条件和竞聘公告。

六、岗位聘任的程序与方法

岗位聘任实行双向选择、逐级聘任、合同管理。

（一）现任部门副职以下人员按条件和程序聘任上岗。

部门副职：由个人报名，提交述职报告，民主测评合格，部门正职提名（或组织推荐），人事部门审核，党组审定；

部门副总师、处室正职：由个人报名，提交述职报告，民主测评合格，部门正职提名，部门领导集体研究，人事部门审核，集团公司主管领导同意；

处室副职：由个人报名，提交述职报告，民主测评合格，处室正职提名，部门领导集体研究，人事部门审定；

新设的高级主管、主管、主办：由个人报名，提交述职报告，民主测评合格，处室领导提名，部门领导集体研究确定，人事部门审查，部门领导直接聘任。

（二）对空缺的领导岗位实行公开竞聘。

根据集团公司关于企业领导人员公开竞聘上岗的要求，在公开竞聘前，按机构设置方案，由人事部门和部门主要领导认定空缺岗位，对空缺岗位，按以下程序竞聘上岗。

1. 公布岗位和任职条件。根据“五定”方案，由人事部门发布竞聘公告，公布竞聘岗位和任职条件。

2. 组织报名。按岗位竞聘的要求，组织有关人员报名。

3. 进行资格审查。由人事部门对报名人员进行资格审查，审查通过者确定为竞聘人选。

4. 公开述职和民主推荐。经组织审查考核确定的竞聘人选，分别在召开的部门副职和处室正副职竞聘报告会上作竞聘报告，由专家考评委员会进行民主评议和民主推荐。主要程序和内容是：

（1）竞聘人员做竞聘报告，并当场答辩；

（2）专家考评委员会进行评议和推荐。

对参加部门副职竞聘的人选，经专家考评委员会充分评议后，以无记名投票方式民主推荐考核人选。为体现管事与管人相统一，部门正职的推荐票按 1 票抵 2 票进行加权。竞聘人员较多的，推荐的考核人选比例不能超过 1∶3；竞聘人员较少、得票集中的也可以等额推荐。

参加处室正副职竞聘的人选，由部门领导和专家考评委员会成员共同评议和推荐考核人选，考评人员一般不少于7人。评议和推荐程序参照部门副职竞聘办法。

5. 人选考核。根据推荐结果，由人事部门对考核人选进行考核。

6. 人选审定。部门副职由集团公司党组研究审定；处室正副职由本部门领导集体研究，人事部门审查，报主管领导同意后确定。

7. 任前公示。根据中油党字［2000］第20号文件规定，对拟提任的人员进行任前公示后，履行聘任职手续。

（三）签订聘任合同和劳动合同。

按照责、权、利相统一的原则，聘任上岗人员都要签订聘任合同。并按《劳动法》规定签订劳动合同，部门正职由集团公司法定代表人签订；其他管理人员由集团公司法定代表人委托人事部门负责人签订（具体规定见《集团公司机关劳动合同管理实施细则》）。

七、岗位聘任的有关政策

根据集团公司机关机构调整和岗位聘任的实际情况，明确并制定以下政策。

1. 聘任上岗的各级管理人员均要签订聘任合同，实行聘任目标管理，聘期三年。按聘任合同规定的责任、目标，每年进行一次业绩考核，并根据考核结果兑现业绩奖金。

2. 对于纪检监察、组织巡视等专职管理人员，按相应职级任职条件和聘任程序进行聘任；对非领导职务以及带职级调入机关且在本部门职数限额以外的人员，经考核符合任职条件者，按相应级别程序聘任并享受相应待遇。

3. 参加岗位聘任的现职人员，民主测评称职率达不到60%的，经考核不胜任现职的，不能在原岗位聘任，参加下一级岗位竞聘，并实行易岗易薪。

4. 对于干不满一个聘期的人员，考虑到集团公司机关和直属机构的工作性质，可以自愿选择参加和不参加岗位聘任。参加岗位聘任上岗者，其聘任合同期限签订到国家规定的退休年龄为止。聘任不上者，按落聘的有关政策对待。主动不参加岗位聘任的，可以保留原级别，安排相应工作，基本工资待遇保持不变，业绩奖金按同级的70%发放，达到退休年龄时，按规定办理退休手续。其中，当年达到退休年龄的，薪酬待遇不变。

现任部门副职及以下人员，至此次聘任之日算，年龄超过57周岁（处级人员中年龄超过52周岁的女性），视为干不满一个聘期的人员。

5. 对于非任期原因本人未提出聘任申请的人员，视为落聘人员。对于落聘的各类人员，原级别待遇不再保留，采取以下措施分流：

（1）参加其他岗位的竞聘。

（2）对于未经组织批准到其他单位工作的，办理调动手续并解除劳动关系。

（3）对于符合内部退养条件的，经本人和用人部门协商一致，实行内部离岗退养，到法定退休年龄办理退休手续。

（4）对于需要培训的人员，参加集团公司统一组织的离岗培训。具体按《集团公司机关人员培训管理办法》的规定执行。培训结束后，符合上岗条件的，通过岗位竞聘重新上岗。

（5）对于没有其他正当理由不参加岗位聘任的人员，一律按待岗处理。

6. 由组织安排到新疆、西藏等边远地区挂职锻炼的人员，按上级有关规定，不参加岗位聘任，保留原岗位级别待遇。公派出国学习的，按签订的学习合同执行。

7. 需要到基层锻炼的，要安排到基层挂职锻炼。

八、岗位聘任的工作纪律

岗位聘任工作是集团公司人事制度改革的重要内容，是推进集团公司机关建设的一件大事。各级管理人员要认真贯彻执行中共中央《关于加强和改进党的作风建设的决定》和《党政领导干部选拔任用工作条例》的各项规定，从全局和政治的高度，充分认识岗位聘任工作的重要意义，积极支持和参与这项工作。参加考评的各级工作人员，要坚持德才兼备标准，坚持任人唯贤，公道正派，严格按程序、按政策办事，严格遵守人事工作纪律，实事求是、客观公正地评价和推荐干部。参加岗位聘任和竞聘的人员，要解放思想、提高认识，主动参与竞争，客观地评价自己。正确对待组织和群众的选择，正确对待名誉、权力和地位，正确对待个人的进退得失，坚决抵制各种不正之风，保证岗位聘任工作的顺利开展。

为增强岗位聘任工作透明度，接受群众监督。在岗位聘任期间，专门设立意见箱和群众接待办公室（423房间），值班电话：62094913，62094767。

中国石油天然气集团公司机关岗位聘任工作领导小组成员名单

组　长：马富才
副组长：郑　虎、李克成
成　员：刘海胜、祖凤鸣、许永发、关晓红、严绪朝、温青山、刘　磊、樊胜利
领导小组下设办公室，办公室设在人事劳资部。

中国石油天然气集团公司机关各部门工作职责

（2002年11月19日中国石油天然气集团公司以中油人劳字〔2002〕第490号文发布）

一、办公厅

1. 协助集团公司领导组织机关日常办公及有关活动安排。

2. 督促检查集团公司有关决策部署及重要事项的办理落实情况，并及时反馈工作进展和办理结果。

3. 负责集团公司系统重要工作信息的收集、汇总、上报；集团公司总值班。

4. 负责集团公司大型综合性会议、重要活动的组织筹备，集团公司总经理办公会等会务组织工作，编写《会议纪要》

5. 协调机关各部门有关工作运行；制定集团公司机关有关规章制度；汇总审核机关各部门各类会议计划。

6. 负责集团公司新闻发布、企业形象和广告宣传。

7. 负责集团公司与上级机关部门、地方政府和相关单位的有关联络。

8. 负责集团公司文电收发、文电处理、公文核稿和印章管理。

9. 指导和协调所属企事业单位稳定工作；办理和接待群众来信来访。

10. 负责集团公司综合治理、国家安全、保密、普通密码、无线电等归口管理；负责机关和指导在京单位的安全保卫工作。

11. 管理集团公司机关档案；指导所属企事业单位档案工作。

12. 负责集团公司机关资产和财务管理。

13. 归口管理集团公司机关行政事务中心、扶贫办、绿化办的工作。

二、发展研究部

1. 负责集团公司战略管理工作；组织研究制定集团公司发展战略和体制改革、企业管理总体思路和框架方案。

2. 组织对改革发展中重大问题的调查研究，提出对策、建议，做好决策服务工作。

3. 起草集团公司向党中央、国务院及有关部委的综合性汇报、报告、请示以及集团公司综合性会议报告、领导讲话。

4. 制定并组织实施集团公司重点经济研究课题年度计划；组织经济研究课题立项审查和成果初评。

5. 负责集团公司法律事务工作。

6. 负责集团公司房改工作。

7. 指导所属企事业单位经济研究工作；归口管理石油企业管理协会工作。

三、规划计划部

1. 制订集团公司规划编制规范；编制五年计划

和滚动计划；发布集团公司投资方向指导目录；制订产业结构调整方案和技术服务装备配置标准。

2. 制订集团公司投资项目可行性研究和评估工作规范，发布经济评价方法及参数；组织和委托限额以上投资项目评估论证，归口办理投资项目批复文件；负责需经国家有关部门审批项目的报批；组织协调限额以上投资项目竣工验收和后评价工作。

3. 上报集团公司国民经济和社会发展计划、经济适用房建设计划、在京单位房建计划；制订集团公司生产经营计划和投资计划管理制度；编制集团公司生产经营计划、投资计划，下达年度生产经营目标；指导投资项目招投标工作，检查考核年度生产经营目标和投资计划执行情况。

4. 上报集团公司生产经营和综合统计报表；制订综合统计和经营成果评价指标体系、报表制度。收集、整理、发布综合统计数据和外部经济信息；开展企业生产经营成果分析；组织完成国家布置的大型统计调查任务；核定主要业务生产能力；负责勘察设计及建筑业统计工作。

5. 制订土地管理和土地经营制度；指导所属企事业单位土地管理和土地资产经营工作；负责国家授权经营土地使用权的报批、管理及抗震管理。

6. 负责机电产品及其他货物进出口管理以及国际招标机构资格申报工作。

7. 集团公司工程勘察设计、建筑施工、工程建设监理、工程造价咨询、压力容器、压力管道设计制造安装资质管理以及相关专业人员执业资格管理。

8. 受国家有关部门委托，监督管理石油天然气建设项目工程质量；负责石油工程定额管理；指导集团公司施工设计和造价管理工作；组织限额以上投资项目初步设计审查。

9. 制订信息化工作管理制度和标准规范；编制并组织实施信息化工作规划；组织信息网站运行，总部信息设备配置和技术服务；规划组织总部及所属企事业单位 ERP 建设；开展信息化技术交流。

10. 制订集团公司油气合作开发规章制度，编制合作开发总体规划；组织油气合作区块技术经济评价，审批开发项目。

四、财务资产部

1. 制订集团公司财务、会计制度和国有资本金管理办法，建立和完善财务管理和会计核算体系。

2. 提出年度预算编制方案，明确预算政策，编制、审查和批复集团公司本部及所属企事业单位年度财务预算；组织编制和上报中央财政预算；考核所属企事业单位年度预算指标完成情况。

3. 编制上报集团公司月、季会计报表和年度财务决算；安排年度会计报表审计。

4. 会计信息的收集、整理和综合分析；向政府监管部门和集团公司提供财务信息数据和资料。

5. 筹融资规划研究和方案制定；企业生产经营及各项事业发展所需资金的筹集；制定资金管理方案。

6. 合理调整集团公司和所属企业举债规模和债务结构，并对担保等或有负债进行监管，控制财务风险。

7. 处理企业改制、资产置换、整合等资产重组业务所涉及的财务资产问题；办理企业资产评估立项、评估结果确认；国有资产产权界定、产权登记及企业之间产权纠纷的调处；上报、批复产权变动事宜；进行清产核资。

8. 制订集团公司贯彻国家税收法规的具体办法和措施并进行税务筹划；研究和配合政府财税部门制定石油行业财政和税收政策；协调处理税收征管中的有关问题。

9. 负责会计事务和基础工作规范化管理以及财务管理信息系统的规划、开发、运行、维护等工作。

10. 配合中央派驻集团公司监事会工作；配合国家有关部门的绩效评价工作，制定集团公司内部绩效评价办法。

五、资本运营部

1. 负责集团公司与所投资公司的对口联系及相关股权信息管理及各专业委员会的协调工作；跟踪评价所投资公司的运营情况，研究提出加强公司管理的建议和相关股权处置意见。

2. 负责对集团公司委派的股权代表、推选的董事、监事进行业务管理，对其行权、履职情况提出考核及调整建议；管理专职董事和监事。

3. 对集团公司资产分布状况进行调查、分析和研究，制定重组方案并组织实施。

4. 负责集团公司企业改制的试点和推广工作及所属企业公司制改造、改制分流的审批。

5. 负责所属企业资本运作的对外投资项目管理及审批。归口管理所属企业控股上市公司的国有股权；负责所属公司制企业的股本筹资和发行可转换债券工作。

六、人事劳资部

1. 负责集团公司所属企事业单位领导班子和后备干部队伍建设；负责集团公司机关部门领导的考核配备及机关工作人员的人事劳资管理和培训工作；负责向控股或参股公司推荐董事、监事候选人和总经理班子人选。指导所属公司制企业建立并规范法人治理结构。

2. 负责高级专家、学术技术带头人的选拔、推荐和管理，组织教授级高级职称的评审及集团公司直属副高级职称评委会的评审；组织专业技术职（执）业资格的推荐与评定；指导和协调基层职称评审和专业技术岗位的聘任工作。

3. 负责集团公司党组的有关事宜和与中央、国务院主管部门及各省（区）有关业务部门的工作联系。

4. 编制职工总量规划和计划并组织实施；负责集团公司机关机构设置及人员编制管理；直属单位的设立、调整及名称管理；负责劳动合同及集体合同管理；处理企业改制、资产重组等业务中人员安置和劳动关系问题；指导所属企事业单位下岗职工再就业工作；协调处理与劳资政策有关的各类群体的稳定工作。

5. 编制并组织实施工资总量计划；制定集团公司及所属企事业单位工资总额与效益挂钩的工资增长办法；组织制定并实施集团公司基本工资制度、涉外工作人员工资标准和福利待遇以及高级管理人员业绩考核和兑现工作；负责所属企事业单位工资内外收入的监督检查；指导所属企事业单位进行内部分配制度改革；负责人工成本的统计、分析和监控工作。

6. 制定集团公司职工培训规划和年度计划并组织实施，负责集团公司职业技术教育和职工培训的宏观管理，指导职工培训工作；统筹规划集团公司培训基地建设。

7. 制定集团公司干部人事制度、劳动工资制度改革方案及有关管理制度并组织实施。

8. 负责人事劳资综合统计及人事信息的归口管理，归口上报各类人事劳资统计报表；负责党组管理的企事业单位领导人员人事档案和机关人事档案管理；指导所属企事业单位人事档案工作。

七、科技发展部

1. 编制科技发展规划和计划；制定技术创新战略和政策；研究科技进步、科技发展布局，为科技发展委员会提供决策依据。

2. 管理国家和集团公司级科技项目，组织科学研究、技术开发及高新技术产业化工作；组织跨部门和专业的共用技术项目以及对集团公司长远发展影响重大的应用基础、技术储备、前沿技术的实施。

3. 管理集团公司及国家下达的科学技术经费；制定经费预算及年度经费计划，报科技委员会审批后实施。

4. 管理知识产权，组织专利申报、科技成果鉴定、验收、价值评估、成果登记和奖励及科技信息、科技统计、科技期刊管理、科技保密等。

5. 承担国家有关部门下达的科技工作；归口管理集团公司直属科研院所；组织实施相关国际科技合作及人才引进项目。

6. 管理国家工程研究中心、国家和集团公司重点实验室。

7. 管理集团公司技术中心，研究制定技术中心建设发展规划，组织各技术分中心的认定、评价与考核。

8. 承办科技委员会日常工作，协调部门之间科技工作，向科技委员会汇报科技工作的重大问题。

八、国际事业部（外事局）

1. 研究制定集团公司涉外规章制度、具体规定和实施细则。

2. 负责集团公司系统出国（境）团组的立项、审批和综合管理。

3. 负责集团公司对外高层联络，集团公司领导外事活动安排；国外重要来访团组的申报、接待；来访集团公司的外国人员邀请及相关管理。

4. 负责涉外科技合作和技术交流；组织国际组织援款项目的实施；负责参加或举办国际会议、国际展览会的审批和管理。

5. 负责对外合资、合作项目的章程、合同的申报、审批；集团公司境外项目申报、协调和归口统计。

6. 负责集团公司驻外机构申报、审批和管理；外经贸权申报和外经贸企业的外事管理。

7. 负责涉外信息研究和服务；组织编写对外年报和其他对外宣传材料。

8. 综合管理集团公司对台、港、澳事务和国外专家。

九、市场管理部

1. 负责集团公司石油工程技术服务内部市场规范、监管和协调，组织制定相应的管理办法和实施细则，监督招投标工作。

2. 组织开拓石油工程技术服务系统外市场和国际市场，协调重大项目的运行。

3. 制定股份公司与存续企业间各类关联交易的管理办法，协调关联交易中产生的矛盾和争议，负责集团公司关联交易协调领导小组办公室日常工作。

4. 收集研究国内外石油工程技术服务市场信息；

提出石油工程服务队伍、技术、装备的调整建议。

5. 研究制定集团公司各类技术服务、专业施工技术规范和管理规范，并对实施情况进行监督检查。

6. 归口管理石油工程技术承包商协会和企协设备管理分会。

十、质量安全环保部

1. 制定集团公司有关质量、标准化、计量、安全、消防、环保、职业卫生、节能节水等方面的管理办法、规划和计划；监督考核企业执行情况。

2. 指导所属企业开展全面质量管理，开展质量体系、产品质量认证，考核企业质量指标完成业绩。

3. 指导企业推行环境管理体系、职业安全健康管理体系和集团公司健康安全环境管理体系；实施安全监督和环境监理制度，指导赴国外施工作业队伍的HSE管理和培训。

4. 负责督导、检查企业安全生产、环境保护、健康责任制的实施；协调重、特大安全事故的调查处理；承担集团公司安全生产委员会和HSE指导委员会办公室日常工作。

5. 组织制定、发布、宣贯集团公司企业标准体系和企业标准；负责国家标准、行业标准的立项申请；组织完成国家标准、行业标准的制定、修订任务；承担国家和行业标准化技术委员会秘书处、国际标准化技术委员会国内技术归口单位的日常工作；组织参与国际标准化活动。

6. 组织建立集团公司石油专用计量器具量值溯源体系；制定计量技术规范；承担石油计量协会秘书处的日常工作。

7. 组织对重要采购物资和自产产品实行质量认可证制度和质量监督抽查；对重大装备及产品的驻厂监造和对锅炉、压力容器、压力管道等特种设备的管理；对钻井等重要设备的质量安全检测，协调重、特大质量事故的调查处理。

8. 组织对企业重点耗能耗水设备、装置、系统的监测；督导企业进行节能节水技术改造。

9. 组织审查工程项目的环境影响、安全预评价、职业病危害预评价等报告书以及节能节水篇。

十一、审计部

1. 编制基本建设、财务收支、经济责任、对外合作、经济效益等审计计划，组织审计中心和全系统审计力量，保证审计计划的完成。

2. 审理审计组上报的审计报告，按照内审标准，监督审计质量，避免漏审风险。

3. 下达审计意见书和审计处理决定，并对被审单位执行审计决定情况进行后续审计。

4. 组织专项效益审计。指导所属企事业单位内部审计工作。

5. 组织海外投资项目和国际合作项目审计，并按项目派出首席审计师。

6. 对所属企事业单位领导离任审计及重大审计项目，派出审计组长和审计骨干带队审计；对领导交办的重要审计事项直接审计。

十二、党组纪检组、监察部

1. 负责党风廉政建设和纪检监察工作的部署、检查、总结；对所属企事业单位纪委、监察部门进行业务指导。

2. 监督、检查所属企事业单位党政组织和领导干部贯彻执行党的路线、方针、政策和国家法律、法规及集团公司重大决策、规章制度情况；贯彻落实党内监督制度。

3. 受理对所属企事业单位领导班子和集团公司管理干部的违法违纪行为控告举报，对违反党纪、政纪的案件进行调查处理。

4. 组织开展与指导所属企事业单位执法、效能监察和专项检查。

5. 受理集团公司系统党组织、党员和行政监察对象的申诉。

十三、政治思想工作部、直属党委

1. 指导所属企事业单位党建工作；负责总部机关及直属单位党组织建设及党员管理；指导各级领导班子思想政治建设、基层组织建设、党员教育与管理。

2. 负责集团公司的新闻宣传工作；归口管理石油报刊（社会科学类）影视中心、石油文联、体协、记协等文化社团工作。

3. 负责所属企事业单位和总部机关思想政治工作、精神文明建设、企业文化建设及党建思想政治工作研究会工作；推荐、考核所属企事业单位上报的国家级先进集体和个人；考核、上报在京直属单位申报中央国家机关精神文明先进单位；负责直属机关侨务、统战工作。

4. 负责直属机关党风廉政建设和纪检监察工作；受理对机关部门和直属单位党组织、党员、行政监察对象的信访举报及党员和监察对象的申诉；查处副局级以下人员违纪案件；组织机关和在京单位开展执法监察、效能监察和专项检查。

5. 指导所属企事业单位的工会工作；负责直属工会日常工作。

6. 指导所属企事业单位的青年及共青团工作；负责直属团委工作。

十四、离退休职工管理局（老干部局）

1. 指导所属企事业单位离退休职工管理和服务工作；负责机关离退休职工的管理和服务。

2. 负责老年政研会和老年体协工作；组织指导离退休职工思想政治工作和文体活动。

3. 负责离退休职工管理工作信息交流与统计年报；接待和处理有关离退休工作的来信来访。

4. 负责机关离退休职工党支部建设、政治学习、文件传阅、参加有关会议和政治活动等的组织工作。

5. 负责原石油部、总公司老领导、集团公司领导、机关离休干部的医疗保健和离退休职工健康疗养。

6. 负责管理机关离退休职工活动中心和老年大学。

7. 编制机关离退休职工活动经费、医药费及其他费用预决算并负责统一使用。

中国石油天然气集团公司
职业病防治管理办法

（2002年11月22日中国石油天然气集团公司
以中油质安字［2002］第503号文发布）

第一章　总　　则

第一条　根据《中华人民共和国职业病防治法》及国家有关职业卫生法律、法规和标准，为预防、控制和消除职业病危害，保护职工健康，特制定本办法。

第二条　职业病防治工作必须贯彻“预防为主，防治结合”的方针，实行分类管理、综合治理，为职工创造符合国家职业卫生标准和卫生要求的工作环境和条件，防止职业病发生。

第三条　本办法适用于中国石油天然气集团公司（以下简称集团公司）所属各企业。

第二章　机构和职责

第四条　企业应当建立、健全职业病防治责任制，加强对职业病防治的管理。企业法人是职业病防治工作的第一责任人，对本企业产生的职业病危害承担责任。

第五条　企业应成立以主管领导为主任的职业病防治领导小组，设置职业病防治专业管理机构。职业病防治领导小组由生产、计划、财务、人事、职业病防治、安全、环保等部门和工会参加，负责企业内部重大健康管理问题的决策，组织职业病危害事故的调查和处理；职业病防治机构应配备专职主管工作的处长，设置职业卫生管理科，负责贯彻国家和集团公司职业病防治法律、法规、方针、政策，组织本企业职业病防治工作的实施；基层单位应配备专兼职的职业卫生人员；建立健全职业病防治三级管理网络。

第六条　企业原则上应建立职业病防治技术支持机构，设立职业病防治所，并取得相应资质。对于不具备设置职业病防治机构的企业，应与有资质的职业病防治机构建立协作关系。

第七条　企业应当制定职业病防治长期发展规划和年度计划，建立、健全职业健康管理制度、职业卫生档案、职工健康监护档案、职业病危害事故应急救援预案，以及职业病危害因素监测及评价制度。

第八条　企业建立HSE管理体系，应完善职业健康管理要求，健康审计是HSE管理体系审核和评审的重要内容。

第三章　防护措施

第九条　可能产生职业病危害的建设项目应当开展职业病危害评价，并依法申报审批。

第十条　建设项目的职业卫生防护设施应当符合国家职业卫生标准和卫生要求，并与主体工程同时设计、同时施工、同时投入生产和使用。

第十一条　企业必须根据国家和当地的有关规定，采用有效的职业病防护设施，并为职工提供个人使用的职业病防护用品。为职工个人提供的职业病防护用品必须符合职业病防护要求；不符合要求的，不得使用；国家和当地没有标准的，由企业提出报告和建议标准报集团公司审查批准后执行。

第十二条　职业病防护设备、应急救援设施和个人使用的防护用品，应当进行经常性的维护、检修，定期检测其性能和效果，确保其处于完好状态，不得擅自拆除或停止使用。

第十三条　企业应当在醒目位置设置职业病防治公告栏，对产生严重职业病危害的作业岗位，应当在其醒目位置设置警示标识和中文警示说明。

第十四条　企业应定期对职业病危害进行风险评估，完善和建立职业病危害控制措施和事故应急救援预案；应急预案应进行针对性演练，一旦发生危害职工健康的紧急情况应当立即实施救援。

第十五条　生产、使用和引进与职业病危害有关的危险化学品，必须具备毒性鉴定资料，并进行申报及登记。

第十六条　不得将产生职业病危害的作业转移给不具备职业病防护条件的单位和个人。不具备职业病防护条件的企业不得接受产生职业病危害的作业。

第四章　监测与治理

第十七条　专业职防机构负责定期对职业病危害因素的工作场所进行检测、评价，检测数据和评价结果应存入档案，并定期向职工公布。

第十八条　工作场所职业病危害因素控制应当符合国家职业卫生标准和卫生要求，达不到标准和要求的，应当采取限期治理措施，对于不治理或治理仍然达不到标准和要求的必须立即停止作业。

第五章　职业健康监护与职业病管理

第十九条　企业应建立、健全职业健康监护档案，并按规定实行信息化、动态管理。

第二十条　对从事接触职业病危害作业的职工，应依据《职业健康监护管理办法》组织上岗前、在岗期间、离岗时和应急的职业健康检查，并将检查结果如实告知职工。凡有职业禁忌症者，不得安排从事所禁忌的作业。

第二十一条　对职业病病人、疑似职业病病人应按规定进行登记、治疗、复查等管理，建立职业病档案，并定期对资料进行分析，提出建议。

第六章　放射防护

第二十二条　遵照《放射性同位素与射线装置放射防护条例》和相关的法律、法规，企业应制定放射防护管理规章制度和应急救援预案，建立并完善放射工作卫生许可档案和管理档案。定期对本企业的放射工作场所及其周围环境进行监测和评价，并实行职业性健康监护。

第二十三条　对放射工作场所和放射性同位素的运输、贮存，必须配置防护设备、警示标识和报警装置。作业人员须经培训合格后持证上岗。接触放射线的工作人员应佩戴个人剂量计，按规定周期进行监测、评价，建立档案，妥善保存。

第七章　培　训

第二十四条　企业应当遵守职业病防治法律、法规，分层次组织本单位职工开展上岗前的职业卫生培训和在岗期间的定期职业卫生培训，培训结果应记入职工健康档案。

第二十五条　企业临时聘用劳动者，应进行职业病防护教育和培训，将其从事的工作过程中可能产生的职业病危害及其后果、职业病防护措施和待遇如实告知劳动者，并记录在案。

第八章　职工权利与义务

第二十六条　职工的权利。

职工享有以下保护权利：

（一）接受职业卫生教育、培训；

（二）获得职业性健康检查和职业病诊疗、康复服务；

（三）了解工作场所产生或者可能产生的职业病危害因素、危害后果和应当采取的职业病防护措施；

（四）由企业提供符合防治职业病要求的职业病防护设施和个人使用的职业病防护用品；

（五）可以拒绝违章指挥，对违反职业病防治法律、法规以及危害生命健康的行为，有权提出批评、检举和控告；

（六）对用人单位职业病防治工作提出意见和建议。

第二十七条　职工的义务。

（一）遵守各种职业卫生法律、法规、规章制度和操作规程；

（二）学习并掌握职业卫生知识；

（三）正确使用和维护职业病防护设备和个人卫生防护用品；

（四）发现职业病危害事故隐患及时报告。

第九章　职业病防治费用

第二十八条　建设项目职业病危害预评价费用列入项目前期工作费用，职业病防护设施以及职业病危害控制效果评价所需费用应纳入工程预算。

第二十九条　预防和治理职业病危害、工作场所职业病危害因素检测、职工健康监护和职业卫生培训等费用在生产成本中据实列支。

第三十条　职业病病人的诊疗、康复费用，伤残以及丧失劳动能力的职业病病人的社会保障，按照集团公司有关工伤社会保险的规定执行。

第三十一条　职业病病人的诊断鉴定费用、疑似职业病病人在诊断、医学观察期间的费用由企业承担。

第三十二条　对从事职业病危害作业的职工，应给予岗位津贴。

第十章　考　　核

第三十三条　企业的职业病防治管理组织应按照《中国石油天然气集团公司职业病防治工作考核标准》，对本单位的职业病防治工作进行自检自查。

集团公司对所属单位的职业病防治工作进行考核。

第十一章　附　　则

第三十四条　本办法由集团公司质量安全与环保部负责解释。

第三十五条　本办法自发布之日起施行。

中国石油天然气集团公司
质量事故管理规定（试行）

（2002 年 12 月 11 日中国石油天然气集团公司
以中油质安字［2002］第 551 号文发布）

第一章　总　　则

第一条　为了加强对集团公司质量工作的监督管理，完善质量责任制，规范质量事故的报告、调查和处理工作，根据《中华人民共和国产品质量法》、国务院《建设工程质量管理条例》和对外贸易经济合作部、建设部《关于对外承包工程质量安全问题处理的有关规定》的要求，制定本规定。

第二条　质量事故系指企业在生产和经营活动

中，因产品质量、工程质量、施工作业质量和服务质量未满足或违反国家法律、法规、标准、规范或设计文件、合同规定的要求，造成的经济损失、财产损失、信誉损失、停工返工和退赔的责任事故。

第三条 本规定适用于集团公司所属企业，包括在境外承担对外承包工程的企业发生质量事故的报告、调查、处理以及事故的统计、分析。

第四条 质量事故，按照所造成的直接经济损失的大小，分为特大质量事故、重大质量事故、严重质量事故和一般质量事故。

（一）特大质量事故，是指一次直接经济损失在500万元（含500万元）以上，其中基建工程直接经济损失300万元（含300万元）以上的质量事故。

（二）重大质量事故，是指一次直接经济损失在100万元（含100万元）以上；500万元以下的质量事故。

（三）严重质量事故，是指一次直接经济损失在30万元（含30万元）以上，100万元以下的质量事故。

（四）一般质量事故和质量问题，是指一次直接经济损失在30万元以下的质量事故和质量问题。

第五条 各企业应当完善质量管理体系，明确质量责任，严格执行国家法律法规和标准、规范，加强质量监督管理，减少和杜绝质量事故的发生。

第二章 质量事故报告和经济损失统计

第六条 集团公司实行质量事故报告制度。各企业质量主管部门应于每年7月15日之前将本企业上半年的质量事故汇总表报集团公司质量安全环保部，每年1月15日之前将本企业上年度质量事故汇总表报集团公司质量安全环保部（质量事故汇总表见附表1）。

第七条 质量事故发生企业，其一次直接经济损失预计超过100万元时，应及时填写《中国石油天然气集团公司重大、特大质量事故报告单》，并在三日内报集团公司质量安全环保部。在质量事故调查完成后，应及时将调查报告报送集团公司质量安全环保部。

第八条 在对外承包工程中发生下列质量事故或严重质量问题的，对外承包工程企业应在事故发生之日起的24小时内向集团公司国际合作部、质量安全环保部和我国驻该国或地区的使（领）馆经济商务机构报告：

（一）造成直接经济损失在100万元（人民币）以上的质量事故；

（二）严重违反工程所在国或者地区规定采用的工程建设技术法规或者强制性标准，造成质量问题或严重不良后果的；

（三）其他涉及质量的违法违规行为，在工程所在国或者地区造成严重不良后果的。

第九条 凡发生造成人员伤亡的火灾、爆炸等涉及安全的质量事故时，应按照安全事故的管理程序上报。同时，企业质量主管部门也应将事故中涉及有关质量事故的问题调查上报集团公司质量安全环保部。

第十条 任何企业和个人对已经发生的质量事故，不得隐瞒不报、虚报或故意拖延报告。

第十一条 质量事故经济损失的统计按照国家标准GB/T 13341—1991《质量损失率的确定和核算方法》中内部损失成本和外部损失成本进行统计。

（一）内部损失成本：报废损失费、返修费、降级损失费、停工损失费、质量事故处理费等。

（二）外部损失成本：索赔费、退货损失费、折价损失费、保修费等。

第三章 质量事故调查

第十二条 质量事故调查工作必须坚持实事求是，尊重科学的原则。严格按有关规定和程序办事。

第十三条 质量事故由企业负责组织调查。发生重大或特大质量事故时，集团公司负责事故调查和处理的协调。

第十四条 当发生质量事故时，事故发生企业应尽快组织调查组进行调查，并写出调查报告。调查组成员应与所发生的质量事故及相关人员不存在任何利益或者利害关系，同时，应具有事故调查所需要的相关专业知识；如有必要，可委托或指派专业质量技术机构参与事故的调查和分析。

第十五条 质量事故调查组应当履行下列职责：

（一）查明经济损失情况（包括直接和间接经济损失）；

（二）分析事故原因（必要时应当进行技术鉴定）；

（三）确定事故责任，提出事故处理建议；

（四）提出防止类似事故重复发生的措施；

（五）写出质量事故调查报告书。

第四章　质量事故处理

第十六条　质量事故由事故发生企业质量主管部门会同有关部门提出处理意见，由事故发生企业根据有关规定和事故情节轻重、责任大小，对质量事故责任者进行经济处罚或行政处分。对于构成犯罪的事故责任者，由司法机关依法追究刑事责任。

第十七条　对于企业年度发生质量事故的情况，应按照相关企业管理岗位人员考核办法记入企业责任领导和主要责任者的工作业绩考核。

第十八条　涉及人员伤亡的质量事故、安全管理部门已经处理的，不再进行重复处罚。

第十九条　对隐瞒不报、虚报或故意拖延报告质量事故的，视情节轻重，对责任者加重处罚，并追究有关领导者的责任。

第二十条　由于使用采购的物资，设备质量问题造成的质量事故，除按照合同条款追索违约金、赔偿金外，对造成重大和特大质量事故的供方，可采取吊销准入证、认可证、网员证等准入资质等处理。

第二十一条　由于质量检验机构弄虚作假或失职而造成质量事故，由其主管部门根据事故级别和责任，分别进行批评、通报、罚款或暂停工作，直至取消检验资格等处理。

第二十二条　事故发生企业应制定和落实改进措施，进行认真整改，杜绝质量事故的再次发生。

第五章　附　　则

第二十三条　各企业可以结合自己的实际情况，依据本规定制定有关实施细则。

第二十四条　本规定自发布之日起实施。

第二十五条　本规定由集团公司质量安全环保部负责解释。

附表1：

中国石油天然气集团公司质量事故汇总表

填报企业：　　　　　　　　　　　　　　　　时间：　　年　月　日至　月　日

<table>
<tr><td colspan="2">企业领导姓名</td><td></td><td>分管领导姓名</td><td></td><td>电话</td><td></td><td>传真</td><td></td></tr>
<tr><td colspan="2">质量管理部门</td><td></td><td>负责人姓名</td><td></td><td>电话</td><td></td><td>手机</td><td></td></tr>
<tr><td rowspan="5">质量事故情况</td><td colspan="2">事故等级</td><td>一般质量事故</td><td colspan="2">严重质量事故</td><td colspan="2">重大质量事故</td><td>特大质量事故</td></tr>
<tr><td colspan="2">事故次数</td><td></td><td colspan="2"></td><td colspan="2"></td><td></td></tr>
<tr><td colspan="2">累计经济损失，万元</td><td></td><td colspan="2"></td><td colspan="2"></td><td></td></tr>
<tr><td colspan="2">伤、亡人数</td><td></td><td colspan="2"></td><td colspan="2"></td><td></td></tr>
<tr><td colspan="2">事故分类</td><td></td><td colspan="2"></td><td colspan="2"></td><td></td></tr>
<tr><td colspan="3">质量事故处理情况</td><td colspan="6"></td></tr>
<tr><td colspan="5">填表人（签字）：</td><td colspan="2">年　月　日</td><td colspan="2" rowspan="3">（企业质量主管部门公章）</td></tr>
<tr><td colspan="5">企业质量管理部门负责人（签字）：</td><td colspan="2">年　月　日</td></tr>
<tr><td colspan="5">企业分管领导（签字）：</td><td colspan="2">年　月　日</td></tr>
</table>

填表说明：1. 如无质量事故发生，填写“无事故发生”。

2. 事故分类指产品质量、工程质量、施工作业质量和服务质量事故。

关于印发《中国石油天然气集团公司关于在境外设立工程承包、技术服务、劳务输出和物资装备出口项目公司（乙方公司）的规定》等八项涉外规章制度的通知

（2002年9月27日中国石油天然气集团公司
以中油外字［2002］第396号文发布）

各企事业单位：

为进一步加强集团公司外事工作的管理，更有效地配合“走出去”战略的实施，以保证集团公司国际化事业快速、健康地发展，根据国家的有关规定要求，结合集团公司实际，对原有的规章制度重新进行了修订。现将修订和制定的《中国石油天然气集团公司关于在境外设立工程承包、技术服务、劳务输出和物资装备出口项目公司（乙方）的规定》等八项涉外规章制度印发给你们，请依照执行。

附件：1. 中国石油天然气集团公司关于在境外设立工程承包、技术服务、劳务输出和物资装备出口项目公司（乙方公司）的规定

2. 中国石油天然气集团公司境外工程承包、技术服务、劳务输出和物资装备出口项目管理办法

3. 中国石油天然气集团公司境外工程承包、技术服务、劳务输出和物资装备出口项目协调管理办法

4. 中国石油天然气集团公司关于派出执行境外项目人员的管理办法

5. 中国石油天然气集团公司境外企业的管理规定

6. 中国石油天然气集团公司关于设立境外办事处的规定

7. 中国石油天然气集团公司境外办事处管理规定

8. 中国石油天然气集团公司关于对外科技交流和合作工作管理细则

附件1

中国石油天然气集团公司关于在境外设立工程承包、技术服务、劳务输出和物资装备出口项目公司（乙方公司）的规定

第一章 总 则

第一条 为规范集团公司所属企业在境外设立工程承包、技术服务、劳务输出和物资装备出口项目公司的国内申报程序，根据国家有关规定，结合集团公司的实际情况，特制定本规定。

第二条 本规定适用于集团公司所属企业为贯彻落实“走出去”战略，积极开拓国外工程承包、技术服务、劳务输出和物资装备出口市场，扩大国外市场份额，到境外（不含港澳台地区）设立公司（以下简称“境外公司”）。

第三条 集团公司设立境外公司的原则：

（一）有利于贯彻落实“走出去”战略，积极开

拓国外工程承包、技术服务、劳务输出和物资装备出口市场，扩大国外市场份额；

（二）有利于促进国内具有比较优势的石油技术、产品、设备出口和劳务的输出；

（三）有利于促进企业参与国际化经营，提高企业的国际竞争力；

（四）有利于利用国外智力资源、吸收先进的技术和管理经验；

（五）有利于依法经营，规范化运作海外项目；

（六）有利于海外项目取得预期的经济效益。

第四条　集团公司所属企业申报设立境外公司须具备以下条件：

（一）属于在我国工商行政管理部门登记注册的法人实体；

（二）具有经国家对外贸易经济合作部批准的外经贸经营资格；

（三）外经贸公司从事对外经贸业务三年以上；自营进出口生产企业获得外经贸经营资格后从事对外经贸业务一年以上；

（四）具备相应的资金，国际化经营管理的能力、经验和人才；

（五）企业目前的经营状况良好；

（六）遵纪守法，资信良好。

第五条　境外公司分为以工程承包、技术服务、劳务输出为主要业务的公司（以下简称：境外工程公司）和以物资装备出口为主要业务的公司（以下简称：境外贸易公司）。

第二章　设立境外工程公司的申报程序

第六条　设立境外工程公司的申报程序分为向外汇管理部门申办外汇风险审查手续和向对外贸易经济合作部申报设立公司并领取批准证书两个阶段。

第七条　设立境外工程公司须由集团公司统一办理申报手续。集团公司所属企业应将符合要求的申报材料报集团公司。

第八条　向外汇管理部门申办外汇风险审查手续除需提交正式的书面申请外，还应提供以下材料：

（一）拟设立公司所在国有关外国投资的法律法规，如外商投资法、公司法、税法等；

（二）拟设立公司所在国现行的外汇管理法规，以及有关对境外投资者投资股本、利润及其他合法收益的管理规定；

（三）拟设立公司所在国律师事务所出具的合资、合作伙伴的资信情况证明；

（四）设立公司的可行性研究报告；

（五）投资回收计划；

（六）资金来源证明（自有资金应由所属企业的财务部门出具证明，并提交上一年度的资产负债表、损益表、财务状况变动表；使用国拨资金、银行贷款的，应提交计委、外经贸部门、银行等单位的相关文件和证明）；

（七）我驻拟设立公司所在国使（领）馆对设立公司的意见；

（八）在未建交国家或外交敏感地区设立公司，需有外交部出具的对设立公司的确认意见；

（九）拟设立公司的章程；

（十）合资企业需提供合同和公司章程。

第九条　向对外贸易经济合作部申报设立公司除应提交书面申请外，还需提供以下材料：

（一）外汇管理部门关于外汇风险审查的批复；

（二）设立公司的可行性研究报告；

（三）我驻拟设立公司所在国使（领）馆的意见；

（四）拟设立公司的章程；

（五）合资企业需提供合同；

（六）合资企业外方合作者的背景情况；

（七）合资企业外方合作者的银行资信证明；

（八）国内申办单位的有关情况，包括：申办单位的营业执照，外经贸部赋予申办单位外经贸经营资格的批件复印件等。

第十条　集团公司所属企业在领取境外公司批准证书后的一年内，须办理完成海关、外汇、银行和人员外派等有关手续，并按国家有关规定进行境外国有资产产权登记。

第三章　境外贸易公司和贸易代表处的申报程序

第十一条　集团公司所属企业申请在境外设立贸易公司或贸易代表处，凡符合下列条件之一的，由集团公司统一向对外贸易经济合作部备案登记，领取批准证书：

（一）上年度的进出口总额在5000万美元（含5000万美元）以上；

（二）上年度出口额在1000万美元（含1000万

美元）以上；

（三）向拟设立公司或代表处的国家或地区的出口额连续三年在300万美元（含300万美元）以上。

第十二条 未达到第十一条第（一）、（二）、（三）款条件的企业申请设立境外贸易公司，按照申报境外工程公司的程序办理；申请设立境外贸易代表处按照集团公司申报境外办事处的程序办理。

第十三条 向对外贸易经济合作部申报设立贸易公司或贸易代表处需要提供以下材料：

（一）在境外设立贸易公司或贸易代表处的备案表（见附表）；

（二）上年度进出口总额统计报表、上年度出口额统计报表，近三年向拟设立贸易公司或贸易代表处的国家或地区出口额统计表；

（三）我驻拟设立公司所在国使（领）馆的意见函；

（四）外派人员构成及主要负责人简历；

（五）公司章程或代表处工作条例。

第十四条 集团公司所属企业在领取境外公司批准证书后的一年内，须办理完成海关、外汇、银行和人员外派等有关手续，并按国家有关规定进行境外国有资产产权登记。

第四章 附 则

第十五条 本规定由集团公司国际合作部负责解释。

第十六条 本规定自印发之日起施行。已下发文件中与本规定不一致的，以本规定为准。

附表：

在境外设立贸易公司及代表处备案表

（97）外经贸政海备案字第 号

填报日期：

主办单位： （章） 金额单位：万美元

<table>
<tr><td rowspan="2">机构名称</td><td colspan="2">中文</td><td colspan="3"></td></tr>
<tr><td colspan="2">外文</td><td colspan="3"></td></tr>
<tr><td rowspan="2">企业方案</td><td colspan="2">中方</td><td colspan="3"></td></tr>
<tr><td colspan="2">外方</td><td colspan="3"></td></tr>
<tr><td rowspan="2">注册资本</td><td colspan="2">中方</td><td colspan="2"></td><td>%</td></tr>
<tr><td colspan="2">外方</td><td colspan="2"></td><td>%</td></tr>
<tr><td rowspan="2">实际投资</td><td colspan="2">中方</td><td colspan="3"></td></tr>
<tr><td colspan="2">外方</td><td colspan="3"></td></tr>
<tr><td>业务范围</td><td colspan="5"></td></tr>
<tr><td>代表处人员编制</td><td colspan="2">人</td><td>首席代表姓名</td><td colspan="2"></td></tr>
<tr><td>经营期限</td><td colspan="5">年</td></tr>
<tr><td rowspan="2">开办地点</td><td>国家</td><td></td><td rowspan="2">详细地址</td><td colspan="2" rowspan="2"></td></tr>
<tr><td>电话</td><td></td></tr>
</table>

续表

经商处（室）意见		文号		日期	年　月　日
外经贸部审核意见	初核	复核	签发（章）		
批准证书编号			发证日期	年　月　日	

附件 2

中国石油天然气集团公司境外工程承包、技术服务、劳务输出和物资装备出口项目管理办法

第一章　总　　则

第一条　为保证集团公司国际化事业的持续快速健康发展，更好地发挥集团公司的整体优势，鼓励、引导并规范集团公司所属企业在讲求经济效益的前提下加快开发国外市场，特制定本办法。

第二条　集团公司鼓励在资金、技术、市场开发、人员和国际化经营管理等方面具备优势并具有对外经营资格的所属企业，作为开拓国外市场的主体，实行独立经营，自负盈亏。

第三条　集团公司所属企业应坚持发挥集团公司在政治、体制、品牌、成本和技术上业已形成的整体优势，努力扩大国外市场份额。

第四条　集团公司所属企业开拓国外市场应根据自身的融资能力、技术资质、经营管理和人员实力情况，做好本企业开拓国外市场规划，有计划、有重点、有步骤地加快开发国外市场。

第五条　集团公司所属企业在开拓国外市场工作中要树立防范风险的意识，在讲求质量和经济效益的前提下，认真做好境外项目的资金、技术和市场等可行性研究工作，建立健全重点项目和重点国家的信息库。

第六条　集团公司所属企业在开拓国外市场要坚持“有所为，有所不为”的原则，境外项目在按有关财务规定足额提取设备折旧和扣除成本后，原则上应达到5%以上的利润率（利润占项目合同额的百分比）。

第二章　境外项目的前期工作

第七条　项目信息的收集和整理是开拓国外市场的重要环节。为保证项目信息的准确性和及时性，集团公司所属企业要以我国各驻外使馆经商处，集团公司驻外办事处，集团公司所属企业海外分支机构，以及与集团公司有长期合作关系的国际大公司和集团公司的出访团组作为信息的主渠道。

第八条　集团公司所属企业在获得有价值的境外项目信息后，应尽快组织对项目的情况进行考察。

考察的主要内容包括：项目所在国的政治和经济

环境，项目业主的有关情况等。通过代理进行联络的项目，还应了解代理的背景和资信以及项目代理的可靠性。

组团出国考察要按照精干高效的原则，要选派政治素质好，业务能力强和具备相应外语水平的管理人员和专业技术人员。坚决禁止对境外项目进行重复考察。出国考察项目结束后，参加考察人员应及时进行总结，对项目做出评价。

第九条 集团公司所属企业对经过考察确定了投标或议标意向的境外项目，应按照讲求效益，提高效率的原则做好境外项目的可行性研究工作。

第十条 可行性研究工作应主要包括以下内容：

（一）项目所在国情况分析，包括：政治、经济、文化和自然环境，市场的需求情况；

（二）项目基本情况分析，包括：业主的基本情况、合同金额、项目所需的技术和设备；

（三）项目经济效益分析，包括：对项目成本和利润率的分析和预测；

（四）项目风险状况分析，包括：对市场、技术、法律和经营等风险进行分析；

（五）结论。

第三章 境外项目的登记备案

第十一条 为在加大开拓国外市场工作力度的同时，防止集团公司所属企业在国外同一项目上出现内部无序竞争，集团公司具有外经贸经营资格的所属企业投标报价金额在500万美元以上（含500万美元）的境外项目，须由集团公司所属企业报集团公司，在集团公司国际合作部按照对外贸易经济合作部、中国人民银行颁发的《对外承包工程项目投标（议标）许可暂行办法》的有关规定，向外经贸部办理报批手续后，参与投标。

报价金额在500万美元以下，需要集团公司及其所属企业带资或贷款的境外项目，由集团公司所属企业向集团公司报文，经集团公司主管领导批准后，参与投标。

报价金额在500万美元以下，不需要集团公司及其所属企业带资或贷款的境外项目（包括以投标、议标、谈判、通过中介机构或代理等方式获得项目），在获得境外项目前，集团公司所属企业须向集团公司国际合作部提交加盖企业公章的“境外项目备案登记表”（见附件（1）），进行备案登记。

第十二条 集团公司国际合作部收到集团公司所属企业的“境外项目备案登记表”后，将对备案登记项目的内容进行核查，在报经集团公司主管领导批准后，对符合要求的项目，要在10个工作日内核发项目编号。该项目编号是集团公司国际合作部认定项目登记备案生效的标志。

第十三条 集团公司所属企业应及时将已登记备案项目的进展情况（包括是否中标或签约）向集团公司国际合作部报告。

第四章 对承揽境外项目企业的资质要求

第十四条 承揽境外项目的集团公司所属企业应具有以下资质文件：

（一）对外贸易经济合作部对企业外经贸经营资格的批复文件。

（二）中国石油天然气总公司或集团公司颁发的甲级施工作业队伍资质认证书。

第五章 境外项目的经营管理

第十五条 专业公司与地区公司是集团公司开拓国外市场的主体，实行独立经营，自负盈亏。在对境外项目进行总包和分包时，应严格按照市场经济的原则，在讲求经济效益的前提下，根据价值规律签订合同，进行规范化运作，严禁以各种行政手段进行干预。

第十六条 为保证已签合同项目的顺利进行，集团公司所属企业应在运作项目之前做好相应的准备工作，在项目执行中加强管理和监督。

第十七条 在设有集团公司办事处的国家，项目负责人到达该国后，应立即到集团公司办事处报到。在未设集团公司办事处的国家，应立即到我驻所在国使馆报到，及时报告项目的执行情况，接受使馆的指导和帮助。

第十八条 境外项目的管理人员及作业人员要了解当地的政治、经济情况和文化背景，尊重当地的政治、宗教信仰和民风民俗，保证项目的顺利执行。

第十九条 为确保项目的顺利执行，严格依法办事，境外项目的管理人员须认真研究项目所在国的法律和法规，主要包括：

（一）公司法（商法或外国投资法）

选择可靠的律师，了解外国公司在该国境内作业所须遵守的法律法规，办理必要的登记手续；需要在项目所在国注册公司的，集团公司所属企业应按照集团公司关于在境外设立公司的有关规定办理。

（二）外国人管理法等有关法律法规

通过大使馆或集团公司办事处与项目所在国外交部、外国人管理局等有关机构建立必要的联系，了解当地关于外国人工作许可及办理该国签证的有关规定，并及时办理有关的事宜。

（三）海关法及相关法规

了解进口有关设备和物资的关税细目、报关和清关等工作程序。

（四）税法

了解当地对所执行项目的税收征管规定，包括税种、税率和纳税时间等。选择可靠的会计师和审计师提供服务，确保公司在当地合法经营。

（五）劳工法

了解项目所在国政府对雇用当地劳工的有关规定，如对外籍雇员所占比例的要求，对外籍雇员工资额度的要求，对雇佣和辞退雇员以及社会保险等方面的规定，保证合法用工。

（六）外汇管理法

了解项目所在国有关外汇管理制度和办法，保证项目所获利润的自由兑换和合法汇出。

（七）合同法

了解所签合同各方权利和义务的规定。

（八）保险的有关规定

选择可靠的保险代理人或保险公司，及时为公司的财产、设备及人员进行保险。

第二十条　境外项目的合同签订后，应立即组织建立起精干、高效的组织机构。

第二十一条　执行境外项目的组织机构设立后，要根据集团公司的有关规定及项目所在国的法律法规，制定相应的规章制度、项目的职责范围及工作程序。

第二十二条　境外项目在作业施工前，应根据施工类型，了解当地政府的健康安全环保（HSE）标准，建立符合国际作业和当地健康安全环保（HSE）标准，满足项目施工所需技术要求的作业规程和规范，保证项目安全运行。

第二十三条　集团公司所属企业执行境外项目时要严格履行合同规定的各项义务，防止出现违约行为。

第二十四条　境外项目的执行应在集团公司和我驻所在国使馆的领导下进行，要定期向集团公司国际合作部、集团公司驻外办事处、大使馆报告项目进展情况，合同执行情况，在执行合同中发生的问题以及需要帮助解决的问题等。

第六章　境外项目的监督

第二十五条　为维护集团公司的整体形象，确保境外项目取得预期的经济效益，集团公司国际合作部、驻外办事处和集团公司所属企业对境外项目要进行全面监督并执行以下工作制度：

（一）工作报告制度

集团公司所属企业每年分两次将本企业的境外项目情况汇总，加盖单位公章后报集团公司国际合作部（见附件（2）、附件（3）、附件（4）），年中报告应于每年的7月10日以前，年末报告应于第二年的1月10日以前报集团公司国际合作部。

（二）统一管理和协调制度

集团公司驻外办事处负责管理和协调集团公司在驻在国的公司、项目和所属企业的办事处，对集团公司在驻在国从事工程承包和技术服务业务的公司、项目和所属企业办事处的人员实行集中办公，统一后勤管理。

（三）干部考核制度

集团公司所属企业对境外企业的主要领导进行年度考核。

年度考核的主要内容有：工作业绩，廉洁自律情况，组织和协调能力，业务水平。

根据年度考核的结果，对成绩突出的干部进行奖励，对不能胜任本职工作的干部要进行调整。

（四）工作检查制度

集团公司将不定期地派出检查组，对项目执行情况进行检查。

（五）财务审计制度

为加强对境外资金的管理，确保境外国有资产的保值、增值，集团公司审计部门定期对海外项目进行财务审计。

第七章　附　　则

第二十六条　本办法由集团公司国际合作部负责解释。

第二十七条　本办法自印发之日起施行。此前执行的中油外字［2000］第565号文其中的《中国石油天然气集团公司境外工程承包、技术服务、劳务输出和物资装备出口管理办法》和《中国石油天然气集团公司境外工程承包、技术服务、劳务输出和物资装备出口管理办法实施细则》同时废止。

附件：(1) 境外项目备案登记表（略）

(2) 境外工程承包、技术服务和劳务输出项目情况（略）

(3) 物资装备出口基本情况统计表（略）

(4) 境外机构基本情况统计表（略）

附件3

中国石油天然气集团公司境外工程承包、技术服务、劳务输出和物资装备出口项目协调管理办法

第一章　总　　则

第一条　为贯彻落实“走出去”战略，发挥集团公司的整体优势，维护集团公司的整体利益，确保集团公司国际化事业的持续快速健康发展，避免集团公司所属企业及其境外企业在境外项目上出现内部无序竞争，特制定本办法。

第二条　经集团公司领导批准，集团公司国际合作部作为集团公司开拓国外市场的归口协调部门，负责对集团公司所属企业及其境外企业在境外通过投标、议标、谈判、中介机构和代理等方式承揽的工程承包、技术服务、劳务输出和物资装备出口项目进行协调。

第三条　集团公司境外办事处（以下简称：办事处）是集团公司派驻国外的机构，负责对集团公司在所在国的工程承包、技术服务、劳务输出和物资装备出口项目进行协调。

第四条　集团公司所属企业按照本办法规定的精神，结合企业的实际情况，明确本企业开拓国外市场的协调部门。

第二章　防止集团公司内部出现无序竞争的保障制度

第五条　集团公司所属企业申请外经贸经营资格，须向集团公司提出申请，并执行由集团公司统一向外经贸部申报的制度。集团公司根据申报企业的实际情况，明确该企业对外经营的具体范围，按照与集团公司所属其他企业各有侧重，优势互补，避免内部无序竞争的原则向外经贸部申报。

第六条　集团公司所属企业在境外设立公司或代表处，须向集团公司提出申请，并执行由集团公司统一向外经贸部申报的制度。为避免出现内部无序竞争，集团公司按照“先入为主”的原则进行协调，原则上不允许同一专业的两家所属企业在同一国家或地区设立公司或办事处。

第七条　集团公司所属企业应严格按照《中国石油天然气集团公司境外工程承包、技术服务、劳务输出和物资装备出口管理办法》关于境外项目备案登记的有关规定，办理项目的报批或备案手续。集团公司国际合作部按照“先入为主”的原则，对集团公司一家所属企业的项目办理报批或备案登记手续。

第八条　凡在集团公司国际合作部登记备案的项目，集团公司所属企业应及时向集团公司国际合作部报告所备案登记的项目是否中标的信息。

第九条　集团公司所属企业每年分两次将本企业的境外项目情况进行汇总，加盖单位公章后报集团公司国际合作部。年中报告于每年的 7 月 10 日以前，年末报告于每年的 1 月 10 日以前报集团公司国际合作部。

第三章　防止集团公司内部出现无序竞争的预防措施

第十条　在集团公司所属企业开拓市场项目较为集中的国家和地区，集团公司国际合作部将根据有利于发挥集团公司整体优势和各所属企业比较优势的原则，对集团公司各所属企业的业务范围进行划分，各有侧重，分工合作，优势互补，防止出现内部无序竞争。

第十一条　在集团公司所属企业开拓市场项目较少的国家和地区，从开拓市场的长期性和重要性出发，集团公司国际合作部鼓励并支持在资金、技术、人才、市场开发、国际化经营管理和规避风险等方面具备比较优势并具有外经贸经营资格的所属企业，优先进入，开拓市场。

第十二条　集团公司驻外办事处对集团公司在驻在国从事工程承包、技术服务、劳务输出和物资装备出口业务的公司和代表处定期召开项目协调会，并实行集中办公，统一后勤管理。

第十三条　集团公司所属各专业公司应严格按照集团公司赋予和明确的经营范围在境外开展业务活动。

第四章　协调工作遵循的原则

第十四条　集团公司国际合作部严格按照所属企业执行上述规章制度的实际情况，遵循以下基本原则进行项目协调，做出协调决定。

（一）坚持公开、公平和公正。

（二）有利于发挥集团公司的整体优势，维护集团公司的整体利益和对外形象，提高集团公司的国际竞争力。

（三）有利于促进集团公司所属企业及其境外企业间的相互协作，优势互补，积极有序地开拓国外市场，扩大国外市场份额。

（四）有利于提高效率，降低成本，优化配置集团公司的资金、技术、设备和人力资源。

（五）有利于发挥集团公司所属企业及其境外企业在技术、设备、管理和人才等方面的比较优势。

（六）有利于境外项目取得较好的经济效益。

第五章　违规处罚

第十五条　集团公司所属企业应服从集团公司国际合作部和办事处的协调，执行协调决定，共同维护集团公司的整体形象。

第十六条　集团公司对拒不执行协调决定的所属企业及其境外企业，将给予通报批评。情节严重的，集团公司将取消所属企业及其境外企业参与境外项目的资格。

第六章　附　　则

第十七条　本办法由集团公司国际合作部负责解释。

第十八条　本办法自印发之日起施行。

附件 4

中国石油天然气集团公司
关于派出执行境外项目人员的管理办法

第一章　总　　则

第一条　为贯彻落实“走出去”战略，保证集团公司国际化事业的持续快速健康发展，发挥集团公司的比较优势，维护集团公司的对外形象和良好信誉，降低境外项目的人工成本，确保境外项目取得预期的经济效益，结合集团公司的实际情况，特制定本办法。

第二条　执行境外项目的集团公司所属各企业严格按照本办法的要求，负责本企业和所执行项目人员的选审工作，承担对派出人员的管理责任，做好派出执行境外项目人员的管理工作。

第三条　集团公司国际合作部负责对集团公司所属企业选审报送的境外项目人员进行复核，严格按照本办法执行，承担对管理境外项目人员的监督责任。

第二章　对派出执行境外项目人员的数量要求

第四条　集团公司所属各企业要按照“执行境外项目（包括甲方项目和乙方项目）的关键岗位人员从国内派出，非关键岗位人员在项目所在地雇用解决”的原则，以岗定人，以工作量定人，以工期定人，严格控制派出执行境外项目人员的数量。

（一）一个钻井队每次从国内派出不超过 20 人，其中：每个班不超过 10 人。

（二）一个二维物探队从国内派出不超过 18 人。一个三维物探队从国内派出不超过 22 人。

（三）测井队、录井队、测试队和工程建设队等施工作业队伍，要严格按照要求，从执行境外项目的实际情况出发，确定派出关键岗位人员的数量，控制人员派出。要确保境外项目实现预期的利润指标。人均年产值要达到 20 万美元以上。

第五条　在项目施工的初期，为满足设备安装的需要，集团公司所属企业可以境外项目所需的关键岗位为基数，从国内临时性地增派 20％的设备安装人员，时间控制在 3 个月以内。

第六条　如在项目执行的过程中遇到特殊情况（如虽属境外项目的非关键岗位，但在项目所在地无法雇用解决），为保证项目的正常执行而需要从国内增派人员的，集团公司所属企业应在出国申请报告中说明需要增派出国人员的原因、岗位和人数。

第三章　对派出执行境外项目人员的素质要求

第七条　集团公司所属企业负责对派出执行境外项目人员的政治素质、业务能力和外语水平进行审核，所选派的境外项目人员应具备以下基本条件：

（一）政治素质过硬。忠于祖国，自觉维护国家利益和民族尊严，认真贯彻党和国家的方针政策。遵守集团公司的有关规定，组织观念强，遵守外事纪律。廉洁奉公，不谋私利。具有高度的事业心和责任感，忠于职守，尽职尽责。

（二）业务能力较强。具有参与国际竞争的意识、讲求经济效益的观念和拟任岗位所需的知识、技能及经验。经营管理人员应具有与拟任岗位相适应的专业技术或管理水平。专业技能岗位要求取得国际认证资格。

（三）具有相应的外语水平。掌握项目所在国官方语言或相应的工作语言，能够独立开展工作和处理问题。

（四）身体健康。无重大疾病史，身体状况能够满足出国工作的要求。

第八条　符合上述基本条件的项目人员，在出国工作前要通过外语考试，并接受所在单位外事部门组织的涉外知识教育、外事纪律教育和有关健康安全环保（HSE）的培训。

第九条　集团公司所属企业禁止派有过下列行为的人员到境外工作：

（一）违反项目所在国的法律，不尊重当地风俗习惯和宗教信仰，被项目所在国驱逐出境的；

（二）违反施工操作规程或健康安全环保（HSE）管理规定，造成重大损失或人员伤亡的；

（三）无视施工操作规程或健康安全环保（HSE）管理规定，屡教不改，影响极坏的；

（四）不具有境外作业资格，不遵守境外企业的规章制度，被开除回国的；

（五）未经领导同意，个人擅自做出决定或承诺，造成重大经济损失的；

（六）个人言行给国家和企业信誉带来严重不良影响的；

（七）向外方泄露或提供国家或企业的保密文件或信息，对国家或企业利益构成重大损害的；

（八）违反海关的有关规定，携带违禁物品出入境，情节严重，造成恶劣影响的。

第四章　对向苏丹、哈萨克斯坦、委内瑞拉、伊朗和印度尼西亚五个国家派出执行项目人员的要求

第十条　鉴于集团公司目前在苏丹、哈萨克斯坦、委内瑞拉、伊朗和印度尼西亚执行项目人员较多的实际情况，集团公司所属企业应在保证项目正常生产经营的前提下，从降低项目的人工成本考虑，根据本企业在上述国家的项目和人员的实际情况，从严控制派往上述国家执行项目的人员数量。

第十一条　集团公司所属企业在向集团公司国际合作部报送向上述国家派出项目执行人员的出国立项报告中，应包括：所执行项目的合同额和预计实现的利润额、项目进展情况、该企业正在上述国家执行项目的总人数、人员构成和人均产值等。

第五章　附　　则

第十二条　本办法由集团公司国际合作部负责解释。

第十三条　本办法自印发之日起施行。

附件 5

中国石油天然气集团公司境外企业的管理规定

第一条　为贯彻落实“走出去”战略，引导集团公司所属企业积极开拓国外市场、规范运作海外项目，确保集团公司的国际化事业持续快速健康发展，根据国家目前对境外企业的管理规定，结合集团公司的实际情况，特做如下规定：

第二条　集团公司所属企业（以下简称“所属企业”）在境外设立企业（以下简称“境外企业”），须严格按照国家规定履行国内报批手续。未经集团公司批准，所属企业一律不得擅自设立境外企业。

第三条　集团公司对境外企业实行分级管理、综合监管的管理体制。集团公司通过所属企业对境外企业的经营活动、国有资产保值增值情况进行管理和监督，通过定期的审计和干部考核，检查境外企业遵纪守法情况。所属企业作为境外企业的母体，对其境外企业的管理和经济效益负有直接责任。

第四条　所属企业设立境外企业应讲求规模效

益，自觉按照国家有关规定和所在国（地区）的法律、法规和国际惯例实行属地化经营，建立健全各项规章制度，实行自主经营、自负盈亏、自我约束、自我发展。

第五条　境外企业原则上应注册为有限责任公司。在驻在国法律允许的情况下，应以所属企业的名义进行产权注册，不得以个人名义持有境外国有资产股权（或物业）或进行产权注册。

如情况特殊，确需以个人名义持有境外国有资产股权（或物业）或进行产权注册的，必须报集团公司批准后，由所属企业与境外国有资产产权的注册人签订《境外国有资产以个人名义持股委托协议书》或《境外国有资产以个人名义拥有物业产权委托协议书》，并经公证机关公证。

第六条　所属企业对其境外企业的国有资产，必须明确法定代表人，由法定代表人对境外企业国有资产的安全、完整、保值、增值承担责任。

所属企业应与其境外企业法定代表人签订以保证境外企业国有资产保值增值为核心内容的"国有资产经营责任书"。

第七条　境外企业以任何形式上市，进行资产经营，须事先通过所属企业报集团公司批准。

第八条　境外企业须建立报告制度，定期向所属企业提交经营和财务报告。

第九条　境外企业应当依照所在国法律、法规和财政部门的规定建立健全财务管理制度。境外企业的一切收支需纳入账内管理，设立正式账簿。企业的一切财务往来和现金收支，都必须实行"联签制度"。所有会计凭证除经本人签字外，须有企业的负责人或企业授权的负责人签字，在企业任职的直系亲属不得联签。

第十条　新设立的境外企业负责人，到达驻在国（地区）后，应持对外贸易经济合作部批准设立企业的批复文件和批准证书到我驻当地使（领）馆经参处报到。在有集团公司办事处的国家或地区，应到办事处报到。

第十一条　所属企业要选择身体健康、政治素质高，有事业心，懂外语并熟悉业务的同志到境外企业工作。

第十二条　境外企业在执行项目过程中，应严格遵守驻在国的法律、法规，自觉维护集团公司的整体形象。如出现下列情况，集团公司将取消该境外企业参与境外项目的资格：

（一）在参加境外投标项目中，不服从集团公司的统一协调，造成集团公司内部无序竞争，产生不良后果的；

（二）弄虚作假，派遣不具备境外作业资格的人员赴境外工作，对集团公司的信誉和形象造成恶劣影响的；

（三）在境外施工过程中，组织管理混乱，多次出现生产事故，致使境外项目的经济效益受到严重影响的；

（四）无视健康安全环保（HSE）的管理规定，发生人员重大伤亡和环境污染事故3次以上的；

（五）为境外项目提供的设备和配件存在质量问题，导致项目无法运作，造成重大损失的；

（六）财务管理工作中存在严重问题，致使项目出现重大经济损失的；

（七）忽视出国教育工作，出国人员违反外事纪律在10人次以上的。

第十三条　所属企业应对境外企业建立以工资总额与经济效益挂钩为主要内容的分配制度，形成有效的激励机制和约束机制，具体按照《中国石油天然气总公司境外工作人员工资津贴待遇管理规定》（［1998］中油劳字第69号）执行。

第十四条　境外企业的工作人员因工作失职或违法行为而导致国有资产重大损失的，所属企业应给予行政处罚。情节严重构成刑事犯罪的，应移交司法机关处理；境外企业的工作人员出走，境外企业应即时通知当地有关业务单位，并在本单位除名。对携款外逃者，要依法追究刑事责任。对上述两类人员，集团公司各境外企业都不得雇用或与其发生业务关系。

第十五条　本规定由集团公司国际合作部负责解释。

第十六条　本规定自印发之日起施行。已下发文件中如与本规定不一致的，以本规定为准。

附件 6

中国石油天然气集团公司
关于设立境外办事处的规定

第一章　总　　则

第一条　为积极开拓海外市场，规范集团公司所属企业设立境外办事处的国内申报程序，根据国家目前的有关规定，结合集团公司的实际情况，特制定本规定。

第二条　本规定适用于集团公司所属企业为贯彻落实“走出去”战略，积极开拓国外油气勘探开发、工程承包、技术服务、劳务输出和物资装备出口市场，扩大国外市场份额，到境外（不含港澳台地区）设立办事处（以下简称“境外办事处”）。

第三条　设立境外办事处的原则：

（一）有利于贯彻落实“走出去”战略，积极开拓国外油气勘探开发、工程承包、技术服务、劳务输出和物资装备出口市场，扩大国外市场份额；

（二）有利于促进国内具有比较优势的石油技术、产品、设备出口和劳务的输出；

（三）有利于促进企业参与国际化经营，提高企业的国际竞争力；

（四）有利于利用国外智力资源，吸收先进的技术和管理经验。

第二章　设立境外办事处的申报程序

第四条　设立境外办事处须经集团公司批准，并由集团公司统一向对外贸易经济合作部申报，领取批准证书。集团公司所属企业应将符合要求的申报材料报集团公司。

第五条　向对外贸易经济合作部申报设立境外办事处，除应提交书面申请外，还需提供以下材料：

（一）设立办事处的可行性研究报告；

（二）我驻拟设立办事处所在国使（领）馆的意见；

（三）办事处工作条例；

（四）主要负责人简历。

第六条　集团公司所属企业在领取批准证书后的一年内，须办理完成海关、外汇、银行和人员外派等有关手续。

第三章　附　　则

第七条　本规定由集团公司国际合作部负责解释。

第八条　本规定自印发之日起施行。已下发文件中与本规定不一致的，以本规定为准。

附件 7

中国石油天然气集团公司
境外办事处管理规定

第一章　总　　则

第一条　为贯彻落实“走出去”战略，加大境外办事处在开拓国外市场中的工作力度，建立一支具有国际水平的、专业化的海外管理队伍，使境外办事处逐步发展成为集团公司在海外具有国际水平的代表机构，根据集团公司的实际情况，特制定本规定。

第二条　本规定适用于集团公司在境外设立的办事处。

第三条 集团公司境外办事处（以下称“办事处”）是经对外贸易经济合作部批准，由集团公司设立的非经营性驻外代表机构，负责与驻在国政府有关部门和我驻外使（领）馆的联系事宜，统一协调和管理集团公司所属企业在驻在国的公司、办事处和项目，进行信息收集、项目统计和其他服务工作。

第四条 集团公司国际合作部负责归口管理境外办事处。

第二章 工作职责

第五条 负责代表集团公司做好在驻在国的联络工作：

（一）负责与驻在国政府及有关部门进行联络并做好工作。

（二）向驻在国的有关部门和油气公司宣传集团公司在技术、产品、生产以及经营管理等方面的优势和对外合作政策，扩大集团公司在驻在国的影响。

（三）与我在驻在国使（领）馆进行联络，并接受使（领）馆的领导。

第六条 负责统一协调和管理集团公司所属企业在驻在国的公司、办事处和项目。

（一）根据集团公司确定的“在一个国家的同一个项目上，只允许集团公司的一家所属企业参与竞争”的原则，统一协调管理集团公司所属企业在驻在国的公司、办事处和项目，避免集团公司所属企业在驻在国出现内部竞争，维护集团公司的整体形象。

（二）负责对集团公司所属在驻在国从事工程承包、技术服务、劳务输出和物资装备出口业务的公司、办事处和项目的工作人员实行集中办公，统一后勤管理。

（三）负责落实集团公司提出的“所属企业要以集团公司的名义和品牌在驻在国承揽工程承包、技术服务、劳务输出和物资装备出口项目，并以所属企业的名义签订合同，减少风险，明确责任”的要求。

第七条 办事处要做好驻在国及其周边国家投资环境和油气项目有关信息的跟踪和收集工作。

（一）收集和整理驻在国及其周边国家的政治、经济、法律等有关投资环境的信息，建立相应的信息资料库，为集团公司和所属企业及时提供信息。

（二）对驻在国及其周边国家的油气项目进行跟踪，及时向集团公司报告项目进展情况，协助做好开拓海外市场的工作。

第八条 办事处负责对集团公司在驻在国的项目和人员的有关情况进行统计，并保证统计资料的完整性、准确性和及时性。

第九条 办事处要做好以下开拓国外市场的服务工作：

（一）对集团公司在驻在国的工作人员进行外事教育。

（二）为集团公司的境外工作人员办理经过集团公司批准的护照、签证事宜。

（三）督促和检查集团公司所属企业在驻在国的公司、办事处的各项安全措施，确保境外工作人员的人身安全。

第十条 完成集团公司交办的其他工作。

第三章 报告制度

第十一条 为发挥办事处在开拓国外市场中的积极作用，办事处须执行及时、全面、有效的工作报告制度。

第十二条 办事处工作报告制度包括年度总结、半月简报、即时报告和工作日志等四种形式。

（一）年度总结：办事处每年 1 月 15 日以前向集团公司国际合作部上报年度总结，主要是按照工作职责的要求，总结办事处的工作，分析存在的问题及原因，提出整改意见，制定下一年度的工作计划。

（二）半月简报：办事处于每月 2 日和 17 日以前向集团公司国际合作部报送半月简报，主要内容为：办事处工作动态、正在执行项目的进展情况、执行项目人员的汇总情况和统计报表、跟踪的新项目信息和驻在国的有关信息。

（三）即时报告：办事处遇到以下情况应及时上报集团公司国际合作部：

1. 驻在国使（领）馆对我提出新的工作要求；

2. 集团公司在驻在国的油气勘探开发、工程承包、技术服务、劳务输出和物资装备出口等项目出现新情况，如签订新合同、合同执行中发现重大问题等；

3. 驻在国发布有关油气勘探开发、工程承包、技术服务、劳务输出和物资装备出口等项目的招标信息；

4. 驻在国发生与我有关的重要情况，如政府和国家石油公司的重要人事变化，相关法律、法规和政策的颁布或重新修订，新闻媒体对我项目的有关报导，发生战争、自然灾害等；

5. 驻在国油气公司的重要信息；

6. 办事处认为需要报告的其他情况。

（四）工作日志：为保证办事处工作报告制度的及时性、全面性和有效性，办事处的工作人员每天要按照时间顺序将所做的工作进行详细记录，并突出重点。

第四章　人员的选派和要求

第十三条　集团公司国际合作部负责办事处工作人员的选派。

第十四条　对办事处工作人员在政治上的要求：

（一）忠于祖国，自觉维护国家利益和民族尊严，认真贯彻执行党和国家的方针政策，自觉遵守集团公司的各项规章制度；

（二）具有高度的事业心、责任感和组织观念，忠于职守，尽职尽责；

（三）遵纪守法，廉洁奉公。

第十五条　对办事处工作人员在业务上的要求：

（一）具有较强的组织协调能力和较高的政策水平；

（二）熟练掌握英语或驻在国的官方语言，能够独立开展工作；

（三）掌握与办事处工作相适应的石油专业知识。

第五章　财务制度

第十六条　办事处财务管理按照《中国石油天然气集团公司驻外办事处财务报销规定》（合作字［1999］第35号）执行。

第十七条　办事处工作人员的境外工资、津贴和待遇按照《中国石油天然气总公司境外工作人员工资津贴待遇管理规定》（［1998］中油劳字第69号）执行。

第六章　对办事处的考核和审计

第十八条　集团公司国际合作部负责对办事处及办事处工作人员的工作进行年度考核。

第十九条　集团公司国际合作部每年与集团公司各境外办事处签订《集团公司驻外办事处工作人员年度业绩考核协议》，根据协议规定，在征求我使（领）馆和集团公司所属企业意见的基础上，结合办事处及其工作人员完成工作的实际情况进行考核。根据考核结果，兑现办事处工作人员的基本奖励和效益奖励。

第二十条　集团公司国际合作部根据集团公司财务和审计的规定，组织对办事处的年度审计工作。

第七章　附　　则

第二十一条　集团公司所属企业的境外办事处可参照本规定，根据自身的实际情况，制定相应的管理办法。

第二十二条　本规定由集团公司国际合作部负责解释。

第二十三条　本规定自印发之日起施行。已下发文件中与本规定不一致的，以本规定为准。

附件 8

中国石油天然气集团公司
关于对外科技交流和合作工作管理细则

第一章　总　　则

第一条　为促进集团公司及所属企事业单位对外科技交流和合作工作的开展，加强集团公司对外科技交流和合作工作的管理，结合集团公司实际，特制定本细则。

第二条　本细则适用于集团公司范围内的对外科技交流和合作。对外科技交流和合作工作，是指商签和执行的政府间和民间、多边和双边科技合作协议（接受国外双、多边援助的合作项目适用“中国石油天然气集团公司关于接受国外技术援助项目的管理办法”的规定）；派遣人员出国或邀请外国人来华进行技术座谈、科技考察、讲学、共同设计、合作研究、技术指导、技术咨询、进修培训；参加或举办国际科技学术会议、科技展览会、新产品新技术陈列会、学术讨论会，以及其他对外科技交流和合作事宜（对外贸易中采取上述形式的活动不在本《细则》范围之内）。

第三条　集团公司国际合作部负责归口管理集团公司对外科技交流和合作工作。

第四条　集团公司所属企、事业单位外事管理部门负责组织、协调、归口管理本单位的对外科技交流和合作工作。

第二章　项 目 审 批

第五条　集团公司国际合作部负责归口办理集团公司范围内以下事项的审批手续：

（一）出国进行科技交流和合作事项及邀请外国人员来华进行科技交流和合作事项。

（二）与国外相应机构商签科技交流和合作方面的意向书、协议、议定书和执行计划。

（三）出席国际科技学术会议、研讨会、讲座；在我国举办专业性学术讨论会、研讨会、讲座。

（四）科技人员以个人名义加入国际或外国学术团体作为个人会员，担任该组织的职务或接受该组织荣誉称号。

第三章　计 划 制 定

第六条　对外科技交流和合作要加强计划性，各单位应紧密结合生产建设和科技进步的任务，根据国内外有关专业发展情况，编制对外科技交流和合作规划，并在此基础上制订年度计划。

（一）当年 10 月份将下一年本单位科技交流和合作计划报集团公司国际合作部；

（二）参加国际会议应根据本单位生产和专业需求，在每年年底做出下一年度出国参加国际会议的计划，报集团公司国际合作部；

（三）出国进修计划报集团公司人教部，抄国际合作部；

（四）国外人才引进计划报集团公司科技发展部，抄国际合作部；

（五）严格控制临时上报的计划外项目。

第七条　对外科技交流和合作项目，要优先安排与国内及海外重点科技攻关、重大生产建设和需要重点发展项目有关的项目，以及对集团公司产生较好经济效益所必需的先进适用技术。

第八条　出国科技交流团组要贯彻少、小、精的原则。任务必须明确具体，人员要精干内行，专业考察组原则上不超过五人，综合考察团组一般不超过六人；出国参加国际会议不超过三人，我方为成员或会员国的组织召开会议可适当增加人数。出国时间一般控制在两周。

第四章　项目执行

第九条　经集团公司批准的项目，由国际合作部通知有关单位做项目执行前的准备工作。由项目执行单位按照批准原则，制定项目执行方案，与合作外方商谈并签订合同、协议或类似文件，并将项目执行方案及合同、协议或类似文件报集团公司国际合作部备案。

第十条　要选派政治思想好、专业技术水平高、身体健康并从事该项目的人员出国，具体要求是：

（一）参加国际学术组织的人员应具有较高的业务水平和较强的外语听、说能力，不得配翻译。

（二）参加国内外举办的国际会议人员，应具备较高的英文写作和听、说能力；在会议上宣读论文者，要准备英文多媒体讲稿，并用英语讲演和回答问题。

（三）出国培训的人员应是所培训专业的直接在岗人员，要懂外语，培训后仍从事该专业岗位工作。

（四）出国参加科技合作的人员应具有独立涉外工作能力、独立进行工作的外语水平和符合协议要求的条件，回国后仍从事本项目有关工作。

第十一条　参加对外科技交流和合作的人员，出国前应按照集团公司有关规定参加出国教育。参加活动的人员要严格遵守外事纪律、忠于职守、廉洁奉公、抵制一切不正之风，原则上不从事与活动无关的其他事务。

第十二条　参加对外科技交流和合作的人员，要严格执行国家的有关保密规定。对外提供技术数据、资料，或在国际学术会议、刊物上发表学术论文等，要经所在局一级保密委员会审查批准通过后送集团公司保密委员会审查批准，方可对外提交。

对于按照有关规定严格禁止邮寄或携带出境的资料包括：

涉及国家秘密的文件和材料；

集团公司科技和生产经营发展规划；

目前尚不宜公布的地质资料；

尚未申请专利的技术成果；

具有开发价值的新研究方法及技术诀窍。

如遇特殊情况确需携运出境的，应按国家有关规定，经保密部门或机构批准，办理出境手续，落实境外保密使用措施后，方可出境。

第十三条　参加对外科技交流和合作活动的中方人员应与外国人员的身份相当。

第十四条　参加对外科技交流和合作所得的国外资料、论文集，应由参加者交集团公司经济信息研究中心一套原件，如仅有一套资料或论文集，由集团公司经济信息研究中心为提供者免费复制一套。任何人不得将资料归个人所有。

第十五条　如遇计划外难以解决的问题，应请示集团公司国际合作部。在国外，请示我驻外使、领馆。

第五章　总结与推广

第十六条　对外科技交流和合作结束或告一段落后，应及时进行项目总结，写出总结报告，报集团公司国际合作部。报告内容应包括：活动概况、项目执行情况、主要技术收获、人员选派和项目执行方案是否合理，以及推广应用的意见和切实可行的措施，同时要填写出访人员统计表、出访公司和外国专家登记表、来华人员情况登记表。

第十七条　集团公司所属企事业单位，应于每年年底将本单位本年度对外科技交流和合作工作总结报国际合作部。

第十八条　对在对外科技交流和合作工作中成绩突出，并给集团公司带来良好经济效益的单位和个人，应予以适当奖励；在对外科技交流和合作中违反外事纪律的人员，应视情节轻重给予处理。

第六章　参加国际学术组织和学术会议

第十九条　本条款中所称国际学术组织是指国外学会、协会或学术机构组织，以及多国参加的、与石油专业相关的、在本专业中有一定学术地位和代表性的、学术活动内容丰富的学术团体。

本条款中所称国际学术会议是指在国内、国外召开的各种与石油生产、经营、科研、管理有密切联系，反映国际水平，能为我所学、所用的技术、经营和管理的各类会议，包括：研讨会、讨论会、座谈会、工作会议及展览会等。

第二十条　参加国际学术组织和学术会议应注意

的事项：

（一）参加国际学术组织应注意该组织的总部所设的地点；

（二）不出现“两个中国”或“一中一台”问题。

第二十一条　以单位名义参加国际学术组织，由单位提出申请，经集团公司审批同意后参加。申请内容包括：国际组织的性质、组织形式、成员身份要求、主要活动形式和内容，本单位与该组织联系情况，该组织是否有集团公司其他单位参加及参加单位名称，本单位参加的必要性，费用标准、经费来源及支付办法等。

第二十二条　由单位负担有关费用而以个人名义参加国际组织时，由本人提出申请，申请人所在单位按干部管理权限审批，报国际合作部备案。经批准加入国际学术组织的个人，需交纳会员费的，由本人写出书面报告，经所在单位批准后，交纳会费人民币由加入国际学术组织的个人所在单位支付，国际汇兑业务由国际合作部办理。会员从国际组织得到的学术论文、资料、期刊等，应一律交单位管理。

第二十三条　出席国际会议的专家，可在会议指定的旅馆中选择价格适中的房间，在会议所发的资料外，可另购置一套会议论文集。

第二十四条　在我国举办的国际学术会议需考虑下列因素：

（一）会议内容原则上必须结合国内石油科技发展的需要，或属对外科技合作的工作会议；但也要适当考虑国际科技组织要求在我国举行的必要的会议。

（二）能否向会议提出一定数量和一定水平的论文。

（三）能否妥善安排会议场所，中、外方代表的食、宿、交通等。

第二十五条　在我国举办科技会议计划项目的申请报告应包括以下内容：

（一）说明在我国举办会议的理由。

（二）会议的时间、地点（需征求会议地点所在单位及其所在省、直辖市、自治区的同意）。

（三）会议规模，国内、外参加会议的人数。

（四）会议经费来源及举办会议收入与支出的财务预算报告。

（五）拟安排的学术考察路线。对一些未开放的地方和单位，应事先征得其同意。

第二十六条　经批准同意在我国举办的国际学术会议，主办单位在筹办过程中不得超出批准范围做出承诺和承担额外的义务。举办国际学术会议应厉行节约，会议经费要从严掌握。应严格按照经费标准执行，不得突破。严禁利用举办国际学术会议搞不正之风、搞会议旅游和大吃大喝。举办国际学术会议的经费节余和经济收入不得截留，应上缴单位财务部门。

第七章　对外科技合作

第二十七条　对外科技合作系指集团公司范围内，在进行重要的科学研究项目或针对生产中的技术难点攻关时，在国外已有一定研究基础的技术可供借鉴，为迅速掌握这种技术，或填补国内空白，在双方议定的协议、协定、换文、会谈纪要、备忘录及其他文件形式的基础上，同国外共同进行研究、生产的一种技术引进形式。

第二十八条　确定对外科技合作项目应有充分的论证。申报对外科技合作项目时，应附上申报单位对该项目的论证报告。论证报告应有以下内容：

（一）项目的必要性和实现的可能性；项目的目标及预期得到的技术成果和经济效益。

（二）项目中应设立哪些具体科目，哪些可由中方独立完成；哪些可以共同完成；哪些由外方独立完成。该项目所涉及的专业技术，国内外现已达到的水平以及达到项目目标的人力、物力、财力保证。

（三）国内对该项目的参与能力（如人员的外语水平、使用计算机的能力等）、吸收能力、配套能力，以及推广应用能力的分析。

第二十九条　申报单位在项目批准后，应及时组织相应的执行机构。执行机构应由外事归口单位、生产单位和科研单位抽调专职人员组成，人员不能挂名或形同虚设。

第三十条　由执行机构与外方共同拟定合作协议。合作协议的内容应包括：合作目标、工作内容、工作方式、实施范围、双方应承担的义务、双方的经济责任、违约责任、协议时效、项目负责人、联系人、专利权和成果分享方式，以及在协议中必不可少的其他条款。

第三十一条　对外科技合作协议的签署应在国内进行，或以换文形式签署。协议签署后由国际合作部留正本备案，并通报我相应的驻外机构。凡需参与集团公司以外单位牵头的对外科技合作项目，均应事先征得集团公司同意。

第三十二条　项目的各阶段完成和全部结束时，

应写出详尽的评审报告，组织评审会。评审的主要内容有：

（一）项目的目标是否实现及经济效益的分析；

（二）原定项目的条款、工作内容是否合适，及对科技成果的分析；

（三）参加项目的人员是否称职，项目组织工作中的经验教训；

（四）对项目完成情况的最终审核意见。

第八章　出国进修

第三十三条　出国进修是指经集团公司各企事业单位推荐，利用国家教育经费、贷款、集团公司或所属单位自筹资金，由集团公司或所属单位选派的科研、技术和管理人员，出国进修、留学、攻读学位。

自费进修生、留学生、研究生，请参照《国务院关于自费出国留学的暂行规定》（国发［1984］185号文件）执行。

第三十四条　出国进修人员，要选择热爱祖国、有事业心、作风正派、具有一定专业技术基础和实践经验的专业人员；对出于个人目的要求出国学习，不安心本职工作的人员，一律不得推荐。

第三十五条　有选送进修人员任务的单位，除参照执行本细则的有关规定外，还应制定出一套切实可行的考核标准，对本单位进修人员进行政治素质、基础理论、专业水平和业务能力的考核，不合格者不得参加出国进修人员外语统考。

第三十六条　出国进修人员应具备以下条件：

（一）具有大学毕业文化程度，并通过出国进修人员外语统考合格。在国内正在攻读学位的研究生不能派出进修。

（二）科研、教学、生产的骨干。

（三）经市级以上医院体检合格。

（四）在岗位从事专业工作五年以上，年龄在四十五周岁以下（中年业务骨干年龄在五十周岁以下）。

第三十七条　出国进修人员选派单位，在向集团公司报送出国进修人员名单时，应附上详尽的考核意见和进修专业的建议。进修专业和研究课题一经确定不得随意变更，如遇特殊情况，确有必要变更所学专业或研究课题，必须经原单位同意后报集团公司人事劳资部和国际合作部批准。

第三十八条　出国人员在进修任务完成后，应按期回国，一般不延长时间。如因特殊情况未完成原定进修计划者，应向工作单位提出申请，由工作单位提出意见上报集团公司国际合作部、人事劳资部批准后，方可延期，但延期的时间最多不得超过半年。

第三十九条　集团公司派出的进修人员不得自行在国外谋求职业。

第四十条　集团公司自筹资金派出的进修人员，不准再攻读学位。

第四十一条　出国进修人员回国一周内，必须到集团公司人事劳资部、国际合作部报到，总结、汇报并交学术论文一套，由人事劳资部组织有关单位对出国进修人员进行业务考核，结合其在进修期间的表现写出组织评价报告。

第四十二条　出国进修人员回国后，回原所在单位工作。单位根据所学专业合理安排工作，发挥其专长，为他们创造必要的条件，使他们在教学和科研、生产中发挥骨干作用。

第四十三条　集团公司自筹资金选派出国的研究生回国后，由集团公司统一分配。原选送单位要配合人事部门积极提出分配建议，并教育研究生本人服从分配，积极为石油工业服务。

第九章　附　　则

第四十四条　本细则由集团公司国际合作部负责解释。

第四十五条　本细则自下发之日起施行。

中国石油天然气股份有限公司
机关商业秘密管理规定

（2002 年 10 月 14 日中国石油天然气股份有限公司
以石油办字［2002］第 239 号文发布）

第一章　总　　则

第一条　为加强股份公司机关商业秘密的管理，保护股份公司的合法权益，依照国家有关法律、法规和规定，制定本规定。

第二条　本规定所称商业秘密是指不为公众知悉，具有实际和潜在的商业价值，经权利人采取合理的保密措施的技术信息和经营信息。商业秘密是公司知识产权的重要组成部分，是公司重要的无形资产，对增强公司的市场竞争能力和公司生存与发展具有重大影响。

第三条　股份公司商业秘密管理坚持积极防范的指导思想，遵循“需要才知道”原则和“分割”原则。

“需要才知道”原则是指根据管理工作、科研工作、业务工作的需要，若不向其授权掌握某项商业秘密就无法进行生产、工作或达成某项交易时，应使其知悉的原则。表现在与职务高低无关，不形成某种待遇，而只服从实际工作需要。

“分割”原则是指把完整的事项根据生产、管理环节分割成若干部分，不同的环节只能知道本部分商业秘密的内容。

第四条　公司保密和宣传部门应将保密教育列为公司重要工作常抓不懈，利用培训、讲座、音像、图书、展览、知识竞赛等多种形式普及商业秘密保护知识，不断提高员工的保密意识。股份公司机关员工必须认真履行保护商业秘密的义务，严格遵守本规定，切实做好机关商业秘密的保护工作。

第五条　本规定适用于股份公司机关各部门、各专业分公司。所属地区分公司、院及参、控股公司可参照执行。

第二章　机关商业秘密管理组织机构和职责

第六条　股份公司机关商业秘密保护工作实行统一领导，分级管理。即由管理层统一领导，通过总裁办公会方式，审议商业秘密保护规章制度，研究决定商业秘密保护重大事项。机关各部门和各专业公司对本单位商业秘密的保护实行首长负责制。

第七条　股份公司保密办公室是股份公司机关商业秘密保护工作的管理部门，设在总裁办公室，与总裁办综合处合属办公。机关各部门和各专业公司在其综合处室设立兼职保密员岗位负责本单位商业秘密保护的具体工作。

第八条　保密办公室的职责是：

1. 宣传、贯彻国家保密法规和公司有关保密制度，增强全员的保密意识。

2. 建立健全股份公司机关商业秘密保护工作制度。

3. 监督、指导股份公司机关商业秘密的管理及定密、标密工作。

4. 负责机关人员出国携带、对外提供资料的保密审查工作。

5. 检查、指导机关计算机等办公自动化设施的安全保密工作。

6. 调查、处理公司失、泄、窃密事件。

第九条　机关兼职保密员岗位职责是：

1. 落实国家及公司各项保密规定，遵守保密纪律。

2. 监督、检查本单位的商业秘密保护工作，发现问题及时督促整改。

3. 负责本单位的定密、解密工作。

4. 协助保密办公室调查、处理本单位失、泄、窃密事件。

第三章　机关商业秘密范围和密级划分

第十条　在股份公司机关工作中，某一信息泄露后会造成下列后果之一的，属于公司机关商业秘密保护范围：

1. 影响公司生产和发展的事项。
2. 影响公司营销活动的事项。
3. 影响公司技术进步的事项。
4. 使公司在商业竞争中处于被动或不利地位的事项。
5. 使公司经济利益受到损害的事项。
6. 影响公司对外交流和商业谈判顺利进行的事项。
7. 影响公司的稳定和安全的事项。
8. 影响公司对外承担保密义务的事项。

除此之外，公司也可特别指定某些保密信息列入机关商业秘密保护范围。

第十一条　公司机关商业秘密密级按重要程度划分为油密 AAA 级、油密 AA 级、油密 A 级三个等级。

第十二条　股份公司机关商业秘密项目的确定和修改应遵循“谁涉密，谁负责”的原则，依以下程序办理：

1. 密源产生部门拟出保密项目，填写《中国石油天然气股份有限公司机关商业秘密项目登记表》（见附件 1），经本单位兼职保密员审核，由主要负责人签批确认，报保密办公室。

2. 保密办公室汇总报公司管理层审批后执行。保密办公室将对《中国石油天然气股份有限公司机关商业秘密密级项目及保密期限表》（见附件 2）实行动态管理。

第四章　机关商业秘密的标识和保密期限

第十三条　股份公司机关商业秘密事项一经确定，应在涉密载体左上角用 3 号黑体做出如下标识：“油密 AAA 级”、“油密 AA 级”、“油密 A 级”。

1. 凡股份公司机关发出的各类文件应在发文稿纸上做出密级选项；利用模板起草的文件，应在文件清稿上做出标识。

2. 其他介质的涉密载体，由产生部门以盖章形式在适当位置做出标识，印章形式见附件 3。

3. 标识印章由保密办公室统一刻制、发放。

第十四条　“油密 AAA 级”的涉密载体，各部门、专业公司应在标识下方编号，并登记发放范围以便查证，分类编号代码见附件 4。“油密 AA 级”、“油密 A 级”的涉密载体是否编号由各单位视具体情况确定。

第十五条　股份公司机关商业秘密保密期限一般不超过 10 年，特殊情况可以定为长期。标注密级时应同时标注保密期限。股份公司机关商业秘密的标志为“△”，“△”前标密级，“△”后标保密期限，保密期限的选定应参考附件 2《中国石油天然气股份有限公司机关商业秘密密级项目及保密期限表》。标识形式见附件 5。

第五章　机关商业秘密的保护措施

第十六条　为保护股份公司机关商业秘密，公司应加强内部保卫工作。未经许可，社会人员不得进入公司办公及会议场所。

第十七条　公司高级管理层办公区为特别保密区，设立秘书值班。董事会秘书局、计划、财务、人事、法律、科技、文档等部门及网络机房均为重点涉密部门，未经许可，无关人员不得进入。

第十八条　机关涉密载体的制作、传递、利用、管理、销毁，按照《中国石油天然气股份有限公司机关秘密载体保密管理规定》办理。

第十九条　股份公司机关计算机信息系统保密管理按照《中国石油天然气集团公司计算机信息系统保密管理暂行规定》办理。

1. 公司计算机应设置用户口令。关键数据和软件应加密。

2. 储存秘密信息的介质，应按照本规定第十一条的规定做出明显标识，并按照《中国石油天然气股份有限公司机关秘密载体保密管理规定》进行管理。

3. 打印输出文件应严格控制数量，打印过程产生的废页应及时销毁。

第二十条　机关涉密会议应遵守《中国石油天然气股份有限公司机关涉密会议保密管理规定》，采取相应保密措施，如会议场所应相对保密，严禁使用无线话筒；对与会人员应规定保密纪律；会议文件应妥善保管，重要涉密文件应及时收回等。

第二十一条　在进行合作研究与开发、专利转让、日常交易等活动中，应做好公司商业秘密的保护工作。

1. 委托他人研究与开发或与他人共同研究与开发项目时，应订立保密协议。对涉密的具体内容、使用范围、权利归属、商业秘密的披露及其保密义务，以及项目完成后商业秘密的管理、使用，违约责任等应做出约定。

2. 向其他单位转让科技成果和专利技术时，涉及商业秘密的，应订立保密协议，约定许可使用的地域、时间、内容、使用方式、使用费用及违约责任等。

3. 在委托其他单位加工产品、提供设备或承销其产品时，有关资料中涉及商业秘密的，应订立保密协议，对该商业秘密的范围、保护措施、禁止转让、违约责任等做出明确规定。

4. 在进行收购或与其他企业进行合资时，应签订保密协议，对该商业秘密的具体范围、保护措施、保护义务、违约责任等做出明确规定。

5. 公司商业秘密受到侵害时，应当及时通过行政或法律途径予以解决。

第二十二条　凡股份公司机关油密AAA级和油密AA级文件、资料、软盘和其他介质不得携带和邮寄出境。特殊情况下确需携带的，必须履行保密审查手续，由各部门提出意见，经保密办公室审查（审查表见附件6）盖章后，方可携带。油密A级文件、资料、软盘和其他介质经保密办公室审查盖章后，方可携带出境。经批准携带的商业秘密文件、资料、软盘和其他介质出境的，应采取严格的保护措施，妥善保管，防止泄露和丢失。

第二十三条　在对外经济技术合作等涉外活动中，应严格遵守中国石油天然气股份有限公司涉外工作保密的有关规定，对确需提供涉及股份公司机关商业秘密资料的，应事先签订保密协议，严格界定提供和使用的范围，并办理审批手续。未经批准，不得擅自承诺有关事项和提供与项目无关的资料。

第二十四条　在新闻宣传工作中，应严格执行目前的申报程序，报总裁办公室审批。对外宣传和举办展览、参加学术交流活动的论文、交流材料等，涉及股份公司机关商业秘密的，必须按照本规定第二十二条要求办理保密审查手续。

第二十五条　股份公司与机关员工签订劳动合同时，应订立保守公司商业秘密的条款，内容应包括保密的范围、内容，保密责任和义务，保密期限和违约责任，以及约定的其他内容。

第二十六条　商业秘密的解密按以下程序办理：

1. 商业秘密事项保密期限届满，自行解密；保密期限需要延长的，由原定密单位确定。

2. 保密期限未到，但从公司利益衡量，该商业秘密事项公开对公司更有利，需提前解密的，原定密单位报保密办公室审核可以及时解密，同时应在原密级旁标明“解密”字样。

第六章　公司员工的保密义务和责任

第二十七条　股份公司机关所有员工，应按照公司制定的协议书格式（见附件7），与公司签订保密协议书。

第二十八条　公司员工及其他受聘从事公司业务的人，禁止下列行为：

1. 以盗窃、利诱、胁迫或其他任何不正当手段，获取本公司的商业秘密；

2. 违反公司有关保密规定、要求及与公司签订的合同，披露或者泄露本公司的商业秘密；

3. 未经本公司许可，将商业秘密用于指定目的以外用途；

4. 协助他人，以不正当手段获取本公司商业秘密。

第二十九条　公司员工及其他受聘从事公司业务的人应严格遵守公司员工保密守则和“十要”“十不要”（见附件8），禁止疏忽大意泄露公司商业秘密。

第三十条　公司员工及其他受聘从事公司业务的人，因业务要求，需要将公司商业秘密向第三方披露或者由第三方使用的，应事前得到密源产生单位主要负责人的签字认可，并报保密办公室备案。

第三十一条　公司员工及其他受聘从事公司业务的人，在执行业务过程中，了解到其他公司商业秘密的，应视同本公司商业秘密，按照本公司商业秘密管理规定的要求妥善保存，不得向任何第三方泄露。

第三十二条　公司员工从公司内部部门调出时，应向该部门退还一切商业秘密资料。员工离开公司时，个人保管的上述有关文件、物品应全部退还公司。

第三十三条　公司员工及其他受聘从事公司业务的人，在与公司解除劳动关系或合同关系后，仍然对公司的商业秘密承担保密义务，直至该秘密完全公开。

第三十四条　为保护本公司商业秘密不受侵犯，接触本公司商业秘密的员工离职时，如有必要，公司应与其订立竞业限制合同，约定离职后的竞业限制事宜。

第七章　奖　　惩

第三十五条　对遵守本规定，有下列情况的公司员工及其他受聘从事公司业务的人，公司将给予表扬和奖励：

1. 发现他人刺探商业秘密，及时汇报、处理，给公司避免重大损失或损失的；

2. 发现本公司员工泄露或可能泄露商业秘密，及时采取措施避免或减轻损害后果的；

3. 提出有关商业秘密管理的合理化建议，被公司采纳的；

4. 长年遵守本规定，为商业秘密保护做出贡献的。

第三十六条　公司员工及其他受聘从事公司业务的人违反本规定，泄露公司商业秘密的，公司根据危害程度给予批评和相应处罚。

第三十七条　公司员工及其他受聘从事公司业务的人违反本规定第二十八条、第二十九条规定，侵害本公司权益的；本公司离职员工违反本规定第三十三条、第三十四条规定，或违反根据本规定签订的合同，侵害本公司权益的，根据损害程度和行为情节，应承担下列责任：

1. 根据签订的商业秘密合同，支付违约金；

2. 赔偿公司遭受的损失；

3. 由本公司追缴违法收入；

4. 本公司遭受的损失难以计算时，赔偿额为侵权行为所得的利润。

第三十八条　公司员工、离职员工及其他受聘从事公司业务的人，侵害本公司商业秘密权益，构成犯罪的，公司将依法移送司法部门，追究刑事责任。

第八章　附　　则

第三十九条　本规定自印发之日起执行，原《中国石油天然气股份有限公司机关保密规定（试行）》（石油办字［2002］第36号）同时废止。本规定由总裁办公室负责解释。

附件：

1. 中国石油天然气股份有限公司机关商业秘密项目登记表

2. 中国石油天然气股份有限公司机关商业秘密密级项目及保密期限表

3. 印章形式

4. 分类编号代码

5. 标识形式

6. 中国石油天然气股份有限公司保密审查表

7. 中国石油天然气股份有限公司保密协议

8. 中国石油天然气股份有限公司机关员工保密守则

附件 1

中国石油天然气股份有限公司
机关商业秘密项目登记表

单位名称：　　　　　　　　　　　　　　　　　　　　　　　　　　　签批人：

申报时间	商业秘密项目名称	密　级	保密期限	备　注

附件 2

中国石油天然气股份有限公司机关商业秘密密级项目及保密期限表

单位名称	密　　级	密　级　项　目	保密期限
总裁办公室	油密 AAA 级	1. 尚未公开的股份公司领导陪同国家领导人出访计划、日程安排	公开前
		2. 公司重大改革方案、发展战略、改革预案	5 年
	油密 AA 级	1. 领导办公会议纪要（总裁办公会议、办公会议）	2 年
		2. 每周例会会议记录	2 年
		3. 主要领导的部分重要讲话材料（重大改革、重要专业会议）	5 年
		4. 重大课题研究成果	5 年
		5. 重要项目的考察调研报告	3—5 年
		6. 文档数据库密钥、地址	长期
		7. 密码机密钥	长期
		8. 领导对上访的批示意见	公布前
		9. 股份公司领导尚未公开的重要外事活动日程安排及出访计划	公开前
		10. 尚未公开的对外经济技术合作与交流活动的计划、安排、内部资料	公开前
		11. 同与我国未建交或敏感国家、地区签订的经济技术协议和项目计划	执行前
		12. 涉外事件中我方的方针和对策	公布前
	油密 A 级	1. 中油集团、股份公司主要领导讲话	3 年
		2. 中国石油参阅件	3 年
		3. 软科学课题研究报告	3 年
		4. 部门专题调查研究报告	3 年
		5. 机要文件存放地址	长期
规划计划部	油密 AAA 级	1. 股份公司整体发展战略	10 年
		2. 股份公司中长期业务发展计划	10 年
		3. 股份公司正在制定过程中的重大政策、方案、规划	实施前
		4. 重要工程项目招投标标底	开标前
	油密 AA 级	1. 股份公司重点建设工程可行性研究报告、批复及其他有关文件	项目开工
		2. 统计年报、统计资料汇编	10 年
		3. 统计月报（内部）、统计台账	3 年
		4. 列入国家重点建设项目的初步设计概算及其批复	项目完工
		5. 对外合作合同、章程	10 年

续表

单位名称	密 级	密 级 项 目	保密期限
规划计划部	油密 A 级	1. 股份公司业务发展专题研究报告	实施前
		2. 股份公司重点项目的专家论证咨询报告	项目完工
		3. 股份公司投资策略，投资规模、方向、结构等	实施前
		4. 年度投资计划	1 年
		5. 引进项目批复、用汇计划、国际招标标底、评标标准、谈判方案等	实施前
		6. 年度生产经营计划	1 年
		7. 原油、成品油季度总量调控总体安排意见	1 年
		8. 股份公司重点建设项目的初步设计概算及其批复	项目完工
财务部	油密 AAA 级	1. 尚未公布的国家对石油及主要石化产品流通体制改革、价格、税收调整政策、方案以及股份公司为适应市场的内部价格机制调整方案	公布前
		2. 公司路演前的财务状况、经营成果和现金流量等	路演前
		3. 公司重组收购过程中保密的信息、资料和文件	收购完成
		4. “中国石油财务管理信息系统”系统管理员口令、数据库管理员口令、用户口令、防火墙系统管理员口令	长期
	油密 AA 级	1. 股份公司及所属公司年度财务预算、决算、财务分析、财务报告及相关数据资料	永久
		2. 中国石油财务管理信息系统数据库备份、机内数据	15 年
		3. 资产委托管理文件	10 年
	油密 A 级	1. 公司会计凭证、会计账簿、会计移交清册	15 年
		2. 月、季度财务报告和经济活动分析资料	5 年
		3. 股份公司银行存款、贷款金额	1—2 年
		4. 财务部会议纪要和领导重要讲话材料	2 年
		5. 财务部重要规章制度	2 年
		6. 财务部重要项目考察调研报告、专题研究报告	2 年
		7. 财务部人员管理库信息	长期
		8. 财务部重要文档数据库和机要文件	5—10 年
		9. 中国石油财务管理信息系统评审鉴定资料、技术开发与服务合同、协议等	5—10 年
人事部	油密 AAA 级	1. 尚未公布的股份公司内部重组方案	公布前
		2. 公司股票期权计划	10 年
		3. 尚未公布的领导班子调整方案	公布前

续表

单位名称	密　级	密　级　项　目	保密期限
人事部	油密 AA 级	1. 干部任免的考察材料	10 年
		2. 职称考试方案、试题、试卷、答案	2 年
		3. 两院院士、有突出贡献专家、特殊津贴专家申报计划	公布前
	油密 A 级	1. 各类统计年报资料	5 年
		2. 尚未公布的机构编制、员工总量控制计划	公布前
		3. 尚未公布的工资调整方案、工资总量计划	公布前
		4. 尚未公布的员工出国培训计划	5 年
		5. 尚未公布的职称评聘工作计划	公布前
监察部	油密 AA 级	1. 群众来信来访中举报、控告的内容、信息和举报人、被举报人的所有信息	3 年
		2. 案件初核、立案调查方案和正在办理案件的情况、信息等	3 年
		3. 尚未公布的案件办理结果、处理意见等	公布前
	油密 A 级	1. 尚未公布的监察工作重要部署、综合情况、统计资料	公布前
法律事务部	油密 AAA 级	1. 重大合资合作、贷款、担保、股权收购、涉外等合同	长期
		2. 与重大合资合作、贷款、担保、股权收购、涉外等合同有关的谅解备忘录及对外交流、商业谈判事项	
		3. 重大诉讼事前方案	
		4. 招投标项目的商业文件	
		5. 重大项目的谈判方案	
		6. 公司证券信息对外披露前涉及的法律文件	
		7. 公司对参、控股上市公司的股权处置方案涉及的法律文件	
		8. 公司重大经营、管理、改革、投资决策的法律论证方案	
		9. 公司对国家法律、法规研究的应对方案	
	油密 AA 级	1. 国家法律、法规起草阶段的征求意见稿	长期
		2. 公司有关规章起草阶段的征求意见稿	
		3. 法律事务部部务会讨论的重要业务事项	
		4. 报送领导、有关部门的《呈报件》、《法律意见》	
		5. 公司在资本市场公告事项披露前涉及的法律文件	
		6. 公司创设参控股公司论证、谈判、签约前的法律文件	

续表

单位名称	密级	密级项目	保密期限
法律事务部	油密AA级	7. 公司对参控股公司股权处置方案涉及的法律文件	长期
		8. 公司处理土地、矿权、安全、环保等行政法律事务的文件	
		9. 公司处理商标、商誉、专利、技术诀窍、商业秘密等知识产权法律事务的文件	
	油密A级	1. 公司的合同数据与内容	长期
		2. 公司的纠纷案件数据与内容	
审计部	油密AA级	1. 载有公司主要经营数据或可能再造成重大影响的审计资料、报告	10年
		2. 涉及领导干部的审计调查结果	长期
		3. 对有关单位预算执行情况的审计结果报告	长期
		4. 股份公司重点建设工程重要问题审计结果及资料	长期
		5. 因工作需要收集掌握的规划计划部、财务部列入秘密范围的资料数据	5年
		6. 汇总审计统计报表	长期
质量安全环保部	油密AA级	1. 公司产品质量监督抽查数据	5年
		2. 尚未公布的公司重大质量事故和计量纠纷调查资料	公布前
		3. 尚未公布的公司能源消耗和水资源消耗数据	公布前
		4. 尚未公布的公司事故统计资料	公布前
		5. 尚未公布的公司重、特大安全生产事故调查资料和处理情况	公布前
		6. 尚未公布的公司环境监测数据	公布前
		7. 尚未公布的公司环境统计资料	公布前
		8. 尚未公布的公司环境纠纷、事故调查资料和处理方案	公布前
		9. 重要项目环境影响评价报告书（表）、大纲	5年
		10. 公司QHSE专有技术	5年
	油密A级	1. 公司技术标准（企业标准）	3年
		2. 公司安保基金使用计划	3年
		3. 公司安保基金上缴及返还情况	3年
		4. 公司重大财产损失理赔情况	3年
		5. 公司重大安保基金项目研究	3年
科技与信息管理部	油密AAA级	1. 股份公司科技、信息发展规划	10年
		2. 股份公司科技、信息发展战略研究报告	10年
		3. 网络机房数据库信息、密钥	10年

续表

单位名称	密　　级	密　级　项　目	保密期限
科技与信息管理部	油密 AA 级	1. 重大科技攻关开题设计、合同、研究报告、验收报告	7 年
		2. 重大信息项目预可研、可研、合同、设计方案、项目计划、验收报告	7 年
		3. 股份公司年度科技、信息、对外合作研究计划	7 年
	油密 A 级	1. 新产品、新工艺、新配方、新技术、新发现的成果研究报告、验收报告	5 年
		2. 生产性技术攻关项目合同、研究报告、验收报告	5 年
		3. 信息项目合同、研究报告、验收报告	5 年
		4. 科技与信息统计资料	5 年
电子商务部	油密 A 级	1. 股份公司大型骨干工程项目物资采购计划	实施前
		2. 股份公司大型骨干工程项目物资采购招标标底	开标前
		3. 股份公司大型骨干工程项目物资采购招标评标小组成员名单	评标前
董事会秘书局	油密 AAA 级	1. 股东大会、董事会会前各项议案及专业委员会的审阅意见书	公布前
		2. 正式披露前的中报、年报	公布前
		3. 致香港联交所通函及拟将在香港媒体发表的公告	公布前
		4. 未公开的重大事项，包括涉及重大事项的呈报件、呈批件	公布前
		5. 接待投资者数据库管理员口令、用户口令	长期
	油密 AA 级	1. 董事会会议记录及文件汇编	
		2. 董事长的有关批件及对重大事项的有关批件	
		3. 董事的有关函件	
		4. 路演前的对有关问题的回答汇总	公布前
	油密 A 级	1. 公司董事尚未公开的重要活动日程及出访计划	公布前
		2. 尚未公开的内部资料、信息披露口径等	公布前
监事会	油密 A 级	1. 监事会调研报告	1 年
		2. 监事巡视报告	1 年
		3. 监事会会议文件	1 年
勘探与生产分公司	油密 AAA 级	1. 公司路演前对外披露勘探开发及财务信息	公布前
		2. 国家、集团公司、股份公司、勘探与生产分公司重大研发项目	公布前
	油密 AA 级	1. 油气勘探开发中长期发展规划、滚动规划及年度计划	5 年
		2. 油气资源分布及规模	长期
		3. 油气勘探部署图册、勘探数据手册、年度勘探部署总体设计及图册	5 年
		4. 油气田开发部署图册、图集、油水井调查及有价值的科研成果报告	5 年

续表

单位名称	密 级	密 级 项 目	保密期限
勘探与生产分公司	油密 AA 级	5. 油气田地面建设重大工程可行性研究及初步设计文件（包括估算、概算）	实施前
		6. 油气田建设项目的立项批复中的投资估算、概算、招标标底	实施前
		7. 油气田建设项目的谈判方案、合同文本及引进设备清单	公布前
		8. 石油技术设备、物资采购计划、物资招标采购的评分规则和标底，重要生产物资各类统计报表和资料	公布前
		9. 油气田地面工程地理位置图（包括电子版）	10 年
		10. 原油储备能力及储罐地理位置信息	10 年
		11. 合资合作的意向、资料、商务谈判方案和合同草案及合作区块的资源综合报告、总体开发设计方案	公布前
		12. 年度财务预算、决算、关键业绩指标及考核情况	3 年
		13. 财务会计报表，经济活动分析及成本分析	3 年
		14. 信息系统建设、运行项目	7 年
		15. 新技术推广项目	3 年
		16. 股份公司对于涉及地方关系的油气田开发的有关处理意见	公布前
		17. 勘探开发各类月报、年报	2 年
	油密 A 级	1. 油气勘探成果报告、技术报告及年报	5 年
		2. 物探原始资料，包括磁带、SPS 电子班报（观测系统、班报、测量成果）	10 年
		3. 探井和探区的地震、钻井、录井、测井、试油等方面的设计、应用成果报告及数据资料	3 年
		4. 除探明储量外的各级各类储量	长期
		5. 尚未公布的油气动态数据	公布前
		6. 勘探与生产数据库系统软件等技术、管理标准、规范	5 年
		7. 油气开发成果报告，提高油气采收率的新技术，油藏研究及矿场试验成果	3 年
		8. 对外合作的油气田开发市场信息、市场预测等资料	公布前
		9. 尚未公布的企业标准及节能数据	公布前
		10. 工程技术服务市场开放程度年度统计表	2 年
炼油与销售分公司	油密 AAA 级	1. 炼油与销售分公司中长期发展规划	5 年
		2. 军用石化产品的产量、储备和运输计划	3 年
		3. 全国战备油库坐标、统计数字及有关资料	10 年
		4. 未申请国家专利的重大发明和国家批准的保密技术	10 年

续表

单位名称	密　级	密 级 项 目	保密期限
炼油与销售分公司	油密 AA 级	1. 石化产品价格、税收调整政策及方案	
		2. 尚未公布的炼油与销售分公司人事、机构编制、职称计划方案	
		3. 炼油与销售分公司对外合作项目投资计划及生产计划	
		4. 干部任免及考察材料	
		5. 公司收购、控股、参股项目论证与谈判阶段的协议、可研报告等	
		6. 列入国家科技攻关项目、预计可达到国际先进水平的研究课题	
		7. 重点建设项目招标、投标标底、内部协调方案	
		8. 炼油与销售分公司年度财务预算、决算资料	
		9. 群众来信来访中举报、控告的内容、信息和举报人、被举报人信息	
		10. 炼油与销售分公司中重点建设工程重要问题审计结果及资料	
		11. 尚未公布的案件办理结果、处理意见等	
	油密 A 级	1. 尚未公布的生产经营基础数据及资料	
		2. 各类统计年报资料	
		3. 正在办理的涉及公司的诉讼案件	
		4. 非公开的各类法律文书	
		5. 公司内部发生的重大质量事故和计量纠纷	
		6. 购销存信息系统网络密匙的使用等	
化工与销售分公司	油密 AAA 级	1. 化工板块五年发展规划和滚动计划	10 年
		2. 路演前的财务状况、经营成果、现金流量、关键业绩指标等财务报告信息	公布前
		3. 股份公司级重大科研攻关计划、科技发展规划	10 年
	油密 AA 级	1. 化工板块年度投资计划	5 年
		2. 化工板块成本数据资料	5 年
		3. 化工板块产品的市场占有率和客户档案有关资料和信息	10 年
		4. 化工产品市场调研报告、中长期营销战略和阶段性营销策略	10 年
		5. 制定的尚未实行的价格策略	4 年
		6. 中油化工主导产品销售价格的实时及历史统计资料	4 年
		7. 涉及核心技术科技领域中的新发现、新设计、新技术；新材料、新工艺、新配方；重大新产品研究、开发；上述领域的设计方案、图纸、资料、工艺流程，中间试验数据和阶段性科研成果	10 年

续表

单位名称	密　　级	密　级　项　目	保密期限
化工与销售分公司	油密 AA 级	8. 在同行业中处于领先地位的技术诀窍，技术潜力，替代技术，专有技术，尚未公布的专利技术	10 年
		9. 板块具有战略地位的开发项目的技术资料及有关设计文件	10 年
		10. 化工板块年度、季度、月综合计划和综合统计资料	5 年
		11. 重要项目可行性研究报告和前期技术交流资料	5 年
		12. 化工板块年度财务预算、决算以及财务分析和报告	5 年
		13. 化工板块月度、季度、年度技术经济指标	5 年
		14. 主导产品的主要生产装置、设备关键技术参数，工艺流程	5 年
		15. 板块历年产品销售价格走势资料和信息	5 年
		16. 总部下达的所有管理文件和价格申请处理文件	3 年
		17. 股份公司级科技项目开发年度计划	5 年
		18. 引进设备、技术改进后的工艺、机构、控制操作等重要资料	5 年
		19. 对外经济技术合作，对外贸易、商务、技术谈判的意图、策略及方案	5 年
		20. 企业基本建设、科研攻关和成套设备引进、大宗物资采购计划	5 年
		21. 重要经济合同的正式文本及有关资料	5 年
		22. 有关引进技术、设备招投标、工程招投标环节的所有资料和信息，包括谈判计划、标底、意向、评标方式、权重、评标报告等	3 年
	油密 A 级	1. 集团、股份和分公司领导对涉密事项的处理意见等相关资料和信息	3 年
		2. 人事、干部档案资料	3 年
		3. 尚未公布的监察工作的重要部署、综合情况、统计资料	3 年
		4. 群众来信来访中举报、控告的内容、信息和举报人、被举报人的所有信息	3 年
		5. 分公司领导出国信息及会见外国公司代表的安排	3 年
		6. 涉及股份公司业务发展的重要外事活动安排	3 年
		7. 化工板块年度、季度、月度生产和销售计划，检修计划	3 年
		8. 化工板块年度、季度、月度原料互供计划	3 年
		9. 日常生产运行调度报表	3 年
		10. 化工板块销售周报、月报、季报、年报	3 年
		11. 化工板块产品销售流向有关资料和信息	3 年
		12. 化工板块主导产品的库存能力、库存量、产量、销量及相关数据	3 年
		13. 中油价格信息平台市场分析资料以及各种基础数据	3 年

续表

单位名称	密　级	密　级　项　目	保密期限
化工与销售分公司	油密 A 级	14. 有关质量、安全、环保的重要统计资料	3 年
		15. 有关环境污染、健康、安全、质量的事故	3 年
		16. 尚未公布的重特大事故的调查结果及处理意见	3 年
		17. 其他应列为绝密、机密、秘密的资料	
天然气与管道分公司	油密 AAA 级	1. 专业公司重大业务决策信息	5 年
		2. 专业公司中长期发展计划、专项规划	5 年
		3. 重要项目投资计划、投资规模、投资方向	5 年
	油密 AA 级	1. 专业公司重大经营决策、酝酿中的改革方案	公布前
		2. 大型工程项目，重要设备及大宗物资采购招投标标底及测算依据等相关资料	公布前
		3. 管道工程建设占用土地内部掌握的补偿标准、办法	公布前
		4. 原油年度、季度、月度统计报表	当年
		5. 中石油系统的原油库存量、储存能力及相关数据资料	5 年
		6. 油气调度令	当年
		7. 与外商合作区块的天然气销售及收购价格，天然气销售流向及区块情况	公布前
		8. 销售合同中非统一格式中的具体指标和数据	公布前
		9. 重要的天然气销售合同的正式文本及相关资料	5 年
		10. 建设项目预可研、可研报告和初设文件	5 年
		11. 天然气市场调研分析材料	4 年
		12. 天然气购销意向书、合同和管道建设合资合同	5 年
		13. 年度、季度投资计划	5 年
		14. 专业公司年、季、月综合统计报表、统计分析资料，主要经济技术指标完成情况统计资料	5 年
		15. 专业公司年度预算、决算，财务分析、财务报告及相关数据资料	5 年
		16. 专业公司油气成本计划和技术经济指标	5 年
		17. 专业公司主导产品成本利润完成情况及相关资料	5 年
		18. 路演前专业公司的财务状况、经营成果、现金流量、关键业绩指标等财务报告信息	公布前
	油密 A 级	1. 干部人事管理资料和领导决策信息	公布前
		2. 领导的重要讲话	3 年
		3. 项目预可研、可研及初步设计文件	5 年

续表

单位名称	密级	密级项目	保密期限
天然气与管道分公司	油密A级	4. 招投标文件、评标标准、评委名单、批复文件	3年
		5. 管道工程建设的企业标准	3年
		6. 原油、天然气运输、资源配置计划（年度）	3年
		7. 动态报表	当年
		8. 油价预测表	当年
		9. 油气运行的专项报告	当年
		10. 年度销售计划	当年
		11. 国家计委、经贸委、股份公司下发的有关项目的批复文件	5年
		12. 专业公司财务报表、年度经济活动分析资料	5年
		13. 专业公司重大科研信息，中长期发展规划，重大科研攻关计划，年度科技与信息投资计划	3年
		14. 专业公司科技及信息项目的立项、开题设计、中评估及验收报告、评委专家名单、审查结果及专项合同	5年
		15. 科研成果及中间实验数据等技术资料	5年
		16. 专业公司及所属地区公司的安全案例、事故统计数据，施工质量事故	3年
		17. 尚未公布的企业工业环境污染监测数据及危害程度调整资料	3年
		18. 天然气销售年报、季报、月报，经济分析资料	当年
		19. 天然气销售综合价格、外销均价	当年

附件 3

印章形式

油密 AAA 级△
油密 AA 级△
油密 A 级△

附件 4

分类编号代码

ZC×××	总裁办公室
WS×××	外事办公室
JH×××	规划计划部
CW×××	财务部
RS×××	人事部
JC×××	监察部
FL×××	法律事务部
SJ×××	审计部
ZL×××	质量安全环保部
KJ×××	科技与信息管理部
DZ×××	电子商务部
DQ×××	党群工作部
DM×××	董事会秘书局
JS×××	监事会办公室
KT×××	勘探与生产分公司
Ly×××	炼油与销售分公司
HG×××	化工与销售分公司
TR×××	天然气与管道分公司

注：×××为从 001 开始的数字编号。

附件 5

标识形式

油密 AA 级△5 年

KT001

油气勘探开发中长期发展规划

中国石油天然气股份有限公司
勘探与生产分公司
2002 年 7 月

附件 6

中国石油天然气股份有限公司
保 密 审 查 表

申办单位	
内容	
部门审查意见	签　字： 年　　月　　日
保密办审查意见	盖　章 年　　月　　日

备注：部门审查意见由部门领导填写。

附件 7

中国石油天然气股份有限公司
保 密 协 议

本协议由下列双方 年 月 日在北京市签订：

甲方：中国石油天然气股份有限公司
注册地址：北京市东城区安德路 16 号

乙方：
身份证号码：

甲方和乙方根据国家有关法律法规以及甲方制定的规章制度，经过平等协商，一致同意以下事项：

1. 本协议所称的商业秘密是指属于甲方的，不为公众所知悉，能为甲方带来经济利益，具有实用性并经甲方采取保密措施的技术信息和经营信息。

2. 乙方在职或被聘用期间，应谨慎、妥善保存好涉及甲方商业秘密的一切有关资料、记录、软盘、设备等。

3. 乙方在职或被聘用期间，应严格遵守保密纪律和规定，不得向他人披露或提供本人知悉的涉及甲方的保密事项或资料。

4. 若具有权力的法庭或其他司法、行政、立法机构要求乙方披露或提供涉及甲方的保密事项或资料，乙方应立即通知甲方此类要求。

若乙方按上述要求必须披露或提供涉及甲方的保密事项或资料，乙方将配合甲方采取合法及合理的措施，要求所披露或提供的保密事项或资料能得到保密的待遇。乙方在配合甲方要求采取措施中所发生的费用，应得到甲方的补偿。

5. 乙方同意并保证，在其离职、退休、被辞退或其他与乙方解除劳动关系或聘用关系的情形出现之后五年内，继续承担本协议所规定的保密义务。

若根据乙方所知悉的保密事项或资料的性质，该保密事项或资料需长期保密，乙方应长期保守该保密事项或资料。

6. 乙方同意并保证，在其离职、退休、被辞退或其他与乙方解除劳动关系或聘用关系之后，不会利用知悉的保密事项和资料，为自己或他人谋取利益。

若乙方因承担本条所规定的义务而受到损失，甲方可给乙方合理的补偿。

7. 乙方违反本协议或甲方的保密规定、纪律，造成泄密或给甲方造成损失或其他不利后果，乙方应承担赔偿责任。构成犯罪的，移送司法机关处理。

8. 本协议自甲乙双方签字或盖章之日起生效。

9. 本协议一式肆份，具有同等效力，甲、乙双方各持两份。

甲 方（盖章） 乙方签名（或盖章）

授权代表（签名）：

附件 8

中国石油天然气股份有限公司
机关员工保密守则

1. 不泄露所知悉的党和国家秘密及股份公司商业秘密。

2. 不在无保密保障的场所阅办秘密文件、资料。

3. 不使用无保密保障的电信通讯设备传输股份公司商业秘密。

4. 不在亲属、朋友和其他人员面前谈论股份公司商业秘密。

5. 不在私人通信及公开发表的文章、稿件中涉及股份公司的商业秘密。

6. 不在社交活动中携带秘密文件、资料。

7. 不在出国访问、考察等外事活动中携带股份公司的商业秘密文件，确因工作需要必须携带，应采取严密的防范措施。

8. 不在接受记者采访中涉及股份公司商业秘密。

9. 不私自留存秘密文件、资料，阅办后的秘密文件要按规定及时清退，归档。

10. 不擅自复制或销毁秘密文件、资料。

“十要”、“十不要”：

十要：

1. 要严格保管好自己的工作笔记。

2. 商业洽谈、涉及商业秘密的要约定承担保密义务。

3. 执行涉密项目时要使用非描述性的和非明显昭示的项目名称和代码。

4. 电子邮件和语音信箱密码要进行防护，发出信息时要多加小心。

5. 所有的涉密文件要放置在安全处所。

6. 要妥善处置商业秘密文件，使得他人不能从垃圾中重新获得这些信息。

7. 对装有商业秘密文件的所有信封和包裹要给以足够的重视。

8. 离开会议室要带走所有文件并擦掉黑板上的所有字迹。

9. 客户和其他人在公司的任何指定区域合作，除会议室外，都要有人陪同。

10. 在家人、朋友、室友或其他来访者面前要提高保密意识，谨防随口说出商业秘密。

十不要：

1. 不要用手机和无线电话讨论商业秘密。

2. 不要在公共场所谈论商业秘密或者审阅文件。

3. 不要将商业秘密文件放在别人容易看得到的地方。

4. 不要通过酒店或会议中心的人员收发或复印商业秘密文件。

5. 不要在无人值守的情况下，将商业秘密文件放在会议室、复印和传真室。

6. 不要把文件中使用的代码和项目名称换成真实的名称。

7. 非因公务目的，并且没有防护措施，不要把商业秘密文件带出办公室。

8. 在讨论商业秘密的时候，不要敞开房门。

9. 不要与正在洽谈生意的重要客户一道出现在公众场合。

10. 在社会活动中，不要超越规定和要求，介绍公司的技术、经营信息。

中国石油天然气股份有限公司
法律工作管理规定

（2002 年 1 月 8 日中国石油天然气股份有限公司
以石油法字［2002］第 2 号文发布）

第一章　总　　则

第一条　为了建立健全中国石油天然气股份有限公司（以下简称“公司”）法律工作体系，规范法律业务的管理，促进公司依法经营管理，根据国家经贸委有关企业法律工作的规定和公司实际情况，制定本规定。

第二条　公司法律工作是企业经营管理的重要组成部分，其主要任务是推动公司依法治理、保障规范运作、防范法律风险、维护公司根本利益。

第三条　法律工作以法人为本位。法律机构处理法律事务必须体现法人意志，立足于维护公司整体利益。地区公司处理重大法律事项，应当按规定程序报批或申请授权。

第四条　公司遵循“预防为主”的方针，建立并完善民事、商事、行政和涉外等法律业务体系，逐步实现法律业务分类管理。

第五条　公司法律机构应当对公司经营管理中涉及的法律问题进行法律论证、审查和把关。公司法律人员应当遵循“诚信、勤勉、高效、优质”的原则，依据国家法律法规，充分运用相关专业知识和技能处理法律事务。

第二章　法律工作管理体制

第六条　公司根据法律工作集中管理和授权管理相结合的原则，合理确定公司总部与地区公司法律工作的职责权限。公司总部负责处理涉及公司、证券、资产处置、重大投资、对外担保、限额以上的重大合同、知识产权、取得或放弃第三方权利、重大或以股份公司为被告的诉讼、仲裁、行政处罚等法律事务；地区公司负责处理职责权限范围内或授权范围内的法律事务。

第七条　公司总部和具备条件的地区公司应当设置独立法律机构。总部法律机构为法律事务部，地区公司法律机构为法律事务处（室）。未具备设置法律机构条件的地区公司应当配备专职法律人员。

第八条　公司法律事务部是公司法律工作的主管部门，向公司主要负责人报告工作。法律事务部履行下列职责：

（一）参与公司重大决策的法律论证，提供法律咨询意见，对公司有关决议、规章及其他重要法律文件的合法性进行审查。

（二）对总部机关、专业分公司外签合同进行法律审查，主持或参与公司重大合同的起草、谈判和签约工作；归口管理公司对外发生的法律纠纷；负责处理招投标活动中的法律事务。

（三）负责公司、证券法律事务；会同有关部门妥善处理资本市场运作和监管中出现的法律问题；组织并指导公司所属各类分公司的工商登记工作。

（四）负责处理公司合资、合作、担保、企业合并、分立、租赁、资产转让、清算破产、关联交易等重大经济活动中涉及的法律事务。

（五）组织对石油化工产业涉及的一些重大法律课题进行研究，向国家提供有关立法和执法的意见和建议。

（六）会同有关部门研究处理有关知识产权、矿业权、土地使用权等权属管理和质量、安全、环保、劳动用工以及关联交易等业务管理中涉及的法律问题。

（七）组织开展公司法律宣传教育和依法治理工作。

（八）指导和管理地区公司法律顾问工作。

（九）负责聘用公司业务需要的境内外律师，并负责相关管理工作。

（十）公司交办的其他工作。

第九条　地区公司法律机构履行下列职责：

（一）参与地区公司重大决策的法律论证，提供法律咨询意见，对有关决议、制度及其他重要法律文件的合法性进行审查。

（二）负责地区公司合同管理工作，对地区公司外签合同进行法律审查，主持或参与重大合同的起草、谈判和签约工作；归口管理地区公司发生的法律纠纷；负责处理招投标活动中的法律事务。

（三）负责办理地区公司及所属经营单位的工商登记事务。

（四）按照公司有关规定和授权，办理合资、合作、投资、担保、企业合并、分立、租赁、资产转让、关联交易等重大经济活动中涉及的法律事务。

（五）按照公司有关规定和授权，会同有关部门处理有关知识产权、矿业权、土地使用权等权属管理和质量、安全、环保、劳动用工以及关联交易等业务管理中涉及的法律问题。

（六）组织开展地区公司法律宣传教育工作，提供法律咨询服务。

（七）地区公司或法律事务部交办的其他工作。

地区公司在保证上述职责的前提下，可根据实际需要对法律机构的职责进行充实和调整。

第十条　地区公司法律工作实行双重管理和双向负责的工作机制。

地区公司法律机构对所从事的每一项业务向地区公司总经理负责，确保地区公司经营管理活动的合法性；对贯彻公司总部法律工作制度、防范和化解法律风险等方面向总部负责，确保法律信息真实与畅通，维护公司根本利益。

地区公司对法律机构提供服务的质量、满足公司法律需求的程度及综合表现进行考核；公司法律事务部对其业务开展情况、业务水平、维护公司根本利益等方面进行评价，并纳入地区公司对其考核的内容，作为干部任用和业绩评价的依据。

重大法律事务由地区公司法律机构与公司法律事务部相互沟通、密切配合、共同处理。

公司法律事务部和地区公司管理层应为法律机构广泛参与企业经营活动、介入企业经营管理给予保障，并提供相应工作条件。

第三章　法律业务管理

第十一条　公司法律事务由法律机构统一管理。任何单位和个人不得擅自以任何形式对外出具涉及公司或地区公司权利、义务、责任、利益等方面的证明、承诺、说明、确认、授权等，如确需出具，应在法律机构会同有关部门共同审查后，由公司或地区公司统一出具，并由法律机构和相关部门存档备案。

第十二条　公司和地区公司应当在各自职权范围内完善法律授权制度。公司总部处理的法律事项应经公司董事长或总裁授权；由地区公司处理的法律事项应经地区公司总经理授权；地区公司处理应由公司总部处理的法律事项，应经公司总部授权。

授权手续应当由法律机构办理。

第十三条　司法部门或政府有关部门送达的法律文书应由法律机构或专职法律顾问统一签收，并提出处理意见。

公司和地区公司法律机构应当建立健全法律业务档案，有关法律文书、书面法律意见以及相关资料应当及时存档备案。

第十四条　地区公司发生的重大问题应当及时向公司总部报告，公司总部发现地区公司存在的重大问题也要向地区公司及时反馈，保证公司总部和地区公司信息畅通，形成公司重大法律问题协调处理的机制。

第十五条　法律机构应当与其他业务部门建立经常性的联系，及时向有关部门反馈在处理法律事务时发现的经营管理中存在的法律问题，提出改进意见或建议。

法律机构处理具体法律事务涉及相关部门业务的，相关部门应当积极配合并提供必要的便利条件。

第四章　法律顾问

第十六条　法律顾问应当具有企业法律顾问执业资格。企业法律顾问执业资格通过全国统一考试取得。

未考取企业法律顾问执业资格或律师资格，可作为助理法律顾问。

非法律专业毕业人员从事法律工作，应当进行系统法律专业知识培训。

第十七条　不具有企业法律顾问执业资格或律师资格的法律人员，应当于从事企业法律工作并具备报考条件之日起两年内考取。

在规定期限内未取得相关资格，应当调整工作岗位。

第十八条 考取企业法律顾问执业资格并在法律顾问岗位工作，即取得受聘担任经济师专业技术职务的资格，根据工作需要可评聘经济师专业技术职务。

第十九条 法律顾问应当享有下列权利：

（一）对重大决策、经营行为提出法律意见；

（二）对违反法律、法规及侵害公司根本利益或可能产生法律风险的行为，提出纠正意见，并可直接向管理层或上级部门报告；

（三）参加有关会议，查阅有关文件、资料、财务报表、统计报表等；

（四）办理企业法律事务时，依法向有关单位或个人调查情况、收集证据；

（五）法律、法规或公司授予的其他权利。

第二十条 法律顾问应当履行下列义务：

（一）遵守国家法律、法规，恪守职业道德；

（二）忠于公司、忠于职守，维护公司合法权益和根本利益；

（三）为公司或地区公司提供高效、优质的法律服务，对所提出的法律意见、起草的法律文书以及办理的其他法律事务的合法性、准确性负责；

（四）保守国家和公司秘密。

第二十一条 出现下列情形时，应当追究有关法律机构负责人或法律顾问的责任，并可视情况调离法律工作岗位：

（一）不能履行应尽职责；

（二）工作失职，给公司或地区公司造成较大经济损失或法律风险；

（三）法律工作管理混乱；

（四）由于自身原因，法律工作未发挥应有作用；

（五）不能胜任法律工作需要的其他情形。

第二十二条 法律顾问应当定期或不定期地进行相关知识和技能的学习和培训，不断更新知识结构，适应本职工作的需要。

第五章 附 则

第二十三条 地区分公司应当依据本规定制定、健全相应制度和办法，并报法律事务部备案。

第二十四条 公司所属全资子公司、控股公司、参股公司、联营企业可参照本规定，结合企业实际制定本公司法律工作管理制度和办法。

第二十五条 本规定由公司法律事务部负责解释。

第二十六条 本规定自印发之日起施行。

中国石油天然气股份有限公司
物资采购与电子商务管理办法

（2002年1月16日中国石油天然气股份有限公司以石油商字［2002］第8号文发布）

第一章 总 则

第一条 为加强和规范中国石油天然气股份有限公司（以下简称股份公司）物资采购与电子商务管理工作，充分发挥整体优势，降低物资采购成本，提高物资管理水平，依照国家有关法律、法规和股份公司的有关规定，根据《中国石油天然气股份有限公司关于开展电子商务工作的实施意见》（石油办字［2001］36号），制定本办法。

第二条 制定本办法的目的是：根据股份公司持续重组的总体要求，按照统一计划、集中采购、降本增效、规范管理的工作思路，全面推进物资采购电子化工作进程，进一步健全股份公司物资采购与电子商务管理体制及运行机制。

第三条 本办法所称的物资是指股份公司生产经营和基本建设所需采购的全部物资（包括设备）。

第四条 本办法适用于股份公司总部、专业公司、全资子公司、地区分公司以及直属科研规划院（全资子公司、地区分公司以及直属科研规划院以下简称地区公司）；控股子公司和参股公司可参照执行。

第二章　管理机构与职能

第五条　股份公司设立电子商务部，为总部机关的职能管理部门，对股份公司物资采购与电子商务业务进行归口管理；专业公司协助电子商务部做好内部采购管理业务的整合、协调工作；地区公司成立电子商务管理部门，为地区公司机关的职能部门，对地区公司物资采购与电子商务工作业务进行归口管理。地区公司在设立电子商务管理部门或重新确定其工作职能时，要与现有关联交易、价格、物资采办等管理统筹考虑，严格执行石油办字［2001］36号文件规定。

第六条　股份公司电子商务部的主要职能包括：

1. 负责制定和实施股份公司电子商务（包括物资采购、交易和技术）的战略、发展规划和业务计划；

2. 负责物资采购业务的归口管理，并负责Ⅰ类物资集中采购的归口管理；

3. 负责物资采购及电子销售交易过程的规范管理和监督；

4. 负责对物资供应商招投标及电子采购的决策管理；

5. 负责地区公司电子商务部门的业务归口管理，并做好与电子商务合资公司的业务协调。

第七条　地区公司电子商务管理部门的主要职能包括：

1. 负责组织落实股份公司物资采购与电子商务发展战略、管理规定和工作任务；

2. 负责组织制定地区公司物资采购与电子商务发展规划、管理细则和实施计划，编制并实施地区公司物资采购计划；

3. 负责地区公司物资管理（包括价格、合同、信息等），组织实施物资采购和供应；

4. 负责与存续企业物资供应部门业务的协调与衔接；

5. 负责地区公司电子商务系统的终端维护、技术培训与推广，保证电子商务工作正常进行。

第八条　电子商务是股份公司的一项全新业务，各有关部门和单位都要按照股份公司有关文件和要求予以支持和配合。

第三章　物资分类与管理

第九条　为便于物资采购与电子商务管理，对物资进行以下分类：

Ⅰ类物资：资金额大、采购量大、通用性强、适合股份公司集中采购，形成批量以享受批量优惠价格的物资。

Ⅱ类物资：在生产、基建成本构成中占有较大比例，适合地区公司网上集中采购的物资。

Ⅲ类物资：目前不易上网的其他非标设备和零星物资，如技术标准和性能复杂的非标设备、低值易耗物资、就地就近采购的物资等。

第十条　股份公司根据三类物资的不同特点实行分级管理。Ⅰ类物资由股份公司电子商务部集中管理；Ⅱ类物资和Ⅲ类物资授权地区公司进行管理。

第十一条　股份公司电子商务部每年将根据生产经营和基本建设情况，调整Ⅰ类物资的种类和范围，发布Ⅰ类物资目录，并对Ⅱ类物资的电子采购做出部署，提出指导意见。

第四章　计 划 管 理

第十二条　物资计划分年度、季度、月度和补充计划。年度计划是全年物资采购的预算计划，季度、月度计划是物资采购的实施计划，补充计划为季度或月度计划的补充。

第十三条　地区公司于每年四季度在申报下一年度业务发展计划的同时，由电子商务管理部门按照电子商务部设定的统一格式，向专业公司报下一年度物资需求建议计划；专业公司审核汇总后报电子商务部；电子商务部在规划计划部、财务部审定业务发展计划的过程中，按照统一部署和要求，对上报物资需求建议计划进行分析汇总，根据批准后的股份公司业务发展计划，再进一步细化物资采购资金预算，与规划计划部、财务部共同确定各专业公司、地区公司年度物资采购资金计划，并下发执行。固定资产投资项目、技改项目以初步设计审定后的物资需求清册作为需求计划的依据。

第十四条　地区公司电子商务管理部门于每个季

度末20日前提出下一个季度Ⅰ类物资采购计划，报股份公司电子商务部，电子商务部征求专业公司等有关方面意见，审核批复后执行。Ⅱ类物资和Ⅲ类物资采购，各地区公司可结合工作实际，采取月度或季度计划形式，由其电子商务管理部门审批后执行，采购计划副本报专业公司和电子商务部备案。

第十五条　要充分利用因特网等先进技术手段，不断提高计划管理效率和水平，上报计划要及时、准确，批复计划要反应快捷，季度计划一般应在10个工作日内予以批复，月度计划一般应在5个工作日内批复，临时急用的补充计划一般要在2个工作日内批复。

第十六条　地区公司电子商务管理部门每个季度末20日前，将本季度采购计划执行情况进行总结后，报专业公司和股份公司电子商务部。

第五章　采购管理

第十七条　股份公司按照物资分级管理权限，对物资采购实行授权采购，任何单位或个人不得越权采购。各级管理部门可按照授权采购的权限范围，以合同或关联协议方式委托相关专门公司或单位具体组织实施。

第十八条　Ⅰ类物资由股份公司电子商务部实行集中采购管理，通过招标或其他方式统一确定入围厂商和价格，签订长期供货合作备忘，由地区公司负责与供货商签订供货合同，组织具体实施；Ⅱ类物资由地区公司电子商务管理部门实行网上集中采购；Ⅲ类物资由地区公司电子商务管理部门实行统一采购管理，能招标的一律实行招标。股份公司电子商务部对Ⅱ、Ⅲ类物资的采购进行指导和监督。

第十九条　实行总承包的工程项目的物资采购，要按照三类物资采购管理权限，纳入统一管理，适合电子采购的物资必须实行电子采购。

第二十条　物资采购工作要在保证生产、基建物资供应的同时，大力降低采购成本，减少储备资金占用，做到品质适当、价格合理、交货及时、良好服务，并使物资库存储备保持在一个合理的水平，实现物资供应效益最佳化。

第二十一条　电子采购分为目录采购、询价议价采购、网上招标和反向拍卖四种方式，由中油和黄信息技术有限公司负责提供技术支持。

第二十二条　股份公司明确进行网上目录采购的物资，任何单位或个人不得采用其他方式进行采购。

第二十三条　实行电子采购后，有关合同管理仍严格按照《中国石油天然气股份有限公司合同管理办法》执行。

第二十四条　要加强物资采购与电子商务管理。各级管理部门要加大协调价格、质量和管理的力度，按照公开、公平、公正的原则和责任追究制度，建立健全采购决策、采购权限、审批程序和采购实施中的监督机制，规范采购行为，降低采购成本，保证物资供应。要充分利用现代化管理技术和手段，提高管理效率和水平。

第六章　质量管理

第二十五条　物资采购与电子商务要坚持“质量第一”的原则，要从物资计划、采购、供应商、储备、监造、现场使用等环节制定保证质量的管理规范和流程，建立“谁采购、谁负责”的质量终身负责制，以及质量保证和质量跟踪责任制。各级电子商务管理部门，要与质量监督部门一起，切实把质量责任落到实处。

第二十六条　要重点抓好采购环节的质量保证。电子采购要从供应商入围开始就从制度上保证实现全过程质量监控，入围协议中要有一旦出现产品质量问题时必须保证赔偿的条款，要通过集中管理，杜绝达不到质量要求的物资的流入；物资采购的商务谈判要有技术人员参加；招标要有详细的技术文件；签订合同要约定物资的制造标准和验收标准；采购人员要做到熟悉所采购物资的功能、质量标准和技术规范，严格按技术性能要求和质量要求进行采购，避免单纯追求低价格而忽视质量。凡因采购不当造成质量问题要追究采购单位和人员的责任。

第二十七条　物资到货后要进行质量检验。不具备监测条件的，可委托检验或要求供货单位出具国家认可的，监测机构的质量检验报告。未经质量检验合格不得办理入库和结算手续。现场使用前，应按照有关规定做好用前检测。

第二十八条　对重要关键设备，在采购同时要落实质量监造事宜，加强事前和制造过程中的质量控制，严把物资质量关。

第七章　进口物资采购管理

第二十九条　各地区分公司根据股份公司批准年度物资计划，结合生产、经营及基建项目进度和具体要求，于每个季度末20日前，按照季度采购计划程序统一上报进口物资季度计划，经电子商务部汇总、平衡、审批后，由国际事业公司统一归口组织实施。

第三十条　凡进口物资，适合电子采购的必须实行电子采购；按照国家规定需要招标的，必须严格按程序招标采购。

第三十一条　凡按照国家或股份公司有关规定，需先办理进口批件才能获准进口的物资，仍需按原有程序办理相关进口手续。

第三十二条　每季度末国际事业公司将进口物资执行情况报送电子商务部。

第八章　供应商管理

第三十三条　加强物资采购供应商的管理与考核。

1. Ⅰ类和Ⅱ类物资的供应商，由股份公司电子商务部实行统一管理与考核；Ⅱ类物资供应商也可由电子商务部委托专业公司负责管理与考核。要逐步实行统一供应商入围管理，入围协议由电子商务部签发。电子商务部根据不同物资技术特点和覆盖范围，可委托专业公司或有关部门具体负责供应商入围招标、日常维护等管理业务。

2. Ⅰ类和Ⅱ类物资实行统一供应商后，任何单位不得另行选择供应商或另行组建供应商网络。

3. Ⅲ类物资供应商，委托地区公司电子商务管理部门负责管理与考核，股份公司电子商务部予以指导和监督，地区公司可自行组建采购渠道或供应商网络，报股份公司电子商务部备案。

第三十四条　供应商的选择坚持自愿、公开、竞争、择优的原则，应选择产品技术性能先进、质量好、有信誉的供应厂商，逐步建立起一支长期稳定、共同发展、相互促进、合作密切的供应商网络。

第三十五条　申请入围的供应商必须如实提交有关文件和资料，所需提供的文件和资料主要包括：

1. 入围申请；
2. 营业执照和税务登记、法人代码证复印件；
3. 企业和产品简介、产品样本及价格表；
4. 生产许可证或主要产品鉴定证书；
5. 企业管理体系和质量保证体系；
6. 国家及行业要求实施质量认证和特殊规定的产品，必须提供国家权威认证机构的质量认可证书；
7. 近几年产品销售业绩；
8. 相关的企业资信证明、产品获奖证书等有效证件。

第三十六条　入围供应商的确定必须严肃认真，可采取招标方式，也可采取专家评审或其他方式。要有一套严格、规范的选聘程序和标准，并事先得到一定范围内用户、专家和有关监督部门的认可，保证公平、公正、公开，坚决防止选聘过程中的不正之风。要逐步建立采用专家数据库或网上招标系统，提高工作效率。

第三十七条　各级管理部门要建立供应商定期考核制度，有一套科学、合理的考核指标体系，一般至少每年考核一次。对地区公司电子商务管理部门负责管理的供应商的考核情况，股份公司电子商务部将每年进行抽查。

第三十八条　对入围供应商实行严格的动态管理，严禁供应商提供假冒伪劣产品、以次充好产品、偷工减料产品或转包生产任务。入围供应商有下列情况之一者随时予以淘汰：

1. 用户反映存在严重问题，如由于质量原因给用户造成重大经济损失或严重影响用户正常生产的；
2. 违反国家有关法律法规，有不正当交易行为的；
3. 经考核发现管理松懈、技术落后、产品属淘汰序列且在短期内无法改变的；
4. 不履行入围供应商义务或长期不参加为入围供应商组织的各项活动的；
5. 对存在的问题提出警告或通报后，没有认真及时整改的。

第九章　关 联 交 易

第三十九条　根据集团公司有关文件精神，在认真贯彻“有序竞争、比质比价、同等优先”关联交易原则的基础上，股份公司作为业主，可以自行采购，也可委托代理采购。业主作为甲方在电子商务活动中一定要到位，业主、代理和服务之间的责、权、利关系要明确清晰。地区公司在行使业主采购及物资管理职能时，要充分利用存续企业仓储设施等资源，发挥存续企业催交、催运、商检、仓储、配送等方面的服务优势，不搞重复建设。

第四十条 委托存续企业开展服务的业务，一律要签订正式服务合同，合同中要明确委托服务的具体内容、时效、双方责任、费用等事项，避免推诿扯皮等现象发生。关联交易过程中发生的各种费用要按照关联交易协议确定的原则核定，逐步规范后建立统一收费标准。

第四十一条 股份公司电子商务部将在网上开设石油物资调剂平台，推动股份公司与存续企业共同开展网上利库工作。

第十章 资金管理

第四十二条 坚持资金流与物流相统一的原则。物资采购资金列入年度财务预算，财务部门对列入年度预算的采购资金，根据物资采购计划安排使用。

第四十三条 地区公司财务部门负责物资采购资金的结算工作，财务部门在年度预算安排的物资采购资金内，根据电子商务管理部门认可的验收、入库等相关手续对外支付货款。凡股份公司要求电子采购的物资，必须进行电子采购，采购单位在支付货款时，必须经电子商务管理部门签署意见，财务部门方可结算。具体执行办法由地区公司电子商务和财务等有关部门共同商定。

第四十四条 物资采购与电子商务一般采取验收后付款方式，对初次合作的供应商或大额采购供应商，也可实行必要的质量保证金制度。

第十一章 物资统计和资料管理

第四十五条 各级电子商务管理部门要建立健全物资统计管理制度。地区公司电子商务管理部门要统一编制地区公司物资统计年报、季报、月报，在此基础上，股份公司电子商务部统一编制股份公司物资统计年报、季报、月报。

第四十六条 要建立统一的物资管理信息系统。在物资供应过程中产生的资料，都要及时统一归档和入库，并且要逐步使物资管理信息系统实现集中统一和动态管理。

第四十七条 各级电子商务管理部门要配备专职或兼职统计和资料管理人员，并保持相对稳定。要与存续采购企业的物资统计和资料管理工作搞好衔接与协调。

第四十八条 要加强对物资统计资料的综合分析工作，使统计工作在物资计划、采购、供应商、资金、库存等管理中发挥重要作用。

第十二章 考核与奖惩

第四十九条 实施电子商务是股份公司持续重组、削减成本、提高管理水平的一项重要举措，为确保这一工作的顺利开展，在股份公司与各地区公司正职和主管副职签订的业绩合同中，要有相关的具体考核指标和内容。

第五十条 在严格执行股份公司业绩考核管理办法的基础上，根据业务工作需要，电子商务部于每年年初向地区公司电子商务管理部门及其负责人下达业务考核指标，年底进行业务考核。

第五十一条 对开展电子商务取得成本节约显著成果的单位和个人，按照股份公司有关规定予以奖励。

第十三章 监督与制约

第五十二条 要在物资采购与电子商务全过程中形成有效的内部运行机制和监督制衡机制。要逐步建立健全开展电子商务活动有关制度、办法。要抓好物资计划管理运作程序和实施，做到上报计划准确、及时，并有检查考核制度；抓好物资采购管理运作程序和实施，做到关键物资采购集体决策、采购权限和审批程序明确、采购过程实施有效监督，明确各自的质量责任；抓好财务资金运作、结算程序和实施，手续清晰、明确。

第五十三条 各级监察部门要把物资采购和电子商务活动作为监督工作的重要内容，对股份公司物资采购与电子商务方面的规章制度和电子采购业务计划执行情况，以及集中采购和Ⅲ类物资统一规范管理等情况定期开展效能（执法）监察，并及时反馈发现的问题和建议，确保股份公司政令畅通和物资采购与电子商务规范运作。对物资采购与电子商务活动中发生的不执行股份公司有关制度、办法以及电子采购计划，自行其是，以局部、小集体利益损害股份公司整体利益的行为，要发现一起，查处一起。对违规者，将根据具体情况给予纪律处分或行政处罚，对造成损失的要追究有关领导责任。

第五十四条　要理清物资采购与电子商务各环节之间的运作关系和相互监督的要点。在采购管理中，要对计划编制、采购决策、采购实施、价格控制、合同监督、资金结算等环节尽可能实行分段管理，形成相互制约机制，做到各行其职、各负其责。

第五十五条　各级领导要高度重视物资采购与电子商务中的监督和制约工作，监察、审计、计划、财务、工程、技术、质量安全等部门要通力合作，积极配合。

第五十六条　要充分发挥电子采购过程透明的优势，不断增加电子采购物资品种。采购过程中要严格遵守国家有关法律法规，严禁徇私舞弊，杜绝不规范操作行为。

第五十七条　物资采购与电子商务中出现的各种折扣，必须纳入统一管理，用来冲减采购成本。严禁私设小金库。

第十四章　附　　则

第五十八条　有关招投标、仓储、电子销售、电子商务应用系统等管理办法将另行制定。

第五十九条　各专业公司、地区公司应根据本办法制定实施细则。此前有关规定或办法与本办法不符的，以本办法为准。

第六十条　本办法由股份公司电子商务部负责解释。

第六十一条　本根据办法自印发之日起施行。

专　　文

与时俱进　开拓创新
为建设具有国际竞争力的企业集团而奋斗

——马富才同志在集团公司2002年工作会议上的报告

（2002年1月22日）

同志们：

这次集团公司工作会议，主要是深入学习贯彻党的十五届六中全会和中央经济工作会议精神，按照“三个代表”的要求，总结去年的工作，分析面临的形势，部署今年的任务，动员全体干部职工认清形势、坚定信心，与时俱进、团结奋斗，以优异成绩迎接党的十六大召开。

一、2001年工作回顾

2001年，是我们集团公司为完成“十五”计划和应对入世后新挑战打基础的重要一年。一年来，在党中央、国务院的领导下，我们认真贯彻落实江总书记“三个代表”重要思想，按照去年初集团公司工作会议的部署，以发展为主题，以结构调整为主线，积极推进改革，依靠科技进步，狠抓内部管理，各项工作都取得了新的进展。特别令人高兴的是，股份公司在体制转轨、机制转换上迈出新的步子，经营管理水平进一步提高，在油价下跌的情况下仍然取得良好业绩，在国内外投资者和广大股东中树立了规范运作、诚实守信的形象；存续企业生产经营状况有明显改善，改革、发展的目标和思路基本理清，自我生存发展能力提高，实现了平稳过渡；集团公司上下认真贯彻党组意图，统一思想，统一意志，进一步形成团结一致、整体发展的局面，共同创造了“十五”良好开局。

——经济效益状况良好。在油价持续下跌、炼油化工收入锐减的情况下，各企业努力消化经营风险，努力控制成本、降低消耗、增加盈利，并加大外部市场创收力度，使经济效益有了新的提高。今年共实现销售收入3401亿元、利润总额530亿元、实现税费648亿元。

——油气勘探开发成效显著。通过不断加大勘探力度，增加科技投入，甲乙方团结奋战，全年国内新增探明石油储量4.57亿吨、控制储量3.5亿吨、预测储量7亿吨，新增探明储量中三年内可动用的比例达到90%以上；新增探明天然气储量4072亿立方米、控制储量5447亿立方米、预测储量3530亿立方米。油气开发整体向良性循环转变，油气当量稳中有升。全年国内生产原油10653万吨（含延长）、天然气206亿立方米，共完成油气当量12292.4万吨，比上年增长1.89%。天然气产量的增长幅度达到两位数，创出了历史新水平。

——炼油化工在优化升级中稳步发展。在进口原油一度过量、市场供过于求、成品油价格一再下跌的困难情况下，炼油化工和销售企业以控亏、扭亏为重点，狠抓资源平衡，加强产销衔接，优化生产运行，突出技术改造和新产品开发，为扭转经营形势付出了艰苦努力。全年加工原油8694.7万吨（含延安、延长、胜华），生产汽、煤、柴等成品油5449.2万吨，生产主要化工产品737.7万吨；营销网络建设和终端销售进一步加强，成品油销售量达5392万吨，国内市场份额达到44.5%。

——重点工程建设进度和质量均创出高水平。集团公司调集精兵强将，集结于“西气东输”工程建设第一线，按照技术领先、质量第一、打造品牌的要求，严密组织推进工程建设，创出了管道施工的新水平。目前，三条输气管道和一条成品油管道工程建设进展顺利。西气东输管道工程关键工段已经开工，涩北—西宁—兰州输气管道工程建成投产，忠县—武汉输气管道工程的前期工作正在进行，兰州—成都—重庆成品油管道主体工程建设已经过半。中俄原油管道可行性研究工作进展顺利。吉林燃料乙醇工程项目步入轨道。

——海外业务发展呈现良好态势。进一步实施“走出去”战略，大力开拓海外业务，境外主要投资项目的油气产量和经济效益实现同步增长。全年生产原油1623万吨、天然气9.26亿立方米，集团公司获权益产量原油831万吨、天然气5.77亿立方米，分别比上年增长20.96%和29.66%；实现份额油气销售收入9.1亿美元，实现利润1亿美元。海外施工作业的队伍已达到171个；技术服务、工程承包和物资装备出口新签合同金额达14.85亿美元，完成合同额8.1亿美元。

——工程技术服务的自我发展能力进一步增强。全年投入资金45.48亿元，对物探、钻井、测井、井下作业、施工建设的技术装备进行了更新改造，重点武装了30个能打入国际市场的专业队伍；利用企业现有的资源、技术等优势，发展了一批有市场潜力、投资少、见效快、附加值高、吸纳就业人员多的新兴产业项目。去年，工程技术和生产服务业务实现营业收入687亿元，比上年增长7.68%。

——科技创新能力有新的提高。全面启动了“十五”科技发展计划，全年投入科研经费33亿元，组织实施的10个国家级、74个集团公司级重大科技攻关项目稳步推进，有些项目已取得显著阶段性成果，其中国家油气勘探开发项目有19项。一大批科技创新成果的应用，在推动生产发展、经济效益提高和结构优化调整中发挥了十分明显的作用，有效地增强了企业核心竞争力。群众性的科技创新活动更加活跃，新的发明创造不断涌现。全年共申请专利357项，创历史最高纪录。

——企业改革和管理迈出重要步子。股份公司的法人治理结构更加健全，市场化运作更有成效。存续企业的产权制度改革取得重要进展，实施整体带资分流改制试点立项单位48家，并有15个单位实行了国有控股公司制改造。干部人事制度改革有新的突破，人员能进能出的机制进一步形成，去年又有12.7万人办理了有偿解除劳动合同手续，累计有偿解除劳动合同人员已达36万人。住房分配货币化已全面启动。在产业结构调整上，按照专业化管理的原则，对部分炼化企业和销售业务的管理体制进行了改革，对勘察设计等业务进行了以产权为纽带的联合重组，并顺利完成了甘肃庆阳和宁夏大元两个地方炼化企业的划转工作，资源配置进一步优化。企业管理进一步转到练内功、挖潜力、增效益方面来，管理方式和手段有了新改进。原油生产、炼油加工等生产成本费用比上年又有下降，资金集中管理水平和使用效率不断上升，安全生产、质量管理和环保工作继续保持了好的势头。

——党的建设和领导班子建设得到进一步加强。去年，我们紧扣党中央的重大部署和国内重大政治活动，组织开展了以“三个代表”为重点的政治学习教育；根据中央关于在国有大中型企业开展“三讲”学习教育活动的部署，集中时间和精力，在集团公司党组班子、总部机关和100多个直属企业，开展了“讲学习、讲政治、讲正气”的学习教育活动；认真学习贯彻十五届六中全会决定精神，以“八个坚持、八个反对”为重点，切实加强党的作风建设；按照中组部的要求，部署和展开了干部人事制度改革试点工作。这些环环相扣、步步深入的党建工作安排，始终贯穿了“三个代表”的主题和主线，使集团公司党的建设工作在适应改革开放新形势、建立现代企业制度新要求方面掀开了新的一页，使新世纪的第一年成为名副其实的“加强党建工作年”。

回顾一年来的工作，我们所有成绩的取得，无不是党中央、国务院正确领导及国家有关部门和地方政府大力支持的结果，也是全集团公司上下共同奋斗、不懈努力的结果。我代表集团公司党组向全体干部职工、离退休老同志以及始终关心和支持我们工作的国家有关部门、各省市区的同志们，表示衷心的感谢！

过去一年里我们所取得的成绩，的确令人鼓舞。但是，也要清醒地看到工作中存在的问题和差距。主要是：存续企业的改革虽然进行了一些有益和成功的探索，但总体上离成为市场竞争主体的要求差距还比较大；关联交易还需进一步理顺和改进；有些深层次的结构性矛盾还没得到根本解决，仍然存在着重复、分散的问题；油气下游业务亏损比较严重，影响了盈利能力的提高；局部的不稳定因素仍然存在，群体上访事件时有发生，等等。所有这些，都必须引起我们的高度重视，并严肃认真地研究解决。

二、当前的形势及我们的战略任务

正确分析和把握形势，是统一思想和科学决策的重要前提。去年底召开的中央经济工作会议，全面深刻地分析了当前和今后一个时期的国内外形势，做出了一系列重要的判断。我们要把思想统一到中央对形势的基本判断上来，对未来形势变化正确把握，机敏反应，沉着应对，因势利导地做好工作。

去年“9.11事件”以来，世界形势发生急剧变化，国际政治格局错综复杂，全球经济增长明显减缓。这给各国经济带来很大的冲击，而首当其冲的则是石油这一战略物资。石油市场的不确定因素增多，与石油有关的产品无不受挫，我们已经感受到了这种影响。国内外有关机构和专家普遍认为，今年的油价将明显低于去年，形势不容乐观。

我国已正式成为世贸组织成员，这是全世界瞩目的一件大事情。入世意味着我国经济将在更大范围内、更深层次上融入经济全球化之中。对石油石化产业来说，既有机遇、又有挑战，且挑战是直接的，影响也已经形成。首先是关税减让，原油从16元/吨减为零，汽油、润滑油从9%减至5%—6%，主要化工品降低10%左右。这意味着进口产品可能会挤占我们的市场份额，一些产品的利润空间进一步缩小。其次是取消非关税措施，包括逐步取消石油石化产品的进口配额和许可证，三年放开国内石油零售业务，五年放开批发业务，允许原油、成品油非专营进口每年递增15%等，打破了石油石化两大集团专营的格局，我们将更直接地与国外大公司进行面对面的较量。

面对日趋国际化的国内石油石化市场竞争，我们在思想观念、经营方式、管理体制、产业结构、品种质量等方面还存在着许多不适应，特别是处于竞争前沿的炼油、化工、销售业务及赢利能力差、竞争力弱的存续企业，如果不尽快改变，将难以应对国内市场国际化的挑战。集团公司党组在认真分析国际石油市场形势后，决定按照18美元/桶的油价水平安排全年预算，尽可能把困难和风险估计足些，工作安排紧些，留的余地多些，力求做到未雨绸缪、有备无患。

我们要从战略的高度、用发展的观点辨证地分析认识环境因素，既要看到现实的挑战和不利的一面，又要看到机遇和有利的一面，进一步增强危机感和紧迫感，振奋精神，坚定信心，积极争取主动，使各种不利因素向有利的方面转化。应当看到，我国石油石化工业经过几代人的艰苦奋斗和半个多世纪的持续发展，已经形成了颇为可观的经济规模和比较雄厚的物质基础，我们的油气储量、产量等，在国内占有明显优势，处于主导地位；掌握的勘探开发等主体技术，有不少已经达到或接近国际先进水平；经过重组改制后的管理体制和经营机制发生了深刻变化，经济运行质量和效益水平有较大幅度提高，初步具备了应对国际化竞争的能力。

特别重要的是，党中央、国务院一直高度重视石油工业的发展，给予极大的关心、鼓励和支持。江泽民总书记、朱镕基总理、胡锦涛副主席、吴邦国副总理等党和国家领导人，多次过问石油集团的工作，就石油工业的发展作了一系列重要指示。去年，中央领导在出访委内瑞拉、俄罗斯、哈萨克斯坦、伊朗、缅甸等国家时，十分关注我们在海外的石油合作项目，鼓励我们加快海外石油合作项目的发展。在去年底的中央经济工作会议上，江总书记在讲话中多次提及石油及石油安全问题，要求“确保信息安全、金融安全和粮食、石油等重要战略物资的安全”。邦国副总理多次指示并要求我们加快集团公司建设，加大调控力度。所有这些，都是我们战胜困难、迎接挑战、取得胜利的强大动力和重要保证。

面对国内市场国际化的新形势，我们要认真研究应对之策，最主要的是实施国家大公司、大集团战略，努力建设具有国际竞争力的大型企业集团。

在国民经济的关键领域和重点行业发展具有国际竞争力的大公司和企业集团，对于推动经济结构调整和产业升级具有重大的战略意义。当今世界，国与国之间的竞争，越来越演化为各国大公司和企业集团之间的竞争。一个国家如果没有自己的大公司和企业集团，在国际经济竞争中必然陷入被动，在国际分工、资源配置、财富分配上必然要吃亏，在国际经济舞台上就没有发言权。面对这样的形势，党中央、国务院明确提出加快实施国家大公司、大集团战略，集中力量在主要行业形成若干“拥有著名品牌和自主知识产权、主业突出、核心能力强的大公司和企业集团”。这一决策，事关国家经济实力的增强，事关中华民族的振兴，事关国有企业的前途，也是应对入世挑战的重大举措。为此，国务院办公厅专门转发了国家经贸委等八部委《关于发展具有国际竞争力的大型企业集团的指导意见》，明确提出了重点大型企业集团必须具备的五个特征，归纳起来主要是：技术创新能力强，市场开拓能力强，经营管理能力强，规模经济效益好，劳动生产率、净资产收益率等主要经济指标达到国际同行业先进水平。

根据中央八部委的《指导意见》，结合集团公司的实际，我们提出：要在国家实施大公司、大集团战略的推动和有关政策措施的支持下，瞄准国际同行业先进水平，奋发努力，自强不息，“十五”期间使集团公司的主要经济指标保持在世界大石油公司前列，并逐步发展成为主业突出、核心能力强的大型跨国企业集团。这是我们今后发展的战略定位，也是我们新世纪谋求新发展的战略目标和任务。

从今年开始，我们的各项工作都要紧紧围绕建设具有国际竞争力的大型企业集团展开。当前，需要对照国际同行业先进水平，抓紧进行内外环境分析、比较优势分析和竞争对手分析，研究确定分阶段实现的目标和措施。集团公司总部机关要做好方案制定、组织协调和指导工作，并就《指导意见》中提出的8个方面鼓励政策进行认真研究，加强与国家有关部门的沟通，提出用好这些政策的具体意见。同时，还要对我们的发展战略和“十五”计划做出必要调整，使其符合建设具有国际竞争力企业集团的总体要求。通过上上下下的共同努力，争取年年都能朝着我们的既定目标迈出一大步，主要经济技术指标不断实现攀升。

三、今年的工作重点和主要部署

今年是我们朝着建设具有国际竞争力的大型企业集团目标迈进的一年，做好今年的工作至关重要。今年工作的指导思想和基本思路是：以邓小平理论和十五大精神为指导，深入贯彻十五届六中全会和中央经济工作会议精神，用具体行动方案和实际工作步骤落实江总书记“三个代表”重要思想，坚持以发展为主题、经济效益为中心、结构调整为主线，突出和做强主营业务，放开搞活辅助业务，推进制度、技术和管理的创新，着力提高整体发展的质量和效益，加快具有国际竞争力大集团的建设，力争在国内外资源开发、内部专业化重组、存续企业深化改革方面取得大的突破，以改革发展的新成就迎接党的十六大召开。

今年工作的主要目标是：

——经济效益保持稳定增长。坚持增产增收和节省开支、降低成本并重，在扣除原油价格大幅波动的影响因素之后，实现利润总额比上年增长10%。

——油气当量和油品加工量稳中有升。生产原油总量11375万吨，生产天然气总量225亿立方米，加工原油8923万吨，生产汽煤柴润四大类产品5686万吨，生产乙烯等化工产品733万吨。

——企业改革取得新的进展。股份公司进一步调整完善内部管理体制。存续企业内部基本完成“两个分离”，专业化重组迈出新的一步，公司制改造试点全面启动。改制企业法人治理结构规范到位。

按照以上工作思路和目标，今年要重点做好以下工作。

（一）突出做强主营业务，进一步强化发展的根基。

大力发展主营业务，是提升集团公司国际竞争力的根本途径。要坚持以上游发展为主，同时把下游作为提升公司竞争力的重要途径，努力打牢发展之本，扩大效益之源。

突出石油勘探，增加优质可动用储量。要高度重视石油储量的接替问题。当前我们的石油储采比为17：1，高于国际石油公司平均水平，但未动用储量中80%以上属于品位和丰度低、开发成本高的难动用储量，优质可动用储量不足仍然是制约部分油田发展的主要矛盾。要依靠地质理论和勘探技术的进步与创新，甩开战略准备区的风险勘探，寻求新的发现和突破；要进一步加强鄂尔多斯、准噶尔、塔里木、松辽盆地等重点战略探区的评价勘探，实现增储上产；要切实抓好老油田周边和深层的滚动勘探，实现增储稳产。全年计划新增石油探明储量4.275亿吨、控制储量3.815亿吨、预测储量4.085亿吨，储量的丰度和可动用程度都要力争超过去年。在勘探的管理上，要朝勘探开发一体化的管理模式迈出实质性的步伐。同时，要采取地区服务公司与油田公司合作开发等多种方式，大力推动难动用储量的开发利用。

积极调整东部、加快发展西部，保持国内原油生产和效益稳定增长。以东部老油田为主，继续抓好控水稳油和区块综合治理，努力控制含水上升和产量递减速度；切实抓好滚动勘探开发，大力推广应用先进适用的增产稳产技术，努力提高单井产量；强化重点区块产能建设方案研究，加强项目管理，百万吨产能建设直接投资要压缩到23.5亿元以内。按照良性合理开采的要求，逐步调整东部主力老油田的产量，其中大庆油田要确保稳定在5000万吨，比上年调减137万吨；吉林油田产量要达到430万吨，比上年增产26万吨以上。西部油田要抓住国家实施西部大开发的机遇，加快新疆、长庆、塔里木、玉门等油田上产步伐，其中新疆、长庆油田年产要分别达到1005万吨和600万吨以上，分别比去年增加37万吨和80万吨。集团公司国内原油总产量要保持稳中有升。

以“西气东输”为契机，加快发展天然气。目前集团公司天然气储采比已高达54∶1，具备了加快发展的资源基础。要坚持上中下游同步规划、资源开发与市场开发协调推进的原则，重点组织好西气东输管道工程建设，加强施工协调和工程监督，控制好投资规模，确保工程进度和质量；抓好忠县—武汉输气管道工程前期工作，确保下半年开工建设。同时，加强地质综合研究，突出预探，努力寻找大发现；切实加强塔里木、长庆、青海、西南等重点气田开发前期研究，为大幅度上产做好准备；抓紧落实下游用户，签好“照付不议”合同；根据市场开发和管道建设进度，适度安排产能建设，满足用户需求，提高开发效益。

大力开拓国际市场，积极发展海外业务。要抓住当前有利时机，积极扩大现有勘探开发项目生产规模，并加大新项目开发力度，积极向周边拓展。中俄油气合作具有重大的战略意义，要加快油气管道合作前期工作，并努力将合作领域扩大到上游。积极探索采用收购、兼并、联合、参股等方式，以油田开发为主，向风险勘探延伸，向上下游一体、产业与贸易结合延伸。要力争在俄罗斯、利比亚、叙利亚、阿尔及利亚、伊朗、缅甸等地区打开新局面，为2005年海外合作油田产量上到3500万吨打下基础。加强组织协调，整合海外力量，构建国际经营网络，扩大技术服务、劳务承包和物资装备出口，使海外业务成为集团公司的一大发展支柱。

以扭亏增盈为目标，改造优化炼油化工。当前，扭转炼油化工亏损是一项十分紧迫的任务。要按照精干主体、内涵改造、择优发展、提高效益的原则，大力推进结构调整。炼油业务以调整生产布局和产品结构、提高油品的质量、档次和柴汽比为重点，加强重点装置的技术改造和大连、兰州两大炼油基地建设。同时，对那些长期亏损、竞争力差的低效高耗炼厂和装置，下决心分批关停。化工业务的产品结构调整，要抓紧乙烯和聚烯烃生产装置的技术改造和高附加值产品的生产，加强节能降耗，促进重点亏损大户扭亏。油品销售业务要按照经济半径确定目标市场，搞好市场重组和细分，重组地市公司，整合县级公司，发展配送中心，精简层次，减少环节，降低经营成本和风险。加强目标市场加油站的建设，提高加油站运营质量，扩大市场份额。化工产品销售要发挥集中统一体制的优势，进一步加大市场开发力度。抓紧营销队伍培训，切实提高营销管理水平。要与中国石化联手，配合政府监管部门加强市场整顿，共同参与国际竞争。

加大技术改造力度，增强服务业务竞争能力。工程技术服务、生产服务和加工制造，是集团公司主营业务的重要组成部分，要切实搞好技术改造，在技改中推动发展。其中，工程技术服务要努力做精做强，坚持按计划压缩一批物探、钻井、测井队伍，淘汰一批落后装备，确保完成总量控制目标，同时搞好钻机等关键设备的更新改造，加速提升竞争能力；生产服务要努力做优，搞好以煤代油等节能技术改造，降低成本，提高质量；加工制造要努力做精做专，以拳头产品和骨干企业为龙头，搞好资产重组和技术改造，形成各具特色的加工制造中心，实现技术升级和产品换代。特困企业的技术改造要与扭亏脱困紧密结合，以技改促脱困。今年存续企业力争比上年再减亏25.5亿元。

（二）深化企业改革，健全发展的制度保证。

对集团公司的改革工作，党组曾多次研究，认为进一步深化改革的条件已经具备，时机也已成熟。今年，要在继续深化股份公司内部改革和规范运作的同时，突出抓好存续企业的改革工作，务必要在结构调整、主辅分离、专业化重组、公司制改造和配套改革上迈出大的步子，取得大的突破。

进一步明确存续企业的产业定位和发展方向。要以市场为导向，按照综合服务公司、基地服务公司、专业服务公司三种类型，以及发挥比较优势和特色、专长的原则，确定各个地区服务公司的产业定位和发展方向，从整体上规划好产业布局，优化资源配置。总的要求是：努力做强一块，提高主营业务的集中度和竞争力；控制一块，限制和压缩技术落后、能力过剩、市场饱和的业务；退出一块，放开和退出与主业无关或关联度不高的业务；淘汰一块，关闭那些长期亏损、扭亏无望的企业或装置，实现产业结构和队伍结构的优化升级。在结构调整中，各地区服务公司要正确把握进与退的关系，注意防止和纠正不顾实际情况、什么都想做大做强，发展思路和产业结构趋同的倾向。同一地区内的各个企业，也要按照整体规划、优化布局、减少管理费用支出的原则，在集团公司的总体要求和规划目标指导下，共同协商搞好本地区生产、生活服务方面的结构调整规划，绝不允许搞重复建设和同业竞争。

搞好存续企业内部的主辅分离和结构调整。今年内，各存续企业要基本完成“两个分离”，即主业与辅业分离，生产服务与社会服务分离，下决心解体内部“小而全”。对生活后勤服务和其他社会通用辅助业务，实行市场化经营、社会化服务，减少费用补贴，逐步融入社会；对中小多种经营企业，通过产权制度改革，解决好产权、隶属、劳动三个方面关系不清的问题，与主办单位彻底脱钩分开；积极创造条件，分离企业办社会职能。在此基础上，各存续企业要根据市场竞争的需要，对相同或相近的业务进行重组和整合，形成专业优势，实行专业化管理。同时，大力调整内部组织机构，彻底打破按行政级别设置局（总厂）、处（厂）、大队（分厂）、小队（车间）的惯常做法，压缩中间管理层次和机构，实现企业组织机构的精干高效。

加快推进跨企业、跨地区的重组工作。今年要完成物探局和西部地区测井业务专业化重组，组建中国石油集团物探和测井两个股份有限公司。参与重组的企业，要将从事物探、测井主体业务的资产，经评估后注入新组建的公司，依法享有股东权益，并承担相应的责任。在重组中要尽可能将有关技术研究开发和装备研制业务整合进来，形成统一的物探、测井技术研发中心，增强公司的技术创新能力和核心竞争力。与此同时，要鼓励企业之间按照互利、互补的原则，进行其他专业的区域性联合与重组。在重组的方式上，可以产权为纽带，组建专业性的公司制企业；也可以产品和技术等为纽带，形成各具优势的专业联合体。

积极推进存续企业的公司制改造。公司制是现代企业制度的有效实现形式。今年，对过去已经组建的公司制企业，要进一步完善法人治理结构，按照责权统一、运转协调、有效制衡的要求，确保权力机构、决策机构、监督机构、执行机构依法行使权力、履行职责。对未改制的直属企业，先选择几个有代表性的企业进行公司制改革试点，取得经验后再逐步推开。要通过集团内部相互参股、吸收社会法人入股和重组上市等途径，尽可能形成多元化的股权结构。暂时不具备股权多元化条件的企业，可先改制为国有独资有限公司，但必须规范运作，防止“翻牌”。新成立的公司都要按照《公司法》的要求，从一开始就严格建立起规范的法人治理结构和科学的内部管理制度，实现规范改制和运作。各直属企业出资兴办的下属企业，也要加快公司制改造，并对现有的多级法人实体进行清理，尽量将产权链条缩短到两个层次以内。

加强集团总部功能建设，转变总部管理方式。目前，集团公司总部管理功能没有完全到位，既有管得过多过细的“越位”，也有没管住管好的“缺位”，造成一些内部关系不顺，影响了整体优势的发挥。按照国务院确定的国家授权投资的机构和国家控股公司的定位，以及实施大公司、大集团战略的要求，集团公司要履行好国家赋予的职责，就必须进一步加强投资中心、决策中心和资本运营中心的功能建设，形成强有力的领导核心，不断提升集团的控制力。公司总部主要管理事关集团全局与长远的发展战略和中长期规划、集团公司党组管理的高层管理人员、重大项目的决策、集团内部党的建设和群团工作，日常生产经营以及战略、规划实施中的过程管理，由企业自行负责。集团公司对所有被投资企业包括上市公司，都有保证国有资产安全、增值的责任和出资人的三项权利，都必须进行管理和监控。但具体管理方式，要从以往建立在上下级隶属关系基础上的直接管理，转到主要通过法人治理结构进行管理上来，并相应调整职能部门，精简管理机构和人员，促进总部职能和管理方式的根本转变。

搞好配套改革，促进经营机制转换。要按照中组部的统一部署，进一步深化人事制度改革，在去年试点的基础上，今年要结合专业化重组、公司制改造等主体性改革，进一步扩大范围，逐步推开。重点是实行符合现代企业制度要求的企业经营管理者选拔任用、业绩考核、激励奖惩、监督约束等相互配套的人事管理制度和“按需设岗、竞聘上岗”的岗位管理制度，形成能上能下的用人机制。要进一步深化劳动用工制度改革，继续抓好“五定”工作，全面实行竞争上岗和岗位考评制度，加强劳动合同动态管理，按照新的劳动用工管理办法划分人员管理界面，完善有偿解除劳动合同的配套政策，拓宽人员能进能出的渠道，继续搞好减员增效。进一步深化分配制度改革，完善工资与企业效益挂钩考核办法，实施与岗位职责相适应、与工作业绩直接挂钩的工资制度改革，使劳动者工资水平的确定逐步与市场机制接轨，拉开分配上的档次。并相应建立符合集团公司实际的企业年金和企业补充医疗保险。进一步深化产权制度改革，全面推进整体带资分流改制，同时积极探索租赁、兼并、出售、重组、合资合作等多种方式，把企业产权制度改革引向深入，努力盘活存量资产。

改革工作涉及面广，政策性强，必须加强领导，抓好实施，稳步推进。为指导好今后的改革工作，集团公司制订了《关于存续企业深化改革的若干意见》，并决定成立体制改革领导小组，建立相应的工作机构。各单位要加强对改革工作的领导，设立工作机构，制定周密的实施方案，协调配合，规范操作，确保企业改革工作有计划、有步骤地向前推进，今年内取得实质性突破。

（三）实施技术创新战略，提升发展的核心能力。

技术创新能力是企业核心竞争力的第一要素。建设具有国际竞争力大集团的战略任务，要求我们不断进行技术创新，加快新技术开发，迅速提升我们的核心竞争能力。

集中力量，突出重点，努力攻克一批关系集团公司发展和效益的关键技术。今年集团公司承担国家级科技攻关项目12项，安排集团公司级项目59项。要重点抓好“油气重要勘探领域预探研究与目标评价”、“高含水后期改善水驱和三次采油配套技术”、“稠油热采配套技术”等勘探开发技术研究，“清洁燃料组合技术”、“重油悬浮床加氢”及“两段提升管催化”等炼化技术的开发应用，“复杂条件地震勘探技术”、成像测井和新型组合式测井系统、特殊工艺钻井和天然气管道长输等工程技术攻关，力争在关键技术和装备开发上取得一批新的重大成果，为主营业务的发展提供技术支持。

加快科技系统调整，建立新型的技术创新体系。要按照“一个整体、两个层次”的原则，抓紧整合科技资源，切实改变科研机构和项目分散重复、研究开发与推广应用相互脱节的状况。在集团公司总部层面，要重组和整合科研业务，逐步形成上游、下游、天然气管道、工程技术、经济信息等研发中心，负责全局性、中长期的基础研究和重大应用技术开发；在地区公司和存续企业层面，要按照区域性业务发展的需求，建立面向生产和具有专业化技术特色的技术分中心，负责新技术的推广应用和解决企业生产中的技术难题。要精干科研机构，与主营业务关联不强的研究机构要实行企业化转制。通过对科技系统的优化整合，争取用三年左右时间，建立起统一规划、合理分工、结构优化、精干高效的集团技术创新体系。

加强科技管理，提高科技工作效率。要加强对重大科技项目的管理。重大项目必须落实依托工程，实现重大项目和重大工程的紧密结合。集团公司总部科技经费要集中投入重大项目。要完善科技管理办法，推行项目管理，实行课题制；完善知识产权保护和管理办法，建立统一的专利代理机构，开展专利资产评估；加大科技投入，逐步提高科技经费占企业销售收入的比重，规范科技经费管理；建立规范的科技业务流程，明确流程中各环节的定位和责任；建立技术创新工作的绩效评估和考核体系，并将其纳入企业、研究院所和负责人的年度与任期目标考核。

加大人才资源开发力度，发挥各类人才在技术创新中的骨干作用。提升技术创新能力，关键在于吸引人才、留住人才、用好人才。要在分配制度改革中，加大向各类优秀人才的倾斜。要面向国内外公开招聘各类人才，吸引更多博士研究生进博士后工作站。加强与高等院校和科研机构的联系，积极引进集团公司发展急需的高级经营管理和专业技术人才。加强技师、高级技师考评，开展职工技能竞赛，选拔急需的高级技能人才。按照优秀人才优先培养、重要人才重点培养、紧缺人才抓紧培养的原则，加强对各类人才的培养。实行按岗定酬、按任务定酬、按业绩定酬的激励机制，修订技术创新人才奖励办法，对贡献和业绩突出者进行重奖。扩大宣传CNPC的实力和发展前景，提升品牌形象，增强对各类的人才吸引力。

（四）从严治企、加强管理，打牢发展的某础。

面对市场竞争的严峻挑战，我们必须用改革的精神抓管理。今年油价变数大，成本压力重，各单位都要把管理增效作为一项重要任务，通过严格管理、精细管理和科学管理，进一步提高经营管理水平。

增强战略意识，加强战略管理和决策管理。战略管理是企业管理的核心所在，要高度重视并认真抓好。今年在战略管理方面，要重点抓好四项工作：一是按照国办发［2001］90号文件的要求，制定好集团公司提升国际竞争力的方案；二是指导各企业认真搞好产业定位，切实解决盲目发展和产业雷同的问题；三是适应入世后竞争环境的变化，加强对世贸组织规则和国内外竞争对手的研究，提出趋利避害的办法和应对挑战的措施；四是加强对国际油价变动趋势的研究，并适时采取应对措施。集团公司总部要对集团战略的实施进行跟踪检查和监督，使各企业自觉服从和服务于集团整体战略。规划计划管理要适应形势发展和市场变化，把长远规划与近期安排结合起来，实行五年滚动计划，逐年调整，滚动实施，增强计划的科学性和控制力。

决策管理工作要紧紧围绕企业发展战略和发展目标进行。要严格按照授权权限和决策程序进行决策，严禁超越权限和程序决定重大事项；建立健全和严格执行集体决策制度，避免个人擅自武断决策。各企业都要建立和完善决策支持系统，强化对内外环境的分析预测、重大决策项目的可行性研究和对战略实施过程的预警监控，提高决策的科学性，降低决策风险。

以资金管理为重点、成本管理为核心，加强财务管理。要以实施《企业会计制度》为契机，加强会计基础工作，搞实国有资产总量，提高会计信息质量，严肃查处制造和提供虚假会计信息的违法行为。要积极推行全面预算管理，完善预算审计制度，建立预算执行的责任体系。加强资金的集中管理，减少资金沉淀，大力活化闲置资金；实行系统内货款结算封闭运行，加强货款清欠，加速资金周转；落实资金分级授权审批制度，严格大额资金审批程序，强化资金运作的监督和控制。要继续实施低成本战略，规范成本核算，加强成本控制，实行有效的激励约束措施，落实进一步削减成本费用的目标。

以计算机网络建设为重点，推进企业管理信息化。要认真贯彻国家经贸委和信息产业部召开的推进企业管理信息化现场会和邦国副总理的讲话精神，切实转变管理观念，着力整合管理流程，按照“统一规划、统一标准，网络共建、资源共享，突出重点、务求实效”的原则，有重点、分步骤地推进集团公司管理信息化。今年的工作重点是：建设统一、完整、通畅的集团三级互联计算机网络，以及在统一平台上分别实施的电子邮件系统。制定信息化整体发展规划和标准规范，理顺信息化管理与信息技术服务体系，加快业务管理信息化。要高度重视和大力推进电子商务，实现网上集中采购和销售，这不仅有利于降低购销成本、提高管理效率和效益，而且通过公开、透明的操作，可以从源头上堵塞商务活动中的漏洞、遏制腐败现象。要排除各种阻力，加快推进步伐，依托能源1号电子商务网，首先实现物资采购集中网上进行，有条件地逐步推开电子销售，在去年180家供应商上网供货的基础上，今年内要力争扩大到1000家以上，发展到数万个品种，争取电子采购额达到100亿元，平均采购成本降低5%。各单位要按照统一规划和规范，加强各级网站系统的建设和整合，抓好业务人员培训，实现集团内部信息资源上网共享。

加强资产管理，促进资产在流动中增值。实现资产的保值增值，首先要解决好观念问题。闲置资产、无效和低效资产放在那里不动，看起来完整无损，实质上是在不断地被侵蚀和流失，而且这种浪费和流失，往往无责任可究。资产只有在流动中优化配置，才能保值增值，这个观念要首先从领导层真正树立起来。要打破部门、单位、企业、所有制等各种界限，积极探索运用租赁、承包、合资、拍卖、转让、置换、重组等多种方式，使闲置和无效、低效的资产流动起来、活化起来。各单位要在去年资产清查的基础上，分门别类排排队，开动脑筋想办法，在资产流动和活化上务求取得进展，见到成效。

加强专项管理，搞好监督工作。要树立质量兴企思想，加强计量、标准化等基础工作，努力采用国际标准，推行质量管理体系，加强对产品和采购物资的质量监督。要高度重视安全生产，建立健全“第一责任人负全责，分管领导负管责，安全总监负监责”的管理监督体制，落实各级安全、环保责任制，加快实施HSE管理体系，努力实现“四个杜绝、三个不超、一个确保”的安全生产目标。要加强内部市场管理，健全定额体系，严格招投标和市场准入，进一步开放技术服务市场，今年要扩大到70%，并切实做到规范、有序。要切实加强审计监督，经营成果审计和经济责任审计要制度化、全覆盖，基建工程、经济合同等专项审计要向事前延伸，对审计查出的违规资金按规定坚决收缴。要进一步加强效能监察，加大对账外资产资金、外投外借以及对外担保的监督检查力度，深入开展对法律法规、规章制度执行情况的专项监察。对违纪违规者要严肃查处。

这里还要强调的是，要学会运用世贸组织规则趋利避害，保护企业合法权益。入世后的市场开放对我们是严峻挑战，而对世贸组织有关规则和协议知之甚少、不会运用和应对，可能是近期更大的威胁。要采取培训、讲座、研讨等途径，在高级管理人员中尽快普及有关知识，熟悉和掌握有关条款。要建立产业损害预警机制，股份公司机关要有人密切跟踪重点产品的进出口数量、国内市场份额和价格变动趋势，分析相关产业与进口增长的关系，密切配合政府部门和行业协会，运用世贸规则中的例外条款和过渡性安排，及时提出诸如反倾销、反补贴和采取保障措施等建议，做到沉着应对，趋利避害。

（五）完善经营政策，增强发展的活力和动力。

改革和发展需要配套的政策支持。根据国家有关政策，结合企业深化改革、调整结构的实际情况，经过反复研究，决定对集团公司内部相关经营政策进行必要的调整和完善。

在投资政策方面，集团公司对企业特别是扭亏解困任务重的炼化企业，要适当加大对新建项目的投资比例；2005年以前，集团公司投资项目的新增回报，全部由存续企业留作企业发展资金；对存续企业的固定资产投资主要应用于做专做强主营业务，并符合集团公司投资方向指导目录和产业结构调整的要求；所有固定资产投资项目特别是加工制造项目，要依据国际市场的供求变化、价格变动和生产成本，进行严格评估论证，分级组织审批。

在费用补贴和利润分配政策方面，在国家政策不作大的调整的情况下，集团公司对重组企业的“三项费用”补贴政策延续到2005年。企业提前实现减亏目标的，集团公司不减少其“三项费用”补贴金额，只是将其减少的费用化补贴转为对企业的资本金注入。继续实行有偿解除劳动合同的政策，除少数困难和情况特殊的企业有偿解除劳动合同的补偿金，经批准可仍由集团公司统一负担外，其他企业原则上自理。为鼓励企业分离办社会职能，凡2005年以前由企业自己出资完成向地方移交学校、医院等社会职能单位的，集团公司不核减其“三项费用”补贴额；凡移交时企业需要一次性集中支付资金的，集团公司经审查后可以提前拨付部分“三项费用”补贴；凡移交涉及中央财政向地方财政转移支付的，由集团公司协助办理基数划转手续，并相应调减企业的“三项费用”补贴。集团公司对重组企业利润全留的政策延续到2005年，其他企业仍按照集团公司规定的比例上交。

在整体带资分流改制政策方面，职工用应得的有偿解除劳动合同补偿金购买改制单位的资产，继续执行集团公司规定的优惠政策。对改制单位用资产向职工支付有偿解除劳动合同补偿金的支出和优惠折让，可计入当期损益，不纳入企业年度效益指标考核的范围。坚持国有资本只参股、不控股，参股比例原则上不超过25%，净资产超过补偿金的也不当大股东。改制单位原上级企业不得违法干预新公司的生产经营活动，只以其出资额为限承担有限责任，按股权比例行使表决权。改制后的新公司要明晰产权、明确企业性质、转变职工身份，解除与原上级企业的行政隶属关系，独立承担民事责任。各企业可在原有市场、原料供应等方面，按照同等优先的原则，对改制后新公司给予必要的扶持，协助办理社会保险、党群关系等接续工作。

在对经营管理者的激励政策方面，为实现对领导人员工作业绩的客观衡量、科学奖惩，集团公司将修订对企业领导人员的业绩考核办法，完善科学合理的业绩考核指标体系。领导人员任职期间要与集团公司签订年度业绩合同，作为考核的依据。集团公司按领导人员业绩考核综合得分，兑现其效益年薪或风险收入。低于规定分值的，要给予通报批评或黄牌警告，直到免除职务。

四、认真贯彻六中全会精神，进一步加强党的建设和领导班子建设

党的十五届六中全会做出的《中共中央关于加强和改进党的作风建设的决定》，明确了党的作风建设的指导思想和主要任务，是新时期和新的历史条件下加强党的作风建设的纲领性文件。当前和今后一个时期，我们在思想政治领域的主要任务，就是把《决定》精神落到实处。

（一）用六中全会精神统一思想认识，明确加强和改进党的作风建设的目标任务。

我们集团公司作为关系国家能源安全的国有特大型企业，其事业的成败取决于党在我们企业中的各级组织是否坚强，是否能赢得广大职工群众的拥护和信赖。面对改革发展的任务更加艰巨、各方面挑战俱来的新形势，要完成党和国家赋予的历史使命，实现新的发展目标，需要不断加强和改进集团公司各级党组织的作风建设。从总体上看，我们党员干部队伍的作风状况是好的，但与“三个代表”和“八个坚持、八个反对”的要求相比，还存在着许多不容忽视的问题。主要表现在：有的疏于学习，政治上不强；有的思想观念陈旧，精神不够振作，缺乏迎难而进的勇气；有的作风飘浮，脱离群众，形式主义和官僚主义表现较突出；有的纪律松懈，大局意识淡薄，对上级决策贯彻不力，甚至有令不行、有禁不止；还有极个别的贪图享乐，贪污受贿，腐化堕落，等等。我们务必深刻认识加强和改进党的作风建设的重大现实意义，切实把思想统一到六中全会精神上来。

党组在深入学习讨论和认真分析党员干部队伍思想作风状况的基础上，研究制定了贯彻落实《中共中央关于加强和改进党的作风建设的决定》的意见，各单位要结合实际，认真抓好落实工作。党组认为，在新的发展阶段，加强和改进集团公司党的作风建设的总体要求是：以马列主义、毛泽东思想、邓小平理论为指导，全面落实江总书记“三个代表”重要思想，紧紧围绕提高企业经济效益、建设具有国际竞争力的企业集团和深化改革、加快发展、保持稳定的大局，坚持党要管党、从严治党，以全心全意依靠工人阶级、密切同职工群众的联系为核心，以保持党的先进性、纯洁性和增强党的创造力、凝聚力、战斗力为目标，以集中解决脱离实际、脱离群众的形式主义和官僚主义问题为重点，发扬艰苦奋斗的优良传统，加强思想教育，推进制度建设，努力把党的作风建设提高到一个新水平。

从集团公司机关到各企事业单位，都要把加强和改进党的作风建设作为提高党员领导干部思想政治素质和拒腐防变能力的切入点，摆上重要议事日程。党委一把手要直接靠上抓，按照党委统一领导、部门各负其责、依靠群众支持和参与的领导体制和工作机制，落实目标和责任，做到协调一致、齐抓共管，一级抓一级，一级带一级，逐级做出榜样，层层抓出成效。纪检监察部门要认真履行职责，不断研究探索新形势下加强党风廉政建设的新举措和新办法，加大从源头治理的力度。各企事业单位要把确立长远目标与解决当前突出问题结合起来，根据实际情况划分不同的阶段，分别制定目标和要求，有计划、分步骤地向前推进。当前和今后一个时期，要集中力量解决思想作风、学风、工作作风、领导作风和干部生活作风方面的突出问题。对于问题的查找，可在各单位前段“三讲”的基础上进行，整改工作也纳入到一起，既巩固和深化“三讲”成果，又推动《决定》的落实。争取经过思想教育和狠抓落实，在党的十六大召开前，使“八个坚持、八个反对”深入人心，党组织的凝聚力和战斗力有新的增强，党员和干部队伍的思想政治素质有新的提高，整个集团公司的党风建设有一个新的进步。

（二）按照中央关于转变作风年、调查研究年的要求，突出抓好领导机关和领导干部作风的转变及工作效率的提高。

中央决定，把2002年作为转变作风年和调查研究年。我们要按照中央的要求，在转变作风上下功夫、用实劲。转变作风首先要从领导机关做起，真正树立“为基层和下一级服务”的意识，切实关心基层的疾苦。从我们总部机关部门来看，经过去年的“三讲”学习教育，工作作风有了一些改进，但仍很不够，还必须通过进一步健全和完善联系基层制度，努力拓宽上情下达、下情上达的渠道，提高办事效率，及时解决基层遇到的问题。要多接触群众，加强干群沟通，以少犯形式主义、官僚主义错误。弘扬真抓实干的工作作风，讲真话、办实事、报实情，不搞虚假浮夸。上级到下级检查工作，要注意兼听成绩与问题、领导想法与群众意见等两个方面的情况，不仅要听工作汇报，还要听群众的呼声，用群众意见印证领导工作；下级向上级汇报工作，要实事求是，既讲成绩、经验，又讲矛盾、问题及解决的办法，坚决反对只报喜不报忧的坏风气。要改进经营者业绩考核办法，从制度上解决虚假浮夸问题，使真抓实干者得到奖赏，弄虚作假者受到惩治。

针对新形势下新情况、新问题不断出现，影响决策的因素增多、决策的时效性增强、决策风险增大和决策所需信息量增加的实际，要高度重视调查研究工作，将其视为领导决策的重要前提和环节，当作成事之基、谋事之道，并使之制度化、经常化，贯穿于决策工作的全过程。要建立健全并切实坚持调查研究制度。各单位、各部门每年都要根据领导工作需要，制定调研计划，明确调研题目，组织调研活动。出台重大决策前，都要先行调研，广泛征求各方面意见。主要领导要带头大兴调查研究之风，根据形势任务的需要，适时组织综合性调研，班子其他成员要根据分管的工作经常组织专题调研。要充分发挥调研机构在领导决策中的参谋、助手作用，不断充实和完善决策支持体系，善于采纳调研部门和决策咨询机构有价值的建议，吸收有创意的调研成果。

（三）进一步加强企业领导班子建设，努力建设高素质的经营管理者队伍。

认真贯彻全国组织部长会议精神，切实加强企业领导班子建设。首要的是加强理论学习，不断提高领导干部的思想政治素养和理论水平。当前，对马克思主义基本理论的学习，重点要放在对邓小平理论和江总书记“三个代表”思想的学习和掌握上，用当代马克思主义的观点认识历史和现实，指导正在进行中的改革与发展。同时，重视专业知识、业务技能的学习和提高。为应对我国加入世贸组织的新挑战，还要抓好世贸组织基本知识的学习。要进一步健全党委中心组学习制度，建立由党委书记负总责的理论学习领导责任制和考核制度，严格监督检查，不断提高学习质量和效果。

针对一些班子存在的发扬民主不够、正确集中不够、严肃纪律不够的问题，要经常进行民主集中制的学习和教育，检查和纠正决策工作上存在的问题。包括完成公司制改造的单位在内，对涉及全局性、长远性重大问题的决策，如重要人事任免、重大建设项目安排和大额度资金使用等，都要按照规定程序集体研究决定。在领导工作中，既要反对用权上的“家长制”作风，也要反对软弱涣散和议而不决、决而不行的倾向。集体研究决定了的事情，班子成员要无条件地贯彻执行，不得消极抵制或各行其是。加强领导班子执行民主集中制情况的考核，对违反决策程序造成重大失误的，要严肃追究责任。

加强领导班子建设要与加快人事制度改革相结合，从选人用人机制上解决班子建设上的问题。重点是进一步扩大用人工作上的民主，落实群众对企业领导人员选拔任用的知情权、参与权、选择权和监督权。在坚持党管干部原则的前提下，改进企业选人用人方式，坚持公开、平等、竞争、择优的原则，大力推行和不断完善企业领导人员任前公示制、任职试用制、公开选拔制和竞争上岗制；坚持按德才兼备的要求选拔任用企业领导人员，严格执行民主推荐、组织考察、党委集体讨论决定的程序。同时，加大对选拔任用工作的监督力度，完善人事工作监督管理办法和组织人事部门行为规范，确保用好的作风选人、选作风好的人。

（四）加强基层建设，关心群众生活，做好稳定的工作。

基层是企业的根基，企业一切经济活动的发生和完成都离不开基层这一最基本细胞。因此，越是深化改革，越要高度重视基层建设，做好基层和基础工作。当前，基层建设的重点是根据管理体制、经营机制的变化搞好制度建设，适应内外部条件和环境的变化，清理和修订不合时宜的老制度，建立健全与新的管理体制、经营机制相一致的新制度。这项工作，在重组改制中一时没能顾上，现在要切实抓起来，自下而上实现以法管理、依规运作。

要从“三个代表”的高度，充分认识关心群众生活、维护群众利益的极端重要性。在发展生产、提高效益的基础上，积极创造条件，改善职工的工作和生活条件。当前，要格外关注和关心下岗职工、特困职工，切实帮助他们解决生活困难。在实行政企分开、政府和企业各自履行不同责任的新形势下，维护和实现好群众的根本利益，应该在国家和当地政府的统一政策要求下进行。各单位要努力搞好生产经营、提高盈利能力，为改善群众生活提供物质基础。对于当地政府为改善企业职工工作和生活条件或解决职工实际困难所做出的统一安排，企业要给予积极支持和配合。

要认真研究和处理好深化企业改革与维护职工合法权益的关系。企业经营者要积极带领职工深化改革，在改革中解决影响企业经济效益和职工生活水平提高的深层次问题，推动企业加快发展，以改革和发展的成果来保证职工根本利益的实现。同时，要改进对职工的管理，随着城市社区管理制度的完善，部分管理功能要逐步社会化。

要努力做好稳定工作。稳定的责任在领导，稳定的关键也在领导。各级领导在研究重大问题、实施重要决策时，一定要考虑到对稳定工作的影响，特别是在涉及利益关系调整的问题上，更应慎之又慎。领导干部发表意见和办事情，要想到在群众中产生的影响，真正为自己的言行负责，也为稳定的大局负责。领导干部要亲自处理来信来访，把职工群众反映突出的问题列入领导班子议事日程，认真研究，抓紧办理，努力化解不稳定因素。对因不负责任、处理不当引起大规模集体上访、越级上访，产生严重后果的，要追究有关人员责任。继续同“法轮功”邪教组织开展坚决的斗争，做好“法轮功”练习者的教育转化工作。

（五）贯彻六中全会精神要与推动企业两个文明建设相结合，促进生产经营任务的完成、经济效益的提高和精神文明的进步。

坚持“两手抓、两手都要硬”的方针，大力推进两个文明建设全面协调发展。要继续加强爱国主义、社会主义、集体主义教育，弘扬大庆精神，教育职工树立科学的经营理念和正确的价值取向。要结合落实《公民道德建设实施纲要》，积极开展群众性精神文明创建活动，抓好创建文明企业、青年文明号和争当文明职工的工作，努力培养队伍昂扬向上的精神、知难而进的毅力、开拓创新的思维和脚踏实地的作风。要做好新形势下的工会、共青团等群众组织的工作，充分发挥其桥梁和纽带作用。利用工会、共青团等联系群众直接、广泛的优势，通过开展劳动竞赛、技术革新、岗位练兵等群众性活动，激发广大职工爱岗敬业的热情，以强烈的主人翁意识，积极支持和参与改革，推动企业发展。要进一步做好离退休管理工作，切实关心老同志的健康和生活。

企业文化建设是集团公司实施的“十大工程”之一，要紧密联系企业实际，围绕提升竞争力和经济效益，加强企业文化建设。依据“代表中国先进文化的前进方向”的要求，培育能够展示集团公司优良历史传统、未来发展前景和时代特点的企业文化，着力塑造依法经营、诚实守信的形象，打造富有影响力的品牌，不断提高 CNPC 在国内外的知名度；努力培养高素质的知识化职工队伍，使石油工业艰苦奋斗的优良传统和大庆精神在新时期进一步发扬光大，涌现出更多“铁人”式的新一代石油工人楷模。

同志们，今年的工作目标和任务已经明确。只要我们紧密地团结在以江泽民同志为核心的党中央周围，上下一心，团结奋斗，就一定能够保持和发展“十五”开局的良好势头，把各项工作继续推向前进，以改革与发展的丰硕成果迎接党的十六大召开！

马富才同志在集团公司企事业单位领导干部会议上的讲话

（2002 年 9 月 24 日）

同志们：

这次集团公司企事业单位领导干部会议，主要是传达、学习和贯彻全国再就业工作会议精神，分析集团公司减员分流和再就业面临的形势，按照《中共中央、国务院关于进一步做好下岗失业人员再就业工作的通知》要求，讨论研究集团公司结构调整、减员分流和促进再就业工作的任务和措施，努力把全国再就业工作会议精神落到实处。

下面，根据党组讨论的意见，我着重讲四个问题。

一、全面深刻地认识做好再就业工作的重大意义把思想统一到中央的决策和部署上来

江泽民总书记在全国再就业工作会议上的讲话中明确指出：“扩大就业，促进再就业，关系改革发展稳定的大局，关系人民生活水平的提高，关系国家的长治久安，不仅是重大的经济问题，也是重大的政治问题。”贯彻落实全国再就业工作会议精神，推动再就业工作，学好中央领导同志的重要讲话是基础，统一上上下下特别是领导层的思想是关键。各级领导同志要认真学习、深刻领会江泽民总书记、朱镕基总理的重要讲话和吴邦国副总理的报告，从讲政治、讲大局的高度，充分认识做好再就业工作的极端重要性。

一是做好再就业工作，是党中央、国务院从战略全局上做出的重大决策。我国的改革开放和现代化建设事业是在不断探索中前进的。在不同的历史时期和发展阶段上，党中央、国务院总是审时度势，根据形势的变化，提出适应国内外形势发展变化要求的重大决策。要求全党、全国和全社会高度重视和做好再就业工作，是党中央、国务院高瞻远瞩做出的一项战略性决策。以江泽民同志为核心的党中央十分重视再就业工作，将其作为“当前党和国家工作中一项重大而紧迫的当务之急”。江泽民总书记主持中央政治局常委会、政治局会议和中央财经领导小组会议，亲自研究和部署这项工作。朱镕基总理主持总理办公会和专题会，多次研究扩大再就业的政策措施。吴邦国副总理就扩大再就业工作多次听取汇报，组织专题研究，到全国许多地区尤其是国有大中型企业进行调研。由此可以看出，中央领导同志对再就业工作是非常重视的。中央最近召开的全国再就业工作会议，在深入分析全国当前就业形势的基础上，阐明了再就业工作在改革发展稳定大局中的重要地位和作用，明确了做好这项工作的指导思想、目标任务和政策措施，指明了深入做好新形势下再就业工作的方向。这对于进一步巩固“两个确保”和完善社会保障体系，全面推进再就业工作，保持稳定的社会环境，推动国民经济持续快速健康发展，为国有企业改革发展创造更为有利的条件，都必将起到十分重要的作用。

二是做好再就业工作，确保国家长治久安，是安邦治国的重要方略。“就业是民生之本”。古往今来，世界各国都十分重视就业问题，尤其是现代国家更是把增加就业、降低失业率作为政府施政的重要目标之一。我国人口众多，劳动力供求总量矛盾突出，就业形势严峻，扩大就业始终是党和国家高度重视的一个大问题。在党的十六大召开之前，党中央、国务院专门召开会议研究再就业问题，充分说明中央把这一关系民生之本的问题摆到了安邦治国的突出位置。我们一定要从国家大计的高度来充分认识做好再就业工作的重大意义，积极投入到这项工作中来，为实现国家的长治久安贡献力量。就我们石油集团公司来说，由于我们的企业遍布于全国各地，各企业是否稳定，都会对所在地区产生重要影响。因此，我们每个企业的领导同志都有义务尽到安定一方的社会责任。

三是做好再就业工作，使职工群众安居乐业，是实践“三个代表”的要求。就业和再就业，与亿万劳动者的切身利益密切相关，有效地解决这一问题，直接关系到人民生活水平的提高。各级党组织和党的领导干部，要按江总书记“三个代表”的要求，带着深厚的感情关心下岗失业人员的再就业工作。提高人民群众的生活水平，在不同时期和对不同的群体有着不同的要求。对于在岗职工来说，他们的要求主要是随着企业经济效益的提高收入不断得到提高；而对下岗失业人员而言，其最大的愿望是实现再就业，获得一份稳定的收入。特别是生活在同一工矿区的在岗职工和下岗失业人员，收入上的反差往往引起部分人心理上的不平衡，从而引发不稳定因素。这种连带效应，是我们必须面对的一个现实问题。企业应当协助地方政府做好下岗失业人员的再就业工作，为实施“三项制度”改革创造有利的条件。再从另一方面说，包括有偿解除劳动关系人员在内的下岗失业人员，曾经为国家建设和石油石化事业做出过贡献，他们在深化企业改革中选择下岗分流，本身也是对企业改革的支持，站在实践“三个代表”的高度，我们应当满腔热忱地关心和帮助他们，做好再就业服务工作。

四是做好再就业工作，是巩固石油石化企业改革和发展成果的要求。重组改制以来，我们不断加大企业结构调整和内部改革的力度，主辅分离取得实质性进展，初步形成了主营业务突出、各类资源按市场要求优化配置的新格局，队伍结构也发生了深刻变化。各企事业单位通过有偿解除劳动关系、主辅分离、整体分流改制、公司制改革等多种方式，精减和分流了一批富余人员，减员增效取得显著成绩，得到中央领导同志的充分肯定。如果没有这样大力度的结构调整和内部改革，股份公司在油价波动大的情况下难以创出良好业绩，存续企业也难以实现连续三年大幅度减亏。因此，结构调整和减员增效的改革应当继续坚持和向前推进，不能因为遇到一些困难或波折就产生疑虑，甚至倒退。但坚持深化改革需要一个较为宽松的环境，特别是保持企业和社会稳定是一个重要基础和前提。正如吴邦国副总理指出的：“如果有劳动能力和就业愿望的下岗失业人员不能实现再就业，长期无事可做，缺乏社会归属感和安全感，产生心态不平衡，这本身就是社会不稳定的因素。”“不解决好下岗失业人员的再就业问题，改革调整深入不下去，企业和社会难以稳定”。因此，我们必须从巩固和扩大改革发展成果的大处着眼，积极协助地方政府做好再就业工作。

二、正确认识企业改革和队伍结构调整的形势

要充分认识到，目前集团公司生产发展、效益提高的好形势正是在不断深化改革中取得的。近几年来，特别是集团公司重组改制以后，我们严格按照党的十五大和十五届四中全会确定的国有企业改革方向，深入贯彻落实中央关于“鼓励兼并、规范破产、下岗分流、减员增效、实施再就业工程”的方针，不断加大企业改革和结构调整的力度，取得了一系列的重大成果。1998年的石油石化大重组，解决了长期以来石油工业体制产业分割和政企不分的问题，实现了上下游、内外贸、产销一体化，石油集团公司被整体推向市场，成了真正意义上的企业法人实体和市场竞争主体，为我们进一步深化改革创造了条件。1999年实施的集团公司内部大重组，整体上解体了“大而全”、“小而全’的管理体制，打破了主辅业统负盈亏的核算体制，形成了母子公司管理体制和符合市场规则的运行机制；完成了核心业务的重组整合及改制上市，股份公司建立了规范的法人治理结构，企业决策机制科学，市场化运作成效显露，产业结构渐趋合理，资源配置进一步优化，经济效益稳步提高。存续企业大力推进结构调整和主辅分离，突出发展主营业务，放开搞活辅助业务，积极创造条件移交办社会部分，并不断加大产权制度改革力度，推进专业化重组，扎实有效地深化三项制度改革，顺利完成了平稳过渡，实现亏损额连年大幅度下降。尤其是实施减员增效工作取得了显著成效，长期困扰我们的产业和队伍结构不合理、冗员过多、经济效益低下等矛盾得到一定程度的缓解，而且随着时间的推移，这种效果必将进一步显现出来。在实施中，上上下下做了大量艰苦的工作，包括对有偿解除劳动关系人员的保险关系接转、部分人员再就业的支持、困难人员的帮助，以及其中党员的教育管理等。由于坚持不懈地深化改革，有力地推动了企业的发展，企业经济实力和竞争能力明显增强，中国石油在世界大石油公司中的排序，已从1998年的第16位上升到目前的第9位。事实充分说明，中央确定的国有企业改革方针和政策措施是完全正确的，我们石油集团公司所进行的改革实践也是成功的，并将经得起历史和今后实践的检验。

要充分认识到，在企业深化改革中面对的突出矛盾仍然是冗员多、效率低的问题。当前和今后一个时期，我国正处在经济体制和经济增长方式的根本性转变时期，国有企业改革仍是整个经济体制改革的中心环节，仍处于攻坚阶段。在企业改革的推进过程中，遇到的最核心、最重要、也最难以解决的问题就是企业冗员多、安置难度大的问题。这一问题在我们石油石化企业的各个方面都非常强烈地表现出来，直接关系到我们经济结构调整的进程，关系到企业整体效益的提高，也关系到广大职工的长远和根本利益。要说改革攻坚，首先要攻破冗员多、效率低、效益差这一顽症。这个难点不攻破，增强竞争能力、提高经济效益的目标就难以实现。对此，我们必须保持清醒的认识。近几年，尽管我们下很大的决心、采取多种措施不断地进行结构调整，但结构不合理的问题仍还比较普遍地存在，无论是产业结构、产品结构、生产要素结构，还是组织结构、劳动力结构等方面的矛盾，仍然未能从根本上解决。经过连续几年的下岗分流，集团公司的职工总数已经从 154 万人减到 115.3 万人，其中存续企业从 106 万人减到 73.5 万人，股份公司从 48 万人减到 41.8 万人，力度不可谓不大。但由于历史上积累的矛盾太深、部分生产能力过剩等原因，富余人员仍然大量存在，人均劳动生产率依然低下。加上在技术不断进步、管理水平提高的作用下，对简单劳动的需求日益减少，人员富余的矛盾还会加剧。正如吴邦国副总理所指出："就是这样，上市公司的劳动生产率也仅为美国、欧洲石油公司的十几分之一。"企业内部冗员过多与需要帮助下岗人员再就业的矛盾交织在一起，对我们无疑是一种巨大的压力。结构调整的力度和成效，主要取决于减员分流推进的程度，否则，调整来调整去，紧缺的高素质人才增加不了，总人数减不下去，劳动生产率徘徊不前，结构调整的目的就很难达到。经济结构调整必然直接涉及就业结构的调整，正如吴邦国副总理所指出："没有就业结构的调整，经济结构很难调整。"要看到，集团公司要逐步发展成为主业突出、核心能力强的大型跨国企业集团，跻身于世界大石油公司前列，就必须瞄准国际同行业先进水平，搞好内部结构的战略性调整，实现主导产业的优化升级。对于主营业务来说，推进结构调整就是要结合技术改造，压缩一批过剩的生产能力，把装备搞精良，把技术搞先进，把队伍搞精干。这就势必要把需要做大做强业务领域中的富余人员转移出来。正如吴邦国副总理所说："随着国有企业改革的深入和企业技术进步，不可避免地还会精简企业富余人员。"富余人员不能妥善转移，结构调整只能是一句空话。积极稳妥地实施减员分流，事关集团公司结构调整的成败，事关集团公司发展战略实施的大局，必须坚持不懈地创造条件推进。

要充分认识到，实施减员分流和扩大再就业必须着力解决择业观念落后的问题。择业观念的滞后，直接影响着队伍结构和就业结构的调整。在一定程度上说，"再就业难"的问题固然与就业岗位不充分有着直接关系，但择业观念落后也是一个重要原因。大家可以看一看，在我们的许多企业周围，之所以有不少来自农村和其他企业的下岗人员在端着临时饭碗吃饭，并且乐不思去，而我们的有些下岗人员和待业子女宁肯待在家里吃闲饭也不去争取，就能看清这一问题的实质。因此，要大力加强对职工群众和下岗人员进行择业观念的教育，通过强化宣传和引导，使他们的择业观念得到转变，自觉破除和摒弃那种把工作分为高低贵贱的陈旧思想，真正树立起自食其力、劳动光荣的观念；破除和摒弃那种只有端"铁饭碗"才算就业的传统思想，真正树立起临时就业、弹性就业等灵活就业都是就业的观念；破除和摒弃那种遇到困难"等靠要"的依赖思想，真正树立起靠劳动获得收入比等待救济更有价值的观念。新的观念一旦树立起来，许多就业岗位就会出现在面前。要把转变择业观念的教育放在突出位置，教育职工群众和下岗人员切实更新思想，转变观念，创新思维，用新理念、新思路创造新岗位，在正确的思想观念指引下走上再就业之路。

三、认真贯彻全国再就业工作会议精神扎扎实实地做好再就业工作

目前，中央关于做好国有企业减员分流和下岗人员再就业工作的大政方针已经明确，今后做好这项工作的关键是要抓好贯彻落实。在实际工作中，我们一定要深入学习和贯彻好全国再就业工作会议精神，全面落实中央的决策和部署，采取积极有力措施，协助地方政府切实有效地搞好再就业工作。

（一）要明确做好再就业工作的指导思想和主要途径

在推进再就业工作中，各企事业单位要认真贯彻全国再就业工作会议精神，按照党中央、国务院的总体部署，坚持以江泽民总书记"三个代表"重要思想为指针，站在讲政治、讲大局的高度，认真履行企业应尽的社会责任，在实现经济效益的同时，努力实现社会效益；正确处理好改革、发展和稳定的关系，积极稳妥地继续推进企业改革，努力加快发展，妥善分流安置企业富余人员；坚持市场导向的就业机制，依靠国家、企业和下岗失业人员的共同努力，广开就业门路，拓宽再就业渠道，不断开创再就业工作的新局面。

为把全国再就业工作会议精神落到实处，集团公司研究制定了《关于认真贯彻全国再就业工作会议精神，进一步做好再就业工作的意见》（征求意见稿），现已印发给大家，根据各单位提出的意见将进一步修改完善，正式下发后希望各单位认真执行。

结合集团公司当前的实际，做好再就业工作的途径和措施，主要有以下几个方面：

（1）积极推进非主营业务的整体分流改制，通过主辅分离、辅业转制，分流安置企业现有富余人员。在这方面，从前年开始我们就做出了部署，开展的试点是成功的，也积累了一些经验。今后要扩大整体分流改制试点工作，充分利用非主业资产和闲置资产，分流安置现有岗位上的富余人员。整体分流改制，最终形成独立法人实体，实行自主经营、自负盈亏。在下步工作中，要根据党中央、国务院的通知精神，扩大范围，扩大这项改革的成效。工作思路要更加开阔一些，操作更加规范和简便一些，让企业有积极性，职工群众拥护和积极参与，加大推进的力度。对已改制的企业，要帮助他们协调对外关系，解决生产发展和市场开发中的难题，促进其持续健康发展，增强改制企业吸纳下岗失业人员再就业的能力。

（2）积极扶持发展矿区第三产业。在符合国家和集团公司产业政策的前提下，在壮大企业经济实力的同时，要进一步拓宽矿区服务渠道，大力扶持兴办矿区第三产业，引导和鼓励下岗失业人员进入矿区服务市场，以非公有制小企业为主，兴办物业、物流、商饮、家政、修理、保洁、保绿、保安等传统服务业务，并积极开展中介服务、文化旅游等新兴的服务业务，将发展第三产业作为扩大再就业的主要方向和渠道。

（3）积极探索与经济发达地区和其他有劳务需求的地区进行定向劳务协作的实现形式，促进跨地区的劳务输出，扩大异地就业范围，缓解独立工矿区就业空间小的矛盾。鼓励下岗失业人员到有劳务需求的地区就业，包括到农场、农村和城乡结合部承包荒山、荒地，从事种植业和养殖业等。石油石化企业的农场、林场、养殖场等，可通过适当的方式转化为吸纳下岗失业人员再就业的渠道。要协同地方政府创建劳务中介机构和劳务派遣企业，建立和完善人才劳动力市场，加强跨地区就业信息交流，鼓励下岗失业人员通过劳务派遣企业实现再就业，并使就业者与劳务派遣企业建立较为稳定的劳动关系。

（4）企业因生产发展确有临时用工需求时，应按照社会公开竞聘、择优录用的原则，将下岗失业人员纳入应聘范围，并依法建立规范的劳动关系。同时，企业要积极清退计划外用工，腾出更多的就业岗位。对这一类的用工需求，要完全按照新的用工机制运作，劳动力价格靠市场确定和调节，用工期限根据企业实际需要确定，一般应通过劳务派遣企业来具体运作，用工企业不直接操作，更不能签订长期固定合同。

（5）积极开展劳动技能培训，帮助分流和下岗失业人员提高自谋职业、自主创业的能力。充分利用企业现有教育培训资源，根据劳动力市场导向，组织开展实用性、针对性、有效性强的技能培训，如烹饪、美容美发、保安、家政、电器修理、汽车修理、宾馆及餐饮服务等社会通用专业培训，增强分流和下岗失业人员的再就业能力。有条件的企业，要对下岗失业人员进入社会劳动力市场谋求职业实施就业援助，包括就业咨询援助、求职指导援助、就业信息援助等，帮助他们实现多渠道就业。各企业要以人才劳动力交流中心为主，工会、共青团等群众组织积极协助，并充分发挥企业驻各地办事机构的作用，积极为下岗失业人员提供就业服务。

总之，帮助下岗失业人员再就业的主要形式是灵活就业。具体的途径，是在地方政府的统一组织领导下，按照市场为导向的机制，通过劳动力中介机构，以个体、民营、股份合作等非公有制企业为主，帮助下岗失业人员实现再就业。

要充分利用国家和地方政府有关扩大再就业的政策，帮助石油石化企业的下岗失业人员实现再就业。各企业要责成有关部门、安排专门人员研究国家有关部门和各地政府的扩大再就业政策，及时就如何用好这些政策提出指导意见。要大力宣传这些政策，指导下岗失业人员用好这些政策。同时各企业也可根据实际情况，在集团公司统一政策规定的前提下，研究制定一些帮助下岗失业人员再就业的政策性措施，如利用企业闲置的设备、厂房等，鼓励下岗失业人员创办个体、民营经济，其产品或服务，凡企业需求的，可在符合条件的情况下进入集团公司内部市场。

（二）要正确处理改革发展与做好再就业工作的关系

要全面理解和正确贯彻中央的方针政策，在推进再就业工作中，必须坚持深化改革、促进发展与扩大再就业同时推进，一方面要通过深化企业改革实现减员增效，另一方面要通过加快企业发展促进再就业工作。

一是坚持企业的改革方向，在深化改革中解决再就业工作中遇到的问题。《中共中央关于国有企业改革与发展若干重大问题的决定》指出："下岗分流、减员增效和再就业，是国有企业改革的重要内容。"任何时候，深化改革的方向、决心不能动摇。只有坚持改革，我们的企业才有出路。在做好企业再就业工作中，要始终注重妥善处理减员增效与再就业的关系，把下岗分流、减员增效和再就业一起作为企业改革的重要内容，通过不断推进结构调整，进一步解放和发展生产力，从根本上使一些企业走出困境、搞好搞活，以提供更多新的就业机会和工作岗位，为再就业创造有利的条件。对现有企业富余人员，应主要通过转岗分流、辅业改制，妥善予以安置。

二是坚持把企业的发展放在首位，以发展促进再就业工作。江总书记在讲话中就这一问题作了深刻阐述。他指出："通过发展经济来扩大就业，是解决就业问题的根本途径。"发展是硬道理。离开发展讲人员分流和扩大就业，只是一种空谈，既缺乏物质基础，又没有可靠途径。加快石油集团的发展，不断提高公司的经济实力和效益，是包括下岗人员在内所有人的共同愿望。油气生产搞上去了，勘探开发的领域不断扩大，炼油化工也得到优化升级，就会带动相关产业的发展，就会创造出许多新的就业岗位。我们必须坚持"发展是第一要务"的思想，在大力发展主营业务的同时，积极扶持第三产业特别是矿区服务业和劳动密集型产业，有计划地安排接续产业，积极推进矿区社区化的步伐，不断扩大服务领域，实现发展与就业的良性互动。

三是要坚持把做好当前工作与企业长远发展有机结合起来。做好再就业工作，是当前党和国家的一项当务之急的工作，也是一项长期的战略任务。对于这样一个世界性难题，任何一个政党和国家的政府，任何一个企业，都不可能在一个短时间内解决。要从根本上解决再就业问题，必须树立起长期作战的思想，需要进行持久的努力。那种企求在短期内把一切问题解决掉，方方面面皆大欢喜，都是不现实的，也是做不到的。对此，我们必须有一个辩证的认识，坚决克服短期行为，不能靠打突击、热一阵子，而要扎扎实实地抓下去，并不断抓出阶段性成效。要在加紧做实做好当前再就业工作的同时，从企业长远发展的战略考虑，纳入到具体工作规划中去，分阶段组织抓落实，真正做到抓当前、想长远。

（三）要坚持市场导向的再就业机制

江总书记在讲话中明确指出，要"建立以劳动者自主就业为主导、以市场调节就业为基础、以政府促进就业为动力的就业机制"。吴邦国副总理在报告中也强调，对于下岗失业人员的再就业，必须坚持市场导向的就业机制，引导他们通过劳动力市场自主择业、自主创业，实现再就业。市场导向的再就业机制，要求我们必须彻底转变企业的用工观念和下岗失业人员的择业观念。企业要从过去那种大包大揽安置就业、单纯直接用工吸纳就业，转向按生产发展需要、依靠劳动力市场、多种形式吸纳就业；下岗失业人员要从过去那种总是依赖组织安排就业、非国有企业不就业、不愿异地就业等思想观念中摆脱出来，转向根据自身条件和能力进入劳动力市场，自主择业、自主创业，寻求多渠道、多形式、多领域就业。在转变企业用工观念的同时，我们的一项重要责任和义务，就是真心诚意地做好服务工作，积极引导和鼓励下岗失业人员中间有劳动能力和就业愿望的人，利用好有关政策自谋职业、自主创业，帮助他们通过各种渠道和形式找到工作，尽到我们应尽的社会责任。

（四）要进一步加大主辅分离的工作力度

中央已经明确，国有大中型企业通过主辅分离、辅业改制分流安置本企业富余人员，可享受减免企业所得税的政策。这一新政策，对于企业自我消化富余人员、减轻社会就业压力、盘活企业闲置资产、深化企业改革和增强竞争力，都是很有利的。当前，我们要紧紧抓住存续企业已完成产业定位、内部结构调整方向趋于明朗的有利时机，善于利用好国家和地方出台的有关政策，加快企业内部的主辅分离、辅业改制和结构调整，推动机制转换，开发新产业，把主营业务做强，使存续企业彻底从"大而全"中走出来，以有效地增强分流安置本企业富余人员的能力。

各单位要进一步加大主业与辅业、生产服务与社会服务分离工作的力度。继续按照有进有退的方针，在对与主营业务关联度不强的业务进行分离后，通过资产重组、股份合作、吸引外资外商等多种方式进行产权制度改革，使之成为自主经营、自负盈亏的实体，直接进入市场，放开搞活，建立灵活的用人、用工和分配机制，促进其更多地吸纳富余人员。对于退出的领域和业务，也可以在当地政府的组织下，引导其他能够吸纳企业富余人员和下岗失业人员的项目跟进、补位。

（五）要鼓励发展投资较少、市场前景广阔的劳

动密集型企业

当前和今后一个时期内，各企业要紧紧抓住机遇，切实利用好国家和各地出台的有关政策，积极鼓励发展那些投资比较少、有市场前景的劳动密集型企业。要着重利用国家大力发展第三产业尤其是传统服务业的优惠政策，配合地方政府支持发展劳动密集型的个体、私营、民营组织，尽可能地吸纳企业富余人员和下岗人员。当然，发展第三产业不能走计划经济的老路子，不能靠在主业上面，应当使第三产业在政府指导和市场调节下独立发展。要积极鼓励吸引社会投资者和外商来创办合资合作企业，通过我们提供的就业培训、就业指导等，更多地转移我们企业的富余人员和下岗人员。

（六）要加强对再就业工作的组织领导

中央已明确规定，各级党委、政府对本地区就业工作负主要责任，要求把控制失业率和增加就业岗位作为宏观调控的重要指标纳入国民经济和社会发展计划，把净增就业岗位、落实再就业政策、加大再就业资金投入和解决困难群体就业作为具体工作目标，并将其作为政绩考核的重要内容，中央将定期进行检查。这一重大决策，对于扭转再就业形势，从根本上解决再就业工作中的复杂问题，将产生重大影响。需要提醒大家的是，尽管中央明确了再就业工作的责任主体是地方政府，但我们也应当认真地履行好企业应尽的社会责任。

为了推动再就业工作扎实稳妥地进行，各企事业单位都要成立再就业工作协调领导小组，加强对再就业工作的组织领导。各级党政一把手要拿出必要精力，领导班子内部做出明确分工，一级抓一级，逐级落实责任。特别是对集团公司有关政策的实施，应确定有关部门负责，把工作和措施落实到位。对工作中遇到的一些问题，要搞好调查研究，及时准确地掌握情况，迅速提出解决的办法。特别是有关方面政策的制定和执行，必须按集团公司的规定及要求，不允许擅自突破政策界限乱开口子，避免造成政策上的不平衡，引发新的矛盾和问题，导致工作的被动。这要作为一条纪律来执行。在工作中进行大胆探索是允许的，但决不能违背统一的政策和原则各行其是。集团公司有关部门要加强监督检查和指导，及时纠正工作中出现的偏差。

四、做好改革、发展和稳定中的各项工作为党的十六大召开创造良好的环境

即将召开的党的十六大，是我们党在新世纪召开的第一次全国代表大会，是在我国进入全面建设小康社会、加快推进社会主义现代化的新的发展阶段召开的一次十分重要的盛会，是全党、全国各族人民政治生活中的一件大事。集团公司广大干部职工，都要在各自的岗位上加倍努力地工作，以优异成绩迎接十六大的召开。要深入学习江总书记“七一”和“五·三一”重要讲话，以与时俱进的精神，切实把“三个代表”要求贯彻落实到各项工作中去，振奋精神，立足本职，扎实工作，争创佳绩，为党的十六大召开营造昂扬向上、团结奋进、安定和谐的良好氛围。

一是精心组织当前的生产经营，确保全年任务的完成。今年以来，集团公司生产经营运行状况良好，国内外经济形势和油价水平对我们也比较有利。各单位要在前八个多月工作的基础上，按照集团公司确定的任务和部署，再接再厉，进一步做好后三个多月的工作，全面和超额完成全年生产经营预期目标，并为明年的生产经营工作提前做好准备。股份公司要继续精心组织油气勘探开发工作，尤其是要甩开勘探，扩大油气勘探成果，提高开发水平，增加原油产量。要搞好东部老油田控水稳油、综合治理和产量挖潜，巩固东部油田的生产形势；科学安排西部上产地区的工作量，加快西部油田的上产步伐。要围绕西气东输工程，进一步抓好气田的产能建设，加快天然气的发展。炼化要把工作的重点放在扭亏增盈上，继续加大对几个亏损大户的扭亏工作力度。存续企业要继续加大市场开拓的力度，在优质高效地满足油气、炼化主营业务需求的同时，积极开拓外部市场，争取更大的发展空间。要抓好现有海外项目的运营，加大新项目开发力度，确保年初确定的海外经营目标的实现。在组织好生产运行的同时，要认真贯彻落实全国增收节支工作会议精神，狠抓管理增效，大力推进增收节支、挖潜增效工作，强化预算管理，严格控制支出，杜绝损失浪费，努力增加收益；要积极做好清理欠税工作，把应当上交国家的税金及时缴纳国库。各单位要在做好今年生产经营工作的基础上，以持续地发展、稳定地提高为目标，着手做好明年的预算。

二是毫不放松地抓好安全生产工作。今年以来，各单位以建立和完善安全监督体系为重点，在加快安全监督站的建设和强化对重大施工作业的安全监督方面做了大量扎实有效的工作，总体上保持了安全生产的良好态势。特别是最近，各单位都在认真学习和宣传《中华人民共和国安全生产法》，使安全工作进一步家喻户晓、深入人心，也进一步增强了广大干部职工安全生产的法律意识。今年1—8月，事故起数、死亡人数、重伤人数和经济损失等指标都比去年同期要好。但我们的安全生产工作也存在一些不容忽视的问题。集团公司作为国家安全生产的六个重点行业之一，丝毫不能松懈安全生产，要保证全年各项安全生产指标好于去年。在开展安全生产专项整治和大检查的基础上，要狠抓安全生产责任制的落实，继续全面推行和实施 HSE 管理体系，消除各种事故隐患，切实从组织上、制度上、管理上进一步采取有效措施，坚决遏制重、特大事故发生。这里还要提醒大家，国庆节就要到了，各单位一定要注意安排好长假期间的安全生产，加强节日值班，避免出现各种安全事故。

三是继续推进各项改革。集团公司年初工作会议部署和安排的各项改革工作，要继续积极稳妥地向前推进。物探、测井专业化重组工作已经正式全面启动，机关有关部门和参与重组的各单位要积极支持和配合，做好重组单位的情况调研和人员、资产与业务的划转工作，年内要全部完成重组和新公司的注册登记工作，确保年底前正式挂牌运行。各企业要搞好内部结构调整，加快“两个分离”。年初确定的几家公司制改革试点要组织专门力量，根据企业实际情况，抓紧研究确定改制方案。在方案中，重点探索符合现代企业制度要求的有关公司组织形式、管理体制和经营机制等重大问题，避免搞“翻牌公司”。要稳步推进“三项制度”改革，深入研究并适时组织好集团公司机关机构改革和公开竞聘上岗工作。

四是严格按照稳定工作责任制的要求，扎扎实实地做好稳定工作。总体来看，当前整个职工队伍比较稳定，但仍然还存在一些不稳定的因素。我们必须从讲政治、讲大局的高度来认识这个问题，把稳定工作放在极端重要的位置。各单位的领导同志，特别是“一把手”要切实担负起确保一方平安的重要职责，工作中见微知著，经常研究、及时分析已经出现和可能出现的不稳定因素，千方百计予以消除，做到未雨绸缪，把问题解决在萌芽状态。决不允许由于我们工作上的失误或某些环节上的放松而引发不稳定因素。职工利益上的矛盾往往是导致不稳定的直接因素，必须按照“三个代表”的要求，高度重视和妥善处理。对这类问题的处理，要注重广泛听取群众的意见，求得群众的理解、拥护和支持。要进一步做好宣传教育工作，引导广大干部职工自觉维护企业和社会稳定的大局，即使对一些问题有不同看法和意见，也要按组织程序反映求得解决，决不能采取过激的行为。

五是深入做好思想政治工作，把职工群众的注意力引导到深化改革、促进发展、保持稳定上来。思想政治工作要贴近职工群众，贴近实际，做到生动活泼、富有成效。各级领导同志要针对职工队伍中反映出的倾向性问题，加强调查研究，及时掌握职工的思想动态，并针对热点、难点和焦点问题，有的放矢地做好耐心细致的思想工作。特别是促进再就业工作，是一项十分具体细致的工作。每个要求就业人员的具体情况各不相同，遇到的困难也不一样，必须充分发挥各级党组织尤其是基层党组织的政治核心作用，发挥党员的先锋模范作用，发挥思想政治工作的作用。各级领导干部在推进再就业工作中，一定要深入到群众中去，加强与分流和下岗人员的联系和沟通，组织他们认真学习党的方针政策，帮助他们解决再就业中的困难，增强感情上的共鸣。每个共产党员都要进一步增强政治意识、大局意识、改革意识和党员意识，积极协助党组织做好非党员群众的思想工作，带领分流和下岗人员转变观念，自强自立。要通过强有力的思想政治工作，努力把广大干部群众的注意力引导到同舟共济搞好企业改革与发展上来，不断巩固改革发展稳定的良好局面。

同志们，做好再就业工作，是事关全局的一件大事。我们一定要按照中央的部署，以邓小平理论和“三个代表”重要思想为指导，扎扎实实地把贯彻全国再就业工作会议的各项工作和任务落到实处，以改革、发展、稳定的新成绩迎接党的十六大召开。

专　稿

中国石油天然气集团公司工作会议在北京召开

2002年1月22—25日，集团公司工作会议在北京召开。集团公司领导马富才、阎三忠、黄炎、任传俊、苏树林、郑虎、李克成、贡华章等出席会议。原石油部、集团公司老领导出席了会议。国务院派驻集团公司监事会、国家有关部门的负责同志出席会议。来自石油企事业单位的200多名代表参加了会议。总经理马富才作了题为“与时俱进，开拓创新，为建设具有国际竞争力的企业集团而奋斗”的工作报告。副总经理阎三忠主持会议。

这次会议主题是深入学习贯彻党的十五届六中全会和中央经济工作会议精神，按照“三个代表”的要求，总结去年的工作，分析面临的形势，部署2002年的任务，动员全体干部职工认清形势、坚定信心，与时俱进、团结奋斗，以优异的成绩迎接党的十六大召开。

马富才在报告中回顾过去一年取得的成绩时指出，在党中央、国务院的领导下，我们认真贯彻落实江总书记“三个代表”重要思想，按照去年年初集团公司工作会议的部署，以发展为主题，以结构调整为主线，积极推进改革，依靠科技进步，狠抓内部管理，各项工作都取得了新的进展。(1) 经济效益状况良好。实现销售收入3401亿元、利润总额530亿元、税费648亿元。(2) 油气勘探开发成效显著。国内新增探明石油储量4.57亿吨、新增探明天然气储量4072亿立方米。国内生产原油1.0653亿吨（含延长）、天然气206亿立方米。(3) 炼油化工在优化升级中稳步发展，全年加工原油8694.7万吨，生产汽、煤、柴等成品油5449.2万吨，生产主要化工产品737.7万吨。成品油销售量达5392万吨。(4) 重点工程建设进度和质量均创出高水平，集团公司调集精兵强将，集结于“西气东输”工程建设第一线，按照技术领先、质量第一、打造品牌的要求，严密组织推进工程建设，创出了管道施工的高水平。(5) 海外业务发展呈现良好态势。进一步实施“走出去”战略，大力开拓海外业务，全年生产原油1623万吨、天然气9.26亿立方米。(6) 工程技术服务的自我发展能力进一步增强。工程技术和生产服务业务实现营业收入687亿元。科技创新能力有新的提高。全年投入科研经费33亿元，组织实施的10个国家级、74个集团公司级科技项目稳步推进已取得阶段成果，全年共申请专利357项，创历史最高纪录。(7) 企业改革和管理迈出重要步子，中油股份公司的法人治理结构理更加健全，市场化运作更有成效，存续企业的产权制度改革取得重要进展。(8) 党的建设和领导班子建设得到进一步加强。总部机关和100多个直属企业，开展了“三讲”教育活动，始终贯穿了“三个代表”的主题和主线，使集团公司党的建设工作在适应改革开放新形势、建立现代企业制度新要求方面掀开了新的一页，使新世纪的第一年成为名副其实的“加强党建工作年”。

马富才在报告中就今年主要工作部署强调，今年是我们朝着建设具有国际竞争力的大型企业集团目标迈进的一年，做好今年的工作至关重要。要按照集团公司工作思路和目标，今年重点做好以下工作。(1) 突出做强主营业务，进一步强化发展的根基。突出石油勘探，增加优质可动用储量；积极调整东部、加快发展西部，保持国内原油生产和效益稳定增长；以“西气东输”为契机，加快发展天然气；大力开拓国际市场，积极发展海外业务；以扭亏增盈为目标，改造优化炼油化工；加大技术改造，增强服务业务竞争能力。(2) 深化企业改革，健全发展的制度保证。进一步明确存续企业的产业定位和发展方向；搞好存续企业内部的主辅分离和结构调整；加快推进跨企业、跨地区的重组工作；积极推进存续企业的公司制改造；加强集团总部功能建设，转变总部管理方式；搞好配套改革，促进经营机制转换。(3) 实施技术创新战略，提升发展的核心能力。集中力量，突出重点，努力攻克一批关系集团公司发展和效益的关键技术；加强科技管理，提高科技工作效率；加大人才资源开发力度，发挥各类人才在技术创新中的骨干作用。(4) 从严治企、加强管理，打牢发展的基础。增强战略意识，加强战略管理和决策管理；以资金管理为重点、成本管理为核心，加强财务管理；以计算机网络建设为重点，推进企业管理信息化；加强资产管理，促进资产在流动中增值；加强专项管理，搞好监督工作；要学会运用世贸组织规则趋利避害，保护企业合法权益。（5）完善经营政策，增强发展的活力和动力。改革和发展需要配套的政策支持。根据国家有关政策，结合企业深化改革、调整结构的实际情况，经过反复研究，决定对集团公司内部相关经营政策进行必要的调整和完善。

马富才就关于加强党的建设和领导班子建设提出了五个方面要求：（1）用六中全会精神统一思想认识，明确加强和改进党的作风建设的目标任务；（2）按照中央关于转变作风年、调查研究年的要求，突出抓好领导机关和领导干部作风的转变及工作效率的提高；（3）进一步加强企业领导班子建设，努力建设高素质的经营管理者队伍；（4）加强基层建设，关心群众生活，做好稳定的工作；（5）贯彻六中全会精神要与推动企业两个文明建设相结合，促进生产经营任务的完成、经济效益的提高和精神文明的进步。

马富才在闭幕会上着重强调了五个方面的问题：（1）关于结构调整问题；（2）关于跨企业、跨地区专业化重组问题；（3）关于关联交易问题；（4）关于市场观念问题；（5）关于这次会议精神的贯彻落实问题。

会议期间，吴邦国副总理专门听取了集团公司的工作汇报，对集团公司所取得的成绩给予了充分肯定，并对下一步工作作了重要指示。阎三忠、黄炎分别作了专题报告。李克成就集团公司党风廉政建设情况作了通报。郑虎、贡华章等七位同志作了专题发言。大庆石油管理局、大庆油田公司、吉化集团公司、长庆油田分公司等13个单位作了典型发言。集团公司与六家特困企业签订了扭亏脱困责任书，股份公司与所属分公司、子公司签订了业绩合同。与会代表还对《关于存续企业深化改革的若干意见》进行了认真的讨论，提出了许多很好的意见和建议。

这次工作会议，是在集团公司的改革和发展进入关键时期召开的又一次重要会议。在全面总结去年工作、深刻分析面临形势的基础上，明确提出了今年工作的总体目标和要求，各单位要认真贯彻落实。

管道局管道三公司钱塘江管道穿越创世界新纪录

2002年1—2月，管道局管道三公司钱塘江管道穿越工程成功创世界新纪录。

管道局管道三公司穿越工程公司承担了钱塘江管道穿越工程后，于1月7日开钻，克服了由于施工场地狭小所带来的钻机组装困难；在钻进中，多次调整钻机参数和泥浆配比，从而克服了砂层的影响；同时，克服钱塘江潮汐对施工带来的不利影响，于2月3日成功穿越钱塘江。当直径273毫米的管线在RB－5钻机的“牵引”下，从地下19.6米穿过钱塘江，穿行2308米后破土而出时，来自石油、石化及当地政府等方面的领导、专家前来共同庆祝这项新的世界纪录的诞生。

管道局管道三公司穿越工程公司成功穿越钱塘江，创造出定向钻穿越江河2308米的世界纪录。这其中，钱塘江穿越工程的设计者——中国石油天然气管道工程有限公司，为完成极限穿越大胆设计出了三个“世界之最”。第一次设计世界最长江河穿越工程；第一次提出变更钻杆的设想；第一次采用双环氧防腐。

管道局管道三公司穿越工程公司是一支功勋卓著的队伍，他们曾经八穿黄河、七穿松花江、两穿黄浦江、两穿尼罗河、两穿曹娥江，积累了丰富的的施工经验，锤炼出一支能征善战的队伍，创造过穿越管径最大，穿越距离最长，攻克砾砂层、岩石层等国内外13项穿越新纪录，是国内上百家穿越企业中的“领头羊”。2001年11月，穿越工程公司被管道局授予“功勋穿越公司”称号。

中共中国石油天然气集团公司直属第八次代表大会在京召开

2002年3月29日，中国共产党中国石油天然气集团直属第八次代表大会在北京召开。集团公司党组成员阎三忠、黄炎、任传俊、陈耕、李克成出席了会议。原石油部、总公司老领导及中宣部宣教局、中央政策研究室党建研究局的领导应邀出席了会议。来自集团公司直属单位的200多名代表参加了会议。集团公司党组成员、副总经理阎三忠作重要讲话。直属机关党委常务副书记关晓红作工作报告。直属机关纪委书记安志忠向大会报告工作。集团公司党组成员、纪检组组长李克成主持会议。

阎三忠在讲话中指出，集团公司直属机关党委在中央企业工委的领导下，按照集团公司党组的各项工作部署，认真贯彻党的十五大精神和江泽民同志“三个代表”重要思想，围绕集团公司深化改革和加快发展，在加强直属机关党的思想、组织、作风建设，加强思想政治工作、精神文明建设、企业文化建设，指导工会、共青团组织发挥桥梁、纽带作用，保证企业重组改制顺利进行等方面，取得了可喜的成绩，并探索积累了一些宝贵的经验和做法，对促进集团公司机关建设，推动各单位改革发展稳定，调动广大党员群众的积极性，起了重要作用。

阎三忠就直属机关的党建工作强调，要以“三个代表”重要思想为指导，围绕中心、服务大局，开拓创新，努力提高直属机关党建工作水平。第一，继续深入学习贯彻江泽民同志“七一”重要讲话和“三个代表”重要思想，大力加强直属机关党的思想政治建设。第二，紧紧围绕集团公司实施发展战略，充分发挥党组织的凝聚力和战斗力，确保改革发展目标的实现。第三，把充分发挥党的政治优势同运用市场机制结合起来，积极探索新形势下加强和改进机关党建工作的新思路、新途径、新方法。

集团公司党组成员、纪检组组长、新当选的直属党委书记李克成在大会闭幕式上作重要讲话。他指出，新一届党委和纪委在任期内要做到四个坚定不移：（1）要坚定不移地以“三个代表”重要思想作指导；（2）要坚定不移地与时俱进，开拓创新；（3）要坚定不移地贯彻党的十五届六中全会精神，大力加强党的作风建设；（4）要坚定不移地贯彻执行我们党全心全意为人民服务的根本宗旨。

会议号召，集团公司、股份公司总部机关及直属单位各级党组织和党员要在中央企业党工委和集团公司党组的领导下，以邓小平理论和“三个代表”重要思想为指导，认真贯彻即将召开的十六大精神，以与时俱进的思想观念和奋发有为的精神状态，齐心协力，扎实工作，为建设具有国际竞争力的企业集团而努力奋斗。

中国石油天然气集团公司企事业单位党委书记会议在京召开

2002年4月2日，集团公司企事业单位党委书记会议在京召开。集团公司党组成员马富才、阎三忠、黄炎、李克成等出席会议。来自各油气田、炼化等企业的党委书记，以及集团公司机关各部门、股份公司有关部门的负责人参加了会议。党组书记、总经理马富才作了重要讲话。党组成员、副总经理黄炎主持会议。

马富才代表集团公司党组，就稳定工作提出了五点要求。（1）认真学习、坚决贯彻中央领导同志关于稳定工作的重要指示，从政治高度统一思想，进一步提高对稳定工作重大意义的认识；（2）按照中央领导同志的指示精神，加强党的领导，动员各方面的力量，采取有效措施，齐心协力地做好稳定工作；（3）加大宣传和思想政治工作力度，形成正确的舆论工作导向；（4）注重研究解决改革中的深层次矛盾和问题，正确处理改革、发展和稳定的关系；（5）适应改革发展的新形势，进一步加强和改进基层党组织的工作。

马富才最后强调，各企业要进一步落实年初集团公司工作会议的部署，抓住当前生产有利时机，扎扎实实地组织好生产建设、经营管理工作，确保油气生产、炼油化工、作业施工等重点工程建设和技改工程按计划进度顺利进行，确保生产建设安全平稳、不出现重大事故，以优异的成绩迎接党的十六大的召开。

会上，阎三忠传达了中央领导同志有关稳定工作的指示，通报了当前集团公司关于稳定工作方面的情况。华北油田、吉林油田、大庆石化总厂、新疆油田、物探局和管道局等单位的领导就做好稳定工作作了大会发言。

中国石油天然气集团公司纪念共青团建团80周年

——暨集团公司第二届十大杰出青年直属机关第三届十大杰出青年表彰大会在京举行

2002年5月30日，集团公司纪念共青团建团80周年暨集团公司第二届十大杰出青年、直属机关第三届十大杰出青年表彰大会在京举行。会前，集团公司党组书记、总经理马富才、党组成员阎三忠、任传俊、李克成等亲切接见全体代表，并合影留念。集团公司领导阎三忠、任传俊、李克成出席会议。李克成作重要讲话。

会上，集团公司党组授予王建民等11名同志第二届集团公司十大杰出青年荣誉称号。授予阿不力克木·艾则孜等19名同志“集团公司优秀青年”荣誉称号。集团公司直属党委授予李国平等10名同志“第三届集团公司直属机关十大杰出青年”荣誉称号，授予张永昌等28名同志“集团公司第三届直属机关岗位能手”荣誉称号。

李克成在讲话中指出，集团公司共青团、青年工作在各级党组织的正确领导下不断发展，取得了良好的成绩，开展的青年岗位能手、青年文明号、青年志愿者、青年创新创效等活动也都在全国产生了重大影响，并带动了青年成长成才，在企业改革发展中发挥了重要作用，涌现出了以“当代青年的榜样”、“石油青年的楷模”秦文贵为代表的一大批石油青年模范。他提出三点希望，(1) 广大青年要进一步增强责任感和使命感，坚持实现自身价值与服务企业的统一，树立远大理想，始终坚持艰苦奋斗，踏踏实实、一步一个脚印地做好本职工作，以主人翁的姿态努力担当起集团公司发展的历史重任，争做支持改革、促进发展、维护稳定的先锋。要坚持学习书本知识与社会实践相结合的思想，在实践中学习，在生产一线和艰苦环境中经受锻炼。(2) 各级共青团组织要围绕中心，继承创新，在服务企业改革发展、服务青年成长成才中发挥好党的助手和后备军作用。要把提高企业的综合竞争力作为共青团工作和青年工作的出发点和落脚点，加强对团员青年的教育和引导，不断提高青年的思想品德修养。(3) 各级党组织要加强对青年工作的领导，加大对共青团和青年工作的支持力度，重视团干部的培养、选拔和使用工作，为青年排忧解难，营造有利于青年人才健康成长、施展才干的良好氛围，为青年健康成长创造条件。

十大杰出青年代表向集团公司全体青年发出倡议：争做支持改革、促进发展、维护稳定的先锋；争创“青年文明号”，弘扬“爱岗敬业、诚实守信、办事公道、服务群众、奉献社会”的职业道德；争当“青年岗位能手”，立足岗位成才；争做创新创效的表率，着眼岗位创新。

（朱树振　周凤兰）

胡锦涛视察西太平洋石油化工有限公司

2002年6月12日下午，中共中央政治局常委、国家副主席胡锦涛在辽宁省省委书记闻世震、省长薄熙来等陪同下，视察了大连西太平洋石油化工有限公司。

在西太平洋石化公司生产现场，胡锦涛边视察边听取公司领导工作汇报，当得知公司2002年原油加工量已达600多万吨，超过了设计负荷，销售收入超百亿元，产品出口超过200万吨，出口创汇达5亿多美元，每年可为国家上缴8亿多元税金时，他十分高兴地说，党中央和国务院非常关心重视你们这个企业，记得当时中央政治局常委专门研究三个企业的事，其中之一就是你们，国务院也专门召开过会议研究决策你们的事，现在看来，党中央、国务院的决策是对的，你们的发展对国家对地方都是非常有利的。

在了解到西太平洋石化公司完全符合现代企业制度，采用新机制、新模式，人员少，退休员工少，装置检维修和生活后勤服务全部依托社会化服务时，胡锦涛说，你们是老企业有的困难你们没有，新企业有的长处你们都有，希望你们能够继续采众家之长、创一流水平。

胡锦涛十分关心西太平洋石化公司技术改造情况。在视察过程中，他问总经理蔺爱国，你们的年加工能力从500万吨改造到800万吨，还想进一步改造到1000万吨，这些装置用的设备是国产的还是进口的？改动大不大？总经理蔺爱国回答，我们改造的这些装置，主要设备是国产的，比如常减压蒸馏装置和重油催化裂化装置，改动并不大，主要是采用国际国内最先进的技术，改造反应器、分馏塔的内部构件，通过增加技术含量，来提高加工能力。总经理蔺爱国还补充道，去年中国石油天然气集团公司总经理马富才同志来公司检查指导工作时，安排我们对“十五”发展规划认真论证，最近我们经过几十个方案的比较论证，已经得出结论：投资20亿元左右，通过对老装置技术改造，配套建设几套改善产品结构、提高产品质量的新装置，就可以实现原油加工能力1000万吨/年配套，更好地参与国际市场竞争。胡锦涛听后非常高兴，他说，你们这种设备不作大的改动，通过提高技术含量，扩大加工能力，给大家提供了一个很好的参考模式。

视察结束后，胡锦涛在西太平洋石化公司催化裂化装置生产现场与部分干部及工程技术人员、劳动模范代表一一握手，并合影留念。当车行至厂区门口时，他又一次下车与员工亲切握手并合影留念。

西气东输工程开工典礼在北京人民大会堂举行

2002年7月4日上午，举世瞩目的西气东输工程全线开工典礼在北京人民大会堂小礼堂隆重举行。10点39分，中共中央政治局委员、国务院副总理吴邦国发出西气东输工程全线开工指令。开工指令通过卫星电视传输到新疆塔里木气田、新疆库尔勒、陕西延川黄土塬、江苏无锡新区、上海白鹤镇等五个开工现场后，轰鸣的钻机和四射的焊花向世人宣告举世瞩目的西气东输工程进入建设期。

国家计委主任曾培炎宣读了江总书记的贺信，全文如下：

西气东输沿线各省区市党委和政府，参与工程建设的部门和单位：

西气东输是一项举世瞩目的宏大工程，是实施西部大开发战略的重要举措。我代表党中央、国务院，对工程的全面开工建设表示热烈的祝贺！向广大工程建设者表示亲切的慰问！

这项工程的建设，对加快西部地区的发展步伐，对提高新疆及沿线各族人民的生活水平，对推进沿线特别是长江三角洲地区能源结构和产业结构的调整，具有重大的意义。希望沿线各省区市党委和政府、参与工程建设的全体员工，大力弘扬艰苦奋斗的精神，精心组织，加强协作，群策群力，科学施工，认真借鉴国外先进技术和管理经验，把西气东输工程建成一流工程，为社会主义现代化建设做出新的贡献。

国务院副总理吴邦国在开工典礼上发表重要讲话，他说：建设西气东输工程是党中央、国务院的重大决策，是实施西部大开发战略的重要举措，是继青藏铁路、西电东送之后又一宏大工程。西气东输是我国管道建设史上投资最大、输气量最大、管线最长的工程，途经戈壁沙漠、黄土高原、太行山区、黄淮长江、江南水网，地质地貌复杂多样，工程建设难度最大。要求参加工程建设的广大干部职工、科研和工程技术人员要发扬艰苦奋斗的精神，团结拼搏、争创一流，以科学求实的态度、扎实细致的工作，把西气东输工程建设成为世界一流水平的管道工程，为加快沿线地区经济和社会发展再立新功。

国家计委副主任、国家西气东输工程建设领导小组组长张国宝主持了开工典礼，中国石油天然气集团公司总经理、中国石油天然气股份有限公司董事长马富才介绍了工程情况，股份公司总裁黄炎组织各开工现场通过卫星电视向主会场报告了施工准备情况，新疆维吾尔自治区副主席阿不来提·阿不都热西提和外国投资集团代表、荷兰皇家/壳牌集团执行董事韦·沃特及设计施工单位代表苏士峰分别在开工典礼上发言。国务院副秘书长马凯，中共中央、国务院各有关部委局直属单位领导，沿线各省、自治区和直辖市领导，中国石油天然气集团公司和股份公司、中国石油化工集团公司和股份公司领导，英荷皇家壳牌、俄罗斯天然气股份有限公司、埃克森美孚公司、香港中华煤气等中外合作单位代表，设计施工单位代表，各大新闻媒体代表等770人参加了北京主会场的开工典礼。2000多名分会场所在地、市县领导，西气东输参建人员及当地群众参加了分会场的开工典礼。

在开工典礼前，中国石油与英荷皇家壳牌集团、俄罗斯天然气股份公司、埃克森美孚公司在人民大会堂签署了《西气东输工程合营框架协议》。中共中央政治局委员、国务院副总理吴邦国出席了签字仪式。这次签订的《西气东输工程合营框架协议》，确立了中外合作在上中下游全面合作的法律依据和程序。

4日下午国务院总理朱镕基接见参加西气东输工程开工典礼的外国企业家，表示欢迎外国企业家参加西气东输工程建设，希望中外双方加强合作，共同努力，完成这项跨世纪的宏伟工程。

（尚　真　王万梅）

中国石油天然气集团公司电视电话会议在京召开

2002年7月12日，集团公司召开电视电话会议，会议总结了上半年的工作，部署了下半年各项任务。集团公司领导马富才、阎三忠、黄炎、吴耀文、任传俊、郑虎、李克成出席会议。总经理马富才作重要讲话，副总经理阎三忠主持会议。

马富才在报告中指出，今年上半年，集团公司各方面工作都取得了好的成绩。主要表现在：(1) 生产经营平稳运行，各项主要生产经营指标完成情况比较好，油气勘探取得新的成果，海外经营成效显著，重点工程建设进展顺利，工程技术服务在结构调整中持续发展。(2) 企业改革稳步推进，物探、测井专业化重组有条不紊地进行；存续企业的产业定位工作有了很大发展，产权制度改革继续深化；三项制度改革又有新的进展。(3) 企业管理有新的进步，基础管理工作得到重视，股权管理开始步入正轨，财务预算管理取得成效，投资管理正在发生根本性变化，安全管理工作进一步加强，科技管理与企业生产经营结合得更加紧密。(4) 思想政治工作得到加强，企业稳定工作见到实效。

马富才对下半年重点工作总体要求是：(1) 要围绕提高效益，继续加强生产经营的管理和运行，确保全年生产经营的实现。要加快油气生产的发展，要努力扩大油气勘探成果，要进一步推进炼油化工的结构调整和扭亏增效工作，要深入落实国际化经营战略，要进一步规范市场运作和增强服务业务的竞争能力。(2) 要按照改革的总体方向和目标，积极稳妥地推进企业内部改革。积极推进物探、测井的专业化重组；在完成存续企业发展定位的基础上，搞好内部主辅分离和结构调整；深化存续企业公司制改革的试点工作；继续抓好各项配套改革。(3) 要坚持从严治企的方针，努力实现管理增效。加强战略和决策管理，加强财务、成本和投资管理，强化以挖潜增效为重点的各项基础管理工作，进一步加强信息化建设，毫不放松地抓好安全管理工作。(4) 要抓好党的建设和思想政治工作，切实维护大局的稳定。要充分发挥党的基层组织在稳定工作中的作用，要紧紧围绕稳定做好思想政治工作，要切实搞好再就业工作。

马富才最后强调，我们一定要紧密团结在以江泽民同志为核心的党中央周围，以与时俱进、开拓创新的精神抓好各项工作，确保全年各项生产经营目标的实现，推动集团公司两个文明建设取得新的进步，以优异的成绩迎接党的十六大召开，为推进国有企业改革和国家经济建设做出新的贡献。

吴邦国到吉化考察

2002 年 7 月 17 日，中共中央政治局委员、国务院副总理吴邦国在吉林省委书记王云坤、省长洪虎等陪同下，到吉化考察工作。

吴邦国副总理到吉林石化分公司 30 万吨乙烯装置，在参观过程中，股份公司副总裁段文德向吴邦国副总理汇报说，集团公司党组对吉化的扭亏工作高度重视，马富才、阎三忠、黄炎、任传俊等领导多次到吉化检查工作，表示要支持吉化加快技术改造，搞好结构调整，使吉化尽快走出困境。还汇报了集团公司为加快吉化扭亏所采取的 4 项措施。吴邦国副总理说，吉化是个老企业，集团公司加快吉化的结构调整和技术改造，这是对的。

吴邦国副总理询问了集团公司吉化扭亏工作组的工作情况，对集团公司派驻工作组指导、帮助、协调吉化的扭亏工作给予了充分肯定。他强调，一定要抓紧帮助吉化理清发展思路，加快吉化的扭亏和技术改造步伐。当段文德汇报到集团公司党组决定吉化两个公司都要实现三年扭亏目标时，吴邦国副总理说，这很好。

吉林石化分公司经理于力、吉化集团公司经理张晓霈也分别向吴邦国副总理汇报了吉化上市公司、存续企业近期工作情况。当于力汇报了“吉林石化分公司今年要大幅减亏，力争控亏 7 亿元以下；明年要控亏 4 亿元以下，力争实现盈亏平衡；后年要彻底扭亏，实现盈利”的三年扭亏为盈目标以及围绕解决吉化结构不合理、资产质量差、债务负担重和管理粗放分散等问题要采取的措施后，吴邦国副总理强调，乙烯现在小了不行，你们一定要把乙烯改造到 60 万吨以上，两套乙烯要改造到 90 万吨以上，你们一定要用好俄罗斯油，要加快技术改造，搞好结构调整。当张晓霈汇报到吉化集团公司三年扭亏脱困的措施已经落实，目标能够实现时，吴邦国副总理说，存续企业难度很大，改革要积极，要稳妥。

吴邦国副总理来到吉化炼油厂进行考察。在催化裂化装置控制室，于力向吴邦国副总理汇报了催化裂化装置由年 100 万吨改造到年 140 万吨后，每年可增加创益 1 亿元的情况。吴邦国副总理关心地询问了吉化炼油厂生产情况以及催化裂化装置经济技术指标等问题。

吴邦国副总理还询问了吉化的稳定工作情况，段文德汇报说，吉化两个班子工作配合得非常好，各项工作取得了明显的成效；为实现吉化的整个稳定创造了条件。于力、张晓霈分别介绍了上市公司和存续企业的稳定工作情况、社会保险缴纳等情况。

吴邦国副总理要求吉化两个班子要密切配合关心特困职工生活，确保一方平安。

（朱树振　周凤兰）

五大炼化企业扭亏工作经验交流会在北京召开

2002 年 8 月 8 日　股份公司在北京召开大庆石化、吉林石化、抚顺石化、辽阳石化和兰州石化五大企业扭亏经验交流会。股份公司高级副总裁任传俊、副总裁林青山、张新志、段文德出席并作重要讲话。五大企业扭亏单位分别在会上发言。自1998年石油石化重组以来，大庆石化、抚顺石化、吉林石化、辽阳石化、兰州石化五大企业的扭亏解困一直是集团公司党组和股份公司管理层高度关注的重点工作。大庆石化和抚顺石化2001年已实现扭亏，吉林石化、辽阳石化、兰州石化三家亏损企业的扭亏工作也取得了明显成效。会上通过五大企业之间相互交流、取长补短，收效显著，达成了共识，进一步明确了扭亏目标和工作思路，即促进盈利企业提高盈利水平，亏损企业加快扭亏进程，努力完成2002年全年大幅减亏要求，为2003年实现整体扭亏创造条件。

任传俊副总裁在讲话中向五家主要炼化企业提出了五项要求：一是要进一步加强领导，狠抓落实，确保扭亏脱困目标的实现；二是要加快结构调整步伐，不断优化生产运行；三是要加大技术改造力度，不断推进技术进步；四是要深化内部改革，全面强化各项管理；五是要认真学习先进，总结和推广扭亏脱困的典型经验。任传俊还强调，通过这次会议的互相交流，在炼化系统内部要形成一个学先进、赶先进、超先进的良好氛围，把扭亏脱困工作推向一个新的高潮，收到实实在在的效果，以更加出色的经营业绩，为股份公司的长远发展和价值提升做出新的更大的贡献。与会代表进行了分组讨论。五大企业领导表示，一定要按照股份公司管理层的要求，从内部挖潜入手，加强管理，落实扭亏解困方案，努力完成“今年炼化企业实现大幅减亏，2003年实现整体扭亏为盈，2005年实现本质性转变，成为股份公司盈利骨干”的奋斗目标。

“勇斗歹徒好员工”表彰大会在乌鲁木齐举行

2002年8月11日，股份公司在新疆乌鲁木齐市召开“勇斗歹徒好员工”表彰大会，授予中国石油新疆阿克苏销售分公司环城路加油站李志勇、关晓丽、左热古丽、阿不力孜四位员工“勇斗歹徒好员工”荣誉称号，并号召全系统员工学习他们为保护公司财产临危不惧、舍生忘死、勇斗歹徒的英雄品质及忠于职守、勇于奉献的爱岗敬业精神。中国石油新疆销售分公司对这四名员工以及协助共同制服持枪歹徒的艾力等三名同志予以了重奖。

今年6月21日晚，新疆阿克苏销售分公司环城路加油站发生了一起持枪歹徒抢劫油款事件。从歹徒闯入作案到被擒，在长达90分钟的时间里，四名加油站员工在三名其他人员的协助下，临危不惧，沉着冷静，与歹徒斗智斗勇，终于制服了歹徒。这七位各民族兄弟姐妹，为保护国家财产，以舍生忘死、敢于斗争、勇于牺牲的精神，引起了各级党政领导，尤其是中国石油天然气集团公司党组和中国石油天然气股份公司领导的高度重视。九位党组成员都在《炼油与销售动态》呈阅件上作了重要批示。

新疆维吾尔自治区党委副书记艾斯海提·克里木拜、中国石油天然气股份有限公司副总裁林青山以及新疆阿克苏地委副书记杨德海出席会议并作重要讲话。系统在新疆的各单位也派代表出席了会议。

艾斯海提·克里木拜在讲话中说，中国石油员工能在国家财产受到不法侵害的关键时刻，不畏生死，挺身而出，不惜以年轻的生命去捍卫正义，值得大力表彰宣传。这是中国石油企业精神的生动体现，是企业党组织对员工进行长期教育培养的结果。同时也是在新疆这片土地上不断涌现出的先进集体的典型代表。我们不仅要在石油企业弘扬这种精神，全社会各行业都应当弘扬这种精神，让全社会所有成员都来学英雄，做英雄，用英雄的精神去创造新的业绩。

林青山在讲话中对李志勇等员工勇斗歹徒的事迹给予了高度评价，并受马富才总经理委托，对他们为企业所做出的贡献表示衷心的感谢。他指出：今天表彰奖励的员工，在歹徒持枪抢劫的严峻考验面前，临危不惧、斗智斗勇，共同谱写了一曲各族儿女弘扬正气的凯歌，充分展示了石油人的高尚品质和顽强意志，是“三个代表”重要思想在实践中的具体体现和升华。希望销售企业的全体员工，向这些先进代表学习，同舟共济，奋发图强，以实际行动取得物质文明建设和精神文明建设的双丰收，以更加骄人的业绩为党的十六大献厚礼。

（尚　真　王万梅）

尉健行考察塔里木油田

2002年8月13—14日，中共中央政治局常委、中央书记处书记、中央纪委书记、中华全国总工会主席尉健行，在新疆维吾尔自治区党政主要领导的陪同下，到塔里木油田考察工作。

考察期间，塔里木油田党工委书记、油田分公司总经理孙龙德就油田概况、会战成果、西气东输工程资源落实情况和油田发展目标向尉健行作了汇报。

尉健行对塔里木油田会战取得的成果给予了高度评价，对油田发展提出了殷切期望。他指出，塔里木油田在建设和生产方面取得了重大成就，使我们深受鼓舞。请转达我们对塔里木油田广大员工的亲切问候，也希望塔里木油田在中国石油天然气集团公司党组和新疆维吾尔自治区党委的领导下，在建设、生产各个方面取得新的成绩，为国家改革、发展、稳定的大局做出新的贡献。

在塔里木油田塔中作业区，尉健行考察了作业区的绿化情况。在塔中联合站，尉健行仔细地询问了工艺流程，察看了自动化系统运行和一线员工生产情况。他还走进作业区蔬菜大棚，询问和了解了油田一线员工的生活状况。

中央纪委副书记刘锡荣，新疆维吾尔自治区党委书记王乐泉，新疆维吾尔自治区党委副书记、政府主席阿不来提·阿不都热西提，新疆维吾尔自治区党委副书记胡家燕等陪同考察。

吴邦国考察塔里木油田

2002年8月27—28日，中共中央政治局委员、国务院副总理吴邦国在有关部委、新疆自治区、中国石油天然气集团公司负责人的陪同下，到塔里木油田考察工作。

27日，吴邦国副总理在西气东输新疆塔里木气区莲花湖施工段现场，听取了西气东输管道工程建设及进展情况的汇报后，吴邦国副总理指出，西气东输管道工程关键是质量第一，安全第一，要创出自己的牌子。

28日，吴邦国副总理来到塔里木油田重点天然气探井——东秋8井考察。在展板前，吴邦国副总理仔细听取了塔里木气区勘探情况介绍，关切地询问西气东输主气源地库车—塔北地区天然气资源探明情况，主力气田克拉2、迪那2以及大北1的天然气储量和钻探等状况，并和陪同考察的中国石油天然气集团公司总经理马富才、塔里木油田分公司总经理孙龙德探讨有关问题。当介绍说，东秋8井已经完井，正准备试油，预计整个构造天然气储量将超过4000亿立方米，将是一个可以和克拉2、迪那2相媲美的大气田时，吴邦国副总理对陪同考察的马富才说，这应该是个大气田吧！在东秋8井钻台上，吴邦国副总理关切地询问钻井装备的国产化情况，当汇报塔里木油田的钻井装备绝大部分实现了国产化时，吴邦国副总理十分满意。

吴邦国副总理一行到牙哈凝析气田考察。牙哈凝析气田是目前国内规模最大的整装凝析气田，也是采用国内惟一、世界少有的超高压循环注气方式开采的凝析气田。他不时地向陪同考察的马富才、孙龙德询问工艺流程，对采用循环注气工艺开采超高压凝析气田的成功做法给予了肯定。他说，这为下步西气东输的开发积累了良好经验。

考察期间，吴邦国副总理听取了集团公司及塔里木、新疆、吐哈三个在疆油田的工作汇报，对中油集团新疆地区石油石化工业的发展、塔里木油田取得的成绩给予充分肯定，并提出新的希望。他说，这些年油田取得了很大成绩，油田和地方这几年的发展比较快，变化比较大。总的印象是产量增加了，效益在好转，储量有新的发现，技术上有新的突破。

吴邦国副总理指出，从长远来看，中国石油工业发展的重点在西部，出路在西部。我们提出的“稳定东部”，要稳住就不简单了。出路在哪儿？一个在西部，一个在境外。但从整个国家的经济安全来讲，还得靠我们西部。西气东输是西部大开发很重要的三个标志性工程之一。这次来，就是看看西气东输，看看这个涉及全局、涉及西部大开发的工程。西气东输管道4000千米，从这里做到上海，确实不容易，要过江、过河，还要过水网地带。他指出，西气东输最怕没气，这影响经济全局，影响西部大开发战略决策。西气东输最终气源还是要靠塔里木，塔里木要承担起历史重任。

吴邦国副总理指出，党中央、国务院很重视新疆。这几年中油集团在新疆的投资力度很大，每年平均130亿元。石油石化的地位在新疆举足轻重。社会稳定、民族团结，最根本最重要的是发展经济，大家都富起来，石油石化起了重要的作用。

针对石油石化系统近几年的改革，吴邦国副总理指出，去年世界500强我们有11家，世界500强利润比前年下降了54%。石油石化保持在高水平，是很了不起的事。逐项作比较，销售利润石油石化不低，低在人均劳动生产率。所以说不改革是没有出路的，没有竞争力的。改革是要坚持的，改革的方向不能变，要探索适合国情的路子，在稳定的基础上实现改革。

陪同吴邦国副总理考察的有，国家经贸委主任李荣融、铁道部部长傅志寰、国家劳动和社会保障部副部长刘永富、国家计委副主任张国宝、国务院研究室副主任侯云春、新疆自治区人民政府主席阿不来提·阿不都热西提、新疆人民政府常务副主席王金祥、中国石油天然气集团公司总经理马富才等。

中国石油天然气集团公司企事业单位领导干部会议在北京召开

2002年9月24日，集团公司企事业单位领导干部会议在北京召开。集团公司领导马富才、阎三忠、黄炎、吴耀文、任传俊、陈耕、苏树林、郑虎、李克成、贡华章出席了会议。各企业事业单位主要领导共200余人参加了会议。马富才总经理传达了江泽民总书记和朱镕基总理在全国再就业工作会议上的重要讲话，同时传达了朱镕基总理在全国增收节支工作会议上的讲话精神。黄炎总裁传达了吴邦国副总理在全国再就业工作会议上的报告。马富才总经理讲话，阎三忠副总经理主持会议。

这次会议的主要议题是：传达、学习和贯彻全国再就业工作会议精神，分析集团公司减员分流和再就业工作面临的形势，按照《中共中央、国务院关于进一步做好下岗失业人员再就业工作的通知》要求，讨论研究集团公司结构调整、减员分流和促进再就业工作的任务和措施，努力把全国再就业工作会议精神落到实处。

马富才指出，做好再就业工作，是党中央、国务院从战略全局上做出的重大决策，是安邦治国的重要方略，是实践“三个代表”的要求，是巩固石油石化企业改革和发展成果的要求。马富才要求集团公司各级领导要认真学习并深刻领会江泽民总书记、朱镕基总理的重要讲话和吴邦国副总理的报告，从讲政治、讲大局的高度，充分认识做好再就业工作的极端重要性，满腔热忱地关心和帮助包括有偿解除劳动关系人员在内的下岗失业人员，积极协助地方政府做好再就业工作，尽到安定一方的社会责任。在实现经济效益的同时，努力实现社会效益。正确处理好改革、发展和稳定的关系，积极稳妥地继续推进企业改革，努力加快发展，妥善分流安置企业富余人员；坚持市场导向的就业机制，依靠国家、企业和下岗失业人员的共同努力，广开就业门路，拓宽再就业渠道，不断开创再就业工作的新局面。

马富才针对再就业工作的途径和措施提出六个方面思路。（1）积极推进非主营业务的整体分流改制，通过主辅分离、辅业转制，分流安置企业现有富余人员；积极扶持发展矿区第三产业；扩大异地就业范围，缓解独立矿区就业空间小的矛盾；企业要积极清退计划外用工，腾出更多的就业岗位；积极开展劳动技能培训，帮助分流和下岗失业人员提高自谋职业、自主创业的能力。（2）要正确处理改革发展与做好再就业工作的关系。（3）要坚持市场导向的再就业机制。（4）要进一步加大主辅分离的工作力度。（5）要鼓励发展投资较少、市场前景广阔的劳动密集型企业。（6）要加强对再就业工作的组织领导。

马富才要求，各单位要做好改革、发展和稳定中的各项工作，为党的十六大召开创造良好环境。一要精心组织当前的生产经营，确保全年任务的完成；二要毫不放松地抓好安全生产工作，切实从组织上、制度上、管理上进一步采取有效措施，坚决遏制重特大事故发生；三要继续推进各项改革；四要严格按照稳定工作责任制的要求，扎扎实实地做好稳定工作；五要深入做好思想政治工作，把职工群众的注意力引导到深化改革、促进发展、保持稳定上来。

（朱树振　周凤兰）

油田区域治安秩序专项整治

2002年9月30日　公安部、国家经贸委、国土资源部联合印发通知，部署油田区域治安秩序专项整治行动工作方案。通知主要是针对部分油田和输油气管道沿线治安秩序混乱，盗窃、哄抢、破坏国家油气资源和生产设施等违法犯罪活动突出的情况，决定在9月底到12月底，在北京等16个省、自治区、直辖市涉油犯罪活动猖獗的重点地区组织开展油田区域治安的整治行动。专业公司根据股份公司的整体工作安排，结合油气管道和油气储运设施的实际情况积极配合专项整治行动。配合各地公安机关，采取措施堵漏洞，治乱点，除隐患，加强了内部安全管理和保卫队伍建设，使油气管道保卫工做出现良好局面。

12月2—3日　以国土资源部油气管理中心副主任车长波为组长的全国油区治安秩序专项整治行动东北检查组，在吉林油田进行了为期两天的检查。此次检查是由公安部、国家经贸委、国土资源部联合组织的，主要目的是检查全国各油区贯彻落实三部委联合开展“油田区域治安秩序专项整治行动”的具体情况，进一步净化油田周边环境。吉林油田分公司党委副书记侯殿才、吉林石油集团公司工会主席马平超及吉林省公安厅九处、油田公司保卫部门领导陪同检查。检查组先后到大安市两家子镇、吉安绿色燃料有限公司、大安市锦华制蜡厂、大安市糖厂等处，对油田周边非法土炼油点、化油场点进行突击检查，并现场查抄了大安市锦华制蜡厂库房内的袋装原油。实地查看了吉林油田公司已经摧毁的一处土化油点。检查组还到新民采油厂采油三队 + 30 − 9 井，参观了这个厂安装的抽油机红外线井口防盗装置。在汇报会上，吉林省公安厅九处领导、吉林油田分公司党委副书记侯殿才、吉林石油集团公司工会主席马平超先后汇报了吉林省及油田两个公司开展治安秩序专项整治工作情况。检查组组长、国土资源部油气管理中心副主任车长波对检查工作作了总结。他要求参加会议的大安市有关领导，要在本月 20 日前彻底查清整治好区内非法土炼油点、化油点，为油田有一个安定的生产、生活环境做出贡献。

（尚 真 王万梅）

49 项科技成果获集团公司技术创新奖

2002 年 10 月 29 日，集团公司召开技术创新奖评审会，共有 49 个项目获得了集团公司技术创新奖。阎三忠副总经理主持会议并讲话，石油学会理事长、集团公司咨询中心主任邱中建等出席了评审会。

2002 年获奖的 49 项科技成果，是从集团公司及所属企事业单位推荐的 150 项科技成果中，经过专家评审委员会几轮严格评选审定的。其中，评出特等奖 1 个、一等奖 10 个、二等奖 38 个。

集团公司把促进科技进步和技术创新放在重要位置，着力于科技人才队伍的建设，不断增加科技投入。在油气勘探方面，开展的大中型气田勘探开发研究及三维地震、山地地震采集处理解释技术的研究以及钻井、测井技术攻关，在新区勘探中发挥了重要作用，为在塔里木、陕甘宁、四川、柴达木盆地发现和探明大中型天然气气田提供了有力的技术支持。在油气田开发中，三次采油、复合驱及矿场试验等技术的应用，促进了老油田的稳油控水，特别是延续了大庆油田持续稳产。在低渗透油田开发方面，研究开发的配套技术，使集团公司 17 亿吨低渗透、特低渗透储量得以有效开采。在炼油化工方面，炼厂干气制乙苯、重油悬浮床加氢、新型催化剂研制等技术的研究和应用，降低了炼化企业的生产成本。西气东输工程施工技术装备的国产化研制，有力地保证了工程的顺利进行。这些科技成果，推动了集团公司生产建设的发展，提高了企业的经济效益，有效地增强了集团公司的核心竞争力。

阎三忠在讲话中指出，对于在技术创新、成果转化和高新技术产业化中创造重大经济效益或在石油科技理论上有重大创新的科技成果以及推动技术创新、促进科技发展中做出突出贡献的人员进行奖励，是集团公司的一项重要制度，是集团公司对科技工作者辛勤工作的充分肯定和高度评价。今后要继续坚持这一制度，不断深化科技改革和分配制度改革，逐步修改完善奖励办法，提高对做出突出贡献科技人员的待遇，充分体现科技工作者的劳动价值。

阎三忠号召广大科技工作者，要坚持科学技术是第一生产力，全面实施技术创新战略，使科学技术走在集团公司生产经营的前列，超前研究，发挥科技的先导作用。要发扬爱国主义、求实创新、拼搏奉献、团结协作的精神，刻苦钻研，勇于创新，以更加优异的科技成果，为集团公司建成具有国际竞争力企业集团不断创新的贡献。

（朱树振 周凤兰）

兰州—成都—重庆输油管道竣工投产仪式在成都举行

2002 年 11 月 10 日，兰成渝输油管道竣工仪式在成都举行。股份公司副总裁史兴全主持仪式，集团公司副总经理、股份公司高级副总裁任传俊和股份公司总部有关部门负责人参加投产仪式。应中国石油邀请，国家计委、公安部、国家安全生产监督管理局的有关部门负责人出席，甘肃省常务副省长、兰州军区副司令中将、成都军区中将、陕西省省长助理、四川省副省长、重庆市副市长、兰州市副市长、成都市副市长等管道沿线省市领导、部队首长出席投产仪式并讲话。任传俊高级副总裁与省市、军队主要领导共同为兰成渝输油管道投产剪彩。新华社、中央电视台、中央人民广播电台、中国国际广播电台、人民日报、经济日报、工人日报、中国日报、中国石油报和路透社、法新社、香港文汇报、大公报、凤凰卫视等中外新闻媒体的记者，兰成渝输油管道运营管理单位中国石油管道分公司和参加工程建设的设计、施工、监理、物资供应等单位的负责人参加了仪式。

中国石油天然气集团公司副总经理、股份公司高级副总裁任传俊在竣工仪式的讲话中对这条管道建设的重要意义和施工建设管理给予高度评价。他说，兰成渝输油管道工程是经国务院批准建设的国家重点工程，被列为西部大开发12项重点工程之一。这条管道的建成投产，将西部地区资源和市场有机地结合起来，有利于西北地区石油资源的开发和现有炼油能力的发挥，使资源优势真正转化为经济优势；有利于充分发挥管道运输快捷、稳定、安全可靠的优势，更好地保证西南地区的成品油供应。这对于促进西部地区经济持续快速发展，造福沿线人民，巩固国防，具有重大的现实意义和战略意义。同时，对于中国石油来说，有利于西部地区油田、炼化、销售企业产运销更好地结合，优化市场资源配置，提高盈利能力和市场竞争力。任传俊说，参加管道建设的甲乙方各单位始终把质量和安全摆在头等重要的位置来抓，坚持高标准，严要求，精心组织施工。全体参建人员发扬不畏艰险、拼搏进取、团结协作、忘我奉献的精神，确保工程建设达到了预期的目标，实现了一次投产成功。特别是在管道建设中，兰州军区、成都军区先后投入了万余名官兵和大批机械车辆，完成了数百千米的管沟开挖、回填和伴行道路的修筑任务，使这个管道工程成为军民共建的典范。

任传俊最后要求管道运营队伍要坚持安全、平稳、高效的原则，精心制定运行方案，切实解决好油品顺序输送中的技术难题，优化管道运行，加强日常管理和维护，提高运行的质量和效率。同时要强化服务意识，与销售企业密切配合，不断提高管道输量，降低运营成本，为提高中国石油在西南市场的盈利能力和竞争能力做出贡献。

竣工仪式之前举行了新闻媒体记者座谈会。史兴全向前来采访的新华社、人民日报、中央电视台、中央人民广播电台、中国国际广播电台、经济日报、中国新闻社、工人日报、中国日报和香港文汇报、大公报、凤凰卫视等媒体的记者介绍了工程建设的情况，并回答了记者的提问。

（尚　真　王万梅）

中国石油天然气集团公司召开总部机关和在京单位领导干部会议

——传达学习党的十六大精神

2002年11月16日，集团公司召开总部机关和在京企事业单位领导干部会，传达学习党的十六大精神。党组书记马富才传达十六大精神，并做重要讲话。党组成员、纪检组组长李克成主持会议。

马富才首先介绍了党的第十六次代表大会的基本情况。指出这次大会的主题是：高举邓小平理论伟大旗帜，全面贯彻“三个代表”重要思想，继往开来、与时俱进，全面建设小康社会，加快推进社会主义现代化，为开创中国特色社会主义事业新局面而奋斗。

马富才要求，把认真学习贯彻党的十六大精神，作为当前工作的中心任务，将思想统一到中央的重大决策和部署上来。当前我们的首要任务就是紧密联系集团公司改革发展的实际，从提高认识，统一思想入手，集中时间、集中精力，以系统学习、专题讨论的方式，在不同层面上组织对十六大精神的传达、学习，切实把大会精神领会好、宣传好、贯彻好、落实好，在全集团公司迅速掀起一个学习、宣传、贯彻十六大精神的热潮。

马富才着重指出，要以十六大精神为指导，深入思考六个方面的问题：（1）深入思考全面建设小康社会对集团公司意味着什么，我们如何适应国民经济加速发展的需要，使油气生产、炼油化工和其他各项工作再实现新的攀登。（2）深入思考如何实现党中央提出的“发展要有新思路，改革要有新突破，开放要有新局面，各项工作要有新举措”的要求，推进集团公司在创新中发展，在全面建设小康社会中创新的业绩。（3）深入思考搞好国有企业的信心在哪里，办法是什么，如何使集团公司始终站在发展先进生产力的前列。（4）深入思考如何把发展是执政兴国第一要务的思想全面贯彻落实到实际工作中去，在集团公司的各个企业高举起发展的旗帜。（5）深入思考在新世纪新阶段如何最广泛最充分地调动一切积极因素，凝聚各方面的力量和智慧进行新的创业。（6）深入思考如何加强和改进党的建设，全面推进党的建设新的伟大工程。

马富才最后强调，各单位在传达学习贯彻工作中，要切实以十六大精神为指针，总结过去、审视当前、谋划未来。通过深入学习和思考，把事关集团公司和本单位工作大局及长远发展的一系列问题想明白、理清楚，把各项工作推入十六大指引的轨道，要抓紧抓好当前的各项工作，全面完成年初确定的各项任务，创造出新的成绩，在全面建设更高水平的小康社会、开创中国特色社会主义事业新局面的进程中，做出新的更大的贡献。

（朱树振　周凤兰）

股份公司第二届董事会第一次会议在北京召开

2002 年 12 月 3 日，股份公司召开第二届董事会一次会议，会议选举马富才为股份公司董事长，吴耀文、任传俊为股份公司副董事长。

马富才董事长主持了会议，公司董事和董事会秘书出席了会议，公司监事和总裁班子成员列席了本次会议。

本次会议共有六项议程：（1）审议批准关于选举本公司董事长、副董事长的议案；（2）审议批准关于聘任由董事长提名的总裁的议案；（3）审议批准关于聘任由总裁提名的高级副总裁、副总裁、财务总监和总地质师的议案；（4）审议批准关于本公司 2003 年度投资计划的议案；（5）审议批准关于本公司 2003 年度预算报告的议案；（6）审议批准关于组建本公司炼油化工技术研究中心的议案。分别通过了董决字［2002］16 号、［2002］17 号、［2002］18 号、［2002］19 号、［2002］20 号、［2002］21 号决议。

同日，经股份公司董事长提名，第二届董事会一次会议表决，同意聘任陈耕为股份公司总裁；经股份公司总裁提名，第二届董事会一次会议表决，同意聘任苏树林为股份公司高级副总裁，聘任王福成、刘宝和、段文德为股份公司副总裁，聘任王国樑为股份公司财务总监，聘任贾承造为股份公司总地质师。

股份公司新一届管理层确定

2002 年 12 月 5 日上午，股份公司召开机关大会，宣布调整股份公司管理层。集团公司党组书记、总经理，股份公司董事长马富才出席会议并作重要讲话。

集团公司副总经理、上一届股份公司副董事长、总裁黄炎，新任股份公司副董事长任传俊，新任股份公司总裁陈耕、高级副总裁苏树林，集团公司党组纪检组组长、股份公司监事会主席李克成等领导，上届管理层领导同志和新任管理层成员出席大会。黄炎、陈耕分别在会上讲话。任传俊宣读董事会决议。苏树林主持大会。

总裁班子调整后，陈耕出任股份公司总裁，苏树林为高级副总裁。王福成、王国樑、刘宝和、段文德、贾承造继续担任现职。

马富才在讲话中说，这次股份公司领导班子的调整，是一次正常的例行调整。1999 年集团公司经过大规模内部重组改制和上市筹备工作，于当年 11 月创立了中国石油天然气股份有限公司，组建了股份公司首届董事会、监事会和总裁班子。到 2002 年 11 月，股份公司董事会、监事会、总裁班子已经任期三年，需要进行换届调整。出于工作需要和新老接替的考虑，部分班子成员不再担任领导职务。按照《公司法》和《公司章程》的有关规定，从股份公司的改革、发展、稳定以及领导班子和队伍建设的实际情况考虑，由集团公司党组推荐，经股东大会推荐、董事会研究和选举，确定了股份公司新一届董事会、监事会和总裁班子领导人员的组成。

马富才代表集团公司党组向新一届股份公司领导班子及出任领导职务的同志表示热烈祝贺，向退出班子的老同志表示崇高的敬意。马富才对新一届班子的建设工作，提出五条要求：一是要坚持高举邓小平理论伟大旗帜，深入学习和贯彻“三个代表”重要思想，成为一个勤奋学习、善于思考、政治上坚强的好班子；二是要坚持把发展作为公司经营管理的第一要务，抓住机遇，加快发展，成为一个运筹帷幄、奋发有为的好班子；三是要坚持国有企业改革方向，不断推进体制、机制创新，成为一个解放思想、与时俱进、开拓创新的好班子。要实现新的发展，必须坚持和深化改革；四是要坚持民主集中制原则，既合理分工，又密切合作，发挥集体智慧，成为一个齐心协力、团结奋进的好班子；五是要坚持党的优良作风和石油企业的好传统，实事求是，真抓实干，成为一个求真务实、廉洁高效的好班子。马富才最后要求，新一届班子要在以往工作的基础上，理清发展的新思路，确定奋斗的新目标，经过坚持不懈的努力，取得改革的新突破，开创工作的新局面，为提升公司价值、提高股东的回报再创新业绩。

黄炎在会上作了真诚感人的讲话。他说，我完全拥护董事会关于股份公司新一届管理层人事任免的各项决议，出自内心地拥护和赞成以陈耕同志为首的新一届管理层人选。他说，我相信，在党的十六大精神的指引下，在集团公司党组和股份公司董事会的正确领导下，以陈耕同志为首的公司新一届管理层，一定能够带领全体员工树立新的经营理念，坚持把发展作为第一要务，进一步深化改革，不断推进体制创新、科技创新和管理创新，团结一致，艰苦奋斗，求真务实，扎实工作，开创股份公司改革发展稳定的新局面。

陈耕讲话时说，集团公司党组和股份公司董事会决定由我担任股份公司总裁，我深感责任重大。我感谢党组和董事会对我的信任，决心在集团公司党组的领导下，严格遵守公司章程，认真执行董事会决议，依靠新一届班子的集体力量，依靠股份公司各级领导和全体员工的不懈努力，依靠老领导、老同志的大力支持，在新的岗位上尽心尽力，尽职尽责，保持工作的连续性和稳定性，努力把中国石油的事业做好。我将同新班子同志一道，全面贯彻十六大精神，努力实践“三个代表”的重要思想，以发展为第一要务，以经济效益为中心，以技术创新、体制创新和管理创新为动力，勤勉敬业、求真务实、开拓创新、团结自律，充分调动广大员工的积极性，努力开创各项工作的新局面，不断提高股份公司的整体素质，不断提高公司的盈利能力，不断增强公司的国际竞争能力，不辜负集团公司党组和董事会的重托，不辜负公司广大干部员工的信任和期望。他要求股份公司全体员工，要全面做好明年的准备工作。2003 年是贯彻十六大精神的第一年，也是完成“十五”计划的关键年。各部门和各单位要按照十六大提出的“发展要有新思路，改革要有新突破，开放要有新局面，各项工作要有新举措”的“四新”要求，认真研究和确定明年的工作思路、工作任务和重点举措，要把董事会批准的明年计划和预算任务，逐项落实，全面落实。

我国西部第一个千万吨大油田在新疆克拉玛依诞生

2002 年 12 月 22 日，经过近 50 年几代石油人艰苦卓绝的奋斗和坚持不懈的努力，新疆油田今年生产原油突破 1000 万吨大关，预计全年产油达到 1010 万吨。这标志着新中国第一个大油田实现了历史性大跨越，准噶尔盆地已成为中国石油最重要的战略接替区。

12 月 24 日，新疆油田原油年产上千万吨祝捷大会在克拉玛依市隆重举行。新疆维吾尔自治区党委副书记、自治区政府主席阿不来提·阿不都热西提，中国石油天然气集团公司总经理马富才到会并作重要讲话，新疆自治区党委常委、自治区政府副主席艾力更·依明巴海，中国石油天然气集团公司副总经理、股份公司总裁陈耕，总经理助理谢志强等领导到会祝贺，新疆油田分公司、克拉玛依市局领导和兄弟单位来宾、新闻媒体及克拉玛依石油职工代表 1000 多人参加了大会。

马富才在大会上作了重要讲话。他说，新疆油田原油年产量已突破 1000 万吨大关，成为我国西部第一个年产原油上千万吨的大油田。这是新疆油田发展史上一个新的里程碑，也是油田广大职工和全疆各族人民一道献给党和国家的一份厚礼。新疆油田原油年产量突破 1000 万吨的事实说明，党中央、国务院确定的“稳定东部，发展西部”的战略方针，以及集团公司为实施这一方针做出的一系列决策和部署是完全正确的；说明了不论前进道路上遇到多么大的困难和风险，只要始终不渝地坚持发展，牢固树立迎难而上、与时俱进和敢打必胜的信念，就能够不断创造出新的业绩；说明了只有依靠科技进步，坚持科技兴油，才是企业发展的强大动力。作为在国内油气上游行业占主导地位的国家石油公司，担负的责任十分重大。我们必须以国家大局为重，克服一切困难，进一步加大油气勘探开发力度，确保油气储量和产量的持续稳定增长。要以积极进取的姿态，配合国家实施西部大开发战略，把鄂尔多斯、准噶尔、塔里木、柴达木盆地等西部新区的资源开发和利用工作高效快速地搞上去，使其成为我们在新世纪实现持续稳定发展的主要接替战场。

马富才最后希望在疆石油企业要牢固树立与新疆各族人民同呼吸、共命运，共同维护民族团结和边疆稳定的观念，热爱新疆，扎根新疆，建设新疆，与新疆各族人民同舟共济，心心相印，共同建设团结和睦的民族大家庭。要牢固树立“西部大开发、石油做先锋”的观念。新疆油田分公司、克拉玛依市局领导表示，决不辜负自治区领导和集团公司领导寄予的厚望，高举邓小平理论伟大旗帜，全面贯彻“三个代表”重要思想，按照十六大指引的方向，携手加倍努力，扎实工作，为加快推进社会主义现代化建设、全面建设小康社会、振兴克拉玛依地区经济，不断创造新的业绩做出新的更大的贡献。

（尚　真　王万梅）

中国石油集团东方地球物理勘探有限责任公司以科技促发展取得多项成果

2002年，中国石油集团东方地球物理勘探有限责任公司按照集团公司整体发展的思路，结合公司改革与发展，集中科研资源，围绕重点项目加快攻关研究，将西部复杂区地球物理勘探方法、开发地震技术、油气勘探软件和重点装备研制、中西部前陆盆地油气勘探领域与对策、前沿和储备技术研究作为科研工作的重点，投入总经费8900万元用于项目研究，取得丰硕成果。其中《地震勘探数据采集、处理系统》成果获2002年度国家科学技术进步二等奖，《轮南碳酸岩盐潜山地震资料处理、解释一体化攻关研究》成果获集团公司2002年度技术创新奖二等奖。

在重点项目的研究中，西部复杂区山地山前带地震勘探采集技术有效解决了一些制约复杂地区地震勘探的技术难题，获得良好效果，确保了各探区一批重点物探工程项目的顺利实施。井下电法油水界面探测技术完成了包括128道同步充电电位监测仪和网络同步充电电位记录仪的研制、采集、处理、解释及成图方法的研究，经在山西沁水进行煤层气压裂试验取得较好效果。多波地震勘探技术研究成果经对苏里格气田多波地震资料进行处理和解释，完成PP波、PS波叠加、偏移处理和PP波AVO试处理工作，进行了叠后振幅属性分析、地震资料的正、反演研究工作，取得了多项阶段性成果。地震采集软件KLSeis2.0，完善了基于三维模型技术的三维地震观测系统设计、现场资料实时动态监控分析系统。地震数据处理解释系统GRISYS/WS－7.0地震数据处理系统形成一系列解决复杂地表和复杂构造的特色处理方法和技术，具备二维和三维常规处理、特殊处理、深度偏移处理、正反演和VSP处理等处理技术，运行和操作过程实现可视化功能。

在2002年登记的科技成果中，集团公司项目四项，共申请专利17项，有效保护了无形资产。《轮南碳酸岩盐潜山地震资料处理、解释一体化攻关研究》成果有效地提高了储层预测精度和钻控成功率，近两年上交控制储量近亿吨。

（朱树振 周凤兰）

第二篇

油气勘探开发生产

概 述

【工作思路】 2002年油气勘探工作的基本思路：以“十五”规划为基础，以经济效益为中心，大力推进勘探开发一体化，立足七大盆地，加强原油勘探，优化天然气部署，依靠科技进步，降低发现成本，为股份公司可持续发展提供足够的资源保障。

油气开发工作的基本思路：以积极调整东部、加快发展西部、切实落实西气东输项目为重点，优化开发方案，抓紧产能建设和重点工程项目的前期准备工作，确保全年工作目标的实现。

经营管理工作的基本思路：积极实施低成本发展战略，紧紧围绕成本削减目标，实行精细成本管理，采取主动措施，提高公司效益。

【主要成果】

1. 油气勘探取得丰硕成果，新发现油气田数量、规模和质量是近年来最好的一年

在勘探对象日趋复杂的情况下，解放思想，甩开预探，大胆探索，采取积极可行的措施，加强地质综合研究，强化勘探项目管理，积极探索和推广先进适用的主导勘探技术，取得了一系列具有重要战略意义的发现和进展，各项指标均超额完成了年初的计划目标，油气勘探工作逐步走上了良性发展的轨道。

（1）深化地质研究、积极甩开预探，在鄂尔多斯盆地、准噶尔盆地、四川盆地和塔里木盆地新发现或落实了西峰、石南油田东北部、罗家寨、迪那2和却勒1等五个亿吨级以上的油气田。

（2）抓住有利区带、积极扩大预探，新发现或落实了15个3000万—5000万吨级的油气田，为开发建产能创造了条件。

另外，通过精雕细刻、深挖细找，新发现和落实了华北二连盆地巴音都兰凹陷、乌里雅斯太以及冀中坳陷固安—旧州；辽河雷家地区、西部凹陷西斜坡南段和大民屯低潜山；大港关家堡、港中—六间房和歧口凹陷西坡；大庆徐深1；川西地区邛西3井、黎雅1井和麻柳场等14个1000万—2000万吨级的区块。油气勘探过程中一个突出的特点是以华北为代表的隐蔽油藏勘探有了突破性进展，这在股份公司层面上有非常重要的指导意义。辽河油田的勘探工作经过近两年的不懈努力有了非常大的进展，已经扭转了勘探的变动局面。

2. 原油生产稳中有升，天然气生产发展迅速，油气当量稳步上升

股份公司成立以来，2000年油气产量当量为11816万吨，2001年为11976万吨，2002年为12152万吨。两年上升了336万吨，油气生产呈稳步上升态势。

（1）原油生产基本稳定。2002年原油计划产量10330万吨，勘探与生产公司与各油气田公司一起，充分挖掘生产潜力，认真组织生产运行，全年生产原油10361.52万吨，为年初计划的100.3%，比2001年增产25.52万吨。

大庆油田实现了第27年年产量保持在5000万吨以上，为股份公司的发展做出了重要贡献。

（2）四大气区为主体，天然气生产持续快速增长。2002年计划生产天然气218亿立方米，各气区按照用气峰值和下游市场变化情况认真组织生产运行，全年生产224.7亿立方米，完成年计划的103.1%，是历史上产量增长最多的一年。

3. 老油田综合治理成效显著，含水保持稳定，递减率减缓，开发形势逐步得到改善

在前几年工作的基础上，2002年经过筛选，优选出“稳油控水”综合治理区块72个，覆盖地质储量14.4亿吨，通过调整注水结构、细化老井措施、加大井网层系调整等措施，整个股份公司2002年油田综合含水控制在83%左右，与2001年对比基本保持稳定。自然递减和综合递减分别控制在11.65%和5.23%，与2001年同期相比分别减缓了1%和0.33%。

4. 加强管理，降低成本，利润指标连年超预算完成

股份公司上市以来，在削减成本方面做了大量工作，也取得了很大的成绩。首先强化成本的源头控制，项目内部收益率达不到12%的项目坚决不立项；其次是加强项目排队优选，实施末位淘汰；第三是积极推行分类、分区成本管理。操作成本由2000年的4.68美元/桶降低到2002年的4.32美元/桶，经营效益连续保持良好的发展势头。

5. 市场开放工作逐步展开，关联交易问题逐步得到解决

勘探与生产公司认真贯彻执行马富才总经理年初在集团公司工作会上关于“要加强内部市场管理，健

全定额体系，严格招投标和市场准入，进一步开放技术服务市场，2002年市场开放扩大到73%，并切实做到规范、有序。

（阎存章　赵　刚）

经济技术指标

【生产指标完成情况】　根据集团公司2002年年初工作会议的部署和股份公司的工作安排，勘探与生产分公司和各油气田分公司通过加大勘探力度，不断优化油气勘探开发部署，精心组织、狠抓落实，抓关键、保重点，较好地完成了2002年各项生产经营指标。

1. 勘探指标

2002年，股份公司继续突出石油勘探，优化天然气勘探，在勘探投资基本持平年初计划的情况下，油气探明储量较计划有较大幅度增长，勘探效益明显提高。

工作量指标：2002年完成二维地震31588千米，三维地震10415平方千米，完钻探井685口、探井进尺157.68万米，分别为年初计划的88.5%、122.76%、103.01%和89.07%。

储量指标：全年新增探明石油地质储量42760万吨，探明可采储量9254.1万吨，控制石油地质储量41587万吨，预测石油地质储量59776万吨，分别为年初计划的114.8%、122.2%、109%和146%。

全年新增探明天然气地质储量3000.10亿立方米，探明可采储量1933.57亿立方米，控制天然气地质储量1649.59亿立方米，预测天然气地质储量1459.8亿立方米，分别为年计划的275.2%、278.2%、73.32%和83.42%。

2. 开发指标

2002年，勘探与生产分公司以积极稳定东部、加快发展西部、切实落实“西气东输”项目为重点，优化开发方案，抓紧产能建设和重点工程项目的前期准备工作，与各油气田分（子）公司一起，充分挖掘生产潜力，认真组织生产运行，较好地完成油气生产任务，实现了油气产量的稳步增长。

油气产能建设：建成原油产能1028万吨，钻井6852口，进尺1056万米。建成天然气产能28.2亿立方米，钻井198口，进尺58.1万米。

油气产量：完成原油产量10361.52万吨，完成天然气产量224.75亿立方米，完成油气当量12152.36万吨，比2001年增长176万吨，实现了油气产量的稳步增长的预定目标。

【生产经营状况】

勘探投资及成本：2002年计划安排勘探投资107亿元，油气勘探成本预计为1.22美元/桶。实际完成勘探投资109亿元，与年初计划基本持平，而油气探明储量却大幅增加，从而使得2002年勘探效益得以大幅提高，实际勘探成本仅为0.68美元/桶，比年初计划降低0.54美元/桶。

开发投资及成本：2002年计划安排开发投资336亿元，实际完成开发投资349.4亿元。油气开发成本实际完成3.79美元/桶。

油气操作成本：2002年油气操作成本继续按照股份公司的总体部署，实现了持续削减的目标，油气操作成本为4.32美元/桶。

国际会计准则经营利润719.9亿元，投资回报率为24.28%。

【提高效益的主要措施】

1. 加强前期准备、强化甩开预探，多找优质储量

近年来由于在加强前期准备的基础上坚持甩开预探，勘探发现的数量、规模和质量都有了较大幅度的提高，三级油气储量的规模、丰度和质量也有了明显提高。

（1）新增探明石油储量基本上都是可动用储量，2002年新增探明储量中当年已动用36.7%，2003年计划动用26.7%，预计三年内可全部动用。

（2）新增探明天然气储量以大型和高丰度储量为主，新增探明天然气储量大于300亿立方米（大型）区块的储量占77.1%，合计大于30亿立方米区块储量占96.6%。天然气探明储量高丰度（大于10亿立方米/平方千米）的区块储量占58.4%；中丰度（4亿—10亿立方米/平方千米）的区块储量占19.6%。

（3）新增控制预测石油天然气储量以大型储量为主，中丰度以上储量基本占50%。

（4）新增控制预测石油储量中稠油比例大幅度减少。完成的石油控制储量中稠油储量2560万吨，只

占 6.2%，石油预测储量中稠油储量 2836 万吨，只占 4.45%。

2. 强化项目管理，进一步控制投资、提高效益

投资管理的一个重要内容就是项目管理，按照项目分级管理的原则，各地区公司都制定了操作性很强的项目管理办法，做到了方案优选、前期充分、目标层层分解、施工有保障和投资优化配置，这对缓解投资紧张的矛盾起到了积极的作用。

首先强化了项目的规范化管理，从项目组的成立、前期准备、审查、施工、后评价都按程序操作，确保了项目的顺利实施；二是强化了项目的责任制，将各项目标层层落实到实处，为项目建设提供了有效的管理机制；三是制定了相应的激励机制，有力地提高了项目管理人员节约投资、确保质量的积极性；四是加强了招投标管理，为降低建设成本，提高项目效益创造了条件；五是强化了重点项目的跟踪分析，为部署调整优化提供了依据。

3. 先进实用的主导技术，确保勘探开发的不断发展

大量实践表明，目前我们面临的勘探开发难度越来越大，对象也越来越复杂，因此每一项成果的取得都伴随着一整套先进适用主导勘探开发技术的探索和应用。没有这些勘探开发工程技术做支撑和保障，这些成果都难以实现。近几年在勘探方面实施的山地地震勘探技术、地震资料储层预测技术、欠平衡钻井技术、MDT 测试技术以及开发上实施的聚合物驱、水平井技术、稠油蒸汽驱技术等新技术的运用已经见到了明显的效果，这充分证明了先进适用主导技术的极端重要性，是我们扩大油气勘探工作的领域、提高开发水平的重要手段。

4. 发挥勘探开发一体化管理优势，优化资源配置、提高勘探开发整体效益

股份公司成立后，成立了勘探与生产分公司，为彻底实现勘探开发一体化创造了先决条件。为尽快发挥勘探开发一体化管理优势，加强油藏评价工作，进一步提高投资效益，首先在勘探与生产公司内部完成了体制上的改革，成立了勘探与开发的结合部门——油藏评价处，承担已发现资源的评价、开发前期准备、可行性研究、方案设计与储量的落实申报和产能建设等工作任务，做到了管理、部署、评价、研究及信息共享五个一体化。对降低资源的发现成本、缩短从油田发现到建成生产能力的周期、减少资源的闲置及投资沉淀、提高储量的动用程度、提高勘探开发的整体效益起到了积极的作用。

2002 年勘探与生产分公司进一步加快了勘探开发一体化进程，先后制定了相应的管理办法，如《勘探开发工作指导意见》以及《预探项目实施管理办法》、《油藏评价项目管理办法》和《控制和预测储量计算细则》等，为各油气田推进勘探开发一体化工作进程，起到了非常积极的作用。近年来已初步见到效果、摸索出一套好的做法，同时也涌现出一批好的典型，如吉林英台油田、塔里木哈得 4 油田、新疆陆梁油田等。

5. 实施全面成本控制，确保成本削减目标实现

2002 年是上市以来成本控制最关键的一年，也是矛盾最突出、困难最大的一年，专业公司和地区公司都承受了巨大的压力。为此，专业公司一方面结合各油气田开发现状和削减潜力，深入研究成本削减的重点和难点，加强宣传、理解和沟通，制订方案，落实责任；另一方面积极探索有效的经营机制，发挥机制和政策对实现削减目标的重要作用。地区公司识大体、顾大局，广泛深入开展全员、全过程、全方位的成本控制，依靠管理创新和技术创新，通过采取推行电子商务、优化注水、提高措施有效率、加强用电管理、平衡燃料结构、节能降耗、压缩非生产性支出等有效措施，全面完成成本削减指标。经过上下的共同努力，不仅消化了生产设施和各种价格上涨而增加的支出，还实现了成本的持续削减，完成了成本控制目标，确保了股份公司整体效益。

（张广杰　赵贤正）

油气勘探

【勘探任务完成情况】

1. 勘探工作量

2002 年油气勘探（含滚动勘探）安排二维地震 35692 千米、三维地震 8484 平方千米（含滚动勘探），探井 665 口（含滚动勘探 149 口）、探井进尺 177.03 万米（含滚动勘探）。

全年实际完成二维地震31588千米，完成三维地震10415平方千米，完成探井685口，完成探井进尺157.68万米。新获工业油气流井347口，综合探井成功率50.66%。

2. 储量

2002年计划新增探明石油地质储量37250万吨，可采储量7570万吨，控制石油地质储量38150万吨，预测石油地质储量40850万吨。探明天然气地质储量1090亿立方米，可采储量695亿立方米。控制天然气地质储量2250亿立方米，预测天然气地质储量1750亿立方米。

实际完成石油探明地质储量42760万吨，可采储量9188.9万吨，完成探明天然气地质储量3352.36亿立方米，完成天然气可采储量2109.7亿立方米。

完成控制石油地质储量40205万吨，完成控制天然气地质储量1650亿立方米。

完成预测石油地质储量59776万吨，完成预测天然气地质储量1460亿立方米。

2002年度新增探明储量主要特点：

（1）新增探明储量以Ⅰ类和Ⅱ类为主，储量落实程度高，可动用性好，三年内储量的动用率达到95.0%。

（2）中型规模区块的石油储量约占一半，天然气储量以大型规模为主；稠油储量有所减少，低渗油气储量仍占较高比例；石油以低丰度中高产为主，天然气大多为高丰度中高产。

（3）中浅层仍是新增石油储量的主战场，天然气藏分布在浅层和深层；非孔隙型储层类型的石油储量占有一定的比例。

（4）勘探开发一体化思路的贯彻与实施，极大地改善了储量品质和动用率；加强了储量的综合研究与评价工作，重视新技术和新工艺的应用，储量计算参数得到了进一步的落实。

【油气勘探主要成果】

1. 松辽中浅层石油勘探形成多个3000万—6000万吨级效益储量区块

（1）实行勘探开发一体化，择优探明，太东—卫星地区新增探明地质储量4000多万吨。2002年在五个区块部署评价井14口，开发控制井44口，已完钻井47口，完成试油井22口，日产量1.19—67.08吨。截至目前，含油面积内试油44口井均获得了工业油流，6口井日产量大于50吨，平均日产量24.77吨，平均埋深1950米。新增探明石油地质储量4000多万吨，累计产油26.5万吨。

（2）巴彦查干地区多层位立体勘探成效显著，新增控制石油地质储量6000多万吨。2002年在三维地震资料基础上，进行精细构造解释和储层预测，优选高丰度、高产区块，把多层位相互叠置处作为重点区进行部署，目前，含油面积内累计完钻28口井，获工业油流井25口，日产油最高达77.2吨。

新增含油面积170.1平方千米，计算控制石油地质储量6000多万吨，储量丰度38万吨/平方千米，平均日产油12.5吨，日产油最高达77.2吨。2001—2002年间，勘探开发一体化已开辟了开发实验区，部署开发控制井7口，开发生产井56口，储量已开始动用。

（3）英台—四方坨子地区勘探开发有机结合，新增探明石油地质储量5000多万吨。2002年完钻探井22口，已有13口井新获工业油流，平均日产油大于5吨，最高日产油达37吨。新增探明石油地质储量5000多万吨，到目前为止已基本建成原油生产能力超过100万吨。

（4）大情字井外围含油范围进一步扩大，新增控制石油地质储量4000多万吨。2002年在大情字井油田外围完钻探井8口，4口井已获工业油流，其中2口井压后日产油大于10吨。目前探明区块外围共试油28口井，获工业油流井13口，新增控制石油地质储量4000多万吨。

（5）松辽乾西北地区勘探取得突破，新增预测石油地质储量近3000万吨。2002年在该区部署了100多平方千米的高分辨率三维地震，目前已完钻探井6口，4口井获工业油流或见良好油气显示。其中1口井获日产油14.4立方米的高产油流，另1口井试采获日产13.3吨的高产油流，新增预测石油地质储量近3000万吨。综合研究表明，该地区勘探前景很好。

2. 渤海湾立足富油凹陷精细勘探

（1）大民屯凹陷发现油气富集区带，新增预测石油地质储量4000多万吨。2002年大民屯凹陷部署钻探1口井，电测解释油层30.2米/4层，常规试油获日产油10吨。近期钻探的另3口井均发现较厚油层，新增预测石油地质储量4000多万吨。

大民屯凹陷含油气层的发现，扩大了大民屯凹陷的勘探领域，有关工作正在深入开展。

（2）辽河通过精细勘探找到3个千万吨级优质储量区块。辽河探区在西部凹陷东部陡坡带、西部凹陷西斜坡、大民屯凹陷新发现和落实了3个千万吨级的优质储量区块。

西部凹陷东部陡坡带北段具有良好的油气藏形成

条件，部署了8口探井，经实施取得了好的效果，该块新增探明含气面积1.3平方千米，探明天然气地质储量5.67亿立方米。西部凹陷西斜坡主要发育地层、岩性和构造—岩性油藏，稠油资源丰富。2002年开展了系统的构造精细解释、油藏描述评价研究和实施评价钻探工作，经过评价钻探，取得了较好的勘探效果，探明石油地质储量1000多万吨。

大民屯凹陷2002年钻探的两口井获高产工业油气流，该区块为一油气富集区块，两口评价井均获得工业油流，进一步扩大了该块的含油气面积。该区2002年新增探明石油地质储量1000多万吨。

（3）北大港精细勘探取得新成果，形成一个1500万吨规模的富油区。港中—六间房地区发育沙一段、沙二段、沙三段三套含油层系，石油地质条件优越。2002年利用层位标定、全三维立体精细解释技术于北大港发现一系列有利圈闭，分三批部署探井8口，通过钻探，扩大了该区的含油范围，实现了含油连片。新增控制含油面积6.5平方千米，石油地质储量500多万吨，预测含油面积2.8平方千米，预测有利圈闭面积7.1平方千米，圈闭资源量913万吨，初步形成一个1500万吨级的增储区。

（4）大港隐蔽油气藏勘探取得重要成果，形成一个1000万吨级储量区块。2002年，利用新采集高分辨率地震资料重新落实了地层分布，追踪了地层尖灭或岩性变化带，发现了多个构造背景上的岩性圈闭。该区钻探一口井，设计井深2000多米，于3月11日开钻，4月27日完钻，完井电测解释油层24.8米/2层，获日产油45.5吨、气3369立方米。该区的成功钻探，显示出该区隐蔽油气藏勘探的巨大潜力，形成了一个1000万吨级优质储量区块。

（5）冀中坳陷油气勘探取得新进展，新增油气当量1500万吨。2002年该区通过深化地质研究、精细评价，发现落实了一批有利的目标，油气勘探获得新进展。先后钻探了5口探井，4口获工业油气流。新增探明含气面积3.7平方千米，探明天然气地质储量22.16亿立方米，累计新增油气当量1500万吨，为2003年准备了一个重要的储量接替战场。

（6）冀中坳陷岩性油藏勘探获得新发现。2002年地质综合研究，发现一大型扇三角洲沉积，在水下形成了多个前积朵叶状砂体，它们在纵向上相互叠置、平面上或相互衔接或相互独立，这些砂体具备形成岩性油气藏的良好地质条件。通过精细地层对比、砂体的识别和精细描述、构造解释及储层预测等工作，落实了不同层段的多个岩性圈闭，资源量大于1000万吨，实现了隐蔽油气藏勘探的突破。通过对区内11口老井进行复查，重新解释增加油层64层，厚度249.6米，显示出了巨大的挖掘潜力。

岩性油藏的突破，表明冀中老区隐蔽油藏勘探仍具有较大的潜力，只要不断解放思想，勇于创新，大胆实践，老区勘探也不断会有新的发现。

（7）冀东精细勘探近两年新增控制石油地质储量预计可达4000万吨。冀东油田公司转变勘探思路，从提高地震资料质量入手，勘探开发一体化，精雕细刻深化对地下地质情况的认识，在精细勘探方面取得了非常好的成绩。近几年立足于南堡凹陷570平方千米的探区实现了原油储量和产量的同步增长，储量替换率从1993年的0.82上升到了2002年的3。2002年在高柳地区两个层段初步识别了12个扇三角洲沉积体，共160平方千米，最大的30平方千米，通过滚动探井的钻探，取得新成果。2002年新增探明储量加上基本控制储量规模大于1000万吨，经过进一步工作预计可形成3000万吨以上的储量规模。

3. 鄂尔多斯勘探成果不断扩大，陇东地区成为新的石油勘探战略接替区

（1）陇东地区发现整装油田，新增三级石油地质储量2.2亿吨，两年新增三级石油地质储量达3.1亿吨，形成了长庆探区新的石油储量战略接替区。陇东地区勘探面积3万平方千米，远景资源量27.6亿吨。2002年甩开钻探取得新的突破。截至2002年底共完钻探井44口，完试34口，获工业油流井22口。通过储委审查，今年新增探明石油地质储量3000多万吨，控制石油地质储量1.3亿多吨，预测储量5000多万吨，合计新增三级石油地质储量2.2亿多吨。加上最近一些新的发现，拿到的三级石油地质储量实际已经突破3亿吨。形成了继志靖—安塞三角洲之后长庆油田石油勘探新的战略接替地区。

（2）志靖三角洲含油范围继续扩大，今年新增探明石油地质储量4000多万吨。2002年甩开钻探3口井均获工业油流，新增探明石油地质储量1000多万吨，含油面积21.9平方千米。在大路沟、化子坪、五里湾一区、盘古梁区、杏河区等地区钻探均有发现，新增探明石油地质储量3000多万吨。含油范围从三角洲主体继续逐步扩大。

（3）陕甘宁甩开预探获重要发现，新增预测石油地质储量4000多万吨。2002年甩开钻探两口井均获工业油流。两层合试获日产62.65吨的高产油流，三层合试获日产34.85吨的高产油流。2002年新增预测石油地质储量4000多万吨，含油面积263.9平方

千米。

（4）神木天然气勘探获新发现，新增控制地质储量260多亿立方米。2000年完钻的探井日产气10.8384万立方米，试采日产4万立方米，解释气层厚8.7米，平均孔隙度12.28%，渗透率76.19×10^{-3}平方微米，为本区最好的储层。射开含气井段，日产13.3976万立方米，试采日产5万立方米。新增控制天然气地质储量267.4亿立方米。

4. 川东飞仙关鲕滩探明四川盆地迄今为止最大的气田，川西勘探获新突破

（1）罗家寨地区拿到了四川盆地最大的天然气田，三级天然气地质储量规模在1000亿立方米左右，川东飞仙关鲕滩天然气三级地质储量已近2000亿立方米。四川盆地东北部近年来在飞仙关组鲕滩的勘探中连续在渡口河、罗家寨、铁山坡获得三次突破，解决了天然气勘探的战略接替问题，对飞仙关组鲕滩的宏观古沉积环境有了清晰的认识，明确了东西两区的差异性和进一步扩大勘探的有利地区和方向，2002年钻探的罗家6、罗家7、罗家8井相继获得成功。在西块新增探明天然气地质储量581.08亿立方米，东块预计可控制天然气地质储量147亿立方米。目前在南块正在甩开钻探，预计东西南三块储量总规模将大于1000亿立方米。另外，2002年在飞仙关组老井复查发现气层厚度都在40米以上，形成了继罗家寨之后新的鲕滩勘探有利地区。探明天然气地质储量852.65亿立方米，控制577.57亿立方米，预测317亿立方米，三级储量1747.22亿立方米，落实天然气地质储量2000亿立方米的目标已经基本实现。预计近期落实天然气地质储量3000亿立方米的目标很快也将成为现实。

（2）川西探区获得高产气流，表明川西具有重要勘探价值。川西钻探的1口探井，于2002年8月完钻，完井电测解释气层14.5米/3层，含气层8米/2层。完井后试气，获日产35万立方米的高产气流，展示了川西构造良好的勘探前景，扩大了该地区的勘探领域。新增含气面积56.4平方千米，预测天然气地质储量147.09亿立方米。

为了落实川西南含油气情况，2001年部署了1口井。2001年12月17日开钻。获日产气量45.67万立方米，油压20.63兆帕，套压26.07兆帕，上压2.69兆帕，上温－13℃，稳定时间1小时10分钟，目前已转入开发。经气藏描述，该构造新增含气面积26.8平方千米，天然气预测地质储量124.75亿立方米。不仅证实了川西的含气构造，而且表明了寻找大中型气藏的良好前景。

5. 准噶尔盆地在彩南、石南油田获战略性突破

（1）准噶尔石南预探获重大发现，有望形成继陆梁油田之后的又一个亿吨级油田。2002年在盆地腹部石南油田钻探的1口井获重大发现。对其中1口井初步研究认为，出油层段砂体为河道砂体，地震资料预测砂体范围在100平方千米左右。计算控制含油面积为32.5平方千米，石油地质储量2004万吨；预测含油面积64.5平方千米，石油地质储量3977万吨。另一口井测井解释油层35.5米，油水同层120米，平均孔隙度32.5%，平均渗透率645×10^{-3}平方微米。目前MDT取样在油水同层中已获纯油。目前研究认为，可能是一个低幅度多个油层组成的底水构造油藏，计算含油面积11.8平方千米，预测石油地质储量3304万吨。上述发现，使得石南油气勘探获得突破，经过继续工作，有望形成继陆梁油田之后的又一个亿吨级规模的油田。

（2）准噶尔彩南发现厚油层，储量规模预计在5000万吨以上。2002年彩南油田钻探了1口井。该井主要目的层为侏罗系、白垩系，完井综合解释在侏罗系和白垩系地层中发现大段油层，日产气4万—9万立方米，日产油41.4立方米、累产油88.02立方米。计算预测含油面积7.5平方千米，石油地质储量3257万吨。

彩31区块2002年通过气藏精细描述，认为该气藏带油环，油环高度达48米。为储量升级，部署钻探两口井，其中一口井获日产油16吨。该块新增探明油气当量930万吨。

初步研究认为，该发现具有非常重要的战略意义，打开了这一地区隐蔽油藏勘探的局面，有利勘探面积近1000平方千米，预计储量规模在5000万吨以上。

6. 塔里木盆地迪那2气藏评价勘探进展顺利，轮南、塔中石油勘探获新成果

（1）迪那2气田评价勘探取得重要进展，探明加控制天然气地质储量1000多亿立方米，凝析油地质储量800多万吨。2002年为探明该气藏部署迪那22、迪那202、迪那201三口评价井均钻遇较厚的气层。迪那22井日产天然气104.6万立方米、凝析油62.5立方米。迪那201日产天然气60.74万立方米、凝析油61.72立方米。迪那202井日产天然气177.17万立方米、凝析油166.52立方米。

2002年迪那2气藏新增探明含气面积52.5平方千米，天然气地质储量800多亿立方米，凝析油近

600万吨；控制含气面积30.9平方千米，天然气地质储量352.23亿立方米，凝析油253.9万吨，合计探明加控制天然气地质储量1000多亿立方米、凝析油地质储量800多万吨，评价勘探取得重要进展。

（2）塔里木勘探开发有机结合，取得重要成果，新增探明石油地质储量3600多万吨。2002年在积极甩开预探努力扩大勘探成果的同时，勘探开发一体化积极开展工作，新开井13口。截至2002年底，累计完钻井19口，正钻井5口。其中获工业油气流14口，正试油井2口。西块累计完成探井7口，其中获工业油气流井6口，正试油井1口，正钻井5口。2002年新增新增石油地质储量2497万吨，面积30.3平方千米；东块累计完成探井12口，其中获工业油气流井8口，正试油井1口。新增探明石油地质储量1122万吨、天然气地质储量31.57亿立方米。目前开井10口，平均日产油近900吨，预计全年产油20万吨。同时明年已整体安排建产能20万吨。

（3）塔中勘探取得重要进展。塔中构造2002年新增探明含油面积均为8.7平方千米，探明石油地质储量303万吨、天然气2.47亿立方米。共发现圈闭八个，圈闭面积近120平方千米，圈闭石油资源量4500万吨，具有较大的勘探潜力。

7. 柴达木涩北气田新增探明储量近千亿立方米，累计探明近2000亿立方米

为配合国家“西气东输”战略的整体部署，加快涩北一号、涩北二号气田勘探开发步伐，2002年开展了控制储量升级工作。

以勘探开发一体化思想为指导，充分利用2000年以来气田试采获得的各项新资料，加强涩北一号、涩北二号气田气层对比研究，以大量的测井资料、测试资料和岩心分析资料为依据，进行了系统的评价研究工作，通过建立孔隙度、渗透率、饱和度、电阻率、泥质含量、排驱压力和气层产能等物理模型，成功地建立了有效储层的定量划分标准和第四系气层的定量解释标准。

在上述研究工作基础上，2002年钻探7口开发评价井，5口井获得工业气流。涩北一号、涩北二号气田累计有77口井获得工业气流，平均日产气大于1万立方米，最高达12.29万立方米。2002年涩北一号、涩北2号分别新增天然气探明地质储量近500亿立方米和400多亿立方米，2002年合计新增天然气探明地质储量900多亿立方米。加上1997年上报的探明储量900多亿立方米，涩北气田累计探明天然气地质储量近2000亿立方米。

8. 精心优选、精细工作，中小盆地油气勘探有重要进展

（1）玉门探区窿8井获高产油流，新增探明石油地质储量1600多万吨，控制储量1400多万吨，展现了酒西盆地南部山前带良好的勘探前景。

青西地区近几年石油勘探获得重大突破，截至2001年底，窟窿山构造带有14口井获高产油流，累计提交三级储量8395万吨。为进一步扩大勘探成果，2002年在地质综合研究的基础上大胆探索，向南甩开钻探窿8井。窿8井从浅层到深层均见到良好油气显示。电测解释Ⅰ类油层三层32.1米，Ⅱ类油层七层40.8米，Ⅲ类油层46层144.7米。

完井共试油四层，经酸化压裂后，获日产油201立方米、气32000立方米的高产油气流，转入开发以后日产量一直保持在180吨左右。该井获得高产工业油气流把青西油田含油范围向南部推进了至少2千米，并发现了砂岩油层。为继续扩大这一勘探成果，在窿8井南边2千米处又甩开钻探了窿9井，目前正在钻进。

经过近几年的不断勘探，目前已经认识到青西油田是一个具有统一油水界面的复杂油藏，油柱高度达700米。今年青西油田窿6区块新增探明石油地质储量1600多万吨，窿8井区新增控制石油地质储量1100多万吨，累计探明石油地质储量3500多万吨，控制1400多万吨，合计达近5000万吨。已建成生产能力30万吨，有关评价工作正在继续进行。

（2）华北油田优化勘探技术，积极主动寻找隐蔽油气藏，获重大突破，打开了二连探区油气勘探的新局面。

二连盆地是华北油田的一个老探区，在10万平方千米的范围内分布着50多个小凹陷。每个凹陷都是一个独立的油气生成、运移、聚集单元，成藏条件非常复杂，勘探难度非常大。阿南凹陷发现亿吨级的阿尔善油田后，1991年原油产量曾经达到112万吨。之后，由于资源接替困难，整个探区勘探开发进入了一个非常困难的阶段。2002年以来通过解放思想，转变观念，埋头苦干扎实工作，积极探索隐蔽油藏的勘探思路和勘探技术，在隐蔽油藏的勘探实践中取得了突破性进展。2001年发现巴19构造—岩性油藏，探明石油地质储量1200多万吨，当年建产1.68万吨，2002年又新建成7万吨能力，在实践中摸索出了针对寻找隐蔽油藏全新的勘探思路和技术方法系列，打开了二连探区勘探新局面。

2002年进一步解放思想、大胆探索，相继在巴

Ⅱ号构造又发现一个千万吨级规模的油藏，在巴Ⅰ号构造也发现了一个千万吨级的优质储量区。

近两年勘探的突破，使勘探目标从以往的2—3平方千米变成了10—20平方千米，单个油藏储量规模从100万吨左右变成了500万—1000万吨左右，勘探领域大幅度扩展，整个探区可望实现1992年以来原油产量的第一次稳定，并逐步有所回升。

(3) 海拉尔盆地勘探取得新突破，初步形成了一个较大的勘探场面。海拉尔盆地是我国陆上勘探程度相对较低、勘探时间较长的较大型盆地。2001年以来在该盆地相继获得了一批高产井，提交探明石油地质储量1336万吨。

2002年针对目的层进行了精细全三维解释，重新编制该区地震反射层深度构造图，发现和落实了五个构造圈闭，并进行了砂体预测，认为构造砂岩较发育，储层物性较好。据此在该构造上部署了一口探井，2002年7月开钻，9月完钻。

该探井综合解释发现油层61层194.8米。射开井段厚29.6米，获自然产能日产油40.86吨；射开井段厚21.4米，获自然产能日产油15.3吨，压后日产91.2立方米的高产油流；全井合试求产获得日产150立方米高产油流。初步圈定含油面积4.0平方千米，估算石油地质储量2500万吨。该区还有五个与之地质条件相似的构造，合计圈闭面积为31.8平方千米，估算储量规模在3000万—5000万吨之间。近两年的勘探成果表明，海拉尔盆地油气勘探前景很好，有利勘探面积3010平方千米，资源量1.02亿吨，有较大的增储上产的潜力。

（何海清　姚　超）

勘探工程技术

【物探技术】　2002年根据勘探与生产分公司加大预探、大力推进勘探开发一体化的工作思路，围绕加强物探技术宏观管理和创新管理的工作要求，不断解放思想、锐意攻关，大力推广应用先进适用技术，取得了显著的成果。

(1) 山前地震勘探技术攻关不断取得进展，为前陆盆地勘探的突破做出了贡献。2002年在塔里木库车坳陷、玉门青西、川西龙门山等前陆盆地的勘探中，通过有针对性地开展山地地震攻关，合理采用小道距、大排列、高覆盖等措施，灵活选用深井激发及大吨位可控震源相结合等激发方式，加大表层结构调查，强化有针对性地应用多种方式静校正技术的配套应用，资料品质有了普遍提高，取得了迪那22、迪那202、迪那201、窿8井、窿9井、邛西3井等一系列重大突破。

2002年玉门油田在窿8井钻探后，在窟窿山部署了30平方千米的三维地震攻关。通过针对窟窿山山前构造复杂、速度反转大、能量屏蔽严重，地形高差大、炮检点布设困难、干扰波发育，以及表层结构复杂，静校正及成像难度大等困难，提出了加强表层结构调查，优选激发岩性，采用多井大药量激发，提高横向覆盖次数，应用小面元、长排列、“砖墙”式观测系统等野外采集手段，资料品质较宽线有了提高，为窿9井的钻探提供了重要依据。

(2) 高分辨率地震技术日趋完善，有力促进了岩性勘探的不断深入和发展。近几年股份公司大力开展高分辨率三维地震勘探，逐渐形成了一套较成熟的高分辨率地震勘探技术，成为松辽盆地长垣两侧岩性油藏预测和渤海湾高成熟区小断块复杂油气圈闭识别的基础，同时也成为了勘探开发一体化的重要手段。2002年吉林油田在松南乾西北地区开展了109平方千米的高分辨率三维地震，信噪比和分辨率有明显提高，较过去的常规二维地震相比，断层清晰、层间信息丰富、小幅度构造落实，原二维资料上只能解释24条断层，而利用高分辨率三维地震资料可以很清楚地解释了117条断层，目的层的主频由二维的50赫兹提高到65赫兹，在此基础上落实的圈闭准确率大大提高，目前已完钻探井6口，4口井获工业油流或见良好油气显示。新增预测石油地质储量2767.6万吨。

新疆油田自“九五”以来坚持开展高分辨率攻关，2002年在夏盐2井区和石东2井区开展了高分辨率地震勘探，通过消灭浅井组合，采用深井激发与可控震源激发相结合，以及深埋检波器等措施，主频在目的层范围内由过去的35赫兹提高到50—60赫兹。其中在石东2井区的深井激发试验中，目的层有效反射频宽达到了10—110赫兹。

(3)储层预测技术在砂体预测、裂缝储层及特殊岩性体的识别中发挥着举足轻重的作用。2002年，勘探与生产公司加大储层预测推广力度，通过组织多家研究单位在长庆、西南、大庆、吉林、辽河等探区大范围开展储层预测工作，逐步实现了储层预测工作从定性到定量、从物性预测到油气检测的进步，并在砂体预测、裂缝储层及特殊岩性体的识别中发挥着举足轻重的作用。

吉林油田分公司近年来充分利用集团公司的整体技术实力，储层预测不断取得突破。其中在英台—大麻苏等地区的储层预测研究中，通过应用全三维精细构造解释技术、相干体分析与地层倾角检测技术、沉积微相与地震相技术、储层特征重构等多参数岩性反演技术，使该探区的构造描述精度得到了较大提高，可较准确地识别断距大于8米的断层和厚度大于4米的砂体。利用该套技术新发现圈闭94个，面积130平方千米，新增石油地质储量7850万吨。

西南油气田分公司采用电器招投标方式优选合作伙伴，通过强化叠前属性分析、AVO等多项新技术的应用，围绕鲕滩储层的“有无、大小、好坏”进行大量细致的研究，较好地预测了储层的性质和分布，并结合地震相和沉积相的研究成果，有效地识别了白云岩化的灰岩储层，使勘探生产不断取得好的成绩，相继在坡4、罗家5、罗家7等井中获得重大发现，预计探明天然气储量600亿—800亿立方米。

同时，大庆、辽河、吉林等油田通过与勘探院的合作，利用地震相分析、储层特征重构等技术，初步描述了大庆徐家围子、松南双坨子及辽河西部斜坡火山岩的分布情况，成功地钻探了徐深1井、小28井等。

(4)强化施工设计，突出精细勘探，二次三维采集资料质量明显提高。在渤海湾高成熟勘探区，由于一些地震资料采集年度早，受过去的仪器设备、地质认识和施工因素的限制，难以满足目前的地质勘探的需要。近几年，针对油气有利区带，通过利用新仪器、新设备和新技术，在设计中有针对性地克服了过去“量体裁衣”及“八股式”的设计弊端，开展了新一轮的三维精细采集，所获得的资料品质明显上了台阶，取得了一大批勘探成果。其中辽河油田在大民屯兴隆堡—静安堡地区通过开展精细二次三维采集，采用多道接收及根据不同岩性确定激发深度，频谱展宽10赫兹左右，层间地质现象丰富，潜山轮廓清晰，改变了以往上交储量“小而碎”的情况，今年部署钻探的沈225井成功钻遇沙四段砂岩储层，预计新增预测石油地质储量4102万吨。另外，西八仟、三台子等地区通过利用二次三维采集资料，分别提交圈闭储量5000万吨和3000万吨，为辽河油田的持续稳定发展做出了重要贡献。

(5)加强规范化和制度化管理，地震老资料处理解释效益明显。2002年通过制订并落实《地震老资料重新处理解释工作管理办法》，进一步加强了该项目的规范化和制度化管理，强化项目的可行性论证及项目后评估，取得了突出效果。其中辽河油田在西斜坡欢喜岭下台阶通过连片处理，发现了一条控制沙四段地层沉积的北东向正向东掉主干断层，构成了一系列鼻状断块和墙角断块。发现落实圈闭12个，面积16.7平方千米，部署各类井7口，其中完钻的欢633、欢634、欢2-13-21等井均获工业油气流，对西部斜坡下台阶勘探突破做出了较大贡献。华北油田在二连赛汉扎布构造带开展三维连片处理，使分辨率得到普遍提高，扎布断层的上升盘1.0—1.3秒处分辨率达到50—60赫兹，阿尔善及下伏地层反射层位清晰，地层接触关系明显，发现了赛66、赛68、赛44南和赛81西等四个岩性圈闭，其中赛66井钻探发现油层67.8米，表明赛中洼槽有形成规模储量的地质条件，预计可控制石油地质储量600万吨以上。

【井筒技术】

(1)复杂油气藏测井精细评价。2002年，针对不同储层的地质特点和测井评价面临的难点，优选“适用、实用、高效”的测井项目和测量方式。通过合理设计，优化测井项目与井段，有效控制测井投入的同时，最大限度的发挥了MDT、CMR、FMI等先进适用性测井技术在储层评价中的作用，对加快勘探认识进程起到促进作用。

准噶尔盆地腹部石南11号背斜勘探中，预探井石南24井钻井过程中见较好油气显示，常规测井资料显示主要目的层电阻率与泥岩电阻率相差不大，主体分布在3—5欧姆·米之间，属于典型低阻油藏，在短时间内要利用常规方法完成储层评价非常困难。新疆油田针对时间紧，储层评价困难的现状，提前做好合理设计，应用以MDT为基础的低幅度低阻油气藏快速评价技术，以此为基础解释油层22层38.8米，在最短时间内完成了快速识别与评价工作。

塔里木油田分公司充分利用斯仑贝谢高分辨率声电成像测井识别评价裂缝的优势，在迪那2气田致密岩屑砂岩裂缝性储层测井识别评价中取得较好的地质效果。通过迪那201、迪那22、迪那202三口井FMI成像测井精细处理解释，定性—半定量地评价了天然裂缝与诱导裂缝，搞清了该气田天然裂缝的发育规律，指出裂缝的存在虽不参与气田储量计算，但可以明显改善储层渗流能力，提高产能。同时还利用偶极横波测井计算纵横波速度比和泊松比在裂缝性砂岩储层识别气层，划分气水界面，收到较好效果。

2002年西南油气田分公司在川东罗家寨飞仙关鲕滩气藏勘探中，通过罗家5、罗家8井FMI成像测井与常规资料的精细处理评价，在没有取心的情况下准确地识别划分出储层段，并进行了缝洞有效性评价和气水判别工作。在此基础上，利用MDT测井在罗家8井4529米、4567米分别取样，结果证实了测井解释结论的可靠性，最终确定出该井气层与气水同层界面为4527米，气水同层与含气水层界面为4540米。罗家8井利用成像测井完成裂缝和孔洞的定量—半定量计算，在没有取心的情况下为构造外围储量升级提供了可靠的依据，显著降低勘探成本，勘探效益明显提高。

玉门油田分公司在窿8井钻探过程中，面临岩性复杂、井况复杂、常规测井资料受井眼影响品质差等诸多难题，在依靠常规手段无法完成储层识别评价任务的情况下，依据元素俘获测井ECS准确划分出泥质砂砾岩储层发育段并确定出储层主要元素和矿物含量，在恶劣井况下为划分岩性提供了可靠依据。通过进一步深入评价解释，该井在优选出的测试井段均获得了高产油流，地质效果十分显著。

（2）欠平衡钻井配套技术应用。近年来欠平衡钻井技术已在各油田得到大力推广，2002年作业14井次，在提高钻速、漏失层钻井、储层保护方面见到了很好的效果。大庆油田肇深11采用水包油循环介质，中测日产气6660立方米。西南油气田公司在邛西3井对须二砂岩储层采用欠平衡钻井技术，通过不压井起下钻、负压取心、负压测井、带压下油管等配套技术，实现了钻、完井全过程的欠平衡作业，有效保护了储层，取得了良好的地质效果，裸眼完井测试气日产量达到43.12万立方米，无阻流量77万立方米。展示了欠平衡钻井、完井配套技术的应用前景。

（3）水平井工艺技术应用。2002年在塔里木、冀东、大庆、西南等油田公司共完成水平井50口，除苏平1和苏平2外均取得了良好的地质效果，增产均在3倍以上。2002年水平井技术应用的主要特点是随钻地质导向的应用提高了对油藏不确定性的认识，提高了水平井油层钻遇率，提高了水平井的地质成功率。

塔中111H水平井在志留系薄油层获得高产油流，初期8毫米油嘴折日产油117.9立方米、气5834立方米，目前测试采产量6毫米油嘴日产油30立方米。为塔中111直井产量的3—12倍，从而提高了对该储层品质的评价，确保该储量的经济开发。

（4）测井新技术试验应用。过套管地层电阻率测井（CHFR）是增加已钻井的产能及延长老油田寿命而研制的一种新的电阻率测量仪器。2002年股份公司对该项技术进行了进一步深入试验评价。结果表明该项技术对老油田评价剩余油和水淹层、发现新油气层具有较好的效果。

吐哈油田分公司的陵17－271井于2000年7月投产，2002年4月因含水达99%而停产。通过CHFR测井及综合评价，S1（1）层资料显示物性、含油性较好，裸眼井和套管井电阻率基本一致，说明地层流体性质在开采前后未发生明显变化，建议补孔。按照CHFR解释结果作业后单层日产油5.5吨，含水4%，累计产油800吨。CHFR测井为老油田挖潜、增储上产发挥关键作用。

大庆油田公司2002年共进行CHFR测井12口，通过精心选井、认真分析，将发现的有产油潜力的储层分为三类，其中一类层是油田未来增加产量的主要目的层，12口井共解释一类层5层/8.9米。通过12口具有不同地质背景的开发井CHFR测井综合统计分析，大庆油田公司对CHFR测井应用范围、适用条件、在大庆油田的应用前景进行了认真的总结，取得了很多宝贵经验。

此外，2002年还开展了套管井地层动态测试器（CHDT）的试验工作。

（5）储层保护技术应用。2002年在冀东、大港等油田继续完善保护油气层技术，保护油气层工作取得了明显的效果。冀东油田建立了各区块孔隙压力、破裂压力和坍塌压力三项压力预测资料，指导钻井液密度选择和井身结构设计，结合广谱屏蔽暂堵技术，最大限度地减少了对地层的伤害，在G26－22井，井段3210.5—3214米，油层厚度3.5米，日产油27.8吨，而与相邻的三口井，4—5个油层，油层厚度10.4米，平均产量为26.4吨。

大港油田通过三项压力预测，确定合理的钻井液密度和井身结构，并应用无固相甲酸盐钻井液钻开油气层，见到了良好的效果，歧南9×1井采用该技术后在沙三段油层试油，9毫米油嘴日产油45.5吨，6毫米油嘴日产油45.4吨，表皮系数为－1.5，通过三项压力预测、保护油气层技术的综合应用，提高了钻井速度，有效保护了储层，油层在射开后获得了高

产，节省了后期的改造费用。　　（曾　忠　阎世信）

勘探管理

【重点工作】

1. 理顺计划管理体系，强化油公司项目管理

2002年计划继续实行股份公司范围内勘探项目和目标的统一评价和统一优选，勘探计划按照统一排队的结果，采取“末尾淘汰”的原则编制。勘探实践证明，在深入细致地质综合研究的基础上坚持统一评价、统一优选勘探项目，是把握正确的勘探投资方向，提高勘探决策水平，降低油气发现成本的首要环节和关键环节。根据地下地质情况和目标准备程度，2002年从40个勘探项目中选择了九个作为股份公司的重点勘探项目。对重点项目进行重点管理，通过一年的实施，效果非常明显，构成了2002年勘探成果的主体。九个重点项目勘探总投资占年度计划的42.59%，实际运行下来探明油气储量当量为股份公司的61.66%，起到了以重点保全局、带全局的作用。

在计划下达方面继续坚持分批下达的办法，针对油气勘探工作的特殊性，按照勘探计划在实施过程中不断调整的原则，根据生产中出现的新情况，从四月份开始就陆续对新疆、吉林、塔里木、长庆、大庆、辽河、华北、大港、青海、玉门、四川、吐哈等探区的部署进行了及时调整。这样勘探上出现好情况的一些区块及时调整工作量扩大了勘探成果，出现复杂情况的区块及时调减工作量避免了可能造成的损失和浪费。

按照2000年初下发的“油气勘探项目管理办法”，对包括不同地区深度超过一定界限的井位、新盆地新坳陷的第一口井、动用钻井船的井共三种井位实行了统一集中审查管理，由专家组初审，报勘探与生产公司终审，2002年共审查38口井。通过审查，对勘探投资大、工程事故多、钻井周期长、只有地质意义没有经济意义的深井、超深井得到了有效控制，强化了勘探的效益观念，促进了勘探效益的进一步提高。

2. 生产性研究课题加强管理，促进科研生产紧密结合

继续对勘探生产研究课题采取了统一计划开题、分项目全程管理的办法，即根据当年股份公司总体勘探部署，按照各探区科研生产的需要，由勘探与生产公司统一计划开题，课题承担主体是各直属科研院所和油田研究院，然后分项目由各油田分公司为主进行从设计审查到成果验收的全程管理。生产性目标性研究课题和勘探与生产公司将重点组织和协调的研究课题在及时解决生产中的难题、把握正确的勘探方向、储量任务的完成及下年油气勘探领域及目标准备等方面起了重要作用。这样不仅调动了直属科研院所的科研积极性，也促进了科研与生产的结合及成果转化，也使各直属科研院所和油田研究院在同一项目平台内有利于优势互补提高科研效率。

3. 积极推行勘探开发一体化，提高勘探开发整体效益

2002年勘探与生产公司进一步加快了勘探开发一体化工作的改革进程，首先在勘探与生产公司内部完成了体制上的改革，成立了勘探与开发的结合部门——油藏评价处，承担已发现资源评价、开发前期准备、可行性研究、方案设计与储量的落实申报和产能建设等工作任务，做到了管理、部署、评价、研究及信息共享五个一体化。同时整合了勘探和开发相近的技术专业。同时还在运行机制上大胆进行了探索，先后制定了相应的管理办法指导勘探开发工作，如《勘探开发工作指导意见》以及《预探项目实施管理办法》、《油藏评价项目管理办法》和《控制和预测储量计算细则》等。对勘探开发工作重新进行了划分，将勘探开发全过程划分为前期准备、圈闭预探、油藏评价、产能建设和油气生产五个阶段，以此为基础对勘探开发工作的主要职能做了调整。各油气田公司认真落实勘探与生产公司有关规定，采取了一些积极的措施，大力推进勘探开发一体化工作进程。这样做对降低资源的发现成本、缩短从油田发现到建成生产能力的周期、减少资源的闲置及投资沉淀、提高储量的动用程度、提高勘探开发的整体效益起到了积极的作用。这已在2002年储量提交上和2003年油藏评价部署中得到充分的体现。

4. 规范工程技术管理，完善有关管理办法和技术规范

为加强工程技术管理，适应工程技术发展和油公

司油气勘探、开发的需要，制定并下发了《钻井设计编制规范》、《测井设计编制规范》、《录井资料采集及整理规范》，针对三个规范的执行情况，组织了钻井设计格式及录井资料采集及整理规范讨论会，三个规范已在大部分油田得到了贯彻执行。

与集团公司共同组织了《井控技术规定》、《井控检查细则》的修改审定，并进行了联合下发。基于2001年度井控检查所暴露出的防喷器、节流压井管汇安装及试压不规范、重钻井液储备不够、“九项管理制度”落实不到位等主要问题，与集团公司商定了年度井控大检查制度，并先后两次联合组织对1999年制订的《井控技术规定》、《井控检查细则》进行修改审定，切实推进了钻井安全工作。

5. *强化工程监督管理，建立油公司监督管理体系*

成立了工程监督中心，下发了《中油股份公司勘探与生产工程监督管理办法（试行）》和《中油股份公司钻井监督与地质监督工作指南》。初步建立了股份公司、油田公司两级监督管理体系；建立了专业监督人才库和监督网页，为油田广泛选取监督奠定了基础；在《工程监督管理办法》基础上，开展了《钻井监督管理办法》的细化编制工作。

加强了各专业监督的培训、考评和换证工作。为了尽快培养甲方的监督力量，先后组织了钻井、地质、测井、试油监督教材的编印和监督培训，并及时组织了各专业监督考评，为油田公司选拔现场监督提供了监督资源；共举办了钻井、地质、测井、试油5期培训班，培训人数384人，考评通过人数320人。鉴于过去持集团公司监督证书人员大部分已不在岗位以及证书已经过期的问题，开展了换证工作，目前钻井、地质、测井、试油、物探、井下作业在岗监督人数1402人，在岗持证人数544人，持证率38.8%。

6. *加强储量管理，修改石油天然气控制与预测储量计算指南*

新的控制预测储量计算指南是对原勘探局发布的石油天然气控制预测储量计算细则的修订。主要在定义、界定条件、储量参数的确定、储量分类与评价等四大方面进行了修改、补充和完善，对细则中70处进行了修订完善，其中对定义、界定条件、计算方法和公式、采收率的标定、可靠程度的表示方法、储量分类以及经济评价等八个部分35处做了较大和详细的修改及补充。经过征求意见和对指南的修订、报批等程序后下发试行。两指南已在2002年度的储量研究、报告编制和储量评审中得到贯彻和执行。

7. *加强矿权管理，强化矿权管理队伍建设*

在矿权管理工作中建立起了一整套管理规范和程序，逐步使矿权的工作踏上规范化的轨道。比如矿权申报材料准备、矿权的申报程序和申报材料规范性等问题，矿权年检、年报内容和审查程序等问题，还有矿权信息系统的建立等，为我们整个矿权管理工作提供了极大的方便。这些基础工作使大家实实在在地感觉到矿权在逐步纳入规范化的管理渠道，当然这些工作现在还要不断的完善。

矿权管理的队伍不断加强并趋于稳定，除个别油田外，大多数油田都有稳定的专职或兼职矿权管理人员，通过这几年的磨炼，这些管理人员一是在工作水平和工作经验上得到了全面的提高，最重要的是使这项连续性强的管理工作不断得以延伸；二是能够积极主动，及时将矿权管理工作现状向油田各级领导汇报和宣讲，提高了油田领导矿权工作重要性的认识和依法经营意识；三是按照法律、法规的守法意识进一步加强。

（赵贤正）

市场管理

【概述】　2002年元月设立市场管理处，主要职责涉及市场准入管理、招投标管理、关联交易协调和推进市场开放等宏观管理工作内容。2002年市场管理工作认真贯彻集团公司工作会议精神，按照市场开放70%的工作目标，严格要求和督促各油田公司加强市场管理、推进市场开放，工程技术服务市场开放达到了73%。同时，按照抓问题管理和创新管理的要求，围绕勘探开发生产经营活动，积极主动与集团公司市场管理部协商，妥善处理了一些急需解决的问题。组织召开了勘探与生产工程技术服务市场管理工作研讨会；累计发放《市场准入许可证》2365个，涉及物探、钻井、测井、录井、试油和井下作业六个专业。

【市场管理】 加强市场管理，大力推进市场开放。为实现规范运作，对工程技术服务市场管理中存在一些不规范的问题进行整改，进一步完善招投标管理办法，严格规范招投标行为，努力把市场开放项目落到实处，并要求油田公司按照文件要求编制市场开放工作计划，提出推进市场开放的保障措施。2002 年工作特点：（1）油田公司领导高度重视市场开放工作；（2）优先安排落实关联交易，减少存续的抵触情绪；（3）引入竞争，推进市场开放，实现共同发展。同时，组织召开了勘探与生产工程技术服务市场管理工作座谈会，对规范关联交易和推进工程技术服务市场开放具有重要指导作用。

【市场准入】 进一步加强市场准入管理、清理不合格的施工队伍，严格按照市场准入审查程序和准入条件，完成了第二批施工队伍市场准入申请的审查工作，综合评审后，有 557 个施工队伍获终审通过，通过率为 86.7%。到目前为止，共有物探、钻井、测井、录井、试油和井下作业六个专业的 2365 个施工队伍，获得《市场准入许可证》，并已下发文件。

【市场开放】 2002 年勘探与生产分公司所属各油田工程技术服务通过公开招标、内部招标和议标，占实际完成投资的 73%。其中：公开招标占实际投资的 31%，内部招标占实际投资的 31%，内部议标占实际完成投资的 38%。

【关联交易】 开展了关联交易对计划实物工作量和原油产能建设任务计划完成情况的统计，由于关联交易价格普遍高于计划价格，形成投资缺口，导致计划实物工作量与实际完成的钻井进尺存在较大差距。

【队伍协调】 与集团公司有关部门沟通与协调，保证了油气勘探开发生产经营活动的正常开展。协助冀东油田分公司做好大位移井钻井招标的协调工作，价格比标底降低 10 万元；协助青海油田分公司暂缓清除中原钻井队，保证了勘探开发生产对施工队伍的需求；协助西南油气田分公司引进西南石油局浅层加砂压裂改造施工队，严格按照技术要求选择施工队伍，从源头控制投资，降低成本。施工后测试天然气产量为 3.09 万立方米/日，为加砂压裂前的 2.86 倍；无阻液量为 4.285 万立方米/日，无阻流量是加砂压裂前的 3.1 倍，提高了施工质量和产能，降低施工成本。

（杨光胜）

油田开发

【主要指标完成情况】

（1）原油产量超额完成年度工作计划。2002 年生产原油 10361.52 万吨，为年度工作计划 10340 万吨的 100.2%。其中东部地区产油 7705.45 万吨，较 2001 年减少 142.4 万吨；西部地区（含西南）产油 2656.07 万吨，较 2001 年增加 168.23 万吨。

（2）当年新增可采储量 11576.1 万吨，储采平衡系数 1.12。其中，新区开发增加可采储量 7936.2 万吨，老区增加 3639.9 万吨。

（3）产液量和注水量比年度规划指标有所降低。年产液 60955 万吨，比 2001 年增长 2.48%，比年度规划指标降低 2.3%；年注水 67251 万立方米，比 2001 年增长 0.45%，比年度规划指标降低 1.6%。

（4）综合含水比原预计指标略低。年平均综合含水 83%，比 2001 年上升 0.38%，比年度规划指标降低 0.43%。

（5）措施增油和当年新井产油量都比 2001 年有所减少。措施增油 663.6 万吨，比 2001 年减少 69.3 万吨；新井产油 553.9 万吨，比 2001 年减少 16.5 万吨。

（6）新增原油生产能力比计划少。年新增原油生产能力 1028.1 万吨，为原计划 1059 万吨的 97.1%。其中，新区计划钻井 4240 口，进尺 691.69 万米，建产能 667.56 万吨，实际钻井 3889 口，进尺 606.26 万米，建产能 631.1 万吨，完成 94.5%；老区计划钻井 2696 口，进尺 403.7 万米，建产能 396.46 万吨，实际钻井 2945 口，进尺 420.73 万米，建产能 397 万吨，完成 100.1%。

（7）产量递减减小。按标定产量计算，年自然递减、综合递减分别为 11.65%和 5.23%，比 2001 年分别减小 1%和 0.33%；按产量构成计算，年自然和综合递减分别为 11.5%和 5.1%，比 2001 年分别减小 1.3%和 0.6%。

（8）动态监测完成工作量 34142 口。其中，产吸液剖面 17603 口，占注采井总数的 14.3%；工程测井 7515 口，为计划的 106.2%；饱和度测井 500 口，为计划的 105.7%；RFT 测井 140 口，为计划的

133.3%；井间监测 201 口，为计划的 121.8%；开发裸眼井测井 8183 口。

【油田开发现状】

1. 开发现状

到 2002 年底，股份公司所属 13 个油区投入开发油田共 251 个，动用地质储量 113.72 亿吨，可采储量 39.43 亿吨。共有采油井 92100 口，开井 74256 口，日产油水平 27.28 万吨，平均单井日产 3.7 吨；年产油 10361.52 万吨，采油速度 0.91%；累积产油 28.17 亿吨，采出程度 24.77%，采出可采储量的 71.45%，剩余可采储量采油速度 8.43%，年末标定日产油水平 28.3 万吨。日产液 164.21 万吨，综合含水 83.11%，年产液 60955 万吨。注水井 31217 口，开井 25467 口，日注水 191.84 万立方米，月注采比 1.01，年注水 67251 万立方米，累积注水 114.38 亿立方米，累积注采比 1.0。

2. 油田开发形势及变化特点

(1) 注水量和产液量仍呈增长趋势，注采基本保持平衡。

2002 年，油田注水量和产液量分别增长了 2.48%和 0.45%，保持"九五"以来的持续增长趋势，但增长速度减慢。与"九五"前两年对比，增长速度由 6%—7%减慢到 2.5%—5%。

日注水平有波动，但总量保持注采平衡。日注水由年初 193 万立方米下降到 6 月份最低的 178 万立方米，又逐渐恢复到年末的 191 万立方米。月注采比 0.95—1.05，总体保持 1 的水平。全年老井转注、新井投注 2642 口，注采井数比由 2.98 下降到 2.95。

(2) 老井产量递减减小，但总趋势未得到改变。

2002 年加强老油田综合治理，注重基础稳产工作，在新井接替和措施增产作用比 2001 年有所削弱的情况下，总产量仍比 2001 年有所上升，说明老井稳产形势变好，综合递减和自然递减分别减小 1%和 0.33%，但递减加大的趋势仍然存在。

(3) 含水上升速度减缓，含水上升率降低。

2002 年油田平均含水为 83%，比 2001 年上升 0.38%，含水上升率为 0.42%，是"九五"以来含水上升率最低的一年。

(4) 新井单产继续下降，初含水升高。

2002 年，投产油井 6942 口，平均单井日产油 4.27 吨，含水 65.9%。其中，新区新井平均单井日产油 3.66 吨，含水 41%，同比单井日产下降 0.32 吨，含水下降 0.3%；老区新井平均单井日产油 4.68 吨，含水 72%，同比单井日产下降 0.18 吨，含水上升 0.4%。总的趋势是单井产能呈下降趋势，初含水值升高。

【油田开发管理】

(1) 坚持搞好油田开发动态分析和发展趋势预测，做好宏观调控工作，为原油生产的协调发展创造条件。

2002 年，油藏管理紧密围绕股份公司油田开发的各项工作部署，抓好已开发油田的油藏地质和油藏工程技术管理、老油田产能建设、高含水油田稳油控水及综合治理等工作。跟踪各油田公司及重点油田生产情况，做好各油区和重点油田的开发形势分析及发展趋势预测，委托咨询中心对大庆、新疆、长庆等重点油区进行调查分析，提出稳产对策和发展方向；协调搞好原油生产宏观调控工作，促进原油生产建设的持续发展。与 2001 年相比，增产的油区有七个，共增产 214.73 万吨。其中，长庆增产 90 万吨、吉林 39.7 万吨、新疆 36.7 万吨、塔里木 29.38 万吨、玉门 8.1 万吨、青海 8 万吨、冀东 2.76 万吨；大庆等其他油田共减产 189.37 万吨。上产油田增加的产量在弥补递减油田减产的产量后，净增产 25.36 万吨。股份公司主要油田开发指标都比年初预计的要好，特别是综合含水上升得到有效控制，年上升 0.38%，是近几年最低的。

(2) 以效益为中心，优化老区产能建设部署和方案，老区产能建设任务完成较好。

对各油田公司上报的老区产能建设区块的技术经济指标优化排队，在实施过程中进一步对项目进行优化调整，加强方案管理；充分应用新技术，不断深化老油田地质研究和剩余油分布研究，精心编制开发调整方案，落实井位部署，及时做好随钻分析，优选射孔层位，确保老区产能建设的整体效益和建产目标的实现。全年完成钻井 2945 口，进尺 420.73 万米，分别为计划的 109.5%和 104.5%。投产油井 2185 口，日产油 11458 吨，形成 397 万吨的生产能力，为计划建产能的 100.1%。

(3) 狠抓油田稳油控水及区块综合治理工作，保持综合含水稳定，含水上升速度得到有效控制。

老油田管理认真贯彻 2001 年股份公司油气田开发技术座谈会精神，针对已开发的高含水油田提高水驱采收率、改善开发效果等问题，积极推行改善二次采油工程。

一是继续组织各油田公司在老油田深入开展以储采结构、注水结构和产液结构调整为主的稳油控水及区块综合治理工作，改善老油田的稳产状况及开发效果。大庆、吉林、辽河、大港、华北、新疆、长庆、吐哈、青海和塔里木等十个油区实施油田稳油控水及区块综合治理项目共 84 个，覆盖地质储量 17.64 亿吨。其中，大庆等 8 个油区的日产油稳定在 3.81 万吨的水平上，综合含水仅上升了 0.6%。

股份公司油田年平均综合含水为 83%，同比含水上升 0.38%，明显低于近几年每年上升 1%的速度。大庆、吉林、辽河、长庆、大港、玉门等油区综合含水稳定或略有下降；青海油田综合含水上升幅度大，由 43.7%上升到 53.3%，上升 9.6%；其他油区含水上升不超过 1%—2%。

二是组织召开了改善二次采油技术研讨会，各油田总结了“九五”以来在已开发油田改善二次采油技术和管理方面所做的工作及取得的成果，研究下一步改善二次采油技术和科技发展方向。会议交流论文 21 篇，并请胜利油田介绍了水平井开发技术、斯伦贝谢公司堵水增产措施等专题报告。

（4）积极贯彻实施低成本发展战略，努力提高油田开发效益。

一是组织各油田公司广泛开展优化注水结构和产液结构调整，提高产液和注水效率，努力削减操作成本，油田注水和产液量的增长率又有所降低，同比注水增长率由 5.25%下降到 2.48%，产液量增长率由 2.91%下降到 0.45%。

二是开展了对“九五”老区产能建设成效的调查研究，为下步提高老区产能建设效益提供了依据。从初步的调查结果分析表明，“九五”期间老区产能建设的任务完成得比较好，为原油稳产发挥了很好的接替作用，经济效益也是比较好的。五年间，股份公司老区产能建设投资 477 亿元，钻井 19425 口，建成生产能力 2660 万吨，分别为规划方案的 92%，92%和 93%，百万吨产能直接投资为 17.93 亿元，内部收益率 13%—73%。新建产能当年到位率为 52.8%，第二年 97%，第三年 94.7%，第四年 83.7%，第五年 66.5%。到位率比较高的油田有大庆、大港、冀东、吐哈、新疆等。

三是根据股份公司 2001 年产量效益评价结果，对高操作成本区块进行了比较系统的分析。针对高成本区块的开发现状、原因及存在的主要问题进行了解剖，提出了今后降低操作成本的具体措施和建议。

（5）动态监测管理又有新的进步。

根据各油田公司上报的计划，经分析和研究确定了 2002 年勘探与生产分公司的油田开发动态监测计划。与 2001 年对比，对油井测压、产吸剖面测井、饱和度测井和井间监测等重点测试项目予以了保证，基本满足油田动态分析及油藏精细描述工作的需要。为保证动态监测技术服务有序进行和取全取准各项资料，各油田根据实际情况重新制定或优选测试系列，优化动态监测方案，提高资料利用率，已在大庆、辽河等油田取得良好进展。

（6）油田开发新技术推广应用取得了重要进展。

比较显著的是利用水平井开发技术有了新的发展，其中塔里木油田公司是规模化应用水平井开发技术并取得良好效果的典型。随着技术的进步，新疆、吐哈、冀东、长庆、大庆等油田也开始试验水平井开发技术，大港也在积极准备。预计今后几年，水平井开发技术将在新老油田的开发中迅速得到规模化应用。

（胡海燕　李松泉）

油藏评价

【概述】　2002 年坚持以经济效益为中心，认真贯彻“2002 年集团公司工作会议”精神和“股份公司开发技术座谈会”的有关要求，大力推进勘探开发一体化，以油藏评价和新区产能建设为目标，科学安排部署，狠抓方案落实，应用新技术、新方法努力控制投资、降低成本，油藏评价和新区产能建设工作全面展开、规范运行。

【滚动勘探开发】　2002 年滚动勘探计划探明石油地质储量 7500 万吨，三维地震资料野外采集 670 平方千米，新老资料处理、解释分别为 2260 平方千米和 2740 平方千米，钻井 149 口，进尺 33.97 万米。实际完成三维地震资料野外采集 574 平方千米，开展新老资料处理、解释分别为 1996 平方千米和 2429 平方千米。完钻滚动探井 158 口，进尺 29.24 万米，新井试油交井 132 口，获工业油流井 97 口，老井试油交井 108 口，获工业油流井 76 口，新增探明石油地质储量 9174 万吨。完钻滚动开发井 1235 口，进尺 151.24 万米，投产油井 1065 口，新建原油生产能力

172.5万吨。

辽河油田分公司大民屯低潜山带滚动勘探成果进一步扩大，优选了沈625、沈629、沈635等井实施钻探，均获得成功，其中沈625投产后初期日产油245吨，沈628初期日产油70吨，该区新增探明石油地质储量300万吨，建成生产能力8.1万吨。华北油田分公司滚动评价井马851井，试油获日产291吨的高产工业油流，这是华北油田10年来单井日产最高的一口井，并在851井东600米处又打了马851-1井，初期日产油40—50吨；新增含油面积1.2平方千米，新增探明石油地质储量146万吨，建成生产能力2万吨。吐哈油田分公司温5西北块滚动勘探开发取得突破，滚动探井温5-5井，8毫米油嘴求产日产纯油100立方米，在此基础上编制了滚动开发方案，共新钻井9口，进尺2.414万米，新建生产能力3.5万吨。

【储量评价】　2002年计划提交探明石油地质储量42750万吨，可采储量8710万吨。按照勘探开发一体化和重点勘探项目审查要求，突出创新管理、问题管理，在78个提交探明储量目标区的基础上，又确定三类六个重点评价目标区。2002年实际新增探明石油地质储量42760万吨，可采储量9254.1万吨。

1. 探明石油储量的基本特点

探明油区储量相对集中。提交探明石油储量涉及油田69个，其中大型规模（大于3000万吨）油田有四个，探明石油地质储量16492万吨；中型规模（1000万—10000万吨）区块11个，探明石油地质储量19836万吨；以上两项合计储量占总储量85.0％。

新油田、新区块储量达总量三分之二。有六个新油田，探明石油地质储量9504万吨；有218个新区块，探明石油地质储量18941万吨；以上两项合计储量占总储量66.5％。

新增探明储量中，Ⅰ、Ⅱ类储量近三分之二。2002年开始试行勘探开发一体化运作，强调探明储量的落实程度，大幅度减少了Ⅲ类探明储量的比例，Ⅲ类探明储量占总提交储量的34.3％，基本控制在相对合理的水平。

储量可动用率有所提高。根据初步统计，2002年新增的42760万吨探明储量中，当年动用14949.6万吨，占总储量35％，新建产能275.4万吨；预计2003年以后还将动用建产能。

稠油比例有所减少，低渗储量比例仍然较高。2002年度新增探明储量中，稠油储量为2189万吨，占总储量的5％；而2000年和2001年分别为12.45％和9.9％，稠油比例有所减少。低渗和特低渗储量达25292万吨，占总储量的59.1％，高于近两年水平（2000年和2001年分别为47.8％和54.6％）。

2. 油藏评价管理特点

2002年油藏评价管理显著特点是实行勘探开发一体化。大庆太东—卫星地区和海拉尔苏仁诺尔地区、冀东柳赞、塔里木轮古西和桑南、玉门青西等基本实现了油藏评价和开发准备井统一部署；吉林英坨东开发密切跟踪预探，勘探及时反馈给开发评价，勘探开发资料即时共享，提高评价效益；长庆的王窑南北和白马区积极进行开发试验和开发准备，为扩大预探领域提供依据。

根据实际，适时调整评价方向。志靖—安塞南项目2002年重点评价目标是王窑南。2001年王窑南已在长6^1落实石油探明储量4064万吨，区域分析油田有继续向南扩大的趋势，拟定跟踪预探结果及时进行评价，预计探明石油地质储量950万吨。由于地方关系，探井不能正常实施，本区难以进行油藏评价；而根据勘探开发证实，王窑北长6^1含油面积可继续扩大。鉴于这种情况，评价项目及时向北调整，勘探开发协调安排，实现探明石油地质储量1358万吨。

及时跟踪，适度调整目标的地质任务。塔里木却勒1油藏，年计划安排评价井两口，提交探明石油地质储量1000万吨。根据该钻探成果和油藏特点，立足慎重评价的原则，在第一批计划中仅下达一口评价井。在此后深入评价研究中，发现评价目标构造发生较大变化，实际上预探任务并未完成。经调整，将评价井转为预探井，避免了油藏评价风险。

【新区开发】

1. 新区原油产能建设完成情况

2002年新区原油产能建设计划：钻井4240口，进尺691.69万米，建成生产能力667.56万吨。实际钻井3889口，进尺606.26万米，投产油井3370口，平均单井日产油5.6吨，建成生产能力631.1万吨。

2. 新区原油产能建设的主要工作

深入油藏地质研究，加强跟踪评价，及时进行随钻分析，提高方案设计水平。新疆、长庆等油田公司深入进行成藏条件研究，优选有利布井区块，优先开发油气较富集地区，部署滚动开发首钻井；利用地震详查资料，精细识别中小断层，避免因油层断失而报废；遵循滚动开发的钻井程序，合理布置钻机，先实施首钻井，再根据储层发育及油水分布特征，钻其他井；同时加强跟井分析，及时搞清砂体规模，以指导钻机运行。为此提高方案设计水平，最大限度的降低低效井和报废井比例。

整体部署，分批实施，合理安排钻井运行，确保钻井成功率。辽河油田分公司为确保钻井成功率，减少低效井比例，在方案实施过程中，始终坚持整体部署、分批实施的原则，建立了科学的实施程序。一是对于油层、储量落实程度较高，地质情况相对简单的区块，如曙一区杜 84 块馆陶油层和兴隆台油层，采取的是围绕投产效果好、地面建设容易的地区逐步向外分批实施，滚动开发；二是对于地质情况复杂、储层内幕和产能认识还不十分清楚的区块，如黄沙坨油田小 22 块、欧利坨子地区、沈 625 井区等，加强了方案实施全过程管理，分批下达钻井计划，采取“完钻一口、投产一口、研究一口、安排下一口”的做法，最大限度地减少了低效井井数。

采用先进适用的新技术、新方法，努力提高单井产能，提高产能建设到位率。青海油田分公司在花土沟油田推广应用无固相甲酸钾泥浆钻井液体系的试验获得了成功，单井日产油明显提高，取得了较好的效果。

不断优化部署，调整方案，提高整体效益。地处二连地区的巴 19 断块为 2001 年勘探新发现的储量区块，由于距老系统较远，按正常开发程序，基本没有经济效益。因此，在开发方案的编制过程中，主要从控制和节约投资以及降低成本等方面考虑，取得了较好的经济效益。在开发井网的研究中打破了以往华北油田传统采用三角形井网布井的思维方式，优选经济效益明显好于三角形井网的正方形井网，少钻井五口，节省投资 1282 万元，并根据储层分布特点减少了试油工作量，节省投资 1388 万元。

产能建设简化地面流程，努力控制投资，降低成本。大庆油田分公司针对新肇古 68 区块储量丰度低、单井产能低、地面条件差、油层分布零散的特点，采取新的小油公司体制，钻井、测井、射孔均进行招标，地面工作量大大简化，取得了很好的经济效益。

【勘探开发一体化工作】 勘探开发一体化总体工作思路是：实现勘探开发一体化，提高勘探开发业务的总体效益。一是考虑从内部体制上进行改革，成立一个勘探与开发的结合部门，承担已发现资源评价、开发前期准备、可行性研究、方案设计与储量的落实申报和产能建设等工作任务。做到管理、部署、评价、研究及信息共享五个一体化；二是借鉴国际通用的储量分类方法和评审制度，以经济可采储量为标准，从机制上改革储量申报及考核程序；三是要制定保证勘探开发一体化运行的有效措施，修改有关管理规定，落实前期准备和开发评价的研究费用，把工作落到实处。四是要注重对勘探开发一体化的复合型人才培养和队伍建设，发展和完善地震、测井、油气藏描述、早期评价、油藏工程、钻采工程、地面工程等配套技术。这一勘探开发一体化改革思路在“2002 年集团公司工作会议”上得到了进一步明确。

按照勘探开发一体化总体工作思路，在 2002 年重点做了以下几个方面工作：一是整合了勘探与生产公司内部机构；二是明确了领导分工；三是为了便于实现规范化管理，将勘探开发业务划分为预探、评价、产能建设（特指新区产能建设）、油气生产（包括老区产能建设）四个工作阶段；四是严格项目的立项、考核、后评估及指标兑现管理；五是制定了《勘探开发工作指导意见》和《油藏评价项目管理办法》等一批管理规定和技术要求；六是在编制年度计划、五年滚动规划、储量管理和财务管理等方面都已经开始按照新的工作思路开展工作。

根据股份公司勘探开发一体化工作精神，各油田公司积极开展工作，从机构设置、管理程序和项目运行等方面进行改革，已经初步见到了一些成效。大庆油田公司成立了专门的一体化办公室，统筹负责油藏评价和产能建设各项工作，并在研究院组建了油藏评价室作为技术支持，大大提高了评价效率。其他油田公司也陆续着手实施勘探开发一体化的各项工作，部分油田公司已经进入具体实施阶段。

（郑兴范　王元基）

天然气开发

【主要指标完成情况】

（1）工业产量。2002 年股份公司计划工业产气量 218 亿立方米，实际年产工业气量 224.7 亿立方米，完成年度计划的 103.1%。其中，气层气产量为 160.9 亿立方米，溶解气产量 63.9 亿立方米。

（2）商品量。2002 年股份公司计划天然气商品量160亿立方米，其中外供气量计划128.4亿立方米；实际完成天然气商品量166.5亿立方米，实际外供气量150.5亿立方米；分别完成计划的104.1%和117.2%。

(3) 产能建设。2002年实际新投入开发天然气可采储量547.8亿立方米，新建产能28.2亿立方米，完钻井数157口，进尺46.2万米，配套建井170口。

(4) 新增储量。2002年股份公司新增气层气探明地质储量3000.1亿立方米，可采储量1933.6亿立方米，新增储量主要在塔里木迪那2、西南罗家寨及青海涩北一号、二号气田。

(5) 新井及措施增产。2002年股份公司全年共投产新井108口，年产气8.3亿立方米；老井措施挖潜427次，年增产气量8.2亿立方米。

【主要工作及其成果】

1. 上游资源准备和协调工作

围绕西气东输总体战略，积极组织开展了与上游资源相应的开发前期技术准备，做好四大气区，特别是长庆、西南气区的天然气开发前期评价和生产部署工作。

长庆气区：组织编制和审查了“长庆气区85亿立方米/年天然气生产能力部署方案”。针对西气东输启输、陕京线及周边市场的需求，确定至2003年四季度，长庆气区要建成76亿立方米/年生产能力；至2004年底，天然气年产规模应达到85亿立方米。为此，落实了长庆气区2003年新建27亿立方米产能部署。组织编制和审查了长庆气区2003年27亿立方米天然气配套产能建设和第一、第三净化厂改扩建方案审查。

塔里木气区：通过对克拉2气田三维地震资料、克拉205井评价资料的研究，克拉2气田的含气面积增加了1平方千米，气层平均厚度也有所增加，新增探明地质储量335亿立方米，可采储量250亿立方米，使克拉2气田的探明储量达到2840亿立方米，可采储量达到2130亿立方米，气田年产100亿立方米的稳定生产时间也由可研阶段的15年增至17年。2002年底迪那2气田新增探明天然气地质储量831.5亿立方米，可采储量581.5亿立方米，预计可建生产能力30亿立方米/年。

西南气区：按照川渝天然气东输合同要求的供气时间和供气量，组织西南油气田分公司编制了详细的川渝天然气东输上游产能建设和配套工程工作计划，并组织召开了川渝天然气东输上游资源保障工作部署会，明确了上游配套产能建设的工作量和运行安排。同时，加强上下游一体化协调工作，进一步落实下游用气项目建设进度及分年用气量。目前，六个主供气田产能建设和六项地面配套骨干工程正在紧张有序地建设。

青海气区：根据陕京二线输气工程立项要求，组织专家对青海天然气资源及产能规模进行了论证，认为青海柴达木盆地天然气储量具备参与东输的资源基础。以现有探明储量为基础，可以实现年产65亿立方米的规模，参与东输陕京二线30亿立方米/年，并稳产13年以上。同时，勘探上需要开始着手寻找有利圈闭和后备区域，为项目实施后的资源接替做准备。

2. 苏里格气田前期评价

2002年苏里格气田上报国家储委新增探明天然气地质储量3816亿立方米（待批），这将使苏里格气田的探明储量达6025亿立方米，成为我国探明储量最大的气田；同时长庆气区累计探明天然气地质储量将达1.18万亿立方米，成为我国首个探明储量突破万亿立方米的大气区。

为做好长庆气区天然气开发准备工作，保证西气东输的顺利启输，2002年1月股份公司成立了以刘宝和副总裁为组长的“西气东输长庆气田资源开发工作领导小组”，并于2月召开了领导小组第一次会议。根据会议所确定的苏里格气田近期开发主要工作思路和评价目标，2002年加大了对苏里格气田的评价力度。到2002年底，已累计完成二维地震614千米，三维地震200平方千米，完钻开发评价井14口，开发井12口，其中水平井2口、天然气欠平衡钻井1口；开展大型压裂8口、CO_2压裂6口；气井系统试井9口。配套建成3亿立方米/年生产能力，地面建成15亿立方米/年骨干工程，并于10月份投入试采。并组织长庆油田分公司、物探局、中国石油勘探开发研究院鄂尔多斯分院、成都地质学院、北京石油大学、廊坊分院等研究单位，广泛开展了储层沉积相、含气砂体预测、高产富集规律，储层改造、地质建模和开发方案等研究，初步取得了对储层认识的阶段性成果，目前各项研究工作仍在进一步深入进行。

同时，道达尔、BP、斯伦贝谢等国外石油公司对苏里格气田也进行了平行或联合研究，研究结论与中方基本一致，均认为地质储量是落实的。

3. 克拉2气田开发实施方案编制

2002年，组织中国石油勘探开发研究院、塔里木研究院等各方面的技术力量，在吸收前阶段中外研究成果的基础上，编制了克拉2气田开发实施方案。

西气东输框架协议签订以后，中国石油和IOC成立了上游联合工作组，中外双方开始共同编制开发方案。此后，积极协同中油国际公司围绕克拉2气田开发方案的编制，对冲蚀速度、单井配产、钻井程序、防腐工艺、材质选择、烃露点的控制以及工程造价等重点技术专题进行了研讨。至年底，克拉2气田的开发方案编制工作已经完成，并通过了中国石油组织的评估和审查。

4. 天然气开发方案管理

为使气田开发工作进一步规范化、科学化，不断改善和强化气田产能建设项目立项、考核，确保气田产能建设水平和气田开发效益，组织制定了关于天然气产能建设项目的方案编制、审查和上报备案等工作的管理办法，并下发给各油田公司参照执行。

2002年完成了新疆石南4、莫北2井区、盆5井区开发方案，吐哈丘陵、温米、丘东、吐鲁番油气田气层气开发方案，西南温泉井、黄龙场区块开发方案，罗家寨气田开发评价方案，罗家寨气田开发方案，八角场气田中外合作开发方案等重点气田开发方案的审查工作。涉及产能建设规模38.5亿立方米。

5. 编制2002—2006年天然气滚动业务发展计划

按照西气东输总体部署、天然气资源开发和下游用户现状，坚持效益最大化，以销定产、以产定能的原则，对2002—2006年的天然气开发指标进行了规划部署，重点对2003年的产量、产能和投资进行了优化部署。

6. 天然气开发技术攻关

一是针对川东北地区飞仙关鲕滩气藏高含硫和鲕滩储层的非均质性特点，2002年继续围绕高含硫气田的储层预测、防腐、钻井完井、安全生产与环保等方面深化研究。针对川东渡口河、罗家寨气田苛刻的气质条件（H_2S含量达9%—17%、CO_2含量达5%—8%），在进行大量国内外技术调研的基础上，对高含H_2S、CO_2气田的开发技术进行了系统研究。特别是围绕高含硫气田开发过程中可能出现的“腐蚀、硫沉积”等关键技术难题，以“大产量、强化生产”为攻关目标，借鉴国外高含硫气田开发经验，研究了川东高含硫气田开发涉及的气井完井及投产工艺、集输工艺、净化工艺以及配套的防腐、防堵措施及生产管理技术要求，形成了开发渡口河、罗家寨高含硫气田的技术思路，其完井方法、井下管柱及工具已在天东5－1井进行了先导试验。现场试验方面，罗家1井酸化前测试产量20万立方米/日，酸化后效果明显得到改善，测试产量高达130多万立方米/日。

二是针对苏里格气田低渗非均质砂岩储层特点，组织开展了长庆上古气藏砂体分布规律、高产控制因素及压裂改造技术研究，加深了对储层的认识，并组织召开技术座谈会，对苏里格气田的开发技术问题进行分析和探讨。初步确定了苏里格气田立足于低产、低成本开发的指导思想。

三是青海气区继续开展涩北气田以控砂、防砂为主体，提高单井产量的技术试验。总体思路是首先搞清各层系的出砂规律，根据储层状况采取控防结合的方针，对胶结相对较好，不太易出砂的储层采取控制压差分层采气方法提高单井产量，对于易出砂的储层，采取先期压裂防砂，后期充填防砂的方法进行生产。

四是为进一步加大天然气开发技术发展力度，组织了国外既有扎实的理论基础知识，又有丰富的现场工作经验的知名专家来华讲座，主要针对目前股份公司天然气开发的技术难题，重点介绍了水平井、多分支井、大型水力压裂等方面的先进技术及其应用范围。

7. 吐哈与新疆油田向乌石化供气工作的协调

根据股份公司安排，乌石化第二套以油改气生产化肥装置计划于2002年9月份投产，原设计用鄯乌管道天然气，日用气40万—56万立方米，需要对鄯乌线管道和吐哈上游供气系统进行系统改造。上半年经过组织对吐哈资源和管线改造的论证，认为该方案存在供气资源保证程度低、经济效益较差等问题。经过协调和研究，确定优先开发新疆盆5凝析气藏，新建产能3亿立方米，同时建设盆5－704泵站、王家沟—乌石化两条管线。既可保证乌石化用气要求，又可以加快新疆油田公司天然气资源开发，降低稠油热采的渣油用量。

【天然气开发基本形势】

1. 天然气开发现状

气层气：至2002年底，股份公司所属13个油气田，累计探明气层气地质储量26542.8亿立方米，开发动用地质储量9884.1亿立方米，未动用地质储量16658.7亿立方米，未动用储量主要分布在中、西部地区。

2002年12月开井1382口，平均井口日产气层气6550万立方米，井口年产气174.8亿立方米，累计采气2912.4亿立方米，已开发可采储量采气速度2.77%，采出程度45.35%。

溶解气：截至2002年底，共投入开发溶解气地质储量5986.1亿立方米，可采储量2390.7亿立方米，井口年产 80.43 亿立方米，累计产气 1830.7 亿立方米。平均井口日产气 2331 万立方米，目前生产气油比 97 立方米/吨，已开发可采储量采出程度 76.6%。

2. 天然气继续保持快速增长

近年来，股份公司天然气勘探不断取得突破，相继探明了克拉 2、吐孜洛克、迪那 2、苏里格以及罗家寨等一批大中型气田，天然气资源基础进一步加强。剩余气层气可采储量储采比从 2001 年的 59∶1 增至 83∶1。

随着西气东输工程的启动和天然气下游市场的不断开拓，“十五”将是天然气产能建设速度最快、产能建设规模最大、天然气产量增长最迅速的时期。

2002 年天然气工业产量为 224.75 亿立方米，比 2001 年增长了 18.94 亿立方米，其中气层气增长 17.75 亿立方米，伴生气增长 1.19 亿立方米。中西部继续保持着产量快速增长的良好势头，增产 20.22 亿立方米，主要上产地区是西南、长庆、青海、新疆，分别增产 4.02 亿立方米、5.47 亿立方米、5.64 亿立方米和 2.59 亿立方米。

【重点气区生产动态】

1. 西南气区

西南气区天然气勘探开发继续保持持续稳定发展的势头。至 2002 年底，探明气田 101 个，探明气层气地质储量 6626.81 亿立方米，可采储量 4504.57 亿立方米，剩余可采储量 2446.56 亿立方米。已开发气田 92 个，动用含气构造 36 个，探明气层气剩余可采储量储采比 28∶1；累计建设配套生产能力 88.2 亿立方米，2002 年完成工业产气量 87.61 亿立方米，完成年度计划指标的 104.3%，比 2001 年增加 4.02 亿立方米。由于天然气市场发展较快，2002 年井口生产能力、井口配套能力与市场需求出现了紧张状态。

西南气区天然气开发生产总体上处于快速上产的好形势，川东地区“十五”期间仍然是主力上产区，气层气探明地质储量 4038.15 亿立方米，剩余可采储量 1937.62 亿立方米，2002 年井口产气占井口总产量的 66.9%。同时，通过实施黄草峡气田开发调整方案和开展麦子山麦南开发前期论证，完成的草 30 井、31 井和池 57 井获得高产工业气流。表明川东地区老气田气藏滚动勘探开发具有良好前景。

川南川西南老区滚动勘探开发也获重大进展。近两年，川南、川西南老区转变勘探思路，重新认识三叠系气藏，在麻柳场、宜宾、同福场、牟家坪等区块也获得重要成果。

2. 长庆气区

截至 2002 年底，已探明气层气地质储量 8010.97 亿立方米，可采储量 5379.3 亿立方米。根据长庆油田分公司近期天然气发展规划，已探明储量可以形成 145 亿立方米的天然气生产能力。

2002 年工业产气 39.14 亿立方米，完成年度计划的 100.9%。已投入开发气层气地质储量 2186.7 亿立方米，可采储量 1450.6 亿立方米，累积产气 114.14 亿立方米。

截至 2002 年底建成天然气生产能力 49.4 亿立方米，其中靖边气田 39.8 亿立方米、乌审旗 0.6 亿立方米、榆林 6 亿立方米、苏里格气田 3 亿立方米。目前已建成陕西—北京、陕西—宁夏、靖边—西安、靖边—榆林四条输气干线，夏天日供气量 520 万立方米，冬季日均供气量达到 1467 万立方米。

靖边气田探明地质储量 3272.88 亿立方米，可采储量 2117.95 亿立方米，建成天然气年生产能力 39.4 亿立方米，平均单井日产气 6.2 万立方米/日，2002 年产气 33.3 亿立方米。通过四年的开发和进一步评价证实，天然气储量落实，规模由原方案的年产 55 亿立方米提高到 60 亿立方米，气井的平均单井产量由方案的 4.2 万立方米/日，提高到 6.2 万立方米/日，实现了气田的高效开发。

2002 年靖边气田产能建设实施效果良好。完钻的 36 口开发井，31 口井钻遇主力气层，下古主力气层钻遇率 86%。试气 32 口井，28 口井达到工业气流。新建天然气生产能力 6.4 亿立方米。

榆林气田处于试采阶段，目前已建成 6 亿立方米的天然气生产能力（包括长北合作区 3 亿立方米）。榆林气区先后开展了气井产能试井、压裂增产工艺试验、不稳定试井、地震资料的采集、处理及解释的等多项开发前期评价工作。经过三年多的前期评价和开发试验，证实储量可靠，探明储量可建成 10 亿立方米的天然气生产能力（包括长北合作区 3 亿立方米）。

苏里格气田自 2001 年实施开发评价以来，共钻评价井 14 口，其中两口水平井，无阻流量在 5 万—6 万立方米/日。2002 年在苏 6 井区进行了先导试验，试验井组由三口探井、13 口开发井和一口水平井组成。配套建成年生产能力 1.7 亿立方米。

3. 塔里木气区

塔里木盆地是我国天然气资源最丰富的地区，天然气资源量 8.39 万亿立方米，占全国资源量的 23%。截至 2002 年底，塔里木油田分公司发现并探明 24 个整装大中型油气田，累计探明天然气地质储量 6464.6 亿立方米。

目前塔里木天然气生产以伴生气为主，气层气受下游用气的制约，仅有牙哈 23 凝析气田和柯克亚凝析气田投入开发，其中牙哈 23 凝析气田整体采用早期循环注气开发、柯克亚凝析气田则在部分井组实施循环注气，共动用气层气地质储量 519.40 亿立方米、凝析油地质储量 3016.3 万吨。2002 年生产天然气 10.8 亿立方米，其中气层气 3.01 亿立方米，伴生气 7.87 亿立方米。全年销售天然气 2.5 亿立方米，生产凝析原油 64.02 万吨。

根据西气东输工程总体部署，2004 年底西气东输管线全线贯通，2005 年塔里木天然气东输上海，预计当年供气 80 亿立方米，2007 年达到年输 120 亿立方米的规模。即将投入建设的克拉 2 气田是西气东输首期供气的主力气田，也是目前国内产能规模最大的气田，在西气东输工程中占据着举足轻重的地位。

4. 青海气区

2002 年共生产天然气 11.51 亿立方米，增产 5.64 亿立方米，是股份公司天然气产量增长幅度最大的气田。

2002 年青海气区围绕提高涩北气田单井产量、涩北一号气田产能建设、涩北气田开发实施方案编制，以及陕京二线输气管道工程预可研等重点工作，做了大量的开发试验及研究工作，取得显著进展：应用 PVC 玻璃钢内桶保型取心工艺技术，在涩北气田的涩 3－15 井进行了取心试验，目的层段取心收获率达到了 93.4%，为涩北气田开发奠定了基础；在 3－7 井和 3－18 井开展的高压充填防砂和复合纤维防砂的防砂工艺试验取得了较好的防砂效果；涩北气田开发实施方案的编写和审查工作接近尾声；初步完成了陕京二线预可研有关“青—陕”输气管道工程（上游天然气资源及产能规模部分）预可研，初步论证青海气区已探明储量可建成 65 亿立方米年产规模，可向陕京二线年供气 30 亿立方米。

5. 新疆油区

新疆油区天然气产量继续保持稳定增长的势头，2002 年共生产天然气 20.2 亿立方米，比 2001 年增加 2.6 亿立方米，增长幅度为 14.7%。

2002 年建成盆 5－704 泵站输气管线 50 千米，王家沟—乌石化输气管线 37 千米。莫北天然气处理站、莫北、陆梁油田伴生气增压站顺利投产，每天新增天然气 110 多万立方米。

随着新疆稠油生产规模的进一步扩大，用气量增长，冬季天然气供不应求的局面依然存在。

（谭　健　何江川）

采油工程

【井下作业】　2002 年井下作业围绕控制作业总量、降低操作成本的总目标，推动技术进步，加强监督管理，提高施工质量，取得了良好的成果和经济效益。

1. 作业工作量完成情况

2002 年油水井总数达到 123687 口，作业总工作量完成 108802 井次，其中维护作业 69690 井次，油水井措施 28671 井次，大修 2771 井次。与 2001 年对比见表 1。

作业工作量的变化趋势是：

（1）作业总工作量得到有效控制。在增加 6675 口新井（增长 5.1%）的情况下，作业总工作量反而减少 2951 井次（降低 2.7%），作业工作量首次负增长。反映在单井年作业次数继续减少，由 2001 年 0.94 次下降到 0.87 次，减少 0.07 次。

（2）维护作业工作量增长速度降低。工作量完成 69685 井次，比去年减少 677 井次（降低 1%）；单井年维护次数为 0.56 次，减少 0.04 次；油水井免修期比 2001 年增加 41 天，达到 648 天。

表 1　2001—2002 年井下作业主要指标对比表

年度	总井数（口）	总工作量（井次）	单井年作业次数（井次/年）	维护工作量（井次）	单井年维护次数（井次/年）	油水井措施（井次）	大修（口）	油水井免修期（天）
2002	123687	108802	0.88	69690	0.56	28671	2771	648
2001	117012	110112	0.94	70362	0.60	29699	2757	607
对比	+6675	−1310	−0.06	−672	−0.04	−1028	+14	+41

（3）老井措施工作量完成19271井次，有效率79.43%，累计增油663.63万吨，单井次增油344吨；与去年同期对比总工作量减少583井次，有效率降低1.39%，增产量减少69.3万吨，单井次年增油减少25吨，见表2。

从分项措施构成看，主要是压裂、补孔、稠油热采三项措施所占比例较大，增产量减少。与2001年对比数据见表3。

表2　老井措施情况统计对比表

年　度	总工作量（井次）	有效井次（井次）	有效率（%）	增油量（万吨）	单井次增油（吨/井次）
2002	19271	15307	79.43	663.63	344
2001	19854	16046	80.82	732.93	369
对比	-583	-739	-1.39	-69.3	-25

表3　老井主要增产措施情况统计

年　度	压裂		补孔		稠油热采		三项合计			
	工作量（井次）	增产量（万吨）	工作量（井次）	增产量（万吨）	工作量（井次）	增产量（万吨）	工作量（井次）	占比例（%）	增产量（万吨）	占比例（%）
2000	2140	100.5	3465	166.7	5897	198.5	11502		465.7	
2001	2484	132.7	3235	164.5	7112	231.8	12831	64.6	529	72.2
2002	2248	101.9	2916	142.1	7968	202.3	13132	68.1	446.4	67.3
02-01对比	-236	-30.8	-319	-22.4	+856	-29.5	+301	+3.5	82.6	-4.9

2. 夯实基础、推动技术进步、强化管理、努力降低作业成本

（1）为了提高井下作业总体经济效益，今年以来首先就此问题组织到油田调研，摸清情况。在此基础上，组织召开了“提高井下作业效益座谈会”，会上各油田交流了降低成本的做法、经验和先进实用的新技术，促进了这项工作的深入开展。

（2）大力推动技术进步。多次组织油田之间的相互学习交流，提高井下作业的技术水平。大通径密封加固技术：针对原直径100毫米密封加固内通径较小，与分层注采工艺配套性较差的问题，2001年研究了直径106毫米加固技术，2002年又开展了直径110毫米加固工艺研究，试验九口井，取得了突破性进展。小通径错断井打通道技术：针对内通径小于70毫米的错断井，研究了领眼锥铣、偏心锥铣、锲形扩胀三种找通道方法，长锥面锥铣、凹形磨铣两种扩通道方法，定向法、环形射流聚能切割两种打通道方法，施工成功率由过去的28.9%提高到45.9%，提高了17%，打开的通道内径大于120毫米，能够满足落物打捞、密封加固、取套换套等工艺的要求。

（3）监督工作。举办了三级“试油监督”和局级“井下作业监督”培训班，共有150人参加培训。还组织专家对2001年已受培训的试油监督人员进行资格考评，61人中有六人没有通过，对通过的55人颁发了试油监督证书。通过此项工作，提高了油公司管理人员素质，并从组织上为甲方监督给予保证。

【机械采油】　工作重点是新技术的应用与提高机械采油系统效率。

1. 大力推广应用人工举升新技术，努力提高油田开发水平

（1）优化抽汲参数，提高系统效率的新技术。引进江苏油田的设计软件，在保持产液量不变的条件下，通过对泵挂深度、泵径、冲程、冲次的优化，提高抽油系统效率。大港作业一区抽油井经过参数优化后，平均系统效率由27.7%提高到36.2%，增加了13.5%，单井年可节电1.8万千瓦·时；华北雾迷山组油藏对25口井实施优化后，平均单井系统效率提高了11.6%。目前正在准备扩大试验规模，为大规模应用这项节能新技术做准备。

（2）螺杆泵采油技术逐步成熟。螺杆泵具有泵效高、能耗低、一次投资少等优点，与举升条件相同的抽油机相比，投资可降低10%—15%，节电40%。

但前几年在股份公司应用中表现出检泵周期短的缺点，影响了螺杆泵的大规模应用。最近几年在生产厂家改进泵组质量的同时，各油田分公司研究应用了井下杆管防倒转装置、扶正装置、锚定装置，改进了抽油杆螺纹连接结构，使井下管杆的机械性能、工作状况有了较大改进，从而有效延长了螺杆泵的使用寿命，为扩大应用创造了条件。如：大庆油田 2002 年共有螺杆泵 750 口，与 2001 年相比增加 337 口；2002 年共检泵 145 井次，平均检泵周期为 334 天，2001 年以前投用的 370 口螺杆泵井平均免修期达 421 天，其中 103 口井免修期超过 500 天，16 口井超过 1000 天。华北油田主力砂岩油藏现有螺杆泵井 50 余口，针对要求排量低的特点，采用了调速电机，平均检泵周期达到 1288 天。

2. 提高机械采油系统效率

（1）2002 年 1 月组织召开了“提高系统效率技术交流研讨会”，对机械采油系统效率的影响因素、敏感性、改善系统效率的方法进行了认真的讨论，同时交流了各油田提高机械采油系统效率所开展的工作情况，加强了对提高“机械采油系统效率”的重要性认识，基本统一了实施的办法。

（2）开展提高机械采油系统效率的现场调研。2002 年 5 月分别到辽河、吉林、华北、长庆、青海、四川等油田十几个采油厂的数十个井场，开展了提高机械采油系统效率的现场调研，组织技术研讨，推动了此项工作的开展。

（3）组织“机械采油系统效率测试与评价方法”的研究。2002 年华北油田分公司已完成 250 井次基础数据的采集，并对 1400 口井提出了提高系统效率的措施方案；大港油田分公司已对 962 口井进行了系统效率测试，占抽油机井数的 67.7%，基本完成了抽油机系统效率的普测工作，下步将在此基础上制定提效的措施。

【低渗透改造】　整体推动压裂技术进步，不断提高低渗透开发水平和经济效益。

1. 全面推动压裂设计技术进步

2000 年引进国际先进的压裂软件 FRACPRO－PT 后，为了最大限度发挥其应用效果，引进后全面抓了汉化研制、消化吸收与推广应用的工作，取得很好的效果。

（1）首先成立技术支持组，完成了近 20 万字的汉化研制任务，推出了第一个汉化版本；并对第一个汉化版本举办四次培训班共培训 160 多人次，使该软件在整个股份公司和集团公司得到全面推广应用，现共推广应用该软件 218 套，全面提高了压裂设计和技术水平。

（2）为了提高软件应用水平，组织中国石油勘探开发研究院采油所对现场进行技术服务与指导工作。如在大庆海拉尔地区针对压裂早期脱砂、难以正常施工，通过现场指导应用 FRACPRO－PT 软件进行测试压裂分析，找到了早期脱砂的原因，采取改变压裂液配方和变排量施工后解决了这一问题，全年压裂 13 井次都顺利地按设计完成施工，最高的一口探井试油产量达到 150 立方米/日，取得显著的增油效果。

2. 规范压裂支撑剂质量检测，提高支撑剂质量与管理取得明显进展

年初在前期调研的基础上制定下发了《关于规范压裂支撑剂质量检测、质量管理的通知》。按文件要求，组织压裂中心对各厂家进行全面质量检查验收，结果两种落后的生产工艺和产品质量不稳定的生产厂家全部被淘汰，筛选出只有九个厂家及其产品符合中油股份公司的要求。这在中国石油系统内关于支撑剂的质量、技术与管理尚属首次，反响很大，反映很好，对厂家、油田都是极大的促进。特别对保证今后股份公司压裂使用支撑剂的质量、提高压裂增产效果，净化支撑剂市场，促进国产支撑剂生产与技术良性发展，具有导向的意义和作用，坚持发展下去必将产生良好的效果和影响。

3. 突出的储层改造工艺技术新进展

（1）薄隔层压裂技术。为适应老井细分挖潜和三次加密井改造要求，研究应用了可保护 1—1.5 米厚度隔层的薄隔层压裂技术，大庆油田 2002 年推广 74 口井，保护薄隔层 93 个，平均隔层厚度 1.15 米，最小隔层厚度 0.4 米，工艺成功率 100%。

（2）地应力研究在压裂改造中发挥重要作用。中国石油勘探开发研究院采油所与大庆油田相结合，将地应力研究成果成功地应用到探井的改造，见到十分明显的增产效果。如肇深 10 井 2880—2994.6 米井段为大段储层，无岩性分隔，原计划大段混压，改造程度低，经地应力研究后发现大段内有一高应力段，可在压裂中起隔挡作用，从而将施工设计修改为上下两段分层压裂，压后证实分层压裂成功，产气量由压前的 1.86 万立方米/日增加到 20.3 万立方米/日，效果显著。

【稠油开发】　推动技术进步与提高热采系统效率的工作。

1. 热采技术进步

（1）改善高轮次吞吐效果技术。为改善高轮次

吞吐效果，研究多井整体蒸汽吞吐技术，以射孔层位对应、频繁汽窜的井组为单元集中注汽，减少热量的流失、提高蒸汽的利用率，在辽河油田特油公司四个采油作业区大面积应用，2002 年共实施多井整体蒸汽吞吐 11 个井组，48 井次，比上周期增油 7800 吨，节余注汽量 1.1 万立方米，取得良好的增油节汽效果。

（2）超稠油整体调剖试验。为改善超稠油蒸汽吞吐效果，开展了调整吸汽剖面试验，2002 年 1—9 月实施 64 井次，其中 22 口井已见效，阶段增油 10624 吨，创效益 903 万元。据目前周期结束可对比的 17 口井分析，成功率 76%，平均单井增油 376 吨，投入产出比 1∶4.4。

（3）齐 40 蒸汽驱试验获得成功。齐 40 蒸汽驱先导试验 4 年，在蒸汽吞吐开采阶段采出程度达 24%、单井日产油 3.5 吨/日的情况下，开始蒸汽驱试验，到 2002 年底试验区平均单井日产 7.7 吨，采油速度 6.7%，汽驱阶段采出程度达 33.6%，累计采出程度已达 57.6%，中深层蒸汽驱试验获得成功。

2. 提高热采系统效率工作

辽河、新疆两个油田不断提高热采系统效率工作。辽河油田对此非常重视，在 2001 年调查热采系统效率现状的基础上，对热损失严重点进行了整改和试验工作。

（1）针对注汽锅炉，辽河油田在锦州采油厂进行了自动控制、燃气吹灰、最佳空气比等技术改造，使锅炉热效率提高约 5%—8%；

（2）针对输汽管网，试验新型保温材料和保温结构，降低管网热损失。通过在锦州采油厂改造前后试验段提高保温效果，改造后比改造前注汽干线千米热损失率下降 8%，井口干度提高了 14%。

针对冬季防冻放空端点，安装电控防冻阀门、波纹管热控非接触式感温伸缩阀门，经现场测试，每日可减少蒸汽散失 1000 吨。

【管理工作】

1. 开展了采油工艺适应性调查分析工作

通过各油公司的调查分析，总结目前采油工艺的技术水平，特别是近几年的工艺进步状况，同时也分析了目前开发状况下，采油工艺技术存在的不适应性。亟待解决的问题主要有下面几个方面：

（1）高含水油田：厚油层顶部挖潜、大孔道高效调剖调驱实用技术、三元复合驱井筒防垢技术、聚驱后提高采收率挖潜开采；

（2）低渗透率油田：同井同层重复压裂实用技术、杆管合理置换决策技术；

（3）稠油油田：改善高轮次吞吐效果、不同类型储层转换开采方式、深层超深层稠油有效开采；

（4）超深油田：深度 4000 米以上井的分注、堵水调剖、水平井产液剖面测试、分枝井完井及开采配套技术；

（5）大修：套损机理及防护、坍塌型无通道错断井修复；

（6）采油工程优化决策：勘探开发一体化形式下采油工程方案设计方法、采油工程主要技术指标预测方法、采油工艺增产措施经济评价方法。

2. 抓好方案设计，逐渐走向正轨

方案设计大部分油田从组织上、制度上都得到落实。如：大庆油田形成以采油工艺研究院为中心的采油工程方案编制设计系统，自 1998 年采油工程方案步入规范化管理以来，已编制了 149 个采油工程方案，有效地改善了新区块开发和老区块调整的效果。玉门油田在措施方案设计上，坚持做到“六不干”，即：地质分析不清楚不干，测试资料不齐全不干，没有经过三结合论证不干，工艺技术不成熟不干，作业队伍未达标不干，减少了无效措施井次。

3. 建章立制

2002 年组织参与审查下发了《井下作业井控管理规定》、《试油试采材料规范》、《试油试采设计规范》、《井下作业工程质量技术监督及验收规范》、《高压油气井测试技术规程》等文件、标准。

（杨能宇　魏顶民）

地面工程

【概述】　截至 2002 年底，油田地面工程累计建成采油井 89240 口，计量站 6598 座，接转站 1306 座，原油处理联合站 234 座，原油稳定装置 62 套，伴生气处理装置 58 套；具有原油一段脱水能力 272 万立方米/日，伴生气处理能力 2494 万立方米/日，原油稳定能力 9194 万吨/年。建成注水、注汽井 28118 口、配水、配汽间 4467 座、注水站 542 座，含油污水处理站 313 座，具有注水能力 350 万立方米/日，污水处理能力 362 万立方米/日。各油田地面系统为保证原油天然气生产任务的完成发挥了重要作用，技术水平和管理水平不断提高。

2002 年累计建成采气井 2036 口、采气管线 1622 千米、集气支线 4800 千米、集气干线 8640 千米、输气干线 2224 千米，建成集气站 532 座、集气能力 18733 万立方米/日，净化厂 17 座、净化能力 4360 万立方米/日，脱水装置 109 套、脱水能力 6685 万立方米/日。

2002 年新建油井井口装置 7110 口，各种管线 7119 千米，计量站 275 座，接转站 44 座，联合站 14 座，注水站 39 座，污水处理站 14 座。新建气井井口装置 122 口，各种管线 588 千米，集气站 27 座，净化装置 3 套，净化能力 660 万立方米/日。油气田产能建设和老区改造共完成地面投资 127 亿元。

【生产系统管理】

1. 持续推进老油气田地面系统改造，安全生产基础进一步夯实

通过持续加大老区投入，使老区稳产基础、安全基础进一步夯实。

（1）抓好地面系统“关、停、并、转、减”，降低生产成本。当前，主力油田已进入中后期开发阶段，原油产量逐年递减，原油含水不断上升，原有部分站、管线、设备等设计能力与实际不匹配，原有集输方式已不适应现场要求，部分地面生产系统设施与实际不配套，致使系统运行效率低，单耗高，造成很大浪费。为此，在各油田推行“关、停、并、转、减”工作。所谓“关”即抽稀工程（大庆已关掉两座转油站）；“停”即停下地面系统低效、高耗能生产部位和生产环节；“并”即把生产组织中的诸多环节详细调查论证后，变分散为集中；“转”即转变不合理的生产方式，调整不合理的生产结构；“减”即减级、减量，减少低效生产运行。2002 年，仅辽河油田就关闭采油站 31 座、轻烃站三座，停用各类生产设备 708 台，并各类设备 121 台，转变集输方式，泵减级 45 台、联合站安装电热带时控器 147 套、变压器减容 384 台。截至 12 月底，全油田实施“关、停、并、转、减”，累计减少生产成本 1.07 多亿元。

（2）突出重点，解决了一些影响油田发展的问题。增加了原油的储备能力，如新疆增加了 14 万立方米储油能力、长庆新增 18 万立方米储油能力、青海新增 6 万立方米储油能力、大庆新增 10 万立方米储油能力，使原油储备能力增强；增加了天然气净化能力，如西南新增 200 万立方米/日天然气净化装置和原 400 万立方米/日天然气净化装置适应性改造、长庆新增 400 万立方米/日天然气处理装置等，使天然气净化能力进一步扩大；对主要集输管线进行完善配套，西南、华北、辽河、长庆等单位都对油气田内部的集输管网进行了调整，使生产的适应性大大加强。

2. 突出问题管理，规范地面建设管理

面对基建行业逐步走向法制化、规范化的发展趋势，管理的目的就是要将传统的管理方法与当今的法律、法规相结合，发展自身的管理模式，建立起公司内部的管理网络，实现系统内的步调统一，协调有力。2002 年重点要求建设项目严格按照基本建设程序执行，抓好建设项目可行性研究和初步设计的深度问题，制订了项目开工报告制度，正组织编写地面工程竣工验收实施细则，改变无法适应目前新的运作机制的办法和规定。

3. 深化项目前期论证，优化建设方案

主要研究、审查和批复了辽河盘—锦线、坨—鞍线、欢—曙线改造工程，新疆采油三厂稀油处理站改造工程，青海花土沟油田 30 万吨产能地面配套工程，大庆萨中原油稳定与天然气处理改造工程，塔里木西河甫燃气电站改建工程，轮南燃气电站扩建工程等八个项目的可行性研究以及大港港东油水系统调整、华北宝力格油田建设两个项目的规划方案，涉及投资 16 亿元。

2002 年共审查了长庆靖惠输油管道工程、长庆气田 2002—2003 年产能建设地面工程、西南温泉井—黄龙场产能建设工程、青海花格输油管道工程、新疆盆 5 气田地面建设工程、西南川西北甲醇扩建工程等 12 个重点项目的初步设计。涉及投资 37 亿元，通过工艺的优化和概算取费的审查，共核减投资 4.5 亿元。

【重点工作】

1. 大力推进项目管理，努力提高油气田地面建设项目的整体效益

（1）解决地面建设“弱甲方”的问题。为解决地面建设“弱甲方”的问题，举办了第二期项目管理培训班。各油田公司共 60 人参加了学习。本次项目管理培训不仅从组织、控制、计划的角度，全面讲述了实现项目成本、质量、工期目标有效控制的项目管理

体系，而且讲述了成功项目管理的实例；还讲述了市场经济条件下，建设项目中联系甲、乙、丙各方关系纽带的“合同”关系——合同法。

（2）编制好项目总体部署。在实施过程中，制定了项目实施管理的重要指导性文件《油气田地面建设项目总体部署编制办法》。项目建设过程中建设、设计、施工、监理、质量监督、物资采购、生产准备等单位的工作都必须纳入总体部署，统筹安排各项工作。建设项目总体部署对项目管理机构、勘察设计、物资采购、工程监理、施工、生产准备、试运投产、竣工验收、外事工作、资金筹措等各项工作都要统盘考虑，做出部署安排。这将加强项目实施的计划性、组织性和科学性。

2. 进行工程质量大检查

按照国务院279号令《建设工程质量管理条例》的要求组织地面工程质量检查。各油气田公司首先对2001年完工未验收和2002年在建的油气田地面建设项目进行了自查自检的工作。在此基础上，11月19日至12月5日，勘探与生产公司分两组抽查了大庆、辽河、长庆、新疆、塔里木、玉门等六个油田公司有关项目的建设工程质量。质量检查组通过听取汇报、现场目测、实测、核实工程资料等方式，严格检查了19个项目的建设质量。共实测1692点，合格1604点，点合格率94.8％，共检查出质量问题324条。从所抽查的油气田分公司来看，各油气田工程质量从范围和阶段上都有较大提高，质量管理范围从以前单纯的焊接质量扩展到了包括焊接质量、土建质量、电器仪表施工质量、管材质量、设备材料质量、设计质量等在内的综合质量管理，并且，对质量的管理从以前单纯依靠检测结果评定质量水平发展到了强调工程建设初期、高峰期和收尾不同阶段的过程质量管理。

3. 修订油气田及管道建设设计标准

2002年修订的标准有：《石油天然气工程设计防火规范》、《原油及天然气地面工程初步设计内容规范》、《石油天然气工程制图标准》、《长距离输油输气管道测量规范》、《天然气凝液回收设计规范》、《凝析气田凝析天然气集输设计和建造规范》、《天然气脱水设计规范》、《石油地面工程设计文件编制规程》、《凝析气田地面工程设计、施工及验收规范》、《管式加热炉设计规范》、《阴极保护管道的电绝缘标准》、《岩土工程勘察制图标准》等。

【工艺技术】

1. 稠油污水资源化利用，变环境工程为效益工程

稠油污水处理合格后，温度还有55—60℃，比用于热采锅炉的地面水温度还高出35—45℃，将地面清水加热到处理后的稠油污水的温度，每吨水需要5立方米的天然气，处理后的稠油污水含氧量很低，每吨水除氧费可降低0.2—0.6元（因除氧方式不同而有所不同）。利用每吨处理后的污水可节约清水费1.75元，每吨水可减少排污费0.1元，并且减少了污染，保护了环境。在2002年，启动了新疆六九区1.5万立方米稠油污水回用锅炉工程和辽河欢三联2万立方米污水回用锅炉工程目前两工程已正式投产，产生了巨大的经济效益和社会效益，实现了能源与环境的和谐。

2. 原油集输常温输送规模不断扩大，集输系统能耗降低，结垢程度减缓

大庆油田大力推广“三不集油”工艺，2002年2000口油井上推广应用了掺低温水加流动改进剂低温集油技术，收到了良好的节能效果，油井单井进站温度普遍降低了5—10℃，年节约天然气2000万立方米，可降低成本900万元。新疆油田继采油二厂、采油一厂稀油实现常温输送后，2002年采油三厂六条集输干线、60座计量站、347口油井、109口水井实现了常温输送，年节约天然气301万立方米，节约费用154万元；并且减少水套炉更新大修15台，节约费用120万元。并且生产更安全，管理更方便，为职守制过渡为巡井制创造了条件。冀东油田在大量室内实验的基础上，全面实施了此项技术，日节气14500立方米，年创经济效益300万元。华北油田在安28、晋94、赵县油田等适宜的油井20余口，采用了“单管通球工艺”，节约一次性建设投资10％左右，同时生产运行时节省了供热能耗。

3. 特稠油管输取得突破，开拓了特稠油集输的先例

辽河继杜229块特稠油实现管输后，2002年实现了比杜229块粘度大一倍的杜84块管输。杜84块地质储量为3661万吨，探明含油面积3.76平方千米，可动用储量1400万吨，原油粘度为214090毫帕·秒，密度为1.003克/立方厘米，现有油井312口，开井200口，日产原油水平1800吨左右，产液量5000吨，综合含水在62％—64％之间。该区块于2002年10月份全面实现超稠油管线输送工艺，开拓了特稠油集输的先例。与汽车拉运相比年节省费用2065万元。

4. 气田天然气集输与净化技术进一步发展

长庆气田采用低温分离技术，不但大幅度降低了

重烃组分的露点，解决了凝析油的分离问题，而且使水露点达到商品气要求，开辟了含油天然气处理新模式。天然气集输干线首次采用国产 L360 抗硫双面埋弧螺旋管，为国家管线钢炼制业的发展和提高创造了条件，也大大降低了建设投资。针对高碳硫比的天然气脱碳问题，首次采用了 MEA + DEA 的方法以及混合配方溶液的方法，保证 CO_2 达标。这些技术的应用，进一步完善了气田工艺技术。

5. HDPE 管穿插修复旧管道技术得到应用，报废管道重新焕发生命

PE 管穿插修复旧管道技术，是利用腐蚀减薄甚至腐蚀穿孔的旧管道穿插 PE 高密度聚乙烯管，它充分利用了旧金属管道的剩余强度和聚乙烯管的防腐性能以及聚乙烯管良好的水力学特性，穿插修复的费用相当于更新管道的约 50%—60%，修复后寿命比新建金属管道的寿命更长。2002 年将这一技术应用到塔里木油田和新疆油田。仅新疆石西油田三座计量站到集中处理站的集输干线修复和六九区污水处理站—92# 站—93# 站的报废管线修复利用，减少投资 600 万元。

6. 大型油气混输泵首次应用取得成功

石南油田由于沙丘起伏大，目前国内外油气管道的水力计算软件还不能适用于起伏较大的沙漠油田设计。石南油田建成后，1#、2#、3# 计量站由于回压过高，一直不能进密闭系统生产，每天放空天然气 3 万立方米，每天增加拉油费用 1 万元。由于油在白天集中拉运，造成石南原油处理系统、污水处理系统难以均衡处理。在充分调研的基础上，引进了一台 600 立方米/小时的气液混输泵，成功的解决了这一问题，年减少放空天然气 1095 万立方米，年增效益 500 万元，年减少拉油费用 365 万元。

（汤　林　王怀孝）

技术项目

【概述】　勘探与生产分公司 2002 年科技项目重点研究方向包括：油气重大勘探领域预探与目标评价技术、油气勘探方法研究、高含水油田开发技术研究、低渗透油田开采技术研究、稠油高效开发技术研究、三次采油技术研究、天然气田开发技术研究、油田建设技术研究、工程技术研究。

【油气勘探项目】

1. 新发现有前景的预探目标

油气地质综合评价与预探区带优选取得重大进展，新发现一批有前景的预探目标，进一步明确了勘探方向。

1）塔里木盆地大型油气田形成的地质条件和勘探方向

（1）优质充足的烃源岩和与之配套的圈闭群及有效的储盖组合，是形成大油气田的三大要素。

（2）塔西南被动大陆边缘石油地质条件优越，是寻找 3 亿—5 亿吨级油气田群的领域之一；塔中、塔北古隆起及斜坡部位，是寻找大油气田的重要领域。

2）渤海湾盆地陆上及滩海油气预探研究

应用层序地层学的理论和技术法指导岩性油气藏勘探成效显著；针对富油气凹陷的岩性油气藏特征，加强岩性成图工作；在大规模岩性成图的基础上，进行包括储集条件、岩性圈闭条件、油源条件、资源潜力等整体评价，加强经济评价和风险分析，优选出一批近期、中期和远景有利勘探目标。

3）松辽盆地石油地质综合研究及预探目标优选

通过大比例尺的沉积微相研究和砂体分布预测，对前缘相带岩性油藏形成条件和分布规律的认识进一步加强，三角洲前缘带岩性成藏理论趋于成熟，进一步证实盆地西坡存在大面积岩性圈闭带，盆地南部分别在保乾三角洲、西部三角洲的前缘相带发现了大情字井、英台—四方坨子两个亿吨级油田。高分辨率三维地震精细解释、储层反演技术为勘探目标的落实提供了保障，使得探井成功率大幅度提高，有效降低了勘探成本，提高了勘探效益。

4）鄂尔多斯盆地油气地质综合研究及预探目标优选

（1）在石油预探领域方面，通过沉积相和砂体分布预测研究，认为鄂尔多斯盆地延长组主要发育东北、西南两大沉积物源，改变了原来的三角洲分布模式，砂体和沉积相的编图工作向物源区扩展，进一步深化了对沉积相和砂体分布规律的认识，盆地发展纵向上发育储盖组合，形成三个勘探目的层。

（2）上古天然气预探研究工作，在做好砂体分布

预测研究的同时，加强沉积相带研究。进一步加强控制天然气高产富集的关键因素研究。对于受石英含量控制的储层发育区，加强对物源区和石英砂富集相带的研究。对于受次生孔隙控制的储层发育区，加强成岩作用研究。根据奥陶系成藏地质条件及天然气富集规律，优选出五个有利区带。

5）四川盆地天然气勘探目标选择研究

（1）飞仙关组鲕滩储层的研究进一步深入，研究范围进一步扩大，并很好结合构造研究内容和视露头资料的应用。由于开江—梁平海槽对飞仙关组鲕滩储层的分布具有重要的控制作用，重视开江—梁平海槽边界的确定研究。

（2）对海槽西侧鲕滩展布规律与主要鲕滩发育区，突出局部相对古地貌高对有利储层发育控制作用的研究，注重地震资料的应用，加强了江油地区鲕滩分布规律的研究。

6）柴达木盆地油气地质综合评价及预探区带优选

对盆地的认识有了进一步深化。由于新构造运动波及到整个盆地，针对晚期构造运动的研究，尤其是加强了晚期构造运动对原有构造的继承与改造的研究。对盆地储层的研究有了较大进展，尤其对盆地周缘扇体分布有了宏观认识，对裂缝性储层研究进一步深化。

在分析三湖地区天然气成藏条件的基础上，总结出生物气形成运聚成藏模式，确定了生物气聚集的有利部位，指出了生物气勘探领域。

7）准噶尔盆地石油预探区带与勘探方向分析

（1）通过层序地层学、沉积微相、构造与沉积的关系的深入分析，确定了盆地腹部河流三角洲砂体与西北缘斜坡区扇体等岩性地层油气藏勘探的大方向，发现了一批工业油气流井点，充分展示了准噶尔盆地地层—岩性油气藏的勘探潜力。

（2）通过对低幅度背斜、断背斜圈闭的地球物理精细识别攻关，及低幅度油气藏成藏模式的深入研究，确定了低幅度油气藏是盆地腹部与东部的主要勘探领域。

（3）通过断层相关褶皱理论和前陆冲断带构造分析新技术的大力应用，于准噶尔南缘新发现了 30 多个背斜构造，这些圈闭成藏条件优越，是准噶尔盆地战略接替的主要领域。

8）全国陆上油气预探区带与目标评价及石油勘探战略方向研究

（1）系统总结：①叠合盆地油气地质理论，提出深层超压条件下存在生烃带后，晚期深埋与早期油气充注有利于储层物性的保持等重要认识；②富油气凹陷“满凹含油”地质理论，指出“满凹含油”不是满盆找油，经济资源要找“甜点”，跳出二级构造带，勘探领域面向全凹陷寻找隐蔽油气藏；③中西部再生型前陆盆地油气富集的地质理论，得出多期继承性发育的特征造就油气富集的地质认识。

（2）在此基础上，总结出中油股份公司未来 7 个储量规模在 8 亿—10 亿吨级的重大石油接替领域；提出五个储量规模在 3 亿吨的新领域；提出的重要预探区带明显增加，从 2001 年 26 个增至 2002 年 79 个，针对上述领域中的 76 个区带进行综合评价，优选出 11 个Ⅰ类区带作为 1—2 年内可以形成亿吨级以上场面的现实领域。

2. 勘探技术方法研究

勘探技术方法研究在预探领域发现上发挥了重要作用。

在复杂地区开展构造建模、层序地层学、精细沉积相和次生孔隙成因及预测等方法技术研究，有效地促进了地质认识的深入，部分解决了制约勘探的地质问题，拓宽了新的预探领域。前陆盆地断层相关褶皱理论与山地地震、钻探技术的突破，开拓了中西部前陆盆地勘探领域。层序地层学研究的深入与岩性地层油气藏分析技术的提高，使得鄂尔多斯、松辽、渤海湾等盆地岩性油气藏勘探取得重要进展。碳酸盐岩勘探技术的进步，为塔里木台盆区石油勘探和四川鲕滩天然气勘探领域的扩大奠定了基础。复杂断块油气藏精细勘探技术为东部老区的增储稳产做出了重要贡献。

【油气田开发与生产项目】

1. 三次采油技术逐步完善

（1）聚驱配套技术逐步完善。一是建立了聚合物驱开采指标测算方法和技术经济指标评价方法，为大庆油田聚合物驱规划部署提供了可靠的手段并得到了应用；二是成功研制了污水配制聚合物，清水低浓度交联聚合物调驱矿场试验也取得了明显的技术经济效果，基本上实现了降低成本的目标。

（2）为油田解决三元复合驱采出污水的处理合成出了一种新型污水高效多功能处理剂 DGN－1。室内评价取得了较好的效果。该研究成果具有较好的应用前景，是油田推广应用三元复合驱技术必不可少的配套技术之一。

（3）微生物采油技术在吉林油田分公司取得了较大突破。用优选的本源菌种进行了区块微生物驱油试验。区块含水由试验前的90%下降到70%，到2002年4月累计增油2025吨，且仍在有效。投入产出比达到1∶4.6，具有良好的经济效益。

（4）研制了两种阳离子、两种非离子润湿性翻转驱油剂，初步确定了润湿性翻转驱油体系。室内物理模拟试验表明，在最佳条件下可比水驱提高采收率20%。

2. 高含水条件下剩余油分布研究精度不断提高

（1）核磁共振测井确定剩余油饱和度新方法研究。以我国陆相沉积储层不同类型岩心及流体的核磁特征实验为基础，建立了核磁共振自由流体孔隙度、渗透率的解释模型，揭示了核磁共振特性参数（T_1）识别流体类型（油、气、水）的机理，确定了识别流体类型解释方法、计算剩余油饱和度的数学模型及T_1反演法、核磁—声波交会法、核磁—密度交会法等剩余油饱和度的综合解释方法。先后在吉林、辽河等油田的7个区块11口井测井并解释试验，见到了较好的效果。

（2）高含水期过套管测井确定剩余油饱和度精度解释方法研究。对碳氧比解释含油饱和度模型，提出了创新的建议。建立高分辨率碳氧比测井解释模型四个。实例计算含油饱和度数据和油田提供的含油饱和度数据对比，误差为2—8个饱和度单位，平均绝对误差都小于七个饱和度单位，效果很好。

（3）四维三分量地震储层表征技术方法研究。系统地研究了压力、温度、孔隙度、流体性质及其饱和度对速度的定量影响，为四维地震可行性研究奠定了基础；完善、丰富和发展了四维地震理论和技术方法，并指出了当今国内外水驱四维地震可行性研究中存在的盲区问题；得出了用四维三分量地震监测注水前沿比监测油藏变化更加容易的结论性认识。

3. 套损修复技术研究成果应用范围不断扩大

（1）中深部取套井大裸眼井壁岩石应力分析及深部取套管柱受力分析。提出了取换套工艺设计与施工优化、优化钻井液密度和控制钻井液失水率等具体井壁稳定保护措施，并在大庆油田得到了应用，取得良好效果。

（2）大庆油田套损修复技术研究见到新成效：研制了四种机械式打通道管柱、五类15种井下专用工具、高强度套铣钻具和套铣头，研究了新旧套管对接及密封技术，完善了套铣专用修井液体系，通过107口井小通径打通道技术现场试验、89口井长井段密封加固技术现场试验、130口井深部取换套工艺技术现场试验验证，较好地解决了ϕ50—ϕ70毫米的套损井修复、长井段密封加固和深部取换套问题，为油水井正常生产提供了高效、实用的技术支持。

4. 低渗透油藏高效开发技术进一步发展

有效储层评价与预测、小井眼开采、低伤害压裂酸化等技术得到有效推广，促进了降低成本目标的实现。

5. 一些决策支持项目也取得较好成果

如规划计划决策支持项目，矿权、储量支撑项目等成果在实际生产决策中已得到应用，为推进科学化管理和决策支持发挥了作用。

【科技成果信息管理】

1. 信息系统总体方案设计已完成，并通过规划计划部组织的设计审查

勘探与生产公司信息系统总体方案，于2002年10月可性研究报告通过了规划计划部委托的北京中陆石油工程咨询公司组织的专家评审。专家组认为上游生产信息系统建设方案完全符合股份公司制定的总体规划，对提升勘探与生产业务的核心竞争力具有重要意义。为尽快推动信息系统方案的实施，下发了油勘字〔2002〕96号文件。主要包括三部分：一是《关于大力推进勘探与生产信息系统建设工作的指导意见》，二是《勘探与生产信息系统总体方案简本》，三是《油气田公司信息系统建设方案》提纲。确定了大庆、新疆和长庆三家油田公司作为信息化建设试点单位。

2. 统一引进了一批专业应用软件，大幅度降低了购买成本

在2002年底股份公司有关部门批准了勘探与生产公司油藏工程、采油工艺、储层预测、测井解释软件的引进项目。科技与信息处协调油藏处、采油工艺处、物探处和工程技术处，以及中联油有限公司与软件供应商进行了技术评标和商务评标，经过多轮谈判，以相当低的价格引进了具有当前最先进水平的勘探开发专业应用软件。以后会逐年根据需要分批、分期引进相关软件。

3. 信息标准化工作进展顺利，已经取得了部分成果

数据标准化是信息化工作的基础，为了满足勘探开发一体化工作的需要，2002年3月份成立了由研究院、油田、公司，以及退休专家和专业技术人员组成的“勘探开发专业数据库标准化项目组”，对勘探、开发数据标准进行统一分析、补充和完善。这次数据标准化工作采用了国际先进的源数据分析方法，以源数据构筑基础数据库，二次性数据提供生成工具或作视图设计。

4. 勘探与生产分公司www网站得以正常维护，

内容逐步丰富

对 www 网站服务器和开发数据库服务器，以及个人 PC 机进行维护，维持了设备的正常运行，保障了相关数据的及时查询和上传。而且网站内容也在逐渐丰富。

（1）网上查询内容逐渐增多，实现了相关历史数据查询。

（2）在勘探与生产网页建立了文件上传和下载功能，将防毒软件、办公工具软件放在此栏目，方便了勘探与生产公司的 PC 机系统维护和软件安装应用。

5.“生产管理与决策支持系统”的需求分析工作已全面展开

勘探与生产公司机关是上游系统的顶层用户，如何用好信息系统建设成果，是发挥信息化建设作用的关键。因此从 2002 年 8 月份起开展“生产管理与决策支持系统”的研究工作，在勘探与生产公司机关层面实现信息共享和建立规范的业务管理流程和数据流程。现阶段主要是开展需求分析工作。

（范土芝　刘德来）

第三篇

油气储运、炼化与销售

天然气与管道

【油气运输能力】　2002 年股份公司拥有原油、成品油、天然气长输管道共 24320.74 千米，比 2001 年增加 1638.5 千米。其中，原油管道 8878.59 千米；天然气管道 13035.66 千米，比 2001 年增加 391.5 千米；成品油管道 2272.07 千米，比 2001 年增加 1247 千米。

天然气与管道分公司运营管理的原油储罐 103 座，总容量 232.91 万立方米；地下储气库两座，总容量 8.17 亿立方米。

（黄松源）

【储运安全】

（1）天然气与管道分公司把 QHSE 管理体系引入到管道生产和项目建设的全过程，连续三年保持了安全生产良好局面，未发生重大质量、安全和环保责任事故，维护了股份公司的稳定局面。

（2）近年来，管道保卫工作面临严峻形势，管道打孔盗油、盗气案件及对管道设施非法占压事件频繁发生。2002 年仅管道分公司所管辖的管线就发生打孔盗油（气）案件 92 次，案件分布主要集中在铁秦线、铁大线、马惠宁线和秦京线等主要干线，共 77 起，占总数的 83.70%。这些事件严重影响了输油气管道的安全运行，同时也带来了不良的社会影响。2002 年，公安部、国土资源部、国家经贸委发起并组织部分省、市、直辖市，以及中石油和中石化两大集团公司，开展了油田区域治安秩序专项整治行动。天然气与管道分公司积极配合专项整治行动，管道保卫工作取得了一定成绩。

（3）加强了管道检测和防腐层大修工作。大部分长输原油管道已运行超过 30 年，特别是东北输油管网的沥青防腐层大多老化，管道腐蚀穿孔、漏油事故呈上升态势。针对这一情况，2002 年组织安排庆铁双线腐蚀检测 855 千米，并完成了内检测数据分析。此项工作完成后，既可进行两条管道剩余寿命评估，对俄罗斯原油进入中国后的有关方案确定具有重要意义，同时也为确定庆铁线防腐层大修管段提供了重要的技术依据。

（4）结合石油天然气管道为易燃易爆设备的特殊性及生产经营实际，分别于 2002 年 5 月、11 月进行了两次专业公司安全生产大检查，并于 2002 年 12 月对刚建成投产的兰成渝成品油管道进行了安全生产抽查。检查结果表明，专业公司总体安全形势较好，初步建立了安全监督体系和安全合同管理体系，但部分设备仍存在隐患，有待进一步加以解决，如西南油气田分公司的部分场站收发球筒长期带压等问题。

（郭晓瑛）

【科技管理与技术进步】　2002 年天然气与管道分公司科研经费支出 1770 万元，其中新开课题 14 项，经费 1225 万元；延续项目 15 项，经费 545 万元。年度科技计划完成率 100%。完成了 11 项科技项目的验收工作，优秀率 90%。编制完成了 2003—2007 年五年科技项目规划，将“十五”科技规划细化到项目，实现了对科技项目的滚动管理。

技术进步有新的进展。围绕生产运行实际情况和突出问题，加强了对东北管网安全评定与风险评估管理研究、成品油管道输送技术研究、天然气管道输送技术研究、原油热媒炉加热炉除尘技术研究等专项课题的研究，取得了阶段性成果，并得到了较好的应用。

（1）东北管网安全评定与风险评估管理研究。其成果已经在秦京线安全性评价、铁秦线（葫芦岛—秦皇岛段）安全性评价、新疆轮库线安全评定和疲劳剩余寿命预测中得到应用。目前正在利用该研究成果对庆铁线、惠宁线安全性进行技术评价，为俄罗斯原油进东北和惠宁线增输改造提供技术依据。

（2）成品油管道输送技术研究。开展了多出口成品油输送技术研究，取得了成品油管线大落差瞬态、混油控制、成品油管道调度运行管理系统、成品油管道泄露检测技术与装置、管道顺序输送技术、兰成渝成品油管道投产方案等科技成果，并已经用于兰成渝管道的设计、投产和运行管理。

（3）天然气管道输送技术研究。开展了天然气管道内涂层技术应用、管道三层结构聚乙烯防腐层的优化、长距离输气管道材质选用等课题研究，其成果给西气东输等输气管道建设提供了技术支持。开展了输气管道阴极保护有效性评价研究，建立了适合我国国情的阴极保护评价方法。在役天然气管网优化运行及安全可靠性研究为天然气的剩余强度评价、剩余寿命预测提供了一套系统的理论方法。

（4）原油热媒炉加热炉除尘技术研究。该技术应用在秦京输油气管理处、大连输油管理处，使热媒炉加热炉除尘环保达标，已经作为天然气与管道分公司环保示范工程予以推广。

（5）“EP－W系列减阻剂研制“获得集团公司科技创新一等奖；“国内天然气市场及价格研究“获得集团公司科技创新二等奖。

（6）2002年申报国家专利五项。

（孙　齐）

【计量管理】

（1）加强了原油贸易计量管理工作。2002年向所属各地区公司发出《关于加强原油贸易计量管理工作有关问题的通知》，要求各单位在原油的交接、计量和化验工作中，进一步严格执行国家计委和原能源部“能源油［1990］943号”《原油、天然气和稳定轻烃销售交接计量管理规定》、GB/T 4756—1998《石油液体手工取样法》，以及股份公司计量管理制度，加强原油交接计量工作，提高计量管理水平。2002年还配合质量安全环保部协调解决了管道分公司分别与燕山石化分公司和呼和浩特石化分公司的两起计量纠纷问题，维护了正常的油气交接秩序。

（2）随着我国加入世贸组织，原油、成品油和天然气计量方式与国际惯例接轨已成必然趋势。为研究接轨后计量方式的改变对股份公司的影响，以便及早制定对策，股份公司开展了《油气计量方式与国际惯例接轨研究》。天然气与管道分公司参与了项目的现场调研、研究分析和评审研讨的全过程，项目于2002年底通过专家验收。

（3）配合股份公司质量安全环保部，参与了西气东输龙潭计量站的技术研讨和初步设计审查工作，参加了西气东输计量审查和流量计选型等工作。

（郭晓瑛）

【原油销售】　2002年是股份公司朝着建设具有国际竞争力的大型企业集团目标迈进的一年，也是入世后的第一年。在公司领导的带领下，经过广大石油职工的不懈努力，较好地完成了原油运输和销售任务。

2002年，股份公司生产原油10361.52万吨，为年计划的100.31%；销售商品量完成10007.10万吨，为年计划的100.34%。供股份公司炼厂原油7064.07万吨，为年计划的99.88%；供中石化炼厂原油1541.30万吨，为年计划的100.99%；供地方炼厂原油74.56万吨，为年计划的100.35%，供地方小炼厂原油309.89万吨，为年计划的107.49%。原油出口完成352.71万吨，为年计划的100.06%。

2002年，股份公司实现原油销售收入1385.40亿元，与2001年相比减少了37.45亿元。原油的平均含税价格为1390.81元/吨，与2001年相比减少了61.69元/吨。

2002年，股份公司原油运输总运量完成11079.22万吨，为年计划的100.82%，其中：管输量完成8983.04万吨，铁路运输量完成1441.71万吨，水运量完成654.47万吨。

（白晓彬）

【原油配置】　2002年初，受美国“9.11”恐怖袭击事件和国际油品市场变化的影响，国内油品销售受到严重冲击，油田、管道和炼厂库存普遍处于高罐位，原油产运销矛盾突出。我们从维护中国石油总体利益的大局出发，合理利用国内外两个市场、两种资源，优化原油资源配置，根据市场变化组织原油的产运销工作，有效地缓解了原油供需矛盾。

2002年，中国石油继续实施“稳定东部、加快发展西部”的工作方针。在原油配置上，根据东、西部企业的不同特点安排工作，较好地完成了原油产运销工作目标。

对东部地区，针对大庆油田产量递减和区内炼厂原油需求量较大的情况，加强对东北管网的低输量运行管理和改造研究，精心制定运行方案，最大限度地挖掘和利用原油储运设施的能力，运用进、出口原油进行合理调剂，保证了管道的安全平稳运行和股份公司上下游企业的正常生产。

对西部地区，重点解决原油资源供过于求的矛盾，为油田增产创造条件。在新疆、长庆等油田原油产量增长较快的形势下，加强与铁道部门的协调，加大西部原油的外运力度，在铁道部的支持下，不但先后克服了因青藏铁路宁哈段山体滑坡和陇海铁路灞河大桥被洪水冲击坍塌给西部原油运输造成的困难，还开通了咸阳站铁路装车点，为长庆油田安塞地区原油外销开辟了新的出路。同时，积极落实与中石化的原油互供协议，开拓市场、寻找新用户，合理调整原油流向，保证西部原油销售后路畅通。另外，兰成渝管线9月建成投产后，当年输送成品油72.38万吨，进一步促进了西部油田及炼厂的生产和销售。经过努力，2002年新疆克拉玛依油田原油年产量达到1005万吨，成为西部地区第一个千万吨级油田；长庆油田原油产量达到610万吨，成为上产幅度最大的油田；塔里木、青海等油田的原油产量也持续增长，为公司原油产量的稳定增长做出了积极贡献。

（白晓彬）

【管道建设】

（1）忠（县）武（汉）输气管道工程。忠武输气管道是将中国石油在西南地区的天然气资源输送到能源紧缺的湖北、湖南两省的基础设施建设项目。管道包括忠武输气干线和三条输气支线，管道设计输量为30亿立方米/年，最大输气能力为39亿立方米/年。忠武输气管道干线全长738千米，管径711毫米，设计压力忠县至利川段为6.8兆帕，利川至武汉段为6.3兆帕。枝江—襄樊支线全长238千米，管径406.4毫米，设计压力6.3兆帕；武汉—黄石支线全长78千米，管径323.9毫米，设计压力6.3兆帕；潜江—湘潭支线全长341千米，管径610毫米，设计压力6.3兆帕。

国家计委于2000年6月21日批准了忠武输气管道工程的预可行性研究报告，于2002年11月初批准了工程的可行性研究报告。先期进行了控制性工程施工，截至2002年12月31日，完成忠县长江穿越隧道工程，进行了红花套、军山、城陵矶等三处穿越长江的施工准备工作。

（2）永（清）唐（山）秦（皇岛）输气管道工程。永唐秦输气管道工程是中国石油为满足冀东地区对天然气的需求，改善两省市的能源结构和环境而决定投资建设的天然气输气管道工程。管道西起河北省永清县，途经天津市和河北省唐山市，东至河北省秦皇岛市，管道线路全长293千米，设计压力6.3兆帕，管径508毫米，设计最大输量为13亿立方米/年。2002年11月24日，中国石油天然气股份有限公司批复了永唐秦输气管道工程的可行性研究报告。

（3）沧（州）淄（博）输气管道工程。管线首站位于港沧输气管道复线的沧州分输站，末站是山东省淄博市，管道全长215千米，管径508毫米，设计压力4兆帕，设计输气能力10亿立方米/年。工程于2002年2月底建成，3月5日管线首站开始进气，3月6日天然气到达淄博末站并一次点火成功。3月19日，在山东淄博举行投产仪式，管道正式投入运行。

（4）陕京输气管道地下储气库扩建工程。陕京输气管道大张坨地下储气库是冬季向京津地区供气的调峰气源，原设计注气能力为320万立方米/日，供气能力为500万立方米/日，已于2000年底建成投产。随着用气量逐年增加，为确保2002年及以后几年京津地区的安全用气，需对地下储气库进行扩建。经调研比选，选定将大港油田板876凝析气藏作为地下储气库扩建工程的库址。

扩建储气库的压力在13—25兆帕之间，最大库容量是4.65亿立方米，有效工作气量2.17亿立方米，采气期为120天，平均日采气量180万立方米，平均日注气量98.64立方米。工程于2001年7月开工建设，2002年3月15日注气系统建成投产，11月15日采气系统建成投产。

（5）兰（州）成（都）渝（重庆）输油（成品油）管道工程。兰成渝输油管道起于兰州市西固区北滩油库，经甘肃、陕西、四川到达重庆伏牛溪末站，管道全长1249千米，设计最高压力14兆帕。其中兰州—成都段881千米，管径为508和457毫米，设计输量500万吨/年；成都—重庆段368千米，管径为323.9毫米，设计输量为250万吨/年。

兰成渝输油管道于2001年上半年全面开工建设，2002年6月底管道干线全线贯通，7月5日，兰州首站储罐开始进油，9月29日，管道开始进柴油，10月18日，第一批次柴油到达管道的末站重庆，标志着兰成渝输油管道试运投产成功。

（6）新疆和田电站供气管道工程。和田电站供气管道工程是中国石油贯彻党中央和国务院实施西部大开发战略的一项扶贫工程。管道全长176.5千米、管径355.6毫米、设计压力6.3兆帕、输气能力5.5亿立方米/年。8月8日正式开工，10月22日管道线路工程全部完成并完成全线密闭性试压，达到投产条件。

（黄松源）

【西气东输】　西气东输管道工程是国家重点工程项目，是实施西部大开发战略的标志性工程，也是加快西北地区经济发展、促进长江三角洲地区能源结构调整、保护环境的造福工程。管道干线西起新疆塔里木首站，东至上海白鹤镇末站，自西向东途径新疆、甘肃、宁夏、陕西、山西、河南、安徽、江苏和上海等九个省（区）直辖市，全长约3815千米。其中，东段靖边—上海线路长约1485千米，西段轮南—靖边线路长约2330千米。管道采用X70螺旋埋弧焊钢管（一类地区）和直缝埋弧焊钢管（二、三、四类地区），管径1016毫米，设计压力10兆帕，年设计输量120亿立方米。管道穿越长江一次、黄河三次、淮河一次、其他大型河流八次，建设陆上隧道16条。管道全线共设工艺站场35座，其中压气站10座。

工程于2001年9月18日开始进行试验段施工。2002年5月20日，中国石油天然气股份有限公司在廊坊召开了西气东输管道工程初步设计审查会。7月4日，在人民大会堂举行隆重开工仪式，吴邦国副总理宣布西气东输管道工程正式开工。到2002年12月31日，全年完成管道焊接1759千米，回填1679千米，硅管敷设1732千米。累计完成管道焊接1791千米，为总工程量的47%，其中东段管道焊接1431千米（余54千米），西段管道焊接360千米（约余1970千米），平均焊接一次合格率为97.53%。

（黄松源）

【QHSE管理】

（1）全面加强QHSE管理，初步建立和健全了QHSE管理体系。管道分公司根据输油气生产和新管线建设实际，融合ISO 9001，ISO 14001，GB/T 28001和SY/T 6276四个标准，形成了具有公司特色的QHSE管理体系框架，于2002年12月通过中油HSE认证中心的ISO 9001体系认证。北京华油天然气有限责任公司将ISO 9001，ISO 14001，HSE及OSH管理体系有机整合，形成一套实用于公司管理的QHSE管理体系，于2001年12月通过ISO 9001认证，2002年8月通过了中油HSE认证中心的HSE/OSH体系认证。

（2）专业公司将QHSE管理体系引入管道建设项目管理过程中。积极组织开展了对各类新、改（扩）建工程限上项目的劳动安全卫生预评价和环境影响预评价工作。2002年完成了西气东输支干线、忠武输气管道、忠武管道湘潭支线、沧淄输气管道、陕京线储气库工程（板中北高点）等项目的劳动安全卫生预评价和环境影响预评价工作。

（郭晓瑛）

【天然气销售】　2002年，中国石油天然气股份有限公司的天然气销售市场不断开拓，销售量继续保持较快的增长势头。天然气销售工作抓住增加销量、推进价格、提高管道负荷率、培育后续市场四个关键，知难而进，开拓创新，使天然气业务逐步形成“以市场为导向，以销定产，以销促产”的发展局面。

1. 天然气销售量进一步增长

2002年，销售天然气166.2亿立方米，为年计划154.3亿立方米（调整后）的107.73%，比2001年增加10.35%。2002年股份公司天然气销售情况详见表1。

表1　2002年股份公司天然气销售情况表　　单位：亿立方米

销售地区		2002年计划	2002年销售量	为年计划（%）	为2001年同期（%）
股份公司销售量		154.3	166.22	107.7	110.4
各油气田销售量	天然气板块	131.3	139.68	106.4	111.7
	其中：辽河	5.0	5.15	103.0	92.9
	华北	4.0	4.25	106.3	111.5
	大港	2.7	2.93	108.4	93.9
	西南	80.0	83.53	104.4	104.3
	长庆（周边）	11.1	13.72	123.6	114.0
	青海（周边）	3.9	4.20	107.7	107.3
	陕京线	19.6	20.48	104.5	127.0
	涩宁兰	5.0	5.42	108.3	992.0
	鄯乌线	5.2	5.49	105.7	106.4
	中沧线	2.25	1.59	70.9	80.3
	非天然气板块	23.0	26.55	115.4	103.6
	其中：吐哈	6.0	6.01	100.2	103.6
	塔里木	2.2	2.55	115.7	119.8
	新疆	5.5	5.05	91.7	104.1
	大庆	9.0	12.29	136.6	100.0
	吉林	0.2	0.46	231.3	124.6
	冀东	0.1	0.18	184.4	96.8
	玉门	—	0.000	—	—

股份公司天然气销售的区域主要分布在西南地区、京津冀鲁地区、西北地区、东北地区。西南地区进一步加强了终端市场开发，销量继续稳步增长，完成83.53亿立方米，比2001年增加3.47亿立方米，并保持着95.3%的较高的商品率。继续加强对陕京线后续市场开发，京津冀鲁省、市都有新用户增加，陕京线2002年销量比2001年增长27%，达到20.5亿立方米。涩宁兰管线由于较高的市场开发质量和计划管理，投产首年就达到5.4亿立方米。陕京线的市场发展和涩宁兰的建成投产，分别带动了京津冀鲁地区、西北地区的天然气消费增长势头。东北地区由于上游天然气产量递减，销量有所降低。四个区域的销售比例分别为：50.3%、16.8%、22.2%、10.8%，其中京津冀鲁地区、西北地区天然气销售所占股份公司比例有所上升（见图1）。

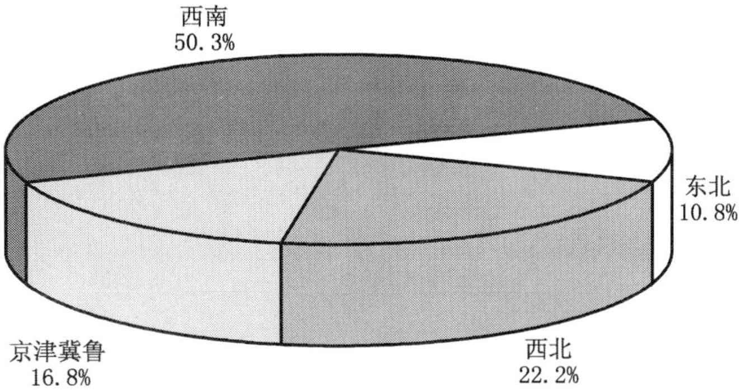

图1　2002年股份公司各区域天然气销售比例图

从用气结构构成来看，主要是化肥用气，占到了40%，其次是城市用气。公司不断优化天然气的消费构成，来提高天然气的利用价值，使价格相对较高的城市民用气发展很快，比重日益加大，比例持续提高，从2001年占销售量的22.5%提高到2002年的27.8%；价格低的化肥用气比例继续下降，从2001年占销售量的43.9%降低到了2002年的40.0%。2002年股份公司天然气消费各流向的数量和比例见图2（单位：亿立方米）。

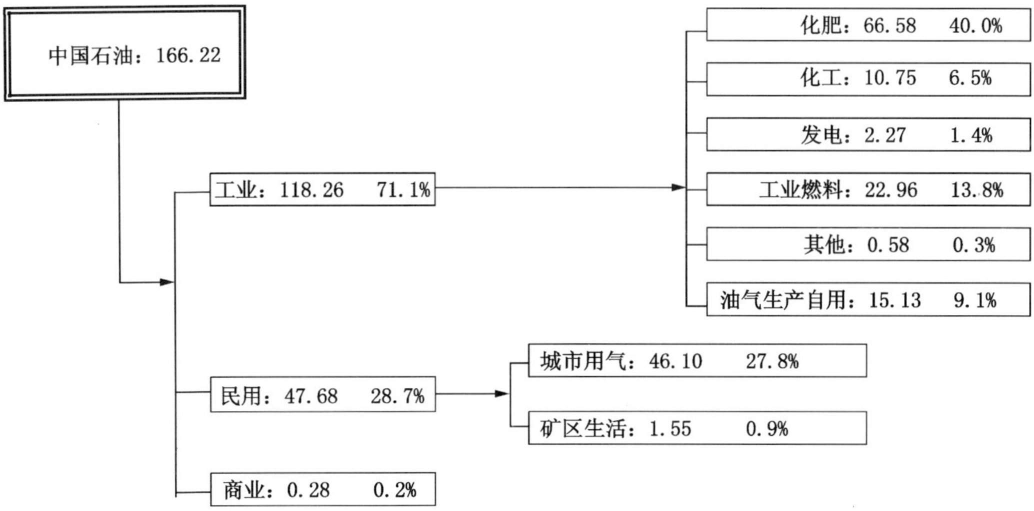

图2　2002年股份公司天然气消费各流向的数量和比例

2. 加强销售管理

逐步规范天然气销售的管理，加强与用户沟通，以保证销售目标的实现。

加强计划与合同的管理。对各销售单位，根据《中国石油天然气股份有限公司天然气销售计划管理暂行办法》规定，严格对天然气销售计划的管理。组织研究和起草了销售合同示范文本，在全系统推广，通过合同来明确双方的责任与义务。

完善信息化建设。在天然气销售系统建立电子报表系统，统一天然气统计口径，提高数据准确性和工作效率。

加强与用户的沟通，举行供需双方见面订购会，及时掌握用户动态，跟踪新建用气项目进展，保证了业务计划的落实。

3. 促进天然气价格体制改革，推进价格调升

从 2001 年开始，股份公司通过价格课题研究提出价格政策建议，促成了国家计委在 2002 年 1 月 16 日下发了《关于规范天然气价格管理等有关问题的通知》，明确："自 2002 年 1 月 1 日起，将现行天然气井口价与净化费合并为统一的天然气出厂价，每立方米提高 3 分钱"。这项价格政策到位，股份公司 2002 年增加收入 4.8 亿元。同时，通过给用户做工作、调整天然气消费流向、加大下游终端市场的开发力度等方式，推动天然气整体效益的提高与价格的调升。2002 年股份公司天然气销售综合价为 0.744 元/立方米（含税价），比 2001 年提高 0.036 元/立方米。价格对天然气业务利润的贡献意义重大，新开发的涩宁兰输气管道、忠武输气管道的销售价格通过谈判一步到位，为今后的生产经营打下了良好基础。

（徐文满）

【天然气市场开发】 2002 年专业公司在市场开发方面主要围绕着西气东输管线、忠武线、陕京二线和沧淄线开展工作。市场开发范围包括河南、安徽及长江三角洲地区、京津冀鲁晋地区、两湖地区、甘青两省地区和陕宁地区，涉及全国三个直辖市和 12 个省。各地区公司主要在油田周边进行市场开发工作。

2002 年专业公司与用户签署 21 份合同、签署 5 份意向书，涉及最大年合同用气量 15.15 亿立方米和意向最大年需求量 41.27 亿立方米。

忠武线市场开发成果显著，经过专业公司领导和忠武线市场开发组同志们艰苦努力，在 2001 年签约七家用户年合同气量 25.41 亿立方米基础上，2002 年又签订 15 份合同，年合同气量增加 13.06 亿立方米，使总气量达到 38.8 亿立方米。

涩宁兰管线签订了两份合同，新增年合同气量 1.55 亿立方米。涩宁兰输气管道作为国家西部大开发战略的重点工程，主要向甘肃、青海两省供气，是中国石油第一条全线推行"照付不议"合同的天然气管道，签约用户 11 家，第五年达产后销量为 21 亿立方米。2002 年，第一个经营年度实现天然气销量 5.4 亿立方米，是中国石油现有天然气长输管道中第一条投产后一年内销售天然气最高的管道。涩宁兰管道销售量迅速提升，主要得益于推行了"照付不议"销售合同，加大了市场开发力度和严密的市场跟踪。

陕京二线市场开发工作全面启动，在陕京二线市场开发领导小组带领下，市场开发工作组先后与北京市、天津市、河北省、山东省和山西省的 30 多家用户进行接触，开展了陕京二线资源落实、线路走向等方面介绍和意向书的谈判工作。经过大家的共同努力，2002 年签订四份合同、五份意向书，涉及最大合同和意向气量 42.21 亿立方米。

西气东输市场开发工作在西气东输管道分公司统一组织下，正在与沿途用户开展从意向书转向合同谈判的工作。为了使用标准合同文本，西气东输管道分公司在收集整理国内相关合同文本的基础上，特别请国外专家和有关专业人员起草了具有"照付不议"性质的合同文本。

（米庆来）

【管道信息化建设】 2002 年天然气管道分公司的信息化建设有了很大发展。同时开展了天然气与管道分公司门户、天然气运销报表系统、管道生产系统三个项目。天然气与管道分公司门户和天然气运销报表系统已经完成建设并投入了使用。管道生产系统已经完成试点单位的初步设计工作。

（孙　齐）

【天然气价格管理】 2002 年是股份公司天然气业务快速发展的一年，不仅天然气销售量比上年大幅增加，天然气销售价格也得到了明显的提高。2002 年天然气销售综合价为 744 元/千立方米，比 2001 年同期上升 31.12 元/千立方米，影响销售收入比 2001 年增加 42562 万元。与上市初期 2000 年 647.58 元/千立方米比，天然气销售综合价格上升 62.83 元/千立方米。

一是积极配合国家计委等部门开展价格研究，提供相关资料，积极促进天然气价格体制改革和价格政策的实施。2002 年 1 月 16 日，国家计委下发计价格[2002] 39 号文，规定将国内天然气井口价外加收的净化费并入价内，合并为统一的出厂价，并将出厂价

格每立方米提高 0.03 元人民币。

二是通过与用户谈判和加强协调、调整天然气消费流向、加大下游市场开发力度等方式，推动天然气销售整体利益的提高与销售价格的调升。为培育天然气市场，调动用户使用天然气的积极性，目前陕气到达山东淄博门站的销售价格已下浮到 1.38 元/千立方米。

同时，西气东输项目天然气及管输价格形成机制初步落实。目前国家有关主管部门已经初步明确西气东输天然气和管输价格形成机制：

（1）天然气井口价格，拟采取政府管制与供需双方协商相结合的价格管理方式，即基准价 + 浮动幅度的政府指导价形式，基准价格由政府核定，具体结算价格由供需双方在规定的浮动幅度范围内自行商定。国家计委报国务院的西气东输天然气首站基期价格为 450 元/千立方米。

（2）管输价格将继续维持政府定价，政府根据西气东输项目的投资情况，保证管输企业获得适当投资回报，制定管输运输规则及运价水平。国家计委拟报国务院的管输平均价格为 840 元/千立方米。

（张艳海）

【固定资产投资】　天然气与管道业务在“十五”期间处于高投入期，在资金有限的情况下，我们坚持效益第一原则，把握好投资安排时机，确保投资重点，保持合理的投资结构，在保证重大项目资金需求的同时，兼顾一般性项目资金需求。2002 年投资安排的重点和主要部署，一是确保重点管线的建设：2002 年，兰成渝成品油管线建成投产，西气东输和忠武线按进度安排建设。二是实施老管线的改造：主要对管道分公司、西南油气田分公司在役管线进行安全性改造，解决管输“瓶颈”，确保油气田正常生产。三是加大天然气终端市场的投资力度：主要安排在西南油气田分公司和大港油田分公司，通过建设压缩天然气加气站、民用管网等，实现天然气的“二次增值”。

（1）严把投资方向，搞好综合平衡，投资控制效果较好。2002 年天然气与管道业务年度投资计划为 861214 万元，从业务性质看，原油成品油业务投资 150643 万元，占 17.49%；天然气业务投资 710571 万元，占 82.51%。从投资方向看，重点管线西气东输、忠武线、兰成渝输油管道及其支线等重大工程合计投资 722261 万元，占 83.87%；其他管线建设及在役老管线改造，投资 117611 万元，占 13.65%；地下储气库 8918 万元，占 1.04%；天然气终端市场开发 5857 万元，占 0.68%；非安设备购置、科研及前期费用，合计 6567 万元，占 0.76%。

在投资计划实施过程中，把握投资方向，实行总量平衡控制，根据轻重缓急和项目前期工作进展及施工进度安排，进行内部合理调整，2002 年专业公司实际完成投资 873915 万元，完成计划的 101.47%。

（2）重点工程建设基本按计划进行。西气东输管道工程，2002 年股份公司下达投资计划 580595 万元。目前，由于外方合作伙伴资金尚未到位，全部建设资金都由股份公司筹措。

兰成渝输油管道工程，2002 年投资 127125 万元，完成成渝段施工和兰成段的收尾工作，工程已建成投产。

忠武线输气管道工程，2002 年投资 5000 万元，已完成长江穿越、山区隧道穿越等控制性难点工程部分工作量。

2002 年建设了任京线恢复输油工程、沧淄输气管道、新疆和田输气管道、卧龙河—渡舟输气管线、陕京线地下储气库扩建工程（板 876）、小卞庄分输站至西青区输气管线、辽河油田洼 3 站天然气管道等项目，股份公司投资 6.2 亿元，工程已建成投产。另外 2002 年还投资了 0.97 亿元，建设西南油气田分公司输气干线 SCADA 系统工程、乐山地区天然气供气工程、南川及万盛区天然气工程、大港油田压缩天然气加气站等项目。

（李庆生）

炼油与销售

【概述】　面对竞争日益激烈的市场和炼油生产部分企业亏损的严重局面，炼油、销售企业共同努力，2002 年炼油与销售分公司全面完成了预算考核指标，重组上市以来，第一次实现了扭亏为盈。

1. 全面实现整体扭亏，盈利能力进一步加强

2002 年实现销售收入 1746.2 亿元；实现经营利

润28.18亿元，其中：炼油1.7亿元、销售26.45亿元。一举扭转了连续两年亏损的被动局面。

2. 炼油加工量、销售量逐年增长，主要经济技术指标明显提高

2002年加工原油7697万吨（不包括西太平洋炼化公司、宁夏大元炼化公司、甘肃庆阳石化公司），比2001年净增22万吨；生产成品油4767万吨，比2001年净增113万吨；成品油销售5673万吨，比2001年净增282万吨；炼油轻质油收率70.05%，比2001年增加0.08%；综合收率91.26%，同比降低0.07%；加工损失率0.91%，比2001年降低0.08个百分点；单位能耗13.28千克（标油）/（吨·因数）。

3. 炼油结构调整取得成效，质量升级按期实现

1999年以来，关闭低效装置77套，消减一次加工能力560万吨，同时加快大连、兰州两大炼油基地增扩、改建能力进展，使炼油资源利用趋于合理；新增加氢能力610万吨，新增重整能力270万吨，加工负荷率提高9.3%，2002年4月1日，全部炼油企业已按新汽油、柴油标准组织生产。

4. 销售网络跨越式发展，零售量大幅度提高

2002年销售网络建设投资60.3亿元，三年共投资198.68亿元，构成了一级集散、二级分销、三级零售的网络布局，覆盖了全国大陆所有的省份。累计开发一级库八座、二级库90座，新增库容240万立方米，新增加油站6340座。中国石油加油站总数占全国加油站总数的17.3%，比2001年提高了9.6%，2002年零售完成1880万吨（其中：资产型零售1386万吨，同比增加516万吨），比2001年净增297万吨，批零比从2001年的38%提高到43%。

5. 内部改革不断深化，新的营销体制正在形成

2002年完成了未上市企业的重组，撤销了558个县级石油公司，改为经营部；按经济区域划并了18个地市公司；取消了大区公司本部的经营职能和部分大区公司的资源配置职能；对部分省公司的营销范围进行了适当调整，使经营管理和资源配置进一步趋于合理。

大力分流、减员增效，改革用工制度。三年减员42%，从原有的12万人减到目前的6.99万人，区外销售企业社会用工占区外用工总数的95%。改革零售环节的分配制度，加油站全面实行吨油含量工资制，充分调动了员工的工作积极性。

6. 技术进步步伐加快，信息化工程取得重要进展

清洁汽油生产技术、重油深度加工技术和三大类新产品开发取得进展。新型催化剂和助剂、汽油改质、轻汽油醚化等一批先进实用技术被炼油企业广泛采用，成为油品升级的重要措施。催化裂化新技术等六项科研成果获集团公司科技创新一、二等奖，申请国内外专利60余项。

以信息技术改造传统业务。成品油购销存传输信息系统覆盖了28家炼油企业、17家销售企业的150个地市、2000多个营业室和10000多个加油站。应用IC卡加油已在13个中心城市约400座加油站实施。

7. 低成本战略得以贯彻，管理水平进一步提高

2002年炼油企业吨油现金加工费97.71元，比2001年降低1.51元。经过三年的不懈努力，兑现了中国石油上市时的承诺，三年削减炼油成本13亿元。

8. 两个文明建设取得双丰收

公司广泛开展“转观念、找差距、上水平、增效益”活动和“五个一”先进典型选树活动，有力地促进了观念和作风的改变，推进了基层党的组织建设和企业文化建设。

加强党的基层组织建设，探索新体制下分散党员和社会用工的党建工作。目前，销售系统建立基层党委166个、党总支163个、党支部1900个，做到新的经济组织建立在哪里，党的工作就延伸到哪里，党组织和党员的作用就发挥到哪里。

积极妥善处理群体上访，解决了销售企业上划前遗留的问题和拖欠职工离退休费、医疗费及三项保险费等问题；建立困难职工档案，积极帮助困难职工解决实际问题，维护了企业稳定和职工队伍的稳定。

9. 狠抓党风廉政建设，促进作风进一步好转

2002年销售系统完成审计项目814个，审计单位覆盖率68%，发现各项违纪资金17252万元，纠正违规资金15846万元。通过审计，发现违规违纪案件三起，均移交纪检检察部门立案处理；配合财务部门抓好清欠，追回资金1亿元。

狠抓党风廉政建设，一是进一步健全责任制配套制度；二是加强了对责任制落实情况的检查考核；三是加大了责任追究力度。对因不认真履行责任而导致责任范围内发生重大违规违纪问题的领导干部进行了通报、诫勉谈话、组织调整等处理。2002年全系统共对处级以上干部谈话76人次，其中局级干部三人次，有效地遏制了重大经济案件的发生，从源头治理方面取得成效。同时，完善、建立廉政档案、礼品登记、业务招待费使用情况定期公开、厂务公开等一整套行之有效的党内外监督制度。大多数分公司的党政

一把手能严于律己、率先垂范，强化了领导干部的自我约束、自我规范、自我激励的意识，信访举报信件比 2001 年下降 11%，发现的违纪案件下降了 53%、违规资金下降了 37.2%。

（朱 文 王祯祥）

【各项经济效益指标】 2002 年炼油与销售分公司在严峻考验和挑战面前，抓住发展机遇、真抓实干、开拓创新，使炼油与销售业务发生新的转机，全面提高抗风险能力、竞争能力和盈利能力，三年来各项经济效益指标全面提高，第一次实现整体盈利（表 2）。

表 2 炼油与销售经营状况 单位：亿元

项 目	1999 年	2000 年	2001 年	2002 年	增长量
销售收入	1175.62	1611.5	1695.34	1746.21	50.87
经营利润	-4.87	-87.42（-68.24）	-22.45	28.18	50.63
其中：炼油		-86.16（-72.03）	2.08	1.72	-0.35
销售		-1.55（3.51）	-24.53	26.45	50.99
批发			-30.27	18.00	48.28
零售			5.74	8.45	2.71
税前利润	-25.68	-98.28（-79.1）	-34.35	13.69	48.04
其中：炼油		-91.91（-77.78）	-3.52	-4.87	-1.34
销售		-6.19（-1.13）	-30.83	18.55	49.38
批发			-36.05	10.94	46.99
零售			5.22	7.61	2.39
资产总额	947.84	1147.6	1165.24	1155.26	-9.99
固定资产原值	786.5	965.7	962.94	1051.75	88.81
固定资产净值	518	634.7	630.29	661.08	30.79
资产负债率（%）	56.60	59.5	53.51	60.26	6.75
投资	92.08	107.4	126.4	109.3	-17.1

（张继伟）

【炼油生产简介】 2002 年，炼油企业坚持以效益为中心，以市场为导向，以发展为主题，以结构调整为主线，以深化改革和科技进步为动力，贯彻“立足存量、优化资源、调整结构、技术进步、提高效益”的方针，全面进行资源优化，装置和产品结构优化，增加高附加值产品，大力推动技术进步，加快内涵改造和择优发展，在一定资源总量的情况下，以最小的投入获得最大的效益。

1. 炼油装置与加工能力

据统计，截至 2002 年，股份公司共有蒸馏装置 55 套，加工能力 11085 万吨/年。2002 年加工原油量 7697 万吨，分别加工大庆、吉林、辽河、新疆、孤岛、长庆、华北、大港、青海、克拉玛依及进口原油等。综合常一线收率 7.13%，常二线收率 14.64%，常三线收率 4.94%，常压拔出率 40.3%，减压拔出率 18.78%，总拔出率 59.02%，综合能耗平均 451.061 兆焦/吨。

股份公司的炼油二次加工以催化裂化、延迟焦化、催化重整、加氢裂化等为主，其中催化裂化占较大比重。2002 年股份公司共拥有 52 套催化裂化装置，能力 4876 万吨/年，2002 年装置处理量 3768 万吨/年；各产品平均收率：干气 4.63%，液态烃 12.1%，汽油 40.51%，轻柴油 28.05%，重柴油 2.89%，油浆 3.92%，焦炭 7.28%，损失 0.66%。综合能耗平均 2947 兆焦/吨。催化剂单耗平均 0.8484 千克/吨。

2. 主要技术经济指标

2002 年，中国石油原油加工负荷率 79.15%，占全国总加工量的41.13%；轻质油收率70.05%，同比提高0.34%；综合商品率91.26%，同比降低0.18%；炼油加工损失率0.91%，同比降低0.07%；单位能量因数耗能13.28千克（标油）/（吨·因数），同比降低0.28千克（标油）/（吨·因数）；生产柴汽比1.75，同比提高0.06（表3）。

表3 炼油主要技术经济指标

技术经济指标对比	中国石油2001年	中国石油2002年	中国石化2002年
轻油收率（%）	69.71	70.05	72.08
综合商品率（%）	91.44	91.26	92.45
加工损失率（%）	0.98	0.91	1.14
单位能量因数耗能〔千克（标油）/（吨·因数）〕	13.56	13.28	12.81

3. 调整炼油结构，关停低效装置

加入WTO后中国石油炼油行业面临巨大的挑战，对中国石油的炼油结构进行了分析和研究，并对中国石化以及其他国际大型的石油公司的炼油技术水平进行调研，找出差距，明确努力方向，提出炼油结构调整的建议，主要有大连、兰州炼油基地建设总体方案审查，大庆石化、大庆炼化、独山子石化等炼油化工一体化企业技术改造方案审查，长庆石化、辽河石化等炼油技术改造方案的审查。2002年对炼油企业的一些低效装置关停并报废，累计报废低效装置77套。

4. 优化产品结构，搞好产品升级换代，提高柴汽比

目前，国内炼厂的柴油产量已不能满足市场消费增长的需求，在今后相当长的一段时间里，增产柴油、提高柴汽比是炼油企业的一项重要任务。通过完善信息沟通渠道，以便掌握各企业增产柴油的技术工作信息，及时指导增产柴油工作，协调解决生产中的技术问题，通过调整操作方案来提高柴汽比：根据柴油闪点标准变化，改变了馏分切割点；优化催化裂化工艺操作；置换增产柴油的催化剂；合理利用常三线和减一线馏分油；夏季多生产5#和10#柴油；保证加氢裂化装置满负荷运行；优化乙烯原料，以石脑油顶替出裂解柴油；加大西部炼油企业化工轻油向区外的供应，减少以柴油馏分作为乙烯料外供；在煤油总体产大于销的市场情况下，把部分煤油转产为柴油。对部分乙烯裂解炉进行改造，退出柴油馏分，增加了柴汽比；一些企业实施了MGD、提升管快分技术，柴汽比明显提高。另外通过依靠技术进步提高柴汽比，其中兰州、独山子改造了乙烯裂解炉，多出柴油馏分，增加了柴汽比；锦州、大港、华北、玉门、大庆石化、大庆炼化等一些企业实施了MGD。

通过上述努力及措施，2002年股份公司炼油企业柴汽比达到1.75，与2001年同期相比提高0.06。

在汽油质量升级换代方面，考虑到乙醇汽油等因素的影响，经过认真细致的工作，逐家落实、制订方案，落实措施，逐家对接和检查，使相关工作基本就绪，保证在2003年中国石油各炼油企业执行新标准。并且在落实各炼油企业汽油质量升级换代的基础上，中石油大部分炼油企业具备生产低烯烃汽油的能力，并根据市场需求生产低烯烃汽油。

5. 以装置达标为目标，强化炼油生产技术管理

认真研究和分析达标现状，了解国内外同类装置的技术经济指标情况，树立一批达标示范装置和示范厂。2002年，大连石化、西太平洋石化、哈尔滨石化、独山子石化四个企业实现炼油专业达标；在炼油板块考核的达标装置中，19套常减压装置、八套催化裂化装置、二套加氢裂化装置、二套催化重整装置、二套延迟焦化装置实现达标，共计33套。

落实了辽阳石化、呼和浩特石化、华北石化、大庆炼化、大庆石化等企业的消灭火炬长明灯的措施。

6. 强化设备全过程管理，延长装置运行周期

以装置长周期运行为主线，加强设备管理，对影响装置达标、安全运行的设备问题进行认真处理，主要装置运行时间有所提高，装置的检维修费用逐年下降。主要炼油装置长周期运行水平进一步提高。

中国石油炼油企业共有常减压装置、催化裂化、加氢裂化、汽柴煤加氢精制改质、焦化装置、催化重整、糠醛精制、酮苯脱蜡、润滑油加氢处理等主要炼油装置203套，计有实现“二年一修”的装置99套、“三年一修”的装置14套、“四年一修”的装置18套（主要为润滑油生产装置）。其中，大连石化有五套、大庆石化有10套、抚顺石化六套、兰州石化三套，锦西石化、大庆炼化等有两套或一套装置实现了“三年以上一修”；独山子连续实现了四个“二年一修”，大连西太平洋全厂实现了“三年一修”。原油田所属的炼厂如克拉玛依炼厂、华北石化、呼和浩特石化、大港石化、辽河石化等部分装置都由“一年一修”延长到“二年一修”，实现了突破。

（焦丽菲）

7. 控制原油加工总量，加强原油资源配置

根据市场需求，灵活调控原油加工量，是保障市场供应、确保价格到位、实现效益最大化的需要。

2002年股份公司共加工原油7697万吨，同比增加22万吨，比预算减少172万吨。在加工计划的安排上，炼油与销售分公司认真贯彻股份公司关于结构调整和总量控制的要求，努力做到区域间优化平衡，即西部满足上游生产，装置开足，东部地区尽量降低黑龙江地区负荷。(1) 东北地区资源向沿海及盈利能力强的企业倾斜。其中黑龙江地区炼厂在确保生产装置安全开工的条件下，适度降低加工负荷，削减成品油产量，以减少成品油运至区外销售的费用。全年黑龙江地区同比减少加工量78万吨。其中，大庆炼化减少40万吨、大庆石化减少3.4万吨、哈炼减少34.7万吨。(2) 西北地区原油加工总量将保持在年度计划水平，发挥资源优势，多产高附加值和特色产品，减少成品油产量。(3) 华北地区炼厂在适应市场需求的条件下，保持较高的加工负荷。

年初，由于成品油库存居高不下，成品油价格严重不到位，我们与中石化联手控制加工总量，年底，两大集团成品油库存由年初的1095万吨下降到805万吨，其中石油集团库存由年初的481万吨下降到347万吨。

(楼 森)

【成品油销售】

1. 销售总体概况

2002年，面对日益多变和竞争激烈的市场环境，销售系统通过优化资源配置，加强经营管理，深化营销体制改革，完善运行机制，提高了市场控制能力，巩固和扩大了市场份额，为股份公司上游生产的稳定业绩和整体效益的增长做出了应有的贡献。同时，在国家经贸委宏观调控指导下，与石化集团协同合作，以效益为中心，在原油进口量、成品油出口量、成品油资源投放量、推动成品油价格到位等方面的合作上取得了较好的效果。

2002年股份公司销售汽煤柴5673万吨，其中国内销售5305万吨，出口367万吨，国内市场份额43%。零售成品油1880万吨，市场份额23%，比2001年增长约3%。

石蜡、沥青和润滑油等炼油小产品的销售管理进一步加强，优势产品的经济效益进一步提高。全年销售石蜡86万吨，国内市场份额达65%，出口29万吨。销售沥青193万吨，同比增加44万吨，国内市场份额达28%，其中高等级道路沥青、机场改性沥青在北京平安大街、哈尔滨、天津机场改造工程中使用，受到用户好评。润滑油公司自成立以来，实施“五统一、一集中”的经营策略，形成了产、研、销一体化的经营模式，品牌形象迅速推广，高档润滑油的销售比例从2001年的31%提高到32%，其中高档内燃机油、超高压变压器油成为东风汽车公司装车用油和三峡工程指定用油。

2. 成品油销售管理

(1) 根据竞争形势的发展和经营环境的变化，按照市场规律组织经营销售工作，营销水平迈上新台阶；与中石化多层面联手，做好产销和进出口两个平衡，营造总量和区域资源平衡的良好环境；合作推价，促进国内市场价格到位，2002年市场到位率比2001年提高1%；在稳定和提高销售价格的基础上，通过细分市场和用户群，对不同市场、不同经营对象实现差异化经营；加强市场和营销策略研究，建立快速反应机制，通过对市场和竞争对手的分析，使应变能力和驾驭市场能力得到提高；在确保生产后路畅通的同时，掌握资源投放节奏，把握市场走势，合理利用库存，增强防范市场风险意识；利用国外市场，使一般贸易成品油出口成为调剂国内资源供给的有效手段。

(2) 大力开拓市场，强化终端销售，营销网络实现跨越式发展，有效地支撑了股份公司上游业务的发展、销量和零售量稳步增长。自公司上市以来，一手抓生产经营、一手抓开拓市场，在南方市场构筑了一级集散、二级分销、三集零售的网络格局，成功地实施了成品油大市场、大网络、大流通的经营战略，使中国石油的销售网络覆盖了除台港澳以外的所有省(区、市)。北方市场销售同比增长2.3%，南方市场销售同比增长4.8%，南北方市场得到了均衡发展。

(3) 在销售网络不断完善的基础上，终端市场开发取得成效。以零售为重点完善销售网络，经营实力不断提高；省市公司继续加大宾馆、机关、公交系统、矿山、重点工程等机构用户的开发力度；加强与专项用户的资产性合作，低成本扩张取得突破性进展，2002年，我们与新疆生产建设兵团、黑龙江农垦总局分别成立了合资公司，为规范区内市场、提高经济效益创造了条件。积极开发航煤市场，与国内五家机场签订了供油协议。销售网络不断完善，确保了国内市场份额稳步提高，成品油自营比例大幅增加，竞争能力和抗风险能力大大增强。2002年终端销售达到3002万吨，同比增长33%。

(4) 不断探索，营销体制和机制改革迈出新步伐。全面开展配送中心试点和推广工作，按合理经济半径整合了储运设施和物流体系，资产利用效率明显提高；建立了以销售代表责任制为中心的市场开发体系，四川销售绵阳分公司中心试点工作取得显著成效。通过实施配送，使销售量、机构用户数量和销量增加，市场占有率明显提高，对市场的控制能力加强，职工精神面貌、工作积极性显著增强。

（5）坚持持续重组，深化内部改革，初步构建了与市场相适应的新型营销体制。打破过去按行政区划层层设立销售机构的做法，整合地（市）县公司改制为经营部，市场和经营业务按照经济区域划并 18 个地市公司。取消了大区分公司本部的经营职能和部分大区分公司的资源配置功能；重组业务流程，按照合理的经济半径，设立配送中心，并将加油站和机构用户等纳入配送范围；通过推行销售代表责任制，建立中国石油与用户的纽带关系，对用户实施合同化管理，深化用人制度和分配制度改革，建立一套有效的激励约束机制；借助集约化的配送手段和现代信息工具，优化配送方案，实现物流路程最短、信息传递最快、资金效益最佳。

（杨景娟）

【炼油科技】　2002 年，炼油科研工作以“改善质量、降低成本、增加品种、提高效益”为中心任务，重点抓好清洁油品生产技术、重油轻质化技术的研究和润滑油、石蜡、沥青、三剂等新产品的开发，努力提高炼油与销售企业的盈利能力和市场竞争能力。

（1）开发清洁油品生产技术，为炼油企业产品质量升级换代提供技术支撑。第二代降烯烃催化剂开发成功并在前郭石化、哈尔滨石化、乌鲁木齐石化等企业进行工业试验，总液收基本不降的情况下， 烯烃降低 10％—15％（体积分数）；采用催化剂提高催化汽油辛烷值工业实验在哈尔滨石化和大港石化分公司取得良好结果，辛烷值提高 0.5—1 个单位；兰州石化分公司研究开发的 LBO 系列降烯烃催化剂和提高辛烷值助剂，在中国石油 15 个炼油企业和中石化部分企业广泛应用，为汽油升级做出重要贡献，节省对外购买技术使用费约 1000 余万元；辅助提升管汽油改质工业试验在华北石化分公司初步取得较好结果；轻汽油醚化技术 2002 年完成中试，进行了 4000 小时寿命实验，降低汽油烯烃 5％—7％，辛烷值提高 1 个单位。

（2）清洁汽油高辛烷值组分生产技术研究。组织兰州石化进行丁烯齐聚生产异辛烯工业实验，丁烯转化率 80％—95％、丁烯－2 单程转化率 76％，异辛烯选择性达 85％以上，RON 辛烷值达到 95—104；组织催化汽油加氢异构脱硫降烯烃改质技术的研究，小试结果表明可以降低烯烃 15％—20％（体积分数），脱硫率达到 90％，辛烷值基本保持不降；大庆石化分公司开发的新型高活性加氢脱硫、脱氮和芳烃饱和催化剂，中压下精制柴油硫含量不大于 50 毫克/升、脱氮率大于 90％、安定性和十六烷值提高，达到优质轻柴油调和组分的要求。组织开展新型高效催化柴油非加氢精制技术研究，在抚顺石化分公司和华北石化分公司进行工业试验，催化柴油精制后和直馏柴油调和可以满足现行柴油标准，对于部分解决催化柴油质量问题具有重要意义。

（3）两段提升管催化技术、悬浮床重油加氢裂化等重点项目取得重要进展，逐步形成具有中国石油自主知识产权的核心关键技术。2002 年“两段提升管催化裂化技术”在石油大学胜华炼油厂工业化试验一次成功，总收率提高 2％—3％，干气和焦炭收率降低，柴油收率提高，在部分汽油回炼和协同使用降烯烃助剂情况下，可以在催化装置上直接生产低烯烃汽油；“悬浮床重油加氢”技术具有可加工劣质原料、轻油收率高、产品质量好、柴汽比高、投资节省等优点。2002 年初组织专家对该项技术进行了工业化实验的可行性评估，2002 年 7 月组织了初步设计审查并成立技术攻关领导小组，验证技术的先进性和可靠性，准备利用抚顺石化分公司闲置设备进行 5 万吨/年的工业试验，为大规模应用做准备。

（4）巩固和加强现有特色优势产品，开发适销对路的新产品，调整和改善产品结构，提高经济效益。2002 年重点组织开展了高档润滑油产品、高质量石蜡、高等级沥青等新产品开发。

①润滑油：2002 年重点开展了利用高质量加氢基础油，开发高档润滑油产品及配方复合剂化等方面的工作。润滑油公司加强与 OEM 制造商的协作，完成 15 个用油行业的调研。将与中国第一汽车集团公司建立车用油品联合实验室，与车辆设计同步共同进行车用油品标准和车用油品的设计开发。润滑油公司开发的高质量内燃机油以良好的性能和优质的服务赢得用户信赖，成为东风汽车公司、一汽集团公司的出厂汽车装车油。润滑油公司采用加氢异构脱蜡基础油生产的“昆仑”SJ 5W/30，CF－4 10W/30 两个产品取得 API 认证。“昆仑”牌 ATF 汽车自动传动液、第五代铁路内燃机车油获美国 GM 公司 Dexron Ⅲ规格认证，取得国际市场通行证。克拉玛依石化分公司针对高压加氢产品存在的问题，评选出经济合理的复合添加剂配方，同时开发溶剂精制—加氢组合工艺，

改进了产品质量，产品通过了广东珠江三角洲地区台橡企业的严格检测，开辟了一个新的用户群。2002年润滑油基础油和全损耗机械油等低档产品销售比例同比降低了5.9%，润滑油成品率达到81.5%，高档润滑油比例达到31.8%，同比提高4.1%。

②石蜡：大连石化公司研制的熔膜铸造蜡，汽车底盘防护蜡、水果保鲜蜡等产品深受市场欢迎并形成批量生产。抚顺石化分公司开展“石蜡调和工艺研究”，降低了石蜡调和成本、提高了成品质量，测算吨蜡增效200元以上。抚顺石化分公司，采用减四线馏分油直接喷雾脱油生产微晶蜡，利用旧设备成功地进行中试并取得成功，生产出含油小于3%的一级品75# 微晶蜡。

③沥青：2002辽河石化分公司充分发挥资源优势，全年生产优质沥青超80万吨，成为国内最大的沥青生产企业。其中重交通道路沥青产量60万吨、改性沥青1万吨以上。研制开发的机场跑道用优质改性道路沥青，用于敦煌机场和哈尔滨机场改造，赢得用户良好赞誉。克拉玛依石化分公司研究开发了沥青改性技术，并成功进行了中试，为2002年建成5万吨/年改性沥青工业装置奠定基础。克拉玛依石化厂生产的水工沥青、改性机场沥青在三峡水利工程和西部机场改造等国家重点工程中被指定为专用产品。

（5）推广使用新技术、新工艺、新设备，降低炼油生产成本，提高经济效益。2002年组织炼化企业召开炼油科技成果交流会。就清洁油品生产技术研究、重油深加工技术研究、润滑油、石蜡、沥青、三剂四大类产品的开发和先进控制、炼油装备等方面内容进行了大会技术交流。法国石油研究院IFP和美国LUMMUS公司也应邀与炼油企业进行了相关领域的技术交流；出版了炼油科技论文集，汇集筛选近几年炼油科技成果120余篇技术报告；2002年还重点开展芳烃抽提溶剂过滤精制技术、液化气汽油固体碱洗技术、先进和优化控制等技术的推广应用。对炼油企业降低炼油生产成本，提高经济效益取得良好效果。

（6）组织炼油企业与国外公司的技术合作和技术交流。为促进炼油企业提高管理和技术水平，增强市场竞争能力，了解与国际先进水平的差距，明确今后挖潜增效、改造发展的方向，2002年组织规划设计总院与美国所罗门国际咨询公司合作，在对炼油企业绩效评价的基础上，引进国际先进管理经验，结合生产实际，研究建立相对科学合理的炼油绩效评价考核体系，提高炼油业务科学管理水平；2002年组织与美国UOP公司、美国Lummus公司、美国Honeywell公司、日本JGC公司、法国石油研究院进行了清洁油品生产技术、重油加氢技术、油品优化调和等方面技术交流。

（7）科研项目的管理得到进一步加强。根据科技项目管理规定，加强对科研项目进展的检查监督，并对重油悬浮床加氢、两段提升管催化技术、水合物法气体分离等重大和周期长的项目组织专家进行中评估，确保科研项目向正确方向发展。对完成项目合同任务的轻汽油醚化、柴油加氢降凝组合工艺等36个项目组织专家进行验收，促进了新技术的转化。各地区分公司加强科技管理，强化地区分公司技术委员会的作用。对股份公司重点科研项目都成立攻关组，由主管领导专门负责。加强了对项目进展的控制，在项目主要承担单位内部坚持按季度工作考核，落实专业管理考核办法，加强对科研项目的考核力度，使课题能按进度完成。对有所创新、形成股份公司自主知识产权的技术，按照股份公司有关规定，及时组织研究单位申报专利，2002年已有重油悬浮床加氢、两段提升管催化技术等26项技术申请国内、国际专利，维护了股份公司权益。

（乔　永）

【固定资产投资】　2002年固定资产投资按业务划分为炼油投资和销售投资两大块，炼油投资的重点是确保炼油基地建设、质量达标和降本增效项目，销售投资的重点放在一、二级油库建设、加油站建设以及具有投资价值的老站改扩建项目。

1. 炼油投资

全年炼油业务建设项目155个，其中5000万元以上项目35个，投资39亿元；2000万—5000万元项目19个，投资4.3亿元，2000万元以下项目101个，投资5.7亿元。

全年共下达投资计划49亿元，年底实际完成49亿元。

重点项目有大连石化350万吨/年重油催化和600万吨/年常减压装置，抚顺石化350万吨/年常减压和40万吨/年酮苯脱脂，锦西石化300万吨/年常减压节能改造和100万吨/年延迟焦化扩能改造，辽河石化、玉门炼化、克拉玛依石化、呼和浩特石化、华北石化柴油加氢和部分重整项目等。

2. 销售投资

2002年销售投资继续以实现股份公司成品油经营大流通、大网络、大效益的战略目标为宗旨，以构筑与资源量相匹配的销售网络为努力方向，贯彻一级集散、二级批发、三级零售的开发思路。在继续加快南方销售网络建设的同时，兼顾北方市场的稳定，相应加大了对北方市场网络建设的投资力度。在投资策略上讲求项目建设速度、数量和建设质量的结合，当前建设任务与长远规划的结合，将投资回报作为检验投资效果的惟一标准。根据不同地区的市场特点，采取新建、收购、控股、租赁、特许、连锁等多种方式拓展销售网络，突出投资重点，使网络建设做到整体布局合理、资金使用合理。

在项目管理方面，进一步完善《销售网络建设项目与投资管理暂行规定》内容。各销售企业根据炼油与销售分公司的要求，结合实际情况制定、建立、完善了项目前期工作管理、设计管理、施工管理、物资采购管理、招投标管理等一系列管理程序，有效控制了投资，降低了成本，提高了项目投资质量。为制定板块内部统一的关于加油站项目前期可研、中期建设和后期评价的管理办法，分公司组织有关专家编写《加油站建设标准》、《加油站项目后评价方法》、《加油站选址评价软件》，准备于2003年推广，通过收集整理前几年网络建设中得到的实践经验和教训，指导今后的投资工作，使之更具科学化、理性化。

2002年6月，组织对东北三省、华北、陕西、华东等地区进行市场调研。通过调研掌握了各地区的网络建设动态和市场拓展潜力，现场解决各公司遇到的问题，为做好全年投资工作，完成全年建设任务打下基础。

2002年7月，为协助西藏公司做好网络建设规划工作，优选投资项目，对西藏地区进行为期一周的调研。通过对拉萨、山南、日喀则等地区的生产设施和职工生活设施的实地考察，了解到西藏公司目前存在的问题和困难，在股份公司规划计划部的支持下，在投资政策上适当给予倾斜。

在投资计划安排上做好资金与工作量的总体平衡，重点安排销售网络建设和库站设施安全隐患改造项目，严格控制非生产性投资项目。在年度计划确定后，落实季度投资计划，掌握和检查工作进度，成熟一批、下达一批，确保全年网络建设任务的完成。

2002年销售企业完成投资60.4亿元，其中销售网络投资54亿元，技术改造投资4.3亿元，非安装设备0.9亿元，收购油轮股权1.2亿元。网络建设投资中南方市场和南北方交界市场总投资为49.1亿元，占总投资的81.3%。油库投资7.6亿元，共新增油库25座，改扩建油库七座，新增库容111万立方米，新增年分销能力710万吨。重点项目有日照鲁齐油库、中山农丰油库、杭州浦阳油库、潍坊油库、德州油库、莱芜油库、大同油库、辛集油库、大厂京东油库、侯马油库、商水油库、多巴油库等。加油站投资46.2亿元，共新增1752座，改扩建689座，新增年零售能力500万吨，重点项目有北京奥东加油站、常熟苏常加油站、苏州机场加油站、云南德发加油站、齐齐哈尔永青加油站等。

（岳　立）

【加油站建设】　面对激烈的市场竞争，2002年中国石油零售网络稳健扩张，总体运行质量不断提高，销量大、效益好的加油站不断增加，零售量快速增长，零售盈利能力不断增强。零售工作逐步起到“生命工程”的重要作用。2002年零售环节实现经营利润8.45亿元，为炼油销售分公司整体扭亏为盈做出了重大贡献。截至2002年底，年新增加油站1733座，当年新增零售量84万吨。全年零售量达到1880万吨，较2001年增加了297万吨。零售市场占有率达23%，同比增长2.4%。2002年中国石油集团拥有加油站共13160座，其中年零售总量超万吨的加油站110座（较2001年净增30座）。平均单站日销量达到4.78吨，同比增长1.2吨。

股份公司充分认识到加油站特许经营作为低成本扩张手段对增强企业竞争能力的重要性，将规范发展特许经营加油站作为一项重点工作。2002年，炼油与销售分公司结合国家经贸委制定的《关于规范加油站特许经营的若干意见》和《中国石油加油站管理规范》的有关规定，明确了特许站开发、管理的制度标准，使工作有章可循。截至2002年底，中国石油特许经营加油站已经达到1882座，成为零售网络终端不可忽视的重要力量。

【加油站管理】　加强对加油站的发展和管理，提高单站加油量，提高吨油效益，努力实现销量、收入和效益有机的统一。

（1）积极参与国家规范市场秩序的加油站专项整治工作，零售网络更加规范。公司从上到下充分认识到专项整治的必要性，各级领导高度重视、严格要求。各单位制定具体方案、责任落实到人、时间落实到天，大改不出公司、小改不出加油站。经过“宣传动员、自检自查、内部整改、全面验收”四个阶段，公司累计投入资金5.9亿元，对2732座加油站的5975个不合格项目进行了整改，100%的完成了对36735台加油机的税控装置安装任务，得到了国家有关部门的高度评价。

（2）全面推行《加油站管理规范》，管理科学化、精细化、现代化程度不断提高。2002年全系统共组织培训1200多期，累计培训员工6.1万人次，基本实现了零售战线员工的全员培训，为以《加油站管理规范》为蓝本，强化加油站规范化管理奠定了基础。

在集团公司党组和股份公司管理层的高度重视下，公司召开了第一次加油站管理专题工作会议。明确目标、转变观念。会议确立了零售工作作为“生命工程、效益工程、一把手工程”的重要地位，探讨了新的形势下进一步增长中国石油零售业务竞争能力和盈利能力的方针和战略。会议明确提出，零售业务提升核心竞争力的关键在于通过合理的网络布局、高效的供应链管理和低成本的网络运行，为顾客提供优质服务，提高品牌价值，不断扩大市场份额，进而提升中国石油零售网络的整体竞争能力和盈利能力。会议还确定了“继续开展加油站‘达标创星’”活动及“建设零售经营管理样板城市工程”为今后一段时间的工作重点。

炼油与销售分公司立足提高加油站营销技巧和管理水平、提高盈利能力和竞争能力，决心以加油站“达标创星”工作为突破口，做好加油站各项工作。截至2002年年底，各单位已完成达标和一至三星级加油站的评定工作，并已做好四、五星级加油站评审、考核的准备。

(3) 抓好零售管理，提高经济效益。重点抓了零售管理的“一一三三”工程，提升加油站管理水平。即围绕一部《加油站管理规范》，完善一套零售管理信息系统，做好市场三分（市场分片、客户分群、油站分类），提高“三率”（进站率、加满率、顾客满意率，核心是顾客满意率）为核心，根据加油站不同的地理位置分成四类，分别定义为效益站、销量站、潜力站和扭亏站。在油站分类的基础上，研究不同类型加油站的特点，制定差异化管理模式，采取有针对性的营销管理活动。根据地区的不同情况，确定“量价互动、量增利升”，采取“单站单包、大站捆绑”等不同形式的“吨油费用包干” 制度，使管理和薪酬挂钩，极大地调动了销售人员的积极性。

在股份公司管理层和有关部门的支持下，炼油与销售分公司选派来自销售一线的六位万吨级加油站经理作为第一期学员赴美培训。这是股份公司实施“建设万吨级加油站”计划的具体行动之一。学员在美国主要学习了先进的加油站服务管理、经营理念、营销方式、企业管理等方面的课程，并观摩了各种类型的美国加油站和外国同行进行了讨论和交流。万吨站经理出国培训作为加强管理、推行《规范》工作的升华，进一步激发了员工的工作积极性和创造性，为提高加油站管理水平发挥重要的示范和促进作用。

（王　磊）

(4) 推广应用IC卡。2002年，在IC卡零售管理系统试点工作基础上，重点开展加油站IC卡系统功能稳定运行和经验总结、普及推广。

目前，在12个城市试点的系统都已建设完毕，并对兰州市、乌鲁木齐市、鸡西市进行了项目验收，达到了预期的技术经济要求。截至2002年底发卡3万余张，卡中储值总额达1.4亿余元人民币，除去加油消费，卡上余额为4000余万元人民币。为销售企业提供了流动资金，减少了财务费用，使企业经济效益得以提高。

加油卡系统的投用实现了成品油零售业务操作和结算的自动化、网络化管理，减少了人为因素影响，提高工作效率和管理水平，展示了中国石油企业网络化经营的新形象。

加油卡系统的应用，增强了用油单位对本单位油品消耗的管理、监督和控制能力，为用油单位提供油品消耗管理的手段。

（周宝霞）

【油价回顾】 世界经济在经过2001年暂短的减退休整后，2002年出现了复苏迹象，国内经济也摆脱了近几年的徘徊状态，出现稳定快速发展。在此大环境下，2002年国际油价先行、国内油价随后，双双回升，成品油市场价格水平提高，曾一度出现购销两旺的可喜局面，形势明显好转。

1. 国际市场油价总体水平持续上涨

美国“9.11”事件并未使减退中的世界经济就此沉落，尤其是由此带来的中东局势的紧张动荡，使得国际市场油价明显回升，下半年上涨尤其明显。但全年平均水平与2001年大体持平。

一是价格水平持续上涨，势头强劲。从2001年12月下旬开始，国际市场油价出现回升迹象。2002年伊始，国际市场油价普遍高开，米纳斯、布伦特与WTI三种主要原油（以下简称三种主要原油）平均价每桶19.86美元，比上月平均水平上涨1.29美元；新加坡、鹿特丹及纽约三地市场（以下简称三地市场）汽柴油平均价每桶分别为22.25美元和22.39美元，比上月平均高出0.89美元和1.58美元。此后，国际油价虽在个别月份有所回落，但很快回升，上涨势头十分强劲。12月份，三种主要原油全月平均价每桶30.25美元，比1月份上涨达10.91美元，三地汽柴油全月平均价每桶分别为32.48美元和33.49美元，比1月份平均高出10.33美元和12.12美元。12

月27日布伦特原油每桶31.76美元，12月30日米纳斯原油每桶35.75美元，前者达到2000年12月份以来的最高价，后者达到1991年以来的最高价。12月31日欧佩克一揽子油价29.85美元/桶，连续11个交易日超出该组织联产保价机制上限（详见表4、表5）。

表4　2002年国际市场原油价格表　　单位：美元/桶

时　间	平　均	米纳期原油	WTI原油	布伦特原油
1月	19.34	18.86	19.68	19.48
2月	19.92	18.91	20.66	20.20
3月	23.67	22.92	24.35	23.73
4月	25.91	25.82	26.26	25.66
5月	25.99	25.60	27.05	25.32
6月	24.75	24.62	25.50	24.13
7月	26.00	25.28	26.92	25.81
8月	26.96	25.88	28.34	26.66
9月	28.61	27.76	29.71	28.37
10月	28.73	29.75	28.87	27.58
11月	26.22	28.26	26.29	24.11
12月	30.25	32.63	29.45	28.67
2002年平均	25.53	25.52	26.09	24.98
2001年平均	24.85	24.14	25.91	24.51
比　较	0.68	1.38	0.18	0.47

表5　2002年国际市场成品油价格情况表　　单位：美元/桶

时间	三地平均		新加坡		鹿特丹		纽约	
	汽油	柴油	95#汽油	柴油	95#汽油	柴油	93#汽油	柴油
1月	22.14	21.37	21.00	20.87	21.03	21.81	24.41	21.42
2月	23.51	22.26	24.16	21.91	21.19	22.10	25.19	22.78
3月	28.04	26.63	27.93	25.71	25.74	27.13	30.44	27.05
4月	31.61	28.61	30.11	28.64	30.06	28.50	34.65	28.70
5月	30.90	28.58	29.72	28.72	29.36	28.61	33.63	28.41
6月	30.33	27.69	28.54	27.82	29.00	27.80	33.44	27.43
7月	31.77	28.71	28.19	28.25	30.77	29.38	36.34	28.49
8月	31.64	29.87	28.14	28.84	31.14	30.34	35.63	30.42
9月	33.15	32.50	30.49	31.43	32.63	32.86	36.33	33.21
10月	33.71	33.13	29.62	33.10	32.16	32.98	39.35	33.32
11月	30.83	30.16	27.80	29.39	27.88	30.06	36.82	31.04
12月	32.48	33.49	30.18	31.76	31.34	34.13	35.90	34.59
2002年	30.01	28.58	27.99	28.04	28.53	28.81	33.51	28.91
2001年	30.11	28.28	27.50	27.35	29.13	27.48	33.70	29.99
比较	−0.10	0.31	0.49	0.68	−0.61	1.33	−0.19	−1.09

二是价格起伏较为明显。全年仅6月和11月两个月份油价降低，其余均为逐月提高，走势上呈现三起两落。上半年油价持续上涨至4月份后，出现了时高时低的胶着状态。自5月下半月起国际油价出现下滑。6月份，三种主要原油每桶平均比上月降低1.24美元，三地汽柴油平均每桶比上月分别滑落0.57美元和0.89美元。7月初，美国总统布什号召利用一切手段推翻伊拉克现政权后，致使7—10月连续四个月国际油价上涨。但因联合国安理会对伊问题一直未做决断，加之欧佩克与非欧佩克产油国超产的累加，10月21日国际市场油价开始明显降低。至11月14日，三种主要原油平均价每桶24.76美元，比10月1日每桶降低5.02美元，其中布伦特原油每桶22.77美元，降低了6.3美元；三地汽油和柴油每桶分别为29.56美元和28.13美元，比10月初分别降低了4.47美元和5.92美元，所谓油价中的战争因素大大缩水。随着美英对伊强硬态度未变和对伊武器核查的即将开始，以及俄罗斯、北约等也对伊发出警告，自11月15日起油价又逐步反弹，进入12月份后，油价大幅度上涨。12月份下半月三种主要原油每桶平均价比上半月上涨了3.89美元，三地汽油和柴油每桶分别比上半月上涨了3.23美元和3.91美元。

三是全年价格总体水平与2001年大体相当，亚洲市场价格上涨突出。2001年国际油价的总体走势是先涨后落，简单地说是由高到低；2002年国际油价总体走势相反，是由低逐步升高。所以，2002年国际市场虽然热度不断升高，油价一路看涨，但总体水平并未明显高出2001年。全年三种主要原油平均价每桶25.53美元，比2001年上涨0.68美元，三地汽柴油全年平均价每桶分别为30.01美元和28.58美元，同2001年平均水平相比，汽油大体持平、柴油上涨0.31美元。因日本核电供应出现问题，亚洲市场油价上涨较大，水平明显偏高。全年新加坡市场米纳斯原油每桶平均价25.52美元，每桶上涨1.39美元，布伦特和WTI原油每桶平均价分别为24.98美元和26.09美元，比2001年仅上涨0.47美元和0.18美元。从价格水平看，米纳斯原油价格每桶比布伦特已高出0.54美元。12月份米纳斯原油价格每桶比布伦特高出达3.96美元，这是多年少见的情况。全年新加坡市场95#汽油和柴油每桶分别比2001年上涨0.49美元和0.68美元，而欧洲市场同2001年相比，则有涨有降，纽约市场汽柴油价格比2001年均是降低的。

四是成品油与原油的比价关系下滑。三地市场汽柴油与原油的比价，各月虽有升有降，但全年总体水平比2001年有不同程度的降低，尤其是新加坡市场成品油与原油比价，下滑走势更为明显。全年三地市场汽柴油与米纳斯原油比价分别为1.18和1.12，比2001年同期分别低0.06和0.05。新加坡市场汽柴油与米纳斯原油比价分别由1月份的1.11降低到12月份的0.92和0.97，全年平均分别为1.11和1.10，比2001年同期低0.03。

2. *国内成品油价格在起伏中大幅度攀升*

在国际油价的带动下，国内成品油市场持续升温，热度不减、淡季不淡，出现了近年来少有的现象。

按照接轨国际市场的油价形成机制，全年汽柴油销售价格共计调整五次，以年初降价起首，此后四次持续提价。1月1日全国汽柴油零售中准价平均每吨2742元和2430元，至10月1日最后一次调价，全国汽柴油零售中准价平均分别为每吨3573元和3232元，提价金额每吨831元和801元。全年汽柴油平均零售中准价每吨3138元和2813元，比2001年每吨分别降低264元和190元。在上述调价的推动下，全国成品油市场价格不断攀升，主要特点为：

（1）成品油价格总体走势强劲上涨，全年平均水平与2001年相当。与国际油价走势相似，2002年国内市场油价是从谷底攀升。继2001年第四季度国内成品油市场低迷的走势，2002年1月份国内成品油市场销售依然不畅，市场油价仍继续下跌。1月下旬华北及东南沿海汽柴油批发价每吨下跌到2000元以下，比上月水平普遍低达600元以上，形势异常严峻。据不完全统计（下同），2002年1月份全国汽柴油批发价每吨2360元和2240元，比上月每吨分别下跌240元和200元，但春节过后，市场逐渐启动。至2002年12月份全国汽柴油批发价每吨涨至3520元和3210元，比1月份每吨分别上涨1160元和970元。全年汽柴油批发价平均每吨为3120元和2840元，同2001年相比，汽油基本持平、柴油每吨仅降40元。

（2）全年价格两起两落，但涨大于落。从涨落时间看，2—5月和7—10月共八个月价格上涨，包括1月份在内，降价的月份只有四个月。从价格涨落幅度看，自2月份国内市场开始回升至5月份，全国汽柴油批发价平均每吨分别达到3180元和2940元，比1月份水平每吨分别上涨820元和700元。5月下旬全国油价开始滑落，但对当月水平并未构成大的影响。6月份全国汽柴油批发价每吨仅降低110元左右。至

10 月份全国汽柴油每吨比 6 月份持续累计上涨 530 元和 420 元。11 至 12 两月油价虽下滑，但下滑金额趋小。12 月份全国汽柴油批发价比 10 月份每吨仅降低 80 元和 40 元。全年汽柴油批发价上涨金额合计分别为 1350 元和 1120 元，含 1 月份降价金额在内，全年降价金额合计分别为 430 元和 350 元，上涨金额大于降价金额分别为 920 元和 770 元（图 3）。

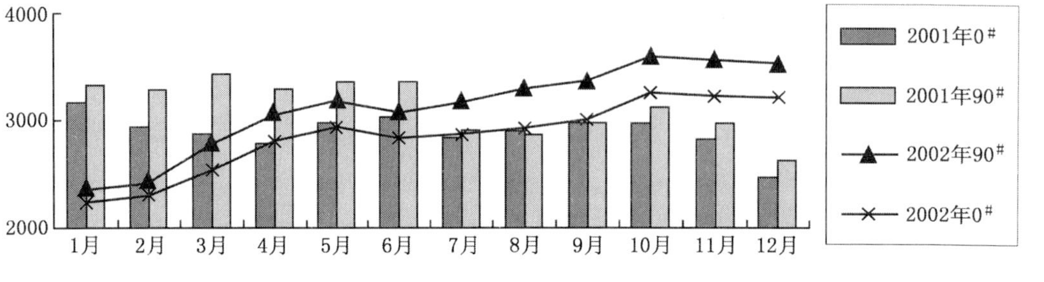

图 3　2001—2002 年全国汽柴油批发价格走势图

（3）东西部地区价格变化差异较大，有的品种与地区出现反向变化。同 2001 年相比，2002 年东北与西部地区价格降低金额大于东部地区，且东部地区汽油价格是提高的。如西北地区全年汽油批发价每吨降低 130 元，而东部沿海地区平均每吨提高 100 元；西北地区全年柴油批发价每吨降低 50 元，东部沿海地区平均每吨降低 20 元。就绝对水平分析，2001 年东北地区汽油批发价比东部沿海地区每吨高出 350 元，2002 年每吨仅高出 180 元，此种状况在西北地区与沿海地区比较中更为明显。

（4）成品油销价到位情况明显好转，汽油到位情况明显提高。1 月份全国汽柴油批发价低于规定价每吨在 430 元和 240 元上下，到位率分别仅为 85%和 90%，华北地区汽柴油批发价不到位普遍分别在 750 元和 400 元左右。此后，市场油价虽有起落，但到位率均明显好于 1 月份。至成品油消费淡季的 12 月份，全国汽柴油批发价不到位每吨分别仅为 120 元和 90 元，比 2001 年同期每吨平均缩小达 300 元和 160 元，到位率比 2001 年同期分别提高 11%和 6%。全年汽柴油批发价不到位每吨分别为 200 元和 140 元，同 2001 年相比，汽油每吨缩小 60 元、柴油扩大不到 30 元。初步匡算，全年汽柴油批发价到位率分别为 94%和 95%，同 2001 年同期相比，汽油提高 2%、柴油降低 1 个百分点。

（5）成品油批发差价变化两落两起，全年平均差价水平降低。2002 年汽柴油市场批零差价同批发价走势大体呈反向变化，批发价格提高、到位情况较好时，批零差则缩小。全年四个季度批零差价基本呈现由缩小到扩大的交替变化。一月份批零差价最大，汽柴油每吨分别为 550 元和 320 元，3 月份最小，每吨分别为 240 元和 140 元。全年平均汽柴油每吨分别为 340 元和 240 元，比 2001 年平均每吨缩小 50 元和 15 元左右。

3. 社会经济发展的良好环境是成品油市场好转的主要原因

（1）党中央和国务院坚持扩大内需，实施积极的财政政策和稳健的货币政策。世界经济的复苏和加入世贸组织后的良好环境，使得 2002 年我国社会经济健康快速发展。内需外需全面回升，全年国内生产总值跃上 10 万亿元的新台阶，比 2001 年增长 8%左右。前三季度，全社会固定资产投资比 2001 年同期增长 21.8%，同比加快 6%；全年外贸总值 6200 亿元，比 2001 年同期增长达 22.3%。明显拉动了国内成品油市场。全年成品油消费量比上年增长 6%左右，比前两年提高近 2%，与 GDP 增长的需求弹性系数由 2001 年的 0.69 提高到 0.82。

（2）2002 年四季度以来石油、石化两大集团认真落实国务院与国家经贸委关于调控资源、稳定市场的要求，持续控制原油加工总量的措施成效显现，资源得到一定控制。全年国内成品油生产量比 2001 年同期增加 4%左右，明显低于消费量的增长。两大集团库存压力大大缓解，调控市场的余地增大，市场供需基本趋于平衡。

（3）2002 年国际油价的上涨势头及对国内油价的影响。改变了以往各经营单位 2000 年第四季度油价下滑形势下持币观望、低库存甚至零库存运行的状态，加热了成品油市场。7—8月份市场油价的上涨和年末12月份油价下滑减缓所带来的淡季不淡，都有力地支撑了全年的油价。

（吕东悦）

【质量管理】　加强各级质量管理工作力度和深度，进一步完善从生产到销售终端各环节的质量保证体系，加大资金投入和质量人员培训，建立并进一步完善以炼油与销售专标委为技术核心，以大连和兰州两个石油产品质量监督检验中心为技术依托，以生产和销售企业油品化验为基础，以监督检验为主要手段的质量保证体系，保证了对产品出厂和销售环节产品质量的有效控制。以质量月报、年报及半成品质量考查报表等形式，建立起石油产品质量统计系统，为制定五年的质量发展滚动计划，为炼油技术的发展提供了可靠的基础数据。

针对2002年1月1日起执行的《轻柴油》国家新标准，从生产企业到销售终端进行质量普查，加强对柴油质量达标的监控。紧密结合石油产品质量发展的需求，促进标准化工作向前期研究和实施应用两个方向延伸；针对汽、柴油的质量升级换代，制定了高标准产品的前期研究计划和课题；紧密结合生产实际，及时组织完成了《乙醇汽油调和组分油》、《汽油清净剂》等11项企业标准的制定和发布实施。实现了标准化工作更好地为质量管理服务。

【计量管理】　进一步规范下海成品油计量交接，提高计量管理水平，降低损耗，保障正常生产运行。自2002年1月1日开始，实施《下海成品油计量交接管理细则》，并建立了下海成品油计量季度工作会议制度，进一步加强了下海成品油的计量交接管理，规范了交接各方行为，下海成品油计量损耗有了较明显的降低，损耗率由2001年的0.42%下降到0.37%，下降了0.05%。重大计量纠纷明显减少，有利保障了生产的正常运行。

参与了股份公司组织的原油、成品油、天然气计量方式与国际惯例接轨研究，通过对国内外油气计量方式、计量标准、品质分类、价格体系、经济影响等方面进行调研、分析，提出了股份公司应采取对策的建议和意见。

组织兰成渝管道计量交接细则的制定，保证管道的顺利投产和运行。并在深入调查研究的基础上，确定了管道投产第一年的损耗指标。

（顾惠明）

【安全管理方面】　2002年共发生事故24起，其中人身伤亡事故13起，死亡7人（交通事故死亡5人、生产事故死亡2人）。另外，托管的大元炼油化工有限责任公司发生一起人身死亡事故。全年发生股份公司考核重大责任事故两起，重大责任事故率为百万工时0.01起。

安全管理主要工作：

（1）贯彻落实国务院第58次常务扩大会议和集团公司5月17日电话会议精神，结合炼油与销售分公司销售企业实际下发《关于开展安全检查的通知》（油炼销字［2002］112号）。参加了集团公司安全大检查抽查阶段的活动。共抽查油库八座，加油站13座，查出油库隐患及问题共67条，查出加油站隐患及问题共41条。截至目前，油库整改问题59项，加油站整改问题35项。

（2）严格事故四不放过。上半年，炼油与销售分公司所属分公司及托管企业发生了几起典型事故，如锦西“5.24”事故，重庆一加油站着火事故、宁夏“大元”“6.13”死人事故等，炼油与销售分公司对此十分重视，均派专人到现场协助处理、总结经验教训。

（3）加强对企业安全管理现状调研。宁夏“大元”、甘肃“庆阳”两家炼厂的安全管理由炼油与销售分公司进行托管。为了解两家托管企业的现状，7月10日由储运安全环保处副处长带队，组织部分专家对两个企业进行了专题调研。帮助企业按集团公司、股份公司及炼油与销售分公司有关规章制度，尽早建立起自己的安全管理模式。

（4）油库配套建设。兰成渝成品油输油管线配套油库建设是炼油与销售分公司近一年来的重点工作之一，具有建设工期要求紧、现场施工难度大、工程涉及面广的特点，从设计、施工、投运全过程，都要首先考虑安全。多次现场办公，在西北、西南、甘肃、四川、重庆销售分公司的共同努力下，16座分输油库已正式安全进油投产。

（5）注重现场管理，加大隐患治理。为安排好今年的隐患整改资金，经过调查研究，按照“轻重缓急”的思路安排了2002年的隐患整改项目资金1.3亿元。

（6）宣传贯彻《安全法》。6月29日《中华人民共和国安全生产法》正式颁布，为学习、贯彻好《安全法》，炼油与销售分公司在9月份举办的安全总监座谈会上，专门请国家安全生产局安全法起草人宣讲。

（7）做好安保基金的收缴、管理以及灾害损失理赔工作。全年共缴18802万元，其中11家炼化企业缴纳14382万元，19家销售企业缴纳4420万元（不含润滑油公司）；返回资金 7521 万元。全年 17 次对受灾单位进行理赔，总共赔款 948 万元。

（8）环保工作。继续抓好各炼油企业的污水达标排放和污水回用工作。炼油与销售分公司下发《关于进行 2002 年度环保考核的通知》（油炼销字［2002］224 号），完成了污染物排放达标、环境统计数据核实、污水回用、清洁生产和在线监测现状等内容的考核。所属的 12 家炼油企业基本上达到年初公司下达的考核指标，做到了排污口监测数据达到国家或地方排放标准的要求、密码样考核结果在保证值范围内、处理设施运转正常、统计数据来源可靠。同时选择有资质的评价单位，组织了对《大连石化加工俄罗斯原油千万吨炼厂环境影响评价报告》、《中国石油天然气股份有限公司兰州石化分公司炼油系统改造环境影响评价报告》等建设项目的环境影响评价和审查工作，已上报国家环保局。

（王　苓　陶　辉）

【基建建设项目管理】　2002 股份公司炼油业务实施战略性调整，对炼油企业和装置按照“择优发展造大一批、改造完善提高一批、停产关闭淘汰一批、资产流动剥离一批”的原则，优化投资方向、合理投资规模、重点保证炼油基地建设项目、提高产品质量项目和降本增效项目。对销售企业的网络建设重新确定投资重点，山东地区和华北地区加大网络投资力度，七座油库下半年同时开工。建设任务集中、时间紧、质量要求高。

1. 建立健全规章制度，促进项目管理规范化

为加强对工程建设项目的管理，提高管理水平，2002 年公司下发了《关于调整新改扩建炼油装置设计年开工时数和设计负荷的通知》（油炼销字［2002］114 号）、《关于印发<中国石油天然气股份有限公司炼油与销售工程建设项目施工图会审管理办法>的通知》（油炼销字［2002］155 号）、《关于印发<中国石油天然气股份有限公司炼油与销售工程建设项目竣工验收管理办法>的通知》（油炼销字［2002］210 号）、《关于印发<中国石油天然气股份有限公司炼油与销售工程建设项目招标投标管理办法>的通知》（油炼销字［2002］206 号）和《关于做好炼油与销售工程建设项目进度简报工作的通知》（油炼销函字［2002］92 号）五个管理文件，进一步严格和规范了建设项目管理，使新上建设项目一开始就按照基本建设程序建设办事。

2. 落实项目经理负责制

2002 年，炼油销售分公司归口管理的炼油企业、网络建设任务工作力量大的销售企业均成立了项目管理机构，确定项目经理负责制，严格规范了项目管理的全过程。

3. 严格建设项目初步设计审批的管理

根据《中国石油天然气股份有限公司炼油装置与成品油储运设施建设项目初步设计审批管理办法》文件要求，对限上（2000 万元以上）炼油建设项目初步设计实行地区预审和股份公司正式审查两级审查制度，实现两级把关，既优化了设计，又降低了工程投资。截至年底，炼油企业建设项目管理方面，已对大连一蒸馏装置改造、兰州石化 500 万吨/年常减压蒸馏和 120 万吨/年柴油加氢、锦州石化焦化装置改造、克拉玛依重交道路沥青等 11 个新开炼油建设项目的初步设计进行了审批，共提出技术修改意见 482 条，概算修改意见 264 条，使设计质量及工程投资得到合理控制。已批复的 11 个项目可研批复总投资 214884 万元，批复概算 200363.8 万元，初步设计批复概算同可研批复投资相比，节省投资 14520.25 万元，节省 6.76%。销售企业建设项目管理方面，全年对广东天泓油库、华北辛集油库、山东莱芜油库等七个销售建设项目的初步设计进行了审批，共提出技术修改意见 182 条，概算修改意见 78 条。七个项目可研批复总投资 16400.39 万元，批复概算 16264.25 万元，初步设计批复概算同可研批复投资相比，节省投资 136.14 万元。

4. 加强工程建设过程中“质量、投资、工期、安全”四要素的控制

2002 年，要求重点建设项目的工程设计、建设监理、物资采办、工程施工等承建单位一律通过招投标择优选择。各地区分公司都认真地进行了建设监理、物资采办、工程施工等招投标工作，确保了工程质量、工期和施工安全，控制了工程投资。

（1）工程的工期和质量得到保障。如大连石化分公司的 300 万吨/年装置和一蒸馏装置改造工程初步设计分别于 2001 年 12 月和 2002 年 8 月批复，按计划两工程今年投产，因此建设任务重、时间紧。通过招投标选择了施工队伍后，已分别于 10 月 31 日和 10 月 18 日完成“中交”并开车一次成功，工程从施工到投产分别只花 10 个月和 55 天时间。此外，锦西石化的 60 万吨/年连续重整、100 万吨/年柴油加氢、南蒸馏和焦化装置改造、锦州石化航煤加氢装置和催化重整装置改造、呼和浩特催化重整和柴油加氢精制联合装置等七套装置均按期顺利建成投产。

（2）控制并节约了投资。大连石化分公司的 350

万吨/年重催装置和一蒸馏装置改造工程通过招标分别节约投资10300万元和2000万元，兰州石化分公司的300万吨/年重催装置和500万吨常减压装置进行招标，分别节约投资5100万元和2800万元；锦州石化分公司在今年六套DCS的招标中节约投资近400万元。目前，已投产项目均未发生一例超投资现象。

（3）重视施工安全管理工作。各地区分公司不断建立和完善安全管理制度，加强施工队伍入厂管理，均与施工单位签订了《工程服务安全生产合同》，目前没有发生任何质量安全事故。

（4）组织工程质量和施工安全大检查，促进质量和安全意识的提高。炼油与销售分公司于2002年10月23日至10月31日组织了炼油工程质量和施工安全管理检查组，在各地区分公司自查的基础上，分工程管理、土建及筑炉、设备安装、工艺管道及焊接、焊接无损检测、电气、仪表等八个专业，分别对大连石化分公司和兰州石化分公司等两个建设单位在建炼油项目的工程管理、工程质量和施工安全管理情况进行了检查。检查工作覆盖了两个建设单位、24个施工单位、五个设计单位、四个监理单位、九个单项工程。从对两个建设单位的工程质量和施工安全管理的抽查情况看，在建项目建设进展顺利。

（5）重点抓好兰—成—渝输油管道配套油库建设。该工程是2001—2002年成品油储运设施建设的一个重点工程，时间紧迫、工程量大、建设标准要求高。首先对西北、甘肃、四川、重庆销售分公司所属的16座油库及其配套设施进行投产前安排的抽查，检查内容包括：新建和改扩建工程是否符合设计和有关规范的要求；各分输油库的投产进油方案是否完备；对新工艺、新设施岗位操作人员是否进行了培训。其次检查实施油品贸易交接由质量计量单位向体积计量单位过渡的准备情况。为保证分输油库顺利投产，7月底，有针对性地下发《关于做好兰成渝输油管道配套油库工程投产准备工作的通知》。共提出10条具体要求，包括组织、安全、资料、检定、培训等方面内容。保证了兰城渝管线顺利投产。

（朱华锋）

化工与销售

【概述】　中国石油化工与销售分公司管理大庆石化、吉林石化、抚顺石化、辽阳石化、兰州石化、乌鲁木齐石化、独山子石化、宁夏石化、大庆炼化、大连石化、华北石化、呼和浩特石化、前郭石化13个石化分公司的化工生产业务；同时管理华东、华北、西南、东北、西北五个化工销售大区分公司和大庆、吉林、抚顺、辽阳、兰州、乌鲁木齐、独山子、宁夏八个化工销售中心的化工销售业务。

生产的主要产品有基本有机化工原料、合成树脂、合成橡胶、合成纤维原料及聚合物、合成纤维、化肥等六大类，截至2002年12月31日，股份公司乙烯生产能力165.50万吨/年，产量158.2万吨，同比增长0.7%；合成树脂生产能力206.95万吨/年，产量182.1万吨，同比增长1.8%；合成纤维生产能力18.79万吨/年，产量26.7万吨，同比减少18.3%；合成橡胶生产能力23.68万吨/年，产量21.4万吨，同比增长6.9%；尿素生产能力351万吨/年，产量341.1万吨，同比增长11.2%。商品总销售量为921万吨，实现销售收入293亿元，产销率达101%。圆满完成了股份公司上市时对外承诺至2002年底化工业务削减成本12亿元的目标，并使化工产品各项技术经济指标明显改善，乙烯加工损失率为0.83%，同比降低0.21%，乙烯燃动能耗795千克（标油）/吨，同比降低23千克（标油）/吨；聚丙烯物耗1040千克/吨，同比降低21千克/吨。合成树脂专用料比例38%，同比增加4%；合成纤维差别化率28%，同比增加2%。

化工与销售分公司围绕集团公司党组和股份公司管理层提出的“2002年化工板块要大幅减亏，2003年要整体扭亏为盈，到2005年实现本质性转变，成为股份公司的盈利骨干，竞争能力和盈利能力明显增强”这个目标，立足内部挖潜，进一步强化各项管理。重点推进了以下工作：

（1）加强战略研究，确定产品和企业发展定位。明确提出把乙烯及合成树脂、化纤原料、化肥作为中油化工的核心业务，并根据各企业的装置特点、生产规模，统筹考虑化工产品的市场布局，确定了企业的发展定位。

（2）精心组织生产，努力挖潜增效。以市场为导向，加强产销衔接，及时调整产品结构，以适应市场变化；以达标为主线，降低能耗物耗；以推广新技术为手段，优化公用工程。

（3）狠抓扭亏工作，实现大幅减亏的目标。化工业务扭亏脱困工作作为2002年度的一项重点工作，受到了集团公司和股份公司领导的高度重视，化工板块根据党组和管理层的要求，从资源配置、生产管理、资金投入、资产处置、技术改造等方面统筹运作，精心组织，扭亏脱困工作不断向前推进，实现了大幅度减亏的任务。

（4）深化营销体制改革，实现了化工产品统一销售。按照股份公司管理层的要求，对化工营销业务进行了整合定位，形成了地区分公司、化工销售中心、大区分公司责权利明晰的统销管理模式。按照以销定产，以产促销和效益优先的原则，优化产品结构，优化资源配置，提高海运效率，增加了效益。从总部到各销售主体都成立了价格管理机构，制定了入库买断产品和非入库买断产品的价格管理办法。在各地区分公司和有关研究院所大力支持下，在河北雄县和浙江台州、温州等地建立技术服务中心，探索技术、服务、市场一体化的新路子。开发了上海化工信息管理平台，在国内率先开展与国际化工营销业务接轨的电子商务，实现了配置计划、运输计划、定价、信息反馈及分析的网上操作，掌握信息更加快捷，对市场的反应速度进一步提高。

（5）推进科技进步，加强项目管理。根据“大规模、短流程、低成本、差别化”的总体发展战略，加快推进科技进步，研究确定了一批具有良好发展前景的科技项目。

（6）引进先进理念，加强企业管理。根据化工业务的发展要求，引进国际上成熟的竞争力分析方法，对化工业务主要产品线进行了评价。通过与国际水平的对比，明确了化工业务存在的差距和挖潜努力的方向。根据化工产品的特点，完善成本核算体系，建立财务分析制度，对生产成本、资产状况及各项费用定期进行分析比较，找出生产经营中存在的问题，提出应对措施。采用边际利润分析和毛利分析等方法，按类别分析产品盈亏情况，指导生产经营。

（7）进一步完善股份公司化工产品销售体系整合，理顺统一销售体制。股份公司于2002年9月2日下发了股份公司油人字［2002］296号《关于调整化工与销售大区分公司机构设置及人员编制的通知》，决定恢复组建化工与销售西北分公司，统一负责西北地区化工产品调运业务。兰州、乌鲁木齐、独山子、宁夏化工中心的运输业务及人员（共5人）一并划归西北分公司管理。大庆、吉林、抚顺、辽阳化工销售中心的运输业务及人员（4人）划归东北分公司管理。同时对五个大区公司和地区销售中心主要职责进行了调整。华东、华北、西南分公司负责各自区域内的销售业务，负责统一管理客户、管理仓储基地、开发市场和售后服务；东北、西北分公司负责个地区公司交割的库房产品的收、拨、存管理和全部化工产品的运输组织，对配置计划的执行情况和产品的运输流向实施管理和监督，负责企业间原料互供业务的计划落实、结算和监督；地区化工销售中心负责本区域内的销售业务，统一管理客户、市场开发及售后服务。

（林广顺　钟艳阳）

【有机原料】　股份公司有机原料的主要品种有乙烯、丙烯、丁烯、丁二烯、苯、甲苯、二甲苯、烷基苯、甲醇、乙醇、丁醇、辛醇、环氧乙烷、乙醛、醋酸、醋酐、苯乙烯、苯酐、苯胺、苯酚和丙酮等，其中三烯（乙烯、丙烯、丁二烯）和三苯（苯、甲苯、二甲苯）为基础有机原料，其余为主要中间原料。2002年主要有机原料的产量见表6。

表6　2002年主要有机原料产量　　单位：万吨

品种 产量 生产企业	乙烯	甲醇	丁醇	辛醇	环氧乙烷	醋酸	苯酚	苯乙烯	烷基苯
大庆石化	46.51		3.84	4.44		8.44			
吉林石化	50.98		6.41	5.85		17.58	6.06	10.98	
抚顺石化	16.55				6.66				17.53
辽阳石化	11.42				5.70				

续表

品种 / 产量 / 生产企业	乙烯	甲醇	丁醇	辛醇	环氧乙烷	醋酸	苯酚	苯乙烯	烷基苯
兰州石化	17.00							5.16	
独山子石化	15.74	0.46							
大连石化								5.05	
前郭石化		1.51							
合　　计	158.20	1.97	10.25	10.29	12.37	26.02	6.06	21.19	17.53

1. 乙烯

乙烯和丙烯、丁烯等同属于具有双键的低分子烯烃，化学性质活泼，能与多种物质发生反应，生成一系列重要的产物，因而是基本有机化学工业的最重要原料，其产量及技术经济指标常作为衡量一个国家石油化学工业发展水平的标志。

股份公司共有六家企业七套乙烯装置，分别为大庆石化（48万吨/年）、吉林石化［（38+15）万吨/年］、抚顺石化（14万吨/年）、辽阳石化（12万吨/年）、兰州石化（16.5万吨/年）和独山子石化（22万吨/年）。其中独山子石化完成了乙烯扩能改造，年生产能力由14万吨提高到22万吨。截至2002年底，总生产能力为165.5万吨/年。2002年共生产乙烯158.2万吨，同比增加1.08万吨，占当年全国总产量的29.2%。其中吉林石化大乙烯产量达到38万吨/年设计能力，吉林石化小乙烯和辽阳石化乙烯产量都超过了历史最好水平。

2002年继续狠抓乙烯原料优化和装置安全平稳运行，使乙烯的主要技术经济指标均比2001年有所提高或持平，乙烯平均收率继续保持国内先进水平，平均燃动能耗同比降低23千克（标油）/吨，加工损失率降低0.21%。其中：兰州、辽阳和吉林石化大小乙烯平均燃动能耗均超过历史最好水平；吉林石化大乙烯、大庆石化、抚顺石化乙烯加工损失率达到国内中上水平，吉林石化小乙烯和辽阳石化乙烯加工损失率也超过其本企业历史最好水平。

2. 甲醇

甲醇是由一氧化碳和氢催化合成而得，是主要的基础化工原料之一，也是医药、农药的原料，还可用做溶剂。2002年生产甲醇1.97万吨。生产企业有前郭石化和独山子石化。

3. 丁醇/辛醇

丁醇主要是由丙烯羰基催化丁醛后加氢制成，此外还可通过粮食发酵法和乙醛缩合法制得，有正丁醇和异丁醇两种同分异构体。可用于制造增塑剂、润滑剂、石油添加剂、涂料和染料等许多化工产品。辛醇是由丙烯羰基催化丁醛后经缩合加氢而成，亦可用于制造增塑剂、石油添加剂和溶剂等很多化工产品。2002年生产丁醇10.25万吨、生产辛醇10.29万吨。生产企业有大庆石化和吉林石化。

4. 环氧乙烷

环氧乙烷的生产方法主要有乙烯直接氧化法和氯醇法，作为重要的有机原料，主要用于制造乙二醇及合成洗涤剂等。2002年生产环氧乙烷12.37万吨。生产企业有辽阳石化和抚顺石化。

5. 醋酸

醋酸又名乙酸，由乙醛直接氧化或甲醇羰基合成而制得，主要用于生产醋酸纤维、醋酸脂类和醋酐等，也用于染料、电影胶卷和医药等工业。2002年生产醋酸26.02万吨。生产企业有大庆石化和吉林石化公司。

6. 苯酚/丙酮

苯酚又名石炭酸，目前最主要的制备方法是丙烯经苯烃化合成异丙苯，然后经过氧化分解为苯酚和丙酮。苯酚主要用于制造苯胺、酚醛树脂和双酚A等；丙酮是优良的溶剂和化工原料。2002年生产苯酚6.06万吨，丙酮3.64万吨。生产企业只有吉林石化，采用异丙苯法工艺，称为苯酚/丙酮装置。

7. 苯乙烯

苯乙烯又名乙烯基苯，由苯和乙烯烃化生成乙苯，然后脱氢而得。主要用于生产苯乙烯系列树脂、丁苯橡胶和涂料等。2002年生产21.19万吨。生产企业有吉林石化、抚顺石化、兰州石化和大连石化。

（王桂轮）

【合成树脂】 截至2002年12月底（下同），化工与销售分公司合成树脂生产能力为206.95万吨/年，2002年产量182.10万吨。各种合成树脂生产能力见表7。

表7　2002年合成树脂年生产能力

单位：万吨

品　　种	2002年能力
聚乙烯	108.1
低密度聚乙烯	7.8
高密度聚乙烯	38.5
低压线性聚乙烯	61.8
聚丙烯	66.35
聚苯乙烯	10.5
ABS	20.0
AS	1.5
丁苯树脂	0.5
合　　计	206.95

1. 低密度聚乙烯

化工与销售分公司现有低密度聚乙烯（LDPE）装置两套：大庆石化6万吨/年，兰州石化1.8万吨/年，总生产能力为7.8万吨/年。2002年产量为8.53万吨。

2. 高密度聚乙烯

化工与销售分公司现有高密度聚乙烯（HDPE）装置三套：大庆石化24万吨/年，兰州石化7万吨/年，辽阳石化7.5万吨/年，总生产能力为38.5万吨/年。2002年三套装置共生产聚乙烯37.21万吨，高密度聚乙烯产量为54.21万吨（包括部分线性全密度装置生产的高密度聚乙烯）。

3. 线性聚乙烯

化工与销售分公司现有线性聚乙烯装置五套：大庆石化7.8万吨/年，吉林石化20万吨/年，抚顺石化8万吨/年，兰州石化6万吨/年，独山子石化20万吨/年，总生产能力为61.8万吨/年。2002年五套装置共生产聚乙烯55.70万吨，其中生产线性低密度聚乙烯（LLDPE）38.70万吨。聚乙烯装置生产情况见表8、表9。

表8　聚乙烯装置生产情况

企业名称	装置产量（万吨）			
	低密度聚乙烯	高密度聚乙烯	线性聚乙烯	合计
大庆石化	7.28	23.13	8.10	38.51
吉林石化			18.14	18.14
抚顺石化			10.78	10.78
辽阳石化		6.22		6.22
兰州石化	1.25	7.86	6.20	15.31
独山子石化			12.48	12.48
合　　计	8.53	37.21	55.70	101.44

表9　聚乙烯产品生产情况

企业名称	产品产量（万吨）			
	低密度聚乙烯	高密度聚乙烯	线性聚乙烯	合计
大庆石化	7.28	23.13	8.10	38.51
吉林石化			18.14	18.14
抚顺石化		10.78		10.78
辽阳石化		6.22		6.22
兰州石化	1.25	7.86	6.20	15.31
独山子石化		6.22	6.26	12.48
合　　计	8.53	54.21	38.70	101.44

4. 聚丙烯

化工与销售分公司现有聚丙烯（PP）生产能力66.35万吨/年。其中连续法聚丙烯装置九套：大庆石化10万吨/年，辽阳石化4.35万吨/年，大连石化11万吨/年（两套，分别为4万吨/年和7万吨/年），抚顺石化9万吨/年，兰州石化11万吨/年（两套，分别为4万吨/年和7万吨/年），独山子石化10万吨/年，华北石化6万吨/年，合计生产能力61.35万吨/年；间歇法聚丙烯装置三套：大连石化2万吨/年，乌鲁木齐石化1.5万吨/年，呼和浩特石化1.5万吨/年，合计生产能力5万吨/年。2002年聚丙烯产量为61.51万吨，其中连续法聚丙烯产量为55.99万吨，间歇法聚丙烯为5.52万吨。见表10。

表10　聚丙烯生产情况

企业名称	产量（万吨）		
	连续法	间歇法	合计
大庆石化	10.53	0.03①	10.56
辽阳石化	1.43②		1.43
大连石化	12.87	0.72	13.59
抚顺石化	8.57		8.57
兰州石化	10.21		10.21
独山子石化	6.65		6.65
华北石化	5.74		5.74
乌鲁木齐石化		3.31	3.31
呼和浩特石化		1.45	1.45
合　　计	56.00	5.51	61.51

①2002年底前已报废；
②不含纤维级聚丙烯。

5. 聚苯乙烯

化工与销售分公司现有聚苯乙烯（PS）装置四套：兰州石化0.5万吨/年，抚顺石化6万吨/年［（2+4）万吨/年］，大连石化（EPS）4万吨/年，总生产能力为10.5万吨/年。2002年仅抚顺石化开工，产量为1.42万吨。

6. ABS树脂

化工与销售分公司现有ABS装置两套：兰州石化5万吨/年，吉林石化15万吨/年，总生产能力20万吨/年。2002年产量为16.67万吨，其中兰州石化3.66万吨，吉林石化13.01万吨。

另：化工与销售分公司现有AS树脂装置一套：兰州石化1.5万吨/年。2002年产量为0.99万吨。

7. 丁苯树脂

2002年抚顺石化新建成高透明丁苯抗冲树脂一套，能力0.5万吨/年。2002年试生产174吨。

（王正元）

【合成纤维】　股份公司合成纤维生产由合成纤维单体、合成纤维聚合物和合成纤维组成。2002年合成纤维单体的生产能力为80.04万吨/年，合成纤维聚合物的生产能力为38.55万吨/年，合成纤维的生产能力为18.79万吨/年。

1. 合成纤维单体

股份公司生产的合成纤维单体有精对苯二甲酸、对苯二甲酸二甲酯、丙烯腈、锦纶66盐、乙二醇等。2002年产量为85.33万吨，分品种产量见表11。

表11　2002年合成纤维单体产量

单位：万吨

产品名称	2002年
精对苯二甲酸	36.53
对苯二甲酸二甲酯	6.42
丙烯腈	15.70
尼龙66盐	0.65
乙二醇	26.03
合　　计	85.33

2. 合成纤维聚合物

股份公司合成纤维聚合物产品主要有聚酯、纤维级聚丙烯等。2002 年的产量为 47.99 万吨，分品种产量见表 12。

表 12　2002 合成纤维聚合物产量

单位：万吨

产品名称	2002
聚酯	45.05
纤维级聚丙烯	2.94
合　　计	47.99

3. 合成纤维

股份公司生产合成纤维的企业有大庆石化、辽阳石化、乌鲁木齐石化、兰州石化、大庆炼化、大连石化等。生产的品种有涤纶、腈纶和丙纶。2002 合成纤维的产量为 26.72 万吨，其中：涤纶产量 17.23 万吨，腈纶产量 7.86 万吨，丙纶产量 1.63 万吨。分品种产量见表 13，分企业产量见表 14。

表 13　2002 年合成纤维产量

单位：万吨

产品名称	2002 年
涤纶	17.23
腈纶	7.86
丙纶	1.63
合　　计	26.72

表 14　2002 年合成纤维各企业产量

单位：万吨

企业名称	2002 年
大庆石化	6.20
辽阳石化	15.71
兰州石化	1.67
乌鲁木齐石化	2.20
大庆炼化	0.21
大连石化	0.73
合　　计	26.72

（田红岩）

【合成橡胶】　合成橡胶是三大高分子合成材料之一，广泛应用于交通运输、水利设施、电子信息、航空航天、日用民品等各个领域。

股份公司现有合成橡胶生产企业四家。可生产丁苯橡胶、顺丁橡胶、丁腈橡胶、乙丙橡胶、氯磺化聚乙烯、硅橡胶等六大类 23 个品种牌号的产品，主要生产丁苯橡胶和顺丁橡胶，而且是国内仅有的一家丁腈橡胶和乙丙橡胶生产商，与 2001 年相比，2002 年丁腈橡胶和乙丙橡胶生产继续保持较高的增长势头，其中：丁腈橡胶增长 18.24%，产量达到 1.75 万吨；乙丙橡胶增长 33.33%，产量达到 2 万吨。2002 年底合成橡胶的生产能力为 23.68 万吨/年，产量为 21.40 万吨，比 2001 年增长 6.89%。

1. 丁苯橡胶

股份公司现有两家企业生产丁苯橡胶。2002 年丁苯橡胶的生产能力为 11.4 万吨，产量为 13.49 万吨。其中：吉林石化生产能力为 8 万吨，产量为 8.8 万吨；兰州石化生产能力为 3.4 万吨，产量为 4.69 万吨。

2. 顺丁橡胶

股份公司现有三家企业生产顺丁橡胶，2002 年底顺丁橡胶的生产能力为 7 万吨/年，产量为 8.39 万吨。其中：独山子石化生产能力为 2 万吨/年，产量为 1.67 万吨；锦州石化生产能力为 5 万吨/年，产量为 2.2 万吨。

（陈　瑛）

【化肥】　股份公司化肥生产包括合成氨、尿素、硝铵及丙烯腈装置副产的硫铵。

1. 合成氨

2002 年底股份公司有合成氨装置十套，其中大型合成氨装置七套，大庆石化（中）合成氨装置于年底报废。合成氨总生产能力为 267 万吨/年，实际生产 216.6 万吨，同比增产 14.7 万吨，见表 15。

2. 尿素

2002 年底股份公司有尿素装置八套，其中大型尿素装置六套，总生产能力为 351 万吨/年，实际生产 341.11 万吨。同比增产 34.31 万吨。其中宁夏石化一套化肥、二套化肥，乌鲁木齐石化一套化肥、二套化肥尿素耗氨指标达到国内先进水平，见表 16。

3. 硝酸铵

2002 年底股份公司有硝酸铵装置三套，总生产能力为 94 万吨/年，实际生产 14.32 万吨。大庆石化硝铵装置于 2002 年底报废，吉林石化硝铵装置未开工，见表 17。

表 15　2002 年合成氨产量

企业名称	产量（万吨）	备　　注
大庆石化（大型）	35.34	
大庆石化（中型）	5.25	2002 年底报废
吉林石化（老）	7.48	
吉林石化（新）		2002 年建成，未出产品
兰州石化	27.01	
乌鲁木齐石化（第一套）	31.36	
乌鲁木齐石化（第二套）	35.50	
宁夏石化（第一套）	36.17	
宁夏石化（第二套）	30.12	
泽普石化	8.38	
合　　计	216.61	

表 16　2002 年尿素产量

企业名称	产量（万吨）
大庆石化	54.50
兰州石化	32.23
乌鲁木齐石化（第一套）	53.74
乌鲁木齐石化（第二套）	62.67
宁夏石化（第一套）	63.55
宁夏石化（第二套）	49.45
泽普石化	24.97
合　　计	341.11

表 17　2002 年硝酸铵产量

企业名称	产量（万吨）	备　　注
大庆石化（中型）	8.50	2002 年底报废
兰州石化	5.82	
合　　计	14.32	

（马昌峰）

【精细化工】　精细化工是当今世界化学工业发展的重点之一，标志着一个国家综合技术水平的高低。目前发达国家精细化工的产值已占化学工业总产值的65%左右，而我国只有35%左右，存在着明显的差距。股份公司在催化剂、石油添加剂、橡胶助剂、溶剂、表面活性剂、染料和合成洗涤剂等产品的生产上具备相当强的能力。

1. 催化剂

催化剂技术是石油化工的核心技术之一。股份公司拥有兰州石化催化剂厂，是以生产炼油催化剂为主的大型催化剂生产基地。

兰州石化催化剂厂是国内第一家、也是股份公司惟一的催化裂化催化剂生产基地，有 14 套生产装置，2002 年综合生产能力为 2.3 万吨，生产催化剂 2.81 万吨，同比增加 0.08 万吨，占国内的 1/3 左右。

2. 表面活性剂

股份公司表面活性剂原料的生产基地是抚顺石化。烷基苯主要是用做洗衣粉和农药乳化剂的中间体。2002 年生产烷基苯 17.5 万吨，同比增加 4.5 万吨。

（章龙江）

【质量安全环保管理】　2002 年不断加大质量安全环保工作力度，进一步提高管理水平。质量、环保、节水和 HSE 管理体系指标均符合 KPI 考核指标要求。

1. HSE 体系和安全工作

（1）落实安全责任制和安全考核指标。为了加强对质量、安全、环保工作的力度，在对化工与销售分公司和各地区公司、销售单位的 KPI 考核指标中，确定了有关质量安全环保方面的 10 项 KPI 考核指标，并制定了相应的考核办法。组织贯彻安全生产法，落实安全责任制，开展岗位练兵活动，加强岗位人员的技术培训和考核。

（2）在装置检维修中实施风险管理。2002 年共检修装置 372 套，完成检修项目 44000 余项，由于全面实施检修风险管理，基本实现了无事故、无污染、无损失的 HSE 目标。

（3）开展 HSE 检查，发现并治理安全隐患。为落实集团公司和股份公司开展安全大检查的工作部署，组织了春季安全检查生产、设备和 HSE 综合检查、销售系统 HSE 检查，共查出隐患 500 余项。用安保基金重点支持了 11 项较大隐患的治理工作。加大对事故教训的反思力度，严格事故管理的“四不放过”原则，深刻汲取大庆炼化“1.10”事故、辽阳石化“2.23”事故、兰州石化“10.26”原油储罐火灾事故教训，做到安全生产警钟长鸣。

（4）组织安全科技攻关，开展安全评价，提高安全工作的技术含量。组织开展在役聚烯烃装置安全性评价工作，分析目前装置存在的安全隐患，对下一步隐患的治理提供科学的依据。

(5) 组织HSE技术交流，提高各级管理和技术人员素质。5月份召开了HSE论文交流会，板块所属各单位共提交了83篇论文，经过会议交流和专家评议，评选出一、二、三等奖28篇。通过技术交流调动广大安全环保人员钻研技术的积极性。9—10月份分别组织两批赴法国和英国的HSE培训组，学习法国和英国的HSE技术和了解HSE运行工作的做法，为我们开展HSE工作提供了很好的借鉴。

2. 质量标准计量工作

(1) 健全销售企业质量管理网络。各大区销售公司、销售中心成立质量管理机构，建立质量管理网络，为销售系统开展质量管理、质量纠纷处理、质量技术服务、质量回访打下了基础。

(2) 在1997—2002年国家级、省级及其他产品质量监督抽查中，化工与销售分公司合成橡胶产品全部合格，通过国家质量检验协会审查，于2002年10月被授予“全国质量稳定合格产品”。

(3) 组织有关技术质量检测机构按2002年化工产品质量监督抽查重点产品目录和年度监督抽查抽检计划，在三个季度分别开展合成纤维、合成树脂、合成橡胶、化工原料产品的抽检工作，抽检范围覆盖19个省市。同时，开展合成纤维、合成橡胶产品质量检查，从原料、生产过程、检验、储运各环节严格控制产品质量。

(4) 对股份公司合成橡胶的装置情况、生产状况、产品品种及企业标准进行了调查，编制成《合成橡胶专业标准体系表》，制定并通过了股份公司企业标准《丙烯腈—丁二烯—苯乙烯（ABS）树脂》。

3. 环保和节能工作

(1) 协调解决了兰州石化污染治理问题。对兰州石化污水场改造进行中试并验收。协调计划部门正式下达了污水场改造计划，污水场改造工程开始实施，为最终解决兰州石化污染超标问题奠定了基础。

(2) 大力开展节水工作，从耗水调查入手，优化用水用汽措施，严格基层的耗水考核奖惩措施，效果明显。新鲜水消耗量同比减少6200万吨。

（曲天煜）

【设备管理】　截至2002年底，化工板块12家地区公司固定资产原值为815.7亿元，固定资产净值为460.3亿元，化工设备固定资产原值706.3亿元，净值386.0亿元，设备新度系数0.55。

化工板块八家地区公司共有设备417169台，设备完好率为99.53%；静密封点数为13578691点，静密封泄漏率为0.21‰。共有各类压力容器17518台，取证率为99.56%，其中安全等级为一、二、三级的合计为16412台，占93.69%。八家企业2002年全年用电量为71.22亿千瓦·时，耗新鲜水3.63亿吨。2002年重点开展了以下工作：

(1) 会同炼油板块，制定并下了《中国石油天然气股份公司炼油化工设备管理规定》（试行）（石油化字［2002］34号），对原规定中不符合新形势下的管理标准、要求进行了修订，为进一步规范炼油化工的设备管理工作打下基础。

(2) 2002年是化工板块的大检修年，大庆石化、吉林石化、抚顺石化都进行了停工大检修，独山子石化结合乙烯改扩建工程进行了大检修。全年12家化工企业共发生产修理费合计为21.08亿元，除了日常生产维护、保运外，对320套生产装置和辅助生产装置进行了停工大检修。独山子石化乙烯裂解装置首先实现了四年一修的目标，大庆石化乙烯从1995年开始连续三次实现两年一修的基础上，首次实现了三年一修，吉林石化和抚顺石化乙烯装置均第二次实现两年一修。圆满完成了2002年检修任务。

(3) 为降低通用电气设备的采购成本，在地区公司推荐的基础上，化工与销售分公司组织专业技术人员通过招标、谈判与制造厂商签定集中采购框架协议，优化供货厂商，规范内置设备和元器件的配置、服务标准，并设置最高供货价格。2002年就在电气隐患治理及电气设备更新项目等的采购工作中同比降低采购费1600万元。

（刘农基）

【化工科技开发】　2002年，化工与销售分公司立足现有条件，结合化工发展需要进行了研发业务整合与重新定位。围绕提升核心竞争力和扭亏解困两项基本任务，努力加强创新发展能力、成果转化能力、直接创效能力、引进技术消化吸收能力、技术集成能力、技术服务能力，取得了明显的成效。努力拓展对外合作领域，走低投入、高回报的创新发展道路。化工与销售分公司及所属的大庆石化、吉林石化、抚顺石化、辽阳石化、兰州石化、乌鲁木齐石化、独山子石化、宁夏石化等地区公司2002年投入1.62亿元科技开发经费，其中股份公司级经费约5200万元，地区公司级经费约1.1亿元。有六项获得集团公司科技创新奖，申请专利48项。

1. 紧密围绕板块核心业务发展和扭亏解困，努力增强创新发展能力

以提升化工业务核心竞争力为目标，发挥中国石

油资源优势，发展核心技术，提升竞争能力，增强创新发展能力。

（1）在石油化工领域，推进“重变轻”开发低成本烯烃和芳烃生产技术。抚顺石化重油接触裂解制乙烯（HCC）8万吨/年工业化试验装置自2001年年底建成后，至2002年11月共进行了九次试验。结果表明，项目取得预期效果，乙烯加丙烯单程收率高于37%，生产出的混合碳二、碳三可满足聚合级乙烯、丙烯的要求。

9月27日在对由大庆炼化、大连化物所和石油大学共同承担的，重油制烯烃项目之一的渣油选择性催化裂解制烯烃（RSCC）中试成果进行验收，该项目完成了催化剂研制及中试考评，以及反应再生系统的概念设计，烯烃产品收率达到了合同要求。

在化纤原料方面，鉴于对二甲苯（PX）已成为聚酯发展的瓶颈，引入甲苯与甲醇烷基化生产对二甲苯（PX）工艺路线，加以消化开发。开发系列二元醇原料生产技术，提高化纤原料的竞争力。

（2）在天然气化工领域，推进“轻变重”开发天然气转化高附加值化工产品技术。2002年在大庆天然气化工中试基地进行含氮合成气、二甲醚集成中试与超临界甲醇中试。开发尿素醇解制碳酸二甲酯技术，提高尿素附加值。开发环氧乙烷、二氧化碳制碳酸乙烯酯技术。

（3）增强成果转化能力，瞄准高附加值产品进行技术攻关，快速形成生产能力。抚顺石化5000吨/年丁苯透明抗冲树脂工业化试验装置3月12日开工建设，该项目采用兰州石化研究院自行开发技术，7月20日完成工程中交，10月8日装置打通全流程，一次投料试车成功。该装置目前可生产SBC－01和SBC－03两种牌号的丁苯透明抗冲树脂产品，可替代国外进口产品。兰州石化采用自有技术进行2万吨/年ABS板材改造。该项目已经开工，预计2003年建成。兰州石化自主开发的FCC催化剂、丙烯酸催化剂、汽油加氢催化剂、醛加氢催化剂、丙烯腈尾气催化剂实现工业生产。大庆石化研究院自主开发的乙烯齐聚制己烯－1中试技术已向吉化集团转让，利用高碳醇装置上实现己烯－1的工业化生产。

（4）增强直接创效能力，加强新产品的开发，通过科技进步实现降本增效。2002年，通过市场调查，针对不同用户的特定需求，加大新产品开发力度。开发新产品105个，增效5793万元。各地区公司加强了把先进适用技术用于生产装置的力度，实现降本增效4914万元。例如大庆石化VAH－1/VAH－2气相醛加氢催化剂工业应用，前脱丙烷前加氢催化剂工业应用，兰州石化消化吸收提高丙烯腈收率等技术。

（5）增强引进技术消化吸收能力，积极引进国内外先进成熟技术，加强应用推广，提高现有装置技术水平，提升存量资产盈利能力。2002年通过引进技术消化吸收、大力加强应用推广。大庆石化乙烯裂解炉改造，改造后能力由4.7万吨/年增加到9万吨/年以上；抚顺石化乙烯裂解气核磁共振在线检测，与先进过程控制（APC）结合优化裂解炉运行，目标是提高乙烯收率0.5%—1%；抚顺石化PP－R改造项目，年产符合ISO 9080标准的管材8000吨以上，完成后年实现利润440万元；吉林石化与GE公司合作开发生产具有透明、抗冲、阻燃、注塑等特性的高附加值ABS产品；吉林石化LLDPE超冷凝技术，实现产能由20万吨/年增至27万吨/年；辽阳石化5万吨/年甲苯甲醇烷基化制对二甲苯，开发低成本、短流程PX技术；大庆石化差别化纤维项目，将建成年产500吨的聚丙烯腈原丝。这些项目已在2002年启动。

（6）增强技术集成能力，将中国石油的创新技术与国内外先进技术相结合，集成配套，快速投入生产运营。吉林石化以硝基苯技术、清华大学开发的流化床技术、引进加拿大的废酸回收技术集成7万吨/年硝基苯加氢制苯胺成套技术，其核心部分ϕ4.5米流化床反应器于2002年10月试车成功，产品质量满足生产MDI要求。

吉林石化以氯甲烷合成、水解物热裂解、恒沸酸水解、白炭黑等技术，与清华大学开发的单体合成技术、吉林工学院开发的精馏技术、法国引进的废酸回收技术集成5万吨/年有机硅混合单体成套技术，其核心部分ϕ2.4米有机硅流化床反应器于2002年11月试车成功，单台反应器生产能力从0.6万吨提高到2.5万吨。

兰州石化以华东理工大学开发的反应器、自有的工业化试验技术及催化剂，由中国石化兰州设计院设计，形成乙苯脱氢制苯乙烯成套技术。

（7）增强技术服务能力，及时解决生产运行中的各种技术问题，做好产品的售前售后服务工作。2002年，大庆石化着重加强了聚烯烃掺混专用料开发与技术服务。兰州石化积极利用现代掺混改性技术开拓树脂产品应用市场，开发高性能专用料。独山子石化发挥共聚聚丙烯生产优势，进行汽车专用系列产品开发与服务；发挥疆内聚乙烯生产优势，做好管材专用料的开发与服务；结合疆内市场的需要，做好土工布、薄膜、灌溉管材的开发与服务；辽阳石化着重做好化纤新产品、氯化聚乙烯专用料的开发与服务。

2. 对外交流与合作

化工与销售分公司针对自身研究力量不足的现状，与国内外研发院所和企业集团合作，吸取外部高水平成果，锻炼自己的技术队伍，走低投入、高回报的科技发展道路。

（1）加强与中国科学院的合作。2002 年，化工与销售分公司密切与中国科学院合作。根据中国科学院各下属研究所的特长进行了合理定位，合作开发廉价烯烃、芳烃生产工艺，天然气化工利用，聚烯烃和其他新材料、新技术开发。

（2）加强与国外公司的合作。2002 年，股份公司与韩国 LG 化学公司启动了在天然气化工、高性能聚合物等方面的交流与合作；启动与 GTC 公司、LG－Caltex 公司的合作，加强大规模、低成本芳烃及化纤原料生产技术的开发；加强与 GE、Univation、Basell 等公司在催化剂、聚合物高附加值改性方面的合作。

3. 信息工作

建设并开通了化工板块门户网站。参与股份公司“炼油化工先进生产运行（MES）”和“先进计划（APS）”项目可行性研究，并通过评审。配合国家知识产权局，在兰州石化组织建设“中国石油化工专利信息平台”。

（李振宇）

【项目前期管理】　为完成 2002 年大幅度减亏目标，化工与销售分公司加强了项目前期管理工作。本着“大规模、短流程、低成本、差别化”和“抓大放小、精干主体、内涵改造、技术进步、择优发展”的思路，加大化工业务结构调整力度，明确了把乙烯及合成树脂、化纤原料、化肥作为中油化工主导产品，重点做强做大，并根据各企业装置特点、生产规模和统筹考虑化工产品的市场布局，初步明确了企业发展定位。化工板块 2002 年共下达投资项目 127 项，当年计划投资 31.6 亿元。

（1）加快可研报告的批复工作。化工与销售分公司积极协调督促地区公司编制上报项目可研报告，及时召开项目可研报告审查会，尽快批复符合条件的项目可研报告。对于当年开工、当年增效的“短平快”项目及小型项目，本着“节奏可以加快、程序不能逾越”的原则，做好可研、初步设计、施工图设计等各个阶段的合理深度交叉工作。

（2）积极开展 2003 年拟建项目的审查和筛选工作。为完成化工板块 2003 年实现整体扭亏任务，落实股份公司管理层关于加快建设“短平快”项目的要求，在 2002 年 12 月组织落实了 2003 年拟建第一批‘短平快’项目，使各地区公司能抓紧按要求积极开展前期工作。为 2003 年项目的及早实施作了充分准备，赢得了宝贵的时间。

（3）围绕发展主线，严格项目审查，尽早下达投资计划。按照化工业务发展思路进行结构调整，加大了主导产品的投资力度。2002 年列入化工板块投资计划的石油化工建设项目总投资 92.29 亿元，其中乙烯、合成树脂、化纤原料、化肥等主导产品项目的总投资 80.61 亿元，占项目总投资的 87.34%。2002 年主导产品项目计划投资 22.50 亿元，占当年投资 31.6 亿元的 71.2%。这些项目全部建成后，年新增乙烯能力 39.2 万吨、合成树脂 85 万吨。

一是严格项目筛选，严把投资和项目投资回报率，实现了股份公司规定的项目财务内部收益率（税后）12%以上的目标。2002 年列入化工板块投资计划的石油化工建设项目总投资 92.29 亿元，税后利润 13.89 亿元，平均税后投资利润率 15.05%。

二是为促进各地区公司及早开展项目工程建设。到 2002 年 7 月底前，化工板块基本将全部项目列入计划并下达给地区公司。截至 7 月份第二批投资计划下达后，化工板块累计（第一批、第二批计划合计）下达当年投资 31.63 亿元。

（高长锋）

【工程项目管理】　2002 年化工与销售分公司密切结合地区公司扭亏解困和加快发展的艰巨任务，不断加强建设项目管理，积极协调处理工程建设过程中各种问题，千方百计创造条件确保装置早建设、早投产、早见效益，努力提高建设项目管理水平和工程投资效益，较好地完成了全年预定的各项工作。全年完成石化项目投资 31.6 亿元，占年度投资计划的 100%，有五项重点化工项目建成投产，小型技措及安全环保项目全部完工投用，石化工程项目管理取得新成效。

（1）重点工程进展顺利。2002 年安排重点工程 11 项，其中辽阳石化 10 万吨/年瓶级聚酯改造、抚顺石化重油接触裂解制乙烯工业化试验装置、吉林石化 38 万吨/年乙烯改扩建一期工程、15 万吨/年 ABS 装置改扩建一期工程、独山子石化 22 万吨/年乙烯改造工程等重点项目陆续按期建成投产，发挥效益。大庆石化 20 万吨/年高压聚乙烯专用树脂改造工程，两台 10 万吨/年裂解炉（KBR）于 9 月 1 日开工建设。兰州石化 24 万吨/年乙烯技改工程、6000 吨/年超稳分子筛装置分别于 3 月 1 日、4 月 28 日开工建设，并按照化工与销售分公司批准的工程建设总体部署正点运行。乌鲁木齐石化一化肥装置原料结构调整项目（油改气）主体工程完工。国家计委于9月27日批复大庆炼化30万吨/年聚丙烯工程可行性研究报告。

（2）主导产品生产能力有所增长、主要技术经济指标得以提高。吉林石化38万吨/年乙烯、独山子石化22万吨/年乙烯改造工程、吉林石化15万吨/年ABS装置的建成投产，使化工业务乙烯能力增加18万吨/年、乙烯能耗降低7.9千克（标油）/吨；聚乙烯生产能力增加13万吨/年、能耗降低0.134千克（标油）/吨、物耗降低0.6千克/吨；聚丙烯生产能力增加7万吨/年、能耗降低2.45千克（标油）/吨、物耗降低0.7千克/吨；ABS生产能力增加5万吨/年、能耗降低0.4千克（标油）/吨、物耗降低2.9千克/吨。

2002年通过新建、技术改造和强化生产管理，生产装置主要技术经济指标有所提高。与2001年相比，乙烯加工损失率下降0.21%，乙烯燃动能耗下降22.6千克（标油）/吨；聚乙烯、聚丙烯、ABS的能耗分别下降了1.86，1.68和16.67千克（标油）/吨；合成氨综合能耗下降0.06吉焦/吨、耗氨下降1.45千克/吨；合成纤维能耗降低357.93千克（标油）/吨；合成橡胶能耗降低55.73千克（标油）/吨。

（3）实施消除安全隐患项目，确保装置安全平稳运行。2002年组织建设并完成隐患治理、保证安全生产项目22项，完成投资18359万元。重点解决了大庆石化、宁夏石化、独山子石化等地区公司的化工系统电气隐患治理，以及乌鲁木齐石化、辽阳石化等地区公司消防给水系统改造等一批安全改造项目，达到预期效果，为装置安全、平稳、长周期运行提供了可靠保障。

（4）实施节水改造项目，降低运行成本。2002年实施节水改造项目11项，完成投资5456万元。通过节水节能降耗项目的实施和强化管理，每年可节约蒸汽44.5万吨、凝结水178万吨、新鲜水395万吨，年节约成本2275万元。

（5）初步设计审批与管理。积极贯彻“今天的投资就是明天的成本”的思想，严格执行《石油化工装置基础设计（初步设计）内容规定》和股份公司《炼油化工建设项目初步设计审批管理暂行办法》，不断加大初步设计审批与管理的工作力度，初步设计的深度和质量进一步提高，工程投资得到有效控制。2002年化工板块批复限上及限下项目初步设计27项，批复概算投资366646万元，较可研估算投资降低27593万元，节约率7%；地区公司小型项目初步设计概算审查较批复可研估算降低1.1%；全部投产项目做到决算不超概算并有节余。

（6）工程招投标管理。强化招投标管理，全面推行招投标，通过审定招标文件、评标办法、投标准入单位和中标单位，规范和约束建设单位的招标行为，在确保工程质量、工期、安全的前提下，努力降低工程造价。据不完全统计，2002年设计、采办、施工通过招投标共节约投资12729万元，其中设计招标节约2375万元；施工作业招投标节约投资4348万元，节约率5%；国内器材设备招标节约6006万元，较相应概算节约4.23%。2002年签订引进采购合同总额5503万美元，较计划节约用汇818万美元，节约率14.86%。积极实施电子商务采购，2002年电子商务采购累计完成81218万元，完成股份公司下达指标的124.95%。

（7）工程质量管理。2002年化工与销售分公司进一步强化工程质量保证体系的建立和运转，加大工程质量抽查的频次和力度，做到工程质量“警钟长鸣”，以合格的工程质量保投产一次成功和发挥项目投资效益。全年有五个重点项目、102项限下项目（包括小型项目）建成投产，全部实现投产一次成功，单位工程质量合格率100%，并实现了“不发生火灾及重大设备、人身伤亡事故，并杜绝在省级以上新闻媒体曝光的质量事故发生”的工程质量、安全管理目标。地区公司对2002年在建项目，均组织了施工图会审，据不完全统计，发现问题整改1315项，对工程质量、安全、工期、投资控制起到积极作用。2002年6月、9月，分别对正值建设高峰期的乌鲁木齐石化40万吨/年催化重整装置、独山子石化22万吨/年乙烯改造、大庆石化30万吨/年催化重整装置改造、抚顺石化350万吨/年东蒸馏装置改造和40万吨/年酮苯脱蜡装置、兰州石化24万吨/年乙烯改造和6000吨/年超稳分子筛装置等在建工程进行了工程质量抽查。共抽查分项工程280项，抽查保证项目800项，符合率98%，较2001年提高0.9%；基本项目569项，合格率97.5%，较2001年下降1.4%；允许偏差项目实测实量4555点，点合格率95.2%，较2001年提高1.2%；抽评底片1518张，底片合格率97.4%，评片准确率98.9%；现场抽片86片，合格率100%。

（罗汉华）

【化工产品销售】 2002年化工与销售分公司销售产品921万吨。其中：合成树脂176万吨，合成纤维及原料43万吨，化肥332万吨，合成橡胶21万吨，液体基础原料及精细化工品332万吨，化工板块内部互供17万吨。实现销售收入293亿元，货款回收率100%，产销率101.3%，直销率31.6%，单位产品吨现金营运费用54.2元，销售系统整体盈利2376万元。2002年重点开展以下销售工作。

（1）对销售业务进行整合定位。自成立化工与销售五个大区公司和八个地区销售中心以来，进一步修订完善《化工与销售分公司销售管理办法及实施细则》，确定了区外以华东、华北、西南大区分公司为销售主体，区内以各销售中心为销售主体，东北、西北大区分公司以运输为主营业务的业务运作体制。实施了区外网点的划转移交，对各中心设在区外的12个专用料销售网点进行了库存盘点、货物移交和销售渠道、客户档案划转的整合，实现了客户的区域划分及管理。销售体系的整合缩小了与国际化大公司营销管理模式的差距，为适应进入WTO奠定了基础。

（2）理顺价格管理流程。按照大区销售代理的统销体制，制定了入库结算价格由总部和地区公司共同制定，市场销售价格由销售中心制定，总部监管，大区代理销售的价格管理体制，制定了新的《统销化工产品价格管理办法》。同时拓展信息渠道，强化网络建设，进一步完善上海信息平台，搜集普氏、CMAI和海关月度进出口数据，与国外的信息咨询机构建立了稳定的合作关系，及时跟踪市场行情变化，并与中石化等国内同行联手稳定市场，增强了抵御市场风险的能力。

（3）深入调研化工市场现状。为全面深入做好市场调研基础工作，化工与销售分公司组织系统内八个化工销售中心和四个大区分公司投入约120余人次，分五组深入全国30个省，持续三个月，对全国化工市场分品种进行了细致的调研，形成了分量较重的调研报告。这是化工销售系统首次大规模市场调研，进一步摸清化工产品市场现状，对细分市场、制定营销策略起到积极的作用。

（4）建立技术服务中心，加强客户服务。为了充分发挥中油化工产品及技术优势，作好客户服务工作，形成更加灵敏的市场触角，最大限度地提高市场占有率，从4月份开始，化工与销售分公司以华北雄县技术服务中心为龙头，分别在华东的台州、温州，西南的成都等地建立起技术服务中心。这将对增量产品的市场储备、开发和提高客户服务水平起到积极的促进作用。

（5）加强销售队伍建设。从销售队伍划转之初，就把建设一支优秀的销售队伍作为一项重要工作，不断加强队伍管理，努力提高队伍素质，不断优化销售队伍。通过加强班子建设和员工业务培训，下达《化工销售单位领导干部业绩考核暂行办法》，促进相关人员业务素质的提高。不断探索建立适应化工销售体制的薪酬制度。强化销售队伍监督管理，建立了化工销售纪检监察体系，使板块销售管理工作得到了有效改善。

（6）实施西肥东调策略，避免化肥效益流失。为圆满完成股份公司2002年冬季化肥淡储及销售任务，化工与销售分公司先后20余次前往铁道部协调化肥等统销物资外运事宜。全年铁道部10次下达调度命令，安排专列66列，有效地保证了宁夏等石化公司化工产品外调，西肥东调策略较好地控制了资源流向，取得较大经济效益。

（范学民）

第四篇

对外合作与交流

对外交流与外事工作

【外事管理与协调】 2002年6月25—27日，在北京召开了集团公司外事工作会议，会议主要就贯彻落实集团公司“十五”海外经营规划、加快海外市场开发、加强外事管理和服务进行了深入研究讨论。集团公司总经理马富才同志和副总经理吴耀文同志到会做了重要讲话，集团公司及股份公司在京领导同志、机关各部门负责同志以及来自集团公司机关和所属单位外事外经贸业务的负责同志参加了会议；国家有关部委领导同志到会做了关于外交、外事和外经贸形势的报告，五家专业公司和八家地区公司在会上做了经验交流，会议取得了预期成果。

为落实会议精神，国际事业部组织对重点单位进行了检查和调研，召开了电话会议，强化了外事管理工作，落实了“三外一体”的组织机构；发布了《中国石油天然气集团公司境外工程承包、技术服务、劳务输出和物资装备出口项目管理办法》等8项新的涉外工作管理制度和办法；制定了两项部门内部工作管理制度，以提高内部工作效率和管理水平。

按照海外办事处工作人员标准，经外语和专业考试选拔，挑选出8名优秀人才充实和调整到集团公司海外办事处工作，同时与海外办事处工作人员签订了“业绩考核合同”，明确了职责、任务、要求、任期、待遇和考核标准，为海外办事处工作的成功开展奠定了基础。海外办事处按照“四项职责”要求，实现了大部分乙方单位在驻在国的“集中办公、统一后勤、统一对外”管理；协助安排和接待了集团公司出访团组。

2002年共备案登记了198个境外工程承包和技术服务项目，组织召开了4次集团公司所属单位境外工程技术服务项目协调会。进一步完善了海外项目工作人员、境外机构、物资装备出口项目数据库，共收录海外项目工作人员3800人，境外机构约100个，物资装备出口项目78个；设计并建立了海外设备数据库，海外设备总值约4.6亿美元。全年共办理集团公司境外勘探开发项目申报手续11项；办理集团公司境外机构申报手续6项；办理中油测井公司和中国石油集团工程设计有限责任公司申请对外合作经营资格的申报手续，获得批准。

继续执行重要出国团组备案登记和跟踪制度，针对出国团组在数量和结构上的较大变化，通过实行“一审多次”、出国立项网上审批等多项新制度，利用国际事业部网络主页和互联网查询系统，大大提高了办事效率和管理水平，降低了基层单位的出国成本。2002年共派出执行经贸、会议、培训、验收、考察、劳务、技术服务的出国团组3603批，15995人次，其中股份公司派出2973人次；集团公司执行海外项目7678人次、经贸合作3185人次，两项合计10863人次；集团公司派出考察、培训、会议等团组2159人次。新办因公护照5585本，办理因私护照5000余本（国际事业部协调，属地方办理）；办理了近80多个国家和地区的签证及相关手续。全年共发入境签证邀请函653份，邀请来访1985人次，来华人员国籍35个，签证驻外使领馆35个。

【对外宣传】 完成集团公司年报（中、英、俄、西班牙文版）、对外宣传画册（中、英、俄、西班牙文版）的出版发行以及录像片的编辑制作工作以及四期《中国油气》（China Oil & Gas）英文杂志的出版发行工作。

【科技合作项目】

1. 科技合作项目

执行两项科技合作项目，即：石油管材研究所加入加拿大C－FER公司“管线定量风险评价工业联合项目”，并对项目软件成果进行二次开发，合作期限一年；中国石油集团经济和信息研究中心与美国东西方中心的“油气客户订阅服务合同”项目，全年编译、出版了6期具有较高参考价值的《美国东西方中心能源研究成果通报》。

此外，促成加拿大卡尔加里大学与石油大学签署了联合培养MBA的合作备忘录。

2. 无偿援助项目

争取到欧盟援助“中欧能源—环境项目（天然气子项目）”和加拿大政府援助“清洁生产研究和示范项目（油气子项目）”，援助项目金额分别为800万欧元和300万加元。

【海外办事处】 截至2002年底，集团公司主办的海外办事处共有12个。

【人才培训】　2002年共派出各类进修和培训人员1638人次；同时，还邀请国外专家60人次，就石油勘探开发、炼油化工、经济管理等进行讲座，集团公司近1000名一线科技和管理骨干参加了培训。

【国际会议与展览】　2002年集团公司参与组织了在北京举办的“2002年中国国际石油石化展览会”，展台面积10000平方米，取得圆满成功；同时还组织参加了包括“第十五届世界石油大会”在内的境外37个国际会议，派出人员达209人次；参加境外国际展览6个，共租用展台面积1210平方米，派出参展人员145人次。

（卢　颖）

国外油气田勘探开发

【概述】　中国石油天然气勘探开发公司（CNODC）是中国石油天然气集团公司的全资子公司，按集团公司授权，负责集团公司海外石油投资项目的管理与运作。

2002年是集团公司海外油气业务取得丰硕成果、管理水平有较大幅度提升的一年。一年来，各项工作都取得了重要进展。公司海外项目的油气储量、产量和经济效益实现同步增长。

公司全年完成二维地震采集5630千米，二维地震资料处理9814千米；三维地震采集742平方千米，三维地震资料处理658平方千米；新钻探井、评价井56口。全年新增探明石油地质储量2.28亿吨，可采储量6548万吨。完成海外原油作业产量1901万吨，比2001年增加278万吨，增幅17.1%；完成权益原油产量936万吨，比2001年增加105万吨，增幅12.6%；完成天然气作业产量13亿立方米，权益天然气8亿立方米，分别比2001年增长40.4%和38.6%；实现销售收入13.4亿美元，利润1.3亿美元。

【现运营海外项目】

1. 苏丹1/2/4区石油勘探开发与管道项目

2002年，该项目完钻探井19口（其中预探井15口，勘探评价井4口），累计进尺51794米；正钻井1口，待钻井1口。新采集二维地震1475千米，完成二维地震处理3150千米。完成探井试油14口，其中预探井11口，勘探评价井3口。在4区Diffra地区勘探喜获成功，一批探井获得高产油流。全年新增原油地质储量4.9亿桶，可采储量1.71亿桶，储量置换率达到185%。2002年，苏丹1/2/4区项目围绕原油上产，狠抓2A区块Bamboo油田和1A区块Munga油田的建设和投产工作，生产能力大幅度提升。全年原油产量达到1269万吨，比2001年增长165万吨；CNPC权益产量达到507万吨，获得份额收入4.77亿美元，实现净现金流入2.49亿美元。

苏丹1/2/4区输油管道全长1506千米，共设6座输油站和1座海上终端。全年实现安全平稳无事故输油，同时加快管道2号和4号泵站扩容，最大限度提高管道输量。2002年12月上旬完成了三期2号和4号泵站加泵扩容（各增加两套离心泵输油机组），并顺利试运投产。全年共输油8634万桶，并创造了28.97万桶/日的最高输油纪录。

2. 苏丹3/7区石油开发项目

2002年，该项目共完成二维地震采集1412千米，三维地震采集296平方千米；钻探探井9口，进尺20859米；评价井3口，进尺4553米。在扩大Agordeed油田勘探成果的同时，加大了对已发现的Adar油田的滚动评价和3/7区北部的区域勘探工作。在Agordeed油田周边发现了Jubar和Luil等一批含油构造。北部区域甩开探井Palogue－1井和Fal－1井获重大发现。在有700—800米厚的大套泥岩覆盖下，分别发现了70—80米厚的油层。Palogue－1井在Yabus组两个油层试油，分别获日产5100桶和2250桶的高产油流。预计控制地质储量2亿桶以上，为3/7区的早日开发奠定了基础。

3. 苏丹6区石油开发项目

2002年，该项目完成二维地震采集2129千米，三维地震采集305平方千米；完成二维地震资料处理2638千米，三维地震资料处理305平方千米；完成24口井的钻探，总进尺54511米。继2001年发现Fula North整装油田后，2002年在Fula地区又有新突破，在Fula地区控制了1亿吨级的储量规模。西部地区在Hadida－1井和Shoka－1井获重大发现，展现了两个新的含油气富集区。

4. 苏丹喀土穆炼厂

2002年，全厂各生产装置及辅助系统生产运行平稳，全年加工原油 250.9 万吨，生产各类石油产品 222 万吨；其中，汽油 89 万吨、柴油 92 万吨、航煤 17 万吨、LPG 24 万吨，全部达到了出口标准，产品出厂合格率 100%。全年实现轻质油收率 78.79%，综合商品率 92.05%。

5. 苏丹聚丙烯项目

1 月 15 日，该项目胜利实现了全部四套装置开工一次成功，全年生产聚丙烯 12199 吨。聚丙烯产品占领了苏丹当地市场，并扩展到苏丹周边市场。该项目的投产运营标志着 CNPC 开创了海外石油化工的国际化经营。

6. 哈萨克斯坦阿克纠宾项目

2002 年，在扎那诺尔油田新井开钻 35 口，完井 36 口，交井 37 口；在肯基亚克盐下部署了 3 口超深井。12 月 15 日，处理能力为 200 万吨/年的新油气处理厂建设项目一期工程建设完成，并一次安全投产成功。用 50 天的时间，建设完成了两座 5 万立方米的浮顶油罐，并投入运营，其建设速度和工程质量受到了阿州政府和专家的高度评价。两套 250 万吨/年原油脱硫醇装置的建设也在紧张进行之中。全年生产原油 437 万吨，比 2001 年净增产原油 111 万吨，年增幅达到 34%。年底日产量超过 13700 吨，攀上了年产 500 万吨的平均日产新水平。在哈萨克斯坦 6 大石油公司中，年增产幅度连续两年均居首位，受到哈国能矿部和阿克纠宾州政府的高度评价。

7. 哈萨克斯坦肯基亚克—阿特劳管道

为解决哈萨克斯坦西部油田原油外输问题，CNPC 与哈萨克斯坦油气运输公司（TNG/KTO）达成合资建设管道意向。该管道建成后，阿克纠宾项目的原油可通过该管道输送至阿特劳后，通过 CPC 和萨马拉管道进入国际市场，将解决中油—阿克纠宾油气股份公司原油出口外输问题，大大提高原油销售的经济效益。

管道全长 450 千米，干线管径 610 毫米（24 英寸），管道设计压力 6.4 兆帕。管道采用一次规划，分期实施策略，一期工程年输油能力为 600 万—700 万吨。2002 年 5 月 23 日，在肯基亚克举行了隆重的管道建设开工仪式，哈政府总理伊曼加理参加了开工典礼并剪彩。12 月 16 日，在哈国家第 11 个独立日，管道开始从肯基亚克首站向管道干线注油，实际建设期仅 3 个月。该工程的投运，对进一步拓展中油集团公司在中亚石油合作领域，促进中哈原油管道建设具有重要意义。

8. 委内瑞拉石油开发项目

2002 年，面对委内瑞拉全国大罢工、OPEC 限产和矿费提高等严峻的外部条件，努力排除干扰，通过深化基础工作、强化现场生产管理，改善外部环境，减轻社会动荡造成的损失。全年钻井 12 口，修井 29 口，生产原油 122 万吨。

9. 委内瑞拉奥里乳化油项目

该项目完成三维高分辨率地震采集 138 平方千米；高分辨率三维资料处理 83 平方千米。完成了地面工程 60%的基础设计工作和乳化厂全部基础设计工作。

10. 秘鲁项目

生产原油 17 万吨，天然气 3483 万立方米。

11. 加拿大项目

生产原油 1.2 万吨，天然气 1159 万立方米。

12. 泰国项目

生产原油 4.0 万吨。

13. 缅甸项目

该项目年初完成 IOR－3 区块义务工作量，结束初始勘探年，进入第一勘探延长年；8 月结束 RSF－2/3 区块研究期，进入初始勘探年；9 月 IOR－4 区块进入先导试验期。

【新获勘探开发石油项目】　2002 年，新签订项目合同 4 个。

1. 土库曼斯坦古穆达克油田项目

该油田位于涅比达格市东南 42 千米的沙漠中，距首都阿什哈巴德 400 千米；1 月 24 日正式签署项目合同，为服务合同，合同期 5 年（可延长），集团公司拥有 100%权益。

2. 阿塞拜疆 K&K 油田项目

该油田位于巴库西南 125 千米。1 月 23 日正式签署合同，为产品分成合同，集团公司拥有 50%权益。接管后利用两个月的时间，将油田日产油量由接管时的不足 5700 桶提高到年底的 7165 桶。

3. 阿曼 5 区块项目

阿曼 5 区块位于阿曼盆地西北部，距首都马斯喀特市西南 450 千米；4 月 26 日签署合同，为产品分成合同，集团公司拥有 50%权益。7 月 28 日开始接管该项目，日产原油由接管时的 4300 桶提升到 2002 年底的 7088 桶。

4. 哈萨克斯坦滨里海盆地东缘中区块项目

该区块位于阿克纠宾项目扎那诺尔油田南部，2002 年 6 月签订合同，为风险勘探合同；于 9 月底完成了 610 千米二维地震的野外采集和处理解释工作，同时完成了新区原有 2100 千米二维地震资料的重新处理工作。

【经营管理】

1. 采取有效措施，加强勘探工作

2002 年，公司勘探工作的重点在苏丹 6 区、3/7 区和 4 区。通过采取一系列有效的管理措施，勘探上取得重要成果。

一是科学部署、慎重决策，提高探井成功率。各区块的勘探部署坚持在综合地质研究的基础上，分析各类勘探资料，在明确的勘探思路指导下进行。各海外公司的勘探部署、重点探井坚持按程序报总部审批，总部实行业务部门组织审查、专家复审、公司领导审批的制度。科学的部署和决策程序，使探井成功率达到 46%。

二是加强了勘探项目的组织实施工作。主要领导亲自负责，实行从勘探部署、设计、组织施工到成果分析的全过程管理，特别是加强了钻井、录井及试油的过程管理和监督，保证了工程质量。2002 年 6 月，公司召开了首届勘探技术交流会，各海外项目交流了勘探工作经验，研讨了有关问题，对勘探工作有较大的促进。

三是加大了勘探实物工作量。

由于工作力度大，措施落实，全年勘探工作取得了较大成果。

2. 加快开发和产能建设工作

确保油气产量的持续稳定增长，是提高公司核心竞争力的关键。2002 年，各所属公司采取有效措施，确保了原油生产任务的完成。苏丹 1/2/4 区项目，围绕原油上产，狠抓 2A 区块 Bamboo 油田和 1A 区块 Munga 油田的建设和投产工作，生产能力大幅度提升；同时加快了油田电厂、输油管道扩容和集中处理站扩容等制约油田上产瓶颈工程的建设，提高了整个系统的处理及输送能力。中油阿克纠宾公司，一方面加强老油田精细油藏研究，加大措施投入力度，采用中方成熟的开采技术，提高措施增油量；另一方面抓紧油田新井投产工作，在哈国六大石油公司中，连续两年增产幅度居于首位。委内瑞拉公司在 OPEC 限产、政府调整矿费和政局动荡的情况下，克服困难，采取措施。2002 年签订的阿曼项目和阿塞拜疆项目采取有效措施，在较短的时间内，使原油产量较接管时均有大幅度的提升，按期完成了公司确定的原油上产目标。

3. 强化海外项目的预算和资金管理

2002 年，公司在预算方面加强了管理，采取了一系列相应措施。一是按照分公司的管理模式，对所属公司的预算实行集中统一管理，通过管钱来管事。二是加强了预算的过程管理，从单项工程预算入手，及时跟踪预算执行情况，并根据实际情况调整预算，保证了建设项目投资；同时，加强了 AFE 的审查，并与 CASH CALL 结合起来，使预算控制落实到过程管理之中。三是各所属公司也采取了行之有效的办法加强预算管理。中油阿克纠宾公司建立了项目内部审批制度，从建设项目设计方案优化入手来降低工程造价；苏丹 1/2/4 区项目通过严格的内部管理、AFE 审查程序控制预算，都收到了良好的效果。

在资金管理方面，通过强化管理，提高了资金使用效益。一是公司对海外项目坚持实行“收支两条线”的资金管理方式。二是多渠道筹集资金，既降低了筹资成本，又保证了项目资金需求。目前，公司已基本具备了符合国际规范的多种筹融资手段，并初步建立了以花旗银行为主要平台的资金集中管理框架。三是充分利用委托贷款的方式，加大了转移支付和价差回收力度。四是通过推广和完善 CASH CALL 制度，加强了管理，有效地减少了海外公司的资金占用。2002 年，公司在全面完成勘探开发建设任务的前提下，投资和成本都得到了有效的控制。

4. 进一步提升新项目评价水平

2002 年，公司在新项目开发方面狠下工夫，扎实推进。一是主管领导牵头，有关部门及研究中心组成相对固定的研究、评价及谈判小组，集中精力开展工作。二是加快了评价速度，提高了评价质量，为快速、科学决策提供了条件。一年来，公司对 25 个国家、72 个项目进行了筛选和评价，完成了 10 个项目的可行性研究，有 10 个项目进入实质性谈判，为下一步项目签约打下了基础。三是各海外公司在运营好现有项目的同时，也积极拓展新项目。

5. 狠抓基础工作，促进公司规范化管理

2002 年是勘探开发公司的“管理年”，目的在于进一步提高公司的管理水平。一年来，公司总部和各所属公司紧紧围绕管理这一主题，积极开展工作，收到了良好的效果。

在技术管理方面，通过明确前后方技术管理的职责，加强前后方技术人员的交流，进一步增强了对现有项目的技术支持力度；同时加强了技术方案审查工作，明确审批程序，以确保决策的正确性；技术研究工作也对新项目评价提供了强有力的技术支持。

在计划管理方面，进一步规范了计划编制及审批程序，补充制定了年度计划编制及项目前期工作管理办法，通过建立信息管理系统提高了计划编制水平。

在财务管理方面，逐步完善与国际接轨的会计核算体系，制定了税收管理、财务信息系统管理、货币资金安全管理等新的管理制度和办法，有效开展了税收筹划工作。

在销售、采办管理方面，狠抓了原油销售工作，特别是在主要项目的原油销售方面做了大量的工作，保证了销售畅通和最终收入的实现；物资采办扩大了覆盖范围，初步建立起了海外项目物资采办管理体系，保证了海外物资需求，并在降低采购成本方面取得了较好的效果。

在内部审计方面，充分发挥了审计的监督和服务职能。审计人员深入海外项目，在各公司的大力配合下认真履行审计职能，对发现的问题及时督促整改，并提出改进管理的意见。通过审计也促进了管理水平的提高。

在法律支持方面，建立了比较科学、完善的法律工作体系。结合海外项目经营的特点制定了合同管理规定，编制了公司合同审核批准程序，严格了合同的审查工作；同时，对新项目开发提供了强有力的法律支持。

在公司总部机关建设方面，为适应公司总部精干、高效管理的要求，公司在总部机关过去“五定”的基础上，对机关各部门职能进行重新界定。对各岗位进行了详细的岗位描述，按照国际石油公司标准编制出总部机关新的组织机构和岗位描述手册；根据需要设置岗位，每个岗位有明确的职责和报告程序，为总部机关管理上水平打下了良好的基础。

各所属公司，结合本公司的实际，整章建制、强化管理，摸索出了一套行之有效的管理办法。通过强化管理，夯实基础，公司总部和各海外公司的管理水平都有较大幅度的提高。

6. 引入竞争机制，择优选拔人才，加强海外队伍和项目班子建设

为满足公司快速发展对人才的需求，2002 年，公司首次在集团公司范围内公开招聘海外项目人员，从 315 名应聘者中录用了 38 名同志。此次公开招聘，在拓宽人才来源渠道方面做了有益的尝试，选拔了一批急需人才，扩大了公司的影响，保障了项目用人需要，收到了很好的效果。

2002 年开始实施的新项目比较多，选拔、配好项目班子直接关系到项目运作的成败。公司坚持把领导能力强、有海外经验、个人素质较高的年轻干部输送到新的海外项目经受锻炼，发挥才干。在选拔培养工作中，营造“只要你有能力，有为海外事业献身的精神，就有用武之地”的良好氛围，选拔不同专业、不同特长的干部到适合的项目岗位担任生产经营管理的领导或技术专家职务，较好地发挥了广大干部的技术专长和领导能力。充实到海外新项目的领导，都表现出了高度的事业心，为开拓海外事业的新局面做出了贡献。

7. 全面推进党建及思想政治工作，加强海外后勤支持工作，增强职工队伍的凝聚力

学习实践“三个代表”重要思想是新世纪党建工作的重要任务。一年来，公司党委将学习“三个代表”与海外项目生产经营相结合，将政治学习与落实海外发展任务相结合。公司总部及时给海外各公司送去学习资料，各海外党总支、支部认真组织学习，坚持对党员进行“三个代表”和爱国、敬业教育。广大党员干部在国际化经营的实践中不断理解、吸收“三个代表”重要思想的丰富内涵，科学指导海外工作的实践。党的十六大召开后，公司党委将学习贯彻十六大精神作为公司党建工作的首要任务来抓。制定了详细的学习计划，组织海内外员工认真学习十六大报告，用十六大精神统一全体员工的思想。党委重视建立健全基层党组织，2002 年增设了 4 个党支部，调整、增补支部成员 16 名。

解决海外员工的后顾之忧，及时为海外回国人员创造良好的工作生活条件。公司重视和关心职工的健康状况，坚持为员工进行体检，并制定了预防疾病的相应措施。公司还坚持在重大节日为海外员工及其家属寄送慰问品及慰问信，使广大员工感受到勘探开发公司这个大家庭的温暖，极大地增强了公司的凝聚力。

（王俊仁　徐大鹏）

股份公司对外合作

【概述】　2002 年股份公司对外合作贯彻实施“请进来”和“走出去”的方针，成功地收购了美国 Devon

公司在印尼的资产，中国石油国外勘探开发事业实现了零的突破，当年项目运行平稳。国内对外合作全年签订两个合作合同、四个联合研究协议，原有项目稳步推进。西气东输上游项目进展顺利。国际公司与对外合作经理部成功地进行整合，国内外合作统一管理，充分发挥股份公司的整体优势，有利于资产互换、资金互调，有利于技术优势互补，有利于人才资源合理配置，有利于调动各方面的积极性，公司内部建设迈出了新的步伐。

2002年国内合作执行石油合同15个，其中年内终止合同两个，年底正执行合同13个，项目分布在大庆、吉林、辽河、大港、长庆、四川、青海、新疆等油田分公司。2002年全年，合同区完钻预探井1口（井深4946米），完钻开发井150口，生产原油220万吨、天然气3.5亿立方米，实现销售收入2.97亿美元。中方份额油产量为68万吨，份额气为3.2亿立方米，份额销售收入1.12亿美元。合作完成了五个项目总体开发方案编制（其中两个通过股份公司评审）。

海外勘探开发项目获得突破性进展。全年共签署海外油田勘探开发合作项目两个，即印尼DEVON项目和SP项目；签署联合研究项目两个，即塔吉克斯坦援外项目和东帝汶援外项目。标志着股份公司跨国经营迈出了实质性的第一步。

【机构重组】　为了贯彻实施党中央、国务院关于“利用两种资金、利用两种资源、开拓两个市场”的指示精神和服务于国家的能源安全战略，更好地回报股东，2000年底，股份公司董事会决定设立中国石油天然气国际有限公司，2001年5月经国家对外贸易经济合作部批准，8月份正式成立。成立后的中国石油天然气国际有限公司全面归口管理，并具体组织实施股份公司境外勘探开发及相关业务。为了充分发挥股份公司国际化经营的整体优势，2002年3月，股份公司决定将国际公司与对外合作经理部合并，并于9月正式批准重组。重组后的国际公司全面负责统筹规划和归口管理股份公司国内外石油勘探开发对外合作项目，充分发挥股份公司作为上市公司的技术、资金、市场及规范管理的优势，为实现国内外优势互补、协调发展提供了可能。

【国内勘探开发对外合作】

一、主要工作

围绕股份公司对外合作总体目标，加强现有合同执行的综合管理，做好协调服务工作，积极推进合同的执行工作。赵东项目总体开发方案实施进展顺利，钻井平台安装就位，生产平台、原油推驳、储运终端等工程建造按计划运行，预计到2003年7月底可以投入生产。涩北项目预探井（盐深1井）顺利完钻，通过加深钻探，进一步了解了盐湖地区的地质构造、地层岩性和流体情况，加深了对柴达木盆地东部第三系地质和成气条件的认识，为继续勘探深部气藏提供了资料。川中项目完成了天然气销售协议谈判，解除了柏灵顿公司的投资顾虑，作业者完成并按期提交总体开发方案文本，评价钻井（角60B、角61B）正常进行。冷家堡项目加强开发管理、实现稳产增产，严格控制成本，取得较好效益。克拉玛依九区项目齐古组扩边开发实施效果较好，完钻的56口新井单井油层厚2—25米，平均8米，已投产38口新井，平均单井日产油6.9吨。一批难动用的储量开发项目完成评价和先导试验，2002年完成了孔南、大安、川中项目总体开发方案编制，其中孔南、大安项目已通过股份公司专家评审，正在报批。

二、合同执行

1. 风险勘探合同

（1）大港赵东项目（作业者美国APACHE公司）：总体开发方案实施进展顺利，赵东1号钻井平台（ODA）建造安装就位，钻机配套改造完成。赵东2号生产平台（OPA）已完成70%。原油推驳、储运终端等工程建造按计划运行，拟钻井25口，预计到2003年7月底可以投入生产。

（2）青海涩北项目（作业者意大利AGIP公司）：完钻预探井1口（盐深1井），进尺4946米。录井在2805—3195米、4484—4532米井段见到气测显示。气样和岩屑地化分析证实1700米以下存在热解成因的天然气，3000米以下有中等气源层，为继续勘探深部气藏提供了资料。

2. 天然气开发合同

（1）西南川中项目（作业者美国BURLINGTON公司）：签订天然气销售协议，编制完成八角场气田总体开发方案，完成钻井作业招标。年底两口评价井（角60B、角61B）均在钻进中。

（2）长庆长北项目（作业者英荷SHELL公司）：中方多次与壳牌公司就总体开发方案进行交流和沟通，以降低投资、提高项目效益，促使壳牌公司尽快做出投资决策。由于壳牌公司坚持要求修改合同条款，以提高其回报率，双方差距较大，合同执行处于停顿。试生产天然气3.21亿立方米。

3. 难动用储量开发合同

（1）大庆州13项目（作业者香港中汇公司）：中

汇公司受让大庆州13（1—2）区块合同和签订州13（3—6）区块合同后，召开了新的联管会会议；完成了原油销售协议的条款修改工作；调整了（1—2）区块原作业者的总体开发方案，进入实施准备；合同区生产原油0.88万吨。

（2）吉林大安、庙3、莫里青项目（作业者美国MI公司）：MI公司编制完成三个区块总体开发方案，其中大安区块总体开发方案通过股份公司评审；合同区钻井12口，生产原油2.07万吨。

（3）吉林民114项目（作业者香港中汇公司）：合同区生产原油1.05万吨。

（4）大港孔南项目（作业者加拿大泛华公司）：编制完成总体开发方案，并通过股份公司评审；合同区生产原油2.58万吨。

4. 提高采收率合同

（1）新疆克拉玛依九区项目（作业者香港HAFNIUM公司）：合同区钻井60口，生产原油74.27万吨。齐古组扩边开发新井单井油层2—25米，平均8米，单井日产油4—8吨；三叠系克拉玛依组和石炭系加深井也取得较好效果。

（2）辽河冷家堡项目（作业者香港BACKBURY公司）：合同区钻井66口，生产原油145.05万吨。

5. 油气销售管理工作

国际公司与中国石油销售总公司一起，就赵东项目的原油购销协议进行了六轮谈判，已就原油购销协议的一些关键问题达成了谅解备忘录，完成了赵东项目提油协议的谈判和签约工作，为进一步完成协议的谈判和签约奠定了基础。川中项目天然气购销协议的谈判和签约工作也已完成，同时，对评价期内交付气价的公式化定价方式达成了一致。这是陆上石油对外合作项目中第一个采用公式化定价的天然气购销合同。此外还完成了合作项目油气销售结算分配工作。

6. 国内合作项目中的HSE管理工作

在国内项目管理中，始终认真贯彻执行股份公司安全生产的有关规定，及时向各个项目通报主管部门安全生产的规定和要求。在项目实施中切实做好安全生产工作，坚持以人为本、预防为主的原则，全年无重大安全事故发生。完成了辽河冷家堡、新疆克拉玛依九区、大港孔南、吉林大安项目环境影响评价报告，并已通过国家环保总局评估中心专家的评审，现已报国家环保总局。

三、新签合同

（1）与香港埃姆斯特公司签订辽河高升区块合同。2002年7月5日中国石油与香港埃姆斯特石油天然气（香港）有限公司在北京签署渤海湾盆地高升区块提高采收率合同。该区块位于辽宁省盘山县和台安县境内。合同区面积29平方千米。先导试验期的所有费用由外方承担，进入商业生产后的费用由双方按约定比例提供。

（2）与加拿大泛华公司签订西南梓潼区块合同。2002年9月19日中国石油与加拿大泛华能源有限公司在北京签署四川盆地梓潼区块勘探、开发和生产合同。该区块位于四川省梓潼县和剑阁县境内，构造位于川北古坳陷低缓构造带之梓潼凹陷亚带。合同区面积为3560平方千米，合同期不超过30年，最低义务费用为3400万美元。

四、合同终止

（1）由于加拿大金龙公司未能按期履行辽河二界沟区块合作合同义务，中方正式通知其终止合同。

（2）由于香港埃姆斯特石油天然气（香港）有限公司不能提供履行渤海湾盆地高升区块提高采收率合同的资金担保，致使合同无法取得国家外经贸部的批准，从而一直未生效。2002年12月31日中方正式通知外方终止了该合同。

五、西气东输上游合作项目

西气东输对外合作总体框架协议签订后，积极推进石油合同谈判。同时为保证西气东输工程整体进度不受影响，启动上游合作项目工作。开展JWG协议的工作谈判，组织合同者尽职调查，组织技术研究成果交流，针对技术关键（如合理单井产能确定、烃露点控制等）组织专题研讨，地面工程设计工作谈判，协调完成克拉2项目总体开发方案编制，努力推动该合作项目进展。

六、联合研究

分别与英国BP、法国TOTAL FINA、美国CONOCO-PHILLIPS及韩国国家石油公司签订长庆苏里格南区块联合研究协议。

七、新开放区块

2002年，报经国家有关部门批准，有塔里木、新疆、长庆、华北、西南、辽河、冀东共19个区块拟对外合作，其中开发区块四个，勘探区块15个（见表1）。

表 1　2002 年新开放区块

序号	区块名称	面积（平方千米）	天然气探明储量（亿立方米）	天然气预测储量（亿立方米）	石油控制储量（万吨）	石油预测储量（万吨）	合同方式
1	塔里木盆地库车坳陷迪那区块	478	557	1973	394	1364	天然气开发
2	鄂尔多斯盆地苏里格气田南部区块	2392.4	1374				天然气开发
3	塔里木盆地塔中 45 区块	1388.8	67		1567		油气开发
4	任丘雾迷山区块	120.4			37606		石油开发
5	柴达木盆地德令哈区块	5535					油气风险勘探
6	鄂尔多斯盆地天环北段区块	2466					油气风险勘探
7	鄂尔多斯盆地绥得—清涧区块	3371.4					油气风险勘探
8	鄂尔多斯盆地石楼—吉县区块	1491					油气风险勘探
9	四川盆地川中南部区块	3896					油气风险勘探
10	吐哈盆地火焰山区块	569					油气风险勘探
11	华北大厂区块	600.1					油气风险勘探
12	冀东石东区块	1693.4					油气风险勘探
13	辽河开鲁区块	1419.6					油气风险勘探
14	准葛尔盆地莫索湾西区块	3706.2					油气风险勘探
15	塔里木盆地喀什区块	17881.7					油气风险勘探
16	塔里木盆地库车区块	12388.3					油气风险勘探
17	内蒙古锰南海流图镇区块	2808.3					油气风险勘探
18	内蒙古蒙南百灵庙—固阳区块	10025.7					油气风险勘探
19	内蒙古蒙南乌兰花—武川区块	7219.3					油气风险勘探

【海外油气田勘探开发】

一、印尼项目

印尼 DEVON 项目共有六个区块：南苏门答腊 Jabung，South Jambi B 和 Bangko 等三个区块的油气勘探开发、中爪洼 Tuban 区块油田开发、东印尼 Salawati 岛和 Salawati 盆地的油气勘探开发。国际公司为其中五个区块的作业者（除 South Jambi B）。主要产油气区均位于陆上，地质和工程作业条件相对较好。

该项目是国际公司组建后，从事国际收购的第一个项目。项目从 2002 年 2 月上旬开始进行评价、投标和正式谈判，经过两个月艰苦细致的工作，于 4 月 12 日正式签署协议。6 月份在印尼注册设立中国石油天然气国际（印度尼西亚）公司（PetroChina International Limited in Indonesia），简称中油国际（印尼）公司。2002 年印尼项目全面完成了预定的任务，实现了两稳、两控、一保、二引，即稳住了产量、稳住了人心，控制了成本、控制了生产经营局面，保住了作业者的地位，引进了中国石油的发展战略和经营理念、引进了中油集团的服务队伍。

2002 年产量为 1636 万桶（221 万吨），权益产量为 575 万桶（约 78 万吨）。销售收入 9725 万美元。

天然气储量集中于Jabung和South Jambi B区块。天然气市场落实，已同新加坡签订了20年供用气协议。印尼国家管道公司承建管道，并已签订了合同，预计2003年8月管道建成投运。

该项目的中标，对中国石油的发展具有十分重要的战略意义。是中国石油通过国际收购，在上游业务中对资产进行扩展、优化和改善的第一步，在此之前，中国石油没有任何海外资产。这是股份公司发展的一个新的里程碑，必将为股东和国家创造价值，并不断改善上游业务的回报和增长前景。

1. Jabung区块

Jabung区块属于近海岸区块，具有便利的运输条件。该区块有较长的勘探历史，取得重要突破是在最近十年。区块原有面积为8215平方千米，经过1996年、2000年和2001年三期面积返还，目前保留面积4682平方千米。按合同要求，在2003年需再返还面积1643平方千米。

Jabung区块是南苏门答腊盆地中有利的油气聚积区，目前潜力最大的八个圈闭构造基本集中分布在生烃凹陷及其附近，油气源有利。这些圈闭既有背斜也有断块，更多的是断鼻构造。主要目的层为上部层系GUF和ABF，钻探目的层浅、储层物性好、油气源充足、储层发育、构造多样、待钻目标众多，具有很大的勘探潜力。Jabung区块的油气发现与勘探程度，特别是地震勘探，具有很好对应关系。该区已奠定了很好的地震勘探基础，为发现新油气田、扩大和开发已有油气田创造了十分有利的条件。

2. South Jambi B区块

该区块位于南苏门答腊的西北部、Jabung区块的西南，区块面积经1994年、1996年和2000年三次返还，由原来的3849平方千米缩减到现在的2695平方千米。由于该区发现的全部是气藏，且二氧化碳含量高，天然气需求和市场成了首要解决的问题，自1999以来，基本停止了进一步的勘探，特别是钻探，仅针对已发现的个别气田做了地震评价。

3. Bangko区块

该区块位于南苏门答腊的中部，South Jambi “B”区块的西南。区块面积1922平方千米，中方权益为50%。该区块钻井和地震工作均较少，总体勘探程度较低。

Bangko区块现有一个Gambang油田，油田储量为：油1千万桶（约135万吨），气550亿立方英尺（15.6亿立方米）。从测试情况看，不仅有油显示和油流，而且有气显示，主要产油气层位是Talang Akar组上部、Batu Raja组和Gumai组。从气油比看，基本是气油各半。

4. Tuban区块

Tuban区块位于爪哇岛的东北部，邻近泗水市。该区块1988授予Devon公司的前身Santa Fe Energy Resources，原有面积7391平方千米，经过1992年、1994年、1998年和2000年四次面积返还，现有面积仅剩1478平方千米，正好是原有面积的五分之一。期间Devon及其前身公司共做二维地震测量3730千米，钻探井和评价井约15口。Tuban区块分割成东西两段。在西段，已在渐新统Kujun碳酸盐岩礁体发现了Mudi和Sukowati油田，礁灰岩中发育溶洞型孔隙，储油气性好。东段已在中新统Ngrayong组的碎屑岩系钻遇工业油气流。

5. Salawati Basin区块

Salawati区块处在Salawati盆地的主要油气聚集区。经过几期面积返还，现有面积约3042平方千米。区块分东西两部分。东部陆上区称之为Salawati Basin区块，西部包括半岛陆上部分和Sele海峡，称之为Salawati Island区块。这两个探区分属两个不同的合同区块，勘探历史和勘探程度不同，但两者基本同属一个含油气系统和沉积构造带。

本区块面积约872平方千米，该区块自1970年签订PSC合同以来，进行了较大规模的地震勘察和钻探，在区块的北段发现有Klalin和Arar两个主要气田，在南段有Walio和Kasin等八个规模不等的油田，到2000年底，已累积产3.17亿桶（约4284万吨）油和1.43亿立方英尺（405万立方米）气，目前石油净产量为1175桶/日。

6. Salawati Island区块

与Salawati Basin区块相比，Salawati Island区块的勘探和发现历程较短，钻探程度较低。90年代发现了Matoa和Swo等油田，勘探成功率达50%—60%。Salawati Island区块有较大的勘探潜力，但同时也涉及海上勘探作业。

7. SP（Selat Panjiang）区块

SP（Selat Panjiang）区块合同原拥有者为印度尼西亚Petronusa公司（51%权益）和IMR公司（马来西亚国际矿产资源有限公司，49%权益）。2001年该区块合同拥有者拟寻找合作伙伴参与联合作业，为此，国际公司先后两次组团对该区块进行了考察和评价工作，与SP区块合同拥有者进行了洽谈。

SP合同区块面积2259平方千米，位于印度尼西亚苏门答腊岛中部，西邻米纳斯和杜里油田，北接

MSN油田（中海油参股），东南距国际公司已购买的戴文项目加邦区块20千米左右。构造位置处于中苏门答腊盆地。SP区块已开发博纳克油田，累计产油39.7万桶（约6.2万吨）。该油田4口开发井，初期产量高，日产油达225吨/日，但由于生产压差过大，导致含水上升过快，产量递减大。凭借国内已成熟的开发技术，采用多管采油、优化射孔、优化生产压差等措施，油田可望恢复正常生产。SP区块有较大的勘探潜力，预计可建成生产40万吨/年左右的原油生产规模。

项目合同类型为印度尼西亚政府规定的产品分成合同。经与IMR公司谈判，该公司向国际公司转让其45%的工作权益，转让后SP区块工作权益：Petronusa51%、国际公司45%、IMR4%。国际公司为主要作业者，项目合同期30年。

二、塔吉克斯坦联合研究项目

2001年12月7日至18日，中国石油天然气国际有限公司与塔吉克斯坦共和国石油天然气公司签署了备忘录，就两国政府2001年4月26日换文规定的中国援助塔国石油天然气勘探项目的实施方案进行了商谈，同时还就塔方在塔国进行石油天然气勘探开发关心的问题、潜在的风险及现实有效的方案进行了深入、广泛的讨论与交流。双方专家基于务实、有效的原则，围绕着在塔国开展石油天然气地震勘探、非地震勘探、老井修复、老油田改造等方面提出了多个潜在的可行方案，并达成了一致意见。主要工作内容如下：

塔南部连干地区资料包及其宣传材料的编制；

塔北部尼牙兹别克油田调整方案及其规划方案的编制；

塔北部拉瓦特油田调整方案及其规划方案的编制。

三、东帝汶联合研究项目

东帝汶位于东南亚努沙登加拉群岛最东端，西部与印尼西帝汶相接，1975年前为葡萄牙的殖民地，1976年后由印尼统治，2002年5月20日独立建国。面积14874平方千米，人口约80万，其中78%为东帝汶土著人（约有10多个民族），境内多山。

东帝汶政府希望利用中国的资金（包括中国政府援助款项和我公司）、丰富的石油勘探和开发技术建立自己的石油工业，我方也愿意在东帝汶境内从事石油勘探和开发。于2002年8月10日，我公司与东帝汶政府签署了该协议。该合作项目分两个阶段，第一阶段为研究阶段，这个阶段的目的是通过联合研究圈定东帝汶油气聚集的有利地带，并初步评估各区带的油气资源量；同时，落实两个目前已经发现的油藏的储量，进行商业性开发的初步评估。在研究阶段结束以后，我公司将根据研究的结果选择进入（或不进入）石油和天然气的勘探和开发合作阶段，方式为签订在东帝汶石油天然气勘探、开发的产品分成合作协议和/或合同。

四、技术管理委员会和作业管理委员会（TCM/OCM）会议

2002年9月22日至27日，中油国际（印尼）公司在中国北京饭店召开了Jabung，Tuban，Bangko，Salawati Basin和Salawati Island等五个区块的技术管理委员会和作业管理委员会会议（TCM/OCM），中油国际（印尼）公司各区块总经理主持了会议，印尼国家石油公司Pertamina、马来西亚国家石油公司Petronas、美国Amerada Hess、Ross Energy、Coastal公司、法国Coparex、Lutin公司、日本Mitsui公司、印尼Medco公司、韩国SK公司等十几家合作伙伴120余名代表与会。国际公司寿铉成总经理及股份公司规划计划部、国际公司项目管理部、计划发展部等领导和专家参加了会议。

会议期间还安排各位代表到大庆油田和中国石油勘探开发研究院进行了参观，代表们对中国石油的勘探开发技术和科技研究实力留下了很深的印象。本次会议取得了圆满成功，中国石油的作业能力得到各合作伙伴的高度评价和肯定，中油国际印尼公司作为作业者所提出的工作计划和预算获得了各合作伙伴的批准，实现了国际公司的战略部署。

印尼国家石油公司上游高级副总裁Edeng A. Salam先生、马来西亚国家石油公司国内和亚太区总经理Chai Kwok Kit先生也亲自参加了会议，并与国际公司高层就双方进一步合作进行了洽谈。

【技术管理和技术交流】 目前，国内油气田合作开发项目已占项目的多数，完成评价和先导试验后，抓项目总体开发方案的编制一直是国内项目工作的重点。在2001年工作的基础上，2002年作业者完成了大港孔南，吉林大安、庙3、莫里青，四川川中五个项目的总体开发方案的编制。在勘探与生产分公司的大力支持下，组织完成了四个方案的评审，其中大港孔南、吉林大安项目已通过评审，并按照专家的意见进行了完善，正在报批；庙3、莫里青项目按照专家评审意见正在做补充工作，进行方案修改；川中项目方案已报勘探与生产分公司，正在组织评审。

为了促进技术交流，在认真分析合作项目情况的基础上，对有关项目进行了技术总结。长庆长北、辽河冷家堡、新疆克九区、大港孔南、青海涩北等项目都对合作中应用的先进适用技术进行了总结，其中长北区块气藏总体开发方案优化设计、冷家堡稠油油藏开发规律认识及提高采收率方向、克9区齐古组油藏精细描述及改善开发效果研究、孔南低渗高凝油藏钻井技术和工艺，以及涩北利用二维三分量地震数据处理技术的成果都在杭州交流会上获得有关专家好评。

10月9—12日在杭州召开“中国石油对外合作勘探开发技术交流会”。来自勘探与生产分公司、各油（气）田分公司、物探局、中石油有关院所以及中石化等单位的领导和专家代表，国外Exxon-Mobil，Shell，Bp-Amoco，Chevron-Texaco，TotalFinaElf，Agip，Conoco-Phillips，Schlumberger，Halliburton等公司的专家，共100多人参加了这次会议。股份公司总地质师贾承造同志出席了这次会议，发表重要讲话。国际公司寿铉成总经理主持开幕式，并做大会总结。中国石油翟光明院士、中国工程院罗平亚院士等特邀专家也做了报告和发言。这次会议交流了来自油田公司、外国油公司和技术服务公司等单位的报告共31篇，中国石油的合作项目在会上发表论文12篇。经过全体代表和工作人员的共同努力，技术交流会圆满成功，取得了良好的效果。

【多元化用工方式】 国际公司从工作和效益出发，相继采用了正式合同制、借聘制、社会招聘制、国际雇员制等多种用工方式。公司机关总部和海外项目的中方人员，正式合同制用工不到员工总数的一半。海外项目中方借聘员工占主体。部分秘书工作岗位面向社会公开招聘。印尼项目公司延续原Devon公司采取聘用部分外籍雇员和以本地雇员为主体的用工形式，2002年底共有员工2991人，其中中方35人，外籍64人，本地2892人。一年多的工作证明，多种用工方式有机结合，对国际公司的经营发展非常有利。

【人员培训】 2002年国内合作项目的培训工作按计划有序开展，出国培训共派出了15个专业团组，参加人数58人次；国内培训开办英语培训班三个，专业培训班两个，短期讲座三个，参加人数288人次。全年派出10人攻读学位，其中3人出国学习，7人在职业余学习。到2002年底，累计国内外培训2352人次，累计使用培训费1393万美元。

在股份公司人事部的支持和牵头组织下，2002年从各油田公司公开推荐选拔了一批专业基础好、业务能力强、有一定外语基础的人员，开办了三个国际合作骨干培训班，共培训76人，为股份公司国际合作提供了人才储备。为了提高国际公司机关全体人员的英语水平，在机关坚持常年开设英语培训课（外教授课）。

股份公司利用对外合作项目培训费及培训情况见表2—表4。

表2 股份公司利用对外合作项目培训费及培训情况统计表

计算单位：人

年度	培训费用（美元）	培训人数	其中		其中		其中			其中			其中
			国外	国内	油田	机关部局	高级职称	中级职称	助理职称	联管会人员	技术干部	工人培训	学位培训
2000	999351	387	49	338	378	9	127	137	123	75	323	64	4
2001	1708740	289	66	223	220	69	137	115	35	128	289		4
2002	752013	346	58	288	318	28	158	143	45	56	290		11
合计	3460104	1022	173	849	916	106	422	395	203	259	902	64	19
累计	13929392	2352	726	1626	2042	310	691	1115	338	393	2026	270	31

注：1999年以前的资料见《年鉴》2000卷第221页。

表 3　股份公司利用对外合作项目培训费及培训情况统计表（国外部分）

计算单位：人

年　度	培训费用（美元）	培训人数	其中		其中			其中			其中
			油田	机关部局	高级职称	中级职称	助理职称	联管会人员	技术干部	工人培训	学位培训
2000	853789	49	41	8	29	16	4	24	49		3
2001	1332402	66	46	20	41	20	5	30	66		3
2002	515391	58	44	14	20	30	8	15	58		1
合　计	2701582	173	131	42	90	66	17	69	173		7
累　计	12008004	726	536	190	249	411	66	164	726		19

注：1999 年以前的资料见《年鉴》2000 卷第 221 页。

表 4　股份公司利用对外合作项目培训费及培训情况统计表（国内部分）

计算单位：人

年　度	培训费用（美元）	培训人数	其中		其中			其中			其中
			油田	机关部局	高级职称	中级职称	助理职称	联管会人员	技术干部	工人培训	学位培训
2000	145562	338	337	1	98	121	119	51	274	64	1
2001	376338	223	174	49	96	95	32	98	223		1
2002	236622	228	214	14	138	113	37	41	228		10
合　计	758522	789	725	64	332	329	188	190	725	64	12
累　计	1921388	1566	1446	120	442	704	274	229	1296	270	12

注：1999 年以前的资料见《年鉴》2000 卷第 221 页。

（王铁夫　才　鑫）

对外工程技术服务

【钻井技术服务】　中油国际工程有限责任公司所属长城钻井公司与油田企业密切合作，大力开拓国际市场，对外钻井技术服务取得新进展，钻机已分布在 18 个国家。2002 年，完成钻井技术服务项目合同额 24362 万美元，全年新带出国钻机 23 台，为上级下达任务指标的 2.3 倍，2002 年末累计在国外钻机总数 76 台（套），开钻 245 口，完钻 230 口，钻井进尺 540659 米，修井 315 井次。实现收入 152548 万元，实现利润总额 18068 万元。

1. 苏丹钻井合作项目

该项目由长城钻井公司2000年10月与GNPOC大尼罗河石油公司签订，由华北油田GW5003钻井队、南阳油田顶驱和中原32747钻井队在1/2/4区块、3/7区块提供钻井工程服务合同正在执行过程中。2002年1月，与PETERODAR签订两年钻井合同，由吉林油田GW56队在3/7区提供钻井服务；2002年4月，在6区块中标四个钻/修井项目，合同期两年，分别由大港GW50队、辽河GW72队、大庆GW73队、辽河GW75队执行项目；2002年5月，签订6区块固井服务项目，由四川提供固井服务。截至2002年12月，共有钻机12部，开钻54口，完钻51口，修井39井次，钻井进尺109620米。

2. 埃及钻井合作项目

自1998年4月“中埃钻井公司”成立以来，由新疆石油管理局、华北石油管理局提供钻井工程服务的50D和GW735钻机以及南阳油田提供修井工程服务的ZXJ－120，ZXJ－80两台设备，继续执行钻/修井任务。2002年9月，与AGIBA签订修井合同，2002年11月与Siciitar签订钻井合同，均由大庆油田K650提供技术服务。共有钻/修机5部，全年开钻17口，完钻15口，修井84井次，钻井进尺25324米。

3. 泰国钻井合作项目

2000年8月与PTTEP签订的C—OPA 00—0036钻井服务合同，合同期三年，由华北石油管理局提供一部ZJ20K钻机，2001年11月22日施工队伍出国；2002年4月，与AMSERDA HESS签订钻井合同。全年钻机2部，开钻2口，完钻2口，进尺4437米。

4. 哈萨克斯坦钻井合作项目

继1999年11月中哈长城钻井有限责任公司与合资公司合作伙伴签订20口井的为期一年的钻井工程和相关作业技术服务合同后，2000—2001年肯基亚克油田盐下井项目已经执行完毕。哈国2000年扎拉诺尔油田开发井、哈国235井合同、哈国8001井合同、哈国8002井合同目前项目正在执行中。钻机19部，全年开钻37口，完钻38口，钻井进尺150798米。

5. 委内瑞拉钻井合作项目

自2001年5月24日，与PDVSA一举签订五部1500HP钻机钻井合同以来，分别由大庆、辽河、大港、华北、四川、新疆六个油田提供钻井服务。2002年，现有钻机的合同都延续到了2002年底，并参与PDVSA新一轮招标。共有钻机8部，全年开钻23口，完钻17口，修井6井次，钻井进尺87682米。

6. 巴基斯坦钻井合作项目

2001年5月14日，与巴基斯坦石油公司签订的钻井合同，由四川石油管理局提供一部70D钻机，2001年6月起运，项目继续作业。2002年5月、9月分别与Orient Petroleum Inc签订两个钻井项目，由吐哈钻井公司提供50D，70D钻机执行项目，2002年7月起运。共有钻机3部，全年开钻4口，完钻2口，钻井进尺16868米。

7. 也门水井合作项目

2001年公司重组后，从原中油技术服务有限责任公司手中接管此项目，由新疆钻井公司提供两台ZJX120修井机进行水井工程施工。钻机2部，全年开钻5口，完钻7口，进尺5792米。

8. 印度尼西亚修井合作项目

自2001年长城钻井公司正式接管此项目以来，逐步理顺项目管理。该项目由华北油田和辽河油田、大港油田分别提供XJ120、XJ450、XJ140修井机提供服务。2002年2月，与Pertamina Drilling Service Indonesia签订两个钻井项目。钻/修机四部，全年开钻四口，完钻3口，修井150井次，钻井进尺1940米。

9. 伊朗钻井合作项目

该项目是与伊朗国家石油公司签订的19口钻井＋2口修井项目，自2001年长城钻井公司正式接管此项目以来。由四川、辽河、新疆、中油测井以及长城公司所属钻井液公司、顶驱公司提供设备及服务。钻机3部，全年开钻7口，完钻6口，钻井进尺15239米。

10. 墨西哥项目

2002年11月与墨西哥国家石油公司PEMEX签订合同，中标两个项目，钻/修机四部，分别由长城钻井公司GW81、GW82队和大港井下作业公司GW83、GW84队提供钻/修井服务。2002年10月26日钻/修机起运。

11. 突尼斯项目

2002年4月与KUFPEC签订钻井合同，由大港油田提供一部50D钻机，2002年6月起运。全年开钻三口，完钻两口，钻井进尺3493米。

（曹海霞）

【测井、录井、测试】　中油测井技术服务有限责任公司是集团公司在海外开展测井、录井、测试、定向井/随钻测井技术服务的专业化公司，2002年是公司重组改革后独立运作的第二年，在国际公司领导下，坚持“走出去”战略，进一步加大了海外市场开发力度，在开拓国际市场方面取得较大进展。海外市场收入已占公司总收入的95%。

中油测井技术服务有限责任公司海外技术服务市

场主要分布在苏丹、伊朗、委内瑞拉、哈萨克斯坦、巴基斯坦、缅甸等国家。

1. 苏丹作业区

苏丹作业区主要分为1/2/4区、3/7区和6区三个区块，在1/2/4区块，公司新获得了测井、测试和录井服务合同，这三个合同的获得为公司巩固和拓展苏丹市场打下了坚实的基础。苏丹3/7区块的主要作业者是海湾石油公司，2002年中油测井技术服务有限责任公司凭借丰富的技术服务经验和良好的服务业绩一举中标测试和录井项目。苏丹6区块是中方的全资项目，公司主要为其提供测井、资料处理和测试技术服务，2002年初又获得了录井服务项目。

2. 伊朗作业区

伊朗是中油测井技术服务有限责任公司走向国际市场后首次直接投标并为外国油公司提供技术服务的市场。原测井合同2年服务期结束后，又延期6个月。在伊朗南方油田（NISOC）测井项目招标中公司又中标两套设备，成功实现了伊朗作业区测井项目的持续发展。

3. 委内瑞拉作业区

2002年公司与PDVSA签订了西部地区2年生产测井、射孔服务合同，该项目已于11月份正式开工。录井作业主要区域在CARACOLES地区，服务对象为中资项目。

4. 哈萨克斯坦作业区

2002年公司与CNPC—阿克纠宾油气股份公司签订了测井、射孔、资料处理技术服务合同。另外，根据油气股份公司研究院的要求，又增加了一批井的出图和常规测井解释工作。此外，中油测井技术服务有限责任公司还与其他油公司广泛接触，积极进行投标，力争在哈国其他油公司取得服务合同，扩展周边市场，真正实现公司向中亚市场辐射的战略目标。

5. 突尼斯

2002年初公司作为长城钻井公司的分包商，承担了突尼斯项目的录井任务，该项目运行平稳正常。

6. 巴基斯坦

中油测井技术服务有限责任公司自2001年以来就十分关注巴基斯坦石油技术服务市场，公司多次派人赴巴基斯坦进行调研、宣传和公关，经过努力取得了POL公司的测井合同，为下一步全面进入巴基斯坦市场找到了切入点。

7. 缅甸

2002年在市场人员和事业部人员的共同努力下，公司成功获得了缅甸TETMA项目试油、测试一体化的综合服务项目，截至2002年底已完成该项目两口井的修井作业，六层测试项目，成功率达100%，赢得了甲方的认可。

（王　京　姚玲玲）

【地面工程建设服务】　2002年，CPECC在建项目总规模近9亿美元。一年来，以项目管理为中心，强化总部对项目的管理和服务，各项目部全力抓工期、保质量、创信誉、增效益，科学组织、艰苦奋斗，在建项目执行创出新水平。

哈萨克斯坦项目进展顺利，成功实施了扎那若尔老厂改造、新油气处理厂、两个5万立方米油罐和原油脱硫醇等项目。这些项目的建设是公司巩固中亚市场的关键性战役，还关系到集团公司油气上产目标的实现，集团公司领导十分重视，要求大部分项目提前竣工投产。面对十分繁重的任务、几近苛刻的工期和外派劳务受限等不利条件，项目部采取里程碑计划、关键节点控制、人员当地化和强化分包管理等措施，各建设阶段交叉作业、协调并进，确保了项目的按期完成。在不到九个月的时间内，实现了两台5万立方米油罐和新厂油处理系统按时投产，创出了项目执行的高速度和新水平。集团公司马富才总经理发来贺电，对参加项目建设的全体员工取得的成绩和付出的辛勤劳动表示祝贺和感谢，称赞成功建成这一项目体现了集团公司海外石油队伍是一支不畏艰难和开拓进取的队伍。

苏丹项目按计划运行，苏丹地区在建项目19项，规模超过1亿美元，项目分布范围广，工期普遍紧张，协调工作量大。项目部以业主利益为重，克服重重困难，合理调配各种资源，加强项目进度控制和现场管理，确保了班布油田集油站、尤尼提电站和2号、4号泵站等重点项目按时或提前投产。尤尼提电站项目是CPECC首次与西方公司合作实施的项目，该项目的成功实施，积累了与西方公司合作的新经验。班布油田集油站克服重重困难实现顺利投产，大尼罗河公司（GNPOC）总裁称赞该项目是苏丹油田所有在建项目中质量最好的。

巴基斯坦成品油管线项目全面启动，巴基斯坦成品油管线项目是公司第一个大型带资总承包项目，公司高度重视，全力支持项目部按照国际惯例，严格管理，规范运作，做好开工准备。目前各项工作进展顺利，按照合同工期有序运行，为把该项目建设成为一个效益好、水平高的工程，公司总部及项目部广大职工正在克服困难、奋发努力地工作。

（上官新松）

石油物资装备出口

【概述】　中国石油技术开发公司作为集团公司专门从事石油物资装和技术出口的专业公司，认真贯彻实施集团公司跨国经营方针，准确把握公司定位，发挥集团公司整体优势，大力开拓国际市场，努力扩大经营业务，充分发挥对外窗口作用，带动各机械制造企业的产品进入国际市场，实现集团公司整体效益最大化，圆满完成公司各项经营任务，市场覆盖面持续扩大，出口产品结构不断改进，各项工作取得显著成绩。

【石油物质装备出口】　2002 年，公司新签出口合同额 3 亿美元，比 2001 年增长 10%；完成出口合同额 2.8 亿美元，比 2001 年增长 13%；实现营业收入 10.14 亿元，比 2001 年增长 45%；实现利润 2661 万元，比 2001 年增长 86%。物资装备出口继续从零散、小批量、小型向成套、大批量、大型设备出口转变。大型成套设备签订合同额 1.78 亿美元，占签订合同总额的 59%，达到历史最高水平，出口主营业务得到进一步增强。在市场开拓方面，继续巩固和扩大原有市场，大力开拓新市场，物资装备出口从 2001 年 52 个国家扩大到 56 个，形成了较好的国际市场网络。出口产品方面，在保持石油机械产品为中心的基础上，努力实现从石油物资装备向石化产品等多元化出口产品的转变，筛选出以炼油助剂、催化剂、水处理剂和树脂为主的化工产品作为主要出口石化产品，在中东、中亚和东南亚地区组织技术交流和产品试验、试用，建立商务渠道，全年化工产品签约额 2077 万美元。充分利用现有市场网络，以苏丹为重点，在继续加强石油物资装备出口的同时，积极进行其他工业产品出口项目的探索工作，已经在苏丹国建立展厅，筹建建材、家具销售中心，与国内部分知名厂商签订独家代理协议，全年共签约 107 万美元。公司还加大在海外建立维修中心和装配厂的工作步伐，提高服务质量，改进售后服务。在美国建立寄售库，在加拿大建立两个售后服务中心，在印尼、哈萨克斯坦建立修井机售后服务中心，与土库曼签订了钻机、修井机配件寄售协议，使公司业务和中国产品直接延伸到国外用户面前，真正实现国际化经营，增强了公司在国际市场上的竞争能力。

（杜　娟）

石油技术设备引进

【概述】　2002 年，中国石油物资装备（集团）总公司（以下简称物装公司）继续按照集团公司降低进口采购成本的要求，在油田及石化企业的物资引进中积极推行集中采购和联合引进战略，有效地维护了集团公司的整体利益，对外树立了集团公司良好的整体形象。

【石油技术设备引进】　2002 年，物装公司主抓了三个重大项目的集中采购，为吐哈、辽河、华北三个油田联合谈判采购三套压裂车组；为大庆、抚顺招标引进两条 BOPP 生产线；为新疆、青海、四川三个油田联合引进压裂车组，合同总值达 6602 万美元。通过集中采购和联合引进获得批量优惠价格，三个项目的签约价格比预算平均节省 15%；在集中采购项目实施过程中，各用户单位技术人员共同商讨，取长补短，促进了各单位的技术进步；强化了进口招标的规范运作，提高了透明度，增强了可监督性。

2002 年，物装公司高度重视西气东输工程项目，在机电设备进口项目中针对其时间紧任务急的特点，投入大量的人力、物力，使得招标、采购、合同谈判、签约执行环环紧扣，最终实现从招标开始到设备运抵使用现场的一条龙服务。截至年底已签合同七份，金额 1447.74 万美元。另外，为保证西气东输工程建设顺利进行，还为石油管道局进口了非开挖定向穿越机 50 吨履带吊和 60 吨吊管机等施工设备 12 台

（套），及焊条焊丝等材料。

2002年，物装公司根据物探局暨东方地球物理勘探有限责任公司在海外勘探项目迅速增多，相应的测井和物探仪器设备投入量随之加大的情况，为物探局引进总值近1亿美元的遥测地震仪，可控震源、地震检波器等仪器设备和测井仪器。

2002年，新疆和华北油田继续进行钻机改造工作，为保证整机性能良好，经过专家对国内外有关厂家的论证，最后确认为卡特匹勒柴油发电机组适合深井钻机的配置。物装公司根据油田的要求为两家油田钻井公司联合引进了CAT3512系列柴油发电机组22套，顶驱三台，并取得了优惠价格。

随着天然气资源的开发和利用，长输管道的建设越来越重要，为了提高天然气管道传输能力，吐哈、塔里木油田分公司和北京华油天然气有限公司共引进压缩机和燃气轮机压缩机组八台套，合同金额达1623万美元。长庆油田分公司苏里格气田开发项目进口三项分离器、压缩机等设备达300多万美元。

2002年8月独山子石化24万吨乙烯改造项目在胜利投产。物装公司为该项目引进价值5000多万美元的专利技术和各种设备。

物装公司为大庆石化20万吨/年高压聚乙烯项目共引进专利技术和设备40余台（套），合同总金额达6000多万美元。

另外，在股份公司兰化分公司的300万吨/年重催项目、乌石化油改气项目、宁化油改气项目、克拉玛依柴油加氢改造项目等技术改造和设备引进中，物装公司都凭借多年对供方市场的充分了解，对每一项目都进行了精心准备，使采购资金比概算平均降低15%左右。

2002年，物装公司在积极为油田及石化企业集中采购，努力降低采购成本的同时，还配合集团公司相应的职能部门召开了有关研讨进口工作的会议，这些会议的召开对集团公司推行集中采购和联合引进的战略思想起到了很大的推动作用。

5月物装公司与集团公司规划计划部和海关总署在合肥联合召开了陆上石油特定地区进口物资免税政策落实会议，有各油田相关负责人和海关的同志60多人参加了会议。这次会议对“十五”期间集团公司实施跨国经营和低成本战略起了积极的促进作用。

7月物装公司与集团公司规划计划部引进办公室在昆明召开了第四次进出口工作研讨会，共有150名代表参加会议。刘海胜助理在会上发表的重要讲话中明确阐述了联合引进的重要性和优越性，表明了集团公司要推行集中采购联合引进的决心，为进一步做好石油技术设备引进工作指明了方向。

（徐永春）

第五篇

工程技术服务

石油地球物理勘探

【概述】　2002年，中国石油天然气集团公司（以下简称集团公司）对物探系统进行了重组改造，将原石油地球物理勘探局和新疆、吐哈、青海、长庆、华北、大港等油田六个油田地球物理勘探公司或地调处（以下简称物探）重组为“中国石油集团东方地球物理勘探有限责任公司”。至此，集团公司从事物探专业的企业共有六家，即东方地球物理勘探有限责任公司、大庆石油管理局物探公司、吉林石油集团有限责任公司、辽河石油勘探局地质调查处、四川石油管理局地质调查处（含四川山地公司）、浙江石油勘探处。这些物探企业，在中国的陆地和海滩、在世界部分地区开展石油地球物理勘探工程技术服务，包括野外采集、资料处理、成果解释等。

【队伍人员状况】　2002年，在册地震队137个，动用123个。其中二维队71个，三维队52个。在集团公司系统内作业的队伍有116个，在集团公司系统外国内市场作业的队伍有6个。在国外服务的地震队有34个，比2001年增加10个队。其中，二维队19个，三维队15个。国内共有地震资料处理解释中心11个。非地震队有15个，其中，重磁力队6个，电法队8个，化探队1个，在国外服务的重磁力队1个。

2002年，从事物探主业人员总数为21128人，比2001年减少182人。在现有人员中，按文化结构分：研究生学历即以上人员321人，本科学历3360人，大专学历3377人，中专及高中学历9332人，分别占物探主业职工总数的1.5%、15.9%、16%和44.1%。

【工作量】　2002年，国内的石油地球物理工程技术队伍主要面对中国石油集团公司内部物探市场。国外市场份额又有所增加。2002年，共有34个地震队在国外施工，主要在苏丹、尼日利亚、伊朗、也门、哈萨克斯坦等八个国家，为20多家油公司提供采集、处理、解释和非地震服务。已在北非、西非、伊朗、巴基斯坦、美洲、中东等地区和国家设立了六个区域性项目经理部，以及在16个国家设立了办事处。

2002年，集团公司物探专业在国内完成二维地震剖面34550千米，比2001年增加6250千米，增幅达22.1%。获得生产记录472312张；完成三维地震覆盖面积11024平方千米，比2001年增加1780平方千米，增幅达19.3%。获得生产记录850066张。国外完成二维地震剖面10472千米，获得生产记录67379张；完成三维地震覆盖面积96980平方千米，获得生产记录96980张。

2002年，集团公司发现和复查各类圈闭总数为5084个，发现和复查各类圈闭总面积为27391平方千米。

【物探设备】　2002年集团公司完成物探装备投资9.7亿元，物探装备水平又有显著提高。除继续改造适应复杂地形的山地钻机和沙漠钻机外，2002年又引进了五套用于地震资料处理的PC机群，进一步增强了集团公司石油物探队伍在复杂地区的勘探能力。截至2002年，集团公司物探企业共有地震遥测仪器14大类139台（套），主机控制单位165个，采集站38414个，总道数约19万道，平均每台仪器1366道。非地震仪器140台，其中，重力仪器37台、磁力仪器51台、电法仪器51台、化探仪器一台。石油物探可控震源有14种型号125台，其中国产37台。石油物探钻机共1845部，其中，车装钻机有19种型号741台，人抬钻机有17种型号1103台。石油物探推土机10种型号185台。在计算机方面，拥有IBM/SP、SGI/ORIGIN2000并行机、PC－CLUSTER微机群共1260个CPU资源。交互处理、解释工作站467台（套），包括IBM、SGI、SUN、曙光等。磁带机183台，绘图仪器56台。主要地震软件有：Klseis、GRIstation三套国产软件及OMEGA、PROMAX、LANDMARK、GEOQUEST等国外引进的采集处理解释软件。

【技术发展】　地球物理勘探方面的技术进步成绩显著。在东部地区，寻找隐蔽、断块油气藏的地震勘探技术得到应用。采用整体部署，实施连片高分辨率三维地震采集处理和高精度层序地层学解释技术，进行预测储层，发现和落实了一批小断块和岩性油气藏。在西部地区，继续采用山地综合物探技术，提高资料品质，又取得一批勘探成果。通过技术引进和自主开发，在多波勘探、井间地震、裂缝检测技术等方面有了新进展。提高了技术水平，移植、开发了一批配套软件，形成了具有自主知识产权的 KLseis2.0，GRLSYS/WS－6.0，GRLstation/ws－3.0 系列软件产品。

（姜新生　王悦军）

钻井工程

【概述】　2002 年，中国石油天然气集团公司所属 12 个油气田共有钻井队 617 支，比 2001 年的 605 支增加了 12 支。拥有各类钻机 643 台，动用 621 台，动用比为 96.58%。按承载负荷划分，3000 米以上钻机有 493 台，占总数的 76.67%；3000 米以下的钻机有 150 台，占总数的 23.33%。按传动方式划分，电动钻机有 99 台，占总数的 15.4%；机械钻机有 544 台，占总数的 84.60%。电动钻机与机械钻机的比例约为 1∶5.5。2002 年，集团公司共有顶驱 32 套，其中，进口 28 套，国产 4 套。

【生产经营指标】　2002 年，集团公司完成钻井投资 17.82 亿元。完成主业产值为 125.26 亿元，亏损 0.98 亿元。全年共有 559 支在册钻井队在国内作业，有 58 支钻井队在国外作业。国内共完成钻井 6531 口，钻井进尺 1155.2 万米。国外及反承包市场钻井完成 146 口，钻井进尺 39.3 万米。

2002 年，集团公司平均动用钻井队 363.07 个。完成井平均井深 1713 米，平均建井周期 19.29 天，平均钻机月速 3036 米/（台·月），平均机械钻速 11.32 米/小时，平均动用队年进尺 30148.28 米。与 2001 年相比，平均动用钻井队增加了 11.93 支，开钻口数减少 35 口，完井口数减少 4 口，钻井进尺减少 38.09 万米，平均钻机月速度提高 2.64%，平均机械钻速与 2001 年基本持平，平均动用队年进尺减少 2108.98 米。

其中，探井平均动用钻井队 84.47 个，开钻 487 口，完井 500 口，钻井进尺 121.94 万米，完成井平均井深 2557.73 米，平均建井周期 57.75 天，平均钻机月速 1399 米/（台·月），平均机械钻速 5.34 米/小时，平均动用队年进尺为 14436.01 米。与 2001 年相比，开钻数减少 78 口，完井口数减少 67 口，平均动用队年进尺减少 628.82 米。

开发井平均动用钻井队 278.62 支，开钻 5975 口，完井 5988 口，钻井进尺 972.27 万米，完成井平均井深 1642.23 米，平均建井周期 16.09 天，平均钻机月速 3557 米/（台·月），平均机械钻速 13.16 米/小时，平均动用队年进尺 34909.65 米。与 2001 年相比，平均动用队增加 23.95 支，开钻增加 43 口，完井增加 63 口，平均动用队年进尺减少 3860.17 米。

【生产时效】　钻井工作总时间为 259.62 万小时。生产时间为 238.22 万小时，生产时效为 91.76%，其中：钻井进尺时间 166.28 万小时，占 61.05%。纯钻进时间 99.89 万小时，占 37.26%。非生产时间 21.4 万小时，占总工作时间的 8.25%。其中：钻井工程事故 4.58 万小时，占 1.77%；卡钻停工 2.43 万小时，占 0.94%；设备修理 1.95 万小时，占 0.75%；组织停工 6.22 万小时，占 2.40%；处理复杂情况 7 万小时，占 2.72%；自然灾害 0.52 万小时，占 0.20%；其他停工 1.08 万小时，占 0.42%。与 2001 年相比，生产时效提高了 0.91%，进尺工作时效提高了 0.77%，纯钻进时效提高了 1.05%，钻井工程事故时效降低了 0.09%，修理时效降低了 0.12%，组织停工降低了 0.04%，处理复杂情况降低了 0.15%，其他停工降低了 0.01%。

其中，探井生产时效为 89.10%，进尺工作时效为 60.28%，纯钻进时效为 36.36%。非生产时间占 10.91%，事故占 2.74%（卡钻占 1.35%），设备修理占 0.68%，组织停工占 3.50%，处理复杂情况占 3.30%，自然灾害占 0.13%，其他停工占 0.55%。与 2001 年相比，生产时效提高了 2.50%，进尺工作时效提高了 1.79%，纯钻进时效提高了 0.61%，钻井工程事故下降了 0.43%，设备修理下降了 0.17%，组织停工下降了 0.63%，处理复杂情况下降了 1.30%，其他停工提高了 0.04%。

开发井生产时效为 92.61%，进尺工作时效为 61.30.%，纯钻进时效为 37.54%。非生产时效 7.40%，钻井工程事故占 1.46%（卡钻事故占 0.81%），设备修理占 0.81%，组织停工占 2.05%，处理复杂情况占 2.52%，自然灾害占 0.23%，其他停工占 0.38%。与 2001 年相比，生产时效提高了 0.71%，进尺工作时效提高了 0.35%，纯钻进时效提高了 1.16%，钻井工程事故下降了 0.09%，设备修理下降了0.07%，组织停工下降了0.25%，处理复杂情况上升了0.29%，其他停工下降了0.02%。

修理时间的减少，说明了集团公司加强钻井设备管理与更新改造见到了成效。生产时效的提高，主要原因是推进技术进步和加强管理使工程事故和复杂情况下降，非生产时间减少。

【工程质量】　2002年完成的6488口井，井身质量合格6481口，井身质量合格率为99.89%；油层套管固井6352口，固井质量合格6343口，固井质量合格率为99.86%，固井优质率81.49%；钻井取心532口，取心进尺19938.67米，岩心长度19401.61米，取心收获率97.31%，取心平均单筒进尺8.06米。工程报废井1口，工程报废进尺2958米，工程返工进尺19313米。与2001年相比，井身质量合格率下降了0.10%，油层套管固井质量合格率提高了0.42%，固井优质率提高5.5%。取心平均单筒进尺降低了0.63%。

其中：探井完成500口，井身质量合格497口，井身质量合格率为99.4%；油层套管固井415口，固井质量合格415口，固井质量合格率为99.76%；钻井取心380口，取心进尺14503.41米，岩心长度14165.46米，取心收获率97.67%，工程返工进尺695米。与2001年相比，井身质量合格率下降了0.6%，油层套管固井质量合格率下降了0.24%，取心收获率降低了0.5%。

开发井完成5988口，井身质量合格5984口，井身质量合格率为99.93%；油层套管固井5937口，固井质量合格5929口，固井质量合格率为99.87%；固井优质率82.04%，钻井取心152口，取心进尺5435.26米，岩心长度5236.15米，取心收获率96.34%，工程报废进尺2958米，工程返工进尺18618米。与2001年相比，井身质量合格率下降了0.06%，油层套管固井质量合格率提高了0.48%，取心收获率降低了0.68%。

【工艺技术】

1. 深井、超深井钻井技术

2002年，共完成4000米以上的深井141口，比2001年减少16口。其中，大庆油田1口，新疆油田23口，华北油田4口，大港油田5口，四川油田11口，长庆油田4口，吐哈油田2口，青海油田4口，塔里木油田70口，冀东油田2口，玉门油田15口。与2001年相比，机械钻速降低了0.21米/小时，降低5.66%；平均钻机月速降低120米/（台·月），降低了11.71%。新疆局60155钻井队完成的轮南3-H7井，完钻井深5203米，建井周期62天，是本年度5000米以上建井周期最短的井。集团公司当年完钻最深井为塔里木油田东河1-4-5井，完钻井深5960米。各单位在钻井过程中，相继采用提高深井钻井速度的综合配套技术，同时，通过加强深井钻具失效机理的研究与应用，有效预防了钻具事故的发生。四川局针对深井、高压井钻井液密度高、钻井速度低的情况，广泛开展井下动力钻具带PDC（BDC）、偏轴接头等防斜打快技术，提高了深井钻井机械钻速。大庆局为解决以前PDC钻头难以兼顾上部地层打快和泉头组以下地层岩性硬度增加、机械钻速低、扭矩增大、钻具疲劳程度增大、易出现钻具事故等难题，开展了大复合片PDC钻头、井底大覆盖布齿牙轮钻头、抗高温耐磨保径HJS型牙轮钻头试验和钻具防失效现场试验，与普通钻头相比，机械钻速提高18.19%，进尺提高48.23%，钻头使用寿命提高50.81%，同时有效预防了深井大井眼钻具失效事故。

2. 定向井钻井技术

2002年，集团公司共动用钻井队127.67支打定向井，完成定向井2434口，进尺4377798米。完井口数比2001年减少131口，减幅为5.38%。完成定向井总数占集团公司内部市场当年总井数的37.52%（其中，冀东油田完成46口，占该油区钻井总量的100%；辽河油田完成652口，占该油区钻井总量的94.08%；长庆油田完成941口，占该油区钻井总量85.31%；大港完成149口，占该油区钻井总量的60.08%）。定向井进尺比2001年减少38.33万米，减幅为8.75%。完成井平均测量井深1843.93米，平均机械钻速12.86米/小时，平均钻机月速3274米/（台·月），平均建井周期19.42天。与2001年相比，完成井平均测量井深减少26.35米，平均机械钻速增加0.04米/小时，平均钻机月速增加59米/（台·月）大港局在冀东油田钻成了我国目前水平位移与垂深比最大的定向井——北堡西3X1井，该井为四开四段制双目标大位移定向井，实际斜深4189米，垂深2452.16米，位移3049.79米，最大井斜67.18°，方位288°，垂深与位移之比为1∶1.7；从开钻到完井仅用59天23.5小时，比合同要求的93天提前了33天，全井机械钻速为14.08米/小时，创造了同类井速度最快、周期最短、机械钻速最高的纪录。

水平井钻井方面，2002年集团公司共开钻30口，完井38口，其中长半径水平井1口，中半径水平井37口，总进尺16.54万米。完钻井深在4000—

5000米的井有33口，5000米以上的井有27口，最深的为哈得1-12H井，完钻斜深5675米。完成水平井平均测量井深5016.32米，平均建井周期127.83天，平均钻机月速1120米/（台·月），平均机械钻速4.20米/小时，平均动用队年进尺12308.85米。与2001年相比，开钻口数减少6口，完井口数增加10口，平均测量井深增加190.03米，平均建井周期增加19.91天，平均钻机月速降低404米/（台·月），降低了36.07%，平均机械钻速降低1.24米/小时，降低了29.52%。

3. 特殊工艺井施工技术

2002年，共进行尾管施工作业74次，双级注水泥固井作业56次，稠油热采及先期防砂工艺井开钻599口，完井634口，进尺529308米。在74次尾管施工作业中，辽河油田45次，大港油田4次，四川油田15次，华北油田3次，冀东油田2次。在56次双级注水泥固井作业中，长庆油田50次，吉林油田1次，华北油田2次，新疆油田3次，固井成功率98.21%，比2001年提高14.88%。采用稠油热采及先期防砂完井工艺共主要在辽河和新疆两个油区，其中辽河油田347口，新疆油田249口，青海油田两口，华北油田一口。全年老井开窗侧钻2888口，完成进尺20092米，其中，四川油田360口，进尺10809米；青海油田767口，进尺1830米；冀东油田1761口，进尺7453米。全年小井眼钻井完井20口，进尺15805米，平均井深1929.80米，其中，吉林10口，进尺7747米，四川6口，进尺4315米，青海2口，进尺2495米，冀东两口，进尺1001米。四川特殊工艺固井推广应用塑性水泥、钻井液转化为固井液（MTC）技术、分级固井、防气窜水泥添加剂等工艺技术取得了良好效果，固井质量显著提高，同时改善固井工具及装备，深井、复杂井固井工艺技术有新进展，定向井、水平井固井技术、高压多产层固井工艺技术、高压气井防气窜等技术有较大提高。

4. 欠平衡钻井技术

2002年，集团公司共完成欠平衡井7口，比2001年减少7口，其中大庆油田2口，新疆油田2口，四川油田2口，长庆油田1口。在完成的欠平衡井中，4口为探井，这些井的完成为发现新油气藏，扩大地质储量起到了作用。大庆油田通过几年的研究和现场试验，建立了欠平衡度设计计算数学模型，设计计算不同井深的静欠压值、动欠压值，确保实现欠平衡钻井；开展井底欠压值控制技术研究，建立了井底欠压值与排量、套压以及井底压力与立管压力的关系；开展侏罗系地层强度和东部深层地应力大小的测定试验，确定了井眼稳定与钻井液密度等参数之间的关系；编制了欠平衡钻井实时数据采集与分析处理系统软件，能够完成欠平衡钻井相关数据采集和存储、分析、输出、故障报警等；开展欠平衡钻井工艺技术研究，包括欠平衡钻井工艺流程、接单根作业程序、压井作业程序、井控技术、井底欠压值控制技术、紧急情况应急措施等技术研究。

5. 高效能PDC钻头应用技术

2002年，集团公司各钻井单位积极推广应用高效能PDC钻头，成效明显。大庆油田全年共使用PDC钻头1112只，平均单只进尺2256米，平均机械钻速25.69米/小时；四川油田采用新型超级涡轮带PDC、BDC钻头技术，使天东85井、天东91井、天东86井、罗家7井等井的平均机械钻速比2001年邻近同类井提高了10%—20%，同时事故时率也有效地控制在2%以下，大大提高了钻井综合经济效益。吐哈油田PDC钻头延伸使用技术日趋成熟，全年PDC钻头平均单只进尺934.67米，平均机械钻速6.32米/时。辽河油田全年共使用PDC钻头106只，总进尺75139.85米，累计纯钻进时间9666.64小时，平均单只进尺708.87米，平均单只纯钻井时间91.19小时，平均机械钻速7.77米/小时；辽河局自行设计制造的PDC钻头在安15-更17井，单只进尺1683米，使用井段为867—2550米，纯钻时间129小时，平均机械钻速13.05米/小时；开鲁地区一只普通PDC钻头可完成一口1300—1500米左右的井，缩短钻井周期40%以上，刷新了该地区钻速纪录；沈北地区沈235井，创单只进尺2182.59米的新纪录。大港油田全年推广应用高效PDC钻头进尺21522.83米，占总进尺的42.47%，平均机械钻速11.08米/小时，与牙轮钻头机械钻速相比提高11.55%。华北局钻井四公司加大科技攻关，加强技术管理，积极推广应用PDC钻头、随钻导向钻井等成熟综合配套打快技术，钻井技术指标大幅提升，全年平均钻机月速3509米/（台·月），平均机械钻速15.68米/小时。

6. 优质钻井液与完井液技术

为有效保护油气层，减少钻井事故复杂，实现优质、快速、高效钻进，集团公司各钻井单位针对不同地区不同地层，优选新型钻井液体系。大庆局在保护油气层和关系到钻井安全的井眼净化、井壁稳定、降低摩阻等几项关键技术上开展攻关，提高了水基钻井液保护油气层能力，低渗岩心渗透率恢复值达到

80%；2002 年，在本油区内部六个区块及油田外部市场推广应用甲酸盐钻井液 161 口，洲 5 区块测试的甲酸盐钻井液试验井，平均采油速度、平均日采油量均高于相邻区块常规水基钻井液所钻的井，得到了油田公司的认可。吐哈推广聚合物钻井液延伸使用技术、超大分子钻井液技术、次生有机阳离子聚合物钻井液技术、KCl 聚合物钻井液技术、正电胶聚合物技术、聚磺钻井液技术、螯合金属离子聚合物钻井液、完井电测洗井工艺技术和甲酸盐无固相钻井液等多项实用技术效果良好。通过攻关，解决了扎那诺尔油田大段塑性蠕动盐岩层的钻井液技术难题。大港应用了聚合物—有机硅—聚合醇钻井液体系、钾酸盐无固相低密度钻井液体系。新疆局研制的双保钾盐钻井液完井液、有机盐高密度钻井液、改性淀粉钻井液使用效果明显，低密度水基钻井液三相微泡沫技术在彩南试验成功。

（姜新生　郭世超）

测　井

【概述】　2002 年，集团公司对测井系统进行了重组改造，将长庆石油勘探局测井工程处、吐哈石油勘探开发指挥部录测井公司、青海石油管理局地质测井公司、华北石油管理局测井公司、石油科学技术研究院江汉测井研究所、西安仪器总厂的测井公司和研究所六家单位合并，并吸收塔里木油田资金参股，组建了中国石油集团测井有限责任公司。现集团公司所属的测井、射孔技术服务的企业共有 11 家，即：中国石油集团测井有限责任公司、大庆油田分公司测试公司、大庆油田分公司试油试采公司、大庆石油管理局测井公司、吉林石油集团有限责任公司测井公司、辽河石油勘探局测井公司、大港油田集团公司测井公司、四川石油管理局测井公司、新疆石油管理局测井公司、中油测井有限责任公司、华北石油局井下作业公司。规模化的测井、射孔设备和器材制造厂四个，测井研究所一个。

【队伍人员状况】　专业队数为 601 个，其中，裸眼井测井队 319 个（引进成像测井队 48 个、引进数控测井队 63 个，国产数控队 208 个），生产测井队 171 个（引进数控队 12 个、国产数控队 159 个）射孔取心队 111 个。

测井行业共有员工约 18608 人。施工队伍主要从事探井测井、生产井测井、工程测井、特殊方法测井和射孔作业。从事专业人员约 12625 人，其中：正高级职称 10 人，副高级职称 729 人，中级职称 3078 人，初级职称 3218 个，技术员 625 人，工人 10948 人。

【设备状况】　主要专业设备 609 套，其中，裸眼测井设备 326 套（引进成像设备 48 套、引进数控设备 63 套、国产数控设备 215 套），生产测井设备 172 套（引进数控设备 13 套、国产数控设备 159 套），射孔取心设备 111 套。

【工作量】　2002 年，完成测井 8939 口，对比测井 623 口，声电成像 118 口，核磁测井 53 口，完成“测量米”8817.95 万米，实测曲线 158912 条，完成射孔口数 15790 口，射孔厚度 149739.8 米，用弹量 274.2 万发，完成取心口数 1634 口。进入海外服务市场的队伍数量为 27 个，完成测井射孔 1214 井次，其中，成像测井队伍 15 个，完成 991 井次，引进数控测井队六个，完成 113 井次，国产数控测井队四个，完成 51 井次。射孔队两个，完成 59 井次。

【经营状况】　2002 年，测井行业资产原值为 54.78 亿元，净值 30.36 亿元；年收入 37.43 亿元。其中：集团公司内部市场收入 25.57 亿元，国内外部市场收入 3.65 亿元。国外市场收入 3.66 亿元，其他收入 4.56 亿元。利润 2.22 亿元。

【技术发展】

（1）测井数据采集技术。目前测井仪器已基本实现数控化，其中各种国产数控测井仪器占 65%以上。在岩性简单、均质和中、高孔隙度储层，使用国产数控测井解决地质问题效果较显著。在我国每年新钻的油气井中，使用国产数控测井设备的约占 2/3。

在重要探井和开发井中，目前主要使用引进的成像测井仪和数控测井仪（约占井数 1/3），可以取全九条常规测井曲线，并可以获得微电阻率扫描成像、阵列感应成像、方位电阻率成像、模块式地层动态测试、高分辨率地层倾角测井、电磁波传播测井、长源距声波等测井资料。这些资料的应用不仅可以区分油、气、水层，求储层物性参数，还可研究地质构造、断层、沉积环境，识别裂缝等。

2002年，国产测井仪器也有较快的发展，在ERA2000测井地面设备技术基础上，设计了综合化地面系统，具有测井功能综合化，作业并行化，采集控制、质量控制智能化，实时采集数据传输网络化，同时具备成像化的特点。同时，还完成了HCT组合化常规测井仪器研制工作，实现了线路集成化、功能组合化、结构模块化的目的。微电阻率扫描等成像测井井下仪器完成了现场试验后，正在加快产业化工作，已将微电阻成像、超声成像、阵列感应等挂接到综合化地面系统的接口上。

（2）测井处理解释技术。测井资料解释已由手工处理解释发展到计算机处理解释，将定性解释与定量解释相结合。各油田测井公司都已建立了计算机处理解释站，并引进了GEOFRAME软件、EXPRESS软件和哈里伯顿等外国公司的解释处理软件。在建立五种具有特色的测井处理、解释技术（即单井处理解释技术、多井处理解释技术、油（气）藏描述解释技术、特殊处理解释技术和水淹层测井解释技术）的基础上，开发的FORWORD和START软件平台，可进行单井、多井处理，已在各油田广泛使用，目前正向单井精细解释、多井测井资料综合解释方面发展。2002年，“多井解释软件平台START”新增了局域网、以太网、SUN工作站和PC平台等模块，进一步增强了软件平台网络功能，实现了网上评价处理；FORWORD测井评价系统完成了FORWORD、NET软件平台开发工作，实现了勘探开发测井解释一体化，单、多井测井解释、储层评价一体化，同时增强了软件平台的数据管理功能和应用软件开发的开放性。

此外，还开发了适应本地区的解释处理方法及软件系统，其水平优于国外技术。例如：①OgView成像测井储层定量评价系统；②裂缝型储层流体类型识别系统；③低阻油气层测井评价系统；④水泥胶结测井评价系统；⑤油藏描述测井评价系统；⑥砾岩油气层测井评价系统；⑦水平井测井评价系统；⑧射孔优化设计分析系统；⑨水淹层测井解释系统；⑩多相流生产测井评价系统。

（3）测井资料的地质应用技术。近十多年来，我国油气勘探开发中引进了多种先进的测井技术。测井地质应用技术有了许多新发展，在解决碳酸盐岩、火成岩裂缝性油气层、砾岩石油气层、复杂岩性油气层、低孔低渗油气层、稠油层、水淹层剩余油饱和度等难题方面取得了新进展。

（4）开发测井技术。我国大多数油田已处于多井、多层、多方向见水阶段，油田平均含水超过80%。为提高油田采收率，挖掘油田剩余储量，要确定注入水未波及到的、采出程度低的剩余油富集区，估算剩余油量，测井技术是进行水淹层评价及生产监测的重要手段。经过30多年的发展，初步形成了一整套有特色的开发测井技术，主要包括水淹层测井技术、注水剖面测井技术、产液剖面测井技术、套管井剩余油饱和度测井技术、工程测井技术等。

（5）射孔技术。射孔工艺已经从单一的普通电缆射孔发展到油管传输射孔、水平井定位射孔、过油管张开式射孔、深穿透射孔、高能气体压裂射孔等特殊射孔工艺技术。射孔器材制造技术也有了大幅度的提高，射孔弹的最大穿深已经超过1米，深穿透、大孔径、无枪身等射孔弹及器材配套齐全，基本可以满足各种射孔施工作业的要求，射孔器材已经进入国际市场。

但总体来讲与国外测井技术相比，我国测井技术大致相当于国外20世纪80年代末的水平，在测井装备、处理技术、多学科综合应用、现代化管理等方面都存在明显差距。

2002年，集团公司完成的测井设备投资为4.28亿元。为了配合测井装备更新改造，对测井行业装备情况进行了深入研究。测井设备存在以下问题：

（1）成像测井装备配备不足。现有成像地面设备44套，但配齐井下仪器的设备只有14套；

（2）高精度数控测井装备急需更新。有90%以上的设备都已超过使用年限，特别是CSU仪器全部是超期服役，很多都是20世纪80年代末购买斯伦贝谢的仪器；

（3）国产数控测井设备标准不统一，技术水平低。早期研制的国产数控仪器问题较多，基本上属于数字记录设备，且现在也到了报废年限，需要淘汰和更新。这类设备占全部国产数控仪器的65%。近期更新改造的国产数控设备技术上有了提高，状态较好。

（4）测井资料评价软件、硬件装备需要补充升级。

（姜新生　安　涛）

井下作业

【概述】 2002年，集团公司所属的大庆、吉林、辽河、冀东、大港、华北、长庆、四川、青海、玉门、新疆、吐哈等13个油田有井下作业队伍，除大庆井下作业队伍划归大庆油田分公司外，其余都在存续企业（以下数据不包括大庆油公司的井下作业队伍）。截至2002年底，共有井下作业队伍1238个，其中大修侧钻队183个（包括39个侧钻队）、小修作业队850个、试油队103个、酸化压裂队74个（其中酸化队19个）、其他作业队28个。

井下作业系统在册职工总数为55223人，本科学历以上3039人、大专学历5263人、中专学历5289人，分别占在册职工总数的5.5%、9.5%、9.6%；高级工程师以上职称人数509人，工程师人数3033人。

集团公司共有修（通）井机2440台，其中：钻机21台、50吨及以上车载修井机388台、50吨以下修井机545台、履带式通井机1093台、轮式通井机239台；共有压裂车组55组，其中2000型车12组；有连续油管设备10套；此外有注氮车、捞油车、捞砂车等81台。

【工作量及经营情况】 2002年，集团公司完成井下作业投资7.3亿元，全行业实现产值76亿元。共完成井下作业工作量114564井次，其中：小修作业工作量70940井次、大修侧钻工作量2290口、压裂酸化等增产措施工作量33498井次。2002年，平均单井修井周期大修为20天，侧钻为27天，小修为4.9天。

【外部市场开拓】 2002年，在集团公司以外国内市场以大修作业为主的队伍共有34个，全年完成工作量568井次，试油29层；在国外市场共有作业队伍13个，累计完成工作量23井次，试油五层。已有华北、辽河、大港、吐哈等油田的井下作业队伍进入国外井下作业市场。

【技术创新】 井下作业系统结合油田区域的特点，发挥技术专长，多方筹措资金进行技术开发、引进与创新活动，增强企业竞争力。

1. 大修侧钻工艺技术

油田勘探开发进入中后期，大修井、长期停产井逐年上升，影响了油田正常开采。2002年，井下作业系统，坚持技术领先，形成了比较完善的大修侧钻工艺技术，包括套管磨铣、锻铣开窗侧钻技术、拔套裸眼侧钻等技术，基本能够适应5英寸、5½英寸、7英寸套管的大修侧钻要求。在大修技术方面开发了以井下电视为主要手段的井下复杂情况诊断技术，研制了高效磨铣、打捞、套管补贴和取换套等井下工具，使大修成功率有较大提高。

2. 常规作业技术

2002年，井下作业系统以提高生产配套技术为核心，积极推广新技术、新工艺，努力实现科技增效。重点推广“整体井架搬迁技术”、“绿色作业技术”、“带压作业技术”、“连续抽油杆快速作业技术”、“压裂防砂复合技术”，使作业工作效率得到提高。继续完善井控防喷装置、液压钳、井架防坠落等装置，提高了作业队伍的技术含量和安全保障能力。

3. 油层改造技术

2002年，井下作业系统在低渗透油藏改造技术方面取得新进展。整体压裂技术、二氧化碳泡沫压裂施工的规模实施、端部脱砂压裂技术、多级注入压裂技术、多级注入压裂闭合酸化等在油田开发中起到了关键作用。形成了以整体压裂为依托的特低渗透油藏改造技术系列，以优化设计、高温压裂液和液氮伴注为代表的上古生界气藏砂岩压裂改造技术系统，以基质酸化、稠化酸酸压和多级注入—闭合酸化为主的下古生界碳酸盐岩储层酸化压裂改造等三大主导技术。在低渗高温高压含硫气井压裂和储层改造方面，四川油田已形成深层碳酸盐储层改造、厚层碳酸盐大规模压裂、分层改造、加重酸液高压气井酸化、低压气井改造和水平井长井段酸化等六大技术。针对深井压裂工艺特点，大港油田研制出可满足井深在4000—5000米，地层温度170℃油井压裂用的112粉交联压裂液和高强度支撑剂，以及一次压开多层的配套工艺。华北油田完成了“高压、深层、低渗透油层改造工艺配套技术研究与应用”科研项目，提供了一套较完善的油层改造配套技术，在10口探井的压裂应用中，取得了平均单井日增油7.87吨的良好效果。“高温探井乳化酸技术”填补了我国高温井（150℃）、超深井酸化工艺的一项空白。

4. 特殊工艺井下作业技术

2002 年，井下作业系统积极引进国外的先进技术和设备，并在工具与工艺技术配套和国产化方面刻苦攻关，提高配套能力。四川、大庆、吐哈、辽河等油田引进连续油管作业技术，在冲砂洗井、钻灰塞、解堵、助排、水平井测试等作业施工中效果明显。

（姜新生　胡守林）

管道建设

【概述】　2002 年，中国石油天然气集团公司从事长输管道、大型储罐建设、地面建设及其勘察设计研究的单位共 31 家。其中：主营长输管道和大型储罐建设的科研、设计、施工和技术服务有 13 家。分别是：中国石油天然气管道工程有限公司，中国石油天然气管道科学研究院，中国石油天然气管道第一、第二、第三、第四工程公司，管道电力通信公司，中油管道防腐有限公司，中油管道技术公司，中油管道建工集团，中油管道维修抢修有限公司，中油管道物资装备总公司，塔里木管道公司等；以主营油田地面安装工程建设为主、兼营长输管道和大型储罐的设计、施工的单位有 16 家。分别是：大庆石油管理局油田建设工程公司，大庆石油管理局油田安装工程公司，吉林石油集团有限责任公司建设公司，辽河石油勘探局油田建设工程一公司、二公司，辽河油田工程有限公司，华北石油管理局第一油田建设公司、第二建设工程公司，大港油田集团建设工程公司，大港油田集团勘察设计院，四川石油管理局油气建设工程公司，四川石油勘察设计研究院，新疆石油工程建设有限责任公司，新疆时代石油有限公司，长庆石油勘探局油田建设公司，青海石油管理局油建工程公司等；集团公司所属专业研究院（所）两家。分别是：中国石油天然气集团公司工程技术研究院和石油管材研究所等等。

【人员状况】　上述单位拥有职工总数 38193 人，其中，男职工 29185 人，女职工 9008 人；技术管理人员 12432 人，占职工总数的 32.55%，高级工程师 1118 人，占职工总数的 2.9%；工程师 3400 人，占职工总数的 8.9%；工人技师、高级技师 680 人，占职工总数的 1.8%。

【设备状况】　2002 年，集团公司完成建设施工设备投资 7.86 亿元。截至 2002 年末，管道施工企业共拥有主要设备 1 万多台（套）。

（1）吊管机 437 台。其中，63—70 吨吊管机 70 台、40 吨吊管机 194 台、40 吨以下吊管机 173 台，总量比 2001 年增加 34 台。

（2）管道内对口器 287 台。其中，直径 38—42 英寸或 ϕ1016 毫米内对口器 110 台、其他内对口器 177 台，总量比 2001 年增加 17 台。

（3）管道内自动焊机五台，总量比 2001 年减少 3 台；管道外自动焊机 241 台，总量比 2001 年增加 37 台。

（4）管道定向钻机 19 台。其中，回拖力 450 吨钻机 2 台、回拖力 150—265 吨钻机五台，其他钻机 12 台，总量比 2001 年减少 1 台。

（5）冷弯机 24 台。总量比 2001 年减少七台；大型管道防腐作业线九条，其中，三层 PE 作业线五条，内涂作业线三条、弯头内外涂作业线一条，总量比 2001 年增加一条作业线。

（6）储罐自动焊机 266 台。其中，储罐平焊自动焊机 30 台、竖焊自动焊机 49 台、横焊自动焊机 95 台、角焊自动焊机 22 台、球罐自动焊机 40 台，总量比 2001 年增加 79 台。

【生产经营情况】　2002 年，共完成国内营业收入 88.64 亿元，比 2001 年增加 17.09 亿元。国内价值工作量为 97.35 亿元，比 2001 年增加 5.6 亿元。其中，管道工程产值 53.94 亿元，占总产值的 55.41%。全年共敷设管道 2260.57 千米，比 2001 年减少 741.43 千米。安装各类储罐 47.75 万立方米，比 2001 年减少 23.69 万立方米。2002 年，在国外施工收入 3996 万美元，与 2001 年基本持平。

2002 年，国内主要管道工程为西气东输干线工程、西气东输工程支线工程。西气东输干线工程已经完成组焊敷设管道 1799.21 千米，主体工程按期完工。工程质量优良。其中全线总体焊接一次合格率 97.75%，创出大口径管道工程建设较好水平。西气东输工程支线工程主要为常州—长兴支干线、南京—芜湖支干线、定远—合肥支干线管道工程三条支干线，2002 年四季度开始施工。

【技术发展】

（1）施工技术与装备。在管道焊接技术方面，由于管道焊接自保护药芯焊丝技术的日趋成熟，在手工下向焊工艺的基础上，手工半自动焊和 STT 半自动气体保护焊、全位置内外自动焊接等技术得到广泛应用，从而大大提高了焊接工效和焊接质量。从 2000 年开始，工程研究院和管道局研制并消化管道环焊缝全位置自动焊机及施工技术，并取得了可喜的成果。其中管道局研制的 PAW2000 管道自动焊机先后在郑州—义马输气管线、福建漳州水管线和涩宁兰输气管线工程中进行工业性试验。试验结果表明，其性能指标已达到国外同类产品水平。这种焊接设备和焊接技术已在西气东输工程建设中进行推广和采用。在管道施工敷设技术方面，管道“二接一”施工技术的推广和应用，有效地实现了工厂预制化与施工现场的同步作业，使管道施工在原有流水作业的基础上，减少了近一半野外焊接工程量，为进一步提高管道焊接质量、缩短了施工周期，具有积极的推动作用。非开挖管道敷设技术在管道工程建设中得到普遍应用，已从国外引进的各类水平定向钻机及自行研制的中小型水平钻机基本上配套并形成了系列。近年来已成功地在国内外完成了 40 项不同地质不同管径大中型河流的穿越，如苏丹的尼罗河穿越、浙江上虞曹娥江穿越，特别是在西气东输管道施工中黄河、淮河穿越等，所拥有的穿越技术在管道工程建设市场上具有较强的竞争力。

（2）管道防腐技术。近年来长输管道外防腐材料及生产工艺有了长足的发展，防腐材料以由石油沥青、聚乙烯胶粘带、黄夹克发展为煤焦油瓷漆、容结环氧粉末、三层 PE 等，防腐性能明显提高。特别是三层 PE，由于其具有优良的防腐蚀和抗冲击性能，已得到普遍认同和采用。另外针对西气东输工程的内减阻工艺，管道局科学研究院研制了大口径钢管内涂层涂敷作业线，该套涂敷作业线属壳装式，工艺流程先进，填补了国内空白，并被西气东输工程所推广、采用。热煨弯管的外防腐技术进一步完善，目前可以防腐 $\phi720$—$\phi1118$、壁厚 8—30 毫米的热煨弯管。

（3）管道安全检测与评估技术。20 世纪 80 年代初期，借鉴国外经验，集团公司开展了管道内检测技术的研究，并取得了很好的应用性成果。近年来还相继完成了 $\phi377$ 漏磁腐蚀检测器和 $\phi426$、$\phi610$ 变形检测器的国产化研制工作。“长输管道对接环焊缝相共振全自动超声波检测装置”是集团公司的科研项目，适用管径 4—56 英寸，可检测管道壁厚 6—50 毫米，对缺陷的位置及大小、形状准确的识别功能和对管口进行返工或报废的判断功能，达到了国外同类产品同期的先进水平。

结合国家重点项目，大力开展科技攻关和引进先进的技术和装备。在管道工程建设的设计与研究方面，2002 年完成了西气东输管道 X70 材质焊接工艺的研究、管道外自动焊机的研制、大口径管道坡口整形机的研制、大口径管道内对口器的研制，以及管道项控阵检测系统等科研项目，这些成果已先后投入各工程中使用。在引进和消化的基础上，开展了施工设备、施工机具的技术攻关和研制工作。其中 CWY-1219 型垂直液压管道弯管机、大口径管道中频加热器、大口径管道 X 射线爬行器、大口径撬装式多功能防腐作业线和大口径钢制管道内涂层作业线工艺流程的研制成功，使管道施工技术接近或达到世界先进水平。

2002 年，共有 16 个施工项目和企业获得国家、省部级各类奖项及称号。这些奖项中有一项获国家质量金质奖、一项获国家质量银质奖、一项获全国用户满意工程奖，石油天然气管道三公司及新疆石油工程建设有限责任公司获全国优秀施工企业称号，新疆石油工程建设有限责任公司获全国用户满意施工企业称号。

（姜新生　夏祖华）

石油装备制造

【概述】　截至 2002 年，列入石油装备制造统计年报的企业共 37 个。其中：专业装备制造企业七个（包括六个直属装备制造企业），石化装备制造企业六个，油田、物探、管道装备制造企业（以下简称油田装备制造厂）24 个（包括三个油田制管厂），全行业现有在册人数 33849 人，形成固定资产原值 52.29 亿元，固定资产净值 31.78 亿元，年末资产总额 111.43 亿元。

2002年，在国家扩大内需政策以及集团公司整体经济形势的共同带动下，石油装备制造业呈现出增长速度快、运行质量良好的势头，总体发展形势为近年来最好的一年。从整体来看，生产快速增长，总量迈上新的台阶。2002年石油系统内石油装备制造行业共完成工业总产值（按1990年不变价格计算）50.53亿元，比2001年增长9.5%，其中：专业装备制造企业完成17.76亿元（包括：直属企业16.96亿元）、石化装备制造企业完成2.66亿元、油田装备制造企业完成30.11亿元，全行业完成工业增加值15.99亿元，比2001年增长18.2%。运行轨迹呈大仰角直线上升趋势。完成石油机械产品产量223960吨。完成石油冶金产品521792吨。完成的主要品种见表1。

表1　2002年石油装备制造产品产量完成情况

	产品名称	单　位	数　量	产　量	同比增长（%）
一	石油装备制造机械产品产量	吨		223960	13.1
1	石油设备	台（套）/吨	62301	154400	7.0
(1)	地震勘探及钻井设备	台（套）/吨	2838	32617	21.4
(2)	石油开发设备	台/吨	52143	108300	10.6
(3)	石油石化专用车载设备	台/吨	5947	4295	−55.8
(4)	石油炼化设备	台/吨	1363	7287	2.9
(5)	天然气压缩机	台/吨	10	1901	−29.7
2	其他石油化工机械产品	台/吨	35220	50191	61.8
3	工业泵	台/吨	214	961	34.0
4	高中压阀门	套/吨	2893	175	−39.0
5	石油配件及工具	吨		14731	−23.3
6	非石油机械产品	台/吨	58	3502	37.9
二	电机	台/千瓦	514	12410	−63.5
三	内燃机	台/千瓦	842	523306	16.1
四	发电机组	台/千瓦	167	77507	−3.5
五	石油专用仪器仪表	台（套）	1640		287.7
1	勘探仪器	台（套）	1549		471.6
2	钻采仪表	台（套）	91		−38.9
六	地震检波器	只	1611990		−7.9
七	自动化仪表	台（套）	5125		7.3
八	石油专用控制电缆	万米	2125		−22.8
九	石油导爆索	万米	25		13.6
十	石油射孔弹	万发	225		6.6
十一	石油装备制造冶金产品产量	吨		521792	60.5
1	石油焊接钢管	吨		455721	97.1
2	石油套管	吨		42253	−39.8
3	冷拔钢管及钢丝绳	吨		23818	−1.7

完成的石油设备产品主要品种有：

（1）地震勘探及钻井设备。各种钻机 335 套，井架六套，井架底座四套，机泵组 33 套，钻井泵 141 台，固控系统 567 套，油水罐 73 套，活动机房 138 套，防喷器 329 台，螺杆钻具 860 套，地层测试器 124 台，其他钻井设备 228 套。

（2）石油开发设备。抽油机 4960 台，抽油杆 632 万米，抽油泵 19203 台，螺杆泵 117 台，热采注气装置 7 台，水套加热炉 71 台，分离器 141 台，石油开发注入装置 2 台，采油井口装置 3481 套，其他石油开发设备 174 台。

（3）石油石化专用车载设备。地震车载设备 1837 辆，测井仪器车 23 辆，电测车 21 辆，其他地震测井仪器车 108 辆，固井及压裂车 8 辆，钻采车载设备 147 辆，油水罐车 79 辆，其他石油专用车载设备 3708 辆，石化专用铁道罐车 12 辆。

（4）炼化油设备。塔类 44 套，容器 333 套，空冷器 3 台，冷换设备 403 台，炼化非标设备 417 套，烟气轮机 4 台，离心机 35 台，结片机 1 台，其他炼油设备 123 套。

（5）天然气压缩机 10 台，1901 吨。

完成的石油冶金产品主要品种有：

（1）石油焊接钢管。螺旋焊接钢管 382991 吨，直缝焊接钢管 72730 吨。

（2）石油套管 42253 吨。

（3）冷拔无缝钢管 1460 吨。

（4）钢丝绳 20766 吨。

（5）钢绞线 10 吨。

（6）钢丝 1582 吨。

从各类产品增长情况分析，2002 年增长幅度最大的是石油焊接钢管和地震勘探及钻井设备两类。国家实施西气东输工程，给石油制管企业带来了极好的机遇，各钢管制造厂全面推进机制创新、技术创新和管理创新，抓机遇、迎挑战，保质保量满足西气东输工程用管量。2002 年共完成石油焊接钢管 455721 吨，比 2001 年同期增长 97.1%；地震勘探及钻井设备是占石油机械产品比重较大的一类产品，2002 年的增长势头较大，完成 32617 吨，比 2001 年同期增长 21.4%。以钻机为例，2002 年完成大小钻机 21332 吨，比 2001 年同期增长 48.6%。仅宝鸡石油机械厂 2002 年生产石油钻机 53 台，比 2001 年增加 16 台，且大都为 5000 米以上的大型钻机，增长率为 43.2%。由此拉动整个行业生产的增长。

石油装备制造业产销衔接水平趋向合理。在生产规模迅速扩大的同时，工业产销衔接稳步提高。全年工业产品销售率为 96.1%，2002 年企业产成品库存占用资金仅比 2001 年同期上升 4.9%，远远低于生产增加的幅度。

【技术改造及新产品开发】 2002 年石油设备制造企业加大技术创新力度，按照技术创新和市场相结合的原则，加速新产品开发和产品升级换代。新产品产值率为 21.8%比 2001 年同期增长 5.3%。为实现产品结构的良性布局，推出一批技术含量高、质量性能好、能够满足用户需求的新产品。

宝鸡石油机械厂 2002 年开发新产品 70 余项，其中钻机 26 种，泵、转盘、游吊系统及配件产品等 44 项，以 ZJ70DB 钻机、单轴齿轮绞车、F－1600HL 泵为代表的重大新产品 11 项。新产品产值超过 4 亿元，占年任务的 68%；2002 年出厂并一次验收合格的 70DB 钻机，使技术水平和产品档次得到进一步提升，此型号的钻机代表了我国钻机制造技术的先进水平。

华北石油管理局第一机械厂投入 700 多万元用于技术改造、科研攻关、产品开发和新技术推广，有力地促进了企业技术创新水平和核心竞争力的提高。在新产品开发方面，管线钢焊接用高性能焊丝项目顺利通过了河北省技术鉴定，达到国际同类产品先进水平。完善了弯管制造技术，生产出符合西气东输工程标准要求的弯管，并通过部级鉴定，达到国内领先水平。研制开发了可满足 X42—X70 钢级的管线钢专用焊丝，并投入试验应用。成功研制开发了套管涂层技术，投入现场试验应用效果良好；完成了平动椭圆轨迹振动筛和高性能真空除气器的研制开发，达到国际先进水平，提高了工厂的产品配套能力和技术水平。研制开发了管端焊缝打磨机具，投入应用后劳动效率和产品质量明显提高，被西气东输工程项目部确定为推广技术。在新技术推广和技术改造方面，完成了专用管材内涂层生产线和抽油机焊接生产线的提质扩能改造，在扩大产能、提高质量、降低消耗方面发挥了重要作用。尤其在抽油机机器人自动焊接上有了突破，为企业自动化建设提供了可贵的经验。开发完成了内焊双丝焊装置，使西气东输螺旋钢管的最大焊速由原来的 0.8/分钟左右提高到目前的 1.3/分钟，生产效率大幅度提高。

西安石油勘探仪器总厂坚持把增强核心技术能力作为企业生存发展的根本，加大具有自主知识产权产品的研发。ERA2000 成像测井系统继通过了集团公司组织的项目鉴定后，荣获了集团公司技术创新二等奖；微电阻率扫描仪、阵列感应成像测井仪等四个集团公司重点科研项目完成了样机研制，部分仪器完成了现场试验和资料整理工作。感应测井仪、声波测井仪、微球聚焦测井仪、补偿中子等测井下井仪器完成了技术提升并实现了销售。150℃中子寿命完成了样机和厂内测井试验。ERA2000测井系统下井仪器技术提升工作已全面展开；完成了具有自主知识产权的钻机电控系统的研制开发，大幅度降低了成本，并已推向市场，为今后扩大市场奠定了基础。无线随钻测量仪地面系统完成了现场试验和资料整理，准备验收；井间地震系统完成了五级接收改进试验，MEMS微机电检波器项目按照集团公司的要求完成了前期研究，对设计方案进行了计算机模拟验证，减少了项目的风险。完成了408UL地震系统生产技术转让，并已实现了销售。

济南柴油机厂为适应加入WTO后参与国际市场竞争的需要，全力以赴加快新产品研发和产品技术的升级换代，产品开发有新的进展。陆用2000及3000系列柴油机不断改进优化，应用范围扩大，配发电机组、耦合器机组在油田大范围使用。新的2012J机车用柴油机也已诞生。船用机已形成直列四缸、六缸、八缸系列产品，研究所船机部还注重船机配套系统研究开发，使船机使用领域迅速扩大，由过去单一渔船动力延伸到内河航运、海洋渔政、海洋运输、船用发电等多领域，并且出口到海外。天然气机开发力度加大，成果显著，除对400千瓦和500千瓦老机型进行优化改造，又研制了内混式500—800千瓦八缸及十二缸气体发动机，使天然气机系列开发有了大突破。另外，开发投产了135系列、30—100千瓦小型天然气机，并投放市场。从而使气体发动机功率范围大幅度扩大，形成了30—800千瓦的新气体机产品系列。目前企业的新产品产值率达到72%以上。内燃机研究所共完成新产品开发32项计44个新机型，完成变型产品开发30多项，还完成190柴油机排放研究等试验研究项目14大项，不断的技术创新对今后持续发展起到推动作用。

宝鸡石油钢管厂2002年狠抓了大螺旋精整区的技术改造和完善工作，投资150万元，使大螺旋产能提高50%，年产能达到18万吨。列入集团公司重点科研项目的《X80级管线钢焊接性能试验及焊管试制》项目在2002年进取得明显进展，卷板焊接性能试验和焊管试制已完成，钢管各项质量指标完全达到美国石油学会标准的要求。对新上的大螺旋、内外防腐生产线，按照市场需求，进行了各种规格的工装件准备和技术储备。该厂还完成以下技术改造项目：无损检测设备改造、X光显像改造、辊道电源改造、铣边机替代圆盘剪技术改造、焊剂烘干技术改造、质检中心100吨试验机改造、动力分厂软化水设备改造等项目。这些项目的实施，解决了一些困扰多年的影响产品质量和产量提高的难题，增强了技术实力，全面提高了核心竞争力。

【质量及质量管理】　2002年，石油设备制造企业对产品设计、物资采购、外购外协件检查到生产制造、出厂检验进行全过程质量控制，通过持续的质量改进，使现有的产品质量性能得到较大的提升，促进了质量管理水平和产品质量的稳步提高。

济南柴油机厂切实采取了一系列全过程质量控制措施。一是对重点产品和出口产品，坚持实行了质量监督制度，通过监督工作的深入开展，切实发现并解决了一些影响产品可靠性、稳定性的问题，不仅总结出了下一步监督工作开展的方向，而且提高了制造单位对这项工作的认识。二是与各生产经营单位的第一负责人签订了《质量责任书》，明确质量责任。三是对生产单位的质量考核，增加了严格按规定办理产品完工入库手续的内容，保证了入库产品质量合格，资料和备附件齐全。由于切实采取了有效的质量管理措施，使得用户满意度有了较大的提升，用户投诉率大幅度降低。并顺利通过了ISO 9001质量体系2000版换版认证审核。该厂2002年组织了一个精干的质量整顿领导小组，针对各个生产环节，开展全面的质量整顿，强化全员的质量意识，推行不断的质量改进。质量整顿在五月份发动，分阶段展开，先是以总装为突破口的现场质量控制，再是质量工作流程和质量责任制的落实到位。从整体情况看，效果明显，实物质量有了新的提高，一些长期的老大难问题彻底解决，质量责任制得到进一步落实。

北京石油机械厂2002年取得了美国石油学会颁发的APIQ1/16D会标权许可证，成为世界第九家，中国第一家拥有APIQ1/16D会标使用权的厂家；顺利通过了中国质量协会质量管理的复审认证工作，完成了质量管理体系2000版转版工作。

辽阳石油化纤公司机械厂严格运行质量管理体系，制定下发了多项厂标，扩大了质量监检范围，提高了质量监检标准，狠抓了标记转移工作。该厂所有产品都实现了标记转移和追踪检查。在2002年全国质量活动月期间，被中国质量协会和辽化公司评为先进单位。

大港油田新世纪机械制造有限公司建立质量损失全额赔付制度，将质量成本显性化，并纳入公司的成本管理。通过紧紧抓住外部质量损失这个主要矛盾，将市场的压力和质量损失逐级传递和分解到公司、车间和个人；将公司发生的质量损失显性化，归入财务核算范畴。通过严格落实质量管理责任制，提高各级管理人员的质量责任意识和对事故处理的效率，化解和减少质量事故对公司信誉和市场所带来的负面影响。通过2002年的运行，进一步提高了售出产品的质量，赢得了用户的信誉。对已发生的质量问题，进一步规范售出产品的质量事故的处理程序，提高了质量损失的处理效率。

【基本建设和技术改造】　2002年石油设备制造行业完成基本建设投资17350万元，其中工业生产投资12900万元、完成更新改造投资15694万元。新增固定资产投资60125万元。集团公司给中国石油物资装备（集团）总公司下达四项投资计划，其中新增项目三项，延续项目一项，实际下达投资计划5670万元，实际完成6656万元。这些项目是钢丝绳生产线改造、钢管外防腐生产线建设、钻机设计技术引进及钻机生产线改造项目。

1. 钢丝绳生产技术改造（咸阳钢管钢绳厂）

2002年完成第一阶段，预计完成投资1265万元(其中集团公司投资660万元，企业折旧605万元)，完成计划的64%，可新增D29毫米及以下钢丝绳产能3000吨/年，新增D29毫米以上钢丝绳产能2000吨/年。目前已购买加拿大钢丝绳生产技术，支付技术转让费315万元；安装并交付使用设备10台(套)，设备购置费共523万元，其中对从大连收购的五台意大利二手设备进行检修改造，全面提高钢丝绳的强度等级，购置费257万元；新增五台国产捻股设备，对现有生产线能力进行了填平补齐，增加钢芯绳和多股不旋转钢丝绳的产能，购置费266万元；水电气等公用设施和生产用辅助设备配套等工程建设费427万元。

2. 钻机设计制造技术引进（宝鸡石油机械厂）

2002年完成投资1662万元，其中支付技术转让费1551万元人员培训、外方接待等费用支付151万元（使用自有资金）。目前参加培训的技术人员已将意大利索梅克公司的9000米旋升式井架、底座主体换成适应宝鸡厂生产的施工图。井架底座的改型模型设计正进行之中，即将9000米的旋升式结构原理向7000米钻机移植。

3. 钻机生产线改造（宝鸡石油机械厂）

此项目2001年已经完成投资400万元，2002年完成投资2779万元，累计完成投资3179万元（其中集团公司投资2199万元，企业基本折旧980万元），完成投资计划的81%；形象进度如下。

技术中心改造：已于2002年8月底全部完成，完成投资660万元，内容有大楼改造和计算机软、硬件更新；设备购置440万元，工程建设220万元。

北井场改造：2002年全部竣工，共完成投资700万元；内容有地面固化处理，12台（套）主要设备更新等；设备购置460万元，工程建设340万元。

钻机传动部件实验台改造：实际完成155万元，内容有实验动力装置等7台（套）自制设备装置和电机软启动装置等4台（套）外购设备；设备购置155万元。

泥浆泵试验台改造：实际完成324万元，6台（套）购置设备已全部到货，正进行安装调试，新建了试验台；设备购置284万元，工程建设40万元。

关键设备购置：实际完成950万元，共采购13台（套）关键设备，捷克产数控落地镗床、数控立车交货延期，其余已到厂；设备购置950万元。

结构件油漆作业线建设：完成投资390万元，已完成方案设计、土建招标，招标并签订了设备采购合同。设备购置372万元，工程建设18万元。

在完成的3179万元中，设备购置费共2561万元，工程建设费共618万元。

4. 钢管外防腐生产线建设，（宝鸡石油钢管厂）

投资总额950万元，实际下达计划950万元，实际完成950万元，完成计划的100%。外防腐生产线于2002年6月中旬破土动工，经过3个多月的奋战，于8月15日实现单机试车，8月25日生产调试出了第一根外防腐钢管，9月26日顺利通过集团公司组织的验收。防腐分厂全年完成西气东输钢管内涂敷生产96432吨，外防腐生产21100吨，为公司创造了巨大的经济效益。

【经济效益】　石油装备制造经济效益继续趋好，经济运行质量明显改善。产品销售收入增长继续加快。2002年实现产品销售收入57.14亿元，比2001年同期增长19%；年平均应收账款净额和成品库存占用资金，分别比2001年下降0.9%和10%。说明在生产规模迅速扩大的同时，装备制造产销衔接环节提高，库存趋向合理。

石油装备制造企业实现利润增速继续加快。实现利润稳步提高，亏损企业明显减少，亏损额也大幅度下降。全行业盈亏相抵后实现利润总额为4521万元，比2001年同期增长23.7%，利润总额比销售收入增加4.7%。利润的增长幅度超过销售收入的增长幅度，这在历史上少见，值得欣喜的是财务费用比2001年同期下降8.4%，这也是利润增加的一个重要原因，企业税金总额增长加快。全行业累计税金总额34939亿元，比2001年同期增长34%，对社会和国家财政贡献明显增加。

多数企业利润增加，亏损企业明显减少，亏损企业亏损额继续下降。2002年石油装备制造行业的亏损企业已由2001年的19个减少为10个，降低率为48%，全行业正在为消灭亏损努力工作。

（焦爱民）

第六篇

科 技 发 展

科技发展

【概述】 2002年的科技工作紧紧围绕技术创新战略的实施和建设具有国际竞争力的大型企业集团的目标，开展关键技术开发，加强应用基础研究，推进高新技术产业化，拓展国际科技合作与交流，探索集团公司新型技术创新体系的建设途径，研究建立适应社会主义市场经济的技术创新管理体制和运行机制。年初，研究制定了科技工作要点，提出了八项重点工作任务：(1) 实施集团公司技术创新战略，增强战略意识，完善战略设计，加强技术创新战略管理；(2) 突出重点，努力攻克一批关键技术；(3) 深化科技体制改革，加快建立新型的技术创新体系；(4) 加强科技管理，提高科技工作效率；(5) 加强机制创新和高素质技术创新人才的培养，着力建设高素质的技术创新队伍；(6) 进一步强化知识产权管理，增强集团公司无形资产的实力；(7) 积极开展科技交流与合作，推动关键技术研究的跨越式发展；(8) 加强部内建设，提高工作水平。2月28日召开科技委员会会议，批准了2002年科技计划。3月26日召开集团公司科技工作电话会议，对重点科技任务进行了部署和动员。

【年度科技计划】 2001年4季度开始研究编制2002年科技计划。2002年科技计划主要体现了以下几个特点：一是重点突出，以国家项目和重大工程技术研究项目为重点，力求抓准关键技术，安排了126个课题，其中新增课题40个，接转课题86个。二是加大了对重大项目的投入力度。2002年计划安排技术开发项目经费1.35亿元，其中60%—70%投入重大项目攻关；三是强调重大科技项目要与重大工程技术难点相结合，强调科技对核心业务发展的支撑作用，重大项目85%以上做到有明确的依托工程。科技计划于2月28日经科技委员会审议批准后正式下发。

【国家级科技成果】 重点组织了国家"十五"油气重大专项和国家"973"项目的研究攻关，取得了一批重要成果。

(1)"中国油气资源发展关键技术研究"。该项研究从我国石油天然气工业上游发展战略研究、中西部接替区油气勘探开发创新技术研究、东部老油区创新技术研究及油气工业前沿技术研究等四个方面开展攻关，在塔里木盆地大型气田勘探开发关键技术研究、复杂低孔低渗气田勘探开发技术研究及重点前陆盆地油气藏增储上产的三大领域内取得了重要理论进展和技术创新，为实施发展西部的战略决策提供了有力的技术支持。在复杂隐蔽油气藏评价勘探、三元复合驱、成熟区勘探开发领域的理论进展和技术创新，为实施稳定东部的战略决策提供可靠的技术保障。矢量及山地地震、成像测井勘探技术取得了16项配套和专项成果，其中矢量地震勘探技术在矢量波场分解与合成技术、构造成像、转换波速度分析等基础理论研究方面取得了重要进展。

(2)"中国典型叠合盆地油气形成富集与分布预测研究"。该项研究主要发展了3项新技术：多期成藏流体历史分析技术、碳酸盐岩有效烃源岩评价体系和碳酸盐岩油储预测技术。地球物理调查结合地质学和地球化学的综合研究揭示了塔里木盆地的深部结构特征；对库车坳陷—天山这一典型盆山体系进行剖析，揭示了其新生代构造与沉积耦合特征；在海相烃源岩的发育和成烃条件研究方面获得新认识；在叠合盆地的成藏机理方面（如深部流体的成藏效应，混合油气藏的油源对比、油气充注和成藏，油气运聚散路径等方面）取得了一系列新认识。

(3)"大幅度提高石油采收率的基础研究"。该项研究在基础理论研究方面，按照分子设计的思想初步研制出了烷基芳基磺酸盐表面活性剂；新型耐温抗盐聚合物的研制继续向前发展，合成出了耐温抗盐的高分子量新型聚合物，进一步降低了临界缔合浓度，改进了溶解性和地层条件下的稳定性。油藏地质规律研究通过对露头的精细描述和测井、地震双约束油藏模拟软件的研制，提高了储层预测的纵向分辨能力和横向预测准确性；物理模拟研究利用先进的饱和度测量探针，研究了三维物理模拟中动态饱和度的变化，通过定量微观模型考察了新型疏水缔合聚合物溶液在不同条件（不同浓度、不同矿化度）下的微观流动过程和微观驱油过程。利用数值模拟方法定量研究了非均质油藏化学驱油波及效率和驱替效率的作用机理，对不同类型油藏如何大幅度提高采收率提出了建议。

【技术开发进展】

1. 物探技术

2002年继续开展三维地震勘探攻关，特别是在库车地区以及东部吉林开展了高分辨率的地震勘探攻关。在库车迪那2和却勒1两个亿吨级气田以及玉门窟窿山的三维试验区完成了采集并进行了三维处理；在吉林高分辨率岩性地震勘探攻关中开展了面元细分等技术，使吉林油田勘探有了大发现；采集软件研究有新的进展，进一步扩大了市场份额。

2. 测井技术

完成了ERA2000成像测井地面仪的研制，成功挂接微电阻率扫描测井仪和井下声波电视测井仪两种国产成像仪器。该地面仪器的研制成功表明具有自主知识产权的国产成像地面仪器已达到国际先进水平；完成了阵列感应成像测井仪组装联调，并通过测井试验检验了整个系统的情况，仪器和测井软件工作正常；HCT组合测井系统的组装和总调基本完成并进行了现场试验。试验结果表明，测井资料基本能够反映地质特征；完成了声速和声衰减测井仪的组装和调试，现场试验取得了合格资料，开发出一套具有单极子、偶极子和正交偶极子声波测井功能的新一代多极子声波测井仪器的试验样机；研制完成了多功能井下超声成像测井仪，为套管井状况检查提供了新手段。

3. 钻井技术

该年度在四川钻成我国第一口天然气分支井，使集团公司钻分支井技术水平达到4.5级。径向水平井项目组钻成一口双分支径向水平井，喷射深度创新水平，关键技术取得突破性进展。大位移项目组钻成一口大位移井——北堡3x-1井，基本掌握了钻4000米左右大位移井配套技术。欠平衡钻井技术研究的突出特点是从及时发现油气层，保护油气层为主要目的发展到以解决复杂工程地质难题为主的欠平衡钻井技术，伊朗项目组探索用空气钻井技术解决伊朗南部气田大井眼完全漏失、垮塌的技术难题，取得了很好的效果。长庆油田利用相邻的气井作为气源井成功地利用天然气作介质钻成了一口天然气欠平衡井，并首次进行了国产空气螺杆钻具的现场试验与应用。提高单井产量特殊工艺井钻井技术取得了新进展，辽河油田在静17区块利用水平井、多底井技术提高未动用储量优化设计，在该区块布16口井，形成29个分支井眼。大港油田“大位移钻井配套技术”项目组在冀东油田成功钻成“北堡3斜1井”大位移井。

4. 地面工程技术

“大口径热煨弯头外防腐涂敷作业线研制”项目，在国内首次采用环行设计，研制成功$\phi720$—$\phi1200$毫米大口径X70高强度钢制弯管流水生产作业线。该成果可适用于不同角度的大口径弯管，首次采用双层环氧粉末的防腐形式对弯管防腐，实现了西气东输弯管防腐的机械化操作，结束了弯管防腐手工操作的历史，填补了国内弯管防腐机械化空白，提高了西气东输弯管的防腐质量和施工效率。“苏丹新型降凝剂研制”项目开发出的新型降凝剂产品，通过了中试生产和在苏丹的现场试验。对高蜡、高凝点、高粘度的苏丹原油加剂处理后，粘度降低到低于170兆帕·秒，达到了甲方外输原油的物性要求。不仅确保了苏丹高凝点原油的1500千米长输管线常温安全输送，同时为企业创效益101.25万美元。为苏丹2003年降凝剂的投标奠定了基础。

5. 炼化延伸加工技术

乙醛酸法香兰素新工艺已开发出甲、乙基木酚生产技术，甲基木酚总收率90%，乙基木酚总收率82%。高效农药系列新品种开发完成了200吨/年中试装置建设、工艺配方优化研究工作和大田药小试验工作，形成的专有技术有高渗乙莠配方技术、高渗乙草胺配方。高渗除草剂项目开发成功，开创了国内除草剂应用的先河。4万吨/年聚苯乙烯装置预聚合反应器国产化研制完成并获得一次开车成功，填补了国内空白。利用裂解碳五制取双环戊二烯合成光固化涂料中试技术开发，生产出了纯度大于75%的双环戊二烯产品，并建成了用双环戊二烯生产DCPA、DCPA-TCPA交比混合单体及ESOBDA中试装置，成功地生产出三种新型PCAA单体。采用纳米材料改性尼龙66中试技术，共混纳米材料改性尼龙66树脂生产技术已经解决了纳米复合的关键技术难题，具有面对市场需求反应快、生产规模灵活、投资少、风险小等优势。

6. 海外工程技术

2002年设立海外科研项目7项，均取得较大进展。“伊朗南部气田全尺寸井眼钻井、完井技术”，开展了完井管串优化及防腐、DST测试与射孔工艺技术研究，有针对性地制定硫化氢防腐技术方案；“伊朗欠平衡钻井固井技术”，为解决伊朗低压易漏层固井和防气窜提供技术，开发了低密高强水泥浆体系和耐温防窜固井水泥浆体系；“伊朗空气钻井配套工具研制”，研制了新型空气螺杆钻具、行程控制的卡瓦式全机械随钻震击器和碟型弹簧全机械减震器；“哈萨克斯坦扎纳诺尔油田快速钻井技术”，在岩石抗钻强度、三压力剖面与地应力分布研究、钻头优选和参数优化、钻井液和固井液研究等方面进行工作，已基本完成室内研究，并提供钻井液及外加剂材料，目前正在积极进行现场试验。“苏丹六区块高环烷酸稠油集输及处理工艺技术研究”，主要针对苏丹六区高粘度原油特性，研究其降粘集输工艺、破乳脱水工艺、污水处理工艺及撬装装置、探索脱出环烷酸的新技术。“系列 NEMA D 电动机系列化研制”，现已完成系列中 6 种电动机的电磁、结构设计和工艺工装设计，已完成制造样机，并形成工业产品，已为外商供货 264 台（套）。

【应用基础研究】　应用基础理论研究有较大的创新与突破。物探重点实验室在地震物理模型实验技术方面，研究建立了裂隙油藏、复杂断块油藏和复杂地表的物理模型，开展了三维地震观测系统优化设计研究，提高了三维地震成像精度。

【前沿技术研究】　前沿技术研究在生产中发挥重要作用。测井重点实验室研制成功测井解释工作站，建立了广义测井曲线理论和 Cif 数据格式；建立水淹层细分解释方法，该工作站系统已推广到国内三大石油公司所属油田，用户超过 200 台（套），效益显著。

【重点实验室成果】　在碳酸盐岩生排烃、中国复杂山地主要油气接替区地震勘探制约技术研究、储集层原型地质规律、天然气成藏及测试新技术、核磁共振岩心测试技术、油藏地球物理、注水开发油田动态测井模拟及评价方法、塔里木高温深井、长庆低渗油气田压裂酸化机理、新型催化剂研制开发、井下无线短传实验和井下电阻率测量样机、高分辨率感应测井新理论、西气东输高压输气管线钢、断裂控制等方面取得了重要成果。43 项技术申报了国家发明专利，获批准 23 项，在各种期刊上发表高水平论文 569 篇，其中有 95 篇论文被 SCI 和 EI 收录，出版专著 22 部。

【高新技术产业】　已实施的 5 个产业项目进展顺利，取得阶段实效。“深穿透低伤害射孔弹射孔枪产业化项目”，通过该项目的实施，使射孔弹和射孔枪生产量有了明显增加，产品品种进一步完善，产品质量得到较大提高，市场份额大幅度上升。2002 年射孔弹产量突破 70 万发，射孔枪超过 2.5 万米，比 2001 年同期增长超过 20%，基本实现科技贷款项目提出的目标。所生产的射孔弹在 7 月全国各家弹厂的超深穿透射孔弹在大庆检测中心对比打靶比赛中获得第一名，11 月在全国 8 家弹厂对比打靶中四川弹厂名列第一。2002 年销售射孔弹 65 万发，射孔枪 2.5 万米，年产值近 3000 万元，交纳增值税 400 多万元，利润 200 多万元；12 月在国防科工委组织的全国民爆器材订货会上，四川弹厂的各型射孔弹独占鳌头。WTRZ－2000 轻便山地钻机产业化：完成 WTRZ－2000/50 钻机的设计、样机制造和试验；WTZ－70M 沙漠深井钻机的设计和样机制造；WTRZ－203 超轻型钻机的设计、制造及试验，并投入小批量生产；WTLZ－20 型砾石钻机的技术改进；WTZ－100 型钻机的技术改进以及 WTZ－300 型钻机的技术改进。通过一年多的产业化运作，生产的地震勘探钻机已经成为国内外的知名品牌。2002 年钻机销售量：车装钻机 182 台（套），轻便山地钻机 136 台（套），实现销售产值 1.3 亿元。产品占国内石油物探钻机 92% 以上的市场，并在国外物探装备市场也占有一定的份额。随着物探局进入国际市场，地震钻机也在国外多个探区得到很好应用，WTZ－300 型钻机已出口伊朗。

【国际科技交流合作】　2002 年对确立的国际科技合作项目加强管理，项目按计划进度顺利进行，取得了好的成效。

石油大学（北京）、物探局承担的与英国地质调查局 BGS 开展的“裂隙性油气藏纵波识别技术”是英方耗资较大，人力、物力投入较多，经过 20 多年积累，在世界上占有领先地位的技术。此项目合作基础好，进展顺利，2002 年 6 月由 CNPC 组织的代表团赴英国签订了合同。随后，物探重点实验室技术骨干于 10 月中旬去爱丁堡熟悉程序，进行了培训，程序已调试成功，并对 3 维物理模型资料进行了方位角属性分析。在合作中，针对苏里格地区三分量资料的处理取得可喜进展。

由勘探院机械所、四川局承担的“波纹管封固复杂井段技术与工艺”项目，承担单位高度重视，多次召开协调会，于 6 月邀请外方专家到四川交流考察，签订了引进 170 米 8.5 英寸波纹管和 3 口井作业的配套工具的技术服务合同。按合同规定，10 月份波纹管及配套工具已到达四川。该项目的开展为解决生产急需，学习技术工艺、施工作业提供了条件。

抚顺石化公司、石油大学承担的与哈萨克斯坦有机化学和电化学研究院的“FCC 汽油加氢催化剂开发研究”项目，在实验室研制出了具有加氢脱硫—芳构化功能的非贵金属分子筛催化剂 Co－Mo/HZSM－5 和 Ni/HZSM－5。评价表明：Ni/HZSM－5 催化剂是一种比较理想的 FCC 汽油加氢改质催化剂，基本上能满足生产世界燃油规范Ⅱ档清洁汽油的技术要求，值得进一步进行放大实验研究。在抚顺石化对哈萨克斯坦有机催化和电化学研究院提供的 FCC 汽油加氢改质催化剂进行了三次性能评价试验，达到了烯烃含量小于 35% 的阶段研究目标，为工业放大试验和工业试生产及进一步提高催化剂性能，奠定了技术基础。

物探局与美国金鹰公司的“油藏描述及监测”项目，已签订技术服务及合作合同，并于10月完成培训，目前在进行资料处理和部分软件测试及源码移植。石油天然气管道局与英国Advanctical公司的“高清晰度管道智能化检测系统合作研究”项目，9月份进行了谈判，10月份组团去英国考察，近期将与英方就开发计划等问题进行商务谈判。江汉测井所与加拿大Computer Log公司的“多参数超声波工程测井仪和聚焦激发极化仪器研发应用”项目，前期已去美国和加拿大考察，并进行了仪器下井试验，目前正进行合作协议商谈。

【人才引进】　本年度实施了37个人才引进项目，取得了很好的效果。管材研究所紧紧围绕西气东输重大工程，引进美国、加拿大专家来中国讲学，开展技术交流，对集团公司开展管道检测技术、管道风险评估方法以及在役管道的安全评价、油气管线防腐等方面起到很大作用。

【软科学研究】　2002年完成15项课题研究成果，为宏观决策、加强管理起到较好的支撑作用。集团公司培育和增强国际竞争力战略与对策研究，按照国务院办公厅转发国家经贸委等八部委《关于发展具有国际竞争力的大型企业集团的指导意见》的要求，结合石油产业特点和集团公司的实际情况，提出了石油产业的要素理论，石油公司竞争力指标对比分析体系及培育和增强石油公司集团国际竞争力的战略思路及对策方案。主要研究成果和内容已经进入2002年、2003年集团公司工作会议报告和有关文件。中近期国际油价预测与政策研究，针对“9.11”事件的发生，加强了对突发性事件的研究。通过对20世纪90年代以来四次“突发性事件”的背景、事态发展、后续影响和经验教训的比较分析，总结了事件对石油市场供需、库存和价格的影响方面的规律，对中近期国际油价进行了预测，提出了对策措施。技术创新人才开发研究，分析了集团公司科技人才队伍的现状及目前人才开发中存在的主要问题，提出了建立柔性的人才和智力引进制度、构筑人才高地、建立激励有效的报酬体系等政策措施。

【技术创新战略】　2002年继续深化技术创新战略研究，搞好技术发展战略定位。

一是继续深化技术创新战略研究。在2001年初步完成“21世纪初期影响石油工业的重大关键技术预测”，“集团公司技术创新体系和运行机制研究”，“集团公司技术中心建设方案”，“集团公司技术创新人才培养战略”，“国内外石油工程技术服务公司、国内技术创新典型企业技术创新体系和运行机制研究”，“知识产权战略研究”的基础上，2002年对各部分进行了深入研究和初步集成。完成了21世纪初油气关键技术展望和预测、我国及集团公司应用基础以及高新技术在石油工业中的应用等三个专题研究。进行了技术创新战略研究的集成，分析了国内外企业开展技术创新的现状及面临的严峻形势，提出了集团公司技术创新战略的目标任务与模式选择，设计了集团公司技术中心建设的实施方案以及技术创新体系架构，探索了技术创新战略实施的途径及对策措施。

二是抓好炼化延伸技术发展定位。上半年，根据集团公司的统一部署，参加了企业定位的研究，就企业技术发展方向提出了意见和建议。8月底，召开“集团公司未上市炼化企业三年科技工作总结交流与发展战略研讨会”，总结交流重组改制三年来的经验，研讨了集团公司未上市炼化企业科技工作发展的目标与策略，提出炼化存续企业根据企业定位，围绕扭亏解困、盘活资产、培育新的经济增长点，加强技术创新，增强核心竞争力的发展思路和措施。

三是研究了院所发展定位。10月底，在工程院召开了直属院所工作会议，总结交流重组改制以来科研院所加强研究攻关、科技体制与机制改革及产业化等方面积累的主要经验，研讨了直属院所的发展定位和发展战略，进一步明确了科研院所改革与发展的思路及目标。

【技术中心建设】　继续加强技术中心建设，取得了较好的成效。

一是认真组织了企业技术中心建设的试点工作。按照“一个整体、两个层次”的原则，确定了技术中心建设的总体思路和技术中心的基本框架。在集团公司总部层面，形成研发中心，负责全局性、中长期的基础研究和重大应用技术开发；在地区公司和存续企业层面，建立面向生产和具有专业化技术特色的技术分中心，负责新技术的推广和解决企业生产中的技术难题。首批在企业层面抓了大庆、吉化两个试点，取得了重要经验。大庆石油管理局技术中心已正式挂牌成立。大庆石油管理局通过技术中心建设，使局内科技资源得到优化配置，建立了良好的技术创新管理运行机制和人才吸纳、激励与培养的机制，使科技人员的积极性、创造性得到发挥，完成了一批集团公司和局级重点科研项目，使企业的技术创新能力进一步增强。技术中心试点工作会议以后，又安排了大港、兰化和工程院第二批试点，目前已取得较大进展，确定了核心技术发展方向，提出了技术中心组建方案。

二是积极参加了集团公司物探、测井研发中心组建方案的研究。依托物探和测井专业化重组，参与完成了集团公司级物探技术开发中心、测井技术开发中心的组建方案，进行了新体制和新机制的研究探索。

三是帮助企业办理了减免税。为了充分享受国家有关优惠政策，积极与海关协商，5月底海关下发80号文同意集团公司下属60个技术分中心可在当地海关办理进口货物减免税，并明确了办理程序。截至年底，已经为5家技术分中心的7个进口合同办理了减免税手续，涉及合同总额约300万美元，减免关税和进口环节增值税80多万美元。

开展了集团公司技术中心评价工作，初步形成了技术分中心评价方案和技术分中心管理办法。通过一年努力，集团公司技术中心在国家289家技术中心评估考核中，取得排名第13位的好成绩。

【制度建设】　2002年继续加强制度建设和基础工作，科技管理进一步加强。年初讨论确定了以计划、项目、经费、知识产权和奖励为基础的12个管理办法及细则的研究制定工作，经过一年的努力，目前已初步形成了科技计划、项目、经费、知识产权等5个管理办法，现正在修改完善。技术开发项目、应用基础研究项目、国际合作项目、人才引进项目、软科学研究项目等管理实施细则等正在进行讨论修改。12个办法和细则完成以后，一套新的管理制度框架将基本形成。配合管理制度的落实，制定了项目立项和验收具体工作流程。年初编制了项目验收计划，将在研项目按计划完成的和终止的，均纳入验收计划，严格验收程序和要求，力求规范管理、促进科技成果集成和应用。此外，还组织编制了重点实验室考核评估软件系统。与股份公司科技信息部一起对10个重点实验室进行了评估，提出了整改建议。

【知识产权管理】　全年共申请专利600项，授权专利344项。对28家企业和4家院所2001年度知识产权工作进行了考核评价，考核成绩与2000年度相比有较大幅度提高；完成了专利资产评估项目，并进行了验收；对工程技术研究院、石油天然气管道局、东方地球物理公司、华北石油管理局、大庆石油管理局、抚顺石化、吉化及大庆石化等8个单位进行检查，贯彻集团公司对知识产权工作的部署和要求，促进工作深化；落实了对获得专利权的集团公司甲类专利的发明人奖励政策，对13件专利奖励金额为22500元；专利战略研究完成了催化裂化催化剂、采油设备及高能气体压裂、分支井钻井专利技术三个专题的验收；物探、测井、钻井专项技术专利战略研究正在组织验收；与国家专利局主管审查工作的局长及审查部门协商办理集团公司专利代理总委托书，简化了专利申请用章手续，加快专利申请办理速度，提高了工作效率；完成了国家知识产权局全国专利工作先进单位评选推荐申报工作，辽河石油勘探局、工程技术研究院等五个单位被授予全国专利工作先进单位，受到表扬（全国共表彰122个单位）；编辑出版石油知识产权3期，报道专利信息共1828条，补充中国石油石化专利信息数据库信息1828条。

【科技奖励】　组织完成了2002年度国家奖答辩、2003年度国家奖申报和集团公司技术创新奖的评审工作。推荐了7项国家科技进步奖申报，组织了推荐项目的预答辩，组织参加了国家奖励办的评审答辩，7个项目都通过小组评审，有5项获国家奖励。2002年底，又推荐7项参加2003年国家科技进步奖的评审。组织完成了2002年度集团公司技术创新奖的评审，具体奖励情况见表1—表5。

【科技资源】

（1）科技机构。拥有科技单位143个，其中集团公司直属科研院所5个，石油石化企业直属科研机构30个，石油石化企业二级科技机构108个。

（2）科技队伍。年末，集团公司未上市部分科技系统职工总数15965人，其中直接从事科技活动的11993人，从事生产经营活动和生活后勤服务人员3972人。

（3）科技经费。2002年，集团公司及所属企业科技投入13.35亿元，其中科技拨款2.49亿元，横向技术收入7.44亿元，科技经营收入1.08亿元，其他收入2.0亿元。

（4）资产状况。拥有资产总额31.23亿元，其中房屋和建筑物原值总额5.12亿元，无形资产0.79亿元。

（5）科研仪器设备。拥有科研仪器设备原值总额10.59亿元，其中10万元/台以上仪器设备原值6.65亿元。

（6）科研情况。2002年共设立各级各类科研课题1909个，投入课题研究经费6.10亿元，参加课题研究的人员6710人/年，当年完成科技成果1034项，产出科技论文1408篇，科技著作39部，申请专利292件，专利授权186件。

表 1　2002 年获国家科学技术进步一等奖项目

序号	项目名称	主要完成单位	主要完成人	推荐部门
1	苏里格大型气田发现及综合勘探技术	中国石油天然气股份有限公司长庆油田分公司	王　涛、史兴全、胡文瑞、何自新、傅锁堂、赵政璋、马新华、杨　华、韩申庭、蒋加钰、马振芳、付金华、钱　凯、杨呈德、李振铎	中国石油天然气集团公司

表 2　2002 年获国家科学技术进步二等奖项目

序号	项目名称	主要完成单位	主要完成人	推荐部门
1	地震勘探数据采集处理系统	中国石油集团东方地球物理勘探有限责任公司	刘超颖、刘贤功、刘连生、冉贤华、胡国栋、文佳敏、牟善林、宋　葵、杜书奎、蒋先艺	中国石油天然气集团公司
2	委内瑞拉边际油田挖潜技术及应用	中国石油勘探开发研究院	沈平平、赵文智、袁士义、穆龙新、叶先灯、张　研、郭　睿、郑晓东、周丽清、张建英	北京市
3	油气田地层特性与钻井液、完井液技术研究	大港石油集团有限责任公司、华北石油管理局、辽河石油勘探局、大庆石油管理局、吉林石油集团有限责任公司、胜利石油管理局	徐同台、张玉士、洪培云、李建成、赵玉娟、王行愚、范维庆、张兰英、薛　芸、雷耀州	天津市
4	导向钻井技术研究与应用	中国石油天然气股份有限公司冀东油田分公司勘探开发工程监理公司、中国石油勘探开发研究院钻井所	苏义脑、赵正庭、冯京海、陈祖锡、朱宽亮、王成立、许先忠、王家进、李祥银、唐雪平	河北省
5	准噶尔盆地石西油田的发现与高效开发	中国石油天然气股份有限公司新疆油田分公司、新疆石油管理局	王宜林、董培基、徐玉清、刘明高、张义杰、闻玉贵、周德明、陈　岩、况　军、汤承锋	新疆维吾尔自治区

表 3　2002 年集团公司技术创新特等奖获奖项目

序号	项目名称	完成单位	主要完成人	专　业
1	低渗透油田高效开采配套技术	中国石油勘探开发研究院、长庆油田分公司、长庆石油勘探局、吉林油田分公司、吉林石油集团有限责任公司、新疆油田分公司、新疆石油管理局	沈平平、袁士义、胡文瑞、梁春秀、王嘉淮、宋新民、王道富、何树山、钱根宝、蒋　闻、杨洪志、刘　刚、潘竟军、单文文、雷　群、刘子良、胡永乐、宋振云、佟成秋、侯建峰、李忠兴、边晨旭、王延杰、丁云宏、赵振峰、刘运成、刘明高、汪永利、赵　勇、李凡华	开发采油

表 4　2002 年集团公司技术创新一等奖获奖项目

序号	项目名称	完成单位	主要完成人	专　业
1	大、中型油气田成藏定量模式研究	新疆油田分公司、石油大学（北京）	金之钧、王宜林、庞雄奇、曾溅辉、张善文、查　明、刘洛夫、方朝亮、吕延防、王志章、邱楠生、康永尚、蒋有录、王伟洪、王飞宇	勘探
2	陕北大型三角洲油藏勘探新突破及勘探技术	长庆油田分公司	何自新、杨　华、韩申庭、傅锁堂、付金华、窦伟坦、喻　建、宋江海、蔺宏斌、杨新生、韩永林、杜金良、张雪峰、石玉江、刘新社	勘探
3	东部深层地震勘探技术研究	大港油田集团有限责任公司、石油大学（北京）	王长春、刘　军、陈水兴、狄帮让、李国发、姚逢昌、范哲清、王梅生、王润秋、徐基祥、黄京民、李建英、常德双、汪恩华、吕爱敏	勘探
4	苏丹 Muglad 盆地 1/2/4 区高效勘探的理论与实践	中国石油天然气勘探开发公司、中国石油勘探开发研究院	童晓光、苏永地、窦立荣、雍凤军、潘校华、朱向东、徐志强、孙开江、吕功训、王会祥、张　杰、肖坤叶、田作基、任祖标、周劲松	勘探
5	桥式偏心分层开采配套工艺技术	大庆油田有限责任公司	王德民、王玉普、韩修廷、王广昀、王　林、唐许平、高　哲、万新德、王金友、王　研、杨万有、王　武、薛家锋、宋吉水、孙占河	开发采油
6	牙哈凝析气田开采新技术研究	塔里木油田分公司、中国石油勘探开发研究院	孙龙德、王家宏、宋文杰、江同文、朱卫红、王振彪、敬祖佑、弓　麟、冯积累、吴年宏、贺增喜、张芬娥、单全生、高贵洪、李保柱	开发采油
7	探井油气层保护技术	吐哈石油勘探开发指挥部、新疆石油管理局、塔里木石油勘探开发指挥部、塔里木油田分公司、四川石油管理局、西南石油学院、石油大学（北京）、中国石油勘探开发研究院、石油大学（华东）	罗平亚、何湘清、杨　龙、王书琪、张恒晨、杨宪民、张　琰、鄢捷年、林安村、张彦平、王振昌、周志世、张辉绪、王永清、樊洪海	钻井
8	延长油气井寿命配套技术研究与应用	辽河石油勘探局	张凤山、彭　飞、江胜宗、马宝金、高远文、冯艳成、蔡长宇、田卫国、李　科、易发新、刘兴成、郭学春、丁爱华、王凤和、张瑞恒	钻井

续表

序号	项目名称	完成单位	主要完成人	专　业
9	新技术在重油催化裂化装置的应用	兰州石化分公司、石油大学（北京）	夏荣安、吴　凯、杨启业、郭　健、李荣楣、王少飞、李家民、吴　雷、方纪才、刘怀远、马力飞、刘存芳、石文庆、吴育新、时铭显	炼油化工
10	减阻剂研制与应用研究	天然气与管道分公司	李国平、关中原、李春漫、刘　兵、税碧垣、尹国栋、祝宝利、赵丽英、张秀杰、艾慕阳、张金岭、张冬敏、徐　诚、周广和、鲍旭晨	管道地面工程

表 5　2002 年集团公司技术创新二等奖获奖项目

序号	项目名称	完成单位	主要完成人	专　业
1	脉冲中子测井技术在油田的应用研究	大庆石油管理局	曲贤才、丁希金、马庆诚、高　标、任佐斌、王寿美、王建民、李华章、陈国华、姜世莲	勘探
2	ERA2000 成像测井地面仪	西安石油勘探仪器总厂	李安宗、陈文辉、艾时钟、武向萍、王怡红、王　炜、王迎曦、党剑华、王长虹、赵养真	勘探
3	轮南碳酸盐岩潜山地震资料处理解释一体化攻关研究	中国石油集团东方地球物理勘探有限责任公司	张　玮、吴奇之、钱荣钧、温声明、冯许魁、李书君、刘兴晓、戴晓云、彭朝全、李振勇	勘探
4	板块构造演化与含油气盆地形成和评价	中国石油勘探开发研究院	翟光明、宋建国、靳久强、周立发、高维亮、薛　超、张光亚、康竹林、汪泽成、罗志立	勘探
5	复杂地区低信噪比处理技术研究	中国石油勘探开发研究院	邓　央、刘全新、赵永义、强芳青、杨午阳、茅金根、周春雷、徐云泽、曹戈俊、李三家	勘探
6	辽河盆地东部凹陷中段石油地质特征及目标评价	辽河油田分公司	谢文彦、孟卫工、郭克园、蔡国钢、马志宏、王智勇、徐丽英、张　坤、宋玉军、刘汉之	勘探
7	石油测井新技术适用性典型图集	新疆油田分公司、中国石油勘探开发研究院	陆大卫、匡立春、李　宁、孙中春、周灿灿、李国欣、肖承文、宁从前、孙宏智、司马立强	勘探
8	吉林油田隐蔽油藏规模效益储量勘探的理论与实践	吉林油田分公司	王永春、康伟力、唐振兴、王立贤、刘鸿友、魏志平、赵志魁、赵占银、王立武、修立军	勘探

续表

序号	项目名称	完成单位	主要完成人	专 业
9	华北油田隐蔽油藏勘探的突破与勘探评价技术	华北油田分公司	杜金虎、邹伟宏、梁宏斌、易士威、王 权、孙 平、张锐锋、雷怀玉、钱 铮、金凤鸣	勘探
10	塔里木盆地西南地区山前近年油气勘探成果及石油地质认识	塔里木油田分公司	刘 胜、杨举勇、陈新安、邱 斌、江 民、袁玉春、杨芝林、尹 宏、赵少宇、祁兴中	勘探
11	大庆油田加密调整井压裂改造配套技术研究	大庆油田有限责任公司、石油大学（北京）	齐振林、王新纯、张士诚、王世贵、王秀臣、张国良、张有才、王凤和、张晓君、汪玉梅	开发采油
12	小排量杆泵举升技术现场试验	大庆油田有限责任公司	刘东升、程杰成、刘 合、鲁明延、王中国、师国臣、徐国民、韩志国、钱朝慧、单红宇	开发采油
13	辽河油田稠油油藏分注分采技术研究与应用	辽河油田分公司	王春鹏、王正江、赵政超、吴德华、张恩臣、关 仲、王贤泸、张立萍、于洪坤、宋英男	开发采油
14	齐 40 块 70 米井距蒸汽驱先导试验	辽河油田分公司、中国石油勘探开发研究院	刘俊荣、刘喜林、任芳祥、暴富昌、祝永军、蒋生健、孙守国、李 博、赵忠彦、赵 伟	开发采油
15	新疆油田稠油、超稠油开采新技术研究	新疆油田分公司	闻玉贵、陈荣灿、霍 进、孙晓岗、杨生榛、彭顺龙、潘竟军、邹正银、黄伟强、李军民	开发采油
16	大张坨地下储气库配套技术研究	大港油田分公司	张幸福、周嘉玺、李海平、赵平起、何 鲜、李 强、杨希军、马小明、孙亚兰、杨国安	开发采油
17	吐哈油田葡北注气混相驱现场试验方案设计及跟踪实施研究	吐哈油田分公司、中国石油勘探开发研究院	张志东、高淑梅、孙玉凯、尚绍福、谭光天、何鲁平、刘洪亭、杨凯雷、刘 滨、刘 琨	开发采油
18	哈萨克斯坦扎纳若尔油田大型复杂碳酸盐油藏精细研究及实施效果分析	中国石油天然气勘探开发公司、中国石油勘探开发研究院	卞德智、范子菲、徐安平、李云娟、关维东、穆龙新、王发长、李 薇、郭双根、阿不都·热西提	开发采油
19	含硫化氢井钻探工艺技术推广应用	华北石油管理局	矫琦枫、钟德华、宋振泽、李俊禄、张领臣、罗玉亮、霍志刚、马 良、吴廷银、景 彬	钻井

续表

序号	项目名称	完成单位	主要完成人	专　　业
20	深井固井水泥浆技术	中国石油集团工程技术研究院、大港油田集团有限责任公司	高永会、邢秀平、叶松哈、王建东、林恩平、岳发辉、修留永、孙富全	钻井
21	大庆长垣东部固井工具及水泥外加剂研究与应用	大庆石油管理局	周英操、綦万军、孔凡军、杨智光、徐永辉、周记满、姜宏图、李天群、许国林、朱长波	钻井
22	深井、超深井油管/套管选择与管柱设计因素研究	中国石油天然气集团公司管材研究所、塔里木石油勘探开发指挥部、塔里木油田分公司	韩　勇、史交齐、林　凯、唐继平、宋　治、高智海、宋延鹏、刘亚旭、周建东、张国正	钻井
23	8½、12¼ SH 系列三牙轮钻头	四川石油管理局	陈述文、袁孝义、徐　彤、曹正元、陈昔龙、何前锋、李建伟、陈中荣、李　琪、谢国柱	钻井
24	ABS装置氮气循环干燥及超白ABS－750SW树脂的开发和生产	大庆石油化工总厂	王　彬、姜兴才、王景兴、刘新国、关国民、李永田、吕长波、张立国、张广成、韩洪义	炼油化工
25	浸渍系列胶乳及食品级丁苯橡胶工业化技术研究	兰州化学工业公司	席永盛、薛心涛、李成贵、俞燕龙、杨蜀黔、李景云、赵小龙、任彩霞、李　亮	炼油化工
26	丁腈橡胶新品种及助剂国产化工业技术开发	兰州石化分公司	李广义、田　锋、谷育生、李锦山、孙常胜、王宏建、周　亮、钱锦华、梁　滔、葛蜀山	炼油化工
27	LBO－12降烯烃催化剂	兰州石化分公司	高雄厚、秦　松、方立祥、刘从华、张忠东、刘惠斌、陈恩波、常晓平、申建华、王子君	炼油化工
28	气相高硅Y型分子筛催化剂的工业应用试验	锦西石化分公司、兰州石化分公司	杜　军、宋居东、吴华威、陈　志、朱卫东、李才英、毛学文、何鸣元、李　峥、段东升	炼油化工
29	应用混相反应技术提高装置生产能力	大庆石化分公司	张向东、张雪松、梁守新、朱连勋、路　明、周振环、焦桐祥、赵智武、康志军、武兴彬	炼油化工
30	6万吨/年丙烯腈装置提高精制回收率改造	大庆石化分公司	吴冠京、陈庆龄、曾志军、方永成、朱宝兴、顾军民、杜永贵、甘永胜、万志明、张　辉	炼油化工

续表

序号	项目名称	完成单位	主要完成人	专　业
31	烷基水杨酸钙 T109 合成工艺研究	独山子石化分公司	刘彬彬、张贵棉、王朝雨、王　锐、黄彦科、李汉忠、李洪波、吕宏卫、喻荣秋	炼油化工
32	"三泥"分离回收技术开发	乌鲁木齐石化分公司	孟　伟、王安江、徐新良、刘卫东、展江宏、刘北松、宋晓江、龚　涛、夏　宣、陈世全	炼油化工
33	三次加密调整地面工艺技术研究	大庆油田有限责任公司	曹广仁、宋承毅、赵玉昆、张国友、杨　菲、白晓东、杨　伟、高学良、王庆伟、田　晶	地面工程
34	西气东输高钢级大口径厚壁钢管高效焊接工装技术及成套装置研究	中国石油天然气管道局	曾惠林、张　锋、梁君直、阎　政、黄福祥、陈　江、许金华、王林章、于金柱、孙克刚	地面工程
35	气田含甲醇污水处理工艺技术研究与应用	长庆石油勘探局、长庆油田分公司	李　勇、金忠臣、张　帆、葛　辉、李疆英、方　鹏、张书成、刘　毅、刘　峰	地面工程
36	大庆油田天然气初加工系统综合节能配套技术	大庆油田有限责任公司、大庆石油学院	施　龙、董成云、蔡　栋、段玉波、盖晓峰、周　群、张淑香、王丽贤、关盛军、孙开友	地面工程
37	中国石油关键信息技术应用研究	中国石油规划总院、中国石油勘探开发研究院	王　华、程晓春、李建民、高　翔、和冬梅、时富庚、孙　丰、杨丽春、雷颖华、葛君敏	综合
38	国内天然气市场及价格的战略研究	西南油气田分公司、天然气与管道分公司	白兰君、汤亚利、周志斌、张金铸、何润民、崔红升、胡奥林、徐文满、周昌英、刘明科	综合

（刘炳义）

股份公司科技发展

【概述】　2002 年，股份公司科技系统紧密结合公司主营业务发展和低成本战略，按照"整合资源、突出重点"的原则，集中力量组织重大核心技术攻关和新技术推广应用，稳步推进科技系统整合，进一步规范科技规划计划管理和科技项目管理，各项工作取得了较好的成绩，有效支持了公司的生产经营和业务发展。

2002 年公司共申请国家专利 330 件，其中：国外专利两件，发明专利 129 件，专利申请质量有了较大提高。获集团公司技术创新奖 33 项，占授奖总数的67%，比2001年提高了三个百分点。其中："低渗透油气田高效开发配套技术"获特等奖，"新技术在重油催化裂化装置的应用"等六项成果获一等奖。"苏里格大型气田发现及综合勘探技术"获国家科技进步一等奖，"准噶尔盆地石西油田的发现与高效开发"、"委内瑞拉边际油田挖潜技术及应用"两项成果获国家科技进步二等奖。

【年度科技计划】 按照"突出重点，控制总量"的原则，在2002年股份公司科技计划中共安排科研项目36项146个课题，项目和课题数均比2001年压缩三分之一以上，更加突出了重点。其中：勘探与生产10项37个课题，天然气与管道五项17个课题，炼油与销售九项46个课题，化工与销售六项15个课题，超前与共性六项31个课题。2002年股份公司科技计划经费预算总计50970万元，总部超前共性研究部分预算12000万元，四个专业板块经费预算38970万元，其中：勘探与生产分公司20000万元，天然气与管道分公司经费预算1770万元，炼油与销售分公司12000万元，化工与销售分公司5200万元。

【科技成果】 2002年股份公司科研开发工作紧密结合公司主营业务发展需求，以组织实施九项重中之重项目攻关为重点，突出重大核心技术创新，经过广大科技人员的共同努力，取得了一批重大技术突破和成果，新产品开发和科技降本增效工作也收到了明显的效果。

1. 三项核心技术攻关取得重大突破

（1）新型抗盐聚合物实现了工业化生产。在中国石油勘探开发研究院和大庆炼化分公司共同努力下，通过分子结构设计和优化合成工艺，研制出超高相对分子质量抗盐聚合物，提高了水溶液的增稠能力，在抗盐聚合物研制领域取得重大突破。经大庆油田进行产出污水配制，溶液粘度能够保持在40111帕·秒左右。经过现场近7000吨干粉的配注试验，聚合物干粉用量可下降30%—40%。在大庆炼化分公司已建成年产1.3万吨高分子抗盐聚合物生产能力，产品推广应用后，可有效降低聚合物驱成本。

（2）两段提升管催化技术工业化试验获得成功，已具备大规模推广应用条件。通过石油大学（华东）、华东勘察设计院、兰州石化分公司协作攻关，两段提升管催化技术工业化试验在胜华炼厂10万吨/年催化装置上试验成功。试验达到了提高转化深度、提高轻油收率、改善产品分布和提高产品质量的目的。经过半年多的运行和标定结果表明：该项技术可使装置处理能力提高约30%；提高轻油收率、总液收率2至3个百分点；干气和焦炭产率明显降低；在汽油回炼约30%的情况下，汽油烯烃含量可降低20个百分点，辛烷值大于90；催化柴油收率提高、密度下降、十六烷值提高。这是一次催化裂化技术的重大创新，为炼油企业改善产品质量、调整产品结构、提高经济效益提供了一项核心技术。该技术已在华北石化投入使用，并已列入辽河石化、长庆石化的技改计划。

（3）重油催化裂解制乙烯工业试验取得重要阶段成果。在抚顺石化分公司建设的8万吨/年重油催化裂解制乙烯工业试验装置分别采用FCC平衡催化剂和HCC催化剂完成了多次流化试验和投油试验，实现了预期目标，乙烯加丙烯单程收率好于37%的目标值，生产出的混合C_2、C_3可满足聚合级乙烯、丙烯要求。试验的成功，为该技术的工业化应用打下了良好的基础，将为廉价化工原料的开发提供核心技术支持。

2. 六项重大配套技术在推广应用中进一步完善

（1）油气勘探重要领域预探研究与目标评价取得重大进展。立足于"大思路、大目标、大发现"的战略思想，推进了构造建模、层序地层学、精细沉积相和储层预测、次生孔隙成因及预测研究，深化了对前陆盆地、岩性和碳酸盐岩油气藏油气分布规律的认识，优选出一批有前景的预探目标，有效指导了油气勘探部署，为库车却勒、长庆西峰、四川鲕滩等重大油气发现奠定了基础。

（2）油田高含水后期改善水驱技术进一步完善。形成了油藏精细描述、井网精细加密调整、剩余油测试与评价等10项配套技术，在大庆、大港等油田得到推广应用，已起到减缓递减、改善开发效果的良好作用。

（3）大庆油田三元复合驱油技术进一步配套。大庆油田研制出了具有自主知识产权的烷基苯磺酸盐表面活性剂主剂产品，并形成了年产2万吨的生产能力。利用该产品在杏二区中部进行工业化试验，使中心井综合含水由96.3%下降至70.9%，降水增油效果明显。另外，井筒举升、油水处理等工艺也进一步配套完善。

（4）低渗透油气田有效开发技术进一步发展配套。形成了低渗透油田油气富集区筛选评价技术、开发方案优化技术、高效压裂提高单井产量技术、降低开采成本及低渗透油藏中高含水期综合调整技术、简化地面流程等技术，为长庆、吉林等地区上产提供了技术支持。

（5）清洁油品生产技术开发与配套进展良好。兰州石化自主开发的新型降烯烃催化剂（LBO－12、LBO－16等牌号）降烯烃效果明显，已生产和使用达1万吨以上；催化裂化轻汽油临氢醚化技术进入工业化应用；柴油非加氢精制技术研究在抚顺石化、华北石化已完成工业化试验。

（6）油气长输管线风险评估方法与管理技术投入应用。该成果在秦京、西南等油气管线的安全可靠性评价中进行了应用，对管线安全运行提供了重要依据。

3. 新产品开发成果明显

抚顺石化利用兰州石化研究院技术，实现了丁苯透明抗冲树脂的工业化生产；利用自主开发的微晶蜡生产技术，建设年产3000吨工业装置。

辽河石化开发的机场跑道专用沥青投入批量生产，产品已用于哈尔滨和敦煌机场，平均每吨售价比重交沥青增加200元。

管道分公司开发的EP－W系列减阻剂填补了国内产品空白，并在国内外原油输送管道上应用，提高了现有管道的油品输送能力。

另外，股份公司全年共开发合成树脂新产品30余种，专用料比率达到39.2%；开发合成纤维新产品40余种，产品差别化率达到27.8%。高档润滑油新产品开发也取得了良好进展，推动了产品升级和结构调整。

4. 科技降本增效见到一定效果

一是全面推动炼化企业用水优化和污水回用工程的实施。召开了“股份公司炼油化工用水优化与污水回用技术交流会”，交流了锦西石化、哈尔滨石化、抚顺石化科技节水的经验与做法，对炼化企业用水优化和污水回用工作进行了安排部署。截至2002年底，大部分炼化企业完成了水平衡测试和用水优化方案设计，大港石化、呼和浩特炼化污水回用工程已投入运行，成为降本增效的重要举措。

二是组织了油气田节能降耗技术筛选工作，并选择大庆油田采油五厂和新疆油田分公司分别实施“高含水后期油田地面集输系统优化及节能综合治理”与“稠油热采锅炉综合节能技术应用”两项示范工程。

三是各专业公司和地区公司组织了一批新技术的推广应用并见到实效。勘探与生产分公司重点组织了“改善水驱”、“三次采油”、“微生物采油”及其他专项技术交流研讨和培训；化工与销售分公司组织了10项重点新技术推广和应用。各地区公司都明确了新技术推广应用的“降本增效”指标，并逐项抓紧落实，收到了很好效果。其中：大庆油田在771口井推广应用螺杆泵采油工艺配套技术，节约一次性投资4100多万元，节电1000万千瓦·时以上；在采油一厂到十厂全面推广应用储层精细描述技术，三年累计增产原油500万吨以上，创直接效益5亿元以上。辽河油田组织优选了稠油分注选注、微生物采油、低渗透油田高效压裂等六项成熟技术，进行了3186井次的现场作业，全年增油56.65万吨，节约外协资金1000余万元。大庆石化通过丁辛醇气相醛加氢催化剂工业应用增效1200万元，兰州石化通过消化吸收提高丙烯腈收率技术、稳定急冷塔操作增效700万元。

【科技管理】　2002年在理顺科技体制、规范科技管理上做了以下五个方面的工作。

1. 按新的设计标准，组织了科技规划的编制

为了从源头上减少分散重复研究，从2002年下半年开始，按新的管理理念和设计标准，总部与专业公司共同组织编制了股份公司三至五年科技发展总体规划。基本确定了公司技术发展方向和重点科研项目，并设计了项目框架，明确了每个项目的目标、阶段、研究内容、进度安排，进行了风险预测、人员和经费估算、成果及预期收益分析等，为分解成年度科技计划奠定了基础。

2. 按新的管理理念，积极推进项目管理方法在研发领域的应用

提出了以项目经理负责制和项目用户总监监管为核心的科技项目管理体系，制定了科技项目管理的规范程序和实施方案，编制了项目管理规范手册及相应管理模板和软件。组织了项目管理培训，已培训39个科研单位的80多名科研项目管理骨干，为推进项目管理在研发领域的应用奠定了基础。

3. 公司研发系统整合有了新进展

中国石油勘探开发研究院加大了内部整合力度，调整充实人员，在油气勘探部署筛选与研究、油气生产规划、产能建设计划和工程支持等方面正在发挥决策支持作用；组建了鄂尔多斯分院、工程监督中心，科技人员长期深入第一线为生产服务，受到了油田的欢迎。炼化技术研究中心的组建方案已经确定，组建工作开始实施。天然气与管道技术研究中心的组建方案初步形成。

4. 科技对外协作管理逐步规范

制定和下发了《中国石油天然气股份公司科技对外协作项目管理办法》，促进了外协科技项目的规范运作。

5. 知识产权管理不断加强

大庆油田有限责任公司、兰州石化分公司被评为“全国专利工作先进单位”。国家知识产权局已同意依

托中国石油共建“中国石油石化专利信息服务平台”。

【国际科技合作研究】　2002年股份公司在勘探、开发、化工等专业领域，开展了九个项目的国际科技合作研究，取得了良好进展。(1)“筛选评价国外合作开发油气单元”项目完成了对南亚太战略区石油地质特征及盆地评价、南亚太战略区主要项目评价等工作，为中国石油在整个南亚太地区投资打下了良好的基础。(2)与俄罗斯全俄地球物理研究院合作的“油藏综合评价技术”，完成了玉门油田青西凹陷的区域地质、工区的构造解释、沉积、异常高压、工区的综合评价等工作，提出五口井的井位部署建议，得到玉门油田的认可。(3)“海相碳酸盐岩储层综合评价研究”，与美国俄克拉何马大学地质和地球物理学院进行了初步交流，签订了进一步合作的意向书。(4)与美国斯坦福大学地球科学系合作的“中国古生代海相碳酸盐岩有效烃源岩评价方法研究”，已在我国古生代碳酸盐岩有效烃源岩的评价标准方面获得了第一手数据，并取得了突破性认识，解决了我国几十年来争论不休的碳酸盐岩油气资源评价标准和关键参数选择问题。(5)与美国纽约大学布鲁克林学院合作的“三次采油用烷基苯表面活性剂研制”，已经合成出了碳原子数为12、14、16的双链烷基磺酸盐孪连表面活性剂，并完成了结构表征和性能测试。(6)与法国科学院聚合物物理化学实验室合作的“耐温抗盐聚合物机理研究”完成了TS系列耐温抗盐聚合物实验室样品的初评，并合成了系列工业样品，已投入大港油田、大庆油田进行现场应用。(7)与美国布鲁克海文国家实验室合作的“生物技术在石油勘探开发领域中的应用”已对辽河油田微生物在稠油开采过程中的应用情况进行了整理和分析，并对适合该项技术的普通稠油区块进行了初步筛选。(8)与美国得州大学合作的“酸化优化设计与评估专家系统”，完成了具有国际领先水平的酸化专家系统，现场应用11井次，取得了显著的效果，发表的六篇SPE文章引起了国外同行的极大关注。(9)与全俄有机合成研究院合作的“轻烃催化裂解制乙烯技术开发”，已完成前期准备工作。

【培训工作】　2002年举办了“股份公司科技管理方法及操作流程培训班”、“信息标准化培训班”、“股份公司知识产权培训班”、“股份公司科技统计培训班”及“断层相关褶皱作用的原理与应用、前陆冲断带油气勘探”等五个培训班。参加人员均为各地区公司的相关业务管理人员和相关专业骨干，共培训320人次，达到了培训的预期效果。

（股份公司科技与信息管理部）

信息工作

【信息化管理】

1. 石油计算机网络建设

在石油计算机网络二期工程中，55个集团公司所属企事业单位和股份公司所属单位，特别是炼油化工和销售企业，进行相应的网络建设，并通过租用专用信道（起点速率2Mb，共59条）实现与集团公司总部的网络互联；重组改制后分立的单位，由当前网络运行部门与集团公司机关实现了网络互联，同时保证了两个单位间的网络畅通；集团公司机关与股份公司机关实现了光纤高速互联。截至2002年底，全系统有100多个单位的网络通过2Mbps或更高速率的光纤信道，实现了与集团公司总部网络的互联，覆盖了集团公司绝大多数单位和主要业务范围，并为石油视频会议系统、石油电子邮件等系统的实施提供了数据传输平台。

2. 计算机防病毒系统部署

为保证计算机系统和信息安全，集团公司、股份公司通过招标选择和购买了计算机防病毒软件，按照“统一规划、统一购置、集中监控、分级部署、分级管理、分级维护”的原则，在全石油系统统一部署。集团公司总部、股份公司总部以及石油勘探开发研究院防病毒系统通过验收，投入运行。

3. 信息网站建设

各所属单位都建立了与企业生产、经营、管理相结合的内部网站，初步实现了内部信息资源上网共享。集团公司外部网站经过改版，以崭新的面貌呈现在社会公众和员工面前，提升了集团公司整体形象和网上宣传力度。集团公司内部网站改版工作取得重要进展。

4. 信息化管理和制度建设

2002年1月，集团公司召开石油计算机网络二期工程实施工作会议。集团公司31个单位和股份公司59个单位的148名代表参加了会议。集团公司总经理助理、信息化工作领导小组副组长刘海胜同志出席会议并做重要讲话。会议确立了“统一规划、统一标准、网络共用、资源共享、分级建设、同步实施”的信息基础建设工作原则，对网络二期工程的各个项目进行了全面部署。集团公司信息化工作领导小组、规划计划部多次召开专门会议，研究决定信息化建设工程的重大问题。集团公司对信息化工程项目的管理得到加强。成立了网络二期工程和办公自动化项目工程实施领导小组和项目管理部，对信息化工程实行了招标选择承包商，引入了专家技术把关、监理机制和监督机制，规范了管理，降低了成本，保证了质量。

集团公司发布了《石油主干网运行管理暂行办法》、《因特网接入、资源使用及用户管理暂行办法》、《石油计算机网络建设技术规范（试行）》、《信息网站、网页建设与管理暂行办法》等一系列急需的管理办法和技术规范，使整个信息化工作有章可循，健康发展。

5. 信息技术培训

结合石油主干网扩容改造工程的实施，集团公司举办了使用技术培训班，全系统58个单位共120人参加了培训；配合计算机防病毒系统部署工作，集团公司先后组织了5期技术培训，集团公司、股份公司共111家单位共169人参加了培训；配合石油视频会议系统的实施，集团公司先后组织了两期技术培训，集团公司、股份公司共78家单位共160人参加了培训。

（张耀臣）

股份公司信息工作

【概述】 2002年，按照中国石油信息技术总体规划的思路和框架，本着有重点、分步骤实施的原则，股份公司继续扎实稳妥地推进信息化建设。总体规划的34个项目中，有五个项目已经完成，四个项目正在实施，21个项目已经完成了可行性研究报告，其中包括ERP和专业应用系统在内的八个项目已经通过了专家论证，并制定了试点实施计划。

【网络基础设施建设】 股份公司与集团公司共同完成石油二期工程建设，实现了总部与57个地区公司和院所的互连互通，第一次大规模解决了股份公司的网络连接问题，拓宽了通信信道的带宽，提高网络运行与管理的水平，财务管理信息系统、电子商务系统、电子邮件系统、信息门户系统、油气田生产管理信息系统、天然气运销数据系统等已在网上运行，为公司网络化经营奠定了基础。利用建成的信道，开通了股份公司总部与香港办事处的IP电话业务，既方便了两地的联络，又节省了通信费用。开通了洲际大厦与中国石油勘探开发研究院的千兆光纤网络，为股份公司总部网络和数据的异地备份打下基础。此外，股份公司与集团公司共同组织实施了统一的电视会议系统，完成了股份公司一个主会场和56个分会场建设及系统连接，2002年底开始投入试运行。

股份公司统一购买了赛门铁克公司的企业级诺顿防病毒软件，对所有地区公司的防病毒管理员进行了培训与考核，统一发放了防病毒软件，在中国石油范围内构建了统一的病毒防御体系，以实现全网的防御。防病毒系统在实际应用中取得了显著的效果，成功抵御了几次大的病毒灾害，降低了风险，节约了费用。

为了在股份公司范围内全面增强局域网设计、建设和运行管理的技术能力，提高网络的服务质量，加强网络标准化、集成化建设和管理，根据中国石油信息技术总体规划，组织制定了中国石油局域网标准，包括《中国石油局域网参考概念体系结构》；《中国石油局域网标准与规范》；《中国石油局域网互联标准与规范》；《中国石油局域网安全标准与规范》；《中国石油网络运行与管理规范》。同时选择八家地区公司参照制定的标准进行了网络方案设计，并在所有地区公司对该标准进行推广。

【电子邮件系统建设】 由于历史原因，股份公司所属各单位电子邮件系统建设一直没有统一规划、统一标准、统一平台，影响了股份公司对外的整体形象，内部信息交换质量和效率也受到不同程度的影响。2002年，随着石油主干网的建成开通，股份公司采取“统一规划、统一标准、统一平台、统一设计、统一实施、集中管理”的办法，在整个公司范围内搭建了以“PetroChina. com. cn”为统一域名的电子邮件系统。该系统以适度集中的方式建设，按地域在规模较大的九个地区公司设立服务器。截至2002年底，该系统已建立用户达6.7万个，成为股份公司应用范围最广、用户最多、集成使用的网络应用系统，也是国内最大的企业电子邮件系统，达到了国际石油公司的先进水平。统一的电子邮件系统的建成应用，对于提高信息传递效率和质量、促进信息共享、树立统一的公司形象起到了重要作用。

【企业信息门户建设】 企业信息门户是《中国石油信息技术总体规划》的重要内容之一，是统一管理信息资源、统一搭建信息平台、促进信息技术集成和知识共享的基础。中国石油的企业信息门户从2001年下半年开始可行性研究，2002年开始在公司总部职能部门、专业公司和大庆油田进行试点建设。通过信息门户开发和试点，总结出了163套标准模板。其中：用于栏目设计的模板18套、用于界面设计和页面编码的模板92套、用于程序定制的模板53套。对信息门户建设的所有环节：项目启动、需求调研、栏目设计、用户界面设计、页面编码、门户定制、门户实施、门户运营都编有详细的使用教材。从2002年10月开始，在全公司推广建设和应用。经过各方面的共同努力，到2002年底，全公司共建成并上线运行100个信息门户。其中，总部机关13个，专业公司12个，地区公司及两院共75个，在信息门户中上载的文档达21万个。

【ERP系统可行性研究】 在2001年工作的基础上，2002年初完成了中国石油ERP（Enterprise Resource Planning，企业资源计划）系统可行性研究。整个项目完成了全部报告和试点实施计划及一些技术附件。

ERP系统可行性研究报告分为以下六个部分：

（1）中国石油企业资源计划可行性研究报告概述；

（2）勘探与生产企业资源计划可行性研究报告；

（3）天然气与管道企业资源计划可行性研究报告；

（4）炼油与化工企业资源计划可行性研究报告；

（5）销售与市场企业资源计划可行性研究报告；

（6）总部企业资源计划可行性研究报告。

经过多次与总部和各专业公司的交流与沟通，ERP可行性研究报告逐渐完善，通过了科技与信息管理部的审查。2002年9月，科技与信息管理部将ERP可研报告提交规划计划部。2002年10月17日至18日，规划计划部委托北京中陆石油工程咨询公司于北京组织召开了《中国石油企业资源计划可行性研究报告》评估会。项目通过了专家评估后，按照专家意见进行了修改完善，并于2002年底编制完成了试点实施方案。

按照试点方案，首先选择天然气与管道业务和炼油与化工业务各一个地区公司进行试点实施。其中，天然气与管道业务领域ERP试点实施所涉及的业务范围包括管道运行、销售管理、财务管理、采购管理及库存管理，考虑到试点的规模和实施时间，试点阶段将完成与油气运销相关的功能模块，包括：财务管理、固定资产管理、现金管理、销售管理、物料管理、采购管理和运输调度管理，试点实施大约需要12个月时间；炼油与化工业务ERP试点功能模块包括：生产计划和生产管理、财务管理、采购及库存、销售管理、工厂维护，试点实施大约需要16个月时间。

【专业应用系统可行性研究】 为加快实施《中国石油信息技术总体规划》，2002年股份公司安排了管道生产系统、炼油与化工运行系统、先进计划系统及加油站管理系统的可行性研究及试点方案设计。通过招标选择三家咨询公司，其中：德勤公司承担管道生产系统项目，普华永道公司承担炼油与化工运行系统项目和先进计划系统项目，斯伦贝谢公司承担油站管理系统项目；天然气与管道分公司、炼油与销售分公司、化工与销售分公司分别选派了有经验的咨询顾问参加项目工作，在规划总院成立了项目管理部，集中办公，统一管理项目的运行。以上项目于2002年9月12日启动，通过调研访谈、现状与需求分析、方案设计、交流研讨等各阶段的工作，形成了可行性研究报告及附件。项目成果主要有：

（1）中国石油管道生产系统可行性研究报告；

（2）中国石油管道生产系统试点方案设计；

（3）中国石油炼油与化工运行系统可行性研究报告；

（4）中国石油炼油与化工运行系统试点方案设计；

（5）中国石油先进计划系统可行性研究报告；

（6）中国石油先进计划系统试点方案设计；

（7）中国石油加油站管理系统改进研究报告。

【信息标准化】 按照中国石油信息技术总体规划的要求，2002年在信息标准化方面主要做了以下工作：

（1）组织开展了石油物资分类与编码系统建设。科技与信息管理部与电子商务部共同组织化工与销售分公司、炼油与销售分公司、CNPC物资装备公司、大庆物资装备公司等单位，同微软公司合作，完成了物资分类与编码系统V2.0版本，并投入运行。该系统编码范围涉及中国石油采购与销售的所有物资，为电子商务和ERP建设提供了良好基础。专家评审认为，该项目成果达到国际同行业先进水平。

（2）组织开展了有关全局性的标准制订工作。《中国石油信息分类与编码导则》、《中国石油信息系统组织机构代码》、《中国石油信息系统基础设施规范》已经通过了专家评审，完成了送审稿。《中国石油数据字典》的制订及网络版的开发取得了阶段性进展。

（3）组织制定了中国石油企业信息门户规范、IC卡卡机联动联网加油机规范两项专业标准。

（4）组织建设并投入运行了中国石油信息与计算机标准化信息门户，基本实现了标准查询、数据字典、标准动态、标准化论坛、标准文件、委员通讯等功能，为促进标准的应用、宣传和贯彻创造了条件。

【统一计算机类产品供应商】　通过对2001年合作供应商的评估及招标比选，确定了2002年入围的计算机类产品供应商，包括：戴尔、联想、IBM、HP、SGI、SUN、曙光、神州数码（东芝笔记本）、方正。根据过去几年的合作经验以及计算机类产品发展的新需要，在价格、服务等方面取得了更大的优惠，签署了新一轮的合作协议。新协议的签订进一步降低了整个股份公司计算机硬件产品的采购成本。

【统一外部信息购置和使用】　按照管理层的要求，2002年股份公司开始对外部信息资源进行了统一购买，并建成了中国石油信息资源网，将经过加工整理的外部信息，分门别类地统一发布在专题网站上，通过网络手段在股份公司内部实现信息共享，提高了信息资源的使用效率。

（股份公司科技与信息管理部）

学会活动

【重大学术交流活动】　一年来，石油学会秘书处以及各省、市、自治区石油学会、各分会和专业委员会，按照五届三次常务理事会和全国秘书长工作会议精神，密切结合我国石油、石化工业发展实际，围绕企业在生产和科研中存在的热点问题，以良好的服务意识，广泛开展了内容丰富、针对性强、具有学会特色的学术交流活动，为企业的可持续发展和高层领导机关的决策起到了参谋助手作用。

（1）围绕如何调整中国的油气勘探战略，进一步找到更多更好的油气资源，中国石油学会与中国工程院、环太平洋能源与矿产资源理事会于2002年5月14—17日在杭州市联合召开了“21世纪中国油气勘探国际研讨会”。来自中国、美国、英国、澳大利亚、法国、加拿大、俄罗斯、日本等八个国家的318名石油地质学家参加了会议。全国政协副主席、中国工程院院长宋健出席会议并做重要讲话。浙江省政府、三大石油集团（总）公司的有关领导和专家等出席了会议。这次会议共收到论文（摘要）175篇，89篇论文在大会上宣读。会议紧密围绕“21世纪中国油气勘探远景”这一主题，充分反映了中国油气勘探及世界油气勘探新理论、新方法、新技术和新进展，开拓了油气勘探思路。

（2）围绕我国炼油工业如何应对加入WTO后的机遇与挑战，在中国石油学会名誉理事长侯祥麟院士的倡议下，中国石油学会炼制分会邀请侯祥麟、袁晴棠、侯芙生、李大东、徐承恩、陈俊武等六名院士、13名专家教授以中国石油学会会员的身份，于2002年5月10—11日在北京召开了“加入WTO后我国炼油工业面临的挑战与对策研讨会”。会议围绕“炼油工业如何应对WTO”这一主题，站在中国炼油全行业的高度，深入分析了我国炼油行业的优势与劣势、机遇与挑战，并提出了许多对策和建议。

（3）为落实国家西部大开发战略，促进西部油气的勘探开发，中国石油学会与新疆石油学会于2002年8月10—16日在乌鲁木齐市召开了“西部油气—西部大开发与中国石油发展战略论坛”，来自中国石油天然气集团公司、中国石油化工集团公司、中国海洋石油总公司、石油院校等单位的120多名专家代表，以及中央电视台、中央人民广播电台、人民日报等23家新闻媒体的记者参加了会议。论坛的主要内容有：西部油气资源在我国石油发展战略中的作用，油气产业发展在西部大开发中的地位及对各省区经济发展的带动作用，西部在引进国外油气资源中的地源优势及应采取的对策，西部油气产业发展与东部较发达地区经济的互动关系等。

（4）围绕我国成品油销售市场的逐步放开，营销行业如何应对面临的机遇与挑战，石油经济专业委员会于2002年8月27—28日在北京召开了“2002中国成品油分销行业国际高峰会”，来自世界10多个国家和地区的260多名代表参加了会议。会议的主题是：“关注中国油品分销，推动市场有序发展，分享国际先进经验，接轨国际产业标准”。会议受到我国政府和有关部门的高度重视，也受到国内外石油企业、技术服务公司、咨询公司和研究机构的广泛关注。国家经贸委、国家计委等有关部门的主管领导出席会议并做重要报告。中国石油天然气股份有限公司副总裁任传俊和中国石化销售有限公司副总经理刘雄华分别就中国成品油销售企业的改革思路展开了论述。BP、壳牌等世界大石油公司的业务主管结合对中国成品油分销市场的认知和与中国企业合作的前景发表了演讲。一些国际一流的成品油分销技术服务商也在会上向代表们展示了该领域的技术与最新的服务理念。

（5）石油统计专业委员会积极开展石油统计科研，为推动石油统计改革建设服务。2002年是石油统计专业委员会的科研年，他们集中精力积极组织开展石油统计科研工作，一是出色完成了“石油企业改制后，统计职能定位与统计机构模式研究”等12个课题成果的验收鉴定工作，并颁发了“软科学研究成果评审证书”；二是积极组织了2002—2003年度石油统计专业委员会科研立项工作，申报开题24个，参研单位35个，经评审委员会审批，立项22个；三是组织完成了第二届石油统计科研成果评奖工作。本着公平、公正、公开的原则，授予24个统计科研项目、17篇统计论文、28篇统计分析第二届石油统计科研成果奖，颁发了获奖证书。

（6）围绕我国石油工业对外走出去的发展战略目标，中国石油学会测井专业委员会于2002年11月3—6日在上海市召开了“第二届中俄测井国际学术交流会”，来自中国、俄罗斯、哈萨克斯坦的专家学者164人参加了会议。大会共收到论文103篇，其中中方82篇、俄方21篇，内容涵盖了石油测井技术的各个领域，包括中俄两国石油测井的新理论、新方法、新仪器，特别是注水开发油田测井中的许多新问题，引起专家们的广泛关注。

（7）海洋石油分会结合中国海洋石油总公司的生产开发实际，组织召开了“深水勘探和油田开发浮式生产和海上系统研讨会”、“海上天然气田开发新技术研讨会”、“珠江口盆地天然气成藏条件及勘探潜力研讨会”、“南海海域天然气勘探技术研讨会”、“东海陆架盆地勘探战略研讨会”等多次学术会议，共征集论文135篇，366名专家学者参加了会议。

（8）山东省石油学会积极发挥“学术交流主渠道”的作用，紧紧围绕油气勘探开发、工程建设、经营管理等方面的难点及热点问题，有针对性地结合重点技术的发展和重大科技项目的攻关，组织举办了“深层油气勘探学术研讨会”、“济阳坳陷潜山油气藏勘探理论及技术交流会”、“工程勘察技术研讨会”、“管理创新优秀论文发布会”等重点学术活动。这些活动紧贴生产科研实际，促进了科技创新，取得了显著效果。

中国石油学会各省、市、自治区石油学会、各分会、专业委员会都结合石油、石化生产、科研实际，积极开展丰富多彩的学术交流活动，据不完全统计达307次，其中省市学会266次，专业委员会41次，参加人员2万多人次，交流了大量学术论文，全面完成了年初的学术交流工作计划，为我国石油石化工业全面发展做出了贡献。

【科普咨询工作】　中国石油学会秘书处及各省、市、自治区石油学会、各分会、专业委员会根据自身特点，结合油田、炼厂实际和社会需求，不断拓宽科普咨询工作渠道，开展了形式各异、丰富多彩的科普咨询工作。

（1）中国石油学会于2002年5月18—24日在北京玉渊潭公园参加了由国家科技部、中宣部、中国科协联合主办的“科技创造未来”为主题的大型科技周活动。中国石油学会的展览是由科普宣传展板、有关天然气汽车、天然气发电、录像光盘播放、“石油知识”科普资料发放及“石油勘探、生产、炼化、销售一体化”模型四部分组成，简要展示了中国石油、石化工业现代科技发展概况和石油科普知识。特别是“一体化”模型的制作，比较直观地展现了科学技术在我国石油勘探、石油生产、石油炼制和运输销售等各领域全过程的应用。

（2）中国石油学会于2002年6月在辽宁丹东市召开了科普工作会议。全国各省、市石油学会、各专业委员会的80多名代表参加了会议。会议邀请了中国科普研究所屈云峰所长、李大光处长及中国科学院自然科学史研究员董光壁先生分别做了《科学技术、社会与人生》、《国外科普状况》、《21世纪的科学与中国》的科普报告。三位专家的报告内容丰富，知识广泛，与会代表反响强烈，看到了我国科普工作与国外的差距，深刻认识到只有科教才能兴国。另外，科普工作委员会做了2001年工作总结并对今后科普工作提出了具体要求。

（3）为配合国家科技部、中宣部、中国科协联合举办的科技周活动，北京石油学会于2002年5月15日在京召开了世界·中国·北京地热资源报告会。来自北京、河南、河北、西藏、云南、黑龙江等56个单位的92名代表参加了会议。会议邀请了著名地质学家、北京市科协原党组书记、副主席、中国能源研究会副会长任湘同志做了《地热资源概况》的报告，邀请了西藏自治区多吉院士和西藏羊八井地热电站总工程师蒋勇同志做了地热发电的介绍。会议还邀请了中原油田钻井三公司路景文副总经济师做了低温水源热泵中央空调工程的介绍，《中国化工报》还在2002年5月23日头版头条做了报道。此外，中原油田钻井三公司要为北京奥运会服务，经推荐和选拔，该公司获得钻探地热井的权利，预计2003年元旦前后，将在北京奥运村开始打地热井，标志着北京奥运工程开工启动。

（4）吉林省石油学会紧紧围绕产业结构调整和技术创新，与油田公司的协作项目“油层改造典型工艺技术”在吉林油田多年来广泛应用，并且调剖堵水技术也在国内其他油田进行应用，目前已累计现场施工242井次、工艺成功率100%、有效率92.5%，累计增产原油27868.8吨，创经济效益2833.8万元，投入产出比1∶13.2。该项目被中国科协、国家经贸委评为“千厂千会协作行动”优秀项目成果奖。

（5）河南省石油学会在组织参加的第16届河南省青少年科技创新大赛上，共获发明创造奖17个，是全省获奖最多的单位，同时还获得优秀组织奖；在第17届全国青少年科技创新大赛上，又获得一等奖1个，二等奖2个，同时还获得全国优秀组织奖。此外，全年还完成设计咨询、新产品研制开发、装置试运及生产服务等25个技术咨询项目，总金额近300万元。

其他省市石油学会也都积极开展了大量多种形式、群众喜闻乐见、弘扬科学精神、普及科学知识的宣传教育活动和科技咨询工作。如：湖南省石油学会积极组织理事会成员和学会骨干进行科普法学习，并在企业电视台、报纸进行宣讲，将科普活动、学术交流和爱国主义教育融于一体开展活动，还特邀中国工程物理研究院科技委员会主任、研究员、核武器专家陈俊辉来企业做报告，分别在企业科技人员、管理人员、企业在读大学生中做了题为“弘扬两弹精神、攀登科技高峰”等三场报告，为近2000名职工和学生上了一堂生动的爱国主义教育课。湖北省石油学会针对随着我国加入WTO，油田与世界各地交流日益增多的情况，积极创造条件提高中青年科技人员的英语水平，与江汉油田联合举办了“第二届科技英语演讲比赛”，此次活动参赛者踊跃，参加人数多、演讲水平高，对推进油田中青年科技工作者的英语水平起到了很好的效果。四川省石油学会一年来就组织开展了15次科普宣传活动，参加人数2055名，并积极利用科技期刊、宣传橱窗向社会上宣传科技知识，取得了良好的社会效果。新疆石油学会为配合“4.26”世界知识产权日的宣传，举办了首届油田公司网上知识产权竞赛活动；为庆祝新疆油田原油年产突破一千万吨，还举办了石油知识竞赛活动。石油储运专业委员会与其他单位共同主办的“中国国际石油天然气管道建设与油气储运装备展览会”，对我国西气东输管道工程建设项目起到了积极的作用，其重要新闻还在《现在播报》和《新闻三十分》中播出。山东省石油学会全年共举办各种报告会、讲座49次，培训班13个，科普展览19次，青少年科技竞赛三次，编印科技图书两种，完成技术咨询、技术服务项目28项，其下属科技咨询中心还被评为“东营地区合同管理、财务管理最为严格、最为规范的单位之一”。四川省石油学会全年签订并完成咨询项目26项，上报金桥工程两项，合同金额达到了204万元。

【期刊出版工作】　2002年中国石油学会所办各类期刊继续以传播我国石油工业科研生产中的理论性、实用性、综合性、超前性的科技文章和推进科技创新为目的，遵循“促进石油科学的学术交流，促进石油工业的科技繁荣”的办刊宗旨，坚持严谨的办刊学风，把提高刊物的质量作为工作的核心，圆满完成了全年的出版和发行工作。

（1）《石油学报》全年编辑出版六期，处理稿件600篇，发表学术论文133篇，科技信息45篇，总字数150万字。积极参加了由中国石油和化学工业协会举办的第五届全国石油和化工行业优秀期刊评选活动，荣获一等奖（第一名）；2002年获“百种中国杰出学术期刊”称号；获得了中国科协自然科学基础性、高科技学术期刊奖励基金；还荣获第三届中国科协优秀科技期刊三等奖。

（2）《石油学报》（石油加工）全年编辑出版六期，发表学术论文95篇，108万字，其中37篇出自国家自然科学基金会或其他研究基金项目，占39%。编辑加工了“2002中国润滑油国际研讨会论文集”和“第10届中日炼油技术交流研讨会论文集”。在参加中国石油和化学工业协会举办的第五届全国优秀期刊评选活动中荣获二等奖。

《石油学报》两个版本的质量逐年上升，在国内外的影响越来越大，目前已经成为石油、石化系统广大科技人员比较爱戴的期刊、学术交流的园地和百家争鸣的论坛。

(3)《石油知识》作为我国石油、石化行业唯一的一本科普刊物，在三大石油集团（总）公司领导的关怀和支持下，经过编辑部同志们的努力，全年编辑出版六期，总字数50万字，发行13.2万册，完成了编辑出版任务，基本实现了自负盈亏。为适应市场经济和学会改革发展的需求，新改选了编委会，并作为学会改革的试点将《石油知识》杂志社独立出来，依法办刊、照章纳税、以刊养刊、自负盈亏，从2004年开始每年向石油学会秘书处交纳一定比例的管理费，学会秘书处对其进行监督管理，每年进行一次财务审计，并将审计情况直接向常务理事会报告。

(4) 各省、市、自治区石油学会、各分会和专业委员会也以本企业为服务对象，坚持搞好科技期刊出版工作。河南省石油学会主办的《河南石油》全年共出版了七期，并获河南省优秀科技期刊一等奖，还出版了《智慧经济——复杂断块油田开发战略管理》、《石油企业管理创新案例》等。广东省石油学会除了正常出版《广东燃气》外，还出版了“中外石油期货高级研讨班”中、英文论文集。石油经济专业委员会主办的《国际石油经济》自改版以来，其内容、质量和发行量都有了质的飞跃，已成为石油经济领域的权威性刊物。

【组织建设及管理工作】

(1) 根据中国科协《关于推进所属全国性学会改革的意见》通知精神，经五届四次常务理事会审议，通过了《中国石油学会改革意见（草案)》，已上报中国科协。

(2) 根据民政部、中国科协的要求，经五届四次常务理事会审议，通过了《关于中国石油学会第六次全国代表大会及理事会换届方案》，中国科协已正式批复，同意按期换届。

(3) 石油学会秘书处积极参加中油集团公司机关人事制度的改革，并结合实际对秘书处机构做出了相应调整，经五届四次常务理事会审议通过，秘书处三部一室的办事机构保持不变。

(4) 根据国家有关规定，对石油学会四年来的财务状况进行了全面审计，得到审计部门的充分肯定，为更换法人和换届大会做好了准备。

(5) 按照中国科协和民政部的要求，对学会分支机构进行了全面的清理和整顿，两个分会、13个专业委员会、两个工作委员会、一个文献资料部全部通过中国科协的验收，已报民政部待批。

(6) 根据中国科协的要求和学会改革形势的需要，学会秘书处与中国石油网正在进行网站建设。网站建好后，中国石油学会将充分利用网站进行信息交流，今后学会的通知、学术交流、会员登记、信息交换等都可以在网上进行，从而进一步提高办事效率。

(7) 根据中国科协组织部门的通知精神，积极组织了石油、石化系统200多名优秀科技工作者参加了科技交流与联谊活动，体现了党和国家对广大科技工作者的关心，起到了学会作为党和国家联系科技工作者的桥梁和纽带作用。

（康　剑）

第七篇

质量安全与环境保护

综　述

【概述】　2002年是深化改革的重要一年。集团公司进一步加强安全、消防、交通、质量、标准化、计量、环保、健康、节能和节水工作，取得了显著的成果，促进了集团公司改革的深入发展和总体经济效益的提高。2002年，集团公司未上市企业发生职工伤亡事故35起，死亡20人，重伤15人，直接经济损失98.98万元；按可比口径，与2001年相比，未上市企业事故起数、死亡人数、重伤人数、直接经济损失分别下降22.22%、33.3%、6.25%、4.08%，为历史最好水平。交通、火灾事故也较去年大幅度下降。有13个企业实现全年零伤亡。大庆石油管理局、辽河石油勘探局、大连石油化工公司等14个企业荣获集团公司安全生产先进企业称号；其中大庆、辽河、大港、四川、大连石化等五个企业实现了“三连冠”。2002年集团公司向国家安全主管部门申报的安全科技成果，有五项获奖。其中《中油集团HSE管理体系》、《管材的在线检测及有效寿命预测》分别获得国家安全科技成果一等奖。另有一项获二等奖，二项获三等奖，为企业安全工作提供了科技保障。

2002年，集团公司组织对244个企业的51种、334批次产品进行了质量监督抽查，其中合格285批次，全年综合合格率85.3%。合格率为100%的产品有33种；合格率在80%—90%之间的产品有7种；合格率在60%—79%之间的产品有5种；合格率低于60%的产品有6种。合格率低的产品主要是井下工具类。截至2002年底，集团公司通过质量管理体系认证的企业达到254个。2002年集团公司有三个产品获得“全国用户满意产品”荣誉称号；两个企业获得“全国用户满意企业”荣誉称号。华北石油第一机械厂被评为“2002年全国质量管理先进企业”。有6项产品荣获地方省市名牌产品称号。另有17项产品获国家CCC强制产品认证，2项产品获国家方圆标志认证，20项产品获API认证，2项产品获ASTM认证。对提出申请的87个石油工程技术服务企业和2612支施工作业队伍进行了现场审核。有50个企业的187项产品通过考核获得了认可证书。截至2002年底，共为西气东输管道工程监造生产合格钢管97万吨，产品一次合格率由监造初期的75%—80%，提高到95%以上。组织国家油气田井口设备质量监督检验中心对出口哈萨克斯坦、乌兹别克斯坦、土库曼斯坦等国的15部钻机进行了驻厂监造。中国石油天然气管道局获得2002年全国用户满意企业称号；评选出石油工业优秀QC小组一等奖75个，其中25个被推荐为国家级优秀小组，二等奖164个、三等奖206个。有18个QC小组获得全国优秀QC小组称号，六个QC小组获得全国QC小组邀请赛优秀QC小组称号，一个QC小组获全国质量信得过班组称号。

2002年，编制下达了2002年集团公司企业标准制修订项目计划，共计21项；组织制定了28项集团公司企业标准。组织完成了集团公司承担的1项国家标准和71项行业标准的制修订工作。集团公司各企业组织对4733项次技术标准进行了重点宣贯实施，标准配备率达到96.4%，标准实施率达到97.5%。

2002年，集团公司组织完成了对石油工业机械产品质量监督检验中心等三个检测实验室的国家计量认证工作。组织进行了对石油工业钻井井下工具质量监督检验中心等两个检测实验室的计量认证监督检测。组织完成了对大港油田集团中成机械制造有限公司等两个单位的计量检测体系确认复查换证考核。在集团公司36家企业中，目前已有锅炉、压力容器、专用容器共计13171台（套），平均注册率达82.5%，检验率达82.7%。

2002年，集团公司未上市企业杜绝了特、重大环境污染与破坏事故的发生，固定源工业污水、有控废气排放达标率分别为97.8%、98.6%，与2001年同比提高了0.4%、0.3%，主要污染物化学需氧量、石油类排放总量与2001年同比削减2.8%、3.92%，工业固体废物综合利用率与2001年同比提高1.11%，实现了“增产不增污”的控制目标。2002年，集团公司环境保护技术机构共承担环境保护科技研究开发课题15项，建设项目环境影响评价70多项，环境技术咨询服务48项。截至2002年底，共有20家单位建立了ISO 14000环境管理与HSE管理整合体系，累计40家单位通过ISO 14001环境管理体系认证审核。

2002 年，企业员工体检率保持在 90%以上，职业病发病率控制在 1‰以下，企业有毒有害作业场所检测率、检测合格率均有提高。杜绝了急性职业病、放射性事故发生。

2002 年，节约降耗效益达 4.3 亿元。其中技术措施节能投资 2.3 亿元，新建技术措施节能能力 21.5 万吨（标煤），当年节约各种能源 19.9 万吨（标煤），价值约 1.43 亿元；技术措施节能率达到 2.4%，超过集团公司年度节能率 2%的目标要求，高于全国直接节能率的平均水平；建成年代油能力 65 万吨，直接节约燃料油 5.7 万吨，节约成品油 2700 吨，其中燃料油节油率达 8%，超过了集团公司节油计划要求的节油率 6%的目标。节水投资 5310 万元，新建技术措施节水能力 1705 万立方米，当年节水 1055 万立方米，价值约 2048 万元；工业水重复利用率为 87.3%，达到集团公司年度工业水重复利用率的目标要求。粉煤灰综合利用率总体达到 60%以上。节约降耗既降低了企业生产经营成本，也增加了企业的经济效益。

（佟铁墉）

股份公司 QHSE 发展战略与管理体系

【发展战略研究】 组织开展了《股份公司 QHSE 发展战略研究》，并通过了股份公司科技与信息管理部组织的验收。该项目通过对国内外质量、安全、环保、健康等方面管理现状和发展趋势的分析，提出了股份公司质量安全环保工作的指导方针、发展目标、发展对策和主要措施。组织制定了《股份公司节能发展战略研究》，通过对股份公司三年来能耗状况和节能潜力分析，提出了股份公司节能工作的发展目标和对策措施。组织开展了《原油、天然气和成品油计量方式与国际惯例接轨研究》，提出了与国际惯例接轨的对策措施。

【QHSE 管理体系】 组织了《质量健康安全环境管理体系 基础和术语》、《质量健康安全环境管理体系 要求》、《质量健康安全环境管理体系 实施指南》三个企业标准宣贯；组织大港油田、独山子石化进行了质量健康安全环境管理体系一体化试点工作。组织编写了《中国石油质量健康安全环境管理体系培训教程——基础篇》。截至 2002 年底，股份公司已有 60 余家地区公司通过了 ISO 9000 质量管理体系认证，有 34 家地区公司实施了健康安全环境管理体系。

（股份公司质量安全环保部）

安全生产

【安全生产基本情况】 2002 年，集团公司所属企业认真贯彻落实国务院、国家安全主管部门一系列文件和集团公司工作会议精神，认真宣传实施《安全生产法》等法律法规，狠抓各级责任制落实和目标管理，及时修订各项规章制度，全面推进 HSE 管理体系建设，扎实开展石油安全生产专项“四防”、“六整治”活动，在管理创新、机制创新、制度创新方面有较大突破，安全形势继续保持了稳定。2002 年，集团公司未上市企业发生职工伤亡事故 35 起，死亡 20 人，重伤 15 人，直接经济损失 98.98 万元；按可比口径，与 2001 年相比未上市企业事故起数、死亡人数、重伤人数、直接经济损失分别下降 22.22%、33.3%、6.25%、4.08%，为历史最好水平。交通、火灾事故也较去年大幅度下降。有 13 个企业实现全年零伤亡。

大庆石油管理局、辽河石油勘探局、大连石油化工公司等 14 个企业荣获集团公司安全生产先进企业称号，其中大庆、辽河、大港、四川、大连石化等五个企业实现了三连冠。东方地球物理勘探有限责任公司海外项目累计实现 900 多万人力小时无事故，长城钻井公司、中国石油工程建设公司、中国石油天然气管道局等单位在海外也树立了良好形象。有 7753 个基层站队、车间实现了“零死亡、零伤害、零事故”。

2002年集团公司向国家安全主管部门申报的管材所、管道局、辽河、华北、大港、大庆石化等六家企业和质量安全环保部的12项安全科技成果，有五项获奖。其中《中油集团HSE管理体系》、《管材的在线检测及有效寿命预测》分别获得国家安全科技成果一等奖。另有一项获二等奖，两项获三等奖，为企业安全工作提供了科技保障。

【安全生产责任制】　集团公司始终把落实各级领导责任制确定为企业安全管理的重要任务来抓，按照“管生产必须管安全”、“谁主管谁负责”，以及“一岗一责”、“一职一责”的原则，认真修改完善各级领导干部、机关职能部门和基层岗位的安全生产责任制。把实现“四个杜绝、三个不超、一个确保”的安全生产管理目标，纳入企业年度生产经营考核范畴，建立了严格的激励约束机制。各企业坚持目标管理、责任考核制度，做到指标逐级分解，任务层层落实，有针对性地采取了“分级管理，分系统负责”、签订安全合同、安全风险抵押金考核和事故责任追究制度等管理模式和方式，实行“严考核、硬兑现”，强化了现场管理和“一岗一责、一职一责”制度的落实，促进了各项考核指标逐年提高。

【HSE管理体系的建立与实施】　集团公司各企业加大推进和实施HSE管理体系的工作力度，突出抓了动态风险管理在基层的实施，主要工程技术服务和生产服务的基层组织已普遍实行“两书一表”，部分机械加工、运输、供水供电等后勤服务单位结合实际，按照要求编制了作业指导文件。通过相继召开钻井、井下、炼化检维修三个专业“两书一表”经验交流会和“创优升级”、“风险管理软件”研讨会，运用典型示范，炼化企业也加快了步伐，大面积开展以装置、车间为重点的“两书一表”管理，并运用到炼化装置检维修中，使HSE风险管理在基层得到具体落实，推动了“两书一表”精品活动在面上展开，丰富了集团公司HSE管理体系内涵，形成了具有集团公司特色的基层组织HSE管理模式。赴外施工队伍基本上实现与国际管理惯例接轨，闯市场的整体竞争力得到提高。据统计，有5023个基层单位实施了“两书一表”管理，57家二级单位当年通过了HSE/OSH管理体系审核认证，累计有112家单位通过了HSE管理体系认证。

【安全监督】　从建立长效安全管理监督机制出发，集团公司各企业狠抓安全监督组织建设工作，确立了管理与监督工作的原则：“职责分、目标合，职权分、考核合，过程分、标准合”。按照《集团公司安全监督管理办法》，在基本配齐安全总监、副总监的基础上，勘探开发等上游企业普遍开展了安全监督试点运行，总结出了按专业或生产特点设置安全监督站，“钻井采取单井监督，井下作业采取划片监督，物探、炼建采取项目监督”的监督模式。新疆石油管理局也结合地方保险业务，对监督方式开展了第三方运作的有益尝试。炼化企业在借鉴油气田企业成功经验的基础上，不断总结、推行符合炼化企业特色的安全监督新模式。安全监督试点工作已在面上取得积极成果。

目前集团公司所属企业已有28个企业设置了安全总监或副总监，二级单位设置了总监、副总监467人，13个企业按照专业或生产施工特点建立191个安全监督站，130人经培训已取得集团公司安全监督资质。一套“企业行政正职负总责、主管领导负管责、安全总监负监责”的全新机制和异体监督模式在中油集团已基本建立起来，成为现代安全管理的亮点。

【安全生产专项整治】　各企业按照国家和集团公司的要求，围绕生产经营这个中心，以专项整治为主线，以专业检查为重点，以加强节日、季节、生产启动期安全为保障，开展了以“四防、六整治”，即以防井喷、防爆炸、防火灾、防特大交通事故的“四防”为中心，以油气井，油气集输储运站库（含加油站），炼油化工装置，锅炉、压力容器、管道及重要施工作业现场等五项重点区域，突出抓好六个方面的专项治理工作，组织了形式多样的安全生产大检查和专业检查，有效地防范了重特大事故的发生。经统计，各企业共组织检查281次，查处问题11235个，关闭不符合安全生产条件的场所40座。在国家督查的同时，集团公司组成了六路检查组和三路专业检查组，对21个企业和地区分公司的109个二级单位、202个生产施工现场进行了检查，查处问题485项，巩固并扩大了安全专项整治效果。6月份，由国家环保总局、国家安全生产监督管理局领导带队，人民日报、新华社、中央电视台等组成的国务院安全生产第五检查组，检查了中油集团所属的辽河石油勘探局及辽河油田分公司、大连石化及大连石化分公司等企业，对集团公司实行安全生产目标责任制、推行HSE管理体系、探索安全总监制等做法给予了高度评价。在综合整治取得成效的基础上，集团公司以《危险化学品管理条例》为依据，对危险化学品的生产、储存、运输、销售、使用和废弃物处置等环节加大整治力度，按照原国家经贸委第35号、36号、37号令的要求，针对薄弱环节和主要问题，狠抓落实。

突出了危险化学品专项检查和剧毒品的调研，下发了《关于认真开展炼化安全专项整治和检查的通知》和《关于开展安全生产大检查的通知》，对危险化学品整治提出了具体要求。重点检查炼化企业的关键生产装置和要害生产部位 25 个、易燃易爆场所、锅炉压力容器及管道、危险化学品及人员聚集的公共场所 38 处。对生产丙烯氰装置进行了专门检查，基本上摸清了各企业危险化学品和剧毒品底数及存在的问题，为进一步深入开展危险化学品整治奠定了基础。

各企业严格按照标准和规范组织生产，继续狠抓了生产、施工作业现场的安全整治。实行管理标准化、现场标准化、操作标准化。基层单位以“零死亡、零伤害、零事故”为目标，进一步落实“两书一表”，强化风险管理，有针对性地搞好危害识别，编制削减措施和应急预案，认真开展应急演练。基层单位加强了交接班检查、巡回检查及日检、周检和月检。狠反了“三违”行为。

针对交通安全进行了专项整顿。2002 年，10 月份召开了交通安全专业会议，通报了情况，分析了存在的问题，提出了交通整顿六个方面的工作要求。大庆、辽河、新疆、大港、四川、大连、兰炼等 15 个企业交流了经验。各企业针对市场经济条件下车辆对外运输、出租、租赁、转让等新情况，加大了整顿力度。一是加强了对驾驶员的职业道德、技术素质和事故预防、预控的培训教育，尤其是对重点单位、重点车辆司机的教育和管理；二是加强了对车辆的安全检测，认真坚持车辆的出站把关和回场检验制度，尤其对客运、长途货运、小车、散车的监控；三是加强了对重大施工作业、危险化学品及民爆物品、放射性物品的运输安全管理，部分基层车队制定并严格执行 HSE 作业计划书；四是继续开展了机动车车籍清理专项整顿工作，清退了 1200 台车籍，有效地规避了可能引起的事故责任及赔偿问题。

【安全生产宣传教育】　各企业把开展安全生产宣传教育作为预防事故，提高员工整体素质的重要手段，紧紧围绕安全生产的中心工作，按照分类指导、统筹规划和分级负责的原则，认真组织开展了多层次、多形式的培训教育；借助各种媒体广泛宣传国家安全生产法律法规、集团公司安全生产各项规定和安全基本常识等内容，由于措施得力，收到了明显成效。根据新形势、新体制的要求，重点加强了对企业领导和安全监督人员的培训教育。各企业普遍把《安全生产法》、《职业病防治法》等法律宣传贯彻工作纳入“四五”普法教育当中。特别是《安全生产法》颁发后，集团公司专门邀请国家安全生产监督管理局领导做了专题讲座，先后举办了局、处干部培训班、两期企业总监、副总监《安全生产法》培训班，系统学习《安全生产法》、《职业病防治法》和职业安全卫生管理体系，共培训企业领导干部 60 多人。为提高企业安全监督人员的业务知识和技能，举办了两期专业安全监督培训班，培训人员 130 多人。

为配合国家危险化学品专项整治工作，组织了危险化学品知识竞赛活动。与集团公司思想政治工作部联合组织了《安全生产法》知识竞赛和《安全生产法》宣传杯活动，特别是在马富才总经理发表《站在“三个代表”重要思想高度，认真学习贯彻安全生产法》文章的带动下，大庆、辽河、新疆等 16 个企业的主要领导先后在《中国石油报》上撰写文章，近 13 万人参加了竞赛答卷，国家安全主管部门、集团公司领导应邀进行了抽奖，并给 10 个企业颁发了先进组织单位奖。通过普法活动广大干部职工知法、懂法、守法意识不断增强，安全工作已经步入到法制管理的轨道。

（集团公司质量安全环保部）

股份公司安全生产工作

【安全生产基本情况】　2002 年，股份公司共发生各类事故 179 起，死亡 38 人，其中人员伤亡事故死亡 22 人，交通事故死亡 16 人。与 2001 年相比，事故起数下降了 30.1%，有 50 个地区公司实现了重大以上事故为零的目标。

【安全生产责任制】　从 2000 年开始，股份公司连续三年把安全生产指标作为地区公司主要领导的业绩考核指标，大部分地区公司安全生产形势较好，有 29 个地区公司连续三年实现重特大事故为零的目标。

【安全生产合同管理】　实行安全生产合同管理是股份公司依法治企的重要举措。2002 年 2 月，股份公司法律事务部、人事部和质量安全环保部共同组织了

175 人参加的安全生产合同管理学习班，已有 54 个地区公司两个合同签订率达到 100%。

【《安全生产法》宣贯】　《安全生产法》是我国安全生产法律体系的主体法。股份公司机关和在京单位司局级以上领导 40 多人听取了国家安全生产监督管理局领导关于《安全生产法》的专题讲座。股份公司安全总监学习班 75 人听取了国家法制办领导对《安全生产法》的讲解。据不完全统计，专业公司和地区公司两级共举办《安全生产法》学习班 37 期，有 3000 多人参加了学习；全公司有 20 余万人参加了《安全生产法》知识竞赛。

【安全生产总监、监督】　股份公司十分重视安全监督队伍建设。目前，共设置地区公司专职安全总监 29 人，兼职安全总监 35 人，地区公司所属厂（矿、公司）专职安全总监 158 人，兼职安全总监 389 人，基层车间（大队）安全监督 3223 人，形成了比较完善的安全监督体系。

【安全监督检查】　股份公司、专业公司组织了多次安全生产监督检查，对查出的问题和隐患，加大安全投入进行整改，仅炼油与销售分公司就投入 3.3 亿元用于隐患治理。化工与销售分公司加强检修现场监督检查，全年完成检修项目 35000 余项，实现了大检修期间无重大事故的安全生产目标。

（股份公司质量安全环保部）

质量管理与监督

【概述】　为了贯彻集团公司 2002 年工作会议精神，加强对质量工作的管理力度，质量安全环保部于 3 月 24 至 26 日组织召开了集团公司 2002 年度质量工作会议，会议研究贯彻了集团公司 2002 年工作会议精神，总结了 2001 年集团公司质量工作，交流了石油石化企业质量管理工作经验，结合实际落实了 2002 年度集团公司质量工作计划，明确了落实质量责任制、进行用户满意度调查、开展石油工程技术服务企业和队伍资质认证等九项重点工作。

各企业按照 2002 年质量工作会议精神和集团公司质量工作“十五”发展计划的要求，结合实际，开拓创新，质量管理水平和产品、工程技术服务、施工作业质量水平都有了较大提高。企业质量管理体系进一步完善，工程质量保持了较好的水平，集团公司的采购物资产品和自产产品的质量总体上稳中有升，全面开展了石油工程技术服务企业和施工作业队伍的新一轮资质认证工作，群众性质量管理活动成效显著。

【质量体系认证与运行】　各企业按照集团公司下发的《关于贯彻质量管理体系国家标准的实施意见》的要求，广泛开展了 GB/T 19000—2000《质量管理体系》国家标准的宣贯和质量体系的换版认证工作，并保持体系的有效运行。到 2002 年底，集团公司共有 284 个企业（包括二级单位）开展了贯彻新版《质量管理体系》国家标准的活动，在已通过认证的企业中，已有 163 个完成了换版认证工作；主要产品制造、工程建设、施工作业单位质量管理体系的认证率达到 93%，新版认证率达到 90%。促进了企业质量管理体系有效性的提高。到 2002 年底，集团公司通过质量管理体系认证的企业达到 254 个。

【用户满意工程】　在加工制造、化工产品、工程施工、生产服务等领域开展了创“用户满意产品”、“用户满意工程”、“用户满意企业”、“用户满意服务”等活动，通过实施用户满意工程，取得了显著的成效。2002 年集团公司有三个产品获得“全国用户满意产品”荣誉称号；两个企业获得“全国用户满意企业”荣誉称号。

【创建名牌产品】　有六项产品荣获地方省市名牌产品称号。另有 17 项产品获国家 CCC 强制产品认证，两项产品获国家方圆标志认证，20 项产品获 API 认证，两项产品获 ASTM 认证。

【质量管理先进企业】　华北石油第一机械厂被评为“2002 年全国质量管理先进企业”。

【产品质量监督抽查】　组织对 244 个企业的 51 种、334 批次产品进行了监督抽查，其中合格批次 285 批，全年综合合格率 85.3%。合格率为 100%的产品有 33 种；合格率在 80%—90%之间的产品有七种；合格率在 60%—79%之间的产品有五种；合格率低于 60%的产品有六种。合格率低的产品主要是井下工具类。

【资质认证】　为了加强石油工程技术服务企业和施工作业队伍的建设，规范市场秩序，组织开展了新一轮资质认证工作。根据集团公司领导的要求和《集团公司石油工程技术服务企业及施工作业队伍资质管理规定》的精神，编制印发了《中国石油天然气集团公司石油工程技术服务企业及施工作业队伍资质认证审核细则（试行）》。在各单位申请、局专业考核组现场考核和局初审委员会推荐的基础上，从2002年8月份开始，组织84位审核员分五个专业组20个现场审核组，对提出申请的87个石油工程技术服务企业和2612支施工作业队伍进行了现场审核，经集团公司石油工程技术服务企业和队伍资质认证委员会评审，集团公司批准78个企业取得石油工程技术服务资质（有九个企业划归东方物探公司和中油测井公司），2559支队伍取得资质，其中：取得甲级施工作业队伍资质的720支，取得乙级施工作业队伍资质的1839支。完成了新一轮资质认证审核工作。

【产品质量认可】 2002年上半年接受了24个生产企业的油田化学剂产品质量认可证书申请。从6月份开始，组织进行了现场考核与产品抽样检测。召开了第14、第15批两次油化剂产品质量认可考核评审会，分别对两批申报的共59个生产企业的考核情况进行了审核。有50个企业的187项产品通过考核获得了认可证书。同时对进一步加强油田化学剂产品质量认可工作进行了部署和要求，改进了质量认可证书的申报审核程序，修订了考核条件规范。

【驻厂监造】 组织集团公司石油管材质检中心、防腐保温产品质量监督检验中心和管道局管道科学研究院工程材料研究所对西气东输用管材进行驻厂监造。截至2002年底，共为西气东输管道工程监造生产合格钢管97万吨，合格弯管1517根；监造防腐钢管约1180千米，产品一次合格率由监造初期的75%—80%，提高到95%以上。组织国家油气田井口设备质量监督检验中心对出口哈萨克斯坦、乌兹别克斯坦、土库曼斯坦等国的15部钻机进行了驻厂监造。

【质量培训】 举办了质量处级岗位任职资格培训班，来自各企业的24名学员参加了集中培训。举办了GB/T 19000—2000质量管理体系内部审核员培训班，经考核，参加培训的24人全部取得了内审员证书。

【规章制度】 为加强对质量事故的管理工作，组织制定了《中国石油天然气集团公司质量事故管理规定（暂行）》。

【中国质量协会石油分会工作】

（1）完成了社团复查登记工作。经国家经贸委、中国质量协会批准，民政部准予登记后，正式启用“中国质量协会石油分会”等三枚印章。

（2）根据企、事业申请，批准石油分会第14—17批共四批团体会员25个。至此团体会员数达到609个。

（3）经中国质量协会石油分会推荐，中国石化胜利油田有限公司获2001年质量效益型先进企业称号，获得了中国质协的表彰。大庆油田有限责任公司保持特别奖称号。经石油分会推荐、全国用户委员会批准，中国石油天然气管道局获得2002年全国用户满意企业称号；中国石化集团江汉石油管理局第四机械厂获得全国用户满意服务称号；中国石油大庆石油化工总厂生产的大庆牌聚苯乙烯树脂GPPS—200D、中国石油天然气股份有限公司润滑油分公司生产的七星牌润滑油获得全国用户满意产品称号。

（4）组织召开了2002年石油工业QC小组暨“石油质量奋进杯”、“石油质量效益杯”QC小组邀请赛成果发布会。出席会议的代表共184人。81个QC小组成果在大会发布。评选出石油工业优秀QC小组一等奖75个，其中25个被推荐为国家级优秀小组；二等奖164个；三等奖206个。大港油田集团有限责任公司被评选为全国QC小组活动优秀企业；中原油气高新股份有限公司采油四厂抽油杆修复班QC小组为全国质量“信得过”班组。石油分会对获奖单位、QC小组进行了表彰和奖励。

石油分会组织中国石油、中国石化两大集团公司所属团体会员单位开展QC小组活动，2002年小组注册数14787个，参加活动人数13.7万余人，取得QC小组成果10375项。创造经济效益17.3216亿元。有18个QC小组获得全国优秀QC小组称号，六个QC小组获得全国QC小组邀请赛优秀QC小组称号，一个QC小组获全国质量信得过班组称号。

（5）表彰了2002年度“石油工业QC小组活动优秀推进者”64名。经石油分会推荐，中国质协批准，石文常副秘书长获得全国QC小组卓越领导者称号。

（6）9月份，根据中共中央宣传部、国家质量监督检验检疫总局、国家经济贸易委员会、中华全国总工会、共青团中央联合发出的《关于开展“2002年全国质量月”活动的通知》，石油分会组织团体会员单位开展了“2002年全国质量月”活动。举办了“2002年石油工业质量管理论坛”，有56名代表参加了论坛的活动，有13篇论文在论坛发表，论坛特邀了质量界知名学者进行专题讲座。

集团公司有13个企业获得中国质量协会授予的“全国质量月活动先进单位”称号，有七人获得“全国质量月活动突出贡献者”称号，65人获得“全国质量月活动先进个人”称号。

(7) 举办了石油工业 QC 小组骨干培训班，培训学员 154 人。举办了三期 CRBA 国家注册质量管理体系审核员培训班，参加培训的共有 51 名学员，有 48 人通过考试，获得了 CRBA 国家注册质量审核员培训合格证书。

（集团公司质量安全环保部）

股份公司质量管理工作

【产品质量监督抽查】 全年组织股份公司直属十三个质检机构按季度对石油产品、化工产品、石油机电产品和油田化学剂等四大类产品进行了产品质量监督抽查，抽查产品共 600 批次，综合合格率为 92.2%。其中，自产产品 462 批次，435 批次合格，合格率为 94.2%。采购物资产品 138 批次，118 批次合格，合格率 85.5%。2002 年同时组织开展了对原油、天然气、稳定轻烃、液化石油气、油田化学剂等产品的质量普查工作。

【产品质量监督员培训】 继续开展股份公司直属产品质量监督检验机构的人员培训工作。2002 年组织了两期质量监督检验培训班，共有 155 人经培训和考核获得股份公司产品质量监督员证书。

【质量管理国际交流】 中国石油质量安全环保管理研修团一行 11 人赴日参加了由日本国际石油交流中心（JCCP）主办、新日本石油株式会社承办的炼油企业质量安全环保管理研修班，与日本石油界就质量安全环保管理进行了深入的交流和探讨。

（股份公司质量安全环保部）

标准化工作

【标准的制定和修订】 编制下达了 2002 年集团公司企业标准制修订项目计划，共计 21 项；组织制定了 28 项集团公司企业标准。组织完成了集团公司承担的一项国家标准和 71 项行业标准的制修订工作。

【标准的实施与宣贯】 集团公司各企业组织对 4733 项次技术标准进行了重点宣贯实施，标准配备率达到 96.4%，标准实施率达到 97.5%；集团公司举办专题培训班，对《企业视觉识别系统规范》标准进行了重点宣贯；会同中国石油化工集团公司、中国海洋石油总公司共同举办标准出版发行会。

集团公司工程技术研究院等单位编制的《石油建设工程质量检验评定系列标准》等三项国家标准和行业标准被建设部评为全国优秀工程建设标准，石油管道局技术处等两个单位荣获建设部颁发的全国工程建设标准化工作先进集体的荣誉称号。

【标准化技术委员会】 组织参与石油工业标准化技术委员会的工作和活动，同中国石油化工集团公司、中国海洋石油总公司和中国石油天然气股份有限公司相关部门协作，做好石油天然气国家标准和行业标准的归口管理工作；组织参加了成立油气计量及分析方法专业标准化技术委员会的组建工作，协调落实了石油节能、工程设计、油气储运、钻井工程、石油安全及海洋石油工程等专标委的换届工作；共同组织召开了石油工业标准化技术委员会第三次年会，阎三忠主任委员在会上做了《面向国际的石油工业标准化》的主题报告；组织参加了“石油天然气行业强制性标准清理整顿”、“石油天然气行业标准复审”工作。

【国际标准化工作】 为贯彻全国采用国际标准工作会议的要求，集团公司加大了采用国际标准和国外先进标准的力度，参与完成了石油工业标准化技术委员会组织的“国际标准转化”、“行业标准采标”、“双语版行业标准”三项计划的制定工作和《石油天然气行业标准与国际标准接轨研究》课题，翻译出版了《加拿大油气管线系统规范》标准版本和《国际、国外石油天然气标准目录和内容摘要汇编》。

【标准化管理】 为加强标准在企业的实施力度，开展了集团公司企业标准执行情况的调查；“标准化信息网”得到进一步的建设和完善，石油工业标准化技术委员会在北京注册了 http：//www. petrostd. com/和 http：//www. cpsc. com/的外部网址，为企业了解石油工业和集团公司标准化信息提供了方便。

（集团公司质量安全环保部）

股份公司标准化工作

【企业标准制修订组织体系】 组建成立了中国石油天然气股份有限公司企业形象规范标准化直属工作组。将化工与销售专业标准化技术委员会秘书处从石油规划总院调整到兰州石化分公司研究院。股份公司企业标准覆盖范围进一步扩展。目前股份公司共有勘探与生产、炼油与销售、化工与销售、天然气与管道和信息与计算机 5 个专业标准化技术委员会和审计规范、节能节水、劳动定员定额、HSE 和企业形象规范等 5 个标准化直属工作组。

【标准制修订工作】 2002 年完成中国石油天然气股份有限公司管理的企业标准制修订计划 45 项，各地区公司管理的中国石油天然气股份有限公司企业标准达到 3151 项。并组织开展了中国石油天然气股份有限公司承担的国家标准和行业标准共 43 项的制修订工作任务。

【标准化前期研究】 加强标准前期研究，组织开展了《国内外主要内燃机润滑油产品质量标准现状及发展趋势研究》、《石油火灾危险性分类资料调研》、《俄罗斯商品天然气气质与分析测试方法国家标准研究》和《股份公司节水标准体系研究》等课题的标准化研究。

【国际标准化工作体系】 加大炼油化工下游国际标准化工作力度，建立并完善了覆盖股份公司主导产品的国际标准化工作体系。明确了合成橡胶类产品的标准化研究机构和国际标准化归口单位设在兰州石化分公司石油化工研究院标准化检测所、燃料油和润滑油产品的标准化研究机构和国际标准化归口单位设在兰州润滑油研究开发中心。合成纤维产品的标准化研究机构和国际标准化归口单位设在挂靠辽阳石化分公司的石油工业合成纤维产品质量监督检验中心。石蜡产品的标准化研究机构和国际标准化归口单位设在抚顺石化分公司石蜡研究所。合成树脂产品的标准化研究机构和国际标准化归口单位设在大庆石化公司研究院。沥青产品的标准化研究机构和沥青国际标准化归口单位设在克拉玛依石化分公司炼化研究院等。

【国际标准化交流】 积极参与国际标准化活动，派团参加了 ISO/TC28（国际标准化组织石油产品及润滑剂技术委员会）、ISO/TC45（国际标准化组织橡胶和橡胶制品技术委员会）、ISO/TC67（国际标准化组织石油天然气工业用材料设备及海上结构技术委员会）、ISO/TC193（国际标准化组织天然气技术委员会）、API（美国石油学会）等国际或国外标准化组织的年会，掌握了相应组织的国际标准化工作的最新动态。

【标准的宣贯与实施监督】 下达了 2002 年股份公司 8 项重点实施标准目录。组织起草并下发了《中国石油天然气股份有限公司标准实施监督抽查规定》。首次举办了标准实施监督评审员培训班，来自股份公司所属 38 个地区分公司的 63 名代表参加了学习，58 人经考核获得评审员证书。举办了标准化基础知识和 GB1. 1 培训班，股份公司所属单位共 82 名代表参加了学习。

（股份公司质量安全环保部）

计量工作

【计量技术机构与实验室建设】 组织召开了质量、计量技术检测机构座谈会。会议总结了 2001 年集团公司产品质量监督抽查情况，协调了 2002 年集团公司监督抽查工作计划，讨论调整了集团公司抽查产品目录。会议要求要加快集团公司质检机构法人资格注册和实验室认可工作、开展对重点设备全寿命周期质量监控工作、加快专用计量器具的建标工作进度、加强技术检测服务体系和技术机构建设。

【计量队伍建设】　经石油工业标准化技术委员会批准，石油工业油气计量及分析方法专业标准化委员会在北京成立，下设油气计量、原油试验方法和石油专用计量器具检定规程三个分标委，分别负责原油、天然气和轻烃计量、原油试验方法国家标准和行业标准、石油专用计量器具检定规程和校准方法的归口管理及标准制修订工作。

经国家认证认可，监督管理委员会的实验室与检测监管部批准，组织举办了国家计量认证评审员培训班，14 人取得了国家计量认证评审员证书。

经国家质检总局计量司授权，组织举办了完善计量检测体系国家级考评员和石油行业外审员培训班，九人取得了国家级完善计量检测体系考评员证书，14 人取得了石油行业外审员证书。

【计量管理与技术研究】　组织召开了石油专用计量器具管理工作座谈会，会议重点讨论了集团公司石油专用计量器具管理目录修改意见。

组织编制发布了《中国石油天然气集团公司计量人员考核发证管理规定》、《中国石油天然气集团公司计量检定和校准实验室考核管理规定》、《中国石油天然气集团公司最高计量标准器具和工作计量标准器具管理规定》、《中国石油天然气集团公司石油专用计量器具管理目录》等四项集团公司计量管理规定。

【石油专用计量器具量值溯源】　组织召开了测井仪器量值溯源体系建设规划论证会，中石油集团、中石化集团及有关院校的专家 15 人参加了会议。会议讨论审查石油测井仪器计量站提出的测井仪器量值溯源体系及规划方案，原则同意测井仪器计量站提出的“建设规划”，同意对自然伽马能谱测井标准装置等七个专题分阶段实施。

批复中国石油天然气集团公司管材研究所，同意将 API 螺纹地区量规送美国标准与技术研究院（NIST）校准溯源。

【实验室计量认证与认可】　组织完成了对石油工业机械产品质量监督检验中心等三个检测实验室的国家计量认证工作。组织进行了对石油工业钻井井下工具质量监督检验中心等两个检测实验室的计量认证监督检测。组织完成了对大港油田集团中成机械制造有限公司等两个单位的计量检测体系确认复查换证考核。

（集团公司质量安全环保部）

股份公司计量工作

【油气贸易交接计量器具强制检定】　根据《计量法》要求和强制检定计划安排，组织国家原油大流量计量站和国家原油大流量计量站成都天然气分站对股份公司所属的 84 个油气贸易计量站（点）的 364 台次原油流量计、18 台（套）原油体积管、136 台次天然气计量仪表和 26 台轻烃流量计实施了强制检定，并组织完成了兰成渝成品油输油管道、陕京天然气输送管道和涩宁兰天然气输送管道计量器具的检定任务，保证了油气贸易交接计量器具的准确可靠，维护了正常的贸易交接秩序。

【油气计量方式与国际惯例接轨研究】　质量安全环保部、科技与信息管理部、财务部会同各专业公司组织开展了“股份公司原油、天然气和成品油计量方式与国际惯例接轨的专题研究”。组织五个调查组完成了对所属 50 多家地区公司原油、天然气、轻烃、成品油贸易交接计量站（库）及加油站计量状况的现场调研，系统调查了计量仪表设备（系统）配备、计量方式、执行标准、分析检测和计量操作等实际状况，完成了原油、天然气的品质普查，开展了相关的技术研究和经济评价。

【西气东输管道工程计量工作】　组织对西气东输管道工程天然气计量测试中心进行初步设计审查，组织西气东输天然气计量技术考察团赴美国科罗拉多工程实验站（CEESI）和美国西南研究院（SWRI）等计量测试机构进行了技术考察和交流。积极协调国家质检总局解决了西气东输管道工程计量检定站的授权、流量计量仪表的首次检定等有关重大计量问题。

【计量技术研究】　组织完成了“天然气测量技术研究”、“油气计量检定软件包研制”等 7 项计量研究项目。为保证重点计量仪表在实际生产中的合理应用，加强了对重点计量仪表的测试评价工作，组织开展了“原油在线含水分析仪计量性能的试验评价研究”、

“多相流量计计量性能的试验评价研究”、“质量流量计计量标准研究”等4项计量项目的研究工作。

【实验室计量认证】　按照国家新发布的计量认证评审细则，进一步完善了所属实验室的质量保证体系。根据国家计量认证评审计划安排，组织完成了对14个实验室的计量认证复查评审和对7个实验室的监督检查工作。完成了中国实验室资源调查（石油行业）数据汇总工作。

（股份公司质量安全环保部）

特种设备质量安全监督管理

【“锅容管特”基本情况调查】　组织对集团公司各企业的锅炉、压力容器、专用容器的注册、检验等管理情况进行了普查登记。在集团公司36家企业中，目前已有锅炉、压力容器、专用容器共计13171台（套）。平均注册率达82.5%，检验率达82.7%。集团公司各企业共有锅容管特各类检验单位26家。“锅容管特”普查的结果，为集团公司制定锅炉压力容器管理办法，加强管理监督，提供了可靠依据。

【“锅容管特”监督管理】　为了加强对“锅容管特”的监督管理，组织召开了存续企业“锅容管特”管理工作座谈会，组织起草了《中国石油天然气集团公司特种设备安全监督管理规定（草案）》；确定大港油田集团有限责任公司锅炉压力容器检验所为集团公司特种设备安全质量管理归口技术机构，为加强“锅容管特”等特种设备的安全监督管理，提供了技术支撑。

（集团公司质量安全环保部）

环境保护

【概述】　集团公司认真贯彻国家环境保护法律法规和有关规定，紧紧围绕可持续发展战略，严格落实环境保护目标责任制，强化环境保护现场管理，充分依靠HSE制度创新、管理创新和技术创新，大力推行清洁生产，各项环境保护指标稳中有升，促进了集团公司生产经营任务的顺利完成。

2002年，集团公司未上市企业杜绝了特、重大环境污染与破坏事故的发生，固定源工业污水、有控废气排放达标率分别为97.8%、98.6%，与2001年同比提高0.4%、0.3%，主要污染物化学需氧量、石油类排放总量与2001年同比削减2.8%、3.92%，工业固体废物综合利用率与2001年同比提高1.11%，实现了“增产不增污”的控制目标。

【环境管理】

1. 环境保护目标责任制

集团公司严格落实环境保护目标责任制，将环境保护指标纳入生产经营考核范畴，把污染达标、环保事故等考核指标与企业领导干部的业绩挂钩，建立了严格的激励约束机制。各企业全面推行环境保护目标管理，实行“党政一把手亲自抓、负总责”的环保责任制，通过实施环保风险抵押金、分级签订安全环保责任状等方式，进一步提高了环境管理绩效水平，杜绝了特大、重大环境污染和破坏事故发生。2002年年底，集团公司对所属24家企业进行了污染物达标排放现场考核，共调查固定废水排放口86个，废气排放口132个。大庆石油管理局等14个企业被评为集团公司“2002年度安全生产环境保护先进企业”称号。

2. 建设项目环境保护管理

集团公司认真贯彻《建设项目环境保护管理条例》，严格对所属企业、专业公司、控股公司重大建设项目环境影响评价和“三同时”验收工作的监管。2002年，共组织对大连石化分公司加工进口俄罗斯原油技术改造工程、大港油田孔南区总体开发建设项目等25个大型项目环境影响报告书进行技术评审，涉及项目投资374亿元。配合国家环境保护总局对大庆石化乙烯扩建工程等三个项目进行工程竣工环境保护验收。集团公司限上项目环境影响评价和“三同时”执行率达到100%。为探索建设项目环境影响评价过程管理的方式，加强重点项目建设过程中的生态环境保护，与国家环境保护总局等六部委联合印发了《关于在重点建设项目中开展工程环境监理试点的通知》，对西气东输管道工程开展环境监理试点工作提出了具体要求，为进一步规范建设项目生态环境管理打下了基础。

【HSE和ISO 14000管理体系】

1. HSE培训

为保证HSE管理体系的有效运行，集团公司加大了培训工作管理力度，按照培训工作“两统一”、“三落实”的原则，突出培训体系建设，形成了以HSE基础和审核知识为内容的集团公司HSE审核员资质培训和以风险管理技术为重点的“两书一表”体系培训，建立起集团公司、企业、基层三级HSE培训网络。2002年，集团公司组织编写完成了一套九本约200万字的HSE管理体系培训教材。新疆、辽化、物探局、重庆、大庆五大集团公司HSE培训基地共举办集团公司HSE体系审核员培训班五期，培训审核员270多名；举办HSE体系内审员培训班八期，培训内审员600多名；举办出国施工人员及其他HSE培训班22期，培训人员1500多名。

2. ISO 14000环境管理体系

集团公司推行ISO 14000环境管理体系，研究制订了《关于贯彻ISO 14000环境管理系列标准实施意见》，以及《ISO 14000与HSE管理体系整合技术规范》、《石油行业环境因素筛选和评价技术指南》等配套技术文件；组织开展了钻井、井下作业、油建、物探、炼化检维修等专业ISO 14000和HSE管理体系整合认证试点工作，通过试点总结，初步形成了具有石油工业特点，与HSE管理相结合的ISO 14001认证模式，得到国家主管部门的认可。2002年，集团公司举办国家环境管理体系注册审核员培训班二期，内审员培训班四期，共培训审核人员260多人。各企业积极宣贯ISO 14000环境管理体系，认真开展重要环境因素评价，组织实施环境管理方案，有效提高了现场本质环境保护能力。截至2002年底，共有20家单位建立了ISO 14000环境管理与HSE管理整合体系，累计40家单位通过ISO 14001环境管理体系认证审核。

【清洁生产】　集团公司加快环境管理信息化建设，按照国际石油公司HSE体系建立和实施惯例，以实施“两书一表”为手段，全面强化风险管理，大力推行清洁生产，创建绿色作业示范工程。为实现环境保护技术水平的“跨越式”发展，各企业加强污染治理设施和生态环境保护能力建设，积极开展绿色作业队试点活动。四川、大庆、吐哈、长庆等单位开展了绿色钻井队试点，辽河、华北、新疆等单位开展了绿色井下作业队试点，管道局等单位开展了绿色管道施工队试点，东方物探公司、大庆等单位开展了绿色物探队试点。通过开展绿色作业示范工程，初步形成了一批经济实用的清洁生产技术，广大员工生态环境保护意识和作业区规范化建设得到明显加强。

【环境保护宣传】　集团公司围绕“创造能源与环境的和谐”，大力开展环境保护宣传，展示集团公司关爱社会、关注环境的良好企业形象。“六五”世界环境日，马富才总经理在《中国石油报》发表《实施可持续发展战略，开创环保工作新局面》的署名文章，分析了形势，明确了任务，强调了大力推进清洁生产的工作要求，得到了全公司广大干部职工的积极响应和国家环境保护主管部门的高度评价。按照集团公司的部署，各企业结合环境日宣传主题，利用电视、报纸、电台、网络等各种媒体，采用座谈会、知识竞赛、演讲比赛、征文等多种形式，开展了有声有色的环保宣传教育活动。据统计，各企业开展环境保护宣传教育培训200多次，参加人数10万多人，提高了全员环保意识，使保护环境理念深入人心。

【环境科研与对外合作交流】　2002年，集团公司环境保护技术机构共承担环境保护科技研究开发课题15项，建设项目环境影响评价70多项，环境技术咨询服务48项。“干法腈纶废水达标处理技术研究”被列为集团公司2002年重点科技项目。“炼油污水深度处理及综合回用技术研究”、“ABS废水达标处理技术研究”、“天然气吸附贮存技术用于汽车燃料的工业放大试验”、“炼油化工水优化利用研究”等四项科技成果通过了科技部门鉴定或验收，其中三项达到国内领先水平。双保钻井液生产及应用、废弃钻井液固液分离、废弃钻井液固化、炼油化工污水回用等四项技术成果通过国家经贸委组织的专家评审，被列入《国家重点行业清洁生产技术导向目录》，取得了一批具有自主知识产权的污染治理和生态保护技术成果。

集团公司积极加强国际环保技术交流与合作，2002年与COSMO石油公司、SHELL石油公司、Haliburton公司、加拿大JW环境公司、美国西部能源研究所等开展了环保技术政策、管理和清洁生产等方面的交流合作。举办国际环境法律法规研讨班一期、加拿大清洁生产技术研讨班一期、国际石油公司HSE监督与环境监理研讨班一期，参加培训人员180

多人。2002年，国家经贸委确定集团公司作为中加清洁生产合作项目的实施单位，加拿大CIDA将为集团公司开展石油清洁生产提供为期三年的技术支持。

【环境统计】　2002年，集团公司未上市企业固定源工业废水排放总量5597万吨，达标率97.8%，同比2001年提高0.4%。废水中主要污染物石油类排放量587.88吨，COD排放量5442吨，扣除统计口径变化因素，实际比2001年下降3.92%、2.80%。有控工业废气排放总量871.67亿立方米，其中生产工艺废气排放量85.51亿立方米，占9.81%；燃料燃烧废气排放量786.16亿立方米，占90.19%，废气达标率98.6%，与2001年同比提高0.3%。废气中主要污染物二氧化硫排放量4.88万吨，烟尘排放量3.54万吨，扣除统计口径因素，比2001年增加10.66%，13.83%。工业固体废物产生量232.83万吨，综合利用量85.30万吨，综合利用率36.64%，与2001年同比提高1.11%，排放量1.40万吨。

（集团公司质量安全环保部）

股份公司环保工作

【概述】　2002年股份公司实现了用水量减少、污水排放量下降，排放废水中主要污染物达标率为98.22%，比2001年有所提高。各专业公司上报数据表明，股份公司2002年用于污染治理的资金达到13.63亿元，比2001年增加1.58亿元，三年累计达37.19亿元，规模与股份公司上市时做出的“五年投入55亿元用于治理环境污染”的承诺相符，保证了污染治理水平的不断提高。2002年股份公司共缴纳排污费1.102亿元，与2001年水平相当。

【环境保护制度建设】　2002年，股份公司完善环境保护管理制度，发布了《中国石油天然气股份有限公司建设项目环境保护管理暂行规定》、《中国石油天然气股份有限公司环境统计管理暂行规定》和《中国石油天然气股份有限公司环境监测管理暂行规定》和《中国石油天然气股份有限公司环境统计基本指标》，对建设项目环境保护管理、环境监测和环境统计工作进行了规范。

【环境保护考核】　为落实环境保护责任制，首次把主要污染物排放达标要求作为专业公司的关键业绩考核指标，各专业公司也根据情况对所属地区公司下达了环境保护业绩指标。股份公司和专业公司联合进行了环境保护考核，结果表明各地区公司主要污染物排放达标均达到了要求。

【环境统计工作】　为规范股份公司环境统计工作，2002年8月13日股份公司以石油质字［2002］198号文件印发了《中国石油天然气股份有限公司环境保护统计管理暂行办法》，明确了各级环保部门在环境保护统计方面的责任、对环境统计人员以及原始数据、台账和统计报表的要求。2002年12月23日，质量安全环保部以油质字［2002］437号文件，发布了《中国石油天然气股份有限公司环境统计基本指标》，规定了季报基本指标和年报基本指标。按照以上文件规定，各专业公司可根据自身情况，在满足股份公司基本要求的前提下自行确定报表格式，地区公司向专业公司报送报表时需抄送股份公司环境监测总站。

（股份公司质量安全环保部）

职业健康

【概述】　2002年集团公司职业健康工作认真贯彻落实《职业病防治法》，坚持“预防为主、防治结合”的方针，依法做好企业预防、控制和消除职业病危害工作，不断增强全体员工的职业病防治意识。通过推进HSE管理体系的实施，进一步规范了企业职业健康工作，逐步改善了职工劳动条件和降低职业危害。企业员工体检率保持在90%以上，职业病发病率控制在1‰以下，企业有毒有害作业场所检测率、检测合格率均有提高。杜绝了急性职业病、放射性事故发生。

【职业卫生管理】　集团公司制定下发了《职业病防治管理办法》，进一步规范了企业职业健康工作，加强了对职业健康工作的领导。结合推行 HSE 管理体系，重视加强了企业职业健康管理机构建设，逐步完善三级管理网络体系，加大了对职业健康工作投入力度，提高了企业职业健康工作管理水平。

从抓好有毒有害作业场所治理入手，把有毒有害作业场所的治理作为职业健康管理工作的重中之重，在企业开展了以“四查一整改”为主要内容的职业卫生工作专项整治，对九家企业 35 个二级单位进行了专项检查。通过专项治理检查，有力地促进了企业对有毒有害作业场所和放射卫生工作的整治和监管。

【监护与监测】　重视和加强企业职业健康监护和有毒有害作业场所的监测工作，坚持抓好 HSE 健康管理。通过提高职业卫生人员业务素质，认真开展职工职业健康体检和落实对有毒有害作业场所监测检查，保证了体检工作质量，充实完善了企业职业卫生档案和职工健康档案，及时发现和解决作业场所危害和防护问题，基本完成了监测任务。

【宣传和培训】　深入宣传贯彻《职业病防治法》，利用各种媒体、刊物，采取各种形式大力开展了宣传活动，加强了对职工职业病防治知识常识的宣传和教育。集团公司举办了两期职业卫生管理和业务人员培训班，参加培训人员 150 人，重点进行了《职业病防治法》以及企业职业病防治专业技能的教学，增强了职业健康意识、管理能力和职业病防治业务技能。

【基础工作】　重视加强企业职业病防治队伍建设。组建成立了“中国石油集团石油职业卫生技术服务中心”、“中国石油集团石化职业卫生技术服务中心”，为提高集团公司职业卫生技术服务支持能力创造了条件。组织开发了集团公司职业健康管理统计软件，并进行了部分单位的试运行，提高了企业职业健康工作管理效率和水平。

（集团公司质量安全环保部）

股份公司健康工作

【概述】　2002 年，中国石油天然气股份有限公司把宣传贯彻《中华人民共和国职业病防治法》作为健康工作的重点。

中国石油天然气股份有限公司组织编写了《〈中华人民共和国职业病防治法〉宣传手册》，并下发到各地区公司，促进各级管理人员及从业人员了解和遵守《中华人民共和国职业病防治法》的各项要求。同时，在中国石油机关和专业分公司机关开展了以《中华人民共和国职业病防治法》基本内容为题的书面问答活动，使公司总部和专业公司的各级管理者在指导公司运作时，能更好地遵守国家法律对职业病防治工作的要求。

中国石油天然气股份有限公司按照《中华人民共和国职业病防治法》关于“用人单位应当建立、健全职业病防治责任制”的要求，在所属各级公司加强管理制度的建设，明确防治责任，并按照《中华人民共和国职业病防治法》对“用人单位”的有关法律要求（共约 40 条），逐条对照开展相应的工作。

中国石油天然气股份有限公司为了加强公司员工的健康工作，组建了“中国石油天然气股份有限公司职业病防治工作中心”，将该“中心”作为公司职业病防治工作的技术支持机构，协助股份公司制定职业病防治的有关管理规定、办法、标准以及制定职业病防治研究工作规划等。

【检测与监护】　中国石油天然气股份有限公司还按照《中华人民共和国职业病防治法》的有关要求，进一步开展了有毒有害作业场所监测与健康监护工作，共检测有毒有害作业场所 19434 个，为 97259 名员工进行了职业性体检，为 85677 名员工进行了一般性体检。

（股份公司质量安全环保部）

节能节水工作

【概述】 2002年集团公司各存续企业认真贯彻执行国家有关节能节水的法律法规和集团公司的有关规定，以企业深化改革为动力，以促进企业降低生产成本、减亏增效、提高市场竞争力为目标，取得了显著的节约降耗成效。据初步统计，全年节约降耗效益达4.3亿元。其中技术措施节能投资2.3亿元，新建技术措施节能能力21.5万吨（标煤），当年节约各种能源19.9万吨（标煤），价值约1.43亿元；技术措施节能率达到2.4%，超过集团公司年度节能率2%的目标要求，高于全国直接节能率的平均水平；建成年代油能力65万吨，直接节约燃料油5.7万吨，节约成品油2700吨，其中燃料油节油率达8%，超过了集团公司节油计划要求的节油率6%的目标。节水投资5310万元，新建技术措施节水能力1705万立方米，当年节水1055万立方米，价值约2048万元；工业水重复利用率为87.3%，达到集团公司年度工业水重复利用率的目标要求。粉煤灰综合利用率总体达到60%以上。节约降耗既降低了企业生产经营成本，也增加了企业的经济效益。

【节能节水管理】

（1）制定印发了《企业用新鲜水定额指标体系编制导则》在对存续企业用水状况充分调研的基础上，质量安全环保部制定印发了《企业用新鲜水定额指标体系编制导则》。《导则》规定了各企业工程技术服务、生产服务、加工制造、社会服务等生产经营业务应该编制的新鲜水用水定额指标体系，包括18项主要用新鲜水定额项目及计算单位等内容，用于指导和规范企业编制各类生产经营业务具体用新鲜水定额标准、加强用水定额管理和进行用水分析，为企业节水科研、技改项目的验收、考核提供了用水评价指标。

（2）《西北地区石油和天然气工业用水对策研究》取得了成果。为解决我国西北地区在发展社会经济和保护生态环境的问题中突出的矛盾即水资源的配置问题，中国工程院组织开展了国家重大咨询项目《西北地区水资源配置、生态建设和可持续发展研究》。该研究共分为10个子课题，集团公司承担了第六子课题的部分研究工作，即《西北地区石油和天然气工业用水对策研究》。承担研究任务后，集团公司领导专门批示成立了课题领导小组和研究小组，划拨了专项研究经费。从2001年下半年至2002年上半年，课题组先后深入西北地区14个石油石化企业进行现场调研和座谈，在各企业的积极配合和支持下，掌握大量一手资料，并收集了国外水资源紧缺地区的石油企业用水情况做对比，按时完成了研究报告，同时向国家提出了六条在取水、用水、节水方面的政策性建议。该项研究工作得到了中国工程院等组织单位的肯定和好评。

（3）对部分企业进行了节能节水监测。2002年8月至11月，组织集团公司油田节能监测中心、西北节能监测中心对大庆石油化工总厂兴化物业公司一小区、吉化集团公司公用事业总公司E1小区、辽河石油勘探局党校小区、华北石油管理局水电小区（第七综合服务处）、新疆石油管理局机械制造总公司第三作业区、兰州炼油化工总厂福利区九号街区和四川石油管理局川西北矿区石油二小区进行了节水监测。在对现场监测工作充分总结的基础上，已经发布了年度的节水监测公报。监测结果表明，老旧供水管线的新鲜水漏失是相当严重的，如大庆石油化工总厂兴化物业公司兴化一小区测试期日供水量1910立方米，实测漏溢率为67.70%；吉化集团公司公用事业总公司E1小区测试期日供水量377立方米，实测漏溢率为48.96%。质量安全环保部发布了《节水监测公报》，对新鲜水漏溢率高的企业提出了限期整改的要求。

（4）组织了节能节水的宣传和培训。2002年11月，按照国家经贸委等六部门的统一要求，集团公司组织各企业参加了以“节约能源，持续发展”为主题的“全国节能宣传周活动”，并同时组织了节水宣传活动。质量安全环保部与中国石油报联合举办了第六届“节能节水杯有奖征文活动”。自2001年11月1日至12月31日，共收到征文稿件269篇，刊登55篇，并评选出10篇文章获一、二、三等奖，五个单位获组织奖；各企业张贴节能宣传画3000张，在电视台、电台、企业报纸、网络等媒体发表文章1200篇，制作板报1250块等。较好地宣传了集团公司各企业的节能节水工作成效。

6月，集团公司质量安全环保部组织举办了服务企业节水管理干部培训班，各企业共有56名节水管理干部参加了学习，培训了工业水计量管理知识、节水管理知识、国家有关节水管理标准、服务企业用水统计和定额指标体系和节水新技术新产品等；8月，组织了各节能节水技术检测机构进行新的国家标准《计量认证/审查认可准则》培训学习和《质量管理手册》、《程序文件》等技术资料编写研讨，帮助这些技术机构提高了自身素质。

【节能节水技术】

（1）调研分析了企业节能节水潜力。为确保集团公司“十五”节能节水计划目标的实现，质量安全环保部组织了对服务企业节能、节水、节材及综合利用潜力进行调查分析。这次调查以各企业2001年用能用水和节能节水现状为基础，以填写调查表为主，并结合具体情况到部分企业进行现场调查，调查各企业“十五”期间进一步推广先进适用的资源节约和综合利用技术，实施技术改造工程的可行性，进而研究分析企业的节能、节水、节材和综合利用潜力。调研结果表明，到“十五”末，服务企业计划新增节能技术措施项目379个，年节能潜力约为122万吨（标煤），预计投资26亿元，年节约价值约8.8亿元；计划新增节水技术措施项目176个，年新鲜水节约潜力约为4478万立方米（包括化学水和蒸汽），预计投资4.2亿元，年节约价值约1.1亿元；各种综合利用项目年可替代水泥、矿渣、碎石、粘土、工业盐等15万吨，价值约980万元。这次潜力调查初步明确了“十五”后三年企业节约挖潜方向和目标，为企业提高节能节水工作水平，实现“十五”节能节水目标，作了很好的基础准备工作。

（2）组织召开了节能节水技术传播交流会。在对企业节能节水潜力进行调研的基础上，质量安全环保部与国家经贸委节能信息传播中心联合，有针对性地组织召开了社会服务（原划分口径）和生产服务业务节能节水技术传播交流会，传播交流了热力管网优化运行、高效加热及燃烧、冷凝水回收、热力计量、绿色照明、变频调速、供配电网优化运行、高效电机及节电控制柜、发电厂废水回用、水厂废水回、供水管道防腐、节水器具等22项节能节水新技术、新产品，同时组织各企业节能节水技术经验34份进行大会交流，企业代表160余人、厂商代表40余人参加了两次会议交流，较好地促进了企业节约挖潜工作的开展。

（集团公司质量安全环保部）

股份公司节能节水工作

【能源消耗状况】 2002年，股份公司继续实施以节能降耗为重要内容的低成本发展战略，进一步加大节能工作力度，节能降耗取得了明显的实效，连续两年出现了生产发展、能耗下降的喜人局面。2002年，股份公司能源消耗总量为4084万吨标准煤，比2001年下降69万吨标准煤，降幅达1.66%。能耗总费用为296.97亿元，比2001年下降7.18亿元，降幅达2.36%。按技措节能总量66.76万吨标准煤，节约总价值3.5亿元。自2001年以来，股份公司综合能耗和能耗费用连续两年均有所下降，主要原因一是企业不断优化调整能耗结构，重点减少了原油和重油的消耗量；二是各企业强化了现场能源管理，并不断优化生产运行，提高了生产负荷率；三是各企业加强了节能技措投入，有6种设备的设备效率和系统效率有所提高。

【用水状况】 2002年，股份公司加大了节水工作力度，通过加强精细管理，增加改造投入，节水工作取得了成效。2002年，股份公司共用新鲜水总量为81896万立方米，外购蒸汽940万吨，新鲜水用量比2001年减少7680万立方米，降幅达8.57%。部分有条件的企业加大了中水和海水的用量，同时炼油化工企业的串联水量和冷凝水回收量都有较大程度的提高，有效地减少了新鲜水用量。2002年，股份公司用水总费用为62.38亿元，较2001年同期增长4.03亿元。虽然新鲜水用量较2001年下降了7680万立方米，但由于新鲜水水价的不断增长和工业污水处理深度的不断提高等，股份公司在新鲜水用量减少的同时，用水费用已形成增加的趋势。

【节能节水统计】 在原有节能节水统计信息系统基础上，组织开发了《节能节水统计信息系统2002版》。升级后的系统对股份公司能源消耗统计报表进行了修改，增加了部分节能指标，实现了地区公司节能节水统计数据的汇总与分析功能。同时解决了地区公司各二级单位的能耗、水耗数据的汇总问题，并完善了分析功能。组织编制印发了《股份公司 2001 年节能节水工作年报》。

【油气田节能潜力研究】　质量安全环保部会同科技与信息管理部、勘探与生产分公司共同组织开展了《股份公司节能潜力研究》。委托股份公司节能技术研究中心对东北、新疆和华北地区的 8 家主要油田进行了能源消耗和利用、能耗费用、五大系统效率和节能措施实施等情况的现场调研，完成了《股份公司节能潜力研究调研报告》，提出了股份公司 2003 年节能示范工程项目。

【节能监测工作】　会同天然气与管道分公司组织管道节能监测中心对铁秦输油管线耗能系统的加热设备、输油泵机组、变压器和保温罐及鄯乌输气管线的天然气压缩机组进行了能耗监测，对监测结果做了综合分析和评价，提出了有关措施和建议。

【节能节水宣传和培训】　按照国家经贸委等六部门“依法节能、持续发展”的节能宣传周活动要求，组织开展了节能宣传周活动，组织机关员工开展了节能知识竞赛。组织对 37 家所属地区公司的节能节水管理人员共计 79 人进行了管理知识及统计信息系统的培训。组织编制印发了 4 期《节能信息》。根据股份公司赴外培训计划安排，组织有关节能人员赴日本 COSMO 石油公司进行了节能培训。

【节能节水标准制修订】　为适应国家节水管理要求和满足股份公司发展需要，组织对《水法》、《工业节水管理办法》和《工业节水型企业导则》进行研究，提出了有关政策性意见。参与组织完成了 GB/T 18916.3—2002《取水定额第 3 部分：石油炼制》国家标准的制定工作。组织“股份公司节能节水标准化直属工作组”完成了《股份公司节能企业标准体系研究》和《股份公司节水企业标准体系研究》，完成了《节能节水统计指标术语及计算方法》等三项股份公司企业标准的制定，为统一规范股份公司的节能节水工作提供了重要基础保障。

【节能节水技术交流】　质量安全环保部和科技与信息管理部会同各炼化专业公司在锦西石化分公司联合组织召开了“股份公司炼化企业用水优化与污水回用技术交流会”。王福成副总裁亲临会议并做了重要讲话，会议对股份公司开展炼化用水优化和污水回用工作做了具体部署。质量安全环保部和科技与信息管理部以“油质字〔2002〕280 号”联合下发了《股份公司炼化企业用水优化与污水回用技术交流会会议纪要》。勘探与生产分公司组织召开了“油田节能抽油机及配套装置技术交流会”，化工与销售分公司组织召开了“化工板块节水工作及技术交流会”。

【西北地区用水对策研究】　协同集团公司组织完成了中国工程院委托的“西北地区石油天然气工业用水对策研究”项目，对西北地区石油、石化企业的用水情况进行了比较全面深入的调研分析，提出了西北地区石油石化企业 2005 年和 2015 年用水预测和有关政策性意见。

（股份公司质量安全环保部）

第八篇

企业改革与管理

企业改革与管理

【战略管理】

1. 通过深入研究，集团公司提出建设大型跨国企业集团的发展目标

集团公司十分重视环境分析，并把它当作制定企业发展战略和发展目标十分重要的环节。深刻认识经济全球化、石油石化新技术革命飞速发展、国外石油石化巨头重组兼并对集团公司的挑战，以及自身的劣势优势，认为集团公司初步具备了应对国际竞争的能力。根据2001年11月国务院办公厅转发原国家经贸委等部门的《关于发展具有国际竞争力的大型企业集团的指导意见》，结合实际情况进行研究，提出集团公司要在国家实施大公司、大集团战略的推动和有关政策措施的支持下，瞄准国际同行业先进水平，奋发努力，自强不息，“十五”期间使集团公司的主要经济指标保持在世界大石油公司前列，并逐步发展成为主业突出、核心能力强的大型跨国企业集团。

围绕上述目标，2002年集团公司在战略管理方面突出抓了四项工作：一是按照国办发［2001］90号文件的要求，组织研究制定了集团公司提升国际竞争力的方案；二是指导了各企业搞好产业定位，并逐家予以审定，从总体规划上防止盲目发展和重复建设问题；三是适应“入世”后竞争环境的变化，对世贸组织规则和国内外竞争对手进行了研究，提出了趋利避害的办法和应对挑战的措施；四是对国际油价变动趋势进行了研究，并采取了应对措施。同时，要求各企业建立和完善决策支持系统，强化对内外环境的分析预测、重大决策项目的可行性研究和对战略实施过程的预警监控，提高决策的科学性，降低决策风险。

2. 集团层面上开展的重大战略研究取得明显成效

对涉及集团公司发展改革、长远的、前瞻性的重大战略问题，及时组织力量开展研究。例如，重点在2002年开展并完成的《中国石油集团培育和增强国际竞争力的初步方案研究》，系统分析了集团公司面临的国际环境、战略定位以及国外主要竞争对手的经济技术实力，提出了包括7大要素、32项指标的石油集团国际竞争力“对标”分析体系以及提升集团公司国际竞争力的战略目标及对策措施，主要研究成果在集团公司工作会议主报告和集团公司领导重要讲话中得到应用，为集团公司制定、调整中长期发展规划提供了重要基础。参与了由原国家计委主持的《石油安全和资源利用战略研究》课题的研究，该课题重点围绕我国油气资源状况和供需态势，在进行国内外对比分析的基础上，研究并提出了制定我国石油安全战略的原则、重点、保障措施和政策建议等；《国际石油市场与油价跟踪研究》课题，通过对OPEC生产价格和非OPEC生产动向、世界经济增长与石油供给趋势等问题进行研究分析，提出了具有建设性的对策建议等等。这些重点课题的阶段性成果和最终成果，都得到了集团公司领导及有关部门的重视。

与此同时，集团公司先后多次举办战略管理和企业管理、体制改革等培训班，对包括从事经济研究业务骨干在内的有关人员进行了培训。举办的第二期企业战略管理学习研讨班，组织了各油田、炼化企业及其他有关单位战略研究、发展规划、体制改革、企业管理等部门的负责同志及业务骨干，学习现代战略管理理论与方法，研讨涉及企业全局和长远的战略方向、战略目标、战略部署等问题，收到了预期的效果，为企业加强战略管理、提高决策水平发挥了积极的作用。

还举办了“中国加入WTO与石油石化企业国际竞争力问题学习研讨班”，主要是学习WTO的基本规则，研讨了中国加入WTO对国内产业、市场的主要影响，特别是对石油石化行业的影响及对策措施问题；学习研讨了企业竞争力、核心竞争力及国际竞争力的有关理论与策略问题，国家实施大公司、大集团战略特别是中国石油集团研究制定提升国际竞争力方案的情况，研讨班取得了比较好的成效，受到大家的欢迎。

3. 企业加强战略管理的工作有新的进步

各石油石化企业进一步重视战略管理工作，从组织领导、研究、力量调配等方面给予加强，并取得了一批成果。例如，大庆石油管理局、新疆石油管理局、大港油田集团有限责任公司、大庆石化分公司、吉化集团公司等单位，组织开展了《产业定位和发展方向及结构调整模式研究》课题，针对企业内外部环境条件变化，研究制定了企业的产业定位、发展战略

和对策措施，其主要内容涉及产业结构、管理体制、技术创新、市场开发等多个方面，为企业结构调整、深化改革提供了重要依据。从总体上看，对企业的产业定位研究工作各单位都做得比较好，尤其是大庆、长庆、兰炼等单位，专项研究工作做得细致、深入，实施方案不仅具有前瞻性，可操作性也比较强。

大庆石油管理局为解决企业的战略问题，为领导决策提供服务，主要由局发展研究中心集中力量研究企业长远发展问题和改革难点、热点问题，包括“大庆油田矿区经济协调发展有关问题与对策的研究”、“大庆石油管理局公司制改革研究”等，为企业领导提供宝贵的建设性意见和建议。管道局加强战略研究工作，组织开展了“管道局体制改革及流程再造研究”、“管道产业链研究”等，为搞好产业结构调整和深化改革提供有力的支持。长庆石油勘探局、东方地球物理有限责任公司等单位也在加强战略研究和战略管理的工作中取得了明显成效。

（黄望平　冯连勇）

【住房制度改革】　2002 年，集团公司住房分配货币化工作进入了全面实施阶段，并取得重要进展。各企事业单位按照集团公司的要求，对公有住房状况和职工住房情况，进行了全面普查。各单位职工住房普查和建档工作已经基本完成。各企事业单位的住房分配货币化实施办法也已初步拟定。集团公司房改办对大连石化、锦西石化、兰炼、兰化、宁化、玉门、物探局、石油报社、西北销售等 9 个单位住房分配货币化实施办法作了正式批复。对大庆等 16 个单位的数据库资料和统计报表进行了初步审核。根据集团公司规定，已向住房分配货币化实施办法予以正式批复和通过初步审核的 25 个单位预拨了一次性住房补贴资金。这些单位的普查人数共计为 1419691 人，占集团公司普查总人数的 76%。

在京单位的住房分配货币化工作于当年 9 月开始启动。经集团公司总经理办公会研究确定，集团公司机关、股份公司机关和在京直属单位执行集团公司的统一房改政策。集团公司房改办和机关房改办举办了培训班，对在京单位房改部门领导和有关工作人员进行了政策、业务培训。同时要求各单位按集团公司的统一政策对职工住房普查工作做出调整。

为了贯彻落实集团公司住房分配货币化方案，集团公司房改办对在京单位住房分配货币化问题、销售系统县公司住房分配货币化的有关问题和住房补贴资金来源及审核拨付等有关配套政策进行了研究；对辽河油田、长庆油田等重点企业房改进展情况和工作中的重点问题进行了调研；召开了有兰州炼油化工总厂、兰州化学工业公司，股份公司兰州石化分公司、西北销售公司、甘肃省石油公司等单位参加的兰州地区调研座谈会，研究并协调解决有关问题，推动所在地区的企业住房分配货币化工作。

按照集团公司关于切实做好稳定工作的要求，集团公司房改办高度重视稳定问题，努力把住房分配货币化这件好事做好、实事做实。要求各石油企事业单位充分认识住房分配货币化工作的复杂性和敏感性，对可能发生的问题提前分析、研究。做好有针对性的宣传教育和政策解释工作，引导职工群众理解改革，支持改革。通过各单位的共同努力，使住房分配货币化工作进展总体比较平稳。

住房分配货币化工作得到了各企事业单位的拥护和支持。企事业单位领导反映，实行住房分配货币化以后，初步建立起住房建设和分配的新体制、新机制，油气田和炼化企业在住房建设方面基本可以做到投入产出的良性循环，为从根本上解决职工住房问题开辟了道路；同时也有效地减轻了企业负担，为企业深化改革创造了条件。广大职工群众反映，集团公司实行住房补贴制度，是贯彻国务院的战略决策，是一件为职工谋利益的大事和实事，是一项“民心工程”。2002 年集团公司的住房分配货币化工作也得到了国家有关部门的充分肯定。

2002 年，集团公司房改办贯彻落实全国公积金工作会议精神，配合地方政府有关部门开展了公积金管理机构调整的有关工作。16 个石油独立工矿区的住房公积金管理中心按《公积金管理条例》和国家建设部等九部委有关文件规定进行了规范。国家有关部门充分考虑和采纳了集团公司的意见，同意符合条件的独立工矿区住房公积金管理机构改为所在地城市住房公积金管理中心的分中心，可在银行单独开户，增值收益由分中心按照《条例》规定的专项用途专项使用，管理人员由企业决定。2002 年，还有 8 家企业根据国家政策规定和企业成本情况，调整了住房公积金缴交基数，提高了缴交比例。

（黄望平　官大宏）

股份公司的改革与管理

【概述】 2002年，股份公司各级管理人员和全体员工认真贯彻落实董事会的各项决议，积极开拓，扎实工作，团结一心，克服困难，全面完成了各项业绩目标，生产经营各方面工作都取得了显著成果。按照国际会计准则计算，全年实现对外销售收入2444.2亿元、经营利润723.4亿元、净利润469.1亿元。在国际油价大幅波动、原油平均销售价格比2001年下降1.13美元/桶的情况下，主要通过增加产品产量和销售量，削减成本，以及推升成品油价格等途径，部分抵消了原油价格下跌的影响，实现利润同比进一步增加。

经过上市三年来的规范运作，中国石油在国际资本市场上树立了良好的形象，所取得的各项成果和进展，获得了国际资本市场的一致好评。2002年，《亚洲周刊》继2001年后又将中国石油评为"亚洲最赚钱公司"。在美国《商业周刊》公布的全球1000家最有价值的公司及全球新兴市场200强排名中，中国石油从2000年的第105位，上升至2002年的第83位，并且连续两年实现利润高居全球新兴市场200强第一位。同时，在《福布斯》评选的全球500强中的石油公司及亚太超级50强中分别位列第10位和第3位。

【管理创新】 进一步完善财务集中管理体制。2002年炼化企业全面实现一级核算，简化了核算层次，使核算工作进一步规范。推进收支两条线，加快试点工作，强化资金、债务集中管理。2002年7月，首先在化工与销售分公司的大区销售公司及地区销售中心开展了收支两条线试点。年底在大庆石化分公司、抚顺石化分公司和独山子石化分公司进行试点，进一步探索资金全额集中管理的经验，计划2—3年内，逐步在全公司推行资金收支两条线工作，全面实现资金的全额集中管理，发挥资金集中使用的最大效益。

积极推进电子商务。整合物资采办业务，有力地促进了大宗物资的集中采购和采购成本的降低。全年网上采购超过100亿元，网上销售80亿元以上，节约采购资金6亿元。

加快信息化建设步伐。完成了企业资源计划和部分专业应用系统的可行性研究，连通了石油主干网，推广了企业信息门户，建设并应用了物资分类与编码系统、信息标准管理系统和信息资源网站。

不断深化干部任用机制改革。地区公司行政副职的选拔任用采取差额竞聘、全员竞聘等方式，2002年行政副职全员竞聘先后在长庆油田、玉门油田、大庆石化、辽阳石化、辽宁销售、四川销售等22个地区公司实行，共有150人报名竞聘76个岗位。总部综合部门和专业公司行政副职，处室正、副职岗位推行竞聘上岗，一般工作人员岗位进行双向选择。总部机关12个部门和4个专业公司的47个行政副职岗位，有112人报名竞聘，最终确定了43名聘任人选。在集团公司、股份公司两个机关和在京单位中，共有311人报名竞聘256个正、副处级岗位，进一步拓宽了选人用人的范围，提高了人事工作的透明度，公开、公平、公正的选人用人机制正在逐步形成。

【持续重组】 继续实施持续重组战略，加快结构调整，取得了新的进展。为进一步优化资源配置，发挥在润滑油资源、品牌、技术上的整体优势，提高产品的市场竞争力，将辽河石化、玉门油田的润滑油业务划归润滑油分公司管理，使业务划分进一步清晰，实施生产、销售统一管理更加有效。整合润滑油品牌，将原有全部品牌划归为16大类300多个品种，形成了统一的"昆仑"牌润滑油，集中了品牌优势，提高了产品的市场竞争力。

全面重组了集团公司存续销售企业2994个加油站、478座油库等资产，实现了股份公司零售网络的进一步扩张，增强了市场控制力。按照化工产品实行统一销售的部署，组建了大庆、吉林、抚顺、辽阳、独山子、兰州、乌鲁木齐、宁夏8个化工产品销售中心，促进了专业化管理水平和整体效益的提高。

整合对外合作业务，将对外合作经理部与国际（勘探开发）公司进行合并，全面归口负责公司对外合作上游项目，实现了上游国内对外合作与国际业务开拓的统一管理，增强了整体实力。

减员增效继续推进。截至2002年末，股份公司员工总量控制在42万人以内，与2001年末相比，实现减员约2500人。

【股票表现】 2002年，全球股市在众多负面因素影响下持续低迷，而中国石油的股价继续保持了跑赢大市的平稳走势。大致可分为以下三个阶段：

(1) 年初走势平淡。年初至3月初，受市场环境的影响，股价表现平淡。美国存托股份（ADS）年初一直在17.9—18.55美元的区间徘徊，香港H股在1.39—1.49港元之间小幅波动，交投不够活跃。但与上年同期相比，股价基本上都有所上涨。

(2) 年中总体回升。从3月开始，中国石油明显走强，出现了连续的上涨势头，成交量也成倍放大。上年年报公布之后，在宏观基本面及公司本身各项利好消息的不断刺激下，H股股价摸高至1.75港元，同日，存托股份也于纽约股市创下22.3美元的高位。其后，由于周边股市大盘整体下挫，导致中国石油股价走势开始，步入调整。中报公布之后，受利好消息刺激，股价有所上扬，成交量也急速放大。

(3) 年末企稳强于大盘。由于受美伊战争的阴云笼罩，国际原油价格持续上涨，使石油类股票呈高位震荡整理走势。直至年底，在全年业绩向好的朦胧预期下，中国石油股票价格企稳回升。

从2002年中国石油股票的整体走势来看，总体市场表现良好。以发行价1.28港元/股为基数，股价一直在发行价以上运行，最高涨幅达到36.7%，至2002年最后一个交易日（12月31日）报收于1.57港元/股，比年初上升了12.14%。在美国纽约证券交易所上市的中国石油存托股份股价同期上涨11.8%。而同期香港恒生指数继上年大跌之后，2002年又从10772点跌至9321点，下跌了近14%。美国道琼斯指数年底较年初下降15.8%。

（股份公司总裁办公室调研室）

股份公司股东大会、董事会规范运作

【概述】 2002年度，公司董事会始终坚持严格按照《中华人民共和国公司法》、《公司章程》和《董事会工作手册》等规定，不断改善和加强公司治理结构，向股东负责，以维护股东利益为己任、积极探索董事会的规范运作，认真做好董事会的各项工作。

【顺利完成董事会换届】 按照《公司章程》中有关董事任期的规定，公司于2002年顺利完成了董事会换届。第二届董事会由12名董事组成，其中包括3名独立非执行董事。同时，董事会相应调整了四个专门委员会人员组成。四个专门委员会分别是审计委员会、投资与发展委员会、考核与薪酬委员会和健康、安全与环保委员会。

【认真履行董事职责】 第二届董事会的人数和人员构成符合法律、法规和《公司章程》的有关规定。全体董事能够以认真负责的态度出席董事会会议，认真、勤勉地履行董事职责，决定公司重大决策，任免和监督公司执行机构成员，与股东保持沟通。董事会成员中的三名独立非执行董事，积极出席公司董事会会议，参与讨论决策有关重大事项，对公司规范运作和有关经营工作提出意见。他们为维护公司利益，维护全体股东的合法权益，促进公司健康发展做出了重要贡献。

【召开董事会并重新聘任总裁班子成员】 2002年12月3日，公司在中国北京召开了第二届董事会一次会议，重新聘任了公司总裁班子成员。

在2002年，公司董事会共形成24项决议，其中董事会例会通过21项，以书面表决方式通过3项。

【按时召开股东大会及临时股东大会】 为保障公司所有股东享有平等地位并有效地行使所享有的权利，公司董事会严格按照中国证监会颁布的《股东大会规范意见》和公司章程的规定，每年提议召开股东大会。2002年除召开2001年度股东年会外，还召开了一次临时股东大会。在临时股东大会上，通过了关于董事会及监事会换届及批准公司持续关联交易等15项决议。

【新一轮关联交易获香港联交所的豁免】 公司2000年发行上市时，香港联交所就公司与中油集团之间的关联交易给予的豁免，于2002年12月31日到期。按照香港联交所证券上市规则的有关规定，公司向香港联交所提出了新一轮关联交易豁免申请。根据实际运行情况，对新一轮关联交易的上限进行了适度调减。该项议案在2002年11月19日召开的临时股东大会获得独立股东批准，随即获得了香港联交所的豁免。

公司为确保关联交易公平合理，在临时股东大会通过关联交易议案时，中油集团作为关连股东在大会表决时回避。公司独立非执行董事还对关联交易的具体内容及履行情况签署确认函，确保公司对关联交易已经做出充分披露，并且符合上市地的监管规定。

（股份公司董事会秘书局）

中国石油2002年度赴香港路演情况

【概述】 2002年3月31日，中国石油在香港会展中心召开了2002年度业绩分析员会议和新闻发布会。4月1—2日，中国石油路演团在香港分两路，分别由王福成副总裁和王国樑财务总监带队（财务部王征和外事办杨汉峰、勘探与生产分公司冉新权和外事办王凌分别随行），访问了19个投资机构的30多位投资者，共召开12个会议（其中午餐会1个，电话会议8个，一对一会议3个），累计回答了200多个投资者关心的问题。

总体来看，中国石油上市三年多来，通过艰苦努力，基本实现了上市时对投资者的承诺，取得了好于市场预期的经营业绩，大多数投资者对公司业绩表示满意，总体反映良好。对新一届管理层也寄予了很大的希望，十分关心今后一段时期的工作思路和战略重点。投资者特别关注以下几方面问题。

【资本性支出和投资回报】 投资者非常关心公司近两年不断增长的资本性支出问题，他们一方面对公司目前正处于天然气管线建设（尤其是西气东输项目）的投入时期的现状表示理解，另一方面仍对增长的资本性支出可能会对投资回报带来压力表示担忧，他们进而提出，在油价下跌情况下，公司是否减少资本性支出、投资回报变化的趋势以及公司是否因此会改变股息分配政策。公司领导再次重申，公司所有的投资项目都是经过严格的可行性研究和评估，符合公司既定的12%的投资回报标准。公司的资本性支出是根据低于预测油价的、较为保守的预算价格进行安排的，同时，公司的完全成本较低，在油价与2001年基本持平的前提下，公司将努力取得高于2001年的盈利和回报。公司将继续坚持谨慎的投资原则，并保持既定的股息分配政策不变。

【成本削减】 大多数投资者对公司基本兑现了上市时的成本削减目标表示理解和满意，同时关心公司进一步的成本削减计划和目标。公司领导表示，公司将一如既往地坚持低成本的战略，并主要依靠技术进步的手段来实现；同时指出，公司自上市以来，通过艰苦努力，将操作成本从上市时的5.05美元/桶降低到4.32美元/桶，降幅达15%，目前，公司的操作成本和完全成本已接近国际同行水平；同时，公司的勘探成本、勘探和开发总成本低于国际同行水平。公司在高油价下，适当增加较高成本的原油产量，是公司在充分研究和权衡了产量、成本和效益的关系所做出的决策，较高成本原油产量的增加仍为公司带来了较好收益，使公司实现了收益最大化的目标。公司对大庆原油产量的调整也是基于这种考虑，以保证公司整体利益的最大化和持续发展。

【公司的成长性问题】 投资者对公司西气东输项目和中俄原油管线项目的进展以及海外业务的拓展仍表示出极大的关注。

关于西气东输项目问题，投资者主要关心在已签署的合作框架协议基础上，与外方的合营合同及其相关商业协议何时签订；天然气下游市场的用户结构以及各类用户尤其是电厂对天然气价格的承受能力；天然气价格的竞争能力、天然气业务对公司盈利的贡献等。公司领导表示，目前中外双方正在对合营合同及其相关商业协议进行积极的、深入细致的商讨和谈判，但由于项目规模大，涉及面广，谈判时间比预期要长，中国石油将在谈判中坚持互惠互利，争取最为积极有利的结果，同时，工程建设不会受到任何影响，保证2003年底东段正式向上海供气。关于天然气下游市场的开发问题，公司也正在积极与用户谈判，争取尽早签署照付不议合同，对于供电厂的气价问题，将视其用气量较大等因素，在既定的全线供气价格基础上协商而定。

关于中俄原油管线项目问题，投资者主要关心项目谈判的进展情况、管线走向和中方投资规模及其对公司资本性支出的影响等问题、公司是否考虑收购俄罗斯油气资产以及公司海外业务的进展情况等。公司领导表示，中俄管线项目的可行性研究已完成待批准，中方将只负责中国境内管线的建设，预计投资不超过50亿元人民币，这是中俄政府都表示支持的项目，公司同时也会积极争取参与俄罗斯上游业务。公司目前正在跟踪研究和评价十几个海外收购项目，仍坚持严格的海外收购标准，即在油价为18—20美元/桶时投资回报率为15%。公司将积极稳妥地拓展海外业务。

【关于炼化业务业绩的改善和盈利贡献问题】 这个问题虽然在日前召开的分析员会议和新闻发布会上较少提及，但是在一对一会议中投资者仍普遍关心，期待公司炼化业务与大势同步，盈利能力有明显改善。投资者对炼油与销售业务业绩的改善表示满意，同时普遍关注公司对销售业务的发展策略和入世后的竞争情况；对于化工与销售业务，投资者主要关心其扭亏的措施。

除以上几方面的重点问题之外，投资者还比较关心公司裁员问题、与中国石化的竞争与协调问题、A股发行问题、中国的石油战略储备问题、原油和成品油库存问题等。通过路演，投资者对公司的情况有了更深的了解和认识，同时，我们也从市场了解和掌握了投资者对公司所关注的问题。围绕着研究解决公司的成长性问题，重点做好以下工作：

（1）继续发挥公司上游业务优势，加强油气勘探开发，确保增储上产目标的实现，巩固其主导地位，保持公司稳健的盈利能力。

（2）关于控制和降低成本问题，尤其是操作成本问题，尽管公司在这次路演中没有对市场做出具体承诺，但是考虑到市场对此问题的广泛关注程度和压力，我们的内部管理工作仍不能有丝毫放松，继续从严控制，严格目标考核。

（3）加强对公司投资回报实施方案的研究和重点投资项目的管理控制，严格遵守公司的投资回报标准，进一步明确责任主体，以便不断提高公司的竞争能力和投资回报水平，提升公司价值。

（4）进一步加大抓落实的工作力度，强化炼化业务的增盈扭亏，实现对市场的承诺目标，切实提升炼化业务对公司经营利润的贡献。

（5）加快西气东输项目尤其是与下游市场用户的谈判进度，确保按期向上海供气，消除市场忧虑。

（股份公司董事会秘书局）

股份公司监事会运作

【概述】 2002年度，监事会严格按照《中华人民共和国公司法》、《公司章程》和《监事会组织和议事规则》的有关规定，认真履行了职责。先后召开监事会会议4次，审议并通过会议议案11个，完成了本公司2001年年报及2002年中报的审查工作；参加了2001年度股东大会和2002年度临时股东大会，并向大会提交了2个议案；列席董事会会议4次，向董事会提交关于审查本公司财务决算、利润分配预案及总裁班子成员业绩考核情况等意见书5份；召开听证会3次，先后听取财务部、普华永道、审计部、监察部、人事部等部门及单位的报告8个，听证了本公司财务、利润分配、关联交易、总裁班子业绩考核等情况；组织财务抽样审计调查2次，抽样审计8个单位，写出抽样审计调查报告和综合报告10个，提出建议27条；开展监事巡视5次，出具巡视报告5个，提出建议18条；开展专题调研活动1次，提出建议5条。通过上述工作，切实地加强了对公司财务及高级管理人员执行职务时行为的监督力度，提高了监督效果，维护了股东权益和公司利益。

【监事会会议】 监事会2002年度召开了四次会议。第一次会议是2002年4月10日在北京召开的中国石油天然气股份有限公司首届监事会第七次会议。审议通过了《监事会关于公司2001年度财务决算报告及利润分配预案审查意见书》、《监事会对2001年度总裁班子成员业绩考核情况意见书》、《2001年度监事会报告》、《关于聘任普华永道会计师事务所有限公司为公司2002年度境内外会计师事务所的议案》和《监事会2002年工作计划》；第二次会议是2002年8月27日在北京召开的中国石油天然气股份有限公司首届监事会第八次会议。审议通过了《监事会关于公司2002年度中期财务决算报告审查意见书》、《监事会关于公司2002年度中期利润分配预案审查意见书》；第三次会议是2002年9月26日在北京召开的中国石油天然气股份有限公司首届监事会第九次会议。审议通过了《关于中国石油天然气股份有限公司首届监事会换届的议案》、《中国石油天然气股份有限公司首届监事会工作总结》；第四次会议是2002年12月3日在北京召开的中国石油天然气股份有限公司第二届监事会第一次会议。审议通过了《关于选举中国石油天然气股份有限公司第二届监事会主席的议案》、《中国石油天然气股份有限公司第二届监事会第一次会议决议》。

【监督检查工作】　为了把监事会的职责落到实处，监事会通过列席董事会会议、召开听证会、监事巡视、财务抽样审计调查和专项调研等五种形式，加大了监事会的监督力度，提高了监督效果。

（1）列席了首届董事会第十三次、十四次、十五次和二届一次会议，参加了2001年股东大会和2002年临时股东大会。其中第十三次董事会议上，监事会发布了《关于2001年度财务决算报告及利润分配预案审查意见书》和《关于总裁班子成员2001年度业绩考核意见书》；2001年股东大会上，提交了《中国石油天然气股份有限公司2001年度监事会报告》和《关于聘任中国石油天然气股份有限公司2002年度境内外会计师事务所的议案》；2002年临时股东大会上，监事会提交了《关于选举公司新任监事的议案》。

（2）召开了三次听证会，听取了财务总监、财务部、普华永道会计师事务所有限公司、审计部、监察部和人事部等汇报。第一次是2002年3月28日，听取了股份公司财务部《关于公司2001年度关联交易情况的报告》；第二次是2002年4月10日，在首届监事会第七次会议上，听取财务总监关于《中国石油天然气股份有限公司2001年度财务决算报告》和《中国石油天然气股份有限公司2001年度利润分配预案》情况的汇报、普华永道会计师事务所《关于2001年度工作尽职情况和财务审计情况的报告》、审计部《关于对公司2001年度财务审计工作的报告》、人事部《关于公司2001年度总裁班子成员业绩考核情况的报告》和监察部《关于对公司高级管理人员2001年度廉政情况的报告》；第三次是2002年8月27日，在首届监事会第八次会议上，听取财务总监关于《中国石油天然气股份有限公司2002年度上半年财务决算报告》和《中国石油天然气股份有限公司2002年度中期利润分配预案》、普华永道中天会计师事务所有限公司《关于中国石油天然气股份有限公司2002年度上半年财务审计情况报告》、审计部《关于公司2002年度上半年内部审计工作报告》。

（3）为了使监事更多地了解企业的实际情况，更好地履行自己的监督职责，先后五次组织监事到基层单位巡视。第一次是2002年4月4—5日，白新贺监事对大港油田分公司2001年度关联交易情况进行了巡视；第二次是2002年7月18—21日，林金高监事对广东地区的两大油品销售公司——华东销售广东分公司和中油BP江门石油有限公司的经营情况进行了巡视；第三次是2002年7月28日—8月2日，白新贺监事对新疆油田分公司2002年度上半年油气操作成本费用控制情况进行了巡视；第四次是2002年9月10—13日，陈维忠监事对大庆石油管理局、大庆油田有限责任公司、大庆石化总厂和大庆石化分公司关联交易等情况进行了调研和巡视；第五次是2002年10月18—28日，白新贺、孙崇仁两位监事对西南销售分公司销售网络建设情况进行了巡视。每次巡视后，都写出了巡视报告，引起了管理层的重视。

（4）组织了两次财务抽样审计调查，2002年3月5—25日，监事会组织四个审计调查组，分别对吉林油田分公司、大庆石化分公司、大港石化分公司和青海销售分公司2001年度财务收支的合规性及企业预算执行情况，进行抽样审计调查；2002年7月25日—8月15日，监事会组织四个审计调查组，对新疆油田分公司、哈尔滨石化分公司、宁夏石化分公司、吉林销售分公司2002年上半年预算执行情况进行抽样审计调查。

（5）组织专项调研一次。2002年5月30日—6月4日，监事会主席李克成带队，一行8人，到玉门油田进行工作调研。调研过程中，听取汇报、召开座谈会、视察现场和慰问职工。调研后写出了《玉门油田调研报告》。

【理论研究】　2002年6月12日，中国石油天然气股份有限公司监事会在洲际大厦举办了《上市公司监事会有效运作研究》课题评审会。中国政协经济委员会副主席刘鸿儒、北京大学副校长吴志攀、中国人民大学法学院副教授殷少平、中国证监会副局级助理巡视员韩萍等11位专家学者参加了会议。

【工作宣传交流】　2002年监事会在积极开展对外交流活动的同时，注重了对外宣传工作，扩大了公司影响。

（1）2002年3月1日，监事会办公室到华能国际电力股份有限公司进行工作交流。华能国际监事会主席鞠章华、监事潘建民参加了座谈会。双方各自介绍监事会工作开展情况，并对有关工作进行了探讨。

（2）2002年8月14日，监事会办公室与英国加的夫大学肖泽忠博士，就国内外监事会运作情况，进行了座谈。

（3）2002年10月14日，监事会办公室前往中国证监会汇报了股份公司首届监事会第九次会议及换届准备情况。国际合作部副主任谢世坤听取汇报后，对中国石油监事会的换届工作给予了肯定。

（4）2002年10月23日，水利部国家电力公司——中国水利电力物资有限公司、司法部煤炭管理局、山东鲁能发展公司及山东省监狱局一行7人，到监事会办公室进行工作交流。

(5) 2002 年 10 月 26—28 日，北京大学国际会计研究中心、加拿大注册会计师亚太办事处在北大光华管理学院联合举办了“首届公司监事会制度与内部监控研讨会”。监事会主席李克成应邀出席了会议，并在会上作了《中国石油监事会的运作》报告。

(6) 2002 年 11 月 18 日，记者秦炜在《证券日报》第 3 版发表了“监事会工作大有可为——访中国石油天然气股份有限公司监事会主席李克成”一文，文章介绍了中国石油监事会工作情况。同日，《中国证券报》互动版也对“监事会工作大有可为——访中国石油天然气股份有限公司监事会主席李克成”一文作了登载。

(7) 2002 年 11 月 26 日，民生证券有限责任公司监事会监事长南凤兰、监事会办公室主任魏墨菊，到中国石油监事会办公室进行工作交流。

(8) 2002 年 12 月 6 日，《新华每日电讯》第 7 版发表了秦炜的“公司监事会发挥职能作用”一文，介绍了中国石油监事会的工作情况。

(9) 2002 年 12 月 16 日，上海宝山钢铁公司监事会独立监事李启明，到中国石油监事会办公室进行工作交流，监事会办公室主任白新贺介绍了中国石油监事会工作开展情况。

(王一端　佟魁杰)

股份公司法律顾问工作与管理

【概述】 2002 年，股份公司（简称“公司”）各级法律部门积极贯彻集团公司年初工作会议精神，按照股份公司法律工作电话会议提出的各项要求，围绕公司中心工作，加快适应公司重组上市和我国加入 WTO 后面临的市场和法律环境，努力提高在公司防范法律和经营风险、优化决策、改进管理中的作用，并依据公司“四五”普法规划和依法治理指导意见，全面启动并积极推进依法治理工作，保证公司经营管理和改革工作的顺利开展，促进公司综合竞争力的提高。同时，积极拓宽业务，加强制度规范建设，逐步形成了法律与各项经营管理业务紧密结合、股份公司总部与地区公司上下一体的共同防范风险的体系，法律工作在适应市场法律环境变化和满足公司发展需要方面得到了进一步提高。

【重大项目法律服务】

(1) 积极参与公司重大经营决策，从源头上防范法律风险发生。2002 年，法律部积极参与公司重大决策，向管理层出具书面论证报告 60 件，向各部门出具书面法律咨询意见 79 件，内容涉及公司组织、关联交易、同业竞争、合资合作、股权或资产收购、内部重组及重大制度性管理措施等各个方面，几乎全部得到采纳，保证了公司重大决策不出现法律纰漏。随着公司决策对法律的需求，法律部认真总结经验，在提高论证的质量、保障论证的及时和程序运作方面，不断有新的进步：

一是，法律论证工作的层面由一般咨询型向筹划设计型转变。2002 年，股份公司收购集团公司 3400 多座加油站，交易额达 32 亿元，属重大关联交易。对此，境外证券监管机构和资本市场极为关注。法律部经过多次反复论证，认真分析境内外监管法律环境和交易实际，从实际出发，依法提出了收购方案的原则框架，保障了收购活动的顺利进行。在西气东输和中俄原油贸易等重大项目决策和运作中，法律部对其中法律构架和重大法律问题认真筹划，寻求积极有利的方案，供领导决策。西气东输投资巨大，工期较长，上中下游合资合作方式不同，合作主体文化背景不同，法律部会同国际律师和有关部门，深入研究国内外法律和石油及管道合作惯例，针对西气东输项目的特点，提出了合作的基本模式和法律构架，建立起各投资方合理承担风险和责任的机制，经决策层认可后作为框架协议谈判的基础。中俄原油贸易按照中俄两国政府协定，法律部在双方投资建设跨国管道、贸易担保的方式及合同框架等方面作了系统的论证，出具了 2 万多字的论证报告，为决策提供了重要法律依据。

二是，法律论证工作总体上由被动型向主动型转变。法律部注意跟踪国内外法律情势变化和公司实际情况，就重大问题主动提出法律论证意见。例如，去年美国安然公司和安达信做假账丑闻发生后，美国加强证券监管，颁布奥克斯利法案，对在美上市的公司产生了很大影响。法律部及时翻译、研究法案的内容，分析对我公司的影响，在 2002 年中期路演前将有关意见提供给路演人员，之后又多次请境外律师专题讲座，会同有关部门研究对策，对公司及时应对监管发挥了积极作用。法律部根据公司合资合作及股权管理上存在的问题，系统地提出了规范管理的方案，得到了采纳；根据销售企业直接收购加油站资产存在的法律障碍，为提高效率，法律部提出一次性授权并加强管理的方案；根据公司商业秘密保护上存在的问题，通过专题调研提出切实有效的法律措施，并会同有关部门积极落实。

三是，法律论证机制由任意型向制度保障型转变。实践证明，决策法律论证仅靠一般意义上的领导重视和法律人员的觉悟是远远不够的，要在决策中持续发挥作用，需要有制度作保障。2002 年，有些经营管理领域的法律论证和把关，已纳入公司相关制度，公司将完善决策法律论证制度作为实施总法律顾问制度的重大举措之一，开始起草统一的重大决策法律论证制度，进一步界定论证的范围、程序和要求，使之更加规范化。

（2）参与重大项目的全过程运作，针对项目特点选择介入方式，切实从法律上把好关。2002 年，法律部积极参与公司合资合作、股权及资产并购等多个项目，这些项目涉及金额巨大，法律问题很多。另外还有许多管理项目和重大信息披露事项。一是积极参与西气东输工程、中俄原油管道和有关中外合资、合作项目。借鉴国际通行的项目法律服务方式，成立专门法律工作组，提出并完成了项目合作、运营模式的架构设计，建立了多元投资主体间的责任承担体系和风险分配机制。完成了阶段性协议、合营框架协议及其 25 个附件在内的法律文本的起草、修订、签约。修订项目招标文件并参加了支干线工程招标、评标工作。参加了与华能合作的上海石洞口燃气电厂和南京金陵电厂的项目评审，出具了项目评估法律建议。完成了中俄原油管道项目合作模式、原油购销合同商业担保和政府间担保方式的专题研究报告，供领导决策。起草和修订中俄原油长期购销合同，负责对该文本的英文稿进行初步审定、修改；参与同俄罗斯尤科斯石油公司的原油购销合同谈判。招聘国际律师参与收购 Devon 印尼油气资产，并参与该项收购的转让合同标注工作；完成了国际公司与东帝汶政府之间的联合研究协议的中英文的起草工作；参与了收购哈斯基公司资产的前期工作。二是对股份公司的股权整合、重组收购、合资合作提供了法律意见，参与谈判和有关协议文本的修改。对石油龙昌股权的转让协议、股权托管协议、资产置换协议以及其他相关协议提出了法律意见；对通达能源股份有限公司、兰州思达特种石化产品有限责任公司、青岛龙泽燃气有限公司股权转让提出法律意见。对三星石化股权转让提出了法律意见，消除了对股份公司不利的因素。对中国石油国际事业公司收购中国石化国际事业锦州分公司提出了法律意见；参与了新疆建设兵团成品油销售系统股权收购、黑龙江农垦成品油销售系统股权收购、庆阳炼化和马岭炼厂重组的方案设计、论证工作，并对具体操作中的问题提供了法律意见；对大连西太平洋公司的合同和章程的修改提出了法律意见；参与化工与销售分公司聚丙烯项目合作意向的谈判；参与炼油与销售分公司与中远总公司合资合作的谈判。

在股份公司重大项目运作过程中，法律部自始至终全过程介入，并按不同项目性质确定介入的方式和程度，并与股份公司总部机关各部门、各业务板块以及项目涉及的有关地区公司建立了密切的工作联系，相互配合协作的工作机制进一步形成，初步形成各类项目的法律把关机制，项目运作中的法律风险和失误明显减少。

一是，股份公司总部直接运作的合资合作或并购项目，由法律部组成法律工作组或指派专人全程参与项目。主要负责项目的法律环境分析及其可行性，参与研究拟定谈判方案，主持或参与项目谈判，起草或审查全部法律文件，办理有关审批或公司注册等法律手续。工作中，法律人员不管是主持谈判还是参与谈判，都积极与其他专业组协商，以确保妥善解决项目谈判涉及的法律问题。西气东输项目法律组负责上中下游所有法律问题的谈判，同时向各专业组指派法律人员参与专业组的谈判，敏感问题各组之间经常沟通，以保持总体权益和风险的平衡。

二是，授权地区公司经办的合资合作、股权及资产处置项目，股份公司总部法律部门一般采取事前听取汇报、指导其拟订方案，事后对法律文件进行审查的方式。在收购一家经营储运设施公司的股权审查中发现，该公司股东已将公司使用的土地抵押给银行，收购的股权有很大瑕疵，法律部审查后会同有关部门采取补救措施，顺利实现低风险收购，并在较短时期内完全化解了风险。

三是，对制度性较强的管理项目，法律部门积极会同业务主管部门做工作，提供全方位、全过程的法律支持。公司加强安全生产管理，在全系统关键生产岗位推行安全合同制。法律部会同安全部门起草安全合同通则，制作各类合同样本，并组织对地区公司安全、法律、人事部门的有关人员进行培训，推动这项工作全面展开。重大信息披露项目，法律部负责起草或审查文稿，按上市规则和监管机构要求会同有关部门一道进行。法律部就资产收购、关联交易豁免等重大项目，会同律师和有关部门较好地完成了披露工作。另外，股权管理制度、商业秘密保护制度等，法律部门都与有关主管部门合作共同完成。

四是，对境外项目，主要是借助所在国或国际律师的力量，依法规范运作。法律部根据公司跨国经营的需要，办理了境外设立公司的审批和注册工作。法律部会同公司有关部门聘请国际律师并派人与其一道工作，较好地解决了跨国收购的法律问题，为股份公司国际化经营提供了法律保障。

【合同、授权和纠纷处理管理】　2002年，为全面提升管理水平，合同管理重心、管理方式、管理机制和管理手段开始向更高的管理目标转变：一是注重制度的完善和全面落实。在股份公司总部和地区分公司两个层面，全面贯彻实施《股份公司合同管理暂行办法》，落实“统一管理、归口把关、分级负责”的管理体制，重点是完善并落实通过竞争选择合同相对人制度、合同谈判制度、合同会审制度、履约监督制度和考核制度，已开始见到效果，在公司上下已开始形成制度更加完备、管理到位的合同管理工作新格局。二是注重合同的全过程动态管理。法律部门参与招投标，对招投标文件、程序进行审查；参与重大合同谈判、起草，对条款进行设计、推敲和把关；进一步明确合同主办单位、会审单位、履行单位、结算单位的分工与职责，加强工作协调与信息沟通，密切跟踪合同的履行，确保合同管理的各个环节不出问题，防止造成不可挽回的损失。为进一步加强合同管理工作，组织公司所属单位开展了合同管理检查工作。在61家单位自检、制定整改措施，形成自检报告基础上，组织6个检查组对23家地区公司重点进行了抽检，并召开电话会议对检查情况进行总结讲评，根据检查中发现的问题，提出了整改措施。这次合同检查对公司合同管理工作起到了积极的促进和推动作用，效果明显。三是统一规范文本，开始实现由分散文本向统一规范文本转变。针对公司签订各类合同数量大，种类多，单一文本起草和管理效率低、规范程度不够等实际情况，根据多年合同管理实践经验，第四季度公司组织力量开展各类合同文本的研究、论证、制定工作。第一批6类、22套文本已基本成形，经审定后分期分步骤地下发，逐步推广使用。四是推行计算机管理，组织开发公司合同管理信息系统。针对公司规模大、合同业务多、手工操作慢等实际情况，为提高股份公司总部对地区公司合同的审查、监督和指导能力，优化合同管理方式，简化手续，提高效率，实现法律资源的有效共享，推动公司合同管理工作整体上水平。2002年，开始研究建立起统一的合同管理信息系统，着手准备合同网上建档、统计、分析、管理等各项工作，为实现合同管理工作由手工操作向计算机管理转变奠定基础。五是加强授权管理，建立公司运作有序的法律机制。股份公司是一个法人实体内部多级管理的特大型石油企业，日常经营管理活动中需要以股份公司名义签署大量涉及投资、股权、工商登记、合同、协议、章程等法律文件，授权是统一权源、逐级对上负责的权责传导机制和上下贯通的纽带，也是股份公司经营管理有效进行的保障。公司法律部主要办理了炼油与销售分公司为签署年度投资规模内投资额5000万元以下涉及的相关法律文件及办理有关手续、天然气与管道分公司及西南油气田分公司签署相关法律文件及办理有关手续、股份公司委托地区分公司管理的股权、西气东输管道分公司对外签署西气东输工程项目重大采购、工程建设合同等授权手续。在办理具体授权业务过程中，法律事务部着重加强对授权申报事项的审查，对被授权人的资格的审核，以及对被授权人权限的核定。截至目前，公司上下未出现越权行事的情况。实践证明，这种授权管理体系符合股份公司统一管理、分级负责的体制，保障了公司生产经营的有效运作，提高了公司运营效率。

2002年，各级法律部门有效运用法律手段，抵御和化解各种不法侵害和纠纷，优化了公司生存发展环境。一是积极采取措施加大了纠纷案件管理力度，取得了较好效果。为确保纠纷案件信息畅通，提高股份公司总部和地区公司共同防范法律风险的能力，要求地区公司就所有纠纷案件向股份公司总部申报，正常情况下由地区公司独立处理，发现有问题的，及时解决。同时，凡地区公司在处理一审败诉、放弃权利以及股份公司为共同被告、被申请人、被执行人等案件前，应由法律部门进行书面确认。案件申报制度的建立，使股份公司总部能够及时掌握地区公司纠纷案件信息，主动采取应对措施，切实有效地防范风险。在申报基础上形成纠纷案件的台账。同时，对纠纷案件情况进行了统计分析，形成了较为详细的统计说明和情况分析报告。对由股份公司总部直接处理的案件，处理过程中股份公司总部和地区公司能够共同研究，密切配合，相互协作；对授权地区公司处理的案件，总部也提出要求，跟踪指导，切实保证案件处理效果。同时，为避免股份公司总部受到不必要的追诉，进一步加大了与各级法院和行政执法部门的协调和联系，主动开展工作，使他们能够全面了解企业和案件具体情况，一般案件尽量就地解决，保证案件能够在基层得到及时有效处理。二是加强对公司诉讼纠纷处理的指导和协调。继续贯彻“统一管理、统一授权、分级负责”的原则，对公司的重大诉讼案件，统一负责办理诉讼的应诉、起诉手续。同时，要求各分公司加强对诉讼业务的管理力度，有效地维护了公司的合法权益。积极参与了辽宁销售分公司、管道分公司、吉林销售分公司、股份公司域名纠纷等几起纠纷案件处理工作，并对大庆石化分公司、吉林油田分公司、兰州石化分公司、润滑油公司等单位发生的部分重要案件进行必要的指导和协调，提出意见和建议。2002年，法律部牵头会同有关部门应诉“部分钢铁产品保障措施案”，由于组织得当、方案切实可行、各部门配合密切，取得胜诉，避免了可能发生的巨大经济损失，并积累了实战经验。三是将案件处理与改进管理紧密结合。针对一些案件反映出的企业经营管理中的漏洞和薄弱环节，要求每个案件结案后都要形成书面材料，从经济、法律、管理的角度做出分析研究，从中找出企业经营管理中存在的问题，提出防范措施和改进管理的建议，以便有关单位和部门能够引以为戒，堵塞漏洞，使法律工作真正在优化企业经营管理中发挥作用。法律部还组织对典型案件进行重点剖析，形成案例汇编，下发地区公司各级管理人员和业务人员，通过以案说法形式，对干部职工开展普法教育，提高员工的法律意识，取得了较好效果。

【法律工作管理体制调整】　据国家经贸委的统一安排，着手进行股份公司和地区公司总法律顾问制度试点的前期准备工作，制定公司总法律顾问制度试点方案上报国家经贸委。结合总法律顾问制度试点，进一步完善地区公司法律工作指导体系。在总分公司体制下，本着“抓大带小、抓强促弱、以点带面”的原则，在制度建设、机构设置、业务开展、人员培训等方面，对大企业给予重点指导和支持，已探索形成一级法律体制下股份公司总部对地区公司法律工作指导和管理的思路、办法，公司上下共同防范法律风险的机制基本形成。

加强制度建设，建立与公司管理体制和运行机制相适应的制度体系，法律工作制度化程度大力提高。陆续发布实施了《法律工作管理规定》、《安全生产合同管理通则》（试行）、《纠纷案件申报办法》、《地区公司外聘律师管理办法》、《服务商标管理办法》等规章制度。通过调研，正在起草股份公司《重大决策法律论证暂行办法》、《招投标管理通则》、《重大项目选商、谈判管理办法》、《公司法律工作培训制度》、《反倾销反补贴保障措施案件处理暂行办法》等规章。

为适应股份公司法律工作发展的需要，法律部重点加强了法律工作队伍建设和法律人员素质提高等工作，加快了实施人才培养战略的步伐。结合工作需要，制定了法律系统2002年培训计划。重点组织了地区公司法律处长培训班和销售系统培训班，培训人员近160人。组织了公司骨干力量的长沟WTO培训和安全生产合同通则的培训。邀请国际知名律师事务所就跨国油气管道合作模式、反垄断法、公司内部法律管理、公司收购与兼并、2002年美国公司改革法案简介等专题法律讲座，使公司法律和相关部门的专业人员能享受到高水平的法律培训；同时还先后派出四人次到香港免费接受国际律师事务所内部的培训。通过培训，使参加培训人员能够系统地掌握法律专业知识，基本适应实际工作需要。

为全面掌握公司法律人员现状，组织对各地区公司法律工作人员和合同管理人员的基本状况进行全面的摸底调查，初步形成了公司法律人员信息库，为实现对法律机构人员进行系统和动态管理，实现有针对性的培养和使用做了准备。

【企业依法治理】　以“四五”普法为契机，全面开展依法治理。国家“四五”普法启动后，公司制定了《“四五”普法规划》和《依法治理指导意见》，结合我国入世后市场法律环境的新变化及一级法人体制下降低成本、防范风险、提高竞争力的客观需求，提出用三到五年的时间，在股份公司全面实施依法治理战略。核心是：确立以法治企的公司理念，在公司经营管理的主要领域（如公司组织行为、交易行为、劳动法律关系、行政法律关系等）形成依法治理的基本格局，建立以各项业务为依托的依法治企工作机制和一流的专职法律顾问队伍及强有力的法律工作保障体系。2002年，普法和依法治理工作取得明显成效：一是领导干部带头学法的热情高涨，依法决策、依法经营、依法管理的意识进一步确立，运用法律手段管理企业在实践中有所体现。如抚顺石化、大庆石化、吉林石化、兰州石化和辽阳石化等五大炼化企业的领导，在整合公司业务、调整管理机制中，按总部要求实行法律业务集中管理，加强对外签约授权管理，提高了公司管理效率，降低了法律风险。二是结合业务学法用法的依法治理机制正在逐步形成。地区公司在学法与用法结合上，进行了积极的探索，创造了较好的经验。如大庆油田将普法学习、依法治理和考核的责任，具体分解到各部门和单位，使法律知识的学习，与不同部门的业务更紧密、更有效地结合起来，使各路业务贯彻实施依法治理有了制度保障。辽河油田实行每月一讲制度，主讲人是各部门的处室长，内容是与其职责、业务相关的专业法律知识。既有效推动了专业法律知识的学习和普及，又全面展开了依法治理。大庆和辽河的做法，为法律工作与具体业务的紧密结合，进行了有益的尝试，也为依法治理工作的深入开展提供了新的思路。三是专业法律工作得到加强。通过一年的努力，股份公司的专业法律工作在机构设置、人员配备、业务水平和人员素质等方面，都取得了较大成效。

为推动各级管理人员学法、用法，按照股份公司“四五”普法工作的安排，组织编写各种学习资料，汇编了股份公司成立到今年4月份期间的法律工作的主要资料，形成了《法律工作文件与制度汇编》，印发各单位，对公司法律工作制度的宣传学习和贯彻执行起到了积极作用，有效地保证了法律工作按照制度规定规范运行；组织编写了《中国石油典型案例评析》，结合发生在石油企业具体纠纷的起因、案件处理的成败得失等介绍法律知识，便于经营管理人员结合具体业务，理解和掌握法律知识。刻录了普法录像光盘，发放到各个地区公司进行学习；编译《2002年美国公司改革法案》，翻译了大量相关文件，向管理层提出参考建议。同时，组织有关中介机构向股份公司有关人员宣讲相关内容。

积极拓展新的业务领域，行政法律工作体系逐步形成。为应对市场法律环境的新变化，股份公司于年初在法律事务部设立了行政法律事务处，专门负责行政法律法规的研究和行政法律事务的协调、处理工作。行政法律处设立后，积极拓展业务，构建工作体系，取得了较好的成效。

参与国家有关法律法规的草拟工作，提出了公司意见和建议。对公安部等六部门打击盗窃破坏油气设施的通知，提出了法律意见；参加了《特种设备监察条例》的讨论，提出监察条例与现有相关条例、规则的关系处理，有关行政许可的范围和程序等问题；参加了国家安全生产监督管理局组织的“管道保护条例实施规定”研讨会，就如何切实有效地贯彻管道保护条例提出了建议；参加勘探与生产分公司组织的《海上油气生产设施废弃处置管理暂行规定》讨论会，就暂行规定涉及的国务院各部门协调问题、规定的定位问题发表了意见。

配合有关部门制定规章制度，并提出法律意见。对财务部的违反财经纪律处罚暂行规定、质量环保部的职业病防治知识手册、危险化学品许可证发放办法提出了法律意见；对股份公司董秘局制定敏感信息披露暂行规定提出法律意见并参与了修改；对财务部、炼油与销售分公司分别制定的股权管理办法提出法律意见，并参与了修改。同时，会同有关部门研究制定了《安全生产合同管理通则》。

积极做好商标注册等重大专项工作，完成了股份公司商标注册事宜。“中国石油”、“PetroChina”服务商标注册后，按照公司建立统一规范、集中管理、两级许可的管理制度，法律部负责服务商标使用许可的审查和核准；地区分公司和直属子公司及其下属经营单位使用服务商标的，均由总部审批后直接许可或核准后转许可。

【基层法律顾问工作】 2002年，地区公司按照股份公司法律工作重点，紧紧围绕企业经营管理工作，继续以规范公司运作、防范法律风险、维护公司合法权益为重点，深入探索适应上市公司发展的法律事务工作机制和工作内容，不断拓展业务领域，提高服务质量，主动参与企业重大生产经营活动，认真开展了法律咨询论证、合同管理、纠纷案件处理、工商登记注册、招标投标、法制宣传教育等法律事务工作，为地区公司生产经营管理活动的规范安全运行提供了有效的法律保证。

在开展正常法律业务的同时，各地区公司积极开展行政法律业务，行政法律工作有了很大拓展，管道保护、矿权、环保、土地、水资源、行政争议或诉讼处理等项行政法律业务，都取得了长足进展，为企业争取、好的经营环境。兰州石化在行政争议和纠纷处理、大港油田依法清理非法打井、长庆油田维护矿权等方面，取得了显著成效。新《管道保护条例》发布后，各地区公司法律部门在《管道保护条例》宣传、清理占压管线的违章建筑、协助司法机构打击破坏管道的违法犯罪行为、保障管道安全运营等方面，做了大量工作。配合国家市场秩序整顿，积极配合各地工商部门，查处冒用股份公司服务商标的侵权行为，维护了公司的合法权益。目前，行政法律事务已成为法律部门的常规业务，工作体系逐步建立起来。

【基础工作】 规范、完善律师服务管理，保证股份公司各项的业务开展。按照《总部机关外聘律师管理办法》，坚持“一个口子对外”的原则，公司总部各部门、专业分公司需要外聘律师一律引入招标机制，既降低了成本，又保证了外聘律师的服务质量，取得了良好效果。根据《地区公司外聘律师管理办法》的规定，对部分地区公司聘请社会律师情况进行了研究，并提出了批复意见。为保证外聘律师服务质量，降低服务成本，公司总部各部门、专业分公司需要外聘律师一律引入招标机制，法律部会同有关部门评选确定，紧急事项来不及招标的，也要在两家以上比选，集体研究提出选聘方案，所有选聘律师都须经管理层最终审定。2002年，法律部采用招标办法在参与公司重组上市的律师所中优选了大陆、香港和美国三家律师所，节约律师费用30%。同时，法律部门还注重与外聘律师的合作和交流，形成公司与社会律师协作配合的有效机制，培养了内部人员处理专项法律事务的技能。

2002年，根据法律工作的特点和实际需要，法律部进一步强化部门自身建设，组织力量继续加大对反垄断、反倾销、电子商务等前瞻性法律问题的培训和研究工作力度。同时，不断加强文书、档案、资料的管理，文书档案资料系统化分类管理程度不断深化。

（股份公司法律事务部）

人事管理

【概述】　2002年，集团公司人事工作以“三个代表”重要思想和党的十六大精神为指导，深入落实中央关于组织人事工作和国有企业人事制度改革的一系列重要部署，紧紧围绕集团公司的改革和发展，始终把企业领导班子建设、人才队伍建设、队伍结构调整和人事制度改革摆在落实“三个代表”重要思想、加快石油石化主营业务发展、提升企业核心竞争力的突出位置来抓，坚持体制和制度创新，在建立和完善适应现代企业制度要求的组织人事管理新体制、新机制等方面，进行了大胆探索，各方面工作取得显著进展。

【领导班子建设】

1. 加强领导班子思想政治建设

在巩固和扩大“三讲”集中教育成果的基础上，突出开展了以迎接十六大、学习贯彻十六大精神为主题的学习教育活动。集团公司连续举办了6期有各企事业单位领导人员参加的十六大精神学习班，用“三个代表”重要思想和十六大精神武装企业领导人员，指导工作实践，谋划新的发展思路。强化中心组学习、民主生活会、职代会民主评议等形式，加强政治理论和党性、党风、党纪、党内生活教育，着力解决领导班子在思想作风、工作作风、领导作风和领导人员生活作风等方面的突出问题。通过加强思想政治建设，各级领导班子的思想政治素质不断提高，经受住了各种锻炼和考验，确保了企业改革与发展。

2. 加强领导班子考核调整，不断提高班子的战斗力

结合企业改革、扭亏解困和生产经营工作实际，针对一些领导班子的年龄结构不合理、专业不配套以及自身建设存在的问题，采取公开选拔、竞争上岗、轮岗交流、严格考核、严格管理等一系列措施，加大对领导班子的考核调整力度，注重加强“一把手”的交流配备，提高了班子驾驭复杂局面、带领企业扭亏解困的能力。全年共考核充实调整班子119人次，其中任免967人次。通过考核调整，一批专业强、懂经营、善管理、综合素质好的中青年干部进入领导班子，其中40岁以下的有146人，改善了班子的结构，增强了班子的活力。

3. 抓好后备领导人才的培养

结合企业领导班子的考察，对集团公司现有的后备人员队伍进行了认真审查，并实行滚动调整，优胜劣汰；选拔了一批政治素质好、业务能力强、有实践经验和发展潜力、年富力强的人才充实进后备人员队伍，并根据实际情况，区分不同对象，有针对性地制定了培养计划，落实培养措施。目前，由集团公司党组直接管理的后备人员有500多名，其文化程度和年龄状况及综合素质都比以前有较大改善。

【人事制度改革】

1. 全面推行公开选拔、差额竞聘工作

认真贯彻中央《深化干部人事制度改革纲要》，积极引进市场机制、竞争机制，干部人事制度改革步伐不断加快。领导人员差额竞聘、公开招聘取得明显成效。在企业领导人员实行差额竞聘的基础上，2002年集团公司和股份公司机关全面推行了差额竞聘工作，有53人竞聘到部门领导岗位，285人竞聘到处室负责人岗位，建立起一套透明度高、可操作性强的干部选拔任用工作程序和办法，初步形成了一种新的

用人导向和富有活力的干部选拔任用机制。

2. 人事制度综合配套政策研究取得重要成果

在去年开展人事制度改革 20 个配套政策研究的基础上，对其进行了修订完善。同时，圆满完成了中央组织部部署的重点课题和项目研究任务，其中《国有企业中党组织发挥政治核心作用问题研究》获中组部全国重点调研成果二等奖，《企业领导人员综合业绩考核办法》的主要内容被中组部重点研究项目吸收、采纳。

【人才队伍建设】

1. 制定《集团公司 2003—2005 年人才队伍建设规划》

认真贯彻落实中央全国人才队伍建设规划纲要和“人才强国”战略，紧紧围绕集团公司发展战略目标，制定了《集团公司 2003—2005 年人才队伍建设规划》，提出了今后几年人才队伍建设的战略思想，规划了经营管理人才、专业技术人才、操作技能人才三支人才队伍的数量、结构和素质目标，制定了人才队伍结构调整优化、培养培训和激励约束的政策措施。以此为标志，集团公司人才队伍建设进入宏观指导、整体规划、政策制度体系综合配套的新的发展阶段。

2. 加强培训工作的宏观指导和管理

部署了“十五”期间企业经营管理人员工商管理培训和对外合作骨干人员培训工作，下发了《关于2002—2005 年企业经营管理人员工商管理培训的安排意见》、《关于对外合作骨干人员培训的安排意见》，有效地指导了企业自主培训。制定了《选派企业领导人员出国攻读工商管理硕士学位管理规定》和《集团公司机关人员培训管理办法》，规范了选派人员培训程序、有关待遇、管理等问题，使培训工作更加规范化、制度化。

3. 抓好重点培训项目

重新评估认定了 7 个工商管理培训点，培训了 400 人并取得国家经贸委颁发的培训证书。组织实施国内外 MBA 和国内工程硕士的培养，现在国外就读 30 人，回国 15 人，国内就读 205 人。开展了 13 个重要管理岗位处级干部任职资格培训，共培训 650 人。开展了对外合作及外语、计算机、公文写作等培训。全年共完成各类培训项目 94 个，培训各类管理和专业技术人员 6000 人。广泛开展鉴定前培训，全年通过鉴定人员 8 万人，培训 20 万人次。

4. 加强专业技术人才队伍建设

围绕集团公司发展战略，组织起草集团公司人才队伍建设规划，修改完善集团公司专业技术人员管理制度改革指导意见、专业技术人员岗位聘任和岗位设置指导意见。进一步完善专业技术职业资格管理制度，规范职称评审程序，组织了 24000 名职工参加集团公司年度晋升职称水平考试，共有 1392 人晋升了高级职称，完成了 123 名教授级职称企业推荐和材料审核工作。组织开展“全国杰出专业技术人才”、“新世纪百千万人才工程”和支援西部“博士服务团”人选推荐工作，推荐产生了 5 名“新世纪百千万人才工程”人选，1 人被国家人事部评为杰出专业技术人才并受到表彰，两人被选派到西部地区挂职锻炼。

5. 加强人才引进和企业内部人才市场的建设

继续加大高层次、紧缺专业毕业生的引进力度，组织召开了 2002 年度毕业生引进工作协会年会；统一组织 6 批“中国石油集团宣讲招聘团”到高校进行宣传、招聘；集团公司共接收毕业生 3995 人，其中研究生 73 人，本科生 2382 人。组织完成了公开征集“中国石油奖学金”宣传方案，在 16 所高校为 714 人颁发中国石油奖学金，全年共发放奖学金总额 205. 8 万元。2002 年共有 162 名石油院校获奖学生到集团公司企业工作，占获奖毕业生的 94%。积极做好人员招聘、借聘和市场建设工作，制定了《中国石油天然气集团公司人才招聘管理规定》，审查、批准了 23 家单位 726 个岗位的媒体发布招聘广告。全年共办理借聘 388 人次，签署借聘协议 303 份。进一步加强企业内部人才劳动力市场建设，在长庆石油勘探局、物探局人才交流中心开展了人事代理试点，截至 2002 年底，集团公司已有 15 个企业成立人才交流机构。制定并组织实施 2002 年度赴俄罗斯留学生培养项目，全年共派出 13 名攻读硕士学位留学生和 17 名短期俄语进修生。截至目前已有 18 人学成回国，仍有 24 人在进修。

【职（执）业资格评定】

1. 积极开展职业技能鉴定工作

在大庆石油管理局等 7 家试点企业开展职工职业技能鉴定试点工作，并取得阶段性成果。未参加试点的企业按要求开展了升级和验证鉴定，2002 年各企业共鉴定近 14. 2 万人，合格 10. 6 万人，合格率为 75. 3%。组织 11 家企业的 80 余名专家编写焊工、汽车驾驶员、锅炉操作工等 10 个职业（工种）的《职业技能鉴定国家试题库操作技能考试手册》，提高了鉴定的有效性和权威性，促进了职业技能鉴定工作的科学化和规范化。

2. 加大技师、高级技师考评力度

制定了《关于技师、高级技师考证有关问题的通知》，加大了对技师、高级技师的培养考评力度。按照技师、高级技师标准，申报条件，工种范围和考评比例进行了严格的审批，全年新增技师、高级技师1000名，比2001年提高10%，改变了高级操作人才比例下降的局面。组织29个企业的200余名专家，对原44个石油天然气特有工种《石油工人技术等级培训教材》和题库按照国家新职业标准进行了编写修订，2003年将陆续出版。

3. 组织石油石化行业职业技能竞赛和“全国技术能手”评选表彰活动

集团公司与劳动和社会保障部、中石化集团公司共同组织了全国石油石化行业6个工种的职业技能竞赛活动，分别在大港油田、大庆油田、大庆石化三个赛区进行，全国石油、石化113个企业、700名选手参加了决赛。集团公司有15名选手获“全国技术能手”荣誉称号，23名选手获“集团公司技术能手”称号；大港油田等7个单位被授予团体优胜单位。同时，在劳动和社会保障部组织的2002年度第六届“中华技能大奖”和“全国技术能手”评选表彰活动中，集团公司有4名同志荣获“全国技术能手”荣誉称号，受到党和国家领导人的接见。

【劳动力管理】

1. 加强劳动组织管理工作

按照既要满足企业生产经营需要、又要从严控制职工总量增长的要求，制定了职工总量控制计划，确定了新进人员专项控制指标和实施要求，完成了集团公司员工总量的预期控制目标。积极配合有关部门做好改制立项审核、改制方案的编制指导及审查工作，对参与改制人员解除劳动合同补偿金额计算、协议书的签订、不参与改制职工安置等进行重点把关。共参与15个基层单位的改制立项审核，审查了8个改制立项单位的整体带资分流改制方案，审核批准了1660人通过整体带资分流改制与原企业解除劳动合同。

2. 调整队伍结构和组织结构

积极参与物探、测井专业化重组的组织与实施工作，在调研的基础上提出人员调整和组织机构设置意见，积极组织协调人事劳资工作组和参与改制单位的准备工作，确保了物探和测井专业化重组的顺利实施。积极稳妥地做好集团公司机关机构调整工作，撤销了多种经营部，充实调整了有关部室，重新明确了各部门的职责。按照突出主业、分离辅业、整合归并的原则，撤销了东北输油管理局建制，将济南柴油机厂划归中国石油物资装备（集团）总公司管理；接受了股份公司5套化工装置人员；推动企业办社会职能的移交工作；进一步规范劳动合同管理，指导企业及时做好劳动合同的续签、变更、解除及终止工作。

3. 做好有偿解除劳动合同人员及其他有关群体的稳定工作

加强政策研究，积极参与集团公司组织的稳定工作调研，积极协调有关部门和单位制定解决方案。做好群众来信处理工作，全年处理群众来信700余件。注意收集相关信息，及时掌握职工的思想动态，加强与所属单位的沟通，提前通知企业人事部门做好预防工作。

【工资管理】

1. 进一步改进和完善工资总量调控办法

按照“效益优先，兼顾公平”的原则，进一步改进完善“双挂”办法，即工资总额基数按企业的社会贡献值核定；工资总额的提取与企业经济效益指标完成情况的考核结果挂钩。增强企业自我约束能力，对超额实现利润的单位、未完成效益指标的单位规定年度工资增、减额度。完善“双控”办法，坚持通过以工效挂钩决定工资总量，视经济承受能力决定年度工资发放。引入人工成本指标调控工资总量，对人工成本总成本的比率低、人工成本工资利润率高的企业有计划地调整工资总量；反之，限制或不增工资增量。

2. 加强企业领导人员综合业绩考核，适当拉开业绩奖金分配差距

根据集团公司企事业单位领导班子成员综合业绩考核办法，对企事业单位领导班子成员实施以效益指标为主，效益指标与劳动贡献指标、管理控制指标相结合的综合业绩考核。按照考核结果，在充分考虑企事业单位规模、性质、盈亏差别的基础上，适当拉开企事业单位领导班子成员的业绩奖金分配差距，较好地体现了经营者薪酬与经营业绩、岗位责任相结合的原则，为集团公司实施企事业单位领导班子成员年薪制奠定了基础。

【社会保险】

1. 做好有偿解除劳动关系人员社会保险接续工作

积极协调地方政府及各方面的关系，争取有偿解除劳动合同人员接续养老保险、失业保险、医疗保险等社会保险关系在政策上的支持。各项保险接续人数有大幅度增长，截至2002年末，集团公司所属企业接续和转移基本养老保险关系人数近34万人，领取失业保险金人数30万人，接续基本医疗保险19万人。

2. 指导企业参加属地基本医疗保险统筹，建立

企业补充医疗保险制度

落实国务院基本医疗保险属地管理原则，指导企业积极参加所在地区的基本医疗保险统筹。2002 年末已有 85 万职工按照属地原则参加了地方基本医疗保险统筹，尚未参加统筹的企业已着手进行此项工作。明确了石油企业建立补充医疗保险制度的政策，并要求同一地区中上市企业与未上市企业同步建立补充医疗保险，统一政策、统一管理、统一使用补充医疗保险基金。已参加基本医疗保险的企业，根据企业实际情况和当地基本医疗保险有关政策，研究制定企业补充医疗保险办法，其中部分企业已组织实施。

【基础工作】

1. 开展学历、学位等人事信息检查清理工作

全面启动集团公司学历、学位等人事信息检查清理工作，建立领导小组和专门工作小组，制定检查清理工作实施方案，下发《关于企业领导人员学历、学位等信息检查清理的通知》。集团公司总部机关先行一步，通过对代管单位的清查试点工作，归纳出了问题类型，规范了清查程序；经咨询中央党校、教育部等有关部门，提供了学历、学位认定和处理依据。指导各企事业单位普遍开展了认真的检查清理工作。

2. 加强人事统计工作

全面、准确、及时完成了各项统计报表任务，向国家有关部委及时报送了统计报表和相关资料，为集团公司领导和相关部门提供了准确的统计数据。集团公司人事劳资部被中组部、国家人事部评为“全国干部统计工作先进集体”。继续推进统计工作制度化、信息化建设，制定下发了《人事统计工作考评办法》。根据人事统计报表制度的变化，进一步完善了人事统计汇总软件，提高了软件的针对性和实用性。强化统计人员业务培训，组织了第三期劳动人事统计人员岗位培训班。

3. 推进信息化建设

对人事劳资部原网站部分页面进行修改，开设了学历、学位等信息的清、查、验，医疗保险社会化宣传，集团公司机关人事制度改革等专题，及时发布了有关重要信息。启动了集团公司人事管理软件建设工作，设计了《集团公司人事软件现状及需求调查表》，开展了专项调查，完成了集团公司外部网站人力资源板块建设任务。

4. 提高人事档案工作水平

进一步理顺人事档案管理体制，制定了《人事档案工作管理规定》，对人事档案管理体制、管理范围、材料收集鉴别与归类等问题做出了明确规定。组织开发《人事档案管理软件》，并在全系统推广使用。加强人事档案管理队伍培训工作，先后举办两期业务培训班，共培训 140 人，还抽调部分企业人员到人事劳资部轮岗培训。继续开展人事档案目标管理工作，全年共检查、验收了 37 家企业的人事档案达标升级工作，其中 27 家达到中组部一级标准，8 家达到中组部二级标准，两家达到中组部三级标准。

（张昌寰）

股份公司人事管理

【概述】　2002 年，股份公司人事工作按照集团公司党组和股份公司管理层的总体部署，坚持以改革为动力，以建立现代企业制度为方向，主动服务于股份公司发展战略，不断转变观念，创新机制，改进方法，从组织人事上保证公司重大决策贯彻落实，人力资源开发与管理取得了好的成效。

【领导班子建设】

1. 全面推行领导班子行政副职全员竞聘上岗，大力加强领导班子建设

2002 年，根据集团公司党组和股份公司管理层的部署，以建立新的任期任届制度为契机，人事部在全面总结 2001 年吉林油田分公司等 5 家地区公司领导班子行政副职全员竞聘的基础上，起草了《关于进一步推进地区公司领导班子行政副职竞聘上岗工作的安排意见》，对地区公司行政副职全员竞聘工作做出了全面部署，把干部任用制度改革工作不断引向深入。截至 2002 年底，已先后在 32 个地区公司实行了行政副职差额竞聘和全员竞聘，一大批思想政治坚定、专业知识扎实、有改革创新精神的优秀年轻干部走上领导岗位，领导班子的年龄、文化和专业结构得到进一步优化，整体功能明显增强。尤其是几大亏损企业的领导班子在调整后，自我加压，勇于开拓，在

较短时间内开创了企业改革与发展的新局面，扭亏解困工作取得了明显成效，员工队伍的精神面貌也发生了深刻变化，这项工作被集团公司评为2002年度机关为基层服务十大实事之一。

2. 股份公司总部机关岗位竞聘工作取得圆满成功

2002年3月13日，根据中央关于深化干部人事制度改革的精神和集团公司党组的决定，黄炎总裁在股份公司总部机关干部大会上，对总部机关和专业公司开展岗位竞聘工作作了动员和安排部署。在股份公司管理层的直接领导和广大员工的积极参与下，岗位竞聘工作收到较好效果。经过制定实施方案、搞好“五定”、做好宣传动员、发布竞聘启事、组织报名、资格审查、作竞聘报告和考评委员会考评、组织考核、按程序报批等阶段的工作，产生了新一届领导班子。共聘任12个部门和4个专业公司的总经理，聘任28名竞聘同级岗位、15名竞聘上一级岗位人员担任副总经理，部分人员因年龄等原因退出领导岗位；有166名原职、62名竞聘上一级职务人员竞聘上了中层管理岗位。通过双向选择，243名员工重新竞聘上岗。

通过竞聘上岗，总部机关员工的年龄结构、文化结构和专业结构得到进一步优化。其中高级管理人员的平均年龄由原来的51.2岁下降到46.7岁，平均下降4.5岁；新竞聘上岗的高、中级管理人员都是大学以上文化程度，其中博士、硕士学历19人；专业结构也得到进一步改善。

职务竞聘在公司上下产生了强烈反响，各地区公司积极探索，不断推进干部任用制度改革，初步形成一种新的用人导向和选拔任用机制，增强了干部的事业心和责任感，促进了优秀人才脱颖而出，为领导班子建设注入了新的生机与活力。

【业绩考核与管理】

1. 进一步改进和完善业绩考核工作

建立健全以业绩考核为中心的全员考评体系，是人事工作的一个重点，进一步健全管理层和高级管理人员业绩考核办法更是重中之重，在全面总结前两年业绩考核工作的基础上，对原《业绩考核暂行办法》和业绩合同等进行了修改完善，起草了《关于改进高级管理人员业绩考核工作的若干意见》和新的业绩合同。修改完善后的《意见》和业绩合同，简化了指标体系，提高了指标设置的针对性和合理性，把专业板块总经理的业绩分值与地区公司业务单元业绩分值挂钩，增强了专业板块的整体业绩意识，并加大了激励约束的力度，兑现薪酬时按企业盈亏情况区别对待。组织起草了11名股份公司总裁班子成员和57名总部机关、480名地区公司（含“两院”、中联油）高级管理人员2002年业绩合同。

2. 根据业绩考核结果兑现高级管理人员2001年度业绩奖

向股份公司董事会、监事会、考核与薪酬委员会提交了总裁班子成员2001年度业绩完成情况和2002年业绩合同起草情况的报告，向国务院监事会全面汇报了股份公司三年来业绩考核情况。组织实施了股份公司对各专业公司和专业公司对地区公司2001年的业绩考核和兑现工作。加强了对各专业公司和地区公司日常工作中的业绩跟踪和指导，组织实施了2002年的中期业绩考核，促进了股份公司2002年业绩目标的实现。

【劳动力管理】

1. 继续实施持续重组

为进一步提高专业化管理水平，在2001年持续重组基础上，将玉门油田分公司炼化总厂、辽河石化分公司的润滑油调和、包装业务从原单位划出，组建中国石油天然气股份有限公司玉门润滑油厂、中国石油天然气股份有限公司辽河润滑油厂，隶属润滑油分公司管理。

2. 压缩管理层次，优化组织结构

各地区分公司按照股份公司总体要求，结合自身生产经营特点，积极调整组织结构，减少管理层次、压缩管理人员。油田分公司积极推行“采油厂—作业区—井站”管理模式；炼化地区分公司撤销分厂或车间，合并生产单元；成品油销售地区分公司实行送货制，研究摸索出一些切实可行的经验和做法，收到明显效果。

3. 强化“五定”工作，优化人员配置

各地区分公司根据股份公司“五定”工作的总体要求，与技术改造、优化生产模式、工艺流程、操作规范、优化管理模式、改革劳动组织形式和轮班作业制度相结合，对所属二级单位的编制定员水平重新进行了核定，将各二级单位富余人员统一调剂到缺员岗位，为新增生产项目挖掘了所需劳动力，优化了组织结构和人力资源配置，盘活了劳动力存量，也有力地支持了减员增效工作。

4. 能进能出机制初步形成，员工总量得到有效控制

在建立以考评为基础的末位淘汰制度基础上，狠抓落实，通过加强绩效考核和日常管理，加大末位淘

汰和劳动合同到期终止工作力度，员工能进能出的机制逐步建立。结合持续重组，整合、关停低效亏损装置以及剥离、处置不良资产，调整、优化组织结构、队伍结构，通过深化劳动用工制度改革，进一步加大解除合到期终止劳动关系和末位淘汰工作力度，员工总量得到有效控制。

【薪酬管理】

1. 重新制定下发了2002年薪酬总额与经济效益挂钩办法

本着既保证职工基本收入，又加大挂钩考核力度；既保证公司整体考核的公平性，又体现业务板块的特点；既考虑工资基数确定的合理性，又考虑考核指标完成的难易程度的指导思想，在2001年工效挂钩办法的基础上，做了进一步的修改完善，主要有以下几点变化：

一是改工资总额全额挂钩为只与变动薪酬挂钩；二是对挂钩指标做了调整，主要考核利润指标，再辅以成本等其他指标；三是指标设置上兼顾了业务板块特点，即利润指标全公司保持一致，以利比较、体现公平；其他技术指标设置体现板块特点，以增强板块对地区公司完成业绩指标的驱动作用；四是考核过程中，充分考虑了指标基数大小对完成率的影响，对完成指标难易程度在薪酬总额兑现时予以了体现；五是将工资基数固定化，不随当年指标完成情况的好坏滚动，避免了分配上两极分化现象的加剧，从而体现了效率优先、兼顾公平的原则；六是工资基数确定后，年初只下达70%，其余30%与业绩挂钩部分分季考核、下达。

2. 对公司社会保险现状做了调查，并编印了社会保险政策问答

为充分了解各地区公司社会保险管理现状、提供决策依据，对各单位目前社会保险工作的管理形式、参保情况、离退休人员管理等情况作了调研，并汇集整理了股份公司社会保险情况调查报告。

为使公司领导及广大员工充分了解国家关于社会保险工作的政策、法规及相关知识，根据我国现行社会保险法律法规和政策，编写了《我国现行社会保险政策100问》，对有关政策作了简要介绍。

3. 按照薪酬总额与业绩挂钩办法分季下达了各地区公司的薪酬总额

根据2002年薪酬总额与经济效益挂钩办法，每季末按照各地区公司利润指标完成情况，对挂钩薪酬进行结算。年末根据各单位前三季度业绩完成情况和全年业绩的预测，对2002年全年薪酬总量进行了安排。

4. 印发《转发〈财政部、劳动保障部关于企业补充医疗保险有关问题的通知〉的通知》，提出企业建立补充医疗保险指导意见

为加快医疗保险制度改革步伐、构筑多层次医疗保障体系，规范企业补充医疗保险办法，根据国家有关规定和各地区公司基本医疗保险改革的进程，凡已参加所在地区基本医疗保险的地区公司，可以建立企业补充医疗保险，所需资金按不超过工资总额4%的比例提取，从成本列支。补充保险基金专户存储、单独核算、专项管理、专款专用，余额结转使用，单位和个人不得挤占挪用。

【员工培训】

（1）2002年，股份公司共培训员工731672人次，其中培训高级管理人员935人次，经营管理人员45316人次，专业技术人员103865人次，生产操作人员581556人次，人均培训时间超过5天，员工队伍素质得到了进一步提高。

（2）启动了“143人才培养工程”。为增强股份公司的竞争实力，应对加入WTO后面临的新挑战，在未来激烈的国际竞争中处于主动地位，把股份公司建设成为具有国际竞争力的跨国公司，制定了股份公司“143人才培养工程”计划，对今后五年高层次人才的培养目标、培养方式、工作程序、保障措施等进行了规划，并据此制定了“143人才培养工程”2002年度工作计划，部署了培训人选推荐工作。

（3）组织了总部机关及在京单位局处级干部WTO知识培训。为适应“入世”后工作开展的需要，加深对WTO知识的了解，举办了三期股份公司机关处以上干部WTO知识培训。培训内容包括世贸组织基本规则、运行机制，我国“入世”的基本情况，“入世”对我国市场、法律环境的影响，中国石油“入世”面临的机遇和挑战及主要应对策略与措施等。参加培训的有54名局级、179名处级干部。

（4）强化了培训项目的归口管理和宏观指导。经股份公司领导批准，去年进一步强化了培训项目的归口管理和宏观指导工作。人事部负责总部职能部门、专业公司培训项目通知文件的起草、签发工作，对承办单位、培训内容、经费、师资、课程安排等环节严格控制，杜绝了过去存在的乱办班现象，保证了培训计划的严肃性。同时，人事部加强了对各地区公司培训工作的督导，强化了培训工作年度汇报制度。股份公司培训工作基本纳入了规范运作、有序发展的轨道。

（股份公司人事部）

规划计划改革与管理

【概述】　2002年，规划计划部按照集团公司工作会议的精神，围绕集团公司整体发展战略，抓好产业定位，突出发展主题，强化服务意识，严格程序管理，重视队伍建设，较好地实现了年度工作目标。

在规划上，增强战略研究意识，认真抓好产业定位。在年度计划上，把“发展是第一要务”落实在主营业务的规划计划中，全年围绕集团公司主要任务和重点工作，立足发展和提高核心竞争能力做好主营业务的规划计划：精心安排年度计划，持续推进技术服务结构调整，抓紧完善生产服务系统，加快加工制造业的产业优化升级，积极扩大油气田合作开发，有效促进信息化建设，积极帮助特困企业扭亏增效，较好地处理了发展与结构调整、发展与稳定的关系。在服务上，牢固树立服务思想，踏实做好本职工作：改革综合统计指标体系，创新统计服务；抓住资质改革契机，服务于企业发展；做好进出口协调管理，提高企业效益；做好土地管理和抗震工作，为基层办实事。在管理上，完善管理制度，强化细化程序管理，不断提高计划工作水平。在培训上，狠抓人才培养，建设一支高素质的专业队伍。

（杜国敏）

【战略研究和中长期规划】　组织开展企业产业定位和发展战略研究工作。

按照2002年集团公司工作会议精神和马富才总经理的指示，从4月份开始用半年多时间，按照“总部与基层结合、定位与规划结合、理论与实际结合、环境与资源结合”的方法，围绕“十五”计划目标，运用现代战略管理理论，对企业的宏观环境、行业条件、竞争对手、内部资源进行了系统分析，明确了“坚持有效发展、坚持扭亏解困、坚持市场取向、坚持结构调整、坚持技术进步、坚持体制改革、坚持管理创新、坚持促进稳定”八项定位原则，研究提出了未上市企业主要专业生产能力、技术水平、经营收入、盈利水平和管理体制等具体定位目标，据此进行了现有业务、新兴业务和主要企业的产业定位研究，提出了落实产业定位的主要措施，为未上市企业的结构调整和持续发展明确了方向。

【项目管理】

1. 生产服务

以降低运行成本为目的，重点实施了煤代油和集中供热工程。煤代油工程批复5项，即：大港油田中心区供热系统煤代油改造工程，大庆杏北、图强地区以煤代油集中供热工程，大庆让乘地区以煤代油热电联产集中供热工程，锦州石化热电厂技术改造工程，大庆石化燃煤锅炉扩建工程，项目建成后预计每年可替代燃料油48万吨。大庆油田和大港油田结合热电厂煤代油工程，实行了集中供热工程改造，可大幅度降低供暖成本。

2. 油气田合作开发

2001年12月28日集团公司印发了《合作开发未动用石油储量工作指导意见》，意见明确了合作开发的目的、范围、对象、权益分配、生产管理和工作程序，集中体现了整体发展、主业优先、规范运作、简化程序四项原则。集团公司规划计划部和股份公司勘探与生产分公司负责协调办理合作开发项目和区块的审批管理工作。

2002年集团公司油气田合作开发工作全面启动。组织召开了未动用石油储量低成本开发工程配套技术研讨会和集团公司2002年度油气田合作开发工作会议。辽河、新疆、吉林等油田双方积极推进合作开发工作的开展，取得了显著的成果；大庆、长庆、冀东、大港、青海、四川等油田的油气合作开发也取得了可喜成绩。规划计划部及时总结推广了辽河油田规范双赢的合作开发经验。

2002年共建成年原油生产能力45万吨，合作生产原油约40万吨，其中未上市企业份额产量约26.5万吨，实现了合作双方互利双赢、共同发展的目标。

3. 加工制造

机械行业：在对市场、技术和风险进行充分论证的基础上，批准了大庆石化改扩建高效规整填料等三条生产线，提高了产品质量和市场竞争力，对于企业的扭亏解困起到了积极作用。

化工延伸加工：一是，以老装置盘活和挖潜改造为目标，批准了抚顺石化丙烯腈装置改造、抚顺石化腈纶装置改造、辽河油田甲醇装置改制氢、大庆油田合成氨装置改造、吉化集团铝粉装置改造等项目，改造后可降低产品成本、提高产品质量，增强装置的市场竞争力。二是，在对市场、技术、竞争力、风险等方面进行充分论证的基础上，批准了大庆石化 30 万吨/年复合肥、宁夏化工厂 30 万吨/年复合肥、吉化集团 21 万吨/年丙烯腈扩建、林源炼油厂 3 万吨/年白油等项目，这些项目的实施对炼化企业的扭亏解困将起到积极作用。

4. 项目管理培训

为提高未上市企业投资项目管理水平，6 月份举办了第二期“项目投资管理培训班”，重点培训了各企业规划计划部门的项目管理骨干。

【年度业务发展计划】

1. 科学编制年度业务发展计划

2002 年，在年度业务发展计划安排上，坚持突出主营业务，推进结构调整，坚持投资回报，严格决策程序，规范项目管理，保持总量平衡。在投资方向上，重点安排了技术服务装备更新改造、生产服务燃料结构调整、加工制造项目的规划建设、海外油气勘探开发等主营业务。全年安排投资总额 192. 7 亿元，其中，技术服务 54. 5 亿元，生产服务 32. 5 亿元，加工制造 14. 2 亿元，海外投资项目 66. 3 亿元。

2. 按时组织上报国民经济和社会发展计划、经济适用住房建设计划

根据国家有关部门要求，按时组织上报了《2003 年国民经济和社会发展计划》；组织上报和转发了《2002 年经济适用住房建设投资计划》，为集团公司所属 20 个单位申报经济适用住房建筑面积 292 万平方米，有利于企业降低住房建设成本，解决职工住房困难。

3. 继续推进钻井队伍结构调整

2002 年，继续推进钻井队伍结构调整，加强钻机报废与更新工作。全年安排更新钻机 34 台，配套改造钻机 20 台，计划报废销毁钻机 81 台，实际报废销毁钻机 80 台，基本实现了年度钻井队伍结构调整的总量控制目标。加强对钻机更新和配套改造的项目管理，编制了各类型钻机的配套标准；全年共批复 12 项钻机及配套装备购置的可行性研究报告，进一步规范了钻井装备的更新和管理工作。

4. 加大投资计划执行情况的监管力度

继续实行投资计划执行及重点项目进展情况中期和年度报告制度，进一步规范投资计划执行情况和重点项目的信息反馈与跟踪管理工作。

加大投资计划执行情况审计调查力度，与 2001 年相比，增加了钻机结构调整、项目招投标情况等审计调查内容，调查范围也从 2001 年的 15 个单位扩大到 24 个。对投资总额达 98. 5 亿元的工程建设项目和非安装设备购置进行了审计调查，重点审查了企业投资决策程序、钻机结构调整、集团公司投资使用情况和项目招投标工作的情况，并对发现的问题分单位逐一提出了整改意见。企业按整改意见进行了认真整改，收到了较好的效果。

（钟伟荣）

【招标投标和进出口管理】　2002 年集团公司进出口工作认真贯彻国家有关法律法规，加强了进出口管理，严格程序，强化招标，降低企业采购成本，围绕企业发展和结构调整，积极开拓国际市场，引进先进技术设备，加快了生产装备的更新换代，促进了产品质量和品种升级，为提高企业的经济效益发挥了作用。

1. 在管理上做了四项工作

一是，为贯彻 2002 年全国机电产品进出口工作会议和全国进口招标工作会议精神，4 月份集团公司举办了培训会，各个企业结合本单位进出口工作的实际认真学习了文件精神。7 月份召开了集团公司进出口工作座谈会，企业主管进出口工作的负责人参加了会议，对 2001 年和 2002 年上半年的进出口工作进行了全面的总结。二是，加大了网上招标投标力度，全年上网采购项目 38 个标号，金额达到 9015 万美元，远远超过外经贸部要求 4000 万美元底线。三是，推行了网上申报工作，从四月份开始实施，所有的企业基本上都在网上进行了申报。四是，规范了采购行为，全年通过国际招标采购的设备 7953 万美元，占机电产品进口总额的 46%，招标率比去年提高了 2 个百分点。

2. 为降低采购成本做了积极的工作

2002 年审查签单 1. 7231 亿美元，估算可降低企业的采购成本 1. 17 亿元；审查了 48 个国家鼓励免税项目申请单，涉及项目金额 1. 11 亿美元，估算免税金额 2. 3 亿元；共审查特定地区免税单 1337 份，涉及金额 3. 83 亿美元，估算免税金额 7. 9 亿元。上述合计共节省采购资金约 11. 37 亿元。

3. 优化机电产品的进口结构

一是，由于部分钻机和钻机装备技术落后、安全隐患大，加大了淘汰更新力度，随着钻井工艺的提高和进入国际市场的需求，钻井配套设备的进口比例占总进口额的三分之一，居首位。二是，西气东输工程的全面开工和股份公司为执行国家新的汽柴油标准，实现企业技术升级，对炼厂加大了更新改造资金的投

入，这两部分设备的进口比例较大。三是，由于物探、测录井专业队伍的结构调整和重组，严格控制了设备的进口，所占比例比以往年度大幅度减少。

4. 组织有关部门参加了国家经济贸易委员会和对外贸易经济合作部部分钢铁产品保障措施调查应诉工作

按照法律程序，7 月份召集石油物资装备（集团）总公司、中国石油天然气股份有限公司法律事务部、石油五矿、股份公司电子商务部和西气东输管道公司的有关同志对此项工作进行了研究，形成了综合报告和调查问卷。通过努力，此次调查中所涉及到的石油用钢铁产品（包括热轧宽厚板、热轧卷板、直缝焊管等主要产品）均未列入保护措施中，为维护集团公司利益起到了一定作用。

（尹成昌）

【综合统计】

1. 改革综合统计指标体系

建立了包括企业概况、企业内部资源状况、企业经营成果、主要技术经济指标、固定资产投资项目情况、企业外部环境状况和主要竞争对手状况等六个方面的新的综合统计指标体系，适应了企业领导决策和经营管理的需要。

2. 完善综合统计报表制度

按照新的综合统计指标体系，完善了包括“企业总体、分板块与专业经营成果及技术经济指标、投资项目情况、境外业务状况”等方面的综合统计报表制度。研究、制定了工程技术服务主要专业生产能力计算方法（讨论稿），开创了生产能力计算的先河。

3. 初步理顺了统计工作体系

按照马富才总经理提出的“集中归口、统一对外”的要求，与股份公司规划计划部和集团公司财务资产部、人事劳资部等部门紧密配合，建立了规范统一的统计工作体系，理顺了统计信息渠道，减少了重复劳动，提高了工作效率。

4. 创新统计服务，提供差别化服务

牢固树立服务意识，把为总部领导决策服务、为机关部门管理服务、为基层单位服务作为统计工作的主要市场，在市场细分的基础上，提供差别化服务。一是，统计月（快）报增加了同行业竞争对手状况、石油石化行业状况和国内宏观经济状况，并且在第一时间内送到领导者手中，满足了决策需要。二是，创新了统计资料汇编，按照创新服务的基本思路，在结构内容和版面设计上，进行了改革与创新，满足了集团公司和各部门领导以及基层企业领导不同层面上的需要，同时极大地激发了基层企业综合统计人员的工作热情，坚定了搞好统计工作的信心。三是，出版了反映世界经济状况、国内宏观经济状况（含分省区）等方面的专题统计信息。四是，服务好基层单位，及时把未上市企业及各单位的生产经营情况反馈给所属企业。

5. 注重培训效果，加强统计队伍建设

2002 年 8 月 20—29 日举办了统计知识培训班。与以往相比，本次培训班主要有以下几个特点：一是，领导重视，江夕根主任多次到学习班和学员一起听课、座谈，并在开学、结业典礼做重要讲话，对下一步转变观念提出了具体要求，极大地鼓舞了统计人员的士气。二是，培训内容丰富，内容涉及 GDP 核算与宏观经济景气监测、企业发展战略、企业统计分析方法、企业会计报表分析、企业效绩评价体系与方法等。三是，规模大，学员学习热情高，学员人数达 152 人，人数之多超过以往任何一届。四是，利用三个半小时时间对所学 6 门课程进行开卷考试，对培训效果进行了检验。

（史彦清）

【土地管理】　为解决 1999 年重组时遗留的未上市销售企业问题，从 2001 年 9 月开始对未上市销售企业重组的土地进行评估。此次重组涉及的县（市）级 686 家石油公司的 2994 座加油站和 478 座油库。涉及的土地分布于陕西、甘肃、宁夏、青海、新疆、四川、重庆、辽宁、吉林、黑龙江、内蒙古 11 个省（自治区、直辖市），共计 3652 宗，总面积为 2541.94 万平方米，土地使用权总价值为 29.90 亿元人民币。其中，国有划拨土地 3006 宗，面积为 2375.48 万平方米，土地使用权总价值 280548.71 万元人民币；国有出让土地 646 宗，面积为 166.47 万平方米，土地使用权总价值为 1.85 亿元人民币。

2002 年 1 月 8 日，国土资源部下发核准文件，7 月 2 日下发批复文件。集团公司取得土地授权经营批复后，按重组方案，授权经营的划拨土地资产连同出让土地资产一起作价投入给股份公司使用。

（张维全）

【工程勘察设计】

1. 队伍现状

集团公司现有甲、乙级工程勘察设计企业共 36 个，其中甲级 22 个、乙级 14 个；主营石油天然气工程设计的 20 个、炼化工程设计的 11 个、通信工程设计的 1 个、建筑工程的 1 个、工程勘察的 3 个。

2002 年末，甲、乙级工程勘察设计单位共有职工10513人，其中专业技术人员8887人，专业技术人员中，高、中、初级职称分别占28%、48%和24%。

2. 生产经营

2002年末，甲、乙级工程勘察设计单位资产总额20.78亿元，负债总额11.38亿元。全年完成工程勘察合同480项、合同额1.55亿元；工程设计合同1543项、合同额8.53亿元；初步设计投资额259.73亿元、建筑面积33万平方米；施工图设计投资额712.77亿元、建筑面积256万平方米；工程咨询合同198项、合同额3659万元；工程总承包合同23项、合同额2.48亿元；工程监理合同93项、合同额3678万元。全年营业收入16.75亿元，比2001年增长16.5%，其中工程勘察收入1.26亿元、工程设计收入9.52亿元、工程总承包收入3.51亿元、工程咨询收入0.46亿元、工程监理收入0.65亿元、境外收入0.47亿元。全年实现利润总额1.21亿元。拥有专利72项、专有技术98项、科技成果493项，承担编制国家技术标准19项。

3. 资质管理

2002年集团公司工程勘察设计单位完成了资质换证工作，推动了勘察设计单位体制改革，促进了结构调整，规范完善了市场准入制度。集团公司未上市部分甲乙级勘察设计单位全部进行了企业法人工商登记，10家单位进行了公司制改造，通过企业发展定位和组织结构调整，确立了主营业务和相关行业发展方向，进一步提升了企业核心竞争力。

4. 基础工作

工程勘察设计创优成果丰硕。2002年共有43个工程勘察设计项目获集团公司奖励，其中设计35项，勘察6项，设计软件2项。评优活动调动了广大工程勘察设计人员的积极性和创造力，促进了技术创新。

开展了集团公司第三批优秀勘察设计师的评选活动，刘振谦等9名同志获集团公司优秀勘察师称号；王元春等46名同志获集团公司优秀设计师称号。

（周　宇）

【工程建筑施工】

1. 队伍现状

完成了集团公司施工企业的市场“归位”，施工企业按照市场导向原则，结合本单位实际，确定发展方向，调整了就位资质范围，获得了合理的主、增项资质。全系统初步建立起以施工总承包为主体、专业承包为补充，以石油化工为主营，多元专业资质为补充的石油施工企业队伍结构。

集团公司现有资质管理的施工企业55个，其中特级总承包企业3个、一级总承包企业23个、一级专业承包企业29个。总承包企业中，主营化工石油的20个、房屋建筑的1个、公路工程的3个；专业承包企业中，主营化工石油设备管道安装的10个、管道工程的1个、电信工程的2个、无损检测的8个、防腐保温的2个。

截至2002年末，一级以上施工企业共有职工96124人，其中专业技术人员17306人，占职工总数的18%；施工项目经理4367人，其中一级1546人，二级1286人，三级1535人。

2. 技术装备

截至2002年末，集团公司资质管理的施工企业共有生产设备51058台，设备总功率155万千瓦，动力装备率15.5%。

3. 生产经营

2002年末，资质管理的施工企业资产总额为232.26亿元，负债总额为166.22亿元。2002年一级以上施工企业竣工单位工程4674项，完成建筑业总产值192.20亿元，利润总额8298万元。

（吴延华）

【工程建设监理】　集团公司现有资质管理的工程建设监理企业共34个，其中甲级22个、乙级12个。截至2002年底，该类企业共有从业人员3895人，其中专业技术人员3578人，专业技术人员中高、中、初级职称分别占25%、53%和22%；现有国家级注册监理工程师783人，部（省）级监理工程师1651人。

2002年，该类企业共监理工程项目802个，其中3000万元以上项目294个；完成项目投资总额241.7亿元，完成监理费收入2.28亿元。

建设部自2000年9月起对全国建设监理企业进行资质换证和资质升级。集团公司资质管理的建设监理企业申报通过率达100%，其中有长庆石油天然气工程建设监理公司等8家资质等级由乙级晋升为甲级并获得多个增项资质，锦州石化工程建设监理公司等4家甲级企业获得新的资质增项，满足了目前建设工程监理的需要。

（李明光）

【工程质量监督】

1. 队伍现状

1999年4月，按照集团公司机构改革方案，原设立在基建局的工程质量监督总站划归工程技术研究院管理，业务上接受集团公司的指导。目前，总站管理的工程质量监督站共29个，分布在各石油石化基地，具体负责实施工程质量监督工作；其中，专事油田地面工程建设监督的13个，专事炼油化工工程建设的15个，专事油气储运工程建设的1个。2000年3月和2002年12月，总站两次组织全系统监督人员业务培训，工程质量监督队伍整体素质有所提高。截至2002年末，总站共有从业人员408人，高、中、初级职称分别占19.9%、59.3%和16.4%。总站拥有各种检测仪器设备总价值约3900多万元，基本满足了石油工程质量监督工作的需要。

2. 监督工作开展情况

据不完全统计，2000—2002年三年中总站共监督建设项目1833项，累计监督投资总额约688亿元。监督过程中共发现质量问题8232个，签发书面质量问题整改或停工通知单1463份，在监单位工程合格率100%。

2002年，总站成立了西气东输监督项目部，并组建了南京、郑州、临汾、武威、库尔勒等5个监督分部共同实施西气东输工程的质量监督工作。

3. 体制改革

按照“理顺关系、平稳过渡、结合实际、着眼未来”的原则，2000年启动了监督体制改革工作，将原“总站—中心站—分站”三级管理调整为“总站—监督站”两级管理，取消了分站建制。总站连续三年开展年检抽查，解决了监督站与建设、监理和施工单位“一体化管理”的问题。

2002年，监督改革工作的重点是实现质量监督机构从隶属于局（厂、公司）转变为具有独立法人资格的事业单位；逐步从单位工程质量等级核定制度转变为工程质量监督报告制度；工程质量监督内容从单纯实物监督转变为对工程建设各方责任主体的行为监督与实物监督并重；工程质量监督人员从企业内部的监督员考核管理制度转变为由国家考核认定的质量监督工程师资格管理制度等四个转变。

截至2002年底，大庆、长庆等13个监督站完成了事业法人登记工作，初步建立起了“两级管理、机构独立、业务垂直领导”的工程质量监督管理体系。

（李明光）

股份公司规划计划管理

【概述】　2002年，股份公司规划计划部以江泽民总书记“三个代表”重要思想为指导，认真贯彻落实集团公司党组以及股份公司管理层的各项决策和部署，紧紧围绕股份公司总体发展战略，结合本部实际情况，研究制定了2002年工作要点，提出了十项重点工作任务：一是进一步转变观念和作风，落实中谋求发展，完善中求创新。二是加强战略研究和规划编制工作。三是努力做好后评价工作。在规范后评价工作制度的基础上，逐步开展广义上的规划计划工作后评价。四是巩固项目前期工作的成绩。以效益为中心，继续做到项目前期管理工作的过程规范，结果科学和审批及时，减少决策的随意性、盲目性。五是强化投资计划综合平衡的职能。跟踪研究国际资本市场，进一步优化投资结构，通过完善管理制度和投资标准，合理确定投资规模，在投资效益上下功夫。六是加强总量平衡工作。深入了解原油和成品油市场动态，分析、研究竞争对手的经营战略，超前研究应对策略，制定保证措施，在提升公司整体利益中最大程度发挥总量调控和原油产、炼、销综合平衡作用。七是创新统计信息管理。以《中华人民共和国统计法》为指导，建立与股份公司体制和业务范围相适应的统计体制和指标体系，通过统计制度和统计服务的完善、统计技术手段的创新，提高统计质量，拓宽统计业务范围。八是加强概算和造价管理。贯彻落实股份公司“低成本发展战略”，强化工程概算审查力度，严格控制工程投资。九是完善规划计划管理制度。以涵盖全部规划计划工作业务为目标，修改完善已有制度和方法，加快制定新业务的管理办法和制度，逐步建立起制度完善、方法先进的规划计划管理体系。十是加强土地房产和引进管理工作。经过全体工作人员齐心协力，努力工作，互相配合，很好地完成了2002年工作任务，取得了较好的成效。

（岳　巍）

【战略研究和中长期规划】　2002年战略规划主要工作是整合研究机构，调整研究部署，坚持业务规划滚动编制，战略研究和规划编制取得新的成果。其主要内容如下。

1. 战略规划

（1）初步形成了以规划计划部牵头组织、“两院一中心”为技术支持、机关部门和专业公司参与的工作机制。完成了股份公司天然气业务整体发展的途径，国内原油可持续发展和竞争性研究，原油产、炼、运、销一体化协调发展研究，外部环境分析研究（包括国内外石油公司战略）4项课题研究。

（2）编制完成2002—2006年滚动业务发展计划。2002年由于进行了《炼化业务加入WTO应对措施方案》的研究，同时勘探开发和天然气管道业务等发生了较大变化，根据领导要求，在总结“十五”计划第一年执行情况的基础上，组织开展了2002—2006年滚动业务发展计划的编制工作。

（3）编制2003—2007年业务发展计划的准备工作。由于2002年计划已经基本执行完毕，2003年年度计划也已基本确定，根据领导安排，开始组织在已经编制完成的2002—2006年业务发展计划的基础上，将编制时间往前延伸1年，调整编制2003—2007年业务发展计划。

2. 项目后评价

根据规划计划工作向两头延伸的思路，2002年项目后评价主要采取定规范、抓典型、搞推广三步走的方式，使建设项目后评价工作在股份公司上下逐步全面开展起来。

（1）完成长庆气田开发、陕京输气管线和兰化40万吨连续重整—60万吨芳烃抽提3个项目的后评价；下达了包括勘探、开发、管道和炼油化工业务共9个项目的后评价计划。

（2）组织了建设项目后评价培训班。2002年9月21日至27日，《股份公司建设项目后评价培训班》在长庆油田分公司举办。参加培训班的有13个油田分公司、18个炼油化工分公司以及华北销售分公司、润滑油分公司、管道分公司、北京华油天然气有限责任公司、中国石油勘探开发研究院及其廊坊分院、西北研究所和4个专业公司等40多个单位，共92名学员。培训班的内容分为三个部分：一是对后评价工作的总结交流和全面推进；二是学习后评价的基本原理、股份公司后评价工作程序和报告编制办法；三是座谈讨论和征求意见。通过培训班的总结和交流，起到了推行建设项目后评价工作的作用。

（李　娥）

【项目管理】

1. 勘探开发项目管理

2002年股份公司加大了油气勘探开发项目的前期管理。根据股份公司勘探开发一体化工作的要求，编制完成了为油气勘探（预探和评价）、油气田开发建设项目可行性研究报告编制规定，加强了技术、经济、资源和市场的综合论证，使之符合国际惯例，也满足了国家对这类项目管理的需要。完成了苏北、花海凹陷、南华北地区鹿邑及黄口等新区油气勘查、长庆85亿立方米/年开发等项目的立项批复，完成了《川渝地区天然气东输30亿立方米/年资源可行性研究报告》的报批工作。

国外勘探开发项目管理得到加强。股份公司下发了《国外勘探开发项目管理暂行办法》，促进了国外勘探开发业务的发展。完成了收购美国戴文能源公司印尼区块转让项目、印尼塞拉特·盘江（SP）区块石油合作项目上报工作，得到国家计委批复后，股份公司成功收购了美国戴文能源公司印尼的油气资产，签订了印尼塞拉特·盘江（SP）区块石油合作项目的正式协议。

2. 油气管道及系统工程项目管理

2002年股份公司加大了油气管道及系统配套工程的前期工作力度，一批项目获得上报、批复及开工建设。

重庆忠县—湖北武汉输气管道工程可行性研究报告、俄罗斯—中国东北原油管道工程可行性研究报告、湛江奥里油发电厂2×600兆瓦工程项目建议书、淄博—潍坊输气管道工程可行性研究报告上报国家计委审批。重庆忠县—武汉输气管道工程可行性研究报告获国家计委批复。

西气东输工程国家计委批准开工建设，并于2002年7月4日在人民大会堂举行西气东输开工典礼及合营框架协议签字仪式，国家主席江泽民专门发来贺信，国务院副总理吴邦国出席开工典礼及签字仪式。

和田电站供气工程、引大入港南部油田供水系统总体调整工程、长庆油田靖惠输油管道工程、兰成渝输油管道配套伏牛溪油库改造工程、西南油气田石桥—渡舟输气管道工程、重庆万盛南川供气管道工程可行性研究报告获股份公司批复。

（赵忠勋　刘　琨）

3. 炼油化工项目管理

为加强股份公司炼油化工项目前期管理工作，组织编制完成了《股份公司成品油销售网络建设项目可行性研究报告编制规定》，进一步规范了项目前期工作标准和程序。

2002年炼油改造重点是二次配套项目，销售重点是加强销售网络建设，化工重点是提高竞争力的项目。2001 年，经国家发展计划委员会批准的重点项目有《大庆炼化 30 万吨/年聚丙烯工程》。此外，《大连石化加工进口俄油改造》、《辽阳石化 80 万吨/年 PTA 改造》等一批重点项目列入国家经贸委第二批国家重点技术改造“双高一优”项目导向计划。2002 年组织安排了《兰州石化 500 万吨/年常减压蒸馏装置》、《抚顺石化 40 万吨/年酮苯脱蜡脱油装置》、《大连石化 600 万吨/年蒸馏装置改造》、《吉林石化 100 万吨/年延迟焦化》、《辽河石化 100 万吨/年延迟焦化》等一批项目的专家评估论证，其中 28 项得到股份公司批复。

（李　军）

【投资计划管理】　股份公司年度资本支出 737 亿元，同比增加 122 亿元，增长 19.8%。总体看，2002 年投资建设主要有以下几个特点：

一是确保了上游盈利支柱产业的发展。油气勘探取得新突破，先后在陇东西峰、准噶尔腹部石南东北部、库车坳陷却勒 1 号、迪那 2 号和川东北罗家寨地区发现 5 个亿吨级油气田和 15 个 3000 万—5000 万吨级整装油气田；开发产能建设进展顺利，当年新增原油产能 1028 万吨，完成年计划的 96.8%，新增天然气产能 31.28 亿立方米，完成年计划的 84.1%，同比增加 18.75 亿立方米；实现了原油产量稳中有升，天然气生产快速增长。

二是确保炼化业务结构调整。随着一批扩能改造、提高质量和油改气项目的建成投产，炼化业务的整体竞争力明显增强。优势产品和高附加值产品产量增长较快，中高档润滑油比率从 42.4% 提高到 47.3%，重交道路沥青产量增长了 53.4%，合成树脂专用料增长了 19.2%，合成纤维差别化率由 23.6%提高到 27.0%；经济技术指标进一步改善，加工损失率由 0.98%下降到 0.91%，乙烯装置损失率由 1.04%下降到 0.83%，乙烯综合能耗由 833 千克标油/吨下降到 795 千克标油/吨。

三是确保了重点油气管道和销售网络建设。西气东输工程东段线路主体基本完工；忠县—武汉输气管道可研报告已经国务院批准，正在进行初步设计及概算审查；兰州—成都—重庆成品油管道 9 月底建成投产。当年还新建油库 29 座，净增库容 51 亿立方米；新增加油站 1058 座，股份公司加油站总数达到 13160 座。

（宋晓升）

【概算管理】

1. 概算审查

概算审查认真贯彻股份公司低成本发展战略，严格把关，严格控制工程投入，认真把握工程建设的标准和水平，确保了概算审查的准确性和合理性。2002 年初共审查限上项目初步设计及概算 61 项，其中已审查完发批复文件的有 46 项，上报总投资 115.2 亿元，批复总投资 104.92 亿元，净核减投资 10.26 亿元。审查情况详见表 1。

表 1　2002 年项目审查情况　　　　单位：万元

序号	各专业公司	审查项目	可研估算控制投资	报审初设概算投资	批准初设概算投资	审核调整		
						小计	增加	减少
1	天然气与管道公司	4	37620	39396	34402	−4994	690	5684
2	勘探与开发公司	8	299866	292700	249830	−42868	3350	46218
3	炼油与销售公司	12	293533	295054	270599	−24455	7727	32182
4	化工与销售公司	11	343143	341447	321406	−20041	4737	24778
5	规划计划部	7	23753	28714	21792	−6922	652	7574
6	调整概算	4	186717	154471	151183	−3288		3288
自年初累计		46	1184632	1151782	1049212	−102568	1715	119724

从表 1 中可以看出，批复概算投资全部控制在可研估算范围之内，批准投资总额比可研降低 11.4%，比上报概算投资总额降低 9.11%。

2. 贯彻落实公司低成本战略，完善造价管理的基础工作

（1）抓好新的《石油建设安装工程概算指标》的

宣贯和动态管理工作。

(2) 以股份公司发布施行《石油建设工程量清单招标规则（A版）》为契机，大力推进并不断规范工程建设的招投标工作。

(3) 组织编制了《石油建设工程其他费用的补充规定》。

(4) 编制了“关于执行《工程勘察设计收费管理规定》的若干实施意见”，有效地规范了石油建设工程的勘察设计收费。

(5) 抓典型，带全局，召开了炼油、化工企业造价管理部门座谈会，推动炼油、化工企业造价管理工作的不断进步。

（翁中原）

【油气产运销平衡】

1. 加强了油气配置管理基础工作

一是为规范运作程序，研究制定了进口原油操作程序；二是为应对非国营贸易原油进口冲击，制定了非国营贸易原油进口管理办法；三是为规范对外供气承诺程序，制定了加强天然气配置管理的有关规定；四是起草了国家临时储备原油运作办法。

2. 加强了总量调控，确保了股份公司整体效益

一是安排好了西部地区原油外供，确保了上游增效。全年外供原油达到238万吨，同比增加150万吨。即使不考虑成品油资源抽紧后因销售半径缩小、节省运费补贴而带来的效益，仅原油因内外供贴水差异，就为股份公司增效近亿元。

二是调控好了分季、分月加工总量，为炼油板块扭亏为盈创造了条件。除了编制好四个季度总量调控方案外，当市场出现较大变化时（如4月份、6月份、7月份、8月份、9月份），对外积极与石化集团沟通，达成削减加工量共识，对内组织有关板块研究拿出加工量削减后资源平衡方案。总体看，2002年总量调控效果比例理想，价格基本到位，炼油板块实现了扭亏为盈。

三是加大了成品油出口力度，为提高加工负荷做出了贡献。一方面要求锦州、锦西、大连及抚顺四个炼厂均衡组织一般贸易汽油出口，另一方面，按月督促西太平洋炼厂按期组织成品油复出口。全年完成成品油出口量460万吨，同比增加107万吨，出口加工占总加工量的比例从2001年6.8%提高到8.8%。

3. 争取到来（进）料加工新的成品油复出口政策

抓住国家审计署对西太平洋炼厂近几年成品油复出口数量和品种提出疑问的机遇，推动并协助海关总署、国家经贸委等部门制定了新的加工贸易复出口收率标准。该标准对股份公司带来以下好处：

一是很好地解决了国家审计署提出的疑问，为今后审计工作提供了依据，维护了股份公司的对外形象；

二是为今后西太平洋炼厂总核销率下降一个百分点（折合每吨少补税3元）及柴油留国内销售（每吨增效150元）提供了依据；

三是为其他炼厂开展来（进）料加工奠定了基础条件。

（吴建国）

【综合统计】

1. 统计管理体制和工作流程初步建立

2002年制定下发了《股份公司综合统计工作管理办法》、《统计业务工作流程》和《中国石油天然气股份有限公司国内合资合作开采油气资源统计暂行规定》多项管理制度，并且对产品核算截止时间做出了严格的规定，确保股份公司内部产品核算时间的一致性。

2. 统计方法制度改革取得了突破性进展

(1) 对原有指标体系进行了全面改革，逐步建立和完善了两大类统计指标体系。一类统计指标体系系统地描述了股份公司生产经营过程、成果、效益以及业务发展的基本状况，另一类统计指标体系系统地描述了地球物理化学勘探、钻井工程、录井、测井、井下作业、炼油化工工程建筑和安装等石油化工工程技术服务、辅助生产等业务的基本情况。

(2) 改革了统计调查内容，制定了新的核算制度。一是增加了领导关心的反映市场、效益、竞争力等情况的统计指标；二是细化了部分重要指标的核算过程；三是集中体现了股份公司统计管理体制和工作流程；四是月度核算报表报告期提前（5天左右），极大地增强了统计数据的时效性。

3. 统计信息服务水平有较大提高

(1) 为股份公司路演、信息披露提供了高质量的统计信息。目前，香港版年报、美国版年报、出国路演、季度对投资者信息披露以及董事会秘书局建立的投资者数据库的生产经营数据，均由统计处提供。

(2) 统计信息产品形式多样，内容较丰富。2002年完成的统计信息产品有：《统计月报》、《半年、年度生产经营公报》、《生产经营运行监测报告》、《统计资料汇编》、《统计年报》、《统计分析集锦》和《统计工作年鉴》等。

4. 统计分析向深层次展开

2002年，股份公司继续要求基层综合统计部门认真做好本公司的生产经营活动分析，更好地为各级领导决策提供支持。全年各地区公司共上报统计分析

报告50篇，评选出一等奖10篇，二等奖13篇，三等奖11篇。同时，股份公司总部也加大了分析的力度，每个季度撰写股份公司分析监测报告，还特别编写了2001年度中国三大石油公司生产经营、关键业绩指标对比分析报告，为股份公司领导决策提供支持。

5. 统计科研取得阶段性成果

2002年，统计科研课题力求解决实际问题，取得显著效果。(1)《股份公司综合统计指标体系改革方案研究》取得阶段性成果。(2)《股份制石油企业增加值核算方法研究》已通过了专家评审。该研究成果已应用于现行统计核算中。(3)《股份公司生产经营监测预警系统研究》可行性研究报告已经完成。

6. 统计培训效果显著

(1) 举办了两期综合统计管理信息系统培训班，对地区公司及分厂级的基层统计人员集中进行轮训；

(2) 举办了统计分析培训班，对地区公司级的统计业务骨干集中进行了现代统计分析（数理统计）方法的培训。

7. 统计管理信息系统建设取得实质性进展

(1) 进一步完善综合统计管理信息系统。综合统计管理信息系统投入使用后，还存在不少问题，对此我们主要做了以下工作：第一，进一步规范统计核算报告层次，明确横向、纵向业务关系，确保了股份公司统计数据的及时、准确、完整和可靠。第二，参照国际通行做法，强化了统计标准化工作。

(2) 地区公司信息系统建设进展顺利。炼化企业综合统计管理信息系统建设以抚顺石化为试点单位已全面展开，系统的需求分析报告和详细概要设计已经完成。

(3) 规划计划部内部网和综合统计信息网已投入使用。

2002年已经将2000年、2001年的年度和月度数据放到了规划计划部内部网共享，目前仍在追加以前年度的数据。

（王玉和）

【土地管理】　规范土地管理工作，不断利用工作手段的创新适应工作内容和要求的不断变化。

(1) 协调解决重大项目用地问题。一是协调国土资源部召开西气东输管道用地第二次协调会。会议由国土资源部耕地司主持，西气东输沿线9省1市国土资源厅负责厅长、耕报处长参加，解决西气东输开工后的用地问题；二是完成了西气东输管道合作协议中关于土地问题的协议条款，促成土地框架协议的顺利签订；三是完成中俄原油管道用地预审申报批复工作。

(2) 开展土地管理信息数据库的研究工作。经过大庆油田有限责任公司对软件的试用，11月组织油田公司进行了中间成果审查，进一步完善后，达到使用要求。

(3) 完成《股份公司石油用地管理暂行规定》(讨论稿)。

（李　娥）

【技术设备引进管理】　坚持从维护股份公司整体利益出发，以确保重点建设项目顺利实施为中心，主要抓了4项工作：一是审查和办理机电产品进口申请和减免税确认书等有关手续，严格按国家规定把好引进项目立项和招标两个关口，全年审查引进项目近300项，没有出现问题和差错；二是按外经贸部和集团公司进出口办公室的统一要求，组织13个油气田、21个炼化企业、2个管道公司和3个科研院所进行了网上登记注册工作，并与集团公司共同举办了一期机电产品进口网上申报及网上招标培训班；三是组织开展建立机电产品国际招标评审专家库的工作，通过地区公司推荐、专业公司评审，专业公司级专家库已建立起来，并开始向集团公司和国家级专家库推荐；四是本着既坚持原则、公正公开，又实事求是、有利生产的精神，认真处理招标评标过程中出现的热点难点问题，如西气东输工程下半年70多项产品的对外采购方式问题，保证了重点工程和生产经营的正常进行。

（宋晓丹）

财务资产改革与管理

【概述】　2002年是中国石油天然气集团公司（以下简称集团公司）全面推进建设具有国际竞争力跨国企业集团建设的重要一年，财务资产工作紧紧围绕集团公司改革与发展的总体目标，认真学习贯彻集团公司工作会议精神，以党的十六大精神和“三个代表”的重要思想为指导，进一步强化资金和预算管理工作，全面规范会计核算，加强成本控制与管理，加强财税政策的研究与落实，加强财会队伍建设，财务资产管理工作水平得到了进一步提高，确保了集团公司改革与发展的稳步推进和经营目标的实现，较好地完成了2002年的各项工作任务。2002年集团公司全年实现销售收入3498亿元，利润总额533亿元，税金644亿元。

（万　钧）

【资金管理】

（1）强化资金的控制和管理，确保资金使用的安全性和效益性。根据集团公司跨国企业集团建设需要，积极制定各类资金管理制度，从严控制资金，防范资金风险，提高资金使用效益。一是严格审批企业新增对外投资，对新增对外投资严格审查和监督，对于符合集团公司投资方向，投资回报率高的项目予以大力支持，对投资存在较大风险的项目，坚决予以控制。二是严格审批企业申请的新增借款，对企业借款进行严格的审批，严格控制企业的债务规模，防范债务风险。三是严格审批办理担保业务。不经集团公司批准，不允许各企业擅自随意地为其他企业担保；同时努力做好集团公司本部对所属企业的担保审核工作。

（2）积极做好以所得税退税为重点的资金筹集工作，确保集团公司的生产运行和稳步发展。通过进一步规范企业退税科目，积极与财政部门进行协调与沟通，加快所得税退税办理进程，缩短所得税退税资金到户周期，使所得税退税工作进展顺利，增加了资金效益。2002年集团公司共取得所得税退税资金147.5亿元，极大地保证了集团公司的资金需求。同时还积极向财政部争取对集团公司有利的所得税退税上交基数调整政策，将中央财政的一次性上收额降到最低。

（3）积极为企业发展提供资金支持，协调企业的担保诉讼。审查批复部分企业利用财务公司优惠利率贷款置换高息商业银行贷款共24亿元，保证了企业资金周转的需要，降低企业财务费用2600万元；参与特困企业扭亏脱困方案的调查研究，深入了解和分析企业的实际情况，对个别特困企业注入资金及实施债务重组，减轻了企业负担，改善了企业财务状况；针对部分企业重组前签订的借款担保频频出现法律纠纷、银行向担保企业追偿，企业资产有可能出现重大损失的情况，会同有关部门深入调查了解有关借款担保的历史和现实情况，采取了积极应诉、资产保全等针对性措施，并加强与债权银行的协调沟通，先后处理了一系列企业担保法律纠纷，减少了企业损失。

（4）为海外项目的发展提供资金和信用支持。为了发挥集团公司的整体优势，降低企业的开证费率，节约财务费用，满足集团公司海外业务发展的信用需求，由集团公司统一与中国银行协商签署了为期一年的总体授信协议，集团公司所属子公司可以使用该协议项下的免担保额度，在优惠费率条件下办理信用证、保函及借款业务；积极争取落实对外承包工程项目贷款财政贴息政策，外经贸部、财政部已正式批复同意对2001年度物探局尼日利亚陆上地震采集项目、工程建设公司哈萨克斯坦油气厂改造项目贷款给予财政贴息95万元；积极争取落实国家对中小企业国际市场开拓资金的支持，2002年经外经贸部和财政部审核批复同意对45个项目予以支持，支持总金额264万元。

（5）积极推进关联交易货款封闭结算。按照集团公司规范关联交易结算行为，完善关联交易结算程序，加快关联交易结算进度的工作要求，为积极推动关联交易货款封闭结算工作，组织制定了《关联交易封闭结算试行办法》；选择长庆油田、抚顺石化两个单位自8月1日起，进行关联交易封闭结算试点；对于试点反映出的情况和问题予以积极协调，并对结算办法予以修订完善。

（6）加大了本部应收款项清收力度。把握有利时机，积极清收历史形成的光大集团欠款，与光大集团达成了债务清偿协议，年内一次性偿还的现金已全部到账，其余部分也提出了资产抵债方案，债务回收取得实质性进展；凯利集团欠款经与交行积极协调，确定由交行发放封闭贷款盘活其现有项目，凯利集团以项目投入运营后的回收资金来偿还欠款，增大了该笔债权回收的可能；同时在中国石油天然气集团公司内部加大与所属企业往来资金的清理力度，收回了部分企业往来资金。

（陈　奕）

【外投外借资金清查】　按照集团公司外投外借资金管理工作的要求，2002年继续做好外投外借资金的清查回收及管理监督工作。正式下发《关于建立对外投资、对外借款和对外担保定期报告制度的通知》，要求各企业按季度编制上报外投外借清查报表，以便及时掌握外投外借项目的清查情况，严格限制和监督新增外投外借项目。年内配合集团公司纪检监察部继续做好外投外借的效能监察专项检查工作，督促企业外投外借清查工作的深入开展，确保集团公司关于外投外借管理要求的贯彻落实，并对检查中发现的违规外投外借项目进行专项检查，落实责任。积极协调和处理企业在历史外投外借项目清查回收中出现的问题，发挥集团公司的整体优势，运用法律和经济的各种措施，加大协调力度，促使企业历史问题的妥善解决，最大限度地减少企业经济损失。

（曹　蕾）

【会计核算】　圆满完成集团公司2001年度财务决算的编制、上报工作。收集、审查65户企事业单位的财务会计报告，重点加强了对国有权益变动的审核，要求逐项披露国有权益增减变动情况，分类说明影响国有权益变动的因素，为企业效绩评价、国有资产保值增值考核等工作提供了详实、准确的基础资料。编制、上报集团公司企业类、预算类会计报表。企业类报表首家通过财政部决算会审，预算类报表一次通过，受到财政部的通报表扬。在报表级次上，首次完成包括集团公司三级单位报表在内的多级次报表上报。上报财政各级企业户数181户，比2000年的49户增加132户，其中编制合并报表户数21户，比2000年增加20户。

编制上报2002年集团公司月、季度会计报表，做好会计信息的收集、整理和分析，按季编写集团公司财务情况分析《简报》。及时向政府监管部门和集团公司领导提供财务信息数据和资料。

加强会计基础建设，完善会计核算体系。适应集团公司改革与发展需要，强化内部会计管理和成本核算。一是根据市场环境变化，结合工程技术服务实际情况，组织修订了《地质勘探作业成本核算与管理办法》、《固井作业成本核算与管理办法》、《测井作业成本核算与管理办法》、《录井作业成本核算与管理办法》、《试油作业成本核算与管理办法》、《井下作业成本核算与管理办法》、《建造施工成本核算与管理办法》等七项成本核算和管理办法，进一步规范和加强会计核算工作，不断提高成本管理水平，为集团公司建立成本分析比较系统奠定了基础。二是为规范集团公司所属地区服务公司与股份公司所属分（子）公司合作开发未动用石油储量的财务管理，促进有效开发，根据《合作开发未动用石油储量工作指导意见》，经过现场调查、组织多方研究讨论，适时制定出《合作开发未动用石油储量若干财务问题的规定》。三是为及时反映企业的产业结构特征、经营业务及效益分布情况，适应调整升级产业结构、提升企业核心竞争力的需要，制订了《中国石油天然气集团公司未上市企业分板块模拟核算试行办法》。该办法将集团公司生产经营活动分为工程技术服务、生产服务、加工制造、社会服务、合作开发油气田、境外业务、管理机关、科研开发等八个板块，统一了企业间板块信息资料的口径，有利于发现企业的比较优势，为结构调整提供信息支持。

规范标准报表体系。为满足效绩评价、企业基础材料以及加强管理、改革、改制等各项工作的需要，本着“信息全面、体系完整、说明详尽”原则，突出会计报表的应用功能，在满足财政部报表编制需要的基础上，重新设计完善了标准报表体系。整个体系共分为财政报表和内部管理性报表两大类、91张报表。

认真布置2002年财务决算工作。11月21—24日，召开集团公司2002年度财务决算工作会议，根据财政部和集团公司的要求，部署安排了集团公司2002年财务决算，并按财政部要求，将决算合并范围的企业级次及将有关决算布置情况等及时向财政部汇报。

（房树旺）

【年报社会审计】　根据财政部对企业年报审计工作“统一组织、统一委托”的要求，经集团公司审核认定，选择符合相应资格的包括信永中和、普华永道等在内的23家会计师事务所参与对集团公司所属60户企业进行年报注册会计师审计，其中信永中和会计师事务所作为集团公司年报的主审所，对集团公司合并报表进行审计，出具审计报告。集团公司于2002年10月中旬集中各参审事务所召开了2002年年报注册会计师审计座谈会，对审计有关事项做出安排，并要求各事务所增加人员投入，加强力量，提前进驻企业进行预审，确保审计质量。对所属企事业单位，集团公司则要求进一步转变观念、提高认识，主动与注册会计师协商沟通，积极配合做好2002年注册会计师年报审计工作。同时加强对独立审计准则体系的研究和学习，了解其是否按有关审计准则实施了审计计划和必要的审计程序，所收集的审计证据是否足以支持其审计意见，出具的审计报告是否适当。

除股份公司由其董事会委托外，集团公司其他国有及国有控股企业2002年的审计委托方式由过去的事务所与被审计单位双方签约改为由集团公司、事务所和被审计单位三方签约，集团公司为委托人，事务所为受托人。为明确各方法律责任和义务，提高注册会计师执业的独立性和审计质量，在与各参审会计师事务所协商一致的基础上，集团公司与企业及会计师事务所共同签订统一格式的《审计业务约定书》。在审计过程中，企业单位按照要求提供注册会计师审计所需资料并接受审计。注册会计师可根据实际情况与集团公司直接进行沟通。审计结束，由中介机构向集团公司负责出具审计报告和管理建议书。审计费用由被审计单位支付，按北京地区2001年修订的审计收费标准和2002年9月各企业单位的资产总额为计费基数计算。2002年决算汇报继续沿用往年做法，即由现场审计项目负责的注册会计师就审计的组织实施情况、审计报告和会计报表附注及管理建议书等内容向集团公司决算审查小组进行逐项说明汇报，企业财务人员重点汇报财务情况说明书并就其他问题作补充汇报。

2002年集团公司年度报表注册会计师审计工作坚持充分披露的原则，重视管理建议书的作用，加强与注册会计师的沟通了解，继续突出抓了事务所的资格认定、《审计业务约定书》的签订等关键环节，严格分清会计责任和审计责任，把好审计报告类型和企业审后问题的调整关。集团公司整体会计报表质量进一步提高，会计师事务所对58户企业出具了无保留意见审计报告，对5户企业出具了保留意见审计报告，北京信永中和会计师事务所对集团公司合并报表出具了无保留意见审计报告。

（陈　鹏）

【企业效绩评价】　为客观地反映中央直管企业年度经营效绩，探索企业效绩评价与经营者业绩考核相结合的途径，促进建立和完善对经营者的激励与约束机制，按照财政部《关于中国航天科技集团公司等24户企业开展企业效绩评价的通知》（财办统［2002］11号），2002年国家首次将集团公司纳入年度经营效绩综合评价范围。2002年7月，财政部会同中组部、中央企业工委、国家经贸委、劳动保障部对集团公司2001年度的经营效绩进行了综合评价。评价工作以集团公司上报财政部的2001年度企业合并会计报表为基础，依据《国有资本金效绩评价规则》和《企业效绩评价操作细则（修订）》等规定进行，采用财政部颁布的2002年相关行业评价标准值作为评价标准。企业效绩评价指标由反映企业财务效益状况、资产运营状况、偿债能力状况和发展能力状况四个方面内容的基本指标、修正指标和评议指标三个层次共28项具体指标构成。效绩评价工作历时一个月，财政部《关于2001年中央直管企业（集团）效绩评价情况的通报》（财统［2002］21号）显示出集团公司综合得分为80.01分，在石油石化行业中排名第二位，在资产总额超过100亿元的中央直管企业（集团）中排名第七位。效绩评价结果较为客观地反映了集团公司的实际情况，同时也披露出在管理等方面存在的突出问题和薄弱环节，对集团公司以后进一步有针对性地强化内部监督约束机制，提高企业管理水平有重要的指导和促进作用。

（陶云兰）

【监事会监督检查】　2002年是国务院派出国有重点大型企业监事会进驻集团公司的第二年。按照《国有企业监事会暂行条例》的规定，监事会代表国家对集团公司的国有资产保值增值状况实施监督检查，监事会主席为王天凯同志。监事会履行的职责主要有：检查集团公司贯彻执行有关法律法规和制度的情况；从查阅财务会计等资料入手，验证集团公司财务会计报告的真实性和合法性；检查经营效益、利润分配、国有资产保值增值、资产运营等情况；检查企业负责人的经营行为，对其经营管理业绩进行评价，并对集团公司领导人提出奖惩、任免的建议。3月23日—4月2日、4月17—29日、8月14—18日、10月17日—11月2日，监事会（第37办事处）成员分赴辽宁盘锦地区和辽阳地区、甘肃兰州地区、深圳市、陕西西安和宁夏银川等地区，对集团公司所属在该地区的企业进行了实地监督检查。为贯彻落实吴邦国副总理关于监事会工作要突出重点、强化监督、提高时效的指示精神，经国务院批准，在已向集团公司派出监事会（第37办事处）的基础上，临时增派以赵喜子同志为主席的监事会第36办事处，增援第37办事处开展所属企业工作。4月15日至6月底，监事会（第36办事处）成员分赴大港油田和四川油田，对集团公司所属在该地区的企业进行了监督检查。另外，根据国有企业监事会办公室《关于报送2002年度〈企业基础材料〉的通知》（国监办发［2002］12号），组织集团公司总部及所属企业填报了2002年度的《企业基础材料》，保证了监事会对集团公司的监督管理需要。

（肖文建）

【中油财务管理信息系统】　为提高财务信息质量，加强资产管理，2002年对中油财务管理信息系统资产分系统进行了改进。新增了资产集中管理、设备管理、固定资产减值准备管理、资产系统与财务系统集成功能。原有的资产管理信息系统独立于财务信息系统之外，通过新的资产管理系统，资产账并入财务账，将资产管理信息系统并入财务管理信息系统，既规范了核算，也实现了资产实物管理和财务管理的统一。新的资产管理系统的设计除满足基层单位资产管理、资产核算外，也符合即将实施的《企业会计制度》的规定要求。

（丁淑颖）

【解决与中石化遗留往来账务问题】　1998年石油石化两大集团重组时，由于企业划转工作量大、时间紧，划入划出企业与原所属总公司之间的应收、应付款未能及时清理划转，形成重组遗留问题。截至2002年9月末，遗留问题造成的与中石油集团之间债权债务余额为：中石油应收中石化7.3亿元，应付中石化43亿元，净应付35.7亿元。涉及包括股份公司在内的集团公司所属企业21户。巨额应收应付长期挂账影响会计报表的真实性，更影响作为境外上市公司的股份公司会计信息披露。在集团公司主管领导的亲自组织协调下，通过与中石化集团公司多次谈判协商，与股份公司财务部有关同志共同配合，历时一年多，经组织企业与对方或派人到对方企业核对确认历年来形成的往来账务、制订多套备选解决处理和协议方案、积极主动与财政部汇报沟通以取得理解支持到起草报告、批复企业账务处理等一系列工作过程，最终与中石化集团公司达成一致意见，得到财政部批复：集团公司应收中石化的7.3亿元与应付其43亿元相抵后，净额35.7亿元转增集团公司的国家资本金，使上述遗留问题得以顺利解决。处理结果使集团公司所属企业节约净现金流出35.7亿元，维护了集团公司的整体利益；改善了企业财务资产状况，净增加集团公司的国家资本金35.7亿元，增强了集团公司的国家资本金实力；提高集团公司整体会计报表信息质量，同时也消除了企业尤其是股份公司由于会计信息披露中涉及的巨额债权债务对企业造成的负面影响。

（肖文建）

【财税政策】

（1）配合集团公司整体结构调整和持续重组工作，争取落实相关税收政策。落实了销售企业重组免征契税政策。认真分析研究未上市销售企业重组过程中涉及的税收问题，积极与国家有关部门沟通，并提出政策建议。2002年10月，《国家税务总局关于中国石油天然气集团公司油品销售企业重组有关契税问题的通知》（国税函［2002］923号），明确对股份公司按照1999年国务院批准的中国石油天然气集团公司整体改制重组方案，持续重组集团公司所属市、县级油品销售企业土地、房屋权属的行为，免征契税。为企业节约税金约1.8亿元。落实了未上市企业从股份公司取得的职工安置费和未上市企业与股份公司资产置换不征营业税政策。对持续重组中涉及营业税问题进行研究，并多次向国家有关部门汇报和沟通。

（2）落实了2002年度国际工程公司提取管理费用政策。根据国际工程公司的业务发展情况，2002年集团公司继续向国家税务总局申请批准国际工程公司提取管理费用。

（3）继续落实所得税超基数返还政策，积极做好规范企业所得税入库工作。2002年12月，下发了《关于规范企业所得税入库问题的补充通知》的明传电报，进一步规范所得税入库工作，确保集团公司所得税及时足额返还。

（4）认真落实全国增收节支工作会议精神，圆满完成清欠税任务。根据全国增收节支工作会议精神，从保障国家财政收入的大局出发，进一步加大增收节支和清理欠税力度，做到：一明确责任，落实清缴指标；二统筹安排调度资金，保证税款及时入库；三加强跟踪监控管理，实行企业税款入库周报制度；四加大清欠力度，确保增值税和消费税等主要税种全部入库。2002年，在当年实现税费全部入库的基础上，清缴以前年度欠交税费37亿元，其中当年实现增值税、消费税在全部入库的同时，还清缴以前年度欠税38亿元，圆满完成了2002年增收节支任务，为确保国家全年财政预算任务的完成做出了贡献。

另外，还对物探、测井专业化重组有关税收问题进行了研究，提出了纳税筹划建议。积极进行协调、指导企业纳税过程中出现的问题，规范企业的纳税行为，维护企业的合法权益。

（何　焰）

【成本管理】　2002年集团公司各企业严格控制各项施工成本以及生产成本，着重对材料采购、设备采购、项目建设成本进行控制，全面推行招标采购，从源头上降低成本，进一步加大扭亏脱困力度，努力提升企业核心竞争力和实现持续、有效发展。一是继续对企业富余人员实施有偿解除劳动合同，截至2002年末，集团公司累计有偿解除劳动合同304478人，累计支付有偿解除劳动合同补偿金210亿元，累计实现增效43.8亿元；二是继续实施投资回报机制，按照集团公司与企业签订的投资回报承诺书计算投资增效，并将承诺实现的投资收益纳入考核利润指标，以此促进企业加大投资项目管理力度；三是继续加强内部管理，积极开拓外部市场，落实成本管理责任制，通过增加工作量和挖潜来降低成本；四是继续推进结构调整和企业办社会职能的分离移交工作，并取得初步进展，在一定程度上减轻了企业负担。

（王爱华）

【预算管理】　2002年是集团公司开始全面落实“十五”规划的第二年，预算安排与管理对完成“十五”

规划的改革和发展目标具有重要意义。在预算编制方面，综合考虑投资以及减员等增效因素，采用环比方法确定各单位的预算利润指标，各单位按照下达的预算利润控制指标，实行全面预算管理。在建设资金方面，优先安排对经济结构调整、扭亏解困、增加市场占有率和增强企业生存发展能力具有重要意义的关键项目。在控制债务规模方面，企业债务的增加要以项目的净现金流和偿债能力为基础，确保还本付息能力，严格控制新增借款，集团公司资产负债率比2001年略有降低。继续实施对重组企业实行学校经费、医院经费及离退休费用等“三项费用”的补贴政策。

2002年集团公司坚持以提高经济效益为中心，紧紧围绕结构调整，继续推进企业持续重组和产权制度改革，实施积极的预算政策，加大对未上市企业扶持力度，强化企业管理，努力挖潜增效，2002年预算利润目标顺利实现。吉林石油集团有限责任公司、吉化集团公司、塔里木石油勘探开发指挥部、宁夏化工厂四户企业在不补贴情况下实现不亏损。

（王爱华）

【扭亏解困】 2002年是集团公司特困企业扭亏解困的起步年，为了确保企业完成扭亏解困目标，集团公司成立了扭亏解困跟踪工作小组，深入基层，跟踪调研扭亏解困工作开展情况，与企业一起总结经验，分析存在的问题。寻找对策，并帮助企业解决生产经营中遇到的各种矛盾和问题。为了及时跟踪了解企业扭亏解困工作进度和开展情况，建立了扭亏解困季度分析报告制度，对扭亏解困目标完成情况、工作开展情况、工作中存在的主要矛盾和问题、下一步的工作计划等进行分析、记录，促使企业适时调整工作思路和措施，加大扭亏解困工作的力度。为了保证特困企业的扭亏解困，积极筹措资金，加大对特困企业的扭亏解困支持力度。进一步研究财税政策，帮助企业做好纳税筹划，节约税费支出，提高经济效益，为企业的扭亏解困创造良好的政策环境。

在集团公司的政策支持下，经过企业的艰苦努力，吉林石油集团有限责任公司和吉化集团公司实现不补贴情况下不亏损，大庆石油化工总厂、兰州炼油化工总厂、兰州化学工业公司比年初目标实现不同程度减亏，四川石油管理局克服减员增效措施不到位的影响完成扭亏解困目标。六户企业全面实现年初确定的扭亏解困目标，取得了阶段性成果。

各企业针对年度扭亏解困目标，狠抓了落实工作，取得了较好的效果。主要采取的措施：一是进一步提高对扭亏解困工作的认识，统一思想，变“要我解困”为“我要解困”，企业凝聚力普遍增强，形成了扭亏解困的合力，把主要精力放在强化管理、挖潜增效和研究发展上，调动职工投身扭亏解困工作的积极性、主动性和创造性；二是各企业从自身实际出发，研究现状，以一定的增量投入，带动存量资产的盘活，加大结构调整力度，深挖潜力，开辟了新的路径；三是积极推进主辅分离，改革社会服务和后勤服务系统的管理体制和运行机制；四是为充分调动企业各组成要素投身扭亏解困的积极性、主动性和创造性，从建立健全制度和激励约束机制入手，认真推行“三岗制”和领导干部公开选拔、试行年薪制和效益工资制等措施，深化三项制度改革，取得较好效果；五是各企业从挖掘内部潜力出发，紧紧盯住生产管理、财务管理等企业基础管理的各个环节，以预算管理为手段，狠抓了资金集中管理、物料消耗管理、生产工艺管理、成本管理、安全生产等工作，实施集约化管理和精细管理；六是稳固内部市场，千方百计开拓外部市场，拓宽发展空间，对促进企业的扭亏解困起到了重要作用；七是根据重组后主业不突出等矛盾，本着集中优势办大事的思想，各企业按照集团公司开展产业定位的要求，分析现状，谋划未来，积极寻求主营业务和新的经济发展增长点，明确了主营业务发展方向，为实现扭亏解困，全面完成“十五”改革与发展目标奠定了坚实基础，较好地完成了年初确定的2002年扭亏解困目标。

（陈　忠）

【产权登记】 根据财政部要求，组织对集团公司所属企业进行了企业产权登记年度检查工作，办理国有资产占有产权登记74户、变动产权登记259户、年度检查登记908户、注册产权登记2户。按企业级次划分，一级企业1户、二级企业61户、三级企业769户、四级企业77户。

2002年经财政部批准，将宁夏大元炼油化工有限责任公司以划拨资本金方式从地方无偿上划集团公司，划入资产161093万元，负债120615万元，所有者权益40038万元；划出固定资产原值28909万元，净值21209万元，其中划出移交企业办社会职能资产原值6469万元，净值3934万元。

（周　晶）

【资产评估】 为了规范资产评估行为，根据国家有关规定，制定下发了《中国石油天然气集团公司资产评估管理实施细则》，对改制过程中资产评估的程序、立项手续以及备案等提出了规范性要求，在减少审批环节的同时，加强了资产评估项目的监督管理。建立了资产评估项目统计报告制度，将备案的资产评估项目逐项登记并逐级汇总，按季度将备案统计情况上报财政部。全年完成评估报告审查备案42项，其中集团公司审核备案41项，财政部审核备案一项。按企业类型分，国有企业35户，股份有限公司3户，有限责任公司4户；按经济行为分，企业改制29户，对外投资9户，资产租赁1户，其他3户。

42个评估项目涉及账面资产总额1375585万元，负债949711万元，净资产425874万元；调整后账面资产总额1404817万元，负债980411万元，净资产424406万元；评估价值资产总额1576227万元，负债978328万元，净资产597899万元，净资产评估增值173493万元，增值率40.9%。

配合集团公司产权制度改革，积极研究和规范改制中的有关财务处理，确保产权制度改革工作的推进及整体带资分流改制工作的顺利开展，进一步规范操作行为，防止了国有资产的流失。全年协助办理审批改制立项12户，完成一次性优惠比例复核31户。

（吴盛龙）

【财会队伍建设】 加强财会人员的职业道德教育。按照“诚信为本、操守为重、坚持准则、不做假账”的要求，集团公司在财会人员中组织开展了职业道德和法制纪律教育活动，增强了财会人员法制观念，促进提高了职业道德素质。

组织财会队伍培训工作。一是建立了统一规划、分级管理的财会人员培训体系，使队伍培训制度化、规范化。二是组织进行了财务处级干部岗位资格培训和新制度、新准则的培训工作，有110人参加了财务处级干部岗位资格培训，320名财务骨干人员参加了《企业会计制度》与新准则的培训；组织选拔了17名财会人员到美国休斯顿大学参加了为期半年的国际财务与会计业务培训；据统计，全系统各单位举办财会人员培训班340期（个），培训人员1.5万人。三是组织开展了各类业务培训和会计继续教育工作。通过开展多层次、多渠道的培训，财会人员业务素质得到了进一步提高。

建立和实施财会人员管理制度。按照《会计从业资格管理办法》和《会计基础工作规范》规定，对《集团公司财务会计干部岗位规范》进行了修订，加强对会计人员从业资格的管理，依法设置会计机构和会计岗位。各单位实施了财会人员管理信息数据库管理，队伍管理水平不断提高。

（胡宝顺）

股份公司财务管理

【概述】 2002年围绕建立一流的财务管理体制，建设一流的财务管理队伍的工作目标，进一步深化财务体制改革，全面提升财务管理水平，不断提高财务人员的政治业务素质，适应国际化竞争的需要。以财务工作信息化为中心，加强全面预算管理体制，完善三级预算管理模式。继续推进资金集中核算和债务优化，完善“收支两条线”工作。加强资产管理基础工作，制定了《中国石油天然气股份有限公司股权管理办法》、《中国石油天然气股份有限公司固定资产报废及处理细则》，形成新的资产管理体系。进一步加强了内部会计制度建设，规范和细化了部分会计科目核算内容，逐步建立起了公司统一规范的核算体系，提高了会计信息质量。规范市场运行规则，制定了关联交易结算办法及其实施细则，建立健全清欠管理办法和制度，开发了联合清欠信息平台，提升了财务管理的效率和效益。加强队伍建设，不断提高服务意识和服务水平。

（孟晓玲）

【预算管理】 2002年股份公司预算管理工作继续紧紧围绕《中国石油天然气股份有限公司预算管理暂行办法》确定的原则、内容、运作程序，进一步完善和加强了以投资回报、利润目标为中心的全面预算管理体制，继续实行股份公司—专业公司—地区公司三级预算管理模式，强化了预算管理委员会的指导和管理机制，明确了层层负责的预算管理分工体系。一是提前组织完成2003年框架预算编制工作，为公司按预算组织运行奠定基础。按照实施全面预算管理的要求，采取自上而下、自下而上相结合的方式，以成本控制为手段，以实现股东最大回报为宗旨，以市场变化为导向的预算编制思想，以实际运行情况为基础，对预算目标进行了层层分解，与地区公司分别签署了业绩合同，保证了各项预算指标的落实。

二是强化预算监督和分析，及时反映公司及所属地区公司的预算执行情况以及存在的问题。按照年度预算确定的利润指标和投资回报标准，及时发现问题、提出解决的措施，形成较为完整的月度运行监控制度，保证了管理层及时准确地了解企业的运行状况，为公司管理层经营决策提供信息和依据。三是深入研究公司业绩考核机制，强化预算激励约束作用。按照有效的预算目标考核经营者业绩，实行季度、半年度预考核、预兑现，全年总考核兑现，强调了严考核硬兑现的管理制度，进一步在公司树立以业绩管理为核心的企业文化。四是加强资金预算管理，保证地区公司资金使用按照预算进行。五是适时进行滚动预测，及时掌握公司全年盈利水平。通过对每家地区公司实际运行情况的分析，及时随着原油价格的波动，按月滚动提供公司经营业绩和财务状况的资料和分地区公司的利润、所得税预测，提前掌握全年的公司盈利水平，为公司管理层提供经营决策的信息支持。六是完善预算编制模型，夯实预算管理基础工作。确定了以公司利润目标为基础，销售和成本预算为核心的预算模型，保证了预算编制工作的及时、准确、科学、完整。

（陈　港）

【资金管理】　2002年进一步加强了资金集中管理，按照股份公司资金集中的要求，结合地区公司的实际情况及一年来银行存款限额管理的情况，调整并下达了2002年地区公司日银行存款限额，有效集中了地区公司富余资金，2002年全年地区公司上存总部资金日平均为277.63亿元，按照人民银行同期存贷款利率计算，为公司节约财务费用10.59亿元。

在加强资金差额集中管理的同时，起草了《中国石油天然气股份有限公司化工与销售企业资金收支两条线管理暂行办法》、《中国石油天然气股份有限公司炼化企业资金收支两条线管理暂行办法》，组织12个化工销售企业和3个有代表性的炼化企业试行资金收支两条线管理，取得了较好的效果，基本上实现了这些地区公司资金的全额集中，为今后资金集中管理的进一步深入打下了良好的基础。

加强海外资金管理，设计了印尼项目资金运行管理方案并组织运行，总部对印尼项目实行资金收支两条线管理，有效集中了公司在海外的资金，为今后开展类似项目的资金管理工作奠定了基础。

加强产品结算研究，扩大封闭结算网络。起草《化工产品封闭结算管理办法》，结合公司天然气业务不断增长的实际，从规范天然气销售和结算模式入手，对陕京管线、忠武线、陕京二线的天然气结算进行研究，努力规范天然气销售和结算，为今后投产的其他天然气管线的销售和结算提供示范和借鉴。

（马保华）

【清欠及货款回收管理】　2002年，股份公司清欠办公室正式成立，工作步入正常化、制度化、规范化轨道。

第一，及时制定、完善清欠政策，指导、规范清欠工作。先后制定了《进一步明确清欠有关问题的通知》、《债务重组管理暂行办法》、《坏账核销管理暂行办法》、《关于使用“联合清欠信息平台”的通知》、《关于进一步规范清欠费用管理的通知》等文件，基本形成了较为系统的清欠政策和管理办法，指导、规范了清欠工作的开展。

第二，开发了联合清欠信息平台，为股份公司开展联合清欠工作提供了技术手段。通过该平台，定期更新信息，为解决地区公司“三角债”欠款和开展联合清欠工作提供了必要的信息环境。在解决与中石化1998年重组遗留债权债务工作中，发挥了重要作用。

第三，及时组织召开有关清欠专题会议，部署工作，落实措施，协调解决了清欠工作中的重点和难点问题。2002年6月份，组织召开了股份公司清欠领导小组第一次会议，提出了2002年清欠工作重点，决定建立总部清欠工作例会制度，以更好地协调解决清欠工作中的重点和难点问题。在大庆油田等十家其他应收款余额较大的单位，组织召开了清欠研讨会，为制定其他应收款的清欠目标、考核和奖励政策奠定了良好的基础。2002年11月，组织召开了股份公司系统清欠工作电话会议，总结前期工作，研究解决清欠工作中存在的突出问题，确保2002年清欠目标的实现，并对2003年的清欠工作做出部署。

第四，清欠工作取得了明显的效果。2002年清欠工作取得了明显成效，应收账款期末比期初下降了17亿元，下降幅度为12%；其他应收款期末比期初下降了54亿元，下降幅度为26%，通过清欠增加公司直接利润1.9亿元。

第五，发现了生产经营工作中的许多薄弱环节，为今后加强和改进公司生产经营管理工作提供了有益的借鉴。通过一年的工作开展，发现地区公司清欠工作中出现的许多难点问题，这些问题的发现、纠正和逐步解决，为股份公司今后规范销售行为，加强货款回笼工作以及改进生产经营管理工作、提高工作水平起到了很好的促进作用。

（张增轩）

【债务管理】　股份公司2002年继续加强债务集中管

理，各项关键业绩指标顺利完成，确保了生产经营债务性融资需要和大型重点项目的融资需求，同时加强创新研究和制度建设，使债务管理工作提高到了一个新的水平。

一是加强了参股控股公司债务管理工作研究。制定并下发《非全资附属公司债务融资管理办法》，为股份公司向参股控股公司提供适当形式的财务资助找到了依据，使公司向参股控股公司提供委托贷款或担保达到规范运作。

二是取得金融机构授信额度 1053 亿元，保持了良好的银企关系，为确保股份公司当前和未来融资需求奠定基础。截至 2002 年底，股份公司共取得有效授信总额 1053 亿元，已使用授信额度 438 亿元，未使用 615 亿元。

三是圆满完成印尼项目融资工作，保证海外投资需求。为收购美国 DEVON 公司印尼资产，股份公司从中国银行海外机构和中油财务公司筹措了外汇资金并按时汇入指定收款账户，圆满完成首次海外项目收购融资工作。

四是继续推进债务集中管理，增加降息贷款额度，下调贷款利率，当年减少利息支出 2.4 亿元。

五是清理陈贷、提前还款，节约以后年度利息支出 4.5 亿元。2002 年 12 月 15 日清理并提前归还部分世界银行贷款，扣除提前还款贴水后，实际归还金额比该贷款剩余本金还少 483 万美元。

六是收购存续企业加油站债务置换。股份公司收购存续企业加油站后，增加有息债务约 15.12 亿元，由于先期介入，方案合理，完成收购后仅 4 个月，已经置换了 897 笔贷款、置换金额 13.44 亿元，保证了股份公司债务集中政策的顺利执行。

七是拓展融资渠道，取得债券发行额度 15 亿元。2002 年 8 月 26 日，国家计委正式批复同意股份公司发债 15 亿元，为公司今后申请债券发行打开瓶颈。

八是突破银行借款年限约束，提出超长期融资方案。与两家金融机构签订了跨年度短期循环借款协议，突破了银行短期借款的年限约束，尽可能降低融资成本。这些措施降低流动性风险，有利于债务管理平稳运行和资本市场披露。

（范　暄）

【资本市场业务管理】　2002 年，财务信息披露工作较往年有了新的提高。在有限的时间内及时收集、汇总相关数据并进行统筹分析，发现并调整解决经营和财务数据不匹配、口径不一致等各种问题。负责起草股份公司“截至 2001 年 12 月 31 日年度之全年业绩公布”和“截至 2002 年 6 月 30 日 6 个月之中期业绩公布”（以下均简称“业绩公告”）。此外，负责起草公司年度和中期董事会利润分配方案预案（含股息分派方案），拟定派息时间表。根据董事会批准的利润分配方案以及公司上市协议和公司章程的规定等要求，拟定 2001 年度和 2002 年中期派息时间表并计算股息港币兑换汇率。协助董秘局组织收集年报和中报中有关财务和经营信息，并对其进行反复确认，确保公司在业绩公告、香港版年报和美国版年报三处法定信息披露资料中所披露数据的正确性和一致性。在 2002 年中期业绩披露过程中，分别编制了“1997—2001 年中国石油与国际大石油公司勘探开发成本和操作成本一览表”，共列出了包括埃克森美孚、BP、雪佛龙德士古等 9 家国际大石油公司的相关数据资料，使管理层在路演中能够做到“知己知彼”。

为合理利用富余现金流，2002 年继续开展国债回购业务。在扣除交易费用后，全年共实现投资收益愈 2.4 亿元，年本金收益率 2.45%，高于同期存款利率 1.73 个百分点。同时继续少量尝试开展资产委托管理业务。

组织协调财务部美国《萨班斯—奥克斯利法案》项目专题小组的资料收集与分析研究活动，先后形成《“索克斯法案”及其对中国石油财务管理的启示》和《“萨班斯—奥克斯利”法案与公司内控体系建设研究》等研究报告，对公司如何就法案的要求开展相应的工作提出了较为详细并具可操作性的建议。

（王晓峰）

【资产管理】　一是资产重组。2002 年按照股份公司的重组工作安排，继续配合对销售企业对未上市部分进行重组。通过对审计、评估的现场工作协调，对企业资产、业务和人员进行整合，在集团公司财务资产部配合下，完成了有关资产收购工作，实现了股份公司成品油销售业务的统一经营管理，扩大了营销网络系统。二是资产管理。加强资产管理基础工作，对闲置、低效无效资产进行处置，并向管理层提出资产整合的原则和措施建议。通过对部分装置资产的逐步关停、盘活和消化，达到资产结构性调整和提升资产质量。补充完善了资产制度建设，制定了《固定资产报废及处置实施细则》。对资产报废条件、报废程序、审批权限、处置方式、考核责任等一系列工作进行了规定，对加强资产报废和处置管理工作起到了积极作用。三是股权管理。清理整顿长期投资项目是股权管理的重点工作之一，清查确定了对外长期投资项目 600 多家，按投资项目的规模、收益、生产性质等相关内容进行了分析，并向管理层提出了下一步整合办法和实施安排计划。为了加强股权管理，提高投资回报率，制定了《股权管理办法》。对股权管理的范围、审批权限、审批程序、董事及股权代表的选派、投资项目的考核等方面内容进行了规定。四是扭亏解困。参加了吉化扭亏解困工作组，深入吉化现场工作，全面了解吉化管理实际情况和面临的实际困难，帮助吉化制定债务重组方案，落实固定资产报废，促进短平快资金到位，帮助处理流动资产潜亏，协助降低原油进厂成本，协助收购吉联公司外方股权等工作，有力地推动了吉化扭亏解困进程，该工作被评选为集团公司为基层办实事“十项工作”。

（王之君）

【会计核算】 2002年，为了向公司管理层和其他信息使用者提供及时、准确、可靠、有用的会计信息，股份公司始终视会计信息质量为会计核算工作的生命线，强化对地区公司财务报告数据“真实性、准确性、完整性、合理性、合规性”的审核，一是以“信息化年”为契机，进一步规范会计核算。根据公司内部管理和对外披露的需要，细化会计科目，优化报表体系，简化核算层次，缩短核算流程，着力在规范核算上下功夫，提高会计信息的真实性和可靠性，以满足各有关方面的需要。二是严格执行会计准则，规范会计核算。认真落实《企业会计准则——固定资产》、《企业会计准则——存货》和《企业会计准则——中期报告》，制定了《中国石油天然气股份有限公司资产减值准备计提、确认、核算及管理办法（试行）》。三是提前10天完成2001年度财务决算报告编制工作。制定详细明确的时间表和分工表，量化责任，明确分工，加快决算审核进度。四是认真贯彻会计准则，规范会计核算行为。五是建立地区公司CEO和CFO财务报告签名制。根据美国《萨班斯—奥克斯法》的有关要求，建立了地区公司总经理和总会计师签名制，要求各地区公司总经理和总会计师在年度决算报告上签名以保证财务报告及披露信息的真实性和公允性。六是完善内部购销及往来抵销工作流程，提高合并报表质量。根据会计准则和《合并会计报表暂行规定》的有关要求，进一步优化内部购销及往来核对工作流程。七是积极研究销售系统批发和零售分开核算问题。批发和零售业务的毛利一直是公司管理层和投资者关注的热点问题，为了真实反映两项业务的毛利，多次组织讨论按不同环节分账核算的办法。八是圆满完成全年各期会计报表编制工作，月度财务报告提前一天。为提高会计信息的及时性，克服重重困难，将月报日期又提前一天，以满足公司管理层快速决策的需要。九是适应公司业务拓展和国际合作项目的需要，借鉴国际石油公司运作模式和国际会计准则，按照“管理从细，核算从简”的原则，研究制定了存续加油站收购、印尼戴文项目收购和西气东输项目的核算办法，并按预定计划顺利实现了收购项目的并表。

（荆宝森）

【财税及价格政策】 认真研究，积极落实西气东输项目税收政策，努力促进我国天然气价格机制改革。《财政部、国家税务总局关于西气东输项目有关税收政策的通知》明确：西气东输项目上游合作开采天然气增值税执行13％的统一税率；管道运营执行15％企业所得税，并同时实行“免二减三”；西气东输项目上游开采天然气中外合作区块缴纳矿区使用费，暂不缴纳资源税。以上税收政策的落实，有力地保证了西气东输合营框架协议的签订。

落实了油品互供暂不征收印花税政策。《国家税务总局关于中国石油天然气集团和中国石油化工集团使用的“成品油配置计划表”有关印花税问题的通知》文件，明确对两大集团之间、两大集团内部各子公司之间、中国石油天然气股份公司的各子公司之间、中国石油化工股份公司的各子公司之间、中国石油天然气股份公司的分公司与子公司之间、中国石油化工股份公司的分公司与子公司之间互供石油和石油制品所使用的“品油配置计划表”(或其他名称的表、证、单、书)，暂不征收印花税。

积极争取未上市销售企业重组涉税政策。《国家税务总局关于中国石油天然气集团公司油品销售企业重组有关契税问题的通知》文件，明确对中国石油天然气股份有限公司按照重组方案承受中国石油天然气集团公司所属市、县级油品销售企业土地、房屋权属应缴纳的契税予以免征，对其市、县级油品销售企业剥离的少量土地、房产划归省级油品销售企业管理，不属于契税征收范围，不征收契税。

天然气价格机制改革取得一定进展。天然气业务是中国石油未来发展的经济增长点，中国石油拥有丰富的天然气储量，到2001年末，累计探明天然气地质储量23761亿立方米，占全国的80％。近年来，中国政府将天然气价格机制改革提到了议事日程，原国家计委下发的《国家计委关于规范天然气价格管理等有关问题的通知》，决定将国内天然气井口价外加收的净化费并入价内，合并为统一的出厂价，并将出厂价格提高30元/千立方米。天然气价格机制的不断改革必将促进我国天然气工业的健康发展。

（王春鹏　杨会杰）

【中国石油财务信息管理】　2002年中国石油财务信息工作重点是按照国际信息化发展趋势和股份公司发展战略，推进财务集中核算，不断优化财务业务流程，提升财务管理的效率和效益。2002年工作目标是：炼化企业实现全面集中核算，油田企业完成试点并扩大试点，销售企业集中核算试点逐步展开。2002年7月份实现了所有炼化企业一级核算的目标，取得了较好的效益。不仅节约了财务管理成本，还为细化管理、堵塞漏洞、降本增效提供了良好的途径和有效的手段。集中核算使会计核算更为统一规范，优化了流程，极大地提高了核算及财务管理效率，也为财务人员职能重新划分和财务机构的集中奠定了基础。特别是大庆石化在集中核算的基础上，建立了“一套账、一个机构管理、分层控制、强化服务职能”的财务管理框架，更深入地实施了“一个全面，三个集中”财务管理运行体制，在实践股份公司“持续重组、精简管理层次”战略方面迈出了实质性的步子。大港油田试点工作于2002年7月份正式切换新系统（FMIS6.0），实现了由多实体、多账套、多台服务器、多局域网的财务系统向一个实体、一个账套、一台服务器、一个广域网财务系统的转变。大港油田试点工作的成功进行，探索了财务信息系统集中管理工作新的模式，取得了较好的效益。突出了信息的集中和共享，统一规范了整个大港油田的会计核算，满足了横向到边、纵向到底细化管理的需要。在大港试点的同时，其他油田公司也都在进行集中核算的准备工作，研究并制定了适合本企业实际的集中管理方案，为2003年在油田企业全面推行集中核算打下了坚实的基础。

（阎广富）

【关联交易】　2002年，是重组后关联交易运行的第三年，也是关联交易落实规范化运作的一年。股份公司及所属分子公司本着“规范运作、共同发展”的总体原则，确保了全年关联交易工作平稳运行，在关联交易规范化、制度化以及市场开放等方面取得进展。为落实2002年集团公司工作会精神，规范关联交易运行，集团公司和股份公司组成的联合调研组，对新疆、长庆、大港、吉林、辽河等5家油田进行了调研。就油气田企业双方提出关联交易中出现的问题积极与集团公司市场部进行研究和协调，具体提出了油田企业下一步关联交易和市场开放工作方向；同时参与党组组织的四川稳定工作调研，就企业存在的主要不稳定因素进行了重点剖析，提出相应的解决措施，从行动上丰富了“三讲”内容。在协议签署方面，各地区公司积极与存续企业协商，在遵循关联交易总协议的基础上，进一步细化关联交易协议内容，2002年共签署关联交易协议985项，其中关联交易总协议45项，分协议940项。在市场开放方面，按照董事会的既定的决议，各地区公司认真贯彻落实集团公司市场工作会议精神，明确市场管理部门，采取多种有效措施，规范招投标市场管理，2002年油田企业工程技术服务市场开放率为74.7%，完成了年初预定70%的目标。在整章建制方面，起草了《关联交易封闭结算试行办法》并试点运行，规范关联交易结算行为，完善关联交易结算程序，维护了关联双方利益，促进共同发展。在长庆油田分公司和抚顺石化分公司试点运行中，积极跟踪监测运行情况，及时反映和协调出现的问题，总结经验得失，定期汇总上报，为领导决策提供服务。此外，与法律事务部紧密配合，积极与香港联交所沟通，聘请独立财务顾问，协助独立估值师出具意见书，圆满完成2003—2005年关联交易豁免申请。

（姚显虎）

【基础工作】　按照股份公司财务集中的要求，2002年4月接手了股份公司临时出国人员经费管理与核算工作，股份公司出国人员费用由总部统一核算，资金统一垫付、核销和划转。转发了《财政部、外交部关于印发〈临时出国人员费用开支标准和管理办法〉的通知》，并根据文件精神，结合国家外汇管理的有关规定，理顺业务流程，明确临时出国人员经费核算和管理的任务、内容、目标和要求，据此设置岗位责任和流程，出台了《外事财务工作流程》。开发并使用了《出国财务信息系统》，实现了对出国费用的预算、结算、统计和查询。规范股份公司总部专项经费的核算与管理工作，针对中俄管道前期工作费、国际（勘探）公司前期工作费、国内对外合作项目管理费、安保基金等专项经费的使用与核算，进行了走访调查，分析了不同费用的特点，费用支付的规律，确定了专项费用财务核算流程及管理办法。

为提高股份公司财会人员的业务素质和工作水平，先后举办了总会计师财务处长培训班、跨国财务人员培训班，会计基础知识及中油财务信息系统培训班等，加强了股份公司整体的财务管理水平，对财务人员更新知识、拓宽思路、提高业务素质起到了积极的作用。同时，要求总部财务人员充分利用业余时间加强英语学习，不断提高外语水平，以适应国际化需求。

（于江华　孟晓玲）

资本运营

【概述】　2002年资本运营部认真贯彻落实集团公司工作会议部署，积极探索科学规范的股权管理模式，稳步推进以整体分流改制试点为重点的产权制度改革工作，进一步规范对外投资管理。通过扎实有效的工作，工作基础不断夯实，各项业务取得了新的进展。

【股权管理】　以实现公司产权关系“层次化”、企业财产“法人化”、出资者责权“有限化”、企业运行“市场化”、管理制度“科学化”为目标，明确并运行了股权管理决策程序，完善公司制企业法人治理结构，进一步完善了集团公司对公司制企业规范管理架构体系，逐步提高了公司制企业的运行质量。

1. 建立完善股权信息档案

全面收集整理集团公司所投资公司的信息资料，完成了股权信息档案创建工作。档案包括集团公司所投资公司章程、议事规则及基本管理制度、重大经营决策信息、收益分配信息、管理者选择及经营业绩评价等内容，文字约140万字，600余张表格。

2. 编制完成规范公司治理指引性文件

根据集团公司公司制企业运行实际，以《公司法》等国家相关法律、法规、规章为基础，分别编制了国有独资公司、有限责任公司和中外合资公司的《公司章程指引》及各类型公司股东（大）会、董事会、监事会《议事规则指引》，为推进公司制企业法人治理的规范奠定了基础。

3. 进一步明确公司制企业规范管理思路

在有关部门配合下，组织完成了集团公司产权状况调查工作，明晰了集团公司的产权状况。截至2002年12月，集团公司直接产权关系单位共70家，其中，直属企事业单位44家，全资子公司6家，控股子公司9家，参股公司11家。在调查基础上，通过专题研究，全面理清了公司制企业规范管理的工作思路，提出了进一步规范公司制企业治理结构措施。

4. 股权管理决策程序正式启动，集团公司行权管理体系初步确立

2002年5月，中国石油天然气股份有限公司股东大会议案材料审议工作正式启动集团公司股权管理决策程序，即由股权代表通过股权信息渠道获得股份公司股东大会议案材料，经集团公司股权管理专业委员会审议，报集团公司决策层形成决策意见，股权代表根据决策意见在股份公司股东大会进行表决。其后，中银国际证券有限公司、银河基金管理有限公司和中国长江电力股份有限公司等公司的股东会（董事会）议案审核相继按照股权管理决策程序执行，股权管理决策程序在运行中逐步得到规范。

【投资管理】　2002年，在建立行业背景、财务状况、竞争力和企业价值综合因素投资审查评价办法基础上，全面开展了股权投资项目的深入研究和规范论证，全年共审核所属企业股权投资项目11项，批准4项。为拓宽集团公司的经营领域，实现对优势行业的扩张，通过反复论证，经集团公司研究决定，2002年9月，集团公司参股投资中国长江电力股份有限公司，投资25498.96万元，持股比例3%。2002年初对中油资产管理有限公司进行了收购，对集团公司证券投资业务进行了整合。

【资产重组】　按照集团公司结构调整的总体要求，针对存续企业主营业务不突出、冗员多、机制不活、社会负担重等矛盾和问题，坚持实施持续重组战略，深化企业改革，一方面继续大力推进整体分流改制试点，放开搞活非主营业务；另一方面，积极探索开展主营业务国有控股公司制改造，进一步做优做强主营业务。

1. 非主营业务整体分流改制试点工作稳步推进

2002年批准整体分流改制立项12家，完成整体分流改制11家，分流职工1563人，涉及资产3.27亿元，净资产0.87亿元。按业务类型划分：一般性机械制造单位3家，普通客货运输单位2家，招待所、物业公司等后勤服务单位4家，监理公司2家。除华北石油管理局第二机械厂、长庆石油勘探局机械总厂抽油杆分厂、辽阳石油化纤公司后勤服务分公司等3家单位改制后保持国有资本参股外，其他8家单位实现国有资本全部退出。分流改制有效激发了企业活力、调动了企业员工积极性，改制后企业效益普遍提高。据统计，完成整体分流改制的41家企业已由前一年合计亏损1.7亿元实现改制后0.43亿元盈利。《中国石油报》以系列报道形式对部分改制单位进行了宣传。

2. 主营业务国有控股公司制改造取得进展

2002年完成国有控股公司制改造10家，涉及职工6657人，资产51.80亿元，净资产17.85亿元。石油物资装备（集团）总公司完成了宝鸡石油机械厂、宝鸡石油钢管厂的公司制改造，中油国际工程有限责任公司完成了技术开发公司、长城钻井公司、测井技术服务公司的公司制改造。通过改制进一步转换了经营机制，经济运行质量和效率得到提高。

3. 产权制度改革配套政策不断完善

按照原国家经贸委等八部委联合下发的《关于国有大中型企业主辅分离辅业改制分流安置富余人员的实施办法》（国经贸企改［2002］859号），结合集团公司整体分流改制试点实践，研究制订了《关于贯彻落实〈关于国有大中型企业主辅分离辅业改制分流安置富余人员的实施办法〉的实施意见》，进一步细化了“三类资产”范围，明确了工作目标，明确了三种改制分流形式及其相应的配套政策，同时对各企业主辅分离改制分流总体方案制订提出了具体要求，为推进企业主辅分离改制分流工作创造了条件。

（集团公司资本运营部）

物资采购与电子商务

【概述】 2002年股份公司电子商务工作，在集团公司领导和股份公司领导的积极推动下，在集团公司和股份公司机关各部门的大力支持下，在股份公司电子商务系统全体领导和员工的共同努力下，取得了重大进展。全年实现电子采购106亿元，平均节约成本6.7%，完成电子销售85亿元，上网供应商1884家，网上物资品种达到4.7万个。全面超额完成了股份公司下达的2002年电子商务业务计划。

在这一年里，电子商务部全力推进电子商务工作的实施，在摸清股份公司物资采购基本情况的前提下，制订股份公司物资采购战略；建立股份公司物资采购和电子商务的规章制度和业务流程；建成了由460多名各类专家组成的专家数据库；先后组织了四期供应商招标入围工作，实现网上物资采购潜力达160亿元；对重点物资和项目进行业务整合，其中西气东输项目采购，全年实现网上采购35.1亿元，节约采购资金6亿元；积极带动存续企业上网采购，与存续企业一起推进电子工作；机关采购取得显著成效，商品类采购开始试行网上采购，服务类采购建立了采购会审制度，全年审批项目累计金额4100万元，签约价格降低15%。大力开展电子商务培训工作，共举办各类培训班95期，累计培训3000多人次。

电子商务平台搭建完毕，合资公司管理层到位，使股份公司电子商务工作进入一个新的里程碑。

【管理机构】 股份公司电子商务工作实行两级管理，在总部机关设立电子商务部，为总部机关的职能部门。分设三个处，即业务发展与管理处、商务处、技术处，对股份公司物资采购与电子商务业务进行归口管理。专业公司协助电子商务部做好内部采购业务的整合、协调工作；地区公司成立电子商务管理部门，为地区公司机关的职能部门，对地区公司物资采购与电子商务工作业务进行归口管理。

【业务指标】 股份公司管理层为了推动股份公司电子商务工作的开展，制订了股份公司电子商务业务指标，其具体内容是：在2002年完成电子采购100亿元，降低采购成本5%，完成电子销售80亿元。股份公司电子商务系统全体员工，经过一年的努力，2002年完成电子商务采购106亿元，平均节约成本6.7%，完成电子销售87亿元，网上供应商1884家，网上物资品种4.7万个，超额完成电子商务业务计划指标。

【采购业务量】 2002年，中国石油天然气股份有限公司在“能源一号网”上实现物资采购交易量为106亿元，约占中国石油天然气股份公司物资采购总金额的30%。其中电子采购系统完成的交易量48.4亿元，电子市场系统完成的交易量57.7亿元。中国石油下属各油田分公司、石化分公司和各管道分公司，积极推进电子商务工作，分别实现网上交易53.7亿元、13.1亿元、36亿元；存续企业供应处配合各地区分公司进行网上采购，2002年网上交易总额达到3.2亿元。

【电子商务技术平台建设】 2002年，“能源一号”电子商务平台全面投入运行。其中电子采购系统提供目录采购、谈价议价采购、招标采购、反向拍卖采购等多种网上采购方式。电子销售系统提供目录销售、谈价议价销售、竞价销售、拍卖销售等网上销售方式。电子市场系统更为买卖双方提供了丰富的网上交易功能。

在保障网上交易平稳运行的基础上，基于“能源一号”网的电子采购、电子销售、电子市场三大应用功能，2002年继续对“能源一号”网站的应用进行功能拓展，完成了供应商/会员管理系统、交易管理系统、交易费网上支付系统。实施了对会员信息的详细管理和控制，实现了对交易费的自动管理和统计分析，进一步拓展了电子商务交易和管理的功能。

【机关采购】　在2002年股份公司机关成立机关采购领导小组，办公室设在电子商务部。机关采购领导小组，对需要集中采购的商品和超过30万元的服务采购进行规范管理，见到很好效果。2002年服务类采购建立了采购会审制度，审批项目累计金额4100万元，签约价格降低15%，节约采购成本600多万元；商品类采购开始试行网上采购。

【招标选择部分物资供应商】　中国石油天然气股份公司通过“能源一号网”交易的物资大类品种有47种，占中国石油60个物资大类总数的67%，在电子采购系统中的品种包括14个大类，采购潜力为120亿元。重要品种包括石油专用管、普通钢材、石油专用设备、石油专用化工产品、催化剂、通用化工产品、电力电工设备、电工材料、电子工业产品、小型机械等。上述品种的供应商由电子商务部牵头，会同股份公司监察部、质量安全环保部、专业公司、地区公司通过招标选择。截至2002年底，电子商务部完成了四期一类物资供应商招标入围工作，吸纳一类物资供应商237家。

【重点物资采购】

1. *西气东输采购*

西气东输作为国家重点工程，电子商务部与管道分公司通力协作，于2002年元月首次在“能源一号网”上采用谈价议价方式，采购13万吨进口直缝埋弧焊钢管，仅此一项节约采购资金1.2亿元。此次采购的成功不仅为企业节约了大量的资金，其高效、透明的运作方式受到了供需双方的认可，并且积累了宝贵的经验，增强了开展电子商务工作的信心。随后，西气东输管道分公司通过“能源一号网”采购了大量的直缝管、卷板、中厚板、热收缩套和热煨管，合计89万吨钢材、2.27万吨防腐材料、14.2万热收缩套，总金额35.1亿元，完成西气东输管道分公司年度电子采购业绩指标122%，节约采购资金6亿元。

2. *石油专用管采购*

中国石油每年的采购量在50亿元左右。电子商务部自2002年1月27日开始专用管合同清理工作，清理小组由集团公司市场管理部、股份公司法律事务部、六家油田分公司采办主任、存续企业供应处处长组成，经过半年的努力，在价格方面取得了平均8.1%的折让，并且在原有合同的谈判中取得了批量优惠。

3. *加油机实现网上集中采购*

电子商务部与板块分公司积极合作开展网上采购业务。2002初，炼油与销售分公司通过招投标在29家加油机供应商中优选出19家进入“能源一号网”，供应商信息加载完毕后，于5月24日至5月25日对4000多台，总价为6000万元的4075枪加油机实行网上采购，这是一次对中国石油销售系统影响深远的采购，不仅规模空前，而且全部采用目录式采购，节约了大量采购资金。

【网上物资采购管理】　电子商务部对网上物资采购管理工作很重视。年初就开始建立物资采购和电子商务管理制度、规范和网上物资采购流程，并与股份公司监察部一起对11家地区分公司进行了效能监察，检查、督促、指导地区公司，执行股份公司关于电子商务的管理规定和规范。每个季度对各地区公司网上交易量和成本节约情况进行统计分析，了解各地区公司网上物资采购的完成进度。同时加强一类物资网上采购的管理，提高一类物资网上采购的占有率。对2001年物资采购情况进行年度统计工作，基本摸清了股份公司物资采购的基本情况，为下一步工作打好了基础。

【物资分类与代码】　建立和应用统一的石油物资分类与代码数据库是物资管理的重要基础工作，是实现物资管理信息化与信息共享的前提。2002年完成石油物资分类与代码60大类、622个中类、3003个小类、16150个品种，718650条物资明细的数据收集、整理与加载；编制石油物资分类与编码数据库应用培训教材一册；制作在线播放多媒体培训教材一套；举办了两期物资编码网站应用培训班，参加人员为地区公司电子商务部门的采购人员，培训人数87人次。石油物资分类与代码数据库在“能源一号”网得到了全面的应用，36家地区公司也不同程度的在电子采购和物资管理系统中加以应用。

【供应商、采购商培训】　中国石油电子商务培训，包括中国石油用户培训和供应商培训。自2001年7月到2002年12月20日，共组织实施培训95期，培训单位共1363家，培训人数达3190人。其中中国石油用户培训11期，培训单位包括38家地区公司和

15家存续企业，培训人数450人次。在11期培训中，完成了两期股份公司人事部培训计划项目，组织了四期股份公司地区公司培训，两期炼油与销售、化工与销售培训，一期存续企业培训，两期Ⅱ类物资供应商教员培训。供应商培训包括电子采购供应商、电子市场供应商和Ⅱ类物资供应商培训，电子采购供应商培训13期，培训单位195家，培训人数497人次。电子市场供应商培训七期，培训单位115家，培训人数243人次。Ⅱ类物资供应商培训64期，培训单位963家，培训人数2000人次。

在培训工作中，编写了规范的培训教材和讲义，制定了Ⅰ，Ⅱ类物资供应商培训流程、培训管理规范，为规范地区公司培训工作，编制了培训通知、培训总结及培训完成情况模板。此外注重培训考核，通过笔试和上机考试对每个学员进行考核，合格后方可颁发培训证书，考试结束后对试题进行讲解和分析。

（股份公司电子商务部）

审计监督

【概述】　在集团公司党组和各级领导的正确领导下，2002年审计部认真贯彻落实集团公司工作会议的安排和部署，坚持以财务收支审计为基础，以年度经营成果考核审计为重点，带动其他各项审计。在加大审计力度，使审计覆盖面扩大到100%的同时，注重审计质量的提高，在加强企业管理和监督、维护财经纪律、节支增效等方面发挥了作用。

2002年完成审计项目4898个，审计金额4839.8亿元，通过纠正处理，取得直接经济成果21.77亿元，其中基建工程审减额为8.14亿元，综合审减率为1.9%；经济合同审减额为2.94亿元，综合审减率为1.44%；审计人员人均取得直接经济成果126.29万元。移送违纪违法案件67件，移交纪检、监察部门处理31人。2002年，各油田、炼化企业审计力度也不断加大。四川、吉林、大港、新疆、青海、玉门、冀东等油田服务企业和吉化、兰炼、兰化、锦西等炼化服务企业，在上年审计覆盖面100%的情况下，当年又继续实现审计覆盖面100%。大庆、辽河、塔里木等油田服务企业和抚顺、锦州、林源等炼化服务企业以及物探局，经过努力当年也实现了审计覆盖面100%的目标。

【主要审计活动】　2002年1月9日，审计部下发了《内部控制（资金）审计实施办法》。这个《办法》的实施，使集团公司内控制度审计有章可循，有法可依。

2002年2月28日，集团公司下发了《关于表彰1999—2001年度审计工作先进集体和先进工作者的决定》，决定表彰了大庆石油管理局审计部等43个先进集体和关世贤同志等46名先进个人。

2002年3月1日，马富才总经理、阎三忠副总经理对呈报的《关于去年审计工作成果和今年安排的报告》做出重要批示，充分肯定了审计部2001年的工作，并对2002年的工作提出了要求。

2002年3月26日，审计部下发了《漏审责任追究指导意见》。对内部审计人员在实施审计过程中造成的重大审计错漏、重大线索遗失或重大违纪违规事项不予披露的，要追究其责任。文件的下发，对保证审计质量起了重要的作用。

2002年5月10日至6月9日，审计部在广州石油培训中心举办第3期培训班，对各单位审计部门的处级干部进行岗位任职资格培训。

2002年6月14日至7月4日，审计部组织部分油田、炼化企业审计处处长，赴美国进行为期20天的审计工作业务培训。

2002年9月24日至26日，审计部在中国石油天然气第六建设公司召开部分单位审计处长座谈会。

2002年12月24日至26日，审计部在中国石油审计服务中心召开部分单位审计处长座谈会。

2002年12月27日，审计部下发了《关于印发审计报告内容格式的通知》，对原审计文书规范中经营成果考核、财务收支、任期经济责任等审计报告格式进行修改和深化。

2002年12月30日，中国内部审计协会会长郑力、副会长刘鹤章等一行4人，对集团公司审计部和中国石油审计服务中心工作进行检查、指导。

（武　君）

【重大审计成果】

1. 经济责任审计

2002年，各级审计部门按照人事部门的委托以及考核兑现的要求，做到了有离必审、兑现必审，共完成经济责任审计729项，包括年度成果考核兑现审计和经营者离任审计。

审计部对油田、炼化企业的审计覆盖面达到100%全覆盖，做到了制度化。2002年对28个油田、炼化服务企业进行了经营成果考核审计。审计结果，除青海石油管理局、辽阳石油化纤公司外，其余油田、炼化服务企业均完成了考核指标。总的来说，各单位财务管理有所加强，过去一些单位搞潜亏的问题得到了根本扭转，集团公司给各单位下达的考核指标也比较符合实际。审计发现的主要问题：一是一些单位存在收入挂账，在效益上留了一定“口袋”；二是一些单位国外项目未能及时确认收入，造成当年收入不实；三是有的企业二级单位为了完成考核指标存在人为调节利润的现象。审计部对存在的问题分别下达了审计意见书或审计决定，并将审计结果提交人事劳资部、财务资产部，为兑现提供了依据。与此同时，审计部还根据人事劳资部的委托，对兰炼、兰化、吐哈、锦西、大港油田等13个企事业单位的主要领导离任进行了经济责任审计。

各单位审计部门在进行年度考核兑现审计时，把平时审计和年终审计相结合。大庆石油管理局共组织了对57个二级单位的考核审计，查出挤占成本、截留和转移收入、超投资挂账等违纪违规问题1.26亿元。辽河石油勘探局在各单位积极推广为经营者建立经济责任档案的经验，努力将财务收支、承包兑现和绩效审计有机结合起来。吉林石油集团有限责任公司加大经济责任审计的深度和力度，为完善领导干部约束机制服务。新疆石油管理局制定了《领导干部任期经济责任审计“审前公示”办法》，发挥经济责任审计工作联席会的作用，通过审计发现录井公司基层党委存在集体违纪行为，经局党委研究，免除了该公司书记、经理、副经理、纪委书记及纪委委员的党内或行政职务，审计及处理结果在全局引起了很大的震动。

2. 财务收支审计

2002年，审计部对21个企事业单位进行了财务收支审计。审计出的主要问题是一些单位仍存在收入挂账、多计成本费用、以前年度亏损和计划外工程挂账等问题，已下达了审计意见书和审计决定，对这些问题进行了纠正。各油田、炼化企业也都普遍开展了财务收支审计，共完成772项，维护了财经纪律，保证了会计信息的真实可靠。新疆石油管理局将财务收支审计覆盖面扩展到对控股公司、参股公司和多种经营单位。在对控股企业亚光公司审计中，发现该公司经理和主管会计串通私设6套账外账，查出违纪问题5913万元，移交纪检后又移交给了司法部门追究有关责任人的法律责任。华北石油管理局共开展财务收支审计22项，查出截留收入、“小金库”、转移收入等问题，取得直接经济成果1270万元，促进了会计核算的规范性和会计资料的真实性。长庆石油勘探局对全局40个单位进行了财务收支审计，审计中突出事中审计的作用，发现问题1.29亿元，并实行年终决算审签制度，确保了审计结论的落实，有力地促进了各单位财务工作的规范运行。

3. 专项审计和审计调查

2002年，各油田、炼化企业结合本单位管理中的突出问题开展了专项审计调查，全系统共开展专项审计和审计调查560项。抚顺石化公司对所属的245家多种经营单位“小法人”进行资产、负债、损益审计，发现“小法人”存在项目投资无收益，立项各自为政，重复建设等10个问题，涉及不合规资金总额1.49亿元。审计处提出彻底整改的建议得到采纳，精简“小法人”经济实体220个，从根本上解决了“小法人”过多、经营管理混乱的问题。新疆石油管理局针对群众反映的热点问题，对广播电视中心开展了专项审计调查，查出将广告收入1100多万元转入有账“小金库”，将360万元的有线电视收视费以私人存款方式进入无账“小金库”，为职工发放“奖金”和“福利”等，这些问题已移交给纪检部门进一步查处。四川石油管理局加大对大案要案的审计，对广汉钻采设备制造厂财务科负责人贪污案件进行专项调查，查出财务科副科长伙同其他财务人员共同贪污140多万元的事实，责任人已被司法机关判刑，在反腐倡廉工作中发挥了积极的作用。华北石油管理局开展车辆保险费、养路费专项审计，查出账外车辆271台，价值4001万元，占账内车辆的28%，进一步堵塞了车辆管理的漏洞。青海石油管理局针对企业货币资金缺口较大的实际，开展了资金支出专项审计，查出8个单位存在挪用或坐支现金2143万元，并就资金管理提出审计建议，在保证生产建设的顺利进行方面发挥了作用。此外，审计部门还与有关部门和单位开展了劳务用工情况、境外项目实施情况以及住房公积金情况的审计调查，为企业规范管理提供了依据。

4. 工程预、结算审计

2002年全系统审计工程预、结算金额428亿元。通过审计，节约支出8.14亿元，平均审减率1.9%。其中外包工程审计审减额4.23亿元，平均审减率2.55%。在工程预、结算审计中，大庆石油管理局审减 9318 万元；新疆石油管理局审减 4016 万元；吉林石油集团有限责任公司审减 3797 万元；辽河石油勘探局审减 3346 万元；华北石油管理局审减 2136 万元；中国石油审计服务中心、长庆石油勘探局、大港油田集团有限责任公司、兰州化学工业公司等单位工程审计审减额均在 1000 万元以上。

5. 经济合同审计

2002 年，各油田、炼化企业把经济合同审计作为节支增效的一个重要方面。全系统共审计合同标的金额 204.33 亿元，审减合同价款 2.94 亿元。辽河石油勘探局审计部针对部分单位合同管理不规范，先采购、后签订合同和实际结算金额大于合同金额的情况，提出审计建议，对合同签约实施有效审计监督，帮助企业提高经济效益，2002 年仅“六外”项目为企业节约支出近 700 万元。塔里木石油勘探开发指挥部全年审计经济合同 456 份，审计资金 3.82 亿元，节约资金 679 万元。

6. 物资管理审计

2002 年，各单位加强物资采购审计。辽河石油勘探局利用物资信息管理系统进行网上比价和物资采购程序审计，避免了物资采购的违规行为和“暗箱”操作，杜绝了对审计结果的人为调整，提高了审计的权威性和独立性。吉林石油集团有限责任公司实行了物资采购论证书审计制度，并制定了物资采购责任追究制度，在审计中加以落实。抚顺石油化工公司在物资管理审计时，不仅注重对合同的审查，还到使用单位对所采购的物资的质量进行抽查，发现了大部分供货单位没有经过资质论证等 9 个方面的问题，提出了审计建议，责成被审单位及时整改。

7. 内部控制制度审计

2002 年，全系统开展了 118 项内部控制制度审计。辽河石油勘探局针对企业重组后新成立单位的实际情况，对 5 个工程技术处内控制度建立和执行情况进行了历时 3 个月的就地审计。这些单位虽然相应建立了内控制度，但在内容和执行上还存在诸如预算管理制度不够完备、货币资金管理不够到位等 5 个方面的问题，针对这些问题，审计提出了管理建议，保证了内控制度的有效执行。抚顺石油化工公司对所属销售公司和市场营销部经营管理内控制度执行情况进行了审计，发现了多家开户等 4 个方面的问题，并要求限期整改，避免了内控制度执行中的漏洞。

8. 改制企业审计

为保证国有资产的安全，各单位针对企业重组改制不断深入的特点，加强对重组改制单位的审计。四川石油管理局要求审计处加强对改制企业的审计，审计处在对监理公司改制审计中发现一个账面资产仅 426 万元的小单位，违纪违规金额达 425 万元，其中私设“小金库”214 万元，给予了严肃处理，引起了较大反响，得到了集团公司的重视，并以审计简报的形式下发各单位。华北石油管理局认真组织开展了对部分中小经营单位和多种经营企业的改制审计，审出问题 6224 万元，为企业改制工作提供了客观依据。辽河石油勘探局在对新型建材公司改制审计中，发现改制单位存在资产盘亏 817 万元，亏损挂账 2300 万元的问题，摸清了改制单位资产负债和所有者权益的底数，审计结果得到了局党政领导的认可和高度评价，为企业重组改制提供了可靠依据。东方地球物理勘探有限责任公司针对两个改制企业历年遗留问题较多的实际情况，克服困难，认真开展改制审计，查出问题 1858 万元，纠正处理 1773 万元，为企业重组改制顺利实施奠定了基础。

9. 为股份公司提供审计服务

2002 年，中国石油审计服务中心完成股份公司委托的审计项目 21 项，其中经济责任审计 7 项，基建工程审计 14 项。吐哈石油勘探指挥部、锦西炼油化工总厂等一些地区服务公司在搞好内部审计工作的基础上，完成了油田炼化分公司委托的审计任务。

（陈红兵）

【对外合作审计】

1. 海外公司和项目审计

2002 年，审计部先后审计了苏丹大、小尼罗公司，委内瑞拉中委公司，哈萨克斯坦的中油国际公司，中油阿克纠宾油气股份公司，香港公司等 12 家海外公司和项目。通过审计进一步加强了集团公司对海外公司的管理，有效地促进了海外项目管理的规范化，降低了海外公司的经营风险，保证了集团公司资金和资产的安全。

2. 国内合作区块审计

2002 年，受股份公司的委托，审计部组织力量对壳牌石油公司长北区块 4 个年度的会计资料进行了审计，审计金额 6532 万美元，涉及联合账簿中不合理费用为 262 万美元；对意大利阿吉普石油公司塔里木 6 区块、塔里木 7 区块、北堡西区块、涩北区块等 4 个区块的联合账簿进行了审计，审计了 8 个年度的会计资料，金额总计 3479 万美元，涉及联合账簿中不合理费用为 251 万美元。审计部对审计中发现的不合理费用，及时发出审计备忘录要求外方将其从联合账簿中剔除，维护了集团公司的权益。

3. 企业涉外审计

随着“走出去”战略的实施，集团公司所属企业在海外设立的公司和项目不断增多，为保证投资权益和资金安全，审计部要求各单位加强对海外公司（项目）的内部审计监督。辽河石油勘探局、东方地球物理勘探有限责任公司等单位先行一步，2002年选择个别海外项目进行试点审计，并根据审计发现的情况和问题，提出海外勘探项目核算和管理的审计建议，为今后海外项目开展打下了比较好的基础。国际公司审计部在对子公司进行审计时，发现某子公司对出口退税管理不规范，有2961万元应退税款未纳入核算，立即向国际公司领导进行汇报，并提出整改要求。该子公司将过去未纳入核算的部分进行清理后，2002年末收回了应得的出口退税款1200万元，取得了实实在在的经济效益。中国石油勘探开发公司审计部把内控制度的建立健全和执行情况作为审计工作的重点，发现苏丹公司仅将费用单制度的作用停留在费用归集，忽略了费用单制度在管理与控制上的作用，造成了许多问题，建议苏丹公司强化费用单制度的管理与控制职能，逐步实现费用单制度规定的管理程序，对规范海外公司管理行为起到了促进作用。

（高　辉　金立浩）

【优秀审计项目】　在各企事业单位评选推荐的基础上，审计部按照集团公司优秀审计项目评选办法，在杭州中油宾馆召开优秀审计项目评审会，对2002年度优秀审计项目进行评审。评选出集团公司2002年度优秀审计项目61个，其中一等奖11个，二等奖19个，三等奖31个；另外，表扬审计项目14个。

【审计学会工作】　2002年，学会紧紧围绕审计工作重点，广泛开展理论研究和经验交流工作，各学术组长认真负责地组织会员就审计的热点、难点问题开展学术研究，取得了很好的成果。2002年，石油学会向石油石化协作组专业研讨会推荐论文9篇，篇篇获奖，其中获一等奖的3篇，获二等奖的3篇，获三等奖的3篇。与此同时，审计学会还组织开展了以下工作。

1. 编辑出版期刊

2002年，石油审计学会编辑出版《中国石油审计》4期，刊登稿件和获奖论文103篇，约33万字，在宣传石油内部审计工作，开展石油内审理论研究和交流工作经验方面发挥了重要作用。

2. 组织优秀论文评选

2002年10月14日至17日，石油审计学会在江苏石油勘探局南京办事处召开会议，对2001年度石油审计优秀论文进行评审，会上评出优秀论文80篇，其中一等奖3篇，二等奖23篇，三等奖54篇。

（武　君）

股份公司审计监督

【概述】　2002年股份公司内部审计工作继续坚持服务内向性基本原则，以“全面审计，突出重点”为方针，以经营审计为主要内容，以事前、事中审计为主要方式，本着“内部审计是企业的一个管理过程，是一种防疫机能”的理念，积极实施“大审计”工作思路，在各级领导的关怀、重视下，在各业务部门和广大被审单位的支持配合下，全体内审人员努力工作，认真履行评价、监督、咨询、控制职能，积极发挥内部审计对公司加强管理中的作用，在预防和查处违规问题，促进公司管理水平提高等方面取得了较好的成果。

股份公司各级审计组织全年共完成各类审计项目1826个；对698个单位实施了审计，审计单位覆盖面为78.8%，其中不少地区公司覆盖面达到了100%；总计投入现场审计工作日12.32万个，人均年现场审计工作日191个，比2001年提高了11%。

通过审计防止或挽回资金流失9.29亿元。其中，审减各类不合理的工程款4.94亿元，审减率为1.39%；审减不合理的合同价款2.27亿元，审减率为1.66%；调减成本费用和调增收入0.88亿元；收追回各项资金1.2亿元。

审计人员人均取得直接经济成果143万元。两级审计组织针对审计发现的管理上的缺陷或不足，提出审计建议4056条，被采纳3692条，采纳率为91%。

总部审计部自行实施或组织实施各类审计项目64个，对56个地区公司进行了审计，审计单位覆盖率为75%。全面完成了审计事实准确率98%、审计单位覆盖率30%、工程建设结算审减额2000万元、违纪违规问题处理率98%等各项考核指标。

（陈桂儒）

【主要审计活动】 根据审计项目的运行情况，为了更好地适应股份公司的低成本战略，2002年1月审计部提出适度降低审计费用标准的建议，1月21日财务部以油财字［2002］25号文下发了股份公司审计部外委审计项目审计费用标准的修订通知。

为了实现对地区公司2001年清欠工作审深审透的目标，2002年1月12—28日，审计部对辽宁销售分公司进行了试点审计，并在此基础上完善了审计实施方案，对在全公司范围内开展这项审计做出了详细周全的安排。2月26日，审计部发出审通字［2002］3号审计通知书，将地区公司审计力量组成了22个审计组，对53个地区公司2001年清欠工作进行交叉审计。3月4—10日，审计部在沈阳、唐山和西安三地召开分片会议，组织各审计组的组长和主审学习领会审计实施方案。3月15日—4月30日，审计组根据安排实施现场审计。5—6月，审计部听取了审计组的汇报，对审计资料进行了审理和分析，提出综合审计报告。6月18日，黄炎总裁对清欠审计综合报告做出重要批示，在肯定这次审计的同时，对下一步清欠工作提出了新的要求。7月30日，审计部以油审字［2002］263号印发2001年清欠工作审计的整改通报。

2002年2月，黄炎总裁批准了审计部2001年度审计项目计划，包括清欠工作审计在内共计116个项目，2月25日以油审字［2002］60号文发布。

2月28日至4月16日，驻西气东输审计组对西气东输管道工程的监理业务进行了审计调查。根据审计反映的情况，股份公司对存在问题进行了处理，还解除了与一家监理公司的劳务合同。

2002年4月，根据人事部委托，审计部组织对塔里木油田分公司总经理廖永远同志等12位地区公司主要领导的离任经济责任审计。8月，根据人事部的再次委托，审计部又安排了6个离任审计。

为配合质量安全环保部调查了解2000—2002年地区公司安保基金计提、上缴和使用的情况，2002年5月20日至25日，审计部安排了对大庆石化分公司等10个单位进行安保基金审计。

2002年4月5—25日，审计部在南京审计学院举办了工程审计培训班。10月9—22日，在南京审计学院举办了国际内部审计师培训班。

2002年7月24—25日，审计部在锦州召开了预算审计方案研讨会。7月26—27日，召开了审计统计报表研讨会。

2002年6月30日，股份公司以石油审字［2002］134号文《关于公布全国内部审计先进单位、先进工作者称号的地区公司及审计人员名单和2001年度股份公司优秀审计项目评选结果的通知》，对国家审计署评选出的全国先进和股份公司优秀审计项目进行了公布。

2002年4—7月，审计部和科技与信息管理部共同设计、建设了审计部的部门信息门户，已将部分历史资料上载至信息门户。

2002年5—11月，审计部共组织了对兰成渝输油管道等14个工程项目的建设期审计。

2002年4月和8月，在股份公司董事会和监事会上，审计部分别作了内审工作情况的汇报。

2002年5月，股份公司优秀审计项目评选会在廊坊召开。

2002年8月8日，《中国石油天然气股份有限公司审计规范标准化直属工作组章程》以审计标字［2002］2号文发布。8月10日，质量安全环保部以油质字［2002］230号文对审计规范标准化直属工作成员进行了调整，原审计部总经理白新贺等5人不再担任成员，新增辽河油田分公司副总审计师佟维礼等5人为成员。

2002年9月，审计部组织了对前郭石化分公司和独山子石化分公司2002年上半年预算执行和管理情况、关联交易进行了审计。

2002年10月26—29日，审计规范标准化直属工作组在南京召开年会。同时，对大庆油田有限责任公司等单位起草的《内部审计规范》第21—25部分进行了审查。12月底，这批规范通过工作组委员表决并报批。

（罗正东）

【重要审计成果】

1. 经营管理审计

2001年抓住经营管理中的难题集中力量搞好重点审计。长期以来股份公司的各种应收款金额一直居高不下，它不仅严重地影响了公司的效益，而且是一个重大风险，成了公司管理中的一个难题。为此，股份公司在2001年底专门召开了清欠工作会议，会上股份公司领导提出了要对清欠工作进行审计，特别是坏账核销必须要经过审计的要求。因此，2002年审计部将清欠工作审计列为了工作重点。在开展这项工作时，先进行了试点，制定了较为详细可行的实施方案，先后抽调地区公司189名内审人员组成23个审计组，历时近三个月对54个地区公司的清欠工作进行了审计。通过审计基本搞清了地区公司清欠工作的开展情况，发现了一些做得好的单位及其经验，同时也搞清了清欠工作中存在的带有倾向性的主要问题：一是清欠难度不断加大、任务十分艰巨；二是清欠组织、人员不够落实，各项应收款的信息资料不完善、不规范；三是其他应收款占所有应收款项的一半以上，但2001年却没有把它纳入清欠重点，更没有给这项清收以适当的政策，影响了其他应收款清收的积极性；四是清收回的以物抵欠物资的管理和计提坏账准备，缺乏统一的标准和具体管理办法。对于发现的这些问题，审计组一面督促被审计单位进行整改，同时向管理层做出了报告，提出了加强清欠工作的建议，领导对报告作了重要批示。通过审计从以下几个方面推进了这项工作。一是从上到下都加强了清欠工作的组织领导，股份公司总部充实了清欠领导小组，正式成立了清欠办公室，落实了人员，并实行了清欠工作例会制度；二是股份公司总部明确将其他应收款的清收纳入清欠的范围，并落实了相应的鼓励政策；三是制定和出台了一批管理制度和办法。总之，这项重点审计有力地推动了股份公司清欠工作的深入开展。另外，为优化现有资产，2002年部分地区公司提出了一些坏账核销的申请，审计部按管理层的要求严把审查关，不仅对27个单位651笔坏账的申报资料进行了审查，而且多次深入到债务人所在地区进行实地调查，通过工作剔除了部分不具备核销条件的金额，防止了可能发生的资产流失，规范了坏账核销工作。

2. 基本建设工程审计

股份公司每年在油气勘探开发、炼化改扩建和销售网络建设方面都投入巨额资金，这是实现持续、有效、快速发展的需要，但是如果对投入的资金不能实行有效控制和规范化管理，则有可能会给股份公司带来巨大的风险。所以各级审计部门一直都把这方面的审计作为重点内容抓住不放。2002年在这方面投入的力量是最大的，全年共完成各类工程建设项目审计890个，占全年完成审计项目数的48.7%，审计的工程建设资金额达355.4亿元，查出和纠正了管理中存在的不规范行为，审减各类不合理的预、结算金额4.94亿元。在全面实施审计的同时注意了突出重点，炼油与销售分公司几年来对800多个网络建设项目开展了审计，节约建设资金3亿多元。辽河油田分公司在坚持工程结算必审制度的基础上，选择了油田分公司的重大建设项目实施全过程跟踪审计，并将工程审计与物资采购审计有机结合，全年审减工程价款1.18亿元。大庆油田有限责任公司对60项维修工程进行了全过程跟踪审计，对工程物资价格等公司内部管理的热点开展了专项审计，全年审减3803万元。新疆油田分公司审减3856万元；抚顺石化分公司审减2612万元；大港油田分公司审减2480万元；西南油气田分公司审减2390万元；管道分公司审减1992万元；吉林油田分公司审减1658万元；长庆油田分公司审减1473万元；华北油田分公司审减1401万元；吐哈油田分公司审减1335万元；大庆炼化分公司审减1095万元；玉门油田分公司审减1082万元。

3. 合同审计

合同审计实行“不经审计，不得签约”；“不经审计，不得结算”的制度，就是对企业的各类合同在签约前、结算前进行审计监督和控制，可以有效弥补事后审计的不足。在合同签约前进行审计，审计部门与管理控制部门同步控制（都是在签约前），审计就可以即时对合同价款进行审定，并评价其送审价格的合理性。审计部门与管理部门的同步控制，审计结果进一步靠近了市场的合理价格。这样把审计的阶段成果进行统计分析，就可以对合同的总体做出没有时差的评价，评价结论的风险自然就会大幅地降低。在合同签约前实行审计制度，这样每份合同都经审计后才批准签约，把损失消灭在合同生效之前，把管理部门的失误和错弊在没有造成实质性损失情况下纠正过来。2002年，各单位继续开展合同审计，坚持事前、事中和过程控制，取得了较大的审计成果。全系统共审计经济合同金额114亿元，审减2.13亿元，审减率为1.88%。辽河油田分公司实现100%的审计覆盖面，审计合同价款1.35亿元，审减率为3.61%。塔里木油田分公司审减4863万元；吐哈油田分公司932万元；审减率为5.54%；大庆油田有限责任公司审减473万元；辽河石化分公司审减676万元；哈尔滨石化分公司审减423万元；长庆油田分公司审减406万元；乌鲁木齐石化分公司审减373万元。

4. 经济责任审计

维护经济责任制的严肃性，认真搞好离任审计。随着各级领导班子的调整和干部交流力度的加大，领导干部离任审计的任务越来越多，2002年两级审计组织从维护经济责任制严肃性的高度，认真实施了180个领导干部的任期审计或是离任审计。工作中，审计人员一方面严格按规范和程序，认真对责任人任期内各项指标的完成情况进行考核，同时注意多方听取意见，特别是本人的意见；在对离任者工作业绩进行评价时，既注重账表数字，又考虑历史背景和环境变化，努力做到实事求是地肯定成绩、客观公正地提出不足。对发现的个别严重违规或是不认真履行职责的问题，不当老好人，不留情面地发表了审计意见。例如，审计部2002年完成的18位地区公司总经理的离任审计，就对三名离任者任职期间的违规问题或是不负责任行为，提出了暂缓解除其经济责任的意见，这在过去是很少有过的。对于查出的问题和审计意见，一方面按照规定的程序向管理层报告，一方面协助接任者进行整改。在领导批示后又组织离任者参加整改。通过三方的共同努力，目前已有两位离任者的遗留问题基本整改完毕，我们将提出撤消保留意见的报告。通过开展经济责任审计，一是对领导干部在职期间履行经济责任的情况进行了客观的评价，给了离任者一个"说法"，同时也划清了离任者和接任者的责任界限；二是维护了股份公司经济责任制的严肃性；三是对接任者和在位的各级领导干部发出了警戒，提高了他们在职期间认真履行职责的自觉性。

5. 预算审计

围绕新体制的建立与完善，继续抓好预算管理审计。实行全面预算管理是股份公司新的管理体制的主要内容，也是股份公司内控体系的重要环节。2002年对预算管理的审计继续保持了较大的工作力度。全年共完成预算管理类审计项目400个。从审计情况看，各单位普遍提高了对实行全面预算管理重要性的认识，而且从预算管理的组织、各项指标的层层分解、考核等方面有了很大进步。但是由于预算编制的难度大，加之个别单位在认识上还存在差距，审计发现了大量的预算不准、不全，和不认真执行预算的问题，涉及金额4.81亿元。在审计过程中已督促被审计单位进行了整改，从而保证了预算的严肃性，推进了预算管理的规范化。

6. 西气东输跟踪审计

始终抓好重大工程建设项目的跟踪审计，促进规范管理，控制好资金投入。西气东输是世人瞩目的大工程，保证其规范化管理十分重要，审计部在工程建设初期就派出两名审计人员实行全过程的跟踪审计，2002年根据全面开工的实际情况，派驻人员增加到了五人。在具体工作方面，审计部每季度都要对其财务管理进行审计，派驻人员则是及时参与到初步设计、各类招投标标底的编制、物资采购、弯管监造、征地费用、河流穿越等各项管理中实施审计。考虑到现场施工监理是保证工程质量、控制投资的关键环节，所以对现场监理工作一开始就组织了专项审计。在2002年3月的审计中，及时发现了许多监理方不认真履行合同的问题。例如，专业人员没按约定人数到位、不可替换人员大量替换、监理装备不符合合同要求、现场签证不规范等等。审计后西气东输分公司十分重视，不但加强了对监理工作的管理，还依据审计报告解除了与一家监理公司的劳务合同。《中国石油报》2002年7月24日头版头条，刊出西气东输亮出了第一张红牌的报道。由于突出了重点，加大了审计力度，促进了西气东输管道建设高质量、高速度运行和建设资金的合理有效控制，基本做到了规范化管理。

7. 对外合作审计

2002年度审计部开展了8项对外合作区块联合账簿审计项目，审计合同金额1.17亿美元，折合人民币9.60亿元，发现了应由作业者母公司提供的管理支持的、与作业区块经营活动不相关的、合同未规定的、超预算的以及支持材料不充分的等5类费用支出问题，对786.65万美元（折合人民币万元6474万元）的费用提出了疑义，有效地维护了中方的利益。

（刘　毅）

【优秀审计项目】　在地区公司评选推荐的基础上，审计部根据股份公司优秀审计项目评选办法，组织评审会，从申报的74个项目中评出2001年度股份公司优秀审计项目56个，其中特等奖1个，一等奖7个，二等奖15个，三等奖33个，并对18个审计项目给予表扬。中国石油天然气股份有限公司以石油审字[2003] 210号文公布。

【培训】　股份公司内部审计队伍缺乏高素质的综合性人才，现有的内审人员整体业务素质偏低，这是制约内审工作上水平的根本症结。为加快扭转这种状况，2002年通过调配、培训、鼓励自学和加强实际锻炼等方式，使内审人员的业务素质有了较大的提高。2002年两级内审组织共举办各类业务培训班19个，有400人次接受了培训，占总人数的62%。广大审计人员努力自学，积极参加各类资格考试，使内审队伍中具有大学本科及本科以上学历人员的比例，比2001年提高了七个百分点。特别是2002年有25人（总计32人）通过了国际内部审计师资格的考试。使具有这一资格的人数达到了总人数的5%，完成了规划目标10%的一半。在内审队伍中，培养一批具有这种资格的人员，是推进内部审计从理念到工作逐步和国际接轨的一个重要途径。另外，通过实施"大审计"的组织模式，使大批基层内审人员有机会参加了总部的审计项目，既加快了新的内审理念和工作方法的宣传、贯彻，又整体推进了现有人员业务素质的提高。

（苑　锐）

【审计标准化工作】　业务标准、岗位职责、工作流程是推进审计工作规范化、提高审计质量的基础，是检查各项工作、评价每个员工业绩的依据和尺度。两年来，股份公司审计规范标准化制（修）订直属工作组共组织制定了《内部审计规范》中的25个部分，其中2001年发布11项，2002年发布9项，同年另有5项完成起草、报批。

2002年发布《内部审计规范》的9个部分是：第12部分：审计项目实施方案编制；第13部分：审计项目计划编制；第14部分：审计统计；第15部分：审计评价；第16部分：审计信息；第17部分：审计证据；第18部分：审计项目立卷、归档；第19部分：科技项目审计；第20部分：舞弊审计。

（罗正东）

其　他

【治安综合治理】　2002年度，集团公司所属各石油、石化企业社会治安综合治理工作，在集团公司社会治安综合治理领导小组的领导下，坚持以“三个代表”重要思想为指导，认真贯彻落实了中央综合治理委员会《关于进一步做好社会治安综合治理工作的通知》精神，紧紧围绕改革、发展、稳定这一大局，坚持“打防结合、预防为主”的方针，进一步落实综合治理各项措施，集中开展油田区域治安秩序专项整治，维护了企业治安的持续稳定，为企业的发展和稳定创造了良好的治安环境。

1. 所属企业社会治安综合治理基本情况

（1）认真落实领导责任制，切实维护企业的内部稳定。

2002年，集团公司所属各企业综合治理部门在各级党委的领导下，大力推进综合治理领导责任制，积极贯彻“谁主管、谁负责”的原则，有效地推动了综合治理工作不断向前发展，企业综合治理责任制得到进一步落实。

一是加强领导，社会治安综合治理工作稳步推进。2002年以来，集团公司所属各企业切实加强综合治理工作的领导，把维护企业的稳定、保一方平安作为政治任务，纳入重要议事日程。大庆石油管理局各级党政组织非常重视综合治理工作，集团公司总经理助理、局长曾玉康和原党委书记徐绍铭多次听取综合治理工作汇报，各二级单位党政领导也把综合治理工作与生产经营同规划部署、同检查考核、同奖惩兑现，进一步加大了工作力度。玉门石油管理局针对油田稳定工作中出现的新情况、新问题，认真分析，定期研究，逐步建立了党政领导负总责、班子成员共同负责的稳定工作领导责任制，形成了“一级包一级、一级抓一级、层层抓落实”的网络责任制。大连石化公司重组改制后，两个公司就联合成立了综合治理委员会，组长、副组长分别由两个公司的党政一、二把手担任，成员由两个公司的党政工团及各职能部门负责人组成。各基层单位也成立了领导小组，形成了自上而下的组织机构。

二是进一步落实了目标管理责任制。各企业按照中央五部委《关于执行社会治安综合治理领导责任制的若干规定》和集团公司的有关要求，制定了综合治理管理办法和实施细则，明确维护企业政治稳定的责任和措施，并以逐级签订责任书、实行治安承包的形式，加以层层落实。华北石油管理局2002年共签订责任状15124份，其中管理局和二级单位签订责任状48份，二级单位和大队级单位签订755份，大队级和班组签订2350份，重点岗位和个人签订了11971份。

（2）认真排查调解处理职工内部矛盾，旗帜鲜明地处理“法轮功”问题。

一是认真排查内部不安定因素，确保生产、工作正常进行。四川油气田党政领导高度重视稳定工作，先后6次召开会议进行传达、贯彻，提出具体要求。坚持定期召开“分析存在的隐患”会议147次，以各种形式进行处理排查化解不稳定因素及苗头250起，消除和解决因人民群众内部矛盾引发的群体性聚集上访事件39起，其中200人以上的群体性聚集上访事件8起，500人以上的群体性聚集上访事件4起。林源炼油厂实行厂长接待日制度，重大政策措施的出台交由职代会讨论通过后再予以实施，坚持依法信访和依法行政调解矛盾。吉林油田两个公司党委围绕“预防为主、教育疏导、依法处理、防止激化”的原则，始终坚持“冷处理、不反弹、求平和、保稳定”的工作方针，使最高时达4000人参与的群体性上访事件在平静、平和、平稳的状态下得到妥善控制。

二是旗帜鲜明地处理“法轮功”问题，工作扎实见成效。大庆石油管理局积极开展严厉打击“法轮功”违法犯罪专项斗争，先后组织了9次大规模统一行动，出动人员近4万人次，清缴反动宣传品6万余份，抓获现行人员13名，并配合公安机关破获了“4.10”、“9.6”案件。全年依法惩处“法轮功”分子119人，其中，劳教60人，判刑16人，拘留43人。锦西炼化总厂根据上级的行动部署与要求，制定了《锦西炼化总厂集中打击整治“法轮功”违法犯罪专项行动方案》，确定了总厂的专项行动任务和目标。查出了不在册的“法轮功”痴迷者2人，并与14个有关直属单位签订了“法轮功”人员包保责任书，两项承包覆盖率都达到了100%。

（3）油田区域治安秩序专项整治取得显著成绩。

一是严厉打击侵害企业的违法犯罪活动。据对大庆等32个企业不完全统计，2002年各企业共发生各类（案）事件17094起（其中刑事案件立案8220起、破获4552起，重大案件立案3670起、破获1855起，发生治安案件5223起、查处4508起，其他案（事）件3651起）。一年来，32个企业的公安（保卫）部门共打击处理违法犯罪人员11467名（其中刑事拘留2176人、逮捕1582人、判刑563人、劳教少管163人、治安处罚5627人，打掉犯罪团伙337个、涉案成员1356人）。在不断加大打击力度的同时，各企业积极组织开展“严打”斗争，对以涉油为主的各类盗窃抢劫犯罪活动进行专项打击，全年累计收缴赃物折款7113.25万元，为国家挽回经济损失累计3.45亿元，比2001年同期增长幅度40%左右。

二是重点治理治安乱点和突出的治安问题。据不完全统计，2002年各企业共打击取缔土炼油炉等非法寄生厂点1187个，取缔非法寄生在企业周边的收购站（点）27个，取缔其他类非法寄生厂点136个，三项合计共取缔了非法寄生厂点1350个。

三是集中整治油气田周边治安环境初获成果。为了认真贯彻公安部、国家经贸委、国土资源部《油田区域治安秩序专项整治工作方案》的通知精神，按照各级地方政府的统一部署，集团公司所属油田广泛开展了油田区域治安秩序专项整治行动。结合单位的实际情况，相应成立了专项整治行动领导小组，明确了办事机构，制定工作方案，迅速进行动员部署，全力以赴开展专项整治行动。

截至2002年年底，共破获侵害油田案件742起，其中大案要案82起，抓获违法犯罪嫌疑人558人，打掉犯罪团伙36个、131人；抓获非法盗油车辆138台，收缴被盗原油950.19吨，柴油20桶；收回非法抢占油井3口；先后取缔土炼油点（炉）1911个，其中炸毁各种炼油、储油罐等容器47个；总计挽回经济损失1390万元；清查整改隐患1200处，清查出租房屋350间、流动人口820人。

2. *综合治理工作中存在的突出问题*

（1）油气田治安形势仍很严峻。据对32个石油、石化企业不完全统计，2002年所属各油田企业被不法分子盗放油井高达11916口，输油管线上被钻孔打眼5163处，在输气管线上被钻孔打眼134处，损失原油137960吨，天然气314.4万立方米，损失折合人民币价值19735.01万元；被盗电力15403.6万度，被盗水量101.1万立方米，被盗变压器235台，损失折合人民币价值9022.85万元；被盗窃抢劫生产物资装备、器材等损失折合人民币价值2548.77万元；再加上石化、炼化企业被偷盗成品油7.84吨、有色金属68.5吨、电缆线1290米、变压器23台、其他生产物资80件，损失折合人民币价值256.16万元，总计给企业造成的直接经济损失近3.17亿元。

（2）社会治安综合治理领导责任制和综合治理办事机构仍然落实不够，在运作上不规范。有些企业已分别成立了两个综合治理领导小组，相互工作关系没有理顺。

（张世显）

【档案工作】 2002年集团公司档案管理工作在“三个代表”重要思想的指导下，认真贯彻落实集团公司档案工作“十五”规划，围绕企业改革发展的大局，坚持以档案服务创效益为中心，积极拓宽档案服务新领域。在加强档案基础业务建设、增强档案法律意识、积极开发档案信息资源和加快档案信息化建设等工作中取得卓越的成绩。

1. *加强基础业务建设，规范档案管理*

收集工作是档案管理的重点工作，档案收集齐全、完整对于开发利用有着非常重要的意义。随着集团公司企业深化改革、持续重组，档案的种类、数量都有较大的增加，为此，各单位都加大档案的收集力度，2002年集团公司系统共接收档案1520692卷（件），音像档案9657盘，底图622840张，电子档案75650盘（张）。按照国家档案局推行《归档文件整理规则》集团公司有2/3的单位实行文书立卷改革，以“件”为保管单位整理归档文件。新的整理方法简化了归档程序、缩短了归档时间，加快了检索速度，为实现档案信息化管理奠定了基础。

为贯彻集团公司“立足国内、拓展海外”的方针，实施“走出去”战略，不断扩大海外市场，境外项目越来越多，为加强境外项目归档工作，集团公司制定了《集团公司档案境外公司（项目）文件材料归档管理办法》。这些文件的制定与印发，极大地规范了石油企业档案管理工作。尤其是有关部门单位积极贯彻落实《集团公司档案境外公司（项目）文件材料归档管理办法》，目前，总部机关一批驻外机构的文件已送回国内正在整理归档。

2. 认真贯彻《档案法》，依法治档

《中华人民共和国档案法》是发展档案事业的法律依据，也是搞好档案工作的重要武器，开展档案法的宣传，增强档案意识，对于做好机关档案工作有着十分重要的意义。2002年9月5日是《档案法》颁布15周年纪念日，根据国家档案局关于开展《档案法颁布实施15周年宣传日活动的通知》的精神，在石油企业内开展《档案法》宣传活动。通过报刊杂志、闭路电视、街头咨询、档案法制知识答卷等多种形式开展《档案法》宣传活动，大力营造学习宣传贯彻《档案法》氛围。大庆油田、吉林油田等单位档案部门以摄影展览、街头宣传和论文交流；集团公司总部机关举办《档案法》知识答卷，共有460人（包括集团公司部分领导和部门负责人）积极参加，通过开展这些活动，扩大了档案法和档案工作的影响力，增强了人们的档案意识和法制观念，为档案的安全保管和有效利用创造了良好氛围，有力地促进了档案工作基础业务的建设。

3. 开展安全检查，确保档案安全

认真贯彻落实国家档案局关于加强档案安全大检查通知精神，在石油企业内开展档案安全大检查。档案安全检查工作得到所属企业各级领导的重视和支持，物探局、工程技术研究院、运输公司、吉化集团公司、国际工程公司等11个单位的书记或经理担任档案安全检查组的组长，亲自部署档案安全检查工作。四川、华北、青海、新疆石油管理局、长庆、辽河石油勘探局、大庆石化总厂、宁夏化工厂等47个单位由局（厂）办公室组织有关部门成立档案安全检查小组，在对本单位的档案管理进行安全检查的基础上对下属单位进行检查。档案安全检查本着全面彻底、不留隐患和死角的原则，发现问题，立即整改，把档案安全工作落到实处。集团公司办公厅组织档案安全检查小组，对物资装备总公司、华北油田、管道局等8个单位进行抽样检查。通过这次档案安全工作大检查，增强了各级领导对档案安全工作意识，加强了档案工作人员事业心和责任感。从检查情况来看，集团公司档案工作档案管理制度健全、岗位责任明确，在档案管理中未发现失密、泄密现象；档案库房设备设施基本符合安全保管档案的要求；网上档案管理系统安全可靠。

4. 加强档案队伍建设，提高管理水平

集团公司系统现有专职档案人员2734人，档案专业技术职务高级职称61人，中级职称675人，初级职称1152人。随着档案信息化建设的发展，档案工作对档案人员的要求越来越高，为适应新形势档案工作的需要，集团公司把加强档案队伍建设、提高业务水平作为大事来抓，通过采取在职学历教育、专业岗位培训、论文交流等多种形式的学习渠道，以提高档案人员的政治素质、业务水平和管理能力。于2002年5月举办企事业档案处（科、馆）长培训班，并在培训班上进行业务交流。各单位也加大档案业务培训的力度，吉林油田、大港油田、管道局、物探局等单位积极开展档案业务培训，共计360余人参加培训。各档案业务协作组围绕档案工作如何为企业的发展提供信息服务，积极开展档案理论研讨，并在协作组内评选获奖论文。通过学习与交流，档案人员不但提高档案业务水平、充实了现代化管理知识，同时对当今档案工作的发展方向以及档案工作在企业的地位，都有了深刻的认识，从而拓宽了档案工作思路，为提高服务质量和管理水平奠定基础。

5. 开发档案信息资源，推进档案信息化建设

集团公司系统拥有馆（室）藏档案24347181万卷（件），底图12125285张，音像档案220401盘，电子档案1246970盘（张），资料4557795册。各单位档案工作紧紧围绕企业中心任务，积极做好档案信息开发和服务利用工作。翔实可靠的档案信息，在企业的生产经营、科学研究、基本建设、市场竞争等工作中发挥了重要的作用。据不完全统计，2002年共接待档案利用者317965人，利用档案3063240卷（件），接待资料利用者62305人，利用资料286362册，复制档案资料1492516页。共编研成果623种47927万字，其中，33种1619万字的编研成果为公开出版发行。

档案管理现代化是提高档案工作效率的必要手段，利用现代化手段管理档案是集团公司档案工作发

展目标。按照《全国档案信息化建设实施纲要》通知精神，围绕《集团公司档案工作“十五”发展计划》，结合实际确定本单位档案信息化建设总体规划和近期目标。2002年，集团公司机关根据实际开发实施办公自动化系统，将档案管理系统纳入其中。目前，该系统已进入调试阶段。大港油田《公文管理文档一体化》、管道局《档案管理系统》已经立项，利用现代化技术手段，提高档案管理水平已在集团公司系统取得突破性进展，并取得良好效果。

6. 总部机关档案向中央档案馆移交工作

根据国家档案局关于《中央、国家机关向中央档案馆移交档案安排通知》精神，集团公司应于2004年将原石油工业部、燃料化学工业部、石油化学工业部、石油工业部（1955—1988年）四个历史时期的永久长期档案向中央档案馆移交。主要工作任务：组织有关人员对四个历史时期的档案进行鉴定，确定向中央档案馆移交档案；对应移交的档案按照《中央档案馆接收档案的标准》进行整理，并对其进行数字化转换，形成电子档案，以便进一步通过网络查询实现档案资源共享，为领导决策和企业发展提供科学依据。此项工作于4月份正式启动，截至12月底，移交工作规范性文件（进馆档案鉴定原则、进馆档案整理标准、全宗介绍编写规范、档案扫描鉴定办法等），部分档案鉴定工作（完成3个全宗）和系统测试工作（移交档案数字化转换的测试）基本完成。

（续桂春）

【股份公司文档工作】　2002年股份公司所属企业共有档案机构680个，其中档案室672个、档案馆八个。有专职档案人员1374人，兼职3014人。案卷排架长度20.27万米；以件为保管单位档案有570.18万件，排架长度3.46万米；电子档案51.39万盘；档案利用人数9.5万人次，利用档案总计35.28万卷次、110.49万件次；编研档案资料：公开出版六种，225万字；内部参考190种，4620万字；档案库总建筑面积10.73万平方米；计算机450台；服务器42个。

2002年股份公司文档工作紧密围绕股份公司中心工作，以改革创新为动力，以坚持为企业服务为方向，以强化档案基础业务为根本，以档案信息化建设为重点，在组织建设、制度建设、业务建设、信息化建设以及档案队伍建设等方面都取得很大成绩。

（1）建立股份公司商业秘密保护基本工作制度，完善股份公司文档管理规范。2002年，股份公司依照国家有关法律、法规和规定，制定印发了《机关商业秘密管理规定》、《机关涉密会议保密管理规定》、《机关涉密载体保密管理规定》。规定了公司保密工作的组织体系，明确了商业秘密保护范围、原则、标识、责任义务，确立建立以全员签订保密协议为基础的商业秘密保护工作机制。同时，在2001年文档工作运行规范的基础上，结合实际，补充修改了《机关档案管理办法》等规定，完善了股份公司机关文档管理工作。

（2）建立股份公司文档一体化运行模式，以适应企业信息化的要求。2002年，股份公司档案工作始终紧紧抓住档案管理现代化这个中心不放，扎扎实实稳步向前推进。制定印发了《股份公司机关电子文件管理规定》，在股份公司机关开始推行纸质文件和电子文件同时归档，并取得了明显效果，为实现由纸质文件管理逐渐过渡到电子文件管理积累了经验。完成了《股份公司管理规程》（2001卷）约240万字的收集、出版、发行及上网工作，提供了很好的信息服务。完成《年鉴》大事纪要、专稿2万多字的编纂工作。在机关各部门及所属企、事业单位全面推行“中油档案信息管理系统”（升级版），全部实体档案实现网络归档、检索计算机化，“中油档案信息管理系统”（2.0）的升级工作取得突破。12月在华北油田进行了试点单位的培训，反映良好，具备了推广应用的条件。华北油田档案现代化管理工作在改进中创新，在创新中发展。推行把文书立卷改革注重研究电子文件归档工作，是股份公司系统率先实行归档文件双轨制的单位之一。始终坚持不懈把中油档案信息管理系统推广工作做细，共录入档案数据70万条，转储了569169条。新疆油田以“实现档案工作桌面化”为目标，制定了有关电子信息管理规定，进行了老档案电子化，新数据传输正常化工作。共录入档案信息202200条、勘探开发地质数据150万条。同时，重点抓了网站平台建设，建立起了油田公司信息收集、发布体系，实现了网上用户集中、统一认证的穿透性访问，为搞好档案信息的利用，开辟视频点播、直播系统，将档案信息的服务和利用从数据、文字扩展到图像，形成了新疆油田公司档案信息化建设和服务的基本框架结构和模式，促进了档案信息工作的发展和提高。辽河油田档案馆计算机基本达到人手一台，全部应用了“中油档案信息管理系统”，已录入目录信息30多万条，有的单位还实现了部分档案全息存储。通过档案信息网，可以查阅档案目录，发布通知公告，实现网上办公。吐哈油田大力推广“中油档案信息管理系统”，做好电子公文归档和电子档案管理工作，实现了制发公文全文电子归档，物探、测井原始资料光盘归档工作开始走向正规。共建立机读目录81220条，其中70309条在网页上公布，访问人数11568人次。

(3) 继续加强对股份公司国家重点建设项目档案资料管理工作，开展档案工作目标管理认定工作。根据国家档案局的有关要求，加强跟踪指导、监督、检查，落实国家和股份公司有关规定办法，进一步做好建设项目档案管理工作。在股份公司档案系统的业务指导方面，我们重点加强了西气东输管道建设项目档案的管理工作：①建立起西气东输管道工程档案、竣工资料管理网络体系，做到“四个落实”即：组织落实、领导落实、人员落实、责任落实；②以合同为源头，加强对档案、竣工资料的控制与管理；③紧紧跟踪工程进度，坚持档案、竣工资料管理工作与工程建设同步进行；④建立工程文件控制中心，确保工程文件归档的准确性、完整性、系统性；⑤与各单位紧密配合，充分发挥其积极性，加强对参建单位竣工资料管理工作的力度；⑥总结以往建设项目的经验教训，对容易出现档案流失的环节加强管理，确保西气东输管道工程竣工资料的完整、准确、系统；⑦适应现代化管理需要，对电子文档和声像资料提出新的要求，丰富西气东输管道工程竣工资料的内容，提高西气东输管道工程竣工资料的质量。

完成了四川大天池产能地面建设工程股份公司国家重点建设项目竣工档案验收工作。同时组织完成了辽宁销售分公司所属七个单位的企业档案工作目标管理国家二级的认定工作。

(4) 继续开展业务培训，促进档案业务水平提高。10月组织了股份公司第一期文书科长培训班，参加培训的所属企事业单位64家，共有学员87人。培训内容包括：文书学基础理论、文件生命周期理论、电子文件管理基础知识、文档工作最新规范、介绍了企业OA的实现模式。在课堂学习的基础上，组织了讨论交流等，着力强化文档管理人员的文档一体意识、电子文件管理意识，以创新精神，致力于实现股份公司机关文档信息数据化管理，网络化服务。为加强档案队伍建设，提高企业档案管理水平，12月组织开展股份公司档案学术论文征集活动，共收到所属企事业论文139篇20万字，发表在2002年《中国档案》杂志上。

（尚　真　张桂珍）

【信访工作】　2002年，在集团公司党组的高度重视和正确领导下，集团公司各级信访部门以“三个代表”重要思想和党的十六大精神为指导，认真学习贯彻中央和集团公司关于进一步加强信访工作的一系列指示精神，服从和服务于集团公司中心工作和稳定大局，加大信访工作力度，认真处理信访问题，全力化解改革发展中的矛盾，为维护企业和社会的稳定，做出了积极贡献。

1. 集团公司党组高度重视企业在改革和发展中保持稳定的问题，不断强化对信访工作的组织领导

针对石油企业稳定工作面临的形势和改革发展的现实要求，集团公司党组强调要深刻认识和高度重视稳定工作。集团公司党组书记、总经理马富才同志指出：“要进一步加强稳定工作。要把稳定工作作为党组今后相当长时期的重点工作。要落实领导负责制，坚决维护大局稳定。”根据中央领导同志重要讲话精神，集团公司党组明确提出：各级领导要从讲政治的高度统一思想，进一步提高对稳定工作重大意义的认识，必须坚定地在思想上、政治上、行动上与党中央保持高度一致，切实把思想统一到中央关于做好稳定工作的指示精神上来，不能有任何偏离；必须充分认识做好稳定工作，保持集团公司大局稳定的极端重要性和紧迫性，牢固树立做好稳定工作企业责无旁贷的观念，党委总揽，党政一把手作为第一责任人，逐级层层分解，切实把维护稳定的责任落实到各个单位、各个环节和具体人头上，不能挂空挡。集团公司党组多次召开会议专门研究部署企业稳定工作，并成立了集团公司维护稳定工作领导小组，进一步加强了对维护稳定和信访工作的组织领导。

2. 进一步健全和完善维护稳定和信访工作组织机构，切实落实责任制

集团公司各企事业单位普遍成立了稳定工作领导小组和信访领导小组，按照谁主管、谁负责的原则，充实了领导成员，完善了工作职责和议事规则。各单位党政领导，特别是主要领导能够把做好信访工作作为稳定大局的重要渠道和手段，纳入议事日程，阅批重要来信，坚持信访工作领导接待日制度，经常性地直接听取职工群众的意见和建议，保障职工权益，密切党群关系，及时发现和化解各类不稳定因素。

3. 预防为主，主动工作，组织力量深入企业调查研究，积极开展矛盾排查和超前预测工作

针对企业改革发展所面临的新形势、新情况和新问题，集团公司党组要求各级党委和领导干部要进一步转变作风，深入基层调查研究。2002年4月中旬开始，由集团公司党组书记负总责，各党组成员分头带领集团公司和股份公司机关34名局级干部在内的

80 多名干部，分 9 个组深入各重点油田和炼化企业进行稳定工作调研，会同企业认真分析排查各类不稳定因素，针对排查出的问题，制定出切实可行的工作措施，及时予以解决。各级党委及信访部门能够主动出击，超前工作，自下而上地对不稳定因素进行摸排，及时采取相应措施加以预防，为维护稳定和信访工作争取了主动。

4. 加大思想政治工作和宣传教育力度，努力形成正确的舆论导向，提高职工群众对改革的认知度和承受力

各企事业单位通过多种形式，切实加强了对党和国家的方针政策、法律法规及集团公司有关改革方案措施的宣传力度。各级组织注重把党支部、党小组和班组作为宣传工作的基本主体，把职工群众作为宣传工作最前沿、最基本的力量，切实把基层组织和基本力量广泛动员起来，深入职工群众当中面对面地谈心交流，一家一户地解疑释惑，入情入理地进行思想教育、政策解释和宣传引导，使宣传和思想教育工作细致入微，做深做实，见到实效，使职工群众正确理解和掌握，自觉支持、参与和投身改革。

5. 把对职工群众的宣传教育与解决实际问题紧密结合，增强党组织的号召力和凝聚力

各企事业单位注重把加强宣传教育与解决职工群众的实际问题紧密结合起来，高度重视和关心困难职工的工作和生活，及时掌握他们的具体情况，在为职工群众办实事、及时解决职工群众反映的“热点”问题上下功夫，切实维护职工群众的合法权益。对一时解决不了的问题，相应做好解释工作，并积极研究落实解决的途径和措施；对不符合国家政策规定的要求，耐心细致地做好说服教育工作。

6. 健全信访信息报送体系，形成灵敏快捷的信访信息网络，及时有效地为领导决策服务

各企事业单位切实充实力量，健全横向到边，纵向到底，从基层、企业到集团公司总部的信访工作信息网络，及时把握、反馈和处理信访动态，形成了重要情况及时上报与定期周报、月报和季度排查报告相结合的信访信息报送格局，保证了信息和指令准确迅速地上传和下达。2002 年集团公司办公厅共编印《信访情况报告》142 期，为集团公司领导决策提供了及时可靠的依据。

7. 认真处理来信来访，妥善处理信访问题，增强就地化解矛盾的能力

2002 年集团公司办公厅受理群众来信 711 件，接待进京上访 275 起。集团公司机关各部门和有关企业把妥善处置进京上访作为关系首都稳定的大事来抓，上下左右形成合力，学习研究政策，严格掌握原则，共同接待上访，妥善处理信访问题。各单位狠抓信访基础工作，增强基层就地化解矛盾的能力。2002 年集团公司各企事业单位共受理群众来信 8839 件，接待来访 24466 起，大量信访问题解决在基层，并确保了在“两会”、十六大和重大活动期间无进京集体访。

8. 建立健全信访工作规章制度，完善信访部门管理规范，优化信访工作日常运行机制

集团公司从建立健全信访工作制度着眼，注重建章立制，初步形成了一套“主要领导亲自抓、分管领导具体抓、稳定部门全力抓，分级负责、归口办理，一级抓一级、一级对一级负责”的信访工作日常运行机制，使信访工作有章可循，规范运作，提高了信访工作的整体质量。各单位先后充实和完善了《领导干部接待日制度》、《信息报送制度》、《逐级归口办理制度》、《群众信访转交办制度》、《信访苗头排查制度》、《信访责任目标考核奖惩制度》和各类工作预案，对及时处理和化解信访问题发挥了制度保障作用。

9. 高度重视和加强企业信访工作机构和信访干部队伍的建设

集团公司注重有计划地抓好信访干部队伍的思想政治工作和作风建设，研究探索在当前社会环境下依法处理信访问题的方式办法，使企业信访工作不断适应形势变化和发展要求。各单位重视信访机构建设，注意把政治素质高、专业知识好、工作能力强、有基层工作经验、年纪轻的同志充实到各级信访部门。集团公司全系统已拥有各级信访工作机构 803 个，专兼职信访干部 2533 人。其中大专以上文化 1988 人，占 78.5%；50 岁以下 2158 人，占 85.2%；从事信访工作两年以上 1362 人，占 53.8%。信访干部队伍的政策水平、知识层次和工作能力有了一定的提高。一支上为领导分忧、下为职工解难，具有较高政治素质、业务素养和战斗力的信访干部队伍已逐步形成。

（于　飞）

第九篇

精神文明建设

党建与党群工作

【概述】　2002年，面对错综复杂的国内外市场竞争形势和我国加入世界贸易组织后出现的新情况，在改革发展稳定任务十分艰巨的情况下，集团公司上下一心，团结奋进，各项工作都取得了新的成绩。各级党组织认真贯彻落实“三个代表”重要思想和党的十六大精神，按照集团公司党组确定的各项工作部署，坚持“围绕中心，服务大局，开拓创新，求真务实”的工作方针，切实加强和改进党的建设和思想政治工作，加强精神文明建设和企业文化建设，有力地保证和促进了集团公司的改革发展稳定和各项生产经营目标的实现。

【理论学习】　2002年，各级党组织以迎接十六大召开、学习宣传贯彻十六大精神为重点，以深入学习贯彻“三个代表”重要思想为主线，坚持用科学理论武装干部职工，为企业改革发展提供了有力的思想政治保证和精神动力。坚持把理论学习作为加强党的思想政治建设的首要任务，努力把“三个代表”重要思想和党的十六大精神，贯彻落实到企业改革、发展和稳定的各项工作中去。

党的第十六次全国代表大会是我们党在新世纪召开的第一次全国代表大会，也是在我国进入全面建设小康社会、加快推进社会主义现代化、为开创中国特色社会主义事业新局面的新的发展阶段召开的一次十分重要的代表大会，是我党历史上又一个继往开来的新的里程碑。各级党组织根据党组的要求，采取举行报告会、举办展览等多种形式，兴起学习宣传贯彻“三个代表”重要思想的热潮，兴起宣传改革开放、建设发展辉煌成就的热潮，努力营造“团结、奋进、开拓、创新”的良好氛围，团结和带领广大共产党员和干部职工以团结奋进的精神状态，切实做好各项工作，以优异的成绩迎接党的十六大的胜利召开。在十六大召开前，政治思想工作部组织编辑印制了8000套反映集团公司成就的《改革发展铸辉煌，与时俱进开新篇》大型图片，下发至各基层单位，用重组改制以来所取得的辉煌成就，鼓舞干部职工锐意进取，再创业绩。

十六大召开后，集团公司党组带头加强理论学习，把“三个代表”重要思想和十六大精神学习作为党组理论中心组学习的重要内容。11月8日上午，集团公司党组成员与总部机关工作人员一起收看了中国共产党第十六次全国代表大会开幕的盛况。当天下午，党组又专门认真学习了江泽民同志在十六大所作的报告。11月16日上午集团公司召开党组扩大会议，下午召开总部机关和在京企事业单位领导干部大会，传达学习党的十六大精神，用十六大精神统一思想认识、指导各项工作、规划未来发展，努力开创集团公司改革发展的新局面。11月19日，党组下发关于认真学习贯彻党的十六大精神的通知，要求各级党组织按照《中共中央关于认真学习贯彻党的十六大精神的通知》要求，把学习十六大精神作为当前工作的中心任务，充分认识学习贯彻十六大精神的重大意义，全面准确地把握十六大的基本精神，用十六大精神统一思想认识，将思想统一到中央的重大决策和部署上来。紧密联系集团公司改革发展的实际，从提高认识、统一思想入手，集中时间、集中精力，以系统学习、专题讨论的方式，在不同层面上组织对十六大精神的传达、学习，切实把十六大精神领会好、宣传好、贯彻落实好，在全集团公司迅速掀起一个学习、宣传、贯彻十六大精神的热潮。

11月15日，集团公司召开十六大代表座谈会，十六大代表、集团公司党组书记、总经理马富才在座谈会上讲话。十六大代表党组成员、副总经理苏树林，辽河石油勘探局党委书记宋道堂，长庆油田分公司总经理、党委书记胡文瑞，新疆石油管理局党委书记、新疆油田分公司总经理王宜林，华北石油管理局党委书记单祥国，四川石油管理局局长、党委书记陈应权，抚顺石化分公司总经理、党委书记刘强等出席十六大的代表在座谈会上发言。十六大列席代表、大庆油田有限责任公司总经理助理王启民也在座谈会上发言。

十六大胜利召开后，集团公司直属党委举办了机关处以上党员干部和直属单位领导干部十六大精神学习班，邀请中央党校知名教授分专题对十六大报告进行了辅导，连续举办三期，每期三天时间，350多人参加了学习培训。召开了集团公司“贯彻十六大精神，深入思考加强和改进党的建设座谈会”，有关企业的领导和机关有关部门的领导共24人参加了座谈会，认真总结和回顾了集团公司及各单位在加强和改进党的建设方面取得的成绩和经验，认真分析了党的建设面临的新情况、新形势，对如何进一步加强和改进党的建设提出了许多意见和建议，进一步促进了十六大精神的学习贯彻。总部机关开展了学习十六大精神问卷答题活动，参加面达98%；召开了“青年学习十六大精神座谈会”、“职工学习十六大精神座谈会”等。

各级党组织在组织学习中以党组提出的“八个深刻领会”为重点，围绕十六大主题，在掌握灵魂、精髓、实质上用功夫；以“六个深入思考”为引导，在结合实际上下功夫，采取多种有效形式，推动了学习活动的深入开展。用“三个代表”重要思想、十六大精神统领各项工作。12月13日至19日，管道局党委与政治思想工作部共同组织学习贯彻十六大精神宣讲团，深入西气东输施工第一线，为西气东输参建员工宣讲党的十六大精神，并向西气东输参建员工发放十六大宣传材料500册和《走进新时代》光盘16套。

在理论学习中，各级党组织坚持中心组学习制度、基层干部年度轮训制度、党员领导干部党校定期培训制度、机关干部学习制度，保证了学习内容、时间、人员的落实。通过集中学习与自学相结合，学习与专题讨论相结合等灵活多样的形式，紧紧围绕深入贯彻“三个代表”的重要思想，坚定搞好国有大中型企业的信心这个主题，进一步形成了“学理论、议大事、出思路、谋发展”的领导干部学习理论新格局。

各级党组织重视党员干部理论学习工作，通过各种方式对党员干部进行理论培训，重点提高干部的思想政治素质、综合决策能力和领导经济工作的能力。普遍建立了各项学习制度，加强考核，保证了学习质量。

【党建工作】　2002年，各企事业单位党组织深入学习贯彻“三个代表”重要思想和党的十六大精神，以庆祝中国共产党成立81周年为契机，大力开展党员先进性教育，党组织的凝聚力和战斗力有了新的提高。在重组改制中，坚持加强和改进党的建设，积极探索新形势下党建工作的新思路。

各级党组织在党员中开展各种形式的教育活动，纪念建党81周年，组织全体党员开展“以共产党员新形象”为主题的组织生活会，进行形象的党性教育。集团公司直属党委在北京和苏丹两地举办了集团公司直属党委第十期入党积极分子培训班，对54名入党积极分子进行了党的理论、党的基本知识的教育培训。

集团公司党组系统了解了境外施工单位情况和境外党建情况，起草下发了《关于进一步加强境外党建的意见》，对33个驻在国如何建立党组织提出了具体的组建方案，并反复征求了各有关单位的意见，使境外党建工作国家健全和规范，集团公司的境外党建工作受到了中央企业工委的肯定。3月29日，集团公司召开直属第八次党代会，由基层党员选举产生的240名正式代表肩负集团公司机关和直属单位4万多名党员的重托，严格执行组织程序，认真履行党员的权利和义务，认真总结了第七届党委和纪委的工作，选举产生了集团公司直属新一届党委、纪委以及出席中央企业系统党代表会议的代表，确定了新一届党委、纪委的工作目标和任务。

各级党组织始终把基层党建作为工作重中之重和基础的基础来抓，在重组改制中保证了基层党组织的健全有力，努力做到一个班子一团火，一个支部一个堡垒，一个党小组一个阵地，一个党员一面旗帜，在企业改革和发展中发挥了中流砥柱的作用。各级党组织广泛开展了“新世纪树新形象”、“党员立项攻关”、“党员责任区”、“党员先锋岗”、“党员奉献日”等活动，争先创优活动不断深入，使广大党员有光荣感和责任感。

经统计，到2002年底，集团公司共建有党委1647个、党总支2347个、党支部27343个、党小组42008个。共有党员474072名，占全国党员总数的7.1%。其中，正式党员458225名，预备党员15847名，女党员85649名，少数民族党员19001名，红军时期党员19名。在岗党员287325名，占党员总数60.6%，占在岗职工总数的25.1%。在岗工人党员数105222名，占党员总数36.6%。党员总数中企业管理人员60961名，占在岗党员的21%。专业技术人员党员120807名，占在岗党员的42%。

党员队伍的文化结构不断改善，整体素质不断提高。从党员学历构成分析，2002年底与1997年底比较，本专科以上文化程度党员比例提高了10个百分点，初中以下文化程度所占比例下降了13个百分点。

各级党组织贯彻“坚持标准、保证质量、改善结构、慎重发展”方针，发展新党员，2002年共发展14093名，其中生产一线和先进模范占到68.8%以上，保持了党员队伍的先进性。

【宣传思想工作】　2002年，集团公司各级党组织认真贯彻中央的精神和党组的部署，把握改革、发展和稳定中职工的思想脉搏，围绕中心，服务大局，大力加强和改进思想政治工作，在保证改革发展的顺利进行和保持职工队伍稳定中进一步加强。

各级党组织坚持“正面宣传、团结鼓劲”的方针，利用电视、报纸、网络等各种媒体和渠道，加大宣传力度，以发展的思路凝聚职工，以改革的成果引导职工。着力宣传了党和国家的一系列方针政策，宣传集团公司改革发展的重大业绩，向广大干部职工宣传了集团公司发展战略及面临的形势和任务，向广大干部职工进行集团公司改革发展重大举措和相关政策的宣传解释。做到了党和国家的重要精神宣传到位，集团公司的重大决策宣传到位，重大先进典型宣传到位，重点工程和项目宣传到位，重大部署宣传到位，重大活动宣传到位，实现了全年重大事项无一遗漏的宣传报道，对内极大地鼓舞了干部职工的士气，对外树立了集团公司的良好形象，营造了更加有利的改革发展氛围。

一是集中宣传学习集团公司工作会议精神。工作会后，各单位利用各种形式迅速进行传达，使干部职工尽快了解工作会议精神。《中国石油报》组织“集团公司2002年工作会议精神问答竞赛”，政治思想工作部将会议文件内容印成小册子，制成录像带组织学习宣传贯彻，各单位利用各种方式把集团公司工作会议精神传达到每个职工。二是集中宣传集团公司的业绩。《人民日报》、中央电视台等主要新闻媒体仅刊发集团公司实现利润530亿元的消息就有34篇（条）。三是集中宣传重点工程。以西气东输工程开工典礼为契机，中央电视台人民大会堂主会场和五个开工点同时进行了现场直播，首都新闻媒体播发稿件108条，形成了规模宣传。《中国石油报》联合中央新闻媒体组织“西气东输万里行”宣传报道活动，历时35天，行程8000公里，共刊发稿件92篇（条）。西气东输管道公司、管道局等单位及时把工程的进展情况和施工队伍的事例介绍给新闻媒体，将《西气东输电视月刊》、《石油商报》的《西气东输专刊》等宣传资料下发到施工现场，起到较好的宣传鼓动作用。四是以活动为载体开展宣传教育。多个单位实施“凝聚人心工程”，用领导干部的良好形象感召人，带领职工从困境中奋起，经营收入、利润指标实现了稳定增长。股份公司炼油与销售分公司党委组织先进事迹巡回报告团，在13个省区作报告18场，直接听众5800人，成为一次非常成功的很有影响的先进事迹宣传活动。

各级党组织坚持“以人为本”，加强和改进思想政治工作，认真细致地做好稳定工作。深入基层进行稳定工作专题调研，认真分析排查不稳定因素，研究加强稳定工作的措施。及时分析和掌握职工的思想状况和动态，解疑释惑，疏通思想，理顺情绪，化解矛盾，引导广大干部职工理解改革，以实际行动支持改革。在深入调研的基础上，总结宣传了14个下岗不失志气、再创新天地的典型；“一着改制棋，赢得满盘活”的吉林化建，新疆荣昌公司、辽河广源集团等深化改革见实效的典型；大庆石化、抚顺石化、长庆油田、青海油田上市和未上市企业共谋发展促稳定的典型，在干部职工中引起了较大的反响。对有偿解除劳动关系人员中党员管理情况进行了调研，提出了加强管理的意见，并组织了以“切实做好稳定工作”为主题的党组织生活会，教育党员从大局出发，积极做好稳定工作。大力开展“信仰信念”教育，增强职工改革意识、竞争意识、责任意识、使命意识；深入开展岗位练兵、劳动竞赛、合理化建议活动，激励职工投入到改革发展中来。

针对改革发展中出现的带有普遍性、倾向性的问题，集团公司有关部门深入基层进行专项调查研究，总结带有示范性经验，推广可借鉴的经验做法，增强了工作的实效性。总结推广了吉林化建理念创新、体制创新、机制创新，跨出企业、跨出地区、跨出行业求发展，50年从未亏损的做法；锦西石化总厂在重组改制后面对新形势科学定位，严格管理，改革发展的做法；青海石油管理局、青海油田分公司齐心协力、谋求共同发展的典型；辽河油田曙光采油厂创新出“知职工情、答职工疑、解职工难”思想政治工作方法；物探局做好有偿解除劳动合同人员工作，确保企业改革和生产经营顺利进行的经验；勘探开发研究院调动积极因素，做好科技人员政治工作的经验；宝鸡石油机械厂加强厂务公开制度建设，依靠职工办企业的做法等。引导存续企业创新思维求发展、上市企业和未上市企业团结协作共同发展、做好新形势下思想政治工作。

【精神文明建设】　2002年，集团公司系统各单位贯彻中央及集团公司精神，制定本单位精神文明建设规划，坚持两个文明一起抓，把精神文明建设同生产经营和业务工作一起部署、一起落实、一起考核，全方位开展群众性精神文明创建活动，进一部提高企业的文明程度和职工的文明程度，职工队伍在改革与发展的进程中保持了昂扬向上、开拓创新、知难而进的精神风貌，确保了集团公司和石油石化企业继续走在全国和所在省市区精神文明建设的前列。

2002年，集团公司、股份公司机关各部门贯彻落实党的十五大、十六大精神，以“三个代表”重要思想为指导，坚持为企业改革发展服务、为基层服务的思想，切实加强机关建设，发挥“两个表率”作用，认真履行“参谋、管理、指导、服务”工作职责，转变工作作风，加强调查研究，认真解决基层单位遇到的问题和困难，成效显著，受到了普遍好评。很多部门针对企业深化改革、生产经营中遇到的新问题、新情况，创造性地开展工作，为基层解决实际问题，取得了较好的经济效益和社会效益，有力地促进了企业的改革发展和集团公司各项目标的实现。在总结工作的基础上，对帮助基层解决关键问题、难点问题取得较好效果的实事，采用各部门申报、初评委员会评审、终评委员会审定的程序，2002年评选出“机关为基层服务十大实事”：

（1）集团公司人事劳资部为基层协调解决有偿解除劳动合同人员接续社保问题的实事。

（2）股份公司财务部帮助吉化分公司解决扭亏解困中财务问题的实事。

（3）股份公司勘探与生产分公司为新疆油田分公司原油产量上千万吨奠定资源基础的实事。

（4）集团公司财务资产部协调解决所属单位与中石化历史遗留财务问题的实事。

（5）股份公司人事部抓好扭亏脱困重点企业领导班子建设的实事。

（6）集团公司规划计划部用创新的统计方法为企业提供差别化服务的实事。

（7）股份公司规划计划部为和田河供气管道工程争取国家预算内资金1亿元的实事。

（8）集团公司办公厅协助管道局解决西气东输施工418事件的实事。

（9）股份公司炼油与销售分公司为西藏分公司解决经营和生活实际困难的实事。

（10）集团公司离退休职工管理局办好老年大学为离退休职工服务的实事。

各在京单位贯彻落实集团公司党组加强精神文明建设的部署，坚持“两手抓、两手硬”，把加强精神文明建设作为促进经营、加强管理、提高效益、加快发展的大事来抓，把精神文明建设纳入发展总体规划，坚持两个文明一起部署、一起检查、一起落实，按照中央国家机关文明单位标准，健全组织，落实措施，形成了党政工团齐抓共管，全体职工齐创共建的良好局面，精神文明建设取得了好的成果。中国石油技术开发公司、长城钻井公司、中国石油工程建设（集团）公司、中油测井有限责任公司、中国石油勘探开发研究院、华油北京服务总公司、华油北京服务总公司物业管理公司、中国石油物资装备（集团）总公司、北京天然气集输公司、中国石油规划院、石油管理干部学院等11个单位被授予“中央国家机关文明单位”称号，中国石油技术开发公司、长城钻井公司、石油管理干部学院等3个单位首次获得这一称号。物资装备总公司、北京天然气集输公司、石油规划院等3个单位同时获得“首都文明单位”称号。

各级党组织落实维护稳定工作领导责任制，对“法轮功”痴迷者的帮教转化工作取得较大进展。集团公司党组十分重视同“法轮功”邪教组织的斗争工作，党组多次听取关于同“法轮功”邪教组织斗争的工作汇报，要求各级领导干部务必重视同“法轮功”邪教组织的斗争，不能发生任何问题。通过加强领导，提高认识，形成广泛参与的新局面，工作责任制进一步完善，教育转化工作取得突破性进展。8月13日，集团公司召开直属机关同“法轮功”邪教组织斗争工作暨表彰会议，物探局等三个单位做了典型发言，表彰了8个先进集体和27名先进个人。

【群团工作】　各级工会和共青团等群众组织充分发挥各自特点和优势，互联互动形成合力，共同做好新形势下的群众工作。

各级工会组织紧紧围绕提高经济效益这个中心，认真贯彻党的全心全意依靠工人阶级办企业的方针，切实履行维护、建设、参与、教育四项职能，着重抓好民主管理、建功立业、送温暖三项工作，继续加大民主管理、民主监督的力度，加大依靠职工办企业的工作力度。加强了新形势下的工会组织建设，严格按照有关文件要求建立和完善各级工会组织。

加强组织，狠抓落实，厂务公开在实践中不断创新新的形式和新的方法。集团公司党组十分重视厂务公开工作，两次召开座谈会，组织三个调研组对集团公司厂务公开情况进行了调研，集团公司党组中心组专门学习了《毛泽东邓小平江泽民论工人阶级和工会工作》和中央办公厅、国务院办公厅《关于在国有企业、集体企业及其控股企业深入实行厂务公开制度的通知》，以集团公司党组文件的形式下发了《关于认真学习毛泽东邓小平江泽民关于工人阶级和工会工作重要论述的通知》（中油党字［2002］60号）和《关于在深化改革中进一步推进厂务公开工作的意见》（中油党字［2002］69号）文件。10月25日集团公司党组书记、总经理马富才同志主持召开党组会议，专门听取集团公司厂务公开情况汇报，对进一步推进厂务公开工作作了布置。

各级党组织按照集团公司党组《关于在深化改革

中进一步推进厂务公开工作的意见》要求，认真落实党的全心全意依靠工人阶级的根本指导方针，紧密围绕企业改革、发展、稳定的大局，强化职工民主参与、民主管理、民主监督，使厂务公开工作在改革中深化，在探索中创新，在实践中发展，收到了较好的效果。集团公司29家存续企业、59家股份公司地区公司和14家直属单位共102家企事业单位，已有100家推行了厂务公开制度，占企事业单位总数的98%；已有98家成立了职代会，占企事业单位总数的96%。大庆石油管理局、大庆油田有限责任公司、辽河石油勘探局、辽河油田分公司、大港油田集团有限责任公司、大港油田分公司、玉门石油管理局、玉门油田分公司、吉化集团公司、吉林石化分公司、大庆石化总厂、大庆石化分公司、兰州炼油化工总厂、兰州化学工业公司、兰州石化分公司、物探局等单位的厂务公开工作在所在省市都很有影响，其中大港油田集团有限责任公司、大港油田分公司、大庆石化总厂、大庆石化分公司、吉化集团公司、吉林石化分公司被所在省市推荐为接受中央六部委联合调查组现场考察的单位。大港油田、辽河油田、大庆股份公司采油一厂、华北油田、大庆石化总厂、乌鲁木齐石化总厂、吐哈油田、四川油田川中矿、青海油田、石油物探局等被推荐为全国厂务公开先进典型。

在实施厂务公开的工作实践中，各单位高度重视，积极探索，使石油企业民主管理的优良传统不断被赋予新的内容，厂务公开工作基本做到了“六有”，即有领导机构和工作机制；有实施细则和措施保证；有分层次公开的具体内容；有以职代会为主的公开载体；有公开的民主程序；有检验工作是否到位的基本标准。提高思想认识，营造厂务公开工作的良好氛围；加强组织领导，建立厂务公开工作的领导体制和工作机制；加强制度建设，确保规范有序；规范厂务公开的内容；不断丰富和创新厂务公开的形式。使厂务公开工作取得了明显的实效，推进了“依靠”方针的落实，进一步调动了职工群众参与企业改革发展的积极性；促进了企业的改革发展稳定，进一步提高了企业管理水平；促进了企业党风廉政建设，密切了干群关系。

集团公司党组及时制定并下发《关于进一步做好企业困难职工帮扶工作的通知》，要求各单位从实践“三个代表”重要思想出发，站在促进企业改革发展和社会稳定的战略高度，统一思想认识，积极创造条件，落实相关政策，认真做好困难职工帮扶工作。各级工会组织对困难（特困）职工数量、致困原因、社会低保覆盖及政府、企业救助情况等进行深入调研，完善以“送温暖”和“再就业”工程为基本形式的保障机制，基本形成了全方位、多层次的扶贫济困网络和温暖工程体系，维护了企业改革、发展、稳定的大局。各单位大力实施“送温暖”工程，逐步向细致化、非时令化、多样化方向发展。普遍建立了“送温暖”工程基金，做到“五必访”和“十上门”，开展了“送温暖责任区”和“千、百、万”等形式的活动，及时为职工应急解难，促进了企业深化改革、加快发展。

集团公司注重对劳动模范的培养工作，把劳动模范看做是先进生产力的代表、两个文明建设的标兵，看做是企业的宝贵财富，重视培养劳模、选树先进典型，引导职工顽强拼搏，奋勇争先，为企业改革发展做出新贡献。5月1日，集团公司吉化集团公司李贺、青海石油管理局王志学、长庆石油勘探局井下技术作业处王鸿彬、乌鲁木齐石化总厂塑料厂二编车间阿迪力·阿不力米提等11人获得“五一劳动奖章”，长庆油田分公司、长庆油田分公司第三采油厂、四川石油管理局川钻59队等3个单位获得“五一劳动奖状”。吉化集团北方公司工会主席李贺同志被全总评为“全国模范工会干部”，被作为3名贡献特别突出、事迹特别感人的先进个人典型之一，在“五一”期间进行了重点宣传。集团公司党组把他命名为“党的好干部、职工群众的贴心人”。

集团公司各级团组织围绕企业改革发展中心任务，坚持服务大局、服务青年的工作方针，紧紧围绕“一个加强（加强青年政治思想教育）、两个结合（创新创效与青工建功成才相结合、创建“五四”红旗团委与加强团的作风建设相结合）”的工作思路，以青年文明号、青年岗位能手和青年创新创效活动为载体，继续大力推进青年文明工程、青年人才工程建设，开展青年文明号、青年岗位能手、青年志愿者、青年创新创效四项活动，坚持“突出重点、着力推进、争创特色、力求实效”的原则，在服务、改革和创新上下功夫，充分发挥青年在企业改革和生产经营中的生力军和突击队作用。

认真组织开展纪念建团80周年系列活动，深入学习邓小平理论和“三个代表”重要思想。在基层单位青年中开展了学习理论座谈会、观看党课录像片等活动，帮助青工树立正确的世界观、人生观和价值观，坚定对马克思主义的信仰和对建设有中国特色社会主义道路的信念。以纪念建团80周年为契机，开展爱国主义、集体主义和社会主义教育。制定下发了纪念建团80周年“五四”系列活动安排，组织基层单位认真开展以“永远跟党走”为主题的征文、座谈会、事迹报告会、主题演讲等丰富多彩、主题鲜明的纪念活动，积极参加共青团中央“文和杯”团的知识竞赛，同时在广大团员青年中积极开展了学习江泽民总书记在纪念建团80周年大会上的重要讲话，激发青年职工爱党、爱国、爱社会主义的热情。

评选了第二届集团公司十大杰出青年、第三届集团公司直属机关十大杰出青年。评选出集团公司十大杰出青年，19名集团公司优秀青年，10名直属机关十大杰出青年，28名直属机关青年岗位能手。5月30日集团公司隆重召开“纪念建团80周年暨集团公司第二届十大杰出青年、直属机关第三届十大杰出青年”表彰大会，集团公司党组书记、总经理马富才亲切接见了受表彰的优秀青年代表，集团公司党组成员、纪检组长、股份公司监事会主席李克成在大会上做了重要讲话。

加大了创建青年文明号活动的力度，加强了青年文明号信用体系建设，拓展了创建青年文明号空间、延伸了创建活动内涵，创建活动使青年文明号真正成为CNPC占领市场的无形资产和金字招牌，成为培养职业道德和职业技能人才的摇篮，成为石油企业优良文化薪火相传的接力点。对2000年度58个全国青年文明号集体进行了考核认定，有18个青年集体荣获2001年度全国青年文明号称号。他们是：大庆油田有限责任公司第一采油厂第三油矿中十六联合站、大庆石油管理局物资装备总公司物资信息中心、辽河石油勘探局钻井一公司50101钻井队、大港油田分公司原油集输公司滨海大站、华北石油管理局井下作业公司第二作业大队、四川石油管理局川中油气公司钻井61队、长庆石油勘探局井下技术作业处177队、长庆油田分公司第三采油厂靖二联合站、新疆石油管理局工程建设公司水利工程公司、西南油气田分公司重庆气矿五厂相18井、塔里木油田分公司牙哈作业区、吉化集团公司公用事业总公司维修四公司管工三班、兰州石化公司炼油厂酚精炼车间、独山子石化分公司炼油厂蒸馏车间、辽宁抚顺销售分公司青年示范加油站、新疆销售分公司黄河路加油站、四川销售分公司直属水碾河加油站、管道局管道二公司第二安装公司青年突击队。

建立和完善了青年创新创效活动机制，使之更具可操作性和实效性，通过实行项目化运作，使青年创新创效活动向深度和广度发展，较好地服务了企业的管理、技术、服务和营销创新。加强系统化调查研究，在青年工作和团的工作适应性、超前性上取得进展。

2002年，集团公司3个基层单位分别荣获中国优秀志愿服务集体、中央企业“五四”红旗团委称号，6名优秀青年分别荣获全国创新创效先进个人、中国杰出青年志愿者、中央企业优秀团干部、中央企业优秀共青团员、中央企业青年岗位能手等荣誉称号。大庆油田公司团委书记张玉洁被评为全国优秀团干部。勘探开发研究院的何登发被评为“全国青年岗位能手”。大庆油田有限责任公司副总地质师计秉玉被评为“中央企业首届十大杰出青年”。

【企业文化建设】　2002年，集团公司各单位继承“爱国、创业、求实、奉献”企业精神，弘扬“诚信、创新、业绩、和谐”的核心经营管理理念，在继承石油工业优良传统的基础上，不断创新，加强企业文化建设，推动企业改革发展。

企业文化建设是集团公司“十五”期间重点实施的“十大工程”之一，7月8日，集团公司下发文件(中油质安字〔2002〕278号)，发布了《集团公司企业视觉识别系统规范(Q—CNPC1—2002)》。政治思想工作部组织召开了企业文化建设座谈会，对集团公司企业文化建设的现状进行了认真分析和总结，对如何全面推进集团公司企业文化建设的思路、措施进行了认真的研究探索。组织了部分企事业单位的有关人员赴系统外的优秀企业进行了学习考察。集团公司和股份公司分别完成了“集团公司企业文化建设研究”、“在建立现代企业制度中如何加强企业文化建设”的课题。各单位将实施企业文化建设工程作为重点工作，大力弘扬“爱国、创业、求实、奉献”的企业精神，结合实际，重点推进，企业文化建设取得了新进展。政治思想工作部与中国石油报社联合组织“企业文化之我见”征文活动，从党委书记、经理到基层工人各个层面的广大干部职工都积极参与，通过学习理论、总结实践、加强调查研究，从企业文化的继承与创新、增强石油特色、与现代企业制度结合等诸多方面，撰写了388篇选题新颖、观点明确并具有一定深度及有创新性、前瞻性、可操作性的文章，有力地促进了企业文化建设工作，并优选100篇编辑成书《论中国石油企业文化建设》。

石油政研会以企业改革发展中党建、思想政治工作、企业文化建设遇到的难题为课题，加强研究，评选了30篇优秀企业文化论文授予优秀政研成果奖。《石油政工研究》版式和质量有了很大提高。

2002年石油文化体育活动取得新的成绩，各级文艺工作者持党的“二为”方向和“双百”方针，坚持以“服务大局、围绕中心、发挥作用”的宗旨，紧密结合企业深化改革、提高经济效益的实际，贴近石油、贴近基层、贴近生活，积极开展以群众为主、以基层为主、以小型多样为主的丰富多彩的文化艺术活动，弘扬了集团公司企业精神，有效地推动了两个文明建设。石油文联及各专业协会以首届中国职工艺术节为契机，大力塑造和宣传中国石油在改革发展中的新风貌。组织参加了艺术节开幕式和音乐、舞蹈、戏剧、曲艺、小品等展演，职业服装涉及暨模特风采大赛和书法、美术、摄影展览等全部活动，承办了中国职工艺术节音乐展演，获得了金奖7项、银奖11项、铜奖16项、优秀奖37项，最佳编导奖2项、最佳创作奖2项、最佳表演奖6项、最佳作曲奖2项和各项活动的优秀组织奖，成功地展示了石油企业文化，开幕式上石油合唱团演唱的“我为祖国献石油”震撼和感染了全场观众，引起强烈共鸣。组织文艺慰问团赴西气东输施工现场慰问演出，受到了工人们的热烈欢迎。

石油体协坚持贯彻落实《中华人民共和国体育法》、《全民健身计划纲要》，积极开展群众性体育活动，促进了石油石化职工体育的发展和两个文明建设。6月，认真学习贯彻党中央、国务院《关于进一步加强和改进新时期体育工作的意见》精神，在全行业开展了全民健身月活动，授予20个局级党委、74个二级单位为全民健身月优秀组织奖予以表彰；举办了全国石油职工第六届“石油杯”比赛的信鸽、围棋、乒乓球、桥牌、门球大赛；组队参加了第二届全国体育大会的门球、围棋、象棋、桥牌、攀岩等5个项目的比赛，取得了较好的成绩，提高了竞技水平；组织参加了“全国行业职工体育健身展示大会”，展示了石油职工的风采，并获得了大会颁发的优秀组织奖。石油体育协会于12月24日召开了石油体协秘书长（扩大）会议。各单位适应企业新形势，积极转变观念，结合中心工作，贴近生活，积极组织职工开展各种小型多样、健康有益的文体活动，丰富了职工的业余文体生活，增进了身心健康。

（集团公司政治思想工作部）

股份公司党建与群众工作

【学习贯彻十六大精神】　中国共产党第十六次全国代表大会是党在新世纪召开的一次历史性会议。江泽民同志在大会上代表十五届中央委员会作了题为《全面建设小康社会，开创中国特色社会主义事业新局面》的报告，以邓小平理论为指导，总结了党的十五大以来五年的工作，特别是总结了党的十三届四中全会以来13年的基本经验，提出了全面建设小康社会的奋斗目标，对21世纪头20年国家发展做出了全面部署。根据集团公司党组、股份公司管理层的部署，股份公司机关各部门、专业公司、直属单位以及各地区公司党组织把学习贯彻十六大精神作为当前和今后相当长时期的重要任务，加强组织领导，采取学习培训、辅导讲座等有效措施，组织党员、干部、职工认真学习十六大精神，全面准确领会精神实质，牢牢把握主题，抓住“三个代表”重要思想这个灵魂，把思想统一到十六大精神上来，紧密结合股份公司改革与发展的实际以及本单位的工作实际，认真贯彻落实十六大提出的各项任务。

股份公司直属机关党委在十六大召开的当天就下发了《关于认真学习贯彻党的十六大精神的通知》，对机关部门、专业公司及直属单位党组织学习贯彻十六大作出部署，要求各级党组织把学习宣传贯彻十六大精神作为当前头等大事和今后一个时期非常重要的任务来抓，加强领导，精心组织，狠抓落实。并在十六大闭幕后不久就连续举办三期领导干部学习贯彻十六大精神培训班，对总部机关各部门、专业公司副处级以上领导干部和直属单位副局级以上领导干部及党委工作部门负责同志340多人（其中局级领导干部87人）进行脱产培训。为确保培训质量，直属机关党委邀请全国党建研究会副会长，原中央党建领导小组成员、中央政策研究室副主任郑科扬和中央党校知名教授李忠杰、王瑞璞、叶笃初、王长江以及国家经贸委经济研究中心主任王忠明等同志分四个专题作了辅导报告，围绕十六大主题和“三个代表”重要思想的灵魂，特别对十六大报告的创新、亮点、特色进行了阐述。使领导干部全面理解和正确把握十六大精神，明确十六大提出的各项任务，用十六大精神指导工作实践。为充分利用培训资源，更好地推动企业学好十六大，党群工作部、直属机关党委将授课录像及搜集到好的辅导报告共九讲制成光盘，下发到直属单位和地区公司，并在网上进行播放，有力地推动了各单位的学习贯彻。股份公司从上到下，掀起了学习、宣传、贯彻党的十六大精神的热潮。

【机关作风建设】　2002 年是股份公司转变作风年。股份公司管理层对转变机关作风非常重视，黄炎总裁在直属机关党的工作会议上，对转变机关作风提出了明确的要求。任传俊高级副总裁也在年中对加强机关作风建设做出重要批示。直属机关党委在党的工作会议上对加强机关作风建设做出了部署，把贯彻十五届六中全会精神和“八个坚持、八个反对”的要求，加强总部机关作风建设，放在贯穿全年的重要工作来抓。

总部机关以及各二级单位机关，根据新的管理体制和运行机制的要求，进一步转变思想观念，增强市场意识、竞争意识和成本、效益观念，增强为基层服务的意识，以观念的转变力戒官僚主义和形式主义，树立脚踏实地、求真务实的工作作风，促进了工作水平的提高。股份公司直属机关党委专门下发了《关于进一步加强机关作风建设的通知》，要求各单位以“转变作风、服务基层”为主题，开展专题教育活动，并对直属机关党员领导干部专题民主生活会做出部署安排。总部机关 13 个部门、四个专业公司和七个在京直属单位全部召开了“转变作风、服务基层”为主题的党员领导干部专题民主生活会，为进一步改变机关作风起到了促进和推动作用。

为深入了解掌握基层企业对总部机关作风建设的意见，进一步改进机关作风，直属机关党委利用企业文化培训班之机，对地区公司党委领导和部分党群部门负责同志进行了股份公司总部机关作风建设情况问卷调查，汇总归纳了基层单位对机关作风建设方面 15 项意见和建议，向管理层进行了专题汇报。并及时将基层对机关的意见、建议和股份公司领导关于加强机关作风建设的重要批示印发给机关各部门和专业公司，有针对性地克服机关作风存在的各方面问题和不足，进一步改进了机关作风。

总部机关按照“八个坚持、八个反对”的要求，结合落实“三讲”整改方案，努力把改进机关作风落实到各项业务工作中，形成了加强作风建设的良好氛围。人事部在调整 12 个销售企业领导班子过程中，深入调查研究，与干部个别谈话 578 人次，保证了工作的平稳运行，优化了销售企业班子结构。质量安全与环保部积极配合西气东输管道分公司与外商进行健康安全环保方面的谈判，并多次与国家有关主管部门协商，促进了与壳牌公司的谈判进程。审计部为进一步改进工作，主动召开座谈会，征求机关各部门对审计工作的意见。科技与信息管理部在企业门户信息化建设中，努力满足机关各部门不同管理业务和不同管理人员对信息门户的不同需要，在桌面系统维护方面做到随叫随到。财务部自觉查找在作风建设和为基层服务方面存在的不足，制定了加强财务工作科学管理，推动工作创新，进一步简化工作流程，更好地为基层服务的具体措施，并认真抓好落实。勘探与生产分公司深入基层，帮助解决大庆油田稳产问题、新疆勘探目标的选择问题、玉门油田工程质量和钻井速度加快问题以及长庆油田与地方关系问题等，受到了油田的欢迎。

根据集团公司直属党委关于评选表彰 2002 年度集团公司、股份公司“机关为基层服务十大实事”的通知，股份公司直属机关认真开展了“机关为基层服务十大实事”评选推荐工作。机关各部门在认真总结工作的基础上，纷纷评选推荐主动为基层服务，帮助企业解决实际问题的实事。经股份公司直属机关党委认真审查，推荐，经评审委员会评审，股份公司五件实事被评为“机关为基层服务十大实事”。

【党的建设】　各级党组织以邓小平理论和“三个代表”重要思想为指导，紧密围绕生产经营的中心任务，坚持与时俱进、积极探索、不断创新，以领导班子建设、基层党组织建设为重点，大力加强基层党的建设，促进生产经营和各项业绩指标的完成。

一是学习贯彻“三个代表”重要思想，确定党建工作目标，构建党建工作新机制。随着企业持续重组，各企业管理体制和经营机制发生了深刻变化，给基层党的建设带来了一系列新情况、新问题。各企业党委认真分析形势，不断研究探索，按照“三个代表”重要思想的要求和企业生产经营的实际，确定党建工作目标，建立党建工作制度，以更好地发挥企业党委在生产经营中的政治核心作用。辽河油田分公司党委在认真研究分析基层党建状况的基础上，确定了“继承、融合、创新”的工作方针，明确了“有理、有情、有形、有效”的工作思路，提出了“思路新、载体活、切入准、效果好”的工作要求。他们围绕企业改革发展的中心工作，及时确定党建工作的目标和主要任务，有步骤、有计划、有重点地实施。在工作部署上，把实施党建工作计划和阶段性重点工作有机结合起来，确保党建工作与生产经营同频共振；在活动方式上，坚持形式为内容服务，突出实际效果，强调典型引路，重视基层创造，鼓励“百花齐放”，把党建活动体现于生产经营管理的全过程；在活动内容上，把生产经营管理的难点和重点作为活动的重要内容，力求在活动中提高党组织的战斗力和党员的整体素质；在评价考核上，将党建工作作为硬指标纳入年终业绩考核指标，保证了党建工作在基层的全面落实。

二是紧密结合生产经营实际，保证和促进各项业绩指标的完成。各级党组织紧密围绕股份公司及本单位生产经营发展的目标，开展形势任务的教育及各种形式的主题教育活动。宣传教育党员、干部、职工认清形势，明确目标责任，把企业发展的目标变为广大职工的共识，激发党员干部奋发向上、勇争一流的进取意识和开拓精神，保证了企业持续稳定的发展。吉林石化分公司针对连续亏损的局面，提出扭亏为盈和第四次创业的目标，确定了公司的发展思路。党建工作紧紧围绕企业扭亏的中心任务，加大工作创新力度，采取一系列行之有效的措施，开创党建和思想工作的新局面，坚定了职工扭亏为盈的信念，鼓舞了职工士气，取得了扭亏为盈的胜利。

三是加强基层党组织建设，不断增强党组织的凝聚力和战斗力。基层党组织建设是企业党建工作的基础，各企业党组织主动适应新形势、新任务的需要，大力加强基层党组织建设，普遍做到基层党组织设置与企业改制、组织结构调整同步进行、党务干部同步配备、党建工作同步部署。同时，努力夯实基层党支部的工作基础，完善制度建设，加强对党员的教育、管理与监督，以生产经营为中心，广泛开展一系列行之有效的“创先争优”党员教育活动，充分发挥党支部的战斗堡垒作用和党员的先锋模范作用，为企业持续、稳定、快速发展发挥了巨大的作用。哈尔滨石化分公司党委不断探索党内活动的新形式、新方法，紧紧围绕生产、经营、建设、管理等环节，抓基层、打基础，把党建工作中心下移，提出基层党支部“六个到位”，通过开展“党员身边无事故”、“党员一帮一”、争当“旗帜党员”和“一带二先进党员”等党支部的特色活动，激活了支部工作，使党支部工作生动活泼、有声有色地开展，促进了公司各项业务工作的发展。

【企业文化建设】 根据股份公司新体制和建设国际一流石油公司的需要，股份公司成立以来，始终把企业文化建设作为思想政治工作与企业管理的结合部和思想政治工作改进创新的突破口，列入重要工作日程抓紧抓好。

经过一年多的深入研究，《股份公司企业文化建设纲要》课题于2002年年初通过了股份公司组织的评审验收，其中一些重要的研究成果已被集团公司采纳。在2002年集团公司工作会议上，马富才总经理提出赋予“爱国、创业、求实、奉献”的大庆精神新的时代内涵，形成统一的企业精神；将“诚信、创新、业绩、和谐”作为集团公司的核心经营管理理念，在树立和弘扬中加以升华。这是对《股份公司企业文化建设纲要》课题研究成果的充分肯定。

2002年6月17日至24日，股份公司企业文化培训班在杭州石油科技交流中心举行。根据股份公司管理层的要求，培训班围绕建设国际一流大石油公司的战略目标，如何对现有的企业文化进行提升和整合及建设具有中国石油特色的企业文化等问题进行了培训和研讨。有70多名来自股份公司所属的地区公司、院的党委书记、副书记或党群部门负责人参加了培训。在培训班上，股份公司企业文化部负责同志对股份公司企业文化现状进行了分析，介绍了中国石油企业文化建设基本思路。培训班邀请了国内一流企业文化专家和远大集团等著名企业的经理人讲授了企业文化建设的有关知识，并实地考察了东方通信、万向集团和正大青春宝等著名企业；辽河油田分公司、大庆炼化分公司等八家企业还介绍了本单位的企业文化建设工作经验。股份公司企业文化部对下一步企业文化建设工作进行了部署，要求各单位在企业文化工作中要继承创新，既要吸收石油行业优良传统的丰富营养，要考虑公司的实际情况，又要着眼于企业发展的需要。在实际工作中要讲求实效，注意可操作性，切忌形式主义；抓好企业文化建设的基础工作，认真落实到基层，把公司的理念贯彻落实到每一名职工，充分调动职工的积极性和创造性，建设能促进企业发展的企业文化。

股份公司所属各单位都很重视企业文化建设工作，在实践中结合自身特点，不断探索本单位加强企业文化建设的有效途径，并且收到初步成效。中国石油勘探开发研究院作为股份公司企业文化建设试点单位，在深入调研的基础上，结合自身实际起草完成了《企业文化手册》，在贯彻执行中受到广大职工群众的欢迎。大庆石化分公司把企业文化建设作为提高公司竞争力的突破口，提出了促进企业发展的新理念，制定了本公司的企业文化手册。炼油与销售华北分公司提出了以“家庭、学校、舞台和赛场”为内容的企业文化建设基本思想，使人本管理的理念逐步深入人心。化工与销售华北分公司牢固树立诚信理念，努力创造团结、和谐、拼搏、进取的团队氛围。目前，企业文化建设已在股份公司各单位蓬勃开展起来。

【厂务公开工作】 2002年中央办公厅、国务院办公厅联合发出通知，要求全国国有企业、集体企业及其控股企业深入实行厂务公开制度。集团公司党组为贯彻“两办”通知精神，加强总部机关、各企事业单位民主管理和民主政治建设，下发了《关于在深化改革中进一步推进厂务公开工作的意见》。股份公司所属各单位认真贯彻落实中央“两办”和集团公司党组《通知》精神，把厂务公开纳入现代企业管理的体制、机制和制度中，不断提高民主决策、民主管理、民主监督的能力。

一是各单位认真学习贯彻落实“两办”和集团公司党组《通知》精神，执行党的全心全意依靠工人阶级的根本方针，进一步明确推进厂务公开的指导原则和总体要求，对厂务公开和民主管理的重要性和必要性有了更深刻的认识。更加明确推进厂务公开是落实“三个代表”重要思想，进一步深化改革、加快发展、保持稳定的客观要求，是扩大员工民主权利、维护员工利益的有效载体。一些单位通过学习培训，增强了广大管理者和员工自觉参与民主管理、民主监督工作的主动性，为规范和深化厂务公开奠定了思想基础。

二是各单位把厂务公开工作列入重要议事日程，普遍成立了厂务公开领导小组和监督检查小组，大部分单位形成了党委统一领导、企业行政为主体、纪委监督检查、工会负责实施、员工广泛参与的组织领导体制和运行机制。制定本单位厂务公开工作的实施意见，建立厂务公开责任制，把厂务公开的内容、时间、责任落实到人。青海油田分公司注重加强制度建设，制定实施了《落实职工代表大会制度实施办法》、《推进厂务公开制度实施办法》、《实施厂务公开监督检查办法》等一系列实行厂务公开的规章制度，克服了厂务公开工作的随意性，保证了厂务公开的实效性，使厂务公开工作有章可循。

三是各单位规范和不断丰富厂务公开的形式，坚持把职工代表大会作为厂务公开的基本形式，坚持开好每年一度的职工代表大会，讨论和审议生产经营重大决策和重要规章制度，做到年度生产经营目标完成情况公开、重点工程建设项目公开、财务预算指标及完成情况公开、福利费用收支情况公开、业务招待费开支情况公开，主动接受职工代表的审议和监督，使职工在知情的基础上，更好地参与公司民主管理。

四是为提高厂务公开工作的质量，各单位在实施公开中，注重公开工作的效果与群众反映，利用各种形式加强信息反馈，充分听取职工意见和建议。华北油田分公司等单位领导经常深入基层调查研究、现场办公，认真听取对生产经营管理、深化改革、员工生活、党风廉政建设等方面的意见。每年组织职工代表巡视团，把厂务公开情况作为巡视的主要内容进行厂务公开信息收集工作，并利用办公网络、意见信箱等传媒了解民情呼声，与职工进行交流，深受职工欢迎。

通过厂务公开工作的开展，确保了职工群众在企业的知情权和“主人翁”地位，激发了职工的积极性和创造性。同时，也进一步加强了党风廉政建设，密切了党群、干群关系，提高了企业的凝聚力，促进了生产经营的发展与经济效益的提高。

（张　弛　王树勇）

纪检与监察工作

【概述】 2002年，集团公司各级组织和纪检监察部门认真落实中央关于党风廉政建设和反腐败工作三项工作格局，紧紧围绕集团公司改革、发展与稳定的大局开展工作，坚持标本兼治、综合治理的方针，逐步加大治本力度，反腐倡廉工作不断发展，从源头上预防和治理腐败取得新的成果。党组纪检组、监察部组织对63个所属企业和机关部门、441个处级单位以及32000多名职工群众进行抽样调查，职工群众对集团公司党风廉政建设满意和基本满意率达到96.2%，其中满意率为69.2%；对领导干部廉洁自律情况满意和基本满意率达94.9%，其中满意率为67.2%；对纪检监察部门发挥作用满意和基本满意率达95.3%，其中满意率为67.1%；对抓好党风廉政建设有信心和比较有信心的占95.4%，其中有信心的占71.3%。

（刘志豪）

【党风廉政建设责任制】 2002年，各级领导班子和领导干部把落实党风廉政建设责任制作为自己的政治责任，认真履行“一岗双责”，把抓党风廉政建设责任与抓生产经营管理责任结合起来，做到责任内容相互渗透、责任目标相互统一。在签订生产经营业绩合同的同时，层层签订党风廉政建设责任书，有的单位还将签订范围延伸到重点岗位以及外闯市场人员，基本形成了一级抓一级、一级对一级负责的党风廉政建设责任网络和一把手负总责、分管领导各负其责的工作机制。目前，集团公司所属企业全部建立了党风廉政建设责任制，共签订责任书、责任状 18907 份，修订完善党风廉政建设责任制条款 1201 项。全公司在检查考核的基础上，对 896 人进行了责任追究。其中，受党纪处分 111 人，组织处理 33 人，诫勉谈话 782 人。

（董 新）

【领导干部廉洁自律】 主要抓了三个方面的工作：

一是建立健全领导干部廉洁自律有关制度。以继续深入贯彻落实中纪委四次全会提出的国有企业领导干部廉洁自律“五项规定”为重点，党组和集团公司先后制定和转发了关于领导干部廉洁自律、预防职务犯罪等 8 个政策性文件，严格规范领导干部的从政行为。各单位也结合实际，制定了相应的实施意见和办法。

二是进行了三项专项清查清理工作。首先，按照中纪委和集团公司党组的要求，对全公司 7538 名处级干部执行“三重一大”规定以及配偶、子女从业情况进行了重点清查，对群众反映比较集中的局级干部的信访举报进行了初核，对其中的一些领导干部进行了诫勉谈话，对 14 名违反廉洁自律规定的领导干部给予了党纪处分和组织处理。其次，对处级以上干部收受礼金、有价证券的情况进行了清理，全年共有 136 人主动上交无法拒收的礼金、有价证券等折合人民币 127 万元。同时对违规购置、更换小汽车问题进行了清理检查，处理或整改了 11 个单位违规购置超标小汽车和使用抵债的超标车 100 余台。

三是进行党风廉政宣传教育。各级党委、纪委采取多种形式开展了理想信念、党纪条规、典型宣传和案例教育。党组纪检组监察部牵头，组织了所属单位处级以上领导干部和关键岗位人员参加了由最高人民检察院、中央企业纪工委和国家经贸委共同组织的“预防职务犯罪知识竞赛”；全公司有 7 万多人参加，处级以上干部参赛率达 90%以上，党组 10 名领导全部参加。2002 年，全公司共宣传廉洁自律先进典型 1055 个，剖析典型案例 519 个，印发案例剖析材料 19 万份，播放党风廉政建设教育片 3916 场次。

（董 新）

【查处违纪违法案件】 2002 年，各级纪检监察部门继续加大案件查处力度，不断提高办案水平，取得了新的成效。

1. 信访举报与初查核实工作

2002 年，各级纪检监察部门共收到群众信访举报 4205 件次，同比减少 956 件次，下降了 18.5%；举报总件数中有检举控告类 3978 件次、申诉类 69 件次、批评建议类 50 件次、其他类 108 件次；在检举控告类中，有反映局级干部问题的信访件 248 件、反映处级干部问题的信访件 1247 件，反映科级干部问题的信访件 1404 件，反映一般干部问题的信访件 669 件，反映其他人员问题的信访件 410 件；检举控告类中，反映经济问题的最多，共有 2735 件次，占 65.01%；信访件总数中，有重复信访 677 件、署名举报 374 件、集体上访 3 次（46 人）。

全年共初查核实线索 1676 件，初核率为 49.5%，同比提高 8.3%，其中转立案 354 件；了结 1245 件，其中失实 639 件，部分属实并作适当处理 606 件，组织处理 127 人，其余线索在核查中。

2. 立案与结案工作

2002 年，各级纪检监察部门累计办案 724 件（内含遗留案件 170 件）。其中，本年度新立案件 554 件，同比减少 97 件，下降了 14.92%。新立案件共涉及以下类型：经济类案件 330 件，占案件总数的 59.60%，其中有贪污案 40 件、贿赂案 36 件、挪用公款案 12 件、违反金融政策法规案 11 件、违反规定从事营利活动案 10 件、索取收受财物礼品案 77 件、侵占案 24 件、盗窃案 13 件、其他类经济案 107 件；失职类案件 136 件，占 24.50%；政治类案件 12 件，占 2.20%；违反社会主义管理秩序类案件 24 件，占 4.30%；严重违反社会主义道德类案件 6 件，占 1.10%；违反组织人事类案件 4 件，占 0.70%；侵犯党员、公民权利类案件 3 件，占 0.50%；其他类案件 36 件，占 6.52%。

全年共结（销）案 614 件（其中股份公司系统 225 件），综合结案率 85.00%。结案处分 714 人，其中有局级干部 3 人、处级干部 82 人、科级干部 259 人、一般干部 220 人、其他人员 158 人。有 295 人受到党纪处分，其中 136 人受到撤销党内职务以上的重处分；有 523 人受到政纪处分，其中 157 人受到撤职以上的重处分；有 104 人受到党纪政纪双重处分，有 40 人被免予处分，还有 27 人被移送司法机关追究刑事责任，受刑事处分 74 人，受组织处理 76 人。

通过查办案件，共挽回直接经济损失 5448 万元。

3. 查处大要案情况

全年共立案查处大要案 175 件，比上年减少 18 件，占立案总数的 31.61%。在查处的大要案中，有 5 万元以上大案 147 件，处以上领导干部要案 58 件，现已结案 160 件，综合结案率 91.40%。在大要案中，涉案金额在 10 至 50 万元案件 45 件，50 至 100 万元案件 8 件，100 至 500 万元案件 13 件，500 万元以上案件 4 件。

2002 年度，立案、结案总数名列前 10 名的单位依次是：大庆石油管理局、吉林石油集团有限责任公司、抚顺石化分公司、辽河石油勘探局、新疆石油管理局、华北石油管理局、大港油田集团有限责任公司、大庆油田有限责任公司、四川石油管理局、辽河油田分公司。

（梁湖青）

【效能监察】 2002 年，集团公司统一组织开展了外投外借资金清查工作、财产清查损失处理工作、住房分配货币化改革工作专项效能监察。各单位还结合实际，开展了其他各类专项效能监察。据统计，全公司共开展效能监察 611 项，检查发现问题 22097 个，整改问题 20133 个，发现案件线索 91 个，立案查处 65 件，其中大案要案 12 件，查出违纪金额 16181 万元，给予党政纪处分 100 人，移送司法机关 5 人，为企业挽回经济损失 25288 万元，避免经济损失 69671 万元，协助建章立制 2247 项。

1. 外投外借清查工作专项效能监察

各单位按照集团公司效能监察安排意见的要求，把检查贯彻中油财字［2001］70 号文件（《关于彻底清查对外投资和对外借款及对外担保的通知》）和中油监字［2001］372 号文件（《关于印发＜中国石油天然气集团公司关于在外投外借资金清查工作中实施责任追究和奖励的办法＞的通知》）精神，落实项目清查责任和制度，组织回收追偿及实施责任追究情况作为监察的重点，普遍加强了对这项工作的组织领导。各单位均成立了以主要领导为组长的领导小组和效能监察办公室，组织力量对本单位 2001 年外投外借资金清查工作进行了自查，并按要求上报了自查报表。据 40 个单位报表统计，外投外借清查工作效能监察共投入专兼职监察人员 688 人，从财务、计划、审计等专业部门抽调人员 727 人，共清查外投外借资金项目 1444 项，落实清查责任项目数 1247 项，已制定追偿措施 1066 项，追究违规外投外借的有关责任人员 43 人，确认无法追回的损失 330 笔，金额 55898 万元，已提起诉讼项目 73 项金额 21985 万元，通过清查已收回资金 45669 万元。在各单位自查的基础上，集团公司监察部会同财务资产部于第三季度对冀东石油勘探开发公司、宁夏化工厂、长庆石油勘探局、四川石油管理局、辽阳石油化纤公司、辽河石油勘探局共六个单位外投外借资金清查工作进行了重点抽查，进一步掌握了外投外借清查工作情况，指出了存在的问题和不足。各单位通过整改问题，完善管理制度，进一步严肃了纪律，规范了管理，基本上遏制了违规外投外借和对外担保等三乱问题的发生。

2. 财产清查损失处理工作专项监察

各单位在财产清查损失处理工作专项监察中，重点对形成损失中有无违法违纪问题、有无违规处理财产损失等问题进行了监察，进一步加强和规范了财产损失处理程序和报损财产的后续管理工作。其中，吉化集团公司对财产损失的形成情况进行了检查，对由于严重不负责任致使国有资产损失的 27 名责任人进行了处理，并建立和完善了存货管理、应收款管理、固定资产管理等 18 个管理制度。辽河石油勘探局、吉林石油集团有限责任公司、华北石油管理局、长庆石油勘探局、大庆石化分公司等单位的财产清查工作也比较深入。

3. 住房分配货币化改革工作专项监察

住房分配货币化改革工作专项监察主要是对贯彻执行集团公司住房制度改革政策和住房分配货币化实施方案进行事前和事中的监督，预防和纠正房改中的违规违纪问题。随着住房分配改革工作的进程，各单位有序地开展工作，取得了一定成效。

4. 各单位结合实际开展的专项效能监察

按照集团公司效能监察工作要求，各单位结合实际自立项目开展了各类专项效能监察，并继续参与了对大宗物资采购、重点工程项目招投标的监督检查，参与了电子商务的监督工作和特别重大事故的调查处理工作，突出检查了生产经营管理中的“跑、冒、滴、漏”问题和因违法违纪违规行为造成国有资产流失的问题。

股份公司围绕低成本目标，结合实际开展了以生产成本管理、外部清欠和货款回收管理、成品油、化工产品销售管理、电子商务以及重大工程项目招投标监督管理为主要内容的效能监察和专项执法监察，增强了企业管理人员的责任意识，促进了干部队伍的廉政建设，为股份公司可持续发展目标的实现提供了强有力的保障，取得了比较显著的经济效益和社会效益。共发现各类问题 18599 个，查处违纪资金 6057 万元，收缴违纪金额 206 万元，挽回经济损失 12067

万元，避免经济损失 45512 万元；提出监察建议 1207 个，已采纳 1119 个，做出监察决定 117 个；发现案件线索 13 个，立案 10 件，处理人员 103 人；协助企业有关部门建立、完善规章制度 1365 项；推广先进典型 87 个。

5. 清查事业单位银行账户工作

根据监察部、财政部等四部委的要求，集团公司监察部会同财务资产部对所属事业单位的银行账户再次进行了检查和清理，撤销银行账户 6 个，进一步严格了银行账户的管理。

（冯殿钧）

【源头治理】　党组高度重视反腐败抓源头工作，从创新体制机制和制度入手，采取了一系列改革措施，取得了明显的成效。各单位坚持标本兼治、综合治理，抓反腐倡廉的责任意识明显增强，思路更加清晰，措施更加具体，从源头上预防和治理腐败工作打开新的局面。

1. 继续推进现代企业制度建设，为源头治腐创造制度环境

按照集团公司“推进结构调整、优化产业升级”的要求，地区服务公司专业化重组稳步推进，公司制改革试点取得新的进展，企业管理进一步规范，权力的配置更加科学、制约更加有效，为从源头上预防和治理腐败问题创造了条件。股份公司在进一步完善法人治理结构的同时，继续深化改革。一方面，大力推进电子商务，完善物资采购和销售办法，用现代技术解决物资采购上的暗箱操作问题，提高了采购效率和效益，加大了源头治理的科技含量。2002 年网上采购超过 100 亿元，网上销售 80 亿元，节约采购资金 6 亿元。另一方面，加大力度改革营销体制。对传统的成品油营销体制进行改革，推进配送制和销售代表制；对化工销售业务进行整合，成立了 5 个大区公司和 8 个销售中心，对化工产品实行集中销售管理体制，优化了资源配置，降低了营销成本，提高了盈利能力和市场调控能力，使销售领域的管理漏洞和不廉洁行为得到有效遏制。

2. 加强财务监控，防止在大额度资金运作上发生问题

集团公司先后制定了资金授权管理、债务管理和对外担保、投资、外汇融资和股权融资审批权限等 20 多个有关资金管理、运作的制度和规定，同时加大了对资金的监管力度。运用审计、监察手段配合财务部门开展了外投外借资金清查工作，使屡屡发生的乱投资、乱借款、乱担保、乱设账户等问题得到有效控制，严格了资金管理。

3. 健全决策体系，防止重大投资决策失误

集团公司建立了“三个决策支持系统”。即对事关企业发展方向的决策，由发展研究部和信息中心负责前期调研和可行性论证；对企业重大投资项目，由规划计划部委托咨询中心论证，再按程序审批；对勘探开发战略及重大部署决策由咨询中心和勘探开发研究院论证，然后编制可行性报告。对中央明确规定的“三重一大”决策问题，集团公司和各企事业单位都制定了相应的制度、办法，保证决策科学、可行。

4. 改革人事制度，防止用人上的不正之风

按照中央的精神，集团公司干部人事制度改革着力于建立完善“两个机制”、把好“三个关口”。即建立公开竞聘、竞争上岗、任前公示的选人用人机制和严格考核、奖勤罚劣、能上能下的管理监督机制，严把人事制度改革决策关、干部选拔任用讨论决定关、干部管理监督考核关。这些改革措施，增加了干部选拔任用工作的透明度。2002 年，党组对大港油田、抚顺石化分公司等 32 个局级班子的 117 个副局级领导岗位实行了公开竞聘，对 123 名党组管理的局级领导干部全部进行了任前公示，有效地防止了用人上的不正之风。

【队伍建设】　为使纪检监察干部队伍适应改革发展新形势的需要，集团公司及所属各单位加强了队伍建设和干部培训工作。部分单位对纪检监察岗位人员进行了充实调整，选配了 91 名思想好、作风正、懂管理的同志到纪检监察岗位。按照中央的精神，集团公司还对个别单位纪委书记任职进行了调整。目前，所属企事业单位纪委书记全部由党委书记或副书记兼任。在集团公司和股份公司总部机关开展的岗位竞聘工作中，党组纪检组、监察部和股份公司监察部有 3 名同志通过竞聘走上副局级领导岗位、有 6 名同志走上正、副处级干部岗位，内部机构进一步理顺，工作力量得到加强。目前，集团公司共有纪检监察机构 1143 个，纪检监察干部 4030 人，其中专职干部 2614 人，兼职干部 1416 人。

各级纪检监察部门加强干部培训，全年共举办纪检监察干部培训班 23 期，培训干部 1598 人。同时，党组纪检组、监察部先后组织了所属企业纪委书记（监察处长）、案件管理、效能监察等 4 期培训班，培训纪检监察专职干部 380 人。还组织推荐 132 人分别参加了由中纪委和当地纪检监察机关举办的各类培训班。通过培训，进一步提高了纪检监察干部的思想政治素质和业务工作水平。

【理论研究】 2002年一季度，根据中央企业纪工委关于开展“企业国有资产流失种类及其对策”专题研究工作的安排部署，集团公司监察部组织部分企业进行了专题调研，于4月份在乌鲁木齐召开了“企业国有资产流失种类及其对策”专题研讨会，撰写了《企业国有资产流失种类及其对策研究》论文，并在中央企业纪工委举办的研讨会上进行了交流，得到与会代表的高度评价，中央企业纪工委将此论文收入《企业国有资产流失种类及其对策》一书。

承办并参加了中央企业纪工委在兰州举办的“中央企业效能监察工作座谈会”，集团公司监察部在会上作了《深入开展效能监察工作，促进企业管理，服务企业发展》的发言，得到了中央企业纪工委领导和与会代表的好评。

参加了中纪委、监察部、中央企业纪工委组织的“国有企业党风廉政建设征文”活动，全公司有17篇论文获奖，大庆油田有限责任公司获得组织奖，党组纪检组、监察部获得最佳组织奖，全面展示了全系统党风廉政建设和纪检监察工作的经验及成果。

（刘志豪）

股份公司纪检与监察工作

【概述】 2002年，股份公司各级纪检监察部门认真贯彻落实党的十五届六中全会、中纪委七次全会精神和集团公司纪检监察工作部署，以“三个代表”重要思想为指导，紧紧围绕股份公司生产经营、改革发展稳定的大局，按照发展要有新思路、改革要有新突破、开放要有新局面、各项工作要有新举措的要求，通过认真学习、努力实践“三个代表”重要思想，不断深化领导干部廉洁自律、查办案件、效能监察三项重点工作，领导干部廉洁自律的意识进一步增强。落实党风廉政建设责任制，履行“一岗双责”的自觉性有了进一步提高；依靠体制创新、管理创新、科技创新，从源头上预防和治理腐败取得了明显成效；严肃党的纪律，查处大案要案有了新的突破；以降本增效管理为重点的效能监察取得明显成效，促进了企业管理水平和经济效益的提高；纪检监察队伍自身建设得到加强，较好地发挥了组织协调作用。

【党风廉政建设责任制】 2002年，股份公司始终把落实领导干部党风廉政建设责任制，作为一条政治纪律、政治责任来抓落实，坚持与生产经营等业务工作一起部署、一起落实、一起检查、一起考核。

1. 各级党政主要领导认真履行“一岗双责”，既是生产经营管理第一责任人，又是党风廉政建设第一责任人

总部机关、专业公司和各地区分公司认真落实党风廉政建设责任制，以责任状、责任书等形式，在签订生产经营业绩合同的同时，签订党风廉政建设责任制，在股份公司系统中基本形成了一级抓一级，层层负责的责任网络。据统计股份公司系统已有2085个单位建立了党风廉政建设责任制，签订责任状7916份。

2. 完善和落实党风廉政建设责任配套制度，加大责任追究力度

各单位在落实党风廉政建设责任制的同时，结合实际，制定和完善了《诫勉谈话制度》、《责任考核制度》、《责任追究制度》等责任制配套制度，加大责任检查、考核和追究力度，促进责任制的落实。按照责任制规定，各单位在业绩考核的同时，对领导班子和领导干部落实党风廉政建设情况一起考核，对不能认真履行党风廉政责任，以致在责任区内发生大案要案、重大责任事故、造成重大损失或恶劣影响的领导干部，按照有关规定追究责任。2002年，共对370人进行了诫勉谈话，对192人进行了责任追究。

【领导干部廉洁自律】

1. 开展多种形式的宣传教育，使领导干部明确廉洁自律规定

各级党组织、纪检监察部门在加强领导班子、领导干部党风廉政建设中，坚持教育在前、规范在前，多做预防和预测性的工作。一是在股份公司总部机关局处级以上领导干部和系统副科以上领导干部中，开展了落实《关于中央企业领导人员廉洁自律若干规定的实施办法（试行）》专题学习教育活动，教育面达到95％以上。二是开展预防职务犯罪知识答卷活动，全系统共参加25021人，其中局级干部327人，处级干部5005人。三是对系统内涌现出的八名“努力实践‘三个代表’重要思想，塑造新时期党员领导干部新形象”的勤政廉洁好干部进行了宣传。四是监察部编发了股份公司系统四起典型案件剖析材料，转发了集团公司纪检组下发的典型案例材料，用身边的事教育身边的人。

2. 进行专项清理，加强监督

根据中企工委、中组部《关于中央企业领导班子人员廉洁自律若干规定的实施办法（试行）》和中纪委《关于2002年元旦、春节期间加强廉洁自律反对奢侈浪费的通知》精神，在总部机关和系统内，对领导干部落实不准收受现金、有价证券等廉洁自律行为准则情况进行了自查自纠。据不完全统计，全系统共上交礼金、有价证券56.2万元。对领导干部不准擅自决定企业大额度资金运作、生产经营和企业改革的重大决策、重要人事任免等事项，领导干部不准利用职权为配偶、子女及其他亲属经商办企业提供便利和优惠条件等情况进行了专项清理。

3. 完善制度，规范行为

股份公司机关从有利于廉政建设、预防和预测性出发，加强企业管理，制定下发了《股份公司关于规范各类项目评审费管理的暂行规定》，规范了项目评审费管理。制定下发了《股份公司物资采购与电子商务管理办法》、《关于违反物资采购与电子商务管理办法处分暂行规定》，加强了电子商务管理。此外，还结合实际，制定了《股份公司违反财经纪律处分暂行规定》、《股份公司化工销售系统资金收支两条线管理暂行办法》、《股份公司化工产品销售管理办法》、《股份公司海外勘探开发项目管理暂行办法》等规定。各单位也根据企业领导干部廉洁自律规定，结合本单位实际，建立完善了相应的决策程序和实施办法。

【查处违法违纪案件】　股份公司系统各级纪检监察部门严肃党的纪律，认真查处违法违纪案件，为公司的生产经营中心工作和改革发展稳定工作的大局提供纪律保证。2002年重点查处了领导干部严重违反组织人事纪律案件，严重失职渎职案件，以权谋私、贪污受贿案件，违反集团公司、股份公司管理制度和政令，顶风违纪案件，基层干部侵害国家、企业和群众利益案件。

1. 信访举报与初查核实

2002年，共受理群众信访举报1298件（次），其中：检举控告类1217件，申诉类15件，批评建议类22件，其他类44件；重复来信来访电话举报240件，署名举报105件。检举控告件中，涉及局级干部56件，处级干部407件，科级干部374件，一般干部228件，其他人员152件。全年共初查核实线索676件，初查核实率为52.1%。经初核转立案54件，了结585件，其中失实300件，做出适当处理285件，组织处理65人。

监察部全年直接受理信访举报261件（次），占总件数的20.1%。其中，涉及局级干部40件，处级干部141件。直接组织初查核实68件，其中，涉及局级干部34件，占54.8%，综合办结率为98.5%。

2. 立案与结案

2002年，共立案117件，其中，涉及局级干部1件，处级干部16件，科级干部49件，一般干部39件，其他人员12件。结案116件，结案率为99.1%，结案处理155人，其中局级干部2人，处级干部19人，科级干部69人，一般干部49人，其他人员16人。受党纪处分54人，受政纪处分123人，受党纪、政纪双重处分22人。

通过信访初核和查办案件共挽回经济损失2362.4万元。

3. 查处大要案情况

2002年，共查处大案要案43件，占办案总数的36.8%。其中，要案17件，大案26件，既是大案又是要案11件。在违纪金额5万元以上的案件中，5万—10万元案11件，10万—50万元案16件，50万—100万元案4件，100万元以上案5件。

【效能监察】　2002年，效能监察工作的开展，对加强企业管理、降低成本、扭亏脱困和完善规章制度发挥了积极有效的作用。通过开展效能监察，发现各类问题18599个；查处违纪资金6057万元，收缴违纪金额206万元，挽回经济损失12067万元，避免经济损失45512万元；提出监察建议1207个，已采纳1119个，做出监察决定117个；发现案件线索13个，立案10件，处理人员103人；协助企业有关部门建立、完善规章制度1365项；推广先进典型87个。

1. 生产成本管理效能监察

各地区公司继续对生产运行中所发生的材料消耗、燃料动力消耗、修理维护、行政管理，以及产能建设工程、老区改造工程、地面维修工程、房屋维修工程、现场试验项目、物资采购等对生产成本影响较大的环节开展效能监察，完成45项。

2. 其他专项效能监察

各单位在开展生产成本管理效能监察的同时，还针对企业管理上的问题和漏洞，开展了64项其他专项效能监察。一是开展了外部清欠和货款回收管理效能监察，共发现问题31个，提出监察建议50件，督促、协助企业有关部门建立制度23项，上述企业共清回欠款3.34亿元。二是开展了销售网络建设、加油站管理、成品油销售等项效能监察。三是对化工产品统销整合过程中的销售管理进行效能监察。四是对物资采购与电子商务工作进行了专项效能监察。抽查合同48份、网上交易71项，涉及交易金额约2亿元。五是开展了对本单位重大工程及物资采购招投标的监督。六是股份公司直属机关纪委继续开展以正确行使职权、改进工作作风、提高工作效率为主要内容，以加强党风廉政建设促进机关建设成为廉洁高效、运转协调、行为规范、反应快速的指挥中心为目标的效能监察。

【源头治理】 股份公司以体制创新、管理创新、科技创新，推进现代企业制度的建设，为从源头上预防和治理腐败起到了治本作用。

1. 体制创新、管理创新，进一步完善权力运行机制

一是改革销售管理体制，实行集中销售。继续完善成品油销售“四个统一”、货款封闭运行、送货制和整合销售网络；成立润滑油公司，实行润滑油生产、销售集中统一管理；对化工销售业务进行整合，成立五个大区公司和八个销售中心，实行化工产品销售集中统一管理。二是深化财务体制改革。财务部在继续完善“一个全面，三个集中”管理体制的基础上，进一步明确总部各项资金支出的审批权限和办理程序，建立和完善资金管理的监督约束机制。三是深化干部人事制度改革。上半年，在总部机关和专业公司进行全员岗位竞聘工作，总部机关、专业公司行政副职在石油系统，处级干部在集团公司、股份公司机关和在京直属单位公开聘任。四是大力推进电子商务。积极推进电子商务网上采购和销售，努力增加源头治理的科技含量，2002年共实现网上采购106亿元，网上销售83亿元，节约采购资金6亿元。

2002年3月8日，原中纪委常委、秘书长吴定富同志带领中纪委有关部门和有关企业领导到股份公司电子商务一号能源网站，进行工作调研，对股份公司源头治理工作给予了充分肯定，并将调研情况刊登在中纪委反腐败工作信息第54期上，送中央政治局常委和中央有关领导参阅。

2. 对重大工程建设项目实行内部联合监督机制，强化了整体监督作用

股份公司成立了西气东输审计、监察和质量安全环保技术监督三个小组，并组建了监督联合办公室，作为监督小组的办事机构派驻到西气东输管道分公司。监督联合办公室重点对工程投资、概预算管理、物资采办、招投标、技术标准、质量、安全、环保、廉政建设等工作实施全方位监督。截至2002年底，联合监督办公室共对西气东输管道工程咨询服务、施工、检测队伍的选择和物资采办、制造等132项工程招标项目进行了程序上的监督，审查竞标厂商、承包商188家，提出监标建议84条，纠正了不合规行为45起，审查招标文件132本，提出审查意见39条，现场监督宣布废标11家。

【队伍建设】 2002年以来，各级纪检监察部门认真学习，努力实践“三个代表”重要思想，坚持与时俱进，开拓创新，不断探索新时期党风廉政建设和反腐败工作的新思路、新机制和新方式，紧密围绕企业生产经营和改革、发展、稳定的大局，努力发挥纪检监察在党风廉政建设和反腐败工作中的组织协调作用。一是在认真学习“三个代表”重要思想的基础上，各单位组织学习法律知识、科技知识、财务知识，提高了纪检监察干部的综合素质。二是加强调研，转变工作作风。监察部先后派出20多人次到30多个单位进行工作调研，了解情况、总结经验、指导工作，推动了股份公司系统纪检监察重点工作的开展。四是加强业务培训，提高业务素质。监察部全年共组织110名纪检监察干部参加了案件检查培训班和集团公司党组纪检组、监察部组织的纪委书记、监察处长培训班。五是组织情况交流和研讨，进一步拓宽了工作思路。监察部组织部分单位人员到扬子石化分公司学习效能监察评价工作经验，组织开展了有40个单位参加的信访、案件管理工作研讨，促进了信访、案件管理工作质量的提高。

（股份公司监察部）

第十篇

机构与人物

中国石油天然气集团公司组织机构

（机关部门 14 个，机关附属及挂靠单位 4 个，控股、全资、参股公司及直属企事业 67 个）

一、集团公司机关（14 个部）	北京市
1. 办公厅	
2. 发展研究部	
3. 规划计划部	
4. 财务资产部	
5. 资本运营部	
6. 人事劳资部	
7. 科技发展部	
8. 国际事业部（外事局）	
9. 市场管理部	
10. 质量安全环保部	
11. 审计部	
12. 党组纪检组、监察部	
13. 政治思想工作部、直属党委	
14. 离退休职工管理局（老干部局）	
二、机关附属及挂靠单位（4 个）	北京市
1. 中国石油学会	
2. 人事服务中心	
3. 机关行政事务中心	
4. 奥伊尔投资管理有限责任公司	
三、控股公司（8 个）	
1. 中国石油天然气股份有限公司	北京市
2. 中国石油集团东方地球物理勘探有限责任公司	河北省涿州市
东方地球物理勘探有限公司技术发展中心（研究院）	河北省涿州市
中油油气勘探软件国家工程研究中心有限公司	河北省涿州市
3. 中国石油集团测井有限公司	陕西省西安市
4. 中国石油集团工程设计有限责任公司	北京市
5. 深圳石油实业有限公司	广东省深圳市
6. 中油财务有限责任公司	北京市
7. 吉林燃料乙醇有限责任公司	吉林省吉林市
8. 塔里木石油化工有限责任公司	新疆库尔勒市
四、全资公司（6 个）	
1. 吉林石油集团有限责任公司	吉林省松原市
2. 大港油田集团有限责任公司	天津市大港区
3. 中油国际工程有限责任公司	北京市
中国石油工程建设（集团）公司	北京市

中国石油技术开发公司	北京市
中油长城钻井公司	北京市
中油测井技术服务有限责任公司	北京市
中国石油天然气第一建设公司	河南省洛阳市
中国石油天然气第六建设公司	广西桂林市
中国石油天然气第七建设公司	山东省胶州市
中国石油天然气华东勘察设计研究院	山东省青岛市
4. 中国石油天然气香港有限公司	香港
5. 中国石油集团庆阳炼油化工有限责任公司	甘肃省庆阳市
6. 中国石油集团宁夏大元炼油化工有限责任公司	宁夏银川市

五、直属企事业（44个）

（一）油田勘探、生产服务企业（12个）

1. 大庆石油管理局	黑龙江省大庆市
大庆石油管理局电力总公司	黑龙江省大庆市
2. 辽河石油勘探局	辽宁省盘锦市
3. 华北石油管理局	河北省任丘市
4. 四川石油管理局	四川省成都市
5. 长庆石油勘探局	陕西省西安市
6. 玉门石油管理局	甘肃省玉门市
7. 青海石油管理局	甘肃省敦煌市
8. 新疆石油管理局	新疆克拉玛依市
新疆石油管理局独山子石油化工总厂	新疆克拉玛依市
新疆石油管理局准东石油勘探开发公司	新疆乌鲁木齐市
中国石油天然气集团公司新疆职工培训中心（新疆石油学院）	新疆乌鲁木齐市
9. 吐哈石油勘探开发指挥部	新疆哈密市
10. 塔里木石油勘探开发指挥部	新疆库尔勒市
11. 冀东石油勘探开发公司	河北省唐山市
12. 中国石油天然气勘探开发公司	北京市
南方石油勘探开发有限责任公司	广东省广州市
中油中亚石油有限责任公司	
艾尔瓦哈有限责任公司（绿洲公司）	
中油国际（苏丹）有限公司	
中油国际（尼罗）有限公司	
中油国际（哈萨克斯坦）公司	
中油国际（委内瑞拉）公司	
中油国际（阿克纠宾）公司	
中油国际（加拿大）公司	
喀土穆炼油有限公司	
中美石油开发公司	

（二）炼油化工服务企业（14个）

1. 中国石油大庆石油化工总厂	黑龙江省大庆市
2. 中国石油哈尔滨炼油厂	黑龙江省哈尔滨市
3. 中国石油大连石油化工公司	辽宁省大连市
4. 中国石油抚顺石油化工公司	辽宁省抚顺市

5. 中国石油辽阳石油化纤公司	辽宁省辽阳市
6. 中国石油林源炼油厂	黑龙江省大庆市
7. 中国石油前郭炼油厂	吉林省松原市
8. 吉化集团公司	吉林省吉林市
9. 中国石油锦州石油化工公司	辽宁省锦州市
10. 中国石油锦西炼油化工总厂	辽宁省葫芦岛市
11. 中国石油乌鲁木齐石油化工总厂	新疆乌鲁木齐市
12. 中国石油兰州炼油化工总厂	甘肃省兰州市
13. 中国石油兰州化学工业公司	甘肃省兰州市
14. 中国石油宁夏化工厂	宁夏银川市
（三）科技企业（4个）	
1. 中国石油集团科学技术研究院	北京市
中国石油集团科学技术研究院廊坊分院	河北省廊坊市
中国石油集团科学技术研究院江汉机械研究所	湖北省荆沙市
中国石油集团科学技术研究院江汉测井研究所	湖北省潜江市
中国石油集团西北地质研究所	甘肃省兰州市
中国石油集团杭州地质研究所	浙江省杭州市
2. 中国石油集团工程技术研究院	天津市塘沽区
3. 中国石油集团经济和信息研究中心	北京市
4. 中国石油天然气集团公司咨询中心	北京市
（四）管道、装备及经营服务企业（6个）	
1. 中国石油天然气管道局	河北省廊坊市
中国石油天然气集团公司中心医院	河北省廊坊市
2. 中国石油物资装备（集团）总公司	北京市
济南柴油机厂	山东省济南市
宝鸡石油机械厂	陕西省宝鸡市
宝鸡石油钢管厂	陕西省宝鸡市
西安石油勘探仪器总厂	陕西省西安市
咸阳石油钢管钢绳有限责任公司	陕西省咸阳市
承德司达石油装备开发公司	河北省承德市
3. 中国华油集团公司	北京市
华油实业开发总公司	北京市
中国石油化学公司	北京市
上海浦东华油实业有限责任公司	上海市
中油建材总公司	河北省廊坊市
中油优特高级润滑油联合公司	河北省廊坊市
4. 华油北京服务总公司（中国石油天然气集团公司机关服务中心）	北京市
5. 中国石油天然气运输公司	新疆乌鲁木齐市
6. 中国石油天然气集团公司通信公司	河北省固安市
（五）事业单位（8个）	
1. 中国石油天然气集团公司管材研究所	陕西省西安市
2. 中国石油天然气集团公司广州培训中心（广州石油培训中心）	广东省广州市
3. 重庆石油高等专科学校	重庆市
4. 中国石油审计服务中心	河北省廊坊市

5. 石油管理干部学院	北京市
石油教育与人才研究所	北京市
中国石油天然气集团公司考试中心	北京市
6. 石油工业出版社	北京市
7. 中国石油报社	河北省涿州市
8. 浙江石油勘探处	浙江省杭州市

六、参股公司（企业）（9个）

1. 中联煤层气有限责任公司	北京市
2. 中油和黄信息技术有限公司	北京市
3. 华夏证券有限责任公司	北京市
4. 国泰君安证券有限责任公司	上海市
5. 交通银行	上海市
6. 中国石油天然气第八建设有限责任公司	辽宁省抚顺市
7. 中银国际证券有限责任公司	上海市
8. 银河基金管理有限责任公司	上海市
9. 中国长江电力股份有限公司	北京市

（集团公司人事劳资部）

中国石油天然气股份有限公司组织机构

一、机关（13个）

（一）董事会、监事会机构（2个）　北京市

1. 董事会秘书局
2. 监事会办公室

（二）总部职能部门（11个）　北京市

1. 总裁办公室（外事办公室）
2. 规划计划部
3. 财务部
4. 人事部
5. 监察部
6. 法律事务部
7. 审计部
8. 质量安全环保部
9. 科技与信息管理部
10. 电子商务部
11. 党群工作部（企业文化部）、直属机关党委

二、专业公司（4个）　北京市

1. 中国石油天然气股份有限公司勘探与生产分公司
2. 中国石油天然气股份有限公司炼油与销售分公司
3. 中国石油天然气股份有限公司化工与销售分公司
4. 中国石油天然气股份有限公司天然气与管道分公司

三、地区公司（59个）

（一）勘探与生产板块（15个）

1. 大庆油田有限责任公司	黑龙江省大庆市
2. 中国石油天然气股份有限公司吉林油田分公司	吉林省松源市
3. 中国石油天然气股份有限公司辽河油田分公司	辽宁省盘锦市
4. 中国石油天然气股份有限公司大港油田分公司	天津市
5. 中国石油天然气股份有限公司华北油田分公司	河北省任丘市
6. 中国石油天然气股份有限公司新疆油田分公司	新疆克拉玛依市
7. 中国石油天然气股份有限公司西南油气田分公司	四川省成都市
8. 中国石油天然气股份有限公司青海油田分公司	甘肃省敦煌市
9. 中国石油天然气股份有限公司长庆油田分公司	陕西省西安市
10. 中国石油天然气股份有限公司玉门油田分公司	甘肃省玉门市
11. 中国石油天然气股份有限公司吐哈油田分公司	新疆哈密
12. 中国石油天然气股份有限公司塔里木油田分公司	新疆库尔勒市
13. 中国石油天然气股份有限公司冀东油田分公司	河北省唐山市
14. 中国石油天然气股份有限公司浙江勘探分公司	浙江省杭州市
15. 中国石油天然气股份有限公司对外合作经理部	北京市

（二）炼油与销售板块（32个）

1. 中国石油天然气股份有限公司哈尔滨石化分公司	黑龙江省哈尔滨市
2. 中国石油天然气股份有限公司大连石化分公司	辽宁省大连市
3. 中国石油天然气股份有限公司锦州石化分公司	辽宁省锦州市
4. 中国石油天然气股份有限公司前郭石化分公司	吉林省松源市
5. 中国石油天然气股份有限公司锦西石化分公司	辽宁省葫芦岛市
6. 中国石油天然气股份有限公司大港石化分公司	天津市
7. 中国石油天然气股份有限公司华北石化分公司	河北省任丘市
8. 中国石油天然气股份有限公司呼和浩特石化分公司	内蒙古呼和浩特市
9. 中国石油天然气股份有限公司辽河石化分公司	辽宁省盘锦市
10. 中国石油天然气股份有限公司长庆石化分公司	陕西省咸阳市
11. 中国石油天然气股份有限公司克拉玛依石化分公司	新疆克拉玛依市
12. 中国石油天然气股份有限公司润滑油分公司	北京市
13. 大连西太平洋石油化工有限公司	辽宁省大连市
14. 中国石油天然气股份有限公司西北销售分公司	甘肃省兰州市
15. 中国石油天然气股份有限公司东北销售分公司	辽宁省沈阳市
16. 中国石油天然气股份有限公司西南销售分公司	四川省成都市
17. 中国石油天然气股份有限公司华东销售分公司	上海市
18. 中国石油天然气股份有限公司华北销售分公司	北京市
19. 中国石油天然气股份有限公司黑龙江销售分公司	黑龙江省哈尔滨市
20. 中国石油天然气股份有限公司吉林销售分公司	吉林省长春市
21. 中国石油天然气股份有限公司辽宁销售分公司	辽宁省沈阳市
22. 中国石油天然气股份有限公司大连销售分公司	辽宁省大连市
23. 中国石油天然气股份有限公司陕西销售分公司	陕西省西安市
24. 中国石油天然气股份有限公司甘肃销售分公司	甘肃省兰州市
25. 中国石油天然气股份有限公司青海销售分公司	青海省西宁市
26. 中国石油天然气股份有限公司四川销售分公司	四川省成都市

27. 中国石油天然气股份有限公司重庆销售分公司	重庆市
28. 中国石油天然气股份有限公司内蒙古销售分公司	内蒙古呼和浩特
29. 中国石油天然气股份有限公司新疆销售分公司	新疆乌鲁木齐市
30. 中国石油天然气股份有限公司西藏销售分公司	西藏拉萨市
31. 中国石油天然气股份有限公司宁夏销售分公司	宁夏银川市
32. 中国石油天然气股份有限公司大连海运分公司	辽宁省大连市
（三）化工与销售板块（地区公司9个，销售单位13个）	
A. 板块归口管理的地区公司（9个）	
1. 中国石油天然气股份有限公司大庆石化分公司	黑龙江省大庆市
2. 中国石油天然气股份有限公司吉林石化分公司	吉林省吉林市
3. 中国石油天然气股份有限公司抚顺石化分公司	辽宁省抚顺市
4. 中国石油天然气股份有限公司辽阳石化分公司	辽宁省辽阳市
5. 中国石油天然气股份有限公司兰州石化分公司	甘肃省兰州市
6. 中国石油天然气股份有限公司乌鲁木齐石化分公司	新疆乌鲁木齐
7. 中国石油天然气股份有限公司宁夏石化分公司	宁夏银川市
8. 中国石油天然气股份有限公司独山子石化分公司	新疆独山子
9. 中国石油天然气股份有限公司大庆炼化分公司	黑龙江省大庆市
B. 化工销售单位（13个）	
1. 中国石油天然气股份有限公司化工与销售华北分公司	北京市
2. 中国石油天然气股份有限公司化工与销售东北分公司	辽宁省沈阳市
3. 中国石油天然气股份有限公司化工与销售西北分公司	甘肃省兰州市
4. 中国石油天然气股份有限公司化工与销售西南分公司	四川省成都市
5. 中国石油天然气股份有限公司化工与销售华东分公司	上海市
6. 中国石油天然气股份有限公司大庆化工销售中心	黑龙江省大庆市
7. 中国石油天然气股份有限公司吉林化工销售中心	吉林省吉林市
8. 中国石油天然气股份有限公司抚顺化工销售中心	辽宁省抚顺市
9. 中国石油天然气股份有限公司辽阳化工销售中心	辽宁省辽阳市
10. 中国石油天然气股份有限公司兰州化工销售中心	甘肃省兰州市
11. 中国石油天然气股份有限公司乌鲁木齐化工销售中心	新疆乌鲁木齐市
12. 中国石油天然气股份有限公司独山子化工销售中心	新疆独山子
13. 中国石油天然气股份有限公司宁夏化工销售中心	宁夏银川市
（四）天然气与管道板块（3个）	
1. 中国石油天然气股份有限公司管道分公司	河北省廊坊市
2. 北京华油天然气有限责任公司	北京市
3. 中国石油天然气股份有限公司西气东输管道分公司	上海市
四、其他单位（4个）	
1. 中国石油天然气国际（勘探开发）有限公司	北京市
2. 中国石油国际事业有限公司（中国联合石油有限责任公司）	北京市
3. 中国石油勘探开发研究院	北京市
4. 中国石油规划总院	北京市

（股份公司人事部）

中国石油天然气集团公司领导

序　号	姓　名	职　　　务
1	马富才	中国石油天然气集团公司总经理
2	吴耀文	中国石油天然气集团公司副总经理
3	任传俊	中国石油天然气集团公司副总经理
4	陈　耕	中国石油天然气集团公司副总经理
5	苏树林	中国石油天然气集团公司副总经理
6	郑　虎	中国石油天然气集团公司副总经理
7	李克成	中国石油天然气集团公司党组纪检组组长
8	贡华章	中国石油天然气集团公司总会计师

中国石油天然气集团公司其他在职部级领导

序　号	姓　名	职　　　务
1	王　涛	中国石油天然气集团公司高级顾问
2	侯祥麟	中国石油天然气集团公司高级顾问
3	邱中建	原中国石油天然气总公司副总经理，现任集团公司咨询中心主任
4	史训知	原中国石油天然气集团公司党组纪检组组长

中国石油天然气集团公司总经理助理

序　号	姓　名	职　　　务
1	谢志强	中国石油天然气集团公司总经理助理
2	刘海胜	中国石油天然气集团公司总经理助理
3	周吉平	中国石油天然气集团公司总经理助理
4	段文德	中国石油天然气集团公司总经理助理
5	曾玉康	中国石油天然气集团公司总经理助理

中国石油天然气集团公司机关部门主要领导

序　号	单　　位	主任（局长、书记、组长）
1	办公厅	许永发
2	发展研究部	严绪朝
3	规划计划部	江夕根
4	财务资产部	温青山
5	人事劳资部	郑虎（兼）
6	科技发展部	刘振武
7	资本运营部	李庆毅
8	国际事业部（外事局）	章　欣
9	市场管理部	安郁培
10	质量安全环保部	王海森
11	审计部	陈维忠
12	党组纪检组、监察部	祖凤鸣
13	政治思想工作部、直属党委	关晓红
14	离退休职工管理局（老干部局）	蒿　成

中国石油天然气集团公司所属企事业单位主要领导

序　号	单　　位	局长（经理、指挥、所长、厂长、校长、院长、主任、社长）	党委书记
1	大庆石油管理局	曾玉康	苏玉添
2	吉林石油集团有限责任公司	何树山	单纪宽
3	辽河石油勘探局	王　革	宋道堂
4	大港油田集团有限责任公司	朱敬成	郭德宝

续表

序 号	单 位	局长（经理、指挥、所长、厂长、校长、院长、主任、社长）	党委书记
5	华北石油管理局	张宝庄	单祥国
6	冀东石油勘探开发公司	张国旗	张国旗
7	四川石油管理局	陈应权	陈应权
8	长庆石油勘探局	孙玉辰	孙玉辰
9	玉门石油管理局	田玉军	高玉江
10	青海石油管理局	李建青	郑玉宝
11	新疆石油管理局	唐 健	王宜林
	独山子石油化工总厂	付德新	付德新
	中国石油天然气集团公司新疆职工培训中心（新疆石油学院）	凌 霄	张守梅
12	吐哈石油勘探开发指挥部	杨盛杰	张国栋
13	塔里木石油勘探开发指挥部	范垂明	徐会举
14	浙江石油勘探处	薛静诚	叶 舟
15	中国石油集团东方地球物理勘探有限责任公司	徐文荣	王小牧
16	中国石油集团测井有限公司	李剑浩	饶永久
17	中国石油天然气勘探开发公司	汪东进	史训知
	南方石油勘探开发有限责任公司	石彦民（兼）	石彦民
	中油国际（尼罗）有限公司	孙 波（兼）	
	中油国际（委内瑞拉）有限责任公司	祝俊峰（兼）	
	阿克纠宾油气股份有限公司	蒋 奇	
	中油国际（加拿大）公司	康明章（兼）	
	喀土穆炼油有限公司	姜 文	
	中美石油开发公司	王明才（兼）	
18	中国石油大庆石油化工总厂	赵伯超	郑怀义
19	中国石油林源炼油厂	李殿敏	刘自强
20	中国石油哈尔滨炼油厂	孙淑红	刘守信

续表

序　号	单　　位	局长（经理、指挥、所长、厂长、校长、院长、主任、社长）	党委书记
21	吉化集团公司	张晓霈	李志深
22	中国石油前郭炼油厂	刘　迪	宫云喜
23	中国石油抚顺石油化工公司	耿承辉	玄昌伟
24	中国石油辽阳石油化纤公司	孙洪来	孙洪来
25	中国石油大连石油化工公司	马平凡	马平凡
26	中国石油锦州石油化工公司	陈青松	赵增和
27	中国石油锦西炼油化工总厂	张维君	田庆峰
28	中国石油宁夏化工厂	许　飞	许　飞
29	中国石油兰州炼油化工总厂	姚志强	戴年喜
30	中国石油兰州化学工业公司	王庭富	时庆林
31	中国石油乌鲁木齐石油化工总厂	杨炳升	杨炳升
32	塔里木石油化工有限责任公司	王俊岭	韩建业
33	中国石油集团庆阳炼油化工有限责任公司	刘文学	辛克庆
34	中国石油集团宁夏大元炼油化工有限责任公司	焦学义	焦学义
35	吉林燃料乙醇有限责任公司	王学泠	王学泠
36	中国石油天然气管道局	苏士峰	苏士峰
	中国石油天然气集团公司中心医院	姜　杉（代理院长）	姜　杉
37	中国石油物资装备（集团）总公司	刘兴和	吴大鹏
	宝鸡石油机械厂	张冠军	冯振清
	宝鸡石油钢管厂	王建东	钟裕敏
	西安石油勘探仪器总厂	孙　鹏	刘田福
	咸阳石油钢管钢绳厂	曹家麟	曹家麟
	济南柴油机厂	王　涛	王　涛
38	中国石油天然气运输公司	刘　志	刘　志
39	中国石油天然气集团公司通信公司		龚金伟

续表

序　号	单　　位	局长（经理、指挥、所长、厂长、校长、院长、主任、社长）	党委书记
40	中油国际工程有限责任公司	许大坤	秦安民
	中油技术开发公司	邢祖侗（兼）	邢祖侗（兼）
	中油长城钻井公司	王忠仁（兼）	
	中油测井技术服务有限责任公司	李越强（兼）	李越强（兼）
	中国石油工程建设（集团）公司	张纬九（兼）	张纬九（兼）
	中国石油天然气第一建设公司	朱忠虎	朱忠虎
	中国石油天然气第六建设公司	黄勇华	杨庆前
	中国石油天然气第七建设公司	汪桃义	伍金堂
	中国石油天然气华东勘察设计研究院	李利民	李海龙
41	中国石油集团工程设计有限责任公司	迟尚忠	刘　毅
42	中国华油集团公司	王煌今	王煌今
	华油实业开发总公司	胡继善	
	石油化学公司	陈安家（兼）	
	上海浦东华油实业有限责任公司	石清俊	吴熙荣
	中油建材总公司	张二林	张二林
43	华油北京服务总公司	王忠华	王忠华
44	深圳石油实业有限公司	陶玉春	李华林
45	中油财务有限责任公司	王毓信	
46	中国石油审计服务中心	孙先锋	孙先锋
47	中国石油天然气香港有限公司	王明才	
48	中国石油集团工程技术研究院	冯星安	冯星安
49	中国石油天然气集团公司管材研究所	杨　龙	杨　龙
50	石油管理干部学院	李玉平	李玉平
51	中国石油天然气集团公司广州培训中心（广州石油培训中心）	戴向东	戴向东
52	重庆石油高等专科学校	刘业厚	刘业厚
53	中国石油集团经济和信息研究中心	严绪朝（兼）	张振明

续表

序　号	单　　位	局长（经理、指挥、所长、厂长、校长、院长、主任、社长）	党委书记
54	石油工业出版社	白泽生	韩世全
55	中国石油报社	肖　平	肖　平
56	人事服务中心	孙祖岭	
57	机关行政服务中心	陈安家	
58	中国石油天然气集团公司咨询中心	邱中建（兼）	

（集团公司人事劳资部）

中国石油天然气股份有限公司董事会成员

序　号	姓　名	职　　　　务
1	马富才	中国石油天然气股份有限公司董事长
2	吴耀文	中国石油天然气股份有限公司副董事长
3	任传俊	中国石油天然气股份有限公司副董事长
4	陈　耕	中国石油天然气股份有限公司董事
5	苏树林	中国石油天然气股份有限公司董事
6	郑　虎	中国石油天然气股份有限公司董事
7	贡华章	中国石油天然气股份有限公司董事
8	王福成	中国石油天然气股份有限公司董事
9	邹海峰	中国石油天然气股份有限公司董事
10	董建成	中国石油天然气股份有限公司独立董事
11	刘鸿儒	中国石油天然气股份有限公司独立董事
12	Franco Bernaba	中国石油天然气股份有限公司独立董事

中国石油天然气股份有限公司监事会成员

序　号	姓　名	职　　　　务
1	李克成	中国石油天然气股份有限公司监事会主席
2	陈维忠	中国石油天然气股份有限公司监事会监事
3	温青山	中国石油天然气股份有限公司监事会监事
4	白新贺	中国石油天然气股份有限公司监事会监事
5	孙崇仁	中国石油天然气股份有限公司监事会监事
6	张佑才	中国石油天然气股份有限公司监事会独立监事
7	吴志攀	中国石油天然气股份有限公司监事会独立监事

中国石油天然气股份有限公司总裁班子成员

序　号	姓　名	职　　　　务
1	陈　耕	中国石油天然气股份有限公司总裁
2	苏树林	中国石油天然气股份有限公司高级副总裁
3	王福成	中国石油天然气股份有限公司副总裁
4	王国樑	中国石油天然气股份有限公司财务总监
5	刘宝和	中国石油天然气股份有限公司副总裁
6	段文德	中国石油天然气股份有限公司副总裁
7	贾承造	中国石油天然气股份有限公司总地质师

中国石油天然气股份有限公司机关部门主要领导

序　号	单　位	总经理（主任、书记）
1	董事会秘书局	李怀奇（秘书）
2	总裁办公室	李华民
3	规划计划部	刘宏斌
4	财务部	周明春
5	人事部	覃国军
6	监察部	陈　明
7	法律事务部	郭进平
8	审计部	陈桂儒
9	质量安全与环保部	贺荣芳
10	科技与信息管理部	刘希俭
11	电子商务部	李　斌
12	党群工作部（企业文化部）、直属机关党委	刘敏星
13	监事会办公室	白新贺

中国石油天然气股份有限公司专业公司主要领导

序　号	单　位	总经理	党委书记
1	勘探与生产分公司	胡文瑞	胡文瑞
2	炼油与销售分公司	蔺爱国	李润生
3	化工与销售分公司	孙　立	孙　立
4	天然气与管道分公司	黄维和	黄维和

中国石油天然气股份有限公司地区公司主要领导

序　号	姓　名	总 经 理	党 委 书 记
1	大庆油田有限责任公司	苏树林	孙淑光
2	辽河油田分公司	王春鹏	孙崇仁
3	新疆油田分公司	王宜林	王宜林
4	华北油田分公司	于英太	于英太
5	大港油田分公司	姚和清	姚和清
6	西南油气田分公司	夏鸿辉	夏鸿辉
7	长庆油田分公司	胡文瑞	胡文瑞
8	吉林油田分公司	王永春	王永春
9	塔里木油田分公司	孙龙德	孙龙德
10	吐哈油田分公司	蔡志刚	蔡志刚
11	青海油田分公司	黄立功	黄立功
12	玉门油田分公司	孔繁瑾	孔繁瑾
13	冀东油田分公司	徐中清	徐中清
14	浙江勘探分公司	叶　舟	
15	吉林石化分公司	于　力	于　力
16	抚顺石化分公司	刘　强	刘　强
17	辽阳石化分公司	沈殿成	韩述岐
18	大庆石化分公司	喻宝才	勾振东
19	大庆炼化分公司	董孝利	于宝祥
20	大连石化分公司	蒋　凡	蒋　凡
21	锦州石化分公司	吕文君	吕文君
22	锦西石化分公司	刘宝林	刘宝林
23	兰州石化分公司	周国勋	孙　立
24	乌鲁木齐石化分公司	郑明禹	郑明禹
25	独山子石化分公司	徐福贵	徐福贵

续表

序　号	姓　名	总 经 理	党 委 书 记
26	宁夏石化分公司	康建华	康建华
27	哈尔滨石化分公司	李正光	李正光
28	前郭石化分公司	曾宪君	曾宪君
29	呼和浩特石化分公司	李文勖	李文勖
30	华北石化分公司	刘存柱	金龙欣
31	大港石化分公司	庞晓东	杨彦东
32	克拉玛依石化分公司	张友林	张友林
33	辽河石化分公司	李占宁	刘文华
34	长庆石化分公司	张喜文	张　锋
35	大连西太平洋石油化工有限公司	蔺爱国	朱廉宝
36	东北销售分公司	董仁平	李绍双
37	西北销售分公司	郭文祥	张贵生
38	西南销售分公司	杨宁海	王建中
39	华东销售分公司	瞿国忠	瞿国忠
40	华北销售分公司	李万余	李万余
41	黑龙江销售分公司	刘松林	王世清
42	吉林销售分公司	王振刚	顾希山
43	辽宁销售分公司	郭秀竹	杜　斌
44	大连销售分公司	沈庆凯	纪士寅
45	甘肃销售分公司	张德义	何能祯
46	陕西销售分公司	卢济新	曹俊文
47	宁夏销售分公司	严进元	
48	内蒙古销售分公司	卢乃洪	张慧清
49	青海销售分公司	杨顺义	封希声
50	新疆销售分公司	王梓桐	王战明
51	西藏销售分公司	唐胜云	阿　丁
52	四川销售分公司	杨顺成	胡兴东
53	重庆销售分公司	项平生	邝正平
54	大连海运分公司	张本良	
55	管道分公司	刘　磊	张加林

续表

序　号	姓　名	总经理	党委书记
56	化工与销售东北分公司	霍建中	
57	化工与销售华北分公司	杨天奎	
58	化工与销售华东分公司	靳永清	
59	化工与销售西南分公司	秦明星	
60	化工与销售西北分公司	黄克平（临时负责人）	
61	大庆化工销售中心	黄国春	
62	吉林化工销售中心	刘　羽	
63	抚顺化工销售中心	张培华	
64	辽阳化工销售中心	祖国繁	
65	兰州化工销售中心	黄克平	
66	宁夏化工销售中心	戴良才	
67	乌鲁木齐化工销售中心	杨继胜	
68	独山子化工销售中心	刘玉新	
69	庆阳炼油化工有限责任公司	刘文学	辛克庆
70	宁夏大元炼油化工有限责任公司	焦学义	焦学义

中国石油天然气股份有限公司在京单位主要领导

序　号	单　　位	总经理（院长）	党委书记
1	中国石油国际事业有限公司（中国联合石油有限责任公司）	王立华	王立华
2	中国石油勘探开发研究院	贾承造（兼）	李学志
3	中国石油规划总院	王功礼	
4	中国石油天然气国际（勘探开发）有限公司	寿铉成	薄启亮
5	中国石油西气东输管道公司	黄维和（兼）	黄维和（兼）

续表

序　号	单　　位	总经理（院长）	党 委 书 记
6	北京华油天然气有限责任公司	刘　勇	刘　勇
7	中国石油润滑油公司	廖国勤	梁国藩
8	油气储量评审办公室	萧德铭（主任）	
9	中油燃料油股份有限公司	吴国志	

（股份公司人事部）

中国石油天然气集团公司两院院士名单

序　号	姓　名	工 作 单 位	学 术 地 位
1	侯祥麟	中国石油天然气集团公司机关	两院院士
2	李德生	中国石油集团科学技术研究院	科学院士
3	王德民	大庆石油管理局	工程院士
4	翟光明	中国石油天然气集团公司机关	工程院士
5	李庆忠	石油地球物理勘探局	工程院士
6	戴金星	中国石油集团科学技术研究院	科学院士
7	郭尚平	中国石油集团科学技术研究院	科学院士
8	胡见义	中国石油集团科学技术研究院	工程院士
9	田在艺	中国石油集团科学技术研究院	科学院士
10	李鹤林	中国石油天然气集团公司管材研究所	工程院士
11	邱中建	中国石油天然气集团公司机关	工程院士
12	韩大匡	中国石油集团科学技术研究院	工程院士

注：按入选时间先后排序。

（集团公司人事劳资部）

（本篇资料截至日期：2002年12月31日）

大庆石油管理局

Daqing Petroleum Administrative Bureau

中国石油天然气集团公司总经理助理、大庆石油管理局局长 曾玉康

为市场提供最好的服务

为企业创造最佳的效益

大庆石油管理局

Daqing Petroleum Administrative Bureau

钻井施工现场

科研人员进行技术攻关

美丽的矿区环境

大庆石油管理局是以油气勘探开发、石油化工、油田建设等石油工程技术服务为主，多元经济全面发展的特大型国有企业。经营范围包括地球物理勘探、钻井、测试、发供电、供水、通信、精细化工、机械制造、房地产开发、旅游、商饮服务等。工程施工、技术服务遍布巴基斯坦、委内瑞拉、苏丹、印度尼西亚、阿联酋等国家；生产的潜油电泵、射孔弹、化工产品等远销东南亚、美国、俄罗斯、中东等国家和地区；出色地完成了地震勘探施工、钻井、固井、水井钻凿等多项技术服务。企业以“为市场提供最好的服务，为企业创造最佳的效益”为经营理念，坚持“用大庆精神保证质量，以‘三老四严’取信用户”的质量方针，把“坚持‘三老四严’，做到五项要求”作为职工的基本行为规范。企业严格按ISO 9000质量体系运行，并建立了HSE管理体系。

经过40多年的发展，大庆石油管理局形成了大庆精神、铁人精神这一宝贵的精神财富，造就了以铁人王进喜为代表的高素质职工队伍，拥有一批技术精湛、素质优良、作风过硬的高精尖技术人才，专业技术人才已占到职工总数的30%以上。

钻探系统是集地球物理勘探、钻井、测井、固井、钻井科研、钻井设备修造和射孔器材服务于一体的综合性服务系统。现有地震队23支、钻井队76支、测井队60支和固井队10支。拥有各类中高级技术人员2405人。开发并形成了定向井和丛式井钻井、水平井钻井、欠平衡钻井、侧钻井钻井、深井钻井、小井眼钻井等配套技术系列；拥有探井、高压调整井、开发井、定向丛式井、斜直水平井完井配套技术；具有年钻井进尺 2.7×10^6 米、取心10000米、固井4000口井的生产能力；可提供1000～7000米井深多种井型的钻井、固井和测井施工作业

以及完井、修井、钻井液、取心、事故处理等多方面的服务。截至目前，大庆石油管理局已为国内外石油公司累计钻井45000多口，总进尺超过60×10^6米，取心150×10^3米，固井45000余口，综合合格率达到99.8%。定向丛式钻井，一个平台可钻16口井，井底最大水平位移729米。完成的水平井钻井，钻井深达3192米，水平段最长为1001.5米，创造了目前国内在泥岩裂缝中水平位移最长的纪录。

基建系统拥有国家化工石油施工总承包特级资质，市政公用工程、公路工程、房屋建筑工程、房地产开发等4项总承包一级专业总承包资质以及钢结构、管道、防腐保温、土石方、混凝土预制构件等12项一级专业承包资质。具有强大人才优势，持有德国、日本、法国、美国等国际焊工资格证书的有293人。拥有设备11184台(套)，其中有德国产起重550吨的履带吊车，美国产每分钟排量0立方米、压力15兆帕的空压机，美国产12米筑路摊铺机、大型混凝土拌和站等一批在国内乃至世界都处于领先水平的设备。形成了较为完善的油田地面工程建设配套施工技术系列、炼油化工装置及配套系统施工技术系列、球形储罐配套施工技术、大型圆筒形钢制焊接储罐配套技术、长输管道预制与施工技术、路桥施工技术、建材制品生产技术。完成了具有世界先进水平的沙漠集输油工程——新疆塔中四联合站、库鄯输油管道、轮南首站大罐等大型沙漠油田建设项目及西气东输工程等一大批工程建筑项目。共获国家质量管理奖2次；全国用户满意施工企业3次；获得国家优质工程奖13项，其中金牌奖2项、银牌奖11项；国家鲁班奖5项、省部级优质工程113项；获龙江杯7项，获省级优质产品奖21项。工程合格率达100%，单位工程优良率始终保持在85%以上，在国内建筑市场享有较高的信誉。

储罐建设施工现场

大庆石油管理局始终坚持科技领先，不断加大对科技的投入。投入产出比达到1:6，科技成果应用率始终保持在85%以上，科技成果贡献率达55%。40多年来，累计取得科研成果5278项，其中获国家级奖86项。现有专业技术人员45933人，职工队伍充满活力，所拥有的领先技术，并结合当今世界上各领域的先进设备，使大庆石油管理局能够在油气勘探、开发和油田建设方面为您提供强劲的支持。

大庆石油管理局

Daqing Petroleum Administrative Bureau

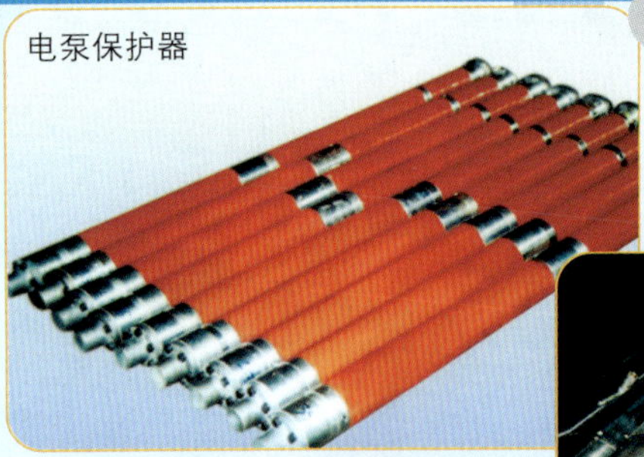

电泵保护器

电泵分离器

电泵电机头

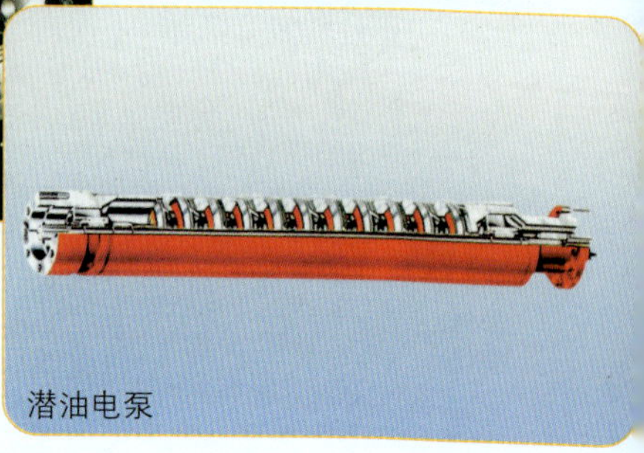

潜油电泵

电泵产品介绍

大庆石油管理局潜油电泵技术服务公司是中国石油天然气集团司惟一的潜油电泵技术服务中心。拥有电泵应用和制造技术研究所用于检测材料、质量控制的理化实验室及模拟井下状况的高温高压验井。在电泵应用技术上，创造了选井选泵、加深泵挂、防砂防气冬季施工、变频采油、斜井和斜直井施工等配套技术。

电泵公司具有年生产2000套电泵机组的能力，可为国内外用户供用于$5^1/_2$英寸套管的排量从15～700立方米／天（50赫兹），扬程3000米以下以及用于7英寸套管的排量从80～1370立方米／天（50兹），扬程在3000米以下的各种电泵成套机组。机组温度等级分类适于井温90℃、120℃、150℃三种规格。

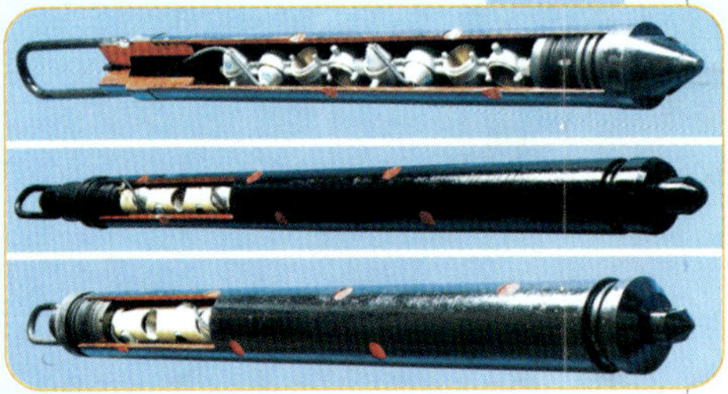

射孔枪

射孔弹

射孔弹产品介绍

大庆石油管理局射孔弹厂生产的射孔弹、射孔枪、导爆索具有际先进水平，该厂目前拥有八大系列72个品种的产品。年生产射孔200万发、导爆索80万米、射孔枪5万米。射孔弹穿深可达1188毫最大孔径达到27.2毫米，最大孔密达到40孔／米，最高耐温达250小时。继2000年首家研制成功1米弹后，又推出了$1MD_1$、$1MD_2$、1M型特深穿透系列射孔器并形成了枪弹架索的配套。有两种产品被评部级优质产品，其中庆矛牌有枪身聚能射孔弹系列产品还被中国质协会评为全国一百种用户满意产品之一。

奥维涂料产品

奥维砌块产品

奥维塑胶产品

奥维系列产品介绍

大庆石油管理局创业集团生产的奥维系列建材产品包括型材、电缆、塑胶和涂料等七大门类。产品生产做到质量体系化、技术专利化、产品价格合理化、提供服务超值化。目前建材系列产品已得到广大用户的认可，奥维品牌的销售网络已延伸到东北和华北地区。

最大爬坡度为55%

SY1042SVS 型 4 × 4 沙漠／公路两用车

方向盘可以伸缩和变换角度

DQG5090XCC 型餐车

DQG5203TCJ 型测井车

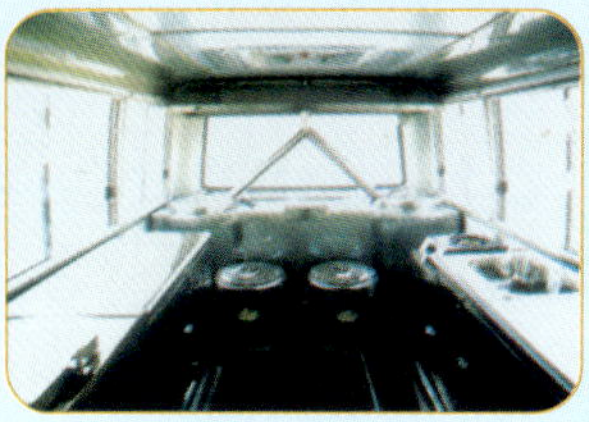

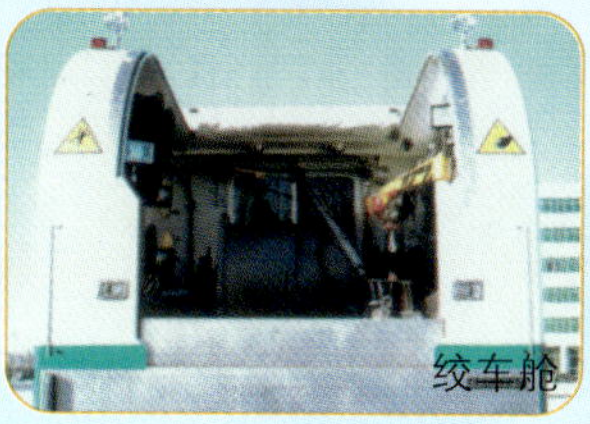

绞车舱

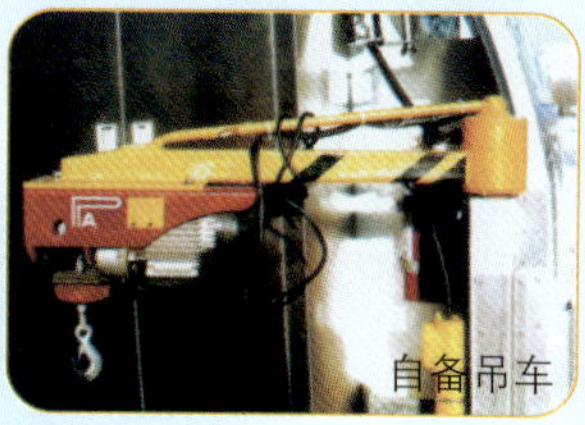

自备吊车

特种汽车产品介绍

大庆石油管理局特种汽车制造厂，通过国家强制 CCC 认证，是 ISO 9001 质量体系和 API 认证单位。工厂以汽车改装主，年生产能力1000台。目前，拥有70多个专用汽车产品的生产能力，其中测井仪绞车等产品被评为省内知名品牌，产已销往胜利油田、辽河油田、华北油田、中原油田、河南油田、长庆油田、原物探局、中油集团测井公司等全国十大油田几十个石油企业事业单位。

地址：大庆市让胡路区龙南　邮编：163453　电话：(86-459)5994071　网址：www.dq.cnpc.com.cn

中国石油天然气集团公司

咨询中心

咨询中心主任
阎三忠

咨询中心是中国石油天然气集团公司直属单位，成立于1993年，是全国第一批取得甲级工程咨询资质证书单位之一，为FIDIC会员。

咨询中心对集团公司所属油气田的油气勘探开发发展规划、重大勘探部署和油气田开发方案提供咨询意见；对油气田地面工程和炼油化工工程的大中型项目进行咨询评估；对集团公司带有战略性、方向性的重大发展战略、技术经济等问题进行调查研究，提供咨询意见。

多年来，受集团公司各企业的委托，对油气田勘探开发及重大建设工程项目提供了评估咨询服务。接受国内其他行业、单位委托的有关评估咨询工作。面向国际市场，接受国外公司的委托对石油地质、油气上下游工程、技术经济等方面提供咨询服务。中国石油天然气集团公司咨询中心有雄厚实力胜任相关咨询评估任务。

中国石油天然气集团公司咨询中心愿以深厚的技术功底，精细严谨的工作作风，丰富的现场经验，客观、公正、科学的态度竭诚为广大用户服务。

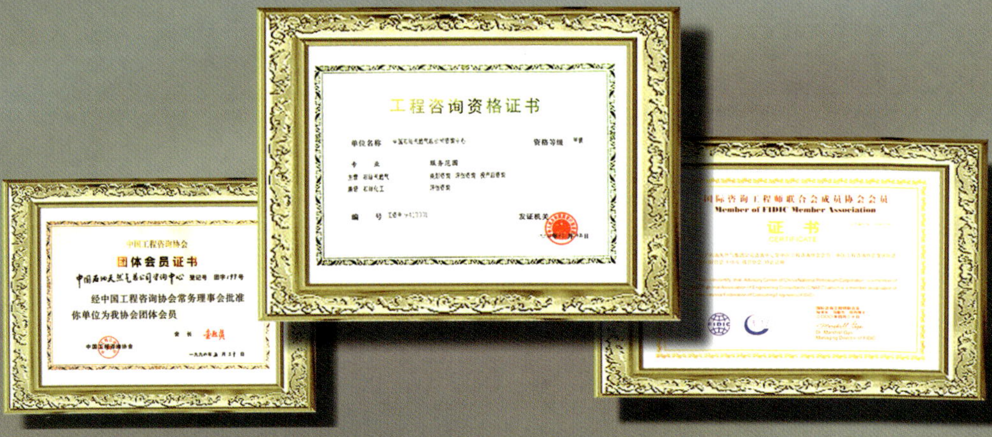

—— 青藏地区石油天然气勘探总体设计评估
—— 青藏高
—— 渤海湾
—— 准格尔
—— 南方油
—— 煤成气
—— 准葛尔

—— 柴达木盆地北缘勘探项目后评价
—— 新疆腹部石南地区勘探评价
—— 长庆油田西峰—镇北地区勘探评价
—— 塔里木塔北轮古地区勘探评价
—— 辽河油田钱家店地区铀矿勘探项目
—— 渤海湾地区勘探开发潜力发展趋势调研
—— 新疆三大油田勘探开发潜力发展趋势调研
—— 青海天然气勘探开发潜力综合评价调研
—— 四川天然气勘探开发潜力综合评价调研
—— 南华北盆地黄口凹陷油气勘探可研报告评估
—— 玉门花海—金塔盆地油气勘探前期工程可研评估
—— 中国石油天然气股份有限公司油气勘探战略研究
—— 原中国石油天然气总公司炼油化工发展规
—— 环渤海地区炼油“十五”发展规划框架意
—— 辽河油田石油化工总厂“九五”炼油化工
划方案评估
—— 大庆炼化公司林源生产区联有关停问题方
案的评估
—— 兰州石化
—— 吉林油田
整的方案
—— 新疆稠油
—— 大庆油田
—— 胜利油田

—— 华北油田化学药剂厂“九五”技术改造规划评估
—— 大庆炼化分公司30万吨／年聚丙烯工程预可研报
告评估
—— 辽阳石化分公司35万吨／年对二甲苯装置技术改
造预可研报告评估
—— 华北石化分公司300万吨／年炼油配套工程可行
性研究报告评估
—— 哈尔滨石化分公司100万吨／年柴油加氢改质
置可行性研究报告评估
—— 兰州石化分公司1000万吨／年炼油系统改扩建
程预可研报告评估

—— 大连石化分公司加工2000万吨／年俄罗斯原油技
改工程预可研报告评估
—— 大连石化分公司160万吨／年催化柴油加氢精制
装置改造可行性报告评估
—— 大庆油田稳产到2010年可行性调研

期间新增石油储量的分析报告
油田开发的几个关键问题及建议
天然气综合利用问题的建议
期间油气田开发规划的几点建议
量精度的关键
值模拟工作的几点建议
九五”规划和2010年发展纲要咨询调研
—— 大庆油田三次采油加密调整及配套技术调研
—— 长庆气田已探明未动用储量开发潜力、规模及部
署调研
—— 低渗透油田合理井网及开发技术调研
—— 长庆天然气开发30亿立方米产能建设项目后评价
—— 罗家寨气田开发及配套工程项目可研评估
—— 吉林大情子井地区油田开发方案评估

油气开发方案评估
开发方案评估
前景调研及长庆天然气发展预测
加油站建设三年规划评估
资产评估及经济评价报告评估
炼油技改工程可行性研究报告
评估
—— 青海花土沟基地电厂扩建工程可行性研究报告评估
—— 咸阳石油钢管钢绳厂生产线改扩建工程可行性研
究报告评估
—— 大庆油田粉煤灰烧结制品项目可行性研究报告评估
—— 北海—南宁成品油管道工程可行性研究报告评估
—— 南宁砂井成品油油库工程可行性研究报告评估
—— 玉门基地建设可行性

地址：北京市西城区六铺炕　邮　编：100724　电　话：(010) 62094383　传　真：(010) 62095500

中国石油技术开发公司

炼厂

抽油机

ZJ70D 钻机

管线

中国石油技术开发公司（英文缩写 CPTDC）是中国最大的专门从事石油、石化物资装备和技术出口的国际贸易公司，是中油国际工程有限责任公司的全资子公司。

中国石油技术开发公司在全球设立了24个分公司和办事机构，已将产品出口到美洲、中东、亚洲、非洲、欧洲等56个国家和地区，在世界主要产油区建立起了稳定的市场营销网络，年出口额达到3亿美元以上。

中国石油技术开发公司拥有完善的供货资源体系，在国内建立起了有140余家生产厂家为成员的出口网络，并将近千家机械制造企业的产品出口到国外。同时，公司充分发挥技术优势，帮助工厂提高产品质量、改进产品性能和生产工艺，引导工厂走入国际市场。在亚洲、非洲、美洲等地区，公司建立了石油设备生产厂和维修厂，为用户提供更加及时快捷的服务。同时公司还通过开发第三国采购等业务，力求在全球范围内提供满足用户需求的石油物资装备。目前，中国石油技术开发公司出口的产品包括从上游勘探开发到下游炼油化工的各类设备和材料，出口产品中大型成套设备、高附加值、高技术含量产品比重越来越大，改变了中国石油设备在国际市场中的形象。

中国石油技术开发公司以开拓石油物资装备国际市场为己任，以建立大型国际贸易公司为目标，致力于带动和促进更多的国产石油石化技术、产品等进入国际市场，为集团公司实现具有国际竞争力的跨国企业集团目标而努力奋斗！

地址：北京市西城区德胜门东大街 8 号

邮编：100009　电话：84080721

中国石油天然气勘探开发公司

苏丹124区油田中心处理站

CNODC 海外项目分布图

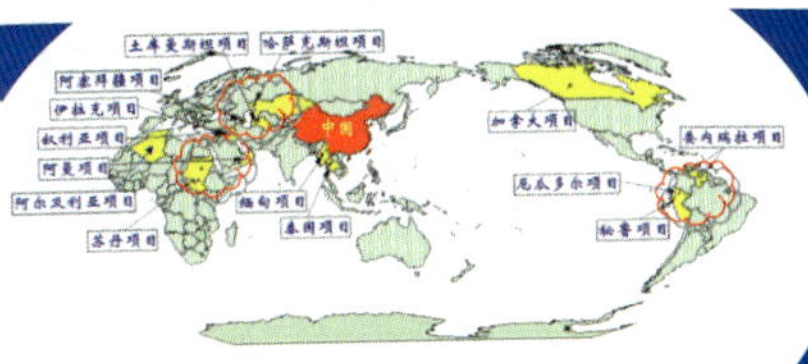

形成三大发展区：中东及北非地区、中亚及俄罗斯地区、南美地区，已签订合同的海外投资项目33个，分布于四大洲14个国家

中国石油天然气集团公司
总经理助理
CNODC 总经理
汪东进

苏丹喀土穆炼油厂全貌

CNPC 在海外首座加油站

委内瑞拉英特甘博油田

中国石油天然气勘探开发公司（CNODC）是中国石油天然气集团公司（CNPC）的全资子公司，按集团公司授权，负责集团公司海外投资项目的管理与运作。公司在国外注册为 CNPC International Ltd.。

公司自组建以来，加快实施“走出去”战略，集中优势力量，大力拓展海外市场。海外业务从无到有、从小到大、由弱变强，国际化经营取得了丰硕成果，并取得了较好的经济效益和社会效益。过去10年中，公司经历了由投入到收获，由单一油气合作开采到油气勘探开发、管道运营、炼油化工和成品油销售的跨越。目前累计签订海外项目合同33个，其中勘探开发项目29个，管道项目2个，炼油、化工项目各1个，项目分布于四大洲14个国家。初步形成了海外石油勘探开发的三大发展区，即中东及北非地区、中亚及俄罗斯地区、南美地区。

截至2002年底，公司拥有海外油田生产项目9个，原油生产能力达到2000万吨/年，天然气生产能力15亿立方米/年；公司拥有炼油能力250万吨/年，聚丙烯生产能力1.5万吨/年，长距离输油管线1954千米；拥有加油站3座，成品油库1座。2002年实现海外业务收入13.4亿美元。

地址：北京市东城区青年湖南街1号　邮编：100011　电话：(010)62096007　传真：(010)62096006

蓬勃发展的华北

局长 张宝庄

党委书记 单祥国

华北石油管理局是一个从事石油工程技术服务、生产服务、机械制造、物业管理、社会服务和多种经营的大型地区性综合服务公司。

华北石油管理局位于河北省境内，邻近北京、天津等城市，京九铁路、106国道从这里穿过，交通便利，具有得天独厚的经济环境和良好的人文社会条件。

华北石油管理局拥有钻井工艺研究院、新技术开发研究所、井下工艺研究所、橡胶制品及防腐技术研究所等技术实力雄厚的科研机构；拥有一支高素质的科技队伍，全局专业技术人员11133名，占员工总数的21.5%，其中具有中级技术职称的5987人，具有高级技术职称的879人；具有强大的技术研究开发实力与技术创新能力。华北石油管理局注重科技人员的培养和新技术的开发应用，充分发挥科技人员的智慧和无限创造力，不断推动企业科技进步，提高各项工程的技术水平。

华北石油管理局在钻井工程、测试、录井、固井、管具、井下作业、油气田地面工程建设、管道建设、机械制造、地热开发、通信、运输、供水供电等方面，具有强大的施工作业、生产服务能力和一流的服务水平，具备各种复杂条件下施工作业的成熟技术和经验，具有独立承担油气田勘探开发、大型油气田地面工程、炼油化工装置、油气储运、长输管道、各类压力容器、工业与民用建筑、电力、通讯、路桥工程建设总承包设计、施工的能力。

近几年，华北石油管理局以先进的技术、良好的装备、优质的服务，大力开拓国内市场，取得了很好的业绩，树立了良好的市场形象。

地　址：河北省任丘市
邮　编：062552
电　话：(0317)2725932
传　真：(0317)2724556

石油管理局

目前，在国内油气勘探开发市场、大型油气管道建设市场和炼油化工
市场，开展工程技术服务的队伍有130个，4800人，形成了一批比较稳固
的施工作业服务区域。在国外市场，有15个钻井队、12个修井队，以及
录井、油田建设等队伍，在9个国家从事工程技术服务。机械加工制造产
品，特别是大口径钢管、新型抽油机等旺销国内市场，进入了国际市场。

华北石油管理局不断加强和创新企业管理，努力使各项管理工作与市
场规范要求和国际通行规则接轨。认真执行ISO 9000质量认证体系，严格
落实质量管理责任制，坚持创优质工程、名牌产品，提供卓越服务。大力
推行HSE管理体系，把健康、安全、环保作为企业生存和可持续发展的
重要条件，在进行每一项施工作业时，不论面对多么复杂的环境，始终坚
持清洁生产、绿色作业，努力追求生产活动与环境的和谐。

华北石油管理局，是一家在不断创新中融入国际、实现超越的企业，
是一家对社会有着高度责任感的企业。

为美国德士古公司煤层气项目作业

北石油管理局办公楼一角

在委内瑞拉修井作业

径钢管生产现场

西气东输施工现场

与时俱进 持续发展的

吉林石油集团有限责任公司

董事长、总经理 何树山

党委书记 单纪宽

吉林石油集团有限责任公司（简称吉林石油集团公司）是中国石油天然气集团公司的直属企业，国有独资有限公司。主要从事石油及天然气地质勘察、钻井、录井、测井、试油、井下作业、科研设计、油建施工、工程监理、机械制造、汽车运输、发供电、物资供应、物业、通信、教育文化、医疗卫生等业务。

2002年，吉林石油集团公司职工总数37744人，其中各类技术人员11127人。公司拥有专业设备6521台。总资产72亿元，固定资产原值60亿元，净值43亿元，全年实现主营业务收入33.29亿元，实现利润3529万元。

2002年，吉林石油集团公司认真贯彻落实党的十六大和中国石油天然气集团公司工作会议精神，干部、工人团结奋斗，顽强拼搏，扭亏脱困取得重大进展，经营管理全面加强，内外市场开拓实现历史性突破，技术创新成果显著，主营业务竞争力明显提高，教育、卫生事业健康发展，企业改革发展稳定，呈现出与时俱进的崭新局面。石油工程技术服务从双赢互利、共谋发展大局出发，团结协作，密切配合，为公司全年新增地质储量1.5亿吨，生产石油455万吨，登上历史新台阶提供了有力的支持和坚强的保障。房建工程完成19.49万平方米，较好地实现“双百”目标；热电联供工程全面建成投产，全年累计发电50497万千瓦·时，供热量349.7万吉焦，创利润557万元；低产低效油气合作开发项目建产能2.91万吨，生产原油21591吨，销售收入3499万元；长春白水泥厂资产盘活项目、二氧化碳资源开发项目、矿泉水项目、压缩天然气等项目取得了较好的经济效益。实施“走出去”战略成果显著，全年实现收入3.49亿元，其中，国际市场创收3989万元；实施科研攻关项目82项，投入科研经费2000万元，创产值4500万元；基础管理扎实，全年签订各类合同6128份，200个石油工程技术服务队伍获得甲乙级资质认证；设备新度系数比上年提高0.02；HSE管理体系全面实施，事故率同比下降了33%。

2002年，吉林石油集团公司精神文明建设又有新进展，党的建设和思想政治工作扎实有效，导向有力，公司党委被吉林省委、省政府评为2002年度思想政治工作标兵单位，公司被中华全国总工会授予全国送温暖工程先进单位称号。

吉林省委书记王云坤在吉林石油集团公司汽修厂就国有企业改制工作进行调研

中国石油集团公司副总经理苏树林在吉林油田勘探新区进行调研

公司所属综合服务单位以质量求生存，以诚信求发展，并从保护环境，减少污染等方面做起，高质量，严要求，提高了优质井率，为创建绿色作业队打牢了基础

公司实施“走出去”战略，GW56钻井队首次中标苏丹3/7区块试油钻井项目，全年创汇464万美元，被甲方树为一流钻井队，谱写了吉林石油钻井发展史上的新篇章

公司所属企业按甲方要求，采用钻井新技术在新区进行钻井作业

公司地址：吉林省松原市锦江大街29号　邮　编：138000　电　话：（0438）6224561　传　真：（0438）6224140

新疆石油管理局

新疆石油管理局成立于1950年，是隶属中国石油天然气集团公司的特大型企业。1999年9月重组后，新疆石油管理局主要从事石油及天然气的钻井、录井、测井、试油、井下作业等钻采工程技术服务与工程建设施工、机械制造、公路运输、发供电、供排水、通讯等业务。其欠平衡钻井技术，定向井、水平井轨迹控制技术，事故处理技术，高地应力区钻井复杂情况预测与处理技术，常规测井成像测井技术，地层除砂监测与地面除砂技术，已达到国际先进水平。新疆石油管理局拥有主要专业技术设备5000多台（套），各种石油工程技术队伍309个，技术和装备水平位居全国前列，是中国西部实力较强的大型石油技术服务企业。2001年，新疆石油管理局获得全国五一劳动奖状。

伴随油田的发展，新疆石油管理局的综合实力不断得到提升。2002年末，新疆石油管理局拥有资产总额140.17亿元，其中固定资产原值90.61亿元，净值57.46亿元。2002年实现总收入62.9亿元，实现企业增加值30亿元。职工56233人，其中各类专业技术人员20563人，具有高级专业技术职务的1158人。

国家西部大开发战略的实施和西气东输工程的建设，给西部石油工业加快发展带来了千载难逢的历史机遇。新疆石油管理局将紧紧抓住这一机遇，奋发图强，开拓创新，发展成为具有“强、精、特”特色的现代企业。

克拉玛依市市长、新疆石油管理局局长　唐健

新疆局钻井公司在新疆油田重点产能建设区块八区连创佳绩

地址：新疆克拉玛依市友谊路98号　　**邮编：834000**
电话：(0990) 6882592　　**传真：(0990) 6887173　6888088**

疆石油工程建设有限责任公司承建的百万吨级沙漠整装田——石西油田集中处理站工程荣获中国建筑工程鲁班(这是该公司第二次荣获鲁班奖)

新疆石油人经过40多年的艰苦奋斗，在昔日没有草，没有水，连鸟儿也不飞的戈壁荒漠上建成了一座现代化的石油城——克拉玛依

新疆油建在承建的西气东输3标段A段上，全自动焊4A机组连续1205道口无返修，创造了西气东输自开工以来全自动焊机组焊接质量连续无返修的最高纪录

中国石油集团东方地球

■ 董事长王小牧（左一）在尼日利亚调研

■ 中国石油天然气集团公司总经理助理，BGP总经理徐文荣（左三）在海外油公司访问

中国石油集团东方地球物理勘探有限责任公司（简称东方地球物理公司，英文名称BGP），注册资本47.71亿元人民币，注册地点在河北省涿州市。

公司主要业务包括物探业务、公共事业、多元开发和旅游接待四大板块。物探主业板块包括物探采集、资料处理、解释及综合研究。物探采集共有地震作业队伍94支，VSP队7支，综合物化探队17支。2003年，其作业工区覆盖国内13个省区、14个油田，有34支队伍在海外17个国家作业。

公司总体目标是：建设具有强大核心竞争力的国际一流地球物理服务公司。到2005年，主营业务年收入达到50亿元，非主营业务年收入达到7～8亿元；综合实力位居全球物探公司前三位，陆地勘探保持全球第一位，形成与西方最大两家物探公司三足鼎立、同台竞争的新格局。

公司发展战略是实现全球化、数字化、一体化，立足全球市场，面向全球服务。公司将以一流的技术、一流的人才、一流的管理、一流的环境、一流的发展战略和一流的企业文化，努力创建国际一流地球物理公司。充分发挥集团公司找油找气战略部队和海外业务先行官两个作用，真正成为集团公司提升国际竞争力的排头兵。

公司将秉承诚信、业绩、创新、和谐的价值观，以高新技术降低勘探风险为使命，以艰苦奋斗共创光明与未来，不断拓展全球勘探业务，力争成为国际地球物理勘探领导型企业。

■ 国内作业队伍分布图

■ 海外作业队伍分布图

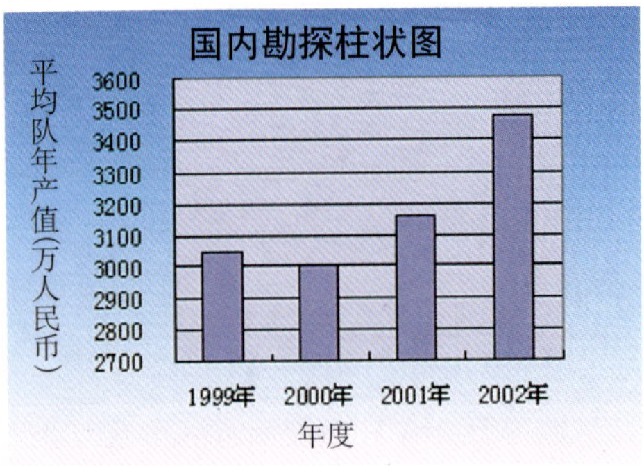

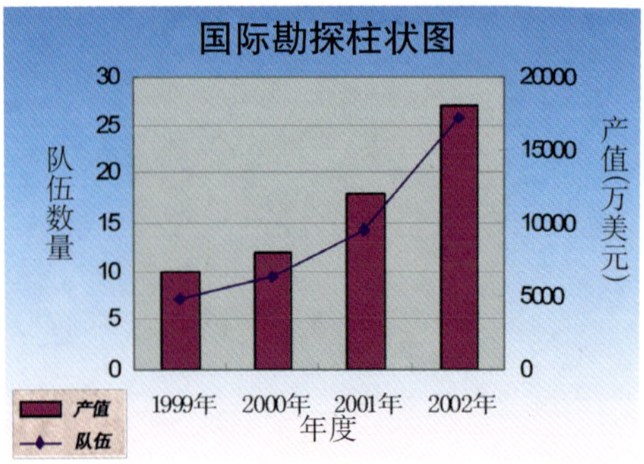

青海石油管理局

党政领导班子成员

青海石油管理局隶属于中国石油天然气集团公司，是以石油天然气勘探开发工程、技术服务为主，多种产业结构并存、多种所有制共同发展的企业法人，主要生产工作区域位于素有“聚宝盆”之称的青海柴达木盆地。局机关在甘肃省敦煌市，企业注册在青海省。全局共有职工14725人，专业技术人员3637人，其中高级技术职称150人；高级技师22人，技师347人。拥有固定资产原值24.44亿元，净值15.41亿元。主要经营范围有石油天然气钻井、固井、试油、井下作业、泥浆及化工原料研制、销售；建筑安装、油田建设、规划咨询、勘察测量、工程设计、工程总承包、工程监理、特种工程施工；机电设备制造、加工、修理；社区物业管理，旅游服务，多种经营等相关服务。目前已有14个单位通过了ISO 9000系列质量认证，5个单位通过HSE(QHSE)认证，1个单位通过了ISO 14001环保管理体系认证。已取得国家化工石油设备管道安装工程专业承包一级、管道工程专业承包一级、防腐保温工程专业承包二级、送变电工程专业承包三级；石油化工管道安装二级总包资质。我们愿与中外企业合作，为中国石油工业的发展做出更大贡献。

青海石油管理局在阿吉普反承包项目中，严格履行合同规定，高质量地完成了钻前和钻井项目的合同作业任务，受到了意大利阿吉普公司“三个没有想到”的好评。图为在阿吉普反承包钻井项目中，矗立在涩北区块盐湖区的70D新型钻机

青海石油管理局井筒工程公司钻井职工在海拔3000多米的柴达木盆地狮子沟油田施工作业

青海石油管理局井筒工程公司井下作业队伍努力打造“青海井下”品牌，获得了“玉门有铁人，青海有铁军”的美誉。图为井下作业队伍不畏脏累，为业主认真修井的一个镜头

地址：甘肃省敦煌市七里镇　　邮编：736202　　电话：(0937)8920971　　传真：(0937)89343

塔里木石油化工 工程建设指挥部

塔里木石油化工工程建设指挥部（以下简称塔石化）在册职工380人，向外借聘35人，其中大学本科学历115人，大专105人，中专67人，高中以下94人。

塔石化已建成常减压、催化裂化、聚丙烯、精制双脱等生产装置以及与化工、化肥项目配套的水、电、汽、风、储运、铁路等公用系统，已具备发电、炼油生产条件。

1998年，中国石油天然气集团公司决定塔石化暂缓开工，至此塔石化由工程建设阶段转入看厂护厂和设备维护阶段。目前，塔石化的主要工作是：一、认真完成中国石油天然气集团公司交给的“三大任务”，即看厂护厂和设备维护保养、争取电站发电和创收争效、带好职工队伍；二、全力以赴做好稠油加工方案的论证工作。

集团公司咨询中心门存贵带领由10名专家组成的塔里木稠油处理调研组到塔石化进行现场调研

地址：新疆库尔勒市132信箱
邮编：841000
电话：(0996)2132185
传真：(0996)2132888

蒸馏车间职工精心做好常减压装置设备的维护保养工作

塔石化办公楼及主要装置概貌

塔石化厂前区绿化概况

中国石油天然气管道第三工程公司

塑造国内名牌队伍 打造国际精品工程

中国石油天然气管道第三工程公司力展中国管道主力军风采

中国石油天然气管道第三工程公司，1971年创建于大庆油田。承担各类化工、石油装置及配套工程，以长输管道建设、大型金属油罐安装、大型河流穿越、电力通讯自动化仪表安装为主的施工企业，为2001年度全国优秀施工企业。

公司拥有固定资产近2亿元，职工1500人，工程师(经济师)以上专业技术干部159人，现代化施工机具近2000台(套)，具有年建设输油气管线（以ϕ529毫米为例）800千米以及相应配套工程的施工能力。多年来，公司施工足迹遍布全国27个省、市、自治区、香港特别行政区，以及科威特、突尼斯、苏丹、利比亚等国家。公司先后建成国内外长距离输油（气）管道60多条，累计长度近6000千米。建成输油气泵站90座。

公司先后5次成功地举办高水平、全景式国家重点工程施工演示会。为集团公司总经理马富才等领导同志专门进行焊接演示，显示出管道建设主力军队伍的实力和风采。

在国内同行业率先实现手工下向焊、半自动焊、全自动焊三大突破。突尼斯、陕京线、苏丹等参建工程被中国工程建设焊接协会评为全国优秀焊接工程。

1985年以来，公司开创国内建罐先例，在秦皇岛建成7座国内大型的10万立方米金属浮顶油罐。2003年公司又以高质量、高速度70天完成两座10万立方米储油罐。

2002年钱塘江穿越，创造出2308米穿越纪录，特别是在西气东输淮河穿越中，创造出大口径、长距离、大壁厚、综合难度等国内外纪录，被荣誉为“西气东输第一穿”。之后公司又承担了西气东输黄河主河槽穿越任务并取得西气东输黄河滩地连续穿越阶段性胜利。公司穿越国内外大中型河流50余条，创造出13项国内外穿越纪录。

2001年，公司在西气东输新疆一标段率先打火开焊，西气东输管道工程第一道焊口诞生。公司在西气东输工程中共承担了一、二、五、六标段350千米施工任务。2003年1月，公司被集团公司授予西气东输优秀承包商荣誉称号。

公司先后涌现出全国劳动模范韩春生、陈兵剑，全国五一劳动奖章获得者张吉海等多个先进英模代表和科技带头人。

公司经理　陈兵剑

地址：河南省中牟县
邮编：451450
电话：(0371)2152369
传真：(0371)2150033

金属油罐全貌

全自动焊施工现场

半自动焊施工现场

中国石油天然气集团公司

管材研究所（TGRC）

中国石油天然气集团公司管材研究所（TGRC，以下简称管材研究所），是中国石油天然气集团公司(CNPC)直属科研机构，是集团公司和整个石油行业在石油管材工程技术领域惟一的技术中心与核心科研机构。

定位和发展方向：围绕石油工业用管及相关产品等专业技术领域，以市场为导向，面向油田和生产厂，开展应用基础研究，开发新技术、新产品、新工艺，逐步形成一批具有自主知识产权和广阔市场前景的核心技术。加强技术监督、工程监理、现场检验，确立公正独立的第三方权威地位。通过产业化发展，实现效益的高速增长。

具有12项资质，在石油管材领域发挥着举足轻重的作用。国家石油管材认可实验室、国家进出口商品检验石油管材认可实验室、国家安全生产监督安全评价机构、石油工业专用管材质量监督检验中心、石油工业专用螺纹量规计量站、石油工业标准化技术委员会石油管材专标委秘书处、CNPC石油管材力学和环境行为重点实验室、CNPC石油管道与重大装备劳动安全卫生评价中心、CNPC无损检测人员资格考核和发证机构、中国科协失效分析和预防中心石油管材与装备分中心、美国石油学会（API）第一委员会委员单位、国际标准化组织ISO/TC67/SC5中方技术归口单位。

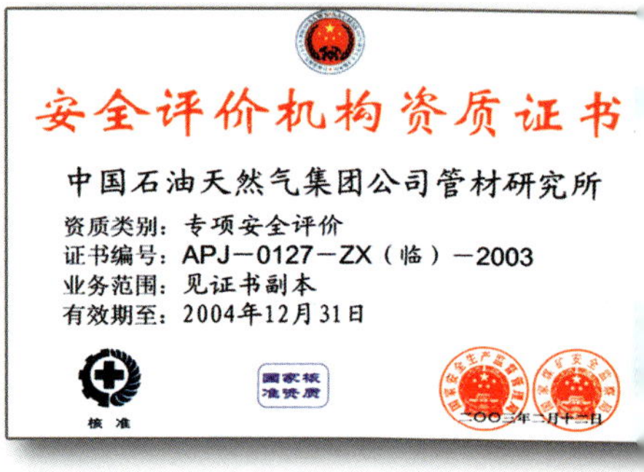

共完成国家和部、省级科研项目100多项。国家科技奖励10项，部、省级科技奖励30项（次），被美国石油学会采纳修改API标准成果6项。

完成质量监督项目近3000项，失效分析项目近900项（重大失效分析项目100多项，如1990年黄岛油库爆炸事故分析和1998年西安煤气储罐泄漏爆炸事故分析等），揭示并解决了一大批石油工业的重大技术问题和产品质量问题，大大提高了进入油田管材的安全可靠性和使用寿命。

完成了30余条油气长输管线和16个城市天然气管网用钢管的驻厂监造，涉及国内厂家19家，国外10家，累计监造钢管近200万吨，总长度约5000多千米。

完成了14条在役长输管线的安全评价，在保证安全的前提下降低了建设费用和维修费用。

近年来，针对以"西气东输"为代表的油气长输管线用钢管开展了卓有成效的工作，使我国油气输送管的国产化率由1990年前的10%上升到2003年的85%，有效地促进了石油管材的国产化进程和国产管材质量的提高，大大降低了石油工业的采购成本，取得了显著的经济效益和社会效益。

管材研究所人员精干，设备精良。现有从业人员300多人，有中国工程院院士1人，国家及部省级有突出贡献专家5人，教授级高工和高级工程师42人，博士12人，40岁以下的中青年技术人员中，硕士占80%。拥有从国外引进的先进仪器设备260多台(套)，其中石油管材全尺寸模拟试验系统、高温高压腐蚀试验系统和螺纹量规检定系统等具有国际先进水平。

国际影响日益增强，同美、日、俄、阿根廷等15个国家的20多个机构建立了广泛的技术交流与科技合作关系。

经过不懈的努力，管材研究所在石油管材方面已形成多项专有科学技术，在技术开发和服务中具有突出的优势，已成为国内外有影响的石油管工程研究基地及质量检测、认证和仲裁中心。依靠HSE和ISO 9000管理体系以及技术精湛、装备精良、人员精干的服务队伍，利用核心技术，打造出了具有市场影响力的TGRC品牌，在竞争激烈的国内国际市场上赢得了一席之地。在创造出了良好的经济效益的同时，也取得了显著的社会效益，被陕西省科技工委评为先进党组织，并荣获了西安市文明单位称号。

工作宗旨：产业为标、科技为本、服务为魂、油田为根
发展目标：国内一流、国际知名、实力雄厚、不可替代
企业精神：以人为本、求实创新、诚实守信、和谐自尊

地址：陕西省西安市电子二路32号
邮编：710065
电话：(029) 8726100 8218144
传真：(029) 8223416
电子邮件：Bangs@tgrc.org
网址：www.tgrc.org

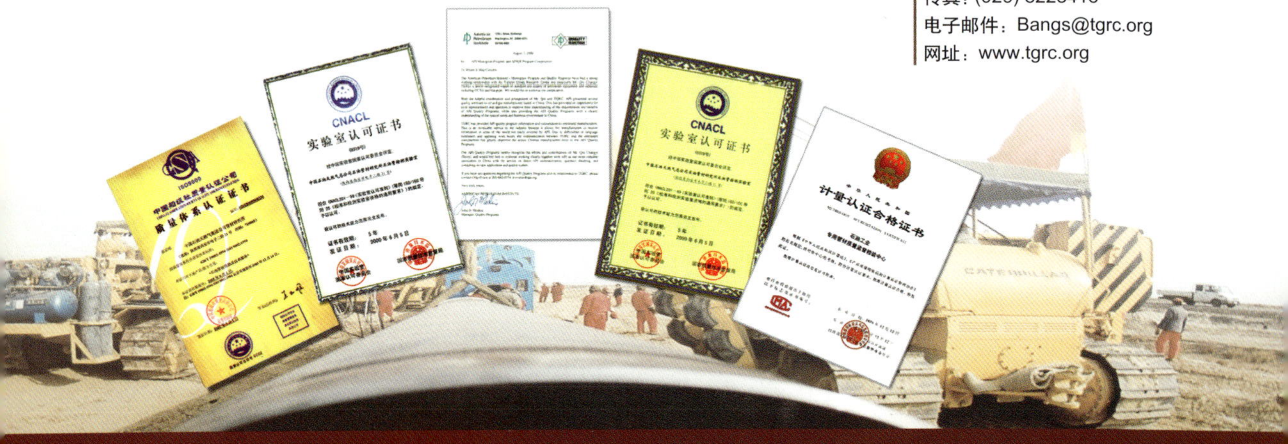

中国石油锦州石

总经理 陈青松

党委书记 赵增和

中国石油锦州石油化工公司是隶属于中国石油天然气集团公司的特大型国有企业，始建于1937年，是利用丰富的阜新煤源，采用德国费托法专利技术建设，当代东方惟一以水煤气为原料的常压钴剂合成油工厂。20世纪50年代初成功炼制出新中国第一滴人造石油。20世纪60年代由于煤炼油装置的停产，在生产转换和结构调整中走上了以炼厂气综合利用为主体的科技进步之路。先后开发生产出各类溶剂油、润滑油添加剂、异丙醇、顺丁橡胶等石化产品，成为我国顺丁橡胶成套生产技术诞生地和润滑油添加剂的科研生产基地。20世纪60年代后期随着大庆、辽河油田的开发投产，企业开始炼制天然原油，经过“六五”至“九五”20多年的发展建设，形成了以天然原油加工优质高档车用燃料油；以轻油液化气为原料生产芳烃、溶剂油、异丙醇、正丙醇、环丁砜、偏三甲苯、均三甲苯，异丙醚、顺丁橡胶、稀土橡胶、聚丙烯及各种润滑油添加剂产品；以渣油深加工生产石油焦、针状焦、煅烧焦等油头化尾、深度加工、综合利用的优化生产格局。

重组后锦州石油化工公司业务范围涉及发电、供电、供热、建筑施工、石油化工装置维检修、油品储运、液化气储运经销、化工延伸加工、机械制造等。锦州石化工程公司拥有化工石油工程施工总承包一级资质和两个专业承包一级资质、GAI级（长输管道）、GCI级（工业管道）的安装资格证书。工程监理公司拥有化工石油工程甲级、房屋建筑工程甲级等监理资质。设计院拥有国家建设部颁发的有机化工工程等四个项目和石油天然气行业中的油气库工程类型的甲级资质证书和压力管道资质证书。

公司所属兴海油港分公司位于辽宁省锦州市经济技术开发区金殿山北坡，南靠渤海与锦州港相毗邻，北邻京沈高速公路，占地65万平方米，油品仓储容量45万立方米（其中成品油仓储能力18万立方米，原油仓储能力22万立方米，石油焦仓储能力5万立方米），油品年周转能力600万吨。具备重油和成品油栈桥各一座，

文化广场

化工公司

重油汽车栈桥1座，集海路、公路、铁路运输于一体，是以仓储原油、成品油、石油焦为主，仓储其他物资为辅的仓储企业，国家仓储集散地。经过多年的悉心经营，已经逐步发展成为辽西地区乃至环渤海经济圈中油品库容规模大、吞吐能力强、设备先进、配套设施完善的油品储运基地。在国内油库、油港中具有很强的实力，在锦州经济技术开发区发展中占举足轻重的地位。

公司所属液化气分公司拥有年周转液化气10万吨的球罐及配套的全长45千米管输系统和轮船、汽车、火车装卸设施。

总投资6亿多元的“十五”规划重点建设项目“煤代油”热电厂2003年开工建设。本项目拟安装3×220t/hCFB锅炉和2×25兆瓦发电机组。年发电量44200×10^4千瓦·时/年；产汽量440×10^4吨/年(3.5兆帕)。

公司拥有40多套化工生产装置，产品全部按照国际标准组织生产，市场信誉及品牌效益逐年提高。5000吨/年环丁砜是目前国内大型的工业生产装置，在与国外大公司激烈竞争的形势下，国内市场占有率一直保持在87%以上；500吨/年正丙醇装置是目前国内惟一的正丙醇工业化生产装置，该产品倍受国内外客户的青睐；国内首创并拥有专利的处理延迟焦化污油的4万吨/年焦化污油装置，使国内环保处理焦化污油技术上了一个新台阶，为国家环保事业作出了贡献；4.5万吨/年重芳烃装置生产的偏三甲苯、均三甲苯产品质量达到国际先进水平，除内销外，还出口北美、西欧、俄罗斯及东南亚等地，并成为BP公司主要供应商之一。

兴海油港分公司

公司共有专业技术干部1620人，其中：高级专业技术干部137人；中级专业技术干部719人，初级专业技术干部764人。

2003年，锦州石油化工公司提出了“以发展为第一要务”的发展战略方针，制定了“二三八”奋斗目标。锦州石油化工公司的前途充满光明。

地址：辽宁省锦州市古塔区重庆路1段2号

邮编：121001

电话：86(416)4156818

传真：86(416)4156363

4.5万吨/年重芳烃装置

体育馆

兴城疗养院

独山子石化总厂

独山子是我国石油工业的发祥地之一。独山子石化总厂（以下简称总厂）的前身为独山子炼油厂，已有近百年的石油开发史和67年的石油加工史。

重组改制后，独山子石化总厂经过3年多的内部整合和产业结构调整，企业步入良性循环，连续3年实现盈利，经受住了市场的考验。

总厂现有资产27.4亿元，员工近万人。管理先进，在同行业中率先通过了ISO 9001、ISO 14001和QHSE体系认证；物资供应实力雄厚，吞吐量大；公路运输、机械加工设备先进，拥有各类运输、加工设备300多台(套)，其中进口设备占75%；水资源丰富，有4个水源地，年供水量达1亿立方米；交通便捷，国道312线与217线在此交汇，与乌奎高速公路的终点连接，欧亚大陆桥横贯厂区北缘；环境优美，绿化覆盖率达到36.85%。

全国首家社区电子图书馆（独山子在线网络文化传播中心）

总厂以炼化工程技术服务为主导产业，具有国家石油化工一级施工企业、国家监理资质、炼油化工乙级规模工程设计和一、二、三类压力容器设计、制造资质。曾先后承担乌鲁木齐石化总厂、青海格尔木炼油厂、独山子乙烯工程、苏丹喀士穆炼油厂等近百套炼化装置及配套工程的设计、施工、监理工作；设计项目曾获国家优质工程设计奖2项、部级3项。

环境优美、设施完善的居民小区

由总厂控股的天利高新股份有限公司一直保持高成长性。天利高新2000年12月25日在上海证交所挂牌上市，填补了上市公司新疆板块中高新技术和石油化工两项空白。公司立足石化，发展精细化工，建成了全国大型的甲乙酮厂和西北大型的无纺布生产基地。

总厂十分重视企业文化建设，坚持以人为本，打造一流的环境、一流的文化，使这家在戈壁滩上建起的西部大型国有企业，拥有了可持续发展的文化底蕴。

总厂曾两次荣获全国五一劳动奖状，再次荣获全国质量效益先进企业，获得过全国设备管理优秀单位，全国节能先进单位，中国人居环境范例奖，全国绿化四百佳，石化行业安全生产先进单位，自治区重合同、守信用企业，自治区文明单位等多项荣誉称号。

独山子炼建集团公司在吊装乙烯球罐

地　址：新疆独山子　　邮　编：833600

电　话：(0992)3871037　　传　真：(0992)3871033　　Email:zc_xcb@dszsh.com.cn

独山子石化公司

炼油装置

独山子石化公司位于新疆独山子，有着近百年的石油开发史和67年的石油加工史，是中国西部集炼油、化工为一体的重要的石油化工基地，在全国大型企业排序中位列第87位。

公司有58套生产和辅助生产装置，固定资产109.6亿元，员工5792人，各类技术人员近4000人，年销售收入100亿元。具备600万吨／年原油一次加工能力和22万吨／年乙烯生产能力。可生产21个系列350多种石化产品。独家研发的内河远洋船用系列油替代进口，推进了船舶用油国产化进程，并成为海军引进舰艇专用油。全封闭冷冻机油填补了国内空白，并获得意大利、日本等压缩机厂商质量认可。天山牌、雄鹰牌炼化产品，占据了95%以上的新疆市场，并带动了西北塑料业的发展。

物料储罐

全面通过ISO 9001、ISO 14001、HSE和健康安全环境管理体系认证。两次荣获全国五一劳动奖状，三次被评为全国质量效益型企业和设备管理国优单位。

“十五”期间，独山子石化公司将积极顺应国家西部大开发的要求，按照中国石油天然气股份有限公司的统一规划，充分利用临近中亚的优势，实施“面向中亚，两头在外”发展战略，加快炼油配套和乙烯扩建，努力建设国内领先，西部一流的大型石化企业。

业余文化活动丰富多采

化工生产区

地　址：新疆独山子　　邮　编：833600

电　话：(0992)3863399　　传　真：(0992)3860758　　网　址：10.130.88.200

宝鸡石油机械有限责任公司

总经理 张冠军

宝鸡石油机械有限责任公司是中国石油集团所属规模最大的石油机械制造商，高新技术企业。

公司主营业务属当前国家重点鼓励发展产业项目，主要设计、制造适应各种工况的陆地和海洋钻机、井架、底座、F系列泥浆泵、井口装置、防喷器、地层测试器、螺纹量规等各类各种石油钻采设备及配件，8大类58项产品获美国石油学会API会标使用权，是世界上获API授权产品最多的企业之一。

马富才总经理来公司视察工作

宝石机械是国家一级计量单位，陕西省制造业信息化工程示范企业，通过了2000版ISO 9001质量体系和ISO 14001环境管理体系国际认证，是目前国内同行业认证最全的企业。

宝石牌产品，以其先进的技术、优良的品质、良好的信誉在国内优势明显，同时，出口美国、加拿大、中东等20余个国家和地区，在国际市场享有良好的声誉。

公司生产的F-1300泥浆泵

地　址：陕西省宝鸡市东风路2号
邮　编：721002
电　话：(0917)3215599
传　真：(0917)3213839
网　址：www.bomco.com.cn

中国石油

宁夏化工厂安装检修公司

公司总经理 崔良明

公司保运的一化肥装置

中国石油宁夏化工厂安装检修公司组建于1994年，是隶属于中国石油宁夏化工厂的独立法人的国有企业。

公司下设石化维修公司、安装制造公司、机械加工厂、大件起运公司、密封件加工厂、培训中心和工贸公司。现有员工589人，各类技术人员132人。固定资产2431万元。施工机具有300多台（套），总功率10862千瓦，厂房总面积12283立方米。

公司正依靠技术、人才、管理的优势，向着集约化、规模化、专业化、社会化的道路前进。公司以一流的技术、一流的管理、一流的服务，全方位地开拓市场、服务社会。

施工现场一角

施工现场一角

200吨合成塔吊运施工现场

压缩机检修

公司承建的1万立方米渣油罐施工现场

地址：宁夏银川市西夏区北京西路1338号

邮编：750026

电话：（0951）2974120　　2972416

传真：（0951）2972678

TETC

塔里木石油勘探开发指挥部

工程技术服务公司

公司经理兼党委书记　骆发前

塔里木石油勘探开发指挥部工程技术服务公司是一家主要为油田钻井、试油、修井提供钻具、工具、井控设备的租赁、检测、维修以及欠平衡装备和技术、井控抢险、泥浆技术、机械加工、油套管修复等业务的专业化服务公司。公司拥有资产约6亿多元，可同时为60口6000米以上超深井提供钻具、工具和井控装备的物资保障及相关技术服务。拥有先进的气密封试压、机械加工、无损检测设备，拥有一支高素质员工队伍和钻井、泥浆、井控专家队伍。经过多年的技术积累，形成了深井超深井钻井技术、欠平衡技术、深井超深井泥浆工艺等一批塔里木特色技术，为公司各项业务的开展提供强有力的技术支持。

公司牢固树立团结、敬业、优质、高效的企业精神和以优质服务求生存、以科技创新求发展的经营理念，始终坚持质量第一，用户至上的服务宗旨，坚持技术营销、质量营销、品牌营销策略，积极打造“TETC”品牌，建立和完善质量保证体系，通过了ISO9001—2000质量管理体系和HSE/OHS管理体系认证标准，公司的产品质量和服务质量不断提高，产品合格率为100%，用户满意率为96%。

近年来，公司面对激烈的市场竞争，不断深化内部改革，积极调整产业结构，狠抓科技创新，加大先进装备的引进，加强内部管理，注重企业文化建设，

料区

公司核心竞争力逐步增强，市场份额稳步扩大。公司在为塔里木油田提供全面服务的同时，还先后为中国石化西北局、青海油田、吐哈油田、玉门油田、海洋石油提供了设备租赁及专业技术服务。2002年，公司优质高效地保障了塔里木油田86口完井、39万米钻井进尺的生产任务，全年人均产值百万元，创出了优异的业绩，获中国石油天然气集团公司井控安全先进单位；获塔里木油田安全、环保先进单位。

自动检测

地址：新疆库尔勒市93号信箱
电话：(0996)2179060
传真：(0996)2179283
邮编：841000

Adress：Post Box No.93,Kuerle City ,Xinjiang
Telephone：(0996)2179060
Fax：(0996)2179283
Post code：841000

技术探讨

放喷管线

井控设备

重庆石油高等专科学校

重庆石油高等专科学校是一所以工科为主，兼容经济、管理、人文社会科学等多种应用技术学科的全国示范性高等工程专科重点建设学校。学校始建于1951年，校本部占地面积365亩，校内建筑面积18.9万平方米，固定资产1.4亿元，图书馆藏书33万册，教学仪器设备总值2500万元。

学校设有石油工程系、机电工程系、建筑工程系、工商管理系等8个教学系部，开设27个专业。其中，油气开采、石油钻井技术、应用会计、汽车应用技术等4个专业为全国高工专示范专业。拥有重庆国际商务中心、长城井控培训中心、西南天然气汽车技术培训中心等一批在地方和行业享有较高声誉的职业培训和职业技能鉴定中心。学校面向全国招生，目前有在校生近6000人，函授生1300多人，本科生325人。

学校先后被重庆市委、市政府和中国石油天然气集团公司等授予重庆文明单位五十佳、石油教育先进集体、重庆市文明学校、重庆市园林单位、职业技术教育先进单位、毕业生就业先进集体等荣誉称号。

校园新貌

校园设施

文化交流

培训中心

学校地址：重庆市渝中区大坪石油路一号　　邮　　编：400042
电　　话：(023)69092006　　传　　真：(023)68573944

华油职业技术学院

党委书记 王建华

院长 王义宁

校园一角

华油职业技术学院是经河北省人民政府批准，教育部备案的普通高等学院，是由华北石油财经学校、华北石油卫生学校与华北石油教育学院合并组建而成。

学院位于北京南国有特大型企业华北油田所在地，地处京、津腹地，毗邻驰名中外的“华北明珠”白洋淀。纵贯南北的交通大动脉京九铁路和京开公路(国道106线)从本市通过，交通极为便利。

学院设综合、师范、医学和成人教育4个校区。全日制在校学生8349名，函授生6100名。综合校区以财经、机电、计算机、石油工程类和体育等专业为主；师范校区以本、专科师范类专业为主；医学校区以医学类专业为主；成人教育校区以在职培训为主。现设有文科、理科、工科、师范、医学、艺术等多门类共33个专科专业。主要包括：汉语言文学教育、历史学教育、英语教育、政治法律教育、综合文科教育、教育学、心理学、数学教育、信息与多媒体技术、综合理科教育、音乐教育、体育教育、美术教育、电脑艺术设计、涉外经济与法律、文秘与办公自动化、法律、会计电算化、涉外会计、计算机应用与维护、商务英语、市场营销、旅游与酒店管理、电气工程及自动化、机械设计制造及其自动化、多媒体与网络技术、临床医学、医学影像学、医学检验、药学、高级护理学、涉外护理等。

学院占地总面积1041亩，校舍建筑面积27.7万平方米，教学仪器设备原值1.01亿元，图书总量51万册。学院拥有校园网、远程教育网络系统、电视教学系统，建有多媒体网络教室、语言教室、微格教室等现代化教育教学设施，建有满足教学实践需要的标准实验室、实习工厂、实训基地等。学院现有专任教师528名，其中教授、副教授136名，讲师320名，并外聘有丰富实践经验和高等技术的兼职教师40多名。

学院按照培养“宽口径、厚基础、强能力、高素质”人才的总体要求，以培养学生创新精神和实践能力为核心，坚持知识、能力、素质协调发展和综合提高的原则，着力培养能从事本专业实际工作、应用研究、教学或相关工作的高级人才。学院与北京大学、石油大学、河北大学、长江大学等13所高等院校联合办学，为学生成才创造了条件。20多年来，为石油系统和社会各界培养人才数万人，毕业生分布在全国30个省、市、自治区，以文化素质高、实践能力强、思想作风过硬而深受用人单位欢迎。

地址：河北省任丘市华油职业技术学院　　邮编：062552
电话：(0317)2765345　2221674　2764046　　Email：wlgl_zx@petro-hb.com.cn

石油物探学校

校长　纪凤岐

石油物探学校是东方地球物理公司直属学校，是国家重点中专学校。学校始建于1978年，坐落在古称“天下第一州”的河北省涿州市，北距北京60千米。

石油物探学校全日制普通中专共设有计算机及应用、工程测量等19个专业，同时设有全日制3+2大专四个专业。学校面向石油和地方开办各类职业培训、岗位培训和各等级职业技能证书的取证业务。

学校占地面积10.84万平方米。学校主要建筑有教学楼、实验楼、办公楼、图书馆、阶梯教室、多功能厅、宾馆、学生公寓楼、标准绿茵足球场和游泳池等。学校拥有计算机网络等实验室17个，拥有校园网络系统和多媒体教室等现代化的教学设施。各类设备固定资产8253万元。学校图书馆藏书27.77万册。校园环境优美，被授予涿州市花园式单位称号。

石油物探学校自建校以来，已为国家培养了近万名合格的毕业生，赢得了“物探小黄埔”的美誉。学校历届毕业生都有极好的社会信誉。大批学生被北京中关村高科技园区、北京中建一局二公司、北京中建一局三公司、北京中建一局四公司、海尔和ＬＧ等公司录用。另外，学校与东方地球物理公司人才交流中心和其他众多单位建立了人才供应网络，沟通了人才流通渠道，对各个专业的毕业生负责就业推荐工作。

校址：河北省涿州市涿固路42号
电话：(0312) 3826729　3826831
传真：(0312) 3826833
网址：www.pgpc.org.cn

教学楼

计算机房

多功能语言室

长庆石油勘探局
机械制造总厂

复合平衡抽油机

长庆石油勘探局机械制造总厂是制造天然气设备、油气炼化设备、石油钻采设备及配件的专业厂家，是中国石油天然气集团公司三抽设备、钻采配件一级网络企业和出口网络企业，是国家中西部重要的天然气设备、固控设备、井下工具、三抽设备生产基地，是中国石油能源一号网的电子采购会员，率先通过ISO 9001质量体系认证和ISO 14001环境管理体系认证。

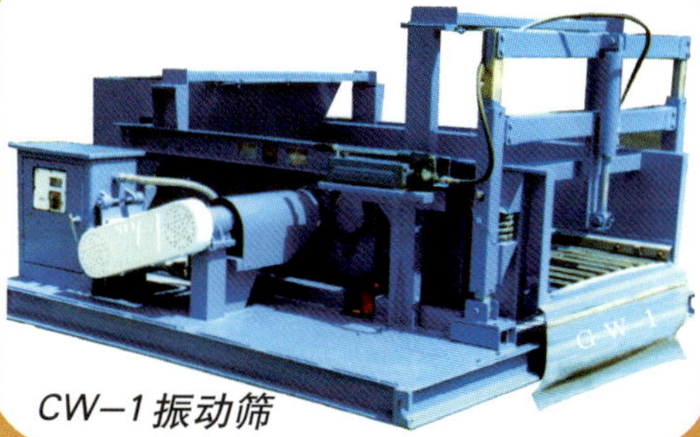
CW—1振动筛

主要产品及业务已形成抽油机、抽油泵、抽油杆、天然气设备、钻机修造、固控设备、钻井液管汇、井口装置、井下工具等九大系列，年销售收入3亿元以上，下设西安长庆石油天然气设备制造有限责任公司、宁夏长庆抽油杆制造有限责任公司、抽油机制造分厂、减速器制造分厂、铸锻车间等单位，主要生产基地形成三个中心，分布于甘肃庆阳、陕西西安、宁夏银川。

抽油泵

钻井液管汇曾获省优产品、国家银质奖和全国用户满意产品称号，固控设备曾获国家新产品奖、科技进步一等奖，抽油机、抽油泵曾被评为省优产品。2002年7月抽油机、抽油泵、抽油杆、钻井液管汇、固控系统被中国质量检验协会评为全国质量稳定合格产品，企业先后被评为国家一级计量企业、甘肃省一级企业、甘肃省十佳企业和甘肃省文明单位。

天然气脱水橇

法人代表：杨锋
质量承诺：产品在保质期内实行“三包”
联系电话：总厂(0934)8390138　西安(029)6029001
　　　　　银川(0951)6938052
地　　址：甘肃省庆阳市长庆桥长庆路9号
邮　　编：745217
网　　址：web.cnpccq.com/jxc
Email：jxc_scyx@mail.cnpccq.com

钻井液管汇

我们做的比承诺的更好

新疆克拉玛

市局领导和市局引水工程农业开发指挥部领导
在庆祝风克干渠试通水横幅上签名留念

克拉玛依引水工程，是国家大Ⅱ型水利工程。北起新疆阿勒泰地区，途经福海县、和丰县，南至克拉玛依，全长462千米。

工程分3部分，由“635”引水枢纽和总干渠（133千米）、西干渠（全长217千米）、风克干渠（全长112千米）组成。

西干渠设计流量为61～30立方米/秒，加大流量73～36立方米/秒，年输水6.8亿立方米，沿线农牧业用水2.8亿立方米；风克干渠设计流量为23～10立方米/秒，加大流量28～12立方米/秒，向克拉玛依年输水4亿立方米。

1994年，新疆维吾尔自治区党委和人民政府向国家上报了新疆引额供水工程规划。1995年，国务院两次总理办公会议决定，先引水到克拉玛依，主要解决克拉玛依油田用水，兼顾沿线农牧业用水，项目名称确定为“引额济克工程”。

1997年3月，国家计委下达开工令。2000年7月，西干渠和风克干渠主体工程完工，完成了329千米干渠和总库容1.71亿立方米的3座水库的建设。其中输水明渠310.11千米，隧洞6座，分退水闸17座，其余配套水工建筑物535座，完成土石方开挖5727万立方米，回填3102万立方米，混凝土177.68万立方米，总投资35.7亿元。

西干渠和风克干渠主体工程共划分为131个单位工程，经中国石油天然气集团公司克拉玛依工程质量监督站验收评定，合格率100%，优良率87.02%。

2003年9月，国家计委、水利部、新疆维吾尔自治区、中国石油天然气股份有限公司共同组成竣工验收委员会，对西干渠和风克干渠进行竣工验收，批准西干渠和风克干渠两项水利工程竣工。

引水工程的建成通水，有效地缓解了克拉玛依缺水的历史性难题，为克拉玛依油田勘探开发和培育城市接替产业、实现可持续发展和改善生态环境奠定了水资源的坚实基础。

地　址：新疆克拉玛依昆仑路13号　邮　编：834000　电　话：(0990)6845551　传　真：(0990)62327

市引水工程

西干渠二号洞出口渠道

农业开发指挥部

新干渠隧洞

2000年8月1日上午10时，按照自治区人民政府的指令，引水济克工程“635”枢纽工程开闸放水，宣告引水济克工程全线试通蓄水

会场场面

市局领导冒着塌方危险在西干渠四号隧洞内检查工作

工程建设者在通水时的全家福

西部水库映衬下的克拉玛依城市远景

中油辽河工程有限公司

LPE 中油辽河工程

1993 年首次被评为中国勘察设计综合实力百强单位

2003年5月18日，中油辽河工程有限公司(LPE)正式揭牌，该公司是依照《公司法》，经国家工商行政管理局批准，由辽河石油勘探局、中国石油集团工程设计有限责任公司和中油辽河工程有限公司工会共同出资创建的有限责任公司，这是继三年前由原辽河勘探局勘察设计研究院成功转制为国有控股的有限责任公司的又一次战略性重组。

欢三联 2 万立方米／天稠油污水深度处理厂

LPE是国家甲级勘察设计单位，中国勘察设计综合实力百强单位，中国石油天然气集团公司稠油、凝析气田集输工艺技术指导性设计院，辽宁省A级设计信誉单位，ISO 9001/HSE/OSH/ISO 14001质量、健康、安全与环境管理体系认证单位，是具有研发、勘察设计和总承包能力的工程公司。

LPE具有勘察、设计和工程总承包等21个甲级、11个乙级资质，拥有Ⅰ、Ⅱ、Ⅲ类压力容器设计资格证和GA、GB、GC类压力管道设计资格证及项目安全评价、危险化学品专项评价资质。拥有商务部授予的中华人民共和国对外经济合作资格，拥有与国际接轨的设计、计算软件、管理软件和与其相适应的硬件设施。

坨子里 5 万立方米储油罐

LPE先后获得国家科技进步奖3项；国家优秀设计金奖13项、铜奖1项、优秀设计奖1 项；国家专利金奖1项；省部级优秀设计和科技进步奖82项；市局级科技进步和优秀设计奖309项。拥有专利技术45项，专有技术58项。

LPE先后设立了新疆、大连、华东、北京四个分公司，初步形成了以分公司为依托，遍及全国的“大市场”开发格局，已在石油、石化、海洋石油等诸多领域显示出她的成熟与高品位，先后在上海、广东、海南、吉林、新疆、云南等地参与完成了多项工程设计，市场已延伸到全国25个省、市、自治区、直辖市。

LPE将坚持 “一流水平，可靠适用，用户至上，持续改进”的质量方针和“尽心尽力，至善至美”的服务理念，以全新的设计理念和精湛的技术，竭诚为国内外客户提供优质服务。

地址：辽宁省盘锦市兴隆台区石油大街93号　　**邮编：**124010

电话：(0427)7821569　　**传真：**(0427)7823060

网址：www.lpe.com.cn　　E-mail:office@lpe.com.cn　　market@lpe.com.cn

中国石油集团

RESEARCH INSTITUTE OF

冯星安

中国石油集团工程技术研究院

院长、党委书记

中国石油集团工程技术研究院主要从事固井、防腐、保温、焊接、工艺及自动化、特种工程材料等方面的研究开发；承担集团公司地面工程标准编制、质量监督等行业服务工作；设有集团公司油井水泥及外加剂质量监督检验中心、防腐保温产品质量监督检验中心、施工专业标准化委员会、施工质量监督总站、《石油工程建设》编辑部等行业技术服务机构。

中国石油集团工程技术研究院拥有高、中级专业技术人员340名，客座院士5名；先进的科研仪器设备675台(套)；5个通过国家技术监督局认证的检测中心和实验室；2个集团公司重点研究室；具有科技产品进出口自营权等各类资质24项；拥有国家专利43项，国家级重点新产品13项；1999年通过了ISO 9001—1994质量体系认证，2002年又通过了2000版的换版认证。

中国石油集团工程技术研究院拥有先进的自动化生产设备和完善的质量保障体系，具有可年产符合API标准的油井水泥外加剂10000吨、防腐蚀涂料5000吨、建筑涂料10000吨、预制高(中)温直埋保温管100千米的生产能力。

地址：天津市塘沽区津塘公路40号

邮编：300451

电话：(022)66310568　66310305　66310709

传真：(022)25344876

①

固井技术

在深井和超深井、低压易漏长封固段、欠平衡钻井、堵漏防窜以及其他复杂疑难井固井技术领域形成了技术优势，拥有十大系列60个品种的固井材料，在长庆、大港等15个油田固井1000余井次，并且在伊朗TABAK区块、委内瑞拉油田和我国渤海PHILLIPS等项目中大量应用。

②

西气东输工程配套技术

AW-01天然气管道减阻耐磨涂料填补了我国天然气输送管道内涂层的技术空白。经国内外权威检测机构检测，增输效果在15%以上，性能指标达到了英国Copon　BP2306涂料及德国Permecor　337涂料的水平。该涂料在西气东输工程的投标中平抑了进口涂料的价格，降低工程造价3 600万元。目前，减阻耐磨涂料已经在西气东输工程中应用。

工程技术研究院

ENGINEERING TECHNOLOGY OF CNPC

多年来，中国石油集团工程技术研究院的发展一直受到各级领导的关注。原中国石油天然气总公司和中国石油天然气集团公司的领导来到我院检查指导工作，指示科研成果一定要产业化，并亲自为我院科技产业公司命名、勾画未来。如今，当年题名的渤星品牌产品年产值已过亿元。

③

西气东输工程配套技术

APW－Ⅱ型外环缝自动焊机性能稳定，控制技术先进，适应坡口组对公差和仰焊位置的能力超过了国外同类产品，抑制了进口自动焊机的价格，目前在西气东输工程中有28台（套）在应用，焊接1000余道焊口，合格率达98.9%，是目前工程施工中性能稳定的外环缝自动焊机。

④

特种工程材料技术

“水下不分散混凝土”的工程强度可达到90兆帕，“土质固化剂”的工程强度可达到4.5兆帕，技术指标处于国际先进水平，分别在涩宁兰管线上进行了“水下稳管施工”和“护坡”工程试验，不仅提高了质量，还使成本降低15%～30%。其中水下不分散混凝土还在秦山核电站等重点工程中进行了应用，该产品已经占领国内市场的85%以上。

⑤

防腐保温技术

追踪国际防腐保温的前沿技术，形成了材料研究、工艺与装备开发、质量监督与检测领域的技术优势，质量稳定、性能优良的防腐涂料和功能性涂料广泛应用于各个行业。

产业化项目——高温管道直埋保温技术

高温管道直埋保温技术具有国际先进水平，拥有5项专利技术，已经形成年产100千米的预制和配套的施工能力，其产品的应用量和覆盖面居全国首位。

⑥

①高温管道直埋保温技术

②固井水泥外加剂出口伊朗

③ APW－Ⅱ型外环缝自动焊机在西气东输山西段施工应用现场

④新建成的万吨涂料生产线

⑤西气东输减阻耐磨涂料管材

⑥研制开发的水下不分散混凝土絮凝剂，中标秦山核电三期海底取水口建设工程

中国石油抚顺石油化工公司

CNPC 中国石油

党委书记　玄昌伟

总经理　耿承辉

中国石油抚顺石油化工公司是中国石油天然气集团公司炼化未上市部分资产规模较大的企业之一，下设10个生产企业、8个专业公司、1个甲级设计院和1个职工教育培训中心。拥有资产总额61亿元，职工21000余人。此外，还有12个集体企业，职工12000余人。公司主要业务包括炼化产品延伸加工，精细化工，供水、供电、供汽服务，工程设计、施工，内外贸及社会服务等，同时具有资本经营职能。有主要生产装置39套，生产腈纶、丙烯腈、甲乙酮、催化剂、BOPP、军用特种润滑油和润滑脂、蜡制品等十几个系列、600余种产品，是我国大型的石油化工贵金属催化剂、蜡制品和白土生产基地。

“十五”期间，公司将建成集团公司催化剂、精细化工两大生产基地，做强做专做精做优化纤、热电、塑料后加工，蜡深加工四大产业，搞好八大产业链延伸，做强做专工程技术服务业，规范、放开、搞活辅助业，实施多元化发展战略。到“十五”期末，公司主营业务收入将确保达到38亿元以上，销售利润率达到8%，人均营业收入达到15万元以上，销售收入与资产比达到0.5以上。公司将建成为集主导产业、生产服务、专项服务、辅助业务为一体，具备雄厚经济实力和较强核心竞争力的综合性公司。

8万吨/年丙稀装置

6.5万吨/年干法晴纶装置

2.5万吨/年甲乙酮生产装置

热电厂主厂房

催化剂生产线

2万吨/年BOPP生产线

地址：辽宁省抚顺市新抚区东二街3号　邮编：113008

电话：(0413)2625777　传真：(0413)2629892　网址：WWW.FXPCC.COM

第十一篇

企事业单位概览

大庆石油管理局

【概述】 2002 年，大庆石油管理局积极应对改革发展稳定的复杂形势，认真贯彻落实"三个代表"重要思想，坚持"改革发展坚定不移，稳定工作深入细致"，充分依靠各级党政组织和全体干部职工，战胜了来自各方面前所未有的挑战，赢得了企业整体改革发展和稳定的大好局面，保证了生产经营的健康发展。全局实现营业收入 253.48 亿元，同比增长 7.88%。其中，主营业务收入 179.11 亿元，多种经营收入 74.37 亿元。全局实现利润总额 2.45 亿元，超额完成集团公司下达的 3000 万元的盈利指标。

【工程技术服务系统】 钻探、建筑施工单位克服各种困难，强化经营、加强管理，各项工作成果显著，油田内外部市场开发取得积极进展，经营形势保持良好发展势头。工程技术服务板块全年完成生产经营总值 62.42 亿元，同比增长 3.66%。钻探共完成二维地震 4606 千米，完成年计划的 158.83%，同比增长 112.26%；完成三维地震 1692 平方千米，完成年计划的 130.15%，同比增长 22.52%；完成钻井 1959 口，完成年计划的 109.38%，同比增长 4.31%；完成测井 7424 井次，完成年计划的 109.85%，同比增长 1.98%；完成固井 3533 口，完成年计划的 132.82%，同比下降 5.41%。建筑施工各单位以西气东输等国家重点建设项目为契机，大力开拓外部市场，在油田内部市场逐年萎缩的情况下，确保总体工作量同比稳中有升。2002 年共实现生产经营总值 26.11 亿元，同比增长 0.99%。

【生产服务系统】 全面推行服务承诺制，不断提高服务水平和服务质量，提升服务档次，得到广大职工群众的拥护和欢迎。共实现生产经营总值 60.3 亿元，同比增长 2.91%。

【加工制造系统】 管理局所属各加工制造单位，强化内部管理，充分发挥技术、产品优势，积极开拓外部市场，较好地完成了各项生产经营任务。实现生产经营总值 22.19 亿元，同比增长 2.57%。

【社会服务系统】 实现生产经营总值 2.78 亿元，同比下降 13.23%。其中：中小学教育实现收入 6200 万元，同比下降 12.19%；大中专教育实现收入 4100 万元，同比下降 10.22%；职业教育实现收入 4500 万元，同比下降 23.89%；医疗卫生收入同比增长 1.85%；文化集团实现收入 6109 万元，同比增长 3.21%；保险中心实现收入 800 万元，同比增长 14.29%。

【"成本效益年"活动】 围绕增强企业市场竞争能力，抓住导致全局成本过高的关键环节，扎实开展了"成本效益年"活动，取得了明显成效。全局工程建设投资得到有效控制，成本规范管理体系不断完善，物资采购成本降低了 5.35%，重大合同管理得到加强，规范多种经营企业经营秩序和经营行为初见成效，闲置资产盘活 12.23%，成本效益效能监察挽回直接经济损失 853.7 万元，避免经济损失 1473.9 万元。管理局整体管理迈上了新台阶。局属二级单位，大力开展成本大调查活动，明确成本控制目标，各系统、各单位围绕划小核算单位，进一步强化资金管理，加强单项成本和人、机、料控制，创造性地开展各项工作，积累了经验，降本增效取得了显著成效。"成本效益年"活动的深入开展，使全局经济效益得到了进一步提高，为各项成本尽快达到社会平均水平，逐步实现企业精细管理打下了坚实的基础。

【改革与结构调整】 为适应全局加快发展的需要，按照建立现代企业制度的方向，坚持以调整为主线，理顺关系为重点，着力解决制约企业发展的深层次矛盾。在管理体制上，重点整合资源、发挥规模优势，将全局驻外机构资源整合为发展集团，强化了外拓市场的职能；将局内传媒文化资源整合为文化集团，突出了社会化服务、企业化经营的职能。建设集团、创业集团加快实现规范运作的步伐，企业管理流程逐步理顺，内部关系逐步明确。在经营机制上，完善了企业经营者招标竞聘制和其他岗位领导干部公开推荐、竞聘等制度；进行了薪酬制度改革试点，建立了科技人才薪酬激励机制，进一步增强了企业活力。固定资产投资注重结构调整，加强投资管理，一批重点项目进展顺利。全局共完成固定资产投资 17.74 亿元，同比增长 22.35%。在结构调整上，以市场为导向，以发展为主题，以提高产业集中度为主，将创业集团所属企业数量由 308 家压缩到 278 家；将总机械厂和特种汽车制造总厂产品进行置换转型，初步解决了产品雷同的突出问题，特种车制造已经形成五大系列近百种车型，企业市场竞争能力不断提高。

【市场开发】　面对油田内部市场逐步萎缩的严峻形势，大庆石油管理局坚持“立足油田一流服务，面向市场二次创业”的指导思想，围绕确保油田产能建设，以优质服务稳固油田市场，全年实现关联交易收入143.61亿元，外围小油田合作开发取得了进展。在拓展外部市场上，抓住集团公司实施“走出去”战略和“西气东输”的历史机遇，健全完善了市场开发机制，加强了装备、技术武装和队伍建设。国内市场中标了新疆、长庆、吉林等油田的一批钻探项目，完成了“西气东输”三个标段管道施工，获得了一批地方基础设施建设工程。国外市场在继续巩固原有份额的基础上，又相继在委内瑞拉、埃及、印尼、吉尔吉斯斯坦等钻探工程技术服务市场中标了一批项目，在南美站稳了脚跟，在东南亚和中亚取得了新突破。同时，化工、石油机械、机电产品制造等企业销售份额逐步增加。全年实现外部市场收入64.87亿元，占营业收入的25.59%，同比增长了23.09%。2002年，管理局合作开发油气田工作取得很大进展，局方兴投资有限责任公司分别对台105西块油田和佳木斯汤源气田进行投资开发，全年投产新井59口，其中，机采井26口，捞油井27口，生产原油27558吨，完成年计划的110.24%，生产天然气257万立方米，实现营业收入3670.63万元，完成年计划的123.97%，实现利润1423万元。企业生存发展的空间进一步扩大。

【综合经济】　2002年，多种经营各单位按照管理局“1678”战略部署，积极谋划发展战略，理清发展思路，深入进行结构调整，整顿规范经营行为，强化成本质量管理，巩固开发油田内外部市场，全年实现生产经营总值90.45亿元，完成年计划的107.72%，同比增长0.15%。实现利润总额8899万元，同比增长2100万元；实现增加值17.56亿元，同比增长2.1亿元。

【科研工作】　2002年，全局科技工作着重加强核心技术研究，不断加强科技管理，积极推进科技体制改革，较好地完成了各项工作任务。在科研攻关及新技术推广中取得较好的成果，为培育企业核心竞争力提供了技术支持。其中，陆相薄互层开发地震技术、探井欠平衡钻井完井技术研究、深井钻井完井技术研究、复杂储层的测井方法研究、集成饱和度测井技术研究、管理局中标的国家863计划项目“采油相关微生物功能基因的研究与开发”、沥青基底胶聚乙烯胶带及生产工艺设备研究等项目都取得了较好的进展。

【安全环保工作】　按照集团公司和管理局安全环保工作计划，围绕生产经营工作重点，深入开展安全专项整治活动，加强环境保护监督检查，完成了安全环保各项任务，实现全局安全生产“四杜绝、三不超、一稳定”和清洁生产“双达标”工作目标，未发生环境污染和生态破坏事故，安全环保各项指标均控制在集团公司下达的指标内。2002年，全局千人事故死亡率0.0213‰，千人事故重伤率0.0142‰，千台车死亡率0.4834‰，有控废气达标率98.87%，有控废水达标率97.73%，工业固体废弃物有效处置率98.72%。同时，全局认真贯彻落实管理局的质量目标，积极抓好质量体系管理，有组织、有计划地开展2000版ISO 9000标准转换、内审、监督检查等工作，认真实施纠正和预防措施，全年未发生较大的顾客投诉，外审和内审中均未发现严重的不合格项，质量管理体系运行有效。局属各单位以换版为契机，积极调整体系管理控制的内容和范围，将各项生产经营活动和管理职能纳入体系管理，从控制产品质量延伸到工作质量，建立形成了质量体系自我发现、自我完善的调控机制，人们的质量意识进一步增强，保证了产品、工程和服务质量稳步提高。

【稳定工作】　企业要发展，离不开社会环境的长治久安和内部稳定。2002年管理局努力维护大局稳定。针对油田稳定面临的特殊形势，紧紧依靠黑龙江省委和集团公司的正确领导，与油田公司和地方政府密切配合，切实发挥党组织的政治核心作用，健全稳定工作责任体系，狠抓各项措施的落实，有效地控制了稳定局面。一是开展耐心细致的思想工作，广泛宣传国家法律法规、大政方针和企业有关政策，充分发动各方面力量落实稳定工作包保责任制，加大重点人员教育引导和思想工作力度；二是针对各个利益群体的不同情况，抓住突出矛盾和关键环节，积极落实各项政策措施，为各群体解决了大量的实际问题和生活困难；三是按照国家再就业方针，结合企业实际，推进落实再就业工作，帮助15132名下岗失业人员实现了再就业，进一步巩固了企业改革和发展成果，保证了全局总体稳定的有利形势。

【职工群众的主人翁作用和地位】　在依靠职工办企业方面，坚持职工代表大会制度，全局上下认真落实厂务公开，对事关企业改革发展和职工群众切身利益的问题，广泛征求并采纳职工群众的意见和建议3884条，增强了企业重大事项决策的透明度，调动了职工参与改革、致力于发展的积极性。在企业发展中，始终坚持尽职尽责为职工群众办实事，不断改善职工群众的工作生活条件，全年实施了住宅楼“平改坡”、银浪地区以煤代油热电联产集中供热、八百垧地区综合整治等一大批民心工程；成立了物业管理监督处，实行服务承诺制，努力使职工群众享受到优质服务；全局新增文体活动场所近2.4万平方米，更新了大批文体活动设施，受到了职工群众的普遍欢迎。这些工作的开展，进一步密切了党群干群关系，职工群众更加关心企业前途和命运，更加理解、支持企业的改革和发展。

【党建、思想政治工作和企业文化建设】　局属各级党政组织围绕中心，服务大局，深入进行形势任务教育和十六大精神学习教育，结合实际，有效开展“三级联创”活动，企业党建工作再上新水平，干部职工的思想素质进一步提高，党组织的战斗力进一步增强。认真抓好廉洁自律教育，努力做好查办案件、纠正行业不正之风和成本效益效能监察等重点工作，干部作风有了明显的转变。加强党对工会、共青团工作的领导，大力实施“送温暖工程”，热心开展扶贫济困以及富有特色的文体活动，凝聚了广大职工和团员青年。结合企业发展需要，不断创新企业思想政治工作，有效地调动了各方面的积极性。以灌输企业核心经营理念、养成职工行为规范为重点，着力加强企业文化建设，开展了一系列企业文化创建活动，全面提升企业整体素质，为企业发展提供了有力的文化支撑。

（陈立民）

辽河石油勘探局

【概述】　2002年，辽河石油勘探局（以下简称局）以发展为主题，稳妥推进配套改革，增强科技创新能力，强化企业经营管理，弘扬“四创”企业精神，深入开展群众性增收节支活动，努力壮大企业综合经济实力，提高矿区职工生活水平，在克服诸多困难中完成各项工作任务，实现全年生产经营目标。

全年实现总收入130.5亿元，上缴税费7.74亿元。其中，主营业务收入83.45亿元，补贴收入1.78亿元，营业外收入0.27亿元。主营业务成本支出81.16亿元，主营业务税金及附加0.88亿元，管理费用和财务费用1.37亿元，营业外支出2.15亿元。实现年初确定的盈亏平衡的经营目标。上缴税费6亿元，其中，个人所得税0.5亿元；多种经营收入45亿元，上缴税金1.74亿元，实现利润0.62亿元。

年末，全局职工总数67798人，全员劳动生产率4.74万元/（人·年）。固定资产原值112.61亿元，净值61.36亿元。

结合矿区布局调整，解决边远地区职工住房困难，集资建房1432套、11万平方米。矿区绿化投资2820万元，新增绿化面积4.5万平方米。调整医疗卫生资源配置，初步形成社区服务合理布局。投资7400万元，用于职工住房维修；投资650万元，用于矿区道路改建；投资6550万元，用于矿区各类设施建设、维护和改造。在实现企业总体经济效益目标的基础上，职工收入总量相应增加。

【工程技术服务保质保量】　2002年，全局以市场为导向，以提高经济效益为目标，以“精品工程”、“满意服务”活动为载体，秉承诚信为本，合作双赢的经营理念，努力为甲方和用户提供优质产品、优质工程和优质服务。钻探和工程技术系统各单位，以提高油田新区块开发效果和确保老油田稳产为目标，以主导技术、特色技术确保作业质量和效率的提高。基建施工系统各单位，强化项目管理，利用高新技术，提供优质工程，提高服务质量。

全年完成二维地震1375千米，三维地震1405平方千米，比2001年分别增加80千米、636平方千米；地震数据优级品率86%，地震记录合格率99.7%以上。全年完井723口，进尺124万米；钻机月速度3025米/台，井身质量合格率100%，固井质量合格率100%。全年完成井下作业30174口，试油64口，修井作业交井一次合格率99.5%。通过巩固高压喷射、导向钻井、侧钻井、平衡压力固井等技术，完善硅氟共聚物钻井液体系和扩大PDC钻头应用范围，完成超过3500米以上的深井10口，事故及复杂情况损失时间下降39%，平均机械钻速比2001年提高31.9%，完井电测一次成功率89.6%，比2001年提高3.7%。成功完成国内第一口侧钻分支水平井静17－31－59FP井，完成以兴更108井为代表的一批高危地区钻修井施工作业。实施各类测井作业7825井次，比2001年增加572井次；射孔61万发，井壁取心2万多颗，测井合格率99%。常规录井990口，仪器录井225台·月；录井合格率100%，录井资料一类率100%。

基建施工队伍建站32座，建管线453千米，架设电力线39千米，安装3000立方米以上大罐33具；土方工作量50万立方米，铺设黑色路面131千米，建桥两座。设计、施工质量合格率100%。在欢三联污水深度处理站、于楼油库改扩建、盘山—锦州输油管线等项目建设中，开展创建精品工程、提供满意服务活动，全面整治“低、老、坏”，严格按照质量管理体系运行，推行项目经理负责制，建立内部甲乙方合同关系，优化配置生产要素，实行动态管理。工程质量检测点一次合格率为93.6%，单位工程优良率为86.3%，顾客满意率98.1%。局基建施工系统，创国家优质工程金质奖一项，省部级优质工程金奖两项、银奖一项。

【市场开发成效显著】　全局各单位加强组织领导，广泛收集市场信息，强化项目管理和专业化管理，实现人力、装备资源的优化配置。发挥特色技术优势，努力扩大技术服务规模。在有效巩固地区市场的同时，瞄准目标市场，实施市场开发战略。

1. 巩固地区市场

以服务地区市场为本，把为油田勘探开发建设提供工程技术和生产保障作为首要任务，通过各种创优活动和科学管理，进一步提高作业施工质量和生产效率。钻探、工程技术系统全额占领油田地区市场，与油田分公司共同开展合作开发项目，捞油作业收效显著，为局发展增加新的亮点。

2. 开发国内市场

以“西气东输”为重点，全局主体基建施工、设计单位中标24项，合同金额12.6亿元。其中，两个油建公司在“西气东输”中标承建237千米，建安量9.7亿元。筑路公司在沈大高速公路改扩建工程和沈阳外环路面维修工程中，获得1.78亿元的工作量。录井队伍开辟水平井仪器录井、长庆油田地质录井、黑龙江鹤岗煤层气录井、中国石化新星东北分公司地化录井市场；井下作业队伍在吉林油田试油测试5层、江苏油田侧钻井8口、东北煤田七公司压裂井7口。钻探作业系统分别在大庆、新疆、吉林、长庆、冀东等油田市场承揽项目18项，合同金额2亿元。各单位在外部市场施工中重质量、讲信誉、创品牌，树立了良好形象。油建一公司在“西气东输”第22标段创造了半自动焊单机组日焊57道口和月焊11.23千米、全自动焊机组日焊60道口等七项纪录，全线焊口质量检测一次合格率98%，提前两个月完成工期，获“综合进度优胜单位”称号。油建二公司在17标段创造了连续614道口一次合格的佳绩。

3. 拓展国际市场

积极参与国际市场竞争，全年获得合同金额4043万美元。有七部钻机，五台震源车，65台套筑路机械设备，以及修井、固井、测井、酸化等专业设备和配套队伍进入苏丹、委内瑞拉、伊朗、印尼、俄罗斯、巴基斯坦、埃及等国家施工作业。首次开发中标苏丹大尼罗河石油公司钻前工程项目，总合同金额2500万美元。

【企业改革不断深化】

1. 调整劳动组织结构，压缩主营业务过剩能力

按照市场取向，压缩钻井、作业过剩总量，将70部钻机调减到65部，220支作业队伍缩减到200支。按照区域化服务原则，重新调整作业队伍布局，进一步优化资源配置。建立优胜劣汰机制和办法，把地区市场的钻机严格控制在50部以内，将管理水平低、职工素质低、经济效益低的钻井队停下来，整顿培训，基本实现合理均衡生产。

2. 全局继续推进以分配制度为重点的三项制度改革

在分配制度改革方面，逐步完善劳动成果量化考核办法，合理拉开行业之间、单位之间、岗位之间的收入差距，搞活微观分配，调动基层单位和广大职工工作的主动性和创造性。根据各单位生产经营特点，推行经营管理者绩效考核办法。加大对外闯市场的激励力度，促进全局外部市场收入的大幅度增长。对各单位经营承包超交利润按41%奖励，比2001年提高5%；对挖潜增效超额利润，按40%奖励，比2001年提高4%。

在人事制度改革方面，以推进公开竞聘、业绩考核、适度交流、老中青科学组合为重点，探索选人用人新机制，对新提拔的52名处级干部，全部进行公示，对10个处级干部岗位实行竞聘上岗。按照社会化、市场化、双向选择的原则，积极创造条件，做好矿区过剩人力资源向社会市场的转移。

在用工制度改革方面，局统一部署，下发《关于〈辽河石油勘探局主体单位劳动定员〉（试行）的通知》，内容涉及物探、钻井、作业、油建等14个系统、74个队种的劳动定员标准。局对各二级单位“五定”工作开展情况进行调研及检查验收。制发

《关于开展2002年劳动定额定员标准制修订工作的通知》，组织有关单位，完成《供水系统劳动定员》、《供电系统劳动定员》、《物探系统劳动定员》和《钻探系统劳动定员》等局级劳动定员标准制修订工作。

【经营管理扎实有效】

1. 加强项目投资管理

发挥计划管理的调节作用，严格立项审批和项目预算制度，对投资额度较大的重点项目和大宗引进项目，组织有关部门进行分析、论证，确保投资的有效性和正确性。

2. 加强审计监督和效能监察的跟踪管理

为使投资规模得到有效控制，投资收益达到预期效果，全年审计项目244项，取得经济成果9147万元。重点加强外投外借资金、财产清查损失后续处理、住房分配货币化及合同管理、挂靠队伍清理的效能监察工作，挽回经济损失1568.3万元，避免经济损失2800万元。

3. 加强财务资金管理

进一步规范财务收支行为，以收定支，量入为出。协调和处理关联交易结算工作中存在的问题，确保生产建设资金及时到位。筹措和运作资金，降低资金成本。重点扶持外闯市场的单位和重点项目。加强采购资金管理。加大清理应收款项工作力度。采取日常资金报表的审核与定期跟踪检查相结合办法，加大资金支出的监控力度。

4. 增收节支

广泛开展群众性“增收节支”活动，加强成本管理，开源节流，挖掘潜力，堵塞漏洞，促进全局经济运行质量的提高。各单位把增收节支指标落实到项目、分解到岗位、责任到人头。局、处两级机关通过转变职能、科学管理、开发市场、争取政策、节约费用等多种途径和方式，带头搞好增收节支创效。全局各单位共实现增收节支7953万元。超额完成生产经营单位人均增效节支1000元，经费单位人均节支500元的工作目标。

【科技创效能力增强】　围绕局2002年增收计划目标，按照“整合常规技术层，提升钻探工程技术层，延伸拓展采油工程技术层，开发研究工程技术新技术层，建立低产低效油田开发油藏工程技术层”五个技术层面，大力开发具有辽河特色、在市场竞争中具有竞争优势的工艺技术，提升局核心竞争力。2002年，局直接投入科技经费3536万元，安排重大科技项目26项，重点科技项目38项；二级单位投入科技项目经费5000万元，安排科技项目300项。科技项目的立项，突出打造特色、形成配套、实现增效的原则。局科技经费的90%用在主营业务上，用项目合同的形式，落实项目的目标、突破的关键技术和推广实施规模、取得的经济效益等责任，确保科技创收增效。为解决困扰辽河油田进一步上产的瓶颈问题，局召开由辽河油田分公司地质专家参加的“辽河地区地震采集需求恳谈会”，听取专家意见，制定了一套逐步提高辽河地区地震资料质量的技术攻关重点和技术路线。多底井/分支井技术研究、高压水射流径向水平井技术研究等10项技术攻关取得较大突破，侧钻井及侧钻水平井综合配套技术、高分辨率地震勘探技术等15项科研成果进一步推广和转化，取得显著经济效益。运用先进配套技术和研究成果，完成双分支水平井试验施工，在国内首次实现固井完井。全年全局取得重大科技成果48项，申请国家专利60项，科技创效8800万元。“延长油气井寿命技术配套与应用”获集团公司技术创新一等奖。

【安全环保质量工作全面达标】　2002年，局加强安全生产、环境保护和质量管理工作，实现全面达标。

一是全面实施HSE管理，积极推进ISO 14001环境管理体系认证工作。局27个生产单位全部实施HSE体系管理，10个单位通过ISO 14001环境管理体系认证。完成传统管理模式与现代管理模式的全面交接。

二是落实安全生产、环境保护责任制，层层签订责任书，建立健全管理机构，配备专职管理人员。作业施工现场管理水平有新的提高，杜绝重特大安全和环境污染事故的发生。

三是加强培训工作，提高全员安全生产意识。2002年，全局举办安全知识竞赛178次，安全教育展览2197次，安全板报展1476次，放映安全录像片149次，安全知识演讲194次。举办各类培训班844期，培训各类人员28422人次。

四是严格安全监督检查。局开展安全生产专项整治工作，重点突出危险化学品安全专项整顿、公众聚集场所消防安全专项整顿和道路安全秩序整顿。全局组织各类安全专项检查670次。

五是抓好质量管理工作。全局主要生产经营单位全部通过质量管理体系认证，16个单位完成2000版换版工作。开展第二届“精品工程”和“满意服务”活动。抓好群众性全面质量管理活动，全局注册QC小组1317个，取得成果1126个，评选出局级优秀QC成果207项，创效980万元。对生产产品及建筑材料进行产品质量抽检，严把质量关。对施工作业单位的作业质量进行季度检查考核，实行质量一票否决。全年无重特大质量事故发生。

2002年，全局发生工业生产上报事故八起，比2001年少八起，直接经济损失比2001年下降65%；重大以上环境污染事故为零；无污染作业率达99%以上；固定工业污染源污水排放达标率为100%；固定污染可控废气排放达标率100%；企业质量工作达标。局被集团公司评为安全生产、环境保护先进单位。评选出局级质量管理、安全生产、环境保护先进单位92个，绿色施工作业队14个，名牌施工作业队62个，施工作业精品工程15项。

【多种经营企业多元发展】　全局有多种经营企业504家，企业平均规模为955万元；全年实现生产经营总值48.12亿元，比2001年增长9.9%；实现经营销售收入45亿元，比2001年增长8.8%；从业人员16829人。局多种经营企业不断扩大多元经济规模，努力增强自我发展能力。

一是抓重点项目，局投资5227万元，实施甲醇技术改造、铀矿试验开发等项目。

二是抓多种经营产业、产品结构调整，立足油田市场，瞄准社会市场，多渠道筹措资金，投资1.54亿元，论证、开发石蜡、陶粒砂，双兴宾馆扩建等15个具有一定规模和发展前景的项目。

三是抓多种经营企业改制收尾工作，完善法人治理结构。完成115家企业改制工作，从业人员10232人，量化资产3.13亿元，吸收职工投资1.42亿元。经济规模占集体经济总量90.6%，改制企业占法人企业总数的85.8%。改制企业经营收入比2001年增加6.5%，实现利润6650万元，比2001年提高8.9%，社会产品销售率比2001年提高3.9%。

四是抓企业改造和扭亏工作，通过市场机制，使一批长期亏损的企业增添了发展活力。

（牛丽波）

华北石油管理局

【概述】　华北石油管理局是中国石油天然气集团公司所属的集工程技术服务、生产服务、物业管理、社会服务和多种经营于一体的特大型国有企业。

华北石油管理局以工程施工作业为主要业务。2002年末，全局共有不同专业类别的直属单位（企业）61个（其中二级单位49个，局直属单位12个）。施工作业系统（钻井、固井、管具、井下、测试、录井和钻井工艺研究）共有职工13436人，具有中级职称981人，占职工总数的7.3%；具有高级职称231人，占职工总数的1.7%。局属5个钻井公司共有钻井队88个，其中有7个钻井队在国外施工（蒙古、委内瑞拉、泰国、哈萨克斯坦和埃及各1个队，苏丹2个队）。全局有固井队8个；井下作业队75个，其中大修队6个，试油队21个，小修队42个；测试队伍38个，其中测试队22个，其他队伍16个；录井队伍105个，其中综合（气测）录井队37个，常规录井队68个。

2002年是华北石油管理局确定的“改革调整年、管理创效年、加快发展年”。全局广大职工按照管理局的部署，以建设具有规模经济和竞争实力地区服务公司为目标，转变观念，深入挖潜，积极参与市场竞争，通过调整改革、加强管理，积极推广新工艺、新技术，各项工作都取得了新的成绩，较好地完成了各项生产、经营任务，圆满完成了集团公司下达的各项指标。在集团公司三项费用补贴5.9亿元后，实现内部利润4.5亿元；安全生产各项指标均达到集团公司要求，创出历史最好水平；全局职工收入又比上年增长了6个百分点。各专业队伍以先进的技术、精良的装备、过硬的质量、雄厚的实力和良好的信誉积极开拓国内外市场，在全国各油田和石油化工企业承担完成了大量钻井、测井、测试、井下作业、地面工程和炼油化工等工程项目的建设施工；海外石油工程和技术服务也有了进一步增长。

【生产经营】　2002年，华北石油管理局在关联交易工作量减少、国内外市场竞争激烈的形势下，全局上下大力开拓市场，狠抓各项管理，努力创收增效，圆满地实现了年度预算目标。

2002年，全局实现主营业务收入546164万元，为年度预算的100.7%；主营业务成本529650万元，为年度预算的100.8%，收支基本按预算运行。集团公司“费用化”补贴15100万元后，实现利润418万元，比预算超盈418万元。全局52个核算单位，除个别单位外，都完成或超额完成了管理局下达的预算指标。

2002年管理局继续坚持“站稳华北、竞争国内、拓展海外”的市场开发战略，在站稳关联交易市场的同时，不断加大外部市场开发力度，适时调整竞争战略，推进系列化服务，增强了竞争能力，国内外市场收入都有较大幅度提高。全年国内工程技术服务实现收入10.5亿元，比2001年增加3.8亿元，增长56%；海外市场实现收入4亿元，比2001年增加1亿元，增长33%。外部市场收入的增加，弥补了关联交易收入的减少，确保了年度预算目标的完成。

2002年，全局建设资金来源为88821万元，其中集团公司投资15700万元，企业自筹资金73121万元。管理局下达建设计划投资88821万元，其中工程技术服务板块61268万元、生产服务板块6231万元、加工制造板块6615万元、社会服务板块14707万元。实际完成79274万元，其中工程技术服务板块56825万元、生产服务板块4006万元、加工制造板块4215万元、社会服务板块14228万元。

在重点保证工程技术服务装备更新改造的同时，2002年集中资金2.5亿元，安排了“五路一排”工程、会战道改扩建以及锅炉房改造增容和集中供热工程。

【工程施工】 2002年全局共完井633口，完成钻井进尺1466558米。其中，关联交易市场完井362口，完成钻井进尺835897米。局外市场完井271口，完成钻井进尺630661米。冀中、二连地区完成井平均井深2415.75米，比2001年同期深47.35米。机械钻速13.25米/小时，比2001年同期增加1.7米/小时。钻机月速3248米/（台·月），比2001年同期增加384米/（台·月）。井身质量合格率100%。生产时效96.27%，比2001年同期降低0.21个百分点。事故和组停时效分别为0.99%和0.92%，基本与2001年持平。

井下作业施工共完成关联交易工作量3814井次，试油317口、543层。主要技术指标，试油工程合格率100%，作业施工全优率99.5%，修井工程质量合格率100%。

测试施工工作量：测试274层、射孔3031米、计量147口。主要技术指标，测试成功率96.7%，优质率88.7%，地面计量合格率100%。

录井技术服务完成常规录井623口，录井进尺1330779米。主要技术指标，油气显示发现率100%，完钻层位卡准率100%，事故预报符合率98.4%，取心层位卡准率98.9%。

固井工程施工工作量：表层固井508井次，技套及油层固井541井次。主要技术指标，固井合格率100%，固井优质率87.48%。

管具工程技术工作量：维修钻具99072米，倒运钻具1296433米，检测钻具970958米，修理钻井工具5920件，安装修理封井器685台，检送套管862714米。主要技术指标，钻具利用率100%，井控设备现场试压合格率100%。

【市场开发】 2001年全局市场开发继续保持良好的态势。各施工服务单位在市场局势发生变化、对外创收任务加重的情况下，进一步加强管理，注重市场开发质量，外部市场开发水平有了新提高。在长庆、委内瑞拉、印尼、阿联酋等重点市场组建了项目经理部，在完善工作制度，明确经济政策，健全强化生产组织的基础上，努力推进系列化服务，整体优势不断增强，确保了工程项目优质高效运行。长庆市场钻井队增加到20个，与相继进入的录井、固井、管具、运输等队伍形成了多兵种、大规模联合作战的场面。成功承揽并高标准、高水平地完成了西气东输15标段管道工程建设项目，获得了“优秀施工承包商”的美誉。参股建设长—呼管线，获得1.2亿元的工作量。国内其他市场进一步巩固提高，外出施工作业的队伍达到130个4800人，全年创收10.5亿元。

在海外，新开辟了阿联酋水井钻井市场，委内瑞拉、印尼、苏丹、哈萨克斯坦等国市场不断巩固发展。共有15个钻井队、12个修井队以及录井、油田建设等队伍在境外9个国家从事工程技术服务，全年创收4亿元。机械加工制造产品旺销国内市场，继续销往国际市场，全年实现销售收入4.1亿元。

【科学技术】 2002年华北石油管理局科技工作紧紧围绕建设具有规模经济和竞争实力的地区服务公司的目标，推进科技体制改革，不断创新科技管理。积极实施科技人才战略，取得了一定的成绩与进展。全年技术创新的重点是贴近市场、贴近生产，进行适用技术的研究和开发，为主营业务提供创收增效、节能降耗、优质高效的系列技术。逐步形成施工作业单位与科研单位深入沟通，管理层与研究开发转化层相互融合促进，共图技术发展和创新的局面。一批重要科技成果闯入国内市场，进入国际行列。

技术创新取得新成果。全局进一步明确了科技工作的定位、方向和任务，完善了以局技术中心为核心的技术创新体系，制定出台了加强科技管理和留住人才、吸引人才等办法，进一步营造了尊重知识、尊重人才的良好氛围。广大科技工作者紧紧围绕市场开发对新技术、新工艺的需求开展攻关，形成了一批适应不同市场需要的配套技术。全年完成科研课题 50 项、新技术推广 15 项，特别是连续导向钻井、流体举升反循环钻井、低密度高强度水泥浆技术、1219 型垂直液压弯管机等先进实用技术的研制应用，为市场开发提供了有力的技术支撑。

2002 年开展的科技创新项目共有两大类 86 项。一是科研项目 64 项。其中工程技术服务项目 41 项，生产技术服务项目 4 项，新产品机械加工制造项目 8 项，多元开发项目 6 项，社会服务项目 5 项；二是新技术推广应用项目 22 项，其中工程技术服务 14 项，生产技术服务 1 项，多元开发 1 项，社会服务 6 项。

2002 年度全局共向国家申请职务发明专利 18 项，授权专利 3 项，认定专有技术 10 项。其中“曲游梁抽油机”已分别在加拿大和印度尼西亚申请专利。

2002 年技术创新项目计划实施的课题合同进度达标率为 90%，有 5 项技术开发课题通过了中国石油集团公司组织的技术鉴定。其中：

“钻井地层和油层岩石矿物组分和理化性能的研究及分区分层钻井液标准设计研究”获得中国石油天然气集团公司技术创新一等奖；

“SN－222 钻杆内防腐涂料国产化研究”获得中国石油天然气集团公司技术创新二等奖；

“CS－A 全自动校深数控射孔仪研究与应用”获得河北省科技进步三等奖。

“X70 直缝埋弧焊管国产化”、“F35－105 防喷器组”和“B 游梁抽油机”达到国际先进水平；“大口径感应加热弯管制造工艺的研究”、“多功能井下超声成像测井仪”和“超深、超长裸眼水平钻杆传输测井施工工艺技术研究 ”达到国内领先水平。

2002 年共评选华北石油管理局技术创新奖励项目 31 项。其中一等奖 10 项，二等奖 21 项，评选科技管理先进集体 7 个，科技管理先进个人 24 人。全局科技人员共在国内发表科技论文 21 篇，在国外发表科技论文两篇。

华北石油管理局主办的《油气井测试》杂志获得了河北省 2002 年度“优秀科技期刊”并被中国《国家期刊方阵》数据库期刊群登录。《钻井液与完井液》继 1998 年获得第二届全国优秀科技期刊“二等奖”，2000 年获得河北省“科技期刊版面设计奖”后，2001 年又入选中国《国家期刊方阵》数据库，被列为中文核心期刊“中国科技论文统计与分析”核心期刊。

【企业管理与改革工作】　2002 年企业管理工作又跨上一个新台阶。华北石油管理局根据新的经营格局，优化投资结构，突出投资重点，并及时调整了经营考核政策，明确了改制企业的考核办法，保证了管理局的股权收益。在提高工程技术服务装备水平的同时，扶持了钢管制造等一批有发展前景的项目。进一步完善了财务动态预算管理，实行全员、全方位、全过程成本控制，提高了效益。加大审计监督力度，全年完成审计项目 175 个，取得经济成果 9816 万元。积极开展物资采购、设备购置、药品招标、矿建工程的效能监察，节约资金 4131 万元，避免和挽回经济损失 2056 万元。狠抓质量安全管理，实行严格的责任制和事故责任追究制度，全年没有发生重大工程质量责任事故，安全生产上了一个新台阶。

调整改革迈出新步伐。第二机械厂顺利实现整体带资分流，1065 名职工与管理局解除了劳动关系；综合二处改制为河北华北石油机械化工有限公司；综合十二处多种经营企业整体改制为河北京茂实业股份有限公司。全局又有 160 家中小经营单位和多种经营企业完成改制，理顺了产权关系，激发了企业活力，为今后的发展奠定了基础。局机关、附属单位及部分直属单位调整改革工作顺利完成，理顺了职能，精简了人员，提高了效率。商业公司整体带资分流、橡胶研究所公司制改造的前期工作基本就绪，即将进入操作实施阶段。

（李玉屏）

四川石油管理局

【概述】　1999 年，原四川石油管理局重组改制分离为四川石油管理局和西南油气田分公司。四川石油管理局主营油气田工程技术服务、机械制造和油气合作开发，多种经济形式并存，享有独立对外经济贸易和技术经济合作业务权，是中国石油天然气集团公司下属的一个综合服务公司、国有大型企业。2002 年，四川石油管理局与西南油气田分公司签订关联交易协议 31 份。

截至 2002 年底，四川石油管理局有 47 个局属二级单位，主要施工作业队 220 个，独立核算的多种经营企业 240 家，资产总额 80.99 亿元；有在册钻机、数字地震仪、电测仪、综合录井等设备 245 台（套），工程机械 1128 台，运输车辆 1372 辆，金属切削车床 665 台，设备新度系数 0.62；有在册职工 44121 人，其中教授级高级职称 8 人，高级职称 907 人，中级职称 3692 人。

2002 年，是四川石油管理局实施三年扭亏脱困工作的第一年。四川石油管理局继续开展结构调整和改制工作，加大扭亏工作力度，积极应对市场竞争，实现盈亏持平，完成集团公司下达的考核指标。全年生产经营收入 44.27 亿元，比 2001 年增长 11.4%；实现企业增加值 18.38 亿元，完成固定资产投资 4.97 亿元；多种经营企业实现销售收入 22.95 亿元，利润 8278 万元。

【主营业务】 2002 年，四川石油管理局以优质的服务、合理的价格、良好的质量，确保关联交易方西南油气田分公司生产任务的完成；在本油区市场实现收入 29.84 亿元，较 2001 年增长 4.6%。工程技术服务在外油区实现产值 8.6 亿元，较上年增长 12%。搞好西气东输 16 标段施工作业等重点工程项目，完成中石化西南石油局德新气田 851 井抢险任务，获得较好的经济效益和良好的市场声誉。全年完成二维地震 5474 千米，三维地震 469 平方千米，钻井进尺 43 万米，测井 833 井次，井下作业 341 井次，油建工程 702 个。

坚持以市场为导向，效益为中心，不断提高机制产品的档次和质量。全年机制机修行业主要产品——川石牌三牙轮钻头（四川省名牌产品）、天然气压缩机、螺旋焊缝钢管、钻井固控设备、钻机井场供配电装置的制造和销售均较上年增长，双金属缸套被评为四川省名牌产品。采用新工艺、新技术、新材料，开发出一批适应市场需要的新产品，FZ35－70 防喷器已远销土库曼斯坦，105MPa 节流压井管汇系统为整体式，属国内首创，第二代智能化井电技术在国内处于领先水平。加强国际市场项目的运作和产品出口工作，扩大了在印度尼西亚、泰国和哈萨克斯坦的市场份额，国际市场的经营成效开始显现。

【综合服务减亏成效显著】 2002 年，四川石油管理局调整经营策略，加强工作的预见性，生产经营的运行较上年均衡。以优质的服务、合理的价格、良好的质量，确保关联交易方西南油气田分公司生产任务的完成。按照效益原则优化外部市场结构，退出亏损市场；坚持科技兴企，努力提高机制产品的档次和质量。

1. 经营责任制促扭亏

四川石油管理局与各二级单位签订经营目标（扭亏增盈）责任书，落实领导人员风险抵押责任制，各二级单位将责任制层层分解落实，明确各级各方面的责任。

2. 抓住重点单位促扭亏

对 2001 年没有完成经营指标的 5 个机械厂给予必要的政策扶持和具体指导，2002 年较 2001 年减亏 2375 万元，加上成都石油总机械厂，6 个局属机厂整体盈利。

3. 加强管理促扭亏

各单位加强投资管理，强化预算管理和资金集中管理，严格控制成本，减少非生产性支出，增收节支收到较好效果。开展外投外借、核销财产处理、住房公积金管理等专项监察审计，挽回和避免经济损失 1500 多万元。强化认证工作，创造进入市场的必备条件，先后有 3 个单位通过 ISO 9001 质量管理体系认证、5 个专业化公司通过 HSE 体系认证、1 个单位通过 ISO 14001 环境管理体系认证，5 个企业和 141 个施工作业队通过集团公司资质认证审核。全面贯彻《中华人民共和国安全生产法》，全年工业生产千人死亡率 0.02、千人重伤率 0.02，创重组 3 年来的最好水平。2002 年，四川石油管理局荣获全国“安康杯”竞赛优胜企业称号。

【多种经营放开搞活】 2002 年，撤销关闭 15 个扭亏无望的多种经营企业，重组合并 23 个企业，亏损面大幅度减少；有 13 个单位的多种经营企业销售收入超过 5000 万元，其中 8 个单位超过 1 亿元。四川石油广汉宏华公司开发出数控变频电动钻机，打开国际市场，全年实现销售收入 3.48 亿元，利润 3571 万元。2002 年，全局多种经营从业人员 1.26 万人，其中安置全民职工 5304 人、雇佣有偿解除劳动合同人员 520 人。

【结构调整与改制】 2002 年，四川石油管理局继续调整主营业务，压缩钻井队伍总量，报废 5 台钻机；全年装备投入 3.8 亿元，提高主体专业设备的新度系数，其中钻机的新度系数由 0.20（1999 年）提高到 0.44；设立局低效油气开发事业部、局设备租赁中心。加大分离力度，有22个单位的生活服务公司转换为内部的物业管理公司，其中13个单位对物业管理公司实行内部分离、费用包干、独立核算，逐步由福利型向经营型转变。全年完成10所子弟学校和两所公安分局的移交工作。稳步推进改制工作，完成油气田建设总公司、汽车运输总公司、天池公司、测井公司射孔弹厂的有限责任公司改造；监理公司整体带资分流，组建为四川华成油气工程建设监理有限公司。

【科技创新与成果应用】四川石油管理局全年新开科研项目84项，获四川省科技进步奖5项、集团公司科技创新奖两项、局颁发科技进步奖71项、申请专利16项。《ZTY整体式天然气压缩机》、《燃气汽车电控装置》两个项目获得国家重点新产品称号。深穿透石油射孔弹堵孔问题研究取得突破，该射孔系列产品和技术已打入伊朗、哈萨克斯坦、泰国等市场，并销往国内10多个油田。欠平衡钻井、防漏治漏等新工艺新技术的开发和应用，取得良好的经济效益。

（赵　军）

长庆石油勘探局

【概述】　长庆石油勘探局（以下简称“长庆局”）是中国石油天然气集团公司所属的以油气工程技术服务为主的兼生产生活服务，并具备油气资源开发和多元化发展能力的综合性国有大型企业，工作区域主要在鄂尔多斯盆地及其周边地区。截至2002年底，局属二级单位44个（含两个助剂厂），局机关设职能处室15个，附属单位9个。全局共有职工37664人，其中干部11588人，占职工总数的30.8%；工人26076人，占职工总数的69.2%；干部中正高级职称人员19人，副高级职称人员565人，中级职称人员3512人，初级职称人员5056人；工人中高级技师21人，技师388人，高级工4983人，中级工6829人，初级工1874人；内部退养人员4381人，有偿解除劳动关系人员6425人，共有离退休职工11399人。

截至2002年末，长庆局拥有资产总值84.09亿元，其中固定资产原值40.02亿元，净值29.49亿元；所有者权益39.59亿元，负债总额44.69亿元，负债率53.15%。全年主营业务收入53.83亿元，同比增长21.79%；主营业务成本52.36亿元，同比增长22%；完成企业增加值19.17亿元，同比增长19.14%；完成全员劳动生产率5.09万元/（人·年），同比增长21.48%；上缴税费4.71亿元，同比增长46.82%。

【工程技术及生产服务】

（1）地震勘探：全年完成二维地震8204千米，同比增长17.52%，二维生产总炮次6.68万炮；完成三维地震546平方千米，其中国外343平方千米，同比增长245.57%，完成GPS定位点130个，全年提交预探井位225口，完成的二维、三维地震工作量均创历史新高。二维地震一级品率75.80%，记录合格率99.80%，三维地震记录合格率100%，提交探井井位符合率77.9%，地震空炮率0.27%，微测井合格率100%。二维地震平均动用队年效率1651千米/（队·年），三维地震平均动用队年效率1651千米/（队·年），二维地震队利用率55.22%，三维地震队利用率40.00%。

（2）钻井生产：全年开钻1004口，其中天然气探井14口，石油探井65口，天然气开发井96口，石油开发井829口；完井1006口，其中天然气探井14口，石油探井65口，天然气开发井97口，石油开发井830口；完成钻井进尺195.08万米，其中天然气探井4.74万米，石油探井12.99万米，天然气开发井32.47万米，石油开发井144.88万米。钻井进尺同比增长23.95%，创历史新高。

开钻井按市场划分：长庆油田市场996口，社会市场8口，其中国外两口；完井1006口按市场划分：长庆油田市场997口，社会市场9口，其中国外3口；钻井进尺按市场划分：长庆油田市场193.11万米，社会市场1.97万米，其中国外8052米。

钻机月速度4030.53米/（台·月），井身质量合格率100%，取心收获率99.42%，平均动用队年进尺34254.22米/（队·年），钻机利用率90.48%，钻井队利用率88.98%。

（3）测井测试：全年完成测井、测试工作量5065井次，同比增长20.68%；完成射孔1997井次，同比增长34.66%；完成测井直接工作量6358.13万计价米，完成射孔 12572 射孔米；测井资料合格率 100 %，一级品率 93.94 %，射孔准确率 100%，优等品率 97.85%；气测录井资料合格率 100%。

（4）试油压裂及井下作业：全年完成试油 1022 层，同比增长 16.14%；试油交井 1317 口，同比增加 303 口；平均动用试油队年效率 85 层/（队·年），试油队利用率 75.13%。全年完成井下作业 11137 井次，同比增长 23.63%；完成作业井口数 10079 口，同比增加 1645 口。

（5）建筑施工：全年承揽工程合同金额 9.92 亿元，同比增长 118.58%；完成施工产值 9.58 亿元，同比增长 59.19%，创历史新高；建筑产品优良品率 87.10%，竣工率 89.90%，一次交验合格率 100%。

（6）供水供电：全年完成供水量 1517 万立方米，同比增长 3.41%；供水商品率 97.10%，供水损失率 2.57%。全年完成供电量 7.97 亿千瓦·时，同比增长 17.07%；供电标准煤耗率 131 克/（千瓦·时），负荷率 78.72%，网损率 4.55%。

（7）通信运输：通信年末交换机总量 60556 门，同比净增 6000 门；实装单机 50736 台，同比净增 3548 台；中继线路 7050 条，同比净增 2400 条；微波线路 1208 千米，同比持平；光缆线路 1301 千米，同比净增 101 千米。运输全年完成货运量 175 万吨，同比下降 5.4%；完成货运周转量 39838.76 万吨·公里，同比下降 4.83%，车辆完好率 92.69%，车辆工作率 78.49%。

（8）物资供应：全年完成物资吞吐量 52.46 亿元，同比下降 2.27%。

（9）机械制造：全年完成现价工业总产值 2.31 亿元，同比增长 48.35%；完成现价工业销售产值 2.11 亿元，同比增长 32.25%；两项工业产值均创历史新高。全年完成机械加工量 2.19 万吨，同比增长 57.29%；抽油机制造 1382 台，同比净增 545 台；压力容器制造 163 具，同比净增 56 具；抽油泵制造 4029 台，同比净增 1479 台；抽油杆制造 71 万米，同比净增 16 万米；振动筛制造 82 台，同比减少 14 台。

【市场开发】　2002 年，长庆局进一步建立和完善了上下结合、各有重点、统一协调的市场开发网络体系和目标责任制，以及内部激励、市场信息管理新规章制度和运行机制。特别是经过对收集到的 260 多条信息分析筛选后，重点跟踪了 150 多条，参与了 72 个项目的招投标，中标 35 个工程项目，承揽工作量 6.78 亿元，同比增长 88%。同时，还成立了长庆局石油生产承包商协会，对参加协会的 26 个单位的市场行为进行了规范。经过努力，市场开发取得了显著成果：

（1）承揽和完成市场价值工作总量大幅增长，外部市场份额明显扩大。全年承揽市场价值工作总量 96800.87 万元，同比增长 33.3%；其中，承揽油田外社会市场工作量 74669.06 万元，同比增长 82.7%。

（2）工程施工层次得以提升。长庆建设工程总公司中标宁夏中宁——郝家集高速公路路面工程施工项目，结束了长庆局道路工程施工几年来一直承担二级以下公路工程施工的局面；中标“西气东输”管道施工工程，使该公司跻身于全国长输管道施工的先进行列。

（3）市场规模、市场份额不断扩大。长庆建设工程总公司打开了青海、内蒙古等省（区）的公路建设市场；机械制造总厂首次闯入中国海洋石油总公司、新疆准东油田井下工具、固控设备等市场；钻井工程总公司成功进入青海油田钻井市场；井下技术作业处工程技术服务延伸到了中石化市场。

（4）产品销售市场进一步拓宽，销售业绩大幅增长。产品外销 1.19 亿元，同比增长 151.07%。

（5）一批外部项目从进度、质量以及管理水平赢得了甲方高度的评价和赞扬，打响了长庆品牌。

（6）首次以大兵团作战的形式，对长呼（长庆气田至呼和浩特）输气管道建设工程等重点工程进行全方位、全过程的市场开发。在该项目上，长庆局投资 5500 万元，成为内蒙古西部天然气股份有限公司的第二大股东。同时，积极组织工程设计、施工、物资供应、工程监理等各方面力量参与招投标竞争，争取到各类工作量 6304.95 万元，实现了市场开发与资本运营的最佳结合，为长庆局构建了新的经济增长点。

2002 年，长庆局还积极推进“走出去”战略，在对外石油工程技术业务上取得了实质性进展。全年三个境外合同项目共完成价值工作量 2948.25 万美元。其中，厄瓜多尔项目累计完成工作量 2502.93 万美元；尼日利亚项目全年完成价值工作量 163 万美元；乌兹别克斯坦项目完成价值工作量 420 万美元。这些项目也带动了相关产品的出口，总货值达 2060 万元；引进机电设备 19 台（套）和石油专用管材 1063.37 万元。

【科技进步】　2002 年，长庆局科技工作以提高整体技术服务能力和水平、开拓市场、降低成本为目标，围绕急需解决的技术难题，组织安排科技项目 39 个，统一部署，精心组织，集中力量，重点攻关，项目完成率达到92.3%，一批科技攻关项目在生产中成果显著。

（1）天然气欠平衡钻井技术日臻完善。重点针对极限负压条件下的井壁稳定和注气参数设计等开展室内研究，完善欠平衡钻井设计软件，研制橇装式地面注气装置，优化气体携岩洗井参数及施工工艺参数。在苏里格气田成功地进行了长庆局第二口天然气欠平衡井（苏35－18井）钻井作业，达到预期目的。

（2）天然气小井眼水平井钻井技术，开创了长庆局独立完成长水平段导向水平井钻井的先河。针对长水平段水平井的钻柱力学、井身结构、轨迹控制等技术，开展攻关研究，掌握了长水平段钻进时降摩阻及轨迹控制技术；优选了强抑制全酸溶暂堵完井液ASS－1体系；成功地实施了苏平1井、苏平2井两口长水平段水平井钻井施工。

（3）乌兹别克斯坦1－G井复杂地层水平井钻井获得成功。对乌1－G井的复杂地层钻井技术难点，进行了调研和攻关，取得了上部大尺寸井眼防斜打直、低返速携砂、井壁稳定技术，以及深部复杂层段漏失堵漏工艺等技术成果。这口水平井钻井周期与乌方当地直井相比缩短两个多月、平均机械钻速提高89.6%，全井生产指标均达到合同要求。

（4）天然气井泡沫固井技术，发展和完善了长庆局天然气井低密度长裸眼段固井技术。结合长庆气田地质特点，开展了不同压力层系固井过程中发生气侵、气窜的原因及影响固井质量的相关因素分析与研究，优选出一套性能优越适合长庆气田的防气窜水泥浆体系——GSJ防气窜降失水体系和低密、高强、界面胶结强度高的泡沫体系；完成了防气窜、泡沫水泥浆体系现场试验16口井，固井合格率100%，优质率86%以上。

（5）端部脱砂压裂改造技术的开发与应用，已成为低渗透油田老井重复改造，提高油井单井产量的有效措施之一。该技术应用科学的压裂裂缝系统优化、精确的施工参数设计，采用高强度、高粘弹性暂堵材料，达到增大裂缝宽度或形成新的裂缝，提高裂缝导流能力，实现油井增产的目的。到2002年底，应用端部脱砂压裂工艺技术累计改造油井24口井，平均单井产量由压前日产1.55吨上升到2.99吨，增产幅度达到193%。

（6）黄土塬大口径管道铺设技术的研究与应用，为长庆承揽的西气东输工程施工奠定了技术基础。该项目针对西气东输靖边至子长方向的32千米的ϕ1060X70管道铺设工程中，黄土塬大口径管道施工特点，在焊接工艺中，形成了STT打底＋外焊机自动焊、STT打底＋半自动焊焊接工艺技术，焊接质量稳定；在管道下沟施工中，采用“双侧沉管下沟”工艺技术，既节约费用，又保证工期。同时，成功地实施了芦河穿越，穿越主体管道370米。

（7）新一代双激振电动机自同步平动椭圆振动筛——GW－S型产品的研发，成功地进入了国外市场。GW－S型振动筛应用双激振电机自同步平动椭圆轨迹理论，实现了双激振电机上筛参振，简化了结构，减少了易损件，改善和优化了工作性能。到2002年底，已加工该型振动筛30台，并与中油集团长城公司钻机配套出口。

【改革改制】　2002年，长庆局以精干主业、突出主营业务、提高核心竞争力和建立现代企业制度为目标，点上深入，面上突破，改革改制工作获得实质性进展。完成国有企业改制项目8个（包括公司制规范），涉及资产1.66亿元，净资产6191.38万元，分流国有职工699人。改制后，新公司股本总额9873.1万元，其中国有股本3575万元，占资本总额的36.21%；职工（包括持股会）股本3708.46万元，占资本总额的37.56%；其他法人股本2589.64万元，占资本总额的26.23%。完成多种经营企业公司制改造项目10个（包括公司制规范）。涉及49个法人企业，两个非法人企业，改制面达55%。改制涉及集体资产15.08亿万元，净资产2.86亿元，分流国有职工2579人。改制后新公司股本总额2.56亿元，其中国有股本2500万元，占资本总额的9.75%；职工（包括持股会）股本1.97亿元，占资本总额的76.87%；其他法人股本3431.51万元，占资本总额的13.38%。

长庆局还重点在公开竞聘副处级干部、实行巡视员制度、项目经理管理、虚拟机构管理、协议工资、设立博士后科研工作站等8个方面进行了改革试点，按照个体经营、民办公助、个人或集体承包等多种形式，探索生活服务系统改革新路子。

【多元经济】　2002年，长庆局多种经营有了长足发展，主要生产经营指标均超额完成。全年完成经营总值21.7亿元，经营销售收入首次突破20亿元，达到20.9亿元，利润总额6176万元，经营销售收入和利润总额分别完成年计划的135.8%和136.9%。全系统实现利税2.47亿元，增加值5.36亿元；全员劳动生产率36562元/（人·年）；销售利润率2.95%；资产保值增值率121.34%；人均增加值3.66万元/

（人·年），工业产品市场占有率 24.31%，成本费用利润率 3.08%。

2002 年末，多种经营总资产 29.32 亿元，其中国有企业 58489 万元，集体企业 6.11 亿元，股份制企业为 16.54 亿元，其他类型企业为 8172 万元，分别占总资产的 20%、20.8%、56.4% 和 2.8%。与 2001 年同期比较，国有、集体企业资产比例下降，股份制企业比例上升。全年固定资产完成投资 1.63 亿元，新增固井资产 3.14 亿元，亏损企业从 2001 年的 19 个降至 9 个，全系统减亏 714 万元，亏损总额同比下降了 16.6%。

【安全、质量、环保】　2002 年，长庆局事故发生率同比下降 2.9%，死亡人数上升 9.1%，重伤人数下降 30%，轻伤人数下降 4.8%。按集团公司考核指标统计，均在控制指标之内。

环境保护方面，污染物排放浓度与总量控制稳定达标，有控废气排放达标率为 95%，固定源工业污水排放达标率为 96%，工业固体废弃物有效处置率 95%，杜绝了特大环境污染和环境破坏事故的发生。

质量、计量、标准化方面，完成了石油工程技术服务企业及施工作业队伍资质认证工作；产品质量抽检合格率稳定在 90% 以上；企业技术标准的技术水平和文本质量有了本质提高；组织了全局产品质量检查，加强了产品质量监督检查力度；实施了《质量监督实施办法》，完善了全局质量监督体系。

2002 年，还将安全管理与监督初步分开运行。全局设立专职安全总监的单位 1 个，兼职安全总监的单位 19 个，9 个单位明确安全副总监兼安全科长，3 个单位建立了监督站；配备专兼职监督 1020 人，其中专职 255 人，兼职 765 人。

【财务管理】　2002 年，集团公司下达的“三项费用”补贴指标为 1.09 亿元，报表反映亏损 5220 万元，减亏 5733 万元。主要财务指标情况为：资产负债率 53.15%，流动比率 1.07，速动比率 0.83，存货周转率 5.92，资本保值增值率 101.3%。

（1）进一步完善预算管理制度，实施预算动态管理。形成纵横交错的预算执行责任体系，实行全面、全员、全过程预算管理；坚持动态预算与月分析、季考核紧密结合；加强预算过程控制，继续实施低成本发展战略，有效地控制成本、费用支出；强化对生产经营中各项成本、费用的控制与管理。

（2）研究财务管理机制，开展专项调研，全面提升会计信息质量。深入研究并建立适应长庆局改革和发展需要的会计管理机制，转变财务管理职能，精简管理层次，积极推行以钻井工程总公司为试点的会计集中核算模式；进一步完善内部会计控制制度，加强会计监督工作；开展“物流和现金流”调研，深化精细管理；开展审计案例分析及相关经济问题讲座，开拓财会人员的视野；加强中油财务信息系统管理，完成了系统软件功能的完善和升级工作。

（3）规范报废资产管理，加大资产管理力度，提高资产经营效益。制定下发了《关于加强报废资产管理和开展自查清理工作的紧急通知》、《报废资产管理办法》等规章制度；按照有偿使用的原则，对占有的报废固定资产收取占用费；开展固定资产投资项目后评价，科学把握固定资产投资方向；规范资产评估工作，组织了整体带资分流、多种经营系统公司制改造、资产的整体及部分收购、有限责任公司增资扩股等各种类型的资产评估工作；配合集团公司完成了物探、测井系统专业化重组工作；清理调查了关联交易中互占资产情况。加强资金集中管理，提高资金运营的安全性和效益性。完善了资金授权管理制度、资金内控制度、关联交易结算办法、涉外资金管理制度等，形成了一套比较完善的资金管理制度体系。

【科学管理】　2002 年，长庆局把精细管理年作为实施“管理提升战略”、提高企业科学管理水平的突破口。各单位结合实际，分别针对财务管理、成本管理、项目管理、物流管理、审计管理、HSE 管理、经营管理、教学管理、井队管理和机关管理等实施了专项精细管理，管理成效显著。

为适应市场的变化，两级机关逐步建立起了科学的动态管理体系，机关职能发生了明显转变，即：机关把管理职能具体到“动态分析、动态调控、构筑‘平台’”上；把服务职能落实到“跟踪服务、总结推广、信息咨询”上；进一步完善“三位一体”成本动态控制体系，建立成本管理责任制；根据产业定位及发展方向，确定投资重点，优化投资结构，促进产业升级；严格投资审批制度，坚持投资主体多元化，实行责任追究制；健全和完善企业经营机制，建立起了科学、合理、有效的业绩考核体系；试行了巡视员派驻制度，对各二级单位领导班子和处级干部进行了实绩跟踪考查；逐步完善人事代理制度，实行了内部人事代理、社会人事代理和单位整体人事代理。

【设备管理】　截至 2002 年底，长庆局共有设备 3290 台（套），期末设备资产原值 18.58 亿元，期末净值 12.60 亿元，新度系数 0.68。其中，主要勘探开发设备数量为：大中型钻机 63 台，沙漠地震钻机 19 台，钻采特车 435 台，测井及物探设备 136 台，运输车辆 1141 台。主要专业设备综合完好率 96.60%，主要专业设备综合利用率 62.42%，主要专业设备故障停机率 1.18%，设备特、重大责任事故发生率 0‰。

2002 年，根据上报集团公司的非安装设备购置建议计划，集团公司批准实施规模为 3.34 亿元，实际购置设备 604 台（套），完成投资 3.34 亿元。当年非安装设备购置计划实施的重点是提高工程技术服务单位的设备配套和施工能力，物探、钻井、测井、试油和试气、井下作业等工程技术服务单位的设备购置投资额占总投资的 89.01%，其中钻井占 43.66%，井下占 12.84%，三个采油技术服务单位占 15.03%。在非安装设备购置过程中，坚持“技术配置要高，配套范围要全，成交价格要低”的原则，使购置的大型成套设备，达到了集团公司“先进、可靠、安全、实用、经济”的要求。

【教育卫生】 2002 年，长庆局普通教育教学质量及办学水平继续提高，高考录取率和本科录取率均高出陕西、甘肃和宁夏回族自治区的平均水平。大专以上录取首次突破千人大关，共录取 1019 人，比 2001 年增加 108 人，录取率达到 61.02%，分别比陕西、甘肃、宁夏三省区高出 4.67、1.56 和 7.31 个百分点，其中本科录取 757 人，录取率占考试人数的 45.3%，占录取人数的 74.29%，分别比陕西、甘肃及宁夏高出 10.58、14.08 和 13.73 个百分点。高中年级参加陕西、甘肃、宁夏三省（区）毕业会考，6 所高中会考平均分、合格率均高出所在省（区）中心城市水平；政治、语文、数学、英语四科成绩平均分分别高出兰州市 16.1、13、32.9、15.6；银川高级中学参加会考的 9 门学科，其中 5 门名列自治区第一，两门名列第二，两门分别名列第三、第四，超过了自治区重点中学；小学、初中测试合格率、良好率、优良率均超过 2002 年长庆局考核指标。

全年共诊治病人 62.34 万人次，其中门诊 51.56 万人次，住院病人 0.89 万人次；病床周转率1.08 次/(床·月)，平均病床使用率 49.36%；为在职职工健康体检 4.58 万人次；计划生育五大指标全面完成，计划生育率 100%，晚育率 99%，晚婚率 100%，节育率 99%，独生子女领证率 98%。

【精神文明】 2002 年，长庆局和地理物理勘探处同时获得“全国‘送温暖’工程先进单位”；井下技术作业试油 177 队、钻井工程总公司 30533 钻井队分别获得“全国青年文明号”称号；井下技术作业处被评为全国职工体质检测先进单位；钻井工程总公司 60144 钻井队团支部被评为“全国‘五四’红旗团支部”；地球物理勘探处研究所解释二室获得“全国‘五一’劳动奖状”；长庆局西安兴隆园小区被评为“全国青年文明社区”等。

（张宏鹏　刘　仁　廖应兵）

玉门石油管理局

【概述】 玉门石油管理局 2002 年共有职工 8027 人，下设 34 个独立核算单位，主要担负着水电热供应、油田作业、建筑安装、机械制造、客货运输、通信信息、物资采供、物业管理、农业牧业、教育培训、医疗卫生、离退休职工管理、公安消防、新闻电视、宾馆餐饮等综合服务业务和社会公益事业。截至 2002 年底，总资产 19.3 亿元，所有者权益 8.71 亿元，负债 10.59 亿元，资产负债率 54.9%。

【经营目标完成情况】 经济总量快速增长，全年实现营业收入 7.46 亿元，完成年度计划的 105.9%，同比增长 17.89%；完成企业增加值 2.4 亿元，同比增长 16.6%；在集团公司“三项费用”补贴到位后，实现利润 139 万元，较好地完成了集团公司下达的经营指标，是重组以来经济增长速度最快的一年。主营业务收入大幅攀升。水电厂实现营业收入同比增长 2.76%。油田作业公司勇为扭亏做贡献，千方百计拓市场，苦干硬拼增收益，严要求、细管理，事故损失大幅度下降；抓创新、强素质，提高钻井业务盈利能力，成功自制出较高水平的沙漠公寓和钻井固控设备。上下同欲抓扭亏，创造出一年扭转 1712 万元亏损的经营奇迹。建安处全年完成价值工作量同比增长 27.5%。机械厂瞄准市场需求，狠抓经营销售，实现营业收入同比增长 7.72%。综合处加强管理，五业并举，实现营业收入同比增长 33.4%。物资处快速反应，优质服务，物资供应量显著回升，同比增长 13.7%，为青西油田勘探开发物资的保障和全局经营形势的好转做出了不懈努力。通信公司抢占先机，创新市场，经济效益有了新的提高。全局区外市场收入快速增长，实现营业收入1.4亿元，同比增长67%。

【发展战略】 玉门局党政根据企业内外经营环境变化，立足长远持续发展，精心筹划企业未来，重新确立了"十五"期间"以电力生产供应为基础，油田作业、建安筑路、机械制造为支柱，综合经营业务做补充，社会公益事业保稳定，积极实施人力资源开发工程"的"四加一"发展战略，较好地解决了长远持续发展的主导方向。各单位按照发展战略，结合行业特点，精心运筹谋划，在打造主营业务，培育核心竞争能力上又有新突破。水电六期扩建工程可研报告，已于2002年12月12日通过集团公司专家组评审，进入立项报批阶段。加大对油田作业业务的投入力度，装备和服务能力迅速提升。建筑安装在炼化改造、酒泉基地建设、西气东输、塔里木油田公路建设等市场进入上，做了精心准备。大力扶持机械制造业务，加快产业结构调整步伐，投资更新改造设备；投资加快新产品的开发和新技术的推广应用。综合经营业务、社会公益事业珍惜新的历史机遇，发展思路和运行措施日臻完善。

【企业管理】 坚持以从严治厂为龙头，变革管理理念，强化管理措施，积极实施低成本战略，严格控制投资，重大工程投资审减率达到15%。加大审计和效能监察力度，有效地规范了经营行为。严格资金调度程序，强化会计核算、监管；落实清欠责任，收回外欠资金4312万元；盘活闲置资产，改善了资产结构。严格实施合同"二级三审"制度，较好地维护了企业利益。开展"反违章、查隐患、抓落实、保安全"活动，积极推进HSE管理体系的建立和认证，目前已有五个单位取得了体系认证；开展ISO 9000质量体系认证，综合处、物资处、通信公司、物业公司，目前已有八家通过审验。调整组织结构，理顺工作关系，成立市场开发处，统筹全局的市场开发工作，将外事处更名为国际经济技术合作处，促进国际合作。

【优质服务】 全局上下坚持为油服务，优质服务水平有了新的提高。建安处在青西公路、外输管线、钻前工程施工中，管线焊接一次合格率达到了97.1%，质量独占参战单位鳌头。综合处钻井设备搬迁次次超前，次次优质，次次安全，改造制桶生产线，严把质量关口，满足了油品包装多元化的需求。物资处坚持"零距离"服务，提高型砂生产档次，提高石油管材检测水平，提高水泥干混效率。油田作业公司试油队在窿8井试油作业中，质量、速度、效率俱佳。水电厂承担的青西65千米35千伏供电线路和变电所工程，提前32天完工。机械厂主动出击，上门服务，成功地研制出深抽配套可打捞泵、节能复合平衡抽油机等新产品，满足了油田需要。通信公司开通133CDMA网络和移动电话、在青西增设直放站，服务的领域有了新的拓展。

【市场开发】 局厂领导捕捉信息抓机遇，策略灵活占市场，争取多方支持，争取到了玉门压气站的电力供应、140千米管道伴行路的施工、物资的储存中转、防腐厂的设点等工作量。抢抓西部油田上产、市场空间增大的机遇，依靠上级支持、同行帮助，主动沟通，积极协商，赢得了理解支持，区外市场份额逐步增加。四支队伍进入塔里木油田，同时带动"三抽"产品进入塔里木油田市场。七支井下作业队伍进入长庆油田市场的准入手续已经办理完备，两支队伍奋战靖边偏远油区。吐哈、青海油田市场得到了巩固。各单位在抓住主要目标市场的同时，积极渗入社会市场。建安处与长庆油田联合，成功中标省道202线路面工程，价值工作量达1700多万元。综合处油气销售、劳保、制气、包装等业务，加大挺进社会市场的力度，服务创效。面对全球经济一体化进程的明显加快，审时度势，寻求契机，着眼未来，大胆设计，慎重进入，开拓国际市场渐露新的曙光。井下作业实现了首次走出国门新突破，与土库曼斯坦库姆达格油田签订了为期四年的工程服务合同。机械厂加强国际合作，不断扩大产品出口，"三抽"产品在稳定欧洲、亚洲等20多个国家和地区市场的同时，首次打进南美洲市场，与委内瑞拉签订了出口3万米抽油杆的合同。全年出口产品同比增长105%。外贸进出口公司注重研究国外市场，积极争取客户，拿到了两个进出口代理项目，并与国内18个企业建立了代理关系，开辟了四个国家的代理市场。上海大联公司发挥地域优势，努力开辟国外市场，产品成功出口马来西亚；与英国BP公司洽谈合作加工事宜，已达成协议。

【综合经营业务】 阳光大厦高起点、高标准、高质量、高水平地抓建设、抓管理改建成"五星级"酒店，成为中石油、甘肃省第一家"五星级"酒店，并荣获甘肃省建筑"飞天奖"，大大提升了甘肃旅游服务的档次和"玉门石油"的品牌。兰州石油大厦加快"三星级"改造步伐，顺利挂牌营业。上海大联公司面对激烈的市场竞争，积极调整经营策略，研发出国内先进的柴油机油CC级、CD级新产品，成功取得了五个产品的代理权，首次中标中石化市场。陕西石化公司诚信经营，吸引用户，销售收入同比增长104%。

【人力资源开发】 制定优惠政策吸引人才，招收110名大学生进入企业，是近年来招收最多的一年；改善管理者队伍结构，全年干部岗位培训和适应性培训728人次，职称评审210人；建立学术技术带头人队伍，选拔局厂学术带头人80名；改善操作人员队伍结构，全年工人适应性培训1574人次，鉴定技师和高级技师162人，职业技能鉴定392人；成立外语学校，举办研究生和专升本深造班，着力提升职工的文化层次和专业技术素质。

（卜鹏洲）

青海石油管理局

【概述】 青海石油管理局隶属于中国石油天然气集团公司，是以石油天然气勘探开发工程、技术服务为主，多种产业结构并存、多种所有制共同发展的企业法人，主要生产工作区域位于素有“聚宝盆”之称的青海柴达木盆地。主要经营范围包括：石油天然气钻井、固井、试油、井下作业，钻井液及化工原料研制、销售，建筑安装、油田建设、规划咨询、勘察测量、工程设计、工程总承包、工程监理、特种工程施工，机电设备制造、加工、修理，水、电、暖生产与供应，客、货运输，建筑建材生产和销售，物资采购、存储、批发、零售，锅炉压力容器除垢及修理，通讯工程，中小学、幼儿教育，医疗卫生，社区物业管理，生活后勤服务，旅游服务，多种经营等相关服务。

截至2002年12月底，全局共有职工14725人（含内部退养职工1049人）、员工1459人，离退休职工4785人。全局有硕士研究生学历2人，大学本科学历1005人，大学专科学历2048人，中专学历1798人。教授级职称2人，高级技术职称148人，中级技术职称1424人，初级技术职称2063人；高级技师22人，技师347人。拥有固定资产原值24.44亿元，净值15.41亿元。共有各类专业设备2942台（套）。组织结构为“一个机关、两个模拟公司、三个经济责任中心”的管理体制，即：局机关、石油天然气工程技术服务总公司和昆仑实业服务总公司两个模拟公司，成本、责任、利润三个经济责任中心。局机关共有10个业务部室，10个直属单位，三个直管单位，全局共有48个二级单位。

【生产经营】 2002年是青海石油管理局克服困难，深化改革，真抓实干的一年，也是实现扭亏脱困目标非常关键的一年。一年来，油田公司紧紧依靠广大职工，抓住机遇，开拓创新，夯实基础，开源节流，狠抓服务质量和服务水平，两个文明建设取得了新的成绩。全年经营收入164373万元，成本164355万元；上缴税费1.29亿元，实现了年初确定的扭亏脱困年度目标和承诺。

全年共完成钻井进尺159437米；二维地震1049千米，三维地震235平方千米；试油80层组；井下作业（维护）1199井次，大修作业23井次，压裂酸化123井次；测井444井次，射孔305层组，录井189口；固井126井次；特车修理137台（部），柴油机修理55台，成套制造254套（件）；供水量2014万吨，供电量26779万度；货运周转量12713万吨·千米，客运周转量9288万人·千米；建筑施工工作量13979万元。

【重点工程项目】 2002年面对严峻的市场经济形势，抓住国家实施西部大开发的战略机遇，利用柴达木盆地的资源优势，管理局相继召开了重点项目审查会，确定了一批有市场前景的项目，通过重点项目的实施，培育新的增长点，实现管理局的可持续发展。意大利阿吉普反承包项目，共完成钻井进尺4946米，二维地震439.62千米，修筑沙漠公路43.7千米。低效油田合作开发完成原油产量4816吨，获份额油3760吨。西宁1万吨PVC项目于10月份一次投产成功，到年底已销售PVC 400吨。昆仑山矿泉水已投入正常生产。花土沟燃机电站建筑安装已进入收尾阶段，将于2003年7月份投产发电。

【人员培训】 2002年管理局教育培训工作形成了由人事部门牵头，业务部门配合，培训部门实施的管理运作体制，实现了以岗位培训为重点，局、处、队（站）三级培训相结合的培训体系，收到了较为明显的效果。全年共培训各级各类人员11200余人次，其中培训经营管理人员181人，专业技术人员1449人，生产操作骨干和队（站）管理人员650人，各类资质培训1483人，学历培训1512人，工商管理硕士、工程硕士、对外合作骨干及培训50人，管理局组织岗位适应性培训1205人次，各单位自主适应性岗位培训4773人次，为企业参与市场竞争提供了人才保证。

【企业管理和改革】 为加强企业的基础管理，2002年在全局范围内深入开展了以“关爱生命、安全第一”为主题的“质量安全年”活动，各单位积极推行HSE，ISO 9000体系的认证和实施，强化质量、安全、环保、健康教育，加强现场管理，提高岗位人员的风险防范意识和自我保护能力，服务满意率由2001年的65％上升到80％，事故损失比上年减少30％，防止了效益流失。针对管理局产业结构和组织结构不合理的状况，将钻井、井下、特车、化工、生活、宝禾等单位进行了归并，整合为井筒工程公司、井筒服务公司、生活服务公司；对运输有限公司和油建工程公司的机构进行了调整，组建成立了工程建设有限责任公司、路桥建设有限责任公司和客运有限责任公司，以此来加快技术改造和主营业务的优化升级。通过改革调整，提高了企业的竞争能力。

【市场开发】 管理局以“占稳油田市场，开拓社会市场，打入国际市场”为目标，按照市场的要求，抓好施工作业和技术服务队伍的资质认证工作，大力开拓局外市场。油建工程公司获得了国家建设部颁发的国家一级企业承包资质和青海省公路工程总承包二级资质，旅游公司取得了“国际旅行社”资质。井筒工程公司等九个单位已取得了ISO 9000体系认证；炼化维修公司等三个单位取得HSE体系认证，为占领局外市场奠定了坚实的基础。井筒工程公司、物资装备公司、格尔木社区管理中心、油建工程公司、勘察设计研究院和基础教育中心等单位分别在西气东输、青藏铁路、阿吉普反承包项目、地方基础设施建设和招收地方生源等市场有了一席之地。

【多元开发】 全局多种经营从业人员5392人。截至2002年底，青海石油管理局从事民营经济的人员总数为360人。民营经济已成为管理局经济的重要组成部分。

（局办公室）

新疆石油管理局

【概述】 新疆石油管理局（以下简称管理局）是中国石油天然气集团公司所属的地区综合服务公司，主要从事石油及天然气的钻井、录井、测井、试油、井下作业、钻采工程技术服务和工程建设与施工、机械制造、公路运输、发供电、供排水、通讯等业务，是以石油工程技术服务为主，生产服务、多元开发并举，生产经营与资本经营并重，在国内外市场都具有较强竞争实力，在区域经济中占有举足轻重的地位，中国西部最大的实力强、技术先进的大型石油技术服务企业。局本部设在新疆维吾尔自治区克拉玛依市，局机关设18个部室，机关直属、附属单位18个；局属单位42个，其中正局级两个（独山子石油化工总厂、新疆石油学院），副局级一个（准东勘探开发公司），厂处级单位39个（其中副处级四个）。有各种石油工程技术队伍320个，其中物探队11个、钻井队83个、录井队47个、井下作业队100个、试油队22个、测井队57个。全局年末职工57960人，其中工人35264人，干部20697人；各类专业技术人员20563人，具有高级专业技术职务的1158人，中级7468人，初级10799人。

2002年末，新疆石油管理局拥有资产总额140.17亿元，其中固定资产原值90.61亿元，净值57.46亿元。拥有主要专业技术装备5000多台（套），其中钻机95台（套），地震仪9台（套），测井设备59台（套），综合录井设备31台（套），井下作业设备191台（套），工程建设机械装备479台（套）；自备发电厂总装机容量171兆瓦；通信程控交换机总容量11万部；有三座水库，总库容11310万立方米。

2002年，是管理局实施“十五”计划的关键一年。一年来，新疆石油管理局重点抓了六个方面的工作，即：持续重组，调整结构，全力做强主营业务；积极稳妥地推进三项制度改革，建立符合市场经济规律的运行机制；加速技术创新，发展特色技术，努力提升竞争能力；加强企业管理，进一步提高管理水平和经济效益；加大市场开发力度，拓展市场空间，提高市场收益；认真贯彻六中全会精神，加强党的作风建设，切实转变工作作风。全局各族职工团结拼搏，开拓进取，全面实现了既定工作目标，与新疆油田公司携手创造了原油年产上千万吨的辉煌业绩，实现了克拉玛依几代石油人近半个世纪的宏愿。

全年完成总收入 61.45 亿元，实现企业增加值 30 亿元，比 2001 年增长 7.1%，增加值劳动生产率 5.11 万元/（人·年），比 2001 年增长 18.8%，在三项费用补贴比上年减少 1.48 亿元、新增费用近 1 亿元的情况下，全面完成了集团公司下达的经营目标，实现利润 230 万元。在全局 44 个经营考核单位中，42 个完成了生产经营目标，占考核单位的 95%。与 2001 年相比，除二维地震和试油工作量外，其他主要实物工作量均有不同程度的增长，其中，完成钻井进尺 159.92 万米，创历史新纪录；三维地震、井下作业、测井、录井实物工作量分别比 2001 年增长 37%、10%、6%、18%。发供电、货运周转量也创造了历史最好水平。此外，管理局与油田公司合作开发的低效油田于 2002 年初全面启动。全年共投资 3.16 亿元，动用地质储量 424 万吨，钻井 107 口，完成进尺 16.5 万米，建成原油生产能力 13.7 万吨，全年生产原油 5.7 万吨。

【科技创新与技术改造】　围绕准噶尔盆地勘探开发、工程技术服务和生产技术等主营业务共安排科技攻关、新技术开发和新技术推广应用项目 188 项，获科技成果 55 项、专利 22 项，开发新技术、新产品 30 项，投入科技经费 7246 万元。“随钻信息工程应用技术研究与开发”、“高压含砂油气井测试技术”项目被列入国家经贸委技术创新项目计划。“欠平衡钻水平井技术研究”、“分支井钻井完井技术研究”、“准噶尔盆地高温高压及低压易漏井固井技术研究”、“准噶尔盆地南缘储层测井评价技术研究”、“准噶尔盆地南缘勘探工程配套技术研究”等 11 个项目被列入集团公司 2002 年科技项目计划，一些重点项目攻关取得重大突破，在生产实际中发挥了重要作用或展示了良好的应用前景，对促进油田勘探开发和增储上产发挥了重要作用，同时也增强了管理局工程技术服务队伍的技术实力和市场竞争能力。

工程技术服务装备技术水平进一步提升。投资 4.04 亿元，配备了 ZJ70DB 电动变频钻机、ZJ30DBT 电动变频拖挂式钻机、EX—2000 测井系统、英国 EXPRO 高温高压三相分离器等一批具有国内一流、国际先进的关键设备，报废销毁技术落后钻机六台和其他一批高消耗、工艺技术落后、有安全隐患的装备，主要装备的新度系数有所提高。与 2001 年相比，平均钻机月速度由 2969 米提高到 3468 米，提高了 16.8%；固井质量合格率由 93.92%提高到 98.5%，其他主要技术指标均有较大幅度的提高。

【经营管理】　2002 年，按照集团公司进一步明确产业定位及发展方向、加快未上市企业发展的总体部署，结合企业实际，提出了管理局未来几年的战略任务，确定了管理局的产业定位，按照现代企业制度的要求，建立以石油工程技术服务、低效油田开发和基础产业（供发电、供水、供暖）为主营业务，具有相当竞争实力的地区综合服务公司。

大力实施人才战略。制定了《加强技术人才队伍建设试行办法》等一系列人力资源管理措施，在人才培养、人才使用、人才储备等方面形成了一套完善的体系。2002 年共培训专业技术骨干 380 余人，专业技术人才 2500 余人，送培研究生、博士生等高层次复合型人才 180 余人，培养对外合作人才 150 余人，培训少数民族干部 1400 余人次。评选出 27 名管理局学科技术带头人。出资 150 万元在石油大学和西南石油学院建立了“新疆石油奖学金”。

加强预算和考核管理、资金管理，实施低成本战略，加强股权管理工作，规范股权管理行为。

大力推进 ISO 9000，HSE 管理体系的建立、运行与监督检查工作，使企业资质、管理水平和服务质量进一步提高。全局共有 23 家单位取得 ISO 9000 质量体系认证证书，三家单位通过 ISO 14001 环境管理体系认证。

【企业改革】　2002 年管理局继续实施产权制度改革。重点对生活后勤、辅助生产和多种经营系统进行了改组改制，逐步理清产权、隶属和劳动关系。2002 年改制企业八家，分流职工 1167 人。不断深化工资制度改革、扎实开展了“五定”工作、实施了机关机构改革。此外，按照集团公司的统一部署，管理局地质调查处整体并入中国石油集团东方地球物理勘探有限责任公司。

【市场开拓】　继续实施市场开拓战略，按照“巩固传统市场，开拓外部市场”的市场方针，确立了油区内、国内、国外三大战略目标市场。在油区内市场，开展以承诺服务为主要内容的优质服务活动，创优质产品，创精品工程。在新疆油田市场开放不断扩大的情况下，钻井、测井、录井、试油市场占有率稳定在 90%以上。在国内市场，以塔里木盆地为重点，辐射吐哈、青海和长庆油田，并积极参与西气东输工程施工建设，先后与塔里木油田、中石化西北石油局建立了长期合作关系和定期互访交流机制，服务质量得到甲方的高度评价。工程建设公司在西气东输工程项目中的第14标段47.843千米施工中，取得全线综合评比扫线工作量完成、施工组织设计中英文对照、ISO 9000质保体系验收、施工用地征地工作“四个第一”的好成绩。在国外市场，以中亚油田市场为重点，在中东、南美洲、非洲等国家开展技术服务，国际合作呈现良好的发展趋势。目前，管理局钻井、测井、施工建设、勘察设计、采油工艺等行业参与了国际合作，涉及哈萨克斯坦、沙特、伊朗、埃及、委内瑞拉、也门、尼日利亚，阿尔及利亚等八个国家。2002年12月，与中油阿克纠宾油气股份公司达成了肯基亚克油田盐上浅层稠油开采项目为期四年的合作协议。2002年全局外部收入达到8.4亿元。

【安全环保】　2002年，管理局坚持“安全第一，预防为主”的指导思想，采取多种措施落实安全生产责任制，夯实安全工作基础，加大安全管理力度。制定了《新疆石油管理局HSE/OSH管理体系建立与推行策划书》，确定重点做好非主营生产单位的体系建设和生产主营单位的“两书一表”推广实施及加强现场HSE监理管理工作。截至2002年年末，管理局共有11家生产单位通过了HSE/OSH管理体系认证，全局207个基层车间队实施了HSE“两书一表”，27个生产单位配备了总监和副总监，管理局成立了HSE监理中心，钻井公司、井下作业公司、工程建设有限责任公司等15个单位建立了HSE监理站，全局自上而下已建立起完善的三级安全管理网络。同时，加强石油勘探开发过程中的生态环境保护，施工作业队伍认真进行清洁、无害化生产，积极消除污染。钻井公司、井下作业公司在施工作业中积极实施“环保作业，绿色井场”活动，自觉地消除工业污染，有效的保护了环境。在集团公司施工作业队伍资质认证中，320支石油工程技术服务和施工作业队伍全部通过了现场审核。86支队伍被评为2001年度新疆油田市场石油工程优秀服务队伍。

2002年，管理局结合生产实际情况，开展各类专项整治、安全检查共10次，及时地消除了事故隐患。认真组织开展全国第一个“安全生产月”活动，对“安全生产月”及“安全生产咨询日”活动进行了全面安排和部署。在市区中心地带设立了安全生产、环境保护宣传台，开展了安全生产、环境保护知识咨询活动。组织12600人参加了《中华人民共和国安全生产法》知识竞赛活动，聘请有关权威专家举办了《中华人民共和国安全生产法》培训班五期，全局450名二级单位的厂处长、安全科长、安全管理干部参加了培训。开展交通安全“爱自己、爱他人、爱岗位”的“三爱”教育活动，严格执行局内部驾驶员上岗证制度。在车队中开展了创建“零事故”车队、“百万千米”优秀驾驶员评选以及降车速、反违章等为主要内容的交通安全活动。

2002年管理局重大生产事故起数和死亡人数分别比2001年下降了50%。按照《集团公司安全生产环境保护达标企业考核细则》的要求，管理局安全生产、环境保护各项指标控制在集团公司下达的考核范围内，被授予“集团公司安全生产与环境保护先进单位”的荣誉称号。

（陈　鹏）

吐哈石油勘探开发指挥部

【概述】　2002年，吐哈石油勘探开发指挥部（以下简称指挥部）坚持发展主题，推进“三大战略”，突出“五个一流、强精特优”，实施“四项工程”，年度生产经营任务全面完成，企业竞争力显著增强，油区内部保持稳定，两个文明建设共同进步，各项事业呈现勃勃生机，职工队伍展示出奋发进取的精神风貌。

截至2002年底，指挥部拥有资产总额628865万元，其中固定资产原值476659万元，净值288300万元。职工总数13515人，其中干部4156人，占职工总数的30.75%；机关处室15个，直属单位两个，二级单位37个，其中驻外办事处10个（含两个离退休部和太湖度假村）。

【经营情况】　2002年实现收入228290万元（含物资采购7660万元）。其中工程技术服务实现收入129609万元（包括重组的物探、测井公司），占总收入的56.8%；生产服务实现收入64152万元，占28.1%；社会服务等单位实现收入34529万元，占15.1%。应上缴税费15425万元。集团公司三项费用补贴后利润为537万元，超额完成了全年盈亏持平的经营目标。

【主营业务工作量完成情况】 2002年，物探完成二维地震1324千米、三维地震208平方千米；钻井开钻161口，完成164口，进尺447918米；井下完成井下作业1328井次，试油77层，地面压裂、酸化409井次，特种作业225井次；录测井完成裸眼测井192口，开发测井614井次，射孔5464米，录井12630天，投捞338井次；油建完成价值工作量19000万元；筑路完成施工价值工作量4260万元；供水供电完成供电量33919万千瓦·时，完成供水量1125万立方米；物资供应完成物资供应量100992万元；运输实现客运量258万人·千米，货运周转量9590万吨·千米；机械制造与维修实现工业总产值9898万元，销售产值9492万元。

【市场开拓】 指挥部坚持加快发展主题，推行优质、超值服务理念，运用特色技术和特种设备，努力打响“吐哈石油”品牌，积极推进市场开发战略，整体市场开发成效显著。

(1) 内部市场主体地位得到巩固。工程技术服务工作量保持稳定，生产服务处于优势地位。其中钻井全年完钻118口，同比增加13口，内部市场占有率增加了6%；井下压裂酸化、试油、特种作业市场占有率保持100%，综合占有率76%，上升3.7%；录测井市场综合占有率96%，上升1.8%；油田建设价值工作量7331万元，同比增加2850万元，增长64%；运输工作量增长355万吨·千米，增长21%。其他专业工作量基本保持平稳。

(2) 周边油田市场进一步拓展。认真分析目标市场形势，以稳健的市场开发策略，稳定并不断扩大玉门、青海、塔河、塔里木、克拉玛依、长庆等目标市场。钻井、井下等单位外部市场保持较好发展势头，钻井完钻35口，进尺9.15万米，分别比2001年增加21口和4.36万米。井下外部市场服务领域进一步扩展，新进入了长庆市场。物探重返玉门市场，青海市场工作量上升75%；录测井进入长庆、中石化新区事业部市场，工作量较2001年上升17%。油建在玉门市场争取到5600万元的工作量，弥补了内部工作量的不足。技术监测中心玉门市场开发取得了突破性进展。运输公司、物资处、钻采院、地物所等单位实施跟随战略，外部市场开发见到明显效果，服务领域进一步拓宽。

(3) 社会市场取得新的突破。物资处、职工医院等单位先后获得“西气东输”500千米管道及配件仓储供应中转业务、伴行道路工程设备维修、医疗保障、生活物资供应等服务。油田建设有限责任公司承揽了南疆公路、输气、水利灌溉工程等项目建设任务，社会市场工作量占到总工作量的25%。技术监测中心取得新疆广汇集团LNG项目全部监理工作量。信息产业处中标教育部“中西部教育示范工程”新疆区项目，争取到博州800万元的计算机配置工程服务。乌鲁木齐吐哈石油大厦晋升为四星级宾馆，顺利通过绿色饭店认证，成为乌鲁木齐十佳酒店，圆满完成了五次重大接待任务，旅游公司晋升为国际旅行社，市场进一步扩大。

(4) 国际市场发展势头强劲。呈现出钻井和井下作业稳步发展、气举采油技术服务快速起步、国际合作项目有所突破、进出口额保持稳定的良好发展势头。到年底，指挥部已有17支队伍进入国际市场，尤其是巴基斯坦OPI项目的成功合作，提升了指挥部国际合作的层次，对进一步实施国际化经营战略奠定了坚实基础。

【技术创新】 指挥部把技术创新放在“四项工程”之首，加强领导，加大投入，健全机构，充实力量，完善激励政策，突出现场实用技术研发应用，加快技术进步和技术创新步伐，技术创新能力进一步增强。三项科研项目被国家经贸委、集团公司列为重点攻关课题，其中“玉门青西高陡地层降低成本快速钻井技术研究”取得了突破性进展，依托工程青西2-20井顺利完钻，使青西地区钻井周期从七个月缩短到四个月以内，率先实现了集团公司“四个月打一口井”的目标。四项科研项目获得集团公司、自治区科技进步成果，“探井油气层保护技术”获集团公司2002年度技术创新成果一等奖。初步形成了八大序列66项特色技术、251项成熟技术。“钻修作业设备供电系统”开发成功，实现了用电网向钻修设备直接供电，降低了成本，节约了能源，改善了现场作业环境。钻井公司高难度大位移水平井神平210井、连平1井的成功完钻，标志着水平井钻井技术的成熟；使用小井眼开窗侧钻技术，使报废22年的青海跃38井焕发青春。井下公司开发应用鹰眼井下视像、低压气藏压裂、混氮气压裂等多项新技术，特别是混氮气压裂技术在红台地区勘探中获得重大突破，红台6井、8井平均增产八倍多。钻采院引进美国ICT水力喷射深穿透射孔技术，首次在吐哈四口井成功应用，打破了该技术在世界上应用井深为2500米的记录。地物所加强油田综合研究，发现和落实有利滚动目标15个，提交井位13口，油田公司采纳6口，已完钻4口均获商业油气流。

【多元发展】　2002年，多元板块以健康稳步发展为主线，全系统的总体生产经营呈现出安全好、质量优、效益高的特点。重点工程马来酸酐项目，经过两年的艰苦奋战，基本建成。溶剂油脱芳改造取得技术上的重大突破，绿色化工项目论证取得阶段性成果。能源公司10个加油站改扩建工程相继完工，第五加油站达到了万吨级容量，单站日平均销售成品油达到7.6吨。

【安全生产】　2002年，指挥部认真贯彻落实党中央、国务院关于安全生产的一系列指示精神，坚持“安全就是效益”的方针，加强现场监督检查，强化风险管理，不断夯实基础工作，安全生产形势基本稳定。杜绝了井喷失控和井喷着火、重特大火灾、爆炸以及一次直接经济损失100万元以上等事故。除交通事故外，其余指标均控制在集团公司下达的指标之内。（1）高度重视，强化监督，健全网络，加强安全生产组织管理。认真贯彻指挥部工作会议和质量安全环保工作会议精神，把做好安全工作和提高经济效益放在同等重要的位置来抓，并作为各级领导干部的第一责任、部署工作的主要内容、考核评比的重要条件严格考核。（2）积极开展安全生产培训教育活动，全员安全意识和技能得到不断增强。以广大干部员工的安全法制、安全知识、安全技能教育和安全意识培养为主题，指挥部及各单位坚持开展安全生产培训教育活动，组织开展“安全生产月”、“交通安全生产周”、“119消防宣传日”等活动。举办领导干部安全知识培训班和消防管理人员培训班。（3）认真贯彻落实国家和集团公司指示精神，“四防六整治”工作见到效果：①狠抓交通安全管理工作。各单位采取与驾驶员签订《交通安全责任书》等办法，落实安全责任。认真执行指挥部外租车辆管理有关规定，2002年外租车没有发生大小交通事故。②加大对公众聚集场所、易燃易爆等要害部位消防专项整治工作力度。③积极贯彻落实《职业病防治法》。职业健康管理得到进一步规范，杜绝了人员中毒事故的发生。④开展了危险化学品安全管理专项整治。⑤加强了野营房管理。制定《野营房使用安全管理规定》，开展了野营房使用安全专项检查整改，消除了隐患。⑥严格民爆物品、放射性物品以及锅炉压力容器等特种设备的安全管理工作。

【企业改革】　按照集团公司统一部署，完成了指挥部产业定位和发展方向的研究工作，明确了指挥部“以石油工程技术服务为主营业务，以生产服务、加工制造和物业管理为辅助业务，面向地区市场，开拓社会市场，积极参与国际市场，成为具有较强竞争实力和较好经济效益的综合性地区服务公司”的产业定位和发展方向；顾全大局，配合集团公司完成了物探、测井专业化重组，队伍保持了稳定；油田公安顺利移交地方政府管理。进一步整合业务，理顺管理体制，对油建、建筑、筑路三个单位进行合并重组，组建油田建设有限责任公司，整合了专业优势，提升了整体竞争实力。进一步深化三项制度改革，干部人事制度改革迈出较大步伐，指挥部五名党政副职公开竞聘、民主推选上岗，使领导班子结构更加合理；坚持“存量保留、增量拉开”的工资总量调控原则，加大对主要创效单位、外闯市场单位及科研单位的倾斜力度，上浮了5%—10%的工资总额；在部分单位实行了分配制度改革试点，进一步完善了“工效挂钩”分配机制；制定完善了高级人才、技术骨干、境外工作人员、新增人员等工资待遇制度，分配激励机制进一步健全。

【内部审计】　坚持“全面审计、突出重点”的工作方针，以财务收支审计为基础，业绩考核审计为主线，经济责任审计为重点，完成指挥部所属审计项目108项。已审单位资金总额403251.59万元。提出审计建议250条，被采纳232条。取得经济成果合计5106.99万元。受油田公司委托，对油田公司受托单位的财务收支、经济责任进行审计，并开展基建工程审计结算项目57个。

【纪检监察】　（1）加强思想教育，领导干部反腐倡廉的思想道德防线进一步巩固。（2）突出制度建设，领导干部廉洁自律工作不断深化。制定了《关于加强和改进党的作风建设有关问题的具体意见》，修订完善了指挥部党委议事规则、廉政建设、联系群众等制度，提出了责任制追究的办法和措施。（3）健全责任机制、党风廉政建设责任制进一步落实。（4）坚决查处违纪违法案件。共受理信访举报82件（次），办结率100%。（5）深入开展效能监察工作，促进了企业的规范管理。一是开展外租车辆使用管理效能监察。二是开展资金管理效能监察，全年共清回各类欠款550.69万元。三是开展专项执法监察，维护了企业和职工的合法权益。

（韩剑锋　陈来军）

塔里木石油勘探开发指挥部

【概述】 2002年，塔里木石油勘探开发指挥部（以下简称“指挥部”）机关机构有：指挥部办公室、计划经营部、财务资产部、生产协调部（原生产科技管理部与公路管理处于2002年7月24日合并）、质量安全环保部（2002年7月24日成立）、人事劳资部、党群工作部、审计监察部、工程房产部（原房产管理中心于2002年7月24日更名，增加工程项目职能，保留房产中心牌子）和市场开发部。基层单位有：工程技术服务公司、物资贸易公司、经济发展总公司、物业管理公司、运输有限责任公司、通信有限责任公司、塔里木华油公司、设备租赁公司（2002年6月24日成立）、消防支队（2002年10月16日成立）、职工医院、教育培训中心、电视台、文体中心、离退休职工管理中心、北京联络处、乌鲁木齐办事处、广州办事处。截至年底，指挥部有员工2211名，集体家属工863名，共计3074名；员工中干部989名，工人1222名。

【生产经营】 2002年，指挥部确定的工作目标是：(1) 生产经营目标：按照每年7%的发展速度，实现经营收入8.89亿元（其中关联交易收入3.41亿元，其他收入5.48亿元），成本支出8.56亿元，比2001年降低5%；实现经营利润2800万元，力争完成3300万元。(2) 科研攻关目标：根据油田生产和指挥部市场开发的需要，加大科研攻关和新技术推广，增强生产服务能力。(3) 职工收入目标：通过扩大内外部市场、开发新项目，实现经济的稳步增长，提高经济效益，保持职工收入的稳定。(4) 基层建设目标：按照“十五”期间基层建设的总体要求，继续开展基层队站达标活动，实现40%基层队站达标。全年生产经营实际收入84508万元，实现经营利润4752万元。

指挥部认真组织落实关联交易协议，严格履行关联交易合同，加强生产组织，按照合同要求提供生产、生活服务，全年与油田分公司签署关联交易总协议和21项关联交易合同，实现关联交易总金额40187万元。加强市场开发工作的领导，健全市场开发体系，完善市场开发政策，运用激励机制调动了各单位市场开发的积极性，开发了中石化西北分公司、西气东输以及其他周边市场，扩大了外部市场份额。委托中油财务公司进行资本运营，投入资金2.5亿元，收益1724万元；委托奥依尔投资公司进行资本运营，投入资金5000万元，收益113万元；积极参与集团公司专业化重组，对中油测井公司投入股本金8000万元。通过与中石化西北分公司、中石化西部新区勘探指挥部签订和履行合作协议，带动了指挥部工程技术、物资贸易和物业服务等市场的开发。全年外部收入5813万元，超额完成5000万元的目标。

【企业管理】 2002年，指挥部进一步加强经营管理，全面开展了资产清查，对所属的设备、住宅、厂房、土地等资源进行了清理和维权，制定了加强资产管理的办法和资产处置方案；全面优化了劳动结构，规范了用工管理，控制了用工总量；全面实行了预算管理，对生产经营实行了有效的控制，发挥了资金的使用效能；全面实行了定额管理，完善了定额体系和价格体系；成本费用纳入经营承包考核，实行了机关费用承包和单项考核；全面开展了审计监督，堵塞了管理漏洞；加强了质量安全管理，指挥部以及10个二级单位、6个经营实体通过了ISO 9000质量体系认证；开展了HSE管理体系建立工作，落实了安全责任制，安全工作得到了加强；进一步完善了23项管理办法，通过加强管理工作，提高了经营管理水平，降低了成本费用，促进了经济效益的提高。

根据指挥部［2001］44号文件《关于开展基层队站达标活动的通知》精神，指挥部于6月25日至6月30日，按照《塔里木石油勘探开发指挥部基层队站达标实施细则》，进行了基层队站达标考核验收，验收合格的基层队站有：物业管理公司水暖管理站、幼儿园，文体中心游泳馆，华油公司石油宾馆，运输有限责任公司接待车队、配料中心，经济发展总公司化学助剂厂，通信有限责任公司服务中心，物资贸易公司生产服务队、储运部、油品部，工程技术服务公司井控欠平衡分公司、工具分公司、钻具分公司。

【企业改革】 2002年，指挥部深化改革的工作包括：以转换经营机制为重点，继续实行五种形式的内部经营承包，建立健全激励机制，严考核，硬兑现；深化分配制度改革，建立了基础工资、效益工资分配机制；按照宏观控制、微观放开、过程监督、结果考核的原则，对各单位按照法人和模拟法人经济实体运作，下放了十项经营自主权；明确管理职责，对指挥部和二级单位的职能进行了界定，包括调整部分机构，成立了市场开发部、工程房产部、质量安全环保部、设备租赁公司；在消防支队实行领导班子副职差额竞聘，选拔年轻干部走上领导岗位；完成了塔里木石油公安局的分离工作。通过以上改革，有效地完善了经营管理运行机制，调动了职工的生产积极性，提高了劳动生产率，促进了经济指标的完成。根据《国务院办公厅关于抓紧做好企业事业单位公安机构体制改革工作的通知》、中国石油天然气集团公司《关于贯彻落实〈国务院办公厅关于抓紧做好企业事业单位公安机构体制改革工作的通知〉的通知》和《关于塔里木石油公安局体制改革方案有关问题的批复》，指挥部遵照“整体移交、平稳过渡、协调一致、职能不变”的原则，就塔里木石油公安局移交地方政府的问题，积极与巴州人民政府协商，达成一致意见，于2002年7月29日完成全部移交工作，并签订了资产划转协议，固定资产划转日期为2002年1月1日。

【稳定工作】　指挥部坚持齐抓共管，人事、劳资、财务、党群部门与信访职能部门协同配合，相关问题通过落实职代会提案、领导和工作部门经常性基层调研及现场办公、日常思想政治工作三个渠道解决，确保了队伍的稳定。主要工作包括：（1）油田分公司和指挥部部分学生家长，要求解决大中专毕业生子女的安置问题。指挥部按照集团公司的要求，已经制定了相关的规定。从2001年起，不再保证以安置为由解决职工大中专毕业生子女就业，而是采取“双向选择”的原则，根据企业用工的要求，优先安排临时用工。同时，通过相关会议，向职工群众宣传国家关于大中专毕业生的就业政策和指挥部的相关规定，理顺了职工群众的情绪。（2）部分内部退养职工联名写信，要求提高待遇问题。指挥部党委两次召开二级单位党委书记紧急会议，明确内退职工由内退前所在单位管理，明确相关政策，做到分级负责。同时在离退休职工管理中心召开内退职工座谈会，宣讲政策，做好解释工作，消除了部分内退职工的疑惑。（3）塔里木石油公安局在移交地方过程中，少数民族职工及家属的思想认识问题。油田和指挥部领导通过讲解政策、与地方政府及时沟通和制定合理的相关待遇政策，帮助他们提高认识，解决后顾之忧，化解了矛盾。

【党建工作】　指挥部党委下属6个基层党委，6个党总支，71个党支部，103个党小组。截至年底，共有党员949人，其中正式党员911人，预备党员38人。在思想建设方面，指挥部党委结合实际，采取以集中上党课为主的形式，对党员领导干部、党支部委员进行了一次集体党课教育；坚持每周一次政治学习、每季度一次党课教育，深入学习了“三个代表”重要思想，提高了党员队伍和干部队伍的政治思想水平。在组织建设方面，根据机构调整和基层班子调整的情况，同步建立健全了党的各级组织，成立了消防支队党总支，调整和增补了经济发展总公司、物业管理公司和教育培训中心的党组成员。各级党组织进一步完善了班子议事规划、会议制度、工作制度、岗位职责等，坚持民主集中制原则，严格按照制度办事，严格执行党内“三会一课”制度。开展了创建党支部工作示范点活动，探索建立党支部工作示范基地，培养出了水暖管理站、井控欠平衡分公司党支部工作示范点，进一步促进了党组织工作的有效开展。认真做好新党员的发展工作，全年发展新党员27名。在作风建设方面，各级党组织和广大党员干部认真学习党的十五届六中全会《决定》精神，全面贯彻“八个坚持、八个反对”，深入基层调查研究，解决实际问题；精简了会议，压缩了无实际意义的检查、评比和庆典活动；机关干部坚持为基层服务的思想，转变工作作风，帮助基层解决实际问题。在党风廉政建设方面，重点抓了中纪委七次全会和集团公司纪检监察工作电话会议精神、党纪政纪条规、《关于共同做好国有企业中贪污贿赂犯罪预防工作的通知》、《关于中央企业领导人员廉洁自律若干规定的实施办法（试行）》等宣传教育。指挥部纪委印发《党风廉政建设教育读本》、《警钟长鸣》警示教育读本各2000本，开展了“预防职务犯罪知识竞赛”，组织收看了13个党风党纪教育片。指挥部党委把党风廉政建设纳入单位、部门的业绩考核，与年度生产经营、精神文明建设以及其他业务工作一起部署落实，一起检查考核，层层签订了《党风廉政建设责任书》、《关键岗位廉洁自律保证书》，将责任落实到各支部和关键岗位。认真执行《廉政准则》等领导干部廉洁自律规定，抓好领导干部廉洁自律工作，坚持领导干部任期经济责任审计和经营成果审计，全年个人收入申报126人次。开展效能执法监察29项，建立和完善规章制度10项，节约资金111万元。

【精神文明建设】　2002年，指挥部以工会和共青团为载体，在塔里木油田党工委和指挥部党委的领导下，认真贯彻“三个代表”重要思想，坚持贯彻全心全意依靠工人阶级的指导方针，紧紧围绕指挥部各项生产经营任务，从抓基础、抓管理入手，教育职工转变思想观念，牢固树立主人翁思想，立足岗位做奉献，为指挥部的改革、发展和稳定发挥了积极作用。加强了职工队伍建设，坚持开展岗位练兵、技术革新、技术攻关、技术比武，提高职工的技术素质和业务水平。加强了企业的民主管理，职工代表积极参与讨论《指挥部一届三次职代会指挥工作报告》、《2002年指挥部改革实施方案》、《关于职工住房货币化方案》等。结合实际开展了优质服务劳动竞赛，深入开展学习“真抓实干的青年楷模周克万”活动，深化了青年岗位能手活动和青年志愿者服务活动等。指挥部2002年度涌现双文明建设先进集体23个，获得油田表彰的先进集体12个、先进个人95名，双文明建设标兵6名；获得2002年度自治区表彰的先进集体两个、先进个人4名；获得集团公司、股份公司表彰的先进集体1个、先进个人两名。

（郝贵平）

冀东石油勘探开发公司

【概述】　2002年是冀东石油勘探开发公司（以下简称冀东石油）认真实践“三个代表”重要思想、各项工作全面上水平的一年。一年来，广大干部职工面对“三降一升”的严峻形势，在改革、发展、稳定任务都非常艰巨的情况下，从油区繁荣稳定的大局出发，用改革的办法、发展的思路分析和处理各种复杂问题，紧密团结，开拓进取，圆满完成了各项生产经营任务。

截至2002年底，共有职工2222人，其中：大专以上学历602人，占职工总数的27.1%；中级以上职称442人（其中高级37人），占职工总数的19.9%；党员696人，占职工总数的31.3%。另外，退休人员992人，有偿解除劳动合同人员1208人。资产总值11.73亿元。其中：国有及国有控股资产总值9.4亿元，国有资产负债率14.2%，国有控股资产负债率66.3%；集体资产总值2.33亿元，资产负债率66.6%。共有22个二级及直属单位，主要分为三大板块：一是石油开采及工程生产技术服务板块。主要从事难采未动用储量开发、面向油区的井下作业、交通运输、油田建设、物资供应、通信信息等业务。二是多种经营板块。主要从事油气报废井开发利用、机械制造、油（日）化产品开发、生（种）猪养殖、工程建筑施工、餐饮服务、印刷等业务。三是社会服务板块。包括医院、学校、公安处、物业公司、社区管理中心等单位，主要承担油区唐海、唐山、田庄三个基地的后勤服务工作。主要产品有“新远”牌真空加热炉、“正田”牌生（种）猪、节能型双驴头抽油机、油（日）化产品和轻质油、液化气等。

【主要指标】　年初确定的“六大目标”全面实现。（1）经营收入：达到5.97亿元，完成年计划指标的128%，同比增加1.48亿元，提高33%。（2）利润情况：实现利润1359万元，完成年计划指标的133.9%，同比增加321万元，提高30.9%。（3）安全生产：未发生上报集团公司的事故，实现了“00011”的管理目标。（4）企业管理：管理体制和经营机制基本理顺，各经营单位逐步走上“四自”道路，持续稳定发展。（5）精神文明建设：党组织的政治核心作用得到充分发挥，队伍始终比较稳定。（6）职工收入：平均较2001年增长了15.4%，超过了10%的预定目标。

【内部市场】　坚持实施油区共同发展战略，继续强化大局意识，突出服务宗旨，以满足油田公司生产建设需要为己任，强化生产组织运行，努力提高服务质量和服务水平，以过硬的技术、优质的服务，牢固地占领了油区内部市场。首先，围绕油田公司业绩任务的完成，进一步强化大局意识，自觉做到“工作上分、思想上合，业务上分、目标上合”，上下形成了摆正位置、搞好服务的全局观念。本着“双赢”的原则，积极抓好关联交易协议的落实工作，确保了油区内部市场份额的落实和生产经营的平稳运行。在油田公司的支持下，油区内部市场得到进一步巩固，占有率达到了85%以上。其次，本着以“过硬技术”赢得市场的思想，努力提升为油工程服务单位的技术水平。加强硬件设备的更新完善，全年共投入1840万元，对井下、运输、油建等为油工程服务单位的设备进行了完善配套。加大了新技术的引进、开发力度，具备了承揽大口径长输管道施工项目、油田大型地面建设项目和大型长途搬迁运输项目的能力；成功实施了套管补贴修复、侧钻施工等油水井大修项目，技术水平得到进一步提升。井下公司及其10个作业队全部通过了集团公司的资质认证，其中6501大修队和试油一队还被集团公司石油工程承包商协会评选为2001—2002年度精品示范作业队，提高了队伍的竞争实力。第三，通过走访、座谈等形式，加强与油田公司的沟通、协调，及时解决关联交易中存在的问题。主动参加油田公司生产协调例会，了解油田公司的生产运行情况，畅通市场信息渠道，及时为油田公司搞好服务。定期进行质量回访，了解掌握油田公司对各单位服务的满意率，不断提高服务水平。2002年，井下作业施工一次成功率达到97%，交井一次合格率达到98%。

【外部市场】　在牢牢占领油区内部市场的同时，坚持实施“走出去”战略，大力开拓外部市场，谋求更大发展。外部市场开拓取得了新进展，收入达到1亿元。井下公司已进入油田公司广东三水、江苏洪泽地区作业市场。油建管道施工进入了中石化等外部油田市场，全年外部市场收入1400多万元。机械公司真空加热炉持续热销，全年共销售真空加热炉158台，同比增加54台，外部市场收入达到了5100万元。运输公司也积极走出油区，承揽到了外部市场工作量，圆满完成了江苏洪泽、广东三水的长途搬迁任务，弥补了工作量的不足，车辆出勤率达到89%，同比提高了八个百分点。瑞丰化工公司油化产品已销往江苏等油田，钻井化工产品已销到中原等油田的钻井队伍。同时，加大了质量管理力度，积极做好队伍和产品的资质取证和升级工作，努力提升管理档次，增强了外拓市场的能力。油建公司顺利通过了建设部化工石油设备管道安装工程专业一级、防腐保温工程专业二级和送变电工程专业三级资质的审核，实现了资质就位、升级；机械公司的游梁式抽油机通过了国家油气井口设备检测中心的质量检验；正田公司取得了ISO 9001质量管理体系认证，成为河北省首家通过该项认证的养殖企业；三达公司取得了房屋建筑三级总承包资质；石油宾馆、塔林宾馆分别荣升三星级和二星级旅游涉外宾馆，增强了市场竞争力。

【新的增长点】　下半年，难采未动用储量开发工作开始启动，成立了开发事业部，明确了“以效益为中心，油区共同领导、共同发展、共同受益”等工作原则和“十五”后三年的发展目标，成为一个新的重要的经济增长点。到年底，已形成了日产原油近20吨、天然气近2万立方米的能力，全年共生产原油1506吨、天然气137.7万立方米，实现利润63万元。

【企业改革】　以理顺管理体制、转换经营机制为目标，在进一步明确产业定位和发展思路的同时，稳步推进内部各项改革，取得了显著成效。一是进一步明确了产业定位和企业发展方向。完成了发展战略和产业定位研究，并顺利通过项目验收。通过研究，进一步明确了发展思路和目标。冀东石油总体定位为地区服务公司。发展目标：（1）不断深化改革，建成集石油开采、工程生产技术服务、多种经营、物业管理为一体的有限责任集团公司；（2）做专做精主营业务，成为为油工程技术服务核心竞争力突出的地区服务公司；（3）加大重组力度，做强做专多种经营六大骨干企业；（4）所属各单位切实转换经营机制和管理体制，加快建立完善现代企业制度；（5）到“十五”末，达到年经营收入超5亿元、利润超3000万元的经营目标；（6）经济效益和职工生活水平有显著提高。二是实行了业绩考核制度。三是内部各项改革稳步推进。

【科技创新】　大力培育特色技术，壮大市场竞争实力，重点开展了特色技术、关键技术和前瞻技术的攻关，列入科研计划的23个项目全部完成。实施了侧钻施工，圆满完成了GC63井的侧钻施工任务，填补了公司小井眼侧钻技术的空白。取得了《抽吸试油工艺完善配套技术》、《FS系列分体式相变加热装置》、《油水层识别综合研究与应用》和《管道纤维素下向焊接技术应用》等一批重要科技成果。建立完善技术创新体系，提高了科研能力。制定出台了《科技项目管理办法》、《技术创新奖励办法》和《知识产权管理办法》，完善了管理制度。进一步健全科技创新体系，建立了“井下作业、油气开采、石油机电、化工、养殖”等五个创新中心，配备了必要的科研设备、设施，提高了科研能力。全年23个科研项目中，有17个是由各个技术创新中心组织实施的，初步发挥了技术创新中心“创新研发、科技管理、推广应用、人才培养”“四位一体”的带动作用。加强了知识产权的管理与保护。量化了科研项目知识产权保护指标，明确了项目负责人的责任；设立了知识产权保护专项经费；对领导干部进行了有关知识的宣传，提高了各级干部保护知识产权的意识；全年又有8项技术申报国家专利，已授权3项；真空加热炉的研制与开发荣获河北省科技进步三等奖。

【企业管理】　从强化企业管理入手，进一步提高管理水平，努力向管理要效益，促进了经济效益的提高。一是加强经营管理。清理了各单位外部银行账户16个，取消了10个，统一在内部银行开户，较好地控制了财务支出，有效地堵塞了管理漏洞。强化项目管理，全面实行项目长负责制，严格执行项目预算，控制了计划外支出。清理了106份国有、集体资产外租外借合同，完善了章程，统一了文本，规范了运行程序，避免了资产的流失。加大了清欠力度，全年共追收各类欠账款400多万元。加大了审计力度，拓宽审计覆盖面，从财务审计、基建工程审计、物资采购审计三方面入手，充分发挥了内审的监督和服务职能，取得经济效益上百万元。规范物资采购管理，对各类物资进行统一采购，集中管理，降低了成本，全年节约采购资金210多万元。二是强化安全环保管理。加大对安全生产工作的考核力度，将安全生产作为否决项，纳入业绩指标考核体系，各级干部的安全意识有了新的提高。成立了安全监督站，有关单位配备了安全总监和副总监，全公司专兼职安全管理人员总数达到了106人，形成了全方位的安全管理网络。强化HSE管理体系运行，严格落实“两书一表”，汇编了《危害辨识与预防指南》，明确了248个风险危害的内容和应急预案。狠抓了现场安全环保管理工作，全年共组织安全大检查6次，消除较大事故隐患13处；投入104万元，解决了井下作业现场明火等事故隐患问题。三是加强设备管理。

【精神文明】　一是加大了精神文明建设的力度。二是大力加强干部队伍作风建设。三是认真做好日常思想政治工作。四是切实为职工群众办实事，努力改善职工生活质量。

（刘金平）

中国石油大庆石油化工总厂

【概述】　大庆石油化工总厂主要从事化工延伸加工、大型石油化工及民用建筑公路工程设计施工、石油化工建筑安装、工程监理、设备维修、机械仪表制造与加工、计算机软件开发利用、网络管理、客货运输、物资采购、物业管理、文教卫生和多种经营等业务，为大庆石化公司石油化工生产提供工程技术服务、生产技术服务、加工制造、生活服务和社会服务。至2002年底，总厂下属二级单位21个，机关职能部门13个，职工总数2.2万人，资产总额84亿元。

总厂具有年产6万吨苯乙烯装置、2.5万吨聚苯乙烯装置、5万吨ABS装置、5万吨顺丁橡胶装置和1.2万吨丙烯腈装置等5套主体生产装置以及相配套的公用工程；具备从石油化工工程项目可行性研究、论证到设计、施工、设备安装直至投料试车、正式投产全过程工程总承包能力；在大型石油化工机械、自动化仪表、电器制造和安装方面具有较强实力，所属工程公司持有国家颁发的一、二、三类及高压容器制造、安装许可证，通过了国家ISO 9002质量体系认证，设备制造公司还持有美国机械工程师学会压力容器“V”钢印制造许可证，年设备制造能力6500吨，并能够承担石油化工装置控制系统组态设计安装、软件开发、化工流程模拟、仿真培训等任务；具有由物业公司、职工医院、公安处、教育处、培训中心、离退休职工服务公司、望江宾馆和总厂所属两个宾馆、驻京联络处、电视台、报社、记者站、两个文体活动中心、再就业服务中心和社会保险中心组成的生活和社会服务系统。

【取得多项成绩】　2002年，大庆石油化工总厂实施战略管理，顺应市场经济规律和现代企业制度要求，研究确定以石油化工、工程技术、化工延伸加工和机械制造四大主营业务为主，兼有多种经营和生产、生活、社会服务等为辅的综合服务公司的产业定位，明确总厂“二次创业”两步走的战略目标，为总厂实现更大发展奠定了坚实基础。坚持深化改革、持续重组，管理体制和经营机制不断创新，企业整体实力得到快速提升，一年内在多方面取得佳绩。

（1）生产经营状况改善，整体实力和发展后劲增强。全年实现总收入24亿元，其中主营业务收入18.8亿元，在消化关联交易减额3000万元基础上，超额完成集团公司下达的3.9亿元控亏指标。已建成投产的硅芯管、编织袋和丙烯、丙烷回收装置，实现增利790万元；化工生产由总厂经营后，ABS、SAN、顺丁橡胶产量、质量均创历史最好水平，全年实现减亏3000万元，化工产品销售走出低谷，呈现良好的发展态势。

（2）重点项目建设和结构调整步伐加快，主业规模效益得到提升。30万吨/年复合肥、410吨/小时锅炉等一批新项目全面启动，完成化工装置改造方案的论证、立项、可研报告报批等工作。推进主辅分离，实施专业化重组，促进了结构调整、资源配置和产业的优化升级。完成6家施工企业强强联合，组建新的工程公司，在规模、资质、设备、技术、人才等方面优势凸显，使过去分散的施工、安装、制造、检修、保运能力得到优化整合，内部市场秩序逐步规范，加快了工程技术产业做专、做优、做强进程。对总厂所属多经、联营、合资、合作企业进行清理整顿，关停一批亏损企业。对两级机关机构和定员进行调整，使机构设置和人员组成更趋合理，全年实现减员增效410万元。经过结构调整，真正把主营业务摆到突出和优先发展的位置，市场竞争力有了质的提升。

（3）坚持深化改革，现代企业制度日臻完善。坚持以市场为导向、以效益为中心，先后健全完善“以追求回报为目标，优选项目，集中决策”的投资机制；“以推行全面预算管理、控制现金流”的财务管理机制；“以完善计划采购，降低装置物耗、能耗”的生产成本控制机制；“以适应市场需求，强化策略调整，争取效益最大化”的营销机制。加快服务产业企业化管理、社会化服务、市场化运作进程，加大物资、工程项目和生产原料管理力度，减少效益流失。经过全厂上下努力，各单位精细管理和集约经营意识进一步增强，改变过去粗放式的管理模式，初步健全了与市场经济相适应的新型管理体制和经营机制，企业经营活力和发展动力得到进一步增强。

（4）开发内外市场，业务范围和市场空间稳步扩展。围绕大庆石化整体发展，总厂全面推行优质服务承诺，增强服务意识、竞争意识、市场意识，赢得了公司干部职工的理解、信任和支持，保证了关联交易协议正常履行。实施“走出去”战略，加大外部市场拓展力度。工程公司、设计院、经贸公司等单位在开拓外部市场方面取得较好成绩，工程技术服务系统实现外部创收5000万元；开辟对俄“窗口”，对外经济贸易取得新进展，为提高总厂抵御市场风险能力、实现多元化发展积累了经验。

（5）实施科技创新，技术攻关和新产品开发成效显著。2002年，总厂开发生产了5种ABS新产品和2种聚苯乙烯新产品，PS—200D产品获得全国用户满意产品称号，产品出厂合格率达到100%；完成集团公司级科技开发项目4项，其中“高温高压调节阀系列化研制”项目成为总厂专有技术；SAN装置大负荷生产等3项科研成果通过专家鉴定；新型“三剂”进一步得到推广和应用，并不断向高效能、低成本、复合型和环保型方向转化；机械加工产品向功能强、科技含量高、环保指标先进方向发展；群众性科普活动广泛开展，为企业科技创新增添了生机。

（6）协调多方关系，改善外部环境。注重加强与集团公司、省市和各兄弟企业的协调和沟通，争取各方面大力支持和帮助，为总厂发展创造良好的外部环境。特别注重与石化公司协调配合，本着荣辱与共、互利双赢的原则，一切从大局出发，妥善处理关联交易和日常生产经营中遇到的各种矛盾和问题，实现总厂、公司共同繁荣、共同发展，有力推动了大庆石化各项事业健康发展。

（7）树立“稳定”思想，维护职工群众的根本利益。总厂始终将稳定作为改革和发展的基础和前提，正确处理好生产和生活的关系。在生产任务繁重、资金紧张的情况下，从维护职工群众根本利益出发，在改善社区环境和提高职工生活质量上做了大量工作。全年投入绿化资金900万元（三年累计2200万元），完善和新增绿地25万平方米，使全厂绿化覆盖率提高了0.2个百分点；社区物业管理等公共事业得到长足发展，职工收入和物质文化生活水平不断提高；中考、高考升学率再获双丰收，省重点高中统招进段率高出大庆市区平均水平9.5个百分点，高考录取742人，本科以上442人，超额完成预期目标；加强医疗特色专科建设，大力推广社区卫生服务，医疗服务水平不断提高；深入开展严打整治斗争和社会治安综合治理，全年破获各类刑事案件189起，综合破案率位于全市公安系统前列。各级组织为群众办实事、办好事，解决群众反映的“热点”问题，为群众排忧解难。先后有158个车间级党支部、196名党政工领导干部分别与196户困难职工和职工遗属家庭结成帮扶对象，共计筹措帮扶基金86.6万元；为973名困难职工、离退休职工和职工遗属给予经济救助23.2万元；为患有重大疾病的职工捐款14.9万元；为22名有劳动能力、生活困难的职工遗属安排了临时工作；资助25名生活困难的大学生、8名高中学生入校学习，基本保证了职工安居乐业。

（8）坚持“两手抓”方针，双文明建设获丰收。各级党组织紧紧围绕企业改革、发展和稳定这一中心，开展深入细致、扎实有效的思想政治工作和“挖潜增效、二次创业”为主题的教育活动，坚持用“三个代表”重要思想武装党员干部和职工队伍，为总厂各项事业健康发展提供强有力的思想保证。积极探索改制后党建工作，改进党组织的活动方式和内容，党组织的政治核心、战斗堡垒作用和党员的先锋模范作用得到进一步增强。加强两级班子建设，领导干部的思想、政治和业务素质有了新提高，形成了更团结、更有力、更有为的坚强领导集体。启动“5113”人才选拔培养工程，一批思想优秀、政治坚定、专业素质高、有改革创新精神的年轻干部走上重要领导岗位，两级班子和科技队伍专业结构得到明显改善。推行厂务公开，完善民主监督机制，有效地调动了职工群众参与民主管理的积极性和创造性。加强党风廉政建设，转变干部和两级机关工作作风，密切与职工群众的联系，努力为职工群众当好表率，树立了领导干部新形象。

【化工厂开创新局面】 化工厂于2001年末由大庆石化公司的化工三厂划归总厂，更名为大庆石油化工总厂化工厂，2002年开始自主经营生产，是总厂主要化工产品生产厂，工程总投资28亿元人民币，生产苯乙烯系树脂和顺丁橡胶产品。全厂拥有七套主体生产装置：6万吨/年苯乙烯装置、2.5万吨/年聚苯乙烯装置、5万吨/年ABS装置、2.7万吨/年SAN装置、5万吨/年顺丁橡胶装置、1.2万吨/年丙烯腈装置和弛放气装置。装置均采用90年代世界先进生产技术，设计可生产苯乙烯，10个牌号的聚苯乙烯产品、59个牌号的ABS产品、3个牌号的SAN产品及3个牌号顺丁橡胶产品，是我国生产规模较大，品种齐全的苯乙烯系树脂和顺丁橡胶的生产厂。

2002年，化工厂在加大内部重组改革力度前提下，顺应市场变化，在多方面开创了其建厂以来的新局面：（1）装置产量创历史最好水平，能耗、物耗降为历史最低点，控亏8500万元，实现边际效益1亿元；（2）开发生产出阻燃ABS、高抗冲ABS740、改性GPPS－206Ra高指数GPPS－207、双峰ABS、瓷白ABS等七种新产品，阻燃ABS产品形成系列化；（3）聚苯乙烯200D产品获得“全国用户满意产品”称号；（4）五套装置产量超额完成总厂下达的生产任务，创历史最好水平；（5）产品质量大幅提高，顺丁橡胶产品由6月份之前的56.56%提高到98%；（6）顺利完成三年来首次大检修，完成橡胶后处理改造任务；（7）环保工作取得新进展，全厂总排合格率由2001年的85.3%提高到2002年的97.8%；（8）加强节能降耗工作，全厂共节约各种原料消耗2639吨，节约能源9684吨标油，挖潜增效降低成本2600万元；（9）化工厂党委被评为总厂先进党组织、民主管理达标单位，被大庆市总工会授予先进职工之家，通过了大庆市双文明建设标兵单位验收。

【工程公司顺利实现重组】 为进一步做大做强总厂施工企业，形成总厂的支柱产业；优化产业结构和资源配置，集中人力、资金、装备、资质等资源开拓市场，提高竞争力；改革现行管理体制，转换经营机制，适应不断变化的石油化工工程建设市场，2002年7月，总厂厂长办公会研究决定，撤消大庆石油化工总厂机械厂、大庆石油化工总厂机修厂、大庆石油化工总厂运输处、大庆石油化工总厂仪表修造厂、大庆石化计算机开发公司与大庆石油化工工程公司重组为新的大庆石油化工工程公司。

重组后工程公司下设七个直属公司，分别是：大庆石油化工工程公司生产服务公司，主要负责石化总厂和石化公司生产装置的保运任务及厂区客运任务；大庆石油化工工程公司仪表安装工程公司，负责仪表安装工程，执行器检修，气体检测，计量检测，自动化研究；大庆石油化工工程公司计算机开发公司，负责计算机的信息工程、流程模拟、控制工程、网络工程的研制与开发；大庆石油化工工程公司第一安装工程公司，主要负责石油化工工程安装与石油化工生产装置的检修等；大庆石油化工工程公司建筑安装公司，主要负责土建工程，建筑安装工程，修、筑路工程等；大庆石油化工工程公司机械制造公司，主要负责化工设备制造；大庆石油化工工程公司工程检测技术公司，主要负责无损检测，压力容器、锅炉、压力管道及特种设备定期检验等。

这次重组是一次车间级的洗牌式组合，除计算机开发公司外，各单位都有大量人员和资产调出。为避免国有资产流失，工程公司纪检监察部门和财务资产部门对资产交接工作进行统一组织和监督，人力资源部门积极组织、协调、配合各单位进行机构设置、人员调动工作。九月末，工程公司正式完成机构重组和人员、资产就位，各项工作迈入正常轨道。

（赵　超）

中国石油哈尔滨炼油厂

【概述】 自1999年企业重组改制以来，特别是2000年实施分开运行后的三年中，由于坚决贯彻执行集团公司确定的存续企业改革发展的指导思想、工作思路以及一系列重大政策措施，在哈尔滨石化分公司的大力支持和帮助下，使哈尔滨炼油厂在不良资产多、资金短缺、创收力量薄弱的情况下逐步走出困境，基本实现了平稳过渡；企业新的管理体制、运行方式和经营机制基本建立；企业生产稳定、职工思想稳定，各项工作取得了较好的成绩。这些对于企业今后的改革和发展都具有十分重要的意义。

【主要经济指标】　2002年，是哈尔滨炼油厂分立运行以来，步子迈得最大，获得成果最多的一年。在哈尔滨石化分公司新的党政领导班子带领下，广大干部职工奋发图强，迎难而上，充分发挥积极性和创造性，全面完成了全年的生产经营建设和改革等各项任务，全年实现主营业务收入1.26亿元，实现利润607万元，超额完成集团公司下达的全年利润计划。

【生产经营状况】　哈尔滨炼油厂始终坚持以经济效益为中心，本着“做强主业，做活辅业”的方针，在努力落实与哈石化分公司关联交易的同时，不断开拓外部市场，寻找新的利益增长点，取得了显著成效。

（1）做强建安公司。进一步完善关联交易。根据与哈石化分公司签订的关联交易协定，建安公司高质量地完成全年装置维护和检修任务，并进一步完善提高工程技术水平。通过竞标，建安公司还承担了哈石化分公司油品罐区的改造任务。一年来，该公司实现关联交易收入1600万元，实现利润100万元。

（2）做大华安公司，提高主业盈利水平。华安公司依托哈石化分公司丰富的油气，以高度的前瞻意识，抢占哈尔滨加气市场。企业通过充分的市场调查和研究，以收购和自建两种方式不断扩大华安公司的规模，完成了年初确定的“保二争三”建站任务，年内收购并改造了三座加油加气站。这样，加上原有的两个站，华安公司共有五座加气加油站，全年经济效益跃居炼油厂首位，成为企业创效的主力。

【内部改革】　企业坚持以人为本的思想，按照石化分公司的统一部署，在人事及用工制度方面，实行竞聘制度。汽车队副队长、财务处副科长、华安公司财务部副经理等岗位实行竞聘上岗，这样一大批新鲜血液注入到企业的肌体中，使企业焕发了勃勃生机，为企业的长远发展储备了大量的人才，避免了人才的流失，为企业的稳定生产奠定了坚实的基础。

为提高企业经营效率，理顺企业内部关系，企业对部分服务性机构进行了重组。

【企业发展定位】　根据集团公司的要求，工厂对企业发展前景进行了产业定位。哈炼属综合服务公司性质，主营业务为股份公司提供生产服务，加油站成品油零售，及2003年拟投资建设的“汽车城”项目。兼营铁路油槽车运输。企业将经营思路调整为“依托股份公司，服务石油化工，发展化工产品，参与社会竞争”，将深化体制改革不断推向深入。

（王　林）

中国石油大连石油化工公司

【概述】　大连石油化工公司是中国石油天然气集团公司所属的未上市企业。截至2002年12月末，公司拥有总资产29.60亿元，国有在册职工4957人，其中在岗职工3540人，内退职工1417人，还有离退休职工3411人。下设石化建筑安装工程总公司、石化港务公司、油品储运公司、七星工程监理公司、物资仓储公司、石化国际贸易公司、液化气石油总公司、有机合成厂、石化服务总公司、石化物业管理中心、盛华运输公司、七星国际旅行社等十几个专业公司（厂），主营业务是以港务为主的生产服务及以机、电、仪为主的工程技术服务和塑料深加工业务，还有石化产品销售、油品储运、物资仓储以及商贸、旅游等项业务，公司拥有“七星”品牌，是中国驰名商标。

大连石油化工公司与中外闻名的大连港共据一个海湾，地理位置十分优越。公司经营三座码头，共有5千吨级至8万吨级的泊位13个，年吞吐能力1800万吨。公司有近30万吨的油品转运、11万平方米的物资仓储能力，租界股份公司18个铁路鹤位，能承接各种油品、液化气的接卸和转运业务，提供各类货物的仓储服务，是我国重要的石油化工产品出口和转运基地之一。

【主要经济指标】　在集团公司正确领导和股份公司的大力支持下，公司全体干部职工抓住机遇，深化改革，扎实工作，加快发展，企业经济效益有了新的增长，公司预算单位全年共实现经营收入8.56亿元，上缴税金3800万元，实现利润567万元（含集团公司三项费用补贴），超额完成了集团公司下达的利润考核指标，比2001年利润增长9.7%。多种经营实现收入1.54亿元，上缴税金900万元，实现利润301万元，也超额完成了公司下达的内部利润考核指标。

【生产经营】　公司坚持以经济效益为中心，实施目标市场战略和低成本战略，在内外两个市场，都取得了明显成效。

稳固内部市场取得新成绩。公司与股份公司、润滑油公司、润滑油研发中心和CPE大连公司四个单位的关联交易运作顺畅，结算率为100%，全年实现关联交易收入1亿多元。港务公司紧密配合股份公司生产经营，提供优质服务，实现了双赢目标。在股份公司停检二催化、扩建一蒸馏、新建四催化等大工程建设中，建安总公司、监理公司、消防大队等单位以真诚的服务、过硬的质量赢得了股份公司的高度赞扬，树立了良好的形象。

开拓外部市场获得新突破。公司做出在稳固股份公司市场的基础上进军“大（大窑湾）、西（西太平洋石化）、北（北良港）”的战略决策后，公司所属经营单位迅速动作，勇闯市场。建安总公司、监理公司、石服总在进入西太平洋炼厂市场之后，又奋力开拓大连北良港市场。建安总公司凭实力承揽下北良港12000平方米轻体隔断安装施工项目，监理公司首次投标一举拿下了北良港植物油工程监理项目，标志着公司开拓社会市场取得了实质性的进展。北良港是用世界银行贷款建设起来的现代化专业港口，设施非常先进，自动化水平非常高，工程项目全部采用招标，质量要求苛刻，公司工程技术队伍能在强手如林的激烈竞争中成功中标，非常令人鼓舞。液化气石油公司龙江路加油站年销售油品突破万吨大关，进入了中油系统“万吨站”的行列，也非常令人振奋。2002年公司外部收入已经占到总收入的40%。

【发展战略】　根据集团公司提出的企业分类，公司产业定位与发展战略已形成方案。大连石油化工公司定位为石化产业服务公司。公司确定的主营业务是：以港务、油品储运为主的生产服务业；以机、电、仪设备安装维护为主的工程技术服务业；以塑料深加工为主的石化延伸加工业。公司的产业定位和主营业务已得到集团公司的同意，现正在稳步实施。在实施公司发展战略过程中，坚持以提高经济效益为目标，以改革创新为动力，依托石化内部市场，开拓社会市场，进军国际市场，促进企业可持续发展，把大连石油化工公司建设成为市场相对稳定、产业结构合理、整体实力较强、经营机制较活、经济效益较好、精神文明建设走在前列的石化产业服务公司。

【工程建设】　公司深水码头3#、4#泊位升级改造工程按期竣工，按标准首次接卸8万吨级外国大型油轮一举成功，改写了公司码头泊位最大5万吨级的历史；大码头增加液化气装船设施已经竣工，输气能力扩大，满足了股份公司液化气大量出厂的要求；与美国合作的舒布洛克建材有限公司已出产品投放市场；联营的星源公司从事海上船舶加油业务势头良好，经济效益显著；合成厂塑编车间扩能改造一期工程顺利完成，收益增加；新启用的储运设施及配套系统工程已经完成，为继续开展油品转运业务创造了有利条件。

【企业管理】　公司结合实际情况，在预算管理和基础管理等方面狠下工夫，并取得新成效。

预算管理见到新成效。公司年固定资产投资额、零星购置费用、设备修理（更新）费用、机关办公费用等支出都控制在预算指标之内。公司对深水码头3#、4#泊位升级改造、东海岸码头护舷安装等工程实行了公开招标，工程实际造价比投资概算节省了1200多万元。通过实施物资采购招议标，采购成本降低了200多万元。

基础管理又有新进步。投资决策管理更加严谨，财务管理更加规范，资金管理更加精细，安全、质量、环保等管理更加严格，信息管理有了新进展，审计、监察工作效果明显，对一些违规违纪现象按制度规定进行了严肃处理。从严管理对公司规范经营行为、保障生产正常运行起到了重要作用。

【企业改革】　公司继续稳步推进产权制度改革和三项制度改革，并取得新的进展。

产权制度改革取得新进展。公司所属大集体企业彻底分离分立。渗铝厂和实华出租车公司实现了整体带资分流。盛华运输公司改制工作已进入操作阶段。按照省市政府和集团公司的指示精神，移交职工医院等企业办社会职能的工作正积极稳妥地进行。清理整顿小法人实体，撤并21个，取得了成效。

三项制度改革迈出新步伐。在改革劳动用工制度方面，对外用工加强了集中控制与管理，扭转了外用工过多的状况；截至2002年底，先后与110名职工有偿解除了劳动合同，完成了集团公司下达的减员指标。在改革干部人事制度方面，突破论资排辈的惯例，兼顾学历与能力，培养选拔了一批优秀年轻干部。在改革分配制度方面，坚持强化激励机制，制定了《关键技术人才奖励暂行办法》、《优秀营销人员奖励暂行办法》和《突出贡献奖暂行办法》，表奖了28名关键技术人才、8名优秀营销人员、7名有突出贡献的职工，为留住人才，稳定骨干起到了促进作用。

（高金华）

中国石油抚顺石油化工公司

【概述】　抚顺石油化工公司是中国石油天然气集团公司未上市部分资产规模较大的炼化企业之一。公司下设22个机关部室、10个生产企业、8个专业公司，1家甲级石油化工设计院，1个教育培训中心。此外还有12个集体企业。截至2002年12月底，公司拥有资产57.9亿元，所有者权益44.8亿元，资产负债率22.55%。此外，其他产业资产总额9.3亿元，资产负债率65%。集体企业资产总额8.63亿元，资产负债率83.9%。拥有全民在册职工21695人（其中退养职工4697人），有离退休职工11964人，集体企业有在册职工12032人。

公司主要从事炼化产品延伸加工，精细化工，供水、供电、供汽服务，工程设计、施工，内外贸及社会服务等，同时还具有资本经营职能。主要产品有腈纶、丙烯腈、甲乙酮、催化剂、军用特种润滑油和润滑脂、白土、白油、塑料制品、洗涤用品、蜡制品及水、电、汽动力产品等共计十几个系列（含集体企业）、600余种产品。公司是国内目前最大的石油化工贵金属催化剂、蜡制品和白土生产基地，其中六大系列催化剂国内市场综合占有率达46%。

公司有主要生产装置39套，主要装置产能为：腈纶5.5万吨/年，丙烯腈8万吨/年，甲乙酮2.5万吨/年，催化剂1700吨/年，润滑油调合21万吨/年，蜡裂解5万吨/年，BOPP膜2.35万吨/年，编织袋1700万条/年，合成烃润滑油2.2万吨/年，润滑脂4600吨/年，白土2.5万吨/年，EDTA2000吨/年，聚丙烯酰胺1000吨/年，脱附剂800吨/年，白油、溶剂油3万吨/年，蜡制品1.2万吨/年，聚丙烯1.25万吨/年，过硫酸钾300吨/年，氰化钠1.9万吨/年，热电厂装机容量173兆瓦，产汽能力1670吨/小时。

【主要经济技术指标】　2002年全年发电量6.59亿千瓦·时，供电量6.04亿千瓦·时，供汽量179万吨，供水3232万吨。生产各类成品催化剂1239吨。生产炼油化工产品总量24万吨，同比增加16.3万吨。销售28.6万吨，产销率100%。主要装置能耗、物耗指标同比显著下降。实现总收入43亿元，税费2.2亿元。其中，按报表口径，实现主营业务收入21.9亿元，同比增长41.3%；实现税费1.4亿元，同比增长47.4%；实现中油集团公司考核利润1568万元，同比增盈5838万元；实现现价工业总产值16.8亿元，同比增长87.5%；增加值5.7亿元，同比增长77.7%。此外，其他产业实现销售收入11.3亿元，税费5700万元；集体企业实现营业收入9.87亿元，税费2483万元。

【产业化发展】　全年完成投资5.2亿元，是重组三年来投入最大的一年。投资的大幅度增长，有效拉动了公司经济建设整体提速，产业结构调整取得了重要突破。

一是重点项目建设进展顺利。年初公司确定的"八大开工、六大投产"目标中，煤代油二期改造、BOPP等项目均按计划开工建设；甲乙酮、EDTA等项目均按期实现投产。催化剂扩能改造项目与美国UOP公司达成协议，可研报告得到了中油集团公司批准。特别是，2.5万吨/年甲乙酮装置，于4月份实现高标准、高水平一次开汽成功，创造了建设周期、开车时间、产品纯度、投料负荷等四项国内最好水平。同时，煤代油二期改造、BOPP等重点工程，均按计划完成各控制点。

二是产业结构调整取得实质性进展。遵循有进有退原则，公司产业结构得到了快速、有序调整，具有竞争优势的主营业务进一步做大做强。特别是随着甲乙酮等装置的相继建成及腈纶厂的整体划归，公司主营业务收入中制造加工板块所占比例，已由重组之初的不足20%提高到60%，企业自立能力得到显著增强。

三是加大了科研开发工作力度。公司技术中心已正式运行，成为科研成果与产业化之间的桥梁，技术服务和新产品销售职能得到初步体现。完成了蜡裂解制α—烯烃工业试验，取得了重要的试验数据，为下游产品综合开发奠定了基础。经过技术攻关，脱氢催化剂载体具备了工业中试放大条件。溴类杀菌剂等三个科研项目，也通过了中油集团公司专家组验收。

四是进一步调整、完善了“十五”发展规划。公司顺利启动了“十五”后三年产业发展相关工作，催化剂整体改造、PS型材、5吨/时磺化装置、偏苯酸酐等一批项目已完成可研论证，将于2003年陆续投入建设。

五是扩大了对外技术交流与合作。公司坚持利用“外脑”加快发展步伐，先后与美国UOP公司、三星公司进行了合资合作，并与北京石油化工科学技术研究院、石油大学等建立了稳定的合作关系。特别是催化剂项目，通过与国外具备领先技术的研究机构合作，开辟了新的技术来源渠道，为加快建成集团公司催化剂生产基地奠定了基础。PS型材生产线技术引进等也取得了实质性进展。

同时，全面启动了人才工程，加大了职工接续教育力度。通过选送与联办等形式，与高等院校联合培养在职研究生。开展了工人技能鉴定工作，完成了96个工种、8300名职工的技能鉴定。加大了人才引进力度，并召开了重组后首次技术发展工作会议，命名表彰了9名专业专家、9名装置专家、125名优秀科技工作者。

【安全生产】 公司立足于解决生产瓶颈问题，狠抓了技术攻关和改造，加强生产计划管理，安全生产水平有了较大提高。

一是通过加强生产计划管理，优化资源配置，多套装置负荷创历史新高。成立了调度指挥中心，制订了多项生产管理制度，生产指挥系统步入了正轨。以过程控制和消除瓶颈为重点，强化生产装置达产达标，努力降低生产成本，优化生产运行，主要装置平均负荷率已由重组之初的不足50%，提高到了70%以上。催化剂、聚丙烯、蜡制品、液体氰化钠等多套装置产量创历史最好水平。

二是狠抓节能降耗，有效降低了生产成本。通过提高装置负荷、优化运行等手段，装置综合能耗、产品的单耗、物耗同比均有大幅度下降。全公司39套生产装置中，有29套装置生产技术指标创历史最好水平。

三是加大安全管理力度，实现了安全生产。加强施工现场安全监督和管理，确保了施工安全。严格实施车辆“准驾证”制度，深入开展危险化学品专项整治工作，加强关键装置、要害部位的三级监控管理，杜绝了重大事故的发生。全年事故起数下降65%，直接经济损失下降71%。同时，质量与环境保护工作也取得新进展，有 三家单位通过了HSE体系认证，六家企业通过质量管理体系认证。腈纶厂、催化剂厂获得抚顺市2002年质量管理奖。全年工业污水排放合格率达96.98%，工业固体废弃物处理率为98.5%，有控废气达标率100%，各项指标均达到集团公司的环境保护目标。

【市场开拓】 在规范关联交易和加强内部市场管理的基础上，公司积极实施“走出去”战略，进一步拓宽了企业生存与发展空间。

一是加大了营销工作力度。全年销售炼油化工产品20万吨，同比增长7.28%，产销率达100%，合同签约率、履约率达100%。公司集中销售产品7.5万吨，同比增长13.1%。腈纶厂销售腈纶4.6万吨、丙烯腈2.5万吨。石化四厂出口精乙腈1490吨，创汇160万美元。石化二厂销售甲乙酮产品1.2万吨。同时，与分公司联合举办了抚顺石化战略联盟暨第九次自产产品订货会，成交额达11.5亿元。

二是发挥资源优势，积极实施“走出去”战略。参加了辽宁（南京）商品贸易洽谈会，签订合同金额1.2亿元。加大了新产品促销力度，举办了甲乙酮、粉煤灰等产品订货会。特别是通过建立全国甲乙酮行业联谊会，在一定程度上稳定了国内市场甲乙酮价格，提高了盈利水平。检维公司依靠良好信誉，通过竞标承包了苏丹喀土穆炼厂电气维护项目，签订合同金额18.8万美元，实现了工程维修开拓国际市场零的突破。

三是加大了清欠工作力度。全年共清回欠款2.2亿元，清回应收款1.37亿元，其他应收款7976万元，陈欠款较去年同期下降28%。

四是加大了原料协调力度，保证了主要装置高负荷、长周期运行。加强了外采外购原料工作，全年采购原料18万吨，同比增加12万吨。同时，与分公司完成了2002年关联交易总协议及分协议的签订工作，签订关联交易额6.7亿元。

【企业管理】 公司坚持从严管理、科学管理、精细管理，优化资金运作，强化审计监督，全面提高了企业管理水平。

一是全面整顿了经营行为。集中开展了清理、整顿、归并小法人经济实体工作，为下一步放开搞活奠定了基础。全面开展了集体企业“三清三整顿”工作，为集体企业早日实现“四自”、融入社会创造了条件。对全公司保险、采购、销售等业务进行了清理整顿。全面规范了合同管理，所有合同做到了“五公开”。

二是优化资金运作，强化财务管理职能。发挥结算中心职能，强化了资金集中管理，实现了银行开户、收入等“五统一”。以成本管理为核心，实现成本集中管理，强化过程控制，建立完善了成本目标、责任和考核体系。对全公司 11 个生产单位实施了财务总监委派制，发挥了会计的监督职能。

三是充分发挥审计监督作用，避免了效益流失。加大了经营成果、工程结算、施工合同以及工程竣工决算等审计力度，完成审计项目 75 项，取得经济成果 778 万元。开展了 24 项离任经济责任审计，对三产单位小法人开展了审计，并对公司所属 14 个集体企业的 116 家下属单位开展了摸底审计。

四是强化了物资供应管理。共签订各类采购合同 3 118 份，完成采购金额 9.75 亿元。加强了采购计划管理和合同管理，计划准确率及合同签约率、履约率均达到 100%；物资入库率达 100%，领用率达到 99%以上，规定时间内付款率控制在 64.7%。

【企业改革】　以建立现代企业制度为方向，全面推进了内部各项改革，在内部结构整合及产权制度改革面取得了新进展。

一是加大了持续重组和机构整合力度。对工程公司、检维公司进行了核算体系和部分机构的调整，平稳完成了工程、检维系统重新划归主业。完成了塑化公司等 4 家企业机构整合工作，4 家单位减少机构 21 个，精简管理人员 189 人。从优化运行和加强专业管理出发，完成了进出口公司、消防支队、工程造价管理中心等机构的组建与整合，实施了审计业务集中管理。

二是产权制度改革迈出实质性步伐。顺利完成了监理公司改制，整体带资分流 74 人。

三是推进了三项制度改革。按照集团公司部署，初步形成了《人事干部制度改革实施意见》，有序启动了以“五定、三岗”为中心的相关配套改革。

（左世海）

中国石油辽阳石油化纤公司

【概述】　辽阳石油化纤公司（以下简称辽化公司）是中国石油天然气集团公司直属的具有独立法人资格的大型国有企业。主要从事石油化工建筑安装、设备检修、机械加工、化工生产、经济贸易和生活后勤服务。截至 2002 年 12 月末，公司总资产 25.67 亿元，其中，固定资产原值 15.19 亿元，净值 10.83 亿元；职工总数 14694 人。

2002 年是辽化公司改革、发展、管理和减亏增效等工作全面推进的一年。面对严峻的生产经营形势，在集团公司的正确领导下，辽化公司全体干部职工团结一心，迎难而上，较好地完成了全年任务目标。

【主要经营指标】　全公司实现主营业务收入 6.6 亿元。其中，关联交易收入 4.32 亿元，社会收入 2.27 亿元；管理费实际支出 2.53 亿元，同比下降 8.3%；在集团公司“三项费用”补贴情况下实现利润 200 万元；若扣除补充医疗保险和劳保费用增加等预算外新增减利因素，连续三年实现亏损额递减 5000 万元。鞍山分公司实现利润 100 万元，较好地完成了集团公司下达的承包指标。集体企业克服重重困难，基本实现了生产经营目标。

【减亏增效】　全方位挖潜增效，公司全年节水 470 万吨，节电 1600 万千瓦·时，节汽 14 万吨。在外部市场开拓方面，机械厂提高压力容器和特钢铸件等高附加值产品市场占有率，全年实现社会销售收入 2134 万元，比 2001 年翻了一番；设计院成功打入广东、福建等地油品设计市场，外部收入比重达到 42%；工程公司承建的厦门石湖油库工程已完工并通过业主验收，内蒙 30 千米长输管线工程施工已完成进度 30%；东泰公司在盈利 160 万元的基础上，开发成功膜用、全消光和阻燃聚酯，可溶聚酯研制和开发也取得重要进展。

【企业管理】　加大清欠力度，全年收回应收款 6000 多万元，其中三年以上陈欠款 4692 万元。加强安全环保管理，在公司及部分二级单位设立专职安全副总监和专职安全员，安保体系进一步完善；加大资金投入，运输公司储油罐、西环路消防水等安全隐患得到有效治理；深刻吸取“2.23”事故教训，加大安全检查监督力度，安全责任制得到有效落实，公司全年实现重大安全事故为零，工业废水、COD 等污染物全部实现达标排放。加强质量管理，出台工程施工、检修维护、职工培训等管理制度，严格考核兑现，服务质量明显改善；贯标认证工作步伐加快，企业资质水平进一步提高，检修、电修、建筑公司通过 ISO

9001体系认证；仪表厂、物供公司完成ISO 9001体系升级；安装和联贸公司等五个单位顺利通过了年度复审。加强制度建设，废止制度133项，重新修订209项，内控管理制度逐步完善；深入开展岗位责任制大检查和基层建设达标活动，基础工作得到加强。

【深化改革】 后勤物业、后勤服务、房地产开发公司、油脂厂和水稳定剂厂等单位改制工作已经结束；市政公司、英华福达机械厂完成改制，实现“四自”经营；鑫达公司重组改制方案已开始实施；亿方公司金升纺织厂废业重组，富余人员得到妥善安置。化工实验二厂改制方案正在实施。经过与市、区政府多次协商，1999年划入宏伟区的资产移交已基本完成，土地管理权限进一步明确；九家改制单位的退养职工和党员组织关系移交地方管理；公司与沈阳工业大学签订联合办学协议，技工学校实行社会化办学取得进展。推进三项制度改革，公司选聘了10名公司级专家和25名厂级专家，出台了《关于引进急需人才实行协议工资制》的方案，有效调动了科技人员的积极性。机械厂、保运公司等单位改革分配方式，实施绩效挂钩考核，鼓励多劳多得，收到较好效果。

【发展改造】 公司全年完成固定资产投资3992万元。与东华大学合资的7500吨/年功能化涤纶短纤维项目建成投产，产品迅速占领周边市场，异型、色丝新品种试纺工作进展顺利；共混纳米材料改性尼龙66项目顺利通过集团公司结题验收，与重庆建设集团枪械研究所等10多家单位共同开发专用料市场已取得初步成果；公司薄型涤纶纺粘无纺布项目可研报告已通过中油咨询中心评估；活性炭纤维项目前期工作正在紧张进行。电修公司筹建的沥青改性剂项目完成设备安装，具备开车条件；机械厂AOD炉扩能改造已经完成，熔炼能力成倍提高；物供公司二氧化钛项目取得重要进展；化工厂与大连理工大学合作开发热熔胶项目进展顺利。重点科研开发项目取得突破性进展，重型压力离心机通过了集团公司鉴定验收，各项指标均达到进口原机水平；质量流量计开发与工业化应用项目已通过集团公司考核；可燃气体报警仪通过省消防局验收。

（王志军　周广智）

中国石油林源炼油厂

【概述】 中国石油林源炼油厂位于黑龙江省大庆市大同区林源镇，是中国石油天然气集团公司直属企业之一。工厂始建于1971年，占地15.6平方公里，企业现有在册职工共3262人（含2002年安置的市场化用工222人，未包括集体退养人员121人和移交地方328人），其中在岗职工2155人，内部退养人员1107人。截至2002年末，企业资产总额53133万元，净值34578万元。目前，企业有工程技术服务、化工、化纤、轻纺及多种经营和社会服务等行业，主要实体包括建安、毛纺两个全资子公司和地毯、龙源及物业（正在组建）三个控股公司，水泥、编织袋两个经营直属厂；服务行业主要有消防、安全、经警、托幼和职教等，主要产品有3400吨/年丙纶长丝及加捻定型丝、120万平方米/年各种丙纶、混纺、纯毛提花地毯、9000锭毛纺绒线、针织绒、3万吨/年溶剂油、2500吨/年乙腈、10万吨/年水泥、1000吨/年编织袋、300万桶（5加仑）/年纯净水。此外，1000吨/年石化助剂项目已经建成，3万吨/年食品级白油项目正在建设，将于2003年建成投产。

2002年，在集团公司正确领导和地方各级党委、政府的大力支持帮助下，全厂广大干部职工以“三个代表”重要思想为指导，围绕企业改革、发展、稳定和集团公司整体发展战略，继续坚持以市场为导向，以效益为中心，以发展为主题，以产品结构调整为主线，以思想政治工作和企业文化为保证，不断加大改革、管理、技术创新和扭亏增盈的力度，企业面貌发生了新的变化。

【生产经营】 紧紧围绕“成本、市场、改革”六字方针，生产经营呈现持续发展的态势。

一是采取以订单牵拉生产负荷提高的方式，合理控制存货量。龙源、地毯、毛纺等生产企业通过这一办法，不断加大产品结构的调整力度，生产高附加值产品，并从订单计划、生产准备、物料平衡、系统协调、原料入厂等各环节入手，保证了生产经营目标的实现。全年累计生产地毯30.51万平方米，生产BCF长丝602吨，各类毛线产量268吨，生产溶剂油33497吨，生产精乙腈1039吨，生产编织袋232吨，生产纯净水16.24万桶，生产水泥13328吨。与上年相比，生产运行总体保持平稳势头。

二是强化服务意识，搞好关联交易。始终把加强对炼化公司的服务当做工作的重中之重，教育引导职工以良好的信誉、规范的运作来占领这块市场。一方面，通过及时了解炼化公司的要求，协调和处理在关联交易中发生的矛盾；另一方面，建立、健全各项规章制度，明确考核内容，强化了责任。全年实现关联交易收入14707万元，关联交易合同兑现率达到了100%。

三是细化经营目标，注重实际效果。重点做到“两个坚持”，即坚持强化经营责任制考核，搞好目标利润分解；坚持强化预算管理和成本控制，按合同兑现内部奖惩，从而确保了每年都能实现比预想要好的经营效果。

四是企业扭亏工作初见成效。通过运行情况来看，建安、龙源、物业三个公司在没有任何补贴的情况下，保持盈利水平；毛纺、地毯生产企业在完全市场的状态下虽然账面仍处于亏损，但是在设备、技术准备和产品及市场开发上都为下一步实现扭亏增盈积储了充足的力量；对水泥厂采取果断措施，停产促销，加大货款清收力度，也使亏损额控制在最低限度。这些，都为实现集团公司提出的存续企业三年基本平稳过渡，五年左右时间扭亏为盈的目标奠定了坚实的基础。

五是经济效益稳步增长。2002年，实现主营业务收入45093亿元，财务账面利润286万元，扣除在本期损益中处理以前年度的资产损失447万元后，本期实际实现利润733万元。

【从严治企】　继续坚持开展了七项管理工作：

一是抓资产管理，搞好整合运行。将地毯公司、龙源公司原有资产进一步整合，不良资产和应收账款划归资产办管理，减轻了经营压力。继续加大清欠力度，加快不良资产的处理，通过制定奖惩政策，领导亲自挂帅，借助法律手段清收等办法，使多年形成的闲置和不良资产转化为现金流。同时，通过联营、重组等多种形式盘活存量资产，使其创效增值。

二是抓质量管理，全面贯彻和推行ISO 9000标准。结合原来的岗位责任制大检查和基层建设达标活动开展全员、全方位的质量体系综合内审，推进了各项工作科学化、程序化、规范化的进程，产品质量明显提高，质量保证体系已经建立。建安队伍通过开展质量服务年活动，服务意识和质量意识明显增强，不仅检修现场日清日洁，而且检修焊口探伤合格率达到了99.4%，检修质量合格率能够达到100%，尤其是进驻马鞍山生产基地后，通过规范运作，赢得了认可；毛纺产品的质量也由最初被用户退回提高到五项主要指标被评为国家优等水平；林源牌机织提花地毯的质量由开始存在瑕疵层提高到在荣获乌兰巴托国际商品交易会获金奖并成为黑龙江省著名产品商标；物业公司也通过提高服务质量求得了发展，赢得了用户的信赖；毛纺厂和地毯公司已成为出口免检企业。

三是抓合同管理，提高企业的美誉度和信誉度。认真执行《林源炼油厂合同管理办法》，积极参加创建“重守企业”活动，靠信誉求发展。在继2000年被评为黑龙江省“重合同、守信用”企业之后，又连续被评为全国“重合同、守信用”优胜企业。

四是抓成本管理，努力挖潜增效。严格控制原料采购、生产加工和产品销售三个关键环节。生产材料的采购多采取以店代库、以厂代库、随用随购的方式，把存货压到了最低限度。积极采取有效措施和办法强化成本意识，调动了职工的积极性，增强了责任感，有效降低了成本。

五是抓现金管理，加快货币回笼。采取财务集中管理、集中结算的办法，统一调度资金，合理制定银行存款限额，减少了资金占用，加速了资金周转和存货周转。通过采取上述措施，缓解了现金流的不足，使有限资金发挥了最大作用。由于这项工作的实施，企业现金流由重组开始的472万元增加到2032万元。

六是抓审计监察管理，规范企业的经营行为。认真贯彻落实集团公司提出的“全面审计、突出重点”的工作方针，重点开展专项审计，堵塞了管理上的漏洞。效能监察工作继续围绕企业经营管理过程中存在的效益、质量等方面的突出问题，做到事前预防、事中控制、事后纠正，主动发现、揭露和处理违规、违纪行为，保证了企业生产经营的顺利进行。

七是抓安全管理，为生产经营提供了保障。继续坚持“安全第一，预防为主，全面管理，综合防治”的安全生产和环境保护工作方针，积极开展各种形式的安全教育和专项治理活动，逐步完善各项规章制度；不断强化安全防范措施，细化安全管理，加大检查与考核力度，逐步完善安全风险抵押金制度；全面落实安全生产责任制，有效杜绝了各类事故的发生，为生产经营任务的完成奠定了良好基础。全厂年工业污水处理率达到100%，“三废”综合利用率达到100%，未出现上报事故。

【全面推进健康企业目标】　2002年初，我们结合实际提出了创建健康企业的目标，并从班子与队伍建设、过程管理、产品（服务）质量、绩效指标、科技开发和企业文化等七个方面量化了创建的基本条件，明确了推进计划，力争在三年内建成独立良性循环运转的健康企业。从实际运行情况来看，此项工作推进比较顺利。重组伊始，全厂 41619 万元资产中不良资产比率达到 22.3%，截至 2002 年末，新增资产达到 12673 万元，可经营性资产达到 39503 万元，优良资产由重组前的 61.6%，增加到 74.4%。五个分公司都发生了明显变化：建安公司健康企业综合达标率达到 85.71%，物业公司综合达标率达到 79.25%，地毯公司综合达标率达到 75%，毛纺厂综合达标率达到 63.46%，龙源公司综合达标率达到 80.39%。各项指标达标率均有较大幅度提高，企业不健康因素正在逐步减少。

【企业改革】　在原有企业改革的基础上，尤其注重符合企业实际的改革探索，把调整结构、转换机制和继续完善、深化企业内部改革作为一项主要工作来抓，重点巩固了改革已取得的成果，并做到了从广度和深度上有序地推进。

“三项制度改革”稳步推进。分配制度改革继续深化，弹性分配比例有所加大，经营者模拟试行年薪制稳步实施；人事制度改革在逐步完善、提高，科级以下干部管理权限继续下放；劳动用工制度平稳进行，“能进能出，能上能下”的选人用人机制和激励、约束机制基本形成。

以资产为纽带的管理模式初步建立。区别不同情况，完善了投资管理体制，管理层次进一步清晰，缩短了市场和决策的距离。一是对五个法人实体进行了体制改革。其中建安、毛纺两个企业成为全资子公司，地毯、龙源、物业（正在组建）三个企业成为控股公司。由于体制改革后企业享有经营自主权、内部分配自主权和用人自主权，使其成为市场的主体，为林源炼油厂实现资本运营创造了条件；二是继续坚持抓大放小原则，对产业规模小、优良资产少、科技含量低、负债率高的小企业进一步进行清理，突出主导业务，形成了较为合理的产业结构格局。

【市场开发】　在努力巩固内部市场的同时，积极开拓外部市场，取得了比较好的效果。

地毯销售坚持一手抓老市场的稳定，一手抓新市场开发。在继续巩固旧织机地毯新疆市场的同时，迅速在北京、兰州、上海、广州、秦皇岛、哈尔滨等 14 个地区建立了销售部，从而使新织机地毯投产后得到了市场的认可，当年销售地毯 31.06 万平方米。目前，地毯已远销蒙古人民共和国和日本，对进一步开拓国内、国际市场起到了十分重要的作用；毛纺厂也同多家知名品牌公司建立了销售业务，增设了销售网点，其业务在逐步扩大。建安公司在巩固炼化公司内部市场的同时，成功进入了沈阳蜡化厂、山海关维护市场，而且连续在黑龙江省粮库建设中中标，既为进入外部市场锻炼了队伍，又积累了经验。物业公司在大庆几个区块的物管业务中标后，又成功进入哈广厦学院，并初步完成了与大庆市物业总公司的联合重组，为树立林源物业品牌创造了有利条件。龙源公司在化工产品销售方面开发了珠江三角洲市场，乙腈已实现了出口。编织袋、水泥厂等单位在外部市场开发上也下了很大力气，并取得了一些成效。

【技术进步】　坚持以人才培养为根本，以技术进步为先导，加快发展步伐。

一是结合可持续发展和二次创业再度振兴的目标，按照重要人才重点培养，紧缺人才抓紧培养的原则，通过强化岗位培训来加快人才储备。先后修改、制定了《关于进一步加强人才培养、使用和引进的意见》等多项规定和相应的“留人政策”，相继在技术开发、新项目规划及毛纺、物业等领域聘请了多位专家；全厂共引进相关专业急需的大学本科毕业生 10 余名；有 7 名同志考取了集团公司研究生培训班（其中 4 人即将学成）；有 20 多名科级以上干部在哈工大研究生培训中顺利结业，有 38 人正在与天津大学联办研究生班学习；对乙腈、白油装置急需配备的专业人员采取从类似装置抽调培训的办法，使其尽快适应了岗位需要。同时，经过短途劳动竞赛、操运会等多种形式，有效提高了职工的整体操作水平和业务技能。

二是坚持把科技作为第一生产力，加快技改和新项目建设的步伐。在继乙腈、毛纺二期改造顺利结束后，白油和石化助剂两个项目已基本建成，地毯完成 BCF 生产线改造。另外，在大庆市委、市政府的支持和石油管理局、炼化公司等兄弟企业的帮助下，完成了 10 千米道路拓建工程。技改和新项目建设步伐加快，无论是从企业适应市场竞争的严峻挑战，还是从解决当前面临的一系列迫在眉睫的问题来看，都有着十分重要的战略意义和非常深刻的现实意义，为企业下步发展奠定了基础。一年来，先后完成重点科技攻关项目 10 项，开发新产品 4 个，解决技术难题 6 项，为企业增加效益 200 万元。

三是立足当前，谋划未来。2002 年，按照集团公司的有关意见重新编制了“十五”计划，同时紧密结合创建健康企业实施办法，提出通过“做强服务、发展化工、轻纺创牌”三路并进来提升企业的核心竞争力，收到了一定成效。建安公司与大庆炼化工程技术服务公司联合重组工作仍在酝酿过程中，物业公司已初步完成与大庆物业总公司的重组，运行比较平稳；继溶剂油扩容改造、乙腈建成投产后，石化助剂项目已经建成，白油也将于 2003 年上半年完工，一些技术先进、设备精良、竞争力强的项目将陆续填充企业后续发展；毛纺、地毯企业以品牌战略为切入点，着重在“做专、做精、做细”上下功夫，创建品牌的基础条件已经具备。

（张玉权）

中国石油前郭炼油厂

【概述】　企业通过继续加大劳动用工制度改革工作力度，敞开“出口”，鼓励职工自谋职业，并严格把住“入口”关，控制了新增职工。截至 2002 年底，中国石油前郭炼油厂共有国有职工 2282 人，其中专业技术人员 722 人（具有高级职称 37 人，中级职称 321 人，初级职称 364 人），共设机构 41 个。企业共有生产装置两套：10 万吨/年非选择性叠合装置和 10 万吨/年溶剂脱沥青装置；共拥有总资产 4.82 亿元，其中流动资产 2.8 亿元，固定资产原值 3.2 亿元，净值 1.72 亿元；主要产品有聚丙烯树脂、汽油、车用液化气、石油沥青、塑钢门窗、新型防水卷材等 20 多个品种。

【主要经营指标】　2002 年，是前郭炼油厂巩固生产经营成果、实现扭亏脱困目标的重要一年，也是企业各项工作取得长足进展，产值、利税实现新突破的喜人一年。一年里，全厂各级领导干部和广大职工认真落实“三个代表”重要思想，全面贯彻党的十五届六中全会、中央经济工作会议和集团公司工作会议精神。以发展为主题，效益为中心，服务创收为手段，战胜前进中的各种困难，圆满完成了企业年初确定的各项经济目标和工作目标。全厂全年共实现总产值 3.26 亿元，比 2001 年增长 1.82%，实现利税 2460 万元，比 2001 年增长 86%。在集团公司给予的“三项费用”补贴削减 134 万元的情况下，继续实现了集团公司下达的收支平衡、利润为零的经济考核指标。

【生产和销售工作】　按照年初制定的经济目标，集中精力抓好生产装置的平稳生产。一是坚持低成本战略，采取科学、经济的运行方案，把开（停）工费用，水、电、气、风等生产成本降到了历史最低水平；二是以市场为导向，根据市场和季节变化，调整产品结构，生产适销对路产品；三是依靠科技进步，实施技术创新，使生产装置在现有条件下，实现了效益最大化；四是强化生产作业环节管理，精细生产，提高产品质量，使产品销量不断上升。丙脱装置全年加工原料 14060 吨，叠合装置全年加工原料 54563 吨，聚丙烯装置（前郭石化分公司闲置装置，前郭炼油厂租赁使用的，规模是 1 万吨/年）全年加工原料 6297 吨。在认真抓好生产的同时，前郭炼油厂还加大力度抓好产品销售工作，解决制约生产的瓶颈问题，2002 年石油化工产品实现了全产全销。

【经营管理工作】　通过完善管理手段，强化经营运行，节约各项费用支出，企业各项费用指标比上年均不同程度地有所下降。一是逐级分解、落实企业《2002 年生产经营管理方案》，实施全面预算管理，严格控制成本费用。二是严格控制新增职工和计划外用工，控制人工成本，减少劳务费用支出。三是继续实行经济责任制目标管理，根据全厂每个单位的实际运营情况，制定费用指标额度，严格考核，节支有奖，超支有罚，使全厂可控费用比上年下降了近 200 万元。四是加强审计监督和效能监察工作，大力加强了包括财务支出、建设项目、经济合同、物资采购等在内的经济责任审计，切实堵塞管理上的漏洞。五是继续开展双增双节活动，全厂各单位在生产、经营、建设等各项工作中，紧密围绕增产节约、增收节支这条主线，发扬艰苦奋斗精神，强化管理，开源节流，挖潜增效，降低成本，为企业精打细算。

【致力于服务创效益】　全厂各级领导干部和广大职工严格按照关联交易确定的服务内容和标准，不断强化服务意识，提高服务质量，积极为主业做好各方面服务。安装工程公司等工程技术服务单位，不断建立和完善服务保障体系，在主业生产装置日常维护和设备故障抢修中，主动热情、及时到位。消防大队等生产服务单位，切实把服务作为一种经济行为，作为自己的本职工作，保证了主业生产经营、工程建设等各项工作的顺利进行。生活物业、教育卫生等单位以服务为大局，优质服务为手段，认真做好生活后勤、医疗卫生、技术业务培训和中小学基础教育工作。由于全厂上下牢固树立主辅业共同发展的思想，使两个企业始终保持了相互协作、团结融洽的工作气氛。前郭炼油厂2002年实现关联交易服务费用4582万元。

【安全环保工作】 前郭炼油厂始终坚持把安全工作放在各项工作的首位来抓，坚定不移地贯彻落实“安全第一，预防为主，全员动手，综合治理”的安全工作方针，坚持把生产安全、人身安全、交通运输安全和文化娱乐场所安全作为全厂安全工作的重点。通过加大资金投入，治理事故隐患；开展安全知识竞赛、“安康杯”劳动竞赛等教育活动；进行“两节”、“四季”安全大检查和安全生产专项整治工作；施行厂处两级领导干部目标承包责任制；强化交通、消防安全管理，遏制了重特大交通事故及火灾事故的发生，实现了年初制定的安全生产控制指标，各项环保指标也均达到集团公司规定的标准。企业被集团公司评为2002年度“安全生产环境保护达标企业”。

【企业发展规划】 2002年，前郭炼油厂重点开发建设的聚四氢呋喃项目取得实质性进展。通过两次组织人员前往美国PENN特殊化学品公司和韩国PTG公司实地考察，对两家公司的技术转让及合资合作意向等有关商务问题，进行了深层次的商谈和落实。通过对项目原料和产品两个市场的进一步调研，签订了5.7万吨糠醛供货意向协议和2.27万吨产品购销意向协议。目前，该项目原料来源、工艺路线、产品市场、效益规模等方面的实地考察和论证工作已经结束，正在报请集团公司批复。该项目是前郭炼油厂的希望工程，项目建成投产后，既可大幅度提高经济效益，改变产品结构单一局面，使企业彻底摆脱困境，又可填补目前国内这一领域的空白。

【深化内部改革】 按照集团公司关于深化企业改革的指示精神，积极稳妥地推进内部改革的各项工作。首先是以整体带资分流改制为重点的产权制度改革，对企业中能够融入社会的非主营业务单位，编制上报了改制试点工作计划。其次是把三项制度改革从广度和深度上有序推进。在人事制度改革方面，对中层领导干部继续实行聘任制，对一般干部继续实行竞聘上岗制。2002年首次对拟提拔的中层领导干部进行任职前公示，并根据公示结果予以聘用。在劳动用工制度改革方面，一是参照试点单位“五定”的做法，完成了对各单位岗位情况全面摸底调查工作。二是继续实施有偿解除劳动合同政策，全年共有19名职工与企业解除了劳动合同。三是严格把住入口关，控制新增职工，使企业人员总量始终保持了负增长。在工资分配制度改革方面，集中体现按劳分配原则，形成效益好的多得，效益差的少分，没有效益的只能拿工资80%的分配机制，使职工工资收入突出体现在绩效上。

【多种经营工作】 前郭炼油厂十分注重社会效益，充分发挥集体企业、第三产业和股份制企业多种经营优势，实施“走出去”战略，开拓社会市场，拓展外部生存空间，增强了企业经营活力和经济实力。集体、三产和股份制企业坚持把工作重点放在内搞挖潜，外创效益，提高企业经济效益上。以市场为导向，效益为中心，不断扩大生产经营范围，增加服务项目，开辟新的增收领域，使企业经济效益不断提升。全年共实现总产值2.34亿元，实现利税2040万元，为企业全年经济目标的实现奠定了坚实的基础。

（卢雪峰）

吉化集团公司

【概述】 吉化集团公司（简称“公司”）是中国石油天然气集团公司的全资子公司，坐落在吉林省吉林市。其前身是吉林化学工业公司（简称吉化），1954年开工建设，1957年建成投产。始建以来，多位党和国家领导人曾视察吉化，江泽民同志更欣然题词：“把吉林化学工业公司办成有中国特色的社会主义企业集团。”

目前的吉化集团公司系原吉化分离出炼油和石化主装置后，其他业务板块组成的综合性公司，2000年正式与中国石油吉林石化分公司分立运行。分立之初，老国有企业历史积累下来的社会负担重等结构性矛盾全部集中到非上市公司，突出表现为：资产质量差，有效资产仅占总资产的34%，无效资产占38%，社会公益性资产占28%；社会负担重，山林道路、23所中小学、3个文化宫、24所幼儿园、离退休统筹外费用每年需补贴费用26000万元；经济总量不足，主营业务收入不足总资产的10%，亏损5.5亿元。经过三年艰苦奋斗，2002年吉化集团公司实现盈亏平衡，同比减亏4.4亿元，提前三年完成了中国石油天然气集团公司下达的扭亏任务。未来几年，吉化集团公司将发展成为以化工延伸加工和精细化工为主，工程技术服务为重要组成部分，业务构成多元化，产权结构多元化，有一定自我积累、自我发展能力的地区综合性公司。

吉化集团公司下辖丙烯腈厂、高碳醇厂、研究试验厂、农药化工有限责任公司、建设公司、机械公司、仪表公司、进出口公司等36个分公司、子公司及企事业单位，设有机关部室22个，有职工22369人。2002年末，公司资产总额146亿元。

吉化集团公司恪守“坚持诚信、追求卓越、注重业绩、渴望创新”的经营理念以及“忠诚于企业、诚信于用户、奉献于岗位、坦诚于同志”的群体价值观。可提供的产品和服务有化工延伸加工类产品：丙烯腈10.6万吨/年、丙酮氰醇6万吨/年、甲基丙烯酸甲酯2万吨/年、异丁烯1万吨/年、氮气雾化超细球型铝粉4000吨/年、乙腈6400吨/年等；精细化工类产品：高效低残留农药5000吨/年、三羟甲基丙烷5000吨/年、抗冲改性剂ACR5000吨/年、工业有机玻璃4400吨/年、高活性聚异丁烯3000吨/年、EBA2000吨/年、甲基香兰素2000吨/年、乙基香兰素200吨/年，以及硝基苯加氢催化剂、低级脂肪胺催化剂和抗氧剂618等；机械仪表类产品：各类铁道罐车500台/年、智能变送器10000台/年等。可提供工程技术服务的单位：化建公司等三家单位，其中化建公司是具有国家施工总承包一级资质和对外经营资格、获得中国企业最佳形象和质量服务AAA级信誉证书的企业。

【主要生产指标】 主要化工产品产量148665吨，实现工业总产值（现价）129227万元。

【主要经营指标】 2002年，全年实现工业增加值80668万元，主营业务收入31亿元。2002年决算报表利润188万元。

【主要产品】 丙烯腈、丙酮氰醇、乙腈、甲基丙烯酸甲酯、异丁烯、聚异丁烯、球型铝粉；高效低残留农药、三羟甲基丙烷、ACR、工业有机玻璃、EBA、甲基香兰素、乙基香兰素；硝基苯加氢催化剂、低级脂肪胺催化剂和抗氧剂618等；铁道罐车、智能变送器等。

【主要措施】

1. 统一思想，坚定信心，取得了扭亏脱困的新成果

按照中油集团公司六户困难企业座谈会和2002年工作会议精神，进一步明确了公司三年扭亏脱困的目标措施。结合公司实际，先后召开了领导干部、科技人员、管理人员、劳动模范等各个方面的研讨会、座谈会，分析形势，制定对策，把公司力量集中到扭亏脱困目标上来，把职工群众的思想统一到扭亏脱困攻坚上来。明确提出“树立信心、立下恒心、上下同心，破釜沉舟、背水一战、奋斗三年、扭亏脱困”的攻坚目标。结合公司企业定位和发展方向，贯穿扭亏脱困工作始终，明确提出结构调整、技术改造、集约管理三大攻坚。一年来，结构调整稳步推进、技术改造步伐加快、集约管理力度加大，扭亏脱困第一年取得了令人瞩目的成果，实现了首战告捷。

2. 提高质量，注重效率，取得了经济运行的新成果

层层分解任务、逐级落实责任，与二级单位签订了年度扭亏脱困目标责任书。以全面预算管理为核心，将收入、利润、控亏、回款、费用、消耗定额等主要经济技术指标全面列入考核范围。以公司机关和二级单位建立联系点为纽带，把机关部室收益与关联单位经济技术指标完成情况相挂钩。以增效、减补和控亏为目标，进一步分解落实二级单位任务指标，实行各级干部分片包干、车间班组责任到人。特别是对公司经济运行质量有着重要影响的丙烯腈装置，通过生产优化、开拓市场、强化管理，实行日跟踪、周核算、月考核，实施全过程管理，使丙烯腈装置运行质量逐步提升，全年创造利润4000万元，同比减亏增盈2亿元，有效促进了全公司经济运行质量的改善。

3. 突出重点，调整结构，取得了深化改革的新成果

在退出非主营业务领域上，有序开展了整体改制分流试点工作，对公运公司五处、六处等4个单位实行了整体改制分流。在事业单位企业化经营上，对事业公司进行了主辅分离，组建了专业化分公司和子公司；职工医院实行了内部科室工效挂钩分配办法；疗养院模拟市场运营，完善了内部分配、用人和考核机制；教培中心积极开拓外部市场增加了营业收入。在分离社会职能上，将江城公司联化中小学、职工医院防疫站、石井沟热电公司整体划转到地方政府管理。在放开搞活中小企业上，对事业公司下属的12个单位实行了租赁经营。与此同时，积极推进劳动用工、薪酬分配和干部人事制度改革，普遍推行了工效挂钩办法和经营者年薪制、科技人员课题津贴制、星级技术

工人技能津贴制等激励机制，打破了分配上的平均主义，进一步激发了广大职工的工作积极性和主动性。

4. 明确方向，加快改造，取得了加快发展的新成果

我们坚持“有所为有所不为”和“进而有为、退而有序”，提出了“把吉化集团公司办成以化工延伸加工和精细化工为主，工程技术服务为重要组成部分，业务构成多元化、产权结构多元化，有一定自我积累、自我发展能力的地区综合性公司”的企业定位和发展方向。突出建设好三个化工基地。西部基地丙烯腈装置“8改10”已顺利完成，进一步的扩产改造至21万吨/年项目已开工建设，罐区基础和室外地下管网工程已经完工。中部基地建设进展迅速，聚异丁烯项目土建已经开工，乙基香兰素于年末已经投产，并产出合格产品；2000吨/年EBA装置和两个农药新品种已经建成投产。东部基地高碳醇装置盘活取得进展，乙烯齐聚制1—已烯技术方案已经落实、可研报告已完成；高碳醇装置铝粉制备单元7月完成改造并生产出合格产品。

5. 完善制度、强化控制，取得了集约管理的新成果

坚持眼睛向内，向强化管理要效益。我们从实际出发，以全面预算管理为核心，大力推行精细管理，制定了包括成本费用、工程建设、固定资产投资、消耗定额、工艺参数优化、检维修费用、工资总额及相关费用、物资采购、产品销售、机关费用等内容的10项管理规定。按月份编制预算，按季度进行经济活动分析，有效控制了经济运行节奏，系统规范了生产经营行为，逐步提高了企业和产品市场竞争力。我们坚持以财务管理为重点，成立了资金管理办公室，加强资金集中、统一管理，保证了公司整体经济运行、调剂余缺和技改项目资金的及时到位；加大了清理外部应收账款力度，有效地增加了现金流量；树立过紧日子思想，严控非生产性支出，进一步降低了可变费用的支出；不断强化采购和营销管理，严格采购计划审批，控制采购总量，全面推行招标采购，进一步降低了采购成本；以采取放活销售策略为手段，积极稳固内部市场，不断开拓外部市场，进一步扩大了市场份额。

6. 依靠群众，发挥优势，取得了两个文明建设的新成果

坚持依托政治优势，落实“依靠”方针，促进企业两个文明共同进步。巩固提高职工群众在扭亏脱困攻坚中的主力军地位，注重发挥群众性攻坚达标活动的激励带动作用，在公司各个层面发起了贯穿全年的“万众一心，合力攻坚，奋斗三年，扭亏脱困”劳动竞赛，在全公司范围内开展了“我为扭亏脱困做贡献”大讨论活动，进一步形成合力攻坚的浓厚氛围。加强班子建设，切实提高了两级班子成员综合素质、决策能力和廉洁自律意识；加强组织建设，增强了党委的政治核心作用、党支部的战斗堡垒作用和党员的先锋模范作用；加强思想政治工作，坚持开展形势任务教育主题活动，发挥了统一思想、凝聚力量的作用；加强精神文明建设，“五创一做”活动和创“文明班组、文明宅区、文明家庭”活动取得新成效。与此同时，加大打击“法轮功”邪教组织力度，倡导健康科学文明的生活方式，进一步强化了社会治安综合治理。坚持做好信访工作，变上访为下访，稳妥处理群体访等突发事件。加大再就业工作力度，积极扩大就业渠道；突出做好困难企业和下岗职工的思想工作，狠抓扶贫解困，保障了困难职工基本生活，维护了企业和职工队伍稳定。

【科技创新与技术改造】　在技术开发上，2002年，列入公司科研与技术开发计划的项目有27项。其中，乙醛酸法香兰素新工艺技术开发、CAR－Ⅱ型抗冲击改性剂等5项为中油集团公司重大攻关项目；新一代智变送器、交互置换反应平衡α—烯烃生产技术开发、高碳烷基苯磺酸技术开发等4项为中油集团公司重点项目；天然醇分离精制及在合成已二酸二正已酯中的应用等7项为公司重点项目。有EBA工艺改进、羟基磷酸钙工艺技术开发、α—甲基苯乙烯二聚体合成及应用、N—甲酰吗啉合成工艺开发等12项科研项目通过了公司组织的验收；有乙醛酸法香兰素新工艺技术开发、高效农药新品种开发应用技术、高碳醇转产α—烯烃反应器工业技术试验预研等3个项目通过了中油集团公司组织的验收。在技术改造上，丙烯腈装置在大检修期间完成了由8—10万吨/年改造，进一步扩产改造到21万吨/年已开始进行；200吨/年乙基香兰素装置于年末投产；2000吨/年EBA装置建成投产；高碳醇铝粉装置B线于7月份完成改造并生产出合格产品。

【健康安全与环境】　树立“责任、信任与关怀”工作，建立HSE文化，树立企业良好形象；坚持目标管理，落实责任制，签订安全生产合同；坚持开展“创无事故单位”活动，实行领导干部承包关键装置和要害部位，形成了管理网络；坚持HSE管理创新，推行“两书一表”，建立了HSE长效机制；坚持现场管理，实行大检查和专项整治相结合，保障了安全生

产；坚持推行清洁生产，确保达标排放。安全生产指标为千人负伤率0.58‰，千人重伤率0.04‰；环境保护指标为COD外排达标率98%，固定废物有效处置率100%；职业健康指标为慢性职业病发病率低于万分之一，就业体检率、有毒有害作业场所监测率、射线作业人员职业健康体检率、放射卫生个人剂量监测率100%。

【精神文明建设】 吉化集团公司连续多次被吉林省委、省政府命名为“精神文明建设（标兵）先进单位”；2001—2002年度被市委、市政府评为精神文明建设先进单位，被市企业工委评为“十百千”创建活动文明示范企业；公司党委被省、市委授予“先进基层党组织”称号；公司获吉林市社会治安综合治理标兵单位；公司团委分别荣获全国“‘五四’红旗团委”、“‘五四’红旗团委创建单位”、吉林省“‘五四’红旗标兵团委”、吉林省“青工创新创效四首建功活动优秀组织单位”等称号。2002年，公司有9个单位进入了省级文明单位行列，17个单位进入了市级文明单位行列，7个单位进入了区级文明单位行列。

（何长海）

中国石油锦州石油化工公司

【概述】 中国石油锦州石油化工公司以工程技术服务、生产服务、加工制造为主体，以社会服务和多种经营为辅助业务。一年来，在集团公司的领导下，克服了实际工作中的一个又一个困难，实现了年初提出的“改革调整创新，自立生存发展；完成全年任务，开创新的局面”的奋斗目标，各项工作取得了新的业绩。2002年完成生产经营总值6.69亿元，其中工业总产值1.49亿元；实现主营业务收入6.35亿元，与预算指标相比增加8019万元；实现税费4600万元，比预算增加2719万元；实现内部利润288万元。重组改制以后，公司已连续三年超额完成集团公司下达的利润考核指标；公司实力不断提升，截至2002年年末，公司资产总额为18.8亿元，其中流动资产10.22亿元，固定资产净值6.79亿元；负债总额5.09亿元，资产负债率为27.07%。公司多种经营及集体企业实现营业收入6.48亿元，实现税费2883万元，实现利润159万元，与2001年亏损1067万元相比增加1226万元。

【工程技术服务】 2002年，工程技术服务系统顺利完成包括液化气港口储运等工程在内的27个工程建设项目的设计、安装、监理和质量监督任务。完成新建16万平方米总投资2.2亿元的民用建筑项目。圆满完成三套催化裂化装置、异丙醇等一批生产装置的大修、改造任务，工程公司全年实现建筑业总产值3.2亿元，实现利润357万元。同时取得GAI级（长输管道），GCI级（工业管道）的安装资格证书。设计院取得了国家建设部颁发的有机化工工程等四个项目和石油天然气行业中的油气库工程类型的甲级资质证书和压力管道资质证书。工程监理公司通过建设部监理企业甲级资质晋升，不仅获得了化工石油工程监理甲级资质，还增加了房屋建筑工程（甲级）、市政公用工程（乙级）、电力工程（丙级）监理项目。升级目标的实现，为我们牢固占领企业内部市场和开拓外部市场奠定了坚实的基础。

【“煤代油”热电项目】 经过前期工作办公室和有关处室的共同努力，“煤代油”热电项目在2002年上半年顺利完成可行性研究报告和环境影响评价大纲的编制，并一次通过专家评审。10月份集团公司正式下发《关于锦州石油化工公司煤代油热电厂技术改造工程可行性研究报告的批复》，目前已完成工程项目的设计招标，发电机、汽轮机、锅炉等主要设备的招标工作，已签订了设计合同、供货协议和技术协议。其他工作也在抓紧进行。

【液化气储运经销工程】 为认真落实公司“十五”规划，提高公司整体运作能力，公司从2000年底开工建设、投资近6000万元的锦州港8000立方米液化气储运设施于2002年全面竣工。8月份我们组建了液化气经销分公司并在锦州经济技术开发区注册成立，开始启动液化气储运经销工程，充分利用液化气的资源优势，通过市场开发为公司创造经济效益。

【企业管理】 2002年，监理公司、长虹安装工程公司等单位通过ISO 9000质量认证机构的审核。截至2002年年底，公司所属单位已有8家企业通过了ISO 9000质量体系认证，标志着公司的质量管理水平有了新的提高；财务管理方面通过加强资金管理、能源管理、工程成本管理、改变厂内加油站结算方式等行之有效的办法，压缩了费用开支，降低了经营成本；公司机关各部门严格控制支出，各项指标基本控制在年度预算计划之内，其中材料消耗比2001年减少260万元，同比下降了45%；全面开展了职业技能鉴定，完成了有4995人参加57个技术工种的职业技能鉴定的理论考试；公司所属各单位的安全管理水平有所提高，一般事故较2001年同期有所下降。

【经营机制转变实现新的突破】 公司重组改制后，我们存续企业身份地位发生了变化，开始独立面向市场，成为市场竞争主体和法人实体。公司所属各企业面对这些变化，在实践中不断探索新的经营模式和管理机制，2002年天隆公司实行驻外公司租赁承包经营模式，经营部、职能科室实行利润指标包干，超额利润分成模式，完全改变了过去我公司全民所有制企业大锅饭的状况，收到了较好的效果。2002年这个公司减亏302万元，减亏幅度102%。工程公司在不断巩固企业内部市场的同时，加大外部市场开发力度。2002年他们先后承担了辽化装置抢修、大连西太平洋和锦西炼化总厂装置大修、锦西炼化热电厂、鞍山炼厂和尼尔基水利枢纽工程建设等项目，依靠顽强拼搏，使该公司的对外经营项目产值超过了600万元。监理公司、设计院等单位通过对外承揽监理、设计任务，在转变经营机制方面实现了新的突破。

（马贵文）

中国石油锦西炼油化工总厂

【概况】 2002年，是锦西炼化总厂重组以来生产建设任务最紧张、各项工作最繁忙的一年，也是“十五”发展取得阶段性成果，最有纪念意义的一年。煤代油工程顺利投产，标志着能源基地基本建成，储运基地进一步扩大规模，石油化工基地进入建设实施阶段。关联交易有序进行，服务质量稳步提升，完成关联交易总额3.62亿元。全年实现主营业务收入6.11亿元，完成考核利润2110万元。

【生产经营】 主要生产指标和产品销售情况。热电生产及时合理地调整运行方式，顺利实现了一、二期生产系统的平稳过渡，二期并网发电。3号炉连续运行120天，创历史最好水平。全年发电1.78亿千瓦·时，完成年计划的128.86%，比2001年多0.22亿千瓦·时。销售电量1.28亿千瓦·时，完成年计划的116.24%，比2001年多0.05亿千瓦·时。生产蒸汽135万吨，比2001年多9万吨。新水生产重点调整采水结构。开辟外部市场，既缓解了市区供水紧张的状况，又提高了企业经济效益。三产企业以提高经济效益为中心，不断强化内部管理，完善生产工艺，提高产品质量和产品产量。煅烧焦生产创历史最好水平：完成加工量3.98万吨，为年计划的112.08%，比2001年多1.83万吨；煅烧焦产量3.56万吨，为年计划的111.16%，比2001年多1.83万吨；销售煅烧焦3.51万吨，为年计划的109.64%，比2001年多1.55万吨。煅烧焦生产销售以优良的质量和良好的信用赢得了广大客户。涂料和油漆产量368吨，比2001年增加33吨。

【安全环保】 2002年，总厂在工程公司和热电公司建立并实施了HSE管理体系，重新调整了环保组织机构，积极开展环境治理整改工作。重新修订了安全环保规章制度。包括《集体工、临时工和外来人员入厂管理的规定》、《特殊工种管理规定》、《总厂交通安全管理规定》、《总厂放射线管理规定》，《电气作业规定》、《机动车辆配火花熄灭器》、《安全检修规定》、《安全环保考核细则》等制度。

落实安全生产责任制，健全安全环保管理组织。总厂重新调整了安全生产委员会、防火委员会和环保委员会。各基层单位也相应调整了分委会和安全环保组织，形成了总厂—公司（厂）—车间三级安全环保管理网络。为落实各级安全生产责任制，总厂与11家公司（厂）签订了“安全消防责任状”，总厂与四家公司签订“车辆安全承包责任状”，制定了《安全生产、环境保护达标考核细则》。完成了800兆通讯系统的安装调试工作，改善了火场通讯落后状况。

2002年3月3日15时50分，石化分公司南山汽油罐区365号5000立方米汽油罐着火。葫芦岛市和周边城市消防官兵与总厂消防队员一道，经过全力扑救，于在4日5时50分将大火扑灭。

【企业改革】 2002年，集团公司把总厂选定为公司制改革试点单位。总厂在学习吉化、兖州煤矿经验的基础上，完成了公司制改革、企业定位和专业化重组方案，正式上报集团公司审批。

总厂选择了做大、做强、做精、做专的专业化发展道路，积极做好专业化重组的各项准备。华亿公司进行了煅烧焦装置三期扩建。宏盛公司以规范的物业管理为基础，实现生活后勤的专业化管理，社会化服务，企业化经营。金秋公司建成投用了SBS新型防水材料生产线，以此为基础，重点发展防水材料生产和防水施工业务。工程公司组建了工程五公司专营换热器检修业务。

深化产权制度、用工制度、分配制度改革方面也有新进展。一是运输公司7月份完成加油站改制工作，部分职工带资分流组建新公司；热电公司纳入总厂一级核算准备工作就绪。二是企业用工制度改革进一步深化，完成了“五定”实施方案，形成了全厂定员的基本框架；热电公司实行绩效考核办法，员工全部竞聘上岗。三是分配制度改革进一步深化，工程公司等单位工效挂钩试点趋于完善；职工医院奖金分配上不封顶，下不保底，员工积极性明显提高。

【关联交易】 关联交易是总厂收入的主要来源。重组以后，总厂一直十分重视与锦西石化分公司的关联交易。2002年，为缓解入世给石化行业带来的冲击，总厂明确提出要与石化分公司共担入世风险，并在关联交易洽谈中让度1600万元的交易额度。关联交易服务过程体现出三个新的特点。一是服务的主动性更加突出。各相关单位做到“招之即来，来之能干，干则干好”。一年来，完成各类抢修项目1万多项，保证了分公司炼油生产的稳定运行。二是重点设备攻关再创新水平。2002年，分公司提出七项重点设备攻关任务，对技术指标提出更高要求。总厂积极采取措施，推进强制保养，加强设备动态监测和日常检查维护，较好地完成了攻关任务。三是提高服务过程的技术含量。在关联交易服务中，总厂既注重热情周到的服务，又注重依靠技术进步解决生产过程的技术难题。在南蒸馏、焦化等生产装置采用新的控制技术和设备，解决了许多老大难问题。在装置检修维护中，积极应用新设备、新材料，设备维护水平进一步提高，运行状态更加稳定。

【市场开发】 为不断扩大企业经营，总厂积极采取措施，大力开拓国际、国内两个市场。一是积极参与建安市场竞争，全面提升资质能力。在建安市场，全力抢占总厂和分公司的基建、技措、检修、维护市场，争取部分社会市场份额。工程公司在分公司焦化扩能改造招标中第一次以总承包模式一举中标，全年完成产值1.33亿元，基本确立了支柱产业地位。2002年，总厂参与市场竞争的资质能力进一步增强：工程公司化工石油工程晋升为国家一级资质；监理公司由乙级晋升为甲级资质；设计院有五个专业晋升为甲级资质。二是采取新的营销方式，拓宽产品销售领域。在煅烧焦装置三期扩建期间，总厂通过“经贸洽谈会”把扩建增产的信息及时传递给用户，为扩建后的产品销售奠定了基础。渤海加油总站稳定老客户，发展新客户，全年销售油品1.6万吨，盈利150万元。碧海公司充分利用投资600万元建设的接卸北方沥青厂海上原油项目，投用15个月就创收1000多万元。三是充分发挥优势，把握技术服务市场。在软件开发等信息技术方面，完成了葫芦岛市教委两所学校的教学网络建设和南票区网络建设，与葫芦岛日报社签订了网站建设合同。在企业内部，石化分公司管理软件开发全部由总厂信息中心承揽，完成了经营、销售、设备、碧海公司、实时数据采集等管理系统软件的开发设计。总厂承担了企业内部和分公司工程监理及设备探伤的全部任务。四是开拓国际市场，实现零的突破。经过外经部门的不懈努力，总厂的煅烧焦产品首次直接出口到伊朗，总量达到700吨，还开展了农产品出口代理业务，共创汇10万美元。

【科技进步】 一是新技术、新工艺、新材料在生产建设和工程设计中得到广泛应用。新安装变频器45台，变频器总台数达到175台，仅此一项，每年即可节电1500万千瓦·时，价值600万元。引进了γ射线探伤新技术，填补了企业技术空白，提高了工作效率，改善了透照质量。职工医院重点开展烧伤抢救、血液透析、心脑血管及皮肤病治疗等特色医疗，外部收入达到260万元，医疗总收入达到960万元，创历史最好水平。现代化学公司依靠技术进步，调整产品配方，单位产品成本降低700多元，增强了产品稳定性能。二是企业信息化建设稳步推进。为石化分公司开发的计算机集成生产系统，被中油股份有限公司列为重点科研项目，并获得一期配套资金80万元；总厂自主开发的流程企业排产系统软件，被葫芦岛市科委定为重点科研项目，获市财政投资10万元，预决算和图书管理网络系统建成，提高了工作效率和管理水平。网络系统千兆交换机升级，进一步提高了网络应用水平和效果，拓展了总厂园区网的覆盖范围。三是群众性的科技活动气氛活跃。科协征集科技论文678篇，在全国科协年会上发表5篇，报省科协11篇。

（刘　新）

中国石油乌鲁木齐石油化工总厂

【概述】 中国石油乌鲁木齐石油化工总厂始建于1975年，自1998年划归中国石油天然气集团公司后，总厂领导带领全厂职工克服各种困难，深化改革，加强管理，圆满完成集团公司下达的各项经济指标。乌石化总厂现有化工厂、塑料厂、动力厂、设备安装公司等19个二级单位和三个直属单位。

全厂现有职工8078人，其中，女职工3068人，民族职工1209人，干部2734人，分别占职工总人数的36%，14%，33%。具有专业技术人员2725名。

总厂目前资产合计13.47亿元，其中固定资产原值13.47亿元，净值9.48亿元。其中，房屋、建筑物、土地约占64.55%。所有者权益8.82亿元，资产负债率34.54%。

经过28年的艰苦建设和发展，总厂已成为集生产服务、工程技术服务和社会服务、文教卫生服务于一体的服务设施完善的生产、生活基地。

（1）生产单位：总厂下属的塑料厂现有三套编织袋生产线，年生产能力为4500万条，一套年产1800吨造粒生产线；化工厂现有一套年产3万吨甲醛装置，一套年产1.2万吨三聚氰胺装置；动力厂供水系统拥有采水单井27口，供水泵房两座，输水管线实际供水能力达到11000立方米/小时；供热系统拥有六台20吨/小时燃煤热水锅炉，一座高温水换热站；生产生活供电系统共有35千伏变电所三座，中小型配电室95个，全年转供电量1.6亿千瓦·时以上；西峰集团拥有油毡、煅烧石油焦、SBS防水卷材、标准柴油等多套生产装置。

（2）工程技术服务单位：总厂下属工程公司是甲级资质监理单位，并已通过ISO 9002质量体系认证，具有多项大型工程监理业绩；设计院具有石油化工医药全行业乙级、石油天然气（油气库工程设计）甲级等多项设计资质；设安公司具有化工石油工程总承包二级、化工石油设备管道安装专业承包二级等六项专业资质，能够承担大型压力容器的制造和设备安装业务；监测中心拥有国内先进的监测设备，由监测中心自主开发的渗铝钢新技术提高了设备的防腐强度，延长了设备的使用周期，得到了用户的广泛好评，先后为克拉玛依等多家单位完成设备仪器的监测任务；信息技术中心具有承办大型通信工程和软件开发、网络建设的丰富经验，下设电讯站拥有1.5万门程控电话交换机；物装公司具有海港接运、超限物资铁路、空中运输和物资仓储化管理和各种大型设备材料的采购能力。国际事业公司享有进出口贸易权，经营六大类40余种化工产品，同时承办口译、资料翻译等业务。运输公司具有各类型车辆，承担了吊装、货运、客运等全方位的生产生活服务。

【主要生产经营指标】 2002年，塑料厂生产各种规格编织袋3043.92万条；动力厂产新水3179.7万吨；转供电15575.18万千瓦·时；供热17.98万兆瓦。化工厂生产合格甲醛6569.93吨；生产三聚氰胺1241.17吨。运输公司实现货运周转量4290.79万吨千米，客运周转量6143万人·千米，物装公司物资购进量和售出量分别为22732万元和21271万元。

全年实现主营业务收入37521万元，同比增长21.4%。其中：关联交易收入25553万元，占主营收入的68.1%；社会收入11968万元，占主营收入的31.9 %。计入三项费用补贴后，实现集团公司下达的盈亏持平的经济指标。

全年完成固定资产投资5482万元，其中基本建设完成3578万元，技术改造完成950万元，设备零购完成954万元。

【主要产品】 总厂目前有10大类73种产品，主要有：各种塑料编织袋、三聚氰胺、甲醛、石油添加剂、均四甲苯、半精练石蜡、石油酸、炭黑、中性油、1#—3#溶剂油、复合肥、专用肥、加气混凝土块、沥青油毡、煅烧石油焦、机械加工等。

【主要措施和成果】

（1）认真组织开展“优质服务年”活动，全力以赴做好优质服务工作。一是服务好股份公司市场，通过投资799万元用于关键技术装备改造升级项目和建立总厂的技术支撑体系，提升了装备竞争力和科技竞争力。二是服务好外部市场，努力打造服务品牌，提高了外部市场占有份额。2002年，实现对外创收11968万元，占总收入的31.9%，同比增加5565万元。三是服务好总厂内部市场。在各单位之间推行市场化经营、市场化服务模式，以此推动整体工作质量的有效提升。四是服务好乌石化社区市场。

（2）进一步强化基础管理，做到三个“紧密结合”。一是财务管理与预算指标紧密结合。通过推行全面预算管理，严格制定财务利润指标、可控费用指标、流动资产占用指标、对外创收指标，层层分解落实，促使各单位紧密围绕这四项财务指标开展财务工作。二是科技开发、投资管理与经济效益、社会效益紧密结合。坚持有市场、有效益、有竞争力的原则制定科技开发计划，共投入资金202万元，实施科技开发项目七项，三是安全管理与构筑体系紧密结合。进一步完善安全监督职能，严格执行责任追究制，开展四次安全生产大检查，狠抓了不安全因素的防范和整改工作，保证了企业的生产安全。

（3）加快发展，经济总量明显提高。一是与时俱进，理清发展思路。确定了“加快经济总量增长、提高创效能力，用发展的办法解决前进中的问题”这一方针。通过2001年三聚氰胺、加油站、油库等新项目的建成投产，企业经济总量明显提高，与2000年相比，总厂资产总额增加24617万元，主营业务收入增加3659万元。二是审时度势，确定发展方向。总厂在十五发展规划的基础上进一步明确产业定位。确定了四个专业板块的发展方向，即：以石油化工为主的工程技术服务板块、以石油化工为主的生产服务板块、以石油化工及精细化工为主的加工制造板块和以石油化工为主的产品销售板块，为今后的发展确立了主要目标。

【科技创新与技术改造】　总厂坚持把科技进步作为企业发展的主要动力之一，坚持有市场、有效益、有竞争力的原则制定科技开发计划，全年共投入资金202万元，实施科技开发项目七项。其中，塑料厂《高比例碳酸钙原料的研发和应用》项目，降低生产成本36.5万元；设备安装公司《换热器试压胎具工装设计及应用》项目产生直接经济效益22万元；监测中心的《红外热像检测系统的应用》项目创效16万元。总厂与南京林产化学所联合开发的《三聚氰胺、甲醛树脂粉和模塑粉研制及应用》项目已完成中试。

【工程建设】　集团公司重点工程——三聚氰胺项目从技术、资源等方面充分依托公司公用工程系统进行建设，由总厂设计院参与设计，总厂设备安装公司自行施工。2002年9月15日，三聚氰胺装置试车一次成功，比计划提前15天生产出合格产品，创国内同类型装置建设速度之最，并且填补了集团公司此类产品的空白。

【安全生产】　总厂以安全大检查为基础，狠抓安全生产责任制，不断将“四查一整改”活动引向深入；在设安公司等单位中有计划、分步骤地建立和实施HSE管理系统；借鉴HSE的管理理念，优化总厂的质量安全环境管理体系，顺利完成了年初制定的安全生产奋斗目标。

【企业改革】　针对总厂存在的资源分散、所属企业规模小、经营管理范围交叉重复、市场竞争能力低的问题，以提高产业集中度、提高企业实力和竞争力为目标，下大力气进行了经济结构调整。对工程建设行业进行了专业整合，将原设安公司、西峰建安、房产物业等七个单位进行重组，成立了新的设备安装公司，取得了国家石油化工二级总承包资质及五个专业承包资质，在闯市场中形成了规模优势。

（陈　海）

中国石油兰州炼油化工总厂

【概述】　兰州炼油化工总厂（简称兰炼）前身为兰州炼油厂，是新中国成立后建成的第一座现代化大型炼油厂，是一个以炼油为主，既有化工，又有机械仪表制造、炼厂建筑安装、科研、设计的特大型综合性石油化工企业，为国民经济和地方经济建设做出巨大贡献，并于1996年和1999年两次正式通过ISO 9001质量体系认证。

1999年9月，根据党和国家关于国有企业改革的方针政策和中国石油天然气集团公司的战略部署，兰州炼油化工总厂按主辅业进行了重组改制。重组后的兰州炼油化工总厂主要围绕石油石化工业提供加工制造、工程技术服务、生产技术服务、多种经营、生活服务和社会服务，是集机械仪表压力容器制造、工业和民用建筑安装、机电仪维修、化工延伸、新型建材生产、石化设计、石化原材料和物资供应、石化产品进出口、房地产开发，兼有教育、医疗等社会服务以及农林、商贸等多种经营的大型综合性企业。截止到2002年末，兰州炼油化工总厂资产总额为22.30亿元，职工总数为7776人，下设24个二级单位。其中，中石油第二建设公司拥有固定资产近2亿元，各类施工机具1000余台（套），其中的大型吊装设备、大型土建施工机具等为西北地区所独有，具有一、二类压力容器设计及一、二、三类压力容器制造、现场组装等资质，能够独立承揽年加工千万吨炼厂的建筑安装和大中型石油化工企业设备检修维修等任务，可批量生产H型钢、V型折板、商品砼、保温材料等多种建材。机械厂可生产2000—33000千瓦八个类别的烟气轮机和各种特殊阀门、专用油泵、加热炉配件、高温合金铸管等五大类11个系列的石油化工机械产品，高效节能烟气轮机的国内市场占有率达80%以上，并拥有生产目前国内最大功率烟气轮机的能力；生产的DN2850气动调节阀和DN1800电滑冷壁双动滑阀、DN1500电液高温蝶阀、DN1100/600电液塞阀、DN1200电动高温平板闸阀均是国内目前同类型阀门中最大的阀门，1998年市场占有率达到80%，以上均由中国企业联合会、中国企业家协会授予专门证书。仪表厂是我国过程控制仪表的专业制造厂家。助剂厂拥有5000吨/年正已烷生产装置。新型建材公司拥有8000吨/年PVC异型材生产线。设计院是国家甲级设计单位和三类压力容器设计单位。设备研究所是中国石油天然气集团公司转动机械技术开发中心。

【生产经营】　2002年，兰州炼油化工总厂继续以“服务石化，开拓市场，突出重点，多元发展”为宗旨，围绕“安全稳定，盈亏持平”的奋斗目标，强化服务意识，明确提出“我们的产品就是服务、我们的主营业务就是服务石化”，狠抓对中国石油股份公司兰州石化分公司的工程技术服务、生产技术服务、生活后勤服务和社会服务，全力搞好兰州千万吨级炼油基地各项重点工程的施工、配套设计、工程监理、工程质量监督和建设物资采供，精心组织炼化装置检修，机电仪设备的日常维护和关键设备的特护，保证了炼化生产所需化工原辅材料及设备器材的采购配额任务；在消防抢险、设备检测防腐、环境监测、客货运输、电讯服务、治安保卫、医疗卫生、环卫绿化、道路维护、物业管理、餐饮服务、普教幼教、职工培训、宾馆接待、文体娱乐、新闻宣传等各项服务中，不讲条件，服务到位，确保了兰州石化分公司的生产大局，也稳定了关联交易收入来源；依靠生产技术优势，进一步转变观念，及时捕捉外部市场信息，采取灵活多样的营销手段，不断提高技术水平和服务质量，积极参加社会工程投标，巩固社会市场以及海外市场，进一步拓宽了经营领域，外部市场占有率明显提高。经过努力，全厂生产经营整体保持平稳运行，主要工业品产销衔接良好，主要经营单位全部盈利或持平，总体上呈现出“主营收入增加，经济效益好转，生产安全平稳，职工队伍稳定”的良好态势，完成了“安全稳定，盈亏持平”的方针目标和集团公司下达的阶段性扭亏解困任务：全年实现主营业务收入16.14亿元（含材料转供收入8.19亿元），比2001年增加3.24亿元，增加了68.79%；实现企业增加值2.17亿元，比2001年提高3088万元，提高了16.58%；账面利润亏损8101万元，在集团公司弥补亏损8126万元后，实现考核利润25万元；全年安全生产无事故，实现了“六个降低、三个不超、一个确保”。

【发展项目】　2002年，为了从根本上实现扭亏解困，增强企业竞争实力，兰州炼油化工总厂坚持“发展就是硬道理”，在集团公司规划计划部的具体指导下，积极开展企业产业定位、发展方向及经营战略的研究，确定了“机械仪表制造、建安维修、化工延伸、新型建材”四大主导产业，为企业的长远发展指明了方向。在此基础上，积极寻求和落实具有相对优势和前景的项目，论证了顺酐、甲乙酮、双氧水、树脂砂造型、PP—R管材、改性沥青防水材料等项目，其中：3万吨/年甲乙酮项目通过集团公司咨询中心专家组评估；与德国西门子公司合作的智能变送器项目进展顺利，达成了分三步走的合作意向。为了发展化工延伸产业，以现有的顺酐、正已烷项目为基础，组建了兰州炼油化工总厂石油助剂分厂，奠定了“兰炼化工园区”的基础。

【工程建设】　2002年，兰州炼油化工总厂重点工程建设进展顺利，其中：1万吨/年顺酐项目完成了装置区拆迁、三通一平，所有非标设备全部完成订货并开始制造，造粒机等动设备的招标、订货也已完成；1700吨/年树脂砂造型生产线改造项目基本建成，并开始试生产。5000吨/年正已烷装置改造、10万立方米/年混凝土搅拌站扩改等工程先后竣工投用。

【科研开发】　2002年，兰州炼油化工总厂进一步修订、完善了“十五”科技发展规划；组织重点攻关，先后顺利通过“优质乙烯裂解炉管”、“炼厂用高效缓蚀阻垢剂”等两个集团公司重点科研项目的验收，并确定为集团公司专有技术。“加热炉高效率涂料应用研究”项目初步打入中国石化集团公司市场。重点在研项目进展良好，特大功率烟气轮机、加氢高压泵、新一代智能压力变送器、大型石化企业地理信息系统开发及应用等四个项目均取得阶段性成果，其中：国家级科研项目3.3万千瓦烟气轮机研制取得重要进展，解决了叶型设计、零件加工装配等一系列问题，完成了气动设计、结构设计和制造加工的准备工作，加工工作已经全面展开。总厂级科研开发项目和技术改进项目共有22项通过总厂评审，并给予较高额度的奖励。健全完善了知识产权管理体系，全年向国家专利局申请专利九件，已获授权甲类专利一件、乙类专利五件。

【企业管理】　2002年，兰州炼油化工总厂进一步适应管理工作的新特点，开展了大规模的“四项清理整顿”、“八项调研”、“三项攻关”活动，取得良好进展。一是开展了物资供应、车辆、规章制度、多种经营等“四项清理整顿”，先后明确了供应公司对全厂物资采购的统一管理职能，制定了车辆管理改革方案，全面清理了原有的515项规章制度，经过增加、修订、合并、删除，形成了134项规章制度，并汇编成册、正式颁布施行。根据现有多种经营（集体）企业的经营效果和实际情况，提出了分别处置的原则。二是开展了对物业管理费和电话费使用情况、“三项费用”补贴使用情况、内部管理现状、人力资源状况、企业文化建设、青工队伍状况、企业发展定位、基层班组建设和职工合理化建议开展情况等“八项调研”，基本摸清了现状，提出了建设性的意见、建议和整改思路。三是实施了仪表厂、自动化研究院、三叶公司等三家亏损比较严重单位的“三项攻关”，通过分析问题、理清思路，提出了扭亏解困的基本对策、改革思路和初步方案。四是进一步强化了经济责任制考核，制定、实施了新的《经济责任制考核试行办法》，强化预算控制，年底按考核结果落实兑现；恢复了以“岗位责任制大检查”为主要形式的季度检查考评及奖励办法，促进了现场管理；修订了规章制度管理办法。五是逐步理顺和完善了生产经营、技术发展、物资供应、财务审计、劳动人事、安全环保和综合管理等系统的管理；继续发挥总厂财务的会计核算、资金调度、投资控制、利润分配等“四个中心”职能，完善资金、财务、预算、税收、关联交易等“五个集中统一管理”，加强了税收筹划、预算控制，重新调整对外投资管理、外埠资产管理，全年财务费用、税赋、可控成本费用明显降低，投资收益比上年增加25万元。

【内部改革】　2002年，兰州炼油化工总厂经过多次研讨论证、广泛征求意见、反复修改完善，正式颁布了《兰炼总厂深化改革指导意见》和《关于企业改革有关政策的规定》，完成了对全厂人员基本情况调研和改制单位人员测算工作，开展了财产清查的前期准备工作；本着精干高效的原则，妥善进行减员分流，通过结构的优化和调整，继续对富余人员实行有偿解除劳动合同，全年办理职工自愿有偿解除劳动合同155人、退休等其他减员269人（合计424人），总厂机关总人数由147人减少到了100人以内。根据专业性质和管理特点，继续实施内部业务重组，对建设公司、维修公司实行了分立运行，对供应公司和国际事业公司实施了合并。积极探索分离企业办社会职能的有效途径，经过调研论证，及时组建了兰炼教育集团有限责任公司，并完成注册登记，成为甘肃省和集团公司首家实行公司化运营的教育集团试点单位。

（李晓星）

中国石油兰州化学工业公司

【概述】　中国石油兰州化学工业公司（简称兰化公司）是国家“一五”期间建成投产的特大型石油化工联合企业，1952年开始筹建，1956年破土动工，1958年建成投产。从20世纪60年代起步向石油化工转变，到20世纪70年代初，发展成为一个特大型石油化工联合企业。1999年9月，根据中油集团公司的部署，兰化完成了重组改制任务，实现了主、辅分离。

截至2002年末，兰化公司共有全民职工和离退休人员23323人，其中：在册全民职工11263人（在岗7227人，内退4036人），离退休人员12060人；另外，还有集体职工2490人。与1999年分开分立时相比，在册全民职工减少6998人，减幅38.3%；集体职工减少2896人，减幅53.8%。

截至2002年末，兰化公司共有13个处室、25个二级单位，其中工程技术服务板块4个单位，生产服务板块5个单位，加工制造板块3个单位，社会服务板块 10 个单位，多种经营板块 3 个单位。

2002 年末，兰化公司总资产 157217 万元（其中流动资产 108426 万元、固定资产原值 66800 万元、净值 28044 万元、长期投资 13902 万元），总负债 97314 万元，所有者权益 59904 万元。资产负债率为 61.99 %。资产的占有比例分别为：生产服务板块占 40.5% ，加工制造板块占 14.43% ；社会服务板块占 8.39%，工程技术服务板块占 20.87%，其他资产占 15.9%。

【主要经济指标】 2002 年，兰化公司实现工业总产值（现价）25788 万元；完成增加值 19008 万元；完成固定资产投资 13793 万元。全年实现营业总收入 81328 万元，成本费用合计 97807 万元，累计亏损 14921 万元，与集团公司“三项费用”补贴 12034 万元相抵后，实现内部考核利润 -2887 万元，比 2001 年减亏 4405 万元，比集团公司调整的 -3202 万元控亏指标减亏 315 万元。

【生产经营】 2002 年，面对严峻形势和扭亏脱困的艰巨任务，公司内抓管理，外拓市场，积极落实各项挖潜增效措施，取得较好成效。

在生产组织方面，搞好关联交易的签订和运作，加强与兰州石化互供原料和中间产品的衔接、协调，指导生产单位进行资源和产品结构的优化，使大宗原料基本上满足了生产需要。在安全管理方面，认真开展安全生产专项检查和危险化学品专项整治活动，加强关键装置和重点要害部位的监督管理，狠抓各类事故隐患的整改和 HSE 管理制度的落实，全面实现了安全、环保工作的目标，公司被集团公司评为 2002 年度安全生产、环境保护先进企业。在设备管理方面，组织完成了兰州石化和兰化公司的装置轮修，确保了装置轮修“五好一成功”。加强了技术标准和工艺管理，对 11 个岗位操作法进行了编写和修订，公司和厂控工艺指标全部受控；持续开展节能降耗，公司控制的 26 项产品原材料消耗稳定降低率为 92.3%。在质量管理方面，产品合格率、一次检验合格率均好于 2001 年；有 26 个 QC 小组分别获国家、甘肃省、集团公司及兰化公司的优秀 QC 小组称号。工程技术服务板块扎实工作，克服困难，完成了所有承担项目的关键控制点，取得了石油化工甲级设计等 7 个资质证书。生产服务和社会服务板块坚持社会化服务、市场化经营、企业化管理的方向，努力提高自身的素质和水平，积极拓展内外两个市场，促进了企业经济效益和社会效益协调发展。

【技术改造】 2002 年，兰化公司主要抓了粉末丁腈橡胶装置、碳五加氢石油树脂装置、柴油降凝剂装置和 7 万吨/年苯胺装置等 4 个重点项目的建设和前期准备。粉末丁腈橡胶装置 2002 年 5 月底建成，并一次开车成功；碳五加氢石油树脂装置 2002 年 3 月 16 日开工建设，施工质量、进度、投资处于受控状态，2003 年元月 30 日中交，3 月 5 日化工投料，3 月 15 日打通全流程，3 月 30 日出合格产品。2500 吨/年柴油降凝剂装置的可行性研究报告通过了集团公司的评估论证，完成了初步设计；7 万吨/年苯胺装置于 11 月中旬完成了可研报告的评估，通过了中油咨询中心的审查，待集团公司审批。

科研开发方面，促进剂 NS 工业试验装置 2002 年 5 月底建成，产品质量及收率基本达到了中试水平；新型橡胶促进剂 NS 工业技术开发、300 吨/年聚丙烯腈基碳原丝、5000 吨/年丁腈产业化以及长效流滴功能膜工业化技术研究 4 个项目，通过了集团公司组织的立项评审；粉末橡胶、丁苯羟液体橡胶、叔丁基酚、促进剂 NS 等 8 个科研开发课题，也通过了集团公司组织的验收，并申报国家专利 8 项。

【系统管理】 成本管理：公司建立了分板块成本比较系统，制定成本管理制度和费用开支标准，全面推行目标成本责任制；采取有力措施堵住超预算和预算外开支的口子，降低采购和销售成本，压缩管理费用等非生产性开支，开源节流、增收节支，从而实现了成本控制目标。财务管理：按照集团公司的要求，统一会计核算办法和企业会计制度，规范会计核算；加强资金和费用管理，开展经济活动分析，盘活闲置资产，清理债权债务，规范改制企业资产评估。效能监察：全年共完成审计项目 555 项；通过效能监察，促进了管理，回笼 1999 年以前拖欠款 368 万元。标准化管理：根据《GB/T1.1—2000 标准化工作导则》和《中国石油天然气集团公司标准化管理办法》的规定，公司组织专门力量，编制企业管理标准和工作标准，经过上下多次修改和公司标准委员会审定，形成机关处室管理标准 156 个，岗位工作标准 140 个，为公司今后进行 ISO 9000—GB/T1900 认证打下了一个较好的基础。

【重组改制】 2002 年，兰化公司开始对宏达公司等 6 个多种经营单位实行整体带资分流改制。经过一年的运作，金利公司、新源公司、兰达公司 3 个单位在完成了资产处置、工商登记和税务登记后，新公司正式挂牌运营；宏达公司、翔鑫公司、三合公司 3 个单位已完成离任审计和资产评估，正在进行改制方案的编制和修改完善阶段。公司坚持政策引导、分类实施、稳步推进、规范运作，对职工进行改革形势和政策的宣传教育，尽最大可能给改制企业创造宽松的政策环境和条件；改制单位在改制筹备小组的领导下，一方面积极进行改制，一方面坚持组织好生产经营，同时抓好职工队伍的稳定，保证了改制期间各项工作的有序进行。

对2001年以前完成改制的单位，公司在生产经营等方面继续给予支持，在规范和完善改制成果方面继续给予帮助，从而使这些改制单位基本上都初步建立起了现代企业制度框架和运营机制，实现了投资主体多元化，真正走上了自我经营、自我发展的道路。

（张天德）

中国石油宁夏化工厂

【概述】 中国石油宁夏化工厂是隶属于中国石油天然气集团公司的大型企业。重组改制以后，宁夏化工厂原有的管理体制和经营格局都发生了巨大的变化，主要业务范围为工程技术服务、生产服务、生活后勤、企业办社会、社会公益性服务机构及原多种经营企业等。主要从事的业务为复合肥、水稳剂、甲醛、供水等产品生产以及检修安装、建筑、工程建设管理、房地产开发、信息通讯、普通运输、矿化水、加油站、园林工程、物业管理、物资采购供应等服务业务。另有中小学、医院、离退休管理服务、消防保安、工程质量监督站等服务单位。

【生产经营】 2002年，全厂生产经营面临两个市场的严峻考验，在厂党政班子的领导下，全厂职工紧紧围绕“1、1、1、2、4”的年度目标，团结拼搏，自强奋斗，圆满完成全年既定的工作目标，各项改革、发展事业取得突破性进展，职工的经济收入稳步增加，又获得“全国精神文明建设先进单位”称号，实现企业平稳过渡和步入平稳发展轨道的目标。

2002年，经过努力，圆满完成集团公司下达的各项年度经营指标。全厂经济运行质量和效益状况良好。在集团公司取消给我厂的三项费用补贴的情况下，实现了盈利，做到了扭亏为盈。厂属各独立核算单位均实现了盈利。

【企业管理】 坚持以效益为中心，以发展为主题，以产业结构和职工队伍结构调整为主线，努力提升企业价值和整体素质，踏踏实实搞好项目建设、市场开拓、深化改革、科学管理。突出财务预算为龙头，成本控制为重点的财务管理，从而带动企业其他管理同步前进，促使全厂两级核算的管理体系规范、严谨，会计报表真实、合规，生产经营井然有序。全厂推行预算层层分解，抓好预算过程控制和考核兑现。初步建立起“全方位、全过程”的成本管理体系。推行“人工成本控制、统计分析制度”，每季度讲评分析一次，促使人工成本得到有效控制。科学制订经营计划，规范和加强计划管理。统一编制全厂2002年经营计划、基本建设、更新改造、大修维修计划等，规范各单位资本性投资计划及更新改造、维修等投资计划的申报审批程序。综合分析企业内外部市场，编制年度经营计划，指导全年工作。完善经济责任制指标体系和考核办法。根据“十五”发展规划和各单位2000年、2001年的经营状况以及实施经济责任制的经验和存在的问题，调整不合理和考核操作性不强的指标，将各单位经营收入、利润一同作为核心考核指标，制定出2002年新一轮经济责任制指标体系和考核办法，坚持“单位工资总额与企业经济效益挂钩、个人收入与个人工作绩效挂钩”的原则，加强对各单位内部经济责任制的指导。2002年，厂长继续与二级单位领导班子签订了经营目标责任书。厂机关在精干、高效的基础上，初步实现从单纯管理型向经营管理型和经营服务型的转变。按规定程序修订涉及全厂人、财、物、科技、生产、安全、工程、党群、审计、监察等方面的11个分册的新的管理制度，下发执行，促使全厂形成依法治企、科学管理的新秩序。结合实际创造性的推行HSE管理体系。完成厂计算机网络运用平台建设，全面推行信息化管理。优化生产力要素的组合，积极推进企业经营机制改革，焕发了较大的生机和活力，创建了新的经营格局。相关单位的资质重新就位工作立足企业长远发展的战略目标，忙而不乱，富有成效，使企业适应大市场要求的条件和档次进一步提升。随着管理改革的深入，企业干部职工的观念逐步转变，企业走向社会市场，对外参与市场竞争的能力逐渐增强，厂外市场占有份额逐步扩大，生产经营形势势头良好。

【企业改革】 坚持以产权制度改革来带动各项改革。

在下属塑料制品厂改制试点的基础上，新建甲醛项目按照新项目新机制的原则实现了“投资主体多元化”，成立了有限责任公司，2002 年实现股东回报率为 18％ 。将原工程管理处一分为三，建立了置业公司。成立宁夏宁化恒通物流中心，使物资供应逐步走上企业化经营、市场化运作的道路。逐步消除以往“大锅饭”、“平均主义”的依赖机制所形成的弊端，建立起新的经济责任制。单位的分配与效益挂钩、个人收入与岗位和贡献挂钩，根据效益确定分配，逐步形成符合市场经济规律的收入分配机制，调动职工的工作积极性。强化依法治企的力度，设立厂法律事务中心。厂职工医院探索发展新路子，在被核定为银川市城镇职工基本医疗保险定点医疗机构的基础上，又正式挂牌为社区卫生服务中心。企业住房制度的改革是国企改革的一项重要内容，历时一年多时间，制定了《宁化住房货币化分配实施方案》，集团公司已予以批复，正在具体实施当中。幼儿园顺利通过区级示范幼儿园验收。2002 年，面对企业稳定形势出现的比较严峻和错综复杂的局面，全厂党政工团坚决捍卫“稳定压倒一切”的方针，千方百计、耐心细致做好稳定工作，保障了企业生产经营、改革发展的顺利进行。

【企业发展】　在各项工作齐头并进的同时，坚持“聚精会神搞建设，一心一意谋发展”的原则。积极谋求新的经济增长点，培育企业的核心竞争力，筹划将现有企业做强做大。2002 年，加大了项目调研和开发力度，通过艰苦努力，由国外全套引进年产 14 万吨的粉煤灰砌块项目已完成主体工程，为顺利竣工投产奠定了基础；对 30 万吨/年高浓度复合肥项目，精心调研国内外相关技术、经济、厂家与市场，编制《宁夏化工厂年产三十万吨高浓度复合肥项目可行性研究报告》，获得中油咨询中心组织 40 多名专家肯定，2002 年底，集团公司予以批复，拉开了建设大复合肥的序幕；利用现有甲醛装置以及宁夏天然气优势，抓紧调研和论证天然气化工和精细化工项目。

【职工培训】　按照用人育人一体化原则，把培训和使用有机结合起来，坚持选拔、培养、考核、使用一体化。坚持把转变人的观念，培养人的超前意识，更新人的知识结构，提高人的综合素质和能力，建立学习型企业，促进企业的经营发展作为职工教育培训的首要任务。狠抓了职工培训教育管理和创新，通过一系列激励政策的出台和实际操作，举办各种职业技能竞赛，技术比武，特殊工种上岗培训，各层次外语培训、在职职工 MBA 研究生班、计算机及办公自动化培训等。除请专家、教授来厂讲课外，陆续送出各类人员 400 多人次分赴国内外、集团公司受训，还千方百计鼓励职工岗位成才，取得各类专业资格证书。并宣传表彰刻苦学习成才者，在全厂努力营造一种学习型企业的氛围。2002 年，有 16 名职工获得了大专、大本学历。全年组织 161 人次参加监理、质量、经济、会计等资格考试。

2002 年，对化工厂、石化公司一、二套装置的主要技术工种在岗操作人员实施了本等级鉴定。积极开展职业技能竞赛活动，为配合全国石油、石化行业的职业技能竞赛活动，在有关部门的通力协作下，历时两个月组织了 6 个主要技术工种、174 名在岗技术工人参加的宁夏化工厂首届职业技能大赛，并选拔出技术状元 2 人，技术能手 9 人和优秀技术工人 56 人。为提高管理人员计算机应用能力，组织举办了 9 期“办公自动化培训班”，全厂各部门的 358 名管理人员分期分批参加了培训，为进一步实施信息化管理，运用现代信息技术提高管理效率做好准备。

（沈瑞光）

中国石油集团工程技术研究院

【概述】　中国石油集团工程技术研究院是中国石油天然气集团公司直属科研机构，拥有国际先进水平的固井外加剂技术和国内先进水平的防腐、保温、焊机技术，主要从事油井水泥外加剂技术、特殊地带工程材料及施工技术、防腐蚀及建筑涂料技术、防腐涂装工艺技术、储罐及管道自动焊接技术、管道直埋保温技术、旧管道修复技术的研究开发及推广应用；设有中国石油天然气集团公司油井水泥及外加剂质量监督检验中心、防腐保温产品质量监督检验中心、施工标准化委员会、施工质量监督总站、石油工程建设编辑部等行业技术服务机构，承担中国石油天然气集团公司地面工程建设的标准、质量监督等行业服务；1999 年通过了 94 版的 ISO 9001 质量体系认证；是中共天津市委、市政府授予的“天津市精神文明建设文明单位标兵”。

中国石油集团工程技术研究院科研实力雄厚，拥有高、中级专业技术人员340名，客座教授6名；先进的科研仪器设备675台（套）；5个通过国家技术监督局认证的检测中心和实验室；两个集团公司重点研究室；具有科技产品进出口自营权等各类资质24项；拥有国家专利43项，国家级重点新产品13项。

中国石油集团工程技术研究院重视科技成果的产业化建设，拥有先进的自动化生产设备和完善的质量保障体系，已经形成年产符合API标准的油井水泥外加剂10000吨，防腐蚀涂料5000吨，环保型建筑涂料10000吨，年预制高、中、低温直埋保温管100千米的生产能力。

中国石油集团工程技术研究院2002年累计完成产值11245万元，实施集团公司科研课题16项，达到有突破性课题14项，取得成果6项，获集团公司科技创新二等奖1项。2002年全年申报专利8项，获得专利8项，获国家级重点新产品3项，并获全国专利工作先进单位称号。2002年院获得天津市“十五”立功先进集体，涌现出天津市“十五”立功先进个人1名，天津市“优秀共青团员标兵”1名。

【科研和生产】 中国石油集团工程技术研究院2002年工作总体要求是：以邓小平理论为指导，坚决贯彻落实集团公司2002年工作会议精神，认真实践“三个代表”重要思想，进一步更新观念，开阔视野，抢抓机遇，乘势而上，以提高科技水平和增加市场占有率为重点，强化企业管理，降低产品（工程）成本，提高产品品位，加强精神文明建设和院风建设，使工程技术研究院的发展进入一个新阶段。

按照集团公司的要求实行项目管理，实施课题长负责制。规范科研经费管理，提高科研经费使用效果，加大科技投入，加快人才引进；给科研创造条件，调动学术带头人和科研人员的积极性，取得了在石油行业和社会上有影响并带来经济效益的科研成果，使院的固井、防腐保温、焊接、特种工程材料等方面继续保持在石油行业的领先地位。

（1）针对西气东输工程的需要，研制开发出具有自主知识产权的“APW－2型管道全位置自动焊机”，已通过集团公司的技术成果鉴定，部分性能优于国际同类产品。该焊机已经获得专利，被列为2002年度国家级重点新产品。工程应用证明，该焊机具有焊接参数在进行设定的同时，焊接过程中随时可分别实时调节的技术特点，最具实用性，提高了我国长输管道自动焊的施工技术水平，使我国在该技术领域跨入世界先进行列。在西气东输工程焊机采购招标中，平抑了外商的高报价。

辽河油建二公司采用“APW－2型管道全位置自动焊机”在西气东输工程17标段施工中，创造了连续450余道口焊接一次合格率达98％的记录。

（2）在集团公司的支持下，在国内率先研制成功AW－01型天然气管道减阻耐磨涂料，经过测试和工程应用，满足了西气东输管道分公司企标和API RP 5L2等相关标准的要求。该项目已通过了集团公司的技术成果鉴定，其综合性能处国际先进水平；该涂料已经获得专利，被列为2002年度国家重点新产品。在西气东输工程的投标中平抑了国外产品的报价。该涂料已经投入批量生产，产品已经应用于西气东输涂敷施工现场。

（3）“西气东输线路工程焊接工艺的研究”是针对X70钢的可焊性、焊接材料的匹配选择、焊接方法、焊接设备以及不同方法应具有的坡口形式等开展系统的研究，并在这些研究结果的基础上，开展焊接工艺评定试验。针对西气东输工程的焊接工艺，对大口径、厚壁、高强度级别X70钢管进行了焊接性研究和环焊接头试验，经过综合评定编制的焊接工艺试验报告，为工程选择适用的自动焊工艺和焊接材料提供了参考依据。

该技术成果完成的厚壁钢管对接接头的复合坡口形式设计，在保证焊接质量的前提下可提高焊接施工效率，减少焊接材料的消耗，在国内首次针对管道自动焊、STT半自动根焊进行的焊接工艺试验，为西气东输工程提供了基础性研究资料，并为工程应用提供决策依据。

（4）针对西气东输管线经过的湿陷性黄土地区的水工保护问题，研制开发了水工保护新材料、新技术，对于降低工程造价、保持水土、延长线路建构筑物及管道使用寿命、保障管道安全以及环境保护具有重要的意义和推广应用前景。

研制开发的固化剂已在涩宁兰长输管线湿陷性黄土地区的水工保护建设中进行了应用，解决了湿陷性黄土地区水工保护中存在的湿陷性黄土遇水溶陷的难题。采用土质固化技术与原有技术方案比较，综合费用可降低15％，经济效益显著。

（5）防腐保温产品质量监督检验中心是集团公司防腐保温产品质量管理的技术归口单位，制（修）订的《埋地钢制管道三层结构聚乙烯防腐涂层施工及验收规范》等5个标准为陕京管线和西气东输管线施工提供了技术依据。该中心在西气东输驻厂监造中承担了6个地区12个防腐施工的技术监督工作，占西气东输驻厂监督任务的70%，在国家重点工程中的作用日益加强。

（6）石油天然气工程质量监督总站按照政府授权，履行强制性工程质量监督管理职能，下设29个监督站。总站依据国家经贸委经济运行局的委托，按照《建设工程质量管理条例》依法对西气东输工程实施工程质量监督管理。总站统一指挥、调度各监督站，对西气东输工程全线实施质量监督工作。

（7）工程技术研究院针对复杂井和疑难井的固井技术，近年来共承担集团公司科研项目50项，取得10项具有国际先进水平的科研成果，获科技进步奖8项，国家重点新产品8项，开发出十大系列50多个品种的固井水泥外加剂。研制开发的“低密度水泥浆体系、深井及超深井固井水泥浆体系和泥浆转化为水泥浆体系等”分别在长庆、辽河、大港等15个油田固井2500井次，一次合格率达到98%，优质率达到76%，为油田创经济效益2.4亿元。新研究开发的“BXF－200L新型固井降失水剂”、“低密高强水泥浆体系”等技术成果解决了复杂地质条件下固井难题，已在塔里木、青海、吐哈、大港等油田成功应用，在中海油PHILLIPS合作区蓬莱19－3油区固井招标中，以其优异的性能和优质的服务而中标。

（8）工程技术研究院在防腐保温专业领域具有技术优势，近年来共承担集团公司科研项目40项，开发了40个品种的防腐和保温产品，拥有专利技术20项，累计应用5000吨；拥有旧管道修复的配套技术和装备。

（9）加大市场开拓的力度，实施走出去战略。充分利用CNPC的优势，发挥专业特点，扩大国外市场销售并完善其技术服务。固井外加剂已有8个品种走出国门，已连续两年出口伊朗，同时出口乌兹别克、厄瓜多尔、苏丹等国。防腐涂料也随海外工程项目，应用于苏丹、哈萨克斯坦油田工程项目。由工程技术研究院自行研发，昌昊公司生产经营的一水硫酸镁产品已连续三年出口到马来西亚等东南亚国家。

【深化改革，为工程技术研究院的发展提供强大的动力】

1. 完成了向科技型企业的转制，完全按照企业模式运行

2002年，工程技术研究院成功完成了向科技型企业的转制，完全按照企业模式运行，形成了一套院模拟“集团公司”运作、处理好母子公司间关系的新型管理模式和管理制度。

院统一规划制定长期和当年的经营策略和经营目标，所属各单位根据院的统一规划分别制定各自的具体经营策略和经营目标，经院批准后加以实施。院统一财务、人事和劳资管理，统一负责党务、工会、共青团工作。

渤星股份公司按照《中华人民共和国公司法》逐步完善法人治理结构，实行董事会领导下的经理负责制。保证投资回报，与院签订关联交易协议，各项交易活动按规范运作。

2. 加大科研改革，强化科技创新

按照集团公司的有关规定，实行科研课题项目管理，把科研课题的设立、研究、转化，经费的使用和人员的组成等统一管理。

3. 加快产业发展步伐，扩大市场占有率

建成并投产了年产1万吨外加剂生产线和年产1万吨的涂料生产线，已经具备了相当规模的生产能力。

实施低价格战略，大力开拓市场，树立良好企业形象，扩大市场占有率。充分利用现代化手段，开发网络销售，提高效率，降低营销成本。与2001年同期相比，市场占有率扩大了10%，利润增加了10%。

4. 不断推进“三项制度”改革

完善内部分配办法，对创收单位实行了“两提三否一重奖”的分配政策，并对在科研、产业、管理中做出突出贡献的人员进行重奖。“两提三否一重奖”分配政策的实行，对于加大创收单位工资分配自主性，调动职工积极性起到了很好的作用。

（程殿玺　唐海燕　叶松滨）

中国石油集团经济和信息研究中心

【概述】　2002年是中国石油集团经济和信息研究中心（简称“中心”）进一步明确定位和发展思路，深化改革求发展的一年。中心党政班子坚持以“三个代表”重要思想为指导，认真执行党的路线方针政策，

带领广大职工，贯彻落实集团公司党组和领导的各项决策与部署，在认真开展中心定位和发展思路大讨论的基础上，统一思想，明确目标，坚定信心，深化改革，经过广大干部职工的共同努力，中心的战略决策研究地位不断提升，信息资源开发和技术服务质量不断提高，信息咨询服务市场不断扩大，资产经营和后勤服务不断规范，各项工做出现新局面，为中心的快速全面发展打下良好基础。

【机构人员情况】　根据中心业务发展需要，集团公司党组决定对中心领导班子进行充实调整。2002 年 1 月 10 日集团公司副总经理陈耕及人事劳资部领导来中心宣布任命严绪朝同志为中心主任（兼）、党委委员、副书记（兼）；聘任王同良同志为副主任；付志达同志退休。2002 年 12 月 19 日，集团公司副总经理郑虎及人事劳资部领导来中心宣布聘任李遵义同志为中心副主任，并任中心党委委员、副书记、纪委书记；聘任刘克雨同志为中心副主任。根据集团公司有关领导干部管理的新规定，免去谈立平同志中心副主任职务，并充分肯定了谈立平同志任职期间的工作。

2002 年，在中心业务整合的基础上，中心机构设置调整为机关职能部门 6 个，有办公室、党群工作部、人事劳资部、财务资产部、业务发展部、经营管理部；业务部门 6 个，有经济信息研究部、科技信息研究部、信息工程与资源开发部、知识产权和基层信息管理部、文献服务部、集团公司重大课题管理办公室；经营性单位和所属公司 9 个，有科技评估中心、影视中心、石油商报社、《国际石油经济》编辑部、《世界石油年鉴》编辑部、集团公司年报工作室以及北京实信物业管理有限公司、北京太科石油信息咨询服务公司和北京中油联合信息技术有限公司；挂靠单位 1 个，为石油工程造价中心。年末职工总数 275 人，其中局级领导干部 7 人，在岗处级干部 55 人（平均年龄 45 岁）。专业技术职称人员总数 239 人，其中高级职称 75 人（正高 3 人，副高 72 人），中级职称 118 人，初级以下职称 46 人。

【计划完成情况】　2002 年，中心从集团公司落实各类项目 44 项，落实股份公司关联交易项目 17 项。中心全年总收入 3876 万元，比 2001 年的 3418 万元增加了 458 万元。行政事业费拨款 348 万元，比 2001 年的 306 万元增加 42 万元。中心全年经营性部门上缴中心收入共 80 万元。全年完成验收的结转或新开项目共 32 项。

1. 项目完成情况

全年实际新开各类课题项目共 63 项，其中新开研究项目 21 项，工作项目 23 项，软科学研究项目 9 项。共完成课题研究项目 15 项，工作项目 30 项。

2. 信息监测报道

全年完成《石油情报》60 期；出版《国际石油经济》、《世界石油工业》、《中国石油文摘》、《石油与天然气文摘》、《石油商报》等正式出版物 82 期；编辑《国际油价快讯》、《股市快讯》、《每周股票市场信息》、《每周市场评析》、《国际石油公司动态》等经济信息监测报道资料 557 期，编辑《国外油气投资市场信息》、《石油综合信息》等综合信息监测报道资料 95 期。

3. 临时咨询

共完成集团公司及各司局下达的临时咨询任务 65 项。

4. 科技评估

完成各类科技成果鉴定、科技查新及查新咨询项目共 206 项。

5. 计算机检索课题

完成课题检索 375 项。

6. 专利代理

全年共代理专利申请案 500 多件，专利授权 350 件，专利权维护案 2000 多件，完成集团公司科技成果登记 1587 件。

7. 影视制作

完成大型石油科技系列片《中国石油地质大观》中《四川盆地》录像片和 VCD 光盘的制作；为股份公司上市制作路演片，并提供 80%左右的素材；为股份公司董事会媒体培训及钓鱼台大会录像及拍照；为集团公司领导对外形象宣传拍照及录像；为盛华仁主任、吴耀文副总经理出访哈萨克斯坦视察石油合作项目编辑制作 VCD 光盘。此外还为集团公司和股份公司的 9 个单位提供了影视制作服务。

8. 文献采集服务

共采购外文期刊 410 种，外文会议资料 100 册，中文图书 700 册，中文期刊 310 种；接待中心内外读者 6000 多人次，代查询服务 150 项。

【重点工作进展】　2002 年，根据集团公司的总体部署和要求，中心在以往工作的基础上，进一步明确定位和发展思路，深化改革求发展，强化管理打基础，各项工作取得新的进展。

1. 组织开展中心定位和发展思路大讨论，进一步明确发展方向和工作目标

年初，根据集团公司领导的指示精神，中心党政班子率领广大干部职工广泛深入地开展了中心定位和

发展思路的大讨论。先后用一个半月的时间，紧紧围绕中心定位、存在的差距和问题、业务整合与结构调整等六个专题，深入发动群众，集思广益，共谋改革与发展。通过大讨论，主要解决了三大问题：一是充分认识到了中心的优势和差距。经过30多年的发展、调整和变革，石油经济技术研究中心已经从过去一个以提供国外石油科技情报为主的单位，发展成为集国内外石油经济技术信息监测研究和信息资源开发、信息技术服务于一体的重要决策支持机构，在信息、网络、人才等资源方面具有比较明显的优势。但是，中心的信息研究工作与作为集团公司决策支持机构的要求相比，与国际上一些大型跨国石油公司的战略研究部门，以及国内的一些能源研究机构相比，还有很大的差距，改革与发展的任务还很艰巨。二是进一步明确了中心的功能定位。中心是集团公司的决策支持机构之一，其主要职能是搞好三个服务，即为集团公司领导决策服务，为两个总部机关服务，为各石油石化企业服务。同时，中心还要为国家研究制定石油石化产业政策提供服务，真正发挥好决策支持机构的作用。这是中心最主要的任务，其他各项工作都要服从和服务于这一中心任务。三是进一步明确了中心的发展思路。主要是要围绕中心功能定位，突出做专、做强经济信息研究、科技信息研究和信息资源开发与服务三大主体业务，放开搞活经营性公司业务，形成主辅业相互促进、共同发展的格局，力争经过几年的努力，把石油经济技术研究中心真正建设成为在国内能源信息研究领域处于领先地位，在国际上有影响力的信息研究机构。

2. 加强业务整合与机构调整，进一步优化中心内部的各种资源配置

根据中心定位和总体发展思路，在充分调研和听取各方面意见的基础上，重点进行了三个方面的业务整合与调整。一是整合调整了信息研究业务，将原有的经济信息研究、科技信息研究和海外信息研究三个部门整合为两大研究部门，即科技信息研究部和经济信息研究部，减少了相互之间的业务交叉，形成了整体优势，提高了研究水平。二是整合调整了信息工程和信息资源开发业务，在原有信息资源开发室和信息工程部的基础上组建了信息工程与资源开发部，较好地解决了信息资源开发与现代网络技术的结合以及部门之间的相互协调问题，有效地巩固了已有的信息网络和信息开发服务市场，进一步开拓了新的服务领域。三是整合调整了后勤物业公司，将原北京实信物业有限公司、北京朝华石油服务公司和北京太科信息咨询服务公司的部分业务，整合为北京实信物业有限公司，在搞活资产经营、吸纳富余人员、增加企业收益等方面发挥了较好的作用。与此同时，充实和加强了中心科学技术委员会和预算委员会，并相应精简了机关职能处室，使机关总人数由原来的45人缩减到34人，工作效率明显提高。

3. 集中力量抓好经济与科技信息研究，取得一批重要的研究成果

一年来，中心经济和科技信息研究工作重点围绕集团公司面临的重大改革和发展问题，进一步加强了综合、趋势和战略性课题研究，全年承担各类研究课题35项，取得了一批重要的研究成果，为集团公司领导决策发挥了重要作用。一是开展了《关于培育和提升集团公司国际竞争力实施方案研究》，根据党中央、国务院关于实施“大公司、大集团”战略的要求，重点研究了集团公司当前面临的国际环境和战略定位，通过与主要竞争对手7大类、32项指标的对标分析，提出了提升集团公司国际竞争力的目标和对策措施。二是开展了《中国石油战略规划外部环境研究报告》，重点选择了15个专题，内容涉及全球石油政治、经济、市场、技术、企业经营管理等各个领域，以翔实的事实和数据，分析了全球石油工业的发展动向和趋势，提出了相应的应对措施，为股份公司制定中长期规划提供了重要依据，得到了集团公司和股份公司领导的高度评价。三是开展了《关于石油独立工矿区社区化管理研究》，详细分析了当前集团公司独立工矿区面临的主要矛盾，研究了国内外社区化管理的主要模式和经验，提出了中油集团独立工矿区实施社区化管理改革的总体思路；还进行了《关于集团公司发展现代物流产业研究》，总结分析了国内外现代物流产业发展的趋势和前景，研究提出了集团公司发展现代物流产业的总体设想，以及分步走的初步改革方案。这两项成果都得到了集团公司领导的高度重视和支持。四是开展了《我国陆上石油工业科技发展战略研究》和《21世纪世界石油工业关键技术调研报告》，不仅受到了集团公司和股份公司领导的赞扬，而且有些意见和建议还被应用到集团公司科研发展规划之中。此外，《加入WTO对我国石油科技的影响及对策研究》、《高新技术在石油工业中的应用》、《新能源和可再生能源对石油工业的潜在影响研究》、《世界石油价格预测和市场发展跟踪研究》、《我国石油产业工贸关系调整战略研究》，以及《中近期国际油价预测与政策研究》、《集团公司知识产权战略研究》等一批成果，也在集团公司领导和有关司局的决

策中得到了应用。五是为了更好地发挥中心的决策支持作用，于8月份创办了《领导决策参考》，紧紧围绕领导同志关心的一些重大问题，进行热点跟踪研究分析，及时提出决策参考意见和建议，收到了很好的效果。现已出版12期，其中4期得到了集团公司领导的批示和重视。六是在信息监测和报道方面，积极做好一年一度的世界产油国产储量排名报道和大石油公司报道，以及油价市场信息的实时监测报道。还汇编出版了《集团公司海外产油国法律资料汇编》和《2002年世界石油年鉴》。此外，还积极做好相关数据的积累，为数据库建设做好准备。经济信息研究部在进行油价信息监测过程中，及时做好主要原油和油品的现货、期货价格日数据的积累工作，使油价数据量已连续积累5年，数据量已达3万条，为随时提供油价信息和开展油价趋势研究工作奠定了良好的基础。

4. 增强服务意识、提高服务质量，信息工程与资源开发工作迈上新台阶

信息工程与资源开发部成立后，按照中心的统一部署和要求，不断强化市场观念和服务意识，改进工作作风，研究并逐步实施了一系列新的举措。一是在网上发布了服务承诺，公布了热线电话、报修电话和投诉电话，并主动上门服务，为集团总部各部门及时更换安装了正版的计算机应用软件，机关服务满意率达到95%以上。二是积极做好集团公司和股份公司对内、对外网站的改版、建设与维护工作，对原网站栏目和形象进行了重新调整和设计，新建网站8个、维护网站7个，网站一级栏目达到17个、子栏目达到50多个，全年上网信息达到16000条，大大丰富了网上信息资源，网站面貌焕然一新。三是网络二期工程完成了石油主干网核心节点和企业出口节点工程、网络管理与网络安全系统工程等，石油主干网在原有的基础上，新建和扩容55个节点，实现了集团公司所有油气田、炼化企业、省级销售公司、主要科研单位的网络互联。同时，还进行了园区网和总机房的改造，增加了视频会议系统，扩展了电子邮件系统、机关数据库备份系统、灾难恢复系统等，视频会议系统将于2003年正式开通，受到了集团公司领导和有关部门的好评。四是文献资料服务工作实现了《中国石油文献数据库》和《馆藏石油文献数据库》的上网服务，提供了网上快速查询检索石油科技文献的便捷途径，网上访问点击率快速增长，受到了广大科技人员的欢迎和好评。

5. 明确目标，强化管理，经营工作取得较好成绩

2002年，中心专门成立了经营管理部，对全中心的经营工作进行统一管理，对信息咨询、报刊出版、科技评估、后勤服务等单位，逐个核定下达经营指标，努力提高经营效益。全年经营部门对外营业创收额达到1234万元，向中心上交管理费80万元。物业公司整合后，市场意识、服务意识不断增强，管理水平逐步提高，全年实现经营收入451万元，其中对外创收128万元，占总收入的29%；同时，还接纳安置了6名待岗人员，为中心的改革和稳定做出了贡献。《石油商报》在办报理念、报道内容和经营管理等方面不断创新，逐步形成了自己稳定的读者群，实现了发行量翻番，广告经营收入翻番，不仅做到自负盈亏，去年还向双方主办单位上缴24万元。《国际石油经济》编辑部以市场需求为主导，注重发扬团队精神，发挥品牌效应，在刊物、网站、经营三个方面都取得了新的进展，社会效益和经济效益进一步提高。太科信息咨询服务公司、年报工作室等部门，积极依托中心的优势，努力开拓外部市场，做了大量工作，为今后发展奠定了良好的基础。

（王　虹）

中国石油天然气管道局

【概述】 2002年，中国石油天然气管道局（以下简称管道局）企业内部组织结构的调整基本完成，通过全方位参与西气东输管道工程建设，企业综合实力迅速提升，装备水平、技术进步、知识产权、产业规模、经营业绩等，均处于国内同行业领先水平。企业经济效益显著提高，管道局所属各单位全部扭亏，职工收入大幅度增加。全年实现总收入29亿元，其中主营业务实现收入21亿元，实现利润2800万元；全局资产总额68.24亿元，负债19.06亿元，资产负债率28%；全局在册职工1.8万人，各类专业技术人员7000多名，下属二级单位43个。

管道局自1973年成立以来，先后在国内设计施

工完成了东北、华北、华东地区输油管网，中原地区和新疆输油气管网及华东、华北地区的管道自动化控制系统，青海、甘肃、四川、湖北、内蒙、陕西等地区的油气管道，国内共建设完成油、气、矿浆液、成品油等不同介质管道近3万千米，并以EPC总承包方式在苏丹、突尼斯等国完成了3000多千米的管道工程；先后建成各类储罐800万立方米；先后完成黄河、辽河、黄浦江、松花江、钱塘江及非洲尼罗河等大中型河流的穿越任务，穿越总长度14万米。

改革重组以来，管道局以“创造新优势，创造新商机，创造新活力”的经营理念，按照建设管道专业化公司的定位，确立做大做强设计施工、做专做精油气储运技术服务主营业务的工作思路，积极推进专业化重组和业务整合，形成从管道科研、咨询、勘察、设计、施工、采办、监理、检测、防腐、通信、试运行，到在役管道检测、抢维修等完整的产业链，并进一步在海洋管道建设技术方面开发研究，以完善管道建设体系。目前，管道局施工主业固定资产已达13亿元，购置各类施工装备2000多台（套），主要施工设备新度系数达到0.72，施工机组增加到79个，年施工能力3000千米以上（按ϕ711计算），定向钻穿越年施工能力达到20千米、穿跨越大中型河流30条。

【企业改革】　按照建设管道专业化公司的定位，以突出主营业务、增强实力为出发点，对产业结构、资产结构、组织结构、队伍结构进行不同方式的调整。

对管道设计业务进行专业化重组，壮大管道设计实力；管道施工企业实施主辅分离，施工主业与生活后勤、物业管理、企业办社会分离分立，实行收支两条线，独立核算。施工企业主辅分离，理顺了管理体制，精干了主业，提升了核心竞争力，管道局并进一步取得化工石油工程施工总承包特级资质，为建立施工企业总分公司体制创造了条件。对油气储运技术服务业务进行重组整合，不具有优势的进行剥离，有效资源进行集中。撤销了东北输油管理局副局级建制，实现了全局三级管理。原东北输油管理局下属的6个输油气公司作为管道局直属单位进行直接管理，压缩管理层次，缩短管理链条，提高了管理效率。管道局对所属11个输油气公司实行直接管理后，实现了业务管理、市场开发、人员培训、财务核算“四统一”，建立起覆盖东北、西北、华北的油气储运技术服务体系。对通信业务资源实施跨地区的专业化重组，撤销了通信处、电力通信工程公司和东北通信公司的行政建制，采取合并方式组建管道局独资的专业化公司——中国石油天然气管道通信电力总公司，实现了规模经济，提高了整体效益。通过加大对主营业务的投资，对部分闲置、无效资产变现等措施，盘活存量资产，国有资产得到增值，全局经营性资产由重组时的50%上升到80%，资产质量得到提高，资产结构得到优化。大力调整内部组织结构，继续精简处级单位，压缩管理费用，撤销了熊岳疗养院和锦州技校的处级建制，将其分别并入大连输油气公司和锦州输油气公司管理；将职业教育培训中心的物业管理职能划入物业总公司，实现了廊坊基地物业集中统一管理，并积极创造条件，将东北部分生活基地的水、电、暖移交地方管理。继续推进整体带资分流改制工作，与主营业务关联度不高的多种经营企业理达电子技术服务有限公司、中磁新材料有限公司进行产权制度改革，实施整体带资分流；对中兴塑胶有限公司采取停产关闭、通过竞拍进行资产处置变现的方式放开、搞活。

【生产建设】　施工企业全方位参与重点工程建设，全年共中标管道工程4235千米，施工建设完成了年度计划。在涩宁兰和兰成渝工程建设中，承担的综合工作量都在80%以上；西气东输工程的前期承担了X70钢焊接试验和20多项施工技术标准的制定工作，施工过程中承担了50%的主体安装任务，承担了83%的大中型河流穿跨越任务，承担了80%的管道防腐工作量，承担了100%的通信光缆敷设任务和部分钢管、弯头的制造以及扫线试压等工作。西气东输工程中，设计采用了国内最大管径、最高输送压力、最高钢材等级，采用优化的压缩机增压系统、自动控制系统、内涂敷技术等大量高新技术；施工地质条件包含水网、山区、黄土塬、冲沟、戈壁、平原等地带；施工使用了管道内焊自动焊、管道全位置自动焊、自动超声相控阵、管道现场坡口整形、管口中频加热、通信硅管与管道同沟敷设等技术。管道工程有限公司设计的西气东输管道主体工程即将完工，兰成渝输油管道已投产运行，忠武输气管道工程初步设计通过审查，广东LNG输气管道工程咨询合同执行工作接近完成。在国际市场开发方面，管道工程有限公司重点跟踪国际工程项目41个，投标项目6个，其中利比亚西部长输管道EPC项目、苏丹六区输油管道工程PMC项目相继中标，伊拉克MOU球罐项目获得联合国批准，施工企业还以专业承包方式在哈萨克斯坦、伊拉克、叙利亚等国家得到管道施工、咨询、检测、储罐安装、电信施工等项目，国际工程项目合同金额近3亿美元。在国内社会市场上，施工企业全面参与油气管道支线、储罐、城市燃气、多介质管道市场，先后承担了永石邯管线、格拉管线、河田河管线等10多条管道的设计、施工，黄河、曹娥江、钱塘江等30多条大型河流的穿跨越以及国家战略储备库改造项目和地方大型储罐建设项目。社会市场的收入占设计施工企业总收入的30%。

在机运管企业方面，2002年，辽阳钢管厂由东北输油管理局下属单位变为管道局直属企业，更名为“中国石油天然气管道局钢管厂”。该厂开展了以“企业改革与管理”为主题的企业管理年活动，《GIMS钢管制造集成管理信息体系》在全厂试运行；HSE/OSH环境管理体系认证工作通过初审；档案管理工作通过国家二级重新认定；顺利通过美国石油学会APIQR双认证审核。生产建设方面，在西气东输支干线6个标段的投标中，获6个标段的6个第一，全年生产西气东输钢管55824吨、155千米，分别占全厂年生产总量的81.4%和44.1%。注重培育国际市场，成功地承揽到苏丹富拉油田30千米D610MM钢管生产合同，实现了出口零的突破。全年实现利润37.9万元，实现完全意义上的扭亏为盈，职工收入比上年提高10%以上。中油气管道机械制造厂坚持科技兴企，不断改善科研条件，积极开发新产品。完成了大口径弯管弯制工艺试验及大型热处理退火炉的建造投运，已为西气东输工程生产弯管500余根；开发了大型水套炉，并对真空加热炉进行技术跟踪；开发了4种燃油、燃气燃烧器产品，逐步实现加热炉燃烧器的自给和配套；与外商合作开发天然气调压站、调压箱等产品，已销往北京、河北的城市燃气市场；聘请技术专家开发出过滤分离器、旋风分离器、大口径高压快开盲板、高压绝缘接头等管道非标产品和多用冷弯盘管机、高压拔口机等机具设备，形成新的利润增长点；组建计算机局域网，完善网络配置和功能，形成以科研开发为主的办公自动化系统。成立了天然气下游管道产品市场项目部，新建管道市场中，大口径弯管产品占到70%市场份额，非标产品占50%份额；北京市政天然气管网市场上，弯管及非标产品占到全部份额。廊坊中国石油管道特种汽车运输有限公司顺利取得ISO 9001（2000版）国际质量体系证书，由普通客货运业务，发展为成品油配送、特种运输和客运服务三位一体的经营结构。油品配送业务相继开发了浙江杭州、山东青岛、河南郑州等区块，累计完成配送量近10万吨；特种运输业务围西部油田开发建设，以优质服务创造管道运输的品牌，全年实现收入1858万元；客运服务立足关联交易和机关服务，并积极扩大管道建设用车市场。特运公司全年完成产值3840万元，实现利润212万元，安全行驶里程880万千米，职工收入比2001年提高10.6%。

【科技工作】　2002年，共开展科技项目50项，其中新立项目34个，包括国家经贸委和集团公司项目10个和局级项目24个。在工程设计方面，兰成渝管道工程工艺首次采用成品油顺序输送优化设计；线路施工首次运用定向钻成功穿越软性岩石；全线实现自动控制；油品交接计量首次采用质量计量代替体积计量；管理运行实现界面跟踪和批量计划；管道水工保护采用木板截水墙、溜水槽、土工格室护面等新的保护形式。在施工装备方面，自行研制的PAW2000焊机、管端坡口整形机、气动内对口器、管口预热器、管道多功能自动切割机等设备均已应用于工程建设中，提高了管道施工的技术水平和自动化程度，提高了施工进度和质量。此外，针对国内外技术发展趋势和工程需要，开展了双焊头焊机、内焊机，以及管道施工小型机具设备的研制。在防腐施工方面，大口径弯管外防腐作业线提高了弯管防腐的施工效率和质量，向西气东输提供了大批合格的防腐弯管；新型油罐防腐涂料为管道外防腐提供了一种具有较高的抗冲击性、可适应各类复杂敷设环境的新涂料；浅色内防腐防静电涂料和外防腐聚氨酯耐候涂料，使油罐内外防腐涂料技术系列化；针对单、双层FBE，煤焦油瓷漆，三层PE等4种特定外防腐层进行各类补口材料的补口技术优化选择，对标准的修订、防腐设计、补口材料选择及补口质量的检验起到了指导作用。在施工技术研究方面，《山地大口径管道施工技术方案优化研究》和《沙漠、沼泽、滩涂、水网地段大口径管道施工方案优化研究》项目，针对山区大落差石方段、湿陷性黄土及沙漠、沼泽、滩涂、水网等不同地形地貌复杂条件下的施工难点，从施工技术方案、装备机具的优化配置等方面进行研究，研制的各种专用装置及特殊地段施工法，解决了不同地段施工中遇到的各种问题，并在西气东输工程的山区、水网等特殊地段得到成功运用。在科技信息研究方面，从企业未来发展方向和提升企业整体核心竞争力高度开展科技信息研究，针对管道勘察设计、施工及技术服务三大主营业务开展全面的分析研究，预测今后3—5年及5—10年对管道局主营业务可能产生重大影响的关键技术和前沿技术，找出优势与差距，提出管道局今后技术发展的方向、目标、实施计划和技术创新战略，有针对性地进行技术攻关，研究开发出拥有竞争力和自主知识产权的重大关键技术，为实现管道局的发展目标提供技术支撑。

【企业管理】 经营管理领域主要举措包括：把握投资取向，优化资源配置。投资领域始终坚持发展主营业务，稳定与主营业务关联紧密的兼营业务，紧缩并稳步退出与主营业务关联不大的业务，限制并禁止后勤和社会服务业务的原则。全年共安排固定资产投资32262万元，其中核心产业管道设计施工投资24125万元，占66%；用于购置西气东输工程设备的投资54323万元；管道局经营性资产从50%上升到80%，资产质量大幅度提高，投资在企业产业结构调整和优化过程中起到积极推动作用。在强化经营责任制管理方面，一是做到指标设置上将施工单位前方成本与后方基地费用分别考核；二是做到对以从事关联交易服务为主的单位，在考核利润（控亏额）指标的同时，增加对其关联交易服务质量的考核；三是做到对限额费用责任制单位在考核费用总额的基础上，增加对其社会化收入的考核；四是做到明确对下属单位新投入固定资产提取和缴纳收益的政策及比例；五是增加了10月初的预考核，完善关联交易。坚持“团结友好，平等协商，共同发展；两个利益主体，互利双赢；关联密切，同是管道一家人”的原则，通过规范关联交易合同、将关联交易工作质量纳入经营责任制、开展关联交易研讨、加大关联交易投入等一系列措施，全年为管道公司提供各项服务33大类，235份分项合同，总金额48879.64万元，合同签约率100%，关联交易服务质量优良率97.4%。在加强经营形势分析方面，以“强化管理，提高经济效益”为主题，围绕重点工程、关联交易、增收节支、挖潜降耗、提高盈利能力等内容进行重点分析。

财务资产工作强化资金、预算、国有资本管理，继续规范会计核算，积极抓好对财税政策的研究与落实，继续加强财会队伍建设，全面提高财务资产管理水平。以全面预算为突破口，完善预算执行体系，建立预算管理新机制，按照市场经济条件下对企业预算管理的要求，紧密结合管道局结构调整、专业化重组等项改革，根据“十五”后三年预算目标及管道局当年经营目标，组织实施年度预算，确保年度预算目标的实现；完善资金管理制度体系，严格按照《管道局资金管理办法》，强化监督，规范资金管理各个环节，充分发挥内部结算中心的作用，扩大资金管理覆盖面，加快结算进度，严肃结算纪律，集中使用资金，提高资金使用效益，保证资金安全完整；改善并加强会计核算与管理工作，保证会计信息的高质量，不断研究解决会计核算中出现的新问题，修订完善《管道局内部财务管理办法》，严格规范会计控制度，建立适应管道局改革发展需要的会计管理机制；优化资产配置，建立起资产流动机制，加强国有资本与财务管理，提高资产运营效益；配合产权制度改革，做好财产清查、财务审计、资产评估、资产划转等项工作，防止国有资产流失；实施低成本发展战略，完善企业内部成本费用开支标准和成本管理制度，夯实成本管理基础，建立成本管理责任体系，控制物资采购和产品销售环节，降低采购和销售成本，调整机构，减少管理层次和非生产人员，压缩管理费等非生产性费用支出；结合所得税制改革给纳税带来的影响、企业改制及内部专业化重组的涉税问题、财务会计与税务会计的关系问题、实施“走出去”发展战略海外项目的涉税问题等，加强财税政策研究，与税务部门密切协调和沟通，搞好税费筹划工作。

2002年，管道工程质量监督站承担了西气东输南京分部、西气东输郑州分部、兰成渝成品油管道工程、新疆和田电站输气管道工程、忠武天然气管道隧道工程、沧淄天然气管道工程、沧淄支线天然气管道工程、任京输油管线改造工程、大港油田小边庄至开发区管线工程、大张坨地下储气库工程、温州沥青厂等13项工程的质量监督工作，共计长输油气管道2257千米，站场26座，隧道28条，地下储气库1座。西气东输工程建设中，根据《西气东输项目质量监督方案实施细则》和《项目质量监督计划》，在完成质量监督交底的基础上，先后核查了18个施工单位、7个监理部（组）、8个检测公司（项目部）的资质文件、质量体系文件、施工组织设计，以及相应的施工技术、管理文件；对200多处施工现场和办公场所，组织100多次质量监督检查；对200余道焊口外观和防腐补口进行了检查；对1390道口、5960张X光底片的拍照质量和评定准确率进行了抽查；对工程建设的各个环节、各道施工工序进行了检查；对工程建设的所有管理活动、监理活动、施工活动实施全方位的监督检查，对发现的200余项质量问题和可能造成质量隐患的行为予以及时纠正。积极开拓市场，不断适应市场的发展和需求，取得国家质量监督检验检疫总局的认可，被授权许可评审范围为GA、GB和GC全部类别的压力管道，是全国压力管道评审机构中具备全部类别评审资格的三个机构之一，也是中国石油天然气集团公司惟一的压力管道安装单位资格评审机构，同时还具备了ISO 9000、ISO 14000和OHSAS 18000的培训与咨询资质。

【安全环保】 全面实施HSE管理体系，以国际标准规范施工行为，制定全年 HSE 实施计划，管道施工完全实行第三方 HSE 和质量监理制，由甲方聘用监理公司进行 HSE 和质量监督。西气东输管道工程实施中外合作工程监理制，由美国环球监理公司实行分部—区段—现场三级 HSE 和质量监理，其他管道工程由甲方聘用国内监理公司进行 HSE 和质量监督。各管道施工企业在全面实施 HSE 管理体系的基础上，加快建立实施 HSE/OSH 管理体系的步伐，并带动其他管道企业积极建立实施 HSE/OSH 管理体系，提高管道局整体 HSE/OSH 管理水平。截至 2002 年底，管道局 17 个生产单位已有 11 个通过 HSE/OSH 管理体系认证。继续积极贯彻《国家生态环境保护纲要》，文明施工，保护环境，施工单位按照“预防为主，保护优先，防治结合”的原则，最大限度减少对生态的破坏。参加西气东输管道工程的各管道施工企业对施工人员预先进行环境保护教育，各项目部注重评价环境风险，预防泥石流、滑坡、滚石的自然伤害。施工过程中，采取有力措施，保护当地的生态环境，不随意碾压、破坏植被树木；施工作业严格控制在作业范围内进行；施工过程的废弃物，包括定向穿越产生的泥浆、焊条头、砂轮片等，全部回收统一处理，防止污染土壤；回填中尽量恢复地表土和农民的复耕，防止水土流失；不恐吓和捕杀野生动物；管沟开挖、改线时，与当地政府、文物部门联系，保护名胜古迹。在加强交通运输安全方面，要求一是安全教育常抓不懈，二是实行交通安全风险评价和管理，三是安全“十八法”与 HSE 管理体系相结合，四是实行“双证”动态管理。

（李小伶）

中国石油物资装备（集团）总公司

【概述】　2002 年中国石油物资装备（集团）总公司（以下简称物装公司）面对物资采办格局根本变化以及我国加入 WTO 带来的一系列严峻挑战，积极主动的迎接挑战，并进行了一系列适应性调整，初见成效，为物装公司的生存发展打下了良好基础。

2002 年是物装公司取得丰硕成果的一年。全系统进一步转变观念，以改革促进稳定和发展，全面完成各项经济指标。剔除内部销售因素，全年实现销售收入 42 亿元，比 2001 年增加 1.3 亿元；实现利润 1.43 亿元，同比增长 38%。

机械制造企业实现销售收入 17.77 亿元（含内部销售），同比增长 10%；实现利润 7067 万元。其中宝石机、宝钢管两家企业取得了较好的效益，为公司完成 2002 年利润目标发挥了重要作用。

地区公司共计实现销售收入 12.86 亿元（含内部销售），完成利润 1889 万元，完成考核指标的 133%。10 家地区公司均完成了利润考核指标。

物装公司本部实现销售收入 13.7 亿元（含内部销售），增长 18.6%。各经营部门都较好地完成了利润指标。

【工作要点】

1. 重组改制，为做强做大装备制造业打好基础

集团公司从物装公司长远发展和振兴石油装备制造业的战略高度出发，做出了重组改制、借壳上市的决策。并将济南柴油机厂划归物装公司，使物装公司取得了对济柴公司的实际控股权，以保证这一战略的顺利实施，根据集团公司决策，我们制定了重组整合制造业的实施方案。从 2001 年 8 月开始，经过一年多的运作，完成了对咸阳石油钢管钢绳厂、宝鸡石油钢管厂和宝鸡石油机械厂的重组改制，组建起有限责任公司。济柴公司对咸阳公司和宝管公司分别参股 45%和 38%，实现了资产在不同企业的优化流动和优良资产的重组整合。通过这一举措，大大激发了企业活力。

一是促进了管理机构精干高效。咸阳公司变三级管理为扁平式的两级管理；宝管公司对内部机构总数特别是管理部门进行了压缩。

二是带来经营观念上的变化。几家改制公司董事会都提出投资回报率必须达到 10%的刚性指标，促使经营者精打细算、谨慎决策。咸阳公司、宝管公司根据市场及工程需要，相应调整了生产线的新建计划，对现有生产线进行技术改造，既提高了产能又节约了投资。

三是确保了队伍稳定和国有资产的妥善管理。公司抓住有偿解除劳动合同等机遇解决了冗员问题，在企业重组时确定了非主营业务不留人员，非主营资产

托管经营的方案。各改制单位都落实领导，明确责任，将非主营资产的经营管理落到了实处，所涉及的土地，也根据不同性质办理了授权经营等相关手续。

2. 多领域开拓、多元化发展，贸易结构调整获得新进展

2002年是物装公司贸易板块经营形势尤为严峻的一年，也是贸易结构调整获得重要进展的一年。全年统计，地区公司专用管销售收入由2001年12.98亿元减少到8.67亿元，减少33%。为此，物装公司从四个方面着手推进贸易结构调整。一是提出树立市场竞争意识、多元化发展意识和服务至上的代理商意识，转变传统供应观念、单一贸易结构经营观念和管理供应商观念，以优质服务和市场竞争赢得生存空间；二是推行代理制，巩固买方代理，着力推进卖方代理；三是实施市场开拓社会化、结构调整多元化战略，鼓励向集团外部市场发展；四是因势利导，积极争取统一引进、联合引进以及进入电子商务新流程的政策环境。一年来，通过整体运筹、精心组织、系统推进，贸易结构调整获得明显进展。

（1）多渠道开拓多元化发展见到成效，主导市场过分集中、经营品种过分单一的状况得到较大幅度的改变。西安公司集团外市场销售额占贸易总额的56%；昆山公司走自产自销的路子得到进一步发展，其中集团外部市场销售量达到七成。武汉公司年销售化工、煤炭等产品7000多万元，占年销售总额的近一半。其他地区公司也充分利用地理优势和房地产资源等开展多种经营取得可观的效益。2002年，物装公司本部贸易板块集团外市场销售收入3.84亿元，占总销售收入的27%，比2001年提高了15%。地区公司集团外经营额由上年2.66亿元增加到4.229亿元。

（2）推行代理制获得新的突破，已同67家企业签订了代理协议，建立了代理关系。本部各经营部和不少地区公司代理工作都有新的进展。其中，取得了宝钢钢管产品销售代理权；取得了宝鸡住金产品网上销售权；与成钢、武钢、包钢、天钢达成了上网销售代理协议。成为沃尔沃柴油机代理商。

（3）在支持电子商务、服务电子商务的基础上获得新的机遇，在电子交易中找到新的位置。组织人员为股份公司电子商务部编写商品高位码21大类近20万条，为电子商务的实施提供了基础条件。同时积极配合电子商务部完善专用管材网上交易程序，并进入电子商务网进行挂牌上网。股份公司还将专用管材的进口统一交由物装公司代理，全年已通过网上签约销售专用管材3万多吨，受电子商务部委托，进口专用管材2万多吨。

（4）充分利用仓储能力和服务网络体系，为用户提供监造、商检、仓储、配送等物流服务。沧州公司把发展物流产业作为新的增长点。天津公司获得天津市出口商品检疫局授权，年检验石油专用管材近10万吨，把住了质量关，受到用户和商检部门好评。

3. 理顺机制、夯实基础，管理年活动见到实效

按照“管理年”活动的要求，各单位共同努力，与2001年同口径相比，各项成本费用支出有了实质性的下降，实现了年初确定的管理年活动的目标。

首先是建章立制，夯实管理基础。为保证依法经营规范经营，公司制定了《对外返利和支持各项服务费用的暂行规定》，以及财务管理、用工管理、质量管理等方面的一系列规定。各直属企业也根据自己情况，完善了相应的管理制度。

第二，推行预算管理和目标管理。各直属企业推行预算管理，保证了生产成本、管理成本的下降。已改制的几家企业着力推行目标管理体系。董事会向总经理下达主要经济指标，总经理向副职和各部门分解，并实行刚性考核硬兑现。咸阳公司钢丝绳的原材料采购成本下降了5%以上。宝管公司将预算管理与目标管理体系结合推行，管理费用比上年减少17%。宝石机去年实施节约挖潜项目百余项，实现效益581万元。

第三，强化财务管理、资金管理、审计管理。物装公司重新修订下发《资金管理办法》，对资金的筹集、使用和审批权限作了明确规定。按照“六个严禁”的要求，进一步建立和完善了外投外借资金动态跟踪制度，重点项目重点清理。精心运筹，严格控制贷款额度，到年底长短期贷款比年初下降2.04亿元，财务费用同比下降3900万元；西仪厂成立了总厂资金结算中心，强化资金集中管理。沈阳公司成立清欠办公室，清回长期欠款530万元。天津公司将外欠款逐笔落实到个人，收回3年以上的外欠款730万元。2002年共完成八项审计项目，提出加强管理的建议53条，大多被采纳。推行先审计后离任的制度，对经营者给予了实事求是、公平公正的评价。

第四，2002年质量管理取得突出进展。各制造企业完善了驻厂质量工作组制度，定期进行质量调研和质量工艺检查，形成每月一次产品质量分析例会制度和产品质量月报制度，产品质量明显提高。安全和环保也作了大量的工作，四家直属制造企业发布了HSE管理体系，宝石机公司ISO 14000体系已通过认证。

此外，强化人力资源开发管理、信息系统开发管理。2002 年以集团公司职工技能竞赛为契机，全系统开展了职业技能竞赛。制造企业采取多种形式提高技工素质收到初步成效。通过本部网络系统改造，具备了直接进入因特网的功能，为公司系统信息整合和信息资源共享提供了基础。

企业既要守法经营，又要依法保护自身权益。2002 年，公司再次被评为北京西城区纳税先进单位。同时咸阳公司、宝管公司、宝石机公司利用西部开发、高新技术开发区等优惠政策，使所得税得到减免，合法避税为企业带来效益。

4. *以技术创新促进主导产品更新，提升竞争能力*

首先抓好关系企业核心竞争能力的关键性技术改造。钻机生产线改造是宝石机以国际一流水准为目标，推进产业升级的配套工程。2002 年，这一项目所包括的六个子项目得到全面推进，技术中心改造等两个项目已经完成。属于关键技术部分的引进意大利钻机井架和底座设计技术项目，已完成资料接收、人员境外培训和技术转化改型设计。这项技术将大幅度缩小我国结构件在重量、强度及运移性等方面与国际先进水平差距。济柴公司以具有国际水平的 601 型柴油机为基础，开发出新一代 3000 系列柴油机已小批量投放市场，实现了产品的换代升级。

二是对生产运行的关键环节实施技术改造或配套建设，扩展主营业务能力。宝管公司完成了无损检验、试验设备焊剂烘干等 16 项大螺旋钢管生产线技术改造项目，为稳定产品质量提供了技术保证。其钢管外防腐项目实现当年立项当年建成当年产生效益。2002 年，公司有四个技改项目列为集团公司投资项目，经过上下努力，均按计划完成了当年任务，完成投资金额 6656 万元。

三是大力研制新产品，推进市场开发。宝管公司完成了抗酸性介质焊管的研制和生产，填补了国内空白。为满足西气东输及国内大口径螺旋焊管的需要，研制生产了具有国际先进水平的 X70 钢级焊管，X80 钢级焊管试制项目也取得明显进展。宝石机全年开发 70DB 钻机、2000 马力单轴绞车等新产品 70 余项，新产品产值超过 4 亿元。承德司达公司设计开发出三个品种的电动机已供货 300 余台；昆山公司开发的化工产品瓜尔胶获得重大突破，重要物理指标达到或超过国外同类产品水平，样品得到国外专家认可，为开发国内外市场打下基础。

新产品开发提升了企业市场竞争力，为企业带来了良好的经济效益。

5. *以服务西气东输等重点工程为契机调整结构，形成新的创效能力*

一是多方面参与重点工程重大项目的协调组织，得到集团公司、股份公司领导和主管部门的认可。全年组织集团公司西气东输工程协调会 86 次，及时解决了设计、施工、质量、采购等多方面的问题，规划、组织、协调工程所需钢管、弯管的国产化工作。咨询中心在国内大口径 X70 钢级螺旋管的生产、大口径 X70 钢级直缝焊管的试制、感应加热弯管的试制与生产、机电设备的采购评标、输气管道用燃气轮机压缩机技术等方面，进行了大量的调研咨询，提出书面建议，其中很多被采纳，为商务的进入起到先导作用。二是在服务重点工程的同时调整结构、充实组织，锻炼队伍，形成新的盈利能力。抽调 20 多人成立西气东输机电设备招标项目部，集中精兵强将保重点工程。全年为工程代理进口钢材及其他物资 4.22 亿美元。运输保险部承担着工程各类进口物资的运输工作，包括租船订舱、港口通关、内陆运输保险、商检等全部业务。完成进口物资运保业务量近 3 亿美元。为满足西气东输工程对于施工机具的需求，还开发了设备租赁业务，购置吊管机、冷弯管机等设备 49 台（套）。宝管公司全年为西气东输工程生产大螺旋焊管近 9 万吨，占国内钢管供货量的三分之一。此外，郑州、沧州等地区公司创造条件设立了物资中转站，为西气东输工程提供服务。

2002 年，物装公司还为涩宁兰管线、钻机改造工程、炼厂改造工程等重点工程和重点项目提供服务做出了贡献。

6. *加强党建和思想政治工作，精神文明建设取得新成果*

物装公司本部在连续 3 年保持中央国家机关文明单位称号的基础上，2002 年又获得首都文明单位称号。全系统 17 个所属单位中，有 12 个被评为省、市、区各类先进。

2002 年，物装公司牵头筹备成立了石油工程承包商协会物资供应分会，还牵头组织了石油装备技术发展研讨会。

（龙首敏）

中国华油集团公司

【概述】　中国华油集团公司（以下简称“华油集团”）是中国石油天然气集团公司直属的专业公司，主要从事酒店旅游业、难动用储量开发、天然气的开发与利用、成品油经销、高级润滑油的生产与销售、新型建材生产与房地产开发、油田和炼油化学试剂生产及大宗贸易，其中以油气相关产业和酒店旅游业为主营业务。至2002年末，华油集团总资产282388万元，所有者权益165868万元，固定资产140614万元；拥有职工320人，其中专业管理及技术人员254人。

【生产经营指标】　2002年，华油集团实现利润3311万元，为年计划的110.37%，同比增长37.44%；实现销售收入111051万元，其中“油”、“游”主营业务实现销售收入80521万元，占总收入的72.51%。在利润构成中，主营业务利润占33.01%，同比提高了16个百分点。

【生产经营策略】　2002年，是华油集团“营造主营业务、实施全面配套改革”的第一年。一年来，华油集团以经济效益为中心，以发展为主题，以结构调整为主线，继续实施效益工程、管理工程、人才工程、形象工程等四大工程，强化经营目标责任制，使企业管理逐步走上了规范化轨道，集团整体优势日益显现。

1. 以效益为中心，生产经营取得可喜成绩

（1）市场开拓取得较大进展。中油日航大酒店通过加大广告宣传力度、加强和客户直线联系、提高平均房价等措施，创造了营业收入9057万元的历史最好成绩，同比增加1163万元，上升14.73%；客房出租率达到82.22%，同比上升7.4个百分点；平均房价545元，同比上升10%。中油建材总公司通过及时调整营销策略，全员销售，举办产品推介会，2002年砼制管产品实现利润432万元；SP大板实现利润439万元，同比增长32.2%。

（2）管理增效能力进一步提高。2002年，华油集团从上到下，自觉挖潜，节能降耗，见到了实实在在的管理效益。成本费用总额降低3.43%，成本费用利润率为2.9%，同比提高1.14个百分点。财务费用比2001年减少706万元，降低38.41%。华油集团结算中心进一步集中了内部账户资金，提高了整体支付能力，先后为7个单位办理借款和贷款担保23200万元，较好发挥了资金集中管理的优势。华油实业公司通过实施有效的预算管理，把费用与部门绩效挂钩，定期进行分析，季度公示预算执行情况，有效控制了成本费用。该公司2002年实现营业收入23883万元，比2001年上升48%，实现利润1030万元，首次突破了千万大关，但所有费用仍均有效控制在预算范围内。中油建材公司通过加强定额成本管理，定额成本降低5%，同时深入研究税收政策，合理减税，两项措施使其全年利润增加近一倍。石油化学公司加强对MTBE项目的股权管理，避免出现只投不管、管不到位的情况，强化管理，克服吉化炼厂停产检修80多天、价格长期低迷等困难，2002年实现投资收益218万元。

2. 以结构调整为主线，“油”、“游”主业取得新进展

2002年，华油集团在打造“油”、“游”主营业务上，用心思，下气力，重点突破，积极推进，取得了可喜成绩，出现了东西出油，南北供气，酒店增效，旅游创汇，“油”、“游”两旺的好势头。

（1）吉林和长庆东西两个区块的未动用储量开发稳步推进。华油集团吉林分公司2002年生产原油17257吨，完成销售收入2314万元。在长庆140平方千米新探区内，打探井3口，口口见油，在延6井，特别是在长2井见到了比较好的油层，初步分析可控制含油面积5—10平方千米，为下一步勘探开发奠定了比较可靠的基础。

（2）在北京的城市燃气管网建设取得突破。华油集团控股的华油燃气公司2002年完成北京经济技术开发区和通州区马驹桥镇燃气项目一期工程，铺设管网17.07千米，并于2002年11月14日正式点火供气。该项目为华油集团在北京开发天然气终端销售市场提供了牢固的桥头堡，打破了北京燃气集团对首都燃气市场的垄断。此外，在北京北部昌平区北七家温泉B区的管网已发展用户1860户。

（3）成品油终端销售配送能力进一步增强。2002年，共经营成品油256735吨，实现销售收入59119

万元。其中终端配送销售 4.98 万吨，占总销售量 19.5%。

(4) 浅层天然气开发利用扩张发展。华油天然气股份有限公司采取果断措施，努力稳定 CNG 加气站供气量，全年销售压缩天然气 1606 万立方米，并落实浅层天然气井目标管理责任，在没有大的投资性增产措施的情况下，实现了零递减，生产销售天然气 614 万立方米，超预算 84 万立方米。华油实业公司在太仓的液化气项目实现了 6 年的持续性合作经营，获得了稳定的收益，2002 年经营液化气 13.3 万吨，实现利润 260 多万元。

(5) 2002 年，酒店旅游业收入 13348 万元，比 2001 年同期提高 50.36%，扣除常州酒店投入运营因素，同比增长 17.7%。2002 年常州大酒店正式运营，开局很好，实现“四个当年”，即当年全面投入正常运营，当年完成成本核算，当年盈利，当年四星级评定挂牌；完成销售收入 3498 万元，实现利润 53 万元，客房出租率达 72%。在旅游方面，中游国旅 2002 年操作旅游团队 136 个，其中入境 55 个，出境 21 个，实现全年旅游 15980 人/（日·次）；推出特色路线 12 条、精品线路 32 条、常规线路 112 条；实现经营收入 681 万元，创汇 14 万美元。2002 年 3 月份，他们组织承办了首届京澳青年携手共创未来论坛会，有大陆及澳门 80 多个青年社团的代表近 1000 人参加，在 4 天里行程 1200 多千米，连续业务操作 89 小时无失误，提高了知名度，积累了丰富的大型团队组织与运作经验。

3. 加大“四项清理”力度，企业资产质量显著改善

华油集团组建时不良资产总额高达 138240 万元，是当时全部资产总额的 50.01%，全部实收资本的 69.54%。按照董事会提出“集中精力进行资产、资金、投资、经济实体”进行清理要求，上下统一思想，把清理工作作为一项事关企业生存与发展的战略大计来抓，经过三年的艰苦努力，截至 2002 年底共计清理各类公司 22 个，其中股权转让 10 家，注销、吊销 6 家，停业、关闭清算 4 家，其他 2 家；共清理不良资产 119646 万元，占全部不良资产的 86.55%，完成了董事会确定的清理全部不良资产 85%的工作目标。

（吴　芳）

华油北京服务总公司

【概述】 华油北京服务总公司（简称华服总）是集团公司机关的后勤保障部门，成立于 1992 年。经过 10 年的发展，已成为集基本建设、房屋管理、物业管理、用车服务、职工餐饮、宾馆接待、幼儿教育、医疗保健、石油化工产品与技术服务等项目于一体的综合性企业。企业资产总额 81147 万元，所有者权益 66748 万元。华服总下设 7 个公司、5 个直属单位：工程公司、房地产公司、生活公司、中油宾馆、科隆公司、中聚公司、物业公司；门诊部、车队、幼儿园、退休职工管理中心、农场。

【后勤服务】 2002 年，是华服总实施精品服务战略，深化精品服务，丰富服务内容，提高服务质量的一年。

1. “煤改气”工程顺利实施

为支持北京市治理大气污染，在集团公司的支持下，对六铺炕地区 1 号锅炉房进行改造，这次工程更换 3 台 15 吨、3 台 10 吨燃煤锅炉，铺设 700 米的天然气管线，供暖面积近 40 万平方米，投入资金 2000 万元。由工程公司和房地产公司抽调精干人员组成的工程项目组，在工期紧、任务重、质量高、要求严的情况下，精心设计、精心组织、精心管理、精心施工，按时保质完成“煤改气”工程。该项目所有采购实行招投标制度，纪委负责全过程监督，项目组积极维护招标工作的公正性，招标工作取得令人满意的效果，最终以国产的价格购置了国外原装的产品，为集团公司节约资金 380 万元。1 号锅炉房使用燃气供暖后，六铺炕地区成为“无烟区”，净化了周围环境。对此，北京电视台在专题节目中进行了报道。

2. 餐饮服务对象明显增加

生活公司从提高职工的意识、技能和素质入手，努力为机关广大职工提供优质服务、超值服务，自助餐增加现场制作，重大节日增加花色品种，营造节日气氛，中央电视台和《中国石油报》等媒体给予关注；零点餐厅以其价格合理、用料讲究、卫生安全的服务，吸引了家住在六铺炕地区的机关职工家属及离

退休人员；在就餐人数由2001年的10万人次增加到2002年的32万人次的情况下，实现全年安全用餐无事故，机关工会、机关伙委会和集团公司机关爱卫会给他们送来"卫生先进单位"锦旗，并获得中央国家机关爱卫会颁发的"2002年中央国家机关食堂卫生达标活动优秀达标单位"证书。

3. 物业管理通过国际认证

石油鑫诚物业公司通过抓认证促管理，用科学的手段规范工作流程，取得中国方圆标志认证和国际认证联盟ISO 9001（2000版）质量体系认证，使企业在质量管理方面与国际接轨，为其融入市场、提高竞争力创造了条件。

4. 宾馆接待获"双特级"称号

中油宾馆在硬件设施完善的基础上，推行规范服务、个性化服务和科学管理。在四年一次的重新核定等级工作中，宾馆以全优的成绩一次通过复验，获得国管局特级宾馆和北京市旅店业特级企业"双特级"称号。

5. 土地登记和供暖工做出色

房地产公司全面、准确掌握集团公司机关所属房屋的数据情况，在国家机关土地登记工作中，被国管局评为"土地登记工作先进单位"。管委会连续第9次被评为"北京市优质供暖先进单位"，并因采用燃气供暖被授予"环境保护工作先进单位"。

6. 幼儿保教通过复验

幼儿园加强师资队伍建设，通过实施普及"蒙台梭利"教育，丰富兴趣教学，加强与家长沟通等措施，提高保教水平，扩大影响，吸引了广大社区儿童，非石油系统的生源已占70%以上，在服务市场化、社会化的道路上迈出了坚实的步伐，实现了由福利型向经营型的平稳过渡。2002年，幼儿园通过全国"青年文明号"复验。

7. 机关用车服务圆满完成

车队全年出车2.3万次，安全行驶140万千米，圆满完成两大机关大型会议和各种活动的用车任务。

【生产经营】

1. 市场开拓

以压裂添加剂、水质测试瓶和测试管为主要产品的科隆公司努力贴近市场，增强与客户的沟通与联系，通过多次深入油田和举办洽谈会等方式，了解和掌握产品的经销、使用情况，市场开拓工作取得成效，实现全年销售收入996万元。

2. 新产品开发

中聚公司面对单体聚醚的生产和销售竞争加剧、利润摊薄的严峻形势，及时向聚氨酯下游产品和施工方面转型，首项转型项目——塑胶跑道在山东省齐河县一中顺利竣工，在依靠科技创新开发新产品，实施多元化开发的道路上，迈出了关键性的第一步。

【企业管理】 2002年是华服总的强化管理年。华服总要求各单位树立"从严治企"的理念，着力加强科学管理、精细管理，推动了各项工作的顺利完成。

1. 降成本成效明显

门诊部药品采购在北京市公开招标，降低采购成本37万元。华服总通过调整药费自负段，设立《病历本》及加大审核力度等措施，控制医疗费用不合理增长的趋势，医疗费用比2001年降低80万元。生活公司在燃气使用、原材料采购等项目上精打细算，全年降低费用43万元。中油宾馆从内部着手，设定降费用指标，并将指标分解到各部门，层层抓好落实，全年降低成本87万元。2002年，华服总共计降低成本167万元、节约福利费80万元。

2. 人才培养力度加大

2002年，华服总将三名踏实肯干、敬业有为的青年知识分子提升到领导岗位，受到上下一致好评，并聘任了两名具有丰富后勤管理经验的"老后勤"到领导岗位，体现了不拘一格选人才。华服总重视人员培训工作，全年共组织72名工人参加技能考核，激发了工人学习业务技能的积极性，提高了工人队伍的业务素质。

3. 业绩考核工作取得进展

2002年，华服总初步建立了以职业道德、业务技能、工作成绩和奖惩为主要内容的考评体系，并召开业绩考核工作交流会推动这项工作的开展，使职工业绩考核工作成为调动职工积极性、增强责任心的有效手段。

4. 安全管理不断强化

2002年，华服总组织两次安全知识竞赛，举办了一次消防知识讲座，并以12月份作为华服总安全月。各单位认真履行安全责任制，狠抓组织落实、制度落实、措施落实，特别是在党的十六大期间，各单位认真贯彻上级要求，把安全工作放到重要日程，领导亲自抓，责任层层落实，安全隐患及时整改，确保全年安全生产无事故。

5. 档案管理上水平

2002年起，华服总自行建立科技和文书档案室，并按照规范化、标准化的要求，进行档案管理。华服总组织了档案管理现场学习交流活动，促进了档案管理上水平。

（王　琼）

中国石油天然气运输公司

【概述】 中国石油天然气运输公司（以下简称“运输公司”）成立于1953年，是中国石油天然气集团公司所属的专业运输公司，以运输、修理和现代物流服务为主营业务。截至2002年底，运输公司共有在职职工3780人，离退休人员1523人，有偿解除劳动合同人员2520人。公司机关有12个处室。运输公司下辖一公司、二公司、三公司、塔运司、沙运司、乌鲁木齐分公司等6个运输主业单位；在疆外北京、天津、上海、西安、重庆、广州及疆内乌鲁木齐、库尔勒、喀什等地设立了13个物流分公司；有多种经营发展公司、西北建材分公司、机械制造公司、工程技术发展公司、新疆威高医用品公司、恒宇塑业公司等6个多种经营单位；有基建工程总公司、路桥公司、建安公司、房地产开发公司、昌吉建安公司等5个基建工程单位；还有学校、医院等7个文教卫生和基地后勤服务单位。运输公司生产点分布在疆内乌鲁木齐、昌吉、克拉玛依、独山子、库车、库尔勒、鄯善等地，主要为新疆三大油田、四大炼厂和石油销售公司服务。运输公司现拥有各种车辆1570台，运输设备新度系数为0.435；固定资产原值9.01亿元，净值2.75亿元。

【主要生产指标】 2002年，运输公司坚持以结构调整为主线，以改革创新为动力，实施管理创新，积极推进改革，经济指标再上新台阶，各项工作均取得了新的突破和进展。

运输产量：全年完成货物周转量45006万吨·千米。

销售收入：全年完成经营收入61783万元，与2001年的50078万元相比，提高了23.3%。

利润：整体盈利1067万元，与2001年的555万元相比，提高了92.3%。

质量：安全间隔里程为1070.7万车·千米。

消耗：行车燃料消耗为34.03千克/百千米，轮胎行驶里程为77498胎·千米。

成本：单位成本385.58元/（千吨·千米）。

劳动生产率：全员劳动生产率为35.75万吨·千米。

运输效率：车辆完好率为91.58%，车辆工作率为81.13%。

【企业改革】 2002年是运输公司确定的“改革创新年”。运输公司持续调整内部结构，以产业结构调整带动组织结构和队伍结构的调整。坚持以市场为导向，以提高整体竞争力为目的，合并部门职能，将公司机关从13个减为12个，对8个单位进行了重组整合，解决了发展中存在的结构性矛盾突出的问题。大力推行干部人事制度改革。通过公开竞聘、任前公示、群众监督等方式，选拔任用了11名处级干部。全年共调整各单位、各部门领导干部达85人次。大力实施“人才发展战略”。引进大学毕业生138名，全年选送培训职工1531人次。根据集团公司关于公司制改革试点的安排，制定了运输公司公司制改革试点框架方案和工作计划，明确了产业定位和发展方向。同时，坚持公司制改革试点与公司内部产权制度改革同步进行的原则，积极推进主辅分离、辅业改制，对机械厂和医疗用品公司进行股权多元化规范改制，改变了管理模式，转换了经营机制。

【企业管理】 2002年，运输公司企业管理进一步加强。继续强化“收支两条线”的资金管理办法，加大资金回收力度，提高了资金周转速度；加强成本管理，分解成本指标，落实考核责任。机关管理费用限额使用，机关管理费用比2001年下降了8.33%；强化投资管理，开展投资效益评价，落实投资回报责任制，确保了投资重点和投资效益；巩固“三清”成果，加强效能监察，对有账无物、有物无账和流失资产进行彻底清理，堵塞了管理漏洞；强化质量管理，取得了国际货运代理、进出口贸易和国家运输企业一级资质，促进了产业升级；加强内控管理，建立了审计项目承诺制，充分发挥了内部审计的监督职能。

【运输主业】 在坚持为油田搞好服务的前提下，积极开拓新的运输市场，成功开辟了中石化新疆沙漠运输市场，参与了新疆各大炼厂的润滑油拉运、兵团石油公司的成品油运输等，且承揽了地方拉运棉花、化肥等社会货源。此外，运输公司油品和液化气运销业务也延伸到了疆外部分省区和蒙古、巴基斯坦、吉尔吉斯斯坦、哈萨克斯坦等周边国家。

【物流服务】 运输公司发挥自身优势，在疆内乌鲁木齐、昌吉等地建立物流网点的同时，在疆外北京、上海、天津、重庆、西安等大城市建立了物流分公司，物流服务网络初步形成。与庆铃汽车公司达成合作协议，承担其重庆至新疆和广州的商品车物流配送工作，塑造了企业形象，提高了“中油物流”的知名度。

【汽车修理】 在乌鲁木齐、昌吉等地修建了修理厂房，改善了工装条件。与一汽、重汽、陕汽、庆铃等汽车厂家联系，设立特约维修站，延伸了修理服务。同时，积极发展与地方政府的修理合作，特种车修理市场扩大到了玉门和长庆等疆外油田市场。

【基建工程】 工程系统各单位积极实施“走出去”战略，在油田和地方施工市场中承揽了任务，创造了效益。路桥公司先后参与了“引额济乌”等多项工程，完成收入3000多万元。节水灌溉、装饰装潢、建筑安装等施工队伍的外部收入占总收入的2/3以上，呈现出良好的发展态势。基建工程业已经成为运输公司一个新的经济增长点。

【多元经济】 运输公司创新经营理念，发展多元经济，不断提高产品质量，扩大营销范围。复合管材、机械产品依靠过硬的质量和多样的品种，已成功打入了油田市场和地方民用品市场。

【后勤服务】 按照“专业化管理、社会化服务、企业化经营”的方针，运输公司逐步增加后勤服务单位的经营项目。教育培训中心和昌吉基地服务公司经费补贴逐年递减，职工总医院、物业管理公司和公司宾馆通过扩大服务范围，不仅不需补贴，而且还上交一定的利润，实现了自负盈亏的目的。

（刘　雪　朱海君　卫　星）

中国石油天然气集团公司通信公司

【概述】 中国石油天然气集团公司通信公司（以下简称“通信公司”）成立于1984年12月，位于河北省固安县，占地153亩，是中国石油天然气集团公司的直属单位，负责建设、管理、经营由光纤电路、微波电路和卫星电路等长途干线组成的石油通信网。

石油通信网是国家电信网的组成部分，是石油石化工业的基础设施。它由各石油企事业单位区域网、沿油气长输管线建立的地面长途网、石油卫星通信干线网、长途汇接交换系统和19个油田（含中石化6个油田）、11个炼化企业、3个国外探区，集团公司机关及12个在京直属单位和23个其他京外石油企事业单位的通信网点组成。截至2002年底，通信电缆总长度达到2230万皮长米，数字微波线路达到1260万米，通信光缆达到56.5万皮长米（4290万芯米），长途电路总数4.07万路（其中实占容量1.49万路），区域电路总数22.65万路。交换机总容量124万门，安装电话数93万部，石油数字数据干线网（DDN）建成开通13个节点。

截至2002年底，通信公司有在册职工213人，拥有固定资产原值6455万元，净值3404万元。拥有长途汇接程控交换机2万线，长途电路2000路端；拥有固安至廊坊、固安至涿州、固安至任丘、固安至万庄、固安至高碑店五个方向的微波通信系统；建有石油光纤数字数据网，与石油经济和信息研究中心相连，已为大庆油田、辽河油田、华北油田、长庆油田、新疆油田、管道局、物探局等主要石油企事业单位进入石油信息网提供了高速通道；建有IP电话中心节点以及120路端电话会议系统；利用光纤线路与北京通信公司实现了互联互通，自动拨号，可以提供话音通信、数据传输、电话会议、电视会议、IP电话、宽带网接入等多方面的通信业务服务。

通信公司在通信工程规划、设计、通信技术服务以及通信设备的安装、调试和维修维护方面具有较强实力。公司具有建设部颁发的国家乙级通信工程设计资质、国家二级通信工程施工资质和国家计委颁发的国家乙级通信工程咨询资格证书，拥有惠普（HP）高精系列仪器仪表，曾多次完成过石油通信网内外的通信工程设计、施工和通信设备的安装、调试及维修任务，多年来培养出一大批经验丰富、技术过硬的专业技术人才。

通信公司经营维护石油卫星通信网多年，积累了大量的卫星通信组网、建网以及网络运行维护的经验，在卫星通信方面具有雄厚的技术实力和设备基础。建有国内、国际开放型Ku波段和C波段卫星通信平台，能通达亚、欧、非、澳四大洲，对于南美国家，也可采用卫星两跳连接，具有通话、传真及数据传输等多种业务功能。卫星地面主控站设在通信公司本部，可随时为国内外用户提供卫星通信电路，与石油通信网互联互通，用户可直接拨打国内各石油石化企事业单位及国内任何地区的电话。卫星通信具有建站快、易搬迁、价格低的优点，可以为在国内边远地区、海上和国外探区进行石油勘探、钻井、采油等施工队伍的生产生活提供方便快捷的通信服务。

【主要指标完成情况】　2002 年，通信公司经营净收入为 639 万元，总支出为 1136 万元（其中提取折旧 294 万元）。卫星通信本端畅通率达到 99.98%，光纤电路本端畅通率 100%，微波电路本端畅通率 100%。

【经营管理】

（1）通信运行总体平稳。2002 年，通信公司进一步加强了电路的管理和维护，经过多次协调，与铁道通信信息有限责任公司共同制定了电路运行维护制度和故障回销制度，大大降低了障碍历时，最大限度地保证了光纤通信稳定畅通，为集团公司石油信息网、电话会议、电视会议等业务提供了安全可靠的内部通道，保证了集团公司信息传输的需要。改造和完善了通信计费系统，为通信电路准确计费、合理收费进一步创造了条件。

（2）经营工作开展顺利。2002 年，通信公司面临新旧业务交替、新老班子交替的局面，经营形势非常严峻。在重重困难下，通信公司领导和有关部门艰苦努力，多次奔波，完成了 2003 年电路租用合同的签订工作，与多个单位达成分流北京市话和长途电话的协议或意向，基本达到了预期目标，为 2003 年生产经营工作的顺利开展奠定了基础。2002 年，通信公司的电话会议项目和信息服务的经营工作也取得一定进展，创造了较好的经济效益。

（3）通信工程和卫星业务取得新进展。2002 年，通信公司发挥在卫星通信运营与工程设计施工上的优势，紧跟集团公司国际化发展战略，开辟了新的战场。通信公司下属的石油通信工程公司和石油通信设计院先后完成了渤海钻井平台、苏丹炼厂和苏丹 3/7 区块 3 座卫星地面站的建设，签订了中油国际工程有限责任公司在巴基斯坦、哈萨克斯坦等国的卫星地面站 6 座和北京主站 1 座的建设合同，这些工程为公司积极开拓国外市场，做大做强卫星通信业务以及工程设计与施工业务奠定了良好的基础。

（4）改革迈出新步伐。2002 年，通信公司进一步深化机构改革。对机关的组织机构进行了调整，合并和撤销了部分处室。以原经营项目为基础，组建了新业务开发公司和信息服务中心，加强市场开发力度。进一步推进医疗保险制度改革，为职工办理了北京市基本医疗保险和补充医疗保险，为职工办了实事，解决了职工的后顾之忧。

（5）管理取得新进步。2002 年，通信公司加强了对独立核算单位财务的审计监督和财务管理。及时发现独立核算单位在财务管理上存在的问题，并立即进行纠正，挽回了部分损失。严格控制各项成本支出，资金预算和成本管理进一步加强。根据国内寻呼市场需求的变化，结合单位自身的经营状况，停止运营寻呼业务，撤销了寻呼中心。

（向二虎）

中国石油天然气集团公司管材研究所

【概述】　中国石油天然气集团公司管材研究所（简称“管材所”）是集团公司的直属研究所，是集团公司和整个石油行业在石油管工程技术领域惟一的技术中心与核心科研机构，现有从业人员 300 多人，其中编制内职工 120 人。在编职工中，党员 62 人，专业技术人员 99 人，占正式职工总数的 85%，有中国工程院院士 1 人，国家及部省级有突出贡献专家 4 人，教授级高工和高级工程师 42 人，博士（含在读）12 人，40 岁以下的中青年技术人员中，硕士占 80%。

截至目前，共完成国家和部省级科研项目 100 多项，其中 10 项获国家级科技奖励，30 项（次）获得了部、省级科技奖励，6 项成果被美国石油学会采纳修改为 API 标准。完成质量监督项目近 3000 项，失效分析项目近 900 项（其中重大失效分析项目 100 多项，包括 1990 年黄岛油库爆炸事故分析和 1998 年 3 月 5 日西安煤气储罐泄漏爆炸事故分析等），揭示并解决了一大批石油工业的重大技术问题和产品质量问题，大大提高了进入油田管材的安全可靠性和使用寿命。

先后完成了 30 余条油气长输管线和 16 个城市天然气管网用钢管的驻厂监造，涉及国内厂家 19 家，国外 10 家，累计监造钢管近 200 万吨，总长度约 5000 多千米。完成了 14 条在役长输管线的安全评价，在保证安全的前提下降低了建设费用和维修费用。

近几年管材所针对以西气东输为代表的油气长输管线用钢管开展了卓有成效的工作，使我国油气输送管的国产化率由1990年前的10%上升到2003年的85%，有效地促进了石油管材的国产化进程和国产管材质量的提高，大大降低了石油工业的采购成本，取得了显著的经济效益和社会效益。

【具有资质】管材所具有的资质为：国家石油管材认可实验室；国家进出口商品检验石油管材认可实验室；国家安全生产监督安全评价机构；石油工业专用管材质量监督检验中心；石油工业专用螺纹量规计量站；石油工业标准化技术委员会石油管材专标委秘书处；CNPC石油管力学和环境行为重点实验室；CNPC石油管道与重大装备劳动安全卫生评价中心；CNPC无损检测人员资格考核和发证机构；中国科协失效分析和预防中心石油管材与装备分中心；美国石油学会（API）第一委员会委员单位；国际标准化组织ISO/TC67/SC5中方技术归口单位。

【重新定位】　在二届四次职代会上，管材所对今后的定位和发展方向进行了广泛深入的研讨，确定了大力发展产业化，走科技型企业发展之路的方向：围绕石油工业用管及相关产品等专业技术领域，以市场为导向，面向油田和生产厂，开展应用基础研究，开发新技术、新产品、新工艺，逐步形成一批具有自主知识产权和广阔市场前景的核心技术。加强技术监督、工程监理、现场检验，确立公正独立的第三方权威地位。通过产业化发展，实现效益的高速增长，把管材所建设成“国内一流、国际知名、实力雄厚、不可替代”的科技型企业。

【企业宗旨】　管材所提出了“产业为标、科技为本、服务为魂、油田为根”的企业宗旨，即以大力发展产业化为目标，以研究开发和技术监督为基础，以踏踏实实为油田服务为灵魂，把油田作为生存发展的根本，全力打造国内外一流的高科技企业。

【机构调整】　为建立适应产业化发展的结构体系，根据产业定位和为油田服务的要求，管材所先后两次对业务、机构进行了整合集成，二级机构由15个减少到9个，形成了以研究开发中心为技术和产品研发基地，以技术监督中心为企业品牌和资质基地，以全资子公司三环公司为产业化基地，并在三环公司内成立了油田服务中心。通过机构整合、人员集成以及专业划分，各部门和单位职能清晰，分工明确，从根本上解决了机构重叠、业务交叉、人员分散和内部无序竞争的问题。

【人事制度改革】　根据国家和集团公司人事制度改革的要求，管材所加大了人事制度改革力度，按照公开选拔、竞争上岗的原则，在全所实行了全员竞聘上岗。

（1）在集团公司人事劳资部的主持下，通过民主推荐、组织考察、本人竞聘的方式产生了年富力强的新一届领导班子。班子平均年龄由原来的51.4岁下降为42.5岁，均为大学本科以上文化程度，其中博士1人，在读博士2人，在读硕士1人，均为熟悉石油管工程的专业人才。班子清正廉洁，年轻有为，满足了专业化、知识化、年轻化、革命化的要求，成为管材所快速发展的保证。

（2）经集团公司人事劳资部批准，管材所党委分别组织了全体中层干部和副总工程师、助理的竞聘上岗工作。竞聘后，中层干部数量由原来的27人精简为18人，高级职称由60%提高到67%，年龄由原来的42岁下降至38岁，素质得到明显提高，是一支素质高、年青而富有朝气和战斗力的队伍，成为管材所发展的中坚力量。

（3）开展了全员竞聘上岗。通过双向选择，择优录用，使每个职工找到了合适自己的岗位。竞聘的压力转变为努力工作的动力，极大地调动了全体职工的积极性和工作热情。

【实行专家制度】　为鼓励科研人员走技术发展之路，留住人才、激励人才和使人才尽快脱颖而出，管材所建立了专家选拔和管理制度，并在全所第一次公开选拔了两名专家和六名青年专家。专家选拔制度的实行，为人才的发展和成长创造了良好的环境，提供了发展的机会。

【强化管理】　管材所将2002年确定为“管理年”，坚持用改革的精神抓管理，以实现科学管理、精细管理、严格管理为目标，强化基础工作，使管理水平明显提高，管理职能明显增强，基本实现了规范化、程序化运作，机关处室的职能也随即向政策研究、市场调查与开拓等方面转变。管理水平的提高，夯实了所里发展的基础。

（1）对原有的机关职能进行重新划分和调整，增加了经营管理处，加强了经营管理职能，强化了机关管理职能。

（2）制定了科技、财务资产、经营计划、合同、人事劳资、物资以及后勤保障等一系列管理制度，规范了机关各部门职能和各岗位职责，强化了各项工作规范性，初步形成了强化管理的制度体系。

（3）经调整的各专业管理委员会对各专业领域的重大工作的开展起到了参谋、决策和协调作用，成为所里各项管理工作的重要补充。

【西气东输】　西气东输工程的技术支撑和技术服务工作是2002年的重点工作，全所把主要精力投入到了西气东输工作中，成立了西气东输项目领导小组，全面负责项目的领导协调和组织工作，确保了西气东输工作万无一失。

（1）科研为西气东输提供了强有力的技术支撑。针对西气东输的高钢级输送管和管道安全可靠性，先后承担了国家和集团公司下达的近10项科研项目。在项目研究期间，及时为西气东输管道公司解决生产和敷设中遇到的各种技术问题，成为西气东输钢管方面不可替代的技术支撑。经过与冶金企业和制管厂共同努力，实现了西气东输螺旋焊管的国产化，使我国的钢板和钢管生产技术水平迈上了新台阶，还充分发挥了管材所在石油管服役方面的理论及技术优势，为延长西气东输管道使用寿命，最大限度地避免或减少安全事故的发生提供了科学保障。

（2）驻厂监造保证了西气东输用钢管的质量。西气东输钢管驻厂监造工作启动后，全所从大局出发，给西气东输以人力、物力和财力方面的全力支持，经过不懈地努力，保质保量地完成了国内外所有的驻厂监督任务，确保了西气东输工程的正常施工。全年共有110人参加了西气东输钢管及弯管的监造，涉及国外8个工厂、国内9个工厂；完成西气东输用管的监造100多万吨，其中国外部分60多万吨，同时还对西气东输用钢板执行了飞检。

（3）技术监督为西气东输提供了全方位的服务。管材所积极发挥在石油管材专业领域的技术引领作用，将以标准为龙头的质量技术监督与产业化紧密结合，通过有效手段促使生产厂家加强管理，严把质量关，维护了用户利益。全年负责审查供货商板材、钢管及弯管的MPS文件20次，解答监造组、承包商提出的各种技术问题30多次；参与修订了板材、钢管及弯管的技术条件，整理确定最后的修订意见；参加了管线试压问题论证会，提供了空气试压可行性研究分析报告；参加进口钢管钢板技术谈判10次；参加进口钢板及板卷索赔技术谈判两次；参加了宝鸡、青县、辽阳、胜利、沙市、珠江钢管公司生产条件最终审查工作；完成了西气东输的商检工作。

【技术创新】　我们站在油田和生产厂的结合点上，坚持应用基础研究与重大工程相结合，坚持研究开发与产业化紧密结合，在科研的选题、立项方面进行调整，科研取得重要成果。

（1）在研项目按计划完成。2002年在研的科研项目共计20项，其中国家经贸委重点技术开发项目1项，国家973项目2项，集团公司项目17项，通过全体科研人员的共同努力，全部按计划完成了进度。

（2）项目申报方向得到调整。项目立项坚持与重大工程相结合、与产业化相结合的思想，面向油田和生产厂提出急需的、具有自主知识产权的科研项目。其中申报国家项目2项，申报集团公司8项。另外与淄博管件公司合作开发三通取得重要进展，有望成为管材所未来重要的产业化项目。

（3）科研成果丰硕。有9项成果通过了集团公司组织的验收，另有4项技术开发项目待验收，3项成果获奖省部级科技进步奖；其中，《在役油气管道安全评估技术研究与应用》获国家安全生产管理局安全生产科技成果一等奖，《深井、超深井油/套管选择与管柱设计研究》获集团公司技术创新奖二等奖，《含缺陷管道剩余强度评价和剩余寿命预测方法研究》获陕西省科学技术奖二等奖；另有3项成果申报了国家专利。

【技术服务】　经过全所各单位的共同努力，全年共签订各类服务合同133项，合同额突破7000万元，技术服务收入超额完成职代会制定的4000万元经营目标。

（1）驻厂监造除完成西气东输用钢管的监造工作外，还积极开拓市场，扩大服务领域。完成集团公司所属单位管线用管的驻厂监造任务7起，开展了中石化、中海油、无锡城市管网用管及广州白云机场用油管、弯管和气站用管件的驻厂监造任务6项，新增用户有4家。

（2）现场检测是一个全新的工作领域，是2002年新的业务突破口和经济增长点。开拓了输送管现场检测、油井管监造和下井服务、环焊缝第三方无损检测、油井管（包括钻具、井口装置等）现场检测四大主营业务，同时还开辟了防腐层检测、抽油杆、压缩机非标设备、物种工具检测等多项业务，累计完成了各种项目31项，取得了显著的成绩。

（3）技术监督中心在行业质量监督方面进一步加强工作，突出强调工作的公正性、科学性和及时性，大力实施顾客满意度工程，工作更贴近现场、贴近油田。先后有80人次深入塔里木、长庆、辽河等油田进行现场技术服务，累计完成服务项目45项。

（4）继续扩大了与生产厂的技术服务。分别与天津钢管公司、曙光格兰特、西姆莱斯、诚德钢管公司等签订了综合性的技术服务合同，同时与宝钢的合作也得到进一步加强。

【质量技术监督】 通过大力强化基础工作，保证了质量技术监督的公正性和权威性，保持和提升了技术监督品牌，第三方地位得到进一步加强。

（1）完成了对24个厂家的油气输送管、油管、套管、钻杆、钻杆接头、钻铤六大类产品的抽检。对六个厂家生产的25批次弯管、三个厂家的UOE管子和日本住友、三菱公司的热轧板卷进行了检验评价。对10个厂家进行了产品质量检测或生产必备条件审查。全年接受委托检验项目257项，完成管检报告300多份、商检报告80多份、油检报告50份。参加并顺利通过了国家质量监督检验检疫总局认证委员会举办的实验室5项比对试验。

（2）螺纹计量站全年共计检定或校准校对量规132.5套，工作量规1500余套，抽油杆量规690件，单向仪750件，产品检验296件。服务范围覆盖中石油、中石化及中国海洋石油总公司所属各油田企业。组织并全部完成了API地区规送NIST校准工作。组织完成PMM12106三坐标测量软件的应用开发。承担的集团公司技术开发项目《石油管内螺纹在线测量装置的研制》的研究工作，在集团公司组织的中评估会议上，被评为优秀项目。

（3）基础试验工作业务量较往年有大幅度的增长，各类试验与2001年相比，检验项目平均增加了35％，检验样品平均增加15％。

【成立西部分所】 西部油田是我国石油工业实现战略转移和接替的希望，也是管材所科研和产业化服务的重点市场，我们提出了“三个面向”、“三个靠前”的工作要求，即面向油田、面向实际、面向现场和研发靠前、组织协调靠前、技术服务靠前。为进一步落实“油田为根”的宗旨，更好地为油田服务，管材所领导带领专家和部分中层干部、技术骨干一行9人，先后到新疆油田、塔里木油田及中石化西北石油局进行了调研、学习、交流，取得重要成果，确定了科研、科研技术服务、现场检测服务、检测设备销售等合作项目共计20多项。根据西部油田的急需，管材所及时提出了套损综合治理、腐蚀与防护、失效分析、粘扣、螺纹脂、技术监督等六大系统工程项目，作为为西部油田服务的重点工作。为保证六大系统工程项目的顺利进行，体现“服务为魂，油田为根”的宗旨，管材所党委决定在新疆设立分所，并派遣以总工程师为分所所长的精兵强将到西部分所直接面向油田开展工作。

【失效分析】 研发中心组建后，及时成立了失效分析组，固定人员，安排专人负责，分管领导协调加强管理，使失效分析工作得到加强。全年完成失效分析项目近30项，并成功举办了第五届全国石油钻具失效分析会议，进一步巩固了管材所在全国油田钻具失效分析领域的地位和影响。

【重点实验室】 经过两年的运行，石油管力学和环境行业重点实验室在研究方向、课题设立、研究成果与水平、对外开放、人才培养、实验室管理等方面取得了好的进展，达到预期目标。在6月份的中评估会议上通过了专家组的检查；分别召开了重点实验室内部会议和重点实验室学术委员会会议，落实应用基础研究项目2项；组织召开了“全国首届油田套损治理研讨会”，针对套损的有关问题进行了广泛交流，收集各方面的论文32篇，提高了管材所的学术地位和对外影响。

【标准化工作】 组织召开了2002年管材标准审查会，整理完成两项标准的报批稿。完成了标准制定、修订计划3项及标准复审计划5项。制定并上报了管材专标委2002—2005年国家标准转化计划和行业标准采标计划。组织召开了西气东输工程用钢管（板、卷）标准审查会，并参与其标准的起草修订及英文版的翻译、修改工作。完成了ISO、API、俄罗斯管、加拿大管材相关标准的翻译工作，共计40余万字。翻译并出版ISO 11960：2001标准中译本计36万余字。处理ISO、API及国家标准化管理委员会有关标准化信函（以电子版为主）50余件，投票6次。进一步完善了标准库的管理工作，全年两次通过认证审查。

【资质培训】 全年举办各种培训班10期，为油田和管厂培养了技术人员，同时也加深了与油田的感情，提升了管材所的地位。其中，举办了第一期焊接钢管生产许可证审查员培训班，举行螺纹培训班一期，培训油田和工厂的技术人员43名，举行无损检测培训班六期，共有来自油田和工厂的316名技术人员取得了无损检测Ⅰ级、Ⅱ级资格证书。举办驻厂监督员培训班两期，共培训驻厂监督人员47人。

【对外合作】 2002年管材所在外部合作方面取得初步突破。国际合作项目取得突破性进展，其中国际合作意向4项，向集团公司申报国际合作项目两项。在与国外合作方面，与俄罗斯有关机构联合开发腐蚀剂和管道检测器初步形成了意向；与GE集团下属的PII公司在检测与安全评价领域的合作也初步形成了意向；与俄罗斯（欧洲）NDT人员培训及资质互认以及ASNT NDT人员培训及资质互认有所进展；在俄罗斯检测设备代理方面有望尽快进行。

（武子麒）

中国石油审计服务中心

【概述】 中国石油审计服务中心是中国石油天然气集团公司直属事业单位，始建于1990年。主要承担集团公司下达的内部审计任务，承接股份公司委托的部分审计项目，并为石油系统审计人员的培训提供服务。

中国石油审计服务中心2002年在册职工145人，其中高级职称人员15人，中级职称人员61人，初级职称人员30人，办公及培训用房1.1万平方米。全中心固定资产净值1160万元。具有功能比较齐全配套的办公、教学、基础设施，办公、生活环境恬静幽雅，三季有花，四季常绿，优美怡人。按照“小机构，大服务”的原则，中心设置处级机构10个，其中职能管理部门三个：党政办公室、人事劳资处、计划财务处。业务部门七个：审计一处、审计二处、审计三处、审计四处、审计五处、基本建设审计处、审计业务开发处。另有经营性实体（廊坊市龙翔商贸实业公司）一个。

【审计工作】 中国石油审计服务中心是集团公司的专职内审部门。随着集团公司改革的进一步深化，现代企业制度的逐步建立和完善，以及实施国家大公司、大集团战略要求，内部审计的职责和作用更加明确，任务更加繁重。企业内部审计成为企业内部一个重要的管理部门，内部审计作为企业内部的一个管理部门，其主要任务是贯彻执行国家的财经法规，对企业执行财经法规和企业内部规章制度的情况进行检查监督，为企业的改革发展和提高经济效益服务。2002年，审计中心按照马富才总经理对审计工作提出的要求：“要切实加强审计监督，经营成果审计和经济责任审计要制度化、全覆盖，基建工程、经济合同等专项审计要向事前延伸，对审计查出的违规资金按规定坚决收缴。”为审计工作指明了努力的方向。2002年，审计中心共完成各项审计任务88项，比2001年的59项多29项；完成15240个定额工作日，与2001年的11766个工作日相比增加3474个；人均审计工作日196天，比2001年的168天多28天；共查出八个方面295个问题，审出违纪违规问题金额30.9亿元，已纠正处理违纪违规问题金额8.5亿元；取得经济成果3.2亿元。在完成的审计项目中被集团公司评为2002年度优秀审计项目八个，其中一等奖 两个、二等奖一 个、三等奖五 个。

【改革与管理工作】

（1）实行审计任务包干制。把全年的审计任务分解到处室落实到人，审计任务、审计质量完成的情况与奖惩挂钩，由于任务落实，责任明确，对提高审计工作的效率和质量起到了比较好的作用。

（2）奖金分配向审计业务处室倾斜、向责任大、完成任务多的人员倾斜。审计处室的人均奖金保持在高于机关处室人均奖金30%的水平，在调动审计人员积极性方面发挥了重要作用。

（3）开展“审计质量年”活动。建立一套规范的审计质量保证体系，提高审计中心的信誉确保审计项目合格率100%、审计报告合格率100%、无重大漏审事项、审计工作实现规范化。

（4）实行漏审责任追究制。认真执行审计部关于《漏审责任追究指导意见》，使每一个审计人员都认识到提高审计质量，降低审计风险，杜绝审计中出现的重大漏审是审计人员的神圣责任，从而提高审计人员的风险意识和责任意识，工作中自觉从严从细，防止漏审问题发生。

【培训工作】 中国石油审计服务中心在完成集团公司下达的审计任务的同时，按照年初制定的计划，继续狠抓业务人员的培训工作。2002年，在有关部门的精心组织和努力下，共举办了培训班7期，培训学员572名（表1）。

表1 2002年度培训情况

序号	培训班名称	培训对象	人数
1	第一期审计专题讲座	审计人员	80
2	第二期审计专题讲座	审计人员	80

续表

序号	培训班名称	培训对象	人数
3	企业会计制度培训班	审计财务人员	80
4	注册造价师考前培训班	全系统人员	102
5	注册造价师考前强化班	全系统人员	72
6	审计业务交流	审计财务人员	70
7	英语培训班	审计财务人员	88
合计			572

（沈忠良）

石油管理干部学院

【概述】　石油管理干部学院（BPMTI）是集团公司的高级培训中心和直属机关党校（现更名为“集团公司党校”），成立于1984年，现有教职员工260人，固定资产原值1.7亿元。

2002年9月至年底，学院领导班子完成了换届。在新一届领导班子领导下，学院以创新发展为主题，以服务为根本，以质量为生命，苦练内功，创一流干部培训水平；高起点、高标准、高水平、严要求，充分发挥集团公司高级培训中心的作用，为提升集团公司人才竞争力做出贡献。

【培训与教学】　2002年，由于培训工作的调整、开拓以及集团公司领导及各部门的支持，在学员一号楼翻修，住宿床位大幅减少的情况下，培训班次仍达到123个，培训人数达到6893人次，达到了年初预期培训目标。

2002年，培训工作又有显著进展。一是培养人才的形式有所增加。2002年首次正式与清华大学、北京理工大学合作，举办在职攻读工程硕士及MBA学位班，增加了人才培养的形式，扩大了我院为石油企业培养人才的途径，也丰富了我院的学习氛围。二是曾经培训势头较好的项目有所回升。如：计算机培训和外语培训，2002年都有了新的进展，为集团公司机关人员和出国人员提供了良好的基础服务。三是在培训工作规范化方面有了进步。培训部与各培训中心研究、修订了《石油管理干部学院培训管理办法》、《培训项目设计书》、《培训效果测评表》，并依据这些制度、规则对各培训班进行监控和测评。特别是对一些重点班，学院领导亲自上手，参与计划的制定、过程的管理，保证了教学质量，使大多数送培单位和学员比较满意。四是教师队伍建设进一步加强。在加快建立一支政治素质上过硬、博学敬业、有责任感和荣誉感的教师队伍方面作了不少工作。五是教学设备又有更新，提高了教师工作热情，保证了培训效果。学院下半年投入40余万元对教师的办公环境进行了改造，做到了一人一部电话，一台电脑，一个舒适的办公空间。

【党校工作】　集团公司直属党校除按计划举办了两期石油局处长进修班外，还承办了一期中央企业工委直属党校班，共培训学员223人。首次承办中央企业工委党校班，集团公司领导和学院领导都很重视，对学员提出的问题，认真研究，着即整改，提供了高水平的教学组织和周到热情的服务，受到了企工委培训部门和学员的赞誉。党校函授2002年招收了两个专业四个班共256名学员。其中法律专业本科班105人，专科班30人；经管专业本科班51人，专科班70人。

【人事劳资】　院级领导班子充实调整后，学院采用了组织考核、党委任命的办法，对处级班子进行了微调，个别人员位置有了置换，加强了教学、科研、教辅等部门的管理。调整后，处级干部有16名，与调整前的处级干部职数一样。之后，又进行了科级干部的聘任。全院共设了39个科室，充分发挥科级的职能和作用；任用科级干部29名，其中10个科级岗位由处长兼任。学院这次组织机构微调过程中，充分发挥了职工群众民主参与和民主监督作用。每一位干部的选聘均按照规范的组织程序进行，按照透明、公开、公正的原则接受群众的监督。

【财务管理】　财务管理部门注重开源节流，加强预算管理，确保重点，把资金用到最需要的地方，加大了成本控制，将目标责任与业绩挂钩，调动了部门理财的积极性。在物资采购中，注意货比三家，价比三家，采买质优价廉的产品。

【科学研究】　科研工作取得了一定成果。有5项由我院承办为主的部级课题研究通过验收，《技术创新战略研究》、《计算机网络远程教育系统》受到好评。完成论著3部，在各种刊物上发表论文10余篇。《培训原理与实践研究》课题，被石油教育学会评为特等奖。《北京石油管理干部学院院刊》、《中国石油财会》、《石油教育》三份杂志共出18期，210万字。

【基本建设】　本着以学员为中心，全心全意为学员培训服务的思想，后勤服务设施进行了改造。投入100多万元，改造餐厅面积约1000平方米，扩大了自助餐的场地，并且丰富了饭菜花色品种，使得学员和全院职工的就餐环境大大改善；延长了文体馆开放时间，开馆时间从三个小时调整到现在的五个半小时，并且更新了文体馆的一些设备，丰富了学员文体活动内容；还投入近百万元对学员宿舍的家具和卧具全部进行了更换，大幅提高了热水供应时间，从每天1小时改为三段式的全天候供应。学员一号楼工程于7月破土动工，投资3400多万元，建成后将进一步提升学院的服务设施档次和规模。

【后勤服务】　后勤处转变服务观念，从施行管理规范化、服务标准化、工作程序化入手，坚持挂牌服务，责任到人，并注意定期检查，各项工作是否落到实处。完成了原昌平住户购调房价的重新核算工作和170余万元的固定资产的核对工作；食堂完成改造后，接待培训班和会议40多个，就餐人数3000多人；车队安全行驶24万多公里，获得海淀区安全先进单位称号；接待科和会议中心保证培训班和会议的住宿、娱乐，服务到位；医务室诊治患者4000余人次，组织全院体检一次，组织献血一次，计划生育工作达到指标。

（郑明珠）

石油工业出版社

【概述】　石油工业出版社2002年职工人数为234人，局级干部4人，处级干部34人。专业技术人员168人，其中高级专业技术职称人员34人，中级专业技术职称人员81人，初级专业技术职称人员53人。全社设置处级部门和单位14个。其中，设立办公室、人事处、计财处、总编室4个机关部门；设立勘探、开发、标教、期刊四个编辑部、社会图书中心第一和第二编辑室以及发行部、彩色图文中心、展览广告中心、后勤服务中心10个业务单位。固定资产净值0.82亿元。

2002年，石油工业出版社以邓小平理论、“三个代表”重要思想和中央宣传部、新闻出版总署《关于加强和改进出版工作的若干意见》（中办［2002］16号文件）精神为指导，认真学习贯彻党的十六大精神，围绕落实集团公司工作部署和出版社2002年工作任务，坚持“立足石油，面向社会”的出版定位思想，发挥专业优势，加强选题深度策划开发，提高单书经济效益，大力开拓图书市场，努力培育新的经济增长点，扎扎实实地抓好规范化管理，加强党的建设和思想政治工作，各项工作取得了新成绩。全年共出版图书和标准699种，其中新版图书405种，标准180种，重印图书114种；总印数250.4万册，比2001年增长8.2%；出版总码洋6508万元，比2001年增长3.6%；实现图书销售码洋2800万元，实现图书销售收入2033.74万元，分别比2001年增长9.8%和10.7%。图书编校质量优良率达到60.4%，合格率达到100%。有多种图书获各类奖项。其中《中国油气勘探》、《采油工程手册》（上、下册）分别荣获全国优秀科技图书二等奖和三等奖，《石油测井适用性典型图集》荣获集团公司科技创新二等奖，《石油工程》和《天然气管道输送》荣获教育部2002年全国普通高等学校优秀教材二等奖；有36种图书、5种标准被评为2002年度社级优秀图书。

【图书出版】　2002年图书出版有以下特点。一是石油图书发挥优势，加强选题深度开发，实施精品工程。2002年出版石油类图书272种，占全年新书品种的67%，其中油气勘探类98种，油气开发开采类98种，石油机械和炼油化工类25种，大中专及培训教材3种，石油经济和石油文化综合类48种；出版总码洋（含标准和重印书）4041万元。2002年配合集团公司发展战略，大力推进精品图书出版工程，出版了石油重点图书57种，比2001年增长18.7%。其中《湖盆沉积地质与油气勘探》、《中国东部深层石油地质》、《储层表征新进展》、《完井液手册》、《石油工程基础知识手册》、《井下作业工程师手册》等图书具有较高质量和水平。进一步加强了选题深度开发，组织策划了《难动用油气储量开采技术丛书》等4套开发类丛书选题约30余种，《油气成藏机理研究丛书》等4套勘探类大型丛书选题共28种。大型重点工具书《中国石油勘探开发全书》的组编工作也已启动，并修订重版了《采油技术手册》、《天然气工程手册》等一批开发类“看家书”。2002年加强了标准选题深度开发，出版了石油天然气行业标准、集团公司企业标准、股份公司企业标准和海洋石油标准共180种，并首次实现了当年发布的标准，当年全部出版入库。同时，完成了《年鉴》（2002卷）和《中国油气》、《中国石油勘探》杂志共8期的出版任务。二是社会图书在巩固和开发原有主导板块的基础上，转变思想观念，尝试新的市场开发方式，借助外力，加强合作出版，形成一定规模。全年共出版社会图书133种，占全年新书品种的33%，其中计算机类8种，英语类60种，教辅类35种，经济类30种，出版总码洋2467万元。其中《电脑小百科》系列新出书13种，单书品种最高印数达到3.5万册，已经形成品牌，获得了较好的社会效益和经济效益。借助外力，重点完成了《笔神》教辅系列丛书和“文都”大学英语和考研类丛书合作项目，共出书30余种，形成较大规模。2002年，社会图书出版码洋已占了全社新书出版总码洋的一半，取得稳步发展的好成绩。

【生产经营】　2002年，出版社大力开发、开拓市场，努力培育经济增长点，超额完成了全年内部创收目标，经营竞争能力进一步增强。在开拓市场、扩大经营创收方面，图书发行销售工作，按照“指标带动网点，网点促进指标”的工作思路，新建吐哈、四川两个发行站，并加大对石油站网的管理和指导，使发行站销售回款增长了28.5%；坚持社会图书销售一手抓网络建设，一手抓销售回款，使主辅发行渠道达到2000余个，全年超额完成社会图书销售回款指标，首次超过石油图书销售回款。各专业编辑部加强选题深度开发，努力提高单书经济效益，全年实现内部创收比上一年增长17%。彩色图文中心借助外力，实现联营合作，开拓了社会彩印市场，使彩印生产量翻了一番；进一步扩大了书刊排印规模，全面规范了内部流程、工艺、质量管理，使产值、收入、利润实现了较大幅度增长。展览广告中心积极开拓市场，不断提高编辑设计水平，克服困难，全年完成上海国际工业博览会展等8项大型展览任务，取得了较好经济效益。后勤服务中心努力增收节支，全年实现经营指标盈余18万元。在培育新的经济增长点方面，一是加强图书重印工作，取得较好成绩，图书重印品种率已达到25%，重印图书总码洋超过了1000万元。二是积极开发电子出版物，完成了《中国石油地质》、《中国油藏开发模式丛书》电子版和开发类3个板块电子版的出版，前景良好。三是大力开拓版权贸易，共签订版权合同17份，引进版权图书26种，是2001年引进版权量的2.5倍。四是自主开展广告业务，新建立的中油创意广告公司实现了社下达的经营指标。

【企业管理】　2002年，出版社全面强化管理，完善制度，加强基础建设，管理规范化水平进一步提高。一是根据明确专业分工的要求，全面调整了编辑部门机构，新成立了社会图书中心和展览广告中心，对加强选题深度开发和扩大经营发挥了积极作用。二是落实图书选题策划人制度，加强选题策划管理。经过努力，编辑部门已初步形成三级选题策划人制度格局，各编辑部第一策划人全部完成重点选题任务，积极推动了选题深度开发。三是继续狠抓全社经济责任制的考核落实，切实抓好考核办法的调整制定、全过程监督执行、年终考核兑现三个环节，积极推动了全社创收增收。四是大力加强制度建设，完善管理制度体系。2002年是出版社出台各类管理制度较多的一年，针对管理薄弱环节，先后制定了图书核算管理办法、成本管理办法、印制管理办法、劳动纪律管理办法等十多项制度，各单位也进一步完善了内部管理制度，并得到了较好执行。尤其是图书核算和成本控制两项制度的落实进一步深化，对规范全社管理发挥了积极作用。五是坚持图书编校质量抽查制度，使图书编校质量水平又有新的提高。六是认真抓好医疗保险和住房制度改革，全社职工和退休人员顺利参加了北京市基本医疗保险体系，住房货币化改革的前期工作进展顺利。七是进一步抓好安全工作，加强制度建设，加大检查整改工作力度，实现了全年安全生产无事故，被评为北京市交通安全先进单位。

在集团公司的大力支持下，2002 年共完成基建投资约 400 万元，为规范管理和长远发展打下良好基础。其中，重点抓好信息网络二期工程项目，按照实现网络完善、加强网站维护和实现办公自动化的目标要求，工程项目组先后完成了论证立项、合同招标签约，以及部分子项目的实施，为 2003 年全面完成工程建设打下了基础。同时，还陆续完成了彩色图文中心彩色印前和数字化打样设备改造、胜古北里住宅庭院改造、实验楼煤改气工程、综合楼新建变压器工程等项目。

【精神文明建设】　社党委 2002 年按照集团公司党组和直属党委的部署，以党的十六大召开为契机和动力，紧密结合图书出版和生产经营实际，努力抓好出版社思想政治领域中的各项工作，全社党的建设、干部职工队伍建设和精神文明建设出现了新气象，取得新成绩。一是党的影响力扩大，凝聚力增强。党的十六大的召开产生了巨大感召力，2002 年申请入党的同志已达到 56 人，占非党职工的 40%以上，有 14 名入党积极分子参加了入党培训班。经过对半数基层党支部进行调整，党支部的战斗堡垒作用和党员先锋模范作用得到充分发挥，带动作用和凝聚作用明显增强。二是干部队伍进一步年轻化，素质提高。有 9 名年轻同志走上处级领导岗位，全社干部队伍进一步年轻化，各部门领导班子得到充实和加强，经过政治培训和工作实践，素质普遍提高。三是职工队伍精神面貌良好，创新意识增强。2002 年图书出版和生产经营又创较好水平，充分展现了广大职工转变观念、开拓创新的精神风貌，有两个单位和 4 名职工被评为集团公司直属机关 2001—2002 年度先进集体和先进个人；有 5 个部门被评为出版社先进集体，30 人被评为出版社先进个人。2002 年全社有 156 人次参加了各类学习和培训，占职工总人数的 70%以上，业务素质也得到了提高。四是党风廉政建设得到推进。社党委在集团公司直属纪委的领导下，严肃查处了原五编室个别人员违纪案件，并查找管理漏洞，抓好治本工作，推动了出版社党风廉政建设和管理工作。五是精神文明建设又有新发展。各级干部的法律意识有所增强。广大职工爱岗敬业，立足本职做贡献；发扬爱国主义和社会主义精神，积极参加援藏助学等公益活动。工会组织的送温暖活动和文体活动积极活跃。同时，还积极参加社区党建和综合治理等活动，分别荣获朝阳区计划生育先进单位，安贞地区综合治理先进单位、节水先进单位和卫生先进单位等荣誉。

（柴燕军）

中国石油报社

【概述】　中国石油报社是集团公司直属单位，是以出版《中国石油报》为主要任务的新闻事业单位。2002 年，中国石油报社在集团公司党组和集团公司的领导下，以“三个代表”重要思想为指导，按照集团公司改革发展稳定的总体部署，实现了新老领导班子的平稳过渡，全社职工团结一心，奋发努力，全面完成了出版发行、报业经营、改革和管理、党建和精神文明建设等各项任务。

【报纸工作】　报纸工作服从和服务于集团公司中心工作，坚持正确导向，没有出现政治性差错，办报质量和水平有新的提高。

（1）围绕中心，服务大局，全面打响八大报道战役。在搞好日常宣传报道的同时，精心策划组织了贯彻集团公司工作会议精神，西气东输工程建设，存续企业改革重组，“两会”宣传，集团公司、股份公司机关岗位竞聘，加强企业和社会稳定以及再就业工程，股份公司改革发展与扭亏脱困、财务集中管理，迎接十六大、宣传十六大、贯彻十六大等八大重点报道战役。每个报道战役都精心搞好前期策划，突出主题，投入重兵，团结协作，狠抓质量，务求实效，使中国石油报在一年里，形成了一波又一波的宣传强势，在读者中产生了积极的影响，获得了党组和广大石油职工的好评。

（2）面向基层，贴近群众，主动展开两大宣传活动。一是贯彻集团公司工作会议精神的知识竞赛活动。二是西气东输工程建设万里行采访报道活动。特别是西气东输万里行活动，先后有 13 家中央和首都媒体、20 家地方媒体、3 家石油媒体参加，历时 35 天，行程 8000 千米，全方位宣传中国石油，在中国新闻界创下了新的纪录。

（3）着眼长远，培育后劲，及时实施两大战略决策。

（4）勇于创新，积极开拓，奋力迈上五个新台阶。一是办报水平迈上了新台阶。2002年报纸全面配合集团公司的中心工作，舆论导向正确，宣传主题明确，组织策划有力，报道重点突出，信息传播及时，编校和印刷质量较高，受到广大读者特别是各级管理层的好评。二是编采效率迈上了新台阶。全年出版《中国石油报》352期，收到来稿4.9万多篇，见报1.4万篇。编辑年人均完成64块版（含采写稿件折算）；记者年人均发稿6.15万标准字数，比2001年增长40.89%；记者站记者写稿4772篇，见报4232篇，分别比2001年增长4.19%和5.22%。三是办报手段迈上了新台阶。在集团公司党组领导的关怀支持下，实现了编采设备的全面更新，记者站也都建立了采编网络的客户端，宽带网传输已逐渐成为稿件、图片供应的主渠道，实现了高质量高效率的“无纸化办公”，并成功实现了大庆、新疆的远程传版和异地发行，使全社的信息化程度大大提高，走在了同类行业报的前列。四是报业规模迈上了新台阶。在主报稳步发展的同时，子报、子刊、子网也有了新的发展。《石油商报》由每期四开20版扩大到24版，石油商贸和科技信息特色进一步突出，产生了较好的社会影响。《中国石油画报》积极探索办刊新思路，开辟服务油品消费市场的路子，为《现代司机报》的创办提供了有益的经验。《中油网》通过改版宣传面貌一新，并拓宽了办网思路。《塔里木石油报》在远离大后方的情况下独立作战，很好地宣传了西部油田勘探开发和西气东输气源落实的成果以及参建队伍的新风貌。《石油政工研究》继续实行高品位办刊方针，跻身全国名牌政工期刊行列。《地火》坚守石油文学阵地，竭诚为石油作家服务，不断推出精品和新人新作。《新闻之友》以其严谨的办刊作风和浓郁的学术气息，深受石油新闻和宣传人员的欢迎。石油记协秘书处通过真诚为会员单位服务，组织稳定，工作扎实，被广大会员单位誉为“石油记者之家”。石油作协秘书处扎扎实实地开展各项活动，受到中国作协领导和广大作家的高度评价。两个协会在全国同类协会中始终走在前列。五是机制创新迈上了新台阶。全面推进采编管理的科学化、制度化，进一步细化和量化了考评制度，特别是等级分制考核办法的推出和记者站稿酬发放标准的调整，起到较好的示范激励作用。充分利用现代网络技术，建成了以编辑工作为中心、编排录校一体化运行的新机制，管理工作开始步入信息化、网络化轨道。着眼于改扩版需要和未来发展，在全社机构调整中重点调整了编辑部的机构设置。主报编辑部门由原来的7个减为5个，采访部门由原来的3个减为2个，并从提高报纸整体水平出发，增加了研究室和评论部。为了紧跟党组、贴近基层，提高应变能力，针对报社不在北京又远离油田企业的不利情况，我们积极实行开放型办报方针，加强了与党组领导和机关部门的联系，加强了北京工作部的力量，缩短了与机关和基层的距离。走专家指导和群众参与相结合的路子，聘请了行业内外高层次顾问和机关义务评报员，随时收集并定期听取评报意见。为倡导业务研究风气，编辑部恢复了每期报纸的评报工作和业务交流研讨活动，每次大的报道结束后都要进行总结、研讨和交流，有力地促进了报纸质量的提高。

【经营工作】　报业经营稳步推进，经济效益保持并超过了上年水平。

（1）报业经营稳中有升。2002年报业经营出现了特殊困难，主管经营的副职领导长时间缺位，加上领导班子调整等因素，使经营工作受到了较大影响，上半年经营产值没有完成计划。从下半年开始，抓紧兑现了前两年的经营承包奖，签订了2002年经营承包合同，确定了部门费用包干指标，明确了各级领导人员的责任。重新修订了财务收支、广告经营等管理制度，规范了经营行为，下半年经营状况明显回升。其中广告经营产值达到了1510.47万元，比2001年1548万元减少38万元，但由于降低了成本，广告净收入（所得税前）达到1057万元，比2001年890万元增加167万元，增长17.6%。在上级补贴和不上交折旧的情况下，全年实现了收支平衡，并盈余178万元，超额完成了集团公司的考核指标。2002年报社资金的自给率从1998年的不足50%增加到84.3%。

（2）报纸发行工作。在马富才总经理和李克成主席直接关心、亲自批示和指导下，在有关部门的大力支持和帮助下，报社先后召开了报纸发行工作会议和新疆、黑龙江两个发行片会，走访了10多个石油企事业单位，虚心征求各单位领导和职工对报纸工作的意见，得到各企事业单位领导的理解和支持。2003年报纸发行基本达到了党组提出的订到科室、班组和加油站的要求，在集团公司进一步精简机构和人员，报纸扩版每份年订报费增加51.6元的情况下，发行量仍达到99600份，总份数与2002年同比相等，但与2002年周七刊对开四版相比，相当于订阅140000份。同时，我们还在积极探索报纸发行新的增长方式。大庆、新疆异地发行工作也顺利展开。

（3）费用支出得到有效控制。印刷生产经过印刷厂全体干部职工的辛勤努力，扭转了多年的亏损局面，探索了市场化运作模式，加大前几年应收款清欠力度，在社补贴和提足折旧的情况下，实现了收支平衡并开始盈利。物业处和部分部室等实行费用补贴、费用包干的部门，除少数部门超支外，多数按指标控制并有节余，全社费用节余27.2万元。

【改革工作】　按照马富才总经理2002年来报社考察工作时关于报社要在宣传好集团公司改革发展的同时，加大自身改革力度，跟上集团公司改革步伐的指示精神，我们经过调查研究，把改革的力度、进度与职工的承受程度统一起来，积极稳妥地推进报社自身的改革工作。

（1）为适应改扩版和今后发展的要求，对报社机构进行了调整。合并了业务相近和职能交叉的部门，增加了评论部、研究室和经营管理部。在定编的基础上，组织全社员工进行岗位写实，为完成“五定”做了前期准备。

（2）按照集团公司干部人事制度改革的精神，参照机关岗位竞聘的办法，在广泛征求意见和调研的基础上，制定了改革方案，并通过职代会审议。结合年度干部考核，对处级领导干部进行了述职和民主测评，首次采用分项打分、量化考核的办法，并在干部考核和竞聘中扩大了民主，科级以上干部、中级职称以上人员和职工代表109人参加民主推荐和民主测评，占职工总数的40％以上，提高了干部选拔任用的群众参与程度，更为客观地评价了干部；对空缺和新增领导岗位进行了公开竞聘，通过民主推荐、专家考评和党委批准，使一批年轻有为的干部走上了重要领导岗位，干部层形成了年龄梯次结构。经过民主推荐、组织考核，建立起报社后备干部队伍，考察培养和动态管理工作也开始正常进行。

（3）根据马富才总经理关于探索中国石油内部报业资源整合途径的指示精神，除把《石油物探报》的资源整体划转到中国石油报社外，还探索了为重点工程项目提供新闻宣传服务的“兰成渝模式”和为油田企业承办报纸的“塔里木模式”，并着手调研论证在油田企业集中的地区开办本报地区版的可行性。

【管理工作】　针对报社管理存在的问题，从制度建设入手，加强调研，集思广益，进行了一系列管理基础的改进和完善工作。

（1）为保证决策的科学性和民主性，我们重新修订了党政领导班子议事规则，坚持和完善了党委会、编委会、社委会“三会制度”，规范了决策程序和领导行为。

（2）按照国家新闻出版总署有关文化事业与文化产业“两分开”的改革要求，制定了新闻业务和经营业务分开，经营管理和经营业务分开运作的管理办法和“收支两条线”的规定，出台并实施了广告经营“五统一”管理规定；增设了经营管理部，改变了经营者又当“裁判员”又当“运动员”的状况。

（3）为促使印刷厂尽快走上“四自”道路，测算并制定了印刷厂全成本核算指标体系和管理规定；拟定了物业处目标成本管理和考核办法，促使其压缩成本，不断提高服务质量和水平。

（4）在劳动用工方面，按照集团公司的政策，停止了照顾安置职工子女就业的作法，认真执行按需设岗、双向选择、择优录用、签订短期合同、按市场化机制用工的规定；对临时用工按照《中华人民共和国劳动法》规定重新签订劳动合同；职工养老保险、医疗保险纳入社会保险系统，实现了社会化管理。住房分配货币化改革的政策得到进一步落实。

（5）安全保卫管理工作借鉴HSE管理经验，调整健全管理机构，落实领导承包要害部位责任制和各级领导的责任，加强治安队伍建设，开展安全法教育和安全月活动，配齐各种安全消防设施，消除事故隐患，保证了报社院区的安全稳定。

（6）在不断提高社会效益和经济效益的同时，努力改善职工的工作生活条件。完成了基建维修改造工作，自筹资金购置了体育健身设施。1号、2号、3号楼实现了宽带网入户，改善了单身职工生活条件和院区绿化、文体活动环境，增强了职工的凝聚力。

（张文业）

浙江石油勘探处

【概述】　浙江石油勘探处（以下简称浙江处）是以从事石油天然气工程技术服务为主，多元开发并举，生产经营与资产经营并重的单位，主要经营范围包括石油天然气工程技术服务（大地电磁测深MT勘探、钻井工程施工、浅层气勘探开发)、机械制造与加工、汽车维修、旅游和餐饮业服务等行业。

截至2002年底，浙江处拥有固定资产原值4793万元、净值3701万元，在岗职工218人(其中内退职工91人)，离退休职工731人。

2002年，浙江处以加快发展为主题，以扭亏脱困为目标，积极开拓社会市场，加强企业管理、经营管理和结构调整，搞好关联交易工作，推进企业改革与发展，圆满完成了主要生产经营指标和集团公司下达的考核指标，在集团公司给予三项费用补贴的情况下，年初确实的控亏目标顺利实现。

【市场开拓】　2002年，浙江处充分发挥自身在工程技术服务、机械加工、汽车维修等方面的技术优势，面向社会市场，广揽业务，努力扩大外部市场占有份额。大地电磁测深队除了承接中国石油天然气集团公司青海柴达木盆地CEMP野外采集、江西北鄱阳盆地MT野外采集外，还承接了中国石油化工集团公司新疆准噶尔盆地MT勘探、江汉盆地南部MT勘探和国家地震局大别山地区MT勘探工作。所有项目均按时、优质、安全地完成了合同要求，资料优良率为94%，合格率为100%，得到了甲方的一致好评，并取得了很好的经济效益。水文工程队完成了浅层气钻井、水文工程、桩基工程等七项工程业务，所有工程质量良好，得到施工单位的认同。机械厂全年主要业务为日本万成公司加工船用救生绞车配件，并和万成公司合作开发MW-12和MTW-63两种新型救生绞车产品，得到日方的肯定。东风汽车技术服务站坚持与东风、玉柴、杭汽、柳汽等集团公司合作联营车辆保养和汽车配件销售，全年共维修汽车3900台次、保养车辆990次、外出服务约2900人次，经济效益比往年有较大幅度的增长。浙江处把开辟新产业，寻找新项目作为重点工作来抓，成立了由处领导及有关部门人员组成的新项目调研小组，对市场进行了广泛地调查研究和经济技术论证，收集信息，筛选项目。

【企业改革】　2002年，浙江处通过结构调整和逐步完善经营责任制，促进经营机制的转换，取得了较好的成效。一是继续进行经济结构调整。对两个经营困难，经济效益不好，又无发展前景的华油酒家、工程公司采取了果断的措施，将华油酒家转租给地方经营，把工程公司与业务相关的水文队合并。水文工程队撤、并后的经营状况得到明显改善，业务饱满，管理得到加强，经济效益提高，彻底扭转了工程公司过去年年亏损的局面。二是继续推行各种形式的经营责任制。根据各单位的性质和具体情况，实行了资产经营承包、内部租赁、任务目标等三种形式的经营责任制。进一步完善了责任指标考核体系，实行企业效益与职工利益挂钩，并做到严考核、硬兑现，把指标、责任、权利、压力传递到基层，基本上形成了宏观管理，微观放开，过程监督，结果考核和各单位自主经营、自负盈亏、自我发展、自我约束的经营管理体制。三是按照集团公司的部署和要求，认真研究制定了浙江处的产业定位和发展方向。浙江处的产业定位是，通过结构调整和艰苦创业，逐步建成面向社会市场，主要从事工程技术服务，物业经营管理，兼营机械加工、维修，旅游商贸，负责生产经营、资产经营和基地服务的具有一定经济实力的综合服务公司。通过努力，逐年减亏，力争到2005年取消三项费用补贴，盈亏持平。四是积极推进住房制度改革。继续认真做好职工住房分配货币化工作，重点做好对部分职工的住房情况的复查、核实工作，对无房职工和住房面积未达标职工的住房情况及住房补贴进行公示，接受职工群众的检查和监督。

【企业管理】　2002年，浙江处从完善规章制度和加强基础工作入手，强化企业管理系统，企业管理水平明显提高。一是全面加强财务管理。制定了《浙江石油勘探处内部财务管理控制制度》，对于资金管理、预算管理、成本费用管理、收入利润管理、财务会计报表管理，根据《中华人民共和国会计法》和《企业会计制度》等法律法规，重新制定了管理办法，加强了内部财务控制和监督。并对非独立法人单位实行财务统一管理，由处财务科进行会计核算，增强了资金的集中度和财会工作的统一性。二是加强投资管理。强化了投资责任制和投资回报制度。三是加强国有资产的管理。为了保证国有资产的合法性，浙江处克服了种种困难，对1987年开始与地方联营、1991年购置和部分重置的杭州石油疗养院的房产补办了房产所有权。至此，经过几年的艰苦努力，我处拥有的房产、土地都办理了房产所有权证和土地使用权证，确保国有资产免遭不必要的损失，确保国有资产保值增值。四是加强经济合同的管理。制定了《浙江石油勘探处经济合同管理办法》，对于机关、基层单位对外签订经济合同的管理体制、职权范围、对外签约的授权、合同签订、合同纠纷的处理，合同结算等按照有关法律法规作了规范，明确了处机关、基层单位签订经济合同的权限范围和经营者的责任，提高了我处对经济合同的管理水平。五是加强对劳动用工的管理。制定了《浙江石油勘探处劳动用工管理制度》，对于劳动用工制度遵循的原则、加强劳动用工管理的主要内容、工资支付管理、年老体弱职工的管理、临时季节性用工的管理以及社会保险等按照《中华人民共和国劳动法》和集团公司有关劳动用工的规定，结合本单位劳动用工的实际，制定了可供操作的管理制度。通过对劳动用工的管理，逐步建立起用人单位自主用工，劳动者自由择业，职工能进能出的用工机制，畅通职工出口，稳定核心骨干，控制职工总量增长，提高职工素质，提高劳动效率，使人工成本占总成本的比重有所降低；努力实现人员配置市场化，管理合同化，收入货币化，保险社会化，有力地促进和保障企业的生存与发展。六是加强职工住宅小区的管理。成立了职工住宅小区管委会，制定了《房屋使用管理》等12个管理规定，这些管理规定的出台，为职工住宅小区营造一个干净、安定、文明的生活环境起到了很好的作用，为使生活区管理社会化创造了条件。七是加大效能监察工作的力度，加强经济工作的管理和监督，提高企业的经济效益。专门成立了处效能监察工作领导小组，并设2001年外投外借资金清查工作情况监察组、2001年财产清查工作清理出的资产损失情况及后继处理工作监察组、住房货币化分配改革工作监察组、生产经营成本管理效能监察组等四个专门工作小组。通过积极开展工作，撤回了一个对外投资项目，处理了两个对外投资联营加油站，盘活了已报废和闲置的部分固定资产。八是认真推行厂务公开工作，提高企业管理的透明度。制定了《关于实行厂务公开工作的实施意见》，对于浙江处的中长期发展规划、生产经营决策方案、企业改革与改制方案、资产处置、财务预决算、工程项目招投标、业务招待费的使用情况等企业生产、经营、管理，改革中的重大问题及时向职工公开，接受职工的检查和监督，充分调动和发挥职工参与企业民主决策、民主管理、民主监督的积极性，促进了企业的改革、发展和稳定。

【安全生产】　2002年，浙江处以全面实施《中华人民共和国安全生产法》为主线，坚持“安全第一，预防为主”的方针，把安全生产作为开展生产经营工作中的头等大事来抓，并狠抓落实。（1）进一步完善安全生产的监督机制。为了加强对安全生产的监督，有效地防范安全事故的发生，真正把安全责任制落到实处，浙江处决定设置安全总监岗，由一名副处长兼任处安全总监。安全总监受处安全生产第一责任人的委托，统一协调处下属单位安全管理、监督工作。（2）重点抓好野外施工、易燃易爆物品和交通安全管理。（3）开展安全月活动，宣传《中华人民共和国安全生产法》，增强安全意识和法律意识，认真查找安全隐患并及时整改。

（韦朝清）

吉林石油集团有限责任公司

【概述】　2002年，吉林石油集团有限责任公司设有15个职能部室，直属单位59个，职工总数37744人，其中各类技术人员11127人（含教授级高级职称11人，高级职称876人，中级职称3901人，初级职称6339人）。公司拥有专业设备6521台。总资产72.87亿元，固定资产原值60.32亿元，净值43.01亿元。

2002年，吉林石油集团有限责任公司经过广大干部职工的顽强拼搏和艰苦努力，全年实现主营业务收入33.29亿元，其中油田内部市场收入29.8亿元，外部市场收入3.49亿元。实现利润3529万元，比2001年增加3075万元，偿还债务4.77亿元，分别比中油集团公司下达的扭亏解困指标高出17.6%和32.5%。多种经营收入2.16亿元，利润562万元。

【生产经营】　吉林石油集团有限责任公司生产经营工作，围绕生产经营和扭亏脱困目标，狠抓各项工作的落实，取得了显著的成绩，圆满地完成了全年的各项生产经营任务。2002年为吉林油田分公司新增三级地质储量1.5亿吨，原油产量攀上455万吨新台阶，提供了有力的支持和坚强的保障。全年完成三维地震847平方千米，资料处理和解释773平方千米、15万层千米。钻井生产全年开钻820口井，完成823口、进尺142万米；完成油层固井779口、表层固井694口；完成完井测井807口、声放磁测井804口、生产测井1009口、射孔1577口；完成录井848口、试油270层、大修井344口、小修井13704口、压裂1731口/2133层；油建施工完成产值4.8亿元。

（1）施工速度。钻井生产在平均井深比上年增加

162 米的情况下，平均钻机月速度达到 5321 米/（台·月），同比提高了 9 米/（台·月）；平均机械钻速达到 18.26 米/小时。其中，大情字井地区建井周期由开发初期的 30.58 天，缩短到 16.92 天。深井大修作业由原来的平均占井周期 60.3 天缩短到 27.2 天。

（2）施工质量。地震勘探通过使用接收新技术，使地震纪录优良品率达到 90.6%，同比提高了 5%。地震解释发现落实构造 413 个，面积 604 平方千米。钻井固井质量优质率 75.67%，同比提高了 1.67%；井身质量合格率 100%；取心收获率 99.02%，同比提高了 1.86%。地质录井共发现油气显示 1103 层，累计厚度 4132 米，油气显示发现率、井位测放准确率、资料全准率和取心层位卡准率均为 100%。试油综合质量合格率达到 99%，同比提高了 3%。测井生产曲线优质率、解释符合率、井壁取心收获率同比分别提高了 3.4%、2.4%、7%。压裂卡井率控制在 1.16%，同比降低了 0.13%。大修成功率 100%，同比提高 0.76%。小修责任返修率控制在 0.2%。油建工程质量合格率、工期符合率、投产一次成功率均为 100%。油水井免修期同比延长了 67 天。

（3）辅助生产。钻井工程服务完成转运钻具 535 口井，送套管 711 口井，修理钻具 11 万米；井场送电 711 口，打水源井 668 口、表套 316 口。运输生产完成货物周转量 1.47 亿吨千米。供电单位安全转供电 10 亿千瓦时。设计单位完成了钻井工程设计 812 口井、进尺 135 万米以及油水井、新建接转站、联合站工程等设计任务。物资供应完成出库工作量15.19 亿元。机加系统完成设备加工、修理产值工作量 1.42 亿元。通讯服务完成了全网交换机升级改造，服务能力和服务质量进一步提高。工程质量监督和监理单位全面完成了所承担的工程项目的质监和监理工作量。交通运输，通讯服务，公安、消防，社会服务单位和驻外办事机构等单位，均完成了各自的任务。

【开拓外部市场】 在牢固占领油田内部市场的基础上，以精良的装备、先进的技术、精干的人员、优质的服务，大力开拓国内外市场，取得了历史性突破。全年实现收入 3.49 亿元，其中，国际市场创收 3989 万元。

（1）海外市场。苏丹钻井项目：从验收到开钻的全部过程只用了 37 天时间，在苏丹钻井市场创造了清关、运输、通过设备检验、开始施工时间最短 4 个第一。全年完成试油井施工 7 口，钻井实现六开五完、进尺 7499 米，实现收入 464 万美元。施工速度和质量得到了甲方高度评价，为吉林石油集团公司的施工队伍进入苏丹和其他国际市场奠定了坚实的基础。苏丹固井项目：装备和人员已抵达施工现场，这是继 GW56 钻井队成功打入国际市场后，公司实施“走出去”战略的又一个新突破，该项目三年合同总金额 815 万美元。缅甸试油项目：共完成试油 2 口/5 层，实现收入 20 万美元。哈萨克斯坦录井项目：设备已运抵现场，施工前期准备工作已经就绪。

（2）国内市场。长庆项目：共有四部钻机在长庆施工，固井、录井、测井队伍也相继打入长庆市场，全年共完成钻井进尺 53568 米、油层固井 36 口、录井 i03 口、测井 106 井次，实现收入 3029 万元。西气东输管道施工项目：成功中标了西气东输南—芜支干线 40 千米的施工任务，合同造价 4840 万元。

【经营管理】 2002 年，吉林石油集团有限责任公司采取科学有效的措施，切实加强企业管理，资产经营责任制得到全面落实，财务运行体制不断完善，企业基础管理水平明显提高。

（1）全面落实了资产经营责任制。在总结经验、积极探索的基础上，认真制定了直属单位资产经营责任制和经营者千分制考核方案；通过实行“一厂一策”和严考核、硬兑现，有效调动了经营者集体和广大职工生产经营积极性。全年有 53 个单位完成了集团公司下达的年度预算指标，未完成预算指标的单位由 2001 年的五个减少到三个，企业经济效益和职工收入显著提高。

（2）健全和完善了财务运行机制。全面加强了预算管理，2002 年预算编制率达到了 100%；建立了三级经济活动分析制度，促进了年初预算方案的有效执行，预算执行率达到了 95%。实行了超定额资金有偿使用制度，全年收取资金使用费 510 万元；坚持资金统一管理、收支两条线的原则，对资金筹集和使用通盘考虑，全年共筹集资金 59.57 亿元，确保了集团公司生产经营的顺利进行；财务结算严格审核每笔付款业务，保证了资金的安全使用。建立了债务债权管理系统和追偿责任制度，全年减少负债 11.46 亿元，资产负债率下降了 15.3%，企业财务状况明显改善。

（3）全面加强了基础管理。制定下发了《关联交易合同管理办法》和《内部合同管理办法》，使合同管理实现了规范化、程序化，全年签订各类合同 6128 份，合同总金额 39.18 亿元。加强了闲置和报废资产的管理，全年盘活闲置资产 1700 万元，处理报废资产 179 万元，实现创收 453 万元。加强了投资计划管理，积极调整投资方向，优化投资结构，确保投资收益，全年实际完成投资 4.73 亿元，完成投资计划的98.93%。重新制定下发了《市场准入管理办法》，颁发市场准入证75个。加强了资质认证工作，200个工程技术服务队伍全部通过了中油集团公司的资质认证审核，37个队伍获得甲级队资质，163个队伍获得乙级队资质，为开拓内外市场创造了条件。完善了物资采供管理的制度建设，实行严格的准入制度和动态计划管理，积极实施招标和网上采购，节约采购资金837万元；一次倒运费率同比下降了0.09%；物资周转次数达到8次，比2001年提高了0.8次。进出口管理部门全年实现出口创汇3.5万美元，引进设备免税额390万元。以常规审计为基础，突出了经营成果、经济责任、物资采购价格和投资项目的决算审计，确保了内控制度的贯彻执行，完成审计资金总额63.5亿元，取得直接经济成果5668万元；效能监察挽回经济损失82.51万元。加强了水、电、暖管理，全年节电379万千瓦·时、节水41万立方米，总成本比上年下降6%。深入贯彻落实《安全生产法》，加快推进HSE管理体系的实施，强化安全管理和监督，杜绝了重大交通、环境污染等事故，事故次数同比下降了33%，为生产经营的顺利进行创造了良好的环境。

【企业改革】 2002年，吉林石油集团有限责任公司按照中油集团公司总体改革精神，结合公司实际，按照稳步推进、分步实施的原则，积极进行了企业内部结构调整和产权制度改革。

（1）积极稳妥地推进了结构调整。按照“缩减总量、优化存量、控制增量、提高质量”的原则抓好结构优化升级。完成了对37个直属单位的专题调研，对部分单位的组织机构设置及编制定员进行了调整，使公司的组织结构和队伍规模基本适应了市场需求的变化。集中资金，扶优扶强，共投入2.7亿元资金，对钻井、井下作业和施工建设等关键技术装备进行了升级改造，使设备新度系数比上年提高0.02，工程技术服务队伍的竞争能力进一步增强。

（2）稳步推进了产权制度改革。汽修厂改制全面完成并于2002年3月29日正式挂牌；公安局的农工商公司、汽车驾驶员培训学校、消防工程公司成功进行了改制；对房地产公司进行了公司制改造。

（3）继续深化了干部人事制度改革。在坚持新提处、科级干部试用期制、公示制的同时，对集团公司总经理助理和副总师岗位、部分直属单位处级和副总师岗位、集团公司机关和部分直属单位科队级干部实行了竞聘上岗，有力地促进了新的用人导向和干部选拔任用机制的形成。

【科技创新】 2002年开展公司级以上科技项目82项，承担中油集团公司项目五项，投入科技经费2000万元，创产值4500万元，投入产出比达到了1∶2.25。其中，提高大情字井钻井速度技术和二氧化碳系列增产技术研究，通过了中油集团公司的验收。通过应用高分辨三维地震采集技术，达到了识别小于5米断层、幅度3米、面积0.07平方千米微小构造圈闭的能力，使构造圈闭更加真实可靠；通过推广应用大情字井钻井完井配套技术，使平均钻井周期缩短了45%，节约成本2236万元；通过应用快速色谱录井技术，使色谱分析周期由原来的4分钟缩短到现在的1分钟；通过应用深井大修作业新技术，使平均占井周期缩短了55%；通过在前4－6井使用低伤害清洁压裂液后，日产油达到16.63立方米，是试验前产量的四倍。全年共推广应用新成果42项，创产值3000万元。加大了知识产权管理的力度，全年申报专利13项，有七项获得了授权。

【重点工程和重点项目】

（1）低产低效油气合作开发项目：遵循中油集团公司《合作开发未动用石油储量工作的指导意见》，与吉林油田分公司签订了《合作开发未动用石油储量协议》。共完成投资9597万元，动用含油面积7.5平方千米，动用石油地质储量306万吨，完成开发井66口，进尺8.35万米，建产能2.91万吨，累计生产原油21591吨，实现销售收入3499万元，实现现金流1102万元。

（2）热电联产工程：积极组织实施了新木供热工程，并全面建成投产。目前，整个热电联产工程生产运行安全稳定。全年累计发电50497万千瓦·时，上网电量41279万千瓦·时，供热量349.7万吉焦，实现产值25606万元、利润557万元。

（3）长春白水泥厂资产盘活项目：在科学论证的基础上，加大了闲置资产的盘活力度，回转窑改造烧制页岩陶粒生产线点火试车成功，标志着长春白水泥厂闲置资产全部转产盘活。全年共生产复合硅酸盐水泥77270吨，销售水泥86248吨，实现销售收入2482万元、利润206万元。

（4）二氧化碳资源开发项目：通过积极扩大营销网络，努力拓宽销售渠道，提高了市场占有率。全年共销售二氧化碳液体3400吨，实现销售收入102万元、利润10万元。

（5）矿泉水项目：2002年10月30日矿泉水项目正式开始投产运行。截至年底生产矿泉水1.5万箱、150吨，实现销售收入50万元、利润10万元。

（6）压缩天然气项目：收购了长春嘉泰天然气开发公司其他股东的股权。全年实现销售收入 538.5 万元、利润 46 万元。

【人才开发】 2002 年，公司采取各种形式挖掘人才资源潜力，对各类专家人才、经营型人才、专业技术骨干进行选拔培养，全年共推荐参评局级学科技术带头人 68 人，厂级 139 人，专业技术骨干 296 人。制定了《集团公司实施“走出去”战略人才培训规划》，使干部培训工作更具前瞻性和针对性，全年共参加区外和海外各种新技术培训班 38 项，参加培训 295 人次。举办内部英语提高班，培训 118 次，举办其他培训班 25 期，培训 2601 人次。

【信息资源开发】 2002 年，公司对信息资源开发工作进行了有益的探索。整合调整管理体制，把档案、信息、计算机、经研等整合为吉林石油集团公司经济信息研究中心，初步实现档案、信息、计算机、经研于一体的管理模式，较好地促进了油田信息资源的开发和利用。

（1）大力开发档案信息资源，为企业发展提供优质服务。档案部门在竞争中求发展，把工作重点放在提高档案信息开发与改变服务手段、服务方式上。撰写的《开发档案信息资源，服务油田生产建设》的经验材料，在中油集团公司档案工作会议上受到与会者的好评。2002 年档案利用人数 1.5 万人次，利用档案 5.56 万卷，利用资料人数 4649 人次，利用资料 9563 册；公司档案馆提供土地件等档案资料，为解决土地纠纷，促进三低储量油田开发，维护油田合法权益提供了重要依据。同时，为油田挽回损失近 50 万元。

（2）加大了网络资源开发。2002 年，公司与中油集团公司的网络通道由原来的 64K 拓宽到 2M，并以宽带成功地接入了国际互联网。更换了公司机关楼网络设备，实行标准化管理；通过挖潜内部资源，重新启动了 SUN5000 小型机并建立了邮件系统；通过微波扩频，使通道由 64k 扩大至 10M，提高了单位的上网速度，为快捷提供网络信息服务奠定了基础。

（3）加大内部信息资源的开发。以突出企业网为企业服务的特色，及时报导吉林油田的工作动态、企业文化及企业精神，以此宣传吉林油田的形象，介绍吉林油田的经验和做法，同时为广大用户提供信息查阅的方便。2002 年共发布 1.08 万多条信息，年访问 42.80 万多次；及时更新机关处室及直属单位静态页面信息，保证信息发布的安全性和保密性。同时，开展了网页制作与信息发布竞赛活动，增强了信息工作者开发内部信息资源的意识，有效地促进信息工作深入开展。

【文教卫生】 2002 年，公司教育卫生事业取得新成果。狠抓了教育教学质量。高考再创历史最好水平，14 名考生升入清华、北大等四所名牌大学，本科录取人数首次突破 1000 人大关。中考成绩优异，处于松原市领先地位。职工专业技术和岗位技能培训进一步加强，全年培训职工 7032 人次。坚持以病人为中心，着力提高医疗质量和服务质量，患者对医院综合满意率达到了 95%以上。

（杨克军　张占继）

大港油田集团有限责任公司

【概述】 截至 2002 年底，大港油田集团有限责任公司（简称“油田集团公司”或“公司”）管理国有企业职工 42195 人，职工平均年龄 36 岁。其中管理人员 7477 人，专业技术人员 10552 人，操作及服务人员 24166 人；大专及以上学历 10536 人，中专、技校及高中学历 17674 人，初中及以下学历 13985 人。油田集团公司机关设职能部（室）20 个，下辖 31 个二级单位，15 个直属处级单位；公司拥有全资子公司（企业）7 个、控股子公司 11 个及一批参股公司。油田集团公司资产总额达 805050 万元，其中流动资产 440703 万元，长期投资 18622 万元，固定资产原值 558661 万元、净值 290132 万元；所有者权益为 466714 万元。

2002 年，油田集团公司按照既定的工作部署，围绕发挥好市场开拓的带动力、改革调整的推动力、技术进步的提升力、产业延伸的扩张力、企业管理的支撑力和社区双文明建设的凝聚力，全面铺开各项工作，圆满完成了既定的经营目标：全年实现主营业务收入 39.20 亿元，在三项费用补贴到位的情况下，整体实现盈亏平衡；完成增加值 16.90 亿元；固定资产投资规模 5.99 亿元；市场开发工作提前实现“96116”目标；多种经营实现销售收入 13.09 亿元，增加值 2.95 亿元，净利润 1380 万元。

全年完成钻井进尺 72.27 万米，比 2001 年减少 3.11%；完成二维地震 547 千米，同比减少 33.05%；完成三维地震 650 平方千米，同比减少 6.74%；完成试油 276 层，同比减少 26.6%；完成井下作业 4699 井次，同比增加 11.43%；完成测井测试 1662 井次，同比增加 16.63%；完成录井 484 口，同比增加 50.31%；完成供水量 1773 万立方米，同比减少 12.49%；完成供电量 12.7 亿千瓦·时，同比减少 5.93%。

【市场开发】 2002 年，油田集团公司全面实施“立足大港，拓展国际，优化行业，延伸社会”的市场开发策略，提前完成年初确定的“96116”市场开发工作目标。市场开发工作在四个方面有了新的进展。

一是继续站稳了油区市场。油田集团公司各施工作业单位着力强化油区市场服务意识，确保了油区石油勘探开发工作顺利进行。各单位认真贯彻“闯外必先保内”的原则，妥善处理好内外市场关系，突出抓好油区市场的各项工作，优化资源配置，搞好生产衔接和配套服务。经过积极协调和超常规运作，保证了技术服务主体工作量不丢失。实现了牢牢站稳油区市场的预期目标，市场占有率继续达到 90%以上。全年共实现关联交易量和中标额 27.20 亿元，为年计划的 98%。

二是迅速扩大了国际市场。公司加强了与中油国际工程公司、CNODC 和中国石油国际开发事业部等“窗口”部门和单位的联系，迅速扩大了国际市场，新开辟了苏丹、印度尼西亚、突尼斯和墨西哥等市场，并且又较大份额地占领了油区赵东、泛华等反承包市场。

钻井工程公司新增一台 50D 电动钻机到突尼斯作业，两台 45J 钻机到印度尼西亚服务；井下作业公司又有两支队伍到苏丹和墨西哥进行施工作业；测井公司和录井公司通过不懈地努力，实现了国外市场“零”的突破，各有一支队伍到苏丹进行技术服务。

在国内反承包市场上，滩海工程公司继上一年中标赵东反承包 APACHE 公司海上钻机配套项目以后，又争取到了为 APACHE 公司提供割井口和海上后勤等服务的合同；井下作业公司依靠先进的技术和设备，牢牢站稳了孔南项目泛华反承包的井下试油、压裂以及菲利普斯煤层气市场。

通过一年的不懈努力，油田集团公司又有 9 支队伍进入国际市场，超额完成了再有 6 支队伍进入国际市场的目标，使国外服务队伍总量达到 14 支，实现了国际市场队伍总量翻一番的目标。国际市场中标额为 1.65 亿元，为年计划指标的 110%，实际创收完成 1.675 亿元，为年计划的 111.69%。

三是进一步拓展了行业市场。2002 年，油田集团公司在巩固原有市场的同时，进一步拓展了冀东、辽河、大庆、吉林、河南、中石化新星西北分公司和陕北等市场。钻井工程公司又有两支钻井队进入新星西北分公司，井下作业公司新开辟了河南浅钻井市场，测井公司依靠特色技术进入吉林油田测井市场，中成机械制造公司的产品打入了海洋市场和新星西北局市场，工程建设公司首次获得了“西气东输”支干线定远至合肥段的施工项目，路桥公司获得了 105 国道山东济宁至金乡段的路面工程。承担对外创收指标的 16 家分（子）公司在国内的外部市场中标额为 10.53 亿元，实际完成 10.63 亿元，为年度指标的 111.89%。

四是努力延伸了社会市场。22 家社会服务单位积极贯彻油田集团公司提出的“向社会和周边市场延伸”的工作思路，充分发挥自身优势，积极走向市场。生活服务单位以油区社会市场为依托，通过不断提高服务水平和服务质量，尤其是通过对传统餐饮业改造和强化经营，明显地提升了市场竞争力，进一步扩大了油区社会市场的占有份额；生产服务和中介服务单位借助自身的专业技术优势，进一步拓展了服务范围，使社会市场创收明显增加。22 家服务单位全年对外创收 6300 万元，为年度 6000 万元指标的 105%，比 2001 年增加了 16%。

另外，难采储量合作开发项目继 2001 年顺利启动后，2002 年取得较好进展，全年交油 1.4 万吨，实现收入 1800 万元。

【班子调整】 2002 年 7 至 10 月份，中油集团公司对油田集团公司领导班子进行了考核调整。这次考核调整正逢班子成员新老交替之时，也是第一次按照新的人事制度改革办法对油田集团公司局级领导实施调整。

按照油田集团公司党委和公司《关于对处级领导班子和现处职干部进行年度考核的通知》要求，对公司所属 49 个处级领导班子和 270 名处职干部进行了年度考核。共召开了 45 次测评会，谈话 1394 人次。配合集团公司机构改革和撤并，共调整处职领导干部 56 人次。对所有新提拔的领导干部均进行了组织考察、任前公示，新提副处职干部实行一年试用期，并进行了政治理论任职资格考试。

【技术进步】 2002年，油田集团公司坚持“企业科技、以特求强、效益第一”的原则，大力开展科技创新，积极推进成果转化，使科技工作取得了预期成效。全年共有125个科技项目列入了科研计划，正点运行率超过95%，其中有32个项目申请专利，全年推广新技术18项，油田集团公司直接投入科研经费1880万元；油田集团公司全年承揽国家经贸委技术创新项目4项，承揽中油集团公司科研项目10项；有关二级单位还承担了中油股份大港油田公司科研项目40多项；在立项过程中，引入项目竞争机制，对4个科研项目进行了内部招标，有9个二级单位参与竞标；全年发生对外技术合同82项，技术合同额1324万元，全年完成技术市场创收4000余万元、科技增效8600余万元，获取新产品产值1.5亿元，科技效益有明显提高。

油田集团公司进一步发挥特色技术的先导作用，凭借大位移钻井技术成功中标冀东北堡西3X1井项目，质量和速度均创国内行业领先水平；科技在解决现场难题方面发挥了重要作用，针对玉门隆9井逆掩推覆体地层坚硬、高陡坡易斜的地质难题，研究和实施了一系列防斜打快技术措施，取得了一定成效；高新技术产业培育展示了良好的发展前景，全年列入培育计划的5个项目显示了良好的成长性，已建项目在产品系列化、规模化上取得了较好的经济效益，全年高新技术产业项目共创产值近6000万元；钻井工程、井下作业、井筒工具、难采储量配套开发、地下储气库等8个方面的技术系列完善配套取得可喜成果；公司评聘了20名工程技术专家，出台了科技队伍建设激励办法，科技骨干在技术创新中发挥了较好的带头作用。

【企业管理】 2002年，油田集团公司在全面加强企业管理的基础上，主要加强了五个方面的管理工作。

一是加强了资金统一管理和经营责任制管理。完善、细化和调整了资金集中管理的各个环节；完善了月度全额资金预算“以收定支”审批程序；加强了对外闯市场单位临时外部账户的管理，加大了清欠的力度，制定了清欠的奖励政策。

继续推行以“毛利保工资”为主要内容的经营责任制。鼓励各单位增收节支，各项指标测算依据充分，经营责任制考核办公室坚持实行月累计跟踪考核，按毛利收入及时兑现各单位工资奖金，并按季度进行经营活动分析，有效地保证了全公司按阶段完成经营目标。

二是加强了设备管理。全年分三批购置新设备达3.9亿元，报废老旧钻机9套、通井机19套。通过更新、淘汰，提高了施工队伍装备的技术含量，为做专做强石油工程专业技术服务队伍打下一定的基础。

设备管理工作主要侧重于提高设备的现场管理水平和加大外闯市场设备的监管力度。重点是抓好专业设备的年审和整改，严格执行设备操作规程及岗位责任制，搞好“十字作业”定人、定机制度，提高设备油水管理水平和抓好现场操作人员的培训；监管好单台价值100万元以上的外闯市场使用设备，坚持了三级单位每月、二级单位每季检查一次制度，油田集团公司结合QHSE审核每年抽查一次，各单位普遍重视设备的现场管理，建立健全激励、约束机制，抓好各项制度落实，确保外闯市场设备的正常运行。

三是加强了QHSE体系管理。油田集团公司于一季度全面启动了QHSE体系文件的换版工作，按D版文件的要求，共修改完成管理手册1套，程序文件37个并组织完成了对70个作业文件的修订，换版工作于上半年完成。

全年的HSE工作以“八项整治”为主线，以国家新颁布的“安全生产法”宣贯为载体，狠抓制度建设、体系运行、宣传教育和隐患查改四个环节，有效地推动了“两书一表”在基层的落实，安全管理工作水平进一步提高，油田集团公司连续第12年获天津市安全生产先进单位称号。

四是加强了效能监察。油田集团公司两级监察部门开展了以检查解剖投资管理为主要内容的成本管理效能监察，对14个二级单位投资管理情况进行检查解剖，下达监察建议书4份，提出监察建议11条；对过去的外投外借工作进行清理，收回资金249万元，收回借款141万元，取得有效法律证书并申报坏账损失6项、559万元；对2001年材料物资效能监察进行后期治理，完善了有关管理制度和工作程序。

五是加强了职工培训。2002年，公司培训管理和专业技术人员10057人次。其中，处级干部培训2314人次；推荐培养博士学位研究生8人，培养硕士学位研究生99人；培训对外合作骨干326人次；特殊管理人员职业资格培训720人；管理和专业技术继续工程教育300人次；岗位适应性培训6290人。

全年对操作人员培训6513人次，其中技术等级培训1500人次，特种作业人员取验证培训1873人次，岗位适应培训3140人次。油田集团公司举办了第四届青工技术节，承办了天津市第六次工业系统技术比赛石油钻井工、井下作业工、采油工和全国石油石化系统电工、钳工的技术比赛活动。在选拔优秀选手参加中油集团公司组织的全国石油石化系统技能大赛中，油田集团公司钻井工获得第二、三名，电工获得第一、二、四、九名，钳工获得第二名，油田集团公司获得团体第一名。2002 年，油田集团公司被中国职业教育和培训协会评为“全国企业职工培训先进单位”，被天津市企业教育协会评为“天津市企业职工培训先进单位”称号。

【深化改革】　2002 年，油田集团公司深化改革工作贯彻立足稳定、着眼未来、整体规划、审慎实施的原则，在企业整体规划、结构调整、移交企业办社会职能等方面做了相应的工作。

一是研究制定了整体改革调整方案并对企业集团进行了定位。按照中油集团公司的部署，研究制定了油田集团公司产业定位和发展战略及体制改革、结构调整总体方案，为“十五”后三年改革调整明确了方向和思路，进一步增强了后续改革调整工作的有序性和有效性。年初，油田集团公司向天津市工商局申请办理了企业集团的登记注册并向国家工商总局备案，明确了油田集团公司为大港油田集团的核心企业（母公司），确定了一批全资和控股子公司的地位。8 月份，在调整公司领导班子时，适时对油田集团公司《章程》进行了修改，并得到出资人——中国石油天然气集团公司的正式批复，对公司及企业集团重新明确了定位；对有关出资人、董事会、监事会的组成及职权重新予以确认。

二是调整了部分机关和直属单位的机构。调整理顺了市场开发和生产管理运行体制，将原市场开发部的市场管理开发职能与国际合作部的境外市场开发及外事工作职能合并，成立了新的市场开发部（国际合作部）；以原市场开发部的生产管理职能为主要业务，组建了生产协调部；将原与国际合作部合署办公的外经贸公司及港城公司并入物资供销公司。建立了有偿解除劳动合同人员服务体系，油田集团公司成立服务中心，各二级单位成立了服务站，三级单位设立了服务组或服务岗。将技术监督检测中心由直属单位调整为二级单位。将原按直属单位管理的中联煤层气公司的有关业务、人员和资产纳入难采储量事业部管理。将原由科技部管理的高新技术开发中心经调整后划归规划计划部管理，更名为新产业项目开发中心。

三是参加并组织实施了新的专业化重组。按照中油集团公司专业化重组的要求，以油田集团物探公司占用的资产为出资，参加了中油集团公司以产权为纽带，跨地区、跨企业的物探专业重组。12 月份，物探公司正式加入“中国石油集团东方地球物理勘探有限责任公司”。年底前，对港内相同或相近专业的 12 个单位进行专业化重组：将文体中心、有线电视台、大港石油报社合并，组建成立了大港油田新闻文化中心；将大港油田宾馆、驻北京联络处（南戴河培训中心）、无锡疗养院合并重组为大港油田接待服务中心；将港北与中心区生活公司合并，成立大港油田集团第一矿区管理服务公司；将港南与港东生活公司合并，成立大港油田集团第二矿区管理服务公司；将港西与港中生活公司合并，成立大港油田集团第三矿区管理服务公司。

另外，按照国家的有关要求，在天津市的统一部署下，2002 年 4 月，大港石油公安处正式纳入天津市公安系列，成立了港南治安分局，列天津市公安局直属分局管理，标志着油田集团公司在企业办社会移交方面有了新的进展。

【多种经营】　截至 2002 年底，油田集团公司多种经营系统共有法人企业 240 家；从业人员 9386 人，其中全民职工 3841 人，集体职工 876 人；全系统资产总额为 18.59 亿元，比 2001 年底增加 4677 万元；净资产为 7.55 亿元，同比增加 1.1 亿元，资产负债率为 59.39%，同比下降 5.02 个百分点。

2002 年，公司多种经营系统工作以扭亏、结构调整和企业改制为主展开。扭亏工作经过艰苦努力取得一定成效，使亏损企业户数比 2001 年减少 23 户，减幅为 19.17%，亏损企业的亏损总额下降 3.52 个百分点。特别是对一些长期亏损、扭亏无望的企业进行了关、停、并、转，对资不抵债的友联实业公司、录达实业公司、通达工业公司、高效吸附材料厂等 4 家企业依法进行了破产清算，独立核算企业户数同比减少 96 家。使 2001 年亏损额在 10 万元以上的 34 个企业中的 5 户企业扭亏为盈，实现净利润 264 万元；使 17 户企业关、停、并、转；11 户企业实现减亏，减亏 174 万元。

结构调整工作：一是将经营业务与主办单位主营业务相同的多经企业融入主业共同发展。新世纪公司的金海油管厂，由主办单位将其购并，进一步拓展了发展空间。二是在与油田集团公司及所属单位理清产权关系、劳动关系、隶属关系的基础上，进行整体出售的试点。华孚公司将与其主营业务关联度不大的汽车修理厂整体出售，使其成为社会民营企业。三是开展了行业内企业重组联合。部分建筑安装企业为了新的资质就位，有利于市场开拓，进行了重组联合，使 15 家企业取得了新的资质。四是清理整顿挂靠问题，尤其是对挂靠在多经企业的四类井修复利用单位和个人进行了认真的清理整顿。五是利用人才、技术、装备等资源，开发新项目，寻求新的经济增长点。如新世纪公司开发的钢板网塑料复合管项目，华孚公司开发的聚天冬氨酸、柴油降凝剂项目，生活矿区及有关单位开发的商业用房项目及其他一些技改扩建项目等都已建成，并初见成效，全年完成固定资产投资1355万元。

多经系统2002年新建和改造股份制企业16家，使改制企业总数达到116家，总股本达3.2亿元，其中法人股1.98亿元，个人股1.17亿元，集体股567万元。已运行的107家企业全年实现销售收入6.89亿元，净利润1638万元，分别占全系统的52.6%和89.5%。改制企业的销售利润率、资本收益率均大大高于全系统平均水平。油田集团公司集体资产管理中心正式运行，已经进行了集体资产管理中心参股模式的改制试点，沧海实业公司的佳源公司已正式运营，华孚公司、通利工程公司等企业已完成了产权界定和参股工作。

（王凤敏　王凤霞）

中油国际工程有限责任公司

【概述】　中油国际工程有限责任公司（以下简称国际公司）是集团公司在深化改革、持续重组中，为进一步实施“走出去”战略，更好地发挥国际石油工程承包、技术服务以及物资装备出口等外经外贸业务的整体功能和优势，在对中油技术服务有限责任公司、中国石油工程建设（集团）公司和中国石油物资装备（集团）总公司外贸出口部分进行重组后，于2000年底成立的一个集对外石油工程承包、技术服务和物资装备出口等业务为一体的综合型国际工程技术服务公司。

集团公司在组建方案中明确规定：“国际公司是集团公司的全资子公司，代表集团公司统一规划、管理和协调对外工程承包、技术服务和物资装备出口等业务。在管理好所属单位经营业务的同时，充分发挥对外窗口作用，带动各地区公司的技术服务队伍、产品、劳务等进入国际市场，实现集团公司整体效益最大化。”

国际公司下属四个从事海外业务的子公司，即中国石油工程建设（集团）公司、中国石油技术开发公司、长城钻井公司、中油测井技术服务有限责任公司。还有三个从事国内石油工程建设业务的施工企业，即中国石油天然气第一建设公司、第六建设公司和第七建设公司。

国际公司通过其四个子公司向全球油气公司提供油气勘探开发和石油石化工程建设等方面的综合工程承包、技术服务以及所需设备和材料的供应。其中中国石油工程建设（集团）公司提供油气田地面建设、油气管道、大型集油站、炼油厂、石油化工厂、污水处理厂及土木工程等工程建设总承包；中国石油技术开发公司提供石油机电产品及石油工程建设所需设备材料的出口贸易；长城钻井公司提供钻井、修井及相关工程承包和技术服务；中油测井技术服务有限责任公司提供测井、泥浆录井、测试、射孔、地层评价及相关技术服务。

【经营业绩】　2002年是国际公司成立后的第二年。一年来，国际公司认真贯彻实施集团公司跨国经营方针，准确把握公司定位，发挥集团公司整体优势，加大市场开发力度，提高市场开发层次，不断提高项目管理水平，加强各项经营管理工作，全面完成各项经营指标，各项工作又迈上一个新的台阶。

2002年，实现主营业务收入60.34亿元，实现利润1.88亿元。其中，国际业务新签合同额8.86亿美元，比2001年增长7%；完成合同额8.23亿美元，比2001年增长50%；实现利润1.62亿元，比2001年增长21%；净资产收益率为8.29%。国内施工企业实现营业收入16.81亿元，实现利润3550万元。

截至2002年底，在国际市场上作业的钻（修）井机数量达76部，比2001年增加23部；工程技术服务项目从去年18个国家扩展到26个；石油物资装备出口从2001年52个国家扩展到56个。已进入的国际市场，巩固扩大了市场规模，服务领域也有所增加。在苏丹、哈萨克斯坦、委内瑞拉等国家石油石化工程承包和技术服务市场总量持续增长，占有份额不断提高，服务领域扩展到钻井、测井、录井、工程建设等不同专业项目，并逐步取得钻井液、完井、定向井、测井资料解释等相关技术服务项目。新市场开发取得明显成效，在利比亚、阿曼、墨西哥、突尼斯、巴基斯坦、缅甸等国家获得一批新的工程承包和技术服务项目。石油物资装备出口业务逐渐从零散、小型、小批量向成套、大型、大批量转变。

【重点工作】

1. 发挥整体优势，市场开发取得新成绩

2002年，国际公司加强市场开发基础工作，准确识别和充分发挥自身优势，实施重点市场战略和重点客户战略，使原有市场得到巩固和扩大，新开发市场取得一定进展，工程技术服务领域不断拓宽，出口产品品种向多元化发展。

（1）原有市场得到巩固和扩大。继续加大对原有市场的开发力度，不断根据客户需求调整市场开发策略，使市场开发向纵深方向发展，逐步形成一批稳定并具有一定规模的市场。在苏丹、哈萨克斯坦、委内瑞拉等市场呈现出市场总量持续增长、占有份额不断提高、服务领域有所扩大的可喜局面。

工程建设公司重点加强哈萨克斯坦、苏丹等国的市场开发工作，依靠前期项目树立的良好信誉，签订了哈萨克斯坦新油气处理厂和油罐项目、苏丹六区油田地面建设和喀土穆炼厂扩建等17个新项目，合同额约2.1亿美元。

技术开发公司重视后续市场开发，注重在老市场中开发新用户，在老用户中增加新产品。在伊朗、叙利亚、印度等市场进一步扩大客户群，增加产品种类，签约额明显提高。在中亚地区全年累计签订23台钻修井机销售合同。

长城钻井公司针对2001年多数项目合同期较短的突出问题，在市场开发中优先考虑项目的及时衔接。在委内瑞拉续签全部八台钻机服务合同，并力争在新一轮招标中中标；在苏丹市场年年都有新进步，2002年又中标四台钻机项目。

测井公司进一步扩展在苏丹、哈萨克斯坦、伊朗和委内瑞拉的市场。测井、录井、测试三个专业的服务队伍及测井资料解释服务全面进入苏丹市场，新签合同额2890万美元，拥有该国约90%的市场份额，在老市场上有了新发展。

国际公司坚持以集团公司投资市场为基础，加快向同一国家的其他市场及周边市场拓展。在委内瑞拉已经扩大到当地国家石油公司多个专业服务市场；在哈萨克斯坦钻井服务逐步扩大到其他油公司项目。截至2002年底，从外部市场获得项目合同额占国际公司新签合同额的54.7%。

（2）新市场开发取得成效。国际公司按照“在同一战略地区以重点国家为中心向周边国家扩展，在同一国家向多专业扩展，在同一专业向纵深做大做强”的市场开发原则，稳步扩大原有市场，积极组织新市场开发，取得明显成效。

工程建设在利比亚中标西部陆上528千米油气管线项目；物资装备出口扩展到挪威、荷兰、澳大利亚等新市场；钻井服务在墨西哥、突尼斯等新市场签订钻修井合同；测井服务成功进入巴基斯坦市场，录井技术服务进入突尼斯，测试和射孔服务进入缅甸市场。

国际公司还对集团公司在阿塞拜疆、土库曼、阿曼等地新投资项目积极跟踪，努力争取相关专业的服务项目。组织对利比亚、墨西哥、阿曼等市场跟踪开发。在北非战略区利比亚市场着手设立子公司，通过双方代表团互访、赴利比亚举办技术报告会等活动，增进利方对CNPC实力的认识和了解，目前除1.3亿美元管道项目外，已有其他一些项目意向。在中南美洲战略区墨西哥市场，钻井项目取得突破，中标钻修井机四部，正在跟踪一些大型综合性项目。在中东战略区阿曼，开展业务所需的商务注册，派专人负责市场的开发工作，跟踪相关项目。

（3）市场开发层次不断提高。在加大市场开发力度的同时，努力提高市场开发层次，市场质量有了较大提高。在市场开发过程中更加注重经济效益，以平和心态对待市场，避免“忽视效益、志在必得”的盲目性，使大多数项目都能获取较好的经济效益。在工程技术服务领域努力逐步摆脱代理，减少市场开发中一些不必要的中间环节，降低市场开发成本。对于暂时必须使用代理的，采取“单一项目代理”等方式，努力避免可能产生的一些问题和麻烦。在获取项目方式上，依靠集团公司整体优势，通过高层互访和举办大型技术报告会，与重点市场的当地和跨国石油公司建立各层面联系，使得直接获得项目和获取综合项目的能力增强。海外市场集中度有了一定程度提高，初步形成委内瑞拉、苏丹等几个比较集中的规模市场，规模效益逐步显现。有效市场开发使项目间衔接更加紧密，缩短了设备闲置时间，提高了作业队伍劳动生产率。

（4）市场开发基础工作有所加强。进一步挖掘和识别自身优势，形成一批能够充分展示工程技术装备、技术服务能力和海外作业经历的宣传介绍、广告画册、多媒体演示和专题技术报告等宣传资料，加强对自身技术优势的宣传力度。

注意对重点市场相关基础资料的调查收集，形成部分国家法律法规、石油工业、工程技术服务能力等方面的数据库，为市场开发奠定基础。

加强市场开发网络建设，充实驻外市场开发力量。在委内瑞拉设立市场开发机构试点后，又在利比亚、阿曼等国设立市场开发机构，集中市场开发资源，力争形成一定规模的市场。建立市场信息内部共享渠道，及时通报市场信息，加强相互合作，初步形成一支具有一定水平的市场开发队伍。截至2002年底，国际公司共有专职市场开发人员163人，其市场开发能力、综合业务素质和经验也在不断提高，为提高市场开发水平奠定了基础。

一、六、七建设公司立足国内石油、石化市场，不断拓展新领域，承揽了冶金、电力、市政建设等外部工程。在海外市场上除参与石油工程建设项目外，还承揽了苏丹电力系统、新加坡等设备制造系统的一些工程项目。

2. 加强质量、进度和成本控制，海外项目管理水平有了新提高

加强海外项目质量、进度和成本控制，向管理要效益。项目运作制度化和规范化管理取得进展，与项目有关各方的合作意识和能力有所加强，项目劳动用工当地化开始启动。

（1）转变思想观念，适应国际市场要求。牢固树立“效益第一”、“规范运作”、“加强协作”、“应用先进适用技术”、“劳动力国际化”、“以培训为主线提高人员素质”、“充分使用国产设备价格低廉”等一系列重要观念，提高海外项目管理水平，增强合作意识和合作能力，与甲方、监理和合作伙伴的合作关系更加成熟，项目运作更加顺利。

（2）加强制度建设，规范海外项目运作。加强海外项目制度建设，建立完善项目管理制度和各类规范，为建立形成完整的海外项目管理、技术标准和规范体系奠定基础。工程建设公司规范海外项目设计、质量安全控制、法律法规支持、人财物保障和工程信息管理等方面的工作程序和制度，长城钻井公司建立项目经理工作日志和项目执行备忘录制度，促进海外项目规范化运作。

（3）制定具体措施，促进海外劳动用工当地化。按照国际公司统一部署，各单位分别制订具体措施，落实项目劳动用工当地化。长城钻井公司新带出国的23台钻修井机，项目中方人员从年初911人减少到年末670人，委内瑞拉项目每个钻井队中方人员已控制在八人以内。

（4）发挥自身优势，保障海外项目顺利运作。在项目执行过程中，充分发挥自身技术实力和优势，为项目提供强大的技术支持。例如，长城钻井公司通过技术攻关，成功解决伊朗项目大井眼钻井中地层压力高、漏、塌、卡等技术难题，并在空气泡沫循环再利用技术上取得突破，不仅降低了成本，钻井周期也从初期230天缩短到80天以内，受到甲方好评。

（5）建立实施HSE管理体系，HSE管理工作取得一定进展。长城钻井公司完成HSE程序文件、部分现场作业指导书和操作手册编写工作，委内瑞拉钻井项目现场HSE管理工作成绩突出，受到甲方表彰。测井公司完成HSE体系建立，发布各类程序文件86个，编写34个重要事件管理文件。各子公司采取向重点项目派驻HSE管理代表、派出检查组重点检查重大项目HSE实施情况，加强对HSE体系实施的检查监督。

3. 严格财务管理和内控审计，经营管理工作得到加强

围绕公司发展战略和经营目标，加强财务管理，完善内控体系，组织内部审计，降低成本费用，提高经济效益。

（1）完善预算管理，加强预算控制。强化预算管理意识，把项目全面纳入预算管理体系，根据预算对项目实行全过程监控，对预算执行过程中偏差超过10%的部分进行重点分析。随着ERP财务信息管理系统在国内九个单位和境外九个项目的全面推行，加强了预算的执行力度。

（2）加强资金集中管理，保证项目资金需求。根据资金市场变化及存贷款利率调整，与中国进出口银行、中油财务公司密切合作，降低资金成本，优化资金结构，确保项目资金及时到位。为公司所属境外项目融资6.54亿元，内部调剂资金8000万元，加快资金周转速度，减少了资金沉淀。

（3）组织税收筹划，降低整体税赋。按照国家有关税收政策，调研境外项目税收情况，组织纳税筹划，降低整体税赋。原对境外营业收入交纳营业税的单位已停交营业税，原按33%在国内交纳所得税的单位已分别采用16.5%定率抵扣和分国不分项抵扣。长城钻井公司已退回所得税345万元，测井公司伊朗项目业主已同意退回代扣税金210万美元，技术开发公司苏丹炼厂出口退税取得明显进展。

（4）外投外借清理取得进展。落实集团公司外投外借清偿追查工作要求，建立清偿小组，落实清偿责任，加大清理力度，处理对外投资7946万元，处理对外借款1690万元，撤销对外担保1580万元。

（5）认真开展审计工作，发挥审计鉴证和目标监控作用。针对经营管理薄弱环节，组织开展七个项目内部审计，及时整改发现的问题，提高经营管理水平，保证经营目标实现。

（6）稳步推进改制工作。为建立以产权为纽带的法人治理结构，制定技术开发、长城钻井和测井公司改制方案，完成参与改制三家子公司的资产评估。长城钻井公司已收回外部股权，并清算顶驱公司和泥浆公司。测井公司外部股权收购基本完成。中油泰克公司成功溢价出售中油三环公司股份。

4. 加强业务培训和人事制度改革，人力资源管理工作取得新进展

（1）控制新进人员，保证人员素质。严格控制职工总量和新进人员数量。全面完成经营指标单位按照需要在控制指标内进人，未完成经营指标单位不允许增加人员。对新进人员严格把关，统一外语水平基本要求，使新进人员素质保持较高水平。从人员外语水平看，从事海外业务员工的模拟托福考试合格率有了较大幅度提高，工程建设公司达61.6%，比2001年提高19%，技术开发公司达70.9%，比2001年提高47.3%；长城钻井公司达53.3%，比2001年提高28.1%；测井公司达55%，比2001年提高23%。

（2）深化干部人事制度改革。所属各子公司都实施岗位竞聘。技术开发公司公开招聘三名领导班子成员，10个部门35个部门经理实行公开竞聘。测井公司对11个部门21个部门经理实行岗位竞聘和重新聘任。这些措施使德才兼备的人才有机会走上领导岗位，提高了干部队伍素质。为满足公司发展对不同层次员工需要，采取新的用工机制，通过短期借用、长期聘用、社会招聘等形式，招聘中高级管理人员176人，一般工作人员五人。建立法人和领导班子考核激励办法，通过考核经营业绩兑现收入，调动干部职工积极性，为下一步人事制度改革奠定基础。

（2）加强业务培训，提高人员素质。加大业务培训力度，全年共举办或参加包括外语、HSE、经营管理、合同条法、外经外贸等多项内容的培训班120期，培训人员1726人次，通过学习专业知识，掌握岗位技能，提高员工素质，在一定程度上缓解了海外项目对管理和专业人员的短缺情况。

5. 加强思想政治工作和企业文化建设，增强公司的凝聚力和竞争力

各级党组织坚持用邓小平理论和“三个代表”重要思想武装广大党员、干部和职工头脑，指导实际行动。深入进行解放思想、转变观念教育，为企业改革发展奠定思想基础。结合深化改革和机构调整，健全党的各级组织，不断改进党组织活动方式和内容。适应国际化经营需要，在海外项目中建立了3个临时党委和7个党支部，发挥项目党组织和党员作用，保证海外项目顺利进行。围绕企业中心任务和重点工作，加强宣传教育和政策引导，确保队伍稳定。深入开展大庆精神、铁人精神、艰苦创业精神教育和各种健康有益活动，营造“忠诚、奋斗、合作、创新”的良好企业氛围，塑造国际公司良好的形象，增强公司的凝聚力和竞争力。开展群众性精神文明创建活动，国际公司所属工程建设、技术开发、长城钻井和中油测井公司连续荣获2001年度、2002年度中央国家机关文明单位，一、六、七公司也都是所在省、市文明单位。职工思想稳定，队伍安定团结，精神面貌奋发向上，为加快国际公司发展奠定了良好基础，提供了可靠保证。

（谢惠民　赵瑞华）

【中国石油工程建设（集团）公司】

1. 概述

中国石油工程建设（集团）公司（CPECC）是直属于中油国际工程公司的从事国际工程总承包的专业管理公司，是中国最早进入国际工程承包市场的公司之一，拥有众多优秀的工程技术人员和管理人才，技术力量雄厚，装备精良，建设经验丰富，具备大型工业建设项目前期开发和设计、采购、施工、试运投产一条龙总承包的能力。多年来，CPECC秉承“守约、重誉、保质、高效”的企业宗旨，以质量、工期、安全、环保为工作重点，不断加强对ISO 9000质量体系和HSE管理体系的理解和执行力度，持续优化资源配置，强化项目运营能力，先后在北非、中东、中亚、南亚地区完成了包括科威特油井灭火、西部油田集油站、阿赫迈迪炼厂修复、苏丹油田地面建设、哈萨克斯坦阿克纠宾油田油气处理厂、土库曼斯坦防砂修井和巴基斯坦WOPP管线项目在内一系列大型总承包工程项目，与业主、当地政府和有关金融机构建立起广泛的信任关系，树立起良好的市场形象。

目前，CPECC设有17个部门和单位，10个驻外机构、两个合资公司、一个子公司。现有从业人员709人，其中，专业技术人员668人，大专以上学历562人，高级职称157人，中级职称289人。

2. 重点工作

2002年，CPECC按照中油集团公司和国际工程公司的总体部署，团结拼搏，开拓创新，各项工作取

得较大进展。实现对外工程承包和劳务合作新签合同额34109.97万美元，完成营业额25721.58万美元，对外工程承包带动设备材料出口5660万美元。超额完成了国际工程公司下达的年度经营指标。在建项目总规模近9亿美元，先后建成投产了10个项目，均受到业主好评。

(1) 市场开发和项目接替取得显著成效。为适应市场的变化，加强了对市场形势和开发战略的分析研究，召开了市场研讨会，认真总结了近年来市场开发工作取得的成绩，分析了面临的形势和存在的问题，进一步明确了市场开发战略、经营策略。同时确定了“一个转变”、“两个营造”和“三个研究”的工作方针，即转变观念、解放思想、大胆创新，营造与达到5亿—6亿美元经营规模相匹配的综合功能，营造关系公司生存与发展的市场经营基地，研究如何转变市场工作思维方式和行为方式，研究如何开拓CNPC之外市场的措施和办法，研究解决影响公司发展的技术支持问题。

按照年初的部署和市场研讨会的精神，加大市场开发力度，强化营销管理，不断提高市场开发层次和水平。在中亚、北非、南美、南亚和中东等五大区域市场深入开展了工作，市场份额不断扩大，资源储备明显增加，项目接替见到显著成效。在中亚投标和签约了哈萨克斯坦新油气处理厂和两个5万立方米油罐项目，追踪了土库曼斯坦、吉尔吉斯斯坦、阿塞拜疆等国的有关项目；在北非拿到了苏丹6区油田地面建设项目，签订了喀土穆炼厂扩建项目承包协议书，中标了利比亚528千米油气管线项目；还考察跟踪了南美、中东、南亚国家的市场和有关项目情况。

(2) 在建项目执行创出新水平。2002年，CPECC在建项目总规模近9亿美元。一年来，以项目管理为中心，强化总部对项目的管理和服务，各项目部全力抓工期、保质量、创信誉、增效益，科学组织、艰苦奋斗，在建项目执行创出新水平。

哈萨克斯坦项目进展顺利。2001年，成功实施了扎那若尔老厂改造、新油气处理厂、两个5万立方米油罐和原油脱硫醇等项目。这些项目的建设是公司巩固中亚市场的关键性战役，还关系到中油集团公司油气上产目标的实现，集团公司领导十分重视，要求大部分项目提前竣工投产。面对十分繁重的任务、几近苛刻的工期和外派劳务受限等不利条件，项目部采取里程碑计划、关键节点控制、人员当地化和强化分包管理等措施，各建设阶段交叉作业、协调并进，确保了项目的按期完成。在不到九个月的时间内，实现了两台五万立方米油罐和新厂油处理系统按时投产，创出了项目执行的高速度和新水平。集团公司马富才总经理发来贺电，对参加项目建设的全体员工取得的成绩和付出的辛勤劳动表示祝贺和感谢，称赞成功建成这一项目体现了集团公司海外石油队伍是一支不畏艰难和开拓进取的队伍。

苏丹项目按计划运行。2001年，苏丹地区在建项目19项，规模超过1亿美元，项目分布范围广，工期普遍紧张，协调工作量大。项目部以业主利益为重，克服重重困难，合理调配各种资源，加强项目进度控制和现场管理，确保了班布油田集油站、尤尼提电站和2号、4号泵站等重点项目按时或提前投产。尤尼提电站项目是CPECC首次与西方公司合作实施的项目，该项目的成功实施，积累了与西方公司合作的新经验。班布油田集油站克服重重困难实现顺利投产，大尼罗河公司(GNPOC)总裁称赞该项目是苏丹油田所有在建项目中质量最好的。

巴基斯坦成品油管线项目全面启动。巴基斯坦成品油管线项目是公司第一个大型带资总承包项目，公司高度重视，全力支持项目部按照国际惯例，严格管理，规范运作，做好开工准备。目前各项工作进展顺利，按照合同工期有序运行，为把该项目建设成为一个效益好、水平高的工程，公司总部及项目部广大职工正在克服困难、奋发努力地工作。

(3) 管理水平不断提高。2002年是CPECC深入实施内部深化改革方案，不断完善项目矩阵式管理体制的一年，坚持在运行中调整充实，在运行中完善提高，从各个方面、层次和环节上不断完善新的管理体制。一是采取内部调配和招聘引进等多种方式，充实了关键业务部门的技术和管理力量；二是进一步明晰了各部门在项目管理中的职责和业务流程；三是各部门加强了业务基础建设，初步建立了技术标准体系、业务数据库和业务规范文本；四是针对项目管理的关键环节，出台并实施了一系列涉及项目评估、招标管理、合同管理和采购管理等方面的规章制度。通过一年的实际运作，部门间的职责更加明确，业务流程更加清晰，各部门的工作逐步到位，对项目的支持和服务力度不断加大，指导和调控能力逐步提高。

(4) 质量与HSE管理迈上新的台阶。质量体系运行进一步规范化，实现了向GB/T 19001，ISO 9001—2000版的转换，衔接顺利，运行正常，实现了公司总部和项目部体系文件的统一。12月8日，中建协认证中心向公司颁发了ISO 9001—2000质量体系认证证书。经过监测，2001年交付的工程项目一次交验合格率和用户满意率均达到100%，工程质量上乘，圆满完成了各项质量目标，受到有关各方的好评。

HSE管理体系运行正常，3月20日中油HSE认证中心通过了对公司HSE管理体系的正式审核，颁发了认证证书。各项目部全年没有发生任何上报事故，人员和设施完好，实现了安全生产，其中苏丹项目部和哈萨克斯坦项目部分别实现了128.9万人力小时和118.9万人力小时无事故。高度重视交通安全工作，加大环境保护投入，不断改善生产和生活条件，实现了“无事故、无污染、无损失”的年度目标，公司连续14年实现交通安全无事故，2002年被评为西城区交通安全先进单位。

(5) 思想政治工作和精神文明建设继续得到加强。

坚持“两手抓，两手都要硬”的方针，把精神文明建设和思想政治工作摆在重要位置，加强领导，常抓不懈，见到了实效。

围绕项目执行，积极探索做好项目思想政治工作的途径和方法，为项目实施提供精神动力和思想保证。在苏丹、哈萨克斯坦、巴基斯坦项目启动和运行中，采取多种形式，搞好思想动员，树立为国争光的思想，充分发挥项目党组织的政治核心作用和党员的先锋模范作用，使来自各方面的人员拧成一股劲，促进了项目的顺利进行。

继续加强企业文化建设。下发了《关于加强公司企业文化建设的实施意见》，明确了企业文化建设的指导思想、总体目标、主要任务和原则要求。2002年4月，经复查合格，中央国家机关工委继续授予公司“文明单位”称号。

（上官新松）

【中国石油技术开发公司】　中国石油技术开发公司(以下简称公司)是中油国际工程有限责任公司的全资子公司，是国内最大的专门从事石油、石化物资装备和技术出口的国际贸易公司，代表集团公司统一规划、管理和协调石油、石化物资装备出口业务，充分发挥对外窗口作用，带动各机械制造企业的产品进入国际市场，实现集团公司整体效益最大化。

2002年，公司现有员工172人，其中正式员工118人，借调、聘用等其他形式人员54人。公司设有10个部门，其中三个管理部门，七个经营部门。固定资产原值1332万元，净值894.3万元。

1. 经营业绩

公司大力开拓海外市场，扩大经营业务，加强经营管理，提高经济效益，各项工作取得显著成绩。2002年，新签合同额3亿美元，比2001年增长10%；完成合同额2.8亿美元，比2001年增长13%；实现营业收入10.14亿元，比2001年增长45%；实现利润2661万元，比去年增长86%。物资装备出口继续从零散、小批量、小型向成套、大批量、大型设备出口转变。大型成套设备签订合同额1.78亿美元，占签订合同总额的59%，达到历史最高水平。继续巩固和扩大原有市场，大力开拓新市场，物资装备出口从去年52个国家扩大到56个，形成了较好的国际市场网络。努力实现从石油物资装备向石化产品等多元化出口产品的转变，筛选出以炼油助剂、催化剂、水处理剂和树脂为主的化工品作为主要出口石化产品，在中东、中亚和东南亚地区组织技术交流和产品试验、试用，建立商务渠道，全年化工产品签约额2077万美元。充分利用现有市场网络，以苏丹为重点进行其他工业产品出口项目探索，已在苏丹建立展厅，筹建建材、家具销售中心，与国内部分知名厂商签订独家代理协议，全年共签约107万美元。

2. 重点工作

2002年是公司成立10周年，也是公司业绩快速增长的一年。国内牢固树立了公司石油物资装备出口的权威地位，国外由于公司多年努力，为中国石油设备和技术打入国际市场起到开拓作用，使世界石油物资装备供应市场格局发生变化。

1) 抓市场开发，后续市场见成效

(1) 稳固和发展老市场。公司各经营部采取积极措施，在巩固原有老市场、老用户、老产品基础上发展长线产品，努力开发新产品、新用户。在叙利亚市场，针对以往投标中标率低，采取“双重审核、双向筛选”措施，当年中标676万美元，而且绝大部分是过去没有做过的产品，充分显示了开发市场的成效。印度是公司成立之初就经营的市场之一，今年调整代理关系，增加代理数量，划清代理领域，在没有设当地办事处情况下，以最小的资金运作市场，签约461万美元，达到历史最高水平，取得明显效果。

(2) 努力开发新市场、新产品、新领域。公司把开发新市场、新产品作为重点工作来抓，组织参加挪威国际石油展，与挪威用户签订直缝焊管和管件合同，与荷兰用户签订钻井泵的试用合同。在南美投入大量精力，通过调整代理商，最大限度打入市场，扩大市场规模。墨西哥已签订一台钻机合同，哥伦比亚签订29万美元钢管合同，实现零的突破。正在跟踪厄瓜多尔90口新井、2000多口旧井恢复的设备采购；委内瑞拉3000多口旧井恢复的设备采购；古巴两台钻机项目。公司在澳洲第二次参加展览，对一些重点产品进行有针对性的介绍，目前已与当地最大的钻井、修井公司签订泵配件长期供货协议。在东南亚地区，以印尼、新加坡为中心辐射周边市场，通过派人到当地考察、确定代理、参加石油展等形式，已经在泰国、缅甸、马来西亚、菲律宾等地签约，孟加拉G基水泥已经中标。

（3）多层次、全方位发掘多元化市场。公司为开发石化产品和设备市场，实现出口产品多元化，以中东、中亚和东南亚为工作重点，筛选出以炼油助剂、催化剂、水处理剂和树脂为主的化工品作为主要出口产品，组织技术人员分别到叙利亚、伊朗、印尼、泰国、土库曼和土耳其等国家进行油田化学剂、炼化项目技术交流和多项产品的试验、试用，取得很多宝贵信息，初步建立商务渠道，签约额2077多万美元，更增强了进一步扩大石化设备和产品出口的信心。

公司还以苏丹为试点，大力开发民品项目。在苏丹扩大和完善展厅，筹建建材、家具销售中心，制定民品市场发展方向，确定重点领域和重点产品，聘请当地设计师改进产品性能和外观，使之更适合苏丹人的习惯。为保证出口民品质量，与国内知名厂家签定独家代理协议，签约已达107万美元。

（4）探索多种方式开发和巩固市场。按照集团公司要求，公司加大工作力度，建立海外装配厂、维修中心、寄售库，实现当地供应、装配，加快海外投资步伐。目前已在美国建立寄售库，在加拿大建立三个售后服务中心，在印尼、哈萨克建立修井机售后服务中心，与土库曼签定钻机、修井机配件寄售协议。使公司业务和中国产品生产直接延伸到国外用户面前，真正实现国际化经营，增强公司的竞争能力。

2）抓资源建设，两种资源渠道初步形成

公司高度重视资源体系建设。2002年仅产品资源部质量监督金额就达9000万美元，对国内60多个工厂做了280多人次的考察和技术交流，涉及产品40多项，挖掘一批新的资源厂家和产品。公司初步建立起出口网络网站，召开出口网络理事会，进一步加强与各网络企业的联系和沟通。

公司为实现集团公司领导提出“哪里的货便宜我们就到哪里买，哪里的货贵我们就卖到哪里”的国际贸易公司宗旨，积极尝试第三国采购。利用迪拜办事处的地理优势，开展第三国采购业务，签约140万美元。由于国内钢材价格上涨没有竞争优势，公司从阿根廷施特加公司购买管材供应哈萨克油田，正在和韩国现代、大宇、SK等公司联系采购事宜。通过一系列工作，努力把国内、国际资源建立起立体、网状结构，真正实现资源共享、信息共享、利益共享。

3）抓技术配套，保障能力初步形成

为搞好钻机出口，公司专门聘请国内钻机方面的知名专家成立专家组，针对海外获取的钻机询价和招标信息，及时参与提供适合用户使用的钻机配套方案，制定合理、经济的报价。在墨西哥钻机投标过程中，专家组多次赴墨西哥与用户进行技术交流和洽谈，最终说服用户按照我方技术方案招标，经过一年多努力，终于中标并与外方签订了钻机出口合同。在乌兹别克钻机改造项目中，由于乌方过多考虑价格因素，专家组对最初选择方案反复论证发现存在较大问题，经过说服，最终使乌方选择了专家组建议方案，保证了钻机的技术可靠性。

为保证成套钻机的加工制造质量，公司组织国内钻井用户和专家在钻机出厂前进行评审，对制造厂在设计、制造及安装调试过程中出现的问题及时处理，经过三套钻机的配套、组装、试验，大部分问题在专家组的指导下得到解决，帮助制造厂提高了钻机设计、生产管理和质量控制水平。公司在发挥专业技术优势，提升出口技术附加值上摸索出一套行之有效的管理方法，技术支持和保障能力逐步形成。

4）抓项目管理，重大项目运作上水平

公司2001年签约的三台钻机今年都进入安装调试、现场服务的关键阶段，同时还要组织14台钻机的生产和发货，项目工作量大，技术难度高，整体组织和协调能力要求强。为此，公司专门成立领导小组和执行机构，设立适合各项目特点的专家服务组、监造小组、拖斗公司、现场技术服务队伍等，保证钻机执行的每一个环节都有专门部门和责任人，每一个点都有明确分工。例如公司委托江汉矿机所进行监造，依靠油田钻井公司组织60人的现场技术服务队伍，雇用油田公司对钻机发货现场清点、验收、包装把关。为保证出口钻机售后服务，在海外建立钻机售后服务中心，为出口钻机提供备件和维修服务。由于土库曼和哈萨克斯坦钻机项目成功运作，为CNPC和CPTDC在海外树立了良好形象。

5）抓制度建设，经营管理上台阶

加强经营管理是公司健康发展的保证，一年来，公司下功夫加强经营管理，补充完善采购、招标等一系列经营管理规定，并将各方面管理规定收集成册，员工人手一册。还把各项制度执行与各项指标完成情况作为分配、考核、奖惩的重要依据，加大规章制度的执行力度。还重点抓了以下六个方面的管理，即加强项目对外报价管理，加强项目风险管理，加强重大项目管理，加强一般项目合同管理，加强权限管理，加强经营活动分析管理。

6）抓银企合作，资金运作能力进一步提高

公司组织14台钻机生产和苏丹、哈萨克斯坦约400千米管线以及CNPC海外油田设备供应等大型项目，需要公司融资人民币约16亿元，工作难度很大。公司财务部充分发挥自身潜力，克服困难寻找解决途径。在重大项目上寻求进出口银行政府贷款、买方信贷等国家政策性支持，同时挖掘金融方面的商业政策，取得银行美元低息贷款、承兑汇票低息贷款等业务。随时关注汇率和贷款利息差价，以最低利息成本最大限度地获得资金。做到及时向供货厂支付货款，缓解公司资金紧张矛盾，最大限度地节约利息，降低筹资成本。

7）抓中资项目，为CNPC海外战略服务

公司发挥CNPC整体优势，为确保集团公司海外项目顺利进行，勇于克服困难，主动承担风险。在哈萨克斯坦阿克纠宾油田管道项目中，公司派出专业人员现场帮助项目部确定技术方案、制定标准，做了大量基础工作。在国内应项目部要求，公司克服钢材紧缺等各种困难，仅用32天就完成8千米管线的制管、防腐及运输任务，保证项目按期开工和哈国总理剪彩。后期由于俄罗斯供货商不能满足交货期要求，公司又克服困难，在30天内完成75.6千米钢管供应任务，保证了项目进度。在苏丹管线项目中，为满足季节和工期要求，公司在没有签订外贸合同的情况下，动员两家钢板供应厂、三家钢管加工厂、三家防腐厂进行生产。向国外两家供货厂采购300千米防腐材料，保证产品质量。突击生产291千米管线项目管材，当年垫付资金1.87亿元。公司还应苏丹政府及用户要求，在港口存储的大量钢管一再放弃已定船只，不仅承担了赔付船运公司罚金的责任，还要接受苏丹政府、用户及检验机构反复考察检验及等待发运的指令，整个项目受到用户好评。

8）抓人事制度改革，机制创新显活力

加强公司领导班子建设。公司在石油系统内公开竞聘三名副总经理，17个单位的24人报名参加竞聘。通过笔试、面试等各种考试，三名年轻的部门经理经过考察、公示被聘任为公司副总经理。

全面推行岗位竞聘工作。公司部门正副职和地区总代表岗位竞聘，采用全公司无记名投票方式，38人参加竞聘，27人应聘，使一大批政治上合格、工作能力强、会经营、懂外语、事业心强的年轻干部走上领导岗位。部门经理助理和一般工作人员的岗位竞聘，由员工根据自身条件选择岗位，按岗位获取报酬。竞聘上岗的各类人员打破原有身份界限，全部按岗位管理，使公司各类人员的专业和知识结构进一步优化，形成优秀人才脱颖而出的良好环境。

9）抓改革改制，尝试运行新机制

年初，公司成立改制工作领导小组，制定改制方案和公司章程，由国际公司上报集团公司批准通过。组织实施资产评估，取得评估报告并报集团公司审批。向债务人发出《债权转让通知书》，向债权银行发出《债务转移确认书》。联系各股东单位商定公司董事会、监事会组成方案，采用委派、推荐、选举等方式产生董事会、监事会组成人选。目前，公司改制工作进入最后阶段，待资产评估报告获集团公司批准后即可向国家工商总局申报材料，完成新公司登记注册。

加快运保公司组建。今年运保公司正式成立运作，通过一年挂牌经营，承运合同运输量占公司发货的51%，比2001年增加43%。包揽了长城钻井公司自行出口的全部九台钻机和工程公司哈萨克斯坦油气处理厂物资运输任务，承担了塔里木、青海、新疆、华北、管道局、吉林、集输公司等10多个油田7279万美元的进口接转运工作。运保公司着眼于发展成为独立的物流企业，与国内外多家船务公司建立良好合作关系，与国际知名全球性货运公司进行境外网点操作合作，与各港口单位建立长期合作关系，解决不少其他运输公司解决不了的难题，并争取为客户提供完善的门到门物流服务。

（杜　娟）

【中油长城钻井公司】　长城钻井公司隶属于中油国际工程有限责任公司，是从事海外钻井工程承包和技术服务的国际钻井公司。主要业务范围包括钻/修井和相关技术服务、设备租赁、石油勘探开发技术咨询和培训等。公司总部共设十部一室，下辖钻井液分公司，有海外合资公司三个，海外项目部14个，驻外办事处一个。现有职工222人，现有固定资产原值24776万元，固定资产净值20420万元。2002年是公司重组后的第二年。一年来，在国际公司的直接领导和大力支持下，加强领导，主动开拓和巩固国际钻井市场；抓住重点，全力以赴搞好项目施工；突出效益，开展“经营管理年”活动，强化经营管理；规范运作，扎扎实实搞好企业改制，生产经营指标均创出了历史最高水平，各项工作都取得了新的成绩，实现了重组后连续两年跨越式发展。

（1）科学运筹，周密部署，国际钻井市场份额进一步扩大。全年共组织在国外投标59次，跟踪项目59个，中标16个，中标率达27.2%。一是巩固老市场，为钻机寻找后续工作量，增强发展后劲。委内瑞拉PDVSA项目在政局动荡和PDVSA高层变动等不利因素影响下，主要领导先后两次组织油田领导亲赴现场指导，积极开展工作，确保了该市场的巩固和发展，在新一轮招标中中标。二是找准新市场，密切关注新的国家和地区，扩大市场占有率。全年分别在北非、北美成功开发了突尼斯和墨西哥两个市场。特别是墨西哥市场，一举中标两个项目，中标钻/修机四部。此外，在巴基斯坦、尼日利亚、印尼等国家也相继中标，取得了显著的成果。三是逐步摆脱代理，提高市场开发层次。在巴基斯坦以及委内瑞拉PDVSA新投标的项目中直接参与投标并中标，在提高市场开发层次上走出了成功的一步。四是积极开展钻井技术相关服务，扩大服务领域。固井技术服务方面先后在苏丹6区和1/2/4区块中标；钻井液技术服务范围涉及南美、中东、中亚、非洲和东南亚共14个国家，创造了较好的经济效益。

（2）加强领导，强化管理，逐步建立海外项目规范运作的新机制。全年各海外项目平稳运行，经济效益良好。一是进一步建立符合国际惯例的基本工作制度和工作规范。建立了项目经理工作日志制度、回国述职制度、项目人员书面报告制度等。制定了境外项目核算、境外银行账户、境外无财务人员项目财务管理、境外项目会计补充规定等配套财务管理办法，积极推广应用ERP财务信息系统。就海外项目劳动合同、当地雇员合同、协议、管理办法等开展专项检查，更好地树立公司在国际市场上的形象。二是加强项目作业管理、HSE管理，切实提高项目管理水平。在作业队伍增加43%、百万工时增加24 %的情况下，无重大责任事故发生。三是新项目规范运作，老项目扭亏为盈，项目整体经济效益得到了提高。

（3）以大局为重，树立合作意识，建立与油田良好的合作关系。中国石油钻井走向国际市场，得益于集团公司“走出去”战略的实施，得益于集团公司、国际公司领导的关心和大力支持，也得益于各油田的密切合作与配合。工作中，我们始终坚持以大局为重，从集团公司整体利益出发，大事讲原则，小事讲团结，妥善处理好与油田的三个关系。一是处理好整体与个体的关系，各油田钻井队伍实行资源共享；二是处理好与油田之间的资金结算关系，做到公平、公正、透明，增加相互之间的理解和信任；三是处理好眼前和长远的关系，提高管理水平，真正具备国际钻井承包商的实力，增强油田对我们的信服力。

（4）瞄准国际市场需求，加快钻机设计制造步伐。根据集团公司“十五”计划纲要精神，按照公司总体规划和发展战略，并针对国内钻机供给与国际市场需求之间日趋突出的矛盾，开始进行自营钻机的设计制造工作。经过近一年的积极努力，取得了实质性的进展。确定了第一批自营钻机的型号，并组织国内有关专家进行了钻机制造方案的研讨和设计工作。还对新制造钻机在人员配备、后勤保障、运营模式等方面进行了认真研究，制定了实施方案。

（5）紧密结合生产实际，组织开展技术攻关，努力增强企业核心竞争力。一年来，我们坚持把国内的先进实用的钻井技术应用到国外钻井承包中，先后在哈萨克斯坦肯基亚克盐下油藏钻井、伊朗19+2项目钻井施工中存在的喷、漏、塌、卡、地层压力系数低等问题的国外市场上见到了明显成效。同时，通过广泛收集和认真分析苏丹六区钻井工程资料，研究制定了一整套包括钻头选型、井身结构设计、钻井液和完井液、固井工艺等综合技术在内的工程技术实施方案，提出加快钻井速度的意见和建议，得到了甲方的充分肯定。

（6）以经济效益为中心，强化经营管理，努力降低成本。公司年初提出了开展“经营管理年”的总体思路，公司经营管理工作得到了新的加强。一是完善预算管理体系，强化预算管理。项目部管理费用在上年基础上大幅度降低，超额完成了公司年初下达的降低10%—20%的指标。二是逐步建立全额核算体系，实施项目全额核算，为加强境外项目经营管理工作提供了可靠的会计信息。三是加强对外投资清理工作力度，投资清理工作取得了实质性进展。四是加强税收筹划工作，完成了2001年公司所得税减免税申报工作，避免了境内外重复交税的问题。五是做好外汇核销工作，积极办理出口退税，成为公司收入的一项新的来源。六是加强材料采购供应管理工作，降低材料采购成本，减少资金占用。七是加强商务管理，维护公司的正当经济利益。

（7）统一认识，采取有力措施，认真搞好人员当地化工作。坚持把行海外项目作业人员当地化作为一项重要工作来抓：一是及时传达上级领导的有关指示，提高对搞好人员当地化工作目的和重要意义的思想认识，明确人员当地化的目标和各项要求。二是坚持从实际出发，认真研究制定了人员当地化整体部署及实施方法、步骤、进度和要求。三是专门组织召开了境外项目人员当地化研讨会，进行效益对比分析，制定了包括转变观念、加强培训、实行资源共享、设立境外项目人力资源部及深入细致做好思想工作在内的五项具体措施。四是采取有效措施，确保重点项目人员当地化工作落实到实处。

（8）加快深化改革步伐，扎扎实实做好改制工作。公司改制工作取得了新的进展。一是加强领导，完成了17家油田企业在公司投资的清退工作。二是就公司改制过程中遇到的公司迁址、高新技术企业认证、资产评估、两个子公司的收购与清算等方面有关问题进行了咨询。三是做好召开股东大会的准备工作。四是完成了股份转让相关手续的办理和两个子公司的注销工作。

（9）严格把关，注重培养，努力建设一支高素质职工队伍。加强人力资源开发工作，努力建设一支与国际化经营相适应的职工队伍。一是在人员聘用上严把“入口关”。制定《聘用人员管理暂行办法》，成立了人员聘用测评委员会，按照优中选优的原则聘用人员。二是在使用中“压担子”，促进人才在实践中锻炼成长，充分发挥员工的积极性、创造性。三是加强对公司员工的外语和业务培训工作，努力提高员工素质。四是认真做好油田执行项目人员的培训工作。根据海外项目运做的需要，先后为油田执行项目人员安排了英语、西班牙语、俄语和HSE等方面的培训，积极为海外项目做好岗前培训和人才储备工作。公司全年共举办各种培训班15次，培训人员约500人次。

（曹海霞）

【中油测井技术服务有限责任公司】　中油测井技术服务有限责任公司是中油国际工程有限责任公司的全资子公司，具有国家颁发的对外经营合格证书，是以从事国内外测井、录井、测试、定向井/随钻测井技术服务为主的专业化服务公司。中油测井技术服务有限责任公司以建设具有国际竞争力的专业技术服务公司为目标，积极开拓和进入国际市场，为客户提供安全、优质、高效的石油技术服务，取得了良好的经济效益，在激烈的国际石油技术服务市场竞争中赢得了一席之地。

1. 生产经营情况

2002年是中油测井技术服务有限责任公司重组改革后的第二年，也是公司各项工作顺利开展的一年。在集团公司、国际公司领导的直接关怀和指导下，坚持集团公司对中油测井公司的定位，“从事国内外测井、录井、测试项目市场开发和作业，积极开拓和进入国际市场，并争取好的经济效益”。经过公司全体员工共同努力，2002年公司生产作业安全进行，国际市场份额得到了进一步拓展，对外整体服务质量有了一定提高，并超额完成了各项经营考核指标。

中油测井技术服务有限责任公司海外技术服务市场主要分布在苏丹、伊朗、委内瑞拉、哈萨克斯坦等国家，2002年公司在巩固和拓展已有的传统市场的前提下，经过努力成功进入重点目标市场之一的巴基斯坦石油服务市场，试油、射孔作业也成功进入缅甸石油服务市场，从而实现了海外市场的不断扩展。

苏丹市场2002年得到全面发展，获得了1/2/4区块、3/7区块和6区块的测井、测试和录井服务。公司在苏丹测井、录井、测试服务市场上已占据了绝大部分的市场份额。

伊朗在原测井合同2年服务期结束后，又获得6个月的延期，并且在伊朗南方油田（NISOC）测井项目招标中获得了成功，实现了伊朗作业区测井项目的连续发展。

在哈萨克斯坦市场，2002年公司与CNPC—阿克纠宾油气股份公司新签一年测井、射孔、资料处理技术服务合同。另外，根据阿克纠宾油气股份公司研究院的要求，还承担了几十口井的出图和常规测井解释工作。

委内瑞拉市场，2002年11月8日公司与PDVSA签订了西部地区2年的生产测井、射孔服务合同。

巴基斯坦市场，在市场人员及事业部人员的共同努力下，2002年公司与POL签订了测井合同。在缅甸市场方面，公司选择CNODC投资的CAL油田试油射孔项目作为突破口进入该市场，这两个新项目在公司的周密组织下，从动员调遣到境外作业均只用了不到一个月的时间。

2. 重点工作

（1）维护巩固现有市场，积极开拓新市场。根据公司“突出重点，以点带面，提高水平，做大规模，实现公司效益最大化”的市场开发战略，2002年公司重点巩固和拓展伊朗、苏丹、哈萨克斯坦和委内瑞拉市场，无论服务规模还是服务范围都得到了拓展。同时，公司市场部和各事业部人员密切配合，发扬努力拼搏的精神，加强市场宣传和营销工作，力争突破重点目标市场，实现海外市场的持续稳定和不断扩张。

（2）加大人力资源管理。2002年公司颁布了绩效考核办法，将各部门产值、利润、工作协同配合等予以量化，纳入最终的奖金考核体系当中，进一步增强了一线员工的工作积极性，调动了全体员工的市场意识和经营意识。

根据集团公司和国际公司对员工素质的要求，2002年间公司加大了英语培训的力度。组织了多班次、不同形式的培训，切实提高员工的英语水平，达到国际作业服务的要求；公司还有针对性地进行了一系列的在岗培训，拓宽员工的知识面，提倡一专多能，以克服人员严重不足的矛盾；此外针对公司招聘职工较多的特点，加强了员工的入厂教育及HSE培训，保证国际作业的规范运作。

（3）加强财务管理工作。2002年，公司财务经营部进一步加强基础工作建设，初步建立了适应公司经营管理需要的会计核算和财务管理体系，加强资金回收，合理调配资金，提高资金使用效率。同时积极推广PEOPLESOFT的应用，为公司财务管理上新台阶创造了条件。

（4）强化HSE管理。2002年，公司大力推进QHSE体系的建立，分专业分类别对公司的危险源和环境因素进行了较系统的识别和评价，编制各类程序文件、作业文件达166个，发布体系文件10个。结合此项工作的开展，公司要求海外作业区严格实行作业过程规范化，按照操作规程和HSE作业要求，做好设备保养和生产作业，有效保障了生产的安全与规范，2002年公司无重大事故发生。

（王　京　姚玲玲）

【中国石油天然气第一建设公司】　中国石油天然气第一建设公司（以下简称公司）成立于1954年，是新中国最早组建的石油化工建设专业公司。近半个世纪以来，伴随着石油工业的发展，先后参加了大庆、胜利等油田的开发会战，建成了国内外45座大型石油化工厂，280多台套大中型装置，400余台200—10000立方米球罐，600余台2000—100000立方米储罐，创下了数十个行业第一，被誉为“中国炼建第一军”。

1. 公司资质

公司现有职工4681人。其中各类管理和技术人员1834人，各类操作人员2847人。各类管理和技术人员中，教授和副高级职称88人，中级和初级职称分别为657人和891人；各类操作人员中，中高级技师和技师130人，高级、中级和初级工分别为311人、1756人和667人；主力技术工种取得岗位资质人员2200人；共计各类技术能手91人，其中省部级以上12人。公司具有国家建设部颁发的化工石油施工总承包特级资质，市政公用工程施工总承包、化工石油设备管道安装工程专业承包、管道工程专业承包和无损检测工程专业承包一级资质，房屋建筑工程施工总承包二级资质。同时具有：（1）ISO 9001—2000质量体系认证；（2）对外经济合作经营资格；（3）压力容器设计资格；（4）压力容器AR1，AR3制造资格；（5）压力管道安装许可证；（6）自动消防设施安装许可证书（甲级）；（7）施工企业安全资格证书；（8）锅炉安装（二级）；（9）起重机械制造、安装维修安全认可证；（10）二级计量证书；（11）国家二级档案证书；（12）美国机械工程师协会ASME规范产品（A，PP，U，S，U2）证书和认证钢印。

2. 企业改革与技术培训

按照施工专业化、运行市场化、服务社会化原则，实行主业、多种经营和公用事业三条主线管理，实施主业与辅业、生产与生活的“两个分离”，撤销“小而全”，精干和壮大主业。2002年，公司对主业在更深层次上优化生产力要素组合，将管理层和作业层分离，形成决策管理、项目管理和劳务作业“三个层次”，建立了以工程项目为基点的矩阵式组织机构，形成了比较完善的“扁平化”管理体制和内部甲乙方运行方式。

公司把培训作为职工最重要的福利来对待，充分利用各种机会对职工进行技能培训。全年共举办各类培训班105期，培训人数3554（含外培586人）人，其中各类管理人员和操作工人分别为1098人和2456人，培训率高达76%。同时，公司抓住集团公司焊培基地的优势，全年共举办高级焊工培训班五期和管道下线焊接班三期。在秋季全国石油石化六大技术工种对抗赛中，取得了电焊工个人第一、二、六名和团体第三名的好成绩。

3. 经营指标

按照“深入贯彻落实集团公司的方针政策，突出发展的主题，抓牢上产增效的主线，扎扎实实推进制度、技术、管理的创新，做强做大主业，大幅度提高整体发展的质量和效益，瞄准“十五”计划目标，实现经济效益、营业收入、市场品牌的三大突破和管理工作的六个创新，真正成为代表化工石油行业水平的特级企业”的总的工作指导思想，经过努力，公司2002年实现营业收入（自行完成总产值）8.38亿元，同比增长22.93%；实现利润2452万元；全员劳动生产率达到14.22万元/（人·年），同比增长18.5%。

4. 技术攻关与科技进步

2002年针对在手工程实际，积极开展技术攻关和新技术推广，完成了大催化、乙烯裂解炉和铝镁料仓等五项焊接、吊装、安装、制造和电气仪表调试技术攻关。350万吨/年催化裂化装置再生器内燃法热处理技术和管道爬行器X射线检测技术本年度分获中国安装协会评选的“安装之星”。同时，公司又有两项工法被评为集团公司二级工法，分别为单层隔热耐磨衬里滚动倒模、支模连续浇注施工工法和管道爬行器X射线检测工法。其中后者被集团公司推荐到建设部参评一级工法。在办公自动化方面，2002年公司建立了局域网，实现了文件信息电子化并正在向无纸化办公方向发展。

5. 安全生产与质量管理

公司紧紧围绕集团公司“四个杜绝、三个不超、一个确保”的工作目标，以“八个到位”强化管理力度，狠抓监督检查和安全隐患的治理整改，全年未发生一起安全事故，已连续六年被当地省市评为“安全生产先进单位”。先后完成了HSE管理手册、25个程序文件、12个作业文件编制、发布实施工作；完成了HSE/OSH内部第一次、第二次审核和管理评审以及中油认证中心的第一次外审并通过认证。

公司参建的长庆气田30亿立方米/年产能建设地面工程获国家优质工程银奖；陕甘宁气田至北京输气管道工程和塔里木牙哈凝析气田产能建设工程分获集团公司优质工程金奖，后项同期报评国家级优质工程金奖。公司施焊的抚顺石油三厂12万吨/年分子筛脱蜡装置安装工程和长庆靖咸辅油管道焊接工程分获中国工程建设协会优秀焊接工程奖。QC小组活动在分获全国工程建设优秀QC小组称号、集团公司一、二、三等奖的同时，分获一项河南省二等奖、洛阳市两项二等奖。

（崔海波）

【中国石油天然气第六建设公司】 中国石油天然气第六建设公司（以下简称中油六建公司）是国家建设部第一批颁发的化工石油施工总承包一级资质企业。成立于1968年，总部设在广西桂林市。主要承担石油、石油化工、化工工程及其他工业与民用工程建设。1998年通过了ISO 9002质量管理体系认证，2002年通过ISO 9001—2000质量管理体系换版认证，2002年同时取得OSH/E/HSE三个管理体系认证。已取得压力管道安装许可证、锅炉安装A级许可证、消防系统安装许可证（甲级）、80吨以下桥式起重机安装安全许可证、完善计量检测体系合格证书，中心试验室获得一级建材试验室资格及理化检验评定证书。公司获得全国先进施工企业、全国用户满意施工企业奖、中国企业形象最佳AAA级、全国用户满意工程等多种荣誉称号。公司《施工企业成本目标管理法》获全国工程建设企业管理现代化成果奖，《P3软件在工程施工管理中的作用》获第六届全国工程建设企业管理现代化成果奖二等奖，《全国统一安装定额通用单位估价表预算软件的设计与开发》荣获中油集团公司企业管理现代化成果二等奖，抚顺石化重油接触裂解制乙烯实验装置入选中国企业新纪录。公司连续20年保持广西区和桂林市文明单位称号。

1. 经营成果

中油六建公司积极推进“流程性体系化”管理，在国内外施工、市场开发、企业管理、深化改革、精神文明建设等方面都取得了较大发展，2002年完成国内外施工产值3.698亿元，创公司施工产值历史最好水平。实现国有资产保值增值率100.83%。工程交验合格率100%，单位工程质量优良率91.6%，全年杜绝了重大伤亡事故。

2. 重点工作

（1）市场开发持续取得新发展，施工生产实现新的跨越。公司在2001年顺利进入集团公司的锦西、大连、抚顺、兰州四大炼油基地后又打入西南的重庆、成都市场，承建了一批新的上资质工程项目。针对2002年施工生产任务繁重，竣工投产项目多，其中的在建项目90%以上都是当年施工当年投产的，公司全面统筹，把握重点，确定不同时期、阶段的工作部署，集中力量，精心施工，精心组织，确保了各项工程建设的顺利进行。公司积极推广和运用科学的项目管理办法，大力实施ISO 9000质量体系和健康、安全、环境管理体系，科学优化各项资源配置，取得良好的效果。高标准完成了抚顺HCC装置、大连石化350万吨/年催化裂化装置、兰成渝输油管道工程成都分输站和重庆末站、锦西石化60万吨/年重整装置、抚顺40万吨/年酮苯脱油脱蜡装置等20多项大小工程，全部按期建成一次投产成功。其中大连350万吨/年催化裂化装置、兰州6000吨/年超稳分子筛、抚顺40万吨/年酮苯脱蜡脱油装置、锦西60万吨/年连续重整装置等工程是亚洲或全国最大的项目，大连两具4000立方米球罐工程、兰州两台150吨/小时锅炉工程等是公司第一次施工，实现了施工资质的突破。在国外项目上，公司主要在苏丹承建了UNITY电站、CPF/FPF扩建和2#泵站项目，经过项目部的顽强奋战，克服了气候恶劣、图纸材料到位不及时等困难，确保了工程按期投产，保持了公司在苏丹战场上的良好信誉，为公司推进国内外施工一体化打下了坚实的基础。

（2）继续深化企业内部改革，企业管理跃上新水平。公司大力推行“流程性体系化”管理，着力提升企业的核心竞争力。管理创新取得两项新成果，抚顺重油接触裂解制乙烯（HCC）装置项目创中国企业新纪录，公司 ISO 9001—2000 质量体系通过转版换证，OSH/E/ HSE 管理体系整合认证顺利通过，企业资质水平得到进一步提高。面对市场的激烈竞争，公司注重管理创新，通过管理要效益、创信誉，ISO 9000 质量管理体系已从初步运行阶段逐步向有效运行阶段过渡，促进了工程质量的提高。公司着力建立 OSH/E/HSE 三个管理体系，并进行整合认证，成为中油基建系统首家同步获得三个体系认证的单位。另外，在人力资源开发体系、市场开发体系、成本管理体系和思想政治工作体系方面也进行了有效的探索，建立和完善了相关的管理制度。企业改革继续深化，重组改制工作取得新的进展。一是在集团公司和国际公司的安排和指导下，公司参加了一、六、七三个建设公司参加的研讨会，汇报了企业的情况以及对重组改制提出了意见和存在的问题。二是积极做好主辅分离、企业办社会职能的准备工作。通过停办、关闭一些低效、亏损单位和项目，积极做好石油医院、子弟学校、劳动服务公司的分离准备工作，使公司的施工主营业务更加突出。三是完善医疗保险运行机制，使公司的医疗保险与桂林市接轨。

（3）公司科技创新和技术改造取得新成效。一是在国际公司支持帮助下，公司着眼于提升核心竞争力和打造一流施工企业，决定购买 250 吨履带吊车和中油系统最大的 3100 吨/高架液压顶升吊装系统，进一步增强公司的施工设备能力。二是围绕施工生产大力进行科技创新技术改造，公司的工程项目都采用国际先进的 P3 软件控制工程管理。在大连、兰州、抚顺、潮州等项目施工中，大胆使用新技术、新工艺、新设备、新材料，创造了工程施工的高效、优质、安全、环保。其中大连 350 万吨/年催化裂化、兰州 6000 吨/年超稳分子筛是亚洲或国内同类生产装置规模最大、工艺最先进的项目。通过科技创新和技术改造，提高了公司的施工技术水平和施工业绩，锻炼了队伍。

（办公室）

【中国石油天然气第七建设公司】　中国石油天然气第七建设公司成立于 1974 年。是国家化工、石油工程一级施工总承包企业。公司总部位于青岛胶州市。主要承建化工、石油、石油化工引进装置及各类型化工、石油化工工程施工，铁路建设，城市道路、桥梁、液化气贮罐、水气管道工程施工，钢结构及网架制造安装，工业与民用建筑，起重机械安装维修，消防设施施工，承包境外石油化工工程和境内国际招标工程，经营进出口业务。无损检测、道路工程。现有内部单独核算单位 17 个，职工 1996 人，其中男职工 1448 人，女职工 548 人，管理人员和专业技术人员 844 人，平均年龄 34 岁，中级以上职称 338 人，其中高级职称 53 人。公司建筑安装市场主要分布在山东、辽宁、黑龙江、新疆、甘肃、青海、天津、河北、陕西、吉林等 10 个省区和新加坡、哈萨克斯坦、叙利亚等国家。钢结构来料加工主要销往日本和东南亚国家。

1. 经营指标

2002 年，公司自行完成企业产值 4. 2 亿元，全员劳动生产率达 22 万元/（人 · 年），完成市场开发总量合同金额 5. 37 亿元。这三项指标分别比 2001 年增长 29. 1%、31% 和 62. 7%，均创历史最好水平。在竞标大幅让利压价情况下，实现利润 483 万元，实现利税总额 1846 万元。

2. 主业工程

全年竣工投产工程项目 33 个，其中装置工程 21 项（包括检修项目九项），全部实现一次投产成功。完成钢结构、压力容器等加工产品 22730 吨。

3. 市场开发

公司上下齐心协力，三级联动，积极开拓市场，不仅弥补了当年 2 亿多元的任务缺口，还为 2003 年提供 3 亿多元的任务储备。承揽钢结构等产品加工项目 46 个，22000 吨，合同金额 8565 万元，其中外贸加工项目 9295 吨。

4. 经营管理

狠抓管理基础工作。清理过期失效作废规章制度（文件）100 多个，出台了加强管理新的办法、制度 40 多个。全面实行购销比价和限额领料制度，有效控制了施工成本。加强设备管理，通用设备完好率达 96%，利用率达 61%。严格实行月度货币资金收支预算，提高了资金使用效益。积极探索施工总承包模式，扩大分包规模，分包管理水平得到提高，公司由劳动密集型企业向管理密集型企业转变迈出了新的步子。

5. 质量工作

顺利完成了 ISO 9001 质量体系 2000 版的换版工作，并一次通过了质量体系复评审核。质量体系持续有效运行，确保了工程产品质量。全年共完成单位工程评定 103 个，优良 95 个，单位工程验交一次合格率 100%，单位工程优良率 92. 5%。钢结构产品出厂一次合格率 100%。质量回访满意率 100%，顾客满意度为95.5%。公司参加施工的牙哈凝析气田产能建设工程获集团公司和国家优质工程金奖。

6. 安全生产

建立和实施HSE管理体系，公司HSE管理体系一次通过了中油HSE认证中心的评审。施工生产无职工伤亡事故，一般事故频率有所降低，在上级组织的安全生产大检查中受到好评。

7. 技术进步

全年共完成科技进步项目16项。其中龙门切割机改造等科技进步成果应用到生产实践，减轻了劳动强度，提高了生产自动化水平和劳动效率。超宽超长超重球壳板冲压、CF钢球罐焊接与热处理技术等科技进步成果的应用，填补了公司技术空白。大型储罐第一圈罐壁板工厂预制工法等工法成果，规范了制造、施工工艺，增加了公司技术储备。

（宓幼康）

【中国石油天然气华东勘察设计研究院】 中国石油天然气华东勘察设计研究院（以下简称EDI），成立于1974年，坐落在美丽的海滨城市青岛市，是中国石油天然气集团公司以石油炼制为主的专业甲级设计院。1997年通过了ISO 9000质量体系认证，曾获“全国百强设计院”、山东省“十佳设计院”、青岛市“双文明单位”称号。是中国石油天然气集团公司炼油行业指导院，中油勘探开发公司、中国石油天然气股份有限公司炼油板块技术开发支持单位，已跻身于国内一流设计院的行列。EDI具有国家颁发的化工石化医药行业、石油天然气行业、建筑行业建筑工程等设计甲级资质证书，具有工程总承包、工程咨询，工程勘察、工程测量、工程监理、劳动安全与卫生评价、环境影响评价等甲级资质证书和一、二、三类压力容器设计资质证书，可从事石油炼制、石油化工、油气储运、石油化工设备、土木建筑、公用工程、电气仪表等工程的咨询、设计、工程总承包，以及工程勘察、测量、监理、安全评价和环境影响评价等业务。

全院配备PⅢ以上电脑300余台，笔记本电脑50台，小型机、服务器各两台，以及大型数码复印机一台，建有600个信息点的百兆到桌面的计算机网络系统，并配备了具有国际先进水平的大型Aspenan工艺过程软件，Advant窄点分析软件与CAD系列软件等。拥有11000多平方米的办公大楼。

EDI现有职工508人，其中专业技术干部455人，占全部职工总数的89.6%；具有中级以上职称的专业技术人员346人，占专业技术干部总数的76%，具有国家、部级专家7人，部级优秀设计师6人，教授级高工11人，高级工程师150多人。现有注册土木工程师5人，注册造价工程师8人，注册监理工程师40人，注册咨询工程师2人，注册建筑施工企业项目经理27人，一级注册建筑师3人，一级注册结构师15人，二级注册建筑师2人，二级注册结构师二人。

EDI全体员工以科学管理、技术先进、优质工程，服务于中国石油、服务于CNPC海外事业为己任，以“一流设计、一流技术、一流质量、一流服务”为宗旨，秉承“团结、创新、敬业、奉献”的企业精神。2002年，以“三个代表”重要思想为指导，认真贯彻集团公司工作会议精神，严格按照年初制定的总体目标，坚持领导、专家和经营人员“三位一体”的经营战略，抓住关键项目、关键人和关键点“三个关键环节”，不断开发和应用新技术，拓宽新领域，占领技术制高点，扎实稳妥地全面推进企业改革，加强和完善思想政治工作，努力建设有特色的企业文化，各项工作都取得了较好的成绩。

1. 生产经营

2002年，EDI完成工程投资额29亿多元，合同收入6054万元，同比增长了34%，实现税前利润178万元，同比增长了48.3%，是院历史上收入最好的一年，超额完成了上级下达的年度利润指标，连续三年保持了30%的速度增长。

2. 主业成果

EDI服务的足迹，已覆盖中油股份公司所属炼厂的80%以上。2002年，先后在大庆、吉林、辽河、华北、大港、四川、新疆、长庆、玉门、青海、呼和浩特等炼厂进行了装置设计。其中，在玉门石化50万吨/年加氢、抚顺石油一厂120万吨/年焦化、华北石化300万吨/年常压改造和两套催化裂化改造、大港石化加氢改造等工程设计中，采用先进技术，提供优质服务，受到各炼厂的好评，在中油股份公司树立了良好的形象，已成为CNPC下游设计市场的重要力量、股份公司下游的技术支持中心。为中油股份公司编制了《成品油库设计规定》、《加油站设计规定》等，使股份公司成品油库、加油站得已规范化。承担了哈萨克斯坦原油拔头方案设计、原油脱硫醇装置工程设计、苏丹六区块减粘装置基础设计、委内瑞拉乳化油项目审查，全面开展了苏丹炼厂200万吨/年原油焦化装置一、二期工程设计工作，合作开展了苏丹六区块油田地面建设工程设计，同时包揽了苏丹大部分工程测量、勘察和部分打桩任务。此外，作为

CNODC的技术支持单位，做了大量的项目前期论证、投标等服务工作，起到了CNPC直属设计院，在市场激烈竞争中应有的作用。

3. 科技开发

EDI与石油大学联合开发的两段提升管催化裂化新技术，是集团公司“十五”攻关项目，工业化设计和一次投产成功，填补了国内外空白。与美国CDT-ECH公司合作的南充炼厂8万吨/年催化裂化、轻汽油醚化装置，是世界上第一套综合汽油醚化、异构化和预加氢先进技术的装置。国内第一套清江石化厂加氢—制氢联合装置，一次投产成功，标志着EDI在加氢制氢联合装置设计上，已处于国内领先地位。

4. 深化改革

2002年，EDI在同行业中率先实行了全部设计人员六级岗位聘任、机关人员三级岗位聘任，分配拉开较大档次，基本实现了评聘分开。干部能上能下，岗变薪变，末位淘汰等办法，极大地调动了职工的积极性。招待所、多媒体中心两个单位23人，实行了带资分流。后勤、物业管理实行了货币化、社会化。加强人才的引进和培养，人员技术素质有了明显提高。从严治院，2002年全年除名职工九名。加快EDI子公司建设步伐，形成以青岛为中心，辐射全国的设计服务网络，建立了吉林分院。

（刘建庄）

中国石油集团庆阳炼油化工有限责任公司

【概述】 2002年，是庆阳炼化公司进入中油集团后适应新形势，接受新挑战，创造新开端的关键一年。一年中，在集团公司和股份公司的领导下，公司以加强现场管理为重点，以强化成本管理为主线，依靠科技进步，积极推进技术改造和技术创新，大力开展“增收节支”活动，顺利完成了全年生产计划任务。同时公司各个管理部门能够积极加强联系，虚心学习，认真总结管理方法、管理水平方面存在的差距，借鉴先进经验，不断补充和完善自己，努力提高自身业务素质，尽快实现了各项业务与集团公司、股份公司管理部门的接轨，促使生产经营管理水平进一步提高，并为今后做好各项工作奠定了基础。

截至2002年末，公司拥有资产总额8.08亿元，其中：固定资产原值7.27亿元。在册职工1770人，其中各系列专业技术人员642人，职工平均年龄36岁。管理机构设职能处室九个，二级公司七个，生产车间10个，基层单位33个。

主要生产装置有三套常减压装置：加工能力120万吨/年；两套催化裂化装置，加工能力40万吨/年；一套5万吨/年气体分馏、1.5万吨/年聚丙烯、0.7万吨/年MTBE联合装置；一套10万吨/年直馏汽油异构化装置；一套0.3万吨/年活性炭装置；一套80吨/年生物制品装置。

【主要产品】 90#和93#车用汽油、煤油、0#和−10#柴油、200#溶剂油、石油液化气、4#燃料油、聚丙烯、MTBE、活性炭、水质稳定剂、破乳剂、洗涤剂、防冻液、纯净水、塑钢门窗以及甘草次酸、甘草酸单铵盐、二铵盐、三铵盐、甘草酸单钾盐、二钾盐、三钾盐、甘草酸单钠、二钠盐、甘草酸锌、甘草保健糖等甘草甜素系列产品。

【主要生产经营指标】 2002年加工原油39.26万吨，比2001年增长44.60%；加工重油19.95万吨，比2001年增长46.90%；成品综合收率为86.22%，比2001年增长2.16%；加工原煤2986吨，生产活性炭460吨，原煤转换率为15.4%。

完成工业总产值1.98亿元，比2001年增长52.71%；实现销售收入9.17亿元，比2001年增长92.19%；实现税金9832.66万元，比2001年增长160.22%。

【企业管理】 2002年，庆阳炼化公司在已形成的较为规范的管理制度基础上，按照集团公司和股份公司先进、科学的管理方法，注重查缺补漏，加大落实力度，努力提高管理能力和管理水平，使基础管理工作在深化细化中创新，在不断改进的过程中，实现了从粗放型管理向精细化管理的转变。

生产管理工作充分发挥调度协调指挥功能，以优化生产方案、严格工艺纪律、狠抓现场管理，确保生产装置的正常运行；安全管理工作继续贯彻“安全第一，预防为主”的原则，按照安全管理目标，严格安全管理程序，狠抓防范检查整改，特别是内部治安综合管理工作开展的有起色有成效；质量管理坚持“以质取胜”的方针，加大标准化实施力度，提高和改进了质量的分析监测手段和水平，确保产品合格率达标；设备管理认真执行包机制，加强了现场管理和动态管理，使设备完好率达 98.7%，主要设备完好率达 98.9%，静密封点泄漏率为 0.23‰，动密封点泄漏率为 1‰，继续保持了“无泄漏工厂”标准；劳动人事管理工作不断完善制度建设，严格劳动纪律，改进机关工作作风，合理安排人员流动，充分发挥了管理职能；财务计划管理工作加大了计划执行力度，压缩各项费用支出，严格费用报批程序，加强审计检查监督，加快资金周转回笼，通过积极争取，申请中油内部借款全部到位，并与银行贷款予以置换，从而减轻了企业负担和压力。

同时，公司按照年初既定的“以成本管理为主线，实施低成本战略”的具体思路，深挖内部潜力，深入开展装置工艺技术达标，狠抓节能降耗，从生产的各个环节上精打细算，力争产品综合能耗、辅助材料消耗控制在规定指标之内；努力降低非生产性开支，保证成本管理工作取得了较好成绩。2002 年，炼油主业的吨油综合加工费比 2001 年下降了 30 元，吨油现金加工费比 2001 年下降了 38 元，分别下降了 16.39%和 25.34%；炼油综合能耗比 2001 年下降 12.09 千克（标油）/吨；单因耗能比 2001 年下降 2.88 千克（标油）/（吨·因数），炼油装置整体效能水平有了进一步提高。

【工程建设与技术改造】　2002 年，公司按照上报集团公司的“十五”规划发展思路和步骤，以加快产品升级换代和装置挖潜降耗为主导思想，坚持技术领先、质量第一的要求，严密组织，精心安排，积极推进工程建设，按期完成了技术改造工作。

一是建成并投入运行技改项目八项，完成总投资 3835 万元，为继续完成“十五”规划及 2003 年的技改项目、推进产品升级换代工作奠定了一定的基础。

二是在装置年度检修期间，以达到“二年一修”为目标，注重方案审定，切实加强现场检修质量管理，全年完成各类大修项目 66 项，计划完成率达到 100%。

三是公司组织有关部门和技术力量，与社会科研院所联合，对活性炭装置和金汉伯生物制品装置进行了技术改造和技术攻关。活性炭厂有效地解决了产品强度、堆重不达标的难题，各项技术指标全部符合要求，并达到国内同行业先进水平；生物制品装置的各项指标也已全部达标，并生产出了合格产品。两套装置的正常运行，有望逐步打开国内外市场，成为企业新的经济增长点。

【发展规划】　根据集团公司和股份公司的有关要求，“将企业定位在保持现有适度炼油能力的条件下，大力发展替代产业”，按照这一精神和要求，根据企业现状制定了替代产业规划与发展方案，基本思路是：维持现有炼油装置一次加工能力不变，不再进行扩建，将着力点放在装置的挖潜改造上，主要实施二次加工能力填平补齐改造和产品质量升级换代。并利用本地石油、天然气资源丰富和靠近油田的有利条件，大力发展天然气化工和油田化学助剂产业，对现有生物制品、活性炭装置进行扩建改造，积极发展替代产业，提高企业经济创效能力。

（庞玺邦）

中国石油集团宁夏大元炼油化工有限责任公司

【概述】　中国石油集团宁夏大元炼油化工有限责任公司（以下称大元公司），其前身是宁夏炼油厂，系宁夏回族自治区经国家审批自筹资金建成的地方企业。2002 年 1 月 1 日整体划归中国石油集团。目前公司在册职工 3454 人，在岗职工 2740 人，专业技术人员 700 人。公司机构设置为 1 部、1 室、9 处、3 个非生产车间、12 个生产车间以及 3 个独立核算单位。大元公司占地面积 2300 亩，一次原油处理能力 225 万吨/年，重油催化裂化一次处理能力 80 万吨/年、15 万吨/年催化重整装置、1 万吨/年聚丙烯装置、4 万吨/年合成氨装置、10 万吨/年碳酸氢铵装置、2 万吨/年氢氧化钾装置。主要产品有 90#、93#

无铅汽油，0#、-10#、-20#轻柴油，商品重油、民用液化气、聚丙烯粉料、高纯度氢氧化钾片碱、盐酸、液氯、液氨及碳酸氢铵等产品。截至2002年，公司拥有资产总额15.11亿元，年销售收入16亿元左右。2002年，公司共加工原油75.82万吨，实现销售收入15.7亿元，完成工业增加值2.7亿元，上缴税金1.65亿元。

2002年是大元公司发展历史上极其重要的一年。遵照中油集团及中油股份炼油与销售分公司的整体部署，大元公司紧紧围绕"搞活市场、以效益为中心，强化风险责任管理；成本为先，责权利统一，激活企业内部机制"的工作方针，以扭亏、减亏为主题，以成本管理为主线，积极推进改革，依靠广大职工，狠抓内部管理，使各项方针措施得以贯彻落实，生产稳定，设备运转正常，各项工艺指标逐步优化，消化了大量减利因素，各项工作都取得了突出的成绩。

【安全生产】　为保证各套生产装置运行安全、平稳，大元公司于2002年实施了安全风险抵押目标管理办法，加大了薄弱环节的监管力度，进一步强化了各个层次的安全责任制；组织广大职工学习贯彻《安全生产法》，并通过开展形式多样、内容丰富的各类安全活动，加强安全教育，强化了职工的安全意识及遵章守纪的自觉性。克服了原油加工量上下波动给平稳操作带来的诸多困难，有效地消除了事故隐患，全年人身事故率由2001年的4.54‰下降到2002年的1.15‰，确保了装置的安全稳定长周期运行。同时，通过强化现场日常管理，加强设备检修，减少了设备事故，保证了安全生产。2002年全年设备静密封点泄漏率0.12‰，动密封点泄漏率为0，主要设备完好率为99.68‰。

【企业管理】　成本核算工作是大元公司2002年工作的重中之重。公司成立了经济责任制考核小组，制订了以成本核算为主要内容的《经济责任制考核方案》(以下简称《方案》)。《方案》对原料进厂、产品生产等全过程实行全面监控。各车间、处室也结合本单位的实际情况，以技术含量、责任、风险大小不同，相应制定了分配考核制度，并将责任落实到人。通过一年的摸索和运行，公司员工的增收节支意识和爱岗敬业精神明显增强，工作积极性明显提高，成本费用明显下降，主要经济技术指标达到历史最好水平，取得了令人瞩目的成绩。由于实行成本核算，公司全年共减亏3018.63万元。其中：(1) 由于产品收率提高，增加收益1987.32万元。(2) 催裂化耗催化剂降低了164吨，增加收益311.60万元。6、7单元损失降低0.42%，增加收益36.47万元。聚丙烯粉料单耗降低了0.08吨/吨，增加收益48.84万元。(3) 因产品储转损失下降，增加收益117.97万元。(4) 全厂总耗碱减少了520吨，增加收益104.16万元，全厂总耗煤减少了6291吨，增加收益58.51万元。(5) 电功率因素提高减少支出10.4万元。(6) 加工吨原油耗水降低了42.14%，加工吨原油耗电降低了1.11%，加工吨原油耗蒸汽降低了40%。(7) 由于对维修、检修机制进行了改革，维修费用降低了54.58%，增加收益310.25万元。物资供应处加大利库及比价采购力度，收到良好效果，全年降低库存164万元，利废7万余元。

通过强化管理，公司所属化肥分厂继续保持了连续稳定生产的局面，各项消耗大幅度降低，成本下降，综合管理水平稳步提高，工厂面貌发生了很大变化，职工队伍素质明显提高，建成了"无泄漏工厂"。公司财务管理、资金运作水平也不断提高。油品、化肥、氢氧化钾产品质量管理进一步得到加强，2002年公司通过了中油集团组织的多次油品质量抽检，抽检合格率100%。化肥产品也在区内外获得了良好的社会信誉。

【企业改革】　改革是企业发展的动力。2002年，在市场急剧波动的情况下，公司加大了内部改革力度，使企业生产经营及各项工作持续健康发展。

(1) 深化人事制度改革，进一步加强领导班子建设。2002年公司进行了第六次中层干部民主评议。通过以"德能勤绩廉"为主要内容的民意调查，有4名中层干部被黄牌警告，1名中层干部被解聘。广大中层干部的危机感普遍增强，责任心得到提高。一年来，中油股份公司人事部对公司现任领导班子进行了考核，并组织了公司行政副职竞聘工作。5名同志从18位报名者中被竞聘为行政副职人选上岗。通过此次活动及这种方式，有效激发领导班子的事业心和责任感，干部能上能下、竞争择优机制初步确立，得到了广大干部职工的拥护和欢迎。

(2) 对检修安装公司实行承包经营，充分发挥了集中管理的优势，合理安排使用检修公司人力物力，有效利用国有资产及人力资源，挖掘设备潜能。采用将保运以外的富余劳动力逐步推向市场，引入竞争机制，转换思路、培养技能、锻炼队伍、广开门路、搞活创收。一年来，检修安装公司积极开拓市场，承揽工程，共实现营业额100万元，干部职工经受了锤炼，综合素质和技能得到了提高。

(3) 年初与销售公司签订了销售承包合同，将

"四统一"以外的产品给销售公司定价，根据销售额提取销售费用来支付销售公司职工的工资收入、差旅费等，根据产品特点，规定了产销率，货款回收率等指标。同时在上海、天津建立销售点。一年来，销售人员的工作作风有了很大改观，经营思想有了较大转变，产品销售率有所提高，新产品市场得到了拓展，资金回笼及时。

【技术进步】 为了在市场上占据主动地位，公司还积极优化产品结构，加大调整力度，向优化调整产品结构要效益。公司2万吨/年氢氧化钾装置于2001年实现了投产，这使得公司的产品序列增加了高纯度氢氧化钾、液氯、盐酸等6种化工产品，进一步优化了产品结构。经过多项技术改造及国产化推进，目前该装置运行基本平稳，已取得了较大进展。2002年4月，公司试生产出标号高、效益好的93#汽油，全年共产出1.84万吨，由此新增效益315万元。聚丙烯车间也试生产球形聚丙烯粒料，取得了成功。

在提高员工技术素质方面，公司坚持全员培训与突出重点相结合的原则，贯彻"干什么，学什么；缺什么，补什么"，学用结合，按需施教。公司还将员工岗位技能培训工作纳入经济责任制，月月检查考核各车间单位岗位技能培训计划的落实情况。与此同时，公司还有针对性地开展了技术比武活动，涌现出了一批技术能手并在全区技能比赛中多次获奖。

由于公司全面开展成本核算工作，极大地调动了广大技术人员和职工的积极性，激发了技改技措的创造性。尤其是在提高装置效益、节能降耗等方面，生产车间在职工中积极征求合理化建议，大胆进行小改小革，积极寻求优化操作方案，使各种产品收率稳步提高，加工成本逐月下降。

（朱　红）

中国石油集团东方地球物理勘探有限责任公司

【机构沿革】 根据中国石油天然气集团公司2002年1月召开工作会议确定的关于"今年要完成物探局和西部地区测井业务专业化重组，组建中国石油集团物探和测井两个股份有限公司"的计划，按照集团公司关于重组改制的总体要求，为建设"国内第一，国际一流"的地球物理公司，增强物探行业的整体国际竞争能力，中国石油集团东方地球物理勘探有限责任公司（以下简称东方地球物理公司，英文缩写BGP）于2002年12月6日正式挂牌成立。

东方地球物理公司作为中国石油天然气集团公司控股的公司制企业，是在中国石油集团地球物理勘探局（简称物探局）公司制改建的基础上，吸纳新疆石油管理局地调处、吐哈石油勘探开发指挥部物探公司、青海石油管理局物探公司、长庆石油勘探局物探处、华北石油管理局物探公司、大港油田集团有限责任公司物探公司等六家物探单位，以产权为纽带共同组建的有限责任公司。东方地球物理公司注册资本总额为47.71亿元人民币，其中集团公司出资39.55亿元，占注册资本的82.89%；新疆石油管理局2.32亿元，占注册资本的4.86%；吐哈石油勘探开发指挥部1.04亿元，占注册资本的2.18%；青海石油管理局0.9841亿元，占注册资本的2.07%；长庆石油勘探局0.996亿元，占注册资本的2.09%；华北石油管理局0.9838亿元，占注册资本的2.06%；大港油田集团有限责任公司1.84亿元，占注册资本的3.85%。

东方地球物理公司成立后，将现有资源按业务进行重组，分为物探主业、公共事业、多元开发和旅游接待服务四大板块。总部机关设置13个职能部门，即公司办公室（党委办公室）、企业发展部、科技与信息部、计划经营部、财务资产部、人力资源部（党委组织部）、市场营销部、设备物资部、质量安全卫生环保部、审计部、监察部（纪委办公室）、党群工作部和工会。公司下设研究院、国际勘探事业部、西部勘探事业部、东部勘探事业部、物资装备事业部、海上勘探事业部、综合物化探事业部、采集技术支持中心、公共事业部、多元开发事业部、接待服务中心等11个直属单位。其中原为油田单位的新疆石油地调处、吐哈石油物探公司、青海石油物探公司划归西部勘探事业部以所属经理部运作，长庆石油物探处、华北石油物探公司划归东部勘探事业部以所属经理部运作，以大港物探公司为主组建海上勘探事业部。

【东方地球物理公司注册经营业务】 包括国内外陆地及浅海地震勘探采集、处理、解释，国内外综合物化探采集、处理、解释，与地球物理（化学）勘探有关的技术及装备研发、产品研制、技术引进与产品销售，国内外技术工程承包与劳务输出等，兼营物探监理，旅游宾馆服务，通信及工程服务，建筑工程及安装，建筑材料生产与销售，物业管理、服务与经营，自有设备、房屋租赁等，是一个以地球物理勘探业务为龙头，集物探主业、公共事业、多元开发和旅游接待服务为一体的跨国经营企业。

【队伍结构和人员状况】 东方地球物理公司主营业务包括物探采集、资料处理、成果解释和综合研究。物探采集共有地震队94支（其中陆地88支，浅海过渡带6支），VSP队7支，综合物化探队17支；资料处理和成果解释以设在涿州总部的地震资料处理和地质综合研究中心为依托，在国内设有8个靠前处理中心、10个靠前地质研究机构，在国外设有5个靠前处理中心。非主营业务包括公共事业、多元开发和旅游接待服务。公共事业共有12个独立的、由公司运营的后勤生活基地，分别位于河北涿州、徐水、霸州、固城、正定，天津北辰、唐官屯，河南开封，新疆库尔勒、乌鲁木齐，宁夏吴忠，甘肃泾川；多元开发有直属企业10个；旅游接待服务共有9个独立企业。

截至2002年12月31日，东方地球物理公司共用工29110人，其中长期职工18458人。长期职工中文化程度具有硕士以上学历的238人，大学本科学历的3197人，大中专学历的6313人；具有教授级高级职称的29人，高级职称824人，中级职称3140人，初级职称3899人。长期职工按业务板块划分所占比例是：勘探主业11679人，占63.27%；生产服务259人，占1.40%；社会服务3423人，占18.54%；旅游、接待334人，占1.80%；多元开发759人，占4.11%；管理机关1029人，占5.57%；其他975人。

【2002年主要生产经营指标】 2002年东方地球物理公司地震勘探共完成二维资料采集37733千米（记录合格率为99.90%），资料处理62611千米，其中原物探局地震勘探完成二维资料采集21627千米（记录合格率为99.92%），资料处理40408千米；原隶属油田的6家物探公司完成二维资料采集16106千米，资料处理22203千米。共完成三维资料采集10371平方千米（记录合格率为99.90%），资料处理一次覆盖面积12666平方千米，其中原物探局完成5748平方千米（记录合格率为99.89%），资料处理一次覆盖面积9288平方千米；原隶属油田的6家物探公司完成三维资料采集4623平方千米，资料处理一次覆盖面积3378平方千米。综合物化探（非地震勘探）完成工作量84262千米，其中原物探局完成76546千米，原隶属油田的6家物探公司完成7716千米。全年东方地球物理公司主营业务收入402367万元（其中原物探局在2001年扭亏脱困取得历史性突破后，2002年主营业务收入287605万元，为全年预算总收入的120.7%。在集团公司1.2亿元三项费用补贴的情况下，实现利润1亿元，扣除加大基地建设投入、解决历史遗留问题等，利润总额为3439万元）。在物探局全年完成的价值工作量中，国际勘探首次超过国内勘探，成为市场开发的一大亮点。

【国际地震勘探】 2002年物探局国际勘探共27个地震队分别在苏丹、哈萨克斯坦、伊朗、也门、利比亚、委内瑞拉、印度尼西亚、秘鲁、巴基斯坦、墨西哥等国家进行资料采集，完成二维地震勘探9507千米、三维地震勘探3525平方千米，共获生产记录436323张，其中一级品436286张，废品37张，记录合格率超过99.99%。

【国内地震勘探】 2002年物探局国内地震勘探在主业改革重组、职能调整、新体制磨合、市场形势严峻的情况下，共投入26个地震队分别在塔里木、准噶尔、吐哈、柴达木、酒泉、民和、鄂尔多斯、松辽、南鄱阳、苏北、渤海湾、南华北、敦煌、四川等14个盆地进行资料采集，完成二维地震勘探12119千米、三维地震勘探2223平方千米，共获生产记录379309张，其中一级品344213张，二级品34357张，废品739张，记录合格率超过99.80%。

【综合物化探】 2002年综合物化探（非地震勘探）在国内完成的工作量中，电法勘探6572千米，重磁力勘探60723千米，化学勘探800千米；国外完成重磁力勘探8451千米。

【专业化服务】 为适应物探局主业勘探资源的优化重组，包括测量服务、仪器设备租赁、物资供应等原分散在各地调处的专用设备在划归物资装备事业部后，整体优势得到充分发挥。通过靠前服务，提高了各种设备的利用率，其中地震仪器利用率同比增长21.5%，确保了全年勘探任务的圆满完成。

【资料处理、解释及综合研究】 2002年用于地震资料处理的计算机共有66台（套），在加大处理解释一体化力度、项目管理全面实施方法、处理、解释一体化运作的基础上，交机率 96.9%，平均使用率 96.7%。完成二维地震资料处理 40408 千米，三维地震资料处理满覆盖面积 6055 平方千米，各种数据处理结果均达到并超过设计要求，为成果解释打下了坚实的基础。综合研究以西部含油气盆地为重点，利用物探局现有成熟的碳酸盐岩解释研究技术、大深度低幅度圈闭识别技术、复杂山地精细构造解释和成图等技术与方法，为有关油田分公司提供物探及钻探井位部署建议，为股份公司寻找新的油气勘探后备战场。区域研究重点突出新盆地、新区带的超前及开拓性的研究，指出有利的勘探方向。目标评价重点落实圈闭、储层预测、提供钻探井位。全年共完成解释研究项目 136 个，解释二维地震剖面 328461 千米，三维工作量 21883 平方千米，高精度重磁 165627 千米、MT3039 千米、CEMP2531 千米，发现各类圈闭 737 个，圈闭面积 21551 平方千米；复查各类圈闭 873 个，圈闭面积 340101 平方千米；向有关油田提供建议井位 175 口，被采纳 109 口；为油田分公司提供物探部署建议，被采纳的二维地震为 11341 千米，三维地震 2630 平方千米，重磁力 37500 千米，CEMP4808 千米。

【科技工作】　按照“国内第一，国际一流”的发展目标，经过科技资源内部整合建立起“一个整体，三个层次”的技术创新体系。2002 年物探局科技工作遵循集团公司整体发展的思路，针对股份公司的勘探需求和物探局生存与发展的需要，以集约化的方式，集中科研资源，围绕重点项目加快攻关研究的节奏，将西部复杂区地球物理勘探方法、开发地震技术、油气勘探软件和重点装备研制、中西部前陆盆地油气勘探领域与对策、前沿和储备技术研究作为重点，投入总经费 8900 万元用于项目研究，取得丰硕成果，其中《地震勘探数据采集、处理系统》成果获 2002 年度国家科学技术进步二等奖，《轮南碳酸岩盐潜山地震资料处理、解释一体化攻关研究》成果获集团公司 2002 年度技术创新奖二等奖。

在重点项目的研究中，西部复杂区山地山前带地震勘探采集技术，已经完成合同要求的研究内容，有效解决了一些制约复杂地区地震勘探的技术难题，确保了各探区一批重点物探工程项目的顺利实施。开发地震技术研究进展顺利。针对高分辨率地震勘探存在的问题开展攻关，提高了资料的信噪比。井下电法油水界面探测技术完成了包括 128 道同步充电电位监测仪和网络同步充电电位记录仪的研制及成图方法的研究，经在山西沁水进行煤层气压裂试验取得较好效果。储层横向预测油气水识别技术取得多项阶段性成果。多波地震勘探技术研究成果经对苏里格气田多波地震资料进行处理和解释，完成 PP 和 PS 波叠加、偏移处理和 PP 波 AVO 试处理工作，进行了叠后振幅属性分析、地震资料的正、反演研究工作，取得的成果较以往地震资料品质有明显提高。物探软件与装备研制取得新成果。地震采集软件 Klseis2.0，完善了基于三维模型技术的三维地震观测系统设计、现场资料实时动态监控分析系统。地震数据处理解释系统 GRISYS/WS－7.0 形成一系列解决复杂地表和复杂构造的特色处理方法和技术，具备二维和三维常规处理、特殊处理、深度偏移处理、正反演和 VSP 处理等处理技术，运行和操作过程实现可视化功能。

全年上报集团公司成果登记 25 项，其中集团公司计划项目 4 项，物探局计划项目 21 项。在 2002 年登记的科技成果中，共申请专利 17 项，软件登记 1 项，有效保护了无形资产。

【完善用人机制　重奖优秀成果】　2002 年物探局在向国际一流地球物理公司目标迈进过程中，加大人才的选拔和培养力度是作为首要任务来落实的。4 月份，全局先后从现职技术人员中选拔聘任了 23 名技术专家、24 名科技带头人，加上 2000 年以来聘任的 14 名已退休的技术专家，形成了在国内甚至国际具有很强影响力的专家集群。为充分调动技术专家和科技带头人的积极性，专门制定下发《物探局专业技术队伍建设暂行办法》和《物探局专家、技术带头人考核管理办法》等，认真履行聘任手续，提供良好的工作环境。11 月初，又批准第二批 71 名中青年科技工作者为科技带头人，使全局科技带头人数达到 95 人。与此同时，对科技成果予以重奖已成为完善用人机制的重要手段，上半年研究院召开的“科技兴院功臣”表彰会上，对 108 名取得优异成绩的科技人员进行表彰，其中 5 名获“科技兴院功臣”特别贡献奖者每人各得奖金 1 万元，32 名获“科技兴院功臣”重大贡献奖者每人各得奖金 6000 元。而在物探局全局，仅 2002 年 5 月，在对《克拉 2 复杂山地三维地震勘探技术》等 43 项 1999—2000 年度技术创新成果的奖励金额达 235 万元。

【企业管理】　以决策民主化、管理科学化、经营成果透明化为手段，企业管理整体水平有新提高。面对企业生存发展和内部稳定的双重压力，正确处理改革、发展、稳定三者之间的关系，以改革促发展，以发展求稳定。2002 年物探局按业务集中统一管理的组织模式基本确立，专业化服务模式在推广应用不中断完善，特别是探索形成的“五个一体化”、“三个靠前”的服务模式，以及以项目为单元、规模化生产的管理组织模式，使企业核心竞争力显著增强。资产经营工作紧密围绕生产经营和深化改革，完善资产经营责任制办法和考核办法，加大内部模拟资产经营责任制的实施力度，规范计划的执行程序，加强管理基础工作。通过财务集中管理，确立起以资金管理、资产管理和成本管理为重点的新目标和各项监督制约机制。东方地球物理公司组建后，依照《中华人民共和国公司法》和《公司章程》，采取集中管理与授权经营结合、业务板块管理和专业化管理相结合，对主营业务实行事业部管理体制，对非主营业务实行模拟子公司管理，待分离企业办社会职能后，逐步向子公司管理体制过渡。

【QHSE】 QHSE 工作管理水平稳步提升。按照集团公司的要求，2002 年度对物探作业队伍进行甲级和乙级队伍的认证工作。在原有 HSE 体系文件的基础上，收集和整理了国家相关法律法规、CNPC 相关规定，修订企业 HSE 标准做到条分缕细。强化风险管理，加强风险的控制和防范，全局共有局、处两级领导干部 175 人承包重点要害部位和关键装置 186 个，到位总次数 2256 人次，现场解决问题 1100 余项，确保了重点要害部位的安全生产。2002 年物探局整体加入了 SOS 国际救护组织，进一步提高了对突发事件的应急反应能力。围绕“讲诚信，保质量”、“以质量求发展”、“以名牌求效益”主题开展“质量月”活动，获得国家质量协会颁发的“质量月活动先进单位”称号。质量管理体系和 HSE 管理体系通过外部认证机构的监督审核，展示较好的 QHSE 管理水平。勘探采集质量稳步提高，所有项目均一次性通过甲方验收，国内勘探优质项目率超过 70%。杜绝了重大质量事故、爆炸事故、工业死亡和重伤事故、火灾事故，实现集团公司下达的 QHSE 年度指标。国际勘探创造了 2000 万工时无事故的业绩，其中尼日利亚项目的 9811 队创造了累计 900 万工时无失时伤害事故新纪录，9912 队取得了沼泽作业 400 万工时无失时伤害事故的 HSE 佳绩。

【多元开发】 2002 年物探局多元开发把工作重点放在重组、改制、分流、调整、发展上，将直属企业压缩至 10 家（其中国有独资企业 6 家，控股企业 4 家），另有 4 家参股企业，为多元企业的独立生存与发展奠定了坚实基础，当年盈利创历史最高水平。

【公共事业服务】 通过健全公共事业部及下属机构，建章立制、理顺职能、规范管理，2002 年形成“强化管理，统一标准，规范运作，重建制度，安全稳定”的 20 字工作方针，顺利完成地调处公共事业管理中心划归事业部的交接工作，企业办社会职能分离等各项改革稳步推进。实行内部票据统一管理，规范系统内的收费，建立公用房屋价格体系，首次实现办公用房有偿使用；成立涿州、徐水会计核算中心，实行财务集中管理；对离退休人员在全局范围内实行“基本统一政策，区域集中，属地服务”。院区物业管理有新的进展。各基地物业管理依托主业，面向社会，在市场化运作、企业化经营中积极探索。加大专项资金的投入，改善基础设施，狠抓水电气暖、治安、环卫绿化的服务，提高物业服务水平，加大环境治理力度，美化院区环境。规范物业管理服务标准和服务指南，初步形成监督考核体系。各子弟学校通过推行素质教育取得成效，其中高中毕业生参加高考升学率达到 90.0%，比 2001 年提高 25 个百分点；医疗卫生工作以预防为主，对职工的健康起到了保障作用；计划生育工作连续 4 年实现计划生育率、孕外补救率、一孩领证率、综合节育率、流动人员办（验）证率五项指标 100%。

【党群工作】 2002 年物探局党群工作全面贯彻“三个代表”重要思想，与时俱进，在延续以往有效工作方法的同时，继续探索和创新工作思路和方法，紧密围绕物探局的中心工作，为创建国际一流物探公司提供文化支持、思想保证和正确的舆论导向。党风廉政建设实行责任制，局及局属单位的“一把手”是党风廉政建设的“第一责任人”，切实履行“一岗双责”。按照“谁主管，谁负责”的要求，将全年的党风廉政建设工作分解到局属各单位，各单位领导班子成员也分别同三级单位的主要领导签订党风廉政责任书。

2002 年物探局共选拔任用处级领导干部 24 人，都严格按照程序进行，体现了“公开、平等、竞争、择优”的原则。对 10 名处级领导干部调动实行离任经济责任审计，审查任期内经营责任指标的完成情况及单位资产、负债、损益的真实性等，做出客观评价，为加强干部监督和组织部门考核任用干部提供了参考。

各级群众组织发挥自身的优势，全力做好工作。工会组织认真履行维护的基本职责，为实现“三个最大限度”，继续组织实施“三项工程”，调动了职工的生产积极性。在转机建制的新形势下，共青团组织凝聚团员青年的力量，切实发挥生力军作用，为实现全局的发展目标做出了贡献。

【一年召开两次基层建设工作会议】 物探局根据自

身队伍特点和承担任务的需要基层建设常抓不懈，其中一项重要措施是每年召开一次基层建设会议交流经验，以期不断提高基层队的凝聚力和战斗力。2002年2月5日召开第17次基层建设工作会议，总结推广应用14个单位在项目运作中的经验。东方地球物理公司成立仅半个月，又适时召开东方地球物理公司2002年基层建设工作会议，围绕建设国际一流的物探公司的大目标，将原物探局和新疆、长庆、华北、大港、青海、吐哈等单位基层建设方面的经验广泛进行交流，并命名26个物探队为“东方先锋”物探队，使更多的基层队学有榜样。

【物探局进入省级文明单位行列】 自1997年物探局提出“把两个文明建设作为统一的奋斗目标，一起部署，一起落实，一起检查”和精神文明建设走在河北省和石油系统前列的目标后，通过深入持久地开展创建文明基地、文明单位、文明家庭、争当文明职工的“三创一争”群众性精神文明建设活动，在局处两级机关开展优质服务、优良作风、优美环境、让基层满意的“三优一满意”活动，在各基地开展绿化、净化、美化的创“三化”活动，以及“1124堡垒工程”、“党员责任区”、“党员先锋岗”、“青年文明号”、“青年岗位能手”、“青年志愿者”、“巾帼建功”等活动，使精神文明建设取得可喜成绩。1999年所属地调二处、地调三处和培黎石油学校（已划转达甘肃省）成为省级文明单位；2000年地调四处、地调五处跨入省级文明单位行列，同年物探局被保定市命名为文明单位；2002年7月物探局被中共河北省委员会、河北省人民政府命名为“文明单位”并颁发牌匾，标志着物探局精神文明建设迈上一个新台阶。

【稳定工作】 2002年各级党组织从讲政治、讲大局的高度，把稳定工作纳入重要的议事日程，建立党政工团齐抓共管，部门各负其责的稳定工作责任制。签订局、处（事业部）、科室、班组、个人五级维护稳定责任书，把维护稳定的责任落实到每一位员工、每一个家庭。坚持设立局长热线，对不稳定因素“早发现、早介入、早控制、早化解”，将矛盾化解在基层和萌芽状态。针对不同时期“6.10”工作形势和要求，多次召开专题会议，研究部署工作。特别是在党的十六大会议召开期间，专门签订物探局“6.10”工作责任书，实行局“6.10”小组成员承包重点单位，二级单位“6.10”小组成员承包重点人员的领导责任制。采取以原单位管理为主，院区居委会配合的方式做好“法轮功”练习者的帮教转化工作，全年未发出现“法轮功”人员进京或在当地滋事的情况。

（周　宏）

中国石油集团工程设计有限责任公司

【概述】 中国石油集团工程设计有限责任公司是中国石油天然气集团公司直属的大型科技企业。2002年是公司成立后全面开展工作的第一个整年，公司全面贯彻落实年初集团公司工作会议精神，坚持观念创新、制度创新和管理创新，立足发展求生存，加强市场开拓，狠抓内部管理，积极组织生产，全年共实现经营收入33181万元，较2001年增长了55.0%，实现利润702万元，比2001年增长了23.4%，圆满完成了董事会提出的各项生产经营指标，公司持续保持良好发展态势。

【生产经营任务】 2002年，公司充分发挥专业化重组的优势，坚持以市场为中心，不断加大市场开发力度，带动了公司生产经营的快速发展。

1. 加大市场开发力度

公司深刻认识到市场开发是公司生存与发展的首要问题，并认真贯彻“依托本系统、面向外行业、立足国内、走向国外”的市场开发战略，不断提高产品质量和服务水平，不仅巩固了原有市场，而且在拓展中石化、中海油、地方天然气等市场领域取得重大突破，先后承揽了陕京二线输气管道、山西省支线及天然气管网规划、淄博—青岛输气管道、永清—唐山—秦皇岛输气管道、青海油田地面总体规划、武汉城市高压管网工程、国家储备油库、桑塔木及桑南油田地面建设、中油燃料乙醇、大连350万吨/年催化裂化装置配套工程等一批重点项目，全年新签合同额29804万元，为公司生产经营打开了局面。

公司积极跟踪重点工程建设项目，充分发挥重组后的信息优势，加强与集团公司、股份公司、相关业主及有关部门的交流与沟通，积极做好市场开发工作。同时公司还努力探索适合自身特点的市场开发模式，分（子）公司之间加强了交流与合作，初步建立了公司上下协调的市场开发体系。

2. 大力推进国际化经营

公司将开发海外市场作为发展主营业务的突破口，并先后赴苏丹、哈萨克斯坦、吉尔吉斯斯坦、印尼、新加坡等国进行实地考察和项目谈判，及时跟踪国际市场信息，充分发挥公司整体优势，组织力量参与海外工程项目投标，努力开拓海外业务。同时加强海外项目管理，确保项目进度和成果质量，努力打造公司品牌，特别是在苏丹六区项目中，严格按国际惯例规范运作，加强与业主的沟通，取得了良好的效果，有力地促进海外市场开发。经过积极努力，公司先后承揽了哈萨克斯坦扎那诺尔油气处理厂、吉尔吉斯中方公寓、阿拉木图疗养院等海外项目，全年签订国外工程合同额 4219 万元，公司国际化经营有了良好的开局。

公司还积极加强国际化经营的各项基础工作：办理了公司对外经营资格证和进出口企业资格证；设立了苏丹及哈萨克斯坦办事处；举办了海外项目经理培训班；与加拿大 VECO、EMC、美国 UNIVERSAL、新加坡 SEMBCORP 等国际工程公司签订了合作协议。

3. 加强生产组织

公司年初召开了项目管理研讨会，明确了项目管理目标，采取有力措施全面推行项目管理，认真落实项目经理负责制，充分调动项目人员积极性。同时努力提高服务水平，对重点工程及时派出设计代表开展现场服务，把公司“倾力倾情为您描绘蓝图，全心全意助您梦想成真”的经营理念贯彻到每个项目中。

在生产任务十分繁重的情况下，公司突出工作重点，精心策划，严密组织，积极协调，保证了项目的平稳运行，全面完成了全年生产任务。

4. 培育公司核心技术，推进科技产业化

公司组织召开了首届科技工作会议，明确了公司“立足于提高集团公司的经济效益和技术水平，立足于培育公司核心技术，立足于科技产业化，成为集团公司油气和炼化工程的主导科研单位”的科技方针，为公司科技工作指明了方向。

根据科研方针的要求，公司紧密结合工程实践选择科研课题。经过科学论证和层层筛选，公司向集团公司申报的三个科研课题全部立项，其中“西气东输工程气田站场工艺及设备研究”还被列为“十五”国家重大装备研制项目。

此外，公司还积极推进科技产业化，以迪威尔公司和环境工程公司为产业化主体，研究制定了科技产业化具体措施，确保将技术真正转化为现实生产力，提高公司赢利能力。在对现有成熟技术进行充分论证的基础上，提出了近期准备实施的科技产业化项目，制定了详细的工作计划。科技产业化作为公司新的经济增长点，已展示出勃勃生机。

【改革与管理】　2002 年，公司坚持观念创新，逐步形成了以发展理念、人才理念、市场理念等为代表的崭新的公司理念，推动了公司的各项改革。同时，公司继续加强管理，坚持实行总分公司和母子公司两种管理体制，并加强公司战略管理，推行“特色管理”和“星级服务”，初步形成了公司管理优势。

1. 继续做优做强

公司坚持“有利于加盟单位的长远发展、有利于主管局的长远利益、有利于 CPE 做优做强”和“统一公司品牌、统一业务管理、统一企业文化、统一发展战略”，在与辽河石油勘探局友好协商的基础上，以投资入股的形式，吸纳辽河石油工程公司加盟，使公司的整体实力进一步增强。

2. 不断深化内部改革

一是继续改革干部制度。全面推行干部竞聘制，公司率先在总部及实业开发公司实行干部公开竞聘，并在集团公司系统内公开招聘总会计师；西南分公司完成了 17 个部门中层干部的公开竞聘工作，新聘中层干部 14 人，落聘 10 人。

二是全面推行经营目标责任制。年初，公司与各分公司签订了经营目标责任书，将各项生产经营指标分解到各分公司。各分公司也纷纷将生产任务下达到各基层单位，并将基层单位的指标完成情况与领导奖惩挂钩，调动了基层单位的积极性。

三是加大薪酬制度改革。东北分公司将员工工资的 40%作为浮动工资，根据考核情况提取；华北分公司将岗位工资与部分绩效工资合并，按照工作业绩发放；西南分公司加大考核兑现力度，实行风险抵押。这些措施强化了激励约束机制。

四是加快后勤单位改革。继续按照“企业化管理、市场化运作、社会化服务”原则，加大后勤单位改革力度。东北分公司将后勤服务系统和原“三产”从主业中剥离，大大降低了主营业务成本；华北分公司将原出版、后勤保障中心及三产部分职工合并，组建了新的实体公司，从而实现了主辅业分离；实业开发公司积极探索公司制改造，努力建立有效的激励约束机制，实现自主经营、自负盈亏。

五是大力精简机关队伍。东北分公司将机关管理部门由17个精简为9个，管理人员由76人减至30人，基本实现机关精干高效；西南分公司按精干一线，压缩二、三线的原则，将机关部门由73人压缩到59人。

3. 编制公司五年计划

公司认真贯彻落实集团公司领导指示精神，加强战略管理，成立领导小组，组织编制公司五年计划。经过认真分析，进一步明确了公司定位，即公司是集团公司直属的、以石油天然气和炼油化工工程设计为核心业务、大力发展工程总承包和科技产业化、与国际接轨的大型科技企业，并确定了公司“以提高石油天然气、炼油化工工程的经济效益和技术水平为己任，立足工程设计，积极培育工程总承包和科技产业化两个新的经济增长点，加强人力资源开发、市场开发和科技开发，全面实施人才战略、品牌战略、创新战略、国际化经营战略和企业文化战略，培育公司核心竞争力，推动公司高效快速发展”的发展方针。

公司经过上下反复结合，按时完成了五年计划，确定了“五年建成国内一流工程公司、十年建成国际一流工程公司”的发展目标，并研究制定了具体发展措施。

4. 推行“特色管理”

公司加强以项目管理、质量管理、财务管理等为重点的各项管理工作，狠抓建章立制，公司总部对全部60余项制度进行了修订完善，并汇编成册，各分（子）公司累计制（修）订制度170余项，推动了管理工作的制度化、规范化。同时坚持严考核、硬兑现，努力将各项制度落实到管理工作中，向“规范、严格、精细”的“特色管理”迈出了可喜的步伐。

一是加强项目管理。组织召开了项目管理研讨会，明确了公司项目管理目标和措施，修改完善了《项目管理及考核奖励办法》，同时加强与各分（子）公司的交流，指导各单位全面推行项目管理。

二是加强质量管理。发布了公司2000版质量管理体系文件，积极开展体系文件宣贯、内审、管理评审等活动，确保体系适宜性、充分性和有效性，并于8月份顺利通过中设认证中心正式认证审核。

三是加强财务管理。采取有力措施，规范公司财务制度、核算办法及会计科目；大力加强预算管理，杜绝预算外支出；统一公司资金筹措管理，减少融资成本；加强队伍建设，先后举办了两期财务培训班，不断提高财务工作人员素质。

四是加强资质管理。顺利完成勘察、设计、咨询、工程总承包等资质嫁接，实现电力、医药等4项资质升级换证。

五是加强人事劳资管理。推进劳动用工制度改革，与员工签订了劳动合同，对员工实行契约化管理。

六是加强行政管理。积极改善各单位办公环境，顺利完成东北分公司新办公楼的装修搬迁，改造了西南分公司旧办公楼，改建了实业开发公司中油普蓝培训中心餐厅，启动了大连分公司新办公楼的装修工作。积极探索新形势下档案管理的新思路。加强涉密信息管理。加强计划生育工作，各单位达标率为100%。

八是加强安全生产与综合治理。认真贯彻落实《中华人民共和国安全生产法》，不断建立健全管理制度，编发了公司安全工作管理制度汇编，落实安全生产责任制，杜绝了各类安全事故。

九是加强离退休职工管理。认真落实离退休职工的政治和生活待遇，积极组织开展丰富多彩的文化活动，促进离退休职工的身心健康。

（钟吉昌）

中油财务有限责任公司

【概述】 中油财务有限责任公司是中国石油天然气集团公司发起，并有35家油田企业入股，经中国人民银行批准，国家行政工商管理局注册的一家非银行金融机构，公司成立于1995年12月18日，注册资本为30亿元人民币（含12000万美元）。

【公司机构设置基本情况】 截至2002年底，公司本部设有8个部室：财务部、信贷部、国际部、证券部、营业部、管理稽核部、信息发展部、总裁办公室。为了适应集团管理和公司发展的需要，公司在大庆、沈阳设立了办事处，在西安、吉林设立了代理处。为了保证集团货款封闭结算工作顺利开展，先后在部分集团成员单位设立了28个业务受理处。受理处的主要任务是：准确、及时、完整地传递结算原始凭证。

【公司经营范围】 公司经营以下本、外币业务：吸收成员单位三个月以上定期存款；发行财务公司债券；同业拆借；对成员单位办理贷款及融资租赁；办理集团公司成员单位产品的消费信贷、买方信贷及融资租赁；办理成员单位商业汇票的承兑及贴现；办理成员单位的委托贷款及委托投资；有价证券、金融机构股权及成员单位股权投资；承销成员单位的企业债券；对成员单位办理财务顾问、信用鉴证及其他咨询代理业务；对成员单位提供担保；境外外汇借款；办理成员单位之间内部转账结算业务。

【经营发展概况】 公司在集团公司和中国人民银行的正确领导下，全面贯彻、执行了国家各项金融方针和政策，认真执行了股东会、董事会的各项决议，在集团公司财务资产部、股份公司财务部和各成员单位的大力支持下，积极开拓各项金融业务，经过8年多的金融实践，公司资产质量保持优良状态，利润指标不断创新。

2002年年末公司资产总额为976亿元，比预算增加296亿元。全年公司实现利润68188万元，比预算增加3185万元。

1. 存款业务

2002年末各项存款余额888亿元，其中，人民币信托存款580亿元，外汇51488万美元，折合人民币42亿元，人民币委托存款200亿元，外汇79825万美元，折合人民币66亿元。

2. 结算业务

2002年共办理成员单位人民币结算业务489232笔，累计结算金额31304.6亿元。办理外汇结算业务1567笔，累计结算金额180295万美元，47697万英镑。

3. 人民币贷款

2002年累计发放各项贷款2288笔，金额495亿元。其中，发放信托流动资金贷款411笔，金额323亿元；办理贴现1639笔，金额44亿元，发放信托固定资产贷款12笔，金额31亿元；办理委托贷款226笔，金额97亿元。

2002年累计收回各项贷款2145笔，金额444亿元，其中，收回信托流动资金贷款326笔，金额304亿元，承兑贴现1547笔，金额44亿元，收回信托固定资产贷款12笔，金额4亿元，收回委托贷款260笔，金额92亿元。

年末各项贷款余额445.62亿元。

4. 外汇贷款

2002年共发放外汇信托贷款24笔，20753万美元、委托贷款3笔，699万美元，收回信托贷款11536万美元，委托贷款18077万美元。

5. 证券业务

2002年国债回购累计成交数量1786万手，成交金额178.68亿元，收入2261.54万元。

基金交易业务盈利545万元。

股票业务盈利6589万元。

委托资产业务盈利509.48万元。

（公司办公室）

吉林燃料乙醇有限责任公司

【概述】 吉林燃料乙醇有限责任公司创立于2001年9月19日，由中国石油天然气集团公司、吉林粮食集团有限公司、中国华润总公司共同出资组建，作为吉林60万吨/年燃料乙醇工程的项目法人，负责项目的建设和运营。2001年9月22日，项目正式启动，2002年5月20日，实现了土建工程全面开工。截至2002年年底，累计完成投资11.44亿元，为计划总投资20.43亿元的55.97%。

【工程建设情况】 从2002年5月20日开始，公司连续开展了两次百日会战，加大了施工建设工作力度。截至2002年年底，工程累计完成混凝土施工14万立方米，完成土石方204万立方米，完成建筑面积施工5.6万平方米，完成各类设备281台（套）。

公司始终坚持把工程质量摆在首位，通过加强设备材料质量控制，强化施工质量的日常监管，狠抓施工质量的第三方检验，有效地保证了工程质量，达到同行业先进水平。

截至2002年年底，工程和设备材料招投标工作已基本结束。在招投标工作中，公司严密慎重地履行招投标程序，充分尊重投标结果，客观确定中标厂商，与概算相比，节省了大量投资，为最终实现降低投资 1 亿元的基础更加坚实。

【生产准备情况】 总体试车方案及相关技术准备基本结束，生产准备系统全过程参与施工图会审及现场施工监督，及时发现和协调处理了诸多设计不足，生产准备进入实质性阶段。同时，公司初步确定了玉米采购模式和渠道；协调落实了燃料乙醇推广的目标市场和一期投资计划，并配合省政府完成了立法推行的前期准备工作。

【公司管理情况】 在管理体制上，完善了法人治理结构，建立了股东会、董事会和监事会，实行董事会领导下的总经理负责制；在运行机制上，彻底打破了国有企业“大而全”、“小而全”的陈旧管理模式。编制定员力求先进，定员由可研报告的 1275 人削减到了 600 人。激励约束机制力求到位，员工实行公开招聘，双向选择，每年末位淘汰 2%—3%。后勤保障力求“社会化”。具体可归纳为“五个不配”、“五个不办”，即不配公务用车和专职司机，不配检修及维护、保全人员，不配运输人员，不配后勤服务人员，不配治安消防及门卫人员；不办社会，不办后勤，不办副业，不办离退休，不办传统福利。员工的养老、医疗等全部利益保障一律实行社会保险，全部生活福利均纳入到薪酬当中兑现；在管理手段上，初步实现了内部信息共享，办公自动化进入实施阶段。同时，管理体系认证准备工作进展顺利，已经在规范企业管理方面发挥了一定的作用。

【科研开发情况】 已经着手的两个科研项目取得明显进展，燃料乙醇与柴油混配的应用性实验非常顺利，正在申请专利。饲料转化为绿色生物有机肥的开发已经取得成功，试制产品符合拟定的国家标准，并获得专利号。

（戴宝霖　张　宇　赵会来）

塔里木石油化工工程建设指挥部（塔里木石油化工有限责任公司）

【概述】 塔里木石油化工工程建设指挥部（以下简称塔石化）在册员工 380 人，其中借聘苏丹工作 35 人，大学本科学历 115 人，大专 105 人，中专 66 人，高中以下 94 人，高级专业技术职务 22 人，中级 108 人，初级 89 人；塔石化设党政办公室、党群处、纪检监察处、人事劳资处、财务处、审计处、经营管理处、生产管理处、技术开发处 9 个机关处室及热电分厂、催化车间等 13 个基层单位；党组织设有一个机关党总支、15 个基层党支部。

2002 年，塔石化党委及指挥部在集团公司党组和集团公司的正确领导下，全面贯彻“三个代表”重要思想，认真落实集团公司 2002 年工作会议精神，按照集团公司关于塔石化工作的一系列指示和要求，在保持稳定、谋求发展的前提下，认真围绕“三大任务”、稠油改质可行性研究、精神文明建设等工作，团结一心、艰苦奋斗、真抓实干，较好地完成了本年度各项工作任务。

【主要工作】

1. 认真做好集团公司交给的“三大任务”

（1）看厂护厂和设备维护保养工作。看厂护厂和设备维护保养是塔石化近几年的首要工作任务，为了做好此项工作，主要抓了以下几点：认真执行值班护厂制度，严格按照制定的交接班制、岗位责任制、巡回检查制等制度管理职工。制定了看厂护厂和设备维护责任区，大到一个装置、一个系统，小到一条管线、一台仪表都划分了责任区，并指定了责任人，保证了工作无死角；制定精细周密的设备维护保养措施，对仪表、管线、阀门、塔器等设备进行了分门别类，每类设备根据自身维护的标准进行维护保养，分别进行擦洗、涂油、盘车润滑、包扎等工作，对不同设备采取不同的维护措施，坚持做到大机组每月盘车一次、小型机泵每周或每天盘车一次；坚持做好设备防冻工作，针对本地区自然条件恶劣的实际情况，从 10 月份开始，对可能积水的管线，阀门等设备进行了低点排凝和空气吹扫，对全部设备进行了包扎防护，为装置设备的安全过冬创造条件；认真做好每月一次的设备检查维护评比工作，定期或不定期对责任区设备进行自检自查，每月组织一次设备维护大检查；及时对设备腐蚀情况进行跟踪检查，由于装置 4 年未开工，各种设备都存在不同程度的腐蚀现象，为了做好设备的保值工作，指挥部组织有关单位对装置机泵、换热器、塔器、管线的内外腐蚀情况进行了抽测检查，及时总结防腐经验，扼制设备腐蚀程度的加重。

通过一年的辛苦努力，塔石化看厂护厂和设备维护保养工作取得了较好的成绩，凡是到过现场视察过的专家及领导都给予了充分的肯定。

（2）电站发电上网准备工作。年初，有关领导曾考虑让石化电站发电上网，为此我们继续抓好热电分厂的制度完善、人员专业技能培训、设备维护保养等工作，确保只要有命令就能够在1个月内顺利地供上电，后由于地方政府考虑到地方企业的切身利益，致使我们争取发电上网的努力不能实现，但我们一直在积极和地方政府协商，争取把塔石化电站作为南疆的调峰电源。

（3）带好队伍方面的工作。一年来，塔石化党委认真贯彻落实党中央、集团公司党组的一系列指示精神，围绕稳定和再就业工作，加大党建工作力度，积极做好思想政治工作，在职工待遇有所降低、工作环境较差等情况下，确保了职工队伍的稳定。特别是指挥部开展稠油改质研究工作以来，职工队伍斗志昂扬、精神饱满，表现出了积极的支持态度和极大的工作热忱。

2. 积极配合集团公司规划计划部认真做好稠油改质研究工作

年初，集团公司咨询中心专家组到塔石化现场对设备、稠油资源、经济效益等方面进行了调研，认为塔石化加工塔里木稠油是完全可行的。集团公司在听取汇报后，委派集团公司规划计划部全面负责稠油改质研究工作。为了积极配合集团公司规划计划部的工作，进一步推进稠油改质工作的步伐，我们做了大量的服务工作。一是按照咨询中心的要求，在最短的时间内，先后两次组织人员从塔里木盆地取稠油样品10吨，用车送到克拉玛依石化厂切割后，再送到东营石油大学试验室；二是组成项目组专门负责稠油改质研究工作的协调、联络等服务工作。

目前，在集团公司领导的高度重视和规划计划部的统一协调下，塔里木稠油改质研究已取得可喜进展。

3. 精神文明建设

2002年塔石化精神文明建设以十六大精神和“三个代表”重要思想为指导，认真贯彻落实集团公司党组有关精神，以党建为龙头，以职工思想政治工作为重点，党委统一部署，各部门协调配合，使塔石化在暂缓开工的困境下仍形成了良好的企业文化氛围。

（黄焕益）

PetroChina
中国石油

中国石油吉林石化分公司

PetroChina Jilin PetroChemical Company

28万吨／年聚乙烯装置

30万吨／年合成氨装置

7万吨／年苯胺装置

中国石油吉林石化分公司是集油、化、胶、塑、洗于一体的综合性石油石化企业，位于中国东北的吉林省吉林市。

吉林石化分公司的前身是吉林化学工业公司，是国家“一五”期间兴建的以“三大化”为标志的大型化学工业基地。1954年开工建设，1957年建成投产。吉化的发展，经历了四个历史阶段。20世纪60年代中期，在原“吉林三大化”的基础上，经过不断的改造、扩建，建设成以煤化工为主的国有大型化工生产基地，完成了吉化发展史上的第一次创业；20世纪80年代初，年原油加工量250万吨炼油装置和年产11.5万吨乙烯及其配套装置建成投产，使吉化发展成为煤化工和石油化工两条原料路线并举的特大型国有企业，完成了吉化发展史上的第二次创业；20世纪90年代，以30万吨乙烯及配套装置全部建成投产和淘汰了一大批落后生产装置为标志，完成了吉化发展史上的第三次创业；进入21世纪，在计划经济向市场经济过渡的过程中，吉化与其他国有老企业一样，遇到了前所未有的困难，从而开始了以重组整合、结构调整、强化管理、扭亏为盈为重点的第四次创业。

目前，吉林石化分公司有所属单位20个、共有生产装置104套。其中，具有国际水平的装置19套，国内先进水平的装置27套。原油一次加工

地址：吉林省吉林市龙潭大街9号　邮政编码：132021　电话：(0432)3976997

能力达到650万吨，乙烯年生产能力达到53万吨，化工总生产能力达到496万吨。生产115种化工产品，年生产商品量480万吨以上，其中主导产品13种。ABS、乙二醇、AES、醇醚、苯胺、丁辛醇、醋酸、醋酐、苯乙烯、乙醇、乙丙橡胶等17套装置生产能力位居全国前列，是中国国内惟一的乙丙橡胶、MDI级苯胺、工业乙醇生产厂家。

2002年以来，吉林石化分公司立足当前、放眼长远、大刀阔斧，以转变观念和作风建设为突破口，通过采取优化生产、强化管理、加快技术改造步伐、深化改革等一系列强有力措施，取得了扭亏为盈攻坚阶段性显著成果。2002年实现了大幅减亏目标，2003年实现利润5亿元，销售收入190亿元。工业总产值、销售收入、实现税金、产品产量和商品量等主要生产经营指标均创出了公司成立40多年以来历史同期最高水平，一举结束了长达6年连续巨额亏损的历史。

在新形势、新体制下，吉林石化分公司注重以文化力提升企业竞争力，在继承优良传统的同时，积极进行企业核心价值观的再造。公司全体员工以高标准创业，高水平创新的理念，“高标准、严要求、快节奏、求实效”的作风，为实现建成中油最大、国内一流、国际知名的大型石油化工生产基地的目标而奋斗。

38万吨/年乙烯装置

环氧乙烷装置

ABS产品生产线

真：(0432)3068982　电子信箱：jish@jcic.com

中国石油天然气国际有限公司

中国石油天然气国际有限公司［英文称为PetroChina International Limited，对内称国际(勘探开发)有限公司，简称国际公司］，是经中国石油天然气股份有限公司(以下简称中国石油)董事会审议通过，报经国家外经贸部批准，在英属维尔京群岛注册成立的境外全资子公司。国际公司是中国石油开展境外投资和经营活动的载体，归口管理并具体组织实施中国石油境外勘探开发业务。

2002年9月3日原中国石油天然气股份有限公司对外合作经理部与国际公司合并，依据《中华人民共和国对外合作开采石油资源条例》，经中国石油天然气集团公司授权，具体负责所属国内石油天然气资源对外合作各项合同的执行和管理。

国际公司于2002年4月到2003年4月一年的时间里，先后收购了美国、马来西亚等公司在印尼的油气资产，并在印尼设立中国石油国际印度尼西亚项目公司(PetroChina International Companies in Indonesia)。收购的资产共有7个区块，中国石油在7个区块的工作权益占17%～50%，平均为30%。2002年实现总产量1636万桶(221万吨)油当量，中国石油权益产量78万吨。

中国国内陆上石油勘探开发对外合作始于1985年，截至2002年底共与44家境外公司签订石油合同52个，引进合同规定义务工作投资11.22亿美元，完成投资8.14亿美元，勘探项目共探明储量3744万吨，培养员工2352人次，目前正在执行的合同13个。开发项目累计生产原油587万吨，生产天然气 20318万立方米。

国际公司坚持“请进来，走出去”和利用国内外两种资源、两种资金、两个市场的既定方针，积极稳妥地开拓国内外石油天然气勘探开发合作项目，为中国石油国际化经营，促进中国从国内石油公司向跨国石油公司转变，从重组型公司向成长型公司转变，发挥应有的作用。

与美国阿帕奇公司合作的赵东项目钻井平台

陈耕总裁2002年4月视察印尼作业现场

印尼公司全体中方人员合影

地址：北京东城区安德路6号洲际大厦 邮编：100011 电话：(010)84886789 传真：(010)84886871

中国石油吐哈油田分公司

中国石油吐哈油田分公司是集油气勘探、开发、油气销售和科研为一体的现代化石油企业，目前主要勘探领域为吐鲁番—哈密、三塘湖和民和盆地，总面积8.4万平方千米，石油总资源量23亿吨，天然气总资源量3650亿立方米。截至2002年底已累计探明油气当量合计2.9162亿吨，配套建成原油生产能力350万吨，天然气生产能力12亿立方米，共动用石油地质储量1.86亿吨，累计生产原油2533.05万吨，为陆上石油工业的发展做出了重大贡献。

总经理蔡志刚为劳模颁奖

2002年，吐哈油田分公司继续保持了稳步发展的良好态势，探明石油地质储量1413万吨，生产原油251万吨，生产天然气11.4亿立方米，新建原油产能20万吨。全年实现销售收入38.3亿元，上缴税费5.8亿元，全面和超额完成了中国石油天然气股份有限公司下达的各项业绩指标。

展望未来，吐哈油田分公司以党的十六大精神为指针，认真贯彻落实股份公司业务发展计划，进一步明确了加快发展的宏伟目标：到2007年原油产量上升到300万吨，天然气产量上升到20亿立方米，油气当量达到500万吨，实现“稳油、增气、提效、保持经济总量稳步增长”的目标，把油田公司建成“素质一流、管理一流、技术一流、效益一流”的现代企业，实现吐哈油田的跨越式发展。

地址：新疆鄯善火车站镇　邮编：838202
电话：(0995)8372821　传真：(0995)8371354

公司领导深入生产一线

销售事业部生产指挥中心

吐哈油田分公司甲醇厂

中国石油天然气股份有限

总经理、党委书记　王永春

陈耕总裁在吉林油田

中国石油天然气股份有限公司吉林油田分公司紧紧抓住企业重组改制带来的历史性机遇，进一步转变经营观念，确定了以发展为主题，以经济效益为中心，深入挖掘“油气资源、人力资源”潜力，充分发挥“资源、政策、资产”优势，全面实施“加快主营业务发展、削减成本、科技创新、持续重组”战略，重点实现“观念、技术、机制、管理、思想政治工作”创新，努力创造油田各项工作新水平的总体思路。经过全体员工的共同努力，圆满完成了中国石油天然气股份有限公司下达的各项业绩指标，油田储量、产量、效益大幅度增长，管理体制、经营机制日趋理顺，员工生产生活条件明显改善，党建和思想政治工作不断加强，全面开创了油田公司两个文明建设的新局面。在2002年工作中，吉林油田分公司积极适应新形势、新任务的需要，坚持在解放思想中转变观念，在转变观念中开拓创新，在开拓创新中与时俱进。经过不懈努力，圆满地实现了全年各项业绩指标，公司改革和发展等各项工作均取得了一定的进步。

吉林油田分公司党建和精神文明建设取得丰硕成果，先后获得了全国先进基层党组织和全国精神文明建设工作先进单位两个国家级荣誉称号

油气勘探取得了新成果。全年共实现探明石油地质储量5016万吨、控制储量5089万吨、预测储量5710万吨。新增可采储量1191万吨，完成计划的119.1%。

原油产量实现了持续攀升。全年共生产原油444万吨，完成中国石油天然气股份有限公司考核指标435万吨的102.1%，并建成了吉林油田历史上第一个百万吨采油厂——英

领导班子部分成员在生产一线现场调研

通过大力开展精细管理，吉林油田分公司经营管理各项业绩指标全部达到中国石油天然气集团公司、中国石油天然气股份有限公司的要求

地址：吉林省松原市锦江大街29号　邮编：138000
电话：(0438) 6224562　6225220　传真：(0438) 6226040

公司吉林油田分公司

认真学习贯彻"三个代表"重要思想，用"三个代表"重要思想指导油田改革发展实践

台采油厂。

经营管理水平和经济效益显著提高。全年共完成投资总额31.98亿元，投资资本回报率为4.96%，比中国石油天然气股份有限公司考核指标提高了0.94%；油气单位操作成本进一步下降，全年控制在5.24美元/桶，比2001年下降0.22美元/桶；公司利润大幅度增加，按预算口径计算，共完成利润8.73亿元，完成中国石油天然气股份有限公司考核指标的150.5%。

技术进步取得明显成效。坚持把先进适用技术应用到生产中，不断转化为现实生产力，高精度三维地震、低渗透油藏保护和改造、三次采油等技术的研究和应用，以及以注水为核心老油田稳产技术都取得了重要进展和突破。全年共完成科研项目106项，获中国石油天然气股份有限公司技术创新特等奖1项，二等奖1项。全油田平均探井成功率为56.7%，自然递减率由企业重组前1999年的14.07%下降到10.03%，科技贡献率由企业重组前的36%上升到42%。

党的建设和精神文明建设成效显著。员工队伍精神面貌焕然一新，企业呈现出蒸蒸日上、蓬勃发展的态势。另外，在中国石油集团公司党组、股份公司管理层的关怀下，员工生产生活条件逐步改善，生活质量和生活水平明显提高。2002年，油田公司被吉林省授予全省企业思想政治工作标兵单位、吉林省送温暖工程先进单位荣誉称号，并顺利通过了国家级文明单位的验收检查。

加强企业管理，创建标杆站队

总经理、党委书记王永春为勘探开发有功人员颁奖

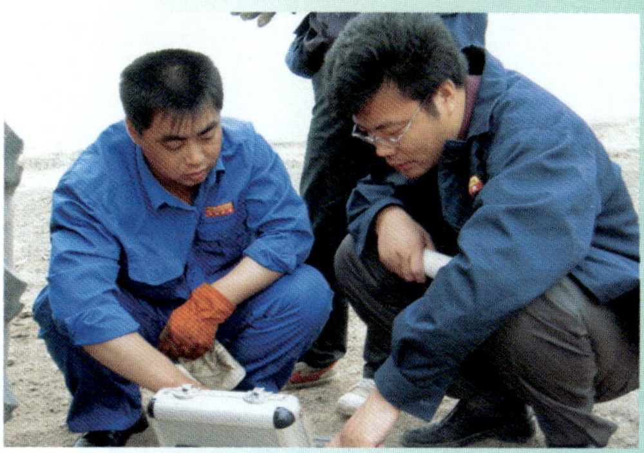

科技人员现场进行试验研究

现代化的大型油气集输站

科技人员在研究新区开发部署

快速发展的新疆油田公司

王宜林总经理向新闻媒体发布新疆油田年产原油突破一千万吨的消息

中国石油天然气集团公司、股份有限公司领导到新疆维吾尔自治区新疆油田公司祝贺年产突破千万吨（桑圣江　摄影）

王宜林总经理慰问一线员工（李增　摄影）

准噶尔盆地沙漠腹部石东2井喜获高产油气流（桑圣江　摄影）

中国石油天然气股份有限公司新疆油田分公司（以下简称新疆油田公司）是我国西部地区大型的石油生产企业，主要从事油气勘探开发、集输及勘探开发研究等业务。共有员工15000余人，总资产325.26亿元，是中国陆上石油工业“积极调整东部，加快发展西部”的重要战略接替地区。2002年原油产量突破1000万吨大关，建成了中国西部千万吨大油田。

新疆油田公司的主要勘探开发区域——新疆准噶尔盆地油气资源总量达到103亿吨。目前石油探明率仅为21.5%，天然气探明率3.08%，勘探前景十分广阔，发展潜力巨大。

新疆油田公司大力实施加快发展战略，低成本战略和科技创新战略，正朝着加快发展的“三部曲”目标奋进。2002年第一部目标顺利实现，建成了中国西部千万吨大油田；第二部是到“十五”末，年产原油1200万吨，天然气30亿立方米；第三部是到2010年，年产原油1500万吨，天然气50亿立方米。

新疆油田公司，这颗西部明珠，已迈入加快发展的快车道。

祝捷会场

环保成效斐然，油田实现了开发与自然的和谐——图为漫步在油区的黄羊（桑圣江　摄影）

地址：新疆克拉玛依市友谊路100号
邮编：834000
电话：(0990)6865841
传真：(0990)6887790

中国石油

长庆油田公司

总经理、党委书记 王道富

中国石油长庆油田公司是全国500强特大型重点骨干企业之一。11500多名员工中，专业技术人员3000多人，占员工总数的24%，其中高级技术专家250多人，中级技术人员1000多人，博士、硕士76人，本科学历1200多人。公司总部设在西安市，工作的主要区域是鄂尔多斯盆地，横跨陕、甘、宁、内蒙古、晋五省（区），勘探面积达37万平方千米。

截至2002年底，累计探明石油储量10.8亿吨，天然气储量11831亿立方米，拥有4个储量上千亿立方米的世界级气田，成为我国储量上万亿立方米的大气区。累计生产原油5805多万吨，天然气118.33亿立方米，已向北京、天津、西安、石家庄、银川等大中城市输气，2003年开始向上海及华东地区输气。

中国石油天然气股份有限公司总裁陈耕在长庆西峰油田调研

公司拥有一批具有国际先进水平的科研仪器设备，与50多家国内外公司、大专院校开展技术合作，累计获得科技成果2760项，其中国家发明奖2项、国家科技进步奖16项、省部级科技成果奖88项，科技发展跃入全国石油系统先进行列。公司所辖的2亿吨级储量的安塞油田、3亿吨级储量的靖安油田，分别为我国较早开发和最大的低渗透油田，安塞油田经济有效的开发技术被誉为“安塞模式”在全国推广。

2002年企业收入143.5亿元，实现国际利润50.09亿元，上缴税费15.29亿元。目前，公司资产总额282.2亿元，油气及固定资产225.9亿元。资产总额、企业收入、实现利润、上缴税金均名列陕西乃至西北地区前列。

长庆丛式井组

公司曾获得五一劳动奖状、全国思想政治工作先进企业等荣誉，全国劳动模范7人；获得省部级先进集体荣誉90多项，省部级劳模70人。

长庆油田的建设和发展，受到党中央、国务院和中国石油天然气集团公司、中国石油天然气股份有限公司及陕、甘、宁、内蒙古等省（区）各级领导的亲切关怀和大力支持。江泽民总书记、李鹏总理、朱镕基总理等国家领导人先后多次分别听取长庆油田工作汇报，并就长庆的建设和发展作过重要指示。

2003年元月，中国石油天然气股份有限公司领导到油田视察，明确指出长庆是中国石油战略接替区，增储上产的重点地区之一，也是近期投资、建设的主要地区之一。到2005年年产油气当量将达到1800万吨，2007年将达到2000万吨，2010年左右将达到3000万吨，平均年增长率30%左右。

我国大型的整装气田
——长庆苏里格气田

长庆西峰油田

长庆油田总部
——综合科研办公楼

地　址：陕西省西安市长庆兴隆园小区　邮编：710021

中国石油抚顺石化分公司

总经理、党委书记 刘强

中国石油抚顺石化分公司是中国石油天然气股份有限公司所属的地区性分公司，拥有总资产137亿元，资产负债率55.4%。员工9940人，平均年龄34岁，有专业技术人员2705人，科研开发人员145人。年销售收入200亿元以上，是一个炼化一体化的特大型石油化工联合企业。现有3个大型炼油厂、3个大中型化工厂和1个油品集输储运公司，原油一次加工能力920万吨/年，二次加工能力787万吨/年，主要生产装置60套，其中炼油47套，化工13套，全公司共有设备71197台，设备新度系数55%。乙烯、洗涤剂原料年生产能力分别为17万吨、20万吨。公司主要原料为大庆原油和沈北原油，全部管输进厂。公司主要产品有汽油、柴油、喷气燃料、润滑油基础油、石蜡、石油焦、聚乙烯、聚丙烯、烷基苯、脂肪醇、高抗冲聚苯乙烯、丁苯透明抗冲树脂等120多个牌号。公司主要商标有：双菱、远航、尔驰、迪源、四达等。蜡的年产量为62万吨，石蜡产量和出口总量居全国前列；润滑油基础油年生产能力为35万吨，居国内前列；烷基苯年生产能力20万吨，居亚洲前列。公司产品畅销国内各省市，并远销50多个国家和地区。

2002年公司加工原油821.4万吨，实现销售收入181亿元，实现税费11.28亿元，实现利润2.2亿元。

公司分别于1999年、2001年和2002年通过了ISO 9002质量管理体系认证、环境管理体系认证和职业安全健康管理体系认证，公司多次被评为辽宁省花园式工厂。

“十五”期间，公司将大力推进技术改造和技术创新，形成石油化工和表面活性剂两大优势产业，加大优质石蜡、树脂专用料等特色产品的生产，确立在国内国际的优势地位，实现做强做大抚顺石化的目标。

炼油厂夜景

乙烯装置

30万吨/年酮苯脱蜡脱油装置

150万吨/年重油催化裂化装置

地址：辽宁省抚顺市新抚区凤翔路45号
邮编：113008
传真：(0413)2420988
电话：(0413)2433312

公司总经理　喻宝才

公司党委书记　勾振东

中国石油大庆石化公司

中国石油大庆石化公司，是中国石油天然气股份有限公司的地区分公司，是以大庆油田原油、轻烃和油田气为主要原料，从事炼油、化工、化肥、化纤生产的特大型石油化工联合企业。公司拥有生产装置131套，年原油加工能力600万吨，年产乙烯48万吨，聚乙烯36万吨，腈纶纤维6万吨，合成氨33万吨，尿素56万吨，可生产60种151个牌号的石油化工产品，是我国重要的炼油、化工生产基地和科研基地。

大庆石化公司在发展中形成了自身的优势，企业的竞争能力不断增强。炼油系统经过多年的发展，生产规模处于国内同行业企业的前列，能耗和物耗等关键指标处于全国同类装置领先水平。化肥系统占有原料产地和产品市场的双重优势，并保持着优质产品的优势，盈利能力和竞争能力处于行业第一。以乙烯为龙头的塑料、化纤生产，上下游结合紧密，塑料和腈纶的成本低，产品质量好，差别化率高，在国内同行业中也处于前列。公司不断加快技术创新和国产化步伐，在乙烯30万吨/年增至48万吨/年的改造中，新增设备80%实现了国产化，其中乙烯装置的核心设备裂解气压缩机实现了国产化零的突破，荣获国家"九五"技术改造优秀项目奖。在科研开发上，公司有近百项科研成果实现了工业化，140多项通过了技术鉴定，5项重大科研成果获国家级奖励。

大庆石化公司视质量为企业的生命，把创造优质品牌作为公司的目标。公司整体通过了ISO 9002质量体系认证，被评为全国质量管理先进企业。公司每年都有新品种或新牌号的产品投放市场，是国内种类最全的石油化工产品生产商之一。产品出厂合格率始终保持100%，100个牌号采用了国际标准，轻柴油系列7个产品、腈纶短纤被评为全国用户满意产品，1号灯煤和5000S聚乙烯获国家优质产品金奖，大庆牌尿素荣获西班牙马德里国际质量管理金杯奖，并获得中国名牌产品称号，石油产品、化工产品、塑料产品、腈纶产品等系列产品荣列全国市场同行业产品质量、服务质量无投诉用户满意品牌。优质的产品和服务使公司在客户中树立了诚实守信，创新高效的良好形象，被评为国家守合同重信用企业。在国庆50周年庆典上，大庆牌航空煤油被指定为参检战机的专用燃油。产品畅销全国，远销美国、法国、日本、韩国、澳大利亚、新加坡、香港等29个国家和地区。

地　址：中国黑龙江省大庆市龙凤区　　邮　编：163714
电　话：(86-459)6763987　　传　真：(86-459)6767025

公 司 目 标

做好、做强、做大，建设具有国际竞争力的石化企业

公司基本价值观

互利双赢、共同发展

尊重别人就是尊重自己，相信别人就是相信自己，

帮助别人就是帮助自己

公司经营理念

帮助客户实现愿望，帮助员工实现价值，帮助企业创造效益

公 司 作 风

面对现实，谋求发展，立即行动，不做空想

公司领导班子研究发展战略

大庆石化公司在生产优质产品的同时，也打造了独具特色的企业文化，育了高素质的员工队伍，形成了“互利双赢、共同发展，尊重别人就是重自己，相信别人就是相信自己，帮助别人就是帮助自己”的基本价值，确立了“帮助客户实现愿望，帮助员工实现价值，帮助企业创造效益”经营理念。在人才成就企业，企业造就人才和不求人才为我所有，但求才为我所用的现代人才观的作用下，众多人才加盟公司，为企业的持续展积攒了充足的后劲，公司成为技术密集、人才密集的现代化企业，先荣获了全国五一劳动奖状，全国思想政治工作优秀企业，黑龙江省文明位标兵等称号。

展望未来，大庆石化公司将不断超越自我，追求卓越。面对入世后国际内石化行业新的发展态势，公司审时度势，面对现实，谋求发展，确定了做好、做强、做大，建设具有国际竞争力的石化企业”的发展目标。在三到年内，公司将对炼油、化工、化肥三大系统进行扩能改造，成为中国石油大的聚烯烃树脂生产基地、天然气化工利用和聚烯烃树脂研究开发基地，更加优异的业绩回报顾客、回报股东、回报员工、回报社会，实现公司价的最大化。

140 万吨重油催化裂化装置

化二丁辛醇装置

化肥装置造粒塔

踢踏舞团在央视演出

中国石油大庆炼化公司

总经理、党委副书记　董孝利

党委书记、副总经理　于宝祥

企业宗旨

科技炼化　绿色炼化　人文炼化

中国石油大庆炼化公司是中国石油天然气股份有限公司的地区分公司，位于大庆油田西部，地处滨州铁路与让通铁路交汇处的让胡路区马鞍山。全公司有7200多名员工，具有大、中专以上文化程度的员工2962人，占员工总数的41%，有专业技术职称的员工2020人，占员工总数的28%。

大庆炼化公司是集炼油、化工、化纤生产为一体的大型炼油化工企业，截至2002年底，固定资产原值达114亿元，净值达88亿多元，具有800万吨/年原油一、二次配套加工能力，有主体生产装置32套，均采用DCS集散控制系统，大部分装置代表着国内先进水平。可生产汽油、柴油、煤油、高档润滑油和聚丙烯酰胺、石蜡、腈纶等16种100多个牌号的石油化工化纤产品，汽油生产实现低烯烃化。有9种产品被用户定为信得过产品，6种产品被评为省（部）级以上优质产品，－35号轻柴油荣获国家银质奖，0号柴油被国家技术监督局定为免检产品，丙烯腈、丙烯酰胺、聚丙烯酰胺产品质量创出了国内最高水平，聚合物系列产品用于油田三次采油，可提高采收率12%以上。从1996年大庆油田开始注聚合物，累计增产原油4000多万吨。公司的产品辐射全国25个省、市、自治区，并远销亚、欧、美、非四大洲的多个国家和地区。2001年销售收入达120亿元以上，实现利税12.2亿元。从2002年开始，销售收入和实现利税逐年增长。

“十五”期间，大庆炼化公司将积极推进结构调整，实现炼油集中加工，建设世界级丙烯及油田化学品基地，秉承科技炼化、绿色炼化、人文炼化的企业宗旨，与社会各界广泛合作，携手共进，努力打造国内外一流的大型炼化企业。

地址：黑龙江省大庆市让胡路区马鞍山　　邮编：163411
电话：(0459)5689275　　传真：(0459)5616111

2000年10月18日大庆炼化公司成立，举行揭牌仪式

世界最大的聚丙烯酰胺装置：该装置1995年10月建成投产，全套引进法国SNF公司技术和设备，可生产500～2000万以上分子量的PAM产品，主要作为油田助剂，用于提高原油采收率，也广泛应用于水处理、造纸和涂料等行业。2002年又建成投产自主开发技术的1.3万吨/年抗盐聚丙烯酰胺生产装置，其规模、技术处于国内领先地位

80万吨/年ARGG工程：该工程1999年10月建成投产，主体包括180万吨/年ARGG、60万吨/年气体分馏、14万吨/年MTBE、4000吨/年硫磺回收、60万吨/年中压柴油加氢改质6套装置。采用先进的DCS控制系统，引进美国ELLIOTT公司、瑞士苏尔寿公司等世界先进技术设备，以减压渣油等重质油为原料，可生产汽油、柴油、MTBE等产品。同时，为下游化工装置提供低碳烯烃原料

世界先进技术的异构脱蜡装置：该装置1998年10月建成投产，引进美国Chevron公司异构脱蜡技术，生产的润滑油基础油具有倾点低、色度浅、粘度指数高等特点，为生产高档润滑油提供了优质原料。同时配套建成40万吨/年丙烷脱沥青、55万吨/年糠醛精制、30万吨/年酮苯脱蜡脱油、10万吨/年白土精致、10万吨/年石蜡加氢及成型等装置

中国石油大港石化公司

中国石油大港石化公司

总经理庞晓东陪同上级领导视察工作

中国石油大港石化公司位于天津市滨海新区，地处油田、面临海港、身在高效市场，海陆交通便利，基础设施完善，具有得天独厚的区位优势和资源优势。目前该公司已发展成为拥有固定资产净值14.8亿元，原油配套加工能力250万吨/年，可生产七大系列50多种产品的现代炼化企业，被誉为渤海之滨的一颗璀璨明珠。

公司建于1965年，前身是大港油田炼油厂，2000年重组改制后成为直属于中国石油天然气股份有限公司的地区分公司。在近40年的发展历程中，大港石化公司走过了一条由小到大，由弱到强的持续发展之路。特别是1996年以来，该公司抓住机遇，创新管理，不断进行技术改造和创新，使生产装备和工艺技术达到了国内同行业先进水平。1996年该公司通过ISO 9002质量体系认证，2000年QHSE体系正式运行，奠定了企业管理制度化、标准化、规范化的基础。该公司生产的滨海牌系列产品，多次荣获国家和行业优质产品称号，行销国内20多个省市和东南亚地区，深受国内外用户赞誉。

随着经济全球化步伐的加快，炼化行业的生存和发展环境正在发生新的、历史性的变化，该公司放眼未来，未雨绸缪，以可持续发展为着力点，大力实施低成本战略，努力提高参与大市场竞争的实力。

中国石油大港石化公司愿与国内外同行真诚合作，共创美好明天！

先进的计算机控制系统DCS

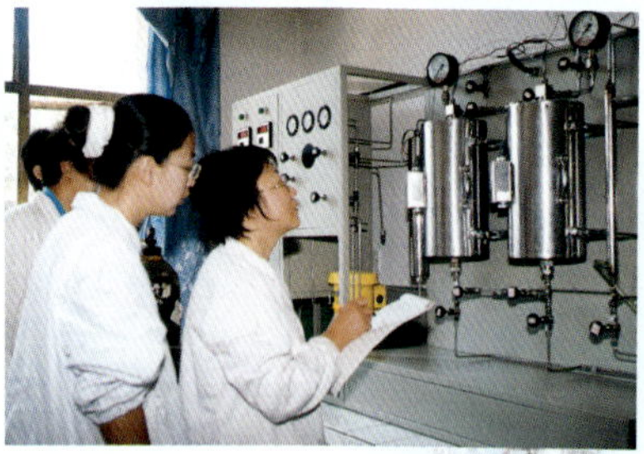

科研开发

地址：天津大港油田　　邮编：300280
电话：(022)25973054　传真：(022)25924140

120万吨/年重油催化装置

中国石油锦州石化分公司

中国石油锦州石化分公司的前身（原中国石油部石油六厂）始建于1937年，距今已有66年的发展史，曾是我国特大型炼油化工企业之一。1999年7月，根据中国石油天然气集团公司关于企业重组改制的工作部署，以原企业优良资产部分为主体制改组分离成立中国石油锦州石化分公司，隶属于中国石油天然气股份有限公司。分公司现有员工5200名，拥有70余套炼油化工装置，可生产80多种炼油化工产品，其中20多种产品出口（93号汽油、石油针状焦、异丙醇等），原油加工能力550万吨/年。2002年企业完成工业总产值31.4亿元，实现销售收入90.19亿元，上缴国家税金7.89亿元。由锦州石化分公司控股的“锦州石化”A股股票在国内上市流通，流通股1.5亿股。

总经理 吕文君

锦州石化重组改制后，严格按照现代企业制度的要求规范管理，人员管理达到了科学、精干、高效；生产管理面向市场，形成了品牌优势。目前，锦州石化分公司生产的90号车用汽油全部实现无铅化，开发的97号高档汽油和高标号航空煤油其质量位于市场同类产品的前列。7万吨异丙醇装置目前是国内惟一大型生产装置，异丙醇产品国内市场占有率保持85%以上，产品质量曾获国家银质奖。企业于1998年整体通过ISO 9002国际质量认证审核，获得产品国际通行证。2001年又通过复审，企业质量管理又迈上一个新台阶。

生产区鸟瞰

锦州石化分公司现有各类专业技术人员1000余名，其中工程技术人员824名，拥有高级职称人员80多名，中级职称人员300多名，形成并储备了一支能适应企业发展的人才队伍。

140万吨焦化装置

近年来，企业重视并积极加强企业文化建设，确定以团结、奋进、求实、创新为企业精神；以以人为本、科技先行、质量取胜、诚信永恒作为企业理念；以追求利润最大化、争取效益最佳化、实现股东最大回报、谋求公司持续稳定发展为企业价值观，企业形成了良好的内部发展环境。

300万吨常减压装置

地址：辽宁省锦州市重庆路2号
邮编：121001
电话：(0416)4152079
传真：(0416)4567532
网址：www.jzpc.com.cn

大连西太平洋石油化工有限公司

公司厂景

2002年，大连西太平洋石油化工有限公司领导班子带领公司广大干部员工，认真贯彻落实中国石油天然气集团公司、股份公司的各项要求、指示，积极实施“立足国内，开拓国际，适应加入WTO挑战”的经营策略，紧盯市场，精明营销，科学管理，实现了装置安稳长满优生产，创造了良好的经济效益，企业的各项管理水平不断提高，国际市场开拓取得了显著的成效，两个文明建设结出了丰硕的成果。

——创造了良好的经济效益和各项经济指标。全年加工原油667万吨，同比增加9%；实现销售收入124.5亿元，同比增加7%；实现利润3.6亿元，同比增加5.1亿元。公司被辽宁省和大连市评为2002年十大高营业额和十大高利润企业。

——国际市场开拓取得显著成效。通过“走出去、请进来”，加大国际市场开拓力度，成品油出口量得到了显著增长。全年出口成品油252万吨，同比增长26.6%；出口创汇5.69亿美元，同比增长30%。成品油出口量连续三年位居全国炼化行业榜首。

——“十五”发展规划推进顺利。以“1121”为主要目标的公司“十五”发展规划进入全面实施阶段。“1121”，即1000万吨／年加工能力，1000名员工，200亿元／年销售收入，10亿元／年利润。

——新产品开发取得了显著成果。在2001年开发生产70号、90号高等级重交道路沥青的基础上，又与抚顺石化研究院合作开发生产了用于重交道路上面层的改性沥青，并在长—余高速公路上铺设了80千米。经国内权威专家鉴定，改性沥青质量可以与国外知名品牌相媲美。

中间原料罐区

800万吨／年常减压蒸馏装置

10万吨／年
聚丙烯装置

——**科技创新取得新突破。**一是引进了日本催化剂成膜钝化专利技术，有效地提高了重油加氢装置换剂工作效率，使卸剂、装剂时间大大缩短。二是建立了科学的重油加氢催化剂寿命跟踪管理方法，有效地延长了催化剂的使用寿命，提高了催化剂的工作效率。

——**管理不断创新并取得新的成果。**一是建立了科学的原油评估程序，合理地控制了原油库存，满足了生产需要，规避了经营风险。二是实现了计划编制系列化，有效地避免了原油衔接和产品备货不受控问题，确保月度计划执行效果与库存控制在合理的范围内。三是顺利通过了上海质量体系审核中心的审核认证，并获得了分别代表中国国家认可委（CRBA）和美国国家认可委（RBA）通过的GB/T19001—2000和ISO9001—2000证书。四是“石化企业‘两头在外’的市场导向管理”获得第八届全国企业管理现代化创新成果二等奖。

——**人才培养力度进一步加大。**一是首次选拔了60名一线班组长和生产骨干与大连理工大学合作进行石油加工专业大专学历培训。二是组织了第二届优秀科技人才评选活动，评选出第二届30名优秀科技人才。三是组织了首届运行技师评选活动，评选出了首届30名运行技师。四是从国家重点院校选拔了一部分德才兼备的本科生充实到技术管理队伍中。五是选拔了一批懂技术、会管理，既有较高学历又有丰富工作经验的优秀管理干部，与著名高校合作，进行MBA、EMBA、工程硕士等高层次管理人才培养。六是实行了四班三运转一培训。

——**党群组织建设取得新进展。**完成了25个党支部的换届选举工作，开展了“一先二优”评比表彰活动，发展壮大了党员和入党积极分子队伍。全年发展新党员22名，党员总数已达268名，占员工总数17.9%。公司被中华全国总工会授予全国五一劳动奖状。

总经理　于国文

党委书记　朱廉宝

地　　址：大连开发区海青岛·大连西太平洋石油化工有限公司

邮　　编：116600

联系电话：(0411) 7506666

传　　真：(0411) 7510033

200万吨/年重油加氢脱硫装置

300万吨/年重油催化裂化装置

中国石油天然气股份有限公司
乌鲁木齐石化公司

中国石油天然气股份有限公司乌鲁木齐石化公司（简称乌石化公司）地处乌鲁木齐市东北郊25千米处，占地18平方千米，位于新疆三大油田中央，毗邻吐乌大高速公路。公司始建于1975年4月(前身为乌鲁木齐石化总厂)，是集炼油、化肥、化纤于一体的石油化工化纤生产基地。

乌石化公司现拥有固定资产原值近82亿元，2001年实现销售收入72亿元，现有在职职工4639人，其中各类专业技术人员1010人，公司职工的平均年龄为32岁，公司机构精简、人员精干。2002年12月28日乌石化公司正式通过ISO 9001、ISO 14001、OHSAS 18001三项体系认证。

乌石化公司下属炼油厂、化肥厂、化纤厂、热电厂、净化水厂、原料处、经销公司、科研所等10个单位。炼油厂一次原油加工能力达到500万吨/年；化肥厂有两套大化肥装置，其中一化装置以渣油为原料，年产33万吨合成氨、60万吨尿素；二化装置以天然气为原料，年产30万吨合成氨、60万吨尿素，目前已形成年产63万吨合成氨、120万吨尿素的生产能力（包括60万吨大颗粒尿素），跻身于全国大型氮肥生产基地之一；化纤厂现有4套装置，即4.2万吨/年聚酯装置，0.5万吨/年涤纶长丝装置，1.5万吨/年涤纶短丝装置，7.5万吨/年精对苯二甲酸装置（PTA），是西北地区大型的化纤企业；热电厂共有3套发电机组，发电能力达到10万千瓦。

目前公司拥有生产装置35套，可以生产石油化工化纤产品共计有9大类56个品种，具有较强的资产和技术优势。主要产品有石油燃料、石油沥青、石油焦、化肥(合成氨、尿素)、化纤产品等。其中1号喷气燃料油已荣获国家银质奖，0号、−10号、−20号、−35号轻柴油，90号汽油，尿素，涤纶长丝，涤纶短丝，聚酯切片等产品分别荣获国优、省优、部优和新疆名牌产品称号，其中天池牌PTA、PET、涤纶长短丝等产品为自治区免检产品，2001年3月天池牌尿素由国家技术监督局颁发了尿素产品3年内免于质量监督检查证书，同年3月公司还被国家科技部授予国家863计划CIMS应用示范企业荣誉称号。公司已取得了近100项科研成果，曾多次荣获自治区、中国石化、中国石油颁发的新产品开发、科技进步奖，并申请多项专利。曾先后荣获全国五一劳动奖状、全国环境优美工厂、自治区文明单位等荣誉称号。

乌石化公司通过自身的拼搏努力，近几年来取得了骄人的生产经营业绩，连续三年实现年销售额突破70亿大关，多项技术经济指标达到中国石油天然气股份有限公司的中上游水平，个别指标创造了全国纪录。站在新世纪的起点，乌石化公司将按照现代企业制度进行规范运作，逐步健全和完善新的管理体制，突出效益，加快发展，结合国家西部大开发战略，牢牢把握新的历史机遇，坚持从严治企，注重内涵发展，体现效益优先，进一步加强管理，继续深化企业内部改革；以科技进步为手段，以开拓市场为中心，依托新疆丰富的石油资源优势，充分利用自身资源和人才，发扬光荣传统和优良作风，谋求企业最大利润，以最佳效益回报广大股东，使乌石化公司在新世纪以崭新的现代企业形象迎接新的挑战，为新疆维吾尔自治区的经济发展和我国石油石化工业振兴做出更大的贡献。

新疆维吾尔自治区主席阿不来提来厂

生产基地

炼油厂

热电厂

联系方式：(0991)6901522　**传真：**(0991)6908888
地址：新疆乌鲁木齐市
油品销售电话：(0991)6901854　6907910　**传真：**(0991)6905730
化工销售电话：(0991)6901654　6901371　**传真：**(0991)6902007
邮政编码：830019

中国石油天然气股份有限公司

华北销售分公司

成品油铁路到库

中国石油天然气股份有限公司华北销售分公司(以下简称华北公司)是隶属于中国石油天然气股份有限公司（以下简称中国石油）炼油与销售分公司的石油销售企业。主要承担中国石油在北京、天津、山西、河南、河北、湖南、湖北等五省两市的成品油销售业务，销量占中国石油成品油销售总量的五分之一。公司下辖7个省市分公司，3个驻厂分公司，3个直属分公司，2个驻外办事处和部分控股公司等。现有总资产49亿元；油库75座（库容72万立方米），其中资产型油库27座（库容37.5万立方米）；加油站总数921座，其中资产型加油站832座。

公司总经理、党委书记 李万余

由于市场分散、战线长、跨度大，竞争对手具有成熟的网络、强有力的销售手段等原因，公司一度面临经营困境。2002年6月，新的公司领导班子及时调整经营策略和工作思路，理顺营销体制，改革管理模式，全年实现利润5.03亿元，一举扭转被动局面，实现了公司组建以来历史性的跨越和突破。

2003年华北公司生产经营目标为：“两个1000”(即成品油销量突破1000万吨，加油站总数突破1000座)、“保3争5奔6”（即实现利润确保3亿元，力争5亿元，直奔6亿元）。截至10月底，销售成品油852万吨，实现销售收入232亿元，上缴税费2.91亿元，实现利润5.01亿元，实现利润在中国石油销售企业中名列前茅。

中国石油加油站亮相京城二环路

“十五”期间，华北公司将坚持以经济效益为中心，坚持以扩大销售和网络建设为主攻方向，坚持以强化管理和降低费用为重点，坚持以改革为动力，坚持以各级班子思想作风建设为保证，卧薪尝胆、真抓实干、与时俱进、奋发有为，努力建成“管理一流，实力雄厚，效益突出”的现代化营销企业。

地址：北京市朝阳区北辰东路8号汇宾大厦14层

邮编：100101

电话：(010)84991370

传真：(010)84985444

中国石油辽宁销售分公司

总经理　郭秀竹

党委书记　杜斌

中国石油辽宁销售分公司辖14个市级分公司、35个县级经营部，在岗员工7416人，储量500立方米以上的油库46座，年销售成品油260万吨，为经济发展和人民幸福提供清洁能源，履行“释放能量，创造动力”的使命。

划转中国石油集团以来，特别是重组改制以来，全方位、深层次、大力度的改革举措，为辽宁销售分公司注入生机与活力，企业改革发展驶入快车道，主要经济指标持续快速稳定增长，其中利润额由1996年的261万元，增加到2002年的2.51亿元，实现7年翻7番的历史性跨越，2003年继续保持快速发展势头，上半年实现利润2.54亿元，创历史最高纪录。终端网络建设迅猛发展，1999年，全系统有加油站280座，到2003年上半年增加到809座，其中万吨级加油站15座。坚持以人为本，狠抓全面管理，连续实现第八个安全年。党建、思想政治工作在创新中展现作为，精神文明建设走在当地前列。截至2002年底，辽宁销售分公司机关连续7年被省委、省政府评为文明机关，6个市级分公司被评为省级文明单位；21座加油站被中国石油炼油与销售分公司评为双文明加油站；全系统涌现出国家级先进集体、先进个人2个，省部级先进集体、先进个人22个。

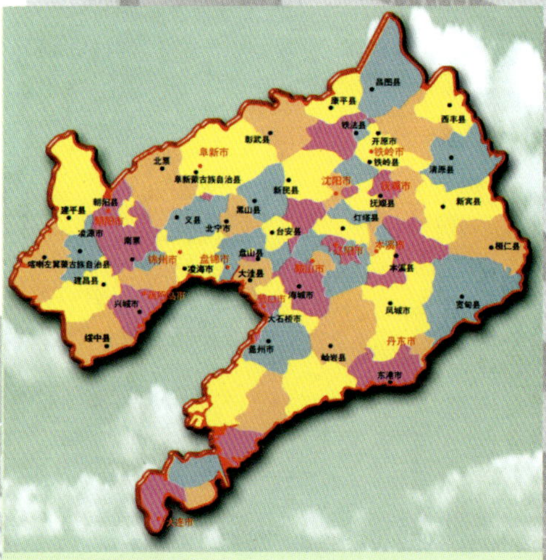

中国石油辽宁销售分公司销售网络分布

随着经营管理的不断发展，企业文化在积淀中升华。广大员工继承和发扬爱国、创业、求实、奉献的大庆精神，努力建设具有辽宁石油特色的企业文化，形成了蕴含时代意义的企业宗旨、经营理念、管理理念、服务理念、安全理念、人才理念和核心价值观，为加快企业发展提供了思想保证和精神动力。

党的十六大为我们描绘了小康社会的美好蓝图，为加快发展装备了更加强劲的“发动机”。在新世纪新阶段，辽宁销售分公司决心按照“三个代表”重要思想的要求，认真贯彻中国石油天然气集团公司关于建设具有国际竞争力的跨国企业集团的宏伟目标和中国石油天然气股份有限公司的发展战略，与时俱进，开拓创新，全面实现“销量要有新突破，效益要上新台阶，管理要上新水平，改革要有新举措，党建要创新局面，位次要有新提升”的奋斗目标，为辽宁经济腾飞加油，为全面建设小康社会加油，为实现中华民族的伟大复兴加油！

地址：沈阳市皇姑区昆山中路1号　　邮编：110031
电话：(024)86268680　　传真：(024)86221613

按合理半径设立的46座储油库，总容量57.2万立方米。大力推行HSE管理体系，建设安全、健康、环保型油库，提高储油、付油能力，提高现代化管理水平，全省连续实现8个安全年

2000年以来，完成网络建设投资13.8亿元，收购、租赁、新建加油站422座。2003年上半年成品油零售量70.8万吨，比上年同期增长13%

抚顺、本溪、锦州等分公司被辽宁省委、省政府评为文明单位标兵

本溪、丹东等分公司党委被辽宁省企业工委评为先进党委

辽宁销售分公司机关连续7年被省委、省政府评为文明机关

中国石油天然气股份有限公司

中国石油天然气股份有限公司副总裁段文德、炼油与销售分公司总经理蔺爱国、副总经理田景惠等来公司视察工作

签订业绩合同

中国石油天然气股份有限公司西南销售分公司是中国石油、中国石化集团重组后，中国石油天然气集团公司为规范市场、开拓市场而成立的一个大区公司。

公司于1998年5月开始筹备，1999年2月正式成立，1999年7月重组后整体划入中国石油天然气股份有限公司。

目前公司机关设6个职能处室：综合业务处、质量安全处、财务资产处、人事处（组织部）、审计监察处、经理办公室（党办）。

公司下辖云南、广西、贵州等3个全资分公司和云南强林、云南雄海、成都新成石化、广西中油经贸、广西中油农机等5个控股公司。

目前，公司共有员工4109人，各类管理人员969名，公司现有员工中大学以上学历55人，大专学历337人，中专学历1184人，高中及以下学历2533人。

公司在云南的昆明和滇西地区，贵州的贵阳、遵义、六盘水、铜仁等地区，广西的南宁、北部湾、玉林、柳州、桂林和河池等地区通过全资收购、投资控股等方式收购和控股了9座油库、240座加油站。已形成了集储运与销售、硬件与软件相互配套的一体化市场网络格局。

现有网络架构已经具备180万吨的销售能力，占三省区全社会需求量680万吨的26.5%。2002年销售成品油162.53万吨，其中零售58.26万吨，零售比率达到35.85%。

截至2003年6月底，公司拥有总资产16.98亿元，年销售收入将达到53亿元以上。

公司将继续贯彻中国石油天然气股份有限公司建立和完善销售网络，大力发展终端市场的经营战略，到“十五”末主要实现四大目标：一是网络全面配套。新增销售网络建设投资8.37亿元，其中：计划投资5.6亿元购建加油站160座，使加油站总数达到400座；投资2.77亿元建设油库7座（贵州六盘水油库和铜仁油库，广西柳州油库、海港油库和梧州油库，云南滇东北库和滇南玉溪油库），共新增库容17.8万立方米，油库总数将达到16座，总库容为34.7万立方米。二是继续开拓市场，成品油销售总量突破280万吨。抓住国家西部大开发战略持续推进的有利时机，加大市场开发力度，实现成品油销售280万吨。届时，公司的市场份额将占到滇、黔、桂三省社会需求总量800万吨的35%。三是发展终端销售，进一步提高终端市场控制力。以拓展终端市场为重点，加大零售市场开发，使公司的市场控制力得到进一步增强。届时，成品油零售总量要达到110万吨，零售比率达到39%。四是努力造就一支适应经营管理需要的高素质的人才队伍。随着销售网络的配套完善，经营规模的不断扩大，全面推动“三支队伍”（即管理人员、营销人员、技术人员）建设，结合企业实际，有针对性地加强培训，打造一支适应现代营销的员工队伍。

西南销售分公司

成都新成石化公司 102 油库改造后装车剪彩

云南分公司白云加油站

广西南宁油库

广西分公司金路加油站

贵州分公司龙里加油站

地址：四川省成都市顺成大街 206
四川国际大厦 21 楼
邮编：610016
电话：(028)86520106
传真：(028)86520652

中国石油 西北销售公司

Petro China

中国石油西北销售公司是炼油与销售分公司派驻西部地区的资源配置中心、调运中心和产销衔接中心，主要负责对西部地区成品油资源的配置和陕、甘、宁、青、新、川、渝、藏、内蒙（西三盟）9个省区销售分公司成品油销售业务的管理、指导、协调、监督、检查、服务。按照“四统一”和“配送制”的要求，组织西部辖区13家炼厂的成品油、航煤、溶剂油、化工轻油的销售。

1999年以来，西北销售公司认真贯彻中国石油天然气股份有限公司的营销战略，以确保辖区产销平稳运行为前提，以深化产销管理与服务为主线，以优化业务运行为手段，认真履行大区公司职能，不断完善成品油营销体制和运行机制，为提高辖区整体竞争能力和盈利能力做出了不懈的努力。西北辖区的原油加工量从1998年的2073.2万吨，增加到了2002年的2780.4万吨，年均增长7.6%；成品油产量从1998年的1298.75万吨，增加到了2002年的1811.63万吨，年均增长8.7%；辖区省区公司销售量从1998年的662.3万吨，增加到了2002年的1032.3万吨，年均增长11.7%。2002年，公司共调拨配置油品1570.3万吨，实现销售收入307亿元，上缴各类税金2.05亿元。

公司设10个处室，下辖新疆、玉门、青海、永登、兰州、宁夏、宝鸡、西安、成都等9个直属分公司，宝鸡西北运销公司1个控股公司。拥有成品油油库5座，总容量为37.24万立方米。

2002年10月1日，公司QHSE管理体系发布，成为中国石油销售系统率先实施并实行国际标准QHSE管理体系的单位。从2000年开始公司连续3年荣获了省级守合同、重信用企业称号。公司还荣获了2002年度甘肃省优秀企业称号。

面对新的机遇和挑战，西北销售公司将继续为提高中国石油西部辖区整体竞争和盈利能力而不懈奋斗。

总经理　郭文祥

党委书记　张贵生

地址：甘肃兰州市城关区团结新村138号

邮编：730000

电话：(0931)8637129

传真：(0931)8617123

蓬勃发展的

中国石油甘肃销售分公司

中国石油甘肃销售分公司（原甘肃省石油总公司）始建于1953年10月，主要担负甘肃省石油成品油的配置、调运、供应和调剂任务，从事汽油、煤油、柴油、润滑油及特种油品的批发零售业务。1985年实现了省地县石油公司人财物的统一管理，成为独立承担成品油流通业务的大型骨干企业，1995年跨入甘肃50家最大商贸企业之列。1998年国家对中国石油和中国石化两大集团公司实施重组时，划入中国石油集团公司，从而掀开了公司发展的新篇章。

甘肃销售分公司领导班子合影，从左至右为赵维国副总经理，何能祯书记，张德义总经理，李珊副总经理，贾占普总会计师

1999年公司实施内部资产重组，核心业务划入甘肃销售分公司，非核心业务划入甘肃省石油总公司；2000年公司大胆进行经营体制和管理体制改革，撤销73个县级公司，成立经营部，彻底打破了计划经济体制下按照行政区域设置经营机构的传统模式；2001年公司进一步理顺了股份公司与存续企业的关系，合并主营业务，整合集体所有制企业，真正实现了内部管理一体化和市场配置统一化；2002年公司全面推行配送制改革，优化业务流程，在建设现代流通企业的进程中迈出了重要的一步。

甘肃销售分公司目前规模大、服务功能优、经营品种全的一座大型综合加油站——甘肃武威销售分公司金三角加油城

经过50年的发展，特别是近几年来公司管理体制和运行机制持续改革，公司市场竞争能力和抗风险能力明显提高，经营销售规模和经济实力显著增强，公司两个文明建设迈上了新台阶。成品油销售量由1998年的70.74万吨增长到2002年的148.24万吨；1999年摆脱连续5年的亏损局面，2002年实现利税3.2亿元。公司在中油销售系统创出了市场占有率、零售率和通过ISO 9001质量管理体系认证3个第一，骄人的业绩倍受同行业关注。

目前，公司资产总额达22.06亿元；拥有油库21座，总库容30.8万立方米；加油站1000座，占甘肃省内加油站总数的4/5以上；铁路专用线1.9万米，输油管线12.2万米；铁路自备槽车120余辆，油罐汽车300余辆。精干的员工队伍，高效的管理思路，雄厚的经营规模，健全的销售网络，良好的服务质量，必将为企业参与国内外市场竞争注入活力。

中油销售系统“十大标杆油库”之一——甘肃金昌销售分公司金昌油库

面对加入WTO后日趋激烈的成品油市场竞争形势，甘肃销售分公司认真贯彻集团公司建设具有国际竞争力的跨国企业集团战略目标，坚持深化内部改革，调整营销策略，加大营销网络建设，加强党建和思想政治工作，重视企业文化建设，争创国内一流石油销售企业，塑造中国石油行业形象，全方位地增强企业发展后劲，以崭新的姿态迎接市场的挑战。

地址：甘肃兰州市城关区酒泉路220号　　**邮编：730030**
电话：(0931)8448159　　**传真：(0931)8448121**

Petro China

PetroChina 中国石油

中国石油天然气股份有限公司 湖北销售分公司

中国石油天然气股份有限公司湖北销售分公司隶属中国石油天然气股份有限公司炼油与销售分公司下属的华北销售分公司管理，负责中国石油在湖北市场的成品油批发、零售、仓储、运输和配送以及油库、加油站网络开发建设任务。公司现有员工545人。

企业业绩：2000年10月，中国石油通过组建湖北南顺中油销售有限公司开始进入湖北市场。2002年10月，成立了全资型分支机构——中国石油天然气股份有限公司湖北销售分公司。3年来，在全体员工的不懈努力下，公司对内精细管理，对外积极开拓市场，市场份额不断扩大：成品油销量由2000年的0.67万吨提高到2002年的47万吨。累计投入网络建设资金近3亿元，拥有资产型加油站68座，特许加盟加油站158座，可控库容6万立方米，经营网点遍布于湖北省11个地市。

企业理念：市场永远是发展的，企业理念更新是驾驭市场的根本。公司坚信“企业只有以消费者为中心，为目标市场提供卓越价值，才能赢得市场”。公司始终把培育用户知名度、满意度、可信度、真诚度、美誉度作为工作的出发点和归宿，讲究质量、服务、整洁、安全和OSCSV一体化管理，在求得用户价值最大满意中发展。

经理　张文荣

白浒山油库一瞥

企业宗旨：用户、员工、社会是企业责任的三大要素。用户是企业的基石。服务用户、满足用户是创造社会效益，保证企业生存的根本。公司坚持把“为用户创造价值，为员工创造机会，为社会创造效益”作为自己的企业宗旨。

企业目标：追求更高是企业的希望，坚持致远目标，才能创造辉煌的未来。公司凭借中国石油品牌优势、资源优势和资本优势，坚持以“精细管理，规范发展，大胆创新，开拓进取，不断提高企业核心竞争力和盈利能力”为经营理念，努力把湖北销售分公司建设成为管理一流、效益一流的现代化销售企业。

企业文化：创造企业文化氛围和经历企业文化体验，是造化企业特性、个性和竞争能力的途径。公司努力建设“家庭、学校、舞台、赛场”的企业文化体系，创造员工家庭般温暖的生活环境；积极上进、鼓励发展的学校式培教；表现自我、追求更高的工作舞台和公平竞争、无私奉献的赛场。

战略规划：企业的创业、发展只有起点，没有终点。湖北销售分公司2003～2006年战略发展目标：完成销售网络投资7.8亿元，油库库容达到10万立方米，资产型加油站发展到210座。自营销量达到70万吨，资产型加油站零售量达到50万吨。

加油站风貌

“路漫漫其修远兮，吾将上下而求索。”

湖北销售分公司的明天不是梦……

热心公益事业

参观辛亥革命纪念

竞聘

技术比武

地址：湖北武汉市汉口新华下路15号
邮编：430015
电话：(027)85481551
传真：(027)85481525

中油北京销售有限公司

总经理　李念发

中油北京销售有限公司 成立于1997年 7月8日，是集油气储、运、销为一体的国有股份制企业。

公司由中国石油天然气股份有限公司、中国石油天然气管道局、胜利石油管理局、大庆石油管理局和新疆油田分公司5家投资入股，是中国石油天然气股份有限公司华北销售分公司控股的经营成品油、天然气的专业化公司。

公司总投资1.09亿元，固定资产8000万元。目前，公司所属有沈阳、海丰等7个分公司；南湖、龙江等13座加油站和两座CNG加气站，分布在北京18区（县），并拥有5.2万立方米成品油油库1座，位于房山区石楼镇，油库主要运行设备有成品油储油罐11座、铁路槽车23辆、48鹤位铁路栈桥1座、10鹤位发油平台1座，油库年周转能力高达40万吨。公司配送服务中心配有不同吨位油罐运输车11辆，为广大客户提供24小时配送服务。

我们将以诚实的态度，为您提供热情快捷、一票到底、一站到位的全方位服务。

中油北京五星级南湖加油站

服务热线
(010)89360705（业务部）
(010)89300151（营业室）
(010)89300150（配送服务中心）
总经理监督电话：
13911580618

地址：北京市房山区良乡工业开发区
邮编：102488
电话：(010)89360711
传真：(010)89360704

中国石油陕西销售分公司

总经理　卢济新

党委书记　曹俊文

中国石油天然气股份有限公司陕西销售分公司是中国石油天然气股份有限公司所属地区分公司，公司下辖10个地市公司、1个润滑油公司和1个石油产品质量监督检验中心。现有员工7259人，拥有资产总额21亿元，运营油库34座，加油站854座，年销售成品油180万吨。

近年来，公司坚持以发展为主题，以建设现代企业制度为目标，通过持续重组改革，建立并完善了一系列适应国际上市油公司运作要求的管理体制。通过实施品牌战略、市场扩张战略、成本领先战略和人才开发战略，使公司的经营理念、销售网络体系、经营决策机制和员工队伍素质都发生了质的飞跃。随着配送制这种现代物流方式的全面实施，满足了广大用户对油品和服务优质、高效、安全、快捷的要求。目前，公司各类专业技术人员齐全，仓储、调运和购销存信息网络配套良好，服务功能完备，零售网络体系覆盖全省城乡，企业具备了良好的发展后劲。

面对加入WTO后成品油市场竞争更加激烈的形势，公司将严格按照中国石油建设具有国际竞争力企业集团的总体战略，继续深化内部改革，加强企业文化建设，努力塑造“中国石油”企业形象，向新的更高目标迈进，开辟陕西销售分公司更加美好的未来。

地址：西安市西一路55号　邮编：710004
电话：(029)7450372　传真：(029)7425267

加油站

油库

中国石油 锦西炼油化工总厂

现代化火力发电站

领导班子成员

坐落在渤海之滨、辽西走廊的锦西炼油化工总厂(以下简称总厂)，是中国石油天然气集团公司直属的大型石化综合企业。现有正式职工6940多名，拥有能源供应、油品储运、工程技术、炼油服务、社会服务、多种经营等六大系统43个直属单位，企业横跨二、三产业，拥有固定资产15亿元。

办公楼

总厂技术力量雄厚，有1000多名大专以上毕业生。其中400多名中高级技术人才在炼油服务、机械加工、工程设计、软件开发、文教卫生等领域发挥着重要的技术作用。

总厂拥有装机容量为8万千瓦的大型火力发电厂，年发电4.3亿千瓦·时；位于锦州码头的油品储运基地，仓储能力为40万吨；在葫芦岛码头新建6200立方米航煤、柴油中转油罐。国内一流的现代化大型加油站，年销售各种油品10万吨以上，效益相当可观。在石油炼制和石化企业的机、电、仪安装方面技术精湛；在金属检测、产品计量检定、信息数据收集及存储等方面手段齐全；在机械设备加工，一、二类压力容器制造方面力量雄厚。在工程建设方面具备国家工程施工总承包一级资质，总厂设计院具备石油化工甲级设计资质。总厂生产的石油煅烧焦远销俄罗斯、加拿大、墨西哥、日本、伊朗等国家。

总厂地理位置优越，紧靠沈山铁路、京沈高速公路及102国道，毗邻锦州港和葫芦港，交通便利，通信快捷。

总厂有50年的生产经营管理经验，有一支经过十几年风雨考验、能打硬仗的职工队伍。曾荣获全国优秀企业(金马奖)和全国思想政治工作优秀企业称号。总厂愿与海内外社会各界朋友真诚合作，共同创造新世纪灿烂的明天！

地址：辽宁省葫芦岛市新华大街42号　电话：(0429)2178015　传真：(0429)2177777
E-mail：JXLH@JPPCC.com.cn　邮编：125001

中油华北祁县

港盛石油销售有限公司

中油华北祁县港盛石油销售有限公司（原名大港油田祁县港盛石油储运有限公司），是大港油田与祁县东观经联社共同投资的合作项目，固定资产（包括土地）4346.66万元，其中大港油田以货币资金的方式出资3800万元，占双方投资额的88.4%；1998年4月8日正式开业至今。

总经理　兰会斌

公司坐落于山西省祁县东观镇东108国道686千米处南侧，占地面积83平方米，建筑面积2338亩，总构筑面积6565平方米，共分5个区域：卸油区、油罐区、发油区、辅助区和行政区。公司机关设有四部一室，分别为业务部、财务部、技安部、生产部、综合办公室，其中技安部下设消防队，业务部下设两个加油站。

公司自运营以来，销售柴油98534.939吨，汽油62590.55吨，累计销售汽柴油161125.49吨。

面对市场的激烈竞争和风云变换，兰会斌总经理果断采取应对措施：首先带领公司销售人员到各地举办客户座谈会；其次利用当地有影响的大客户和具有代表性的油罐车运输户，大力宣传中油品牌；再则拉近与客户的距离，多次邀请购油客户和我公司员工进行各项文体比赛来沟通感情，从而使销量稳中有升。在2003年8月再次刷新了港盛建立以来的最高纪录，比兰会斌总经理任职前翻了一翻，取得了六千五百多吨的超常业绩。

公司近一年来，荣获了晋中市安全生产先进单位、晋中市消防支队消防安全先进企业和祁县人民政府先进纳税单位等称号。***兰会斌总经理的工作受到中油华北山西分公司的多次嘉奖和肯定。中油华北公司有关领导称他是德才兼备，能够很好地把握市场的难得人才。***

公司办公楼

油库区

地　址：山西省祁县东观镇

邮　编：030901

电　话：(0354)5310851

传　真：(0354)5310454

整洁的工作区

加油站

北京中油

房山燕宾油料销售有限公司

总经理

刘少宾

用户评价

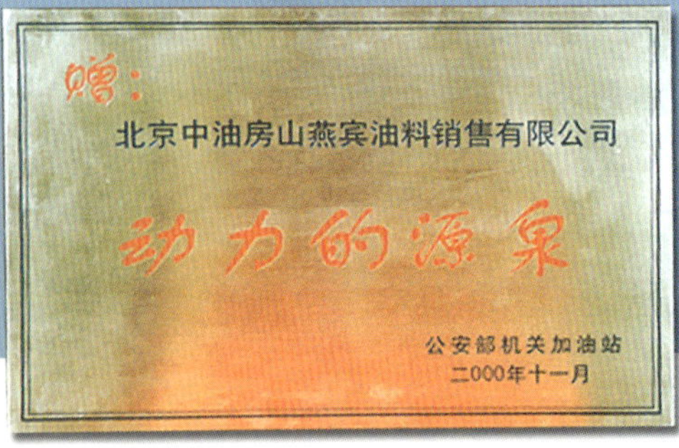

质量认证

北京中油房山燕宾油料销售有限公司位于北京市房山区房山街道瓜市村北，成立于1999年11月，是首批国家经贸委颁证的成品油批发企业，公司占地面积26000平方米，建筑面积6000平方米，拥有职工70余人，库区总库容近3万立方米，自备专业配送车辆20余台。2001年11月公司顺利通过了ISO 9000国际质量管理体系认证，使内部管理更加规范化、科学化。2002年公司销售收入达2.35亿元人民币，为国家缴纳税金100多万元，在北京市乡镇企业百强排序中由2001年的第57位跃居至第32位。公司连续几年被北京市和房山区评为优秀民营企业、先进基层单位、文明单位、行业代表，总经理刘少宾于2003年荣获第四届北京市优秀进京创业青年。

整装待发

公司正门

燕宾加油站

储油罐

地址：北京市房山区房山街道瓜市村北
邮编：102400
电话：（010）89338162
传真：（010）89338163

辽河金马油田股份有限公司

董事长 王春鹏

总经理 于洪坤

辽河金马油田股份有限公司是中国石油行业首家以油气生产为主营业务的上市公司，总股本为11亿股，其中国有法人股9亿股，社会公众股2亿股。公司法人治理结构为股东大会、董事会和监事会。

公司拥有海外河、小洼和黄沙坨等3个油田，探明石油地质储量近亿吨，可采储量两千余万吨。公司现有油气水井千余口，各类采油站60余座，总资产已近30亿。5年来，共生产原油500.8万吨，实现主营业务收入52.62亿元，实现利润总额23.03亿元，累计上缴各种税费15.19亿元。

公司自上市以来，坚持"技术创新、规范经营、管理科学、效益第一"的工作方针，以新体制、新机制和新技术加快油田勘探开发建设，为国家提供石油天然气产品，不断提高企业效益，保证股东最大回报，树立了"中国石油第一股"的良好形象。

当前，金马员工在高管层的带领下，认真贯彻落实十六大精神，决心与时俱进、开拓创新，为石油事业的发展再创佳绩。

公司董事会

地址：辽宁盘锦市兴隆台区振兴街
邮编：124010
电话：(0427)7828375
传真：(0427)7830403

采油女工

中国石油辽河油田分公司高升采油厂

中国石油辽河油田分公司高升采油厂是一个以油气生产为主的二级单位，所辖油气水井分布在辽宁盘锦和鞍山两市境内，沈盘省级公路横穿油田矿区，距沈京高速公路盘锦高升出口仅有3千米，交通十分便利。高升油田是我国第一个正规开发的稠油开采基地，为辽河油田输送局级、处级领导干部多名和大量稠油开发管理技术人才，在世界稠油开采领域享有盛名，美国、加拿大、日本等发达国家多次来参观学习。全厂共有油气水井947口，已探明含油面积42.05平方千米，石油地质储量1.45亿吨，天然气面积5.5平方千米，储量31.5亿立方米；固定资产原值3.09亿元，油气资产原值21.89亿元。高升采油厂主要开发高升油田和牛心坨油田，开发建设24年来，累计为国家生产原油1825万吨，自1994年以来，连续10年原油产量稳定在70万吨左右。目前，建立健全了HSE管理体系，顺利通过国际ISO14001管理体系认证。

地址：辽宁盘锦市兴隆台区高升街
邮编：124125
电话：(0427)7502692
传真：(0427)7500478

高升采油厂在2001年辽河油田分公司计算机大赛中荣获团体第二名，图为厂长唐清山（右）、党委书记田立金（左）手捧奖牌

高升采油厂始终坚持职工代表大会、厂务公开等民主管理制度，充分地调动了职工的积极性。图为2003年初召开的厂一届四次职代会现场

高升采油厂定期组织职工开展丰富多彩的文化体育活动，活跃职工的业余文化生活。图为职工自编自演的文艺节目

随着高升油田进入稠油开发中后期，蒸汽吞吐效果逐渐变差，目前正在积极探索转换开发方式新途径的蒸汽驱试验，并已呈现出良好发展态势。图为高3376井组蒸汽驱试验现场

中国石油辽河油田分公司曙光采油厂

中国石油辽河油田分公司曙光采油厂位于辽河下游，辽宁省盘锦市西北，工厂面积200平方千米。曙光油田构造上位于辽河盆地西部凹陷斜坡中段，1975年投入开发，是一个稠油产量占2/3的复杂断块油田，年生产原油能力234万吨。共有计量接转站128座，热河炉51台，4座联合站，是辽河油田分公司的大型采油厂，全厂现有职工4237人。

截至2002年底，曙光油田（曙光厂负责开发部分）已探明馆陶、兴隆台、热注台、大凌河、莲花、杜家台、古潜山等7套含油气层系，共探明含油气面积171.27平方千米，石油地质储量35969万吨。

油田重组改制上市以来的几年中，曙光采油厂不断解放思想、更新观念，积极迎接市场挑战，努力克服前进中的各种困难，企业整体管理水平和综合经济效益稳步提高；全厂上下积极适应上市公司新体制、新机制的要求，积极深化企业内部改革，在优化劳动组织结构和推进体制、科技、管理创新方面实现突破性的进展。几年来，该厂每年都超额完成油公司下达的各项业绩指标。无论是在企业生产规模上，还是在企业综合实力上，三年来该厂始终稳居油田分公司前列。员工人均收入也以平均每年15%以上的速度持续稳步增长。

与此同时，厂里在劳动组织改革、干部管理体制改革、燃料结构调整、捞油市场开放、班站“四单” 核算、低产低效井区风险合作开发、超稠油采输一体化技术和党建、思想政治工作创新等八个方面，也走在了油田分公司乃至石油系统的前列，先后荣获集团公司思想政治工作创新成果奖、辽宁省职工思想政治工作先进集体、辽宁省五一劳动奖状。

2002年4月，集团公司总经理马富才到厂里调研

曙光厂厂长王贤泸（右）和党委书记闫海（左）

曙光厂办公楼

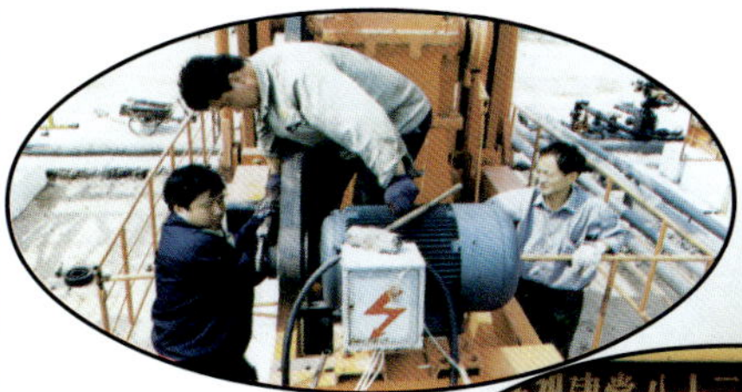

近三年来，曙光采油厂实施了“科技兴油、管理增效、创新发展”的三大战略，连续三年超额完成油田分公司下达的各项业绩指标

富有特色的班站文化和“凝心聚力”工程等系列活动的开展，较好地调动了干部员工的积极性和创造性

地址：辽宁省盘锦市兴隆台区石油大街 87号
邮编：124010
电话：(0427) 7828715
传真：(0427) 7828715

中油油气勘探软件

中油油气勘探软件国家工程研究中心有限公司是经北京市批准的高新技术企业和软件企业，是国家计委批准的油气勘探软件国家工程研究中心。

公司研制开发的具有自主版权的GRISYS地震数据处理系统和GRISation地震地质综合解释系统多次荣获中国软件行业协会颁发的中国优秀软件产品证书，GRISYS地震数据处理系统多次获得国家和中国石油天然气集团公司科技进步奖，2000年荣获中国石油天然气集团公司技术创新一等奖，并于2002年荣获国家科技进步二等奖。现在，两大软件系统广泛应用在国内各油田和探区，同时在地矿、煤炭行业也有应用，并已进入国际市场。

公司业务包括：油气勘探软件开发、物探新方法研究、疑难地震资料处理和解释攻关、软件技术服务和计算机系统集成等。

公司愿为国内外客户提供优秀的产品，不断创新的技术，完善的服务。衷心与各界朋友真诚合作，共创美好未来！

GRISYS 地震数据处理系统

GRISYS地震数据处理系统具有近三百个地震功能模块，主要包括：振幅处理与分析、反褶积处理、速度分析、静校正、动校正与叠加、DMO与偏移处理、叠前偏移处理与地震模型正演、VSP处理与波阻抗反演等一系列处理功能，并引入了全新的三维可视化工具。GRISYS能满足陆上二维和三维地震资料处理的需求，并且包含了许多物探方法研究的新成果，尤其在高分辨率处理和复杂地表低信噪比地区资料处理技术方面具有特色，已广泛在各油田推广应用。微机版已发展到V5.0，工作站版已发展到V7.0。

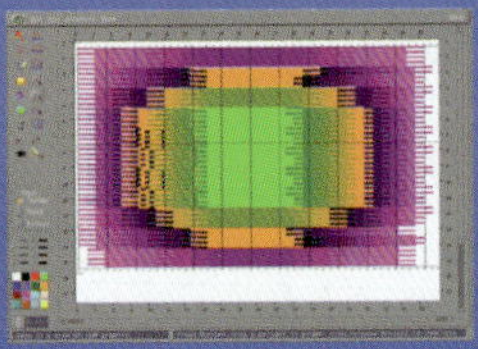
覆盖次数图

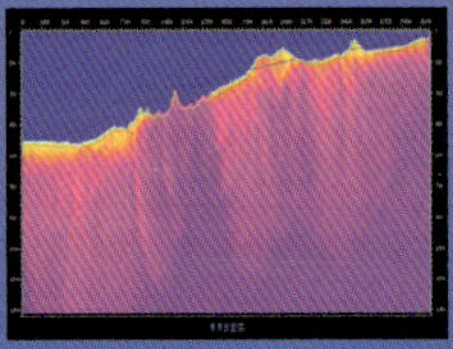
层析反演速度模型

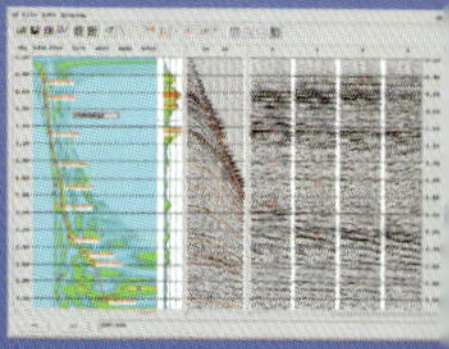
交互速度分析

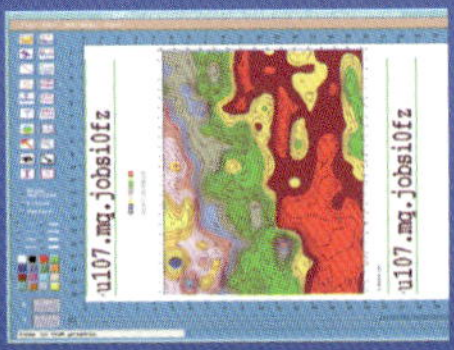
速度切片

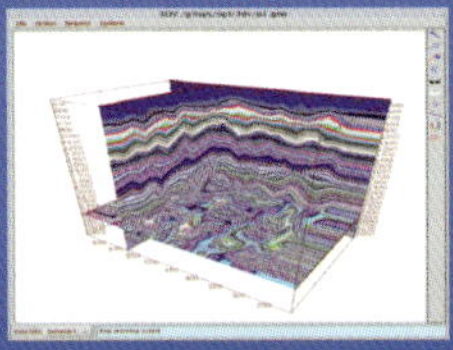
3DV 剖面与切片质控图

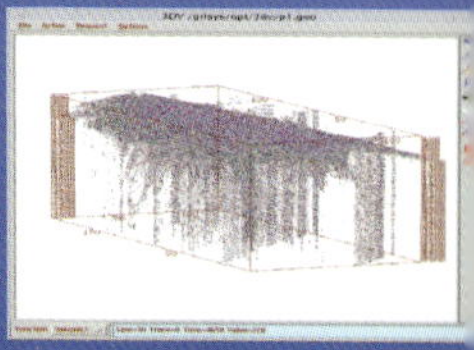
3DV 数据体能量分析质控

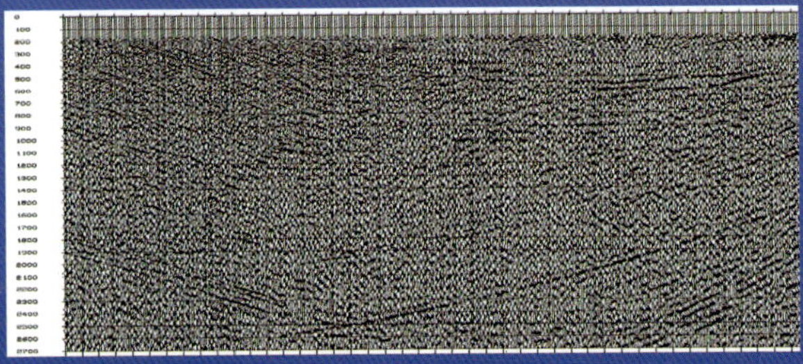
初叠加

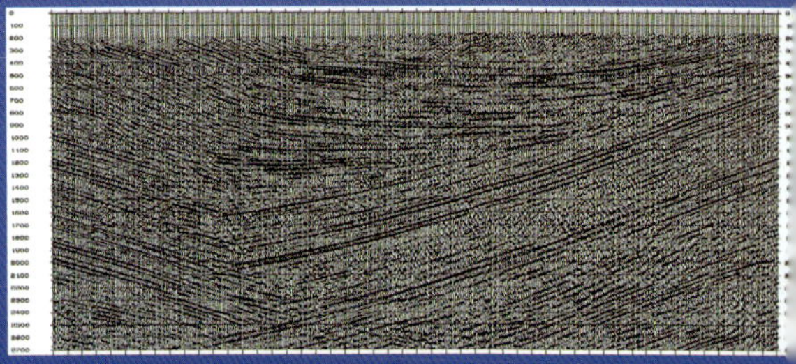
系列叠前去噪后叠加

初至波静校正前剖面

初至波静校正后剖面

国家工程研究中心有限公司

GRIStation 地震地质综合解释系统

GRIStation 地震地质综合解释系统包含有地震构造解释、地质解释、三维可视化显示与成图工具、储层分析及综合评价等功能。能完成勘探阶段构造解释、储层预测的任务，在开发阶段也可发挥作用，并在多线剖面解释、逆断层构造成图等方面具有特色。该系统广泛在各油田推广应用，工作站版本已发展到 V3.0。

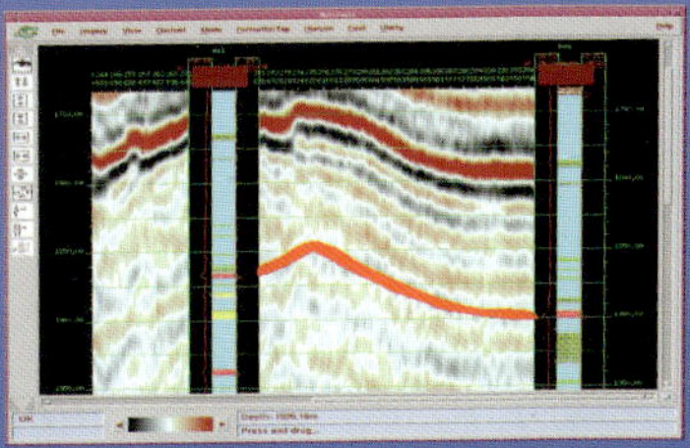

连井剖面对比

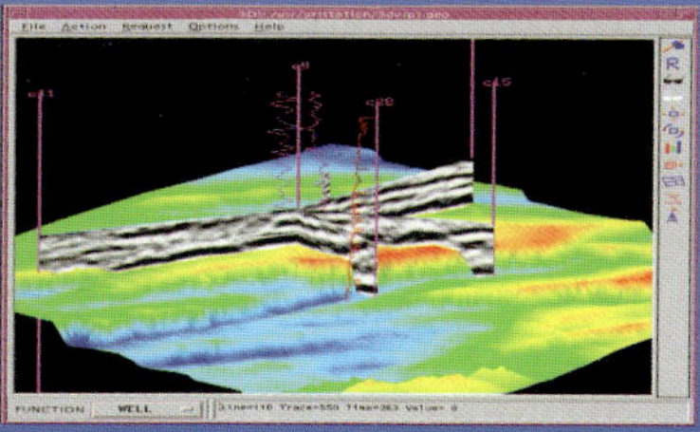

三维体上层位对比

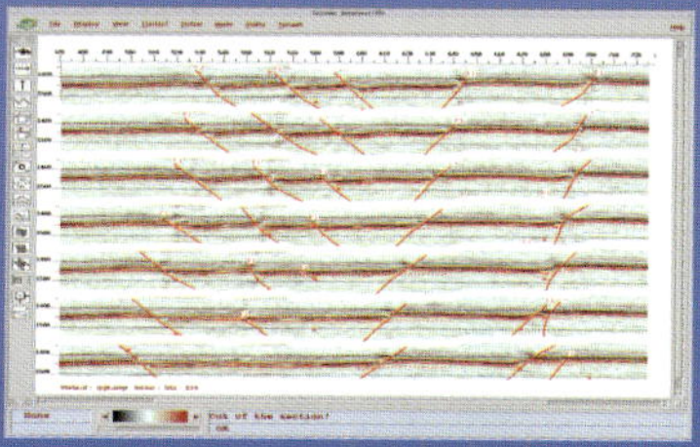

多线剖面解释

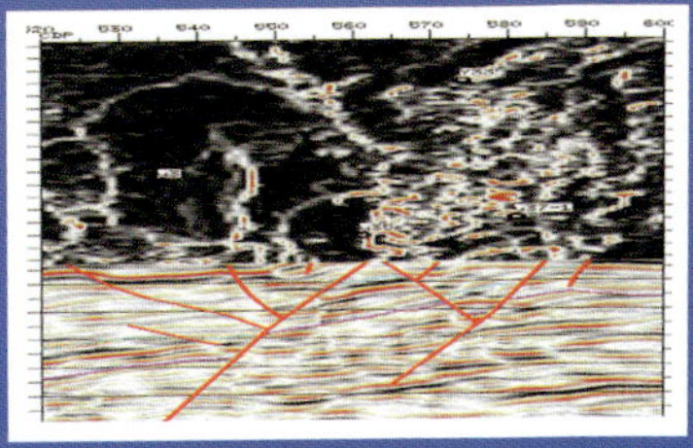

折叠剖面切片解释

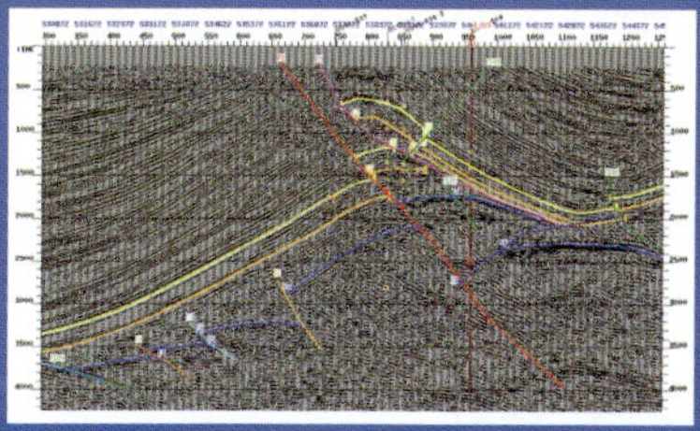

多值层解释

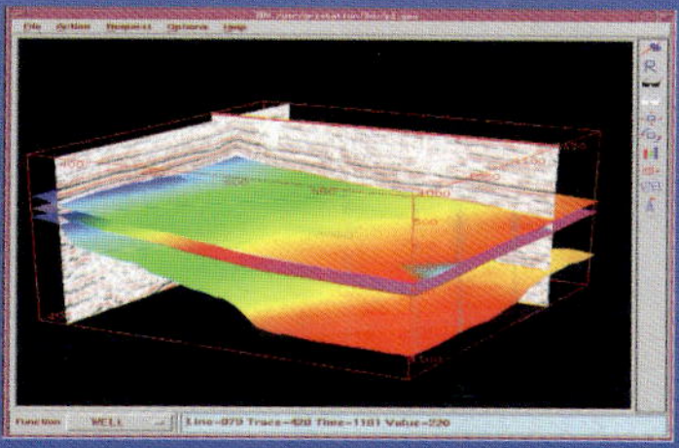

多体多层显示

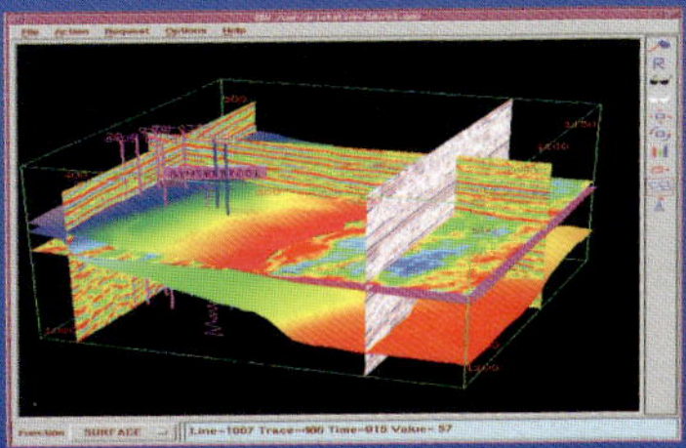

井轨迹、切片剖面等综合显示

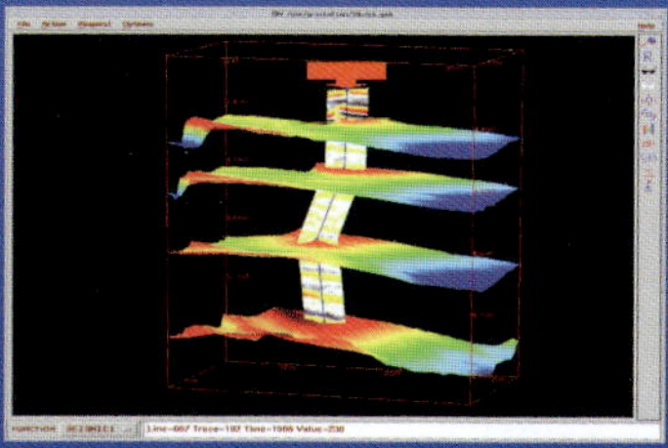

3D 体上井轨迹设计

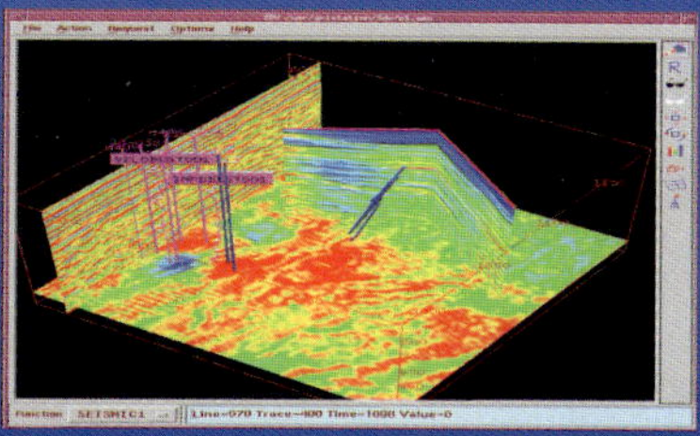

波阻抗体三维可视化解释

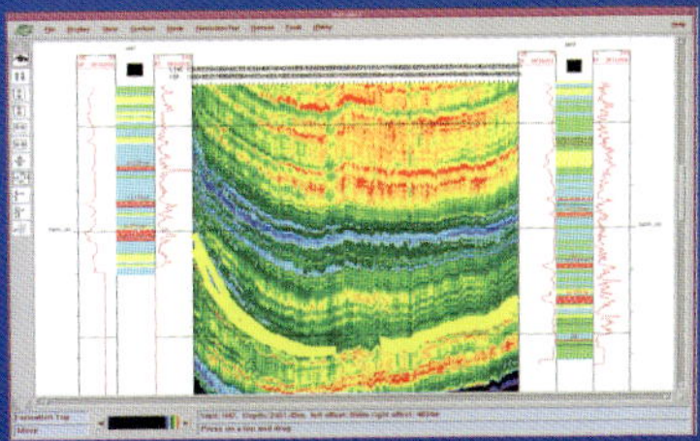

多井储层对比解释

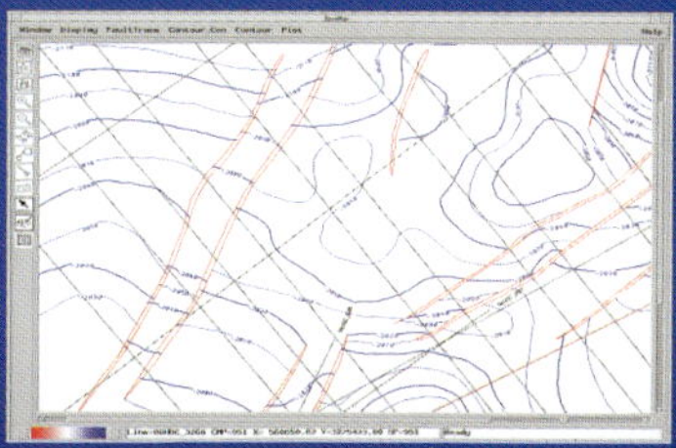

逆断层成图

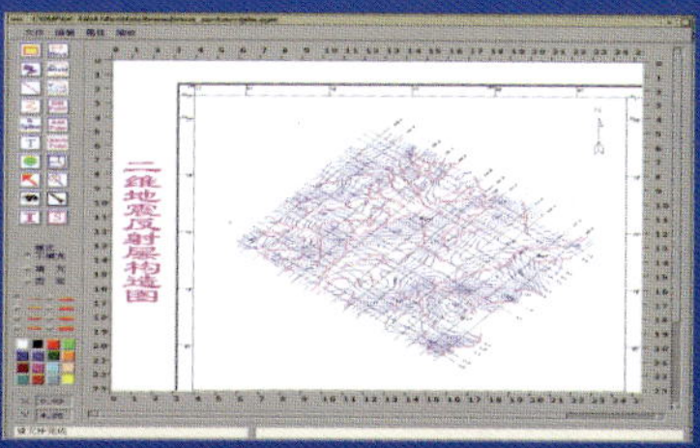

CGM 出图

地址：北京市海淀区海淀大街甲 36 号（五层）　邮编：100080　电话：(010) 62532558　62532569
传真：(010) 62532553　网址：www.gs.com.cn　E-mail:market@gs.com.cn

北京华油天然气

有限责任公司

北京华油天然气有限责任公司（原北京天然气集输公司）2002年再创佳绩：输气超20亿，利润翻一番。全年累计输气20.43亿立方米，超计划4.5%，年增长27%，实现利润3.98亿元，超预算11%，年增长134%，并全年做到安全无事故，取得了确保元旦、春节和党的十六大召开期间向北京安全供气各阶段胜利；基本建设方面陕京输气管道第二储气库工程和两个压气站备机工程均按期投产，第三储气库和陕京二线工程的前期工作进展顺利；精神文明建设方面员工思想稳定，素质不断提高，公司廉政建设继续得到加强，公司在连续四年被评为中央国家机关文明单位的基础上，2002年首次荣获首都文明单位称号。

2002年，国家工程建设质量审定委员会和集团公司对陕京输气管道工程进行了全面评审，中国石油天然气集团公司授予陕京管道工程优质工程金奖、国家工程建设质量审定委员会授予陕京管道工程优质工程银奖。图为集团公司授予的奖牌

2002年元旦，中国石油天然气集团公司总经理、中国石油天然气股份有限公司董事长马富才到公司慰问全体员工，对公司在新世纪第一年取得的各项工作成绩表示祝贺。图为马富才总经理通过视频系统与靖边首站一线职工通话

2003年春节前夕，中国石油天然气股份有限公司总裁陈耕、高级副总裁苏树林和有关部门领导到公司进行慰问并检查指导安全防范工作，对公司2002年取得的各项工作成绩表示祝贺。图为陈耕总裁、苏树林高级副总裁在陕京线调控中心听取汇报

在2002年公司工作会议暨首届五次职代会上，公司领导向全体职工报告工作，对在新的一年各项工作再上一个台阶做出部署。图为大会会场

2002年，公司顺利完成陕京管道第二储气库板876储气库建设工程。图为地库大型注气压缩机组安装就位

地址：北京市朝阳区慧忠里甲118号　邮编：100101　电话：(010)84976804　传真：(010)84980928

大庆油田有限责任公司

【概述】 大庆油田有限责任公司（以下简称“大庆油田”）是中国石油天然气股份有限公司的全资子公司，是以石油、天然气生产为主的特大型工业企业。成立于2000年1月1日，注册资本475亿元，员工90436人，固定资产原值、净值分别为1339亿元和624亿元。

2002年，大庆油田坚持“两高一发展”方针，进一步优化勘探投资方向，深化松辽盆地中浅层石油精细勘探，努力寻找后备资源，增储上产，依靠管理创新以及抓关键成本要素，实现节支增效，油气勘探、开发全面告捷。

全年完成石油预测储量9641万吨，石油控制储量6542万吨，石油探明储量5284万吨，提交石油可采储量1319万吨，分别完成计划的169%、109%、110%和132%；开发系统通过深化水驱综合调整，改善聚驱开发效果，加快外围上产步伐，新增石油可采储量2625万吨，完成年度计划的109%；生产原油5013万吨、天然气20.20亿立方米；实现总收入728.43亿元、利润435.9亿元、税费125.13亿元，投资再回报率46.75%。全面完成股份公司下达的计划指标，连续27年实现年产原油5000万吨以上高产、稳产，创造了世界同类油田开发史上的奇迹。

【重点目标区域油气勘探取得新突破】 油田勘探按照“五个加大，五个压缩”的要求，以择优评价为目的，深化松辽盆地中浅层石油精细勘探；以寻求后备资源为目的，加快松辽盆地深层天然气甩开预探；以增储上产为目的，推进海拉尔盆地滚动勘探开发；以寻找接替领域为目的，加大外围盆地优选评价研究力度，实现以徐深1井为标志的重点目标区域油气勘探新进展。

2002年，位于徐家围子断陷中部的徐深1井，喜获日产53万立方米的高产工业气流，发现估算地质储量超过300亿立方米的大型气藏；位于徐家围子断陷带西北部的卫深5井，登娄库组经大型压裂获日产46万立方米的工业气流，该井区圈定含气面积34.5平方千米，估算天然气地质储量59.45亿立方米，预示了松辽盆地深层天然气勘探的广阔前景。同时，位于海拉尔盆地的贝16井，喜获日产125.8吨的工业油流，继而发现含油面积为4平方千米、储量丰度达每平方千米625万吨的断块富集油藏，这是多年来大庆长垣之外新发现的第一个高丰度高产油藏；位于卫星地区的多口评价井也获高产工业油流，显示出老区精细勘探的潜力。此外，依舒等外围盆地勘探也见到了一些好苗头。

【勘探主导技术攻关取得阶段性成果】 坚持以技术创新、技术进步实现油气勘探新突破，多项技术攻关课题的阶段性研究成果直接应用于油气勘探生产中，并取得显著成效。（1）《复杂勘探目标准确成像与识别技术》项目取得阶段性成果，其中叠前深度偏移处理技术能有效地提高成像效果，为准确刻画油（气）藏特征创造了条件；共反射面无叠加处理技术能较好地解决火山岩覆盖盆地地震资料低信噪比的难题，大大改善地震资料成像效果；广义S变换高分辨率层序检验方法，为进一步刻画薄互层内部结构的变化、建立松辽盆地中浅层高精度地层格架和目标识别系统，揭示火山岩内部结构变化提供了有效手段。（2）《大庆探区有利于发现和保护油气层钻井完井配套技术》攻关取得阶段性成果。其中近平衡、欠平衡钻井技术、高温气层固井技术和改进两性复合离子钻井液的应用，减少了钻井液对油气层的污染，有效地解决了近平衡钻井产生点窜难以固井，以及特定地质条件下井壁失稳、储层受损等问题。（3）通过开展《复杂油气层综合识别评价技术》攻关，将地质录井技术和测井资料评价技术，综合应用于松辽盆地中浅层低孔低渗储层评价、松辽盆地深层火成岩气层识别以及海拉尔盆地油层评价中，取得了良好效果。

【油田开发瓶颈技术攻关取得突破性进展】 以三元复合驱弱碱化主表活剂研究成果为标志，油田开发瓶颈技术攻关取得新进展。围绕三次加密调整、三次采油和外围“三低”油藏有效开发三大主体配套技术攻关，确定9项重大课题，落实41项现场试验计划，组织开展了跨学科、跨领域的联合攻关。其中，三元复合驱弱碱化主表活剂已在北区西部投入矿场试验；利用三次加密调整配套技术在喇萨杏油田39个区块初步部署加密井9675口，并伴随三次加密和三次采油技术的同步发展，可望再规划部署2万多口井；通过开展井网加密、水平井、蒸汽吞吐、微生物吞吐等现场试验，在外围“三低”油藏有效开发方面进行了积极的探索，积累了一系列成功经验。

【推进勘探开发一体化，提高油田开发整体效益】 根据中国石油天然气股份有限公司“大庆油田要成为勘探开发一体化样板”的要求，努力实现勘探与开发联合部署、共享信息、合力研究攻关、一同评审预测探明储量及其开发前景，进而做到勘探地震部署设计兼顾开发需求，提高地震资料利用率；油藏评价方案统一部署设计，开发提前介入未控制、未预测储量地区，为优选可提交升级控制、预测储量丰富其资料，并及时交流成果，实现资料共享，优势互补，统一标准，降低成本。一是进一步理顺管理机制，推行以区块为单元的项目管理；加快外围上产规划部署，超前落实评价区块并实施评价工作，提前两年编制产能建设方案；三是强化对运行过程的管理，开发与勘探同步优化地震部署、井位部署、测井系列选择，从机制上保证新增探明储量质量，提高勘探开发的整体效益；四是以探采结合的方式实施“百井工程”，利用“种子井”实施滚动开发，全年利用老探井 169 口，年捞油量超过 3.5 万吨；优选 8 口“种子井”，部署开发井 104 口，预计可动用地质储量 268 万吨，建成产能 6.9 万吨。

【天然气产业化步伐加快】 大力实施天然气产业化和“以气补油”战略，加大技术改造力度，提高系统调控能力，合理安排装置检修工作，严格生产经营管理和零散用气管理，天然气综合利用效益显著提高。2002 年，全油田外供商品气 12.8 亿立方米，比 2001 年增加 4430 万立方米；湿气采集处理 19.1 亿立方米，比 2001 年增加 6000 万立方米，创历史新高；回收气烃 36.22 万吨，比计划多 5.22 万吨；返输干气 2.85 亿立方米，比 2001 年多 1000 万立方米；实现商品气和气烃总产值达 11.75 亿元。

【科技项目管理趋于规范，科研项目开题质量显著提高】 在科研课题立项管理上，突出攻关重点，尽量避免低水平重复，2002 年新开项目压缩到 73 项，数量较往年明显减少，质量却大有提高；在项目论证上，改变传统开题方式，实行函审与会审相结合，明确评委责任，严格执行评审标准，确保开题质量；规范项目实施运行程序，明确各级科技管理部门权力和责任，严格控制经费支出，完善科技项目评定验收管理办法，明确评委责任，强化应用类成果推广应用前景预测工作，提高了资源有效利用率。同时，扩大科研项目课题制试点规模，对部分单位、部分科研项目招标确定课题长，通过双向选择成立课题组，单位与课题长、课题组成员间层层签订承包、聘任合同，明确了所有成员的工作任务、目标、责任、权利和奖金额，进而增强项目组成员的责任意识，加快了项目研究进程。通过课题制试点，在项目管理上引入竞争机制，并推行聘任制和合同制，促进了人才的合理流动和知识、技术的不断创新，优化了资源的合理配置。

【实施低成本战略，开发效益稳步提高】 围绕实施低成本战略，加大成本节余的分成比例和奖惩力度，进一步调动了企业内部挖潜增效的积极性；靠管理创新增效，推行作业区和项目管理，探索勘探开发一体化、地面地下一体化等新途径，达到了降投资、降成本的目的；靠抓关键成本要素增效，实行水电定额定量管理和专项治理，在新增油井 2591 口、各类站（间）163 座的情况下，使水电消耗上升趋势得到了有效控制，油田各项经营指标均超过预定目标。（1）优化注采结构调整，控制无效注采循环。本着“优化注水量、产液量，缓解地下矛盾，控制操作成本”的原则，通过细化、优化注水层段，减少特高含水层注水量，开展周期注水、油井堵水和注水井浅调剖等工作，使全油田注水量大大低于计划指标，产液量明显减少。（2）加大超高分子量聚合物应用力度，降低聚驱成本。在部分采油厂推广清水配制污水稀释超高分子量聚合物经验，解决了含油污水外排问题，节约清水 900 万立方米。（3）加强综合治理，控制油井作业综合返工率。通过应用抽油机井杆、管防偏磨和防断脱等技术，强化对下井工具、施工质量的监督管理，全油田新增油水井 2711 口，油水井维护工作量却比上年减少 2097 井次，抽油机井作业综合返工率降低 6.74 个百分点。（4）提高用电、节电管理水平，严格控制电量增长。科学制定用电、节电计划，严格用电审批秩序，加大对盗电现象的打击力度，推广应用 DSM 技术，实施高耗能设备改造、利用放空天然气发电等节能措施，全年用电量大大低于计划指标。（5）推广油井常温集输技术，降低集输生产耗气。全油田 12510 口油井实现不同形式的不加热集输。

【强化计划管理，产能建设投资得到有效控制】 油田产能建设投资计划管理进一步加强。（1）加强投资估算管理，从源头上加大投资控制力度。通过工程造价工作与前期技术论证工作的有机结合，调整投资估算费用计取方式，取消设备材料进项税和贷款利息，使项目估算金额与实际发生金额更加贴近。同时，出台了《大庆油田 2003 年老区改造工程估算指标》，为规范老区改造项目的投资管理提供了依据。（2）重点做好设计概算管理，把好设计概算审查关。在概算审查工作中，坚持“四个结合”，即技术审查与经济审查相结合、概算审查部门与设计审查部门相结合、咨询单位审查与建设单位审查相结合、设计概算审查与现场实际相结合。同时，强化设计调整概算的管理力度，严格执行审批程序，避免了设计概算调整的随意性。(3) 严格工程结算、决算审批程序，把好投资管理收口关。改变以往只审查定额使用是否准确、费用计取是否合理的做法，重点审查工程结算内容是否按照规划立项内容安排实施，是否完全执行大庆油田的有关规定。对于不按计划内容安排和不执行结算规定的工程坚决不予审批结算，有效遏制了建设单位随意安排工程量、任意挤占基建投资现象的发生。2002 年完成建设工程结算、决算 1150 项，审批金额 44.75 亿元。

【强化资金集中管理，资金运营状态良好】　在加强资金计划管理，搞好调度平衡的基础上，做到：(1) 强化资金封闭运行手段，继续实施结算柜台前移，运用内部封闭结算网络，强化服务职能和管理手段，形成完整的资金调控监督体系，加速资金周转，减少了资金的沉淀。(2) 建立资金计划网络管理平台，集中临时闲置和分散的资金，搞好滚动上存，有效降低资金成本，全年日均上存资金 124 亿元，获得利息收入 3.47 亿元。(3) 加强应收款项管理，原油销售实行先款后货的原则，杜绝新欠款的发生；对基层单位下达应收款指标，年终考核兑现；加大清欠力度，运用往来信息平台，与基层单位共享清欠信息，调动一切积极因素，较好地完成股份公司下达的清欠指标，进一步提高了资金运行和管理水平。

【以投资回报为目标，完善效益型资产管理机制】继续推进效益型资产管理模式，努力做到“盘活存量，优化增量，提高质量”。一是细化存量固定资产管理，不断提高运营效益。全面开展存量资产质量状况调查分析，准确掌握油田存量资产运营状况，为细化和优化存量资产管理奠定了基础；推广中油资产管理信息系统，使固定资产信息与设备信息数据库对接，实现两库合一和资源共享；建立内部资产管理经济技术考核指标系统，明确考核内容、范围、类别及指标；多渠道盘活存量资产，加大固定资产和闲置低效资产调剂利用力度，不断提高固定资产技术含量和单位资产创效能力。二是加强设备管理，确保安全经济运转。抓好设备修理档案化管理，建立设备维修信息数据库；规范设备润滑管理，编写出《设备润滑辅导材料》，明确润滑油和汽油的选择标准和依据，指导各二级单位降低有形磨损。三是加强重大装备经济论证，提高投资效益。组织专家对 2002 年计划购置的重大装备进行了评价，为投资决策提供了重要依据；进一步完善经济技术论证工作，开展重大装备效益后评估，提高了决策的科学性。同时，推行小型机具供应厂商资质及价格网上公示管理办法，先后在企业网上对 206 家供应厂商进行了公示，为有效实施评估选优、确保投资效益奠定了基础。

【安全生产立足保稳定、促发展】　大庆油田从讲政治、保稳定、促发展的高度出发，强化安全教育和监督管理，实行安全生产合同制，推动 HSE 管理体系的有效运行，积极探索搞好安全生产的有效途径，全面实现安全管理科学化、防护标准化、制度规范化。截至 2002 年 12 月 25 日，全油田共发生各类事故 27 起，其中人员伤亡事故 21 起，亡 2 人，重伤 3 人，轻伤 16 人；交通事故 3 起，亡 3 人，重伤 3 人，轻伤 1 人；上报火灾事故 3 起，重伤 2 人，轻伤 1 人；人员伤亡事故死亡率为 0.011 人/百万工时，同比下降 35.5%。

【监控与投入力度加大，环保整体水平提高】　大庆油田从推进企业可持续发展的高度，加大环境治理投资和施工现场监控力度，油田污染物排放总量得到有效控制。通过建立有效的环境管理运行机制，在采油系统开展 ISO 14001 环境管理体系运行试点，强化对污染治理设施运行情况和井下作业现场的监督、监测工作，全油田废水、废气、废渣、噪声排放大幅度减少。同时，认真落实建设项目环保“三同时”，严格实施立项把关、施工过程监控和竣工后的终审验收，切实做到治污从源头抓起。2002 年，全油田共对 2225 口新钻井、1988 口射孔井产生的废弃钻井液进行了固化和无害化处理。

【获“全国质量效益型企业特别奖”】　油田技术监督工作从全面扎实地开展标准制（修）订入手，强化 ISO 9000 质量体系运行管理和计量、质量监督管理，组织专业队伍开展对有关供货厂商的质量保证能力现场审核，进而优化油田产、供（进）货运行机制，油田技术监督管理呈现良好的运行态势。全年共制定（或修订）股份公司企业标准 5 项、石油天然气行业标准 5 项，编制完成大庆油田企业标准立项计划 157 项。开展了产品质量监督抽查工作，全年共查 85 种 1635 个（批次）的产品，综合合格率为 86.11%，其中外购物资共抽检 82 种 1594 个（批次），合格 1326 个（批次），合格率为 83.187%；共发现 110 个供货单位的不合格物资 32 种，涉及采购金额 8800 万元，投入产出比达 1∶14.7，退货、换货以及索赔金额达

4132万元。深入开展群众性质量管理活动，共取得国家级优秀QC成果6项、省级优秀QC成果32项、石油行业优秀QC成果53项。2002年，大庆油田被中国质量协会授予“全国质量效益型企业特别奖”。

【建立战略伙伴关系，实现与存续企业合作双赢】 大庆油田通过积极发展与石油管理局的战略伙伴关系，广泛加强技术合作，共同开发了外围台105区块，投产油井83口，生产原油2.7万吨，取得了良好的开发效果和经济效益。同时，双方以维护稳定、共同发展、规划运作为原则，认真进行关联交易工作，2002年12月底前实际支付的关联交易额达126.64亿元，占关联交易总金额的93.75%。大庆油田在压缩投资、成本紧张的情况下，尽最大努力保证石油管理局的工作量；石油管理局充分考虑大庆油田的压力，要求各施工队加强现场管理，强化成本控制，有力地促进了双方的合作双赢。

【制度化建设稳步推进】 以完善工作流程、规范管理文本为标志的企业制度化建设取得新进展。围绕建立现代企业制度，构建油公司管理体制和运行机制，推进以文本为载体的制度化建设，本着集中组织、分步实施、整体推进的原则，认真开展各项流程编制工作，力求建立一套清晰科学的工作流程、行之有效的管理制度和切实可行的岗位规范。经过反复酝酿、讨论、修改、完善，目前已编制完成大庆油田机关97项主要管理流程和工作规范，进一步明确各职能部门的工作职责，界定所有岗位的管理权限，规范了各项业务运行秩序，为推进企业管理的规范化、标准化和科学化奠定了基础。

【推出“四个不一样”管理新理念】 大庆油田结合企业重组改制后的新形势，以实施“新形象工程”为载体，以传承大庆精神、铁人精神为核心，积极倡导并推进企业文化创新实践，总结提炼出具有时代特征且在油田内外引起较大反响的“四个不一样”管理新理念，即“素质高低使用不一样，管理好坏待遇不一样，技能强弱岗位不一样，贡献大小薪酬不一样”的理念，并依此制定出台一整套细化到班组、考核到岗位的管理办法，对于激发员工内在潜能和敬业精神产生积极的作用，使企业的管理理念和员工的从业理念同步得到更新和升华。

（权哲诛）

中国石油天然气股份有限公司
吉林油田分公司

【概述】 2002年，是中国石油天然气股份有限公司吉林油田分公司成立后独立运作的第三年。三年来，面对着管理体制、经营机制发生的重大变化，以及生产经营和改革发展的新形势，特别是面对改制之初可供开发效益储量严重不足、原油产量徘徊不前、老油田产量递减加快、效益逐年滑坡等问题和挑战，公司党政领导班子紧紧抓住企业重组改制带来的历史性机遇，进一步转变经营观念，全面实施“加快主营业务发展、削减成本、科技创新、持续重组”战略，努力创造油田各项工作新水平的总体思路。经过全体员工的共同努力，圆满完成了中油股份公司下达的各项业绩指标，油田储量、产量、效益大幅度增长，管理体制、经营机制日趋理顺。在2002年工作中，吉林油田分公司积极适应新形势、新任务的需要，坚持在解放思想中转变观念，在转变观念中开拓创新，在开拓创新中与日俱进。经过不懈努力，圆满地实现了全年各项业绩指标。

（1）油气勘探取得了新成果。全年共实现探明石油地质储量5016万吨、控制储量5089万吨、预测储量5710万吨。新增可采储量1191万吨，完成计划的119.1%。

（2）原油产量实现了持续攀升。全年共生产原油444万吨，完成中国石油天然气股份有限公司考核指标435万吨的102.1%，并建成了吉林油田历史上第一个百万吨采油厂——英台采油厂。

（3）经营管理水平和经济效益显著提高。全年共完成投资总额31.98亿元，投资资本回报率为4.96%，比中国石油天然气股份有限公司考核指标提高了0.94%；油气单位操作成本进一步下降，全年控制在5.24美元/桶，比2001年下降0.22美元/桶；公司利润大幅度增加，按预算口径计算，共完成利润8.73亿元，完成了中国石油天然气股份有限公司考核指标的150.5%。

(4)技术进步取得明显成效。坚持把先进适用技术应用到生产中，不断转化为现实生产力，高精度三维地震、低渗透油藏保护和改造、三次采油等技术的研究和应用，以及以注水为核心的老油田稳产技术都取得了重要进展和突破。全年共完成科研项目106项，获股份公司技术创新特等奖一项、二等奖一项。全油田平均探井成功率为56.7%，自然递减率由企业重组前1999年的14.07%下降到10.03%，科技贡献率由企业重组前的36%上升到42%。

【油气勘探】 吉林油田分公司成立三年来，油气勘探获得历史性突破，为跨越式发展提供了有力的资源保障。按照“立足中央、突破伊通、探索东南、准备西坡、发展滚动”的部署，积极应用先进适用的有效技术，注重加强地质综合研究，逐步深化地质规律认识，在加大英台—四方坨子、乾安大情字井重点地区评价勘探力度的同时，加快了伊通盆地外甩勘探和扶新地区滚动勘探步伐，油气勘探的质量和水平有了新的提高。三年共完成勘探投资22.48亿元，平均单位油气勘探成本控制在1.13美元/桶，2002年勘探单位成本1.08美元/桶，比2000年降低17%。加强地质综合研究，深化地质规律认识，创新勘探思想和理论，及时把勘探的重点由寻找构造油气藏转移到寻找隐蔽油气藏上来，发现并落实了英台—四方坨子、大情字井两个“亿吨级”油田。外甩勘探取得重大进展，掌握了两个“五千万吨级”规模储量目标区。三年新增探明石油地质储量1.45亿吨，相当于过去40年的六分之一，迎来了吉林油田又一个储量增长高峰期，为原油产量大幅度增长奠定了资源基础。在2002年的油气勘探工作中，全年共完钻探井93口，试油101口、284层，有45口井新获工业油气流。油气勘探获得了“一个落实”、“一个扩大”、“两个突破”、“四个进展”的新成果。

“一个落实”：即英台—四方坨子地区5016万吨规模效益储量得到落实。该地区共试油18口、88层，其中方70、方72、英149、英152、英157、英161、英163、英166井获得高产工业油流。

“一个扩大”：即大情字井地区储量规模进一步扩大，新增控制储量4078万吨。在该区共试油25口、59层，14口井获工业油流。其中，黑123、黑138、黑120井试油获高产油流，从而展现出大情字井油田与海坨子、乾安油田、乾133井区整体连片的趋势。

“两个突破”：即新庙南地区庙130井、五星构造带星26井双一段突破了高产油流关。庙130井压裂后获日产29立米方的高产工业油流，从而为实现新庙油田和木头油田连片提供了科学依据。星26井试油获日产油9.5立方米（水11立方米）的高产工业油流，拓宽了该区的勘探领域。

“四个新进展”：一是火山岩勘探取得新进展。农47井压裂后日产原油1.8立方米（水6.8立方米），展示了吉林油田在火山岩中找油找气的良好前景。二是滚动勘探取得新进展。在前南、新北、庙南等地区试油16口井，8口井获工业油气流。其中，嫩306、前105、木257井获高产工业油气流，进一步展现出扶新隆起带的勘探潜力。三是老区勘探取得新进展。孤45、孤44井、坨105井试油见良好油气显示。坨103井试油获5.24万立方米高产工业气流，展示出双坨子地区多层系含油及天然气勘探的广阔前景。四是外甩勘探取得新进展。实施老井重新复查后，昌13井自喷获4.5立方米工业油气流，投产后初产原油18吨，展现出伊通地堑新的含油层系。伊47井在62号层压裂抽汲获日产原油3.7立方米，预示出莫里青断陷西北缘广阔的勘探前景。同时，东南隆起区深层勘探获得了可喜的进步。油气勘探上取得的系列成果，为吉林油田近期发展提供了可靠的资源保障。

【油田开发】 吉林油田分公司坚持以提高经济产量为中心，稳定老区生产，加快新区上产，优选措施增产，推进技术进步，提高开发水平。2002年计划生产原油435万吨，实际年产原油444.03万吨，完成年度计划指标的102.08%。原油产量连续两年创历史最好水平，在中国石油天然气股份有限公司原油产量排位由第八位上升到第六位，列东部油田第二位。其中，国有区全年产油300.79万吨，完成计划的99.9%；合资合作区全年产油55.24万吨，完成计划的120.1%。2002年计划生产天然气1.65亿立方米。全年实际生产天然气2.171立方米，完成计划的131.6%。加强了以注水为核心的老油田综合治理工作，大部分油田注水状况有所改善。2002年老井含水上升率控制在1.5%，老井自然递减率10.09%，比1999年减缓3.98%，老区稳产基础得到巩固。按照“整体部署、分步实施、跟踪研究、及时调整、效益优先”的方针，探索和实践了勘探开发一体化模式，三年累计新建产能198万吨，并在英台地区建成了吉林油田发展史上第一个百万吨采油厂。2002年构成内增产措施工作量比2000年压缩83.3%，有效率提高13.7%，单井增油提高137.5%；油井免修期比2001年提高74天，提高21%。2002年，按照“依靠技术进步，严格高效管理，稳定老区生产，加快新区上产，提高开发水平”的基本方针，开展了一系列扎实有效的工作。

（1）优质高效组织产能建设，加快了新区产能建设步伐。大力推进勘探开发一体化进程，全面推行项目管理，切实强化产能建设生产组织和运行方案的编制，狠抓各项工作的落实。积极采用先进、适用技术，不断提高单井产量和开发技术含量，确保了产能建设。高效开发了英152、黑79两个重点产能建设区块，为新区产量快速上升创造了极为有利的条件。全年共完钻开发井628口，新投油井561口，新建产能78.12万吨，新井产油44.5万吨，并且在英台地区建成了吉林油田历史上第一个百万吨采油厂。

（2）加强了以有效注水为核心的控水稳油和区块综合治理工作，夯实了老区稳产基础。扎实有效地开展有效注水工作，千方百计提高有效注水合格率，努力减缓油田自然递减。与此同时，为有效缓解油田开发矛盾，完善注采井网，以扶余油田为重点，狠抓了区域性综合配套调整和系统优化运行，老区开发水平进一步提高。全年有效注水合格率为60.93%，比2001年提高8.53%。全油田自然递减率控制在10.03%，比2001年减缓1.52%。

（3）狠抓措施方案优化和生产管理工作，措施效果和管理水平有了新的提高。不断优化措施结构，大力压缩措施工作量，切实强化措施方案论证审查和施工中的质量监督以及后期效果评价，措施增油效果明显提高。全年措施经济有效率达到79.4%，比2001年提高3.2%。措施单井增油首次突破100吨，达到125吨，比2001年提高54吨。同时全面加强生产管理，油水井管理水平进一步提高。全年不正常井影响产油量一直控制在2.69%以内。油井免修期达到343天，比2001年延长67天。

【企业经营管理】　围绕全年经营管理工作目标，坚持以投资管理、成本管理为重点，以严格管理、精细管理和科学管理为手段，不断提高公司的创利增效能力。

一是投资管理进一步规范。按照“统一规划、集中决策、归口管理、分别运作、总体控制”的要求，理顺了投资管理体制，强化了投资项目的预算管理，及时跟踪投资项目运行情况，积极协调处理施工过程中的有关问题，有效控制了投资规模。按快报数，2002年共完成投资31.98亿元，完成计划的96.21%。其中产能建设直接投资24.96亿元，百万吨产能建设投资由2001年的25.8亿元降到25亿元。

二是成本管理得到加强。严格执行财务预算管理制度，层层分解落实各项成本控制指标，建立和完善刚性考核和柔性激励相结合的成本控制体系，全面推行绩效考核制度，大力推进项目管理，严格物资采购和招投标管理，积极探索和实施降本增效的有效途径，将低成本发展战略引向深入。

三是基层基础管理工作进一步夯实。坚持从严治企的方针，进一步强化了“三基”工作，健全完善了各项规章制度，促进企业管理工作逐步实现规范化、制度化和标准化。

【深化内部改革】　按照现代企业制度的要求，优化组织结构，压缩管理层次，理顺业务流程，明确管理职责，初步建立起管理幅度适当、层次清晰、目标明确、责任清楚的运行机制。三年共压缩所属单位机关科室66个，撤销大队级管理机构27个，减少基层站队、车间39个。全面开展了公司机关及直属单位科级及以下人员全员竞聘上岗工作，形成了“能上能下、能进能出”的动态用人机制。进一步完善了“十五”人才发展规划，研究出台了一系列培养、引进和使用人才的政策，在全公司形成了尊重知识、尊重人才的浓厚氛围。发挥市场机制配置劳动力资源作用，坚持增产增效不增人，人均劳动生产率由2000年的23.16万元提高到2002年的24.27万元。针对产权不清、职责不顺等问题，规范合资合作企业管理，健全法人治理结构，加大合同清理力度，理顺运行关系，规范操作程序，拓宽合作领域，促进了合资合作企业健康发展。2000年合资合作企业扭亏为盈，2002年原油产量达到55万吨。三年公司共实现投资收益2.2亿元。加快对外合作步伐，2002年新签订6个区块合作开发合同。

【科技攻关】　坚持把科技作为第一生产力，不断加大科技投入，在勘探开发主导技术研究和应用上取得重大进展。针对低渗透、薄互层、隐蔽型油气藏的特点，在完善勘探开发理论、总结技术研究成果的基础上，着力在油气层发现、保护、改造技术上下功夫。从而使松辽盆地岩性油气藏勘探技术取得重大突破，发现了大情字井超亿吨级岩性含油区和英台—四方坨子亿吨级岩性构造含油区，拓展了勘探开发领域，油气勘探逐步走向良性循环。复杂油藏评价及高效开发配套技术研究取得重要成果，有力支持了百万吨采油厂的建成，加快了原油上产进程。“三低”油藏改造技术取得重要进展，新井单井产能大幅度提高，2002年平均单井产量为5.1吨。以二氧化碳、复合驱、微生物驱为重点的三次采油技术取得进展，为低渗透、高含水油田提高采收率、保持稳产提供了技术储备。套保稠油开发试验技术取得显著效果，将进入规模开发。

三年累计投入科研经费5224万元，完成局级以上项目325项，获部级特等奖1项、一等奖1项、二等奖3项，获国家专利10项。

（赵　晶）

中国石油天然气股份有限公司辽河油田分公司

【概述】　中国石油天然气股份有限公司辽河油田分公司（简称中国石油辽河油田）隶属中国石油天然气股份有限公司，是以石油天然气勘探开发为主营业务的国有特大型企业。油田地跨辽宁、内蒙两省区13个市、34个县（旗），是中国第三大油田，中国石油天然气股份有限公司的第二大油田，是全国最大的稠油、高凝油生产基地。油田分公司下设采油、科研、集输、销售等19个厂、院和公司，现有员工29338人，其中高、中级以上职称的技术人员3285人，初级技术职称的4639人。拥有固定资产原值524亿元，净值247亿元。

2002年，油田分公司深入学习党的十五届六中全会和十六大精神，以“三个代表”重要思想为指导，认真落实贯彻集团公司、股份公司工作会议精神，落实一届三次职工代表大会工作部署，克服投资不足、成本缺口较大等困难，紧密围绕“十大工作目标”，以“基础管理创新、增储降本创效”为主线，认真开展“三个五工程”和“四个战役、一项活动”，大打勘探开发管理进攻仗，大力加强党建、思想政治工作，各项工作都取得了可喜成果，全面完成和超额完成了股份公司下达的业绩考核指标。

【主要生产经营指标】　完成三维地震采集1168平方千米，完钻各类探井72口，进尺19.17万米，其中，新区探井41口，进尺11.33万米，滚动探井31口，进尺7.84万米。完成新老井试油126口229层，其中65口79层获工业油气流。探明石油地质储量5858万吨，可采储量1159.4万吨，分别完成年度计划的106.5%和105.4%；探明天然气地质储量10亿立方米，可采储量5.66亿立方米；控制石油地质储量4916万吨，预测石油地质储量7697万吨，分别完成年度计划的109%和171%；生产原油1351万吨，完成年度计划的101.58%；生产天然气11.31亿立方米，完成年度计划的113%，外供4.83亿立方米，完成年度计划的100.6%；生产轻烃14.15万吨，完成年度计划的106.4%。实现销售收入147.04亿元，比年度预算超收26.06亿元；完成国内准则利润45.56亿元，实现国际准则利润56.62亿元，上缴税、费35.26亿元。

【油气勘探取得可喜成果】　新区勘探以发现和突破为主攻方向，加强地质前期研究，优化井位部署及实施，积极寻找新的勘探领域，落实新的勘探目标，努力实现勘探跨越式发展。一是通过雷64、雷72及雷61井的钻探成功，西部凹陷东部陡坡带雷家地区沙三段勘探获得突破，探明石油地质储量1106万吨，探明天然气地质储量5.67亿立方米。二是通过沈229、沈232、沈238井钻探成功，扩大了大民屯凹陷低潜山含油面积，探明石油地质储量1209万吨。三是通过小25、小28井钻探成功，扩大了东部凹陷黄沙坨油田火山岩油藏含油面积，探明石油地质储量531万吨。四是在坨32井中生代火山岩地层中获工业油气流，扩大了牛心坨油田北部的勘探领域，预测石油地质储量2000万吨以上。五是兴古5井通过压裂获得工业油流，展示了兴隆台构造中生代的勘探前景。

滚动勘探以“三老”资料复查为基础，运用新理论、新技术、新方法，实施滚动勘探开发一体化，全面完成了滚动增储任务。一是通过开展含油气系统研究和三维精细解释，老区新带勘探获得新突破。在大民屯凹陷低潜山、西部凹陷中生界和浅层天然气及东部凹陷茨榆坨潜山探明石油地质储量407万吨，预计可探明天然气地质储量2亿立方米。二是运用三维可视化技术和油藏描述技术，老区周边勘探获得重要发现。在锦612、锦616、齐2－22－14、沈633等井区，新增探明石油地质储量778万吨，新增探明天然气地质储量1.02亿立方米。三是通过开发动态研究和油藏精细描述，老区扩边勘探又有新进展。在包14、茨629、海26、欢2－15－313、红8－14、雷52－152、冷621、冷115等井区，新增探明石油地质储量418万吨，新增探明天然气地质储量2.39亿立方米。四是深入开展“三老”资料复查，通过修改电测解释成果，重建“四性”关系图版，在茨 32、雷 29－13、雷观 3、雷 29－15、欢 2－11－019、双 34－26、欢 2－18－509、于 30 等井点提高了解释精度，在解释“水层”、“干层”和未解释层中发现了新的含油层段，新增探明石油地质储量 578 万吨，新增探明天然气地质储量 0.92 亿立方米。

【产能建设达到预期效果】 按照“优化部署，分批实施，跟踪分析，及时调整”的原则，精心组织产能建设，保证钻井成功率和产能到位率达到了预期效果。一是针对投资不足的实际，优化实施钻井工作量，开发井由 675 口减少到 580 口，钻井进尺由 125.6 万米减少到 90.09 万米。二是优化钻井实施顺序，分批下达钻井计划，对深层及特殊岩性油藏，坚持“完钻一口、研究一口、投产一口、安排下一口”的原则，有效降低了低效井比例。三是提前实施 2002 年产能建设方案，从 2001 年 10 月开始，优选 477 口井提前实施，年底完钻 220 口，为提高新井生产时率创造了必要条件。四是优化射孔方案和投产方式，保证新井投产效果。通过以上四项工作，钻井成功率达到 99.7%，产能建设到位率达到 80.1%，平均单井日产油能力由方案的 7.2 吨提高到 7.9 吨，平均单井年产油由方案的 1552 吨提高到 1952 吨，创近年来最高水平，新井年产油由计划的 90 万吨提高到 110.1 万吨，超产 20.1 万吨，年产百万吨的产能建设投资由计划的 28.49 亿元降低到 25.06 亿元。

【油田开发水平有新的提高】 全年投产新井 687 口，日产油水平 4462 吨，年产油 106.61 万吨；完成老井措施 7261 井次，增加日产油水平 12258 吨，年增油 286.82 万吨。投转注水井 131 口，复注 101 口，新增分注井 184 口；完成注水 2478.5 万立方米，注水油田年注采比 0.84。稠油注汽 1544.08 万吨，年油汽比 0.48；自然递减率 30.7%，比年度计划低 0.51 个百分点，同比下降 2.09 个百分点，综合递减率 10.5%，比年度计划低 0.17 个百分点，同比持平，综合含水上升率 1.29%，比年度计划低 3.79 个百分点，同比下降 2.78 个百分点。

按照“准备一批，研究一批，实施一批”的工作思路，深入开展“油田分公司、厂、区”三级综合治理工作，确定 2002 年三级综合治理区块 66 个，覆盖石油地质储量 11.45 亿吨，主要围绕四个方面开展工作：一是编制海南 1、海南 3、锦 612、欧 31、雷 46、冷 43 等 12 个区块注水开发方案并组织实施；完善大平房、海 26、大洼等 17 个区块的注采井网；开展沈 84－安 12、法哈牛、海南 1、曙二区等 18 个区块细分注水和多级分注工作；全年投转注水井 131 口、复注 101 口、新增分注井 184 口，增强了稳产基础。二是加强大修侧钻井方案审批和实施监督，全年审批大修侧钻井 380 口，实施 368 口，增加日产油水平 1732 吨，年增油 30.5 万吨。三是认真组织长停井恢复，全年恢复长停井 1194 口，增加日产油水平 2401 吨，年增油 54.6 万吨。通过以上工作，66 个治理区块基本达到了治理目标，其中，16 个油田分公司级综合治理区块年底日产油水平达到 13920 吨，高于治理目标 165 吨，综合含水 73.83%，低于治理目标 0.06 个百分点；稠油区块油汽比 0.48，与治理目标持平，取得了较好的治理效果。

【加强开发研究及现场攻关试验】 针对不同区块、不同开发阶段遇到的重点、难点问题。开发工作突出抓了七个方面的综合研究和现场试验工作：一是针对特高含水区块如何进一步改善开发效果，开展了锦 16 块西部优化注水结构和措施结构调整试验；二是针对西部凹陷西斜坡勘探程度高的实际，开展了以“三老”资料复查为基础的滚动增储工作；三是针对薄层、低丰度超稠油油藏能否实现经济有效开发的实际，开展了杜 813、曙 1－27－454、杜 212、洼 83 等区块难采储量评价工作；四是针对复杂小断块开发效果差的实际，组织了大平房油田完善注采井网试验工作；五是针对大井段、井况差、出砂严重、停产井多的实际，选择了沈 67 块局部综合治理试验工作；六是针对天然气后备资源紧张、供求矛盾突出的实际，开展了兴 28、红星地区天然气挖潜增储评价工作；七是针对低渗透油藏开发效果差的实际，开展了新欢 27 块杜家台油层综合研究，编制综合治理方案，为下步实施做好准备。通过实践，红星地区和兴北浅层气挖潜、大平房油田注水开发、西斜坡滚动增储等工作都取得了阶段性成果。

【认真组织天然气开源节流和挖潜增效工作】 针对天然气采出程度高、后备资源严重不足、供求紧张矛盾日益突出的实际，精心组织天然气开源节流工作和挖潜增效活动。一是加强天然气资源评价研究，动用天然气地质储量 6.45 亿立方米，钻气井 19 口，投产 18 口，增加天然气日产能力 30 万立方米，年产气 0.53 亿立方米；二是应用放磁测井技术，实施浅层气挖潜 15 口，有效 12 口，日增天然气 15.3 万立方米；三是实施老井措施挖潜 78 井次，日增天然气 15 万立方米；四是通过采取高含水区块冷输、推广高效节能火管炉和节能火嘴、稠油井套管气回收等措施，日节约天然气16万立方米；五是整治油田周边零散用气，日减少天然气损失5万立方米。缓解了供求紧张的矛盾。

【科技水平有了新的提高】　以增储稳产、降本增效为目标，加强生产技术管理、新技术攻关和配套工艺推广，勘探开发工艺技术水平有了新的提高。稠油转换开采方式试验获得新进展，齐40蒸汽驱试验达到方案设计指标，锦90非混相驱试验效果进一步改善。污水深度处理技术实现工业化应用，掺活性水降粘技术达到设计要求，二氧化碳采油技术显示出良好的应用前景，含油污泥调剖、有杆泵深抽、输油管线泄漏监测、套损井修复、复合射孔防砂等技术都取得一定突破。稠油分选注、机械防砂、高温测试、低渗透油田高效压裂增产和提高抽油机系统效率等规模推广技术获得良好效果。加强对外技术合作交流，高二、三区提高采收率、海南未动用储量开发项目取得新的进展。全年实现科技增油87万吨。

【企业管理进一步加强】　深化实施"三个五工程"，加强投资、市场、招投标管理，优化工程设计，节约投资7000万元。优化注气参数，加强注气管理，减少注气50多万立方米；优化措施方案，减少低效无效作业近700井次。加强资金管理，压缩变动管理费用，减少非生产性开支，节约资金1400多万元。加强用电管理，推广节能技术措施，用电量同比减少1.63亿千瓦·时。推行电子商务与网上采购，降低采购成本5500万元；加强化学药品管理，降低采购费用800多万元。关联交易平稳运行，全年完成关联交易总额60亿元。强化概预算、审计、法律合同管理，加强对外协调，打击盗油盗气，维护企业利益。

【企业内部改革继续深化】　稳步推进干部制度改革，通过严格考核、加强聘后管理、加大交流力度，领导班子年龄结构、知识结构、专业结构进一步优化。推行副处级干部竞聘制和试用期制，严格考试、答辩、考核程序，14名同志走上副处级领导岗位。推广边远井站承包管理，开展内部劳务输出，合理调整机构设置，实现劳动力挖潜1600多人充实生产岗位，缓解了一线人员紧张的矛盾。全面实现劳动用工契约化管理，用工总量控制在指标之内。继续实行薪酬总量与业绩指标挂钩，建立完善易岗易薪机制，调动了各单位和广大员工的积极性。与有关单位和部门协调配合，顺利完成189名公安干警划转工作。

【群众性节约挖潜成效显著】　广泛发动员工，围绕控制投资、降低成本、提高效益，认真查找管理上的问题和漏洞，挖掘生产过程中的潜力，深入开展群众性节约挖潜活动。各单位都结合实际，严格控制物料消耗，大力开展修旧利废，减少成本费用支出。基层生产单位普遍实行了"四单核算"、"星级达标"等办法，加强生产成本控制。各级工会组织广泛开展员工提合理化建议活动，共青团组织扎实开展青年"创新、创效"工程，极大地激发了广大员工参与生产经营的积极性和创造性。全年员工提合理化建议25600件，采纳实施12800件，促进了油田分公司挖潜增效目标的全面实现。

【安全环保取得良好成绩】　坚持"安全第一，预防为主，防治结合"的方针，紧密围绕保障员工安全与健康、为油田持续稳定发展创造良好环境的总目标，认真贯彻落实各项安全环保法律法规。加大宣传和教育培训力度，认真组织开展"安全生产月"、"环保行"活动，深入学习《安全生产法》，提高全员安全环保意识。积极推行HSE和ISO 14001管理认证体系，进一步健全安全监督网络，完善领导和部门安全环保责任制，落实各项规章制度，强化重点要害部位安全管理和重点污染源治理，安全环保水平有新的提高，各项指标均控制在考核指标之内。

【员工理论技术培训创出新的局面】　油田分公司党委在抓好领导班子理论学习的同时，以建立"学习型"企业为目标，确立了"优秀人才优先培养、重要人才重点培养、紧缺人才抓紧培养"的工作思路，制定培训计划，建立培训基地，开办六期班站长培训班，培训班站长180多人；组织20名专业技术人员出国培训，选送61名学科带头人、专业技术人员到国家重点学府强化培训，举办油田分公司第二届员工技术大赛，涌现出25名技术标兵和25名技术能手，并有5名员工在全国石油石化行业技能比赛中进入前20名，为油田的持续稳定发展培育、储备了一批新型管理和专业人才。

【各级领导班子建设得到新的加强】　油田分公司党委从抓好领导班子学风建设入手，建立了"三个一"学习制度，组织214名副处级以上领导进行为期两个月的脱产培训，聘请三位知名专家、教授来油田举办三期专题知识讲座，培养上市公司的经营理念，增强各级领导干部的责任意识和大局意识，使基层领导班子的工作更加务实，作风更加深入，思想更具有时代感。同时，根据《领导干部选拔任用工作条例》的要求，积极推行干部任前公示制、竞聘制和票决制，加大处级干部的交流力度。2002年，通过竞聘选拔，有14名同志走上副处级领导岗位，异地交流15名处级领导干部。油田分公司处级干部的文化结构、专业结构和年龄结构更趋合理，充分发挥了各级领导班子的整体功能，促进了各级班子的思想建设、组织建设和作风建设。

（杨振喜）

中国石油天然气股份有限公司大港油田分公司

【概述】 2002年，是中国石油天然气股份有限公司大港油田分公司调整工作思路并取得重要进展的一年。大港油田分公司紧密围绕可持续发展，与时俱进，开拓创新，群策群力，扎实工作，圆满完成了年度业绩指标，各项工作取得了新的成绩。其中，新增探明石油可采储量506.7万吨，为年度计划的113.8%；完成原油产量391.1万吨、天然气产量3.9亿立方米，分别为年度计划的100.3%和105.4%；按预算口径，实现利润6.50亿元，为年度计划的104%，勘探开发板块超过预算1500万元，天然气与管道板块比预算减亏980万元；勘探成本、开发成本和操作成本均控制在股份公司下达指标之内；安全生产管理取得了4大控制类事故为零的好成绩。

【人员状况】 截至2002年底，大港油田分公司员工总数12536人，其中女员工4646人，占员工总数的37.1%。从学历构成来看，大学本科以上学历1508人，专科学历1452人，中专学历2428人，技校生3556人，高中生1289人，初中以下学历2303人。各类管理和专业技术人员4607人，占员工总数的36.8%。其中，高级专业技术职务人员381人，占管理和专业技术人员总数的8.3%；中级专业技术职务人员1307人，占管理和专业技术人员总数的28.4%；初级专业技术职务人员2059人，占管理和专业技术人员总数的44.7%。

【油气勘探】 2002年，大港油田分公司油气勘探工作的指导思想是："以经济效益为中心，以寻找商业储量为目标，依靠科技进步，强化项目管理，精细勘探两个区带，积极预探三个领域，有效推进滩海勘探，准备新区、新盆地，努力实现油田油气勘探持续稳定发展"。

2002年度股份公司下达给大港油田分公司的油气勘探计划是：探明石油地质储量2150万吨，探明石油可采储量445万吨，控制石油地质储量600万吨，预测石油地质储量1000万吨；部署二维地震770千米，三维地震260平方千米，钻井34口，进尺10.62万米。

预探隐蔽油气藏取得实质性突破；精细勘探中央隆起带，在六间房地区、沈家铺构造、北大港东翼和孔店凸起形成4个储量增长区；滩海勘探在关家堡构造沿羊二庄断层形成一个2000万吨级的油气富集区，成为滩海自营区现实的增储上产战场。全年新增探明可采储量506.7万吨，为股份公司下达计划的113.8%。

【油田开发】 2002年油田开发工作的总体部署是：以精细油藏描述为基础，以适宜配套技术为手段，以大幅度提高老油田采收率为重点，努力增加开发可采储量，夯实油田稳产基础，确保油气产量稳定，促进油田可持续发展。

截至2002年底，大港油田分公司已有16个油气田（26个开发区）投入开发，动用含油面积369.7平方千米，石油地质储量59531万吨（其中含凝析油896.25万吨），可采储量15594万吨（其中含凝析油258.13万吨）；动用天然气储量749.65亿立方米，天然气可采储量333.61亿立方米。共投产油气水井4106口，其中采油井2891口（含采气井46口），注水井1215口，注采井数比1∶2.38。

油气井开井1966口，日产油水平10555吨，油田综合含水87.61%，年产油393.9128万吨，累积产油11812.7602万吨，地质储量采油速度0.69%，采出程度20.6%，可采储量采油速度2.61%，可采储量采出程度78.42%，剩余可采储量采油速度10.8%；工业天然气日产水平87万立方米，年累产气3.944亿立方米，总累积产气154.1861亿立方米，天然气采气速度0.42%，采出程度20.6%。

注水井开井760口，总日注72717立方米，月注采比0.73，年注水2601.1305万立方米，累计注水46917.439万立方米，累计注采比0.71。

油藏精细描述完成第一轮工作任务，描述地质储量50254万吨，增加可采储量756万吨；有效注水工程，实施工作量1597井次，日注水量比2001年同期增长5134立方米，水驱控制程度同比提高1.2个百分点，注采对应率同比提高2.3个百分点；老油田控水稳油及综合治理，实施工作量的19个区块全部见效，自然递减下降3个百分点，累计增油28万吨；未动用储量评价，提交可开发储量273万吨；滚动勘探开发，提交可采储量74万吨；全年新建原油生产能力48.5万吨，新井当年产油28万吨。

【经营工作】 通过实施全额预算管理，健全完善成本控制体系，推行中油财务信息系统试点，狠抓外电治理和内部用电管理，作业费用得到有效控制，用电总量连续3年保持负增长，全年油气单位勘探、开发、操作成本分别为1.84、4.89和5.73美元/桶，均控制在股份公司下达指标范围内。按照国际准则口径，全年实现主营业务收入56.3亿元，实现利润20亿元。

【管理水平】 QHSE管理体系进一步修订完善，实现了ISO 9000、HSE、ISO 14001和OHSMS的共性兼容和个性互补，形成了具有自身特色的管理体系。安全生产以QHSE体系的有效运行为核心，坚持预防为主，落实责任，加强安全督察，整改安全隐患，全面推进安全环保合同管理，增强了事故防范能力，确保了安全生产。“三基”工作得到强化和落实，基层整体水平有了新的提升。

【科技创新】 全年共完成科研课题102项，有9项获得省部级科技进步奖，取得了一批研究、应用成果。推广应用精细勘探技术，在高成熟探区找到了一批中浅层富集高效储量区块；探井成功率明显提高，达到62.1%；规模应用油藏精细描述，为老油田提高采收率奠定了基础；工艺专项工程取得了重要成果，矿渣MTC固井、深斜井深抽等先导试验获得成功。依靠科技，优化方案，优化设计，提高了勘探开发整体效益。

【综合治理】 在积极配合，主动工作，及时化解不稳定因素，确保油区稳定的同时，发挥油田现行公安体制的作用，依靠地方政府，加大油区治安综合治理力度。全年共抓获不法分子716人，打掉犯罪团伙65个，清理回收各类油气井351口，收缴各类盗油车258辆，掐除非法接电点3000余处，取缔净化厂54个，有效地震慑了不法分子，油区特别是南部油田的治安环境明显改善。

【领导班子建设】 在抓好两级中心组学习的同时，选派包括部分班子成员在内的39名管理者到高等院校参加为期一年的脱产培训，大力提高班子成员的整体素质。严格业绩考核，实施有效的激励约束，促进了领导班子工作水平的提高，油田分公司所属各单位都完成或超额完成了全年业绩指标。通过规范管理者行为，认真落实“八个坚持、八个反对”要求和油田分公司关联交易“十个不准”规定，两级班子无重大党风廉政问题。在对12个领导班子、141名在职高级管理人员的考核中，优秀领导班子4个，占33.3%；优秀的高级管理人员42名，占29.8%。油田分公司两级领导班子整体团结、务实，凝聚力、战斗力和号召力进一步增强。

【职工培训】 积极围绕企业长远发展战略目标和经营目标开展培训工作，加快实施大港油田分公司人才开发培养战略，建立了37人的二级单位技术专家队伍，重点举办了油田分公司对外合作骨干外语培训班和复合型高级管理人才培训班，努力为油田分公司的可持续发展提供人才保证。2002年，油田分公司共举行各类管理和专业技术人员培训班79期4221人次，培训操作人员4266人次，高级管理人员工商管理知识培训2期20人次。紧紧围绕油田现场生产实际，加大技能鉴定考核监督力度，扩大职业技能鉴定范围，努力做好职业技能鉴定工作。截至2002年底，共组织了2次共计30个工种的专业理论考试，参加考试员工达2151人次；同时组织30个工种的实际操作技能鉴定2115人次。

【精神文明建设】 党政工团各级组织密切配合，紧紧围绕大港油田分公司中心工作，组织开展了技术创新创效、精选井发井位等系列劳动竞赛，以及球类、棋类比赛，消夏广场文艺演出等员工喜闻乐见的片区文体活动，丰富了基层文化生活，激发了员工工作热情，展现了员工良好的精神风貌。通过开展企业文化建设研究，为提升公司企业文化建设水平、营造良好的人文环境奠定了基础。2002年，油田分公司被评为天津市精神文明先进单位。

（陈凤萍　兰谢益）

中国石油天然气股份有限公司华北油田分公司

【概述】　中国石油天然气股份有限公司华北油田分公司（以下简称“中国石油华北油田”或“公司”），是中国石油天然气股份有限公司的地区分公司，主要从事石油天然气勘探和生产、石油天然气集输及储运销售、石油天然气勘探开发工艺研究及规划研究等石油勘探开发核心业务。公司拥有油气资产原值201.17亿元，净值76.37亿元。公司的油气勘探区域主要集中在冀中地区、内蒙古中部地区和冀南—南华北地区等三大探区。截至2002年底，已累计探明石油地质储量11.28亿吨，天然气地质储量273.65亿立方米。在冀中和内蒙古二连两大油气生产基地共拥有53个油气田，油气集输管线3000多公里，年原油生产能力438万吨，天然气生产能力6亿多立方米。公司已累计生产原油2.14亿吨，天然气60.85亿立方米，累计工业总产值（现价）77.40亿元。

中国石油华北油田机关设在河北省任丘市。公司机关设有公司办公室（党委办公室）、生产运行处、规划计划处、财务资产处、人事处（组织部）、科技与信息管理处、质量安全环保处、企管与法规处、监察处、审计处等10个职能处室，下属7个直属单位、6个采油生产单位和3个科研单位。

截至2002年底，公司共有员工13884人，其中专业技术人员3640人，占26.2%（正高级专业技术人员9人，占专业技术人员的0.25%；副高级专业技术人员315人，占专业技术人员的8.65%；中级专业技术人员1240人，占专业技术人员的34.07%）。在员工队伍中，获国务院特殊津贴的4人，获研究生以上学历的37人，大学文化程度的1148人。

2002年，公司认真落实集团公司和股份公司的工作部署，紧紧围绕公司“低成本、有效益、可持续”发展战略的实施和“两稳、一升、一提高”基本目标的实现，大力弘扬“在挑战中铸造辉煌”的企业精神，丰富和实践“精细管理、全员创新”的经营理念，不断落实“爱国奉献、爱岗敬业、文明守纪、诚信团结”的员工行为规范，上下一心，团结奋进，顽强拼搏，扎实工作，圆满完成了各项业绩指标，生产经营保持了良好的发展势头。

新增探明石油地质储量1879万吨、天然气地质储量22.19亿立方米；油气可采储量当量503.2万吨，为年计划的109.4%。探井成功率52%。生产原油438万吨，为年计划的100.7%，天然气5.33亿立方米，为年计划的102.5%；原油商品量415.07万吨，为年计划的101%，原油商品率94.77%，同比提高0.33个百分点；外供天然气4.25亿立方米，其中向北京供气2.93亿立方米，分别为年计划的106.3%和104.6%，天然气商品率79.81%，同比提高2.89个百分点；新建原油生产能力58万吨，为年计划的100%，天然气生产能力0.6亿立方米，为年计划的100%。

【油气勘探】　2002年，油气勘探工作按照“多发现、可动用、低成本、较整装”寻找和探明储量的原则，积极实施“861”勘探部署，创新地质认识，加强技术攻关，圆满完成了各项勘探任务。

（1）全面完成年度油气勘探任务。完成二维地震资料采集865.45千米，三维地震资料采集282.56平方千米，为年度计划的79%和81%。完成各类探井58口，进尺13.67万米，分别为年计划的111.5%和109.9%。完成试油作业井37口98层，新获工业油气流井28口，探井成功率52%。全年探明石油地质储量1357.3万吨，探明天然气地质储量22.19亿立方米，合计探明可采油气当量384.9万吨，完成年度计划的118.3%；滚动探明石油地质储量1778.5万吨，可采储量376.7万吨。全年总计新增探明油气可采储量当量503.2万吨，完成年计划的109.4%，实现了年度储采平衡。

（2）油气勘探取得新进展。一是油气勘探取得一批重要成果。巴音都兰凹陷新增探明石油地质储量568万吨，控制1039万吨，预测458万吨，凹陷总体探明和控制储量规模达3000万吨以上，为建成年25万吨产能奠定了基础。乌里雅斯太凹陷南洼槽强化砾岩体预探，圈定了砾岩、砂砾岩储层含油富集区，初步计算控制储量1000万吨左右，成为二连探区比较现实的储量接替凹陷。饶阳凹陷留西构造带路43井发现油层厚度85米，路44井油层厚度110米，展现了一个较整装储量规模的勘探战场。廊固凹陷柳泉北地区探明三个含气断块，天然气地质储量22.06亿立方米。州16区块控制储量规模超过800万吨，单井产量较高。另外，在吉尔嘎朗图凹陷、河庄泽74潜山、杨武寨构造等区带10口探井获得工业油流，试采效果良好，为2003年勘探奠定了基础。从这些成果来看，2002年探明的油藏具有较整装、丰度较高和可动用等特点。有4个油藏的储量规模达到500万—1000万吨，当年储量动用率达70.3%。二是隐蔽油气藏勘探又取得实质性突破。面对复杂的地质条件，勘探系统创新思路，在巴音都兰凹陷的巴38断块、乌里雅斯太凹陷木日格区带等隐蔽油气藏勘探获得丰硕成果，很大程度上扭转了勘探的被动局面。通过认真总结隐蔽油气藏勘探经验，深化了对成藏条件的认识，初步形成了符合华北油田地下地质情况的隐蔽油气藏勘探思路、配套技术和勘探方法，呈现出构造油藏与隐蔽油藏并重的勘探新格局，对今后的勘探工作具有重要的指导意义。三是精细勘探管理，提高了勘探效益。进一步完善了勘探项目从部署到井位的研究，从现场施工到竣工验收的全过程管理，确保了勘探项目的顺利实施。深化勘探经营管理，加强经营动态分析，优化了勘探投资。精细组织协调，加快了勘探节奏。努力应用新技术，提高了勘探成效。可采储量勘探成本控制在计划指标之内，创近年来最好水平。

【油气开发】　2002年，开发工作不断深化老油田综合治理，狠抓新老区产能建设，积极推广应用新工艺、新技术，强化油气生产组织管理，实现了油气生产的平稳运行。

（1）全面完成年度开发工作任务。截至2002年底，华北油田动用油气田53个，动用石油地质储量93962万吨，动用石油可采储量26046.8万吨，剩余石油可采储量4592.2万吨，油田平均采收率27.7%。年度新投入开发区块增加石油地质储量1592万吨，增加石油可采储量362.3万吨，老区通过调水增油等综合治理增加石油可采储量144.7万吨，新老区合计增加动用石油可采储量507万吨。动用天然气地质储量6.66亿立方米，动用天然气可采储量4亿立方米。增加油气可采储量当量共538.9万吨。公司共有开发井6125口，其中采油井4494口，注水井1547口，观察井84口。采油井开井3157口，累计产油21454.6万吨；注水井开井1012口，年注水2105.05万立方米，完成年度计划指标的87.78%。全年完成各类油水井动态监测工作量2044口、2843井次，完成年度计划的118.7%。新建原油生产能力58万吨，完成年度计划的100%。2002年，增加动用可采储量507万吨，生产原油438万吨、天然气5.33亿立方米，分别为年度计划的100.7%和102.5%，合计生产油气当量480.5万吨。

（2）油气田开发水平有新的提高。一是深化老油田综合治理，稳产基础得到改善。加强剩余油分布规律研究，重建地质模型，实施有效的挖潜方案。以优化注采配置关系、注采结构和产液结构为重点，加强砂岩油藏调水增油综合治理；以驱动方式调整和措施治理为重点，开展潜山油藏深度挖潜。全年，油田自然递减率降低0.79个百分点，综合递减率和综合含水上升率保持稳定。二是胜利完成了产能建设。新老区产能建设均圆满完成了年度建设任务，百万吨产能建设直接投资控制在21亿元以内。三是三次采油规模进一步扩大。按“两步走”的发展思路，进一步规范了项目运作和管理，强化了前期研究工作。蒙古林砂岩油藏弱凝胶调驱试验已初步见到增产效果，高30等19个区块（井组）应用弱凝胶驱、微生物驱和表面活性剂等多种技术，油井见效率平均达75%以上。全年共在20个区块（井组）开展了三次采油试验及推广工作，年增油4.4万吨。初步形成了断块油藏提高采收率主导技术和矿场工艺流程模式。四是加强采油工程系统建设初见成效。进一步加强采油工程管理，对原有的机构设置及管理模式进行了调整。加强信息网络建设，积极推广应用PDPMIS系统，油藏、采油、钻井等主体报表已实现了数据上网、查询、上报和输出，采油工程管理水平不断提高。加强技术攻关和先进技术的推广应用，采油工艺技术得到进一步改进。继续应用压裂综合配套新技术，冀中地区共实施31口井，增油2.88万吨。通过更换抽油杆、油管等措施，重复检泵同比减少了50口井，延长了油井检泵周期。五是加大天然气开发和建设的工作力度，实现了天然气产量与效益的同步增长。加强已开发气藏管理和技术准备，抢建零散天然气资源产能建设，增强外供气能力。利用零散天然气发电和压缩天然气生产粗具规模，经济效益明显。

【科技与信息工作】　2002年，科技工作紧密结合公司勘探开发实际，以解决制约油田发展的技术难题为目标，加强科研项目管理和信息化建设，取得了一批新成果。全年共组织实施油田公司级科研课题86项、股份公司级课题20项（包括跨年课题12项）。科研和新技术推广取得新成果，共完成科技项目101项，完成率达到95%，科技成果优秀率达到66%以上。

（1）科技项目管理进一步规范。科研课题在选题立项时采取双向结合、集中论证、科委决策的规范管理模式。科技项目基本采取招（议）标办法，实行项目管理。项目的实施实行课题分级管理、月度跟踪检查、季度抽查、半年中评估等制度，发现问题及时协调解决，加快了科研进度。

（2）应用技术研究取得重要成绩。公司各研究单位技术人员不断深化认识创新和技术创新，提高了科研水平。勘探系统在沉积学新理论应用、储层预测和勘探配套工艺技术应用等方面取得了明显进步；开发系统在滚动增储上产一体化、三次采油矿场实验方案和评价研究、新工艺新技术的推广应用等方面取得了较好成效。2002年，获省部级科技成果奖励的项目有16项，其中"华北油田隐蔽油藏勘探的突破与勘探评价技术"获集团公司技术创新二等奖，"二连盆地下白垩统沉积相及含油性"等两项成果获内蒙古自治区科技进步二等奖，"阿赛密闭输油技术研究"等4项成果获内蒙古自治区科技进步三等奖，"注水开发油田注采系统动态配水方法优化应用"等9项成果获河北省科技进步三等奖。公司获得国家职务专利9项，是历年获省部级科技成果奖励最多的一年。

（3）信息化建设稳步推进。公司骨干网已全线贯通，门户网站也已投入正式运行；完成了与股份公司视频会议系统的链接，为视频会议的开通做好了准备。

【改革与管理】　2002年，按照建立现代企业制度的要求，以健全完善公司管理体制和运行机制为目的，进一步加强改革，深化精细管理，企业的竞争力和发展活力不断增强。

（1）计划管理不断深化。强化投资控制和综合平衡，严格按效益安排投资；加强项目管理，重点抓好项目前期工作，严格审查建设内容、立项投资和效益测算，提高了投资效益；从勘探开发实际出发，及时调整投资计划，确保了生产建设顺利进行。

（2）财务管理不断加强。进一步细化和完善了预算管理，管理费用控制在股份公司下达指标以内；严格资金结算审查，保证了资金安全有序运行；加强油气（固定）资产管理，提高了资产使用效率；合理进行税费筹划，维护了企业权益。

（3）市场管理日趋规范。严格队伍资质审核和招投标管理，确保了内部市场管理规范运行；加强合同管理，合同履行正常；依法维护油田权益，处理纠纷案件19起，为公司减少直接经济损失100多万元。

（4）进一步完善了分配办法、劳动组织机构和员工管理。改进薪酬总额与经济效益挂钩指标权重设置，发挥了内部分配的激励作用；调整充实了公司有关部门的机构和人员，顺利完成了复转军人安置和中专、技校采油专业毕业生的择优录用，优化了劳动组织结构；加大了员工培训和管理力度。

（5）生产运行管理水平不断提高。围绕公司勘探开发工作，严密生产运行组织，加强土地管理，规范用地标准。及时协调解决生产中出现的问题，迅速处理突发事件，确保了公司油气生产的平稳运行和勘探、开发工程的顺利实施。

（6）健康、安全、环保和质量管理工作取得较好成绩。完成了健康、安全、环境管理体系文件改版，积极推进了HSE管理体系的实施；与全体员工和施工作业队伍签订了安全生产合同，进一步落实了安全生产管理责任；加大生产现场监督检查力度，及时发现和治理了各种隐患；积极开展环境保护和"三同时"审查，实现了股份公司下达的环保业绩考核指标；以抽检采油井下工具、油田化学剂和钻井液为重点，加强了质量管理与监督。

（7）油区外部环境明显改善。加大治理力度，反盗电工作取得重大进展，全年减少被盗电量4142万千瓦时；严厉打击偷油犯罪活动，加大对输油管线的技术监控和巡线力度，减少被盗原油1200多吨；偷油盗电案件比上年减少14个百分点。

（8）审计监督工作发挥了重要作用。在全面审计的基础上，突出重点，积极向经营管理审计延伸，加大对建设投资、操作成本、内控制度、预算管理等工作的审计力度，全年完成审计项目27项，取得经济成果3470.96万元，直接经济成果1868.94万元，较好地发挥了监督、服务、评价职能；创新基建审计方式，保证了基建审计的客观性和准确性。

（9）效能监察工作取得较好成效。围绕生产成本管理和新老区产能建设，选择效能监察项目，将效能监察创效指标层层分解，落实到基层和重点效能监察项目单位，建立了有效的激励机制；结合生产实际，搞好效能监察重点工程和重点项目的自查和解剖，认真抓好整改，推动了效能监察工作的顺利开展。

（10）油气储、运、销平稳运行。加强原油储运调度管理，确保了股份公司下达的原油配置计划的完成；积极扩大压缩天然气、轻烃气销售量，加大原油、天然气销售管理力度，推进天然气价格到位，全年原油销售58.05亿元，天然气销售3.2亿元；加大原油、天然气款回收力度，实现了当年油气款全部回收，同时回收原油陈欠款1958万元。

（11）电子商务工作稳步推进。进一步规范了计划管理流程和审批程序，确定了Ⅱ类物资目录和电子采购指标，确保网上采购公开、公正，全年完成电子商务采购3.08亿元，完成股份公司下达指标的101%；大力推行甲方供料，甲方供料电子采购额度占地面工程投资的28.88%，降低了采购成本。

（12）钻井工程监督力度不断加大。不断完善各项管理制度，加强管理基础工作，严格从钻井工程设计到竣工验收的全过程监督，狠抓油气层保护工作，为勘探开发提供了有力支持。

【质量安全环保】　公司不断加强HSE体系的运行管理，强化安全环保监督检查工作，实现了安全生产无事故、环境保护无污染的目标，被股份公司评为2002年安全生产先进单位。

（1）积极推进HSE体系有效运行。公司调整加强了领导干部生产要害部位的安全环保责任承包点，公司级承包点由过去的20个扩展到27个，各厂处级承包点达到159个，各工区级承包点达到715个，形成了横向到边、纵向到底的安全责任承包网络；进一步组织开展对生产要害部位的HSE风险评估与风险管理工作，各生产单位的油气泵站全部做到了有风险评估报告，有风险削减和控制措施，有事故预案和应急预案；按照持续改进、不断完善的原则，组织开展了健康、安全、环境管理体系文件的改版工作，于2002年10月16日正式发布实施HSE第二版体系文件；加强了对外来施工作业队伍HSE资格的审查，审查申请单位490个，办理《HSE许可证》472个；组织特殊工种培训取证、复审班18个，取证（或复审）1069人；举办了专职安全监督培训，培训68人次。

（2）狠抓生产现场监督检查和隐患治理。公司在坚持每季度组织一次考核检查、每月指导二级单位进行一次自查和日常安全抽查工作基础上，有针对性地组织开展了落实股份公司安全生产电话会议精神情况的安全检查、半年安全生产大检查、冬季安全生产检查以及油气储运设施安全检查等四次专项安全大检查活动，检查站点130多个；选择试点单位建立并试行了全员安全生产累计积分连带责任制，安全生产责任制得到有效落实；组织了对历史遗留“边零井”安全环保隐患的治理工作。对自1976年会战以来，钻探的839口各类废弃井，进行了二次大规模的普查，对其中两口有严重安全隐患的井投资进行了处理；开展了设备隐患大排查活动，共排查各种设备2473台；认真研究工业动火施工的每一个细节，制定周密的防范措施和预案，确保了公司3548次三个级别工业动火的安全无事故。

（3）组织做好员工的劳动保护工作。根据《中华人民共和国职业病防治法》和股份公司的有关规定，对公司所属单位的有害作业场所全部进行了普查和检测，对所有应纳入职业性健康体检的员工均实施了健康体检；组织有关单位对注水泵房、天然气发电机等强噪声场所实施了隔音降噪措施，并为员工发放了个体防护用品。根据公司的实际情况，调整了部分换季劳保的相关标准，对公司劳保服装的质量组织了抽检，确保劳动保护功能落实到位。

（4）积极开展劳动安全卫生和环境保护“三同时”审查工作。制定、实施了公司环保考核指标分解方案和工作措施，狠抓生产现场环境监督检查工作，对生产现场和施工现场查出的违章和污染情况，坚决予以处理和纠正，全面通过了股份公司年度环保考核评定；完成了宝力格油田15万吨产能建设、雁107断块产能建设的环境影响评价工作和第三采油厂河间原油稳定站和安28断块产能建设劳动安全卫生“三同时”审查工作。

【员工队伍素质】　根据公司发展规划和生产经营需要，从管理、技术、操作三个层面开展工作，较好地提高了员工队伍素质。

（1）培训工作。以经营管理和生产业务知识为重点加强对管理人员的培训，以解决制约油田发展的技术难题为重点加强对技术人员的培训，以强化岗位知识和岗位技能为重点加强对操作人员的培训，有效提高了员工队伍素质。全年有392人次参加了股份公司47个业务培训班，4784人次参加了公司举办的55个培训班或知识讲座；各单位采取办班和军训等形式，强化员工业务技术培训和作风培养，参培人数达7226人次。

（2）完善有利于人才培养、成长和使用的激励机制和政策措施。对公司级专业技术带头人进行认真考核，按规定落实了待遇；组织开展了技术能手评选活动，对评选出的50名公司级技术能手进行表彰奖励；在科研单位推行和完善了项目招标竞争、人员双向自由组织的管理办法；在生产单位建立了工作目标责任制，人员实行竞争上岗，拉开业绩奖励的档次。

（3）积极组织参加职业技能竞赛。公司通过举办第三届职业技能竞赛，掀起了技术练兵活动的高潮；参加全国石油石化行业职业技能竞赛，有两名员工分别取得采油专业比赛第3名和第8名的优异成绩，并荣获了“全国技术能手”和“中国石油天然气集团公司技术能手”光荣称号，一名员工在电工专业比赛中取得第17名，获“中国石油天然气集团公司优秀选手”称号。这是华北油田自会战以来参加全国技能大赛取得的最好成绩。

【企业文化】　公司进一步加强企业文化建设，不断提高公司的竞争力和员工队伍凝聚力，增强了可持续发展的活力。

(1) 形成了具有中国石油华北油田特色的企业文化基本形态。公司围绕实施“低成本、有效益、可持续”的发展战略和“两稳、一升、一提高”的基本奋斗目标，在培育形成了“在挑战中铸造辉煌”的企业精神、“精细管理、全员创新”的经营理念的基础上，创作推出了《华北油田之歌》。

(2) 深化公司企业文化基本内涵。公司通过思想政治工作网页、报纸、电视宣传，树立中国石油华北油田广告牌，组织“华北油田之歌”歌咏比赛等多种形式，大力宣传员工行为规范。公司各级领导和有关部门经常深入基层了解掌握情况，及时指导和促进“精细管理、全员创新”的具体实践，广大干部员工围绕公司生产经营任务，紧紧抓住认识创新、技术创新、管理创新、生产操作创新和思想政治工作创新的关键环节扎实工作，涌现出一大批“精细管理、全员创新”典型人物和典型事例。

(3) 不断推进公司企业文化建设。为进一步加强企业文化建设，公司在对企业文化建设实践进行系统地分析、总结的基础上，编制了既有理性思考又有实践经验的《中国石油华北油田企业文化手册》。企业文化研究得到不断加强，公司提出确立的《中国石油华北油田企业文化建设实践与研究》课题，被列为2002年度河北省思想政治工作重点研究课题。

（杨启彪）

中国石油天然气股份有限公司新疆油田分公司

【概况】　新疆油田公司属中国石油天然气股份有限公司的地区公司，所在地新疆维吾尔自治区克拉玛依市，主要以准噶尔盆地为主要勘探开发区域，进行石油勘探开发、油气集输、原油和天然气销售及勘探开发研究等业务。新疆油田公司自2000年1月1日分开、分立，独立运营，三年来，已累计探明石油地质储量2亿吨、天然气地质储量168亿立方米，新增探明可采储量近6000万吨，新建原油年生产能力505万吨，年原油产量净增111.5万吨，累计生产原油2898万吨。2002年，原油生产超过千万吨，实现了历史性的突破，成为我国西部第一个千万吨大油田。原油产量保持22年持续稳定增长，连续13年居全国陆上油田第四位。

2002年，新疆油田公司生产原油1010万吨，生产天然气20.1亿立方米，加快发展“三部曲”目标第一部曲“36512”工程（即：2000年到2002年，三年新增探明油气可采储量6000万吨，新建原油生产能力500万吨，2002年年产原油1000万吨、天然气20亿立方米）顺利实现。决定从2003年开始实施第二部曲“56123”工程，即：2003年到2005年，新增探明油气可采储量5000万吨，新建原油生产能力600万吨，到2005年产原油1200万吨、天然气30亿立方米。

2002年，新疆油田公司全面完成中国石油天然气股份有限公司下达的各项生产任务。全年生产原油1010.3万吨，完成年计划的101.31%，比2001年增产41.7万吨；生产天然气20.19亿立方米，完成年预算的101.97%，比2001年增产2.59亿立方米。按国内准则核算利润总额28.54亿元，全年实现考核利润总额12.08亿元。完成原油商品量975.9万吨、天然气5.05亿立方米。油气单位操作成本4.06美元/桶，与2001年相比下降了0.17美元/桶，下降幅度达到4.02%；油气单位勘探成本1.75美元/桶；油气单位开发成本3.71美元/桶。全员实物劳动生产率753吨/（人·年）（油气当量）。

2002年末，新疆油田公司在册职工人数15552人。管理和技术人员4791人（包括未聘任人员），其中具有高级专业技术职务506人、中级1804人、初级2313人，分别占管理和技术人员总数的10.56%，37.65%，48.28%。操作和服务人员10882人，其中高级工 1302 人、中级工 7421 人、初级工 1491 人，分别占操作和服务人员的 12.1%、68.96%、13.86%。

【油气勘探】 2002 年，新疆油田公司油气勘探工作继续坚持“突出预探、重在发现、择优探明、注重效益”16 字方针，按照“深化准东西北缘，突破南缘，加强盆地腹部主战场，将突破、定准战略探井作为重中之重，努力在新地区、新层系实现战略突破，力争发现大中型油气田”的原则部署勘探工作，在准噶尔盆地东部的彩 43 井、盆地腹部的石南 21 井、莫索湾的莫 7 井预探取得三个重大发现；预探还在石东 2 井区、准东沙南地区、西北缘地区发现了重要苗头；在评价勘探和老区滚动勘探也取得重要进展。

2002 年，新疆油田分公司完成二维地震 1149 千米、三维地震地下满覆盖面积 2939 平方千米，完钻探井 84 口，钻井进尺 17.41 万米。试油完成 65 口井 143 层，新获工业油气流井 53 口。探井成功率 71%，其中勘探探井成功率 48%，滚动勘探探井成功率 100%。全年新增探明石油地质储量 2628.1 万吨，石油可采储量 617.8 万吨；探明天然气地质储量 99.11 亿立方米，天然气可采储量 82.04 亿立方米；探明油气当量 3417.82 万吨；新增控制石油地质储量 4223 多万吨，新增预测石油地质储量 14930 万吨。

【油气生产】 2002 年，新疆油田公司油气生产坚持“坐稳老区，优化建设新区”的原则，全年共生产原油 1010.3 万吨，超产原油 5 万吨，完成企业计划的 100.03%，与 2001 年同比多产原油 42 万吨，实现了原油产量连续 22 年持续增长。全年共生产天然气 20.19 亿立方米，完成企业计划的 102%，与 2001 年同比增产 2.58 亿立方米，增长幅度 14.7%。油田注水（汽）完成 3634 万立方米（吨），完成企业计划的 94.5%，其中稀油注水 2187 万立方米，稠油注汽 1447 万吨。井下作业完成 18454 井次，完成企业计划井次的 99.8%，其中稀油完成 7655 井次，稠油完成 10799 井次新建原油生产能力 160.26 万吨，完成企业计划 100.1%。新建天然气生产能力 1.58 亿立方米，完成企业计划的 79.5%；油田动态监测完成 13229 井次；滚动勘探探明石油地质储量 1239 万吨、可采储量 259.1 万吨，油田开发老区新增可采储量 422.5 万吨。通过优化注水注汽，有效地保持和恢复了新老区地层能量，确立了稳产基础；优化高效措施工作量，加大补层、隔水、酸化工作量，对提高储量动用率、控制含水上升、降低措施成本、提高措施增油量起到了积极作用，全年完成各类增产措施 4500 井次，增产油量 85 万吨。

2002 年共完成新钻井 1244 口，老井利用 52 口，钻井进尺 128.5 万米。新安装油水井 1122 口，建计量站 62 座，稠油接转站六座，供热站四座，注水站两座，扩建原油集中处理站两座，新建各种管道 583 千米，供电线路 237 千米，油区公路 50 千米。全年共投产新井 1222 口，新井产量 86.1 万吨，年末生产水平 4511 吨。截至 2002 年底，拥有原油生产能力 1065 万吨，其中，稀油 745.8 万吨，稠油 319.2 万吨，天然气气层气生产能力 9.69 亿立方米。2002 年资源投入产出协调，产油量突破 1000 万吨，油田地下注采保持平衡，地层压力保持了稳定，油田递减减缓，油量自然递减率、综合递减率分别为 15.3%和 6.86%，比 2001 年的 15.95%和 7.92%有明显减缓，油量综合递减率减缓 1.1%；年平均综合含水 70.3%，与 2001 年同比上升 1.16%，含水上升正常。

【经营管理】 2002 年，新疆油田公司建立起了一系列相互配套的专业管理和基础管理体系，各方面已步入科学化、规范化、制度化的轨道。在油田生产经营上，已建立起了完善的管理体系。在投资决策方面建立了“先咨询评估、再立项决策”的程序，有效避免投资失误；在投资计划管理方面，对各项建设资金统一纳入年度计划，建设计划做到成熟一个下达一个，调整了投资结构，将有限的资金用到油田生产最需要解决的项目上；在建设项目管理方面，建立和完善了项目经理责任制和项目设计责任制，加大考核力度，落实了投资责任，以逐步完善的价格定额体系为基础，将项目投资规模控制在预算以内。

2002 年，新疆油田公司开发市场管理工作进一步规范，一是严格按照有关规定做好各类施工技术服务队伍的资质审查和市场准入工作；二是对以井下作业和产能建设为重点的技术服务市场全面实行招投标管理；三是严把施工监督和合同审查结算关，确保施工质量和资金的使用效率。全年完成利润总额 28.54 亿元（按国内准则的核算利润），实现考核利润总额 12.08 亿元，超考核利润 4 亿元。全年油气单位勘探成本 1.75 美元/桶，油气单位开发成本 3.71 美元/桶，均控制在中国石油天然气股份有限公司下达的压缩指标以内。

2002 年新疆油田公司的关联交易工作平稳运行，坚持“两分两合”的指导思想，通过与新疆石油管理局充分协商，不断完善“总体平衡、优势互补、分项控制、年终清算”的关联交易总体框架。落实“市场管理规范化、关联交易价格化”，市场开放比例达到

73%，完成招投标项目277项，议标项目186项，合同金额40.36亿元。电子商务工作进展顺利，2002年超额完成股份公司下达的网上采购5.89亿元的指标，节约采购成本3000多万元，获中国石油天然气股份有限公司“2002年电子商务先进单位”称号。

2002年，新疆油田公司重点建设项目盆5井至乌石化天然气输气管线，工程得到了新疆维吾尔自治区、新疆兵团、乌鲁木齐市和各地区各界的支持及施工单位的努力，使这项工程在时间紧，任务重的情况下，按期完工。2002年，新疆油田公司被评为自治区级“守合同重信用”企业。

【安全环保】 2002年，新疆油田公司坚持“安全第一、预防为主”的工作方针，严格执行“谁主管、谁负责”的原则，落实安全生产责任制，建立了员工和工程技术服务安全生产合同制，做到了“任务落实、时间落实、人员落实”。全年实现了零重大伤亡事故，零重大环境污染事故，杜绝一次事故直接经济损失30万元以上的重大事故。全年发生一般事故7起，轻伤8人，实现了第二个“重大生产死亡事故为零”的目标年。截至2002底，新疆油田公司有安全总监15人，安全科（处）安全管理人员44人，关键、重要生产装置部位和作业区专职安全监督82人，另有安全稽查队员24人，生产一线兼职安全监督员上千人，形成了油田生产全方位、全过程的安全监督网络，保证了安全生产。

2002年，新疆油田公司环境保护工作按照“实现能源开发和节约并重”的方针，各项环境保护指标均达到中国石油天然气股份有限公司的要求。年污水产生总量3050万立方米，回注1770万立方米，外排1280.8万立方米，外排达标量1096.8万立方米，达标率85.63%，优于中国石油天然气股份有限公司考核指标1.63%；落地原油稀油区治理率达95%，稠油区治理率达80%，均控制在考核指标之内。2002年新疆油田公司成立HSE委员会（健康、安全和环境管理体系）和领导小组及体系办公室，审定了新疆油田公司的HSE承诺、方针和目标，12月31日，正式发布新疆油田公司HSE管理体系。2002年6月底前签订了全员安全合同。2002年，新疆油田公司参加组织了全国危险化学品知识竞赛，获得全国优秀组织奖；荣获新疆维吾尔自治区安全生产先进单位称号。

2002年，新疆油田公司建立了锅炉、压力容器、油田专用容器、特种设备、压力管道数据库，2002年底共有锅炉183台、压力容器1690台、特种设备91台。

【科技进步】 2002年，新疆油田公司科技工作围绕原油产量上千万吨的目标，坚持了“大科技”原则。针对制约油田生产经营的关键技术和实际需求，组织科研项目攻关，使科技工作服从和服务于油田生产和发展，为完成全年的储量和产量任务奠定了坚实的技术基础。坚持提高科技投资效益降低勘探与生产成本的原则，将创造效益、降低成本作为确定和评价科技项目的主要标准。坚持突出重点的原则，将解决油田勘探开发及生产建设中的关键技术难题摆在科技项目计划的首位。坚持开发创新和成果转化的原则，将加速科研成果向生产力的转化作为开展技术服务和技术合作，增强油田公司在国际国内市场的竞争能力。做到任务、人员、组织、经费“四落实”，确保了全年科研任务的完成。

2002年，新疆油田公司共下达科研项目60项，其中勘探科研项目13项，开发科研项目13项，勘探开发工程技术项目14项，信息科研项目12项，其他科研项目八项。投入科研经费1.398亿元。全年完成中国石油天然气股份有限公司级科技、信息计划任务完成率100%，油田公司级科技、信息项目计划任务完成率95%以上，科技项目优良率60%以上，科技、信息项目成果应用率90%以上，科技对经济增长贡献率达到51%以上。实现科研增油25万吨。

2002年，由新疆油田公司开发的《勘探信息管理系统》2.0版软件，通过中国石油天然气标准委员会的审定，并在中国石油天然气股份有限公司勘探生产信息管理工作研讨会上，得以向股份公司所属各油田全面推广应用。

2002年，新疆油田公司有一项成果获国家科技进步二等奖，有四项成果分别获中国石油天然气集团公司科技进步特等、一等奖和二等奖，13项成果获新疆维吾尔自治区2002年度科技进步奖；1人获全国地质学界青年地质科学技术奖的最高奖——黄汲清奖，1人获新疆维吾尔自治区2002度科技进步特等奖。新疆油田公司设立科技杰出贡献者奖，对有特殊贡献的科技工作者进行重奖。全年有五项奖励成果取得专利，占奖励成果总数的8.6%。编制下发了《新疆油田公司知识产权实施细则》。

（朱维亚）

中国石油天然气股份有限公司
西南油气田分公司

【概述】　2002 年底，中国石油西南油气田分公司（以下简称分公司）有员工 21317 人，所属二级单位 17 个，分公司机关 150 人，设有 11 个处室，另有五个机关直属单位。分公司现有固定资产总值 295.7 亿元，其中固定资产净值 130.3 亿元，流动资产 32.7 亿元。经过近 50 年的勘探开发，已在四川盆地发现地面构造 259 个、潜伏构造 459 个，获气田 100 个、油田 13 个，形成了重庆、蜀南、川西北、川东北等四个气区和川中油气区。截至 2002 年底，分公司天然气探明储量累计 6626 亿立方米，剩余可采储量 2460 亿立方米，剩余控制储量 1757 亿立方米，剩余预测储量 2538 亿立方米。按 2003 年年产 90 亿立方米计算，天然气剩余可采储量的储采比为 27.3∶1，良性循环的资源储量序列基本形成。

【主要指标】　产量：全年生产天然气 87.6 亿立方米，完成年度计划的 104.3%；生产原油 13.8 万吨，完成年度计划的 106%。效益：实现销售收入 70.48 亿元，比 2001 年增长 6.8%；按国际准则账面亏损 0.2 亿元，按股份公司考核口径，扣除实际与预算折旧差额、股份公司贴息和评估增值等因素的影响后，实现利润 10 亿元；实现税费 4 亿元。成本：全年油气单位勘探成本 0.388 美元/桶，较预算下降 0.232 美元/桶；油气单位开发成本 3.03 美元/桶，较预算下降 0.44 美元/桶；油气单位操作成本 4.516 美元/桶，较预算下降 0.014 美元/桶。

【油气勘探】　全年在新区完成二维地震 4300 千米，三维地震 116 平方千米，新获工业油气井 12 口，含油气构造五个，油气藏八个，获罗家寨大型整装气田、公山庙油田。全年平均每口井获天然气可采储量 19.8 亿立方米，勘探成本创三年来的最好水平。在滚子坪、邛西、黎雅庙、营山及双河等五个构造获得重大新发现；在川东罗家寨、铁山坡、川西苏码头和川中公山庙等四个构造取得重要新进展。新增天然气探明储量 581 亿立方米，为年计划的 145%；探明可采储量 436 亿立方米，为年计划的 161%；控制储量 454 亿立方米，为年计划的 130%；预测储量 381 亿立方米，为年计划的 95%；新增石油探明储量 583 万吨，为年计划的 117%；石油控制储量 2354 万吨，为年计划的 160%。加强有利区块矿权登记，新增探矿权面积 1.45 万平方千米。

【开发建设】　全年在老区完成二维地震 588 千米，三维地震 244 平方千米，新获工业油气井 31 口，新增天然气配套产能 7.21 亿立方米/年，新增原油生产能力 3.76 万吨/年。通过重新对老气田三叠系开展储层精细描述、气藏评价和编制开发评价方案，在川东黄草峡、蜀南麻柳场、川中金华等九个气田（构造）新获气井核实产能 5 亿立方米/年。加强对气藏地质和试采井动态分析研究，川西白马—松华浅层气藏二期试采效果优于第一期。通过完善项目管理制度，重点工程建设节奏加快，全年完成工程项目 38 项，实际工作量超过 10 亿元，为历年之最。突击抢建了卧引厂 200 万立方米/日净化装置、麻柳场产能建设、邛西 3 井和金 17 井管线等工程，其中邛西 3 井地面配套等三项工程实现了当年立项、当年投产的新纪录。完成了两路—白沙、白沙—佛荫、越溪—曹家坝复线建设，四川省重点工程眉夹乐输气管道工程彭山—眉山段的管道建设，卧两线和东石线的安全性技术改造，以及对地区供气起到关键作用的达州、大竹供气工程建设。开展地面集输系统大修理项目 203 个。新开展采油气工艺措施 273 井次，增产天然气 5.2 亿立方米，增产原油 4700 吨，气田综合递减率降至 3.9%的历史新低。

【市场营销】　根据市场形势的变化，以提高营销效益为中心，深化用气结构调整，及时纠正了部分用户结构气混乱的状况。对有着良好经济和社会效益的行业在气量上给予充分保证，对信誉和发展前景较差的企业严格控制供气量；对竞争激烈地区的用户，根据行业和发展前景进行优胜劣汰，使用户结构进一步优化。坚持有控制地发展用户，把重点放在潜力大、效益好的工业、商业和民用气终端市场上。成功收购了大英天然气公司，建成 CNG 站 12 座，有四座正在建设之中。全年审批新用户 41 家，增加供气 1.8 亿立方米/年。严格执行“先款后气”制度，加强供气与预收款工作的衔接，适时监控用户的用气情况和气款到位情况，当期货款全部收回，天然气欠款下降了21%。全年，天然气销售量和外销量均创历史新高，分别达83.5亿立方米和82.1亿立方米，天然气商品率达95.34%，天然气平均销售价格有所提高。

【炼油化工】 狠抓炼化装置的安全平稳运行和基本技术管理，完成了ISO 9001质量体系转版，各类炼化装置均达到了高负荷、长周期平稳运行，原油加工的各项消耗指标较2001年有所下降，接近或部分达到股份公司大炼厂的优良水平，甲醇厂各项技术指标处于国内领先水平。主动适应市场，竣工了一批投资少、见效快的项目。南充炼油化工总厂特种溶剂油装置、轻汽油醚化装置、沥青生产调合及成型装置投产运行；川中轻烃回收装置经过试产，各项技术指标达到了设计要求；川西北甲醇厂大修后，提高了装置运行水平。全年，分公司加工原油51万吨，完成年计划的102%；生产精甲醇10.2万吨，硫磺6.1万吨，氦气4.47万立方米。南充炼油化工总厂在消化上年亏损的基础上，今年基本实现盈亏持平，甲醇厂、成都天然气化工总厂和泸州炭黑厂等均实现了减亏或盈利目标。

【科技进步】 全年开展各类科技、新技术推广项目192项，获得国家、省部级科技奖九项，评出分公司科技奖89项。新技术、新工艺被广泛运用于生产现场：邛西3井成功实施欠平衡钻井和欠平衡完井配套系列工艺技术，被股份公司赞誉为“走在全国同行的前列”；川中磨75－H井成功开展水平井钻井，获得的日产气量为该气田所钻直井平均产量的七倍；川西盐浅3井采用国外先进的清洁压裂液技术，有效地保护了油气层；公山庙砂岩油藏通过运用地震储层预测技术，已完钻的9口井，砂体预测准确率达100%，获油气成功率86%。此外，两级酸化、天然气钻井、大斜度井、超正压射孔酸化联作等工艺技术，对发现气层和提高单井产量都起到重要作用。

【持续重组】 根据机构扁平化管理的要求，将重庆气矿、川中油气矿等单位的矿、厂、队三级管理体制，调整为矿、作业区两级管理体制。为加大新区开发力度，成立了川东北气矿。通过采取按指令性和指导性分解下达减员指标、利用政策做好退役士兵的接收安置和符合提前退休条件员工的退休工作等措施，超额完成股份公司下达的指令性减员指标，全年减员152人。进一步完善薪酬与业绩挂钩考核办法，根据不同性质单位，调整挂钩指标，使考核更趋合理。

【经营管理】 在计划管理方面，建立了两级“预算执行预警系统”和以作业区、装置、产品为主体的成本预算管理模式，推行“集中会计核算”试点，成本控制由单纯财务控制向生产经营全过程以及全员成本控制转变。在资金管理方面，实行货币资金限额、支付授权、区域内货币资金集中等管理方式。在价税优惠政策的争取方面，通过积极努力，重庆、云南和贵州等地相继实行天然气管输按距离收费；部分新建管线实行“新线新价”政策；净化费调价政策全面得到落实；争取到矿产资源补偿费减免25%的政策。在物资采购方面，对生产建设统购物资实行统一询价采购和公开招标采购，全年采购物资9.3亿元，其中统一采购3.33亿元，网上采购3.05亿元，全年节约采购资金1587万元，采购物资质量抽检合格率达93.3%。在市场和合同管理方面，制订了《工程技术服务市场准入实施细则》，经过资质审查，颁发工程技术服务市场准入证247个；全年履行各类经济合同和内部责任书9310份，连续三年实现合同履约率100%，分公司连续两年被四川省授予“重合同守信用”称号。在审计监督和法律事务方面，将油气成本、大宗物资采购、货款清收、油品销售等四类12个项目列为审计监督重点，全年完成审计项目78个，查出违纪违规金额2800万元，取得直接经济成果2600万元。法律事务工作全面渗透到合同签订、询价、招投标等活动之中，共审查物资采购、天然气销售等合同223份，合同标的额2.26亿元，避免潜在风险损失3100万元；各二级单位相继建立、完善法律事务和企业管理等方面的基础制度。

【生产运行】 加强工程技术监督管理。先后组织天东89井等20余口复杂事故井的技术措施制定和方案论证，组织开展一系列新工艺实施。全年，派驻现场监督156人次，工程监督覆盖率、重大工程设计审查率和工程质量合格率均达100%，工程优良率达88%。加强关联交易管理。按照集团公司、股份公司“关联交易要逐步规范”的精神，继续把规范关联交易项目、价格、数量、支付和结算作为主要内容，签订存续向股份提供产品服务的关联交易协议31份，基本做到“有量有价、据实结算”。市场开放工作取得重要进展，累计完成开放工作量24.68亿元，开放比例为70%。

【质量安全环保】 广泛开展了《安全生产法》的学习、宣传活动和以井控、集输场站、管网等为内容的安全生产专项整治工作，修订、制定安全生产规章制度20项，签订关键生产岗位员工安全生产合同1.93

万份，工程服务安全生产合同3084份。川西北甲醇厂等七个三级单位通过ISO 9000质量体系论证，重庆气矿、川西北气矿等四个单位建立起质量管理体系。完成42项计量标准器具复查、八个百万级外销天然气场站计量设备改造等工作。全年，分公司未发生工业生产伤亡事故和特大污染事故，工业废水外排达标率92.94%，比控制指标提高2.94%。

（伍建国　谯华平）

中国石油天然气股份有限公司青海油田分公司

【概述】　全年生产原油215万吨，生产天然气11.5亿立方米。生产甲醇8.75万吨，生产聚丙烯1.38万吨。管道输油202.5万吨。加工原油60.43万吨，生产汽油20.94万吨，生产柴油25.52万吨。外销原油145.3万吨。完成二维地震1930.17千米，三维地震492.33平方千米。钻井进尺25.29万米，其中，探井进尺3.68万米。新增探明石油地质储量2242万吨，预测石油地质储量2686.6万吨；探明天然气地质储量901.83亿立方米。新建原油生产能力5万吨，调整产能25万吨，新建天然气生产能力2.5亿立方米。全年完成投资工作量13.23亿元，实现销售收入49.32亿元，利润6.2亿元，上交税金5.54亿元；成本和投资控制在股份公司下达的业绩考核指标以内。油气产量、实现利润和上交税费等指标创造了青海油田发展史上新的纪录。

【油气勘探】　坚持走效益勘探的路子，按照“两手抓、两条腿走路”的原则，积极推进勘探开发一体化，进一步突出预探，加强山地地震攻关，加大甩开勘探力度，千方百计寻找优质规模储量，特别是把石油的勘探放在工作的重中之重。先后召开了“柴达木盆地油气勘探成果检查会”、“柴达木盆地油气勘探咨询会”，进一步明确了勘探方向和目标，理清了勘探思路。

加大了制约油气勘探突破的关键性地质难题的研究，确立了勘探突破的有利区带。突出了工程技术攻关和过程管理，山地地震资料品质有了较大提高，钻井速度明显加快。加大预探甩开工作力度，在碎屑岩储层的勘探上表现出良好势头，非常规储层勘探获得重要进展。大力引进勘探新技术、新方法，加快了勘探步伐。在七个泉、砂西浅层、跃东、柴北缘等地区和构造上，取得了阶段性的勘探成果，新增了石油地质储量。沟5井见到了油流。柴6井、狮北1井和柴北缘昆北冲断带冷湖二、三号之间发现的新区块，都获得了良好的油气显示。

【油气生产】　在主力油田稳产难度增大、综合含水上升、新的区块还没有接替上、原油操作成本不断持续下降的困难条件下，各原油生产单位加强综合治理，优化井下作业方案，加快产能建设，实现了原油产量稳中有升。

针对不同类型油田的地质特征和开发规律，结合油田开发现状和资源潜力，集中力量搞好老油田的调整改造，实施“稳油控水”综合治理，使含水上升得到有效控制。加强油田动态分析，强化油田管理，狠抓注水工作，加大油水井维护和小型措施作业力度，大力推广应用新技术、新工艺，抓好地质和工程的结合，提高了油田的整体开发水平；加快边远油田未动用储量的开发工作，引进新的开发机制和模式，实现了效益开发。各单位积极开展原油上产劳动竞赛，保证了全年原油生产任务的完成。

天然气开发以提高单井产量为目标，通过技术攻关，提高了开发水平，部分气井日产达到10万立方米以上。积极做好青陕天然气管线建设的前期论证工作，为柴达木盆地天然气实现西气东输做了充分的市场调研和前期准备。

【重点工程】　花土沟油田30万吨产能建设完成了一批钻井工作量，地面配套工程初步设计通过了股份公司的审查。花土沟50万吨联合站及注水站地址已选定，工程勘查已完成。格尔木石化基地两座3万立方米原油储罐、两座5千立方米甲醇储罐建设进展顺利。这些重点工程建设的顺利进行，为今年全面建成并投入运行打下了基础。

【关联交易】　遵循相互理解、相互支持、双赢互利的原则，在认真执行集团公司、股份公司的有关规定同时，充分考虑青海油田的实际，各类市场有序开放，规范运行。在股份公司投资减少、成本压缩的条件下，互商互谅，创造性地解决关联交易协议签订过程中遇到的问题，顺利地与管理局签订了关联交易总协议和五个分项协议。

在油田作业施工市场进一步开放的情况下，坚持规范运行的前提下，坚持了招投标同等条件下，优先安排管理局队伍的原则，保证了管理局主要工程技术服务队伍获得较大的市场和发展空间。理顺了关联交易结算关系，简化了结算审核程序，维护了交易双方的共同利益。

双方领导深入有关单位进行调查研究，及时解决关联交易工作中出现的问题，建立起了油田公司和管理局之间健康的经济协作关系。2002 年，较好地履行了关联交易总协议及各分项协议。关联交易工作健康有序运行，促进了双方共同发展。

【改革与管理】　坚持以深化改革促进企业的各项管理工作，整体经济效益明显增强。坚持实施低成本发展战略，强化预算管理，注重细化成本项目，推行成本控制责任制，有效地控制了成本。投资、资金、财务管理进一步规范，增强计划的科学性和权威性。工程建设项目实行项目管理，建立了工程质量责任制，严格开工检查，严格按设计施工，严格执行规范，严格现场监督，保证了工程建设进度和质量。建立了油田市场管理机构，整顿了市场秩序。坚持招投标和市场准入制度，实现市场有序竞争。积极推行电子商务网上物资采购业务，减少了成本支出。资金清欠工作取得明显成效，清收了陈欠回笼货币资金和一定数量的实物资产，杜绝了新的欠款。建立健全 QHSE 管理体系，逐步形成了质量、健康、安全、环保现代化企业管理体系，实现了安全无害生产。生产现场管理进一步加强，节能、计量、标准化、信息等基础工作进一步得到加强，降低了生产消耗，提高了效益。

在生产、科研、管理各个方面建立激励和约束机制，调动了工程技术人员和职工的生产积极性，促进了油田发展。进一步深化劳动、人事和分配制度改革，建立了新的用人机制和职工收入分配机制。严格控制职工总量，职工队伍结构进一步优化。加速人才培养，人才队伍结构有所改善。完善以业绩考核为基础的激励和约束机制，调动了经营管理者和广大员工的积极性。完善薪酬总额管理与动态运行机制，员工收入随着企业效益的提高得到适度增长。

技术创新取得新的成果。坚持依靠技术创新和技术进步，降低生产成本，提高经济效益。依据勘探开发、炼油化工和管道输油中的技术难题，开设科研项目 107 项，完成 61 项。这些成果应用于生产实际中，促进了生产的发展，发挥了科技是第一生产力的作用。

扩大对外开放，与国内外企业在生产、科研、技术合作等方面进行了有益的探索，积累了经验。阿吉普公司天然气风险勘探项目进展顺利。涩北气田防砂、提高单井产量取得实质性进展。

（尉亚民　宗福军　胡明广　唐日君）

中国石油天然气股份有限公司
长庆油田分公司

【概述】　长庆油田分公司是中国石油天然气股份有限公司辖属的地区公司，公司总部设在中国西安。主营鄂尔多斯盆地（行政区划称为陕甘宁盆地）石油、天然气及共生、伴生资源和非油气矿藏的勘探开发和生产、油气集输、储运、炼油化工、油气产品销售、勘探开发规划和科研等业务，主要工作区域在鄂尔多斯盆地，横跨陕、甘、宁、内蒙古、晋五省（区），勘探面积达 37 万平方千米。

长庆油田分公司是全国 500 强特大型重点骨干企业之一。累计探明石油储量 10.8 亿吨、天然气储量 11831 亿立方米，拥有四个储量上千亿立方米的世界级气田，成为我国第一个储量上万亿立方米的大气区，在世界排名 15 位以内。累计生产原油 5805 万吨，原油年产居全国第四位；生产天然气 118.33 亿立方米，天然气年产居全国第二位，已多年向北京、天津、石家庄、西安、银川等大中城市供气。累计获得科技成果 2760 项，其中国家发明奖 2 项、国家科技进步奖 16 项、省部级科技成果奖 88 项，科技发展跃入全国石油系统先进行列。公司固定资产总额 282.2 亿元，实现主营销售收入 113 亿元，国内利润 41.8 亿元，国际准则利润 50.09 亿元、人均利润 43 万元，上缴税费 14.96 亿元，名列陕西第一、西北第二。

到2002年底，长庆油田分公司共有在册员工11506人（其中女员工3756人，占员工总数的32.64%）。专业技术人员3427人，其中高级技术专家257人，中级技术人员1013人，博士、硕士57人。年生产原油610万吨，生产天然气39.14亿立方米。完成基本建设投资70.8亿元。

【业绩指标全面完成】　长庆油田分公司坚持把实现业绩合同作为保证公司发展和员工利益的根本措施来抓，立足油田实际，不断优化指标设置，优化权重分配，保证利润目标。并将业绩合同逐级延伸，建立起自下而上、层层保证的业绩考核体系，全面超额完成了各项业绩指标。

2002年投资回报率达到16.21%；油气单位操作成本持续下降，由2001年的4.95美元/桶下降为4.47美元/桶，降幅10.07%；利润完成105.84%；员工总量保持零增长；安全、环保指标得到有效控制，被股份公司评为两年一度的安全管理先进单位；物资“能源一号”电子商务采购完成率和资金节约均超额完成，名列股份公司前茅，被评为先进单位。

【石油天然气生产】　长庆油田分公司按照“油气并举、协调发展”的战略格局，始终把原油生产作为大发展的根本，把天然气生产作为新兴业务和新的经济增长点。油气产量继续以百万吨级规模攀升。

（1）原油生产。遵循“老油田稳产、新井上产、措施增油和管理增产”的思路，实现了均衡生产、平稳运行的良性循环。在产量持续大幅攀升的同时，形成了四个采油厂、五个石油开发公司的开发布局。原油产量达到610万吨，比2001年净增长90万吨。各采油厂竞相上产，采油三厂日产量率先突破5000吨，即将成为年产超200万吨的采油厂；采油一厂、二厂日产水平相继突破5000吨；采油四厂日产也达到1400吨，并在继续攀升。

（2）天然气生产。按照“以销定产、保证质量、满足供应”的思路，不断完善、积极推广气田建设模式，采用高峰放压生产，满足市场需求。天然气产量达到39.14亿立方米，比2001年净增长5.54亿立方米，增长16.48%。天然气产量的比重由1999年的18.44%增长为2002年的39.41%。2002年的天然气销售收入达17.3亿元，占总收入的15.3%，成为公司新的经济增长点。

（3）石油天然气年产量（当量）2002年比2001年净增144万吨；2001年比2000年净增198万吨；2000年比1999年净增121.6万吨；油气年产（当量）创历史新高，净增长量名列集团公司前列。

【石油天然气勘探】　长庆油田分公司始终把勘探放在首位，坚持“三个重新认识”的思想方法和“新三重、老三重”的勘探思路，按照“战略展开、战略突破、战略准备、战略合作”四个层次部署。加强地质综合研究、优选勘探目标、强化项目管理、提高勘探成功率，取得了一系列重大突破，为长庆持续稳定发展奠定了资源基础。

（1）石油勘探。坚持甩开勘探和滚动勘探并重，发挥勘探开发双向延伸、双向促进的作用。2002年，以陕北、陇东为主战场，兼顾老区块，重翻老资料，不断深化地质认识，实现了陕北四大油田不断扩展；发现了具有战略接替意义的、三级储量达2.2亿吨的西峰油田；重上宁夏老区的部署也取得可喜进展。2002年探明石油储量1.16亿吨，控制1.32亿吨，预测1.37亿吨。

（2）天然气勘探。坚持“立足上古、兼探下古，优选区域，集中突破”的原则。2002年，探明天然气储量506.55亿立方米，控制601.55亿立方米，预测502.61亿立方米。

【油气田开发】　到2002年底，长庆油田累积探明含油面积1914.5平方千米，探明石油储量10.8亿吨。投入开发油田31个，动用含油面积975.3平方千米，动用储量59304万吨。

12月底，油井开井6295口，平均单井井口日产油3吨，地质储量采油速度1.03%，地质储量采出程度9.33%，可采储量采油速度4.31%，可采储量采出程度39%，综合含水49.7%，剩余可采储量采油速度6.61%；注水井开井1852口，平均单井日注29立方米，月注采比1.26，累积注采比0.92。老井自然递减10.46%，综合递减6.33%，含水上升率1.9%。

按照油藏分类及开发水平分级标准，参加分类的91个油藏的可采储量12574万吨，年产油量555.6万吨。其中一类油藏60个，可采储量10176万吨，年产油量507.8万吨，与2001年相比油藏个数增加15个，占参加分类总产量比例由84.6%提高到91.4%，含水46.8%，采出程度46.8%；二类油藏21个，比2001年增加4个，可采储量2164万吨，年产油量35.9万吨，占参加分类总产量的1.2%，含水69.8%，采出程度60.5%；三类油藏10个，可采储量263万吨，年产油量6.6万吨，占参加分类总产量的1.2%，含水64.5%，采出程度21.4%。一、二类油藏年产油量占到98.8%，油田开发总形势良好。

天然气开发。2002年，钻气井85口（开发井69

口，评价井16口)；建井70口，形成年生产能力10.7亿立方米。苏里格气田先导性开发试验区14口开发井，建成年生产能力1.7亿立方米，9月底正式进入试采阶段。靖边气田完钻36口开发井中有24口在上古生界有含气显示，含气层位包括石盒子、山西、太原、本溪组等，上古生界气层钻遇率67%，上古解释气层有效厚度212米，单井平均有效厚度8.5米。榆林南区部署的14口开发井全部钻遇主力气层，钻井成功率达到100%，有5口井分别在石盒子、本溪、太原、马五$_1{}^3$层段测井解释为气层（榆47－8井、榆45－6井盒8层；榆48－9井盒8、太原、马五$_1{}^3$；榆47－10井太原、本溪；榆47－9井太原)。其中：榆47－8井盒8测井解释气层三段10.4米，孔隙度12.6%、渗透率2.03毫平方微米、含气饱和度61.0%；榆48－9井马五$_1{}^3$测井解释气层1.0米、孔隙度9.65、渗透率1.436毫平方微米、含气饱和度73.88%；榆47－9井太原组测井解释气层4.5米、孔隙度6.4%、渗透率2.83毫平方微米、含气饱和度54.2%；榆47－10井本溪解释气层1.8米、孔隙度6.4%、渗透率2.83毫平方微米、含气饱和度73.5%。为榆林气田的发展开辟了新的方向。

【油气田产能建设】　2002年，长庆油田分公司油气田产能建设规模大，重点工程项目多，工艺技术要求高，创长庆油田之最。

(1) 油田产能建设。坚持“效益优先，评价优先，及时调整”的原则，坚持勘探开发一体化，努力提高储量动用程度；狠抓基础工作，强化项目管理；依靠技术进步，不断提高单井产量。2002年建成165万吨产能，投产初期单井平均日产5.8吨，比2001年高出0.56吨。万吨产能建设投资有所下降。

(2) 气田产能建设。坚持“整体规划，先肥后瘦，分期开发，配套建设”的原则，深化“储层综合评价技术”、“储层横向地震预测技术”、“优化布井技术”、“气井产能评价技术”和“气田开发优化设计技术”，开发井钻井成功率达到90%。2002年建设产能10.7亿立方米。

(3) 重点工程建设。推行以项目经理负责制为核心，以招投标制、工程监理和合同管理为支撑的项目管理。2002年成立公司级项目组20个，完成投资70.8亿元，均实现了优质高效。特别是储罐增容和管道建设，提高了公司抗御自然灾害、平抑市场风险的能力；集油站和净化厂的配套建设，为区域性油气产量大幅增长和调控创造了条件。

【科技创新】　长庆油田分公司系统地总结了鄂尔多斯盆地油气勘探开发、生产建设的理论和技术，以“五大油气勘探开发理论”、“四种油气田建设模式”、“十一大主体技术”和“十项技术政策”为标志，形成了具有长庆特色的技术理论体系。科技创新以深化地质认识、完善油气储层改造手段、提高单井产量为重点，加大科技投入、科技攻关和对外交流合作的力度，采取自主开发、与科研院所协同开发、与国外公司合作交流等形式，2002年投入科研基金4490万元，设立科研项目56项，获得国家“科学技术进步奖”一项、省部级“科学技术进步奖”四项。特别是“苏里格气田的综合勘探技术研究”，为大气田的发现提供了有力的技术支撑；“西峰油田勘探开发综合技术研究”，为该区在短期内探明石油储量、开辟建设场面提供了技术支持；“宁夏老区重上年产20万吨综合地质研究及工艺技术挖潜”的突破，使王家场、马家滩、摆宴井、麻黄山等地区重新焕发了青春；“陕北油藏探明12亿吨储量复合连片地质研究”，预测出有利勘探目标60个，对陕北油田大连片具有重大的指导意义。

以网络技术为代表的信息化工作取得重要进展。建成西安基地园区网，实现了机关部门之间、与股份公司总部及兄弟单位之间、与公司所属基层单位之间，以及与外部世界的多维度互联，构建了社会资源、系统资源、企业内部资源的共享平台，工作方式、沟通方式和思维方式发生明显改变，运行效率显著提高。

【改革与管理】　长庆油田分公司在积极适应、努力探索、大胆创新、不断完善的原则指导下，形成了一整套符合上市公司体制的管理体系。

(1) 构建与股份公司相对接的管理体制。建立了“三集中、一全面”的计划财务管理体制；建立了以成本控制为中心、提高投资回报和实现利润为目标、与业绩合同相联系的责任体系；建立了以投资控制为主要责任的投资管理体制；建立了以强化内部管理为主要职能、加大党风廉政建设力度的监督制约体制，加强内部审计，定期接受股份公司审计和普华审计事务所的第三方审计。

(2) 建立符合股份公司要求的运行机制。运用市场机制改革传统的管理方式，深化劳动组织改革，挖掘劳动潜力，精简管理层次，实现了组织扁平化、用工总量“零增长”；深化人事制度改革，建立灵活高效的用人机制，采取多种用工形式，拓宽选人用工的视野，缓解了劳动力紧张、技术人员缺乏与大发展不相适应的矛盾；深化分配制度改革，建立易岗易薪、工效挂钩的分配机制，形成了单位薪酬总额与总体业绩指标挂钩、个人收入与岗位和贡献挂钩的分配制度，激发和调动了全体员工的积极性、创造性。

（3）建立适应股份公司要求的组织系统。公司本着“分层职能到位，运行简捷高效，全员利益一致”的原则，构建了保证公司持续发展的组织体系，完善了职能部门、参谋部门、支持部门的公司决策系统；强化纵向联系，保证政令畅通；强化分层职能，注重结果考核，增强了基层单位的独立作战能力，从而形成了统分结合、高效运转的组织系统。

（4）推行符合国际规范的 HSE 管理体系。公司制订了《HSE 管理手册》和《HSE 管理程序》，并以落实基层和岗位 HSE“两书一表一卡”为核心，理顺 HSE 监督、管理体制，实施 HSE 风险抵押金合同管理，建立激励约束机制，使 HSE 管理体系建设步入制度化、规范化的轨道。

【关联交易】　长庆油田分公司不断探索、不断总结关联交易的特殊市场机制，逐步形成了与勘探局关联交易的一整套原则、方法和机制。

2002 年进行了 50 多次不同层次的协商会谈，形成会谈纪要 17 份，关联交易委员会纪要 2 份，签订分协议及合同 18 份；审查关联交易等合同 607 份，涉及金额 16.68 亿元。2000—2002 年，油田公司与勘探局累计签订协议 57 份、合同 679 份，交易总量达 158.89 亿元。确保了关联交易规范有序运行，规范了关联交易市场，保证了油田公司和勘探局“双赢互利、共同发展”目标的全面实现，得到了集团公司、股份公司的充分肯定。

【油区治安综合治理】　2002 年，长庆油田分公司在整合公安机关、理顺公安保卫管理体制的基础上，采取专兼结合、打防结合、地企联合的方法，严厉打击了各类危害油田生产建设的违法犯罪活动。全年共侦破各类刑事案件 849 起；查处治安案件 675 起；摧毁犯罪团伙 56 个，打击处理违法犯罪人员 1258 人；截获盗贩原油车辆 881 台；取缔非法土炼炉 226 座、收油点 164 处，收缴原油 3180 吨，挽回经济损失 2668 万元，为油田生产创造了良好的治安环境。

【企业文化建设和年鉴史志工作】　长庆油田分公司形成并不断完善了一套具有长庆特色的符合长庆低渗透油气田特征的理念和企业文化体系，并得到了集团公司、股份公司的肯定。（1）以塑造企业形象为目的，认真组织实施《长庆油田公司企业形象标准》。（2）以井站文化建设为重点，丰富示范窗口内容。（3）充分发挥舆论宣传作用，提高公司的知名度。

完成了《长庆油田公司年鉴》2001—2002 卷（创刊号）的编辑出版工作，史志工作有了良好的开端。《年鉴》随公司的创立而起步、随公司的成长而发展，跟踪记录公司发展历程。同时完成《中国经济年鉴》、《中国石油天然气集团公司年鉴》、《陕西年鉴》、《陕西经济贸易年鉴》长庆篇的撰稿任务。通过《年鉴》这个窗口，向海内外介绍了长庆油田公司基本概况、辉煌业绩和发展前景。

（方仲祥　尹寿银）

中国石油天然气股份有限公司
玉门油田分公司

【概述】　2002 年，玉门油田分公司设 11 个职能管理部门，五个二级单位，截至年底，共有职工 4892 人，固定资产原值 34.28 亿元，净值 18.95 亿元。

2002 年，是玉门油田分公司继往开来、稳步发展的一年。一年来，公司上下以“三个代表”重要思想为指导，认真贯彻集团公司和股份公司有关会议精神，按照“快发展、低成本、高效益、可持续”的工作目标，围绕全年业绩指标和重点工作部署，集中精力大打勘探开发增储上产的进攻仗，全力以赴做好炼化销售创利增效的文章，积极稳妥地推进油田各项事业，全年完成原油产量 60.1 万吨，原油加工量 224 万吨，实现销售收入 41.87 亿元。

【油气勘探】　油气勘探坚持“加快酒西，拿下窟窿山，准备酒东”的工作方针，遵循“多做地震、多研究，慎重打井”的原则，突出预探，强化地质综合研究，强化勘探开发一体化管理，强化工程技术进步和工程管理，取得了三个方面的新成果：

（1）青西油田窟窿山油气勘探取得重要突破。甩开预探的窿 8 井，实施酸化作业后，获日产油 201 立方米、天然气 32000 立方米的高产油气流，首次在下沟组发现砂岩油气层，使进一步向南扩大，被股份公司列为 2002 年油气勘探六大重要发现之一。

（2）综合研究得到加强，地质认识不断深化。通过联合攻关，深化研究，发现了与窟窿山地质结构和油气成藏条件相似的营尔凹陷金佛寺逆掩推覆构造带，为油气勘探提供了接替战场。老区预探的庙南 1 井获工业油流，鸭南 2 井见到良好油气显示，并首次在三叠系发现油气层，成为老油田扩边挖潜现实有利的地区。通过精细油藏描述和目标评价，准备出了窟窿山逆掩推覆构造带、石大凹陷南缘青头山掩伏构造带、青西低凸起、窿北构造、酒东祁连和丰乐构造、金佛寺逆掩推覆构造带等一批有利勘探目标，为区域展开、甩开预探奠定了良好的基础。

（3）不断调整部署方案，实现勘探开发的最优化投入。以稀井高产为标准，优选井位，减少无效井，节约勘探投资，为高效开发青西油田奠定了基础。

（4）工程技术和项目管理进一步加强。针对青西地面施工条件差、地下地质结构复杂等困难，实施优快钻井技术攻关，将探井井身结构由四层改为三层，钻井周期缩短 29%；钻头个性化设计，PDC 钻头平均机械钻速提高 55%；探索大钻压钻井技术，初步实现了防斜打快目标。大力推广应用阳离子正电胶钻井液体系、复杂储层油水层识别、低密度水泥浆深井固井等新技术，有效保护了油气层。地震施工坚持采集、处理、解释一体化，科学组织山地技术攻关，顺利完成了中国陆上海拔最高、地质条件最复杂、难度最大的窟窿山 30 平方千米野外采集任务。同时，大力推进勘探开发一体化和项目管理。组建成立了酒泉盆地油气勘探、青西滚动勘探开发、青西产能建设三个项目经理部，通过加强市场管理、公开招标、优选施工作业队伍，有效降低了作业费用。

【油气开发】　油气开发工作按照“稳定老区、发展新区”的工作方针，努力稳定老区产量，加快新区产能建设，实现了产量上升、成本下降。

（1）老区精雕细刻，保持较好的开发水平，实现了 30 万吨稳产。面对老区稳产和降成本的双重压力，以剩余油分布规律研究为指导，分油区、分小层研究剩余油情况，大力实施以稳油控水为主的综合治理措施，千方百计控制老井递减，综合含水 26 年不升，继续保持了一类开发水平。精细管理，优化措施结构，大力压缩无效低效工作量。措施井次在比上年下降 11%的情况下，措施经济有效率提高到 69%，增产原油 3.11 万吨；精心优选井位和投产方案，获得了 B214、E235 等一批 6 吨/日以上的高产井，创出近五年来调整挖潜最好水平。

（2）新区以青西联合站为主体的产能建设高起点、高标准、高速度，达到了预期目标，为青西一流油田的建设奠定了基础。青西联合站是玉门油田建设的第一座联合站，工艺流程复杂，技术、自动化程度高。为确保各项工程按期顺利投运，青西项目部及各参战单位发扬吃苦耐劳、连续作战、精益求精、追求卓越的优良作风，精心部署，科学组织，确保了青西油气集输、联合站油系统、原油外输系统及青西公路等七大配套工程相继投入运行。特别是 11 月 12 日联合站油系统投运，利用地形高差，采用自动密闭连续输油技术，实现了从联合站到炼厂油库自压输油，降低了输油费用，为加快青西产能建设步伐和建设青西一流油田打下了良好的基础。同时，公司把青西上产作为油田开发的重点，编制青西油田开发方案，坚持稀井高产，优选井位，相继打出了 Q2－19，Q2－20 等高产开发井；加强重点高产井管理，坚持资料及时录取，动态跟踪分析，充分利用地层能量，取得了较好的稳产效果；积极开展采油方式、清防蜡、储层解堵改造等采油工艺技术研究，特别是“青西油田酸化压裂技术研讨会”之后，有针对性地开展酸化压裂技术攻关，先后实施了三批 10 井次的大型酸压施工，Q2－11 等井起到了增产和深化地质认识的目的。

【炼化销售】　炼化销售坚持“两个加快，两个提高”的工作方针，在较好完成检修和技改的同时，开炼水平和经济技术指标进一步提高，市场竞争能力进一步增强。

（1）各项经济技术指标全面攀升。以市场为导向，围绕实现全年业绩指标，抓住成品油价稳步上扬的有利时机，强化生产组织，努力提高装置开炼水平，一举扭转了亏损局面。全年加工原油 224 万吨，外进原油损耗 0.94%，主要经济技术指标达到行业中上水平。

（2）装置检修和技术改造效果显著。面对原油加工、装置检修和工程技改交叉进行等诸多矛盾，公司及时成立炼化项目部，实行项目管理，对施工设计、工程进度、工程质量、设备采购等进行全过程监督把关，加快了工程进度，柴油加氢装置主体已建成，二套催化、常减压抽真空系统改造效果显著。全厂装置大检修顺利完成，实现了装置“两年一修”的目标，为“三年一修”打下了良好的基础。按照股份公司装置达标的要求，认真落实达标措施，提高装置整体工艺水平，常减压、重整、二催装置顺利通过股份公司达标验收，柴油加氢、酮苯、聚合、气分等装置实现了公司达标。

(3) 以“三个优化”为重点的生产组织卓有成效。瞄准实现柴油新标准、汽油新配方、润滑油中高档、特油有特色的目标，科学制定原油加工方案，加快产品质量升级和结构调整步伐，“安稳长满优”地开好250万吨/年常减压，使常减压总拔出率提高到79.17%；合理控制汽油干点，扩大柴油馏分量，柴汽比提高到1.98，创历史最好水平；合理调整原油比例，平稳操作参数，优化重油加工方案，最大限度减少渣油量。按照市场需求和物料平衡，改进工艺流程，加强对产品馏出口的质量监督，提高了产品质量和效率。

(4) 产销紧密衔接，确保了生产经营的正常运行和经济效益的实现。遵照“以销定产，以产促销，产销一体化”的工作要求，把特种油品、聚丙烯、沥青等产品作为销售重点，采取有效手段，充分利用价格机制，稳定了用户，扩大了市场。加强市场研究和预测，及时捕捉市场信息，抢抓成品油市场有利时机，推迟装置大检修时间，开足马力多产多销，全年成品油日发车100辆以上。适时调整营销策略，及时把品种新、性能优、质量高、成本低的产品推向市场，在确保完成汽煤柴等大宗产品配置计划的同时，加大特油、石蜡等非配置产品促销力度，拓展零售市场，提高了末端效益。在原油配置量不足、不均衡，成品油市场波动大的情况下，千方百计保证全年224万吨加工任务的完成，并做到了前通后畅。

【企业管理】 适应股份公司上市对管理工作的新要求，积极推进管理创新，企业管理工作取得新进展。

(1) 内部考核进一步强化。自上而下层层签订业绩考核责任书，建立了单位薪酬总额随效益好坏上下浮动的激励机制。对勘探开发、安全生产、重点工程等方面做出突出贡献的单位和个人实行单项奖励，特别是重奖在勘探开发攻关中的有功人员，引起强烈反响，收到了较好的效益。

(2) 财务会计管理体制逐步理顺。按照股份公司的统一部署，对分公司财务会计核算实行了集中统一管理，取消了各二级单位财务会计机构和人员，在公司机关成立财务会计管理核算中心。中心成立后，对全公司投资、成本、费用支出实行一套账目、一套报表、一个漏斗进出、一支笔审批，做到了事前、事中和事后全过程集中控制，有效提高了资金使用效益和财务管理水平。

(3) 市场管理日趋规范。按照市场开放的要求，规范招投标管理，严格按照“公开、公平、公正”的原则和招投标的程序，对大宗物资采购、关键设备订货、工程施工等全面实行招投标，降低了投资费用。严把物资采购关，建立完善了物资计划、采购、验收、保管一整套管理体系和物资采购审批管理制度，对大宗物资实行电子商务网上采购，节约了采购资金。

(4) 审计监督工作取得成效。坚持以经营管理审计为主，突出对重点工程、成本资金的审计监督，加强物资采购、工程发包等方面的监督检查。

(5) 安全环保得到加强。坚持“安全第一、预防为主”的方针，积极推行HSE管理体系。实行公司与全员、与承包商、与关联交易方签订安全生产合同制度，做到了“源头介入、过程监管、结算控制”的全过程管理。落实安全防范措施，加强重点要害部位和生产过程中的安全监督，进一步增强了全体员工的安全生产意识，实现了安全生产。加大污染源和环境保护治理力度，公司各类工业污染源综合达标率均保持在90%以上。

（梁从晖）

中国石油天然气股份有限公司
吐哈油田分公司

【概况】 2002年，吐哈油田分公司共有员工3578人，其中干部1701人，占员工总数的47.5%；机关设处室九个，基层设三个事业部，八个厂，一个科研院所和工程技术、物资管理两个中心和三个直属单位；截至2002年底，累计探明石油地质储量25835万吨，凝析油694.7万吨，天然气330.33亿立方米，溶解气449亿立方米，探明油气当量合计2.9162亿吨。目前共动用石油地质储量1.86亿吨，开发和管理着鄯善、温米、丘陵、红连、葡北等20个油气田，共有油水井1485口，累计生产原油2533.05万吨。公司拥有固定资产原值111.95亿元，净值53.15亿元。

2002年，吐哈油田分公司继续实施“稳油、增气、提效，保持经济总量不降”的发展战略，以科技创新为动力，以成本控制为重点，提升公司的竞争和盈利能力，努力创建管理一流、技术一流、素质一流、效益一流的现代企业。全体员工紧密围绕工作部署，严格执行年度工作计划，全面和超额完成了全年生产经营任务。

（1）探明石油地质储量1413万吨，可采储量447万吨，分别完成年计划的118%和160%；探明天然气地质储量47.86亿立方米，可采储量28.7亿立方米，分别完成年计划的160%和192%。

（2）生产原油251万吨，完成年度计划指标；生产天然气11.4亿立方米，液化气17.9万吨，分别完成年计划的104%和104.7%；生产成品油6.2万吨，完成年计划的107%；新建原油产能20万吨。

（3）销售原油227.2万吨；销售天然气6亿立方米；销售液化气17.9万吨，完成年计划的127.6%；销售成品油5.9万吨，完成年计划的102%。

（4）全年实现销售收入38.3亿元（含原油价差8.6亿元），上缴股份公司国内准则利润12.58亿元，上交折旧、折耗9.13亿元，上缴税费5.8亿元；投资资本回报率达到8.47%，完成计划的107.76%。

（5）改革工作取得新进展，工作用车、劳动组织改革等工作取得初步成效。

（6）安全生产实现了“四个杜绝、一个保持、一个为零”的目标；环保工作达到了国家对企业的要求。

（7）“五项工程”取得阶段性成果，思想政治工作为生产经营提供了有力保证，员工队伍保持稳定。丘陵采油厂联合站荣获“全国五一劳动奖状”荣誉称号。

【油气勘探】　2002年，吐哈油田油气勘探工作坚持“以经济效益为中心，以商业储量为目标”，紧密围绕油田公司“稳油、增气、提效，保持经济总量不降”的发展战略，按照“立足吐哈，加快民和，评价三塘湖，准备银额”的部署思路，坚持认识创新、技术创新、管理创新，进一步强化综合研究和项目管理，细化勘探部署和工艺措施，勘探工作取得了多项进展。2002年完成二维地震2269.38千米，三维地震135.27平方千米，完钻探井36口、进尺99338米（含滚动井15口，进尺36645米），试油完成20口37层；完成勘探投资39684万元。2002年对39个圈闭（含滚动15个）进行了预探和评价，在11个圈闭12口井获得工业油气流（含滚动7口井，七个圈闭），探井成功率32.4%（含滚动勘探），圈闭预探成功率28.2%（含滚动勘探）。全年新增探明石油地质储量1413万吨（不含33.29亿立方米溶解气）、可采储量447.4万吨，分别完成年计划的118%和160%；新增探明天然气地质储量47.86亿立方米、可采天然气储量28.71亿立方米，分别完成年计划的160%和192%；新增控制石油地质储量796万吨；新增预测石油地质储量1309万吨，天然气地质储量53.34亿立方米；每口探井探明储量48.5万吨；每米进尺探明储量182.07吨；每吨探明储量直接成本22.27元；吨可采储量成本59.09元。

（1）台北凹陷浅层油气藏勘探取得新进展。通过强化台北凹陷浅层次生油气藏和富集规律再认识，精细开展圈闭描述和储层预测，勒9井在第三系获商业气流，新增探明天然气储量47.86亿立方米，鄯勒浅层整装气藏储量规模得到落实；通过评价胜北浅层，胜北402、胜北404井获工业油流，新增探明石油储量419万吨。

（2）红台地区隐蔽油气藏勘探取得新进展。按照“动中找静，下凹勘探”寻找复合性油气藏的思路，通过开展高分辨率地震攻关，部署钻探的红台8井获得突破，新增预测天然气储量53.54亿立方米，使红台地区天然气三级储量达到155亿立方米，一个相对整装的天然气富集区带基本明朗。

（3）吐哈盆地二叠、三叠系勘探取得新进展。通过加大深层地震和深井优快钻井技术攻关，开展重磁电震联合反演，全面认识二、三叠系隆凹格局，陵深2井见到良好油气显示，新增预测含油面积13.6平方千米，石油储量1309万吨，开辟了石油资源接替的新领域。

（4）新区盆地勘探取得新进展。强化民和盆地黄土塬地震攻关和综合研究，落实了马场垣、万泉堡、大庄三个主攻区带，部署的民探2井在三个层段见到气测显示，为实现盆地接替准备了目标。深化三塘湖盆地复杂储层与南缘推覆带复杂构造研究，条5井压裂后获得日产20立方米的工业油流，二叠系裂缝储层勘探取得新的突破。

（5）勘探项目管理取得新进展。项目管理得到加强，重点探井优良率达到90%。充实项目经理部技术力量，组成强有力的技术支持组，提高了技术攻关成效，吐哈盆地深层地震、民和盆地黄土塬地震、低孔低渗储层压裂等技术攻关取得新进展，为拓展勘探领域奠定了基础。

【油气田开发】 2002年，油田开发工作面对油田递减速度快、滚动建产空间小、稳产难度大的严峻形势，围绕减缓三个递减，深化油田调整和综合治理，夯实油田稳产基础，全年生产原油251万吨，完成年度计划指标；生产天然气11.4亿立方米，液化气17.9万吨，分别完成年计划的104%和104.7%；生产成品油6.2万吨，完成年计划的107%；新建原油产能20万吨。

（1）油田稳产基础得到夯实。经过5年的持续调整，油田主力区块一次井网调整基本完成，共钻井182口，投改注144口，共调整11个区块，调整区块水驱控制程度提高10%，水驱采收率提高4%，基本实现了一次井网层系调整目标。同时，加快近两年新开发区块井网完善，陵四区块和温西六东块实现了注水开发，神泉、雁木西白垩系、葡北东块注采井网得到完善。

（2）注水工作取得长足进步。围绕注水抓井网调整、注水结构调整、剖面调控的措施力度加大，有效注水在老井稳产中的核心地位得到加强。全年共实施增注措施113井次，分注措施50井次，新井投注五口，老井改注59口，油田分注率提高了4.6%，剖面动用提高了3%。

（3）油田三次采油迈出实质性步伐。温五注气提高采收率工程达到了六口井的注气规模，已投注三口，12月28日正式投运。温西一、温西三注气提高采收率方案已完成方案初审，丘陵油田注表面活性剂提高采收率可行性研究已完成试验评价。

（4）滚动勘探成绩突出。以鄯善弧形带、吐神葡地区、红连油田周边复合油气藏和隐蔽油气藏为目标，深化地质和成藏规律研究，分别在温五、温南三、神泉侏罗系、雁木西低幅度构造获得发现，新增含油面积13.1平方千米，探明储量943万吨，可采储量304万吨，新建产能6万吨。

（5）钻采工艺技术取得新的进步。高效钻井、增产增注、油田控水等五项主体工艺技术得到进一步配套和规模化实施，在解决开发矛盾中发挥了重要作用。全年完成水平井五口，水平段最大长度达到了600米；薄层压裂有效率100%，单井日增油达到6.4吨；化调有效率达到78%；有杆泵平均泵效达到39.2%，平均泵挂深度达到2264米。12项新技术先导性试验取得了不同程度的效果。

（6）生产组织实现正点高效。34个开发方案提前编制到位；钻井运行速度加快，同比井数生产时率比2001年同期增加近1个月；完成油井措施532井次，增油22.4万吨，超计划5.4万吨；生产组织运行以信息网络为依托，以调度室为生产指挥中心，提高了生产调度水平。

（7）地面系统适应能力得到提高。21个工程项目按期投运；对油田部分原油处理和脱水系统进行了技术改造；整改油田内外部产品计量交接中存在的突出问题，内外部计量点设置趋于完善，50千瓦以上耗能设备全部实现单独计量；设备管理狠抓A类设备管理、现场管理等六个关键环节，设备综合完好率达到98.4%，综合利用率达到70.5%，与股份公司六项评价指标相比，平均高出3%，设备管理处于全国同行业先进水平。

【科技进步】 2002年，吐哈油田公司科技工作以“增储、增油、增效，提高科技进步贡献率”为目标，加大科技创新力度，为油田发展提供了技术保障。全年实施技术攻关105项，科技进步贡献率达到52.8%。

科技管理工作得到加强。油田公司和各单位都补充调整了科委会，由“一把手”亲自负责抓科技工作。多渠道筹措资金，2002年油田公司投入科研经费达到3420万元，保证了有效的科研投入。同时改进科技项目申报、评比制度，调动了广大员工、特别是生产一线员工投身科技创新的积极性。

围绕勘探突破，开展技术攻关21项，在二、三叠系深层地震、民和盆地黄土塬地震、低孔低渗油气层压裂改造、深井快优钻井等四项技术上取得进展，为勘探突破奠定了技术基础；围绕开发稳产，开展研究项目18项，加深了对各油田剖面动用状况、剩余油分布规律的认识，有力地指导了油田开发工作；围绕采油工艺技术配套，开展技术攻关16项，技术引进16项，技术推广八项，均取得了较好的实施效果，为油田稳产提供了技术保证。同时，加强科技合作与交流。与国外石油公司和国内科研院所合作，联合开展技术攻关13项，在井间地震、盆地深层地质特征研究、稠油开采等方面取得了多项技术成果，促进了油田公司整体技术水平的提高。

【企业管理】 2002年，油田公司企业管理工作围绕管理一流目标，推进管理创新，企业管理进一步加强。

加快信息化建设。建成了覆盖全油田的千兆高速网，实现了油田局域网与因特网的联结。以网络为依托，生产信息自动化和网络技术应用初见成效。油田电泵井、气举井、抽油机井的相关数据和重要设施、装置的运行参数实现了自动采集、上传和发布；重要生产场所、重要设备实现了工业电视监控和安全防范自动化；油田公司网上办公自动化系统和电子邮件系统进入试运行阶段；电子商务工作进程稳步推进，全年网上采购金额达到 1.4 亿元。

推进油田公司组织机构扁平化进程。各单位充分利用信息网络化建设创造的有利条件，积极探索扁平化管理方式，加快组织结构调整。销售事业部率先实行扁平化管理，管理层次由五层压缩到两层，科级职数由 34 个减少到 13 个，工作效率和管理水平得到全面提高，为油田公司推行组织结构扁平化起到了示范借鉴作用。

车辆改革第一阶段任务全面完成。企业"不养车、不养人"的新型用车管理模式基本建立，并为 2003 年全面推行车改积累了经验。

规范市场管理。按照"公平竞争、有序开放、严格监督、规范管理"的总体要求，完善市场管理体系，制定《市场开放实施细则》，推进了内部市场有序竞争机制的建立。加强招投标管理，规范招投标程序，扩大招标项目范围，发挥油田公司市场管委会、审计部门的监督审核职能，全年共完成招标项目 73 个，合同金额达到 1.82 亿元。全年审计项目 179 项，审减金额 2716 万元，审计监察处获得自治区内审工作先进集体称号。加强物资采购管理，完善物资价格体系，加大比质比价力度，节约采购资金 568 万元。本着与吐哈石油指挥部互利双赢、共同发展的原则，严格执行关联交易协议，做到了工作量优先安排、合同优先签订、费用优先结算，全年为吐哈指挥部提供价值工作量 14.8 亿元，综合市场占有率达到 88%，促进了双方的共同发展。

【安全环保】　2002 年，吐哈油田分公司安全环保工作认真贯彻"安全第一，预防为主"方针，把安全生产放在各项工作首位，充分运用经济、法律、技术、管理手段，全面加强安全管理，安全生产创公司三年来最好水平。

QHSE 体系实现规范化管理。在股份公司 13 个油气田中较早发布了 QHSE 管理体系文件，实施过程中先后五次组织内审，及时修改完善了体系文件。各二级单位共编写 C 层次作业文件 228 个，"两书一表"成为规范现场管理的指导性文件。

安全检测监控能力进一步提高。实现了生产指挥、自动消防、工业电视及红外线报警三个系统相互联动。对七个一级要害部位设立 52 套自动监控摄像探头、52 对红外线探测器，使关键岗位、部位形成了自动巡视、监控摄像。在关键装置安装可燃气体报警探头 526 个、火焰探测器 20 个，基本满足了利用计算机、工业电视、报警装置对设备运行和操作的跟踪监控、记录，显著提高了油气生产设施和场所的安全检测、监控水平。

安全检查的针对性和实效性得到增强。针对季节特点、管理重点和重大节假日开展专项检查；突出安全生产重大隐患的整治，开展油气管网腐蚀程度、高压系统探伤等针对性检查；结合车辆改革后暴露出的突出问题，开展交通安全专项整治。全年共组织各类安全检查 23 次，发现问题 990 个，纠正各类交通违章 87 起。

加大环保管理现场执法力度。加强建设项目的环保管理和污水处理设施的运行管理，强化作业现场的环保监督检查，以合同条款进行约束，废水外排达标率达到 96%，废气外排达标率 100%，实现了重大环境污染事故为零目标。

（翟红国　朱晓龙　赵兴启　叶世华）

中国石油天然气股份有限公司
塔里木油田分公司

【概述】　2002 年，中国石油天然气股份有限公司塔里木油田分公司机关设油田分公司（党工委）办公室、生产运行处等 12 个处室，有规划中心、审计中心等 9 个机关附属挂靠单位，有 9 个直属单位。共有员工 9744 人。其中油田分公司本部 2260 人，塔西南勘探开发公司 7484 人；员工中少数民族 2692 人，女员工3137人；管理人员1248人，专业技术人员2651人，操作服务人员5035人，内部退养人员810人；员工中有博士学位6人，研究生学历35人，大学本科学历1473人，大专1872人，中专975人，技校1745人，高中1256人，初中2016人，小学366人；有高级专业技术职务员工294人（含教授级专业技术职务员工9人）；有中级专业技术职务员工1639人。

全年生产原油502万吨，比2001年增加29.4万吨，完成考核指标495万吨的101.4%。生产原油增长幅度位居我国陆上油田第五，年产量跃居全国油田第六位。生产天然气10.8亿立方米。生产液化气7.29万吨。加工原油28.26万吨，完成计划28万吨的100.9%。生产汽油10.44万吨，生产柴油13.09万吨，生产化肥24.97万吨。主营业务收入666907万元，其中油气生产主营业务收入592902万元，炼油主营业务收入52885万元，化工主营业务收入21120万元。生产经营支出389115万元，其中油气生产支出214274万元，输油支出4894万元，输气支出4072万元，炼油生产支出43150万元，化工生产支出21495万元，管理费用支出35819万元，营业费用支出3872万元，财务费用支出6727万元，其他支出54812万元；上缴利润179954万元；应缴税费71482万元，其中增值税44779万元，资源税11527万元，消费税4454万元，其他税费10722万元；年末资产总额1334006万元，其中固定资产1137037万元，流动资产193913万元，长期投资总额800万元，无形资产及其他2256万元；负债总额543328万元，上级拨入资金及股东权益790678万元。油气操作成本每桶2.662美元，油气开发成本每桶4.43美元，吨油现金加工成本170.29元。

全年计划投资327099万元，完成投资333846万元，其中油气勘探完成投资163274万元，油气开发完成投资157244万元，炼油工程完成投资78万元，化工工程完成投资500万元，公用工程完成投资12750万元。新增固定资产385975万元，其中油气勘探新增固定资产241712万元，化工与销售新增固定资产115459万元，公用工程新增固定资产28804万元。

【油气勘探】

（1）物探。全年投入12个二维地震队（其中7个山地地震队），完成二维地震9343.29千米（其中山地二维地震2936.25千米），完成年计划10900千米的85.72%；完成三维地震1328.5平方千米，完成年计划1450平方千米的91.62%；完成重力勘探12506点、磁力勘探12353点、电法勘探3092点、化学勘探1552点、VSP测井9口，井位测量24口次。解释二维地震资料42.68万层千米，三维地震资料1.08万平方千米；发现和落实圈闭147个，圈闭总面积1.39万平方千米，提出探井井位73口，采纳50口。

（2）探井。全年动用钻机32台，钻探井32口。其中跨年探井15口，新开探井17口，共完钻探井27口。完成进尺88413.22米，为年计划68.54%。取心进尺1261.09米，心长1180.54米，收获率93.6%。取获各级含油气岩心428.64米，占取心进尺33.99%。

（3）录井。全年勘探动用9个录井公司28个录井队，其中综合录井队27个，在27口探井综合录井，完成工作量39148.33米。

（4）测井。2002年，探井测井施工作业175井次，其中组合测井46井次，对比测井36井次，固井40井次，其他（或单项）测井53井次。测井时效、98.4%，资料优等率89.75%。

（5）试油。全年在31口井试油，完成试油井28口，试油地质层85层。其中中途测试36层，完井试油49层；累计酸化作业井16口22层，压裂作业井1口1层。在英南2C、迪那22、轮古101等14口井试获工业油气流。其中塔中117和轮古100井为滚动开发井。

全年完成勘探投资166132万元，其中物探73366万元，钻井84688万元，勘探科研8078万元。完成勘探投资年计划161418万元的102.92%。

全年新增探明加控制石油地质储量5727万吨，天然气1463亿立方米，三级储量当量2.2亿吨。到2002年底，全油田累计三级油气储量当量16.7亿吨。

（1）四项重要进展。一是探明迪那2东高点，控制迪那2西高点凝析气田，新增探明天然气地质储量807.61亿立方米，凝析油地质储量565.32万吨；新增控制天然气地质储量352.23亿立方米，凝析油地质储量253.9万吨；二是轮古地区2002年完钻探井和开发井19口，经酸化试油，有6口井日产工业油流100立方米以上，获日产20—100立方米原油井4口，获20立方米以下或见油气流显示井6口。在这一地区新增探明石油地质储量1122万吨，溶解气31.57亿立方米，控制石油地质储量2497万吨；三是哈得4东河砂岩滚动勘探开发成果持续扩大，探明石油储量由3068万吨增加到4869万吨，发现哈得

11地层圈闭油藏，为建成百万吨油田奠定基础；四是塔中北坡志留系勘探取得重要进展，首先获得单井日产百吨以上高产油流，探明盆地第一个志留系油田——塔中11油田，新增探明含油面积8.7平方千米，探明石油地质储量303万吨，溶解气2.47亿立方米。

(2) 两个重要苗头。一是在乌什凹陷、英吉苏凹陷获得油气发现重要苗头，被中国石油天然气股份有限公司列为近期四大类预探目标第一大类；二是经加强地质综合研究和地震攻关，发现喀什凹陷北缘乌恰西、阿图什北等战略性勘探接替区，有可能成为库车地区后又一个重要战场。

全年完钻探井24口，勘探井成功率50%。每口探井（含滚动勘探井）新增探明可采储量200万吨；每米探井进尺新增探明可采储量188.8吨；每吨可采储量成本30.8元（合0.5美元/桶）。

【石油钻井】　2002年，塔里木油田分公司共钻井110口（包括跨年度钻井），其中探井26口、评价井15口、开发井69口。当年开钻井74口，其中探井、评价井23口、开发井51口。完钻井88口，其中探井、评价井30口，开发井58口。完井89口，其中探井、评价井32口，开发井57口。平均完井井深4679.43米，其中探井、评价井5050.86米，开发井4470.90米。平均钻井周期104.37天，其中探井、评价井144.82天，开发井81.66天。钻井进尺375195.58米，其中探井、评价井123731.60米，开发井251463.98米。钻机台月316.82台·月，其中探井、评价井126.56台·月，开发井190.26台·月。机械钻速4.38米/小时，其中探井、评价井3.71米/小时，开发井4.81米/小时。钻机月速1184.24米/（台·月），其中探井、评价井977.59米/（台·月），开发井1321.70米/（台·月）。取心进尺1469.49米，其中探井、评价井981.01米，开发井488.48米；收获率94.36%，其中探井、评价井93.70%，开发井95.69%。生产时效87.64%，其中探井、评价井87.15%，开发井87.97%；进尺时效61.79%，其中探井、评价井60.89%，开发井62.40%；纯钻时效37.51%，其中探井、评价井36.56%，开发井38.14%；事故时效6.57%，其中探井、评价井7.50%，开发井5.95%；修理时效0.35%，其中探井、评价井0.52%，开发井0.24%；组停时效1.57%，其中探井、评价井1.15%，开发井1.84%；复杂时效3.70%，其中探井、评价井3.37%，开发井3.91%。

在钻井过程中，针对水平井、山前构造带复杂井钻井工作中存在的技术难题，油田分公司依托国内科研院所、大专院校及各大油田的技术力量，开展了复杂地层钻头使用技术、水平井钻井技术、超高压气井井控技术攻关并及时将科研成果推广应用。成功地使用了深井超深井钻井工艺技术，沙漠腹地钻井工程综合配套技术，丛式井、水平井钻井技术，欠平衡钻井技术，库车坳陷山前高陡构造钻井技术，钻井液技术，复合盐层钻井技术，小井眼钻井技术，使塔里木油田深井、超深井钻井技术水平不断提高，对推动油气勘探开发起到了积极作用。

【油气开发生产】　2002年，塔里木油田本部有油井389口，其中自喷井168口，机采井221口。当年开井287口，其中自喷井126口，机采井161口，全年生产原油502万吨，其中自喷井生产原油358万吨、机采井生产原油144万吨。油井产液968.16万吨。塔里木油田本部有注水井38口，开井32口，年地质注水373.72万立方米。有注气井8口，开井8口，年注气7.52亿立方米。全年生产天然气10.88亿立方米。其中采气井生产天然气3.011亿立方米，油井生产天然气7.869亿立方米。

2002年，塔里木油田在稳产形势严峻，遭遇洪灾，产量受损的情况下，为确保全年油气生产任务顺利完成，一是强化老区稳产，加大结构调整力度，加强油水井管理，全年油井平均生产时率91.42%；二是加快新区产能建设。哈得4油田投产新井16口，新增产能35万吨，年产原油81.60万吨。轮古油田投产试采井8口，增加产能20万吨，年产原油19.27万吨；三是加强井下作业。全年实施油井增产措施83井次，增油33.78万吨；四是大力推行两级生产管理体系，强化生产组织管理和设备管理，确保原油生产均衡运行；五是加强天然气生产运行管理，实施天然气装置模式化检修，初步形成轻烃和液化气生产、燃料用气、注气、发电等产业化格局，年生产天然气10.88亿立方米，生产液化气7.29万吨，生产轻质油23.67万吨；六是全面实施HSE管理体系，未发生任何重、特大安全事故和环保事故，确保了油气生产任务顺利完成，全年生产原油502万吨，首次突破500万吨，比2001年增加29.4万吨，完成考核指标495万吨的101.4%。

【油气产品销售】　2002年，塔里木油田分公司（本部）销售原油457.69万吨，完成年计划457万吨的100.15%，销售收入63.33亿元；销售天然气4836.38万立方米，销售收入1347万元，销售液化气48831吨，销售收入7279万元。销售轻烃21957

吨，销售收入3824万元；油气销售收入65.7266亿元。

炼油与化工方面销售汽油10.44万吨，销售柴油12.59万吨，销售液化气2.41万吨，销售尿素24.4万吨，炼油与化工产品实现销售额90260.25万元。

【炼油与化工】　全年加工原油282578吨，完成年计划的100.9%，生产90号汽油104394吨，生产柴油130889吨，生产煤油1432吨，生产液化气18495吨。汽、煤、柴、润总收率83.77%，石油产品综合商品率95.96%，炼油加工损失率0.96%，柴汽比为1.25，炼油现金单位加工成本136.58元/吨。生产化肥249728吨，完成工业总产值（现行价）69218万元。

【油田建设】　2002年，塔里木油田分公司实施基建项目23项，其中2001年跨入2002年项目10项，2002年新开工项目13项。至2002年底，完成19项，有4项工程跨入2003年。

全年在油田建设上计划投资48382.9万元，实际完成投资42969万元，其中新区原油产能建设项目1个，即哈得4油田扩建工程，包括哈得4生活区工程、联合站工程、站外集输工程和卸油台工程、支线路工程、变电所及供电工程等，完成投资23039万元。开发辅助工程项目9个，包括轮南40万立方米天然气处理装置、东一联油气处理改扩建、轮南供水系统改造、轮南400万吨原稳增加压缩机工程、牙哈凝析气田降温工程、牙哈装车栈桥改扩建工程、牙哈凝析气田增加一台压缩机工程、塔中油田加装变频调速装置工程和塔中4联合站淡化水处理装置二期工程，完成投资9958万元。道路工程项目1个，即塔中1号公路工程，完成投资7815万元。其他工程项目8个，包括塔里木油田电力调度中心工程、喀什液化气站工程、塔里木油田5A会议室装修工程、塔中联合站绿化工程、沙漠植物园生活用房工程、牙哈作业区公寓和服务公寓维修工程、和田河电站地面工程、轮库线输油首站计量储运系统改造工程，完成投资2157万元。

【企业深化改革】　2002年，塔里木油田分公司按照集团公司和股份公司关于“主辅分开、精干主业、优先辅业、专业重组、四自经营、共同发展”的改革思路，进一步加大了持续重组和深化改革的力度，与有关单位一道对塔西南勘探开发公司的机械安装检修公司实施“整体带资分流”改革，组建股份合作制新型企业，分离人员约200人。

【科技工作】　2002年，塔里木油田分公司继续坚持科技创新，强化科技管理，在实施科技创新战略上取得显著成效。全年承担国家“十五”重点科技攻关课题2个，中油股份公司重点项目6项、中油股份公司2001年结转科技工程项目4项，油田分公司2002年度重点项目6项、科技项目9项、新技术推广项目21项。开题218个（其中外协专题98个，自研专题120个），接转专题188个，其中自研专题120个。全年投入科研经费12862万元（其中自研经费4360万元）。

“十五”国家科技攻关课题“塔里木盆地大型气田勘探开发关键技术研究”取得阶段性成果，顺利通过验收，获得A级评价。塔里木油田分公司承担的“塔里木深层天然气及凝析气藏开发技术研究”为股份公司“十五”《天然气开采新技术》研究攻关课题，顺利通过股份公司最终验收；油田分公司与勘探开发研究院共同承担的股份公司2001年度重点科研项目《石油重大勘探领域与目标评价研究》下设课题《塔里木盆地石油预探区带与目标评价》和《大中型气田勘探接替领域研究与目标优选》下设课题《塔里木盆地库车坳陷圈闭评价与目标选择》分别通过股份公司勘探与生产分公司最终验收，获得优秀成果评价；塔里木油田分公司勘探开发研究院承担的《塔里木低孔低渗天然气气藏测井评价技术研究》、《塔里木盆地油气资源评价研究》和《中国北方油气区石炭—二叠系划分对比、古环境研究及油气远景评价》分别系股份公司攻关项目和股份公司“十五”重点科研项目下设课题，均于2002年内先后通过股份公司最终验收，并获得优秀评价。

全年有5项科技成果获新疆维吾尔自治区科学技术进步奖。其中《“西气东输”塔里木年输120亿立方米天然气资源评价及开发的前期研究》获自治区科学技术进步一等奖；《库车坳陷圈闭评价及勘探成果》和《塔里木盆地油气分布规律与资源、经济评价》分别获得自治区科学技术进步二等奖；《塔里木盆地盐膏层钻井技术》和《哈得4低幅度油田的发现与探明》分别获自治区科学技术进步三等奖。有4项成果获中国石油天然气集团公司技术创新奖，其中，《牙哈凝析气田开采新技术研究》和《探井油气层保护技术》分别获中国石油天然气集团公司技术创新一等奖；《塔里木盆地西南地区山前近年油气勘探成果及石油地质认识》和《深井超深井/套管选择与管柱设计因素研究》分别获得中国石油天然气集团公司技术创新二等奖；油田分公司副总经理宋文杰获中国科学技术发展基金会孙越崎科技教育基金青年科技奖。

2002年，塔里木油田分公司科委从11个单位申报的92项科研成果中评出塔里木油田分公司2001年度技术创新奖30项，其中一等奖10项，二等奖20项。

【关联交易】 2002年，按照油田党工委确定的“大稳定、小调整，规范运作，双赢互利，共同发展”原则，塔里木油田分公司与塔里木石油勘探开发指挥部共签订关联交易合同23份。其中，关联交易总协议1份，塔指向油田分公司提供产品和服务专项合同21份，油田分公司向塔指提供产品专项合同1份，预算总金额39415.38万元。签订关联交易安全生产合同8份。

在合同执行中，双方始终以坚持严格执行、平等协商、共同搞好关联服务为宗旨，不断加强沟通，确保合同目的及任务的完成。2002年，油田分公司向塔指提供了总结算额716万元的天然气产品。塔指向油田分公司提供了总结算额40457.71万元的产品和专项服务。

【环境保护与安全生产】 2002年，塔里木油田分公司在环境保护方面，一是认真落实建设项目环境影响评价制度和环保“三同时”制度，当年开展了《西河甫燃气电站工程》、《塔西南炼油厂改扩建工程》等4项工程的环境影响评价工作，开展了“泽普石化厂化肥改扩建工程”环境保护竣工验收前期工作。保证探区所有工程在设计、施工和竣工过程中，都严格按照国家规定，有效落实环保措施；二是不断加大污染治理力度，利用排污费返还资金修建了东河等油田固体废弃物和生活垃圾处理场等建设项目；率先在轮古、秋参1、英东2和哈得12井使用可降解防渗膜，既解决了防渗问题，又防止了对环境的二次污染；三是积极开展环保相关技术研究。相继开展钻井污水处理技术、无害化钻井泥浆、高含氯工业废水COD测定方法等研究项目。其中无害化钻井液已在探区开发井得到广泛应用。高含氯工业废水COD测定方法研究，得到国家环保总局、集团公司和股份公司充分肯定，有望被批准为国家监测方法标准。全年杜绝了环保事故，先后12次通过中油股份公司、自治区、油田周边各地州环保局的环保执法检查和考核，取得良好环保工作业绩。

在安全工作方面，油田分公司安全部门，一是加大安全生产宣传力度，利用电视报纸等新闻媒体，开辟安全生产专栏，宣传安全生产法规，举办安全知识竞赛。邀请国家安全生产监督管理局专家来油田举办《安全生产法》专题讲座；二是强化制度建设。制定下发《危险化学品安全管理规定》、《民爆物品安全管理规定》等规章制度，发布《健康、安全、环境管理检查规范》企业标准。继续推行安全基础管理“三标”建设工作；三是大力开展安全培训，全年举办各类安全培训班30期，767人接受锅炉压力容器、电工、场内机动车驾驶及安全总监、安全监督员培训；四是增加安全检查次数，使生产岗位员工始终绷紧安全生产这根弦。定期和不定期检查要害部门和岗位，及时消除事故隐患；五是加强井控安全管理，实施井控例会制度。每月召集与井控安全有关的单位和部门召开井控例会，总结分析当月井控安全工作，提出解决问题的办法。同时，完善各项井控安全管理规定，提高井控工艺和装备的技术标准，重点井实行重兵把守和专家井控等管理技术手段，会战以来，首次杜绝井喷失控，实现井控安全。全面完成各项生产经营指标，顺利通过自治区年度安全生产考核，以97分的高分被评为自治区安全生产先进单位，这是塔里木石油勘探开发会战以来首次获此殊荣。同时，被中油股份公司勘探与生产分公司评为2001—2002年度安全生产先进单位。

【油田帮助地方抢险救灾及扶贫情况】 塔里木油田分公司在认真搞好油气勘探开发的同时，极为重视油地关系和帮困扶贫，带动地方经济发展。2002年5月中旬，油田按照自治区“城镇扶贫帮困工作会议”精神，向巴州企业及社会弱势群体捐款100万元；7月下旬，向阿克苏地区职业技术学院捐助建设资金300万元，向阿克苏洪灾区捐助救灾款150万元；12月中下旬，油田分公司先后向自治区国土资源厅捐助矿产资源勘查建设资金100万元，向洛浦县捐助2002年对口扶贫资金50万元；塔西南公司为叶城县捐助扶贫款和承担天然气差价款217万余元，为泽普县捐助扶贫款和承担天然气差价款413万余元。

全年塔里木油田分公司在扶贫帮困抢险救灾方面共捐助资金1395万元，其中油田分公司本部750万元，塔西南勘探开发公司645万元。

【精神文明建设】 2002年，油田党工委在精神文明建设方面，始终坚持“两手抓，两手都要硬”的工作方针。坚持以“三个代表”重要思想为指导，以“迎接十六大，学习十六大”为主线，围绕油田中心任务，不断加强和改进党的建设，加大思想政治工作力度，促进两个文明建设健康协调发展。一是在油田开展“大干一百天，献礼十六大”系列活动，认真组织十六大精神的学习、宣传和培训工作，使十六大精神深入人心；二是开展“创建文明社区、文明单位、文明家庭，争当文明职工”的“三创一争”活动，评出文明家庭788户；三是开展“灵魂工程杯”竞赛活动，评出优秀成果24项；四是在团员青年中深化创建青年文明号和创新创效活动，选树了“真抓实干的青年楷模——周克万”。2002年，油田首次荣获“全国五一劳动奖状”并顺利通过自治区文明委复查验收，连续5年保持了自治区文明单位荣誉称号；油田工会被命名为自治区“模范职工之家”；油田团委荣获自治区“十大”团建目标考核先进单位荣誉称号；牙哈作业区被共青团中央命名为“全国青年文明号”。

（温永怀）

中国石油天然气股份有限公司冀东油田分公司

【概述】　一年来，油田广大干部员工认真贯彻落实集团公司及股份公司一系列指示精神，把2002年定为创新年，把“创新”作为发展的动力，把“找不足、查原因、抓瓶颈，集中力量去攻克”作为创新的切入点，积极实施科技兴油、低成本和人才开发三大战略，取得了物质文明和精神文明建设双丰收，队伍稳定，士气旺盛，圆满地完成了股份公司下达的各项业绩指标。新增探明石油可采储量184.5万吨，为股份公司考核指标的153.8%；生产原油65.25万吨，为股份公司考核指标的105.3%；新增原油生产能力7万吨，为股份公司考核指标的100%；投资资本回报率6.85%，比股份公司考核指标增加2.83%；实现利润1.12亿元，比股份公司考核指标增加0.65亿元；油气勘探成本、开发成本分别为1.59美元/桶、4.25美元/桶，分别比股份公司考核指标下降了32.1%和4.3%，油气操作成本为6.44美元/桶，与股份公司考核指标持平；实现销售收入92940万元，实现工业增加值57037万元，上缴税费18008万元。

【地质勘探】　大力推进科技创新，继续深化南堡陆地滚动（评价）勘探开发，提交优质储量；加强洪泽和滩海地区勘探准备和预探，争取有新的突破；开展广东三水、江苏大丰—兴化等新区前期地质评价，准备接替战场。认识有新突破，工作有新进展，储量有新增加。

一是高柳地区地质认识有新突破。以新三维地震资料为基础开展的高柳地区新一轮地质综合研究，基本结束了勘探开发长期处在“云中观月”、“雾里看花”的局面。以溯河断层为代表的一些断层在认识中相继消失，柳赞油田成为一个较为整装的油气富集构造，在柳中、柳东钻探都有新发现。新增探明储量529万吨、控制地质储量500万吨，提交可采储量184.5万吨。

高尚堡背斜高点西移进一步得到证实，高尚堡背斜构造更加整装。由于岩性油藏的发现，一些使油田复杂化的断层消失，在背斜南翼发现了新的含油区块，新增控制储量558万吨。

以层序地层学理论为指导，在高柳地区发现了7个沉积体，叠合面积达88.9平方千米，其中横跨高柳油田的高22沉积体面积达36平方千米，钻探于该沉积体西侧的高22－10井获得成功，预测地质储量3900多万吨。岩性油藏成为高柳勘探的新领域。

二是南堡滩海地区勘探取得新认识。通过老堡南及马头营170平方千米三维地震资料的采集处理与解释和综合地质评价，发现和落实了北堡西构造带、南堡构造带、马头营低幅度披覆构造带和蛤坨构造带等4个有利区带，明确了北堡北断块、南堡断背斜等10个有利勘探目标，圈闭面积达288平方千米。

三是外围新区勘探取得新进展。洪泽地区发现和落实了管镇次凹管中断裂带、陡坡带、深凹带、管东断裂带等4个有利勘探区域。钻探的管3和管4井均获工业油流。

开展了三水盆地地震资料处理、综合研究和试油工作，首选4口井试油，第一口水深16井经酸化日产油7吨，标志着三水盆地的勘探开发进入实质性阶段。

蒙南盆地群和石东区块，被批准为对外合作区块。

【油田开发】　技术有新突破，水平有新提高，产量有新增长。

开发技术有新突破。以新的地质认识作为油田开发调整的依据，改善了开发效果，仅柳102、柳13、高5、高104－5、高29、庙101等主力开发区块平均采收率就提高了7.5个百分点，增加可采储量272万吨。由于地质研究工作主动，产能建设从容不迫，上半年就完成了全年7万吨产能建设任务。

积极引进水平井技术，已投产的柳102－平1井和柳102－平5井达到设计能力，日产百吨，这无论是对老区调整，还是新区开发，在解决层间矛盾，提高单井产量，提高采收率和降低成本费用方面，都具有划时代的战略意义。保护油气层钻采工艺配套技术初见效果。作业四区部分井不压井作业的成功，为油田降低成本打开了希望的天窗。采油工艺技术思路有突破，由事后的治砂、治水为主，转变为前期预防、防治结合。套管补贴技术获得成功，为解决长期困扰油田的套损问题提供了新的途径。庙118计量站自动控制试验成功，柳一联污水处理系统自动化改造成功，为油田自动化管理提供了技术依据。

生产技术有新水平。作业区都超额完成了原油生产任务，作业三区连续10年稳产20万吨以上。老区产量不被动，又有新储量的投入，造就了油田增储增产的好局面。

按照“三个精心、三个不干”的原则，地质与工程紧密协作，不断强化措施方案论证和作业各环节的管理，全年措施增油7.65万吨，措施有效率达到78.6%。

高104－5区块使用新型调剖剂，边水调剖方法又前进了一步，2002年累计增油5000吨。

开展了提高机采、注水、油气集输、加热、供电等系统效率研究工作，初步有了成绩。机采效率比上年提高了2.49个百分点，注水系统平均泵机组效率比2001年提高了两个百分点，输油系统效率比2001年提高了8.05个百分点，高一联去掉了锅炉；供电系统采取无功补偿，提高功率因数，年节约电费12万元。螺杆泵、双作用泵的引进，省电又方便。

不断深化以“一井一法”为中心的油水井管理工作，大力推广高效清蜡剂，效果明显。

在广大团员青年中开展“五小”活动，方兴未艾，解决了生产关键问题，既提高了技术水平、工作效率和经济效益，又锻炼了人才。

与存续公司一道对未动用储量的合作开发取得初步成效。

【企业管理】　管理有新举措，经济效益有新提高，企业有了新形象。

制定《冀东油田建设项目后评价工作管理暂行规定》，完善《经济运行程序》；钻井定向、钻井固井、水平井测井、水平井射孔等项目明标限价招标，使价格平均降低6.4%。制定《油田市场交易有关问题的暂行规定》，强调同等条件、地区优先。

跟踪检查预算执行情况，及时分析评价，使操作成本控制在计划以内。建立油田内部会计控制体制，强化内部会计监督，提高了会计信息质量；加强委派会计人员的管理，积极做好财务集中核算的各项准备工作，确保了2003年集中核算一步到位；深入开展会计核算业务回访工作，提高了油田整体财务管理水平。

实行例审监察制度。采取事前、事中、事后审计相结合的方式，审计工作贯穿于油田生产、经营、管理等活动的各个环节，保证了油田经济活动高效有序运行。全年共完成审计项目9个，审计单位、审计资金覆盖率均达到100%，审出问题金额155万元。

轻烃、落地油实行竞价拍卖，销售公开。开拓成品油销售市场，实现利润478万元。推行电子商务采购，降低了物资采购成本。作业区积极推广巡井制度，促进了劳动生产率的提高。

加强以岗位练兵和技术讲座为主要内容的员工技术培训，开办了勘探开发地质、油层保护、提高采收率、经营管理等专业培训班；开办了中专和大专学历函授班，员工技术素质有了新的提高。

修订了HSE管理体系B版文件，制定HSE检查标准表。与所有关键岗位员工签订了《安全生产合同》，对外经济活动中在签订《经济合同》的同时签订了《安全环保合同》。

由于勘探开发思维的更新、方法的进步，储量替换率提高，剩余可采储量不断增加，开发水平提高，产量稳中有升。由于经济管理措施有效，经济活动健康有序，成本逐年下降，经济效益不断提高。由于突出政治理论教育，加强队伍建设，员工队伍精神饱满、士气旺盛。勘探开发一体化、二次三维地震、低阻油层识别、经济运行程序、HSE管理、政治理论教育成为亮点。油区稳定，未发生集体上访等事件。油田小，工作并不落后，引起上级和同行的注意，连续三年获市级“重合同、守信誉”单位。

【精神文明建设】　加强和改进思想政治工作，总结出了新方法。新时期如何加强和改进油田的思想政治工作，经过三年实践，我们总结为：坚持不懈地进行政治理论教育，适时地进行形势任务教育，耐心细致地做好一人一事的思想政治工作，大力弘扬企业精神。

一是坚持不懈地进行政治理论教育。

二是适时地进行形势任务教育。

三是耐心细致地做好一人一事的思想政治工作。

四是大力弘扬企业精神。

（付建华）

中国石油天然气股份有限公司浙江勘探分公司

【概述】　2002年是浙江勘探分公司发展的关键的一年。勘探工作重点是围绕公司年初提出的“勤奋务实，精益求精，齐心协力，顽强拼搏，全力确保生命工程——鄱阳油气勘探”企业精神，积极开展江西鄱阳盆地油气勘探工作，力争取得重大突破。在东方地球物理公司、华北石油管理局、大港石油管理局等乙方各单位的通力配合下，南鄱阳坳陷油气勘探实现了当年采集、当年处理、当年解释、当年落实区探井位的工作目标。

【油气勘探】

1. 江西鄱阳盆地油气勘探

2002年度江西鄱阳盆地油气勘探以南鄱阳坳陷区域勘探为重点，计划部署二维地震勘探400千米，大地电磁测深（MT）勘探100个测点，区域探井1口。

其中南鄱阳坳陷西区，二维地震勘探继续完成2001年跨年度计划任务700千米，实际完成742.22千米，为年计划的106.03%；合格率99.5%，其中一级品80.30%、二级品19.20%，一级品率比2001年提高了近10%。

南鄱阳坳陷东区计划安排二维地震勘探400千米，实际完成400.25千米，为年计划的100.05%，其中一级品率83.01%，二级品率16.11%。

北鄱阳坳陷计划安排100个MT测点区域勘探，实际完成176个MT测点（388千米），为年计划的176%，一级品率90.8%，合格率100%。

2. 南鄱阳坳陷西区地震资料连片处理

2002年对美国能源开发公司（简称EDC公司）1992—1993年度采集的和浙江勘探分公司2000—2001年度采集的1659.47千米二维地震剖面进行连片处理。根据地质任务和资料连片处理技术要求，针对本区资料特点，利用精细静校正、叠前去噪、串联反褶积、精细速度分析与切除、DMO处理等技术，对资料严格进行了高保真处理。按照有关质量标准对处理成果剖面分线分段进行了品质评价：其中一级品剖面40条、1107.7千米，占剖面总长度的76.3%；二级品剖面13条、343.3千米，占剖面总长度的23.7%。

虽然中深层海相地层资料品质不高，反射特征不明显，但最终处理成果剖面所反映的地质特征真实、可靠，取得了较好的处理效果和地质效果。达到了南鄱阳坳陷地震勘探要“简单问题精细化，复杂问题简单化”的总体要求，圆满完成了地质任务。

3. 采用平行解释资料，确保方案合理，层位精细，圈闭落实

根据2002年度油气勘探部署的总体要求，在完成南鄱阳坳陷西区二维地震资料连片处理的基础上，进行构造解释和圈闭描述评价，提出区探井井位。由东方地球物理公司地质研究中心、华北油田分公司研究院、浙江勘探分公司研究所三家单位平行进行解释。5月底，统一处理剖面出站到位后，用不到两个月的时间，完成了53条地震测线、1451千米的手工解释剖面及工作站标定、对比、追踪、速度分析及成图等解释工作。为了综合三家解释单位解释方案的优点和长处，确定最佳的构造解释方案，7月底，在舟山召开了地震资料解释成果研讨会，对下一步钻探靶区的选择、地震资料的层位追踪、断裂识别以及构造解释取得了共识。并以16条骨干剖面为新起点，重新进行地震资料精细解释，发现局部构造20个，反射层圈闭90个。最终优选出Ⅰ类圈闭一个、Ⅱ类圈闭两个、Ⅲ类圈闭八个，提供有利钻探井位三个。确定南鄱阳坳陷滁槎——柏翠低凸起带麻丘断鼻构造为目前最有利构造，并在其高部位上设计鄱参1井。

4. 鄱参1井井位的评价优选和论证

在前期地震资料构造解释和圈闭描述评价的基础上，公司领导亲自主持，组织精干技术力量，对多个局部构造和圈闭进一步深化描述评价，精心优选、严格论证，使提供钻探的目标圈闭更加真实可靠。11月初，在重庆股份公司勘探年会期间，一次性通过“鄱参1井井位论证”的终审，使工程进入实质性实施阶段。

参与项目工作的同志发扬连续作战的精神，系统全面的收集了井区及邻近各项钻井、地质资料，并进

行认真细致的分析研究，对钻探过程中可能发生的地质、工程问题进行合理的推演和预测，最终按照股份公司相关规范要求编写出了高质量的《鄱参1井钻井地质设计》。该设计经股份公司勘探与生产分公司专家审查组审查，认为该地质设计符合区域探井（参数井）钻井地质设计的规范要求，是钻井工程和钻井地质现场工作的指导性文件。可以作为地质设计典型样本推广。

鄱参1井是在鄱阳盆地钻达海相构造层的第一口区探井，缺少老井资料，没有可借鉴的经验。因此，分别选择了具有丰富碳酸盐岩及天然气勘探经验的四川石油管理局和具有丰富的古潜山及复杂地层结构经验的华北石油管理局两家钻井工程设计单位平行进行钻井工程设计。在此基础上，汇聚两家设计之精髓，根据专家审查组的建议，系统地分析、研究钻探过程中可能出现的复杂地质、工程情况，提出采用相应的处理对策、先进适用的钻井设备、井身结构及一系列行之有效的钻井、测井、固井、井控、测试工艺技术措施，拿出了最优的钻井工程设计方案。

【企业管理】

1. 科研项目管理

2002年浙江勘探分公司下达给所属研究所的科研项目主要有南鄱阳坳陷东区和西区两个油气勘探前期评价研究课题。实际完成了鸣检1井单井评价、南鄱阳坳陷地震资料解释及圈闭描述评价、鄱参1井井位论证、鄱参1井钻井地质设计、湖南洞庭盆地沅江勘查区块油气勘探等九个专题研究课题。科研项目管理实行项目负责人制度，参加项目研究的技术人员竞争上岗，优化配置。同时，聘请兄弟油田单位的专家来杭州进行技术指导，不断提高业务知识和理论水平，充分利用新理论、新思路、新方法、新手段进行研究，更好地指导勘探生产实践。

2. 第四系浅层天然气田管理

由于浅层天然气田开发已进入后期，气井生产不稳定，2002年浙江勘探分公司下达给天然气公司的气费收入指标为13万—15万元。天然气公司通过加强气田管理，逐步减少分散个体用户，避免高峰供气不足，保证重点厂矿用气，减小气井气嘴，消除用气安全隐患。在用户大幅度减少的情况下，仍实现经营收入17.52万元，超过指标上限的11.7%。全年产气19.66万立方米，产销气转化率超过89.1%，远高于75%的考核指标，气井平均压力递减速率保持平稳，达到合同规定压力递减小于10%的要求。

3. 公司制度建设和基础管理工作

2002年，浙江勘探分公司在制度建设方面，对公司副总师以上领导进一步明确分工，明确职责，促进公司各项工作的有效协调，提高工作效率和工作质量；修订和完善单位领导业绩考核激励机制，并严格按照考核结果进行了兑现；出台了公司员工培训、进修暂行管理办法，以面上提高为基础，加强员工岗位适应性培训，重点突出提高中层以上领导干部、管理及专业技术骨干的综合素质，加强勘探生产紧缺人才的培训。

在基础管理工作上，力求规范、精细和有效。具体工作：

（1）合同管理力求资料完整、操作规范、严格履约。2002年全年共签订了27份合同，已完成的25份，正在执行的2份。每份合同都做到文本规范，执行过程的中间材料、完成验收和结算报告完备，没有一件发生合同纠纷。特别在勘探生产合同方面，签了18份勘探项目合同，合同严格按照股份公司的要求，对工程项目又单独签订安全生产合同，以分清责任，强化预防措施，确保安全生产。本年度完成的全部勘探工程项目，没有出现一起安全、质量事故。为了确保项目实施的质量，所有勘探项目一律按要求实行甲乙方项目合同制管理，签订统一、正规的甲乙方项目合同书，对项目成果按合同和相关规范要求进行认真、严格的检查和验收，没有发生一起合同纠纷。

（2）综合档案、勘探成果资料管理。完成了南鄱阳坳陷西区2001年度地震勘探各类原始资料、洞庭盆地收集地震资料、各类处理资料、研究成果报告的接收、归类和入档，初步建立了情报资料查阅系统。

配合股份公司数据总库进行浙江地震数据整理，共转录地震测线228条，原始带1986盘，94210炮记录，整理转录了170盘成果带，85条线的成果文档；借用原始班报档案430卷、4000余份，较出色地完成了转储工作任务的同时还挽救和纠正了一批磁记录。经股份公司勘探数据总库领导验收后认为，整理后的数据质量好，真实可信。

（3）大力加强员工劳动、安全、健康、卫生管理，努力建立公司人与环境的协调发展。全员签订了员工安全合同，维护了员工的健康安全，确保公司勘探生产和经营等各项任务的顺利完成。重新进行了加油站统一形象包装，员工统一着装，努力维护股份公司“中国石油”品牌效应。建立公司卫生检查评比管理制度，设立卫生管理办公室，坚持每月一次检查评比，年终综合评比奖励。

【企业精神】 浙江勘探分公司以江西鄱阳盆地南鄱

阳坳陷作为突破口开展新一轮油气勘探工作，能否获得重大突破关系到勘探公司将来的生存和发展。为了统一全体员工的思想和行为，激励为油奋斗的豪情和斗志，浙江勘探分公司从本单位实际出发，公开征集反映公司短期奋斗目标的企业精神，提出了“勤奋务实，精益求精，齐心协力，顽强拼搏，全力确保生命工程—鄱阳油气勘探!”的企业精神。公司企业精神的提出使全体员工工作目标更加明确，就是为了鄱阳油气勘探早日突破油气关，开创南方找油找气新局面。

（谢乃强）

中国石油天然气股份有限公司哈尔滨石化分公司

【概况】 中国石油天然气股份有限公司哈尔滨石化分公司占地面积102万平方米，员工1700多人。截至2002年末，企业拥有主要炼化生产装置13套，固定资产原值达到29.3亿元，净资产17.7亿元，资产总值24.5亿元。

2002年，面对入世后国际国内石油石化市场的激烈竞争，公司克服了原油加工量减少、技术改造投入不足等困难，千方百计增效益，一心一意谋发展。坚持以经济效益为中心，持续推进技术创新和管理创新，不断深化企业内部改革，全面提高企业的市场竞争和盈利能力，生产经营各项工作开创了比较好的局面。

主要生产指标：全年加工原油205万吨，轻质油收率81.61%，比预算提高0.38%；综合商品率91.43%，比预算提高1.4%；加工损失率0.98%，比预算降低0.22%；单位能量因数耗能12.89千克（标油）/（吨·因数），比预算降低0.11个单位。

经营指标：全年实现销售收入43.78亿元；实现税金5.35亿元；实现含吨桶比补贴利润达2.1亿元，吨油利润达到100元，在中油股份公司炼油企业中名列前茅。

主要产品：全年共计生产汽煤柴油品173.03万吨。其中：汽油75万吨，柴油92.72万吨，航空煤油5.31万吨，精丙烯5.73万吨，聚丙烯3.08万吨，液化气10.13万吨。

【安全生产】 2002年，公司实现了安全平稳生产的目标，未发生上报事故，为实现较好的经营业绩奠定了坚实基础。通过开展一季度“百日安全生产劳动竞赛”活动，运用奖金的激励作用，充分调动员工的工作积极性，提高安全意识，确保装置安全平稳过冬，实现了首季开门红；以保证安全生产为重点，加强设备管理和维护。加强对庆哈原油管线进行了检测与维护，确保了“生命线”的安全运行；通过强化大型机组特护等制度，保证了设备长周期运行；加强工艺管理及巡回检查制度的落实，及时发现、处理生产中发生的问题；加大事故隐患的治理力度，全年投入近千万元治理了消防水系统等安全隐患，为安全生产提供了保障；经过前期准备，HSE管理体系正式发布实施，进一步提高安全管理的科学化水平。

【技术改造】 2002年，由于加工量同比减少了近30万吨，造成单位加工成本上升。公司把工作的重点放在内涵挖潜改造上：加氢精制—临氢降凝能力由30万吨/年提高到50万吨/年，冬季可以生产出更多的高附加值低凝柴油；第二套催化装置经过技术改造，进一步完善了加工手段，催化剂单耗由1.2降至0.7。此外，进行了汽油降烯烃试验，三催化的汽油烯烃含量由47%（V）降至34%（V），二催化的汽油烯烃含量由53%（V）降至46%（V），为实现汽油质量升级换代做了技术储备。

【节能降耗】 为了拓展盈利空间，公司努力深挖节能降耗的潜力，通过对三催化余热锅炉进行改造，日增产中压蒸汽360吨以上，年增效1000多万元；员工们踊跃为节能降耗献计献策，三催化车间通过降低气压机转数，日节中压蒸汽240吨；停运增压机日节电4000千瓦·时；烟机组自2002年4月调整控制参数，已平稳运行10个月；供排水装置通过优化运行，停运了一个循环水场，每天节电达1万千瓦·时；二催化在公司历史上首次实现了催化装置停工不出污油不放火炬。群众性的参与使节能降耗的潜力得到进一步挖掘。

【企业管理】 推进精细化管理，降低管理成本。以计划管理和财务管理为重点，定期开展经济活动分析，及时通报生产经营和成本费用指标完成情况，深入查找差距，明确努力方向；对汽车地付计量系统进行了改造；建成了铁路轨道衡，对地付销售的油品和铁路销售的液化气、丙烯、丙烷等的计量更加精确，减少了效益流失；机动部门组织修旧利费，挖潜增效290万元；完成网上采购计划3700万元，节省合同资金600多万元。

优化资本结构，改善财务状况。为解决营运资金严重不足的困难，经过与中油股份公司协调，争取到了两个亿的长期负息资金，企业资本结构、财务状况得到明显改善。为了真实反映企业财务质量，对停运的二常压、一催化、二气分等三套生产装置的重大设备争取到计提固定资产减值准备金1.31亿元的政策，增强了企业资产获利能力。

加强产销衔接，优化产品结构。生产和销售环节紧密配合，按照市场信息调整产品结构，努力增产市场需求旺盛、经济效益好的柴油和低烯烃汽油。在俄罗斯油大幅减少和加工减渣的同时，柴汽比依然达到1.22，催化装置柴油收率达到32%以上，创公司历史最好水平；在汽油总产量同比下降的同时，优质优价的低烯烃汽油年产量达到了32万吨，同比增加15万吨，占汽油总量的41.31%，每吨可增加销售收入85元以上，仅此一项就可增收1000多万元。公司还根据市场情况适时增产航煤、丙烯、丙烷、聚丙烯、MTBE等产品，扩展盈利空间，努力提高盈利水平。

推进信息化建设，进一步提高了管理效率。企业内部局域网进一步完善，网上信息发布成为企业内部信息交流的重要手段，管理业务流程进一步简化，工作效率明显提高；完成了与互联网接口，进一步拓宽了信息渠道；电子商务平台建成投用，通过网上物资采购，降低采购成本。通过加快信息化建设有力地提升了企业的管理效率。

【内部改革】　继续完善以公开竞聘、民主推荐、任前公示为主的干部人事制度改革，全面建立选人用人的新机制，不断提高各级管理者的整体素质，。共有26名大中专毕业生通过这样的渠道走上了各级管理岗位，管理队伍的结构进一步合理化。2002年，公司进行了员工职业技能鉴定，1404名技术工人参加了理论和实践考试，促进了员工钻研业务和岗位成才。公司与全体员工签订了新的劳动合同，实行依法用工、规范运作。

为取得持续的发展，企业积极转变观念，经过对企业发展定位的深入调研，形成了“精”炼油、“细”化工、“宽”发展的新思路，确定了向化工转型、走炼油、化工一体化道路的发展战略。

（杜文斌）

中国石油天然气股份有限公司
大连石化分公司

【概述】　2002年是大连石化分公司新一届领导班子的开局之年，也是企业发展史上意义非凡的一年。顺利完成了“十五”第一阶段的建设任务，实现了关键性的跨越发展，成为集团公司首座千万吨级炼厂。为完成股份公司下达的业绩考核指标，该公司坚持以“十五”建设为重点，降本增效为中心，强化管理为主线，克服种种困难，生产、建设和管理都取得了较好的业绩，原油加工量和工程建设量都达到历史最高点。

【生产经营】　2002年实行了以财务分析为基础的生产经营协调会制度，以产品运销情况和效益测算数据为基础，根据板块下达的计划、市场变化及价格情况，以及全年工程建设进度、配套衔接的可行时机、季节变化因素、装置检维修计划等情况，及时编制方案进行优化比较，指导生产，组织调运，使生产组织和产品结构的调整更为客观、合理。同时，公司扩大了经济活动分析层面，在每月初的生产经营大调度会上，由职能处室汇报指标进度完成情况，分析存在的问题，并提出相应的对策和要求，使基层的领导能直接了解公司的生产经营状况和本单位的关联责任，提高了经营管理的时效性。年内，虽然股份公司多次调整加工计划，但该公司积极组织落实资源，主动开辟新的市场，及时、合理增产效益好的产品，克服重重困难，全面完成了板块公司下达的生产计划，全年加工原油674.55万吨，实现考核利润38321万元，其中炼油实现利润38153万元，超出预算考核指标5419万元。化工实现利润

168 万元，超出考核指标 68 万元；含期间费用的吨油现金加工成本 132.5 元，比预算考核指标降低 4.65 元。吨商品现金加工费 1195 元，比预算考核指标降低 377 元；应收账款余额为 1773 万元，比 2001 年降低 48%，超额完成了考核指标。大连石化分公司 2002 年主要经济指标完成情况见表 2，主要产品产量见表 3。

表 2　大连石化分公司 2002 年主要经济指标完成情况

指标名称	单　位	2002 年	比 预 算	比 2001 年（%）
原油加工量	万吨	674.55	4.55	12.31
工业总产值	万元	446909	—	16.7
利润	万元	38321	5419	7.37
销售收入	万元	1319031	195644	10.28
资产总额	万元	883203	—	18.63
资产负债率	%	42.26	—	-10.1（百分点）
出口创汇	亿美元	2.26	—	29.14

表 3　大连石化分公司 2002 年主要产品产量

产 品 名 称	单　　位	产　　量	比 2001 年（%）
汽油	万吨	191.53	12.49
煤油	万吨	24.26	-16.23
柴油	万吨	234.29	18.75
燃料油	万吨	48.01	4.19
基础油	万吨	29.46	27.48
化工轻油	万吨	12.59	-27.44
石蜡	万吨	24.06	12.32
商品液化气	万吨	33.00	-0.96
丙烯	万吨	12.71	0.32
聚丙烯	万吨	13.60	-2.37

【人力资源管理】　为强化管理，提高运行效能，2002 年，在对部分职能处科室进行调整的同时，取消了热电厂厂部机关设置，按联合车间模式管理；各联合车间实行了装置间轮岗交流、内部竞聘，初步打破了装置间简单板块合并的局限，对提高管理运行效能，提高干部的管理、技术水平，提高员工的操作技能起到了推动作用。为强化集约管理，公司将化工板块相对独立的计划、财务、供应、销售职能也纳入了公司统一集中管理，经营管理和资金运作效率得到了提高。此外，通过定岗定编、实行系统操作、校企联合办学、竞聘上岗、部分实行四班三运转等办法，深入挖掘人力资源潜力，在人员不增加的情况下，既保证了生产建设对人力资源的需求，也初步建立了适应企业发展需要的人才储备。期末员工总数 4620 人，比减员考核指标降低 108 人。

【工程管理】　2002 年，“十五”工程建设全面启动，工程建设任务量之大前所未有。为保质、按期、节省地搞好工程建设，在工程组织上，强化了工程部门的协调力度，发挥机关的整合作用，实行滚动作业计划，严格网络进度管理，对关键复杂环节实行专人管理等措施，为工程顺利进展提供了组织保证。在前期工作方面，要求有关部门在可研的编制、设计单位的选择、专利技术的使用等方面提前介入、精心论证，同时成立专业审查小组，全程严格审查设计方案；在工程质量和投资上，实行重点项目分段招标施工。通过改变传统方法，对于专利设备和专有技术，在商务投标之后再论证技术方案，节约资金达 10%以上；通过改进甲方供货制，禁止施工队伍材料出厂，建立节约材料鼓励办法等措施，降低了工程材料的消耗。通过强调监理责任、坚持工程管理人员和各专业管理人员现场服务、突击抽查、定期召开现场会、考核报检合格率等指标，有效促进了工程质量。

【重点工程】

（1）国内最大的 350 万吨/年重油催化裂化装置建成并一次开车成功。2002 年 10 月 31 日，“十五”重点项目，国内同类装置规模最大的 350 万吨/年重油催化裂化装置按计划实现工程中交。该装置总投资 10.7 亿元，2001 年 10 月 22 日土建开工，2002 年 10 月 31 日工程中交，并于 11 月 18 日一次开车成功，20 日生产出合格产品。该装置的建成投产，解决了公司二次加工的瓶颈制约问题，实现了 1050 万吨/年一、二次加工能力的配套，对提高加工深度、降低消耗，实现规模经济具有重要意义。

（2）600 万吨/年蒸馏装置改造一次开车成功。2002 年，公司投资 2.09 亿元，将一蒸馏装置的加工能力由 280 万吨/年扩能改造为 600 万吨/年。从老装置拆除到新建装置进油只用了 68 天，实现了工期短、质量好，一次开车成功。该装置的建成投产，使该公司原油加工能力从730万吨/年扩大到1050万吨/年，为“十五”末期炼量的继续扩大奠定了基础。

【节能、技术管理】 在工艺、技术管理方面，除了指导车间及时修订操作规程、工艺卡片和开工资料，为新建、改造装置提供技术支持外，还通过各种技术措施，提高了部分装置的技术水平。重整环丁砜抽提蒸馏（SED）、柴油加氢降凝组合等新工艺应用顺利；DN－3110加氢精制催化剂，LBO－16、LRO－21降烯烃催化剂的试验工作取得了成效；二蒸馏装置增加了国产化高速电脱盐措施，缓解了催化装置分馏塔冲塔问题。

节能管理方面，将节能指标分解到车间，并在严格监控考核的同时，还实施了催化装置余热锅炉、热力站改造，精制装置凝结水回收，用污水汽提净化水替代蒸馏装置电脱盐淡水和除盐水等措施，在新装置开工，用能增加的情况下，保证了能耗指标的完成。取得了明显的效果。炼油单位能量因数耗能实现13.78千克（标油）/（吨·因数），比2001年降低0.18个单位；原油加工损失率实现0.6%；综合商品率实现89.98%；轻油收率实现68.77%。2002年在股份公司炼油专业达标竞赛中，荣获最高等级的优胜单位称号，炼化企业获此殊荣的只有两个单位。

【安全生产】 进一步完善细化了HSE目标管理办法和员工HSE合同，加大了安全风险抵押奖惩力度，细化了HSE监督管理和装置应急预案，加强了现场服务和监督，使全员安全、环保意识有了较大提高，“三个现场”的安全管理得到进一步加强，在错综复杂的生产、建设条件下保证了各项工作的安全进行。在搞好本质安全上，进一步加强对设备的管理，通过强化、细化保运工作，提高了设备综合管理水平。为实现安全生产奠定了坚实的基础。全年，安全、环保责任事故为零。在国务院安全生产大检查中获得了检查组的好评。

【企业管理】 在1996年通过ISO 9002质量体系认证及连年通过复评的基础上，2002年，公司决定将ISO 9000—2000版与ISO 14000国际环境管理体系一并整合认证，并于12月12日，公司一次整体通过了两个国际标准管理体系的认证，这对进一步规范基础管理，提高工作效率起到了显著作用，基础管理从制度和程序上得到了进一步的健全和规范。依法治企的工作稳步深入，年内未出现一例合同纠纷案件，公司获得了“省级重合同守信誉”单位的荣誉。财务管理适应新体制运行的需要，实现了财务集中核算，提升了财务管理水平。在人事管理方面，劳动人事制度改革进一步深化，激励机制逐步完善；物资供应加强了对供应商的管理，充分利用社会库存，降低库存占用，较好的提高了综合管理的水平，资金周转水平有了较大的提高。电子商务采购实现8366.6万元，超出考核指标366.6万元。审计和预决算管理工作经过调整得到进一步加强。全年审查工程预（结）算书10539份，审减额4206.6万元。

（邹玉华）

中国石油天然气股份有限公司
锦州石化分公司

【概述】 2002年中国石油天然气股份有限公司锦州石化分公司认真落实中国石油天然气集团公司和中国石油天然气股份有限公司各项生产部署与安排，围绕实现企业安全生产和各项业绩目标，全体员工同心同德，团结奋斗，开拓进取，千方百计克服来自各方面的减利因素和困难，努力完成年初职代会提出的“抓管理、促优化、保安全、完成炼量500万；提三率、降四耗、压五费、实现利润1亿1”的奋斗目标，坚持以发展为主题，效益为中心，结构调整为主线，突出抓好强化内部管理，优化生产运行，努力降低成本等重点工作，保证了企业生产经营的有序进行，全年共开展了八个方面的工作并取得显著的成绩。

【2002年主要工作】

1. 优化资源配置，精心组织生产，原油加工量实现历史性突破

锦州石化分公司年初根据国内外石油石化行业生产格局的重组，国外大石油公司的激烈竞争，以及原油市场价格多变，炼油企业效益下降等困难局面，按照中油股份公司下达的生产计划，以市场需求和效益最大化的原则科学组织生产。在指导思想上，坚定不

移的明确原油加工量500万吨的目标，并脚踏实地，真抓实干，为实现这一目标进行了不懈的努力。

锦州石化分公司在全年的生产组织及运行中，注重市场及效益测算，根据加工油种不断优化生产方案，调整加工流程，配合生产需要积极协调外油油种，选择最佳进厂时机，落实出口汽油指标，从目标和措施的确定上，做到了加工量与效益的同步增长。分公司在抓好计划的执行率和优化操作，平稳操作的同时，还严格控制质量、能耗物耗等各项指标的完成；强化产品输出，确保生产后路畅通，同时还积极抓好电子商务、网上采购的运作。分公司加强了对资金结算和成本监控，并千方百计落实出口汽油退税指标，缓解了全年资金及效益上的压力；组织机动和安全部门强化组织生产协调，确保关键装置、设备和大机组的安全运行，为生产保驾护航。各生产厂结合本单位实际情况，积极落实分公司的排产计划和要求，千方百计挖掘装置潜力，从管理、考核、达标等环节入手，在提高收率、降低损失、平衡操作、优化运行、实现安全生产等方面做好工作，为实现加工量500万吨的目标做出了积极的贡献。

锦州石化分公司全年完成原油加工量500.5万吨，比2001年增长7.9%，其中加工辽河油247万吨，大庆油144万吨，进口油、海洋油和其他各种原料油合计110万吨，比2001年增长19.9%，在陆上原油减量，通过增购外油和海洋油确保了加工量预算目标的完成，与2001年相比加工量净增加37万吨。

全年完成汽煤柴溶四大类商品总量341万吨，比2001年增长11%；煅烧焦产量合计6.52万吨；化工、添加剂产量合计15.96万吨，比2001年增长15%。全年各装置加工量和主要技术经济指标完成年预算目标并再创历史最好水平。

全年实现工业总产值31.4亿元，比2001年增长8%；实现销售收入90.19亿元，比2001年增长5.86%；完成上缴税金7.89亿元，实现考核利润1.38亿元，超额完成了股份公司下达的年度考核利润指标。

2. 解决企业生产瓶颈，形成核心技术为重点，科技进步迈出新步伐

锦州石化分公司年初针对生产运行过程中所遇到的一系列瓶颈问题，加大科技进步和科研攻关的投入力度，不断探索优化生产的手段和途径，取得了明显效果。

2002年完成固定资产投资2.06亿元，年初所确定的科研攻关、工程技改项目圆满完成投资计划和项目施工进度。航煤加氢实现装置开车一次成功；针焦煅烧装置扩建；一常、三催、重整、一加氢装置的技术改造；系统公用工程、储运设施配套完善等项目也都达到了计划进度目标，大部分已完成并投入运行。厂区内外计量仪表的配备和完善，以及CIMS工程全面展开，达到投资进度目标。在科研攻关项目中降烯烃催化剂装置应用试验，异丙醇提高反应压力，冷却水回用等项目取得显著效果，对优化生产运行，确保效益目标的实现发挥了重要的作用。

锦州石化分公司所属各厂也在这方面下了较大的气力，并取得了较好的成果。炼油一厂积极采取新技术提高柴汽比，努力增产轻质油，全年柴汽比与2001年相比提高0.3个百分点，仅此一项就增加效益2亿元以上。机动设备部门在炼油一厂及包修保运单位的配合下，通过技术攻关解决了三催主风机组多年来提压振动的难题，投用了静叶调节反喘振控制以及自动连锁等技术手段，三机组烟机电流降到历史最低水平，并通过其他设备升级工作使三催操作平稳率和装置运行水平得到了整体优化。炼油二厂贯彻20小时生焦方案，焦化生产开出了较好的水平，煅烧焦也完成了扭亏目标。特别是新投产的航煤加氢装置，反应压力提高了等级，催化剂采用原一加氢废剂，利用器外再生技术，保证了用航煤装置精制柴油的产品质量，新装置开出了新水平，解决了柴油加氢精制能力不足的难题。化工三厂努力实现拳头产品异丙醇的技术升级，结合应用技术中心的科研成果，在一套异丙醇提高反应压力，由原2.0—2.5兆帕，每小时节约蒸汽2—3吨，同时也加大了反应深度，提高了转化率，保持了国内市场的竞争优势。贮运厂在规划、工程等管理部门的共同协助下，储罐新建改造成绩显著，在保证油品储存、调合、输出的前提下，较好完成了储罐设施建设和新建汽油脱硫醇的投用等艰巨任务。计量部门经过努力，较好地完成了厂区内外计量器具、仪表的配备和完善，对于今后强化内部管理，降低损耗，以准确的计量数据，促进关联交易的规范运行创造了条件。信息中心在加强情报、信息、档案管理的同时，还完成了CIMS工程的主要实物工作量，为提高分公司物流平衡和信息自动化管理水平奠定了坚实的基础。

3. 降烯烃催化剂的应用试验有了新的进展

锦州石化分公司为确保汽油产品达到国家即将实施的2003年新配方出厂标准，实现企业可持续发展的目标，近两年在致力于解决降低汽油烯烃含量，做了大量的基础性、试验性工作。从职能处室到车间岗位操作层面，从各级领导到操作人员都把降烯烃作为重点攻关项目抓紧抓实，分工负责，稳步推进。技术中心通过对国内外现有催化剂进行评价，筛选出适合我公司催化原料及工艺特点的降烯烃催化剂，在三套催化装置上试用，并在三催化采用了 MGD 技术，取得了明显的降烯烃效果。一催化装置汽油烯烃含量由使用前的 58%下降到 33%，二催化装置由使用前的 52%下降到 31%；三催化装置由使用前的 62%下降到 33%左右，全部达到了 2003 年新出厂标准的要求。与此同时，为了降低柴油氧化沉渣和胶质含量，提高储存安定性，我们采用化学精制的方法对柴油进行改质，精制后的柴油与一常柴油或一加氢柴油调合后，成品柴油质量指标也完全能满足新标准的要求。

4. 大力实施低成本战略，降本增效再创新水平

锦州石化分公司在日益复杂多变的市场经济形势面前，始终坚持眼睛向内挖潜，降低成本增效益。经过分公司职能处室和生产厂的相互配合，共同努力，落实了节水、节汽、节电、节油的措施。供排水厂在节约新鲜水方面开源节流，整治漏点，逐步实现冷却水回用，取得了明显的节水效果。热电厂狠抓内部管理，确保设备完好运行，在发电量增长的同时，各项单耗也比 2001 年有所降低。其他生产厂也在优化换热流程，投用节能电机，控制大机组、加热炉能耗，提高设备运行效率，降低能耗、物耗等方面制定措施，狠抓落实，取得较好的效果。2002 年剔除一催化开车不可比因素，实现综合能耗 101.18 大卡/吨，比 2001 年下降 6.48%，折合节约标油 3235 吨。在抓节能降耗的同时，我们还通过严格日常管理和考核，对企业运行中关键成本指标实行动态跟踪，做好做足管理优化的文章，落实节约费用，控制支出的措施，使管理费用、销售费用有效控制在预算目标之内，炼油现金单位加工成本低于预算目标，在股份公司炼化企业中继续保持较好的水平。

2002 年分公司完成轻油收率 69.6%，比 2001 年增长 1.3 个百分点；完成综合商品率 88.2%；加工损失 0.93%，与 2001 年持平；实现柴汽比 1.88，比 2001 年增长 0.3 个单位．全年炼油现金单位加工费 79.22 元/吨，比预算目标下降 1.28 元/吨；含期间费用的炼油现金单位加工费 135.79 元/吨，比预算目标下降 3.7 元/吨。全年各项费用支出有效地控制在预算目标之内，主要 KPI 指标均达到股份公司考核要求。

5. 扭亏减亏工作取得新成果

锦州石化分公司生产的顺丁橡胶、煅烧焦和添加剂三个品种的产品，一直是企业的拳头产品，但近几年来由于市场及原料价格等方面的原因，产品一直处于亏损状态，严重地影响了分公司的发展，特别是制约化工生产发展及炼油下游产品方案调整和确定的重要因素。产品亏损既有市场和企业外部的原因，也有企业自身的问题。根据年初的总体工作安排，分公司产品扭亏工作领导小组在组织职能处室和生产单位，对各项生产成本指标进行科学合理的细化分解与严格控制的基础上，从优化生产技术、调整操作、优化配置原料、加大产品促销力度入手，建立领导挂帅的扭亏责任制，进行管理体制，经营机制和激励机制的改革，调动了方方面面的积极性。化工联合车间、添加剂厂、炼油二厂的干部职工围绕实现扭亏目标做了大量的工作，全年添加剂产量 1.28 万吨，销售量 1.13 万吨，实现考核利润 373 万元；煅烧焦合计产量 6.52 万吨，销售量 7.28 万吨；实现考核利润 459 万元，顺丁橡胶产量 2.21 万吨，销售量 2.22 万吨，实现考核利润 267 万元，锻烧焦扭亏工作结束，分公司扭亏减亏工作取得了新成绩。

6. “十五”规划的完善和实施取得新成效

2002 年锦州石化分公司完成固定资产投资 2.06 亿元，“十五“规划中新建项目不多，重点是系统配套，提升产品质量和技术水平，促进结构优化投资也绝大部分是企业自有资金，但对于今后的发展，对于在现有资源、结构和技术条件下，进一步提高企业核心竞争力意义十分重大。技术发展处在落实规划项目，催交设计图纸，抓好项目前期准备等方面做了艰苦细致的工作，保证了再建项目投资进度的完成。

在工程建设方面由于分公司全年面临边生产、边施工，时间紧、任务重，特别是航煤加氢装置和西山罐区改造，施工、动火条件较差，工程管理中心积极组织落实项目的开工和管理，技术发展处、安全处和相关生产单位大力配合，保证了各项目的按期完成。此外，分公司还在工作内容和管理方式上加大了工程管理的力度，对重点工程和大型设备的订货全面实行招投标，确保了工程投资的大幅下降，施工管理也更加规范。全年通过技术改造一套常减压能力达到 300 万吨/年；新建 80 万吨/年汽油脱硫醇和 40 万吨/年航煤加氢两套装置实现开车一次成功；重整扩能到 40 万吨；三催化 MGD 和航煤精制技术改造等项目也按期完成、投产运行；计量仪表的配备完善和 CIMS 工程也达到了投资进度控制点要求，这些项目的投产对改质降耗，优化结构，实现深加工能力的配套完善发展起了重要的作用。

7. 企业改革和管理又有新举措

2002 年，锦州石化分公司在加强设备管理、现场管理、基础管理，以安全隐患治理，设备完好创优活动和业绩考核为载体，先后组织开展了两次岗位责任制大检查。上半年的第四次岗检配合国家和集团公司开展的安全月活动，重点对安全生产责任制的落实和执行，建章立制，重点部位的安全防范和管理等内容进行了检查；年末的第五次岗检重点对安全、生产、设备等专业的基础管理工作进行检查并对全年业绩指标完成情况进行考核。两次岗位责任制检查从组织形式和内容上延伸了日常管理的深度和广度，促进了专业管理达标和基层建设，有效地提升了分公司综合管理水平。

在深化企业改革方面根据股份公司的要求结合分公司的实际，实施了劳动组织整合方案，组建化工联合车间，对研究院机构改制成立技术中心；实施了对化工联合车间、添加剂厂部分管理岗位和运销公司副处级以下管理岗位的人员竞聘上岗，为全面实施分公司管理人员竞聘上岗积累了重要经验。2002 年锦州石化分公司还组织各单位集中对分公司编制的岗位规范进行审核，新制订了 736 个岗位规范，共计 120 万字，对企业编制定员，科学用工，员工培训起到了重要作用。进行了全员技能鉴定培训工作，主要生产单位共有 3304 人参加了各工种技能鉴定理论考试，及格率占 88%，取得了较好的成绩。

（吴　浩）

中国石油天然气股份有限公司
前郭石化分公司

【概述】　前郭石化分公司是中国石油集团在吉林省西部的惟一一家石油化工企业。毗邻吉林油田，吉林原油管输进厂，有优越的原料来源、水资源和便利的交通运输条件。公司始建于 1969 年 5 月，目前有 250 万吨/年常减压；102 万吨 /年常减压；80 万吨 /年重油催化裂化；44 万吨/年重油催化裂化；20 万吨/年重油催化裂化；16 万吨/年气体分馏；4 万吨/年聚丙烯；1 万吨/年聚丙烯；2 万吨 /年 MTBE；3 万吨 /年甲醇等 10 套主要生产装置。

主要产品有汽油、煤油、柴油、聚丙烯树脂、石油液化气、甲醇等近 20 个产品品种。

公司总占地面积 3.48 平方千米；拥有固定资产 21.80 亿元；员工总数 2376 人。

【主要经济技术指标完成情况】　2002 年，公司切实加强生产管理，克服市场环境的剧烈变化，以市场为杠杆，积极调整产品结构，科学合理地组织两个生产区域的生产。全年共加工原油 173.11 万吨，比预算减少 18.89 万吨；实现销售收入 32.85 亿元；克服原油价格偏高、加工量不足等各种减利因素 7265.4 万元，实现了全年利润不亏损；综合商品率为 90.54%，比预算提高 0.3 个百分点；轻油收率为 78.71%，比预算提高 0.45 个百分点；炼油加工损失为 1.25%，与预算持平；单因耗能为 15.06 千克（标油）/（吨·因数），高出预算 1.06 个单位；炼油吨油现金加工费（含期间费用）为 136.21 元/吨，比预算降低 3.06 元/吨；柴汽比为 1.19，比预算低 0.01。

【安全生产】　年初以来，公司深入贯彻集团公司安全生产电话会议精神，进一步加大安全管理工作的力度，严格落实安全生产责任制和大力推进 HSE 管理体系；强化安全、环保监督检查，以消除隐患为重点，全面开展了安全生产大检查和“百日安全生产”活动；与广大员工签订了安全生产合同，把责任落实到个人；全年投资 450 万元对部分安全设施和隐患进行了整改；切实做到安全生产全员、全过程、全天候、全方位管理，安全生产连续两年实现“六个为零”目标。

【生产经营】　2002 年以来，市场供过于求的矛盾十分突出，股份公司采取了限产保价的措施，由于加工量受限，给组织生产和降本增效都带来了困难。在这种情况下，我们结合公司实际，深入进行了“三优一加强”的生产经营策略，努力保证公司效益的实现。

一是优化生产运行，及时调整生产运行方案。一年来，针对公司五套炼油装置实际运行情况，在原油二次加工优化运行上做文章。4 月份停掉一催化装置，将有限的加工量调配给三催化装置；考虑到市场价格因素，将前郭生产区设备检修延迟到 7 月份；在加工量不足的情况下，利用有限的时间，10 月份对综合利用厂生产区进行设备检修，努力从优化生产运行要效益。

二是优化产品结构，生产高附加值产品。一年来紧密跟踪石化产品市场的起伏变化，本着“少产汽油，多产柴油，提高柴汽比；少产低标号，多产高标号，增产高附加值和特色产品”的原则，结合公司特点，优化常压装置和重油催化装置的运行，努力提高柴汽比，力争多产柴油组分，全年生产柴油 67.21 万吨；同时，立足炼化一体，最大限度地生产 MTBE 产品，全年共调合生产 93# 汽油 5.61 万吨；在液化气价格上升之际，努力增产液化气，全年生产液化气 9.4 万吨，通过调整产品结构实现效益的最大化。

三是优化内部资源配置，抓好内部原料互供。2002 年聚丙烯树脂和甲醇价格保持了较好势头。公司从整体利益出发，在抓好装置生产控制的同时，积极组织实施内部原料互供生产方案，合理调配综合利用厂生产区的液化气和甲醇，保证气分、MTBE、聚丙烯装置满负荷生产。四万吨聚丙烯装置上半年实现了开工以来首次连续运行 100 天，丙烯单耗达到了 1.035，比设计值还低 0.025 个单位。全年生产粒料 42318 吨，较预算增产 2318 吨。同比现金加工成本降低 108 元/吨，同比效益增加 1667.36 万元，为公司全年降本增效做出了重要贡献；另外，加强与吉林油田的沟通，保证天然气供应，努力提高甲醇装置负荷，在全年仅运行 9 个月的情况下，全年累计生产甲醇 15069 吨，平均日产达 71 吨以上，创造了自 1996 年该装置投产以来平均日产的最高记录，超额完成了甲醇装置控亏目标。

四是加强销售工作力度，向产品销售要效益。一年来，公司紧紧围绕进厂原油和产品出厂两个方面加强工作力度，一方面把好原油进厂质量关，加强与吉林油田联系和协调；另一方面积极主动做好东北销售公司及松原销售分公司的工作，争取当月产品全产全销，尤其是 10 月份以后，市场处于成品油销售淡季，在产品销售受阻的情况下，派人驻守在销售部门和铁路部门积极做工作，在全产全销的基础上，全年多销产品 7809 吨；同时，积极开发、抢占市场，使聚丙烯树脂平均销售价格高于化工板块年平均价格 50 元左右，增效 200 多万元。

【技术改造和技术创新】 油品质量升级技术改造方面，为适应国家油品质量升级标准，解决油品合格出厂问题，2002 年，我们加大产品更新换代的技术攻关力度。柴油质量方面，进行了新型稳定剂的试用和两个生产区非加氢精制系统的改造试运工作，基本上解决了柴油氧化安定性差的难题，保证了柴油合格出厂；汽油质量方面，继续与石科院合作进行了生产低烯烃汽油的试验工作，应用第二代降烯烃 DOCO 催化剂在二催化装置直接生产低烯烃汽油，取得了较好的效果。同时，对三催化装置提升管进行了技术改造，通过采用 EASN 催化汽油降烯烃技术，成功生产出符合国家新标准低烯烃汽油，首创国内小炼厂低烯烃改造成功范例，受到股份公司的好评。

改造制约生产的瓶颈方面，一是常压电脱盐装置实施了新型高效电脱盐技术改造，改造后节约电能增效近 50 万元；二是二催化装置完成了先进技术应用，解决了生产上急需解决的问题。三是利用改造后的二催化提升管综合技术进一步提高了轻质油收率和产品质量。

节能设备改造方面，更换了烟机三旋单管，保证了烟机长周期运行；增加了余锅备用风机，为余锅长周期运行创造了条件；改造了四机组调节器和气压机程控器，提高了机组的运行可靠性；完成了汽柴油卸压线的改造，进一步减少了油品损失；投用了液化气卸车压缩机系统，解决了液化气损失大的问题；完成了燃煤锅炉的技术改造和流程调整，既保证了冬季供暖温度，节省了燃料，又保证了二催化装置分馏塔顶冷却器的正常运行；继续加大污油回收回炼技术改造和调整，进一步减少了效益流失；全年加强电站、四机组、余锅、气柜等主要节能设施的运行管理，取得了较好的效益，电站利用余热全年发电 1600 多万度；四机组安全运行 305 天，发电 320 多万度；余锅安全运行 313 天，均达历史较好水平。

【企业管理】 设备管理方面，一年来，我们把强化检维修质量管理作为工作重点，在完善设备管理制度的基础上，强化设备管理职责的落实，加大设备日常巡检、维护的频次和设备工况监测力度，及时完成设备故障的抢维修，为全公司的平稳生产提供了硬件支持。2002 年我们完成了两个生产区域的设备大检修工作。

财务管理方面，按照股份公司的部署，一年来我们积极推行全面预算管理。年初对预算指标进行了层层分解，实施了现金流量预算控制，严格按现金流量预算组织收入和控制支出，注重搞好预算情况的跟踪监督和管理，认真做好经济活动分析，各项费用得到了有效控制。同时，还进一步加强资金使用管理，强化财务、资金的集中管理，增强货币的使用效率，减少资金沉淀。通过合理调度资金使用，减少短期负息资金贷款，节约利息支出1091万元。另外，加大清欠工作力度，清欠小组与法律部门相互配合，对一些债务单位采取依法起诉的措施，有效地挽回企业资金，既做到了无新增应收账款，又完成了清欠资金2407万元。

物资采购管理方面，一方面充分发挥价格委员会职能作用，在物资管理上，严把订货、采购、运输关，比质比价，择优选购；同时，努力降低库存物资，减少储备资金占用，向物资管理零库存的目标迈进。另一方面，积极抓好网上采购，努力降低采购成本。充分利用中油电子商务网站，上半年完成了网上采购59万元采购额，下半年我们进一步扩展工作，实现了大宗物资网上采购，完成1350万元采购额，实现了节约资金75万元的目标。另外，对暂时不具备网上采购条件的物资，通过招标采购，引入竞争机制，进一步降低采购成本，取得了同比降低采购成本50万元。

质量管理方面，2002年，在股份公司及省技术监督局的数次产品质量抽检中，抽检合格率均达到了100%，在用户中树立了良好的企业形象。公司生产的聚丙烯树脂获得了“全国质量信得过产品”荣誉称号，公司获得了国家工商行政管理总局2002年度“全国守合同重信用企业”殊荣。

员工培训方面，组织开展了工人技师评聘工作，有效推动了员工队伍素质建设。开展了首届科技论文发布会，进一步体现出了科技进步在企业发展中的重要地位。

（孟祥涛）

中国石油天然气股份有限公司锦西石化分公司

【概述】　2002年是中国石油天然气股份有限公司锦西石化分公司（简称“锦西石化”或“分公司”）取得重大发展的一年，是分公司成立三年来，在基本建设技术改造上取得成绩最突出的一年，当年完成投资8.5亿元。这些投资项目的完成，将为企业生产水平的提高、产品质量的升级、经济效益的增长发挥直接重要的作用，为企业提高竞争能力和盈利能力提供了有力的保证。2002年同2001年相比，又有10项工作保持和刷新了历史最好水平：原油加工量连续突破500万吨；主要生产指标又上新台阶，综合商品率和轻油收率均高出业绩指标；全面完成了股份公司的业绩考核指标；汽油、柴油质量明显提高；新建装置一次开车成功，并生产出合格产品；南蒸馏和焦化装置改造项目按时完成并达到设计标准；碧海公司装卸油品创历史最好水平；单位能量因数耗能创历史最好水平；计量和信息系统迈上新的阶段；分公司党的建设、精神文明、政治文明、企业文化建设取得新成绩。

【生产情况】　2002年，原油加工能力为550万吨的锦西石化分公司共加工原油501万吨，实际综合商品率达到89.10%，比2001业绩考核指标提高0.82个百分点，比2001年提高0.07个百分点；轻油收率达到66.3%，比2001年业绩考核指标提高0.28个百分点。特别是两套新装置开车后，柴油质量明显提升，高标号清洁汽油大量生产。

2002年，锦西石化把实现安、稳、长、满、优生产作为所有工作的基础，紧紧围绕市场需要，调整产品结构，优化生产方案，加强生产装置的生产指挥和优化操作，充分挖掘和发挥装置能力，提高生产水平，在确保满负荷加工前提下努力实现长周期运转。特别是南蒸馏、焦化两套装置改造期间，北蒸馏、催化二套等开车装置满负荷安全运行，为保证全年的原油加工量做出了贡献。重油催化车间轻油收率比去年提高0.52%，柴油收率比计划提高4个百分点，装置能耗78.86，创同行业全国最好水平。在保证装置平稳生产的同时，各生产装置紧紧抓住产品质量、设备攻关、技术改造、成本控制等主要环节，盯住指标不放松，主要装置轻质油收率、高附加值产品产量等均超过规定的指标，物耗、加工损失、单位加工费等指标均有所降低。

【重点工程和技术改造】　2002年，是锦西石化基建、技改任务较重的一年，投资7.75亿元的60万吨重整装置和100万吨加氢改质装置经过全体参战员工近两年时间的共同努力，于7月29日实现了一次开车成功并生产出合格产品。这两套装置顺利投产，不仅可以满足生产高标号环保汽油，生产符合国际新标准柴油的需要，也使产品结构得到了进一步优化，产品质量又上了一个新台阶。2002年锦西石化还进行了南蒸馏装置节能改造和焦化装置扩能改造，同时还对重催、加氢、制氢、焦化富气装置进行了检修。尤其是南蒸馏装置节能改造后，装置能耗降低8个单位，可年降低生产成本1700万元。焦化装置扩能改造后，加工能力增加50万吨，可吃掉厂内热电厂降量生产后富余的重油，消化热电公司多送汽、电增加的成本，增利1400万元。经中国石油天然气股份有限公司考核的南、北蒸馏，二套催化和重油催化4套装置，均实现了股份公司级达标。

【经营销售】　由于受销售体制结构调整以及加入WTO后国际市场的冲击，加之企业下半年装置改造和检修的影响，锦西石化产品的经营销售面临前所未有的严峻形势。在这各情况下，有关部门及时调整市场营销策略，及时掌握市场行情，预测市场动态，在调整产品结构、提高产品档次、增加销售收入上做文章。2002年，锦西石化充分利用地缘优势和现有条件，进一步发挥铁路、公路、海路运输三路并举的优势，在利用锦州港的同时，充分利用葫芦岛港的运力，全年锦州港实现装卸油品287.3万吨，在葫芦岛港下海产品30万吨，比2001年同期增加了9.5万吨。在市场频繁变化的情况下，锦西石化实现了产销率100%，销售收入82.7亿元，炼达公司、联华公司、云华公司3家合资公司利润及销售收入等多项指标也均创历史最好水平。

【内部管理】　2002年，锦西石化按照上市公司的管理体制和运行机制的要求，在企业内部的财务管理、计划管理、产品计量、效能监察和人事用工等方面都加大了管理力度，综合管理水平有了新的提高。

分公司继续以预算管理为主线，坚持效益优先和责任落实的原则，把预算管理贯穿于生产经营工作的始终。为抓好成本管理，分公司先后出台了33项财务方面的规章制度，实现了预算控制的制度化、规范化，通过强化预算约束机制，严格考核兑现，收到了明显的效果。全年现金单位加工费比预算节约4.39元/吨，可控费用比进度预算节约530万元。为加强资金管理，不断追求资金效益最大化，分公司建立了新的资金运行模式和管理机制，做到资金管理与预算管理的有机结合，加强资金收支管理，规范各项管理收支行为；相关部门积极调度资金，盘活资金，实施资金动态管理，不断提高资金使用效率。同时，根据资金占用的性质，分别与有关部门签订了清欠合同，层层落实清欠任务，保证了清欠的按时完成。通过做好资金收支预算控制工作，保持了资金的良性循环，财务费用比预算大大降低，确保了本年度财务费用指标的完成。

分公司按照“管理科学”的要求，加大了计划工作的管理力度，逐步实现了计划工作的科学管理和科学决策。计划部门根据市场变化，努力抓好原油进厂和原油加工工作，在原油资源短缺时，积极主动与上级部门联系，按照生产实际，组织计划外原油进厂，为装置生产提供了有利保证。为了提高进口原油的经济效益，分公司及时掌握进口原油价格和各种费用变化情况，使2002年进口原油比计划少40万吨，节约资金4000万元。2002年，原油计划落实率、计划及统计报表准确率均完成100%，生产计划主要指标准确率达到了90%以上，确保了生产的正常运行。

在计量管理方面，分公司增加了计量设施的投入和计量监督手段的完善。从把住原料、产品计量关入手，相继完成了碧海罐区、原油罐区、球罐区、柴油罐区计量系统改造任务，提高了罐区计量自动化水平。相关部门密切配合，严把原油进厂、成品油出厂关，为企业增加经济效益发挥了重要作用。

按照股份公司人事工作新机制的要求，分公司积极稳妥地开展了劳动组织和绩效考评工作。分公司重新修订下发了《绩效考评指导意见》，2002年3月份和6月份按照绩效考评要求，继续落实新的用人机制，进一步做好人事制度的改革。在新的单位人员的配备上采用了招聘的形式，使公开、公正、公平真正落到了实处。

其他管理工作逐步走向制度化、规范化，如办文办会管理，企业法律工作、体系认证工作和接待工作等，都较好地发挥了服务职能和协调职能。

（姚　远　李牧民）

中国石油天然气股份有限公司大港石化分公司

【概述】　大港石化公司始建于1965年，曾隶属于原大港油田集团有限责任公司，2000年重组改制后成为直属于中国石油天然气股份有限公司的地区分公司。经过38年的发展建设，大港石化公司已经形成一次加工能力350万吨/年，一、二次配套加工能力250万吨/年，固定资产原值22.36亿元，净值14.45亿元。公司拥有员工1950人，其中各类专业技术人员596人，工人技术师56人。该公司1996年通过ISO 9002质量体系认证，1998年建立HSE管理体系，2000年合版形成QHSE体系。2002年该公司被评为天津市“安全生产先进单位”、“环境保护先进单位”和“消防工作先进单位”。

该公司拥有燃料油、润滑油两条生产线，燃料油生产线加工大港混合原油，主要生产汽油、柴油、液化气等产品。有11套生产装置：250万吨/年常压蒸馏装置，30万吨/年减压蒸馏装置，120万吨/年重油催化裂化装置，30万吨/年催化重整装置，50万吨/年催化柴油加氢精制装置，20万吨/年液化气气体分馏装置，30万吨/年干气、液化气脱硫装置，90万吨/年液化气、汽油脱硫醇装置，1万立方米/小时催化干气氢提浓装置，65吨/小时污水汽提装置，0.2(0.35)万吨/年硫磺回收装置。

润滑油生产线加工大港低凝环烷基原油，主要生产各种润滑油。共有四套装置：20万吨/年常减压蒸馏装置，8万吨/年糠醛白土精制装置，8万吨/年润滑油加氢精制装置，10万吨/年釜式、塔式氧化沥青装置。

【主要经济技术指标】　2002年，大港石化公司加工原油229.78万吨，生产汽油51.38万吨，柴油80.37万吨，液化气17.33万吨；实现销售收入40.6亿元，完成考核利润3696万元；轻质油收率57.78%，综合商品率89.63%，加工损失率0.97%，柴汽比1.56，单位能量因数耗能14.0千克（标油）/（吨·因数）。

【装置检修】　2002年对14套装置和公用系统进行了常规检修，同时实施了MGD技术应用等27个技改项目，检修时间仅为39天，是历次检修中用时最短、组织最好的一次。为保质保量完成检修任务，主要抓了以下几个环节：扎实充分地进行了检修准备，临时增补的工作量和材料量仅为3%；对大额物资和施工队伍进行了公开招标，保证了物资供应和施工队伍资质，并节约资金700万元；建立了施工单位—车间—机动设备管理部三级质量监督网络，保证了施工质量；注重安全环保，作业现场全部配备了安全监察员，实行24小时全天候监控，实现了无污染、无事故。尤其是，检修正值高温酷暑季节，广大员工顽强拼搏，勇挑重担，确保了检修攻坚战的胜利。

【内部改革】　2002年，该公司企业内部改革稳步推进。按照精干高效和干部队伍年轻化、知识化、专业化的指导思想，进行了机构调整和干部竞聘，机关部室由21个整合为10个，机关人员由140人缩减为87人，全部中层干部都从公开竞聘中产生。遵循“从严治企”的管理理念，颁布实施了一系列新的规章制度，劳动纪律、工艺纪律得到明显加强，企业管理水平快速提高。

【技术进步】　新技术应用取得重要进展。MGD技术应用和优选降烯烃催化剂等措施收到明显成效，120万吨/年催化装置汽油烯烃含量由57%降至45%。30万吨/年重整装置建设、50万吨/年柴油加氢装置扩能改造进展顺利，为按期实现产品升级奠定了良好基础。污水回用系统顺利建成投运，截至2002年底共回用污水20万吨。气体分馏等新项目完成了立项，正在加紧实施。

【安全环保】　严格按QHSE管理体系控制生产经营全过程，健全完善安全监督体系，积极落实“两个合同”，继续实施“抓源头、控中间、治末端”的污染治理方案，建设并投运了污水回用系统，确保了全年安全环保无事故。在安全管理上，突出了关键装置、要害部位的管理监控和安全生产责任制的落实。在环保管理上，强化了污染物排放的规范管理，建立了与大港区环保局联网的污水流程、COD在线监测系统，实现了外排污水24小时监控。2002年，污水、废气全部达标排放，实现了“四个杜绝，三个不超，一个稳定”的安全工作目标。该公司的安全环保工作得到了全国人大检查组、天津市和上级主管部门的高度评价，并被评为炼油与销售分公司“安全生产先进单位”，天津市“安全生产先进单位”、“环境保护先进单位”和“消防工作先进单位”。

（赵世贤）

中国石油天然气股份有限公司华北石化分公司

【概述】　中国石油天然气股份有限公司华北石化分公司位于河北省任丘市东北郊，紧靠106国道和京九铁路。公司始建于1987年，经过16年的发展，一次加工能力已达350万吨/年。截至2002年底，公司主要生产装置有：一套350万吨/年常压装置，两套共200万吨/年催化裂化装置，一套40万吨/年气体分馏装置，一套6万吨/年聚丙烯装置，建设中的有30万吨/年重整、60万吨/年加氢联合装置。公司设12个机关部门，20个基层单位，员工总数1611人，平均年龄31岁。公司固定资产原值21.96亿元，净值17.25亿元。

2002年公司炼油方面，加工原油188.45万吨，实现利润1.0804亿元，比股份公司下达的利润指标高1800万元。炼油综合商品率88.81%，轻质油收率74.73%（含烃燃料油）。单位能量因素能耗15.97千克/（吨·因数），加工损失1.0%。化工方面，生产聚丙烯5.66万吨，实现利润600万元，大大超过股份公司下达的3万元利润指标，聚丙烯装置丙烯转换率1.015，全年实现安全生产无上报事故。

【安全生产】　2002年公司的安全生产形势非常严峻，任务十分繁重，安全生产风险大大增加。为确保安全生产，公司进一步完善了QHSE体系，层层签订安全责任书。加强各种形式的安全教育，将国内外200多个事故案例上网，增强全员安全意识。加强对重点部位的监控，公司与华东院安评专家确定了100多项危险点源，编制了相应预案，并优化审定了50个危险点源的事故预案，纳入日常操作规程。强化预案管理，对装置开停工、重要部位的动火、动土等实行消项表制度。加强对习惯性违章违纪的处罚力度，新增48项“低、老、坏”处罚条款。2002年共处罚习惯性违章130多人次。宣传贯彻《安全生产法》，开展“安全生产月”活动，加强安全隐患的集中整治整改，增强了全员的安全生产法律责任意识。通过严格科学管理，实现了重大事故为零，5万元以上的污染事故为零，全厂安全生产超过3000天，完成了安全生产指标。

【成本和投资控制】　一是实施全面预算管理。对可控成本、财务费、生产维修费、零星设备的购置及办公费等指标分解到公司分管领导，由分管领导分解到各部门、车间，并签订业绩合同，完善了成本控制网络，细化了控制单元。每月对成本进行诊断分析，网上通报各部门、单位各项成本费用的执行情况，控制超支单位的非生产性支出。对主体装置实行单体核算，加强可变成本费用的控制。严格控制资金支出，合理使用资金，全年节约财务费用5558余万元。

二是大力开展节能降耗活动。对配套系统流程进行优化。三循和四循并网运行，少开一台供水泵，每年可节约180多万元。更换二循供水泵叶轮、电机，每年可节约电费50余万元。改造二循水泵，消除大马拉小车现象，循环水下降30%，每年节约循环补水15万吨。对除盐水浓水，回收利用进行改造，全年节约新鲜水40多万吨。投用凝结水回收系统，全年回收凝结水25万吨。聚丙烯主催化剂改用国产CS—2型催化剂，比进口催化剂节约支出30%以上。

三是削减大检修维修费用。精心制定大检修计划，反复研究分析大检修项目的立项用料、费用结算及自检外委项目，四易检修计划，削减400多万元的检修项目。扩大自检范围，自检大检修工作量占30%，节约支出150多万元。开展修旧利废活动，减少材料费60多万元。英格索兰压缩入口过滤芯、主风机油站联轴器等配件国产化，节约进口配件支出80%以上。全厂三年一次的大检修投资为1600万元，控制在总资产的2%左右，低于股份公司4%的控制标准。

四是加强投资控制。通过采用工程量清单报价或总承包等方式招标，投资控制效果显著，如三具2000立方米液化气球罐总造价降低900多万元。九具10000立方米成品油罐内外防腐工程招标中，减少投资126万元，比预算节约50%以上。四具3000立方米罐防腐采用工程量清单计价，每具降低20万元。抓好施工图审查，进一步完善了“三级会审”制度，特殊图纸或复杂图纸委托专业公司审查，工程平均降低概算投资5%—10%。如九具10000立方米成品油罐图纸的审查，优化了桩基及承台方案，土建节约概算投资700多万元。物资实行招标采购，生产部门和车间技术谈判与物资部商务谈判紧密配合，严格把关，努力降低采购成本。如重整加氢项目物资90%以上实现了招标采购，节省成本2000多万元。

【科技进步】 在加氢重整装置2002年不能投产的情况下，公司紧紧围绕提高汽、柴油产品质量开展科技攻关。通过试验筛选降烯烃催化剂，配合MGD工艺，通过不断调整操作，取得明显效果，产品的分布得到优化。结合MGD工艺，采用阿克苏MAX—883H催化剂，严格控制接触时间、温度、压力及催化剂注入量等，汽油烯烃下降至33%—34%（质量分数），下降了22%—23%，最低降到了25%，90#汽油的辛烷值稳定在91%以上，达到了国家清洁汽油的标准。同时，产品的结构进一步优化，催化柴油收率25.64%，平均上升0.5%，汽油收率33.73%，下降2%，液化气收率达到19%以上，催化装置直接生产清洁汽油，大大降低了生产成本，取得了明显的经济效益，增效3000多万元。

大力开展技措改造，投用常柴碱洗工艺，解决了常柴酸度超标问题；投用催柴四级聚结器工艺，催柴的色度、不溶物等得到进一步改善，达到国家新柴油标准。改造冷换系统，投用冷媒水系统，提高了夏季的循环水效果，改善了吸收稳定的操作。对三催化烟机转子进行了改造，提高了机组的节能效果，每年可增效500多万元。对装置和系统按350万吨/年加工能力进行配套完善，气分改造到40万吨/年。在国内率先利用双提升管技术对两套催化装置进行改造，进一步提高了装置的技术含量。

【市场营销】 公司市场营销工作不断转变作风，改进工作方法，由原来被动等上门到主动出击，全方位争取市场和用户，2002年积极由产品推销型向产品和市场开发型转化，把管理、科技、人才方面的优势集成到营销工作当中，不断研究市场、认识市场、把握市场，增强了驾驭市场的能力。

广泛收集国际国内油品市场信息，计划部、销售部、财务部和生产部联合分析市场价格趋势，及时调整产品方案及价格策略，增强了市场预测能力，有效地规避了市场风险和损失。每周一次产销协调会，加强产销的衔接，缩短生产与市场的时差。今年溶剂油、液化气市场好，两种产品的收率分别提高到6.17%、17%，增效4000多万元。

实施人才营销战略。销售部公开招聘了7名销售工程师和部门负责人，全部具有大学以上学历，拥有丰富的生产现场经验。大力推进配送机制，工业燃料油已实现全额配送，溶剂油每月配送达到了3000吨，比2001年提高15%。充分利用火车专用线开拓更大范围市场，2002年火车发送成品油5200余车24.83万吨。2002年8月26日，公司在北戴河举办产品研讨会，宣传公司的经营理念和企业文化，提升了公司的企业形象。

适应市场需求大力开发新产品。成功开发了190#溶剂油、93#清洁汽油，增效100元/吨以上。生产T36F和高速拉线BOPP新产品专用料，每吨增效200余元。开发成功T2101F填补了国内空白，可替代进口，实现了定单化生产。开发成功了具有自主知识产权的IPP膜类新产品。

【基本建设】 一是大庆油进厂管线建成。引大庆原油进华北石化公司，2002年投产，当年引大庆原油5万吨，2003年计划引进50万吨。2003年元月6日，随着任京线末站油头顺利引进公司101#原油罐，任京原油管线顺利开通。大庆油顺利进厂，解决了制约公司发展的原油资源问题，为公司进一步扩大加工规模奠定了坚实的基础。

二是重整加氢装置基本建成。公司60万吨/年加氢、30万吨/年重整装置是股份公司的重点项目，为了加快项目进展，公司与设计院和设备厂家及施工单位进行协调，催交催运工程图纸，催交检验设备，与厂家协商制定设备交货时间表，强化了现场的协调，每周一次协调例会，把每项任务层层分解，落实到人头。做到图纸来一批审查下发一批，设备来一台验收一台，组织安装一台，工艺配管及管网安装预制齐头并进。强化工程质量的过程控制，对重整、加氢反应器和立式换热器、疲劳容器等重点设备进行了全程质量跟踪，确保了设备的质量。对现场施工质量每周一小结，每月一次联合检查，对隐蔽工程做到现场跟踪检查，重点工序、重要控制点实行旁站监控，工程一次合格率90%以上，优良率达85%。2002年9月份生产部门和三修车间进入现场“三查四定”，协助整改、单机试运、管线打靶、加热炉的衬里烘干等，为开工做好准备。

系统配套方面，2002年3月10日，铁路专用线及装车系统投产成功，结束了公司产品外销全部依赖汽车装车的历史，为公司开拓广阔的市场创造了良好条件。九具1万立方米成品油罐建成达到投产条件，三具2000立方米液化气罐、四循自发电机组建成中交，三循发电机组主要设备安装完。

【开展“提高素质年”活动】　公司把2002年定为“提高素质年”，开展全员培训，提高全员素质，深化内部改革，以应对WTO的挑战，提升企业的整体素质。

实施“112”培训工程和“1A2B3C”资格认证制度。“112”培训工程，即要求操作人员每月一次理论考试，一次实际考试，每年利用副班时间培训不少于200小时。车间基本做到每日培训，每月小考，每季大考。“1A2B3C”资格认证制度是管理人员必须通过“1A2B3C”资格考试，即管理人员要达到本部门A类水平，两个相关部门B类水平，三个其他部门的C类水平。机关每周一次公共课，由部门经理轮流讲授各部门业务知识。按照优秀人才优先培养、重要人才重点培养、紧缺人才抓紧培养的原则，加强对各类人才的培养。与天津大学合办工业工程研究生班，培养一批既有技术，又懂管理的复合型中层管理团队和技术骨干团队。鼓励员工自学成才，制定了自学成才奖励政策，有200多名员工报名参加了高等自学考试，2002年对12名工作业绩突出并通过国家执业资格考试的员工给予加薪。通过多方的激励和引导，在员工中培养起了崇尚学习，提高素质的良好风气。

（丁元杰）

中国石油天然气股份有限公司呼和浩特石化分公司

【概述】　2002年是中国石油天然气股份有限公司呼和浩特石化分公司创建精品炼厂的起步年，也是呼和浩特石化公司经过艰苦努力，取得非凡成果的一年。一年里，新一届党政班子认真贯彻“三个代表”的重要思想，落实中国石油天然气股份有限公司各项工作部署，带领全体员工克服任务异常繁重困难，顶住控亏形势严峻巨大压力，战胜多条线作战的不利因素，认识统一，步调一致，脚踏实地，真抓实干，全面完成了各项生产经营任务，公司管理水平全面提升，队伍建设全面加强，精品炼厂创建工作呈现出良好的发展态势。全年加工原油116.75万吨，各项主要技术指标均保持了较好水平。轻油收率为69.51%；综合商品率为92.89%；加工损失率为1.16%；能耗为13.37千克（标油）/（吨·因数）；柴汽比累计达到1.40%；综合自用率5.95%。环境保护工作稳步发展，外排污水合格率100%，符合地方环保部门的要求标准。全年实现工业产值21.22亿元，销售收入21.33亿元，上缴税费2.05亿元。

【挖潜增效】　2002年从计量交接、含水分析，加强槽车刮油等多环节入手，下功夫控制原油入厂损失，全年损失率为0.86%，比2001年同期降低0.05个百分点。砍掉长年外租车，节省租车费130万元。集中管理全厂车辆，小车队车辆全部实行单车核算，仅材料费一项就少支出21.6万元。全面清理对原有公务使用电话，压缩215部、压幅比例达到42.5%。抓住成本大头，专门下发文件，层层分解指标，层层明确责任，开展班组核算，加大挂钩考核力度，全力攻克降低物耗、能耗、修理费三大难关，收效突出。其中，能耗比年初预算降低513.33万元，降幅7%，比2001年同期降低271.39万元，降幅4%；物耗比年初预算降低1168.34万元，降幅18%，比2001年同期降低765.18万元，降幅20%；装置大修费、维修费比预算降低50万元。三项指标比预算共降低1731.67万元，创公司降本历史最好水平。他们还积极寻找途径，努力增加收入，仅超计划生产3.46万吨附加值高的93#汽油一项，就为公司增效400余万元。2002年，公司的经营水平有了很大改善，实现减亏125万元，创造了九年来亏损额最低的新记录。

【重整加氢投产】　重整加氢是呼和浩特石化公司建成以来投资最大的建设项目，工艺压力高，技术要求严。而且，部分关键设备的到货日期一拖再拖，作为核心部分的加氢反应器7月15日才运抵现场。面对如此情形，公司上下高度重视，把如期完成工程建设，实现装置按计划投产作为一项政治任务加以对待。一是加强组织领导，增加工程建设调度会议频次，适时成立向公司负责的施工和开工领导机构建立开工协调会制度，重大事情公司主要领导亲自出面协调，为工程建设顺利进行提供了强有力保证。二是周密安排施工计划，与施工方签订进度责任书，敲定了“5.30中交，6.30结束‘三查四定’及问题整改，7.30完成装置联运试车，8.1引热载体入装置”四个控制点，并严格抓落实，从而清晰了工作思路，明确了进度部署。三是本着“宁可施工麻烦千遍，也不给开工遗留一个隐患”原则，严把质量关。在充分发挥大庆监理公司监理作用的同时，建立健全了施工方和建设方的质量监督体系，开展质量大检查，使问题早发现，早处理。三查四定期间，就查出并解决问题218项；整个工程建设过程中，先后处理材料质量问题35批次。四是加强队伍培训。在外培的基础上，专门投资10多万元购置了模拟仿真系统供操作员工学习使用，适时安排人员进入生产现场，熟悉工艺、流程和操作，组织相关单位和部门的干部、职工进行考试。辛勤的付出，赢得了满意的回报。7月31日工程全面竣工，9月8日重整一次投产成功，9月18日加氢一次生产出合格产品，均比计划提前了一周，工程质量合格率达到了100%，优良率达到了80%。

【装置大修】　与历次检修相比，2002年的检修有其独特之处。一是上个生产周期长达两年，暴露的问题比较多。二是下个生产周期是三年，必然对本次检修质量提出更高要求。三是部分检修工作量与改造同步交叉进行，直接增加了检修难度。这些，既是特点，更是难点。为保证如期完成任务，呼和浩特石化公司采取了积极的应对措施，精心组织，统筹安排。一是早筹划，早准备。2002年1月就全部落实了检修项目，排定了检修计划，并把相应的器材订购计划提交供应部门，争取了主动。二是合理安排人力和机具，及时协调不同单位，不同部门的检修进程，做到有让有上，衔接紧密，不打乱仗。三是反复交底，搞清检修内容，加强跟踪检查，避免发生质量事故。四是把握重点，特别注意搞好水、电、汽、风系统检修。经过各单位，各部门近40天的团结拼搏，12个工艺项目和351个常规大修项全部高质量、快速度完成。四机组老化，烟机入口高温蝶阀存在隐患，进口溶剂泵运行状况不好等问题得到了彻底解决，循环水水质有了根本好转，供水、制氮系统的运行能力有了较大提高，供电系统的安全可靠性进一步增强，为公司实现三年一修的奋斗目标提供有力保障。

【技术改造】　2002年，呼和浩特石化公司共投入3200万元，进行了七项技术改造，取得了良好效果。催化反再系统改造后，在原料变重，催化剂单耗下降的情况下，加工量首次达到了63.99万吨；常减压装置改造后，即使扩大原油一次处理能力变成了现实，也改进了损热流程，促进了安全生产和降低能量消耗。为常减压原油泵等七处增设变频调速设施，电消耗大幅度降低，其中常压原油泵的节电幅度可以达到50%。通过实施熄灭火炬长明灯改造，实现了火炬熄灭、点火操作自动化。另外，通过改造继电保护和监控系统，提高了继电保护的安全可靠性，促进了供电系统的平稳运行，投用聚丙烯自动包装系统，改善了工作环境，降低了工人的劳动强度。新增4个液化气汽车装车鹤位，加快了装车速度，提高了装车效率。我们还投资进行了新技术应用，对四机组主风机进行了ESD改造，提高了机组的运行可靠性和抗事故能力。改造汽轮机调速系统，提高了汽轮机控制及时性；改造了气压机密封，提高密封使用寿命，满足了生产长周期运行需要。

【安全生产】　2002年，呼和浩特石化公司进一步强化“保安全就是保效益，就是保生存，就是保发展”意识，坚决贯彻落实“安全第一，预防为主”的方针，对安全工作齐抓共管，常抓不懈。重新修订印发了《用火管理制度》和《事故管理制度》等7项管理办法，进一步加强了规章制度建设。根据公司领导班子变动情况，及时调整了领导干部安全承包责制区，保证了承包区管理不断档。明确第一责任人的安全生产职责，层层签订安全生产责任状，实现了安全管理网络化。与公司员工和外来施工队伍签订安全生产合同，将安全管理纳入合同化管理轨道。认真落实生产操作“三级确认制”和巡回检查制，进行定期与不定期相结合的安全生产大检查，认真整改事故隐患，认真贯彻执行HSE管理体系，加大现场施工作业安全管理工作力度，尤其是严格用火管理，登高作业管理。全年共组织安全检查10多次，接受上级检查4次，查出的240余项问题，均在限期内进行了整改。入冬以来，我们又不失时机地开展“冬季安全生产和节能降耗劳动竞赛”活动，进一步巩固了安全生产管理成果。尽管全年基建、检修和改造工作量很大，但没有发生一起重大事故。尽管2001年冬天出现了少有的寒冷天气，但没有给安全生产造成大的影响，装置运行稳定水平再创历史新高。

【管理创新】　严格管理、科学管理、靠制度管理，是呼和浩特石化公司2002年工作的一个突出特点。进一步健全、修订了生产报表、计量日报、销售日报以及物资器材出入库管理办法等规章制度，强化了基础工作，堵塞了漏洞，促进了管理的深化和细化。物资采购全部实行货比三家，公开竞价招标，合同订购，货款支付一支笔审签，理顺了物资采购程序，加强了物资采购管理，提高了采购质量，控制了采购成本；调整了自销产品的销售政策，特别是从 8 月份起液化气和聚丙烯改变市场流向，双双竞价销售，相当于 90# 汽油 0.94 的比价系数，创效明显；加大内控监管力度，扎实有效地推进内部审计和投资效能监察，全年共完成 15 项、资金总额达 12.14 亿元的审计任务，取得直接经济成果 316 万元；完善考核政策，注意发挥薪酬指标作用，实现收入由倾斜"三高"向"全面奔小康"的及时调整，全年人均收入较 2001 年增长了 4.3%，增强了员工的满意度；坚持产品销售实行先付款后发货，坚决杜绝形成新欠款，促进了货款回笼；加强资金管理，提高使用效率，在保证每日银行存款账户不超额的前提下，及时将多余资金归还负债，全年节约财务费用 655 万元；狠抓清欠工作，年末应收账款下降了 996 万元，降低率达到了 31.35%，超额完成了股份公司下达指标；采取得力措施加强投资管理，下决心把住投资关；认真开展了工程预结算审查，先后审查结算书 1094 份，审定值为 13875.45 万元，审减 5156.5 万元，审减幅度达到了 37%。

（李正智）

中国石油天然气股份有限公司辽河石化分公司

【概述】 辽河石化分公司始建于 1970 年。2001 年 5 月 18 日，中国石油天然气股份有限公司决定将辽河石化分公司划归股份公司直接管理，2001 年 7 月 1 日正式独立运营。现在册员工 2606 人，其中：工程技术人员 730 人，占员工总数 28%，大学本科毕业 301 人，占员工总数 11.6%。全公司共有机关部室 10 个，由总经理办公室（党委办公室）、人事部（组织部）、生产运行部、机械动力部、安全环保部、计划部、财务资产部、审计部、企业文化部（党群工作部）、企管法规部组成，机关人员 80 人。共有生产车间和辅助生产车间 23 个（生产车间九个，辅助生产车间 14 个），总人数为 1859 人，占全公司职工总数 71.4%。公司有主要生产装置 15 套，即 100 万吨/年西蒸馏、150 万吨/年南蒸馏、200 万吨/年东蒸馏、80 万吨/年催化裂化、1 万吨/年制氢、10 万吨/年气体分馏、30 万吨/年加氢精制、25 万吨/年润滑油糠醛精制、8 万吨/年临氢降凝、15 万吨/年润滑油白土精制、3000 立方米/小时 PSA 制氢、50 万吨/年减粘裂化、2 万吨/年聚丙烯、30 万吨/年 1# 氧化沥青、50 万吨/年 2# 氧化沥青。在建装置 2 套（40 万吨/年柴油加氢装置、100 万吨/年延迟焦化装置）。

公司占地 1.42 平方千米，发展预留地 0.35 平方千米，固定资产原值 25.22 亿元，净值 15.68 亿元。原油一次加工能力达到 450 万吨/年。

公司拥有鲅鱼圈港口码头一座，年吞吐量 50 万吨，六个火车装车架台，自有铁路槽车 471 节，共有油品储存能力 58.05 万立方米。

公司加工的原油主要由欢采、锦采的低凝环烷基原油、坨一曙大混合稠油和超稠油、大庆的石蜡基原油四种原油组成。除超稠油汽运进厂外，其他三种原油管输进厂，实施分输、分储、分炼。炼油产品形成重交道路沥青、特种工业油等特色拳头产品。这些优越的条件，为石化分公司今后的发展奠定了坚实的基础。

2002 年公司工作的指导思想为坚持内涵与外延双重发展的方针，贯彻依法治厂的管理理念，落实科技兴厂、降本增效的经营思想，实施依靠以特色求生存的发展战略，认真处理好改革、发展与稳定三者之间的相互关系。

【主要生产经营指标】 2002 年，公司完成原油加工量 231.11 万吨，润滑油基础油产量 27.86 万吨，道路沥青产量 64.54 万吨，单位能量因数耗能 13.95 千克（标油）/吨，综合损失率 1.32%，现金单位加工费 134.16 元/吨，综合商品率 95.27%；实现利润 4355 万元。

深入开展"降本增效"活动，实现"人均降本 5000，人均增效 10000"的目标。

2002 年，公司深入开展"降本增效"活动，成果显著。全年综合能耗同比下降1.81千克（标油）/吨，节省资金近400万元；在未投入成本、不影响生产的前提下，全年用水同比减少57万吨，节约139万元；全年用汽同比减少8.7万吨，相当于少支出800余万元；在增开装置的前提下，用电负荷同比没有增加，催化四机组发电800万千瓦·时。2002年加工损失同比降低0.25%，相当于减少500万元的材料成本；污油总量同比减少2000多吨，相当于回收200万元；油品储运系统认真把好油品出厂关、脱水关、清罐关，堵塞了漏洞，减少了损失；综合商品率达到95.17%，同比提高1.97%；80万吨/年重交沥青项目已经达标。

【生产管理】 2002年，公司的现场管理、设备管理、安全管理创历史最好水平。催化装置、加氢装置、蒸馏装置已达到了二年一修（东蒸馏三年一修），其他装置可达三至四年一修，节约了大量的维修费用。临氢装置盘活、聚丙烯长周期运行取得了质的突破；南蒸馏装置开出了中国第一流的水平，其他主要生产装置也都实现了安、稳、长、满、优运行。安全环保工作也取得了较好的成绩，达到了股份公司的标准要求。

【基建投资】 2002年公司狠抓投资控制工作，降低基建投资成本，提出力争造价比概算节约10%的目标。2002年，完成基本建设投资额8809万元。其中：40万吨/年柴油加氢改质装置4409万元；4万立方米沥青罐1450万元；高压供电系统隐患改造800万元；凝结水回收利用工程400万元。催化降烯烃改造500万元，润滑油脱氮改造500万元，其他300万元，均按计划完成，所有投资项目都在预算之内。

【销售工作新突破】 2002年，公司销售部门加强对市场的调研与预测，加大对合同管理的力度，积极开发新用户；在油品价格调整、签订用户合同过程中加强沟通，互通信息，达到了“理顺销售体制、监管销售行为、明确销售思路、增加销售收入”的目的。销售工作取得了十分可喜的成果，特别是在沥青的销售上，真正做到了淡季不淡，全年销售沥青80万吨。在价格上，创造了公司有史以来1800元/吨的最高价，并且开拓了南方、西南的沥青销售市场，为公司今后的发展奠定了基础。

【调整产品结构，优化生产运行】 为了使有限的产品创造最佳的经济效益，公司从辽河稠油的特色出发，在手段有限的条件下，积极调整产品结构。消灭了减一线、侧线油等非标产品，柴汽比提高至2.35，同比提高0.13个百分点；解决超稠油生产沥青闪点和蒸发损失不合格的问题，采取混炼手段，将过去只能生产渣油的超稠油生产出了合格的普通道路沥青；把稠油的石脑油调入汽油，既降低了烯烃含量，也提高了收入。

【科技兴企】 2002年，公司在提高产品科技含量，突出特色产品，增加沥青品种，拓展沥青市场上下功夫。全年16个科技攻关项目创效共5600多万元。根据机场跑道的特点，技术人员在改善沥青内在质量指标上做文章，开发了AB－130机场石油沥青，成功地运用于哈尔滨太平国际机场跑道盖被工程，AB－90，AB－110机场石油沥青成功地应用于天津滨海机场的盖被工程。这开创了国产沥青应用于机场建设的先河，不仅创造了效益，更增大了“欢喜岭”牌沥青的影响力。

【发展新突破】 2002年，公司100万吨/年延迟焦化项目及系统配套工程得到股份公司的审批，并且争取到3.6亿元的投资，目前已进入实质性的运作阶段，走出了公司可持续发展的重要一步。

（李 明）

中国石油天然气股份有限公司
长庆石化分公司

【概述】 中国石油天然气股份有限公司长庆石化分公司（原咸阳长庆石油助剂厂）是“八五”和“九五”期间，按照中国石油天然气集团公司及长庆石油勘探局的安排部署，在陕西省计委和咸阳市政府的大力支持下，分阶段建设的炼油企业。1999年10月，中国石油重组改制，工厂更名为中国石油长庆油田炼油化工总厂。2001年5月18日，工厂上划中国石油天然气股份有限公司，成为直属地区分公司。

2002年，长庆石化分公司坚持以提高盈利能力为中心，推行精细化管理，努力降低加工成本，优化产品结构，加快科技创新，全面完成了股份公司下达的业绩合同。全年实现销售收入34.5亿元，上缴税金3.40亿元，账面利润1.21亿元。公司被授予咸阳市“诚信纳税单位”、“文明单位”和“园林式工厂”等称号。

【生产经营】 全年加工原油150万吨，完成年计划的100%，主要生产指标创历史新高。与股份公司下达的指标相比，吨油现金加工成本（含现金期间费用）106.75元/吨，降低2.33元/吨；综合商品率91.48%，提高1.37个百分点；轻质油收率82.23%，提高0.18个百分点；轻质油加液化气收率90.38%；柴汽比1.7，提高0.1；单位能量因数耗能13.97千克（标油）/（吨·因数），降低1.03同单位；加工损失率0.99%，降低0.03个百分点。

与2001年相比，轻质油收率和液化气收率分别提高0.07和1.01个百分点，增产轻质油1050吨，液化气15150吨；航煤增产2.76万吨，并实现了向西安咸阳国际机场油库管道输送。柴油产量增加3.3万吨。其中+5#柴油生产19.56万吨，约占柴油总产量的30%，比2001年增加7万吨。高附加值产品产量的提高，使公司增加销售收入4000多万元，增加利润3000多万元。原油加工损失下降0.05个百分点，增加商品量750吨；原油进厂损耗下降0.24个百分点，减少损失7335吨；综合商品量增加1.78万吨。

【企业管理】 公司创建了扁平网络化管理模式，机构设置“六部一室”——生产运行部、工务保障部、油品运行部、质量安全环保部、计划财务部、人事（组织）部、总经理（党委）办公室，采取“事业部——生产班组”的劳动组织形式。各事业部代表公司行使管理权力，取消了车间建制，减少了中间环节。这一管理模式已成为公司的一个新亮点。

同时，公司在岗位责权划分、管理程序修订、激励机制完善和内部市场建立等方面取得了一定的进展。对业绩指标设置、考核和奖励办法进行了较大幅度调整，使各部门指标都能够自我控制和量化，一个指标主要由一个部门负责，避免了多头管理。公司设置了单项奖和特殊奖励基金，2002年兑现单项奖64项次，奖金167.4万元。

公司撤消了小车队建制，分流了人员；扩大了弹性工作制的实施范围，清退各类用工83人。在长庆石油勘探局支持下，采取人员托管分流，资产租赁经营的方式对存续部分进行整体托管，精简人员29人，降低费用31.8万元，盘活资产40万元。2002年综合服务处扭亏为盈，实现净利润44.8万元。

【产品质量和质量管理】 公司坚持“以人为本，诚信至上；质量一流，顾客满意；为用户提供优质适用的石化产品，为社会创造丰富多样的清洁能源”的质量方针，通过ISO 9001质量管理体系认证，推行国际标准化管理，规范质量管理过程，明确各部门质量职责，落实各级质量责任。公司将质量、技术、操作、安全、环境、消耗等各类指标分解细化，确定最佳值、达标值，每周对照检查，每月考核兑现。装置操作工艺参数不断优化，馏出口平稳率和质量合格率明显提高，产品始终保持出厂合格率100%，季度产品质量监督抽查合格率100%（其中免检一次）。

【安全生产和环境保护】 加强区块管理和现场安全监督，明确责任工程师和维护人员的职责范围，将设备管理责任落实到人头。坚持设备巡检维护和质量回访，对主要设备实行定期特护和预防性故障诊断，设备完好率98.6%，A类设备完好率98.9%，仪表完好率98.7%。装置均实现了长周期安全平稳运行，重催装置加工原料油84万吨，超过了设计负荷。重催装置烟机开机率达到96.29%，节约电费778万元，创1998年以来的最好水平。全年无上报事故，一般性事故同比下降69%。

环保工作持续改进，污水、废气全部实现达标排放。HSE工作不断加强，进一步完善了管理手册、程序文件和考核办法，完成了HSE管理体系的运行发布。ISO 14001环境管理体系通过认证。

【科技创新与技术改造】 全年共完成科研项目7项。低烯烃汽油试制成功，年内生产17.3万吨（其中93#汽油3.25万吨）；航煤精制工艺改进，吨白土精制油量由668吨提高到1100吨，节约费用近20万元；开展节水研究及化学药剂筛选，循环水浓缩倍数达到4.29的先进水平，节约新鲜水12万吨；污水回用、噪音削减工作取得一定的进展。与长安大学合作的碱渣处理研究项目完成中试，进入工程化设计阶段；与西安石油学院合作的“Pd基双金属丁二烯选择性加氢催化剂的研制与开发项目研究报告”通过评审。年内安排的3000千瓦蒸汽发电、溴化锂制冷却水等4个技改项目投资全部完成。

（刘宏远　殷　涛）

中国石油天然气股份有限公司克拉玛依石化分公司

【产品结构】 根据市场、环保对产品品种、质量和数量的新要求，以高技术含量、高附加值产品生产和销售为主，进行产品结构调整。93# 以上标号汽油产量达 24.61 万吨，产量及所占比例比 2001 年翻一番，在西北炼厂排名第一。低凝柴油产量达 32.92 万吨，占柴油总产量的 34.21%，成为西部地区最大的高档清洁燃料及低凝柴油生产企业。顺利实施零渣油生产方案，沥青产销量大幅度增加，其中重交通道路沥青 28.3 万吨，占沥青总产量的 68.2%，成为西部大开发高等级公路建设所用沥青的主力供应企业。

【重点工程】 2002 年 12 月 12 日，股份公司产品质量升级项目 45 万吨/年汽柴油加氢装置试车投产成功。从装置破土动工到出合格产品只用了 250 天，创造了装置当年建设、当年投产、当年出合格产品的新纪录。装置投产后，产品质量达到世界燃油规范Ⅱ类标准，从根本上提高了轻油产品质量，达到了国家环保要求，对提高轻油市场竞争力有着重要的意义，具有较好的经济效益和社会效益。

【质量管理小组活动】 2002 年，公司收到 QC 小组成果 100 项。16 项获得新疆维吾尔自治区 QC 成果奖；1 项获中国质量管理协会石油化工分会一等奖、4 项获二等奖。

【环境管理】 克拉玛依石化公司严格按照 ISO 14001 环境管理标准实施和运行公司的环境管理体系，并于 2002 年 5 月取得了中国船级社质量认证公司颁发的“ISO 14001 认证证书”，标志着中国石油克拉玛依石化公司燃料油、溶剂油、润滑油、石油沥青、液化石油气、延迟石油焦的开发、生产和管理以及甲醇的生产和管理符合环保型产品要求，中国石油克拉玛依石化分公司为环保标志认证企业。公司积极推进和维护 ISO 14001 环境管理体系的有效运行，采取有效的措施防治污染，大力推进清洁生产和“三废”综合利用，使公司排放的各类污染物总量逐步减少。

【污染治理】 开展污水深度处理及回用工程项目的前期工作，进行中试方案选择，预计 2003 年 10 月建成投用，深度处理后污水将回用于循环水补水和厂区绿化用水，每年节约 100 万立方米以上的新鲜水用量。

【专利工作】 2002 年，克拉玛依石化公司共申请专利 10 项。

【自治区科技进步奖】 2002 年，克拉玛依石化公司有 2 项科技成果获新疆维吾尔自治区科学技术进步奖。

【迎接自治区精神文明检查验收】 2002 年，克拉玛依石化分公司顺利通过了新疆维吾尔自治区精神文明单位的检查验收，保持了自 1993 年以来就获得的自治区区级“文明单位”称号。

（于林会）

中国石油天然气股份有限公司润滑油分公司

中国石油天然气股份有限公司润滑油分公司（以下简称：润滑油公司）成立于 2000 年 12 月 19 日，是中国石油天然气股份有限公司实施持续重组战略，依照润滑油业务单元组建的、集产销研于一体的专业化地区分公司。公司现有九个润滑油生产厂、六个销售中心（所属 37 个分销处及 11 家销售合资公司）、一个研究开发中心（所属两个分部和一个研究所）、两个添加剂合资公司。公司机关设“八部一室”，即：

计划部、财务部、销售与市场开发部、生产技术部、人力资源开发部、纪检监察审计部和总经理办公室。公司现有总资产 25.35 亿元人民币、固定资产原值 13.91 亿元人民币、净资产 7.49 亿元人民币，员工 3132 人。可生产 13 个大类近 300 个牌号的润滑油产品；建立了覆盖全国的营销、服务信息网络；润滑油科研能力在国内处于领先水平。

（1）业务整合。2002 年 4 月，辽河石化分公司、玉门油田公司炼化总厂润滑油业务划入润滑油公司。9 月，兰州路博润、天津路博润两个添加剂合资公司的中方股份划入润滑油公司。至此，股份公司润滑油业务划转工作基本完成。13 个润滑油生产企业中，有九个进入润滑油公司；润滑油公司控制了股份公司 90%的润滑油资源。股份公司润滑油业务划分更加清晰，资源统一得到进一步强化。

在对原炼化企业 93 家驻外机构进行全面清理、整合的基础上，组建六个销售中心，下辖 37 个分销处及 11 家合资公司。2002 年开始正常运作，初步建立润滑油销售、市场管理、信息及服务由销售中心领先，润滑油厂和研发中心配合的营销体制，基本实现了销售前移，形成了贴近市场、分区域销售的格局，为润滑油公司未来发展奠定了基础。

2002 年，公司将“兰州”、“大连”两个研究院及克拉玛依研究所合并成立研发中心，为润滑油科研的统一组织和技术服务工作提供了组织保障。

通过业务整合，润滑油公司的专业化管理体系基本建立。

（2）生产经营。2002 年共销售润滑油 149.7 万吨，比 2001 年增加 28.8 万吨。从产品结构看：销售润滑油成品 125.6 万吨，（高档油 51.5 万吨，包装油 17.2 万吨）、基础油 24.1 万吨，实现了总量增长，市场占有率增长。

2002 年实现主营业务收入 43.8 亿元，账面亏损 2.3 亿元，比 2001 年收入增加 5.78 亿元，减亏 3.04 亿元；应收账款 87971 万元，较年初 119592 万元相比，下降 26.44%；平均销售单价 2942.8 元/吨，增加销售收入 13706 万元。经济效益持续提高，实现了“销售总量持续增长、产品结构持续改善、经济效益持续提高”的目标。

（3）科研开发。2002 年润滑油公司共完成国家级科研项目验收一项、股份公司项目验收 13 项、润滑油公司项目 23 项，科研成果转化率达到 85.7%。

按照“合理利用资源、针对市场营销及开发的需要和着眼未来发展”三个立足点，对科研工作进行了重新定位。确定了兰州分部以添加剂、汽油机油、柴油机油、摩托车油和齿轮油为研发重点，大连分部以内燃机油、铁路机车油、船用油和液压油为研发重点，克拉玛依研究所以电器用油、冷冻机油、橡胶油为研发重点的工作方向，贯彻选题结合市场需要和未来发展，成果尽快转化到实际应用中去的原则，经过一年来的运行，管理经费降低，人力、物力资源的利用更趋合理。

（4）技术服务。2002 年完成 15 个用油行业的调研，将润滑油的市场情况、客户的用油现状以及今后的需求基本调查清楚，为今后的规划计划提供了基础条件。

针对生产分散，产品统一标准难度较大的现状，重点抓了标准化工作。全年共制订、修订标准 29 项，并进行行业及国家标准的申报工作，组织完成了中国石油天然气股份有限公司基础油标准第一部分的修订报批工作，目前股份公司已经颁布实施。

SF 汽油机油、CD 柴油机油、GL－5 车辆齿轮油、HM 液压油和变压器油等五类产品通过了国家石油产品质量监督检验中心的检测，获得中国方圆标志认证委员会颁发的“产品质量认证证书”。5W/30SJ 和 10W/30CF－4 两个产品通过了 API 认证，ATF 汽车自动转动液获得了 GM 证书。

（5）专业化销售。专业用油推行专业化营销模式。在变压器油方面，实行销售代表制，取得了西门子、ABB 等跨国公司的技术准入，市场占有率逐步提高，直供用户逐步扩大。在船用油销售方面，与中海供货、中远、长航等大客户签订了稳定的供油合同。中远公司已指定“昆仑”牌船用油为惟一上船的国产润滑油，地方船舶的供油量也有较大增长。

实施销售网络计算机管理。销售网络计算机管理系统投用后，润滑油产销存动态、价格、清欠等信息实现了公司内部共享，对销售过程实现全程监控，杜绝了漏洞，保障物流和资金流的安全。

出口工作初见成效。2002 年向新加坡、朝鲜等国家出口了润滑油，与马来西亚公司签订了“马来西亚独家总代理销售协议”，与日本石油公司、韩国 SK 公司的技术谈判和商务谈判工作也都有了积极进展。

（6）创昆仑品牌。润滑油公司按照“资源统一配置，产品统一标准，网络统一布局，价格统一管理，科研统一组织，集中力量推出名牌”的经营战略，致力于“发挥资源优势、打造中国名牌”，对已有的“飞天”、“七星”等润滑油品牌进行了整合，于 2001 年 10 月 28 日推出全新的“昆仑”品牌，并对该品牌及产品的技术标准、产品定型、包装设计、制作、生产安排、产品和市场价格定位、经销商选择、销售方式、宣传品设计印制、商标注册、条形码申请、加油站的摆放等工作进行了详细安排，目的是把“昆仑”牌润滑油打造成中国石油润滑油的高端品牌。2002年5月“昆仑”品牌产品上市。

“昆仑”标志设计以“日出昆仑”为设计主题，融合“昆仑”品牌和“润滑油”产品的概念，象征企业雄厚的经营实力与“团结、敬业、务实、创新”的经营作风，寓意企业将“昆仑”打造成为中国润滑油市场第一品牌的远景目标。从标志造型看，昆仑山的雄伟壮观和日出光芒，象征“昆仑”润滑油以雄厚的资源优势为基础，积极进取、蒸蒸日上的光明前途。外轮廓为10等分圆弧的几何图形，象征企业产品与事业的多元辽阔及面向国际化市场的经营战略，并传达出企业为大众提供圆满服务的宗旨。从色彩看，红色代表热情、开放、创新与突破，橘黄色渐变代表高品质的能源与动力。

（7）质量管理。2002年12月26日，润滑油公司获得中国方圆标志认证中心颁发的“质量管理体系认证证书”，体系覆盖各类润滑油、添加剂的设计、开发、生产和销售。为了保证产品质量和服务质量，公司提出了“优良资源＋优势技术＋优质服务＝高品质昆仑产品”的质量方针。

（8）综合管理。①清欠工作：2002年基本理清了润滑油业务的多年欠款，全年清欠完成率26.4%。②投资管理工作：组织编制了润滑油公司“十五”及2015年规划，完成了上报、评审；编制了润滑油公司2002—2006年业务发展滚动计划；组织实施了苏州天山厂扩建工程，完成了太仓、成都项目的可研，着手进行项目决算审计工作，为分散型企业工程决算管理摸索了经验。③人力资源管理方面：以理顺公司内部，特别是销售中心管理关系为主线，侧重人力资源的优化配置和管理，积极探索出适合公司运营特点的薪酬激励机制，为生产经营工作提供了坚实的保证。④党组织建设和职工队伍建设：2002年各销售中心和分销处组建了党委和党支部、党小组等基层党组织。同时，对六个销售中心领导班子进行了民主评议和考核。

（李　楠）

大连西太平洋石油化工有限公司

【概述】　2002年，大连西太平洋石油化工有限公司领导班子带领全体员工积极实施“立足国内，开拓国际，适应加入WTO挑战”的经营策略，紧盯市场，精明营销，科学管理，实现了装置安稳长满优生产，创造了良好的经济效益，各项管理水平不断提高，国际市场开拓取得了显著成效，两个文明建设取得了丰硕的成果。

【经济指标】　公司全年加工原油667万吨，同比增加9%；实现销售收入124.5亿元，同比增加7%；实现税金7.7亿元，同比减少0.84亿元；实现利润3.6亿元，同比增加5.1亿元，见表4。公司以116.9亿元营业额名列2001年度中国企业500强第93位，以13.7亿元纳税额（包括向海关环节交纳的税金）分别名列2001年度中国纳税企业百强和中国外商及港澳台商投资企业纳税百强排行榜的第43位和第9位。

表4　1996年以来主要经济指标统计表

项目＼年份	1996	1997	1998	1999	2000	2001	2002	累计数
销售收入	8.90	46.90	48.80	61.50	130.36	116.88	124.5	537.84
实现税金	0.65	4.26	6.83	6.17	5.18	8.53	7.69	39.31

【市场开拓】　公司通过“走出去、请进来”的办法，不断加大国际市场的开拓力度，取得了显著的成效，全年出口成品油252万吨，同比增长26.6%；出口创汇5.69亿美元，同比增长30%。公司成品油出口量

占液体产品总量的40%以上，连续三年位居全国炼化企业榜首，见表5。目前，公司成品油已经销往日本、东南亚、韩国、中东等十多个国家和地区，具有较高的知名度和较强的竞争力（图1）。

表5　1996年以来成品油出口量及出口创汇统计表

项目＼年份	1996	1997	1998	1999	2000	2001	2002	累计
产品出口量（万吨）		22.80	16	102	205	199	252	796.80
创汇总额（亿美元）	0.12	0.46	0.20	1.90	5.48	4.50	5.69	18.35

【产品开发】　与抚顺石化研究院合作开发生产了用于重交道路上面层的改性沥青，并在“长—余”高速公路上铺设了80千米。经国内权威专家鉴定，产品质量可以与国外知名品牌相媲美。

【科技创新】

（1）引进了日本催化剂成膜钝化专利技术，有效地提高了重油加氢装置换剂工作效率，使卸剂、装剂时间比上次卸装剂分别缩短了8小时和46小时。

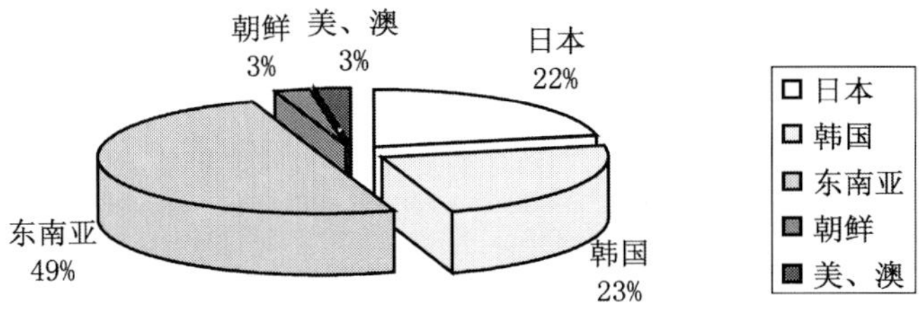

图1　2002年外销产品市场分布图

（2）建立了科学的重油加氢催化剂寿命跟踪管理方法，有效地延长了催化剂的使用寿命，提高了催化剂的工作效率。

【管理创新】　2002年9月，公司董事会特别会议通过了以“1121”为主要目标的“十五”发展规划。“1121”，即1000万吨/年加工能力，1000名员工，200亿元/年销售收入，10亿元/年利润。发展规划的主要特点是：（1）依托老装置，通过技改挖潜上档次、上规模；（2）改善产品结构，提高产品质量；（3）投资少，效益高，投入产出比好。为此，公司专门成立了指挥部，负责发展规划的组织和实施工作。“十五”发展规划目前已经进入全面实施阶段。

（1）完善了原油采购计划。①完成了PIMS系统升级改造，为计算原油品质比较提供了更精确的工具，有效地指导了原油采购工作。②建立了原油评估程序，即价格体系预测——PIMS模型优化——计算原油的贡献毛利并进行排序——制定原油采购计划——采购计划执行跟踪和调整。通过优化选择，提高效益好的轻质原油和低硫原油的加工比例，合理地控制原油库存，满足生产需要，规避经营风险。

（2）实现了计划编制系列化。公司月生产经营计划利用线性规划模型（PIMS）按三个月滚动编制，使当期计划与远期安排能够有效进行衔接，提高计划执行的可操作性和运行的受控度。同时，建立日、旬生产计划编制程序，以计划为龙头，加强日统计跟踪，强化计划与生产、销售部门的沟通，避免了原油衔接和产品备货不受控问题，同时对计划执行过程中出现的问题能够及时有效地采取措施，确保月度计划执行效果与库存控制在合理的范围内。

（3）顺利通过了上海质量体系审核中心的审核认证，并获得了分别代表中国国家认可委（CRBA）和美国国家认可委（RBA）通过的GB/T 19001—2000和ISO 9001—2000证书。

（4）《石化企业‘两头在外’的市场导向管理》获得第八届全国企业管理现代化创新成果二等奖。

【人才培养】

（1）首次选拔了60名一线班组长和生产骨干与大连理工大学合作进行石油加工专业大专学历培训，目前这60人已经顺利通过全国成人高校统一招生录取考试，进入大连理工大学进行学业深造。

（2）组织了第二届“优秀科技人才”评选活动，有30名科技人员获得“优秀科技人才”称号。“优秀科技人才”任期为两年，任期内公司每人每月给予一定的奖励津贴，并优先提供外出培训的机会。公司要求“优秀科技人才”在任期内每年必须拿出一定的学术成果。与首届评选不同的是，第二届“优秀科技人才”评选活动的评选范围更广，学科领域更加全面，评选办法也更为严格。

（3）组织了首届“运行技师”评选活动，有30名一线操作员获得“运行技师”称号。“运行技师”任期为两年，任期内公司每人每月给予一定金额的奖励津贴，并优先提供外出培训的机会。此举极大地调动了一线操作员的工作积极性和工作热情，激发了广大操作员立足本职、岗位成才、岗位奉献的信心和决心，在员工中产生很大反响。

（4）从国家重点院校选拔一部分本科以上毕业生充实到技术管理队伍中，为公司可持续发展提供人才储备。

（5）选拔懂技术、会管理、既有较高学历又有丰富工作经验的优秀管理干部，与著名高校合作培养MBA，EMBA和工程硕士等高层次管理人才。

（6）实行“五班三运转一培训”，对操作人员进行系统操作培训。目前，公司已有70%的操作人员达到了系统操作水平。

（王桂瑾）

中国石油天然气股份有限公司西北销售分公司

【概述】　中国石油天然气股份有限公司西北销售分公司（以下简称“西北销售公司”或“公司”），是炼油与销售分公司派驻西北地区的资源配置中心、调运中心和资金结算中心，主要负责对西北地区成品油资源的配置和陕、甘、宁、青、新、川、渝、藏、内蒙（西三盟）9个省区销售分公司成品油销售业务的管理、指导、协调、监督、检查、服务。按照“四统一”和“配送制”的要求，组织西北地区14家炼厂的成品油、航煤、溶剂油、化工轻油的销售。

2002年，西北销售公司继续围绕“管理升级、服务深化、机制创新、着力发展”的工作指导思想，以提升西部辖区整体竞争力为主题，强化大区管理和服务，优化产销运行，全面加强企业内部管理，狠抓企业文化建设，加大思想政治工作力度，各项工作都取得了新的成绩。

公司机关设9个处室，下辖9个直属分公司和1个控股公司——西北运销公司。拥有成品油库5座，总容量为37.24万立方米。

现有员工994人，员工平均年龄37.5岁，具有大专以上学历的313人，专业技术人员363人，其中中、高级专业技术人员130人。

【主要指标】2002年，西北辖区原油加工量2780.4万吨，较2001年同期增加123.76万吨；生产成品油1811.63万吨，较上年同期增加78.08万吨；公司完成配置计划1570.27万吨，配置计划完成率为102%；购进各类油品1447万吨，同比增加了249万吨；销售各类油品1408万吨，同比增加214万吨；实现销售收入307亿元，上缴税金2.05亿元。

【大区管理与服务】

1. 大区管理与服务创出新水平

（1）大区管理进一步拓宽。改进和加强了专项用油和油田自用油配置管理，将其逐步纳入“四统一”。将庆化、宁炼纳入“四统一”运行，促进了当地市场的规范。建立并实施了辖区炼化企业和销售企业竞争力考核评比月度通报制度，提高了辖区的整体竞争力。对辖区“配送制”开展情况进行检查指导，推动了辖区“配送制”的开展。

（2）产销服务更趋深入。根据克拉玛依低凝原油的特性，优先安排克拉玛依石化分公司生产低凝点柴油，充分发挥资源优势，最大限度地降低生产成本。帮助长庆石化调整生产工艺、改善产品结构，协调增开重整加氢联合装置，消耗滞销的石脑油，生产附加值高、市场需求大的高标号汽油。组织了辖区销售企业电工培训班和加油机维修工培训班，得到了各省区销售公司的欢迎和好评。

（3）规范市场成效显著。及时解决川陕、陕甘宁蒙、甘青等交界市场的跨区销售问题，规范和维护了市场秩序。针对庆化、马岭的自销，受板块委托，组织了效能监察，按规定对两家单位进行了通报处理。公司抽调20人，成立4个工作组，对辖区内22个地区进行了推价促销专项检查，推动辖区销售量大幅增长。通过规范市场，辖区市场得到了进一步规范，销售量明显增加，市场占有率稳步提高。全年辖区省区公司共销售成品油1032.3万吨，同比增加了107.3万吨，增幅12%，销量首次突破了千万吨大关；零售率达到了52%，较股份公司平均水平高9个百分点；市场占有率达到了84.7%，同比增加了4.3个百分点。

2. 优化运行取得新成果

（1）优化资源配置成绩显著。根据省区市场经济价值高、效益好的特点，坚持资源向省区市场倾斜。全年共向辖区内各省区公司配置成品油940.4万吨，同比增加了158.86万吨，增幅20%。继续坚持不懈地引导生产企业提高柴汽比，辖区中油炼厂柴汽比稳步提高，全年生产柴汽比达到了1.92，同比提高了0.15，较股份公司平均水平高0.19。推广高标号汽油工作卓有成效，全年共生产高标号汽油77.59万吨，同比增加30.2万吨，增幅64%，高标号汽油的产量占汽油总量的14.9%，同比增加了4.9个百分点。全年辖区省区公司共销售高标号汽油68.26万吨，同比增加了24.28万吨，增幅55%。

（2）优化运输组织成效明显。积极协调铁路部门，促使装车量有了新的突破。全年西北直属炼厂日均装车535车，同比增加20车；路用车日均装车量达到了224车，同比增加14车，节约运费869.7万元。调整运输结构，加大公路配置量，降低了运输费用，减轻了铁路运输压力。全年公路配置量达到了144万吨，同比增加了41万吨。狠抓“双检尺”的落实，损耗损失进一步减少，全年共收到有效损耗索赔1226.5吨，同比下降1124.7吨，同比减少损耗损失303.7万元。

（3）优化财务运行效果良好。完善资金管理制度，整合结算业务，结算周期进一步缩短，资金占用得到合理压缩。全系统平均结算周期缩短为3.4天，较2001年加快了1.2天，减少资金占用12422万元，节约财务费用563万元。严格月度预算管理，强化预算的控制、考核，有效地降低了财务运行成本，主要财务指标完成良好。全年平均吨油费用144.9元，比预算降低了19.74元；吨油现金营销成本141.52元，比预算降低了17.55元。另外，经过公司与保险部门的积极协商，保险费率由0.4%—0.6%降至0.3%—0.4%，降低营运成本3100万元。

【内部管理】

1. 管理工作迈上新台阶

（1）QHSE管理体系发布实施，安全工作继续保持平稳态势。完成了QHSE管理体系文件的编写工作，10月1日起，该体系正式实施运行，公司成为销售系统率先实施并推行QHSE管理体系的单位。2002年年底，公司顺利实现安全生产4185天，实现了安全生产“四个为零”，公司还被股份公司评为2000—2001年度“安全生产先进企业”。

（2）加强投资管理，重点工程建设进度和质量均创出高水平。西固油库改扩建工程全部竣工，油库库容增加到了9.6万立方米，设计接卸能力达到了150万吨/年，油库接卸、输转能力明显增强，科技含量也有了很大的提高。8月21日，油库正式投产，保证了管道的正常运行。

（3）财务管理取得可喜成果。经过近几年的锻炼和提高，公司在资金管理、库存商品管理、财务制度建设、结算管理、电算化等方面，已走在了销售系统的前列。公司财务处先后被股份公司授予“财务管理先进集体”荣誉称号。赵振学、杨怡两名同志被股份公司评为“财务管理先进个人”。

（4）经营网络顺利整合，管理职能更加明晰。1月份，公司完成了两湖经营网络的划转，第四季度又完成了区内、云南地区经营网络的整合移交工作，兰州分公司所属的3家集体企业，也实现了上级主管单位的变更，接受属地公司管理。

2. 机制创新有了新进展

（1）用人机制逐步完善。全面推行全员竞聘上岗，全年通过竞聘上岗，择优使用，有两人走上了副总经理、总经理助理岗位，5人走上处级、副处级岗位。一般干部和操作服务人员的配备，也全部实行了竞聘上岗。根据岗位需求，共接收、招聘大学毕业生25人，分别充实到了基层各单位，满足了基层对人才的需求。开展多层次、多形式的员工培训，全年共培训员工712人，占公司员工总数的63.8%。举行了新世纪首届职工技术比武竞赛，永登、兰州分公司分获团体一、二等奖，杨景皓等14名同志获“技术能手”荣誉称号，并受到了公司的奖励。

（2）考核机制得到落实。狠抓三级业绩考核工作，全员业绩考核基本得到落实。实行月度考核、分析和评价，发挥了业绩考核评价、指导、监督、激励的作用，促进了公司各项指标的完成。围绕管理工作中的重点、难点，有针对性地进行跟踪考核，促进了公司重点工作任务目标的实现。继续开展对有突出贡献先进个人的奖励，石爱武等9人被授予“岗位能手”荣誉称号。

(3) 监督和内控机制作用明显。审计部门先后完成了西固油库改扩建工程等11个项目的审计，审计单位覆盖率67%，提出审计建议37条，审减各类资金2.66万元。同时，公司有3个审计项目分获炼销板块优秀审计项目一、二、三等奖。财务部门建立了以资金授权审批、预算层层控制为中心，以制度为保障的内控体系。一年来，虽然公司结算往来资金累计达到了840亿元，但没有发生一起资金安全事故。法律工作较好地发挥了防范法律风险，维护公司合法权益的作用。公司荣获2002年度省级“守合同、重信用”企业称号。

【党群工作】　树立班子典型，带动班子建设，基层班子整体工作水平有了较大的提高。加强基层党组织建设，所属分公司相继召开了党员大会，完成了改选工作。兰州、西安、成都分公司实行了党政分设。开展了“五个一”典型的选树工作，经过评选，西固油库、玉门油库被授予“优秀油库”荣誉称号；苏跃等9名同志被授予“优秀基层干部”荣誉称号。切实维护企业稳定，妥善接待、处理了部分有偿解除劳动关系人员的8次上访。完成了《公司企业文化手册》的编写工作。公司荣获了2002年度甘肃省经贸系统“综合优秀企业”称号。

（田永强）

中国石油天然气股份有限公司东北销售分公司

【概述】　2002年是中国石油天然气股份有限公司东北销售分公司（简称“东北销售分公司”或“公司”）的管理体制发生重大变化的一年。按照集团公司党组和股份公司管理层的部署，销售企业未上市部分与股份公司进行了重新整合，东北销售分公司的员工队伍进一步壮大，企业综合实力明显增强。一年来，面对企业改革发展稳定中存在的新的机遇和挑战，公司上下按照“三个代表”要求，认真落实集团公司、股份公司和炼油与销售分公司的工作部署，围绕“一个中心，三个服务，两个确保”的指导思想和建设一流企业的工作目标，深化改革，优化运行，强化管理，狠抓落实，各项工作都取得了优异成绩。

重组之后，东北销售分公司下辖哈尔滨、滨江、大庆、龙凤、吉林、松原、大连、鞍山、抚顺、盘锦、锦州、葫芦岛、秦皇岛等13个分公司，有在职员工2100余人，机关本部设在沈阳。

【主要工作成果】　一是营销工作实现了运行平稳，保障有力，运行质量和效益显著提高。全年完成商品购进总量3067万吨，完成销售总量3075万吨，实现销售收入681亿元；实现利润7.17亿元；上缴国家、地方税费2.90亿元；商品流通费用完成33.60亿元，吨油现金营销成本107.37元；全年清回外欠款0.47亿元。

二是企业管理和改革取得了新的成果。顺利完成了股份与存续部分的整合理顺；两级领导班子进行了任期考核调整；健全完善了工会组织体系和职代会制度；三项制度改革进一步深化；“管理年”活动扎实开展，各项管理基础工作得到加强，HSE管理体系通过了国家级认证。

三是员工工作环境和生活条件得到了改善。员工收入和生活水平有所提高，队伍的凝聚力进一步增强。

四是精神文明建设成果显著。公司被辽宁省委企业工作委员会评为党建目标管理优秀单位和“理论武装工程”教育活动优秀单位；全系统有5家团组织和11名同志被辽宁省企业共青团工作委员会命名表彰；财务系统的工作获得了股份公司和炼油与销售分公司授予的多项荣誉。

【2002年的主要工作】

1. 抓好运行组织、市场研究与规范，实现了两个确保

一是确保了生产平稳。面对市场竞争主体多元化、价格形成机制市场化的竞争形势，立足于协调和服务，充分发挥资源配置中心、调度指挥中心、信息中心和结算中心的职能作用，确保产销运行顺畅。特别是在炼化企业，因为在发生装置故障和个别品种运输组织困难时期，都采取了有力措施，保证了企业的后路畅通。全年产调率达到了100.4%，配置计划兑

现率实现了100%。

二是保证了资源供应。按照市场需求优化资源配置，协调炼化企业适时调整产品结构，根据季节变化做好应季产品的调整或储备，满足了下游企业的资源需求。同时，力求资源配置向高效市场倾斜，实现了等量资源的最大效益。在调运组织方面，突出均衡调运的原则，不失时机地搞好运输流向和运输手段的优化，重点做好进港资源流向控制，增加直接下海量，大大节约了进港运费支出。

三是加强了营销策略研究。针对原调拨价格形成机制的不完善之处，大胆提出了改革调拨价格形成机制的建议，被股份公司采纳并于3月份实施后，取得了显著成效。投放区内市场的吨油效益比价改前提高了113元，地区公司在1—2月份普遍亏损的情况下，3月份以后很快扭转了亏损局面，全年实现盈利7.51亿元。

四是规范了区内市场。加强对大连海上、辽宁进关销售和系统内自用油、自销非标品行为的监管，有效避免了内耗。针对进关龙组屡次变站区内的问题，在公司纪检监察部门的参与下，有效开展了销售效能监察，杜绝了类似问题的再次发生。与地区销售分公司共同完善了专项用油的销售管理办法，建立用户档案，推行合同化管理，加强了对专项用油的监管。对经检查发现存在自销行为的个别地方炼厂，上报板块停供了原油，敦促地炼规范了销售行为，净化了区内市场环境。

2. 以整合理顺为主线，深化了企业内部改革

（1）按照精干高效、科学规范的原则，调整了机关机构，解决了合署办公后部分处室业务交叉、职能重叠的问题，建立起了统一的指挥系统。

（2）按照主辅分离、有进有退的原则，整合了辅业公司。一是确立了辅助业务的管理体制。销售东北公司作为“壳公司”继续存在。自备车公司、辅业吉林分公司分别并入了大庆分公司和吉林分公司。新成立了滨江分公司、龙凤分公司，并相应保留了哈尔滨公司、辅业大庆分公司的企业名称和法人地位，适度扩充了经营范围，明确了企业发展方向。二是按“3.31”基准日完成了原存续企业财务资产的审计评估和建账并账工作，明晰了产权关系。

（3）按照积极稳妥、逐步推进的原则，深化了三项制度改革。规范施行了领导班子任期制，公司两级领导班子完成了换届调整，公司的行政副职实行了公开竞聘、竞争上岗，新提拔的两级班子成员都实行了民主测评、任前公示。强化了用工合同化管理，对全系统的社会用工进行了清理整顿。进一步完善了全员业绩考核体系，考核指标分解更加合理，激励机制作用明显。薪酬分配进一步向基层倾斜。医疗保险制度与社会接轨，增强了保障能力。

（4）按照资产量化、整体分流的原则，改制了原营口制桶厂。通过资产量化方式，将该厂整体改制成为股份制企业，200多名员工与公司解除了劳动关系。

3. 规范经营和管理，企业管理水平有了新的提高

（1）企业管理基础工作有了新的进步。以开展“管理年”活动为契机，组织开展了基层基础工作巡回检查，推进了企业的严格管理、精细管理、科学管理、创新管理。大连分公司建立了下海油品计量交接的诚信管理体系和计量纠纷处理的四级管理模式，提高了工作质量。

（2）HSE管理体系通过了国家认证，企业综合管理水平有了新的提升。HSE体系涵盖了企业管理的各个环节，对于全员树立现代经营管理理念，实现企业管理工作科学化、规范化、标准化，制度化发挥了积极的促进作用。东北销售分公司也成为中国石油销售系统中首家通过职业健康安全管理体系和环境管理体系国家级认证的企业。

（3）财务管理水平上了新台阶。一是进一步加强了预算管理，首次将经营费用和财务费用指标分解落实到各分公司和机关业务部门，增强了全员的成本效益意识。二是加强了会计基础工作，在炼油与销售分公司组织的销售系统会计基础工作检查评比中名列前茅。三是加强了资金结算管理。严格执行资金收支两条线和资金预算管理制度，使全系统银行存款余额和应收内部单位款、承付期内欠款同比大幅下降，年节约财务费用1000余万元。

（4）审计、监察和法律事务工作取得了新成果。全年开展专项审计62项，效能监察39项，取得直接经济效益401万元，维护了企业权益。审定收档法律合同100余份，合同金额1亿多元，没有发生工商法律事务纠纷。

（5）计量、质量和安全工作取得了新的进展。妥善处理质量纠纷22起、计量纠纷349起，维护了企业利益。按HSE管理体系运行要求强化了安全工作，建立健全了“一岗一责制”，全年没有发生重大责任事故。

（6）经济运行分析、统计和信息系统建设工作有了新的发展。

4. 加强了精神文明建设，实现了两个文明协调发展

一是加强了两级班子的思想建设、作风建设和组织建设，增强了领导班子的战斗力。二是推行了党建目标管理责任制，加强了基层党组织建设。三是加强了员工队伍建设。广泛开展培训工作，全年培训达2395人次，提高了员工队伍的综合素质。四是加强了企业文化建设。五是加强了思想政治工作。六是加强了党风廉政建设。七是加强了工会和共青团工作。

（孙　伟）

中国石油天然气股份有限公司西南销售分公司

【概述】　2002年，中国石油天然气股份有限公司西南销售分公司（以下简称公司）根据集团公司、股份公司、炼油与销售分公司的整体部署，结合企业实际，认真分析企业面临的形势、机遇、挑战和发展潜力提出了“以党的十五届六中全会和中央经济工作会议精神为指针，深入贯彻集团公司、股份公司、炼油与销售分公司工作会议的安排部署，以提高经济效益为中心，深化改革，加强管理，开拓经营思路，调整两个结构，挖掘两个潜力，实现网络、市场与效益同步发展，确保公司各项业绩目标的实现”的指导思想。全面贯彻落实股份公司、炼油与销售公司对市场调整的战略部署，“坚定、沉着、鼓劲、抓实”地开展工作，贴近和贴紧市场，牢牢把握市场行情，深化内部改革，加强经营管理，取得了经济效益创历史新高、经营管理迈上新台阶、党的建设和精神文明建设有新发展的优异成绩，使公司在不断调整中发展壮大，进入了持续发展的新阶段。

【机构设置及人员状况】　2002年，公司机关设5处1室，即人事处（组织部）、财务资产处、综合业务处、质量安全处、审计监察处、经理办公室（党委办公室）。

公司下设云南、贵州、广西3个直属分公司和成都新成石化公司、云南中油强林石化公司、云南中油雄海石化公司、广西中油经贸有限责任公司、广西河池中油农机油料有限公司等5个控股公司。

到2002年底，公司有员工4040人，其中：中油系统员工108人。

【主要经营指标完成情况】　公司全年共销售成品油162.53万吨，为计划的116.09%，其中：零售58.26万吨，为计划的116.5%。全年实现销售收入419627万元；实现利润8651万元（考核利润为9936万元），为计划的153%。

【网络建设】　公司全年完成了12229万元投资。完成并落实了7座加油站的购建计划。加大了发展特许经营加油站的工作，全年与11个单位签订了《特许经营合同》。特别是南宁油库的建设工程、102油库、广西河池油库的改扩建工程，都是由公司自己主持完成的，并做到了投产运行一次成功。

【企业改革】　把云南地区4个分公司重组整合为云南分公司，优化了市场结构，优化了资源配置，形成了规模效益，在云南区域市场上，充分体现了生机和活力，使中国石油在云南省区的经营管理水平和核心竞争力得到了较大的提升。打破行政区域界限，以油库为经济半径设立配送中心，推行配送制，经过试点，已取得了一定的经验。积极贯彻落实销售代表制。劳动用工、薪酬制度的改革取得了较大的进展，稳定了员工队伍，留住了骨干人才。

【企业管理】　在财务管理方面，通过全面贯彻落实收支两条线制度、以目标利润为中心的全面预算管理体制、开展《会计法》执行情况大检查等一系列工作措施，使财务管理工作上了新台阶。减免税金410万元。公司财务处荣获炼油与销售公司先进单位称号。

在经营管理方面，以资源配置、价格制定、投资管理为重点，定期进行经营分析，提出切实可行的工作措施，使经营管理由原来的经验操作变为以数据和制度为依据的理性管理，使公司整体经营管理水平有了较大的提高。

在安全管理方面，进一步明确了“谁主管，谁负责”的安全工作指导原则。全年对60座加油站、5座油库进行了检查，查处事故隐患300多个，整改265个。在股份公司组织的4次8个样品抽样检查中，公司获100%合格的好成绩。

在审计监察方面，三个分公司先后成立了审计监察部，配备了12名专职工作人员。公司制定了11个廉政制度，各业务部门结合实际制定相应的规章制度。公司受理各类案件线索举报5件，初核率100%；有1名副处级干部、1名科级干部受到了纪律处理，1名处级干部受到了通报批评。对4个分公司的行政主要领导进行了离任经济责任审计，对3个单位2001年经营情况进行了会计报表审计，审计资金42.36亿元，针对存在的问题，提出5项整改建议。对2000年以来网络建设投资的273个项目进行了审计，审计资金9.7亿元。

在法律管理方面，针对复杂的市场环境和法律环境，建立了公司的法律工作机构，建立了两级法律风险防范体系，配备了专人，重新修订了合同管理和纠纷管理两个细则，不断拓宽公司法律工作的领域，促进了公司的规范运作，维护了公司的经济利益和社会信誉。

在信息化管理方面，成品油购销存信息系统正常运行及数据的及时汇总上报；全公司在网上完成采购资金10800万元，为股份公司下达任务的109%；加油站零售管理系统和加油站图文信息数据库系统，已在贵州分公司、云南分公司试运行；2002年4月份，公司开始与集团公司、股份公司的广域网互联互通，开通了与集团公司、股份公司的视频会议系统，实现了远程音频的实时双向传输。

【领导班子及员工队伍建设】　下属的云南、贵州、广西3个分公司先后组建了党委，配备了专职党委书记抓基层党建工作。组织开展了对中层以上管理人员的考核工作，在考核的基础上，调整充实了三个分公司的领导班子，对10多名中层管理人员进行了岗位调整。共举办各类学习培训班93期，其中：参加上级组织的各类培训班27期，公司组织的各类培训班66期。共培训员工1673人次，其中：管理层29人次，操作层1644人次。培训工作提高了员工队伍的整体素质和经营管理水平。

【党的建设、党风廉政建设和精神文明建设】　公司党委认真抓了十五届六中全会和十六大精神的学习贯彻工作，在加强和改进党的作风建设方面做了大量工作。全公司已基本建立健全了党支部和党小组，做到了经营活动开展到哪里，党的组织就建立到哪里，党的活动就开展到哪里。各分公司党委、党支部还结合经营管理工作，开展了“党员责任区”、“党员先锋岗”、“一名党员一面旗”等创先争优活动。以领导干部廉洁自律、从源头上预防和治理腐败为重点的党风廉政建设，取得了新的成效。组织员工开展了学习销售系统先进事迹报告团先进事迹和“四个优秀”典型选树活动，在全公司开展了“转观念、找差距、上水平、增效益”十二字活动。建立健全了基层工会组织，开展了提合理化建议及创先争优的劳动竞赛活动。

（杨惠铧）

中国石油天然气股份有限公司
华东销售分公司

【概述】　2002年是中国石油天然气股份有限公司华东销售分公司（以下简称华东公司）实施“四大”战略，强化经营、规范管理、向经营管理要效益的一年。在集团公司、股份公司和炼油与销售分公司的正确领导下，紧紧围绕公司油品销售、市场开发、网络建设、油站经营、油库管理、改革创新等中心工作，以实施“党群工作目标管理责任制”为保障，开展了一系列卓有成效的工作，取得了物质和精神文明的双丰收。

【主要指标】

（1）全面并超额完成油品销售任务。2002年共销售成品油1502万吨，完成年计划的106%；资产型加油站完成零售量260万吨（含中油BP），完成年计划的105%；零售比例为20%，同比提高9个百分点。

（2）网络开发与建设稳步推进。2002年新增油库8座，新增库容12万立方米；新增加油站122座。机构用户销量由174万吨上升到235万吨，同比上升35%。公司的市场竞争实力得到进一步增强。

（3）加油站整治及经营管理成效显著。有1254

座资产型及短期租赁加油站达到专项整治标准，合格率为98%，比专项整治前提高了66%；单站平均日销量由2001年的4.7吨提高到2002年末的6.5吨；培育万吨站17座；公司加油站全年实现利润9950万元。

（4）预算管理和降本增效成果突出。2002年吨油商流费为129.52元，其中吨油现金营销成本为96.44元，基本控制在预算指标之内。全年实现利润8.56亿元。

【经营销售】　2002年，华东公司加强了对市场、经营策略的研究，注重对国内外市场形势、竞争对手及社会用户消费心态进行研究，适时调整营销策略。

一是将整个华东公司所辖的各省一级库作为一个虚拟大库，由本部调运中心统一进行资源配置，充分发挥了资源统一管理、统一配置的优势。

二是注重研究市场量价费互动关系，较好地把握了几次市场机会，实现了盈利。在实现“两个确保”的同时，做到高风险时能把库存降下来，把损失降到最低程度；该盈利的机会一个不放过，把价格推到位，实现了利润最大化。在市场变化无常的情况下，努力掌握主动权，全年取得盈利8.56亿元的好成绩。

【网络开发】　2002年，公司积极组织、加快协调、稳步落实，网络建设工作取得较好成绩，全年新增油库8座，新增库容12万立方米，新增加油站122座。截至2002年12月底，共开发加油站1275座。其中，资产型加油站1160座，短租加油站115座。截至2002年12月底，共开发资产型油库39座，其中收购10座，控股24座，参股4座，租赁1座，总库容95万立方米，年中转能力1152万吨。按油库职能划分：一级库3座，总库容34.7万立方米，年中转能力350万吨；二级库36座，库容60.3万立方米，年中转能力651万吨。

【油站管理】　公司提出：“2002年是加油站管理增效年”。一年来，公司强化了“得终端者得天下”的认识，树立起“效益与市场份额并重”的理念，把加油站管理放到企业的“生命工程、效益工程、一把手工程”的重要战略地位来抓紧抓好抓实。

一是建立各级考核体系，将工作指标和压力细化落实到各区域零售管理中心、加油站，从上到下树立起了零售观、效益观，推动了加油站经营管理工作的顺利开展，使加油站运营逐步迈上了科学化、规范化、精细化的轨道。

二是初步建立以零售“量、本、利”的经济运行为中心的加油站零售经营分析会议制度。每月、每季度对零售运营情况进行动态分析，重点分析销量构成、商流费用分解比较和销售价格等经营指标，研究问题和措施，指导下阶段工作。

三是依据《加油站管理规范》开展了加油站达标创星工作。全年进行了两次达标创星大检查，累计申报三星级以上加油站89站次，确定了55座加油站申报上级公司的星级评定，其中三星级34座、四星级11座、五星级10座。

四是按照“淘汰一批，规范一批，发展一批”的原则，进一步规范发展了特许经营网络，累计淘汰不合格加油站248座，规范合格特许加油站143座，发展特许经营加油站434座。截至2002年底，共开发特许加油站577座（广东114座、福建70座、浙江98座、上海80座、江苏110座、安徽61座、江西44座）。

五是开展加油站专项整治工作。全年召开了三次专项整治工作会议，累计整治合格加油站1254座，合格率达到98.5%，比专项整治之前的32%提高了66%。

【改革管理】　按照现代销售企业物流管理的要求，进行了以销售代表制、配送制以及加油站长竞聘上岗、吨油工资含量包干、“三定”管理（定销量、定价格、定效益）、绩效挂钩等为主要内容的改革试点工作，并取得了较好效果；公司的财务资产、规划投资、价格信息、人事及劳动用工、法律合同、质量计量、安全生产等基础管理工作得到了进一步加强和规范；全年油品综合损耗率控制在0.31%以下，比规定指标低0.065%；销售油品质量合格率达100%；实现了安全生产无事故。全年共参加集团公司、股份公司举办的各类培训班125人次；公司自办培训班343次，培训员工达11477人次。

【财务管理】　2002年，财务管理上完善了资金预算管理机制，加强了对费用预算的分析与分解，加强了资金管理，提高了财务监管力度，采取了确保资金安全的10条措施；撤消了多余的账户，建立了银行账户电子台账；加强了应收款项的管理，共计收回历年欠款35857万元；完成了安徽市场、山东市场整合后的财务、资产的划转；在税务管理方面，进行了企业所得税调查，确保了企业所得税合并交纳。

（曾祥浩）

中国石油天然气股份有限公司华北销售分公司

【概述】　2002年是中国石油天然气股份有限公司华北销售分公司（以下简称“公司”）具有里程碑意义的一年。6月24日，集团公司、股份公司和炼油与销售分公司分别以中油党字［2002］43号、石油任字［2002］157号、油炼销字［2002］133号文件调整了公司领导班子。在新一届班子的正确领导下，公司全体员工振奋精神，直面挑战，勇闯市场，持续创新，对公司经营思路、经营机制和体制进行了重大变革，员工精神面貌发生了巨大变化，企业文化建设初见成效，企业凝聚力空前提高。公司的经营实现了扭亏为盈，一举扭转了被动局面，实现了公司组建以来历史性的跨越和突破。

【主要指标】　2002年，销售总量完成891万吨，较上年增长12.6%。其中，汽、柴油自营销售824.3万吨，较上年增长14.3%。自营销售中汽油355.6万吨，同比增长21.2%；柴油468.7万吨，同比增长9.6%。资产型加油站汽、柴油零售76.66万吨，较2001年增长58.7%。机构用户销售量完成74.77万吨，较2001年增长102.1%。利润实现5.03亿元，完成预算利润3.6亿元的139.7%。吨油商流费用177.24元，比2001年同期增加12.05元。吨油现金营销成本155.76元，剔除两湖划转的因素不超预算，较上年增加9.03元。

【市场营销】　公司抓住两大集团和社会经营单位三方竞争的矛盾特点，利用资源杠杆，采取了“联手推价”和“携手保量”的竞合战略。通过与中石化反复磋商达成一致，自7月8日起，率先在全国拉开了联手推价的序幕，并带动了周边市场成品油价格的快速跟进，取得了7月份大幅度减亏、8月到12月连续5个月实现大幅度盈利的可喜成果，平衡了资源，稳定了价格，保住了效益。

2002年，公司紧紧抓住扭亏增盈这个牛鼻子，对经营体制和机制进行认真剖析，实行了有特色的重大改革，确立了“一个中心、两个确保、三个公开、四个统一”的经营指导思想，整合了营销资源，理顺了营销体制，市场调控能力有所增强。

一是对内部直属公司实施“送货制”，创造公开、平等、透明的竞争条件。实行内部送货制，无论资源来自哪个方面，距离远近，总部都负责送货到库，铁路运费由公司本部承担，并以同一价格结算。因而消除了运费差异对各单位利润的影响，给各经营单位创造了一个平等竞争的内部条件，突出体现了“公平、效益”和“四统一”原则，较好地调动了各企业争创效益的积极性。

二是统一业务运作，集中运营提高了效率。无论是全资公司、控股公司还是社会经营单位，购进油品只与计划衔接一次，实行一次结算。把控股公司业务划归公司直接管理，计划、价格、调运、结算实行集中统一运作，这样不仅提高了计划衔接、信息反馈、调运落实、结算管理和资金回笼等业务的效率，而且解决了多个主体跨区经营、计划衔接不利等难题，实现了扁平化管理，形成了拳头优势。

三是总量调控得到加强，为争创效益打下可靠的基础。运行工作在全面完成年度调运任务的同时，对系统内总资源量的调控能力进一步提高，资源流向更加合理，灵活调度和优化运输不断加强，配送中心建设步伐加快，高效市场和换季区域的油品供应状况明显改善。

四是理顺营销管理体制，“利润中心”效果更加突出。将华北三个驻炼厂分公司的管理职能和经营职能分离，驻厂分公司定位为总部的派出机构，履行“利润中心”的管理职能，分公司定位为区域经营单位，履行“成本控制中心”的经营职能。理顺了经营管理体制，解决了职能交叉，责任不清，压力不大，影响效率的问题，发挥了集中统一运营和地缘资源的优势。2002年，三个驻厂分公司共实现利润2.82亿元，占公司利润的56%，形成了公司利润的主要来源。

五是本着“互利双赢，长期稳定，计划管理，合同约定”的原则，加强社会联盟，开发特许经营和机构用户。公司制定了《成品油联营合作办法》，召开了社会联营单位座谈会，规范了与社会经营单位的合作关系。截至2002底，公司已与80多家社会经营单位建立了长期稳定的合作关系，平均月销量约25万吨，占整个公司平均月销售量的35.7%。

六是加强了价格和信息管理。公司调整和完善了价格领导机构和决策运行机制，完善了购、销、存信息系统，对辖区市场销售动态进行深层次、全方位的研究分析，提高了价格趋势预测的时效性和准确性，为销售策略和经营方针的制定提供决策依据。2002年国家调价5次，公司调价11次，通过调价适时推高价格，引导市场销售和库存调整，提高吨油销售收入，并制定和下达最低批发限价，规范经营行为，制止低价销售行为，避免了效益流失和自相竞争现象的发生。

【网络建设】 2002年，公司提出了网络建设“超常规、跳跃式”健康发展的要求，坚持“程序不减、节奏加快、提高效率、保证质量”的工作原则，一手抓经营，一手抓网络建设。采取“投运一批、开工一批、立项一批、选点一批”的滚动开发方式，全年完成投资8.30亿元，其中油库投资0.9亿元，加油站投资6.9亿元，其他投资0.5亿元。截至2002年底，公司拥有油库36座，库容47.87万立方米，年销售能力400万吨以上；资产型加油站年销售能力200万吨；控股单位28家。公司实现了数量与规模、时间与速度、质量与效益三大突破。

工程建设工作按照“制度化管理，标准化建设，实施项目管理，强化目标控制”的思路，提高工程质量，缩短建设工期，节约建设资金。2002年新开油库工程14个，库容21.32万立方米，其中新建工程7个，扩建工程3个，改造工程4个；续建加油站工程131个，新开加油站工程95个，工程量突破三年的总量。南宫、辛集、武清3座油库创造当年立项、当年施工、当年投产的新纪录，243座加油站也是当年立项、当年投产。工程质量合格率100%，有效确保了一次性安全投运。

【企业管理】 管理是企业永恒的主题。公司以企业健康稳定发展和全面完成业绩考核指标为目标，进一步深化改革，强化企业管理。

1. 深入调研，扎实推进，零售管理水平明显提高

公司一是加强培训，做好《加油站管理规范》（简称《规范》）宣传贯彻工作。公司全年共举办培训班29期，脱岗培训1521人次，在岗培训3224人次，整体培训率达到了84%。对照《规范》，各单位均不同程度地进行了自查自纠，自查整改率达到85%。通过自查整改，加油站的基础工作逐步向《规范》靠拢，整体管理水平有了大幅度提升。

二是加快进度，开展达标创星和吨级加油站培育工作。2002年，湖北辛安渡、太平洋、河北常青、河南郑州37站、中油北京南湖站等5座加油站完成了万吨销量任务。经过内部考评，共评出307座达标加油站，26座三星级加油站，并向炼油与销售分公司申报了7座五星级加油站和4座四星级加油站。

三是加大力度，认真落实加油站专项整治工作。通过努力开展资产型加油站清理工作，公司加油站在全国加油站专项整治验收检查过程中，最终全部通过了验收考核。

四是细化管理，加强零售统计与分析工作。公司加强了零售经营活动分析，重点做好量本利的联动分析，引导站长学会算细账，对提高零售的精细化管理起到了促进作用。

2. 规范运作，精细管理，财务管理各项工作有序展开

财务管理从资金管理、资产管理、投资管理、会计基础及财务队伍建设各个方面不断加强。

在资金管理方面，继续落实收支两条线的资金管理制度，保证了结算资金及时上划集中使用。规范了所属分公司的银行开户，减少了结算户的开户数量，统一在工行开设费用户和投资户，各项支出均纳入预算管理，保证了结算、费用、投资资金按规定渠道收支。下发关于加强资金管理、货币资金限额、结算管理办法等管理制度。加强了油品结算管理，统一价格、统一结算关系，加大对相关市场的调控力度，减少了在途货币资金，解决了公司相互拖欠货款问题。

在实物管理方面，通过调研摸清了资产质量、管理状况，制定下发了《固定资产管理实施细则》，启用中油财务软件资产管理系统，加强了对实物管理的力度。拟定并实施了实物资产清查计划，基本做到“账实清楚，责任到人，管理到位”。

在投资管理方面，上级下达的投资计划达8.27亿元，网络建设是重点。为确保这些资金的安全、合理使用，公司对投资加强了管理，规范了投资拨款程序，按进度拨款，使资金得到了较好地运行。

在预算管理方面，实行了严格的费用预算与考核制度，与分公司、控股公司责任人签订了业绩考核合同，费用控制力度、成本费用效益意识进一步提高。同时，严格执行《中华人民共和国会计法》，会计基础工作得到进一步加强。调整完善了清欠组织机构，形成了二级清欠网络，配备了专职清欠人员，全年共

清回欠款 11588 万元，占应收账款余额的 46.99%，完成全年清欠任务的 75.3%。

3. 苦练内功，狠抓落实，基础管理水平又上新台阶

公司重点做了四个方面的工作。一是整章立制，初步形成了科学的考评体系，法律事务工作水平得到提升。为适应体制改革、扁平化管理和新的经营管理思路的需要，公司修订和完善了 28 项管理制度和办法。以加强合同管理为切入点，全年共出具《律师意见书》13 份，审查合同 103 份，合同金额达 3.6 亿元；开展了"四五"普法教育，法律风险防范意识及能力明显提高。

二是落实廉政责任制，发挥审计督察作用。对公司所有副处级以上领导干部逐级签订了《党风廉政建设责任书》和《领导干部廉洁自律承诺书》。完成了 179 座加油站改扩建工程项目的决算审计以及拟收购、新建的 400 余座加油站和 19 座油库资产的评估。深入基层积极组织开展以经营管理为内容的各种专项审计，对所属分公司和控股公司 12 名经理离任进行了审计，提出各种审计意见和建议 80 多条。信访工作做得比较好，结案率达到 100%。

三是薪酬管理改革日趋深化，社会保障工作有序推进。公司采用目标经营考核（KPI）与管理效率评价（BSC）"双百复合"的考核方法，以超过挑战值、达到目标值和未达到目标值为准则，确定了"三条跑道"的考评体系，初步形成了"以效益论英雄，以效益定奖惩"的激励与约束机制。规范了各类员工工资（奖金）审查、核定办法；建立了岗位技能工资动态调整制度及运行机制；改革了机关和两个办事处的奖金发放办法。为 103 人建立了"四险一金"，为在京单位 39 名员工办理了养老保险的代扣代缴，指导和督促了所属单位在当地有序开展保险和住房公积金的建立工作。

4. 落实安全责任，抓好质量安全管理

2002 年，公司安全生产死亡责任事故为零，30 万元以上经济损失责任事故为零，1 万元以上环境污染责任事故为零，股份公司质量抽检合格率 100%，较上年提高 11 个百分点。公司质量抽检合格率 88.6%，较上年提高 7 个百分点。

【党群工作】 调整配备了分公司、控股公司部分领导班子成员，大胆起用了一批表现突出的年轻干部，基层领导力量得到了充实和加强。2002 年 6 月，在新的党委班子组成后，各分公司党委也相继成立。目前有党委 7 个，党总支 3 个。组建了纪律检查委员会、工会和党群工作部门。针对市场经济条件下，员工的心理特点，提出了建设以"家庭、学校、舞台和赛场"为内容的企业文化建设基本思路。组织了"献爱心"活动及帮困扶贫活动等。

（宋景龙）

中国石油天然气股份有限公司黑龙江销售分公司

【概述】 中国石油天然气股份有限公司黑龙江销售分公司是中国石油天然气股份有限公司在黑龙江设立的地区销售分公司，现有机关处室 9 个，公司下属 18 个地市公司（配送中心），1 个润滑油公司及 58 个县级公司，主要经营成品油和化工类产品。省、市、县公司实行统一经营，分级管理，收支两条线的营销体系。截至 2002 年末，公司资产总值为 300726 万元，负债为 302592 万元。公司在职职工 8661 人。

【油品销售】 2002 年共购进成品油 222.45 万吨，其中汽油 94.28 万吨，柴油 128.17 万吨；销售成品油 223.47 万吨，其中汽油 95.14 万吨，柴油 128.33 万吨，销售总量比 2001 年增加 1.89 万吨，增长 0.85%。实现销售收入 630441 万元，完成利润 12247 万元，上缴税费 18872 万元。

【库站管理与网络建设】 全系统拥有油库 69 座，总容积为 57.93 万立方米，加油站（点）1064 座，其中独资 952 座，联营 29 座，租赁 47 座，特许经营 36 座。2002 年公司强化安全管理工作，油库、加油站实现了生产经营事故为零的工作目标。建立和推行了安全生产责任体系，库站队的标准化体系和 HSE 管理体系。省公司与分公司签订了年度安全生产责任状，落实了领导干部定点承包库站安全的制度，全员

实行安全生产合同制管理。全省开展了3次大规模的安全稽查，整改投资达3385万元。

网络建设有了进一步发展。公司侧重抓了四个环节：一是明确了发展思路，坚持以中心城市和潜力较大的县乡为投资重点，坚持收购、新建、改扩建并举的方针。二是纳入日程，把网络建设作为一项重要工作来抓。三是严把立项审查关，对项目进行严格审查，科学评估，重大事项坚持集体决策。四是强化建设工程管理。对设计委托、图纸审查、造价核定、公开招标等都建立了一套制度。由于上下共同努力，完成投资额18174万元，占投资计划的104%。项目158个，其中新建33座，收购81座，改造44座。此外，还有25个跨年项目，续建投资2263万元。这些加油站的投运，将会进一步提高市场占有份额，有力地拉动零售量的增长。

【经营管理】 市场营销取得较好成果。2002年，市场营销工作面临的是一个更艰难、更严峻的形势，集中体现在经营对手的组织化，竞争焦点的多样化，低价冲击的长期化，客户争夺的白热化。在这种情况下，公司通过实施资源倾斜战略，遏制了外系统的低价冲击；通过辐射林区、垦区，拓展了销售空间；通过市场细分、建立客户档案，扩大了固定用户群；通过建立销售代表、代理和流动送油，培育和控制了偏远的空白市场；通过薪酬挂钩和实行吨油含量工资，激发了员工销售积极性；通过配送中心试点工作，积累了经验，优化了结构。正是由于我们审时度势，激流勇进，全年销售总量又实现了新的突破，完成223.84万吨，比同期增加了2.2万吨。零售总量实现134万吨，与同期基本持平。在扩大销售的同时，我们强化预算管理，严格收支，降低成本，全年实现利润1.22亿元，加上各项因素，实际实现利润3.54亿元，创造了历史新高。

企业管理水平有较大提高。全面深入贯彻《加油站管理规范》和《加油站管理实施细则》，强化对站长和员工的业务培训，实行站长竞聘和吨油含量工资制，普遍推行了营业准备、加油操作13步曲，服务面貌发生很大变化。在财务管理上，进一步加强了对全省系统的资金、债务和成本费用支出管理控制工作，资金支付和下拨的程序更加科学合理。在油品的计量质量管理上，制定了《计量监督管理暂行规定》，为确保有效运行，我们对计量人员的隶属关系进行了重大调整。为防止劣质油品流入市场，制定了《地方炼厂油品出厂检测暂行办法》。

机关作风有了明显改变。2002年，公司把转变机关作风当作提高省公司形象的切入点，推出了首问责任制、调查研究制等举措，特别是在深入基层方面不断提出新的要求。在全年目标的推进上，公司组成了工作组，由领导带队、处室包片、干部蹲点，一抓到底，对工作起到了极大的促进作用。在重点工作的突破上，特别是在安全检查、HSE推广、配送中心试点、乙醇汽油销售和党风建设检查上，省公司都派出了大批干部，工作在基层、研究在一线、解决问题在现场。在网络建设上，我们派出了3批踏勘组，对近200个站点进行现场察看，为决策提供了可靠的依据。在年终业绩指标的考核上，我们在时间紧、任务重的情况下，毅然决定，省公司所有主管领导都放下工作，亲自带队，分8片进行全面的联检联查。工作作风的转变不仅密切了上下关系，也使省公司的工作效率、决策水平、指挥能力有了显著提高，赢得了干部群众的好评。

企业改革迈出坚实的步伐。为适应竞争需要，公司不断剪除内部积弊，疏通工作流程管道，扎实稳步地推动一系列改革。3月份启动了省公司机关无纸化办公改革，4月份启动主要业绩指标薪酬含量挂钩改革，5月份启动网络建设物资采购方式改革，6月份启动网络建设招投标改革，7月份启动县公司持续重组改革，8月、9月、10月三个月对上述改革进行检查指导、推动实施。从11月份开始，我们利用两大机关整合的契机，策划省公司中层以上干部的竞聘上岗和一般管理人员的双向选择。这次竞聘，在全系统产生了强烈的震撼和积极的反响，广大干部普遍增加了思想压力和危机感，也增强了竞争意识和工作动力，收到了改革激励人、竞争鼓舞人，想干事的人有机会、能干事的人有地位、会干事的人有舞台的良好效果。

【党建及思想政治工作】 一年来，公司党委始终把抓好各级领导班子建设作为首要任务，力求通过抓好班子建设来带动全局工作的开展。公司党委从抓理论学习入手，提高认识，端正学风，制定下发了《党委中心组学习计划》，明确了学习内容、方法和制度。公司新领导班子组建后，对理论学习提出了更高的要求。领导班子成员带头学，广大干部职工积极参与，目前，公司上下已经形成了良好的学习风气。

（柳　汀）

中国石油天然气股份有限公司吉林销售分公司

【概述】 2002年中国石油天然气股份有限公司吉林销售分公司在集团公司、股份公司和炼油与销售分公司的正确领导下，按照年初工作部署，围绕年度受约任务，以效益为中心，强化了对经营管理诸要素的优化配置，圆满完成了全年受约任务，企业经济效益创历史最好水平，其他工作协调稳步向前推进，实现了“入世”第一年的开门红。

全系统销售汽、柴油152.3万吨，其中零售100.8万吨，比同期增加8.5万吨，超额完成了计划；汽、柴油零售比重66.1%，比同期提高了9.1个百分点。主营业务收入43亿元，超出预算的12%；吨油现金营销成本为229元，同比减少25元；利润实现2.36亿元，超出预算的10%。投资资本回报率为25.95%，超预算近11个百分点。

【市场营销】 2002年各项工作按照年初总体部署，围绕年度受约任务，调整营销策略，不断更新管理观念，优化管理过程，提高了管理质量和效率。

（1）全面实行了吨油工资含量包干，进一步完善了考评体系。省公司根据以前年度的工作情况，对相应业绩指标进行了调整，将全年费用、工资总额与销售任务挂钩，实行了季考核季兑现。完善了业绩考核体系，层层细化落实，做到了挂考到位，挂考结合。

（2）转变了工作重心，合理控制批发，努力扩大零售，切实把以销量为重心的销售模式转移到以效益为中心上来。正确处理了从量、从利的关系，合理安排了进、销、存，有效地配置了资源。严格执行上级公司的调价政策，统一了销售价格，零售价格到位率100%。

（3）大力推进销售代表制。截至年末，全系统共有销售代表459名，销售代理557名，通过销售代表销售油品79954吨，其中零售38385吨。

（4）积极推进配送制，按照上级要求，借鉴四川绵阳的做法，结合实际，制定了全系统的运作方案。

（5）加快了终端销售网络的建设步伐。全年共投资28229万元，完成建设项目300余个，新建加油站42座，改扩建140座，控股1座，收购加油站61座；发展特许加油站72座，比2001年增加了68座。

（6）加强了与地方炼厂的合作。全年共收购地方炼厂油品40.1万吨，比2001年同期增加90.2%，创历史最高水平。

（7）加强了润滑油营销管理，成立了润滑油销售中心，出台了润滑油销售管理办法，全年共销售润滑油0.4万吨。

（8）非油商品销售收入不断增长。规模型加油站普遍设立了超市、便利店，实现了主业、副业互补发展。

（9）市场环境继续得到了净化。配合有关部门，加强了市场有效监管，规范了系统外单位的经营行为，全年共查处违规销售油品行为6起，查扣油品400余吨，罚款共计150万元。

【企业管理】

（1）强化了财务管理。一是完善了会计基础工作，进一步强化了会计职能作用。二是加强了财务预算管理，根据实际情况，制定了单站预算模型，将预算指标从上到下逐级分解、深化、细化，严格了预算管理。加强了费用的分解落实，大额费用支出实行报告制度，严格了一支笔签批制度，较好地控制了费用支出，吨油现金营销成本按可比口径比上年下降10%。三是加快资金周转，提高了资金运营效率，全系统银行存款及在途资金从2001年的1亿元降低到7000万元，节约利息支出150万元。四是细化了“收支两条线”，完善了基建投资拨款手续，定期对各库（站）进行联合检查，有效防止了赊欠行为。五是增强纳税意识，坚持依法纳税和合理纳税。六是完成了未上市销售企业的持续重组和并账工作，加强了后续工作的管理，对全系统历史形成的潜亏和不良资产进行了规范处理。配合中介机构完成了审计评估工作，对不能进入收购范围的资产进行了剥离，同时对影响1999年重组上市时的产权问题进行了彻底清理和解决。七是加大了清欠工作力度，全年共清回应收账款4220万元，提前1个月完成了受约任务的150%。

（2）加强了投资计划管理。按照“统筹规划、点面结合、突出重点”的网络布局原则，加强了选项立项工作，完善了招投标管理办法。各单位坚持两级评审制度和例会制度，进一步规范了投资计划管理。严把设计审批关、施工关、预决算关和审计关。以项目为核心加强了工程建设管理。加强了建设资金管理，明确了资金拨付依据和拨付程序，建立了基建资金账户，实行了基建资金返还制度，提高了资金利用率，确保了资金安全。

（3）加强了库存商品管理，优化了库存结构。一是严格审查所属公司的要货计划，根据所属公司的库存量、当地市场销售情况和季节性消费变化，合理安排配置计划，控制了库存总量；二是在库存损益处理上，缩短了处理周期，明确了处理范围，规范了处理方法；三是严格执行数据传输的有关管理制度，采取人工上报和机器上报相结合的方法，保证了库存商品信息传递的准确性和及时性；四是加大了对库存的管理力度，减少了随机库存，控制了权限库存。

（4）强化了效能监察和审计监督，关口前移，加强了事先防范和全过程的控制。认真开展了预算执行情况审计、经济责任审计和基建审计，对发现的问题进行了及时整改。

（5）加快了信息化建设步伐，提高了经营管理的科技含量。全面安装运行了中油成品油购、销、存信息系统。在长春分公司全面实施了IC卡工程，实现了44座加油站的卡机联动。省公司投入资金为市级公司185座加油站安装了液位仪，使加油站经营管理信息初步纳入到规范化、科学化管理轨道。

（6）全面落实《加油站管理规范》，提高了零售网络的综合管理水平。年末，经过省公司评审，实现星级站81座，达标站301座，大中城市、国道、高速公路两旁的加油站达标率100％。

（7）安全工作常抓不懈，保障了库（站）安全运行。通过加强安全教育和培训，提高了全员安全素质；建立完善了从上到下的安全包保体系；加强了安全生产大检查，加大了隐患整改力度，省公司在费用十分紧张的情况下，拨出230万元加大了对经营处隐患整改的资金投入，有力地保证了经营处库（站）的安全运转。抓好《安全生产合同》和《工程服务安全生产合同》的签订、监督和落实工作，加强了安全施工的全过程管理，提升了安全管理水平。

（8）坚持开展以企务公开为主要内容的企业民主管理活动，充分调动了员工参与企业管理的积极性和创造力。全年共收集合理化建议341条，被各级公司采纳的122条。

【党群工作】

（1）抓班子，带队伍。将领导班子建设作为队伍建设的首要任务来抓，加强了思想建设、组织建设和作风建设。在用人机制上，进一步完善了竞聘制，规范了用工程序。全年竞聘上岗的处级干部占新提拔处级干部总数的100％。对机关人员和短期合同工普遍实行了定岗定编、竞聘上岗。加强了职工培训，提高了整体素质。全系统共举办各类培训班150期，培训2553人次，参加上级培训42期，培训135人次。

（2）党建和企业文化建设积极向前推进。在培育发展“以诚信服务社会，为民众福祉加油”的企业经营理念的基础上，塑造了“公平公正，和谐向上，严细求实，创新应变”的企业精神，并重点落实到了库（站），促进了企业精神文明建设。全系统被省委省政府评为“精神文明建设先进单位”。

（3）深入细致地开展政治思想工作，保持了企业稳定。针对国有企业的历史遗留问题，严格按照上级政策要求，对稳定工作进行了重点部署，及时深入地开展了思想政治工作。

（殷　平）

中国石油天然气股份有限公司辽宁销售分公司

【综述】　2002年，国际油价起伏，竞争明显加剧。中国石油天然气股份有限公司辽宁销售分公司系统广大干部员工，高举邓小平理论伟大旗帜，全面贯彻“三个代表”重要思想，以经营为中心，以发展为主线，聚精会神抓工作，一心一意谋发展，开拓市场，扩销增效，强化管理，节支降耗，深化改革，固本强基，凝聚队伍，保持稳定，企业管理体制、经营机制、分配方式、文化理念等都发生了深刻变化，主要经济指标实现历史性突破，企业竞争能力和创效能力进一步增强，为投身国际化竞争奠定了基础。

【由亏转盈化风险】　2002年，中国石油股份公司给辽宁销售分公司下达销量320万吨、利润4.4亿元的业绩考核指标。年初，受各种因素影响，关内油品倒流，无序竞争加剧，价格严重不到位。1—2月，辽宁销售分公司出现巨额亏损。领导班子及时调整经营策略，发挥整体优势，坚持保价推量，开展理性竞争。到6月末，全系统实现销量164万吨，完成预算的51.3%，其中零售57.9万吨，完成预算的45%；实现利润1.13亿元，完成预算的25%。从7月份开始，新调整的辽宁销售分公司领导班子，坚持以经济效益为中心，总揽全局，理清思路，突出重点，狠抓落实，下半年实现大幅度盈利。

【主要经济指标实现历史性突破】

（1）销量实现历史性突破。全年销售成品油337.6万吨（区外公司完成67.2万吨），比2001年增加61.4万吨，增长22.2%；其中零售119万吨，比2001年增加2.6万吨，增长2.2%；零售比率为39.8%，比2001年提高7.6个百分点；涌现15座万吨加油站，145名千吨加油员，分别创历史之最。

（2）利润实现历史性突破。经年终决算，账面体现利润2.5亿元（区外公司完成6848万元），比历史最好的2000年翻一番。如剔除存续企业并账等因素，实际实现利润3.8亿元。

（3）纳税额实现历史性突破。上缴税金2.1亿元，比2001年增加1.4亿元，增长233%。

（4）投资和网络建设实现历史性突破。全年完成投资6.23亿元，新增加油站176座，是历史上最多的一年。

（5）安全管理实现历史性突破。连续实现第八个安全年。

【重点抓好六项工作】

1. *以零售为重点，全力以赴扩销增效*

从3月份开始，全系统抓住油品价格上扬和加油站专项整治的有利时机，加大营销力度，拓展市场空间，坚持批发不放，零售快上，区分竞争对手，实行各个击破，扭住经济效益，全力保价增量。在批发环节，理顺营销体制，规范自身行为。将省公司直属单位全部归并到当地市级公司，保留14个市公司的批发权，省公司不再直接从事经营，减少内耗，一致对外，增强控制市场力，保证批发业务实现量利双增。在零售环节，变“加油”为“卖油”，注重内涵发展，打造黄金终端。以方便用户、实现双赢为宗旨，完善设施，增加项目，推服务精品，扬中油品牌，很多加油站推出“亲情化服务”、“无缺陷服务”，吸引顾客，拓宽销路，提高车辆进站率、油箱加满率和顾客回头率，增加单站付油量。全系统星级加油站达到156座，其中三星级以上占61%。达标站143座，一、二类加油站达标率为53%。沈阳销售分公司挖掘潜力，精细管理，成品油销售连续三年以20%的幅度递增，2002年涌现13座万吨加油站，居中油集团辖区中心城市之首。在炼油与销售分公司召开的加油站管理工作会议上，辽宁销售分公司介绍了培育万吨加油站的经验。朝阳分公司以诚信经营打造市场，吸引用户，市区销量持续增长，农村市场占有率明显提高。

2002年，辽宁销售分公司扩销增效成绩显著，区外公司功不可没。按照辽宁销售分公司的经营策略和统一部署，区外公司努力发挥市场屏障作用，与中石化所属企业加强协调，联手推价，缩小与区内的价差；大力发展特许经营，有效遏制油品倒流，扩大区外市场份额。区外公司无论在销量上还是在利润上，均在辽宁销售分公司系统形成“四分天下有其一”的发展势头。

在新班子精心运筹和带领下，全系统干部员工顽强拼搏，勤奋工作，从7月份到年底，6个月时间实现利润2.7亿元，是辽宁销售分公司历史上发展最快、效益最好的时期。

2. *大力抓好终端销售网络建设*

省、市两级公司领导班子从企业前途命运和实现可持续发展的高度，把终端销售网络建设作为“生命工程”抓紧抓好。采取有力措施，落实投资计划，逐月下达任务，每周搜集情况，坚持跟踪检查，不断督促落实，发现问题及时解决。在投资方向上，做到新建、收购双管齐下；在网点布局上，以加油站数量少、基础差的市公司为重点，优先完善市区网络，并向经济比较发达的农村集镇延伸；在工作目标上，明确“今天的投资就是明天的成本”，努力提高投资回报率。新建，精心选址，控制造价，缩短周期；收购，手续齐全，价格合理。上下齐心协力，把握机遇，加紧运作，坚持标准，保证质量。全年购建加油站176座，改建、扩建45座，专项整治209座。截至2002年末，全系统资产型加油站达到714座（区外公司8座），为扩大终端销售创造了有利条件。本溪销售分公司观念超前，抢占先机，精心运作，网络建设走在全系统前列；鞍山销售分公司、大石桥销售分公司加大工作力度，取得政府支持，统筹规划，科学安排，抓重点，破难点，网络建设发展快、效果好。

3. 运用多种手段推进企业管理

全面推行预算管理，辽宁销售分公司机关实行“可控费用分解包干”，对市公司按 30 项综合指标逐月考核，统一排榜，并依据任务完成情况按月核发工资。“事前预算、事中控制、事后考核”成为各级经营管理者的自觉行动。狠抓资金管理，发挥资金使用效益，置换银行贷款，盘活沉淀资金，大力清收欠款，降低财务费用，化解经营风险。全年清回欠款 18170 万元，置换银行贷款 2495 万元，财务费用比 2001 年降低 801 万元。结合存续企业财务并账，给县级经营部补上现代企业财务管理课，进一步夯实管理基础。本溪销售分公司加强基础工作，强化精细管理，成功地走出一条内涵发展的良性循环之路。

从讲政治、顾大局、保稳定、促发展的高度扎扎实实地抓好安全管理。克服设备老化、隐患增多、人员减少、费用不足、任务加重等困难，认真贯彻“抓管理保安全、抓安全保效益”的方针，以人为本，落实责任，增加投入，整改隐患，安全工作稳步发展。以丹东金山湾油库为试点，启动 HSE 管理体系建设，油库科学管理水平进一步提高。

合同管理和法律事务管理逐步走上正轨。信息网络管理更加规范。中国石油炼油与销售分公司部署的 IC 卡零售业务管理系统前期准备工作顺利完成。档案管理取得新进展，继 2001 年 8 个市公司综合档案管理晋升国家二级之后，2002 年辽宁销售分公司机关和 6 个市公司综合档案管理也通过了国家二级认定。

按照中国石油天然气集团公司和中国石油炼油与销售分公司的规定，以资产、人员、费用管理为重点，存续企业管理逐步走向规范。离退休人员纳入系统管理，制定有关制度，建立工作机制，确保待遇落实，省公司机关老干部工作受到省委有关部门的好评。

4. 积极推进干部人事制度改革

2002 年，辽宁销售分公司系统经营管理发展较快，干部人事制度改革发挥了巨大推动作用。选派省公司机关干部到市公司挂职锻炼，增长才干。根据中国石油股份有限公司的要求，按照公平、公开、公正、竞争、择优的原则，努力扩大职工群众在选拔任用领导干部工作上的知情权、参与权、选择权和监督权，全面考核，竞聘上岗，对 14 个市公司领导班子进行了调整，激发了班子活力；辽宁销售分公司机关处室首次实行正职应聘、副职竞聘和一般干部选聘，反响强烈，效果良好。“干部能上能下”的竞争机制得到进一步落实，有力地促进了干部思想观念的转变，竞争意识、危机意识和责任意识普遍增强。

中国石油辽宁销售分公司机关与辽宁省石油总公司机关顺利完成了合并，撤销 30 个县级公司，组建经营部，理顺了关系，统一了市场，企业竞争能力和整体效益得到提高。

5. 认真做好改制县公司工作，全力维护企业和社会稳定

为了有利于控制市场，有利于企业发展，有利于社会稳定，2002 年以来，根据中国石油天然气集团公司和中国石油股份有限公司的指示，辽宁销售分公司着手解决改制县公司的问题。主要领导亲自挂帅，实地了解情况，面对面听取职工群众的意见，宣讲政策，消除疑虑，达成共识。针对不同情况，制定具体方案，收回改制县公司的有效资产，用变现的资金有偿解除职工劳动关系。截至 2002 年末，中国石油股份有限公司和辽宁销售分公司共出资 16050 万元，平稳解决了 7 个改制县公司的问题，总体情况平稳，各方基本满意。

（吴　杰）

中国石油天然气股份有限公司大连销售分公司

【概述】　中国石油天然气股份有限公司大连销售分公司（简称“公司”），直属中国石油天然气股份有限

公司炼油与销售分公司管理，担负大连地区石油成品油市场的计划、供配及规范、管理等职能，总部位于大连市中山区昆明街200号。截至2002年底，公司所辖县区公司6个、直属经营机构3个、控股公司5个，职工1152人，资产总额10.5亿元，油库9座，储存能力19万立方米，铁路专用线7条，加油站187座，专用油罐汽车72辆，油轮3艘，油港2个。2002年全年销售成品油101万吨，实现利润12381万元。

【市场营销】

（1）及时调整经营思路，确立企业发展战略。适时提出了“市场前移”、“构筑三道防线”、“巩固陆地市场求生存，开发海上市场求发展”的经营思想，以及“巩固陆地市场求生存，追求效益最大化；发展近海市场，提高企业的市场竞争力”的经营战略。强化区块市场经营负责制，深度开发，消灭盲区，取得了较好的效果。

（2）科学掌握销售节奏，提高市场调控能力。注意跟踪市场走势，抓住成品油市场的价格变化以及区域市场间价差较大的机遇，实行积极的价格政策，在市场疲软的情况下，有针对性和阶段性地调整成品油批发价格，刺激销售；在市场需求上升时，积极推动价格到位，增加销量和销售毛利，实现资源的最佳配置和效益的最大化。

（3）实施小库存大销售营销战略。建立科学合理的库存制度，规避由于价格调整造成的库存折损风险。测算并下达库存、客存量及成本的控制指标，并结合实际适时调整，既实现了库存跌价损失为零的目标，还实现库存盈利1045万元。

（4）组建配送中心，建立新的营销体制。组建配送中心，实现营销方式的转变和扁平化管理，精简机构，提高效率。同时，实行区块销售代表负责制，按行政区划，重新界定营销责任区，完善运行体制，有力地促进了营销工作的开展。

（5）强化信息管理和市场监控工作。对地区成品油市场实行全方位监控，及时准确地把握市场形势，形成市场快速反应机制。深入开展市场普查调研工作，进一步建立和完善客户档案，对市场占有率和价格到位率的提高起到了较好的促进作用。同时，积极配合市政府有关部门，加强市场整顿，规范市场秩序，使市场环境有了一定的改善。

【网络建设】

（1）大力做好网络开发工作，加快收购和新建加油站的速度。针对公司零售网络建设滞后、零售比例市场份额相对较小的实际，找出差距，准确定位，制定网络建设的长远发展规划，把网络建设当做企业的生命工程来抓，并及时调整和确定零售网络发展战略目标和工作思路，加快发展网络建设的步伐。2002年网络建设投资金额25626万元，新增加油站47座。

（2）加强对原有加油站的改造和管理，提量增效。认真贯彻落实《加油站管理规范》，开展加油站达标、创星活动及培育万吨加油站活动。同时，全面推行单站核算，准确反映经营管理现状，使加油站管理日趋走上正轨，2002年零售量比上年增加21%。

（3）订立制度，落实责任，提高网络建设质量。先后制定了《评审例会制度》、《评审程序规定》、《网络建设管理若干规定》，从制度上规范了加油站收购和新建过程中的程序，特别是对地理位置优越、具有发展前景但投资回报率暂未达标的项目，组织评审人员到现场实地调研，反复论证后再做出决断。同时，注意做好项目的后评估工作，所属基层单位及有关人员均签订了网络建设责任状，使网络建设工作规范有序地进行。

【企业管理】

（1）深化三项制度改革，注入新的激励机制。建立“能上能下”的用人机制，在公开公平的原则下，对拟任岗位通过竞聘上岗方式，择优录用。实现“能进能出”的用工机制，实行末尾淘汰，增强员工的危机感和风险意识，招聘能力强、素质高的人员充实到重要岗位。建立“能多能少”的分配机制，加大业绩与薪酬挂钩力度并认真考核兑现，提高了劳动效率，降低了成本，也极大地调动了员工的工作积极性。

（2）围绕“打基础、上轨道，抓规范、上台阶”活动，全面推动企业管理进步。从完善企业规章制度入手，加强规范化管理，公司汇集整理了《企业内部制度汇编》，做到有章可依、违章必纠、执法必严的管理机制。强化企业预算管理，编制科学合理的预算方案，确定费用细化、量化、定额化管理原则，保证低成本运行。认真贯彻落实股份公司关于清欠工作的各项政策和规定，制定规划，确定目标，清理陈欠，杜绝新欠，实现了清欠的工作目标。加强安全管理，提高安全工作水平，落实安全工作责任制，并加强安全检查、加油站专项治理和安全隐患整治工作，全年未发生任何等级事故。

（3）加强信息网络建设，提高管理水平与竞争能力。把上级的计划与公司实际结合起来，研究制定信息网络的发展规划。主要加油站已实现IC卡加油管理并逐步全面推开；经营业务进销存网络系统正式投入运行；加强了机关办公自动化建设；进行了财务FMIS6.0系统试点工作；组织开发了“配送中心客户关系管理”和“加油站客户管理”程序；修改了“成品油库存管理系统”模块，提高了管理水平与竞争能力。

（俞　津）

中国石油天然气股份有限公司陕西销售分公司

【概述】　中国石油天然气股份有限公司陕西销售分公司是中国石油天然气股份有限公司在陕西设立的地区销售分公司，公司下属10个地市公司，一个润滑油公司，一个石油产品质量监督检验中心及87个片区公司。截至2002年底，在册员工7259人，资产总额21亿元，其中固定资产净值9.46亿元。拥有运营油库34座，库容30万立方米，加油站854座。

【经营指标】　2002年购进各类成品油174.20万吨，较2001年增长0.43%；销售各类成品油187.32万吨，较2001年增长12.51%；其中资产型加油站零售油品85.20万吨，较2001年（含存续企业）增长31.16%。

全年实现商品销售收入45.73亿元。实现利润936万元，加超预算计提固定资产折旧费2495万元，完成考核利润3431万元。消化年初1—2月份高价库存跌价损失5803万元，消化存续企业并账亏损4472万元。按国际财务准则，炼油与销售分公司通报数字为：实现利润8683万元，超额2590万元完成全年6093万元利润任务。

【经营管理】　2002年，陕西销售分公司紧紧围绕成品油市场，以提高市场占有率为目标，大力推进营销体制改革，加快零售网络建设速度，在深化改革、强化管理、安全生产等方面做了大量工作，较好地完成了板块下达的各项工作任务。

（1）千方百计提高成品油销售质量，提高企业盈利能力。一是加强市场信息研究，灵活调控库存。针对年初高价库存带来的巨额跌价损失，公司加强了库存策略研究，审时度势地组织购进和销售。2月份公司果断做出加大购进，控制批发，增加库存的经营决策，在3—4月份市场油价大幅度上涨期间实现了库存增长，且库存成本较低。5月份以后，市场油价已处于较高位，公司及时做出巩固批发、扩大零售，降低库存的经营决策，并将库存量控制目标分解到各地市公司，使库存跌价风险降到了最低。二是积极开拓区外市场，充分发挥“防火墙”作用。年初炼油与销售分公司同意陕西销售分公司在湖北襄樊、十堰设立销售机构开拓区外市场后，公司迅速在襄樊租赁了油库，并设立了区外销售机构，全年在湖北销售油品5万吨。全年出区销售23.17万吨。三是积极开拓高标号汽油和润滑油市场。公司加大对93#、97#汽油的宣传推销，全年销售高标号汽油8.65万吨，比2001年增长60.2%。在开拓润滑油市场方面，省公司要求全省所有千吨以上加油站设立“昆仑”牌润滑油销售专柜，并专门发出《通知》要求全系统所有自有车辆统一使用“昆仑”牌润滑油，提高了“昆仑”牌润滑油在陕的知名度，全年销售润滑油2.44万吨。

（2）加强资金预算管理，完善“收支两条线”，不断提高财务管理水平。一是建立了以成本控制为重点的全面预算考核指标体系。在做好存续企业重组并账的同时，加强了系统内的债务偿还工作，将存续公司原银行贷款全部置换为内部低利率借款。并积极与银行协商争取政策支持，开展债务重组和减免息还贷工作，全年减免本息额达3621万元。二是认真抓好审计评估，顺利完成了存续企业的资产重组。在2001年将存续企业主营业务归并纳入股份公司统一运作的基础上，2002年对存续企业的资产进行了审计评估，顺利完成了存续企业的资产重组，较为彻底的解决了存续企业多年积累的资产账务包袱，保证了股份公司收购部分的资产质量。三是采取切实措施，加大应收账款清收力度。各单位采取责任人下岗清欠、法律诉讼、风险代理、以物抵债等多种措施，加大清欠力度。全省年末应收账款报表数11772万元，较年初下降33.58%；其他应收款13243万元，较年初下降56.62%。

（3）切实抓好加油站专项整治工作，坚决打击盗用“中国石油”注册商标侵权行为。7月初，省工商行政管理局专门就打击侵犯“中国石油”注册商标专用权问题出台了集中执法行动第五号方案。在各地市公司的配合下，省地两级工商部门依法对省内存在有侵权行为的社会站点进行了全面检查和清理。这次行动，全省共查处侵权加油站点 199 座，维护了中国石油的品牌形象，净化了外部经营环境。

【企业改革】　一是建立了以全员竞聘上岗为主的新的人事用工制度。公司加快了干部任用制度改革步伐。省公司从 11 月 6 日开始，集中一个月时间，按照公平、公开、择优的原则，对地市公司及省公司机关处级干部岗位全面实行竞聘上岗。全省共有 160 人报名参加了 89 个处级岗位的公开竞聘。通过考核、竞聘，新产生的 82 名正处、副处干部，大专以上文化程度占 97%，年龄结构从改革前的平均 46.3 岁下降到 39.2 岁。各二级单位也严格按照程序对本单位副科以上干部进行了全面竞聘。竞聘后的干部队伍结构得到优化，总体素质明显提高。二是积极推进成品油营销体制改革，按经济区域优化物流、资金流、信息流。为加快配送制改革，公司成立了配送中心组建工作领导小组，并确定先行开展试点。四季度，完成了全省各地市公司配送中心组建工作。改革后，营销体制上实行了销售中心、零售部、储运部、财务资产部等部门，重新划分了销售区域，确定了配送片区和零售片区，竞聘产生了销售代表和片区零售经理，并实行了新的薪酬考核体系。按精干高效、管理扁平原则新组建起的配送中心与地市公司实行两块牌子，一套人马，使销售管理紧贴一线，紧贴市场。实行油品统一配送后，优化了运输路线，实现了物流流程最短，信息传递最快，资金效益最佳，下半年全省运杂费节约近 200 万元。

【加油站管理】　一是把认真贯彻落实中国石油《加油站管理规范》作为全面提升加油站管理水平的重要手段，在全系统开展了多层次、全方位的学《规范》、用《规范》活动。实践中各加油站严格按照《规范》要求执行，并注重用《规范》中体现的先进经营管理理念及专业化服务水准引导员工，提高了加油站管理水平和服务水平。二是加大高销量加油站培育力度。为了发挥年销量 3000 吨以上骨干加油站的作用，年初下达了高销量加油站培育目标，全年实现销售万吨站三座，7000 吨站三座，5000 吨站 10 座，3000 吨站 34 座。三是积极开展加油站达标创星活动，全年向板块推荐五星级加油站一座，审定三星级加油站 10 座，二星级加油站 18 座，一星级加油站 31 座，达标加油站 112 座。四是加强绩效管理，完善考核机制，充分发挥薪酬的激励约束作用。公司对所有资产型加油站全面推行站长竞聘上岗、员工吨油含量工资制，并对年销 1000 吨以上的加油站积极稳妥地推行站长年薪制。这些改革措施，调动了站长和员工两方面的积极性，全省平均单站日销量逐月提高，从 2001 年的 2.6 吨提高到 2002 年的 3.2 吨。

【网络建设】　2002 年，陕西销售分公司继续加大零售网络建设力度，全年完成购建加油站 199 座（含 2001 年续建站 33 座），完成投资 2.8 亿元。截至 2002 年底，全省加油站已达 854 座，其中已投入运营站 730 座。通过连续三年的加油站建设，初步形成了以大中城市为主，控制重要交通枢钮和交道干道，覆盖全省城乡的零售网络体系，为企业的持续发展打下了基础。

【安全管理】　公司在油库、加油站管理中，以安全管理为重点，千方百计提高经营设施的运营质量。一是狠抓安全生产责任制的落实，《员工安全生产合同书》签订率达到 100%，二是认真开展安全生产大检查，以查促改。上半年全省系统内开展大检查四次，下半年省公司重点对各地市公司的 30 座油库、52 座加油站进行了全面检查。三是抓好 HSE 管理试点工作，试点油库宝鸡福临堡库初步完成了 HSE 管理体系。四是重视技改隐患整改工作，全年投入油库技改资金 853 万元，先后完成了涉及重大安全生产隐患和部分老化陈旧设备设施的改造，一定程度上改变了陕西销售分公司油库的陈旧面貌，确保了全省库站全年安全无事故。

（刘梦泽）

中国石油天然气股份有限公司
甘肃销售分公司

【概述】　中国石油天然气股份有限公司甘肃销售分公司（以下简称“分公司”）的前身为甘肃省石油总

公司，1999年企业重组时划入中国石油天然气股份有限公司。该分公司下设17个所属分公司，拥有3298名员工，员工平均年龄36岁。分公司固定资产17.24亿元，有879座加油站，18座二级油库，3座三级油库，成品油库容总量达24万立方米。

【经营指标】　结算购进汽、煤、柴油143.85万吨，比2001年增加11.86万吨；销售汽、煤、柴油148.24万吨，比2001年增加14.31万吨，增长11%，完成年销售计划135万吨的110%；其中完成零售102.86万吨，比2001年增加12.03万吨，增长13%，完成全年零售计划92万吨的112%；零售率达69.4%。完成固定资产投资31097万元，比2001年增加7415.78万元，其中完成网络建设投资26803万元，完成技术改造及非安装设备投资4294万元。运营加油站689座，单站日零售量由2001年的3.69吨提高到4.09吨，增长11%；全年实现销售收入41.02亿元，比2001年增加4.36亿元，增长11.89%；吨油销售收入2734.97元，比2001年增加21.65元，增长0.8%，比预算增加472.97元；吨油现金营销成本为219.42元，吨油利润为113.4元，比2001年增加118.62元；实现利税总额3.2亿元，其中税金1.5亿元，利润1.7亿元。

【经营工作】　面对经营销售工作的诸多不确定性因素，分公司建立快速、高效的市场反应机制，准确、及时地分析评价市场。根据不同的用户、不同的季节和不同的市场，分别制定不同的销售策略。在争取固定客户、机构用户的同时，深入县区、乡镇和重点施工单位、工程建设现场，突出抓好工程用油和农业用油。充分发挥购、销、存信息系统和局域网优势，及时掌握所属公司、油库和加油站销售动态，适时调整营销策略，合理确定库存结构，有效防范和规避了经营风险，账面库存由年初的12.28万吨降为年底的6.32万吨。全体销售人员自始至终将扩大销量作为第一要务，牢固树立“天天抓、抓天天”的思想，逐日、逐月落实并赶超销售计划，既保销量，又保价格，价格到位率达到98%。5家所属公司跨入年销量达10万吨以上的行列，分公司销售量和零售量第一次同时突破了100万吨大关。

【加油站管理】　分公司把落实《加油站管理规范》贯穿到加油站管理的全过程，体现到零售工作的各环节，广泛应用文明语言，普遍推行规范化管理，从硬件设施到软件服务都充分展示“中国石油”品牌形象，达到了以服务争市场，以管理促销量的目的。潜心研究、满足客户的多元化需求，注重开展“诚信经营”、“以人为本”的客户服务工作，实行“亲情服务”，千方百计培育自己的消费群体。顾客对全系统加油站的综合情况满意率达97%，服务质量满意率达95%。

按照《加油站管理规范》的标准、考核办法和评选程序，有条不紊地开展加油站“达标创星”活动和“吨级加油站”培育活动，确定的31座吨级加油站培育对象，年终实际零售量超过培育目标进度的有17座，占培育计划的55%；有84座加油站加入星级行列，其中一星级43座、二星级20座、三星级20座、五星级3座。

在加油站目标管理中，坚持“抓大放小”，做到“有所为，有所不为”。根据加油站的不同类型、不同销售规模，制定不同的管理办法。对销量高、地理位置优越的加油站，牢牢掌握经营权，重点扶持，形成自身优势；对无竞争优势且成本高的67座加油站坚决关停，销量向大站集中，客户向效益站流动；对206座地处农村、年销量低于500吨的小型加油站，面向员工竞争承包，有效地降低销售成本和管理费用，提高单站零售量。

【企业管理】　全面推广《成品油配送制改革方案》，建立了以客户为中心，销售、运输、服务一体化的成品油营销模式，改变了成品油经营管理体制，管理职能更加清晰，实现了集约化经营，扁平化管理以及物流、资金流、信息流的最佳流动。结合配送中心改革，重新设置所属公司机构，实行扁平化管理。根据机构调整和市场变化情况，完善处（科）室工作职责和各岗位工作职责，制定了60多项经营销售和管理制度。成功策划并组织了ISO 9001质量管理体系复审和两次内部审核，保持了质量管理体系的适宜性和有效性。加大油品数质量监控力度，严把进库、进站油品质量关，全年未发生数质量事故和顾客投诉，产品质量合格率达100%，维护了消费者利益和企业信誉。对成品油销售、长期投资和基本建设投资、加油站管理等三项重点工作开展了专项效能监察，堵塞了企业管理中的漏洞。开展挖潜增效活动，盘活长期积压、过期储存的价值达355万元的非油品物资和设备配件，用于油库和加油站建设。加强库存商品管理，定期对油库和加油站库存进行抽查、盘点，保持合理库存储备，减少资金占用和不合理油品损耗。依靠先进技术，在分公司和所属公司、所属公司和经营部、经营部和加油站之间层层开通“网上银行”，资金回笼由原来的五级减少为三级，大大缩短了资金在途时间，货款资金在途占用额由原来的9000万元/日减少到不足1000万元/日，年节约短期负息资金占用利息近1000万元。共举办各类培训班67期，5545人次参加了不同业务技能培训和岗前适应性培训，有效地提高了员工整体素质。适时提出了“创建一流石油销售企业”的管理思路、奋斗目标和保证措施。

【内部改革】 彻底整合了分公司股份和存续企业人员、资产和账务。根据股份公司的总体部署，按照属地管理的原则，原西北公司19座加油站和267名员工顺利划入分公司，规范了成品油内部市场。继续完善干部人事制度改革，推行任前公示制和竞聘上岗制，竞争上岗范围已从处级干部延伸到加油站站长和其他岗位，形成了充满生机与活力的用人机制，全年共异地交流处级干部7人，提拔副处级干部13名。建立并实施以销量、零售量、利润、吨油现金营销成本、安全和质量为主要考核指标的月度预算管理动态分析考核制度，进一步完善吨油含量工资分配机制，极大地激发了企业活力，各类员工积极性得到充分调动。积极贯彻实施股份公司“一个全面，三个集中”的财务管理体制和运行机制，始终坚持以财务管理和成本核算为中心，不断完善财务管理体制，探索预算控制、资金管理、资本运营的新途径，分公司财务资产处被评为股份公司“财务工作先进集体”。

【安全生产】 大力普及《中华人民共和国安全生产法》，以油库、加油站为重点，进一步完善安全体系，实行安全生产目标管理，推行领导干部定点安全承包制，健全安全总监制度和风险抵押金制度，与一线员工签订《安全生产合同书》，层层落实安全生产责任制。以加油站专项整治为契机，全面检查了691座运行加油站的安全情况，投入3000多万元对存在安全隐患的295座加油站进行停业整改。开展“四查五整顿”活动和“安全月”活动，举办“安全重于泰山”演讲比赛，使安全生产意识深入人心。油库、加油站设备性能良好，在用设备完好率达98%以上，分公司未发生一起重大责任事故。

【基础建设】 充分利用股份公司的政策支持和资金支持，投资2.24亿元，收购46座社会加油站，新建30座加油站；投资7200多万元，建成并投用了科技含量高、自动化程度高的成县、陇西、临洮3座分输油库。配合甘肃省政府召开两次听证会，制定了《甘肃省2002—2006年全省加油（气）站建设发展规划》。广泛应用成品油购、销、存信息系统，所有加油站的加油机全部完成了税控装置改造，自主开发了GIS系统（加油站地理信息系统），首批27座加油站被股份公司列为安装IC卡试点站并取得成功。

（朵银川）

中国石油天然气股份有限公司青海销售分公司

【概述】 2002年在中国石油天然气集团公司和中国石油天然气股份有限公司的正确领导下，在青海销售分公司领导的带领下，经过全体员工的勤奋工作、奋力拼搏、埋头苦干，青海销售分公司再一次经受住了市场形势的不断变化，在较为复杂的市场环境中，又一次圆满完成了全年的主要指标，取得了历年来最辉煌的成就。

【基本情况】 截至2002年年底，青海销售分公司共有员工750人，存续公司876人，其中具有大中专以上学历职工527人；专业技术人员281人，具有高级职称的5人，中级职称的81人，初级职称的195人。资产总额61514万元，存续公司资产总额1109万元；拥有大、中、小油库5座，总储容量91276立方米，铁路专用线总长5049米；全公司共有加油站174座。

【主要经济指标】 2002年全省石油公司汽、煤、柴、润滑油四大类油品购进35.9万吨，比2001年34.87万吨增加3.37万吨，增长3.09%；销售总量36.63万吨，同比增长3.64%，比上级下达的34万吨增长7.73%，其中零售量22.5万吨，比上级下达的21万吨增长7.14%。销售收入完成102847万元，同比增长6.14%。全年上缴税收3960万元，再一次被青海省政府评为上缴税收先进企业。

【经营管理情况】 在努力完成主要任务指标的同时，各方面工作全面加强，主要表现在：

一是经营工作进一步加强。在掌握有关市场信息的同时，做到资源申报、购进和组织调运合理、得当，业务协调和营销活动比较有力，配合政府有关部门检查整顿市场力度加大，关闭无证照和违规经营的社会加油站3座，对证照不全的61座加油站责令停业或补办手续。全公司价格执行到位率100%，市场占有率达到89%，为青海销售分公司的扩销增效做出了贡献。

二是财务管理水平提高。进一步完善和推广了财务管理办法和规章制度，集中核算、统一审报、分户纳税开始实施并初见成效；青海销售分公司32家存续公司的重组并账工作圆满完成，运行良好；对不能进入重组的1214万元资产进行了剥离，由青海石油（集团）有限公司管理。全面预算管理得到推广，初步建立了以目标利润为中心的预算管理体系；会计基础工作通过达标。

三是加油站管理进一步走向规范。为加强管理，成立了专业管理处（室），并集中一定时间抓了优质服务，建立和完善了加油站基础管理工作。《加油站管理规范》开始在分公司零售网点学习贯彻，并组织开展了“争先创优、达标创星”活动，制定了加油站稽查制度，初步规范了加油站报表和业务流程，按月对分公司加油站人均销量前20名和当年加油站累计人均销量前6名进行排序公布，在年终对前6名进行奖励，调动了加油站扩大销售的积极性。

四是安全总体状况良好。建立健全了安全责任制和监督体系，组织安全教育培训60多人次，定期对安全隐患进行检查，在此基础上投资4130万元整改治理油库、加油站安全隐患。全年没有发生等级和安全事故。

五是质量、计量管理工作取得成效。质检部门与政府有关部门紧密配合，以各种方式对社会油库、加油站和运油车辆开展经常检验，先后没收劣质油品160吨，罚没金额10万元，为规范市场起到了促进作用。完成了全省加油站的定期检验；加强了系统内质量计量管理。

六是新型人事、用工、分配制度逐步运行。进一步实行干部聘任制，坚持班干部任前公示制度，在个别单位开始推行任职竞聘，对新增人员一律实行聘用制，对所属公司班子和副处以上干部实行业绩考核和民主评议。在加油站确定保底工资和吨油含量工资标准，突出了效率优先原则，同时对其他岗位员工的分配收入构成作了调整，与效益挂勾，上下浮动，初步形成了竞争、激励机制。

七是审计监察取得成效。全年对经济责任、财务收支、经济效益、内控制度等项目进行了审计，完成45项工程决算审计，对网络建设的审计资金覆盖率和被审单位覆盖率两项均达到100%。纪检监察部门开展了党风廉政建设方面的学习警示教育活动和效能监察，促进了规范经营。

八是法律事务初步发挥作用。青海销售分公司成立了法律事务机构，配备了专职人员，所属各单位也明确了法律事务负责部门和兼职法律工作者，分公司初步形成了自己的法律工作队伍，制定了一系列法律工作规章制度，建立了法律事务档案，开展了法制宣传教育，为分公司的合法权益提供了法律支持和保障。

【其他】　2002年在完成主要任务指标的同时，全年综合考虑，统筹安排，办成了10个方面的大事：

一是投资2402万元对所属多巴油库进行改建，投资500万元对格尔木油库进行扩容和卸油系统改造，投资60万元对德令哈油库进行收发油系统改造。这三项改建、改造任务的完成，大大增加了青海销售分公司的接卸、储存和供应能力，提高了安全保障系数。

二是对大通、双寨和湟源油库同时封存，将合理调整油库部局，改变储油设施低效、高耗的浪费现象，消除了安全隐患，明显降低了费用。

三是全年完成加油站建设27座，其中新建18座，改扩建9座，进一步增加了青海销售分公司的零售网点，对零售市场起到了促进作用。

四是青海销售分公司首次被授予“青海省2001—2002年星级纳税户”称号，充分显示了分公司良好的经营状况和诚信纳税信誉。

五是青海销售分公司首次获得“青海省商业名牌企业”、“润滑油名牌商品”和“服务名星”三荣誉，对树立分公司形象具有重要意义。

六是青海销售分公司所属大通支公司荣获青海省“十五创新立功单位”称号，成为分公司首家获此殊荣的单位。

七是首次集中购置了10辆大吨位新型油罐汽车，明显改善了运输公司的车辆状况，增加了运油能力。

八是会计基础工作在中油销售公司组织的检查中，通过了达标验收。

九是完成了与股份公司总部2兆带宽的内部网络连接，实现了信息查询，全公司油品管理、财务管理、IC卡、文件服务和视频会议等信息系统初步形成并开始运行，办公方式逐步向自动化方面转变。

十是对马坊住宅小区环境彻底治理，一次性购置三辆新型大车，改善了职工上下班交通条件，为员工办了一系列实事。

（刘文艺）

中国石油天然气股份有限公司四川销售分公司

【概述】 中国石油天然气股份有限公司四川销售分公司是中国石油天然气股份有限公司在四川设立的地区销售分公司（简称“公司”）。截至2002年底，公司机关设有12个处室，下属25个二级分公司；公司在职职工总数7071人（其中在岗职工5506人，内退职工1565人），离退休人员3412人；专业技术人员1406人，具有高级职称的9人，中级职称的357人，初级职称的1040人；拥有在用油库32座（其中全资26座），总库容70.7万立方米；资产型加油站总数1086座，公司资产总额381813.00万元。

【经营业绩】 2002年，是公司建立50年来具有里程碑意义的一年，也是建立以来经营业绩最好的一年。2002年购进汽油和柴油223.04万吨（购进柴、汽比1.76），完成预算的91.04%，比2001年的209.65万吨增加13.39万吨，增长6.39%；销售汽油和柴油232.36万吨（销售柴、汽比1.78），完成预算的94.84%，比2001年的211.34万吨增加21.02万吨，增长9.95%；资产型加油站零售汽油和柴油103.02万吨（零售柴、汽比1.10），完成预算的98.11%，比2001年的87.39万吨增加15.63万吨，增长17.89%；实现销售收入65.50亿元，汽油和柴油吨油收入2748.92元；实现毛利93168.00万元，比2001年的66694.00万元增加26474.00万元，增长39.69%；吨油毛利392.46元，比预算吨油毛利337.47元高54.99元，吨油费用284.60元，比预算节约13.40元，比2001年的358.77元减少74.17元；吨油现金营销成本233.30元，比预算低4.70元，比2001年的288.23元减少64.93元；实现利润29427.50万元，完成预算的140.23%，比2001年的3067.00万元增加26360.50万元，增长8.59倍；上交税金19517.00万元，比2001年的12736.00万元增加6781.00万元，增长53.24%。2002年销售润滑油4.48万吨，销售煤油0.52万吨，全年销售汽、柴、润、煤四大类油品共237.36万吨，比2001年的220万吨增加17.36万吨，增长7.73%。

【成品油销售】 2002年，国际国内成品油价格虽有起伏，但总体上呈上涨态势。公司坚持“科学销售，量效并重，效益优先”的经营方针，坚持集中力量发展零售业务的经营重点，准确把握市场走势，准确把握进销节奏，准确把握量价关系，全年经营运行质量良好。一是灵活应对市场变化，实行科学销售，实现量效双增。科学把握调运节奏，保持了较为合理的库存水平，规避了经营风险。2002年末，汽油和柴油所有权库存18.44万吨，比年初的27.71万吨下降9.27万吨，库存柴汽比1.06，汽油和柴油库存综合单价比年初下降。坚持扩销上量与稳价推价并重，采取“差异化价格”、“零售价格相对稳定”等价格策略，加强价格监督，实现了效益最大化。2002年实现利税48944.50万元，比2001年的14838.00万元增长229.86%，创历史最高水平。大力开展加油站专项整治，促成南充炼油厂资源配置纳入“四统一”，油品经营秩序进一步规范。二是优化销售结构，谋求最佳经营效果。强化“终端销售为主，批发销售为辅”的销售观念，把销售重点放在高效市场、终端市场和高标号汽油销售三个增效环节上。2002年公司终端销售量达到146.43万吨，占总销量的63%，比2001年的127.34万吨增长14.99%；销售93#、97#高标号汽油23.99万吨，比2001年的18.31万吨增长31.02%，终端环节对企业效益的贡献率明显提高。三是大力发展零售核心业务。加强了零售工作的组织领导和管理，先后召开了“攀枝花零售工作现场会”和“深圳零售工作会”，总结推广了代表我公司系统零售经营管理水平的“攀枝花经验”。实行了“加油站分类、市场分片、客户分群”的零售经营管理办法，研究出台了按零售额的1‰开支零售促销费的措施。认真贯彻落实《中国石油加油站管理规范》，制定了《加油站达标创星考评暂行办法》，坚持抓大放小，做强大站，放活小站。2002年创建达标加油站210座、星级加油站40座，3000吨级以上加油站比2001年增加15座。

【企业改革】 2002年，是公司营销体制改革取得重大突破、企业内部三项制度改革取得实质性进展的一年。一是大力推进营销体制改革，在中国石油销售系统率先实行了配送制和销售代表责任制。根据中国石油天然气股份有限公司的部署，总结完成了绵阳、乐山、南充成品油配送中心的改革试点。2002年4月，中国石油天然气股份有限公司在四川绵阳召开了“中国石油成品油配送中心建设与推广现场会”，全面推广了具有代表性的“绵阳模式”。截至2002年8月，公司组建了绵阳、乐山、南充、德阳、川南、岷江、成都、广安、广元、巴中、遂宁、达州、雅安、眉山、宜宾、甘孜、凉山、攀枝花、资阳、泸州共20个成品油配送中心。配送中心取消了县级销售分公司，以油库为中心，按照合理半径和经济流向划分销售区域，确定配送片区和零售片区，实行销售代表和片区零售经理负责制，确立了销售在企业的中心地位。二是积极推进存续企业持续重组工作。2002年4月，按照中国石油天然气集团公司、中国石油天然气股份有限公司“未上市销售企业重组工作电视会议”精神，召开了全系统存续企业重组工作电话会议，部署落实了存续企业重组工作。2002年6月，根据中国石油天然气集团公司党组和中国石油天然气股份有限公司的决定，中国石油天然气股份有限公司四川销售分公司和四川省石油集团有限公司领导班子和机关人员实行了整合。截至2002年底，如期完成了存续企业土地资产评估、财务并账等各项工作。三是深化企业内部三项制度改革。省公司机关对管理处室正副职实行全员岗位竞聘，对管理处室员工实行了双向选择。公司所属19个配送中心对中层管理岗位、销售代表、零售经理、加油站站长实行了竞聘上岗。在全面推行加油站吨油含量工资制的基础上，试行了加油站站长年薪制。

【企业管理】 2002年，公司坚持精细管理、科学管理，以信息化建设带动企业管理创新和升级，促进了管理进步。一是加快推进企业信息化建设。财务信息系统不断完善，成品油购销存业务信息系统正式投运，加油站IC卡一期改造工程进入试运行阶段。2002年9月实现了省公司与股份公司的网络互联，2002年11月实现了省公司与市州公司的网络互联，初步建立了企业的信息网络。二是加强财务管理。进一步理顺了税企、银企关系，实行了“所得税分级预缴、集中核算”、“增值税先预征后结算”、“车队独立核算，单独解缴营业税”的税收解缴办法。认真做好存续企业重组收购部分的债务减让工作，截至2002年底，解除存续企业债务25137.00万元，债务减让6279.00万元，减轻了企业包袱。三是加大清欠工作力度。2002年清收欠款4414.00万元，完成了全年清欠任务。四是加强审计和效能监察工作。2002年完成审计项目8个，取得直接经济成果1010.00万元；完成效能监察项目84个，取得直接经济成果653.00万元。五是强化安全管理。认真落实安全生产责任制，签订了全员安全生产合同和工程服务安全生产合同，规范了车辆安全管理；在部分油库和加油站安装了液位仪，完成了HSE管理体系的前期准备工作，油库、加油站没有发生三级以上等级事故。

【投资与网点建设】 2002年，公司完成投资46420.00万元，其中销售网络投资43255.00万元（加油站投资33212.00万元，兰成渝输油管道沿线配套油库改造投资10043.00万元），占总投资的93.18%；技术改造投资2118.00万元，占总投资的4.56%；非安装设备投资860.00万元，占总投资的1.86%，IC卡及业务信息系统投资187.00万元，占投资的0.4%。2002年12月底，完成了兰成渝输油管道沿线的广元、董家沟、宝峰、天彭、104、红塔、资阳、史家、隆昌等9座油库的技改工程，2002年10月开始接收管输油品。2002年新购建加油站133座，截至当年底实际投运75座，利用专项资金安排加油站改扩建69座，新购置油罐车100辆。

（蔡向阳）

中国石油天然气股份有限公司重庆销售分公司

【概述】 2002年，中国石油天然气股份有限公司重庆销售分公司（以下简称“重庆销售公司”或“公司”）在上级公司的正确领导下，努力克服成品油市场价格多变、竞争激烈、经营风险不断加大等困难，始终坚持“五大发展战略”，不断加强内部管理，加快网络建设，增强油品终端市场控制力，积极稳妥推进各项改革，使公司整体经济效益稳步提高，安全生产形势良好，思想政治工作得到加强，员工队伍保持稳定，圆满完成了全年各项经营任务。

【主要经营指标】 2002年重庆销售公司共销售成品油96.1万吨，同比增加7.81万吨，增长8.85%；其中零售53.81万吨，同比增加5.01万吨，增长10.27%。实现销售收入25.89亿元，同比增加2.63亿元，增长11.31%。含税收入首次突破30亿元大关，达到30.3亿元。实现利润总额5879万元，同比增加4360万元，增长287%。新增加油站162座，完成计划数140座的116%。各项指标均创公司历史最高水平。

【经营销售】 2002年，面对激烈的竞争形势，重庆销售公司始终把扩大零售放在销售工作的首位，把加强市场调研、了解和把握市场作为业务经营的基础。一是把握时机，针对不同时期的市场情况采取不同的销售策略，资源紧张时控制批发，价格回落时推价保量，价格上扬时全面出击，提高市场份额；二是发挥油库库存的调控功能，充分利用公司在重庆地区的成品油储存优势，找准最佳吞吐时机，有效避免库存跌价风险；三是注重效益，综合发挥公司网络、储存和区域市场经营主体地位等优势，处理好量价关系，做到量价互动，赢得效益；四是充分利用价格、服务、质量信誉、清新整洁的站容站貌等促销手段巩固固定用户，争取临时用户，扩大机构用户，使零售工作有了很大突破。重庆销售公司加油站的车辆进站率、油箱加满率和用户回头率逐步提高。

【网络建设】 2002年是重庆销售公司油库、加油站建设成效最大的一年。由于认识、措施、行动到位，公司完成加油站建设投资19969.76万元，共新增加油、加气站162座，全系统加油站总数达到633座，且加气站建设和高速公路沿线加油站建设均实现了零的突破。通过积极参与当地政府对加油站的专项治理和发展规划的制定工作，公司还赢得了80%规划加油站的建设权，这为公司进一步完善网络布局、扩大零售市场占有率和全面、快速地提升区域网络的优势地位提供了可靠保证。

2002年油库建设也取得了可喜成绩。伏牛溪油库已于10月19日顺利接转兰成渝管输油品，标志着重庆石油成品油运输困难的历史已彻底结束。永川油库不但可以接卸兰成渝管输油品，而且已全面改造成一座花园式油库。涪陵油库的搬迁建设已近尾声。万州6910油库也建成投用，结束了万州公司因三峡移民迁建而借库经营的历史。

【企业管理】 重庆销售公司加大了财务管理和费用管理力度。一是强化预算管理，加大考核力度，建立起了以吨油费用为主的考核指标体系。全年实际发生吨油费用420.23元，比预算数降低了44.81元；二是严格执行、不断完善财务“收支两条线”，进一步加强资金的规范化、制度化管理，通过银行信息网络和石油财务信息网络加强对资金流向的监控，保证不再发生新的欠款；三是加强费用的全程控制管理。尤为突出的是，在中油销售系统，公司率先做到了税务集中解缴和财务集中核算，不但规范了会计核算，降低了费用成本，提高了核算质量，而且实现了对全公司会计信息的集中、适时监控和资源共享，达到了“一个全面”、“三个集中”的财务管理目标，使公司财务管理和费用管理水平进一步提高。中国石油天然气股份有限公司对重庆销售公司上述成绩不但给予了充分肯定，而且还于11月中旬专门召开现场会，向全国推广公司的做法。

加大了清欠工作力度。2002年以来，公司各级人员群策群力，多招并举，全系统共清回资金4895万元，超额完成了上级公司年初下达的1688万元的清欠任务。

加大了审计监察力度。公司认真开展加油站投资效益跟踪审计、内控制度审计、经理离任审计等工作，发现问题及时整改，有力提高了企业的自我约束能力。同时，公司充分发挥企业内部监察作用，严厉查处违纪违规行为，全年共初核案件线索13起，转立案1起，结案1起。

加大了加油站管理力度。公司坚持把加油站管理工作摆在日常工作的主要位置，细化标准，强化落实，严格考评，加强检查，力求实效。全系统共组织培训加油站经理、领班、电工、计量员、发油员和礼仪、税控IC卡加油机维修保养员等1993人次，其中加油站经理108人次，使加油站管理人员整体素质明显提高。

【安全生产】 2002年，公司加大了各项安全制度的贯彻力度，制定了安全隐患治理计划，组织全系统范围内的安全工作大检查3次，对查出的66项各类问题逐项落实整改措施，对8座油库进行了全面或局部的改造，并为加油员统一购买了人身安全保险，公司安全管理水平进一步提高，系统内未发生安全、数质量上报等级事故。

【重组改革】 重庆销售公司先后完成了股份、存续两个公司的机构归并、业务融合、人员统管、资产清查和并账等工作。按照合理经营半径和突出主业的原则，将主城区14个经营实体整合成4个专业公司，大幅度缩减了管理机构，理顺了业务关系，减少了扯皮、内耗，提高了竞争能力。组建了新的公司机关，完成了机关的全员竞聘上岗。加油站经理选拔引入竞争机制，通过公开竞争打破正式工与临时工界限，大胆起用优秀临时工担任加油站重要管理工作。加油站员工实行双向选择，竞争上岗，并在深化加油站分配制度改革方面大力推广升油工资奖金含量计酬办法，有力提升了加油站服务水平。对4个地区公司的机构改革和建立油品配送中心、实行销售代表制等工作，也都在试点的基础上逐步推进。

（赵丽丽）

中国石油天然气股份有限公司内蒙古销售分公司

【概述】　2002年，中国石油天然气股份有限公司内蒙古销售分公司系统各级领导和广大员工在中国石油天然气集团公司、中国石油天然气股份有限公司和自治区党委、政府的正确领导下，加强市场营销，发展现代流通方式，扩大终端销售，提高零售份额，深化企业改革，完善激励机制，强化内部管理、降低营销成本，努力增强市场竞争能力和盈利能力，较好地完成了全年工作目标，为中国石油和自治区经济的发展做出了应有的贡献。

成品油销售量完成163.68万吨，同比增长5.18%，完成年度目标的102.3%；零售量完成106.85万吨，同比增长5.8%，完成年度目标的102%；零售比重65.28%，较2001年增长0.38%；销售收入46.7亿元；实现利润2.06亿元，完成年度预算的107%；上缴税金1.3亿元。新增投产油库一座，新增加油站137座，改造130座。企业呈现出良好的发展态势。

【市场营销】　进一步强化市场意识、竞争意识、服务意识、质量意识、效益意识、发展意识，初步建立了能反映市场变化的快速反应机制。

（1）销售工作得到全面加强。一是针对各地市场形势及特点，多次召集系统内有关经营单位分析市场，研究对策。针对不同的市场及消费群体制定不同的营销策略。二是开展一些较灵活有效的营销活动，如：价格折让、有奖销售、优质服务月促销等吸引用户，扩大销售。利用油品资源优势，主动争取用户，短缺油品全部进行终端销售。三是挖掘市场空白点，全面开展送油下乡服务工作，全年送油量达6万多吨，对扩大市场份额起到了积极的作用。四是大力开发机构用户，减少再流通环节。根据目标市场，建立详细的机构用户档案，认真分析潜在需求，采取必要的措施，以量定价，以价促量，价量互动，特别要和各行业大的用户形成紧密合作关系。采取送货上门、优先供应、以量促价、量价互动，加大促销奖励力度等营销措施，稳定和扩大对机构用户的销售，使油品资源更多地直接进入最终消费。五是调整好销售节奏，利用2002年几次价格上调的机遇，提前安排布置，严肃销售纪律，除机构用户外，一律进入零售环节。六是及时捕捉国际、国内油品市场、资源、价格信息，指导经营工作。认真对市场走势进行观察、分析，针对油品价格变动频繁，及时调整要货计划，合理安排进货，掌握好购进节奏，确保期末库存趋于合理，规避价格风险。

（2）面对区内市场多头经营的格局，积极开展与中石化的合作，采取既竞争又联合的策略，按两大集团要求联手推价，两次与中石化在内蒙古的两家销售公司召开专题稳价推价会议，学习两大集团《关于联合做好稳价工作的紧急通知》，成立由我公司牵头的“内蒙古成品油经营协调领导小组”，制定分步推价目标，建立互派观察员制度，为两大集团内蒙古公司有序竞争，实现双赢起到了一定的作用。

（3）整顿企业内部经营秩序，统一呼市中心市场和各地交界市场的销价和营销手段，避免内部产生不公平竞争，维护企业整体形象和整体效益。

（4）研究市场，建立市场快速反应机制、完善销售信息网络，眼睛盯市场，随时把握市场变化，及时调整经营策略。提前合理摆布资源购进，科学合理提报要货计划，实行低库存运转，降低市场风险，换季前的油品要实行零库存。确定目标市场，进行市场细分，针对不同的目标市场采取更加灵活有效的营销策略，提高市场份额和零售比重，实现效益最大化目标。

（5）努力控制成品油资源，加大收购陕西地炼油品力度，减缓了地炼油品自销对我中西部区的冲击。

（6）加强润滑油销售，加大“昆仑牌”润滑油市场开拓的力度，全面推行吨油含量工资，稳步提高其市场份额。本着“以销定进、勤进快销、确保效益”的原则进行经营。大路商品低库存，季节性商品，过季时零库存。实现轻润并重，以轻促润、以轻带润，做到市场开发同步、营销方式同步、考核奖罚同步。

（7）强化零售业务的分析研究，推行加油站经营成果“模拟核算”，做到零售业务和批发业务收入分开、费用分开、利润分开。盟市分公司每周召开零售业务分析会，研究强化零售的工作措施；每月召开系统的经济活动分析。

【网络建设】　抓住市场放开前的历史机遇，加快加油站建设步伐，全年共完成租、买、建加油站137座，改造包装130座，零售网络得到进一步完善；全面贯彻《加油站管理规范》，加强加油站软件建设，通过强化管理，规范服务，扩大了零售，全年零售量纯增5.85万吨；开展加油站达标创星工作，达到五星级站达到2座，四星级2座，三星级17座，二星和一星级39座，达标加油站356座，单站日销量普遍有所增加，全年平均单站日销量增加0.3吨。

配合地方政府整顿加油站秩序，带头规范自身经营行为。

截至2002年底，公司拥有加油站937座，有农村网点127座，以占全区全社会加油站数的三分之一，取得了四分之三的零售市场份额。

【企业管理】　加强企业管理，全面提高管理水平和经济效益。

一是坚持每月的经营活动分析和通报制度，对所属企业各项经营指标进行排序，及时剖析经营中的问题，制定整改措施。

二是创新管理机制，增强调控能力。全面完成旗县公司的重组整合工作，设立68个旗县经营部，统一纳入股份公司经营核算，企业管理机制进一步得到完善和创新，整体竞争能力有了明显提高。

三是加强资金管理和费用控制。全面实行预算管理，包括旗县经营部在内均严格执行收支两条线，资金管理进一步得到加强；加强会计核算，坚持按月进行财务分析，向管理要效益，加大清欠力度，全年应收款项降低30%。严格控制费用支出，对可控费用实行分项定额进度控制，较好地完成了吨油现金营销成本控制目标。

四是建立了有效的分配办法和激励机制，使销量、效益与员工收入直接挂钩，充分调动了员工积极性。全年销售总量较上年增加8万吨，创历史最好水平，市场份额保持在85%。

五是加强业绩目标考评工作。7月份内蒙古分公司组织六个工作组深入各盟市和部分旗县进行中期业绩考评，对推进各企业的工作，完成全年预算目标，完善内蒙古公司的决策起到了积极的促进作用；

六是重视和加强对加油站的专业化、标准化和信息化管理，提高加油站的经济效益和综合管理水平，强化加油站的服务与客户管理，严格执行《加油站管理规范》，提高服务的广度和深度，通过提高“四率”，即：车辆进站率、油箱加满率、车辆回头率和顾客满意率，提高单站日销量，最大限度发挥自己的品牌、质量、价格、服务等竞争优势，统一全区系统内油站的标识、服务承诺、牌价等对外形象。打造“中国石油”金字招牌。

七是突出抓好储运安全和数质量管理。加大监督检查、隐患整改、设备管理的力度；加强油品数质量管理，举办计量员培训班九期，847人取得中油的计量员证。

八是干部人事管理工作有突破，首次进行处级岗位公开竞聘；加强职工教育，提高员工素质，2002年共有31人次参加上级组织的培训，本公司组织培训938人次，涉及储运、营销等多个方面。

【企业改革】　推进营销体制改革，业务管理水平不断提高。一是健全业务各类制度、账表，制定了业务工作责任追究制、库存商品管理考核办法、润滑油经营管理办法等；二是根据股份公司有关精神，结合内蒙古实际，制定了成品油配送中心实施方案和试点，为在全系统建立以盟市分公司油库为中心的油品集中配送总结了经验；三是在全系统推行零售片区经理、销售代表负责制；四是理顺润滑油管理机制，润滑油经营划归业务部门集中管理，实现四大类油品一体化经营，经营业务实行“四个统一”，即：资源统一采购、价格统一管理、资金统一结算、财务统一核算，实行收支两条线。

完善收入分配机制，建立以销售完成、价格到位、费用控制、利润完成情况和综合管理水平等指标为主的考评体系，量化员工的工作量，加大工效挂钩的力度。

加强对加油站站长队伍建设，使其逐步向“管理者、经营者、培训者”的综合角色转化；建立能上能下，能进能出的加油站用人用工机制，重视员工培训，不断提高全员素质。

【审计监察】 加强审计监察工作，完善监督制约机制。开展以预算执行、成本费用、基建工程和经济责任为重点的审计工作。对并账的存续企业开展全面审计，2002 年完成 18 个旗县的审计工作，为 2003 年全面开展的大审计奠定基础。围绕资金、商品的管理、使用和销售开展专项效能监察。

（陈文惠）

中国石油天然气股份有限公司新疆销售分公司

【概述】 2002 年是中国石油天然气股份有限公司新疆销售分公司（简称新疆公司）辉煌的一年。在这一年里，新疆公司经营指标上实现了四个历史性的突破：销量创历史最高纪录；零售量首次突破百万吨；月度销售量刷新历史纪录；销售利润创历史最高水平。

截至 2002 年底，新疆公司下辖 19 个直属公司，在册职工总数 7127 人，实际在岗人数 6254 人。拥有运营油库 29 座，储存能力 48.20 万立方米，加油站 784 座，其中属于独资的加油站 681 座。

【主要经营指标】 2002 年，全系统共购进汽、煤、柴油品总量 231.48 万吨，较 2001 年增长 24.8%；销售总量 226.83 万吨，较 2001 年增长 22.3%；全疆实现零售 107.42 万吨，较 2001 年增长 17.38%。2002 年 4 月销量 24.87 万吨，创造了月度销售量历史新高。

实现主营业务收入 56.85 亿元，完成年度预算的 151.45%，同比增加 10.84 亿元；实现毛利 9.36 亿元，吨油毛利 412.77 元，比预算增加 68.91 元；现金营销成本 290.02 元，比预算增加 60.02 元；实现利润 1.26 亿元，完成年度预算的 124.91%，同比增加 7853 万元。

【市场营销】 一是开展配送制和销售代表责任制，全疆 13 家配送中心正式投入运行；二是关闭低效油库七座，减少油品流通环节，基本实现了油品从炼厂到消费者手中只储存一次；三是颁布《新疆销售分公司成品油价格管理办法》，制定了“整体到位、局部灵活、管住批发、死守零售”的价格策略，灵活应对高效与低效、价格敏感与价格不敏感市场；四是配合政府有关部门开展加油站专项治理整顿工作，全年取缔不规范经营加油站 118 座。五是进入油田炼化企业生产自用油市场，全年供应量达 17.2 万吨。六是发展特许加油站 26 座，增加销量 2.01 万吨。

【网点建设】 2002 年新疆公司全年总投资 19069 万元，完成投资计划的 98%。新增加油站 85 座，实现当年投产 64 座。安排 15 座油库 35 个改造项目，重点对油库的收发油台、泵房、栈桥及罐区进行改造。扩建、改造网点 85 座，其中县公司 63 座，改造后的网点日销量明显增加。

【企业管理】 一是认真落实《加油站管理规范》，将 2002 年确立为新疆公司加油站规范化管理年，在加油站积极开展达标创星活动。19 个直属分公司共有 647 个加油站参评，评选出五星级加油站六座，四星级加油站八座，三星级加油站 29 座，上报备案等待验收。二是狠抓油品质量管理，制定详细的管理办法和管理目标，加强基础工作，加大业务人员培训力度，在股份公司 2002 年的季度油品质量抽查中合格率达 100%。三是补充制定了《固定资产管理办法》、《应收款项管理办法》等 10 项制度，进一步完善了内控制度，规范了会计行为。四是所有单位全部实现了电算化，公司本部和 16 个所属公司脱离了手工账，提高了会计核算的速度和会计信息质量。五是完成未上市销售企业的重组转让及并账工作。从 2001 年 4 月开始历时 18 个月到 2002 年 9 月重组转让和模拟建账工作完成，10 月正式建账工作完成。六是成立清欠办公室，建立健全债权债务档案资料，共清收回 1999 年以前陈欠 2046.33 万元；实物价值 744.54 万元，解除对外担保责任 5174 万元。七是通过电子商务，采购加油机 354 台 547 枪，采购金额 744.4 万元，节约资金近 80 万元。八是建立了新疆公司机关局域网，完成了公司机关与集团公司、股份公司的网络联通，开通了内部网站系统。九是做好解除劳动合同人员的后续管理工作，认真办理养老金、医疗保险金等手续的转移工作，促进企业的团结稳定。十是在2002年一季度完成了住房补贴的测算汇总工作。

【安全生产】 新疆公司在安全工作方面始终坚持“安全第一，预防为主”的方针，狠抓落实安全生产责任制，把安全管理目标分解到每个员工，形成了一套完整的安全生产管理网络。2002年全年无安全生产等级事故发生。

（王　瑞）

中国石油天然气股份有限公司西藏销售分公司

【概述】 中国石油天然气股份有限公司西藏销售分公司（以下简称“西藏销售分公司”）隶属中国石油天然气股份有限公司管理的分公司，地处祖国西南边陲，北临新疆，东连四川，东北紧靠青海，东南连接云南，南与缅甸、印度、不丹、锡金、尼泊尔等国毗邻，西与克什米尔地区接壤。分公司位于西藏自治区首府拉萨市。主要从事经营汽、柴、煤、润滑油等炼油产品批发、零售、代购、代销、委托加工、化工产品销售、石油器材、石油运输、加油机及其配件销售、维修、石油液化气销售业务。担负着西藏自治区石油成品油市场计划，供应及规范、管理等职能。截至2002年年底，西藏销售分公司共有员工1146人，其中具有大中专以上学历的220人，占员工总数19.2%；专业技术人员68人，占员工总数5.93%；具有高级职称1人，中级职称37人。拥有资产总额8.2亿元，其中固定资产2.4亿元，负债3.4亿元；所有者权益4.9亿元，负债率41.5%，营运油库11座，库容18万立方米；加油站108座。西藏销售分公司机关设有五处一室6个职能部门，下设13个公司和专业经销公司。2002年西藏销售分公司认真贯彻集团公司、股份公司、炼油与销售分公司各项战略决策和工作部署，千方百计扩大销售，提高市场占有率，强化终端销售，努力提高零售比率，不断强化内部管理，降低营运成本，为实现企业效益最大化做了大量行之有效的工作，较好地完成了全年的各项工作任务，为西藏的经济建设，社会稳定做出了积极的贡献。

【经营指标】 2002年，西藏销售分公司以西部大开发为契机，在长时间区内处于成品油销售不畅，价格机制不灵活，市场竞争无序的情况下，克服重重困难，奋力拼搏，迎难而上，经受住严峻的考验，取得了不凡的成绩。全年共完成成品油销售总量为22.5万吨，完成年度预算16万吨的140.4%，同比增长4.9万吨，上幅28%。全年实现销售收入74454万元，完成年度预算53299万元的139.7%，同比增收14438万元，上幅24.1%，本年利润总额为313万元，完成年度预算655万元的47.79%。若扣除政策性影响损益的710万元（其中，无形资产摊销582万元，固定资产净损失128万元），公司2002年实现利润1023万元，超额完成利润指标368万元，与2001年同期的201万元相比利润增利112万元，上幅55.72%。

【经营管理】 2002年西藏销售分公司始终坚持“以市场为导向，以经济效益为中心”的工作指导思想。保证货源，积极拓展市场，完善营销网络，转变观念，采取多样营销手段，规范服务，开拓市场空间，为提高终端市场控制力和市场竞争能力打下良好的基础。

（1）加大网络建设力度。西藏销售分公司以挖潜现有加油站为基础，加大对现有加油站的改造力度，恢复改造了拉萨公司羊八井、中庆加油站，山南地区公司错那加油站，日喀则地区公司萨嘎、南郊加油站，那曲地区公司城北、比如县加油站等8座，对系统内部分油库站基础设施、设备进行了维护改造。尽管网络还需健全和改造，各地区公司、专业经销公司努力发挥现有网点的功能，全力扩大终端销售，不仅直接提高了吨油销售收入，从根本上巩固并扩大了市场份额。

（2）积极组织货源，保障供应，为扩销增效提供货源保证。公司业务部门针对格尔木—拉萨输油管线技术改造，影响输油工作，－20#柴油不足的实际情况，对全区的进货计划进行及时调整和安排部署，积极与上级主管部门、炼油厂、管输部队多方联系、协调，超计划完成了年度进货任务。全年完成进货总量22.5万吨，完成年度预算16万吨的140.7%，同比增加进货5.8万吨，上幅34.4%。为全年利润指标的实现保障货源，做了积极的工作。

（3）积极探索市场营销工作经验。结合自身实际，进行了不同模式的营销措施创新。各地区公司、专业经销公司各加油站采取加油通知单的加油办法，让客户先预付资金，逐月结算，用完再预付的方式，不仅留住了客户，还强化了资金管理，达到了双方需求的目的。

（4）树立品牌形象，强化加油站管理。各地区公司、专业经销公司认真贯彻中国石油天然气股份有限公司《加油站管理规范》，使加油站管理向规范化进程迈进。特别是拉萨公司以树立“中国石油”形象，改善服务质量，广泛开展了“达标创星”活动，通过开展加油站站长竞聘上岗制度、工效挂钩制度，搞活了用人机制和薪酬分配机制，推行统一的服务标识和文明用语，提高了加油站的规范管理水平，调动了广大员工的工作积极性，使营销管理工作有了新的起色和加油站管理向规范化管理上了一个新的台阶。

（5）加强财务管理水平。全面加强财务基础管理工作，以炼油与销售分公司对下属企业《会计基础工作》检查为契机，我们重点对各地区公司、专业经销公司财务基础工作进行检查，并针对检查中存在的问题，及时进行解决和整改。同时对财会人员进行实地培训，包括原始的粘贴、装订、档案管理等进行了严格的培训，取得了良好的效果。严格预算管理，要求各公司严格履行业绩合同，以预算标准进行生产经营活动，建立健全资金管理机制，提高资金运行效率，使预算管理的财务制度真正落到实处。积极推广中油财务管理信息系统和资产管理信息系统的普及，有力地推动了财务会议电算化工作的进步。

（6）加强油品数质量管理。2002年对全系统部分油罐进行检测，建立油罐档案。全年区鉴定卧、立式油罐97个，汽车油罐车50辆，并对七二五油库所进的第一批次油品进行取样132份作分析化验报告。同时要求各地区公司、专业经销公司加大对油品的数质量管理工作，基本上做到了油品标号、价格公开、不合格油品不入库站、变质油品不销售、计量不准不付出，使油品数质量管理工作得到进一步加强。

【安全管理】　安全管理网络基本形成，积极推行安全生产责任制和安全生产合同管理制度，做到层层管理，分级负责，责任到人的安全管理网络体系，公司总经理与安全总监、地区公司、专业经销公司第一责任人签订了《安全生产合同书》，各地区公司、专业经销公司一把手与各油库（站）负责人签订了《安全生产合同书》，各油库（站）负责人与员工签订了《安全生产生同书》，形成了安全工作三级承包、责任到人，全方位、全过程、齐抓共管的管理机制，建立健全了安全管理监督体系。并根据实际情况，采取经常教育与集中培训相结合的方式，强化全体员工安全意识，特别是七二五油库，经常组织消防队员开展消防演练，提高了消防技能水平。始终坚持安全管理工作是各项工作中的重中之重的思想，狠抓安全制度的检查落实，在企业资金困难的情况下，投入资金对山南、林芝、日喀则、那曲油库、拉萨公司加油站进行了防雷、防静电设备、消防设施等存在的安全隐患进行全面的整改，防止了各类事故的发生。由于措施得力，制度健全，一年之中没有发生任何不安全隐患事故。

（成亚明）

中国石油天然气股份有限公司宁夏销售分公司

【概述】　2003年，中油宁夏销售分公司紧紧围绕年初制订的“竞争、创新、稳定、效益”的八字工作方针，以经济效益为中心，以拓宽市场为重点，销售四大类油品35万吨，创宁夏历史最高纪录；零售22万吨，创宁夏历史最高纪录；实现销售收入92378万元；基础管理得以加强，加油站达标创星工作成绩突出；并顺利完成了未上市销售企业的重组工作；各项工作成效显著。

【经营管理】　立足竞争，以竞争观念指导各项工作，以竞争夯实市场基础。

1. 加强加油站管理，打造黄金终端，提高核心竞争力、提高盈利能力

加油站是销售企业实现效益最大化的主要环节，更是销售企业在市场中取胜的关键所在。2002 年，宁夏销售在加强加油站的管理和企业的基础工作上狠下工夫。成立了加油站管理处，在全区全面贯彻执行《加油站管理规范》，先后举办了“加油站管理培训班”24 期，培训人数达 2400 多人。从而使加油站的管理工作向强化、深化、细化和规范化的方向发展。

2002 年，宁夏销售分公司按照中油公司的统一部署，认真开展了加油站的“达标创星”活动，经过验收，有 29 座加油站达标，35 座加油站创星，按规范化要求，统一制定了加油站管理制度，统一警示及加油站业务规程，对申报达标创星的加油站统一配备了办公设施，统一配发便民店、润滑油超市货架等等。从而使我公司加油站的总体形象有了比较大的变化，竞争实力大大提高。2002 年零售总量达 221798 吨，占年销售总量 350806 吨的 63.2%，剔除元通销往区外 2.5 万吨，占总量 32.5 万吨的 67.77%，占宁夏市场需求 36 万吨的 61.6%，占销售公司下达计划 28 万吨的 79.2%。

2. 创新指导经营、创新指导改革、创新求取效益

2002 年初，本身就是宁夏公司的销售淡季，加之 2001 年连续价格下调，宁夏市场小、土炼油的冲击，价格严重不到位，销售严重不畅，形势十分严峻，宁夏公司在销售公司统一指挥下，区公司连续召开市场营销、党群工作、加油站管理等一系列会议，并深入实际调查、研究，针对宁夏公司的实际情况制定了一系列措施，以适应市场、取胜市场。

（1）年初及时成立了快速反应领导小组，根据不同区域、不同市场，制定了城市坚挺、国道灵活的不同价格机制。按照一定程序和审批手续，灵活应对市场，这是宁夏公司 2002 年营销工作中的一个亮点，也是宁夏销售能够在销量上有所突破的关键。

（2）加油站实行吨量级管理。明确了加油站吨量级管理办法及领导挂钩 2000 吨以上加油站的管理办法。2000—3000 吨的站由地市公司领导挂钩，3000 吨以上的站由区公司领导、机关处室长与地市公司领导共同挂钩，着力提升 500—2000 吨的加油站，全力培养 7000 吨及 10000 吨的站，使加油站的管理在各级干部和职工群众的思想意识中形成“吨量级”。

（3）全区中、初级管理人员部分竞聘上岗，薪酬制度进一步改革。2002 年全区有近 30 名管理人员及 100 多名站长都是通过竞聘的方式产生。加油站实行了吨油工资含量包干。多劳多得的激励政策得以具体体现。

（4）制定了符合宁夏公司实际的配送中心方案。为了进一步理顺管理体制，抓好配送制改革。成立了“配送制改革领导小组”及“配送中心体制改革办公室”，从转变观念入手，层层动员、层层探讨，在全区举办了配送制学习班，一边学习绵阳的成功经验，一边结合宁夏公司实际反复研讨。

为了取回真经，宁夏公司专门组织各地市公司及县公司的主要领导亲自到绵阳实地考察学习。回来后，由配送中心体制改革办公室牵头，对油库、加油站的运距、费用等进行了详细的测算，通过测算，拿出了适合宁夏公司实际的配送中心组建方案。

3. 完成未上市销售企业的重组工作

未上市销售企业的重组工作是今年集团公司和炼油与销售分公司的一项重大举措，对完善股份公司终端销售网络的扩张和发展意义重大。

按照炼油与销售分公司的统一要求。宁夏销售分段操作、倒排计划，2002 年 3 月 31 日对存续部分进行了审计评估，2002 年 9 月完成了重组并账，2002 年 11 月份完成了对存续企业的库存盘点及业务核算，进行了资金封闭运行并由股份接管。

重组的顺利完成，拓展了宁夏销售的销售网络，提高了该公司在宁夏市场中的竞争能力。2002 年完成销售总量 350806 吨，减去元通公司调往区外市场 2.5 万吨，实际完成 325806 吨，已经达到了销售公司指定的省区公司销售需达到当地需求总量 90%的要求。

4. 财务上实现全区增值税统一汇算、分级缴纳，优化运输，降低成本，提高竞争能力

由于我国现有税收体制的制约，在会计核算程序上仍存在核算层次多、环节繁琐、工作量大的弊病，给集中核算工作带来了很大的难度，为了解决好这个问题，财务部门积极与当地税务部门协商，于 2002 年 11 月 29 日成功地实行了集中纳税。在财务上实现了全区增值税统一汇算、分级缴纳，解决了纳税工作中的“瓶颈”问题，为全区配送中心工作的顺利实施奠定了基础。集中纳税进一步完善了宁夏公司的会计集中核算，大大提高了会计核算水平，为进一步优化运输，降低成本费用，实现利润最大化创造了有利条件，为提高企业竞争能力提供了管理空间。

【网络建设】

经过几年来的市场风浪，大家都有一个共识，那就是得终端者得天下，这是大家近几年在市场中取得

的共识，也是宁夏公司2002年工作的一项重点。按照销售公司关于加强终端市场建设的要求，宁夏公司根据宁夏市场需求量、宁夏市场加油站的实际分布，组织有关人员开展拉网式调查，做出了加油站5年发展规划。以新建国道、省道、高速公路、中心城市为主，统筹兼顾乡村市场，对2002—2005年加油站建设做出了具体安排。

2002年，宁夏公司共完成投资10195万元，其中，购建加油站22座，改扩建加油站44座，原来存续公司的23座加油站也完成了技术改造。截至2002年年底，全区共有加油站238座，为宁夏公司的终端销售奠定了基础。中油品牌、中油包装、中油形象已遍及宁夏区内城乡各地，企业势力得到了加强，市场份额得到了提高。购销存系统也都得到了相应的完善，银川油库发油系统、中宁油库铁路卸油系统及输油管道等都进行了技术改造。

终端网络建设的加强为宁夏公司参与市场竞争提供了强大的后备力量，新建站开辟了新的市场，扩建站挖掘了原有地段的潜力。2002年，中宁盐兴站销量由2001年的4250吨提高到近7000吨，固原南苑站扩建后销量由2001年的1900吨提高到4247吨。其他改造和扩建站销量都得到了相应提高。

【安全管理】　2002年，国家有关部委将原来每年5月份的第二周“安全生产周”改为每年6月份的“安全生产月”，这说明国家对安全生产工作的重视程度越来越高。对销售企业也同样，没有安全就没有效益。2002年，宁夏销售分公司在全系统推广了《安全生产法》的学习，并对在岗职工进行了《安全法》的考试。开展了各种形式的安全生产大检查，对每次检查出的问题及日常发现的问题及时整改。一年来，共投入隐患整改资金154万元，有力地保证了安全工作，保证了我司油库、加油站没有发生等级安全事故。为公司争取最大效益提供了良好的安全保障。

【精神文明建设】　2002年，宁夏公司始终坚持两手抓、两手硬，以稳定促改革、促经营，以改革保稳定。

首先，宁夏公司将干部职工的思想统一到党在各个阶段的行动纲领上来，通过江泽民“5.31”讲话及“七一”讲话，的学习，用“三个代表”要求全体党员干部。同时，在全区开展了“稳定、安全、销售劳动竞赛”，把职工的注意力集中到经营销售上来。

第二，切实关心困难职工，实实在在为职工分忧解难。各公司对困难的职工摸、查、排、解，并经常家访，做到对职工的工作状况心中有数，有职工的家庭状况也心中有数，前后为身体有残疾的职工，为家里有病人的职工进行经济和精神上的援助，2002年共为50多名职工提供了各种各样的帮助。

第三，抓好机关作风的转变工作，抓好反腐倡廉的案例警示，严肃查处违法、违纪案件和人员，对有关人员进行了诫免谈话和处罚。

第四，成立了企业文化建设委员会，以“双文明简报”为载体，树立正气、鼓舞士气，引导职工爱岗敬业，营造团结协作的工作氛围。有力的促进了物质文明和精神文明建设同步发展。

（胜秋月）

中国石油天然气股份有限公司
大连海运分公司

【概述】　2002年，中国石油天然气股份有限公司大连海运分公司（简称“海运分公司”）在股份公司和炼油与销售分公司的领导下，继续秉承“保证生产企业后路畅通，规范海运市场秩序，降低运输成本，满足南方市场需求”的宗旨，积极协调和配合东北销售分公司、华东销售分公司工作，全面贯彻实施年初提出的“深入贯彻党的十五届六中全会精神，坚持以经济效益为中心，以发展为主题，以创新为动力，健全和完善WTO要求的经营管理机制，集中精力搞好航运工作，降低成本，实现海运分公司的稳定发展”的总体工作思路，狠抓落实工作，效果显著，各项经济指标均超额完成任务。截至2002年底，海运分公司全年完成总运量1527万吨，同比增长1.46%；实现运输收入13.36亿元，同比增长4.67%；吨运输成本同比下降为2.47%；实现利润1.77亿元，同比增长42.64%；有力地保证了市场供应，保证了东北生产企业后路畅通，为成功实现中油股份公司北油南调、开拓市场的宏伟战略做出了积极贡献。

【成绩】　在一年来的生产经营实践中，海运分公司力求运力组织周密，计划协调科学，船舶调运合理，代理管理严谨。

在总运力相对稳定的前提下，实行“单航次考核，末位淘汰，有进有出”的原则，不断更新运力，增强运力组织的科学性。此间，经过科学测算，自2002年二季度起，停止期租1万吨级以下船舶。

认真研究大船的量化配载方案，提高计划兑现率，减少转港、多港装卸等工作，提高船舶运输周转率，确保期租大船高效运行。

充分研究市场规律，适时合理调整航次租船运价标准。全面加强安全、计量和质量管理工作，从而有效地控制了海上运输成本，稳定了海上运力，确保中油海上运输通道的畅通。

在对外合作工作中，经过两年多的评审和论证，2002年12月13日，合资公司“华洋海运有限责任公司”在大连开发区正式注册，并与12月25日正式接手“鄱阳湖”轮的营运工作。这项合作的成功，将为中国石油天然气股份有限公司有效控制海上成品油运力，降低海上营运成本发挥积极作用，也为大连海运分公司未来的发展，开辟了一条新的途径。

（谢宏伟）

中国石油天然气股份有限公司大庆石化分公司

【概述】　2002年，大庆石化分公司认真实践“三个代表”重要思想，转变观念，开拓创新，深化企业改革，积极参与市场竞争，公司实力快速提升，企业管理思想和管理方法发生了深刻变化，甩掉了多年亏损的包袱，实现了公司发展史上的重大转折，各项工作取得了优异的成绩：生产经营健康发展。全年加工原油534.7万吨，生产乙烯46.51万吨，实现销售收入143亿元，成本同比降低6.98亿元，扣除不可比因素影响，当年实现盈利4.32亿元。内部改革进一步深化。关停了扭亏无望的化纤厂和一批从长远考虑没有市场前景的生产装置，采取公开竞聘的方式选拔人才，实施了“3335”人才培养工程和人才绿色通道工程，初步形成了公开、平等竞争的用人机制。经营管理全面加强。企业内控体系不断完善，建立了新的财务管理和物资采购管理体制，强化了审计监控和法律控制。质量、安全、环保工作得到加强，腈纶短纤被评为全国用户满意产品，石油焦、半精炼石蜡、冰乙酸等9个产品被评为黑龙江省用户满意产品，公司被评为黑龙江省质量管理先进企业和黑龙江省安全生产超千天先进单位，进一步加强了“三废”治理，环境保护工作得到充分重视。技术创新步伐加快。完成省部级科研成果12项，实现科研项目工业化应用14项，开发新产品10种，完成技术改造18项，新用、变更“三剂”53种次，获省部级科技进步奖7项，申报国家专利4项。塑料专用料比例达到45.23%，腈纶差别化率达到30.8%。企业文化建设稳步推进。公司的核心价值观体系逐步形成，并得到了广大员工的认同和实践，初步构建了突出时代特色和公司特点、融合公司优良传统和精神风貌的先进企业文化，进一步提升了公司整体素质，增强了企业的凝聚力和向心力。

【重视企业战略研究，理清发展思路，确定了符合公司实际的工作方向和工作目标】　2002年，面对88%的资产负债率和连续多年亏损的现实，面对入世后国际、国内市场竞争带来的巨大压力和严峻挑战，大庆石化分公司干部员工没有怨天尤人，没有悲观失望，而是坚定信心，以自强不息的精神，下定决心在逆境中崛起，解决生存与发展问题。把扭亏解困与企业发展有机结合、统筹考虑，确定了“做好、做强、做大，建设具有国际竞争力的石化企业”的发展目标，完成了企业发展的宏观战略谋划和决策。在此基础上，明确了全年工作主攻方向，坚定了“不管市场跌到何种程度都要实现盈利”的信心和决心，把实现扭亏解困，解决企业生存问题作为谋求企业快速发展的首要任务和重要前提，积极转变思想观念，牢固树立“面对现实，谋求发展，立即行动，不做空想”的工作作风，在行动中寻找机遇、创造机遇、把握机遇，在实践中更新观念、不断总结、不断提高。思想观念的转变和新的工作作风的确立，极大地调动了广大员工的积极性和工作热情，激发了广大员工的聪明才智和创新能力，强化管理，深挖潜力，在“做好”企业上下工夫，公司盈利能力稳步增强，当期盈利能力步入中国石油天然气股份有限公司炼化企业前列。

【深化内部改革，提高内控能力，建立和完善了具有自身特点的内部运行机制】　大庆石化分公司从财务体制改革入手，将财务二级核算、三级管理，改变成一套账目核算、一个机构管理的扁平化管理模式，实现了财务集中管理，形成了事前预算控制、事中核算分析、事后考核监督的财务管理体制，加大了成本控制、费用控制和资金审批管理力度。2002 年，公司可控费用支出大幅度降低，同比减少 1.48 亿元。对采购、合同和材料核算业务实行集中管理，实现了对材料费的直接监督和有效控制。通过推行招标采购、网上采购、比质比价等方式，进一步降低了采购价格，减少了物资采购过程中的效益流失，杜绝了越权采购、变通采购、盲目采购等行为，全年节约采购资金 8498 万元，采购价格同比降低 6.9%。在实行集中管理的同时，进一步强化审计监控，加大对预算执行过程的控制。通过工程结算审计，挽回经济损失 564 万元。强化以合同管理、诉讼代理、法制管理为重点的法律控制，依法规范管理行为，全年共签订合同 3224 份，签约率 98%，履约率 100%，未发生一起合同纠纷，通过法律诉讼减少损失 1078 万元，运用法律手段清回陈欠款 2080 万元。公司被评为黑龙江省“重合同、守信用”企业，大庆牌汽油、塑料、尿素、石蜡被评为黑龙江省著名商标。

【创新管理观念，深挖内部潜力，降本增效取得了明显成效】　在生产规模没有大的改变情况下，大庆石化分公司把降低生产成本作为提高盈利能力、实现扭亏解困的重要途径，从创新管理观念入手，充分挖掘内部潜力。一是向生产管理极限挑战，向精细管理要效益。在保证安全的前提下，实施了乙烯装置裂解炉冷备用、停透平泵开电泵、芳烃装置“两头一尾”生产、炼油厂 PIP 增效项目等一系列措施，充分发挥了装置的最大潜能，虽然承担了一定风险，但取得了可观的经济效益。狠抓生产过程中的精细管理，采取有效措施，回收聚丙烯装置反应尾气中的丙烯，将污油和不合格汽油作为常减压和重油催化装置的原料混兑加工，将部分 CO_2 超标的乙烯作为乙醛装置的原料减少乙烯回炼量，进一步降低了生产成本。二是加大节能降耗力度。在蒸汽平衡方面，实现了化工系统蒸汽的合理利用，炼油系统通过减少自产蒸汽，增加外购蒸汽，将节省下来的燃料油用于深加工，使炼油商品率同比提高 0.07%。在燃料平衡方面，确定了“以煤顶气、顶油，以气顶油，以乙烯焦油顶减压渣油，以火炬气顶天然气”的运行方案，实现了燃料的综合利用。在外供能源管理上，顶住来自各方面的阻力和压力，停供瓦斯气，整顿能源管理，并将节省的瓦斯气用于生产，使化肥冬季生产负荷从过去的 80%—90%提高到 100%以上。2002 年，公司通过节能降耗增加效益 1.7 亿元。三是加强设备管理，压缩材料修理费。设备管理向经济技术复合型管理转变，通过开展设备长周期运行竞赛、生产单位与维修单位双向考核活动、设备预知维修活动等，延长了设备运行周期，设备故障造成装置停工次数同比下降了 34.62%。在修理与投资问题上，追求资金投入的回报和长期效益。在修理与更新问题上，强调减少反复修理造成的浪费。“在保证装置安稳长满优生产的前提下，该修必修，修必修好，防止维修不足和维修过度”，全面完成了化工系统、化肥系统和部分炼油装置的大检修工作，在装置大修年材料修理费同比降低了 2 亿元。

【合理配置资源，优化存量资产，生产管理水平进一步提高】　充分利用“炼化一体”、平衡资源能力强的生产优势，通过对生产方案的优化，进一步降低加工费用，实现了生产组织科学化。炼油柴汽比达到 2.1∶1，综合商品率达到 93.76%，乙烯平均收率达到 33.48%，比 2001 年有显著进步。通过将低价值的油品转化为高价值的化工产品，最大限度地提高了炼油、化工的整体效益。上半年，在丙烯资源不足的情况下，适时调整加工丙烯装置的生产负荷，实现了丙烯资源的优化。下半年，丙烯及丙烯下游产品效益不断提升，炼油厂将增产丙烯作为增加效益的一个重要手段，将液化气中的丙烷和丙烯全部分离出来，在满足下游装置满负荷生产的同时，剩余丙烯在比较高的价位上销售，并将过剩的液化气作为裂解原料，缓解了液化气阶段性销售不畅的矛盾。通过压缩炼油厂原料、半成品和成品库存 13 万吨，实现了低库存下的产销平衡，降低了高库存带来的经营高风险，节约财务费用 3100 万元。进一步优化存量资产，关闭了化纤厂，报废了原值近 10 亿元的不良资产，减少了资产折旧和维护费用，降低了经营成本。

【加快发展步伐，推进技术进步，创新创效能力不断增强】　按照“资源配置优、投资回报大、技术含量高、创效能力强”的原则，不断加快发展步伐，推进技术进步。一是抓好改扩建工程。按照“以化工带动炼油，发展乙烯化工，改善炼油结构”的发展思路，启动了炼油、化工系统两大改造工程，全力推进聚乙烯专用树脂改造和120万吨/年加氢裂化改造项目。完成了重整改造项目，并争取80万吨/年乙烯改扩建工程、化肥装置扩能50%改造项目尽早批复，8万吨/年丙烯腈改造项目、动力站新建水煤浆锅炉项目、化工区热水采暖和伴热改造项目完成批复。二是加大技术改造力度。完成了化工一厂前冷改造等28项限下技术改造项目，实施了炼油厂增加氢压机等18个项目。三是积极开发新产品、应用新技术。聚丙烯PPR管材料基础树脂EP2D30P在国内单环管装置上首次试生产成功，市场前景看好；腈纶厂有色纤维开发成功并在国内同类装置中居领先水平；扁平丝在中试装置上批量生产成功并推向市场；低压聚乙烯装置开发的管材料7000M和食品及小中空容器料5000B也获得了较好的市场反映。通过开发新产品，扩大销售量，增加效益178.9万元。化肥厂工艺凝结水回收、腈纶厂回收废水中的硫氢酸钠等14个科研项目实现了工业化应用，增效1223万元。四是信息化管理迈上新台阶。建设、投用了办公自动化网络、财务管理平台、组织人事管理平台等，通过网络进行文件传输、信息共享和沟通交流，提高了办公效率和管理水平。五是围绕装置达标，完成技术攻关18项，有4套装置物耗、6套装置能耗创历史最好水平。

【调整营销策略，大力开拓市场，与客户建立了互利双赢的合作关系】 面对激烈的市场竞争，大庆石化分公司确立了新的经营理念，积极调整营销策略，加大了市场开发力度，从注重卖方需求向注重买方需求转变，从以自我为中心向以客户为中心转变，从把自己的利益放在第一位向把客户的利益放在第一位转变，力求用高质量的产品和全方位的服务满足客户的需求，帮助客户实现愿望。一是与客户建立稳定的合作伙伴关系。二是与客户实现“共赢”。在化肥经销上，确立了“把好省门，控制省内市场，保持供需平衡”的总体经营思路，从资源平衡的角度出发，认真组织省内尿素经销商共同研究分析市场供需情况，对进入省内的外省化肥实行总量控制，缺口部分由大庆石化分公司统一购买，分销给各经销商，并配置在大庆牌尿素的非主销区域。2002年，委托其他企业加工大庆牌尿素14.8万吨，提高了大庆牌尿素的市场占有率，进一步增强了在省内市场的优势地位，较好地保持了供销平衡，满足了经销商和农民的需求，稳定了市场价格，取得了较好的经济效益，实现了与经销商、农民的共赢。

【精神文明建设】

（1）坚持以人为本，加强文化建设，企业凝聚力和向心力明显增强。

（2）发挥政治优势，营造良好氛围，党的建设和思想政治工作得到加强。

（3）强化民主管理，改善工作和社区环境，努力维护员工群众的根本利益。

（姜继民）

中国石油天然气股份有限公司吉林石化分公司

【概述】 中国石油天然气股份有限公司吉林石化分公司（简称“公司”）是中国石油天然气股份有限公司所属的特大型石油化工联合企业，是集油、化、胶、塑、洗于一体的综合性石油化工生产企业。公司所属二级单位20个，包括炼油厂、有机合成厂、电石厂、聚乙烯厂、化肥厂、乙二醇厂、合成树脂厂、双苯厂、动力厂、污水处理厂、江南炼油厂、研究院、运销仓储中心、供应分公司、销售分公司及3个控股公司：淞美醋酸公司（控股66.7%）、永晖公司（控股70.26%）、建修公司（控股98.9%）；另有2个合资合作公司，分别是巴斯夫吉化新戊二醇有限公司（40%股份）和联力工贸公司（47%股份）。

至2002年末，吉林石化分公司在册人数为25900人，总资产为229.25亿元。拥有生产装置104套，其中包括：原油一次加工能力550万吨/年，两套乙烯共53万吨/年，ABS16万吨/年，线性低密度聚乙烯20万吨/年，丁辛醇12万吨/年，乙二醇16万吨/年，苯酚丙酮10.6万吨/年，苯胺6.6万吨/年，AES6万吨/年，丁苯橡胶9万吨/年和乙丙橡胶2万吨/年。

【主要指标】 2002年，公司在近一个月大检修的不利条件下，完成原油加工量456.13万吨，其中掺炼俄油60.59万吨；实现商品总量为468.66万吨，同比增加31.34万吨，增长了7.17%。完成工业总产值90.5亿元，增长12%；实现销售收入133.76亿元，增长3.93%；实现税金11.45亿元，增长12.37%；有息债务总额比年初下降了5.06亿元；实现账面利润-13.55亿元，同比减亏14.91亿元，减亏幅度达52.38%；实现考核利润-6.45亿元，比2001年减亏9.24亿元，减亏幅度达58.87%。公司各项扭亏为盈工作取得了显著成效，实现了大幅度减亏的目标。

【主要产品】　2002年，公司生产汽油80.1万吨，同比增长2.4%；柴油135.5万吨，同比增长22.7%；乙烯50.98万吨，同比增长7.6%；聚乙烯18.1万吨，同比增长12.7%；ABS13.01万吨，同比增长19.6%；丁醇6.4万吨，同比下降2.3%；辛醇5.8万吨，同比下降4.3%；乙二醇13.8万吨，同比增长17.4%；苯酚6.06万吨，同比增长49.1%；丙酮3.8万吨，同比增长51.4%；丁苯橡胶8.8万吨，同比增长2.6%；乙丙橡胶2.0万吨，同比增长33.3%；苯胺7.3万吨，同比增长20.1%。

【结构调整与技术进步】　2002年，公司全力以赴加快重点技术改造项目建设，结构调整、技术改造迈出新步伐，增大了经济总量。140万吨/年催化裂化、20万吨/年聚乙烯、16万吨/年乙二醇、16万吨/年ABS、14万吨/年苯乙烯、6万吨/年AES等重点项目，全部按期或提前投产，全年增效1.44亿元；5万吨/年苯胺、5万吨/年有机硅等两个重点项目顺利地完成了工业化试验；30万吨合成氨已进入开车阶段；预计2003年投产的100万吨/年延迟焦化、120万吨/年柴油加氢两个重点项目已经开工建设。同时，实施了102项投资少、回报率高、见效快的短平快项目，投资回报率都达到15%以上，全年创效益达2000万元以上。碳纤维试验装置生产出了合格产品，使国家级碳纤维重点科技攻关取得了重大进展。

【内部改革】　进一步理顺了管理职能，精简了两级机构。全公司共减少两级管理机构103个，压缩幅度达到55%；减少了管理人员944人，压缩幅度达47%。突出加强了干部制度改革，建立并实施了任前公示、试用期、末位淘汰、警示谈话、重点工作排序、见习助理等制度；修订了《经济责任考核管理办法》，把过去对各二级厂的效益指标考核，改变为对成本、安全、消耗指标的考核；对机关部门和各二级单位的主要负责人实行《目标责任风险抵押管理办法》；出台了《扭亏创效专项奖管理办法》，奖励为公司扭亏做出突出贡献的单位和个人；设立了人才专项奖励和人才专项津贴，首次评选出21人，给予了每人每月1000元的奖励；加强绩效考核，建立末位淘汰、待岗、培训、考试考核再上岗的运行机制，对首批进入待岗管理中心的319名员工经培训，有132名员工重新上岗，初步建立起了竞争激励和贡献、效益、风险相结合的新的考核运行机制。

【经营管理】　从严管理得到了有效实施，企业整体面貌发生了较大变化。严格执行《领导干部若干行为规范》、《员工行为准则》，先后查处违章违纪行为1762起。深入开展了“六查六整顿”工作，在顶住各种压力的情况下，清理整顿“四小”1102项，取缔并清理厂区周围小饭店、浴池、小食堂、汽饭锅391个，消除跑、冒、滴、漏5870项，降低了消耗，提高了经济效益，消除了大量的安全隐患。全年“六查六整顿”共查出问题12366项，已整改11433项，整改率为92.4%，增创效益1.7亿元。通过严肃纪律、整顿作风、从严管理、全面查摆整改，以少量的投入取得了成倍的回报，树立了奖罚分明的正气，打击了歪风邪气，广大干部员工的思想作风明显转变，厂区面貌发生了巨大变化，生产经营形势有了明显好转。

集约化经营管理成效显著，总体经营水平有所提高。强化财务集中管理，通过加强预算控制、强化资金管理、压缩费用支出，全年可控费用同比降低2.2亿元，管理费用同比降低1.19亿元，修理费同比降低5200万元，营业费同比降低2000万元，有效地控制了资金的支出；强化物资集中管理，全面加强保供、降采、利库、达标、创效工作。清除了534家供应商，取消了402个品种的中间环节，有50多个品种实行代储代销，处理废旧物资增效1603万元，降低采购成本1.07亿元。强化营销集中管理，坚持“以效定销、以产促销、以销定产、以销保效”四者有机结合的营销原则，发挥储、运、销一体化优势，月份销售收入首次突破了15亿元大关，公司的月份产品销量、销售收入连续创出历史最好水平。公司“经营管理高度集权，基层单位强化生产，经营环节全部规范，管理机构科学精干”集约化管理体制基本形成，集约化经营水平有了较大的提高。

【党建和精神文明建设】　党建和思想政治工作是国有企业在新形势、新体制下，参与市场竞争的重要优势。2002年，公司通过动员大会和各种媒介阵地，加强正面教育引导，着力强化“五种意识”，转变“五种观念”，锤炼“五种作风”，倡导“五种精神”。广泛开展大讨论和树标活动，总结、宣传了一批在扭亏为盈中涌现出来的先进典型。深入开展党建“三抓三保”活动，落实包保责任，加强量化考核，充分发挥了“核心堡垒先锋”作用。制定了《党建思想政治工作条例》有针对性地开展预防教育、专题教育和警示教育，加大案件查处力度，结案率达到了100%，党风廉政建设水平得到了进一步的提高。通过举行升旗仪式、开展系列体育活动、制定并实施《企业文化建设纲要》等，加强了企业文化建设，增强了全体干部员工的集体荣誉感和企业的凝聚力。加大形势任务教育力度，深入细致地做好思想政治工作，答疑解惑，化解矛盾，使全体员工对公司“严而有格，严中有爱，严爱结合”的从严管理理念有了更加深刻的认识，实现了从要我执行到自觉执行，从扭亏无望、工作热情低到信心倍增、积极努力工作的重大转变。同时，充分发挥各级群团组织作用，紧紧抓住热点和难点问题，积极排查不稳定因素，做好重点对象、重点人员的工作，主动为困难员工排忧解难，确保了公司大局的稳定。

【企业发展规划】　勇迎挑战，精心规划，全面推进公司的发展进程。吉林石化分公司根据中油股份公司扭亏为盈的总体要求和化工基地发展定位要求，确定公司的发展思路为：以炼油为原料，以乙烯为龙头，以效益为中心，以结构调整为主线，以改革为动力，以从严科学管理为根本，充分发挥结构调整潜力大，化工产品种类多，对市场的适应性强及技术先进等比较优势，全面调整结构和管理体制，加快技术改造步伐，加大改革力度，加强内部管理，优化资源，开满炼油，做大乙烯，优化发展乙烯、丙烯、合成气、芳烃四条主线，做大做专ABS、聚乙烯等产品，实施大规模、差别化、专用料改造方案；做强做优丁苯橡胶、丁腈橡胶、丁辛醇、苯酚丙酮、乙二醇、丙烯酸酯、环氧乙烷、醇醚、醋酸、醋酐等产品，实施扩能、提质、降耗改造方案；做精做特有机硅、乙丙橡胶、苯胺等产品，实施扩能、创新改造方案；发展聚碳酸酯、碳纤维、C_5深加工等新型产品；充分利用现有装置和设备转产乙醇、乙醛等产品，最终实现“两个建立”，达到“六化标准”，建成一大化工基地的第四次创业宏伟目标。即建立起完善的现代企业制度，建立起有效的监督约束激励和竞争机制，实现人力资源配置科学化，各项管理制度化，生产管理最优化，经营管理规范化，信息管理网络化，资本管理国际化，全面提高企业总体实力和竞争能力，把吉林石化分公司建成中油最大、国内一流、国际知名的大型石油化工生产基地。

（张　颖）

中国石油天然气股份有限公司
抚顺石化分公司

【概述】　抚顺石化分公司是中国石油天然气股份有限公司所属的地区性分公司，是中国重要的石油化工产品生产基地。现拥有三个大型炼油厂、三个大中型化工厂和一个油品集输储运公司，年销售收入200亿元以上，是一个特大型石油化工联合企业。公司总资产为137.36亿元，其中，流动资产38.3亿元，固定资产97.19亿元。负债总额为76.12亿元，其中，流动负债42.93亿元，长期负债33.2亿元。股东权益61.24亿元。资产负债率55.42%。公司原油一次加工能力920万吨/年，二次加工能力787万吨/年，原油加工量居国内前列，主要原料为大庆原油和沈北原油，全部为管输进厂。现有炼油化工生产装置60套，其中，炼油47套，化工13套。全公司共有设备71197台，设备新度系数为55%，具有年产乙烯17万吨、烷基苯20万吨、蜡62万吨、润滑油基础油35万吨等生产能力。蜡产量和石蜡出口总量居全国第一，润滑油基础油年生产能力居国内第一，烷基苯年生产能力为亚洲第一。生产汽油、煤油、柴油、润滑油基础油、石蜡等120多个牌号的石油化工产品。主要商标有远航、双菱、尔驰、迪源、四达等。公司产品畅销国内各省市，并远销世界50多个国家和地区。公司员工9940人，平均年龄34岁，有专业技术人员2705人，科研开发人员145人。

【主要经济技术指标】　全年加工原油821.4万吨，实现销售收入180.5亿元，居辽宁省第三位；实现税费总额11.5亿元，实现利润2.2亿元；原油加工量、销售收入继续列中国石油炼化企业首位。炼油现金单位加工费 106.45 元/吨，化工吨商品现金加工费 894.55 元/吨，管理费 66612 万元，营业费 15516 万元，财务费 25886 万元，均降到历史最好水平。炼油总损失率 1.4%，加工损失率 0.85%，综合商品率 89.75%，轻油收率 73.17%，产品馏出口合格率 100%；炼油综合能耗 99.4 千克（标油）/吨，单因耗能 12.03 千克（标油）/（吨·因数）。生产汽煤柴 503.25 万吨，乙烯 16.55 万吨，烷基苯 17.52 万吨，柴汽比 1.8，乙烯收率 34.33，南输集输量 218.5 万吨。

【整体优化和安全生产】　在原油加工量比 2001 年减少 10 万吨的情况下，生产汽煤柴润 503 万吨；生产化工产品 100 万吨，烷基苯产量创历史最高水平。公司整体联合更加紧密，资源互供和综合利用得到优化。相继投用了东气西输等八条厂际管线，公司厂际原料和动力互供管线达到了 109 条，内部互供比 2001 年增长 22%，总量达到了 263 万吨。通过采取先进技术，使储运公司长输管线输油能力达到了 270 万吨/年，大庆油管线输油能力提高 30%；投用了两台 5 万立方米原油罐，公司原油储存能力提高了 38%。通过技术改造进行布局调整，使公司生产结构发生了根本性变化，关停了一厂西蒸馏、三厂常减压和催化三套主要装置，三厂告别了 32 年原油一次加工的历史，成为抚顺石化炼油深加工和化工原料生产基地，公司一二次加工规模更加经济，炼化一体化衔接更加紧密。全年投入隐患治理资金 4488 万元，其中安保基金 1662 万元，治理了二厂河西消防通道、三厂消防水、长输管线北沙河段等 54 项重大隐患，完成了 50 套装置检修和缺陷治理，杜绝了重大以上事故。全年进行大规模生产调整 18 次，有六套主要装置和多套公用系统改造后投产，特别是柴油中压加氢、丁苯树脂和停产多年的烷基化装置均实现了一次投产成功，两套烷基苯和脂肪醇装置首次实现同时开车，完成了柴油质量升级，对 41 套主要生产装置进行了技术标定；在四套主要装置投用了先进和优化控制，三台大机组安装了 ESD 紧急状态停车系统，部分生产装置采用了电机群控再起动技术，装置运行水平有新提高，26 套装置能耗同比下降，参加股份公司达标的 14 套装置有 12 套达标，六套装置能耗水平列中油第一。同比节水 366 万吨，节电 4996 万千瓦·时，节汽 66 万吨，污水回用和凝结水回收达到 349 万吨，节能降耗折合标油 6.5 万吨。

【集约化经营】　突出以计划为先导，加强对整体经济运行的监督和调控。全年外找苯、分子筛原料等 8 万吨，首次加工俄罗斯原油 12 万吨；通过挖掘自身潜力增产分子筛原料 7 万吨。通过强化全面预算管理，实行财务一级核算，总体实现了公司预算目标；资金状况得到改善，流动资金周转次数 7.48 次；完成了对乙烯公司中行外资逾期贷款的置换，争取中行减免逾期利息罚息 4.4 亿元，当年免息 7100 万元；积极改善资产结构，在股份公司的大力支持下，报废固定资产净值 4.2 亿元，原值 11.9 亿元，年降低折旧 6000 万元；将中石化的原油运作价差 11.3 亿元转为中石油注入资本金，清回应收账款 1053 万元。全年实现商品销售 722 万吨；规范了自销产品价格管理，石油焦、二甲苯等自销产品售价达到国内最高；有效利用了国内国外两个市场、两种资源，首次以来料加工方式为韩国梨树集团加工烷基苯 2.2 万吨；产品出口总量达到 61 万吨，创汇 1.6 亿美元，长输管线输油 220 万吨，均创历史最好水平。积极推进物资采购的市场化运作，实施专家和专业采购，扩大电子商务采购，提高采购性价比。全年采购总额达到 12.1 亿元，其中电子采购达到 1.3 亿元，储备资金 1.7 亿元，供应费用比上年下降 10%。

【技术改造和技术创新】　全年开展技术改造 21 项，完成资本性投资 4.7 亿元，为预算的 134%。重油接触裂解制乙烯工业化试验取得实质性进展，试验打通了全流程，产出合格产品，取得了阶段性成功，为下一步长周期试验和工业化生产提供了可靠依据。国内首套丁苯树脂工业化试验装置实现一次开车成功，产品填补了国内空白。公司确定的“十五”结构调整项目已经全部完成。一厂东蒸馏以及一、二厂焦化完成了阶段性改造，并实现一次开汽成功，建成投用了 31 千米长的东气西输管线，完成了一厂酮苯、醚化、洗化厂重烷基苯分离等装置的主体建设。股份公司重大项目——渣油悬浮床加氢工业化试验顺利推进，喷雾脱油等工业化试验正在加紧进行。公司投入科研开发费用 1500 万元，开展技术成果转化五项，开发聚丙烯纺丝专用料等六项新成品，推广应用新产品九项，四个项目通过了股份公司验收，两种产品获辽宁省科技进步奖；环氧乙烷催化水合制乙二醇获得国家专利，新型表面活性剂 APG 等四个项目申报专利。

【改革与管理】　公司以加强集约化经营和提高效率为目标，从管理体制、运行机制上进一步明确公司与各直属单位的职能定位，积极稳妥实施专业整合和流程再造。先后对预算、审计、财务、销售、计算机信息、计量检定等系统和业务进行了专业整合；对审计、监察和法律等监督职能重新进行了界定。重点对资本性投资、合同管理、物资配送等流程进行了调整，理顺了工作职责和作业程序。财务系统通过整合，结束了 20 年两级核算历史，实现了一级核算。预算系统整合后，人员削减了 51%，工作效率明显提高。通过实施专业整合和流程再造，对公司整体的管理进步产生了深刻的影响，初步形成了综合管理、专业管理和监督约束三个层面相对协调的组织结构，公司集约经营和专业管理得到强化。建立了以“三挂钩、两否决”为主的业绩考核体系，加大了向生产一线倾斜力度，首次实施了全员安全风险抵押，设立了倒班特别奖；规范了各类检查、评比，对规章制度进行了清理，新增 54 项，修订完善 151 项，废止 51 项；重新整理和编辑了《工艺调度手册》；完成了质量、职业安全健康两个体系的整合认证。推进了现代管理和信息化技术，投用了物资供应、销售、审计等计算机管理子系统，完成了 26 个主要装置的实时数据采集，计算机网络更加完善，实现了与股份公司和互联网的连接，即将投用股份公司电视会议系统，公司生产信息化管理和办公自动化水平大大提高。

【人事改革和教育培训】　按照政治合格、思想过硬、业务精湛、团结实干的要求，把各级领导班子建设作为公司可持续发展的重要保证。全年任免副处级以上领导干部 57 人次，其中提拔 17 人，交流 10 人，免职及解聘 24 人，厂处级班子成员年龄、知识结构明显改善，在加速领导干部年轻化上有了实质性进展。同时，深化干部人事制度改革，积极引入市场配置与组织考核相结合的选人用人机制，先后对 12 个高层管理岗位、38 个中层管理岗位和 145 个一般管理岗位进行了公开竞聘，在公司内外产生了强烈反响。先后在国内十几所大学作公司推介，招收本科以上毕业生 45 名。选派 30 名优秀员工参加了硕士学位学习，举办了第一期工商干部管理认证培训班，聘请著名专家学者举办了九次专题讲座，全年共举办各类培训班 384 期，累计培训员工 1.5 万人次。调整完善了 114 人的后备干部队伍，圆满完成了员工本级技能鉴定工作，50%的操作人员具备三岗技能，100 名员工被聘为全能操作员。公司形成了重视人才培养、尊重人才价值的氛围，呈现出人才辈出的喜人局面。

（杨凤强）

中国石油天然气股份有限公司辽阳石化分公司

【概述】　2002 年，中国石油天然气股份有限公司辽阳石化分公司全体员工思想观念发生了深刻转变，公司从严治内、集约管理、加快发展、推进扭亏解困方面取得了重大突破。一年来，公司新一届领导班子认真按照集团公司、股份公司的整体部署，把推进扭亏解困作为最紧迫、最重要的任务，以完成 2.77 亿元的控亏指标为工作中心，带领全体干部员工奋力拼搏，攻坚啃硬，一切都从扭亏解困的大局出发，以积极进取的精神，一天一天地算，一天一天地抓，一天一天地埋头苦干，克服了许多未曾料到的困难，做了大量的艰苦工作，取得了较好的成效。从 4 月份开始，公司生产经营形势逐渐转好。在销售收入与 2001 年基本持平的情况下，上缴税金 5.69 亿元，比 2001 年增加 1.11 亿元；剔除资产报废及减值增加的亏损 8.9 亿元，实际考核利润亏损 2.74 亿元，同比 2001 年减亏 6.68 亿元，完成了股份公司的考核指标。鞍炼实际考核利润亏损 2356 万元，比股份公司的考核指标减亏 6959 万元。

【主要产品】　全年加工原油 307.55 万吨，与 2001 年基本持平；生产成品油 144.2 万吨，比 2001 年增长 13.3%，其中：柴油产量达 139.1 万吨，完成年度计划的 112.3%；化工轻油产量达 82.4 万吨；生产煤油 5.08 万吨。化工化纤产品 85.67 万吨，增长 4.91%，其中聚乙烯 6.21 万吨，聚丙烯 4.37 万吨，尼龙 66 盐（含精己二酸）7.67 万吨，聚酯 40.15 万吨，涤纶短纤维 12.83 万吨，涤纶长丝 2.24 万吨。鞍炼顺利完成大检修任务，全年加工原油 95.57 万吨，轻油收率超计划 3.39 个百分点。

【生产经营】　公司以最佳业绩为目标，最大限度挖掘生产经营内部潜力，努力提升公司价值。

1. 狠抓生产运行管理

公司把安全平稳生产作为头等大事来抓，从多方面着手，狠抓了措施落实。炼油生产严格控制加工总量，生产方案优化成效明显，成品油质量进一步提高。公司克服原油加工限量、装置停产检修给物料平衡带来的困难，坚持以市场为导向，在保证下游原料需求的前提下，优化原油资源进厂，优化炼油装置产出，努力增产目的产品，增创经济效益；充分利用柴油优质优价政策，优化调整装置运行参数，实施常减压干点前切、提高蜡油收率等措施，保证柴油优级品率；根据季节变化，选用新型降凝剂，加大调合力度，实现油品增值。化工生产努力克服销售困难，积极调整品种结构，降低生产成本，增强市场竞争能力。面对市场形势格外严峻、设备处于运行末期等不利因素，公司把稳定、优化装置运行作为增效的重要手段，坚持每周召开优化会议，强化生产组织管理，主要产品基本实现稳产高产。坚持装置边际贡献动态监测，进行生产方案调优，先后实施改产 83dtexDTY 和 50dtexPOY、开发阳离子涤纶纤维、停止间断聚酯和粗旦涤长 POY 生产等挖潜增效措施。及时根据市场变化，增产高附加值产品。主要产品产量均超额完成计划，考核的 30 项单耗收率指标有 24 项完成计划，26 项好于 2001 年同期，15 项创历史最好水平，其中综合商品率 91.92%，“两烯”收率 45.23%，同比 2001 年分别提高 0.16 和 2.39 个百分点；PTA 耗醋酸 60 千克/吨，比 2001 年降低 6 千克。

为进一步促进安全生产，2002 年公司还从严肃纪律、整顿作风入手，营造紧张有序的工作氛围。公司领导每天都参加调度交接班，并强化了公司调度例会的功能，充实了生产、设备、安全部门的专业管理力量，要求他们 24 小时值班，生产出现问题，及时协调解决，加大了生产运行的管理力度。公司还在短时间内出台了《员工奖惩暂行办法》和《员工内部待岗管理办法》，专门组成了纪律纠察小组，加大工艺纪律、劳动纪律和操作纪律检查力度，严肃进行奖罚，狠刹早退、睡岗、脱岗等不正之风，查处了各类违章违纪行为 214 人次，开除 3 人，处罚科级以上干部 9 人，有 21 人受到待岗处理，199 人受到罚款和纪律处分。作风的转变带来了工作秩序的改观，公司上下按制度办事、按规程操作的意识不断增强，装置运行平稳率逐步提高。

2. 狠抓内部精细管理

今年，公司注意摆脱传统的思维定势，转变管理观念，针对一些熟视无睹、司空见惯的管理问题，深度挖掘，在严格、细致管理上狠下工夫，收效显著。

一是严格物资采购管理，全面推行招标订货。公司明确提出全年降低采购成本 1 个亿的目标后，迅速将任务分解落实，并出台了《物资采购责任追究制度》，引入监察、法律和专业部门，加强监督和控制，重新规范资源市场，打破独家供货格局，为全面推行招议标订货扫清障碍，创造条件。在对煤炭采购硬性招标的基础上，又突破了纺专包装物这一“禁区”，打开了区域保护政策，6764 万元的采购额节约 2015 万元，其中 FDY 吨产品包装物成本累计降了 319 元。即使对办公用品这类小的品种，也通过集中采购，实现了公开招标。公司还清点出各单位“管箩库”物资 8000 多万元，为搞好平库、利库做好了准备。公司全年物资、备件采购总额同比 2001 年减少 2.96 亿元，其中仅价格因素就降低 1.36 亿元。二是坚决推行合同、财务集中管理。全公司合同章由 47 枚减少到 1 枚，有效地规避了经营风险，堵塞了管理漏洞。各单位财务全部集中后，公司对资金、成本等实现一级核算，对招待费、差旅费、电话费等各类费用进行了全面监控使用，各类出差都必须经主管经理签字，坐飞机必须有总经理签字方可报销，并削减了 200 部电话。通过这种严格把关的方式，全年降低费用达 2000 万元。此外，公司还顶住压力，清退临时用工 431 人，节约费用 300 万元。三是严格核查使用去向，严肃维修费用管理。针对维修费用管理松散、漏洞较多的实际情况，公司重新核定了年度维修费使用计划，不论项目大小，全部一支笔审批，坚决砍掉与生产无关的维修项目，坚决杜绝“先斩后奏”的现象，坚决将资质不合格的队伍清除出厂，全年的修理费用得到了较好控制。四是向先进水平看齐，把节水作为节能降耗的重要突破口。公司每天都监视用水量变化，及时分析增减原因，有针对性地落实管理措施，共整治了水管网的 300 多个跑损漏点，损失率降低了 1%，5 个循环水场浓缩倍数由 2.5 以下提高到了 3 以上。为从根本上推进节水工作，共实施了蒸汽冷凝水回收等 10 个节水项目，使大量直排水得到回用，其中己二酸装置直排冷却水回收后，送热电厂作锅炉机泵冷却水，排出后又进入凉水塔作补充水，最后又作为输送灰渣水，实现了四次使用。随着节水措施的见效，公司先后关闭了 2 个水源地，目前生产日耗水量同比已经下降 8 万立方米，全年减少成本支出 3124 万元。五是严格用电、用汽管理。由于各项严格管理的措施逐步到位，公司同比 2001 年节汽 21 万吨，降成本 1200 万元；节煤 9 万吨，增效额达 2340 万元。六是严格监控火炬排放，优化燃料气系统运行。生产调度系统加大监控运行力度，发现异常排放，就立即排查原因，组织处理，最大限度回收火炬气，仅此一项全年增效不少于1000万元。公司还抓紧抢建2万立方米气柜，几乎每天都要过问施工进度，确保了气柜在年底完工投用，实现了年内熄灭火炬的目标。

全年公司节能降耗增效达1.30亿元，降低采购成本增效2.0亿元，压缩"四费"（修理费、财务费、管理费、营业费）增利1.50亿元，优化生产、促销创收增效1.88亿元，几项合计达6.68亿元，公司从严治内，严格管理取得了较大效果。

3. 狠抓市场营销管理

公司立足扭亏必须扭转销售工作无所作为的观念，加强销售业务衔接，增强经营意识，大力促销创收。在集中销售的管理体制下，针对有些干部员工中存在着无所作为的消极思想，公司于2002年提出了全面贯彻"以我为主"的销售工作思路，强化"销售是一线"的观念，主动衔接，深度介入，加强与各销售主体的协调，最大限度地促销创收。公司要求销售、供应等部门负责人每天都要参加生产调度交接班会议，并派人主动跑市场，了解市场行情，密切关注价格信息和产销动态，每周召开一次价格领导小组例会，及时提出价格调整意见，积极推动互供产品的价格结到位，外销产品的价格涨到位。公司每周还召开优化工作例会，抢抓商机，优化运行，处理好产销衔接，争取效益最佳化。如根据瓶级聚酯市场变化，主动转产大有光及半消光切片，减少效益损失1700多万元；与销售环节加强协调，抢抓成品油高价位出厂机遇，全年增效5000万元以上。大力增强经营意识，及时根据市场行情，增加乙二醇外购量，增产环氧乙烷5260吨，增效456万元；高价时外销PX 8000多吨，低价时外购PTA 1.9万吨，实现增效1260万元。

公司还深入贯彻"全心为顾客"的理念，把产品开发和市场开发结合起来，积极开发满足用户需求的新产品，充分发挥一些老装置船小好调头的优势，用户要什么，就开发什么，要多少，就生产多少，不仅提高了产品的附加值，而且抢占了市场份额。全年聚烯烃专用料比例达74%，纤维差别化率达29.9%，同比2001年分别提高了12个百分点和4个百分点，均超额完成股份公司的达标考核值。不断强化"服务就是效益"的观念，在对产品销售业务各环节深入调研的基础上，坚决整治了叉车工索要小费、运输车辆受查堵等不良现象，并通过推行联合办公、合理简化程序、加强运输管理等措施，改善销售服务，给用户提供方便和实惠，有效地促进了产品销售工作。从5月份以来，公司月均销售收入达7.1亿元，比前4个月平均水平增加1.42亿元，其中11月、12月平均高达7.8亿元。年初预算销售收入75.4亿元，实际达到了79.68亿元，为全年实现大幅减亏奠定了良好的基础。

经过公司广大员工共同努力，公司关键业绩指标（KPI）完成较好。吨油现金加工成本（含期间费用）完成98.74元，比控制指标降低3.47元；吨商品产品现金加工费完成1710.42元，比控制指标降低4.58元；灵活采取多种方式，加大清欠力度，超额完成全年清欠任务，应收账款在1999年的基础上下降了10%；列入达标考核的15个装置165项指标，综合达标率达到了90%的目标；轻油收率72.12%，比2001年提高4个百分点，达到了67.42%的考核要求；全年完成9580万元的网上采购额，同比降低采购成本1862万元，电子商务任务完成率达122.8%。

【施工与科研】　公司全力以赴抓好装置停产大检修和重点改造项目实施，克服生产、检修和改造交叉进行的困难，实现了预期工作目标。全年完成技改投资2.33亿元，投用节能技改项目18个，形成了一批新的产量增长点和效益增长点。公司着眼于解决企业结构性的矛盾和问题，加大了产业结构调整工作的力度，加快了以发展促扭亏的工作步伐。进一步充实完善了"十五"发展规划。围绕股份公司对辽化的定位，在短时间内理清了公司发展工作的总体思路和目标，并通过加强规划职能和力量，组织专业人员，深入开展各项目的可行性论证和研究，加强汇报、联系和沟通，取得了股份公司的理解和支持。做实做细前期工作，加快重点规划项目进展。加快PTA项目前期工作进度，紧锣密鼓地与6家PTA专利商和2家PX专利商开展了技术交流和谈判，草签了技术附件；14万吨/年己二酸扩建项目，分别与法国罗地亚、日本旭化成交流后，确定了采用自身技术扩建的路子，目前已经开始施工图设计，各项工作正在加快推进。狠抓重点项目建设，加快了新改造装置的投产达标。2万吨/年FDY扩建工程于11月底按期投产，10万吨/瓶级聚酯改造项目实现一次开车成功，焦化装置增建一炉两塔改造施工完成计划进度，乙烯装置充分发挥改造潜力，通过了大流量标定。积极稳妥地做好资产处置工作，改善资产结构和质量。坚持"有所为、有所不为"的原则，在股份公司的大力支持下，对涤纶、丙纶、锦纶、DMT等9套长期经营性亏损的装置进行了合理处置。在具体实施过程中，公司始终慎重过细地做工作，保证了处置工作稳步推进。

公司科研和新产品开发也取得新进展。坚持贴近生产搞科研，顺利完成常减压装置先进控制、芳烃装置模拟优化等6项大的生产技术攻关，其中焦化装置阻焦剂研制及应用，使加热炉烧焦周期延长了66%；调合柴油用低温流动改进剂研究应用，全年增效上千万元。积极贴近市场开发新产品，橡胶型氯化聚乙烯替代了韩国LG公司的进口产品，实现批量生产的12个新产品，总产量达2.20万吨，增效1700万元。股份公司重点科技攻关项目，二元醇合成工艺研究取得重大突破，为开发新型化工产品迈出了重要一步。

【企业改革】　2002年，公司还针对人才流失、思想不稳的实际状况，建立竞争激励机制，增强企业人气和士气，在选人、留人、用人上进行了积极探索和尝试。在充实公司机关27名管理人员和提拔23名副处级以上领导干部的过程中，都坚持了公开竞聘选拔的原则；及时调整了新入厂员工的工资待遇，重新进行了“五定”工作，合理设置装置管理岗位，为人才成长搭设舞台。还聘任了46名工人技师，并在52个装置设立了1383个星级操作工岗位，其中一星级660人，二星级444人，三星级207人，四星级72人，每月星级津贴分别为20元、40元、80元和100元；评选了7名学科带头人和25名装置专家，每月分别给予500元和300元的津贴。这些措施，消除了部分员工“混日子”的消极思想，营造了严肃认真、奋发有为的良好氛围。

（马龙兴　冯长生）

中国石油天然气股份有限公司兰州石化分公司

【概述】　中国石油天然气股份有限公司兰州石化分公司（简称“公司”）现有职工1.3万人，15个业务处室，14个二级单位，并为股份公司代管3个合资公司（兰港公司、中旅公司和思达公司）。公司总资产130亿元，固定资产原值131亿元，其中炼油43亿元，化工88亿元，固定资产净值78亿元，其中炼油22亿元，化工56亿元。现有炼油化工生产装置79套，原油一次加工能力750万吨/年，并具有相配套的二次加工能力，能生产汽油、柴油、煤油、润滑油等油品和塑料、橡胶、化纤三大合成材料及化肥等400余种石油石化产品。

【生产经营】　2002年加工原油635.22万吨，生产汽油、煤油、柴油总量369.28万吨，生产乙烯17万吨，合成树脂30.16万吨，合成橡胶6.11万吨，化肥32.23万吨，炼油催化剂2.8万吨，合成纤维1.45万吨，沥青42.5万吨。其中，汽油、煤油、柴油总量，合成橡胶，聚丙烯，催化剂和沥青产量均创历史最好水平。全年实现销售收入140亿元，实现税费12.8亿元。

【工程建设】　全年完成工程投资17.9亿元，四大重点工程建设项目进展顺利。300万吨重催装置主体基本建成；500万吨常减压装置于2002年7月10日正式开工建设，主体已进入安装阶段；24万吨乙烯改造工程已完成设备安装；6000吨超稳分子筛装置主体已达到机械完工。与此同时，兰州石化千万吨炼油和60万吨乙烯的企业发展定位进一步明确。

【科技进步】　全年获股份公司技术创新奖3项，获甘肃省科技进步奖4项；申请职务发明专利24件，获授权专利5件；实现科技增效3065万元；5000吨/年丁苯透明抗冲树脂成套技术工业化实现重大突破，工业生产装置于2002年10月在抚顺一次开车成功；自主开发的降烯烃催化剂推广应用成绩喜人，全年销售5757吨。

【改革管理】　对公司财务FMIS系统进行了改造，合并财务账套，实行一级核算；加强了合同的集中统一管理，组织清理了合并重组以前的各类合同，取消了二级单位的合同签约权，全面推行公司授权管理的新体制；进一步规范物资采购行为，积极推进电子商务，全年降低采购成本3014万元；配合股份公司完成了对兰州化工销售中心业务和人员的划转工作，并针对化工销售职能变化的实际，整合了二级单位的销售业务。另外，按照集团公司和股份公司的要求，慎重稳妥地完成了三星石化业务整合和股权转让工作。

【精神文明建设】　认真学习贯彻党的十六大精神，坚持以“三个代表”重要思想为行动指南，不断加强领导班子、职工队伍和党风廉政建设，深入扎实地开展“人人为扭亏脱困和改革发展做贡献”主题教育活动，强化思想政治工作，保持了生产、队伍和生活秩序稳定。公司荣获全国“重合同守信用单位”、中国质协用户委员会“2002年优质服务月先进单位”、甘肃省“诚信纳税企业”、股份公司“统计工作先进单位”等荣誉称号。

（段廷甲）

中国石油天然气股份有限公司
乌鲁木齐石化分公司

【概述】　2002年，中国石油天然气股份有限公司在发展规划中将乌鲁木齐石化公司（以下简称乌石化公司）列为八个500万吨炼油企业之一，属于国家西北地区要重点完善配套的企业。乌石化公司新的领导班子成立后，提出了“忠实企业、善待员工、持续发展、奉献石化”的工作宗旨，强化以人为本抓管理，夯实基础抓落实，注重科技谋发展。

截至2002年末，乌石化公司资产总额665198万元，其中流动资产为221268万元，长期投资8351万元，固定资产原值近80亿元，净值为42亿元，企业负债324376万元，资产负债率为48.76%，所有者权益合计335667万元。公司现有职工4569人，其中专业技术人员1010人。公司机关设九个业务处室。公司下属炼油厂、化肥厂、化纤厂、热电厂、净化水厂、原料处、经销公司、科研所等九个二级单位。炼油厂原油设计加工能力为500万吨/年，由两套250万吨/年的炼油装置组成；化肥厂尿素生产能力为110万吨，由两套大化肥装置组成，其中一化肥装置以渣油为原料，年产30万吨合成氨、52万吨尿素，二化肥装置以天然气位原料，年产30万吨合成氨、52万吨尿素，是全国最大的氮肥生产基地之一；化纤厂现有四套生产装置，即：7.5万吨/年精对苯二甲酸装置、5.2万吨/年聚酯装置、1.5万吨/年涤纶短纤装置、0.5万吨/年涤纶长丝装置；热电厂总装机容量为10万千瓦，有两台2.5万千瓦和一台5万千瓦发电机组，两台220吨/小时锅炉和一台410吨/小时锅炉，为炼化各装置及生活区提供动力和供暖。目前公司可生产九大类56种石油化工化纤产品。

【生产及效益指标】　2002年，乌石化分公司全年原油进厂350.04万吨，天然气3.84亿立方米；加工原油及原料油371万吨；生产轻质油271.4万吨，合格率100%，PX5.3万吨，合格率100%；原油及原料油加工量首次突破370万吨，向400万吨大关迈出了坚实的一步。

生产尿素116.41万吨，其中一化肥生产尿素53.74万吨，合格率100%，二化肥生产尿素62.67万吨，合格率100%。两套化肥继续实现连年达标。

生产PTA8.9万吨，合格率100%；聚酯4.5万吨，合格率100%；短丝1.7万吨，合格率100%；长丝4714吨，合格率100%。四套装置均提前、超额实现产量达标。

全年发电7.39亿千瓦·时，产汽835.84万吨，圆满完成了全年发电产汽任务。

新峰股份公司通过采用新技术、新工艺，聚丙烯装置产量突破3.3万吨。

全年销售汽煤柴总量231.01万吨，比2001年增加7.2万吨。销售尿素115万吨；销售化纤产品9.67万吨。全年实现销售收入715897万元。

全年实现工业总产值32.43亿元（1990年不变价），比2001年增加2891万元；实现税金72940万元，比2001年增加8736万元。实现内部考核利润25318万元，比2001年增加8489万元。上缴利税总额创历史最好水平，排名乌鲁木齐市第一位，获得“纳税功勋企业”称号。

【QHSE三项体系整合认证】　为了学习借鉴国际通用的管理规范提升公司的管理水平，乌石化公司将2002年确定为综合认证年，大力推行QHSE三项体系整合认证工作。全年共清理、修订各种操作规程和管理制度1991条（款），识别企业适用的法律法规及其他要求936个，识别出各类风险3999项，并采取了相应风险销减控制措施。QHSE体系于去年12月11日顺利通过了上海质量认证专家的审核，成为中油系统第一家一次同时通过三项体系认证的企业 。

在综合认证工作中，组织完成了一化肥空分系统分子筛改造、化肥厂增设检测报警系统、热电厂输煤栈道粉尘治理等隐患项目的整改。积极推进品牌战略，注重质量回访，多种产品通过了“新疆名牌”产品的复验收。全员质量管理活动卓有成效，有四个QC小组获“全国优秀质量管理小组”称号，一个班组荣获“全国质量管理信得过班组”称号，公司获得“全国质量效益型先进企业”的称号。

【内部管理】 2002年，乌石化公司以财务预算管理为重点，通过优化供产销各环节，健全企业内控制度，逐步建立了全方位降低企业成本机制。

在降低采购成本方面，贴近市场变化，优化原油结构，适时控制配置计划和结算进度，精心组织原油的接卸工作，全年降低原油采购成本约880万元。采购办执行物资采购招投标工作，积极推进网上采购，比预算降低采购成本980余万元。

在降低生产成本方面，统筹计划、保证检维修和生产节奏合拍，减少了开停工的物料损耗。同时采取掺烧瓦斯、原油分储分炼、重油掺炼等措施，加强非计划停工的控制考核，有效降低了生产成本，非计划停车时间比2001年减少37天。2002年，炼油现金加工费用、氧化装置醋酸单耗、一化、二化合成氨综合能耗等多项指标与2001年相比，均有不同程度的改善。

在营销体制的优化方面，全面发挥计划、财务、经销公司专业管理的优势，结合营销部门的业务特长，坚持实行周联合定价制度，充分把握市场机遇。公司加大清欠力度，加快资金回笼，全年清回应收账款8026万元。

在降低管理成本方面，财务部门全面实施一级核算，加大对产、供、销各个环节的财务监督，严把费用支出关，使各项管理费用严格控制在预算以内。工程管理、审计、机动部门和生产厂密切配合，严格检维修工程费用控制和监督制度，工程建设费用得到有效控制。另外，公司结合自身实际，对长丝装置进行了资产报停工作，为下一步的资产置换奠定了基础。

【科技管理】 乌石化公司始终坚持投入的有效性原则，围绕优化结构增效益，消除瓶颈夺高产，巩固基础蓄实力，加大研发谋发展的思路，全年完成固定资产投资26405万元。通过优化工艺路线、加快结构调整，提升了企业产品参与市场竞争的实力。9月24日，乌石化公司发展规划的重点项目之一——40万吨/年连续重整装置投料试车一次成功，并生产出合格产品。该装置的建成投产，对改善油品结构，提升汽油品质，提高装置加工量，起到了重要作用。另外还完成了航煤加氢、一化肥气代油等技改工程，进一步提升产品价值，优化成本结构。

为消除生产瓶颈，乌石化公司主要进行了聚酯装置扩能改造、氧化装置技术改造，聚酯生产能力由4.2万吨/年提高到5.5万吨/年，新建了炼油厂第三循环水系统、第三低温热水站、建北变电站等。以上项目的建设和改造，为平稳装置运行奠定了基础，增强了产品市场竞争能力，为乌石化公司今后争取更多基建和技改项目创造了条件。

在各处室和生产厂的大力配合下，新峰公司与四川大学等科研单位合作，成功组织了国内第一套丙醛中试装置投料试车工作，利用炼油厂尾气和化肥厂合成气生产出绿色环保产品，填补了国内产品市场空白，已取得了独立知识产权，为我们发展化工产业探索积累了经验。公司CIMS信息管理系统通过验收，为走新型工业化道路创造了条件。科研部门会同哈萨克斯坦专家进行了KT催化剂加氢技术开发试验，FCC平衡催化剂磁分离技术开发已完成了中试评审，哈萨克斯坦高含硫原油加工方案研究已进入课题总结阶段。全年职工职务发明创造专利申请14件，获得授权九件。

（孙　正）

中国石油天然气股份有限公司宁夏石化分公司

【概述】 中国石油天然气股份有限公司宁夏石化分公司位于风光秀美的宁夏回族自治区首府银川市西郊，员工1300多人，资产总计24亿元，拥有从国外引进的两套大化肥生产装置，分别生产大、小颗粒尿素，年产尿素超过100万吨。自装置投产至2002年底，已累计生产尿素836万吨，实现利税14.3亿元，曾创造跨年度长周期连续运行 734 天、单套装置年产尿素 69.2 万吨的佳绩，目前仍保持着国内同类型单套装置年产最高记录。

【生产经营】 2002 年，宁夏石化公司按照集团公司工作会议精神要求，结合企业自身生存和发展的需要，制定了“奋发进取，务实求新，迎接挑战，坚决打好扭亏脱困攻坚战”的目标，全体员工团结一心，奋力拼搏，克服各种困难和压力，不断加大各项工作力度，在生产管理、安全管理、财务管理、设备管理、技术管理、质量管理、人事管理等诸多方面做了大量、艰苦、细致、富有成效的工作，克服了重重困难，取得了较好效果。至 2002 年底，生产合成氨 66.3 万吨，尿素 113.1 万吨，实现销售收入 11.3 亿元，实现利润 4205 万元，全面完成了各项生产经营指标，为股份公司和宁夏地区的经济发展做出了应有的贡献。

【生产管理】 一化肥装置继续坚持以长周期高负荷为主线，建立并推行标准化工作流程，实施规范化管理，完善和细化特护设备运行状况动态分析和检测预警制度。通过合理调整气化炉油气掺烧比，实施蒸汽、尿液互串调整等方式，不断优化系统工况，油改气、CO_2 回收等技术改造项目也开始发挥效益，全年尿素单位制造成本较 2001 年可比平均水平大幅降低，创三年来最好水平，装置整体运行质量和效率不断提高。全年共生产合成氨 36.2 万吨，尿素 63.6 万吨，设备运转率达到 97.1%，负荷率达到 103.5%，尿素优等品率达到 99.07%，实现装置跨年度连续运行 193 天和 152 天非计划停车为零的高水平的长周期，系统各项经济技术指标再创新水平；二化肥装置强化安全稳定生产，紧紧围绕“提三率、降两耗”，加大关键设备和特护设备技术攻关力度，狠抓现场低标准整改，加大装置隐患查找和治理力度，加强工艺管理，不断优化工况，实现了高产低耗。全年共生产合成氨 30.1 万吨，尿素 49.5 万吨，设备运转率达到 91.2%，负荷率达到 100.3%，尿素优等品率达到 97.03%，合成氨日产突破千吨大关；尿素装置日产也创历史较好水平，各项消耗指标进一步下降。

在安全管理上，通过认真落实安全生产责任制，严格执行安全生产合同，开展系列安全活动，发挥各级安全监督网络的作用，运行 HSE 管理体系，加强风险评价和隐患治理等一系列强力措施，投入安保基金 500 万元，治理重大安全隐患 18 项，实现安全生产 772 天，实现了全年重大安全事故为零的目标。

在设备管理上，细化滚动检修和计划检修管理制度，建立设备预知检修管理体系，推行了《检维修质量跟踪考核制》和《设备管理专责制》等责任追究制度，加大现场低标准和事故隐患的查找和整改力度，加强联锁管理，强化设备长周期运行管理，改进关键设备的专项管理和特护工作，两套装置设备完好率均达到 98%以上，为两套装置的安全长周期运行创造了条件。

在质量管理上，完成了 ISO 9002 质量体系 2000 版转换工作，并通过验收。积极开展 QC 攻关活动，涌现出了一批全国和全区的优秀 QC 小组。“宁化牌”尿素继续保持了产品质量国家免检称号，并于 2002 年 9 月份在同行业中率先取得了计量管理“C”标志认证。

在计划财务管理上，围绕 KPI 指标，加大对生产经营预算执行以及资本性支出情况的检查考核，适时对装置油气混烧比例、生产负荷、液氨销售量等影响企业效益的关键技术经济指标提出调整计划，并对资本性支出的进展和收益情况进行监督。严格控制各项开支，合理进行资金运作，实现了资金结算率 100%，提高了资金周转实效性。加大审计效能监察，进一步压缩了各项费用。全年共回笼货款 12.5 亿元，减少利息支出 928 万元。

在劳动人事管理上，继续深化劳动用工、人事、分配三项制度改革力度。坚持推进各级各类人员竞聘上岗，进一步理顺整合生产管理职责，适时对四个辅助生产车间重组整合，突出以绩效和岗位要素为重点的考核体系，取得了良好的效果。

【科技进步】 为进一步优化装置原料结构，提高稳定运行质量，投资 4600 万元，先后对影响装置生产的“瓶颈”进行了技术改造，强化“三节”和环保治理的管理和技改力度。顺利投运了粉煤灰干式排灰装置，使粉煤灰变“废”为宝，实现了经济效益与清洁生产双收益。一化肥装置二系列油改气、DCS 改造、空风分子筛改造以及电力隐患综合治理、消防水系统改造等技改项目，陆续进入全面实施阶段。在技术开发上，依托主体装置，研究以合成气为中间产物的天然气“轻变重”技术取得突破，已完成二化肥扩能增效各项前期准备的上报审批工作。

（王建清）

中国石油天然气股份有限公司独山子石化分公司

【概述】 中国石油天然气股份有限公司独山子石化公司成立于1999年12月，是中国西部集炼油与化工生产为一体的重要石油化工基地。公司位于新疆克拉玛依市独山子区，总占地面积685.78万平方米。有生产和辅助生产装置58套，固定资产106.94亿元，员工总数5792人。公司下设总经理办公室和八个业务处室，有炼油厂、乙烯厂、热电厂、研究院、销售公司等13个二级单位。

公司具备600万吨/年原油一次加工能力和22万吨/年乙烯生产能力；系统配套完善，总装机容量13.5万千瓦，供汽能力1400吨/小时，供水能力2.8立方米/秒；可生产燃料油、润滑油、添加剂、石蜡、聚烯烃树脂、合成橡胶、乙二醇等11大类33个系列350多个牌号的石化产品。

2002年独山子石化公司认真实施低成本战略，稳步推进科技创新和技术改造，精心组织停工检修，加快炼油配套建设和乙烯改扩建工程，整体实力明显增强，炼油盈利能力稳步提升，化工经营状况得到改善，全年加工原油358万吨，生产乙烯15.7万吨，实现考核利润1.2亿元。

【主要生产经营指标】 全年累计加工原油357.97万吨，完成年计划的102.28%，综合商品率94.06%，同比增长0.12%，柴汽比达2.49：1，居中国石油天然气股份有限公司首位。生产乙烯15.74万吨，完成年计划的101.55%，双稀收率43.86%。炼油板块实现利润2.7亿元，比预算增盈1亿元；化工板块完成限亏指标。

【主要产品】 炼油汽、煤、柴、润四大类产品总量239万吨，完成年计划的100%；效益较好的柴油产量同比增长0.21%，效益较差的汽油产量同比降低8.92%。苯类、石蜡等其他炼油产品均超额完成年度计划。聚乙烯、聚丙烯产品总量19.12万吨，其中化工专用料比例达42.19%。乙二醇、丁二烯橡胶等产品产量超计划完成。

【主要措施和成果】 实施低成本战略，实现考核利润1.2亿元。从成本管理入手，强化预算控制、物资采购、工程项目管理等工作。完善预算体系，将利润、成本指标分解到各单位，与分配挂钩。超利润重奖，超成本重罚，每周分析，每月考核，每季兑现，形成了公司上下关注成本、关心效益的良好氛围。2002年炼油加工损失降低0.1%，裂解加工损失降低0.06%，创历史最好水平。全年炼油现金加工成本、化工商品产品现金加工费分别比预算减少1.2元/吨和83元/吨。深入开展效能监察，增效1248.94万元，盘活库存物资205.26万元。严格检维修工程审计，审减不合理工程结算费216万元。

推进差别化战略，产品结构进一步优化。发挥炼油化工一体化优势，实施催化掺渣、焦化汽油做终止剂等措施，增产柴油，柴汽比达到2.49，创行业最高水平。按可比口径计算，柴油、溶剂油、两聚、乙二醇等高附加值产品分别增产8.5%、45%、4%和5.3%。裂解炉稳定操作，科学安排烧焦，上半年五台炉联运时间同比增加28天。扩建后一直保持六台炉运行。

精心组织，完成炼油两年一修和乙烯四年一修。安排蒸馏材质升级、催化新型分离器应用、裂解结焦抑制剂、裂解炉优化控制等高新技术项目，并进行了乙烯新老系统的对接。本次检修后，炼油实现长周期分装置检修，以满足市场需求；按照化工行业标准，乙烯实现了由两年一修到四年一修的跨越，设备管理又上新台阶，提升了公司盈利能力。

【科技创新与技术改造】 针对原油多样化、重质化趋势、清洁燃料生产要求及乙烯引进技术多等问题开展攻关。实施了塔器渗铝、内壁涂层、深度脱硫、改良催化剂技术，提高了对原油的适应性。具备了低烯烃汽油及清洁柴油生产能力，烯烃含量从50%降到40%以下，柴油全部达到清洁标准。聚乙烯利用活化剂技术，每小时生产能力提高3吨，剂耗下降40%。开发铬系共聚PE、α—烯烃、改性石蜡、环烷酸盐系列产品，建成活性炭中试装置，土工格栅、汽车专用料、医用透明聚丙烯等六种专用料实现工业生产。应用信息技术，优化生产过程控制，建立生产、经营、管理、政务数据共享系统，基本实现政务、商务电子化。

【工程建设与企业发展】　公司始终把增强企业经济实力，加速发展作为重中之重，以“建设500万吨炼油基地，乙烯靠近经济规模，以化代油，努力提高盈利能力”为目标，推进“十五”发展规划：干气脱硫—硫磺回收等炼油配套装置建成投产。60万吨/年馏分油加氢裂化项目获准建设。22万吨/年乙烯扩建工程建成投产。

总投资10亿元的22吨/年乙烯改扩建工程，在有效工期不足两年，国外设备订货周期长等十分困难的情况下，严把投资、质量、安全、进度关，控制投资，落实工程质量终身负责制，建立立体安全监督网，及时发现和处理违章，确保安全。不断优化施工网络计划，科学安排施工进度，对重点设备制造实施监管，生产厂提前深度介入，控制点严格考核，管理层靠前指挥。经过一年多的努力，于2002年9月12日一次投料试车成功，产出合格乙烯。

【企业改革与管理】　用现代管理手段提升传统管理。全面实行业绩合同制，形成覆盖全公司的绩效考评体系。使公司KPI指标成为与员工收入关联、灵活调控生产经营活动的重要手段。ISO、HSE、OHSMS体系已成为公司日常的管理工具。优化生产组织，加快机构整合，通过推进系统操作，合并相关岗位，归并关联装置，对主要装置实行联合集中控制，在炼油增加生产装置，乙烯改扩建的情况下，比2001年净减员178人。不断深化装置、专业达标。炼油按照“中国石油形象炼厂”要求，向国际水平靠拢，炼油主要技术指标列股份公司前三名；乙烯扩建后具备提前全面达标能力。公司综合达标率达到90%，被评为股份公司达标工作先进单位。

（刘晓玲）

中国石油天然气股份有限公司大庆炼化分公司

【概述】　2002年，是中国石油天然气股份有限公司大庆炼化分公司重组后运行的第三个年头。作为股份公司四大化工基地之一，大庆炼化公司按照“安全稳定、整体发展”的方针，在保证生产有序运行的前提下，稳步推进了各项整合工作，实现了企业重组改制的平稳过渡，企业上下呈现出“心相通、情相融、力相合”的良好态势。2002年，大庆炼化公司在原油加工量削减50万吨、聚丙烯酰胺大幅度降价、各种预算外支出增多的情况下，连续第三年实现了考核盈利。截至2002年底，公司在册员工7246人，其中具有大专以上文化程度的占员工总数的32%，专业技术人员比例达18%。企业固定资产原值115亿元，净值74亿元。

【经营指标完成情况】　2002年，大庆炼化公司按照集团公司、股份公司的各项工作部署，紧紧围绕“构建世界级的聚丙烯和油田化学品基地”这一目标，努力适应市场需求，生产经营工作取得了新的进展。全年累计加工原油512.77万吨，比调整后计划多12.77万吨；轻质油收率达到74.34%，比年度计划68.68%高5.66%；炼油综合商品率91.86%，比年度计划90.75%指标高1.11%；加工损失率0.89%，比年度计划0.9%低0.01%；炼油单因耗能12.87千克（标油）/（吨·因数），比年度计划12.90千克（标油）/（吨·因数）低0.03%；聚丙烯酰胺产量完成6.05万吨，实现年度计划的103.5%。；完成销售收入107.62亿元，税费11.7亿元，剔除非经营性因素后，实现考核利润2843万元，是中国石油天然气股份有限公司下属连续三年盈利的炼化企业之一。

【降本增效】　2002年，大庆炼化公司全面推行成本效益核算机制，把成本管理作为企业管理工作的重中之重，狠抓严管。公司把指标层层分解到专业厂、车间、班组，以达到控制成本的目的。全年实现网上采购1.8亿元，完成计划的243.15%，节约资金5614万元；预结算核减工程款2822万元，审计核减工程造价719万元，效能监察核减工程款193万元；管理费用比预算节约546万元；财务费用比预算减少2210万元；应收账款下降7417万元，超额完成指标143万元；炼油现金单位加工费110.86元/吨，比预算降低5.24元/吨；含期间费用现金单位加工费172.58元/吨，比预算降低2.70元/吨。与2000年同口径比较，企业重组两年总计降本增效8.33亿元。

【安全生产】　大庆炼化公司始终把安全生产作为完成全年生产任务、提升企业管理水平的首要工作来抓，不断增强企业抵御风险能力。一是加强安全管理，重点完善了安全监督体系，强化监督检查，实施全员合同管理，加大环境保护治理力度，QHSE管理体系步入稳步运行、持续改进阶段。二是把设备管理作为安全生产的关键环节来抓，强化从设备选型到施工安装的全过程管理，实施关键机组的包修奖罚办法，保证系统稳定，提高设备完好率和仪表三率，为实现长周期安全生产创造了有利条件。三是优化生产方案，改善产品结构，35万吨/年催化重整装置改扩建工程、14万吨/年MTBE装置顺利投产，产品质量得到优化升级，柴油全部执行新标准，汽油全部具备低烯烃标准生产条件。同时，通过建立适合本企业特点的管理体系，大庆炼化公司在企业战略、决策、投资、资金、资产、质量等各项管理工作逐步向严格化、精细化、科学化迈进。

【科技发展】　2002年，大庆炼化公司强化科研机构的工作职能，使科技工作走上规范化、制度化、科学化的管理轨道，形成以科研开发、生产实践为两条主线的科技发展体系，并实行项目负责制，严考核、硬兑现。2002年，公司科技投入1.1亿元，实施科研开发项目五项，完成科技攻关项目29项、技改技措项目231项，年创效5000万元。其中，抗盐聚合物、复合离子聚合物及连续法细粉造粒项目均实现了工业化生产并在油田得以推广，均聚共水解工艺生产高相对分子质量聚合物和石油磺酸盐表活剂项目研究取得进展，ARGG沉降器粗旋系统改造、气体分馏丙烷压缩机气轮机改电机、丙烯腈装置提高精制回收率改造、糠醛及酮苯装置能量优化改造等项目均达到预期效果。

【规划建设】　大庆炼化公司确立了“十五”和2010年规划发展思路，紧紧围绕构建世界级丙烯衍生物及油田化学品基地这两条主线搞好配套改造，消除瓶颈制约，提高盈利能力、产品竞争能力和抗御市场风险能力，把炼化公司建设成为国内外一流的大型炼化企业。2002年，围绕“两个基地”建设，大庆炼化公司着力做好核心技术引进和重点项目前期工作，并取得了实质性进展。其中，30万吨/年聚丙烯项目于9月27日经国务院批准，完成技术交流和谈判，具备了与专利商签约的条件，与其配套的72万吨/年重油催化装置改造为100万吨/年ARGG项目于11月15日正式启动。自主研制开发的1.3万吨/年高抗盐聚丙烯酰胺项目仅用4个多月就建成，并于12月14日一次投产成功。以上项目的实施，标志着大庆炼化公司两大基地建设迈出实质性步伐。

【企业文化建设】　大庆炼化公司将2002年定为“企业文化年”，通过企业文化建设，提出了“大区域”的概念，对内提高了全体员工对企业的认同感，增强凝聚力；对外拓展企业产品的竞争优势，提高企业信誉度。全年推进六大类31项工作，进行文化审计，制定具有炼化特色的《企业文化手册》和《形象识别规范手册》。

（任美珏）

中国石油天然气股份有限公司管道分公司

【主要指标】　2002年，中国石油天然气股份有限公司管道分公司完成输油4169万吨，为年计划的104.2%；输气12.7亿立方米，为年计划的104.1%，输油气成本控制在预算指标之内，完成了股份公司下达的利润指标，继续保持了安全生产的良好局面。

【主要工作】

1. 实现了在役管道的安全高效运行

一是强化设备日常维修和管理，使设备缺陷和隐患得到及时整改。通过开展“红旗设备”评比活动，促进了设备管理水平的提高。涩宁兰输气管道2001年9月投产后，积极开拓下游市场，2002年输气量达到5.4亿立方米。兰成渝管道2002年10月18日投产一次成功，实现了汽油、柴油顺序输送，当年输送成品油80万吨。

二是加大生产系统的改造力度，2002年顺利完成12项重点改造项目，一级动火达200多次，保证了在役管道的安全生产。

三是加大了反打孔盗油工作力度。2002年建立了管道保卫责任体系，增强保卫力量，配备必要设备，开展了专项整治月活动，有效地遏制了打孔盗油案件上升的被动局面。

2. 新管道建设进展顺利

公司以“高质量、高速度、高效益，争创国优工程”为目标，先后建成了涩宁兰、沧淄、和田输气管道和兰成渝成品油管道，新增管道里程2800多千米，完成投资近70亿元。

涩宁兰管道2000年3月开工建设，于2001年9月提前24天竣工投产。

兰成渝管道2000年9月经国务院正式批准建设，2002年10月竣工投产。

2002年，沧淄输气管道仅用四个月时间建成投产，于3月8日正式向淄博市供气，滨州、惠民支线于8月份相继投产。忠武输气管道工程可研报告于2002年11月13日得到国家计委批准，12月25日初步设计通过股份公司审查。永唐秦输气管道工程已完成立项工作，可研报告于2002年11月14日经股份公司批准，前期设计和施工准备正在抓紧进行。

【企业管理】

1. 探索建立新的管理体制和运行机制

一是根据重组后股份公司的管理体制，明确了在役管道管理和新管道建设两大任务，提出了建设国际一流专业化管道公司的目标。组织编制了公司“十五”发展规划，形成了具有长远指导意义的工作思路。

二是加强基础管理工作，狠抓了建章立制。初步建立和完善了生产调度指挥、安全生产管理、成本控制、投资控制、业绩考核等管理系统，各项管理工作逐步实现了规范化。

三是稳步推进持续重组。实施了机构调整和业务整合，对部分单位进行合并重组，压缩了管理层次，调整了机关部门职能，有力地保证了公司生产经营任务的完成。

2. 努力提高企业管理水平

全面落实安全生产责任制，继续保持了安全生产无事故的良好局面；QHSE体系建设取得较大进展。2002年7月31日公司正式发布体系文件并开始实施，12月顺利通过ISO 9000外审工作；实行物资集中采办，推行电子商务，有效降低了采购成本，2002年集中采购金额达到1.14亿元，节约采购成本1437万元，网上采购率达到56.6%；2002年公司共举办培训项目62个，培训2470人次。

【科技进步】 编制了公司“十五”科技发展规划，提出了3至5年科技滚动发展计划，提高了科研工作的计划性。加强了标准化管理工作，共制定企业标准32项，转化原企业标准190项，正式发布标准156项。承担起草了1项国家标准，10项石油工业行业标准，6项股份公司一级企业标准。

【信息化建设】 建立了以廊坊为中心的公司广域网，公司所属各单位全部连通，信息点数已达到1135个。加快了生产调度指挥系统建设，调控中心SCADA系统和卫星通信系统主机调试成功，卫星通信网络管理系统已经建立，实现了对涩宁兰管道调度运行实时控制。

（解景波）

北京华油天然气有限责任公司

【概述】 2002年，北京华油天然气有限责任公司全体职工坚持以邓小平理论和“三个代表”重要思想为指导，以经济效益为中心，以安全生产为重点，全面贯彻“十五”规划发展目标，在中国石油天然气股份有限公司和北京市的亲切关怀和领导下，全体职工团结奋斗、开拓进取、不断创新，全面完成了年初确定的各项经济指标和任务。

【生产经营指标】 全面实现了各项业绩指标。全年累计输气20.48亿立方米，比年调整计划19.6亿立方米增加8800万立方米，超额4.5%。实现利润3.98亿元人民币，比预算利润3.58亿元增加3999万元，超额11%。单位运营成本控制在75.3元/千立方米，与预算单位运营成本75.3元/千立方米持平。应收账款实现100%的收回。重点建设项目投资控制率达到100%。做到重伤、死亡、火灾爆炸、直接经济损失30万元以上的工业事故和重大交通事故以及10万元以上的环境污染事故“六杜绝”。职工总数控制在定员之内。党的建设和思想政治工作进一步加强，职工队伍稳定，人员综合素质明显提高。天然气市场进一步扩大，全年新增供气量4.36亿立方米，比2001年增长27%；衙门口加气母站全年累计加气2100多万立方米，比2001年增长25%。

【安全生产】　各项安全生产措施得到落实。公司安全管理网络重新进行了优化，分别设立了HSE委员会和HSE小组，更加适应了安全管理的需要。公司安全生产监督体系进一步健全，公司内部层层签订了安全生产合同，安全生产责任制进一步落到实处。生产调度管理工作根据全年不同的生产运行方案，加强了优化分析，及时调整了气量，实现了安全、平稳、优化运行。各基层站设备的日常维护保养工作不断改进和加强，使设备完好率达到99.7%以上。2002年公司涉及工艺、通信、自控、电气等专业的398项更新改造和大修工作全面完成。借助国外技术支持首次进行的管道内检测试验工作获得成功，为今后全线开展管道内检测工作积累了经验。清管工作进展顺利，全线共清管26段次，清出粉尘5737千克。安全生产检查工作进一步加强，春季、汛期、冬季和经常性的安全检查发现的300多个隐患得到及时整改。全年现场动火作业100余次，均做到安全无事故。管道维护管理工作进一步加强，全线95处险工、险段水保工程汛前全部完工，埋深不足的110千米管道得到整治，九处违章设施得到取缔，制止各类违章行为265起。防汛工作经受住了几十年不遇的严峻考验，特别是在黑河则发生险情后，陕西输气分部立即组织人员投入抢险，经过七天七夜的连续奋战，全面完成了抢险任务。抢修队伍的业务素质和应急抢修能力明显提高，在郝家寨2号阀室TEG供气管外漏和紫荆关清管站排污管线弯头穿孔的两次抢修中，抢修大队与相关输气分部密切配合，圆满地完成了抢修任务。为应对破坏事故的发生，确保京、津等地的安全供气，根据上级领导的指示精神，2002年底公司启动了应急管理程序，拟定了应急供气方案，强化了应急抢险措施，加强了线路巡查和站场的安全保卫，配合地方公安部门做好防范工作，取得了确保首都元旦、春节和党十六大召开期间安全供气的各阶段胜利。

【生产管理】　各项基础管理工作继续加强。公司QHSE工作继2001年底率先通过ISO 9001质量认证后，2002年7月又通过了健康安全环保（HSE）和职业安全卫生（OSH）两项认证，使公司各项管理工作迈上了新台阶。全线各专业的标准化管理工作继续深化，自行组织编写的相关专业标准16个。信息化建设步伐不断加快，优化了网络结构，加强了网络安全，扩大了网络覆盖面，同时公司网站、视频会议系统、视频点播系统和办公自动化系统相继建成并投入使用。科研工作进展顺利，全年立项的六个课题分别完成了年度计划，并取得阶段性成果。计划管理水平显著提高，各项投资得到较好控制。合同管理工作进一步规范，“以法治企”深入人心。资产管理工作得到加强，实现了保值增值。财务管理工作成效显著，全年生产、基建项目所需资金得到保证，成本费用得到严格控制，通过做工作全年节约财务费用500多万元。节能降耗工作取得较好效果，强化了定额管理，降低了各类能耗。物资供应工作满足了生产建设需要，气款回收工作力度加大，保证了气款的足额回收。衙门口加气母站通过强化管理，实现了安全、可靠运行，确保了北京市公交车辆的加气需要。

【人事劳资改革】　人事劳资改革继续深化。根据公司董事会决议全面推行的分公司制，减少了管理层次，压缩了机关人员，强化了生产一线，部门间的职责和业务范围更加明确，工作效率大为提高，责任心进一步增强。人事管理工作继续得到加强，中层干部签订了年度业绩合同，业绩考核评价体系初步建立，业绩考核力度不断加大，责任感和风险意识进一步增强。劳动用工制度进一步深化并取得初步成效。通过竞聘招收人才工作成效显著，储气库分公司“三库”人员从人才市场直接招聘，经试用证明完全能够胜任工作。薪酬分配制度改革进一步深化，突出了向“高技术”、“关键生产岗位”和“高级管理岗位”倾斜，薪酬分配拉开了档次，达到了“留住关键岗位人才”和调动人才积极性的目的。

【教育培训】　职工业务素质明显提高。在公司统一组织下，各部门、各分公司利用多种途径相继开展的多专业技术培训全面完成，全年分别举办计量、计划、通讯、能源、财务、物资供应、QSHE贯标、地库、外语等多个培训班，收到较好效果。职工自学和参加培训的积极性提高，全年有三名职工参加了博士学位学习、三名职工参加了硕士学位学习、六名职工参加了本科和专科进修。利用施工建设之机、借助国外技术力量开展的专业技术培训效果显著，在应县、府谷压气站备机工程和地库工程建设中，聘请多家外国公司的专业技术人员，为我方的专业技术人员和操作人员进行了设备、自控、电气系统等专业的技术培训，同时结合各站的实际情况，请有关公司协助进行了实际操作。此外，根据工程建设需要，结合设备引进工作，公司还派员赴国外厂家接受了多项技术培训，同时邀请国外专家来公司进行技术讲座和人员培训。通过多种形式的业务培训，职工的专业技术素质和综合管理能力均有明显提高。

【工程建设】　各项建设工程按期完工，新建项目前期工作全面展开。大张坨储气库扩建工程（板 876 地库），2001 年 8 月开工，经过一年多的施工安装，按期于 2002 年 10 月投入调峰供气。工程质量均达到或超过合同要求。工程投资严格控制在概算以内。工程投用后，新增日调峰量 180 万立方米，大大提高了储气库的冬季调峰能力。

为了确保 2002 年冬季足量向北京供气，公司扩建了应县、府谷压气站备机工程。2002 年 7 月开工，经过近 5 个多月的施工安装，11 月底相继提前一个多月完工并分别一次投产成功。两项工程均被质检站评定为“全优工程”。工程投资严格控制在概算以内。该工程的建成投产，大大增强了陕京管道安全供气的可靠性。

陕京输气管道第三储气库项目已完成前期工作，陕京输气管道二线工程项目前期工作全面展开。为了满足京、津等地 2003 年、2004 年和 2005 年以后的用气需求，公司加快了这两项工程的建设步伐。其中，“三库”项目已先后完成库址选择、初步设计、施工图设计和钻井招标等项工作。陕京二线项目先后完成预可研和初步设计招标，以及预可研工艺线路部分的报告编制，同时开展了线路踏勘和难点段的勘探。

陕京管道后评价全面完成，大张坨地库及永京管线决算审计结束。陕京管道后评价工作，在各部门、各分公司的配合下，2002 年 6 月通过集团公司咨询中心组织的专家评审。评审意见认为：陕京输气管道工程的建设是成功的，同时取得了设计、施工和管理等多方面的经验。天然气资源和用户市场的可靠性，保证了管道运营的持续性发展；引进和采用的先进工艺技术，提高了我国天然气管道的技术水平；新技术的广泛使用，推动相关行业的技术进步，促进了国产化工作的进程；工程建设与管理的新体制，保证了陕京管道工程的质量；企业财务状况良好，主要技术经济指标反映了管输项目特点；按期偿还贷款，企业具有发展潜力。

大张坨地库及永京管线竣工决算工作得到上级审计部门的充分肯定。经过近一个月的审计，审计意见认为：该工程“内部控制上制度健全，执行较好。工程造价控制严格有效。经审计认定，与调整后的投资概算相比，地下储气库工程投资节余 2937. 37 万元，永京管线工程投资节余 457. 75 万元。建设程序清楚合规”。

（邓迪群）

中国石油天然气股份有限公司西气东输管道分公司

【概述】　中国石油天然气股份有限公司西气东输管道分公司（以下简称“中国石油西气东输管道公司”）的前身为中国石油天然气股份有限公司西气东输项目经理部，2001 年 4 月更名为现名。截至 2002 年 12 月 31 日，有员工 260 人，其中在册人员 82 人，借聘人员 178 人；设总经理办公室（党委办公室）、人事处（党委组织部）、计划与投资处、财务处、工程调度处、技术处、质量安全与环保处、合同与文控处、征地办公室、采办处、监督联合办公室、市场开发与销售部、对外合作办公室 13 个处室和新疆、甘宁、陕晋、豫皖、苏浙沪 5 个管理处。

中国石油西气东输管道公司的主要职责是：在中国石油授权范围内，代表中国石油组织实施西气东输管道工程项目，主要负责完成西气东输项目的先期工作、招投标组织及工程建设管理、天然气市场开发和管道投产后的运营等工作。

【工程建设主要任务完成】　2002 年是西气东输管道工程由前期准备转入全面开工建设的一年，也是能否按期实现总体建设目标至关重要的一年。在时间紧、任务重，面临诸多困难和严峻挑战的形势下，中国石油西气东输管道公司和各参建单位，以“三个代表”重要思想为指导，以江总书记贺信为动力，在全线开工典礼大会的鼓舞下，在集团公司、股份公司的领导和关怀下，在集团公司、股份公司机关各部门的大力支持下，通力合作，开拓创新，顽强拼搏，特别是克服陕西百年不遇特大洪水袭击给工程建设造成的影响，圆满地完成了本年度的各项任务。

投资方面（按概算口径计算）。截至2002年12月31日，全年完成投资105亿元，占总计划投资的26.65%，完成了年度计划；项目累计完成投资118亿元，占总计划投资的29.95%。

征地方面。与沿线10省区市的70个县（市）开展合作，全年征用临时用地1400万平方米，永久用地400万平方米，累计征用临时用地2475千米、9500万平方米；签订各类合同、协议417份，累计签订合同、协议423份。2002年，累计完成征地计划投资的51.39%，圆满地完成了年度计划。

工程设计方面。全年完成东段干线、支干线、站场、阀室施工图设计折合A1图3300余张、文字2900余页，累计完成5000余张、文字6000余页；审查和提交西段干线施工图设计折合A1图2100余张、文字1900余页；累计编制完成5大专业、102种机电设备技术规格书。2002年，累计完成设计计划投资的64.39%，圆满地完成了年度计划。

物资采办方面。全年完成制管钢板、补口材料等项目招标订货20项，机电设备采购招标16项，签订合同金额61亿元；供应防腐钢管1730千米，热煨弯管1891只，累计供应防腐钢管2050千米，热煨弯管2015只；供应补口材料16.4万套，焊材1080吨。2002年，累计完成采办计划投资的49.7%，完成了年度计划。

工程建设方面。线路施工：全年完成干线焊接1759千米，回填1679千米，硅管敷设1732千米，累计完成焊接1791千米，回填1698千米，其中东段干线焊接基本完成；三条支干线测量放线220千米。大型河流穿跨越：长江盾构掘进511米；郑州黄河定向钻穿越4045米全部结束，顶管穿越24米；延水关黄河隧道掘进507米。定向钻、伴行路施工：定向钻河流穿越35条次，累计完成36条次；陆上15条隧道全部贯通并完成衬砌；修筑伴行路457千米，东段13条全部完工并通过预验收，西段完工4条通过预验收3条。2002年，累计完成施工计划投资的28.7%，完成了年度计划。

市场开发与销售方面。开展了签订照付不议合同谈判，与45家用户签订了供用气意向书；制定了供用气技术方案；编制了覆盖下游四省一市支线规划建设方案。

对外合作方面。签署了项目合营框架协议；成立了管道和销售临时管理委员会并分别召开会议；起草了管道合作、销售合资合同和管道运输、天然气销售协议文本，组建了市场开发等联合工作小组，分7大类、95个文件包开展专项工作。

生产试运及投产准备方面。其方案、标准、制度、规程等已完成总量的50%；已确定的科技、科研方案、课题等已完成总量的75%。

【工程建设的主要工作】

一、加强施工组织和管理，建设速度、工程质量创出新水平

1. 科学部署

中国石油西气东输管道公司制定了“先试验后开工、先东段后西段、先陕晋后豫皖”的战略部署，首先开始了新疆、江南水网、长江、黄河等险工险段试验段施工。取得经验后，针对东段人口稠密、水网纵横、地面构筑物多、施工难度大等特点，于冬季集中力量对江南水网段展开突击。2002年7月4日，党中央、国务院宣布全线开工后，又根据陕晋段地处黄土高原、冬季寒冷、施工困难多等情况，确立了“保陕晋，攻豫皖”的施工部署，陕晋段会战后，掀起了豫皖段施工热潮，保证了全年工程建设任务的完成。

2. 质量受控

工程启动伊始，就牢固树立“今天的质量隐患，明天的安全事故”的理念，业主、监理和承包商都建立起了各自的工程质量管理体系和工程质量追究责任制，并采取设计、施工监理（监造）督检、第三方抽检、业主“飞检”、专家审检的质量监控流程，保证了工程质量。全年检测焊口15.4万道，焊接一次合格率达97.5%；伴行路、隧道工程质量平均一次检验合格率达95%以上。

3. 投资控制

工程建设中，把今天的投资看成是明天的成本，切实加强投资控制工作。通过实行投资预算、财务费用预算目标管理，优化设计和施工方案，选用质优价廉的设备材料，加强现场签证管理，严格进度结算程序审批，建立索赔机制和联合监督体制等一系列行之有效的措施，较好地控制了投资，全年材料费用投资与同类市场价格相比大幅度降低。

二、高度重视健康安全环保工作，HSE管理取得新成绩

“以人为本，回报社会”是中国石油西气东输管道公司始终坚持的HSE管理理念，分别编制了环境、安全、地质灾害、地震、水土保持影响评价5项评估报告，颁布了10个健康管理办法，开展了生态安全保障、自然环保区保护、运营安全预案等课题研究，制定了风险防范和削减措施，形成了较为完善的可操作性较强的HSE管理体系。在工程施工中，确立管道建设让步于自然保护区和文物古迹的原则，强调工程完工后的地貌恢复，最大限度地减少施工作业对野生动植物和人文历史环境的影响。西部地区自然环境脆弱，为减少施工影响，将作业带缩小到16米。全年工程百万工时安全指标达0.0791，低于国际管道工程安全管理平均指标，未发生环境污染和生态破坏事故，员工身心健康得到保障。

三、实施科技创新，管道科技、施工技术、项目管理水平上了新台阶

在技术标准上，参照当代国际同类管道技术标准，进行了19项技术标准的制定和修订，达到或超过国际同行业水平；在管道工艺和技术上，在国内第一次采用10兆帕高压输送、内涂减阻、X70高钢级输气管道和优化的压缩机增压系统等技术和工艺，应用卫星遥感选线技术、先进的数据采集自动控制和通信信息系统，使管道科技含量达到世界水平；在工程建设上，边学习、边实践、边总结、边提高，推广应用全自动焊施工工艺和全自动超声波检测技术，提升了国内管道施工水平；在管理手段上，运用EXP、P3等先进的项目管理软件，推行电子商务，加快信息网络和管理数据库建设，初步实现了管理手段现代化、信息化，提高了项目管理水平。

四、将国际先进管理经验与工程实际相结合，建立起项目管理新体制、新机制

1. 全方位、全过程监理的项目管理模式

在工程设计、材料供应和工程施工三个主要环节中，分别建立设计和施工监理以及设备材料监造，工程监理采用中外合作方式，做到施工现场只有监理一个声音，对工程建设的质量、进度、投资、安全、环保等进行全过程控制监督。在项目管理过程中，实行联合监督的方式，由股份公司派驻人员组成联合监督办公室，参与技术标准制定、招投标、合同价款结算审签等活动，建立起业主行为监督体制和机制，保证了建设“阳光工程”措施的落实。

2. 采用招投标方式选择承包商、供应商

建立了严格的招投标制度，通过由股份公司和中国石油西气东输管道公司机关主要部门参加的招投标委员会决定，选择一流的承包商、供应商进入项目。全面采用合同制，建立起业主与承包商、供应商，合同为纽带的甲、乙方关系，参建单位都严格按照合同要素不折不扣地执行，对达不到要求的，以合同为依据进行索赔或请其退出项目。

3. 以项目执行计划统筹控制工程建设

采用国际通行做法，用P3管理软件编制项目执行计划。各部门层层分解落实计划指标，编制工作计划。在执行过程中，注意工程建设的整体协调，将征地、设计、采办、施工等纳入计划管理，每月召开一次项目执行计划分析会，对计划执行情况进行检查、落实和纠偏。同时，抓住工程的重点、难点，合理调配平衡项目资源，集中力量打歼灭战，保证了工程建设有条不紊地整体向前推进。

五、发挥思想政治工作优势，精神文明建设开创新局面

按照“建一流输气管道工程，创一流精神文明成果”的要求，组织员工学习十六大报告，深入学习贯彻江总书记贺信精神，把西气东输工程建设看成是实践“三个代表”重要思想的具体行动。要求各级领导干部深入施工现场调查研究，关心员工的生活，解决施工的难题，为工程建设创造条件。建立健全党组织，围绕工程开展党的活动，要求党员以身作则，在工程建设中特别在急、难、险、重任务面前发挥先锋模范作用。动员广大建设者发扬大庆精神，继承管道人光荣传统，自觉投身工程建设。搭建西气东输工程宣传工作平台，组织开展“西气东输万里行”活动，分阶段按专题深入报道，反映工程最新进展，展示广大建设者顽强拼搏、争创一流的精神风采。开展多种形式的专业技术培训和劳动竞赛以及丰富多彩的文化体育活动，活跃员工的业余文化生活……所有这些都极大地鼓舞了广大参建者。他们为建设世界一流输气管道感到骄傲，面对“三山一塬，五越一网”的世界级施工难题，无所畏惧、敢打硬拼、攻坚啃硬，无论是在渺无人烟的荒漠戈壁，还是在河塘密布的江南水网；无论是在野兽毒蛇出没的高山丛林，还是在峡谷沟壑险峻的黄土高原，都发扬了特别能吃苦，特别能战斗的作风，攻克了无数道难关，不断掀起新的施工热潮。

（张乐海）

中国石油天然气国际（勘探开发）有限公司

【公司简介】　中国石油天然气国际有限公司（英文名：PetroChina International Limited，对内称“国际（勘探开发）有限公司”，简称国际公司）是2000年12月26日经中国石油天然气股份有限公司（以下简称“股份公司”）董事会审议通过，2001年5月报经国家外经贸部批准，在英属维尔京群岛注册成立的公司。是股份公司开展境外投资和经营活动的载体，归口管理并具体组织实施股份公司境外勘探开发业务。

为了充分发挥股份公司国际化经营的整体优势，2002年3月，股份公司决定将对外合作经理部与国际公司合并（股份公司对外合作经理部名称保留使用），并于9月正式批准重组。依据《中华人民共和国对外合作开采石油资源条例》，并经中国石油天然气集团公司授权，具体负责股份公司所属国内石油天然气资源对外合作项目合同的执行和监督管理。

重组后的国际公司全面负责统筹规划和归口管理股份公司国内外石油勘探开发对外合作项目，充分发挥股份公司作为上市公司的技术、资金、市场及规范管理的优势，为实现国内外优势互补、协调发展提供了可能。

【公司的职责定位】　国际公司是股份公司所属境外全资子公司，是独立的法人单位，负责股份公司在石油勘探开发国内外合作项目投资的保值增值责任。根据股份公司批准的方案具体组织实施海外石油勘探开发投资项目的参股、收购、转让等经营活动。负责行使股份公司石油勘探开发国外合作业务的管理职能。接受股份公司授权，负责行使股份公司石油勘探开发国内合作业务的管理职能。对内按分公司管理，经营管理业务独立核算。归口管理股份公司石油勘探开发国际合作项目，对合作项目实施财务监控、作业监控和管理监控，为合作项目提供商务支持和技术支持：

（1）配合股份公司有关部门研究提出股份公司油气资源勘探开发国际化经营的发展战略、总体规划、年度计划和投资预算，经批准后组织实施。

（2）组织研究国外石油勘探开发合作的合同模式、法律条件和投资环境；负责国外石油勘探开发项目的评估及可行性研究的初审，并按规定程序完成立项手续。

（3）依据国务院《中华人民共和国对外合作开采陆上石油资源条例》授予中国石油天然气集团公司（以下简称“集团公司”）的职权，集团公司再予股份公司的转让授权，经股份公司勘探生产公司初审，在国务院批准的石油勘探开发国内对外开放区域内，提出对外合作区块的划分意见。在政府有关部门批准后，制定招商工作计划；拟定标准合同，并按有关规定程序完成报批手续；组织合作区块资料包的编制、销售和现场考察。

（4）负责组织石油勘探开发国际合作项目的国外投标、国内招标、评标及其合同（协议）谈判和签约工作。

（5）归口管理石油勘探开发国内外石油合同执行工作。负责合同执行过程中的协调、服务和监督，承担合作项目投资的保值增值责任。

（6）在股份公司有关部门核准范围内，审查批准各石油勘探开发国际合作项目的年度工作计划、年度投资预算、评价报告、管理机构、人员编制、联合管理委员会中方代表、专业代表及中方指派雇员的资格等。

（7）负责石油勘探开发国际合作项目的采办管理和技术支持工作，协助中方作业队伍参加国际合作区块承包服务。会同股份公司勘探生产公司统一研究决定国内合同区面积的扩大或撤销、合同期限的变化、最低义务工作量的重大变更、生产作业权的移交和接替；预审国内合作油气田总体开发方案，报国家有关部门审查批准后执行。

（8）负责石油勘探开发国际合作项目联合账簿的管理。统一管理合作项目中方账目，结算外方合作者支付的费用，统一缴纳合作项目税费。协助股份公司及上级主管部门做好合作项目审计工作。

（9）负责石油勘探开发国内外合作项目培训费的管理工作，会同股份公司人事部和企业编制石油勘探开发国际合作项目的人才培训规划、计划，并组织实施。

【国际公司和勘探与生产公司的关系】　由于国内勘

探开发对外合作业务在对外合作区块的划分、扩大或撤销以及项目的执行等工作都需要勘探与生产板块的协调、参与，因此，对外合作经理部与勘探与生产公司分离、与国际公司合并后，勘探与生产公司仍负责国内对外合作业务与自营业务的平衡以及对外合作业务的宏观调控职能。具体界定为：

（1）勘探与生产分公司根据勘探开发业务的总体发展需求，在与国际公司、天然气与管道分公司协调后，提出对外合作的长远目标。

（2）勘探与生产分公司组织各油田公司对对外合作后备区块进行筛选评价，经勘探与生产分公司初审，由国际公司报规划计划部统一平衡后，报国家有关部门履行审批手续。

（3）对外合作业务的发展规划由国际公司组织相关油田公司编制、汇总，经勘探与生产分公司审查批准后纳入勘探开发业务总体规划。

（4）对外合作业务年度生产计划、中方年度投资计划由国际公司负责组织合作方提出、汇总，报勘探与生产分公司总体平衡，纳入勘探与生产年度计划管理，采取计划单列方式下达给国际公司，由国际公司负责归口管理、统一执行。有关财务会计核算与管理事宜按石油财字［2002］93号等相关规定执行。

（5）对外合作项目的总体开发方案及重大调整方案由国际公司组织合作方编制，报勘探与生产分公司审查批准后执行。其中，合作项目油气田总体开发方案须报国家发改委批准。

（6）对于重大合作项目，由勘探与生产分公司派代表进入联管会，以便于对合作情况进行宏观管理以及对重大技术问题进行组织协调。

（7）对于以工程服务或技术合作为目的，合作中不涉及产品分成的项目，仍由勘探与生产分公司进行组织管理。

【机构编制】 按照股份公司的部署，分步开展了机关整合工作。第一步，由各自领导到一元领导。2002年3月，原对外合作经理部与国际公司合并，由国际公司班子统一领导；第二步，合并职能部门，原来并存的办公室、人事、计划、财务、法律等部门合并为一套。目前公司机关编制70人，其中公司领导职数5人，处级职数24人，共设九个部门，分别是：总经理办公室（含党群工作、联络、办公室）、计划发展部、财务资产部、人事培训部、国内项目管理部、国外项目管理部、新项目开发部、法律事务部、审计部。另根据实际需要设立国外合作项目公司和国内合作项目公司（或项目经理部），另行核定编制和机构设置；第三步，配合人事部拟定了国际公司领导班子岗位设置和竞聘方案，对外发布竞聘启示，组织报名，中层干部的竞聘和一般管理岗位的竞争上岗的初步方案基本形成，将随后展开。

公司2002年底共有员工103人，其中机关本部68人，印尼项目35人；正式员工53人，借调借聘50人。平均年龄36.4岁，以30—40岁年龄段为主体，占65%。学历方面，博士博士后17人，硕士28人，大学48人。职称结构，教授级职称4人，高级45人，中级38人，高中初级人员的比例是4∶3∶1。外语水平经过模拟托福摸底考试，员工大部分达到（TOFEL500分以上，听力、口语B级以上），能用外语进行国际交流。

【国内勘探开发对外合作】 国内石油陆上对外合作始于1985年，截至2002年底共与外国公司签订石油合同52个，包括风险勘探合同、提高采收率合同、难动用储量合同、单井服务合同、物探作业合同等。引进合同规定义务工作投资11.22亿美元，完成投资8.14亿美元，目前正在执行的合同13个。截至2002年底，各外国合同作业者勘探项目实际完成二维地震采集17247千米、三维地震采集328平方千米，完钻探井25口；合作开发项目完钻开发井937口，生产原油587万吨、生产天然气20318万立方米；培训员工2352人次。

2002年围绕股份公司对外合作总体目标，国际公司加强现有合同执行综合管理，做好协调服务工作，积极推进合同执行工作。渤海湾赵东合作勘探项目是股份公司目前正在执行的最大的合作开发项目，探明石油地质储量3744万吨。2001年2月赵东项目开发作业全面启动，在海上建造平台两座，2002年10月第一座钻井平台已安装到位，开始打隔水导管，第二座生产平台已完成70%。原油推驳、储运终端等工程建造按计划运行。拟钻井25口，高峰年产油能力为100多万吨，15年累计产油量为670万吨，项目投资预算1.79亿美元，预计2003年7月份首批油井投产。涩北项目预探井（盐深1井）顺利完钻，通过加深钻探，进一步了解了盐湖地区的地质构造、地层岩性和流体情况，加深了对柴达木盆地东部第三系地质和成气条件的认识，为继续勘探深部气藏提供了资料。川中项目完成天然气销售协议谈判，解除了柏灵顿公司投资顾虑，作业者完成并按期提交总体开发方案文本，评价钻井（角60B、角61B）正常进行。冷家堡项目加强开发管理、实现稳产增产，严格控制成本，取得较好效益。克拉玛依九区项目齐古组扩边开发实施效果较好，完钻的56口新井单井油层2—25米，平均8米，已投产38口新井，平均单井日产油6.9吨。一批难动用储量开发项目完成评价和先导试验，2002年完成了孔南、大安项目总体开发方案编制，并已通过股份公司专家评审，正在报批。

股份公司与英荷壳牌国际天然气有限公司、俄罗斯天然气工业股份公司和美国埃克森美孚（中国）天然气管线有限公司于2002年7月4日签署了西气东输合营框架协议。合营框架协议规定了中国新疆塔里木克拉2项目的合作范围、项目结构、上游项目的时间安排、上游采购和协调等方面的内容。西气东输上游项目正在紧张地做前期准备。

【海外油气田勘探开发】　2002年4月18日股份公司成功收购了美国戴文能源公司（Devon Energy）在印度尼西亚的油气资产后，在印尼设立了股份公司印度尼西亚项目公司（PetroChina International Companies in Indonesia）。收购的资产共有六个区块，包括四个正在开发的区块（南苏门答腊岛的Jabung区块、东爪洼的Tuban区块、东印尼Salawati Basin和Salawati Island区块）、一个待开发区块和一个勘探区块（南苏门答腊岛的South Jambi B和Bangko区块）。股份公司在六个区块的工作权益占17%—50%，平均约为30%，股份公司是Jabung，Salawati Basin和Bangko区块的作业者，在Tuban，Salawati Island同印尼国家石油公司Pertamina联合作业。主要油气产区均位于陆上，地质和工程作业条件较好。

根据国际储量评估顾问公司D&M公司评估确认，六个区块总的探明剩余可采储量3.6亿桶油当量，控制可采储量1.9亿桶油当量。其中，股份公司权益探明剩余可采储量1.06亿桶油当量，控制储量5700万桶油当量。探明储量中约40%为天然气，天然气市场落实，已经同新加坡签订了20年照付不议供气协议。

2002年，股份公司在印尼充分发挥自己先进的技术优势和管理经验，实现总产量1636万桶（221万吨）油当量，超过原产量预算1.5%。目前生产经营状况良好，产量4.9万桶油当量/日左右。

2002年9月，中国和印度尼西亚两国在雅加达举办中印能源合作论坛，我印尼公司为直接承办者之一。曾培炎主任率中国政府代表团参加会议，股份公司刘宝和副总裁为代表团成员。曾培炎主任率代表团全体成员亲临我印尼公司视察指导，高度评价股份公司在印尼的工作。

2002年11月25日，股份公司在印尼与IMR公司（马来西亚国际矿产资源有限公司）就SP（Selat Panjiang）区块的股权转让达成协议。转让后SP区块工作权益为Petronusa51%，股份公司45%，IMR4%。股份公司为主要作业者，项目合同期30年。SP合同区块面积2259平方千米，位于印度尼西亚苏门答腊岛中部，西邻米纳斯和杜里油田，北接MSN油田（中海油参股），东南距股份公司已购买的戴文项目加邦区块20千米左右。SP区块有较大的勘探潜力，预计可建成生产40万吨/年左右的原油生产规模。

2001年12月18日，国际公司与塔吉克斯坦共和国石油天然气公司签署备忘录，就两国政府2001年4月26日换文规定的中国援助塔国石油天然气勘探项目的实施方案进行协商。

2002年8月10日股份公司与东帝汶政府签署了联合研究协议。该协议分两个阶段：第一阶段为研究阶段，这个阶段的目的是通过联合研究圈定东帝汶油气聚集的有利地带，并初步评估各区带的油气资源量；同时，落实两个目前已经发现的油藏的储量，进行商业性开发的初步评估。

国际公司坚持“请进来，走出去”和利用国内外两种资源、两种资金、两个市场的既定方针，积极稳妥的开拓海外石油天然气勘探开发项目，抓住机遇重点寻找效益和风险较为平衡的项目，执行好现有的项目并以此为基础努力向周边发展，促进中国石油从国内石油公司向跨国石油公司的转变。

（王铁夫　才　鑫）

中国石油国际事业有限公司
（中国联合石油有限责任公司）

【概述】　为适应经济全球化的大趋势，拓展国际贸易业务，提高国际市场的竞争力和整体实力，中国石油天然气股份有限公司（PetroChina）首届董事会第十一次会议决定成立中国石油国际事业有限公司。

中国石油国际事业有限公司（以下简称国际事业公司）于2001年11月19日经中华人民共和国对外贸易经济合作部批准，取得了进出口经营资格，2002年1月18日在国家工商总局注册正式成立。成立当年获得原油、成品油非国营贸易经营资格。该公司注册资本2亿元人民币。中国石油天然气股份有限公司（简称股份公司）拥有该公司90%的股权，中国石油销售总公司拥有该公司10%的股权。公司实行董事会领导下的总裁负责制，董事会是公司的最高决策机构。董事长为公司的法人代表，总裁负责主持公司全面工作。

国际事业公司作为股份公司的专业外经外贸公司，主要职责是归口管理和经营中油股份公司的原油、成品油、石化产品和技术装备的国际贸易业务。负责本系统境外除勘探开发项目以外的炼油、化工、储运设施、加油站、运输工具的投资、建设、经营管理，经营进料加工和“三来一补”业务，经营对销贸易和转口贸易，自营进口、易货贸易换进的商品的国内销售、原油及其他石化产品的销售。

2002年，国际事业公司和中联油公司合并运行（以下简称公司）。公司总部设有九个部室，即：总裁办公室（党委办公室）、人力资源部、财务资产部、风险控制部、对外合作部、原油部、成品油部、石化产品部、技术装备部。

公司下设17家分支机构，其中：国内九家，即：大连公司、青岛公司、上海公司、广东公司、抚顺公司、锦州公司、锦西公司、大庆公司、西北公司；海外八家，即：香港公司、新加坡公司、日本公司、美国公司、伦敦公司、哈萨克斯坦公司、莫斯科办事处、伊拉克办事处。

【经营指标完成情况】　2002年公司经营规模大幅提高，盈利能力进一步增强，连续四年利润年均保持20%以上的增长速度。2002年，在国际石油市场大幅波动，进口业务减少的不利局面下，公司实现经营额365亿元，比2001年同期增长17%，实物工作量达2789.5万吨，比2001年同期增长29%，在石油价格大幅度波动情况下，境内外实现利润再创历史最好水平，全面超额完成了全年预算指标。投资资本回报率达24.21%，列于同行业之首，为股东创造了较好的回报。从石油系统外取得的业务收入占全部收益的51%，反映出公司市场开拓能力和参与国际市场竞争的能力得到了进一步的提高。

【2002年主要工作】

1．推行业务单元运行机制，理顺管理流程

2002年，公司的业务分原油、成品油、石化产品、技术装备四个业务单元运行。通过一年来的运行，显示出了业务单元运作模式的强大优势。

原油业务单元由境内总部原油部、大连公司、锦州公司、锦西公司、西北公司及境外伦敦公司、哈萨克斯坦公司、美国公司、日本公司、香港公司、莫斯科办事处组成。原油业务实现了由大连、锦州两个海上口岸和阿拉山口、满洲里两个陆路口岸，远东、北美、欧洲、中亚的全球运作。2002年，总部原油部、成品油部和日本公司协同进行，利用在日本租罐，以VLCC形式首次成功运作西非原油，拓展了进口资源市场。原油业务在国内进出口量较大幅度调减的形势下，公司加大对国际市场的开发力度，多元化运作CNPC和中油股份公司海外分成原油，实现最大收益，开拓了苏丹原油在日本、台湾、韩国的代料加工业务，增加了中国石油在国际上的市场份额，取得了历史性突破，国际贸易运作金额较2001年同期增长42%。一年来，原油业务单元贸易量达2000万吨，比2001年同期增长33%，租船运输量1164万吨，比2001年同期增长16%，超额完成年度业绩合同指标。

成品油业务单元由总部成品油部和境内大连公司、锦州公司、锦西公司、上海公司、广东公司、抚顺公司、大庆公司、西北公司及境外新加坡公司、哈萨克斯坦公司、日本公司、香港公司、莫斯科办事处组成。2002年，成品油部和新加坡公司及广州公司共同运作汽油出口和燃料油自营进口业务，并在年初制定了汽油出口业务分工流程，明确了工作重点，发挥海内外机构的协同效应。同时，各分支机构在口岸装船出运方面也给予了积极配合，在炼油销售分公司和各出口企业的大力支持下，2002年一般贸易汽油出口量比2001年同期增加了49.7万吨，增幅达31%。开发了澳洲、韩国、越南、印尼、菲律宾等市场。全年汽油直接、间接出口到最终用户的比例达74%，其中直接销售给终端客户的数量为111万吨，占一般贸易总出口量的53%，比2001年同期增加了近一倍。上述措施的实施不仅增加了汽油出口，同时也进一步扩大了中国石油在东南亚石油市场的影响。另外，成品油部与哈萨克斯坦公司和西北公司共同配合，开辟了西部陆上燃料油进口业务。与莫斯科办事处和大庆公司共同开发了东部陆上进口石脑油业务。2002年，成品油业务单元贸易量达725.9万吨，比2001年同期增长15%，超额完成了年度业绩合同指标。

石化产品业务单元由总部石化产品部和境内大连公司、青岛公司、大庆公司、抚顺公司、锦西公司、锦州公司、西北公司及境外香港公司、美国公司、莫斯科办事处组成，2002年，石化产品部从规划、管理、协调运行入手，在股份公司炼油销售分公司和分支机构的配合下，下达了股份公司石蜡、石油焦出口计划，并对收购石蜡的具体计价方式做出了明文规定，为保证落实出口资源创造了良好条件。成立了石蜡配送中心，初步实现了石蜡仓储运输和货代集中统一管理，基本实现了股份公司石油焦出口统一对外签约，规范了经营秩序。石蜡业务实现了扭亏为盈，并创造了良好的经济效益。成功主办了“2002中国石油石蜡会议”，邀请了石蜡生产企业和22家国外营销商对石蜡发展、生产技术及应用、国际市场进行了交流和讨论。同时，该单元还组织中国石油有关炼化企业首次参加了第92届中国出口商品交易会，接待了来自亚洲、欧洲、非洲和美洲28个国家和地区的100多家公司的代表，与20多家外商洽谈了合作意向，宣传了中国石油品牌，为进一步拓宽中国石油石化产品出口市场奠定了良好的基础。2002年，石化产品业务单元进出口63.6万吨，完成年度业绩合同指标。

技术装备业务单元由总部技术装备部和境内抚顺公司、大庆公司、大连公司、锦州公司、锦西公司组成。2002年，技术装备进出口业务取得了快速发展。业务领域由过去一般技术引进拓展到大型成套技术设备、钢材和化工三剂的引进业务。技术装备部与地区公司紧密配合，承担了大庆炼化和兰化PP项目、辽化PTA和PX项目、抚顺石化NMR测试技术引进项目等10个项目的商务谈判工作，与包括BP、Shell、Dupon和斯伦贝谢等全球主要炼化技术专利商及主要勘探生产软件商建立了广泛的业务联系，为公司进一步扩大技术装备的引进打下了良好的基础。2002年技术装备业务单元实现贸易额5160万美元，同比增长14.7%。

2. 海外项目评估工作也取得了良好进展

公司承担着本系统境外除勘探开发项目以外的炼油、化工、储运设施、加油站、运输工具的投资、建设、经营管理职责。2002年，公司对外合作部与哈萨克斯坦公司、新加坡公司、原油部、成品油部、财务部组成评估小组，与国际著名投资人和国内专业评估机构联合开展了积极有效的海外投资项目评估工作，取得良好的进展，目前，公司海外评估项目的信息渠道、评估流程已基本建立，为下一步实施走出去的扩展战略和资本运营战略奠定了良好的基础。

3. 增强服务意识，开辟发展空间

一年来，公司认真贯彻“顾客至上、优质高效、诚信进取”的质量方针，在了解客户需求、传递客户信息、做好交易前后的服务工作上下功夫，编制了公司的《客户服务手册》，增强了服务意识，服务水平有所提高。

公司坚持“货主至上”的原则，与生产企业紧密配合，通过货比三家，选择价格适中、品质合适的油源，目前，已开发了米纳斯油、阿曼油、越南白虎油、西非油等10余种资源，实现了进口资源渠道的多元化，进一步降低了进口成本。为了更好地为生产企业服务，我们加强了对国际市场的跟踪及分析，积极走访企业，向炼化企业介绍国际市场原油和成品油行情，帮助他们增加对国际石油市场的了解。主动听取企业意见，努力为企业提供深层次服务，受到客户的欢迎。

4. 注重风险控制，提高业务运作质量

2002年，公司强化科学管理，狠抓制度建设，根据公司发展的实际情况，重新修订和建立了42项规章制度，包括财务管理工作制度、审计工作制度、投资管理制度、保险管理制度、业务合同会签制度等等，使每项经营业务都能经过事前论证和风险把关，并责成专门的部门对制度执行情况进行监督检查，确保其有效性。

2002年，公司建立了合同执行情况的月度分析报告制度，风险控制部在合同分析报告中对合同中的贸易术语、付款方式、检验条款、争议解决等若干合同条款进行深入的分析，提出法律建议，将合同分析报告按月在公司Notes公告栏上公布，加强风险控制。一年来，全公司签订各类合同3257个，涉及金额365亿元，没有发生一笔坏账和拖欠款，实现了全年业务的有效运作。

公司加强了对境内外各分支机构的内部审计工作。一年来，公司审计部门对各分支机构执行国家和总部制定的财务制度、预算执行情况及其他各项规章制度等情况进行了认真的审计，完成审计项目九个，审计资产合计7.8亿元，审计中针对发现的问题及时提出审计建议，较好地发挥了审计监督与服务的职能，避免了风险，确保了有效经营。

5. 加强绩效合同管理，强化资金一体化运作

在2002年的经营工作中，公司继续实施以财务为核心的全面预算管理和业绩合同管理，即：所有收支均纳入预算范围内，通过加强预算管理降低成本、节约各项开支。年初，公司经理班子与各业务部门和各分支机构的负责人签订了年度业绩合同，考核内容

由过去单一利润指标发展成完整的业绩考核指标体系，涵盖了利润及清欠指标、管理费及工资等费用指标、实物工作量指标、市场开发指标等各个方面。为确保业绩合同中各项指标的完成，各单位采取有效措施，严格控制经营成本，将费用指标分解核算到人。2002年，在外部经营环境艰难的条件下，绝大部分单位都完成或超额完成了业绩合同指标，总体经营费用和管理费用两项合计比2001年同期减少2743万元，降低10%。体现了业绩合同管理的有效性。

继续坚持月度经营情况分析报告制度，2002年，在对利润和管理费用重点分析的基础上，增加了经营费用和财务费用的分析及业务毛利和盈利方式分析，不断提高财务分析水平，为领导经营决策和各单位把握经营方向提供有力的参考依据。

2002年，在系统内进一步推行资金统一管理制度，总部财务部充分发挥公司整体优势，强化资金一体化运作，统一调剂余缺，利用利率杠杆有效运筹资金，降低了资金成本，取得了显著成效。全公司在境内争取到16亿元人民币的综合授信额度和各项优惠条件，境外与国际一流银行形成了良好的合作关系，为公司全年实现经营额300多亿元创造了良好的条件。

6. 推进信息化建设，提高科学管理水平

为加快公司总部与境内外各分支机构的信息沟通，适应公司快速发展的需要，2002年，公司加强了信息网络建设，一是建立国际事业公司和中联油公司两个网站并投入使用，起到了宣传企业、让外界了解公司的作用。同时，在网站论坛上建立了信息中心平台，达到信息共享、沟通交流的目的。二是完成了公司全系统防火墙及VPN网络构建工作。三是实现了与中油主干网的对接。目前，公司局域网内用户可直接访问CNPC和PetroChina的网站，更快地获取上级发布的各种信息。同时，公司申报的312个股份公司的新电子邮件地址已注册成功并投入使用，为员工增加了新的交流渠道。目前，公司网络防毒体系已全面构筑，保障了公司局域网免受病毒侵害，业务管理系统的调研基本完成。为下一步开发业务管理信息系统奠定了基础。

7. 加强企业文化建设，提高全员素质

一年来，公司注重加强企业文化建设，利用各种形式对企业文化加以宣传和引导。目前，“诚信、进取”的企业文化已被广大员工所认同，并贯穿于员工的行动之中。公司注重以人为本，完善了干部聘用、分配制度、业绩考核、风险控制、人才培训、干部交流、岗位轮换等机制，全年实现10%以上人员流动或岗位轮换，努力实现人力资源的合理配置。同时，公司加强了培训工作，坚持在岗学习、短期培训、学位学习相结合的原则，2002年，已有六人获得了境外知名大学的工商管理硕士证书，三人在读，三名业务骨干到国外同行大的石油公司进行短期培训，39人参加各类专业培训，公司共举办各类有针对性的培训班11次，邀请国内外专家、业内资深人士来公司进行专题讲座，接受培训人员350人次，促进了公司员工素质的提高。

2002年，公司党委全面贯彻落实党的十六大精神，组织全体党员、部门经理、各部室、各分支机构学习十六大报告，并结合公司实际进行专题研讨，努力开创公司改革发展工作的新局面。公司党委还注重加强党员组织建设和支部建设，成立了广东公司党支部、日本公司党支部以及哈萨克斯坦公司党支部，坚持在青年知识分子和业务骨干中发展党员。一年来，共发展了七名新党员，壮大了党员队伍。改选了新一届的团支部，加强团支部建设，开展了募捐活动，向贫困地区献爱心。2002年，公司工会继续开展了“专题合理化建议月”，公司全体员工积极参与，献计献策，收到了良好的效果。工会还适时开展了文娱、体育活动，增强了企业凝聚力。

我们要以党的十六大精神为指针，与时俱进，创新发展，务必保持谦虚、谨慎、不骄、不躁的作风，务必保持艰苦奋斗的作风，团结带领广大员工努力拼搏，以超越自我、挑战极限、敢于挑重担的勇气和不怕吃苦、勤劳务实的敬业精神，脚踏实地的做好本职工作，为把公司建设成为与中国石油国际化经营规模相适应的国内领先、国际一流石油公司而努力奋斗。

（中联油公司总裁办公室）

中国石油勘探开发研究院

【概述】 2002年是集团公司各项工作全面上水平、股份公司保持强势发展的一年，也是研究院全面落实新定位和新职责，实现了持续、健康、稳步发展的一年。一年来，院继续贯彻“以提高集团公司和股份公司的整体经济效益为中心，以科技创新和人才发展为根本”的指导思想，全面落实“一部三中心”的定位与职责，各项工作取得了新的进展，在集团公司和股份公司的地位与作用以及在各油田分公司的影响力得到进一步提升，为全面实现我院“十五”发展目标奠定了扎实的基础。

【2002 年各项工作及科研成果】　一年来，院的科研工作以理论创新和技术进步为根本，以提升整体实力、增强发展后劲为目标，以全面落实“一部三中心”的定位与职责为主线，围绕集团公司、股份公司上游发展需求，大力加强宏观战略决策研究，积极服务于油气勘探开发生产，为集团公司和股份公司的主业发展和整体经济效益提高发挥了应有的作用。

全年承担了科研项目 59 项共 148 个课题，其中：国家项目 10 项共 26 个课题、集团公司项目 15 项、股份公司超前共性项目 13 项共 21 个课题、股份公司勘探与开发分公司项目 36 项共 96 个课题。根据年终科研检查考评结果，所有项目均按合同全面完成了计划任务，以及股份公司下达的科研与信息管理业绩考核指标。在宏观战略规划决策研究、技术支持与技术服务、应用基础理论与超前技术研究、海外研究与技术支持、信息化技术研究与支持、公益性技术支持与服务等方面均取得了一批质量较高的成果。

1. 充分发挥股份公司上游勘探开发战略决策参谋部的作用，积极开展宏观战略规划决策研究

2002 年，研究院积极发挥“股份公司上游勘探开发战略决策参谋部”的作用，成立了院宏观战略规划决策领导小组和协调办公室，调整、充实、稳定了研究队伍，加大了经费投入，密切了与集团公司、股份公司及油田分公司的联系和沟通，加强了股份公司勘探开发生产中长期滚动规划与年度部署方案编制研究、重大探区筛选评价研究和重点项目评价跟踪研究等方面的工作。在对各油田分公司提出的勘探部署方案进行初审的基础上，结合院多年取得的成果和认识，对 2003 年勘探部署安排提出了具体意见，发挥了研究院作为股份公司勘探开发生产决策参谋部的作用。“股份公司主要含油气盆地油气资源评价”、“股份公司 2002—2006 年油气勘探滚动规划方案编制”、“重点油气项目跟踪目标评价优选、年度部署及储量评估”、“油气重大预探领域筛选评价研究”、“地震采集跟踪、资料品质评价及下年度部署方案研究”、“油田开采滚动规划及年度计划编制与跟踪研究”、“勘探开发一体化目标优选及效益评价研究”等项目，均在股份公司相关领域的规划部署中被不同程度地采纳使用，受到了股份公司领导的充分肯定和高度评价。

2002 年，院组织优势力量，配合股份公司领导、专家组全面听取和审查了各油田分公司 2002—2006 年五年滚动业务计划和 2003 年年度计划评估汇报。在此基础上，对各油田分公司下一年度的原油配产、产能建设区块、评价区块、投资、成本与效益进行了评估与研究，完成了 13 个油田分公司油气储量、产量、产能、投资及效益的优化部署建议和股份公司 2003 年度新建产能项目筛选排队、勘探与生产年度推荐计划，编制了股份公司油气田开发 5 年滚动发展业务计划及 2003 年度开发部署方案，为股份公司决策提供了重要的科学依据。

在股份公司勘探年会上，院做了“主要含油气盆地油气资源评价”的报告，全面介绍了股份公司探区的油气资源潜力和勘探前景，受到与会领导和专家的好评，为勘探与生产分公司 2003 年的勘探部署提供了决策依据。

一年来，院“股份公司上游勘探开发战略决策参谋部”的作用得到了进一步的发挥，决策建议的层次和水平有了比较明显的提高，实施效果更加明显。

2. 围绕增储上产、降本增效，充分发挥技术支持服务中心和高新技术研发中心的作用

2002 年，院按照“股份公司油气勘探与开发生产技术支持服务中心和高新技术研究中心”的职责要求，紧紧围绕股份公司增储上产、降本增效的需求，加大了面向油田、服务生产的力度，取得了较大的进展和较好的应用效果，得到了股份公司和油田分公司的认可。负责和参与了股份公司部分勘探开发重大技术的研究、开发、集成与技术服务，解决了上游发展中的一些重大技术难题；参与了部分重大油气勘探项目的实施与重大油气田开发方案的编制和调整，提供了良好的技术支持与服务；认真做好勘探、开发与工程实施全过程的经济评价与效益评估分析，取得了较好的应用效果。

在勘探方面，以油气预探区带优选及勘探目标评价研究为重点，加强勘探技术和软件攻关与推广，为股份公司的油气勘探提供良好的技术支持与服务。研究院在加强叠合盆地油气成藏特征、前陆盆地油气成藏条件与油气凹陷岩性油气藏形成规律等相关地质理论研究总结的基础上，对股份公司未来重大接替领域进行了优选，提出五六个发现潜力在 6 亿—8 亿吨级的石油接替领域，提出五个储量规模在 3 亿吨级的新

领域；围绕塔里木盆地被动大陆边缘与克拉通古隆起两个领域大油气田形成条件与目标优选，提出了新认识，相关建议已体现在塔里木油田分公司2003年的部署之中；在吉林探区，通过地质物探一体化研究以及新凹陷石油地质条件综合评价一区油气成藏规律的总结，成功地提出了有利勘探目标区，确定了近期拿储量的现实目标；围绕着勘探目标井位的选择和确定，有效地筛选和运用了勘探开发一体化技术，为现场提交的井位全部被采纳，实施成功率100%，受到勘探与生产分公司和吉林油田分公司的高度评价，取得了突出的经济和社会效益；在川中地区、鄂尔多斯、准噶尔、渤海湾陆上及滩海、柴达木柴西地区等重点探区，开展了地质综合研究及预探目标的评价研究，取得了可喜成果；在中小盆地地质综合研究及预探目标优选以及新盆地动态评价和区块优选等方面，也取得了较好进展；同时，加强了勘探技术和软件攻关及推广应用力度，在地震资料处理、测井资料解释、油气资源评价系统、含油气系统、圈闭评价系统、油藏综合描述系统等方面，取得了较大进展。

在开发方面，以近年来新发现油气藏，中高含水、低渗透、稠油油藏的开发和三次采油技术为重点，加强重点油气区开发技术研究以及开发方案、调整方案的编制与跟踪研究，为股份公司的稳产上产提供良好的技术支持与服务。研究院开展了苏里格气田、青西油田、吉林大情字井和四方坨子油田、大港千米桥凝析气藏、大港周清庄油田、克拉2大气田、塔北凝析气田、新疆八区老油田、吉林扶余老油田等重点油气田开发方案的编制、调整与跟踪研究，取得了很好的应用效果；中高含水油田剩余油挖潜与调整技术在大港周清庄和王官屯等油田得取了较好的应用效果，预胶联体膨凝胶颗粒深部调剖技术在大庆、华北等油田取得较好的增油降水效果；套损、套变评价与对策研究在大庆油田取得了良好应用效果，低渗透油气田储层识别与裂缝预测、开发井网优化、储层改造等高效开发技术在玉门青西、大港千米桥、吉林、长庆等油气田获得了成功的应用；新型耐温抗盐聚合物在大庆聚合物驱、克拉玛依及华北油田的深部调驱中得到应用，为油田降低采油成本做出了贡献；纤维复合防砂技术在青海气田的应用取得突出进展；三元复合驱油技术通过对磺酸盐的深入研究，在驱油体系研制方面取得了突破，为三元复合驱技术的工业化应用奠定了物质基础；稠油油藏开发接替与挖潜技术、辽河油田齐40块汽驱工业化试验的油藏工程方案编制、聚合物驱污水处理剂及弱凝胶调驱技术、气田开采工艺技术等项研究也都取得了较好进展和成果。

在工程方面，紧密围绕勘探开发中遇到的工程难点问题，进行勘探开发配套工程技术研究，为集团公司和股份公司降低生产成本提供良好的技术支持与服务。研究院针对吉林扶余油田高含水、油藏存在大孔道多裂隙、窜流快的难题，研究开发出二次交联和复合交联的堵水调剖配套技术，见到明显的增产稳产效果，得到吉林油田分公司的好评；针对青海柴西、玉门青西等西部地区的复杂深探井，开展了快速钻井完井配套技术研究，初步形成一套适合于西部勘探开发的快速、安全的深井、超深井钻井完井配套技术，在现场应用中取得了显著的效果，为油田的产能建设做出了贡献；针对东部油田的各类水平井钻井完井配套技术研究，形成了一整套定向井、水平井、大位移井等钻井配套技术，通过渤海湾地区钻井液体系评价与大位移井钻井技术应用，对辽河、大港、华北、冀东等油田主要钻井液体系进行评价和优选，提出适合于渤海湾地区的钻井液处理剂及钻井液规范，完成了冀东油田大位移井的设计和现场施工；多分支井钻井、完井技术研究初步形成了一套自己独有的技术，首创运用膨胀管技术解决多分支井完井的技术难题，已申请国家专利；膨胀套管技术确定了可膨胀管用材，完成了可膨胀管管柱和胀头结构设计及表面处理技术研究；不压井作业装置已完成全部的设计工作。

3. 应用基础理论与超前技术研究取得丰硕成果

2002年，院在突出宏观战略规划决策研究和技术支持与服务的同时，牢牢把握制约股份公司勘探开发生产的重大理论与技术关键，着眼于提升综合研究实力和创新能力，以重点实验室为依托，以973项目、国家重大专项、股份公司重大技术攻关项目为核心，开展了油气资源滚动评价、特殊油气藏高效勘探开发评价技术、大幅度提高采收率技术等研究，取得了重要成果。

在油气理论创新与技术研发方面，院开展了高效大气田的形成机理与分布研究、中国北方油气区石炭—二叠系划分对比研究、中国北方油气区石炭—二叠系划分对比研究、前陆冲断带构造几何学建模与研究以及陆相层序地层学评价技术、勘探开发一体化评价关键技术、遥感GIS技术等方面的研究应用工作，取得了重要进展。在大幅度提高石油采收率基础研究方面，在驱油用聚合物与表面活性剂分子设计、储集层原型地质规律、复杂驱动体系物理模拟及数值模拟研究等领域取得了重要的阶段成果。目前，正在胜利油田、大港油田分别开展耐温抗盐聚合物驱和三元复合驱的矿场试验，预期将取得良好的效果。

4. 海外研究与技术支持取得突出成绩

2002 年，海外研究中心进一步发挥海外勘探开发科技工作生命线的作用，为集团公司和股份公司的国际化经营提供了强有力的技术支持与服务。

根据海外油气勘探的特殊性，努力贴近生产，注重地震、地质综合研究，加大技术支持与服务力度，为苏丹 6 区、4 区和 3/7 区油气勘探重点项目的突破和大幅度增加储量做出了应有的贡献。在研究实践中形成了被动裂谷盆地的地质模型和成藏模式，有效地指导了苏丹其他盆地的勘探工作。经过综合研究和科学部署，探井成功率达到了 46%。同时，对哈萨克斯坦扎南区块、缅甸、阿塞拜疆 K&K 油田深层、阿曼 5 区外围等勘探新项目进行了综合研究和评价，提供了有利地区的工作部署。

在现有项目（包括苏丹、哈萨克斯坦、印尼等）的开发工作中，紧密围绕生产，加强基础研究和综合研究，应用各种先进技术，发挥研究院的整体优势，完成了多项复杂油田开发方案的编制和调整，为集团公司、股份公司海外油田的高效开发和今后的稳产增产发挥了重要的作用。

全力以赴做好新项目的评价工作，不断提高评价水平，全年开展了 20 多个国家 140 多个区块和油田的新项目评价工作，筛选了一批可供进一步研究和投标的重点项目，有的项目已经签署合同并正式接管。同时，逐步形成了一套新项目快速评价的方法和程序，培养了一批优秀人才，为今后集团公司和股份公司的海外大发展打下了良好基础。

加强规划和宏观技术研究，积极当好集团公司和股份公司海外勘探开发的参谋部。制定了 CNPC 海外石油储量管理规范，编写了海外储量年度公报，研究编制了 CNPC 近期和长远的海外发展规划，开展了勘探开发数据库建设工作。

5. 信息化、公益性研究进一步加强

2002 年，院进一步加强了信息化基础工作和基础设施的建设力度，进一步实现了院内大型计算机、勘探开发软件和数据资源的共享，为全院用机、软硬件运行提供了良好的技术支持与服务；完成了院与股份公司千兆网络的高速连接；进一步完善了院信息化工作的管理措施，全年经电子商务采购的业务量已达到了 300 余万元。同时，院积极为股份公司的信息化工作提供有力的技术支持与服务，在企业门户建设方面，完成了可研报告和建设计划；勘探数据总库建设工作全面展开；编写完成了《中国石油局域网标准与规范》。

工程监督中心协助股份公司制定了相关技术规程、规范及企业标准，完成了工程监督人员的日常管理及四期培训和考评，为现场选派了工程监督人员。

标准化所充分发挥技术支持作用，面向石油天然气行业，全面优质完成了科研和标准、计量、质量管理任务，成为石油工业标准化的研究中心、信息中心、培训中心和决策支持中心，开展了多项研究工作，完成了大量的标准制修订、转化和起草工作以及质量监督管理和计量认证工作。

文献中心主办的《石油勘探与开发》等刊物有了长足的进步，《石油勘探与开发》在中国石油系统期刊评比中获第三名，同时获国家重点期刊奖；图书馆增强了服务意识，为广大科研人员提供了方便、快捷的借阅和专业信息检索服务。

档案处接收整理院内各类档案和各油气田勘探开发资料 5 万余件，承担了股份公司勘探与生产分公司油气勘探、生产、科研和工程项目等资料的管理任务。

储量管理研究室承担了国家及集团公司三项课题研究工作，参与了全国各大石油公司的油气储量评审以及全国石油天然气探明储量评审表的汇总和出版工作。

2002 年，院在全面完成科研任务的同时，获得了一项国家科学技术进步奖、20 项省部级科技成果奖。由地球物理所、海外研究中心完成的《委内瑞拉边际油田挖潜技术及应用》获国家科学技术进步奖二等奖；有 10 项成果获得北京市科技进步奖，其中二等奖六项，三等奖四项；有 10 项成果获集团公司技术创新奖，其中特等奖一项，一等奖两项，二等奖七项，它们是：

（1）低渗透油田高效开采配套技术，开发所等，特等奖；

（2）苏丹 Muglad 盆地 1/2/4 区高效勘探的理论与实践，海外中心，一等奖；

（3）牙哈凝析气田开采新技术研究，开发所，一等奖；

（4）板块构造演化与含油气盆地形成和评价，地质所，二等奖；

（5）复杂地区低信噪比处理技术研究，西北分院，二等奖；

（6）石油测井新技术适用性典型图案，热采所，地物所，二等奖；

（7）齐 40 块 70 米井距蒸汽驱先导试验，热采所，二等奖；

（8）吐哈油田葡北注气混相驱现场试验方案设计及跟踪实施研究，开发所，二等奖；

（9）哈萨克斯坦扎纳若乐固型复杂碳酸盐油藏精细研究及实施效果分析，海外中心，二等奖；

（10）中国石油关键信息技术应用研究，开发软件中心，二等奖。

同时，经过严格认真的筛选和评比，全院评比2001—2002年度院科技进步奖48项，其中一等奖19项，二等奖29项。一等奖如下：

（1）吉林探区薄互储层预测、目标优选技术与应用及黑帝庙次凹资源潜力综合评价研究，地质所、地物所；

（2）中国含油气系统与油气分布规律研究，地质所；

（3）塔里木盆地轮南地区油气富集条件与勘探目标预测，地质所；

（4）四维三分量地震储层表征技术方法研究，地物所；

（5）西气东输管道工程遥感技术的应用，遥感所；

（6）长江三角洲地区建设天然气地下储气库工程研究，廊坊分院；

（7）梳形抗盐聚合物研制，采油所；

（8）可动凝胶驱油技术及矿场试验，采收率所；

（9）青西深层裂缝性油藏储层描述及三维地质模型研究，开发所；

（10）油气开发生产管理系统及数据库标准的现场实施及完善，开发软件中心；

（11）千米桥潜山凝析气藏储层表征及地质建模与开发技术研究，开发所；

（12）21世纪中国能源、环境与石油工业发展，开发所；

（13）聚合物驱前深度调剖技术，油化所；

（14）柴油天然气双燃料汽车改装技术，机械所；

（15）地震反演技术跟踪调研评价及规范编制，西北分院；

（16）青西油藏描述和祁连山北缘逆掩推覆带地震处理攻关及综合评价，西北分院；

（17）柴西地区第三系碳酸盐岩储层分布规律及勘探潜力评价，杭州所；

（18）防砂卡抽油泵及有杆泵井下减载节能装置的研制与应用，江汉机械所；

（19）储层物理性质研究成果软件系统集成与应用，江汉测井所。

2002年，院的专利申请、论文发表也取得了较好的成绩。获得国内外专利共15项，其中，液控盘式刹车装置获美国专利，高相对分子质量离子聚合物的制备等五项获发明专利，还获得实用新型专利九项；同时，含油饱和度测量探头等13项获申请专利。根据奖励办法，对符合奖励条件的专利发明人和专利所在单位进行了奖励。

2002年，院在国内外各类刊物上和重要会议上共发表论文368篇，充分反映了院的学术影响力和综合科技实力。

【人才培养】　一年来，院继续贯彻人才为本的发展战略，加大了对复合型人才、高层次人才的培养力度，使一批优秀人才在工作和学习中得到了锻炼和培养；同时，按照“股份公司高水平科技人才培养中心”的职责要求，加大了研究生培养工作和面向油田分公司、面向股份公司机关部门的培训工作力度，取得了长足的进步。

1. 进一步加大国际学术交流力度

为适应我国加入WTO的需要，加快培养适应国际油公司要求的复合人才，在集团公司的统一部署和安排下，院积极做好出国人员的选派工作。全年共派出76个团组189人次赴32个国家和地区进行专业培训、考察调研和学术交流活动，选拔54名科技人员参加了股份公司组织的出国进修英语考试；另外，还采取了邀请国际石油公司高层管理人员、国外著名学者、知名专家来院讲学和举办英语演讲比赛等形式，促进科研人员学术水平和英语水平的提高。

2. 重实践、下现场，培养优秀人才脱颖而出

针对科技干部理论知识丰富但现场实际经验相对不足的现状，在股份公司人事部和油田分公司的支持下，选派了地物所邹才能、开发所宋新民、王振彪、地质所张光亚、实验中心张水昌等五名同志分别到吉林油田、大港油田和塔里木油田挂职锻炼。这些同志一方面在帮助油田解决现场技术问题中发挥了较好的作用，获得了油田的好评；另一方面也使自己的实践经验和工作能力得到了较大的提高。

3. 进一步发挥股份公司科技人才培养中心的作用，积极培养高水平的人才

2002年，院加大了对研究所领导干部的培养和培训力度，进一步提高他们的专业水平和综合素质。目前，院研究所的主要领导干部都拥有博士学位或者正在攻读博士学位。

院加大了职工的培训和再教育力度，加快知识更

新节奏。全年完成英语培训班两期，培训中青年技术骨干 65 名，并组织了多期专题讲座；选派 58 人参加了股份公司 28 个培训班的专业培训。同时，大力支持科研骨干报考在职研究生，鼓励他们边工作、边学习、边成才。目前，全院在职攻读硕士研究生和博士研究生的科研骨干分别达到了 45 名和 38 名。

2002 年，作为股份公司的高水平人才培养中心，院一方面加大了面向油田分公司和面向股份公司机关与部门的技术培训工作力度，举办了 13 期油田培训班，培训油田学员 644 人次；承担了电子商务部、科技信息部等部门的计算机培训班 10 期，学员 310 人次。另一方面，院继续发挥自身优势，做好研究生的培养工作，全年招收研究生共 94 人。另外，还开辟了为廊坊分院、西北分院以及大港油田培养定向硕士研究生的新渠道。

4. 充分发挥综合优势，吸引高层次人才来院学习、工作

2002 年，博士后流动站的工作与院的科研工作和科技队伍建设紧密结合在一起，管理工作趋于制度化、规范化。从 46 名博士生中优选出六名进博士后站，并与大庆、大港、新疆、中原等油田联合培养博士后八名；另有九名博士后顺利出站，在站期间博士后共发表论文 30 余篇。

在严把人员入口关的同时，院十分注重吸收高层次人才来院工作。全年接收 16 名博士后、博士和硕士来院工作，进一步提高了高层次人才的比例，对专业学科的发展起了到了积极的促进作用。另外，还从油田调入了 4 名年轻的教授级高工，在一定程度上缓解了优势人才的急需和部分专业干部短缺的问题。

【科学化管理】　2002 年，院的各职能部门进一步提高服务意识和管理水平，围绕科研生产工作，协调一致，密切合作，积极工作，逐步建立起了高效协调的管理服务体系。

院办公室积极发挥桥梁和纽带作用，强化窗口职能，提高服务意识，认真做好院日常行政事务管理工作，热情地为各职能部门和全院职工服务。

科研管理处从运行机制、激励机制和知识管理等方面入手，积极探索与完善以人为本的科研管理运行体系，建立了面向研究所的 KPI 绩效考评体系和面向科研人员的考核激励体系，并在重点项目管理中试行。逐步完善科研管理流程，继续推进项目管理；建立以科研项目为核心的考核激励体系，制定了面向研究所的“科技与信息管理业绩考核指标”和面向科研人员的“业务考核实施细则（试行）”；试行首席研究员负责制，以重点项目带动全院科研工作；以成立鄂尔多斯分院为试点，积极探索新的项目管理模式。

人事劳资处全面推行三项制度配套改革，积极做好人才资源优化配置和人才资源开发工作。坚持“公开、平等、竞争、择优”和“能上能下”的原则，使一批德才兼备的年轻干部被聘任到新的领导岗位上来；加大了干部交流的力度，进行了研究所之间、科研岗位与管理岗位之间的干部交流，使班子结构得到改善；认真开展职称评审工作，同时，努力做好人才引进、劳动工资及社会保险等项工作。

计划财务处整合财务机构，理顺了股份与存续的业务管理和核算关系，严格按照全面预算管理、资金和债务集中管理以及会计统一核算的新体制运行；同时，进一步加强计划管理。

企管法规处修订完善了《院内部业绩考核管理办法》，组织完成了对二级单位的考核验收；完成了科研单位企业化转制工作，使院成为在北京市工商局正式注册的企业；进一步规范关联交易，基本上达到了公平合理、协调发展；继续做好清产核资工作。

国际合作处积极发挥对外窗口职能，进一步扩大国际合作与交流力度，委内瑞拉、阿曼、伊朗等多家国家石油公司高层人士来院进行参观访问、技术座谈；同时，国际科技合作研究进一步扩大和深入，研究项目进展顺利。

安全环保处加大了安全生产法律、法规的宣传、教育和贯彻力度。全年扑灭火险四起，破获重大案件五起。研究院被评为北京市 2002 年先进治保集体和海淀区防火先进单位。

基建办公室在院建设领导小组和建设招标小组的领导下，在其他部门的共同努力下，院科技学术活动中心竣工并交付使用，研究生公寓开工建设，煤改气工程完成了设备招标和初步设计审查；地质楼装修改造开工，综合楼工程完成招标，科技楼装修改造及消防设备更新工程完工。

院交通安全委员会切实做好交通安全的宣传、教育和落实工作。2002 年院再次被评为北京市交通安全先进单位。

石油机械厂全面完成了经营目标，成功取得了美国石油学会颁发了 API Q1/16D 会标使用权的许可证书，顺利完成了质量体系的换版工作，建立并推行了 HSE 管理体系，加大了新产品的开发力度，完善了营销机制。全年完成销售收入 7830 万元，出口额达 2822 万元。

中石公司和瑞德公司在新技术和新产品的推广应

用等方面也取得了新的成绩。

2002年，院按照大研究院整体协调发展的思路，加强了对京外院（所）的管理和组织工作。廊坊分院、西北分院、杭州地质所、江汉机构所充分发挥各自技术优势，在科研生产及各项工作中均取得了优异成绩。江汉测井所顺利地完成了转制工作。

（刘兴汉　吴克伟）

中国石油规划总院

【概述】　2002年，石油规划总院认真落实院“十五”计划纲要，实施精品、人才和低成本战略，取得一批业务、管理和精神文明建设成果。全年共运行业务项目233项，其中规划研究55项，科技开发36项，设计服务九项，评估审查67项，环保安全13项，造价管理16项，节能标准22项，基础工作等15项。工作计划完成率100%，成果优秀率86.5%，主要成果核心内容采纳率60%以上，全面实现“一个突出，两个强化，三个落实”工作目标。

【生产业务工作】　围绕“突出战略研究”的工作目标，在涉及股份公司成长与发展问题的研究上下功夫，取得一批有新意、有实用价值的优秀成果。

2002年，总院把战略研究作为业务工作的重中之重，按照上级主管部门的部署，成立以院长为组长的战略研究组，充分发挥院内外专家作用，借鉴国内外大公司开展战略研究的经验，组织全院力量，搞好开题论证和审查，确定研究方向，把握研究思路，深化研究内容，广泛调研交流，各项课题均取得重要阶段性成果。归纳起来，战略研究工作有以下三个特点：

一是涉及面广。《原油产炼运销一体化协调发展研究》和《下游国际化经营机会业务研究》等项目，研究领域既涉及勘探开发、炼油化工、运输销售和天然气市场等方面，又涉及海外业务发展战略的实施和国内中下游业务国际化经营等问题。二是研究难度大。研究内容涉及生产经营的各个环节，问题错综复杂，有些属于多年未能解决的难题，而且部分支持性基础数据难以准确获得，需要重新思考和研究。三是研究深度有突破。《天然气业务发展战略研究》对有潜力成为股份公司新的经济增长点的天然气业务市场情况进行论证和评估，在其快速增长途径研究上有新突破，明确提出了天然气业务成为股份公司利润增长点的时间，规划计划部、天然气与管道分公司领导听取汇报后，给予“高度表扬”，认为观点明确，富于创新，标志着总院研究水平迈上新台阶。

以总院为主承担的股份公司成长性大讨论共完成15个课题。同时，还按照“强化上游、深化中游、细化下游”的原则，深入做好各项规划前期研究工作。

（1）油气田开发滚动业务发展计划研究项目紧密围绕股份公司总体发展战略，以降低成本、提高效益为目标，加大油气田地面系统投资管理和老油田调整改造力度，通过借鉴国内外石油公司的经验，结合油气田实际情况，完善了油气开发地面工程业务发展计划编制方法。

（2）中俄油气项目完成《俄—中原油管道可行性研究》的编制，并通过了中咨公司评估。《中俄油原油配置方案研究》确定了合理的俄油评价数据，对东北地区俄油配置及成品油竞争力进行分析。中俄天然气管道项目克服资源、市场、入境点方案多变等困难，完成管道部分可研报告初稿。

（3）广西沿海炼厂预可研项目深入研究在广西建炼厂的必要性和可行性，提出富有建设性的意见。由于研究有一定深度，得到广西壮族自治区政府肯定，也为股份公司在南方发展下游业务进行了超前研究。

（4）中小炼化企业发展出路及低效装置研究项目针对长期以来生产成本高、技术落后、生产集中度低等诸多问题，站在全局角度，先后对林源、马岭、庆阳、鞍山等炼化企业的业务重组、工艺改造及发展定位等做了大量工作，以全新的思路考虑炼化中小企业的生存和发展，提出有特色的生存途径及妥善解决员工发展的初步框架方案。

（5）东北至华北成品油管道项目是配合引进俄罗斯原油在东北加工而开展的研究课题，经过深入调研和测算，确定一条干线和三条支线的合理走向、管径和设计输量，加快了东北、华北地区成品油运销的管道化与网络化的进程。

（6）成品油销售业务投资效益分析及发展策略研

究在分析成品油销售现状及未来发展对策的基础上，对确立股份公司下游发展定位和合理市场目标、理顺批发零售关系、建立科学的理论和实践模型，进行了深入研究并形成阶段性成果。

（7）陕京二线项目是继西气东输之后又一个大口径、长距离管线。根据管线多气源、多用户、内外部情况多变的特点，充分借鉴陕京一线的经验，与工程设计公司加强合作，深入广泛调研，顺利完成了预可研报告，可研工作正按计划进行。

此外，总院参与的股份公司2003—2007年业务滚动计划、科技发展总体规划等课题也都全面展开。

【拓展业务和管理创新】　围绕“强化开拓创新”的工作目标，在拓展业务领域和管理创新上下功夫，取得有特色、有显著效果的良好业绩。

1. 积极开拓新的业务领域，新的效益增长点正逐渐显现

一是地面工程决策取得显著效果。以吉林扶余油田地面工程调整改造总体规划项目为标志，地面工程业务领域有所突破。通过剖析老油田开发现状，提出调整改造思路和技术路线，确定油气水集输、处理、外输及生产管理体制等方面的总体规划，为老油田地面设施调整改造提供了新模式。总院主持或参与油气田地面工程产能建设初步设计评审21项，投资总计约66亿元，核减投资7亿多元。积极做好股份公司油气田地面技术交流会的组织准备工作，总院上会论文七篇。

二是设计服务水平得到提高。湛江油库是总院近年承揽的规模和单体罐容最大的设计项目，参与单位多，协调工作量大，仅施工图就达每套1740自然张，经过三个多月紧张作业，按时完成任务，信守合同，受到业主好评。库外管线总承包工程按计划完成阶段目标，实现对甲方的承诺。该项目对培养人才、掌握先进技术、探索新的管理模式和保持总院设计资质都具有重要意义。2002年在上级领导及主管部门的关心支持下，取得了新的甲级设计证书，其他技术资质也都完成换证和年审。目前总院开展业务所需资质基本完备。

三是造价咨询业务领域扩大。完成《国际工程投资指标》的编制，参与西气东输支线施工、干线监理等全过程造价标底编制。积极推行与国际接轨的“工程量清单计价招标规则”，培训造价专业人员1300余名，促进了股份公司与WTO成员国工程造价管理模式的全面接轨。

四是咨询评估业务领域不断拓展。加强项目的计划控制、预审和现场调研，评估成果水平进一步提高。在完成工程项目评估、初步设计审查业务的同时，积极开拓新的业务领域，完成了塔中4油田后评价报告编制，以及油田公司和地方委托开展的有关咨询评估和技术审查工作。

五是IT项目有新的进展。中国石油ERP与专业应用系统可研进展顺利。管道生产、炼化运行、先进计划和加油站管理等专业化信息系统研究均取得阶段性成果。知识管理信息系统方案设计项目提出在中国石油总部建立子知识库作为试点并顺序推广的方案，最大限度地减少了项目风险。股份公司视频会议系统项目已完成57个分会场的初步调试。

六是节能和标准化工作全面展开。《股份公司节能潜力研究》项目确定以大庆油田地面工程系统优化调整和新疆油田稠油开采注汽锅炉节能技术综合应用作为2003年股份公司节能示范项目。完成《原油和天然气工程设计防火规范》、《输油管道工程设计规范》和《输气管道工程设计规范》等五项国标制修订。完成油气田及管道建设设计专标委换届。

七是环评和安评工作横向市场开发力度增大。完成西气东输三条支线、湛江油库等环评和安评工作。《股份公司质量健康安全环境（QHSE）战略研究》项目，为提高质量、健康安全、环保工作整体水平提供了技术服务。完成油气管道安全预评价方法及软件开发研究工作，解决了油气管道泄漏评价和管道危险度评价的问题。

2. 不断强化业务和管理创新，业务管理工作水平上新台阶

一是业务创新，成果核心内容采纳率和整体技术水平有新提高。

（1）前期项目用新思路研究新问题，出新成果。在规划研究中注重体现新思想，采纳新技术。如中俄油管道项目首次应用《油气管道规划地理信息系统》软件优化线路走向，管线长度缩短近90千米，节省投资近5亿元人民币，带来巨大经济效益和社会效益。

（2）技术服务工作加强横向联合，积极探索新的运作模式。与大庆设计院进行强强联合，优势互补，为设计服务业务的开展建立了新的模式。

（3）基础工作在创新中得到加强。开展《不同天然气用户用气不均匀性分析》、《液化天然气储存技术调研》等专题研究。完成《炼化企业生产经营数据库》、《节能节水技术数据库》开发和《总院信息技术总体规划》编制。与微软公司合作开发的总院信息门

户已正式运行，达到较高技术水平和预期应用效果。

（4）加大科技创新力度，技术实力不断提高。认真组织科研攻关，完成一批包括老油田工程节能降耗和调整改造技术研究、重点开发地区油气田开发方案优化设计研究、油气管道运营管理及营销战略研究、炼油与化工优化升级研究等重点项目，研究深度、技术水平有新提高。

（5）经济工作在项目的研究内容、深度上突出创新。《经济评价参数研究项目》在成品油与原油价格关系研究上进一步深化。《俄中油管道油价公式研究项目》在海运费和品质价差规律研究上有突破。《俄中油管道管输费测算方法项目》将原油管输费测算方法和管输定价机制研究引入理论层面。《提高股份公司投资资本回报率研究项目》首次采用差异分析方法，确定了资本回报率影响程度的量化指标，为分析投资资本回报率下滑的原因提供了详实数据。

二是管理创新，各项管理在科学规范上有新进步。

（1）机构调整见到实效。坚持以业务整合为基础，充分发挥专业整体优势，对院内组织机构全面进行调整，进一步突出了主营业务，理顺了内部运行管理机制，适应了股份公司对总院业务工作要求。经过一年的运行，整体机构调整是合理的，运行也是有效的，达到了预期目的。

（2）低成本战略取得显著进展。严格实行精细化管理，按照管事与管财相结合的原则实行资金授权管理办法，实现责权利的统一，理顺了各种成本费用支出渠道。职能部门经费预算由过去按人确定改为按事确定的新办法，满足了工作需要。加强内部控制与监督，充分发挥内部审计的作用，有效控制成本，堵塞漏洞，促进规范化管理。行政管理部门精打细算，严格考核，严格控制各项行政费用支出，与 2001 年同期相比，会议费、通讯费、出租车费等都有不同程度的下降。

（3）完成 ISO 9000 质量管理体系文件修改、换版工作。制定 1994 版质量体系文件过渡性措施和规定，较好地解决了因机构调整和院质量体系文件换版期间体系运行的有关问题；按照 2000 版标准要求全面修改了质量手册，编写程序文件 32 个，已于 2003 年 1 月 1 日正式发布实施。通过质量月活动，进一步规范了质量管理。总院被中国质量协会评为 2002 年质量月先进单位。

（4）计划和项目管理水平不断提高，对外经营服务取得突破。以新思路制定了对外经营管理规定，完善了机制，院处两级分工负责、互为补充的经营新格局初步形成，经营工作在为股份公司和地区公司提供技术服务上取得主动。项目运行管理向立项前和评审后两头延伸，修改了项目管理办法，项目前期组织工作进一步加强，严格控制项目运行的各个关键环节，精心组织，相互协调，保障了项目的顺利开展。

（5）进一步建立和完善和谐的劳动关系。按照《劳动法》的基本要求，在进行三项制度改革的基础上，劳动合同管理进一步规范，修改了《总院劳动合同实施细则》，实现合同的动态管理，重签到期劳动合同 122 个，变更劳动合同 87 个，妥善解决了续签劳动合同中的有关问题；医疗保险顺利纳入北京市基本医疗统筹系统，为全院员工办理了补充医疗保险。

（6）节能标准、期刊和院属公司按新的考核办法运作，取得显著效果。节能中心实现收支平衡，院属各公司管理职责明确，经营行为更加规范，取得良好经济效益。各期刊注重提高办刊质量，加强刊物的自身经营，《石油规划设计》、《油气田环境保护》期刊完成编委会换届。

（7）合同、外事和档案管理等项工作进一步加强。制定并颁发新的《合同管理实施细则》，规范了运作程序。外事工作全年共接待重要来访和谈判八次，有 36 人次出国考察，及时组织交流出国考察信息。档案管理完成了档案室搬家后的内务整理和图书管理系统的改造，全年接收整理各类档案 5000 余册。设在总院的石油自控中心站和信息技术中心站，分别组织召开年会，完成换届；各学、协会的学术技术交流十分活跃。

（8）行政管理服务水平进一步提高。关联交易协议顺利执行。做好办公楼物业管理和办公室调整工作，加强公务用车管理，研究住房货币化改革政策，做好房改基础工作，规范单身公寓管理，解决部分技术骨干周转住房。做好院通信系统改造的后续工作，完成院视频会议室建设。搞好绿化，美化办公环境，组织义务植树活动。做好计划生育管理，关心职工健康，组织全院职工体检。完成义务献血任务，有九名同志光荣献血。

（9）安全工作力求创新。加大安全检查考核力度，组织全院员工消防疏散逃生演习，加强对专兼职司机的教育培训，安全责任制得到有效落实。在 2002 年地区组织的验收中，总院交通和消防安全都取得较好成绩，继续保持了综合治理和消防安全地区先进单位称号。

【两个文明建设】　围绕“三个落实”的工作目标，

在贯彻“十五”计划纲要、企业文化建设方案和“三个代表”重要思想上下功夫，取得两个文明建设双丰收。

1. 落实“十五”计划纲要，总院各项发展目标得到有效推进

一是落实体制建设目标：完成机构调整，在建立精干、高效的科学决策和管理体系上下功夫。与国外研究机构合作开展有关课题研究，汲取先进的管理理念、研究思路和技术方法，对创建国际咨询顾问公司模式进行了初步探索。

二是落实人才培养目标：努力做好复合型、创新型人才及国际合作人才的选拔培养。建立起学术技术带头人队伍，实行动态管理，推行学术报告制度。加大人才引进力度，全年新增人员 27 名，基本配齐了紧缺专业人员。选派七人赴长庆油田工作，开创了院企合作培养人才的新途径。

三是落实业务发展目标：在巩固和发展了优势业务的同时，重点做好油气田工程业务领域的工作，还开展了造价咨询、企业并购重组咨询等新业务，市场研究和 IT 咨询业务也得到拓展，全院整体业务正在按照确定的发展目标推进。

四是落实科技进步目标：逐级落实精品率考核指标，业务成果精品率达到 15%。获集团公司技术创新二等奖一项、集团公司优秀工程设计三等奖一项、咨询一等奖三项、股份公司地面工程先进工艺技术奖三项，评出院级科技进步奖 35 项。

五是落实技术装备目标：根据院装备一流目标和业务工作实际，全年新配置笔记本电脑 44 台，服务器六台，复印机、打印机、投影仪等 60 余台件，办公装备和网络系统得到进一步改善。

2. 落实企业文化建设方案，总院特色文化理念体系初步形成

经过院企业文化小组反复研究讨论，广泛征求职工代表意见，形成并发布实施了《中国石油规划总院企业文化建设方案》。一年来，努力将总院文化理念融入经营服务、质量管理、人力资源开发、思想政治工作等各个方面，以人才为根本，以成果创品牌，以质量求发展，以服务树形象，以学习铸团队，以文化塑企业，在院内形成了浓厚的文化氛围。

3. 落实“三个代表”重要思想，精神文明建设见到实效

一是以“三个代表”重要思想为指导，加强党员领导干部的理论学习，通过举办处以上干部培训班和十六大精神知识答卷活动，提高了党员干部的思想政治素质和运用理论解决实际问题的能力，为推动总院各项工作奠定思想基础。

二是紧密结合业务工作和职工思想实际，有的放矢地做好思想政治工作。院党委坚持把解决难点和热点问题作为思想政治工作的重点，开展党建与思想政治工作调研。结合贯彻落实集团公司稳定工作会议精神，开展形势教育，广大员工大局意识进一步增强，保持了职工队伍的稳定。

三是加强党的组织建设，发挥支部的战斗堡垒作用，为各项任务的完成提供组织保证。完成 13 个党支部的换届改选。各支部紧密围绕中心工作开展活动，内容和形式都有新的发展。管道所支部与延庆县白草洼村党支部开展了“手拉手”活动，造价节能支部在河北省献县开展党员对口扶贫支教活动。做好新党员的发展工作，全年发展新党员 3 名。

四是以鲜明的主题活动教育员工，以形式多样不断线的文体活动强健员工体魄，进一步增强队伍的凝聚力和战斗力。开展“创先争优”活动，弘扬正气，激励先进。组织优秀党团员赴井冈山进行传统教育。加强民主管理，认真落实职工代表提案，搞好职工之家建设，帮助职工解决后顾之忧。评选出总院“一杰五优”青年，齐志斌同志被评为集团公司直属机关“十大杰出青年”，院团委被推荐为集团公司五四红旗团组织。工会和共青团组织了保龄球、乒乓球、青年杯足球比赛等活动，第四届职工运动会以形式新颖、内容丰富，受到大家欢迎。

五是结合各项工作搞好宣传，全方位展示总院风采。做好对外宣传，《中国石油报》和《石油商报》先后六次报道反映总院的文章。还利用《规划研究动态》、《情况反映》、《总院风采》、《总院新闻》、宣传橱窗等载体反映总院员工创新、求实、服务、奉献的精神风貌，从不同侧面宣传总院取得的两个文明建设成果。

六是加强党风廉政建设，开展效能监察。持续抓好警示教育和党风廉政建设责任制执行情况的检查考核工作，坚持开好党员领导干部民主生活会。按照股份公司的部署，开展了外投外借专项效能监察工作。

深入细致的思想政治工作，创造了团结和谐的良好氛围，全院员工以积极进取的精神状态，兢兢业业，勤奋工作，实现了总院全面发展，精神文明建设喜结硕果。总院连续 3 年被国家机关授予文明单位，2002 年又被授予首都文明单位称号。

（范 宁）

第十二篇

中国石油天然气集团公司大事纪要

中国石油天然气集团公司大事纪要

一 月

4日 成立中国石油集团经济技术研究中心。研究中心主要业务包括：经济技术研究、经济信息研究、科技信息研究和信息工程技术服务。研究中心机关设六个职能部门，人员编制41人。

6日 宁夏大元炼油化工有限责任公司划转交接仪式在银川举行。宁夏大元炼油化工有限责任公司由宁夏回族自治区划转中国石油天然气集团公司，并更名为中国石油集团宁夏大元炼油化工有限责任公司。集团公司副总经理陈耕、宁夏回族自治区政府副主席王全诗为中国石油集团宁夏大元炼油化工有限责任公司揭牌，发表了重要讲话。

同日 《中国油气发展战略》出版座谈会在北京举行。集团公司党组成员、副总经理阎三忠代表党组并受马富才总经理委托代表该书编委会讲话。

9日 集团公司新区勘探事业部更名为集团公司国际事业部，并划转集团公司国际合作部管理。

10日 股份公司决定免去焦海坤的股份公司吉林石化分公司总经理职务。

同日 中国方圆标志认证委员会方圆标志中心向股份公司长庆石化分公司颁发了ISO 9000产品质量认证书。

11日 集团公司成立中国石油天然气集团公司股权战略管理、投融资、人事与考核和收益管理四个委员会。战略管理委员会主任委员为陈耕，投融资委员会主任委员为刘海胜，人事与考核委员会主任委员为郑虎，收益管理委员会主任委员为贡华章。

同日 蒙古国总理那木巴尔·恩赫巴亚尔到股份公司呼和浩特石化分公司参观考察。

同日 股份公司大庆石化分公司HDPE小型中空容器专用料6500B、HDPE硅芯管专用树脂6200M、LDPE大泡孔发泡专用树脂17G的产品开发和聚乙烯开口母料研制技术通过黑龙江省鉴定。这三个新产品、一项新技术是针对国内塑料市场的变化、通讯产业的迅猛发展和一些新聚乙烯装置的建设而开发研制的。

14日 股份公司大连石化分公司生产的七星牌成品油、石蜡、岩山牌聚丙烯树脂、短纤维被辽宁省名牌战略推进委员会评为辽宁省名牌产品。

15日 中国石油天然气勘探开发公司(CNODC)所属苏丹喀土穆化工有限公司聚丙烯装置一次开车成功，这标志着集团公司开创了海外石油化工的国际化经营。

16日 集团公司副总经理阎三忠会见美国管理技术大学董事会主席威尔斯博士(William Wells)，双方就与石油管理干部学院合作举办项目管理资质培训与学位教育、合作建立中美项目管理培训中心进行了探讨。

17日 集团公司聘任陶玉春为深圳石油实业有限公司总经理。

18日 集团公司在北京召开石油计算机网络二期工程实施工作会议，集团公司31个单位和股份公司59个单位的148名代表参加了会议。明确了集团公司信息基础建设的工作原则，对网络二期工程的各个项目进行了全面部署。

19日 股份公司吉林石化分公司承担的集团公司重大科技攻关项目——三氟化硼催化体系聚异丁烯技术开发，正式通过专家验收。

22—25日 集团公司2002年工作会议在北京召开(详见专稿)。

22日 股份公司吐哈油田分公司位于胜南构造带胜南2号构造南翼上的滚动开发井——胜砂1井，经射孔喜获油气流，放喷后折算日产凝析油3立方米左右，日产气1.5万立方米左右。

23日 中国石油天然气勘探开发公司(CNODC)和中国(香港)石油有限公司联合签署购买阿塞拜疆K&K油田项目合同。合同模式为产品分成合同，集团公司拥有50%权益，油田位于巴库西南125千米。

同日 股份公司吐哈油田分公司位于胜北构造带上的评价井——胜北402井，完钻井深1900米，经试油求产，日产原油14吨，天然气2400立方米，获得具有开采价值的商业油流。

24日　集团公司副总经理吴耀文随同国务委员司马义·艾买提访问土库曼斯坦。访问期间，签署“古姆达格油田提高采收率技术服务”合同，集团公司拥有100%权益。

25日　西气东输工程首例电子商务招标采购取得成功。此次采购直缝钢管13万吨，最终成交总价5.4亿元，节约采购资金1.1亿元。

27日　股份公司大连石化分公司将澳洲“哥萨克”油与苏丹油按1∶1比例进行混合炼制，获得成功。

28日　股份公司与武汉等13个城市签订忠武输气管道天然气“照付不议”购销合同。签字仪式由湖北省常务副省长邓道坤主持，省长张国光、股份公司副总裁史兴全出席。

29日　集团公司副总经理吴耀文会见了韩国国家石油公司董事、勘探开发执行副总裁Han Sang-Kyu（韩三于），双方探讨了在勘探开发领域未来发展合作的可能性。

30日　集团公司副总经理吴耀文会见了苏丹驻华大使阿卜丁，大使先生向吴总通报了苏丹的有关情况。会见了伊朗工业革新发展组织（IDRO）和伊朗石油工业工程建设集团（OIEC）代表团。

同日　集团公司聘任杨龙为中国石油天然气集团公司管材研究所所长，李鹤林不再担任中国石油天然气集团公司管材研究所所长职务。集团公司党组决定杨龙同志任中国石油天然气集团公司管材研究所党委委员、书记，李鹤林同志不再担任中国石油天然气集团公司管材研究所党委书记、委员职务。

同日　股份公司黄炎总裁在股份公司贵宾室会见加拿大驻华大使约瑟夫·柯杰先生。

同日　股份公司召开安全生产电话会议。会议对2001年安全工作进行了总结，对2002年安全生产工作进行了全面部署。

31日　集团公司副总经理吴耀文会见伊朗国家石油公司开发局副局长阿里亚革先生。代表团此次来华，旨在考察CNPC和CNODC综合实力，确认JUFEYR油田总体开发方案。

同日　股份公司黄炎总裁在股份公司贵宾室会见壳牌勘探与生产公司执行董事Tim Warren先生。

二　月

1日　按照集团公司及股份公司整体部署，抚顺石化两家公司召开腈纶化工厂管理移交大会，腈纶化工厂正式划归抚顺石油化工公司。

同日　股份公司黄炎总裁在股份公司贵宾室会见伦敦证券交易所主席Donald Cruickshank先生。

3日　管道局管道三公司在杭州萧山打破了穿越1700米工程的世界纪录，此次穿越，标志着我国长输管道行业定向钻的施工技术和能力已经达到世界领先水平（详见专稿）。

5日　股份公司在北京梅地亚新闻中心举行西气东输工程新闻发布会。国家西气东输工程建设领导小组组长、国家计委副主任张国宝宣布，国务院已正式批准西气东输工程项目可行性研究报告。股份公司董事长马富才宣布，西气东输管道施工周期较长的河流穿越工程及江南水网地段的试验性工程先行开工建设。股份公司总裁黄炎，副总裁王福成、史兴全，国家产业司司长刘铁男等领导参加了新闻发布会。

同日　股份公司决定孔繁瑾任玉门油田分公司总经理，免去刘世洲的玉门油田分公司总经理职务；蒋凡任大连石化分公司总经理，免去张义的大连石化分公司总经理职务；李文勖任呼和浩特石化分公司总经理。

6日　陕京输气管道干线工程和应县、府谷两个中间压气站工程，在北京通过了国家级竣工验收。

8日　集团公司召开安全生产工作电话会议。会议由集团公司副总经理陈耕主持，副总经理阎三忠作了重要讲话，大港油田集团有限责任公司、新疆石油管理局、辽河石油勘探局等三家企业主管领导介绍了在安全方面的作法。会议表彰了2001年安全生产环境保护先进企业。

8—10日　集团公司总经理马富才到南京长江口隧道施工现场检查工作。检查期间马富才总经理到大庆油建、中油管道镇江港管材防腐施工现场，看望在场的工作人员，并在座谈会上提出三个“一流”要求，即选一流的队伍，干一流的工程，干出一流的水平。

20日　股份公司决定王立华任中国石油国际事业有限公司总经理。

21 日　股份公司辽宁销售分公司通过租赁存续县级公司有效资产，将县级公司的主营业务纳入股份公司，并规定从 3 月 1 日起，在原县级公司基础上成立经营部并正式投入运营。

23 日　股份公司辽阳石化分公司烯烃厂聚乙烯新线发生爆炸事故，导致 8 人死亡，部分生产装置停车。股份公司高级副总裁任传俊、副总裁新志等分别前往指导处理善后工作。

24 日　集团公司总经理马富才在集团公司贵宾室会见德意志银行集团全球执行委员会主席 Joseph Ackermann 先生。

25 日　集团公司副总经理吴耀文会见科威特石油公司海外项目经理敖瓦思一行，就双方合作的可能性交换意见。

同日　国家西气东输工程建设领导小组办公室在江苏省常州市召开试验段施工现场会。

27 日　集团公司总经理马富才会见伊朗新任驻华大使，双方就如何推动两国的经贸合作交换了意见。

同日　股份公司召开法律工作电话会议。总裁黄炎，高级副总裁任传俊，副总裁苏树林、王福成、史兴全、刘宝和、林青山，财务总监王国樑等出席会议。

28 日　集团公司授予大庆石油管理局、辽河石油勘探局等 16 个企业为“2001 年度安全生产环境保护先进企业称号”，颁发奖牌和荣誉证书，并授予这些企业的安全环保部门为“安全生产和环境保护先进管理部门”，颁发荣誉证书。会议总结 2001 年法律工作，分析法律工作面临的新形势，明确 2002 年工作目标和重点。

同日　集团公司科技委员会召开第四次会议。会议审议批准 2002 年集团公司和股份公司科技工作计划，集团公司总经理马富才出席会议并做重要讲话。

三　　月

7 日　股份公司召开直属机关党的工作会议。总部机关各部门党支部、各专业公司及直属单位党委领导和党群部门负责同志 150 余人参加会议。集团公司党组成员、股份公司总裁黄炎，集团公司党组成员、股份公司监事会主席、直属机关党委书记李克成出席会议并讲话。

8 日　集团公司决定张维君任锦西炼油化工总厂厂长、党委副书记。集团公司党组决定田庆峰同志任锦西炼油化工总厂党委书记，免去张耀军同志锦西炼油化工总厂厂长、党委书记、常委、委员职务。

同日　中共中央纪律检查委员会常委、秘书长吴定富，在国务院大型企业工委书记张轰、股份公司监事会主席李克成和执行董事、副总裁王福成等领导的陪同下，视察了能源一号网站。

9 日　中国石油集团地球物理勘探局勘探事业部北疆地区经理部 2208 队司机牟卫峰驾驶奔驰沙漠车执行任务，当车行驶至新疆尉犁县境内 33 团一连南 1 千米转弯处，由于车速过快，造成车辆右翻的重大事故，致使 6 人死亡，8 人重伤，15 人轻伤，直接经济损失 95 万元。

11 日　集团公司总经理马富才会见美国通用电气高级副总裁及通用电气动力系统集团总裁兼首席执行官 John Rice，双方对在中国油气领域合作的进展情况交换了意见。

12 日　股份公司辽阳石化分公司 10 万吨/年瓶级聚酯改造工程项目投产。

13 日　集团公司副总经理吴耀文会见苏丹能矿部部长贾兹一行，双方就合作及还款事宜交换了意见。

14 日　《长庆气田至内蒙古呼和浩特输气管道工程可行性研究报告》获国家计委批复（计产业［2002］361 号）。

16 日　集团公司总经理马富才离京随国务委员吴仪赴伊朗、阿曼、阿联酋、沙特、巴林、黎巴嫩访问。

17 日　股份公司抚顺石化分公司 8 万吨/年重油接触裂解制乙烯（HCC）工业化试验装置投油。首次工业化试验，打通了全流程，生产出合格的混合碳二产品。

18 日　《股份公司参与美国戴文能源公司印尼区块转让项目投标的请示》获国家计委批复（计外资［2002］399 号）。

19 日　中国石油天然气勘探开发公司（CNODC）所属中油国际（尼罗）有限责任公司苏丹 1/2/4 区项目在 4 区勘探获得重大突破。Diffra West－1 井获高产油气流，Bentiu 层位自喷日产原油 3500 桶（556 立方米），Aradeiba 层位自喷日产原油 2600 桶（413 立方米）。随后完钻的 Diffra－1 井和 Hamam－1 井也试油自喷，获得高产油气流。

同日　股份公司投资建设的沧州—淄博输气管道工程竣工投产。该管道起自河北省沧州市，终至山东省淄博市，途经山东省德州市、滨州市，全长

213.50千米，管径508毫米，设计压力为4.0兆帕，设计一期输气量3.4亿立方米/年，二期输气量10.5亿立方米/年，总投资2.97亿元。

19—22日　集团公司副总经理吴耀文率代表团一行15人赴马来西亚参加了石油天然气勘探与生产第六届SPE健康、安全与环境国际会议，本次会议共有200多家石油公司和技术服务公司的1700多名代表参加了会议，共发表论文183篇。

20日　股份公司召开动员大会，对总部机关岗位竞聘工作进行了动员。

同日　股份公司召开玉门油田钻井工程技术研讨会。股份公司玉门油田分公司、勘探开发研究院，集团公司吐哈、四川、大港钻井公司等单位的专家及代表，就青西地区地质特征和勘探开发成果、钻井施工情况及难点等进行了研讨，从管理、技术和工艺等方面提出了加强玉门油田钻井工程的工作措施和具体实施意见。

22日　股份公司决定周明春任财务部总经理，王国樑不再兼任财务部总经理职务；刘宏斌任规划计划部总经理。

同日　股份公司决定撤销对外合作经理部，将对外合作经理部与国际（勘探开发）公司合并，由合并后的国际（勘探开发）公司对勘探开发涉外项目实施一体化管理。

24日　股份公司黄炎总裁在北京会见了印尼国家石油公司总裁。

同日　股份公司和印尼国家石油公司在北京签署了合作谅解备忘录，国家主席江泽民和印尼总统梅加瓦地出席了签字仪式。

26日　集团公司副总经理吴耀文赴哈萨克斯坦参加阿克纠宾公司董事会及世界经济论坛举办的“欧亚经济高峰会”，会后赴利比亚签署石油合作合同。

27日　江泽民总书记在陕西视察工作期间，在榆林听取了股份公司长庆油田公司总经理胡文瑞的汇报。当江总书记听到鄂尔多斯盆地资源丰富、发现了大气田、大油田时，高兴地说：“资源这么丰富，一定要开发好！”

28日　集团公司副总经理阎三忠会见台湾中国石油股份有限公司炼制研究所所长林正雄。

同日　股份公司服务商标PetroChina和 PetroChina 中国石油，经国家工商行政管理总局商标局核准注册。核定服务项目为：车辆加润滑油、车辆加油站、管道运输、液化气站、能源生产、燃料加工、油田开采分析、油田测试、石油勘探、油田勘探。

同日　股份公司决定郑明禹任乌鲁木齐石化分公司总经理，免去王永明的乌鲁木齐石化分公司总经理职务。

29日　中国共产党中国石油天然气集团公司直属第八次代表大会在北京召开（详见专稿）。

30日　西气东输管道郑州黄河定向钻穿越工程启动。

31日　股份公司在香港会展中心召开2002年度业绩分析员会议和新闻发布会。

四　　月

1日　集团公司决定刘志任中国石油天然气运输公司经理。集团公司党组决定刘志同志任中共中国石油天然气运输公司委员会书记，免去姜善亭中共中国石油天然气运输公司委员会书记、委员职务。

1—2日　中国石油路演团在香港分两路，分别由股份公司王福成副总裁和王国樑财务总监带队，访问了19个投资机构的30多位投资者。共召开12个会议，累计回答了200多个投资者关心的问题。中国石油上市三年多来，通过艰苦努力，基本实现了上市时对投资者的承诺，取得了好于市场预期的经营业绩。大多数投资者对公司业绩表示满意，对管理层也寄予了很大的希望。

2日　集团公司在北京召开了企事业单位党委书记会议（详见专稿）。

同日　股份公司召开2001年科技与信息工作电话会议。总结了2001年科技与信息工作情况，部署了2002年科技与信息工作任务。副总裁王福成出席会议并做重要讲话，科技与信息管理部总经理刘希俭做了工作报告。

4日　全国人大副委员长田纪云访问委内瑞拉，并到中国石油天然气勘探开发公司（CNODC）所属中油国际（委内瑞拉）公司视察工作。

同日　股份公司总裁黄炎在股份公司贵宾室会见shell中国勘探与生产有限公司总裁Martin Bradshaw先生。

5日　股份公司印发《中国石油天然气股份有限公司纠纷案件申报办法》和《中国石油天然气股份有限公司所属地区公司外聘律师管理办法》（石油法字〔2002〕77号），进一步规范了对地区公司纠纷案件和外聘律师的管理。

9日　集团公司党组决定郑怀义同志任大庆石油化工总厂党委书记；赵伯超同志任大庆石油化工总厂党委副书记，免去其大庆石油化工总厂党委书记职务。

10日　集团公司副总经理阎三忠会见台湾中油石油化学工业开发股份有限公司副总经理王克舜，就双方合作的前景交换了意见。

同日　集团公司决定姚志强任兰州炼油化工总厂厂长、党委副书记，免去戴年喜兰州炼油化工总厂厂长职务。王庭富任兰州化学工业公司经理、党委委员、常委、副书记，免去时庆林兰州化学工业公司经理职务。

同日　投资3.48亿元，年处理原油50万吨的玉门青西油田联合站开工建设，11月15日建成投产。该站是玉门油田历史上第一座联合站。

同日　股份公司首届董事会第十三次会议在北京召开。董事长马富才主持了会议，董事和董事会秘书出席了会议，监事和总裁班子成员列席了会议。共有七项议题：（1）审议公司2001年度财务决算报告（附2001年度利润分配预案和截至2001年12月31日年度之全年业绩公布）；（2）审议公司2001年度报告；（3）审议公司2001年度总裁工作报告；（4）审议关于总裁班子成员2001年业绩完成情况和2002年业绩合同制定情况的报告；（5）审议关于召开2001年度股东年会的公告；（6）审议关于修订公司董事会工作手册的议案；（7）审议提请2001年度股东年会授权董事会决定2002年中期利润分配方案的议案。会议通过了董决字［2002］1号、2号、3号、4号、5号、6号、7号决议。

同日　印尼DEVON项目正式签署协议。该项目共有六个区块：南苏门答腊Jabung、South Jambi B和Bangko等三个区块的油气勘探开发、中爪洼Tuban区块油田开发、东印尼Salawati岛和Salawati盆地的油气勘探开发。国际公司为其中五个区块的作业者（除South Jambi B）。主要产油气区均位于陆上，地质和工程作业条件相对较好。

11日　我国国内水平段最长的天然气水平井——苏平2井在长庆完钻。苏平2井位于内蒙古自治区乌审旗境内，该井由长庆石油勘探局工程技术研究院设计并提供技术服务，由长庆石油勘探局钻井工程总公司70518钻井队施工。

14日　经国家工商行政管理总局商标局核准，中国石油天然气股份有限公司将PetroChina和PetroChina 中国石油在管道运输、液化气站、能源生产、燃料加工的服务项目上注册为服务商标。

18日　集团公司党组决定于力任吉林石化分公司党委书记。股份公司决定于力任吉林石化分公司总经理。股份公司决定沈殿成任辽阳石化分公司总经理；免去韩述岐的辽阳石化分公司总经理职务。

同日　中国石油主干网建设完成并通过验收。股份公司总部与57个地区公司和院所实现了网络连通，第一次大规模解决了股份公司的网络连接问题。

21日　华北油田分公司巴音都兰凹陷巴Ⅰ号构造带巴10井压裂试油成功，获日产30.57立方米的高产油流，新增探明石油地质储量568万吨。

24日　重组改制后集团公司在炼化未上市部分批准的第一个精细化工重大项目——2.5万吨/年甲乙酮装置开车成功，多项指标创同类装置开工最好水平。

25日　集团公司党组决定授予李贺同志“党的好干部、职工的贴心人”的光荣称号，并号召集团公司各级党员领导干部、党的群众工作者和全体共产党员向李贺同志学习。

26日　中国石油天然气勘探开发公司（CNODC）和中国（香港）石油有限公司联合签署购买阿曼5区区块项目合同。合同模式为产品分成合同，区块位于阿曼盆地西北部，距首都马斯喀特市西南450千米。

同日　大庆石化分公司作为股份公司第一批先进控制试点单位，在一套常减压装置上开发先进控制技术，顺利通过评定，标志着该先进控制技术在股份公司常减压装置首批应用获得成功。该系统设计合理，技术达到国内同类先进水平，提高了主要生产指标和质量指标的卡边控制水平，降低装置能耗，每年至少可获经济效益350万元。

28日　集团公司总经理马富才一行到锦西炼化总厂和锦西石化分公司视察，并对在刚刚改造完成的国内最先进的轻油装车所采用新技术降低油品装车损失的做法给予了充分肯定。参观了建设中的100万吨/年加氢装置和60万吨/年连续重整现场，和“煤代油”工程后，听取了公司汇报并做了重要指示。

同日　股份公司大庆石化分公司新型超雪白腈纶纤维生产成功，填补了国内外生产空白，具有较为广阔的市场前景。

29日　集团公司党组书记、总经理马富才，党组成员、纪检组组长李克成等领导接见集团公司系统获得全国“五一”劳动奖章、奖状的代表，并进行了座谈。

本月　抚顺石化分公司、大庆油田有限责任公司采油一厂第三油矿中十六联合站、大庆石化总厂工程公司、四川石油管理局川中油气公司钻井工程公司钻井59队、长庆油田分公司、长庆油田分公司采油三厂、吐哈油田分公司丘陵采油厂联合站、塔里木油田分公司荣获全国“五一”劳动奖状。

五　月

4日　股份公司大连石化分公司团委在庆祝中国共青团建团80周年“京卡杯”共青团知识大赛中荣获由团中央颁发的组织奖。

9日　集团公司副总经理阎三忠会见德国巴斯夫公司董事会成员贺斌杰，就合作项目交换了意见。

同日　集团公司副总经理吴耀文出访埃及、阿曼，后赴苏丹检查工作。

同日　集团公司同意中国石油天然气香港有限公司设立北京办事机构，并就公司编制做出批复。

9—18日　酒西盆地青南凹陷窟窿山构造南部逆掩推覆体甩开预探获得重大突破，窿8井获得酸压改造后，5.5毫米油嘴、油压15兆帕，套压6.2兆帕，日产油151立方米，日产气28881立方米的高产工业油气流。窿8井获得成功，使窟窿山构造有利勘探范围总体向南扩大7千米左右，展示了盆地南部山前带良好的勘探前景。已初步控制含油面积57平方千米，三级储量8395万吨。

10日　集团公司决定将济南柴油机厂划归中国石油物资装备（集团）总公司管理。

10—11日　中国石油学会在北京召开了“加入WTO后我国炼油工业面临的挑战与对策研讨会”。侯祥麟、袁晴棠、侯芙生、李大东、徐承恩、陈俊武等六位院士、13位专家教授应邀出席会议。会议围绕“炼油工业如何应对WTO”这一主题，针对我国炼油行业的机遇与挑战，提出了相应对策和建议，并将这些建议上报国家有关部门。

13日　按照集团公司党组和股份公司管理层的要求，以股份公司副总裁段文德为组长，规划计划部、财务部、总裁办、化工与销售公司、炼油与销售分公司等部门和单位负责同志组成的股份公司吉化扭亏工作组正式进驻吉林石化公司开展工作。

同日　吐哈油田分公司丘东采油厂近20万立方米原料气顺利进入丘陵轻烃120万立方米气处理装置，使湿气管线投产一次性成功。

同日　股份公司决定黄维和任西气东输管道分公司总经理，陈吉庆不再担任西气东输管道分公司总经理职务。

13—17日　化工与销售分公司在甘肃组织召开了HSE技术交流会，各地区公司提交论文75篇，现场发布38篇，现场评选一等奖六篇、二等奖12篇、三等奖20篇。论文内容涉及大修风险管理、HSE体系建立与整合、污染治理与隐患治理技术、三废综合利用、清洁生产技术、劳动保护和装置安全评价，交流会为推广先进经验、确保安全生产提供了一个平台。

14日　集团公司决定肖平任中国石油报社社长，免去李秋杰中国石油报社社长职务。集团公司党组决定肖平同志任中国石油报社党委委员、书记，免去李秋杰同志中国石油报社党委书记、委员职务。

同日　股份公司印发《中国石油天然气股份有限公司2002年薪酬总额与业绩指标挂钩办法》（石油人字〔2002〕103号），进一步完善股份公司内部的薪酬激励与约束机制。

14—17日　中国石油学会与中国工程院、环太平洋能源与矿产资源理事会，在杭州市联合召开了“21世纪中国油气勘探国际研讨会”。来自中国、美国、英国、澳大利亚、法国、加拿大、俄罗斯、日本等八个国家的318名石油地质学家参加了会议。全国政协副主席、中国工程院院长宋健出席会议并作重要讲话。

15日　集团公司总经理马富才会见越南国家石油公司副总裁黄文欢，双方介绍了各自公司的情况并探讨了合作的可能性。

同日　集团公司苏树林、秦文贵、雷平、李强、刘泽红等优秀个人和优秀集体代表参加了在北京人民大会堂举行的纪念中国共产主义青年团成立80周年大会，并受到江泽民、李鹏、朱镕基、李瑞环、胡锦涛、尉健行、李岚清等领导同志的接见。

16日　股份公司总裁黄炎在股份公司贵宾室会见高盛集团董事总经理Mike Evans先生。

同日　股份公司总裁黄炎在股份公司谈判间会见摩根大通银行联席总裁Geoffrey Boisi先生。

同日　集团公司聘任温青山为集团公司财务资产部主任，免去林金高集团公司财务资产部主任职务。

17日　由吐哈油田勘探开发研究院研究二室设计的最长水平井——神210井顺利开钻。这口井目的层为神泉油田白垩系油藏，设计水平段长度600米，超过了吐哈油田迄今为止所有已完钻的水平井。

同日　经滚动勘探的西 6 断块西 6－1 井完钻，试油日产纯油 14 吨，经试采稳产在 9 吨左右。该区块含油面积由 0.64 平方千米增加到 1.45 平方千米，地质储量由 60 万吨增加到 210 万吨。

同日　集团公司成立了安全生产大检查领导小组。集团公司总经理马富才为组长，副总经理阎三忠、黄炎为副组长。检查的主要内容是 HSE 管理体系的建立与实施落实情况、安全生产责任制执行情况、事故隐患治理、监控与整改情况和安全总监、安全管理机构、安全监督机构设置和人员配置以及职责履行等情况。

同日　集团公司决定耿承辉任抚顺石油化工公司经理，集团公司党组决定玄昌伟同志任抚顺石油化工公司党委委员、常委、书记，耿承辉同志任副书记。免去于力同志抚顺石油化工公司经理、党委书记、常委、委员职务。杨盛杰任吐哈石油勘探开发指挥部指挥、党委副书记，张国栋同志任吐哈石油勘探开发指挥部党委书记，免去刘宏斌同志吐哈石油勘探开发指挥部指挥、党委副书记、常委、委员职务。免去李志新同志吐哈石油勘探开发指挥部党委书记、常委、委员职务。

20 日　鄂尔多斯盆地西峰地区，发现了亿吨级的西峰油田。西峰油田白马区 2001 年 11 月 3—9 日发现井西 17 井，于长 8 油层获日产油 33.83 吨；2002 年 5 月 9—17 日，在其南部董志区钻探的发现井西 33 井于长 8 油层获日产油 41.29 吨，石油勘探取得了重大突破。经甩开预探和评价勘探工作，共完成探井 50 口，完试 45 口，获工业油流井 31 口，单井试油日产量平均为 20.1 吨。截至 2002 年底三级储量规模已达 2.2 亿吨，从而发现了亿吨级规模的西峰油田。

同日　玉门油田分公司酒西油气勘探项目窟窿山构造重点预探井—窿 8 井，在白垩系下沟组 4056.9—4148.3 米段，七层 46 米，酸后 5.5 毫米油嘴测试，获日产油 201 立方米、气 32000 立方米的高产油气流，首次在下沟组发现砂岩油气层，拓展了青西油田工业性储层新领域，使含油气范围进一步向南扩大，为酒泉盆地南缘逆掩推覆构造带的整体部署提供了科学依据。该项成果被列为中国石油 2002 年油气勘探六大重要发现之一。

20—25 日　西气东输管道工程初步设计审查会在河北省廊坊市召开。国家计委、国土资源部、水利部等国家有关部委和新疆、甘肃等沿线省市自治区有关部门，以及中国石油化工集团公司、中国石油天然气集团公司和股份公司有关部门、西气东输管道分公司及特邀专家共 280 多人参加了会议。与会代表和专家听取了设计联营体关于西气东输管道工程初步设计的汇报，工艺、线路、自控、计量测试中心（B 版）、电力、通信、公用系统和 HSE 八个小组对初步设计进行了审查。专家组认为西气东输工程初步设计文件达到了规定的深度要求，可以指导施工图设计。与会代表和专家还针对中国国情，结合国内外管道工程建设的实际，对管道系统的气源外部条件、压气站工艺、抢修方案、站场工艺有关流程等提出了建设性的意见。

21—24 日　西南油气田分公司大天池构造带地面集输工程竣工验收。该工程包括输气管道工程、龙门气田试采集输工程、五百梯气田集输工程及新民、沙坪气田试采集输工程，工程总投资 94920.71 万元。大天池构造带地面集输工程的建成，使川渝地区天然气产量上了一个新的台阶，也使气田集输和气田开发水平上了一个新的台阶。

23 日　股份公司直属机关团委召开纪念中国共产主义青年团成立 80 周年座谈会。股份公司监事会主席、直属机关党委书记李克成出席会议并做重要讲话。全国青联副主席、首届中国青年“五四”奖章获得者秦文贵，以及股份公司机关有关部门负责人和各直属单位分管青年工作领导、优秀青年领导干部代表、股份公司直属机关团干部、优秀青年业务骨干代表 40 余人参加了座谈会。

24 日　集团公司副总经理郑虎出访委内瑞拉、美国。

同日　集团公司党组授予王建民等 11 名同志“第二届集团公司十大杰出青年”荣誉称号，授予阿不力克木·艾则孜等 19 名同志“集团公司优秀青年”荣誉称号。

同日　中国石油天然气勘探开发公司（CNODC）所属中油国际（哈萨克斯坦）有限责任公司与哈萨克斯坦油气运输公司联合经营的肯基亚克—阿特劳输油管道项目的开工典礼在肯基亚克市隆重举行。哈国家总理，集团公司副总经理蒋金楚，肯基亚克州州长，阿特劳州州长等出席了开工典礼。

同日　股份公司印发《中国石油天然气股份有限公司国外勘探开发项目管理暂行办法》（石油计字[2002] 111 号），对股份公司国外勘探开发项目管理进行规范，使其适应国际油气市场商业化运作规则。

同日　西气东输工程试验阶段总结会在江苏省溧阳市召开。会议认为，通过试验段施工，基本形成了一套适应大型工程建设的工程管理、监理、施工、物资供应等管理模式和运行机制，为西气东输工程的全面开工建设，确保工程建设总体目标的实现奠定了基础。

26 日　西气东输管道工程初步设计顺利通过中国石油专家组的审查，正式归零出版。

28 日　股份公司勘探与生产工程监督中心成立，初步建立了股份公司、油田公司两级监督管理体系。为了加强各专业监督的培训与考评工作，尽快培养甲方的监督力量，先后组织了钻井、地质、测井、试油监督教材的编印和五期监督培训班，参加考评为 384 人，通过 320 人，为油田公司选拔现场监督提供了监督资源。

28—29 日　西气东输工程施工计划协调会在南京召开。集团公司、股份公司有关领导出席了会议，西气东输管道公司的领导、机关各处室、各地区管理处负责人和监理总部、各监理分部，以及各承包商负责人共 100 多人参加了会议。会议重点讨论了《西气东输管道工程施工计划管理办法》。

同日　由 37 名记者组成的驻京外国记者联合采访团，在外交部新闻司副司长、外交部发言人章启月带领下到塔里木油田采访。

同日　国内首套乙烯－1 中试装置实现开车成功。这套中试装置以乙烯－1 为目的产物，其结构紧凑、工艺复杂、操作性强、自动化程度高，具有现代大型中试装置的特点，生产合格乙烯－1 产品，乙烯－1 选择性达到 90%以上，各项技术指标均达到国外同类技术的水平。

30 日　集团公司纪念建团 80 周年暨集团公司第二届十大杰出青年、直属机关第三届十大杰出青年表彰大会在北京举行（详见专稿）。

31 日　全国惟一的 500 吨/年腈纶中试科研装置——股份公司大庆石化分公司腈纶中试科研基地批量生产出三角形异形纤维。产品光泽性强、手感膨松、纺织衣物透气性好、耐磨性能好、抗起球性能优越、为国内腈纶行业首创。这种新产品的批量化生产，为国内纺织企业提供更加丰富的化纤原料，同时也提高了腈纶产品差别化率。

六　月

1 日　位于准噶尔盆地腹部的石东 2 井喜获工业油流，这是 2002 年新疆油田公司油气勘探的第一个战略突破，开辟了盆地腹部一个新的油气勘探领域。

同日　股份公司重点攻关项目之一——辽河油田分公司欢三联污水深度处理工程在欢三联现场举行开工典礼仪式，欢三联污水深度处理工程是国内最大、自行设计建造的污水处理站，总投资超过 1 亿元。

5 日　集团公司在北京召开了安全生产大检查预备会，集团公司副总经理阎三忠，股份公司副总裁王福成参加会议并作了重要讲话。集团公司六个检查组，对 21 个企业和地区分公司、109 个二级单位、202 个基层站队（施工现场）进行了检查。

6 日　中国石油天然气勘探开发公司（CNODC）控股的中油—阿克纠宾油气股份公司与哈萨克斯坦能矿部签署滨里海盆地东缘中区块项目合同。合同模式为风险勘探合同，集团公司拥有 60.3%权益。合同区块位于阿克纠宾项目扎那诺尔油田南部。

同日　股份公司 2001 年度股东年会在北京召开。董事长马富才作为大会主席主持了会议，股东代表、董事、监事和董事会秘书，公司管理层、普华会计师事务所和金杜、年利达和谢尔曼律师事务所的代表列席了会议。

7 日　股份公司召开了 2002 年财务工作电话会议，会议通报了 2001 年股份公司经营业绩和路演的情况，全面总结了股份公司成立以来的财务工作，明确了 2002 年的工作重点以及建立两个“一流”的财务工作总体建设目标。

8 日　股份公司大庆石化分公司加氢系统长周期安全生产超千天。这是我国第一套自行设计、建设投产的大庆石化分公司炼油加氢裂化装置，累计加工原料油 86 万吨，实现经济效益 1.8 亿元。

11 日　集团公司副总经理吴耀文、总经理助理周吉平会见美国摩根大通集团董事长兼首席执行官威廉•哈里森，外方介绍了其在海外的合作项目和融资情况，并交换了对 CNPC 未上市企业未来发展方向的意见。

同日　股份公司大庆石化分公司储运公司液体产品和化学药剂储运系统实现安全生产 2600 天，存储和输转物料 230 多万吨无事故，创石油系统同类企业最好水平。

11—12 日　以全国人大资源会主任王涛部长为组长的全国人大常委会《矿产资源法》检查组到辽河油田分公司检查指导工作。

12 日　中共中央政治局常委、国家副主席胡锦涛视察大连西太平洋石油化工有限公司（详见专稿）。

13 日　股份公司吉林石化分公司重点技改项目

——16万吨/年乙二醇一期挖潜技术改造工程和16万吨/年ABS技术改造工程于今天生产出合格产品，实现一次投料开车成功。

15日　集团公司总经理马富才在哈尔滨会见了俄罗斯副总理赫里斯坚科，就中俄管线项目交换了意见。

同日　股份公司大庆石化分公司首列俄罗斯1864吨进口石脑油接运成功。比计划提前24小时完成卸车、质检、计量工作。

同日　乌鲁木齐石化分公司化纤厂氧化运行二班被团中央和国家安全生产监督局评为全国安全生产示范岗。

17日　集团公司总经理马富才、总经理助理周吉平会见美国埃克森美孚公司董事长兼首席执行官李·雷蒙德，就双方合作前景交换了意见。

同日　集团公司印发《中国石油天然气集团公司土地使用权和土地管理档案管理暂行规定》。

同日　吉林石化分公司重点技改项目——20万吨/年聚乙烯一期挖潜技术改造项目投料，产出合格产品，实现一次开车成功。

同日　西气东输工程大口径直缝埋弧钢管国产化项目，在华北石油钢管厂通过集团公司科技发展部组织的专家鉴定。西气东输工程X70大口径直缝埋弧钢管国产化及评价，是“十五”计划中国家经贸委重大技术装备项目“西气东输工程大口径钢管国产化”课题之一，专家鉴定认为，该课题在研制开发过程中，解决了许多技术难题，使国内高强度大口径直缝埋弧钢焊管制造技术上了一个新台阶。其试制出的X70钢级直径1016毫米、壁厚17.5毫米和21毫米直缝埋弧焊管，满足了《西气东输工程直缝埋弧焊管技术条件》标准要求，也填补了国产油气输送管道用X70大口径直缝埋弧焊管的空白。

同日　股份公司印发《中国石油天然气股份有限公司综合统计工作管理办法》（石油计字［2002］139号），该办法将规范股份公司综合统计工作，确保统计数据的及时性、准确性和真实性，进一步发挥综合统计在企业管理工作中的重要作用。

19日　集团公司副总经理吴耀文、总经理助理周吉平与俄罗斯萨哈石油公司总裁施普科夫签署“中国石油天然气集团公司和萨哈国家油气公司关于石油工业合作的协议”以及“关于开发俄罗斯萨哈自治共和国恰扬金和其他气田以及铺设向中国供气管道项目的预可行性研究（萨哈—中国）项目总报告”。

同日　管道局中标利比亚西部长输管道项目。该项目为工程总承包项目，合同金额1.46亿欧元，主要工程量为16英寸输油管道528千米和32英寸输气管道528千米。

21日　西气东输靖边至上海段工程项目执行计划会议在北京召开。按照集团公司、股份公司对西气东输管道工程建设的统一安排，靖边至上海段管道工程必须在2004年初实现通气。靖边至上海段总长约1500千米，其中有长江公、黄河、淮河等大型河流穿（跨）越四次，定向钻36次约27.4千米，隧道16条，伴行路18段约154千米，是西气东输工程所经地形地貌最复杂、险难段最多的一段。按时完成这段管道施工任务，对整个工程按期完工具有决定性意义。

同日　集团公司党组决定杜斌同志任辽宁销售分公司党委书记，免去李万余同志的辽宁销售分公司党委书记、委员职务；李绍双同志任东北销售分公司党委书记，免去董仁平同志的东北销售分公司党委书记职务；纪士寅同志任大连销售分公司党委书记；邝正平同志任重庆销售分公司党委书记；何能祯同志任甘肃销售分公司党委书记；张慧清同志任内蒙古销售分公司党委书记，免去张昆同志的内蒙古销售分公司党委书记、委员职务；刘战明同志任新疆销售分公司党委书记，免去买买提伊明·阿不拉同志的新疆销售分公司党委书记、委员职务；张贵生同志任西北销售分公司党委书记，免去郭文祥同志的西北销售分公司党委书记职务；胡兴东同志任四川销售分公司党委书记，免去杨顺成同志的四川销售分公司党委书记职务；王世清同志任黑龙江销售分公司党委书记，免去艾俊良同志的黑龙江销售分公司党委书记、委员职务；曹俊文同志任陕西销售分公司党委书记，免去魏光强同志的陕西销售分公司党委书记、委员职务；李万余同志任华北销售分公司党委书记，李凯同志不再担任华北销售分公司党委书记职务。

同日　首届全国矿山安全知识大赛（高层论坛）暨第二届中国矿业十佳企业表彰新闻发布会在全国政协宴会厅召开。大庆油田等十家企业获得第二届中国矿业十佳企业的表彰；大港油田等十家企业获得首届全国矿山安全知识大赛组织奖。

同日 股份公司决定郭秀竹任辽宁销售分公司总经理，免去李万余的辽宁销售分公司总经理职务；董仁平任东北销售分公司总经理；刘松林任黑龙江销售分公司总经理，免去艾俊良的黑龙江销售分公司总经理职务；杨顺成任四川销售分公司总经理；郭文祥任西北销售分公司总经理；卢济新任陕西销售分公司总经理；张德义任甘肃销售分公司总经理；王梓桐任新疆销售分公司总经理；项平生任重庆销售分公司总经理；唐胜云任西藏销售分公司总经理，免去阿丁的西藏销售分公司总经理职务；沈庆凯任大连销售分公司总经理；李万余任华北销售分公司总经理（保留原级别），梅士琪不再担任华北销售分公司总经理职务。

24日　集团公司总经理马富才在北京拜会了哈萨克斯坦副总理马西莫夫。双方对在石油领域内的友好合作表示满意，并就未来里海大陆架的勘探开发合作前景进行了坦诚的交流。

同日　集团公司副总经理吴耀文与吉尔吉斯共和国国家石油公司总经理伊斯曼诺夫签署“中国和吉尔吉斯共和国石油合作协议”，集团公司总经理马富才、总经理助理周吉平、吉尔吉斯共和国副总理朱马里耶夫出席了签字仪式。

同日　集团公司与吉尔吉斯斯坦共和国国家石油天然气公司在北京签署了《关于开展石油领域双边合作的协议》。集团公司总经理马富才和吉尔吉斯斯坦共和国副总理朱马里耶夫出席签字仪式。集团公司副总经理吴耀文和吉尔吉斯国家油气公司董事长伊斯曼诺夫分别在协议上签字。

25日　四川盆地川西地区邛西潜伏构造上钻探的邛西3井采用欠平衡钻井技术、不压井起下钻、不压井取心、不压井测井和不压井下油管等新工艺，于低孔低渗的须家河组二段，井深3477—3752米裸眼段用50.8毫米临界速度流量计31.8毫米孔板过分离器测试，稳定1小时12分钟，稳定时油压20.63兆帕，套压26.07兆帕，上压2.69兆帕，上温－22至－9℃，获日产气量43.1249万立方米的高产天然气。邛西3井获突破，为邛西潜伏构造的进一步勘探打开了新的局面。

25—27日　集团公司2002年外事工作会议在北京召开。集团公司副总经理吴耀文、陈耕，党组成员、纪检组组长李克成出席会议，集团公司总经理马富才作重要讲话，国际合作部主任章欣作了工作报告。集团公司、股份公司机关各部门共200余人参加了会议。勘探开发公司、国际工程公司等13个单位交流了经验。

26日　塔里木哈得4油田80万吨产能地面配套工程建成投产。该工程是塔里木盆地建设的第一个海相砂岩5000万吨级储量的油田，也是股份公司近几年建设的重点油田。

同日　中国石油电子商务被科技部列为全国工业企业惟一电子商务国家级示范工程。国家科学技术部有关领导到股份公司电子商务部和能源一号网进行考察后，决定把股份公司电子商务列为国家新技术应用示范工程项目，项目名称为“大型工业企业集团电子商务典型应用”，该项目是全国大型工业企业中该领域惟一的示范项目。

同日　由股份公司炼油与销售分公司组织，哈尔滨石化分公司与抚顺石油化工科学研究院合作开发的“加氢精制—临氢降凝组合工艺技术”，以及哈石化与石油大学（华东）合作开发的“催化裂化液化气脱硫醇工艺中的固体碱技术”、“重油催化裂化汽油MCSP脱臭技术”等三项股份公司重点课题在哈尔滨石化分公司进行了项目验收，股份公司所属18家科研单位、炼化企业的领导和专家参加了验收工作。

27日　集团公司党组决定阿丁同志任西藏销售分公司党委书记。

30日　国家工程建设质量奖审定委员会在北京召开“2001年度国家优质工程暨首届全国重点工程建设优质项目经理表彰大会”，长庆气田30亿立方米/年产能建设地面工程和长庆炼化总厂30万吨/年催化重整及20万吨/年加氢精制联合装置两项工程荣获国家优质工程银质奖。

本月　股份公司化工与销售华东分公司收购了上海华油交易中心信息网络系统，总耗资570万元。该平台主要服务于中国石油化工与销售分公司的营销网络。

七　　月

1日　国家计委印发《国家计委关于西气东输天然气价格有关问题的复函》（计价格［2002］1024号），明确西气东输工程天然气出厂价格实行政府指导价，由基准价和浮动幅度构成，管道运输价格实行政府定价。

同日　股份公司吐哈油田分公司温五注气提高采收率工程破土动工，拉开了吐哈三次采油现场试验的序幕。工程主要设计有高压注气站一座，站场配合阀组一个，还有油气集输工艺、6口单井注气管线及配套辅助系统。工程投资数千万元，工期150天。温五区块是经过股份公司审定的注气提高采收率先导性试验矿厂，这项工程建成后，每日可注天然气16万立方米，所需气源由温米第10计配站供给。该工程为股份公司提高采收率重点工程。

2 日　财政部印发《财政部关于西气东输项目有关税收政策的复函》（财税函［2002］17 号），对西气东输工程有关税收政策进行了明确，包括企业所得税税率、进口设备可享受的优惠政策、上游中外合作区块开采天然气应缴纳的税费和税率以及税收政策适用期等。

3 日　财政部印发《财政部关于西气东输项目有关税收政策补充说明的函》（财税函［2002］18 号），进一步明确国家对西气东输工程的税收政策原则。

同日　《西气东输管道工程开工建设》获国家计委批复（计投资［2002］1049 号）。

4 日　集团公司总经理马富才等领导出席西气东输工程开工典礼及“西气东输工程合营框架协议”签字仪式（详见专稿）。

同日　西气东输开工典礼在北京人民大会堂举行（详见专稿）。

6 日　兰—成—渝输油管道全线贯通。兰—成—渝管道工程于 1998 年 12 月 18 日开工，起点为兰州市北滩油库，途经甘、陕、川，终点为重庆市伏牛溪。管线全长 1249 千米，设计年输量 580 万吨。

8 日　集团公司印发《中国石油天然气集团公司安全监督管理办法》。

9 日　股份公司同 PhillipsConaco，BP－Amoco 和 TotalFinaElf 公司签订苏格里南联合研究协议。

10 日　集团公司副总经理吴耀文、总经理助理周吉平会见委内瑞拉计划与发展部副部长吉尔伯特·布艾纳尼奥博士，介绍了 CNPC 的现状及未来的发展前景。

10—14 日　由中国工程院工程管理学部主任殷瑞钰院士为组长，中国石油集团翟光明院士和清华大学经济管理学院院长赵纯均教授为副组长，中国工程院、中国石油集团咨询中心油气田勘探开发专家和西气东输管道公司有关人员组成的调研组，对塔里木油气田的勘探开发和西气东输管道施工及管理情况进行调研。

15 日　股份公司批复新疆油田分公司向乌鲁木齐石化分公司供应天然气 1.33 亿立方米/年。同时开发盆 5 井区气藏、莫北气田，建成盆 5—704 泵站、王家沟—乌石化输气管线。此部署使新疆油田公司一举打开了乌鲁木齐地区天然气市场的大门，对新疆油田分公司今后开拓天然气市场，加快天然气开发生产具有战略性意义。

同日　青海格尔木至西藏拉萨成品油管线改造工程在格尔木市南口举行开工典礼。格—拉管线为世界海拔最高成品油（平均海拔 4600 米）管线。

16 日　总投资 4.5 亿元的股份公司独山子石化公司 60 万吨/年馏分油加氢裂化工程，获股份公司批准。

17 日　中共中央政治局委员、国务院副总理吴邦国到吉化集团公司考察工作（详见专稿）。

同日　国务院副总理吴邦国视察吉林石化分公司（详见专稿）。

19 日　集团公司总经理马富才会见壳牌集团新任董事长马博德，双方就合作项目交换了意见。

同日　中油和黄信息技术有限公司管理层到位。股份公司人事部宣布了由中国石油与香港和记黄埔等大股东组成的公司董事会日前形成的决议，聘任李斌担任该公司总经理，王国强、张宏伟（香港和记黄埔代表）担任副总经理。

23 日　股份公司批复《长庆气区 85 亿立方米/年天然气生产能力部署方案》（石油计字［2002］178 号）。根据产能部署，到 2003 年第四季度，长庆油田分公司将部署 78 亿立方米/年的天然气生产能力，到 2004 年根据需要再建设 78 亿立方米/年生产能力，使长庆气区生产能力达到 85 亿立方米/年，从而满足 2004 年向西气东输、陕京线及周边市场销售天然气的需要。

24 日　吉林石化分公司 140 万吨/年催化裂化原料重质化改造竣工投产。股份公司副总裁、吉化扭亏工作组组长段文德参加了庆典仪式并讲话。

25 日　股份公司锦西石化分公司 60 万吨/年连续重整和 100 万吨/年柴油加氢改质装置一次开车成功。两套装置投产后，不仅可以生产高标号环保汽油，也可以生产符合国际新标准的柴油。

26 日　股份公司决定孙龙德任塔里木油田分公司总经理，免去廖永远的塔里木油田分公司总经理职务。

同日　股份公司决定萧德铭任油气储量评审办公室主任（正局级）。

30 日　集团公司总经理马富才会见俄罗斯驻华使馆临时代办冈察洛夫，就中俄油气管线事宜交换意见。

同日　股份公司塔里木油田分公司在哈得 4 油田举行扩建工程投产典礼，股份公司总裁黄炎参加典礼并剪彩。

八　　月

1 日　集团公司副总经理、股份公司总裁黄炎在西气东输管道公司陈希吾副总经理的陪同下，检查了新疆二标段施工现场，听取了业主、监理、施工单位工作汇报，查看了管道施工现场，对工程建设所取得的成绩给予了充分肯定，同时要求业主、监理、施工单位要学习借鉴国际先进的工程管理和施工经验，严把质量关，按照工程建设总体部署，齐心协力按期优质高效完成各项任务。

同日　集团公司总经理马富才会见哈萨克斯坦驻华大使卡里布扎诺夫，就双方合作事宜交换了意见。

同日　中国石油天然气集团公司副总经理、股份公司总裁黄炎到吐哈油田分公司调研。

2日　集团公司决定李玉平任石油管理干部学院院长，免去段大钧石油管理干部学院院长职务。集团公司党组决定李玉平同志任石油管理干部学院党委委员、书记，免去段大钧石油管理干部学院党委书记、委员职务。

2—3日　集团公司副总经理、股份公司总裁黄炎一行到股份公司新疆油田分公司检查工作。黄炎总裁一行在新疆油田分公司领导陪同下参观考察了陆梁、石西油田作业区和莫北油气田。

5日　集团公司副总经理阎三忠、总经理助理周吉平会见台湾中油公司副总经理原振维，就双方海外联合勘探等合作前景交换了意见。

同日　集团公司决定委派朱敬成为大港油田集团有限责任公司董事、董事长，聘任其为大港油田集团有限责任公司总经理；集团公司党组决定郭德宝同志任大港油田集团有限责任公司党委书记，并委派其为大港油田集团有限责任公司副董事长；朱敬成同志任大港油田集团有限责任公司党委副书记，王鹏不再担任大港油田集团有限责任公司董事长、董事，免去其大港油田集团有限责任公司总经理、党委书记、常委、委员职务。

8日　五大企业扭亏经验交流会在北京召开（详见专稿）。

同日　新疆和田电站供气管道工程开工。该项目管道长182千米，管径355毫米，设计压力6.4兆帕，年设计输气能力5.5亿立方米。工程总投资1.6亿元人民币。是中国石油贯彻党中央和国务院西部大开发战略，支持西部地区经济建设的一项扶贫工程。

9日　共青团陕西省委青工部部长李晓虎代表团中央，向长庆石油勘探局井下技术作业处177试气队授予2001年度“全国青年文明号”匾牌。

9—16日　新疆石油学会与中国石油学会在乌鲁木齐联合举办“西部油气——西部大开发与中国石油发展战略论坛”。中国石油学会理事长邱中建院士、中国地震局马宗晋院士领导和专家参加了会议。国务院发展研究中心的两位研究员到会就西部石油工业在国民经济中的地位和作用向与会领导和专家作了专题报告。

10日　股份公司与东帝汶政府签署联合研究协议。该合作项目分两个阶段，第一阶段为研究阶段，目的是通过联合研究圈定东帝汶油气聚集的有利地带，并初步评估各区带的油气资源量；同时，落实两个目前已经发现的油藏的储量，进行商业性开发的初步评估。在研究阶段结束以后，根据研究的结果选择进入（或不进入）石油和天然气的勘探和开发合作阶段（第二阶段），方式为签订在东帝汶石油天然气勘探、开发的产品分成合作协议或合同。

10—16日　中国石油学会与新疆石油学会在乌鲁木齐市召开了“西部油气——西部大开发与中国石油发展战略论坛”。中国石油天然气集团公司、中国石油化工集团公司等单位120多名专家代表及新闻记者参加了会议。

11日　“勇斗歹徒好员工”表彰大会在乌鲁木齐举行（详见专稿）。

13日　中共中央政治局常委、中央书记处书记、中央纪委书记、全国总工会主席尉健行一行，到股份公司塔里木油田分公司考察。塔里木油田分公司总经理、党工委书记孙龙德向尉健行作工作汇报。

13—14日　中共中央政治局常委、中央书记处书记、中央纪委书记、中华全国总工会主席尉健行到塔里木油田考察工作（详见专稿）。

16日　集团公司副总经理陈耕会见美国通用电气公司副总经理、GE油气公司总裁兼首席执行官克劳迪·圣地亚哥，就双方建立战略伙伴合作关系等问题交换了意见。

同日　股份公司大庆石化分公司乙烯装置裂解炉实现冷备用，开创了北方高寒地区裂解炉冷备用的先河，降低了生产成本，年创效益可达550万元。

20日　西气东输三江口长江盾构穿越系统联动开始试运转。三江口长江盾构穿越是西气东输的“咽喉工程”。经过多次研究和专家论证，西气东输管道公司于2001年5月通过了在三江口采用盾构法穿越长江的方案，并通过招投标选定了台湾中鼎工程股份有限公司承担施工任务，由重庆中庆监理公司和美国环球监理公司联合监理。采用盾构技术穿越长江在国内尚属首次。穿越全长1992米，隧道海拔标高最深达地下52米。施工面临坡度较陡、地质情况复杂等难题，水压最大达 0.68 兆帕，为国内穿越工程之最。

20—26 日　在中国石油探明已开发油气储量复算会上，股份公司新疆油田分公司 2002 年度储量复算工作顺利通过国家储委审查。这次审查通过的区块是石西油田石炭系油藏、克拉玛依油田五区二叠系佳木河组油藏、五东区上乌尔禾组油藏等共七个区块，累计核减区块石油地质储量 8777 万吨。

21 日　集团公司总经理马富才到化工与销售华东分公司检查指导工作。

22 日　股份公司总裁黄炎在股份公司贵宾室会见壳牌勘探与生产有限公司执行董事 Dominique Gardy 先生。

23 日　石油主干网连通工程通过最终验收。55 个集团公司企事业单位和股份公司所属单位，实现与集团公司总部的网络互联，集团公司机关与股份公司机关实现了光纤高速互联。

27 日　中共中央政治局委员、国务院副总理吴邦国视察塔里木油田分公司（详见专稿）。

同日　根据股份公司财务工作电话会议的要求，为了推进油气田企业财务管理信息系统集中管理的实施，制定了《中国石油财务管理信息系统油气田企业集中管理实施方案》。

同日　股份公司高级副总裁任传俊出席了在嘉里中心举行的 2002 年成品油分销行业国际高峰年会。

27—28 日　中共中央政治局委员、国务院副总理吴邦国到塔里木油田考察工作。陪同吴邦国副总理视察的有集团公司总经理马富才和新疆维吾尔自治区的负责同志（详见专稿）。

28 日　股份公司首届董事会第十四次会议在北京召开。黄炎副董事长主持了会议，公司董事和董事会秘书出席了会议，公司监事和总裁班子成员列席了本次会议。本次会议共有三项议程：（1）审议批准公司 2002 年中期财务决算报告（附截至 2002 年 6 月 30 日六个月之中期业绩公布）；（2）审议批准公司 2002 年中期利润分配预案；（3）审议批准公司 2002 年投资计划调整的议案。分别通过了董决字［2002］8 号、9 号、10 号决议。

29 日　集团公司副总经理吴耀文出访委内瑞拉、秘鲁，后赴巴西出席第十七届世界石油大会。

同日　股份公司辽河油田分公司获国家首批“重合同守信用”企业称号。

30 日　股份公司印发《关于 2001 年度油气勘探重大发现成果进行奖励的通知》（石油人字［2002］215 号），对部分油气田公司在油气勘探方面取得的重大发现成果进行奖励。

九　月

1 日　中央政治局委员李铁映到抚顺石油化工公司视察工作，并听取了抚顺石化两大公司的工作汇报。李铁映同志对抚顺石化的各项工作表示很满意。

1—25 日　在准噶尔盆地石南油田与陆梁油田之间钻探的石南 21 井预探获重大突破，侏罗系头屯河组解释油层厚度 14.9 米，射开 2511—2520 米井段，7.5 毫米油嘴日产油 18.3 吨、气 2120 立方米。同年在石南 21—24 井区钻探的石南 22 井、23 井和 24 井在侏罗系和白垩系发现厚油层。今年新增控制预测石油地质储量 9285 万吨，这是继陆梁油田之后发现的又一个亿吨级油田。

3 日　集团公司副总经理陈耕、总经理助理谢志强，在西气东输管道公司总经理黄维和陪同下，赴豫皖、苏浙沪段现场调研。

同日　股份公司对外合作经理部的业务、资产及人员并入中国石油天然气国际（勘探开发）有限公司，目前暂保留“对外合作经理部”的牌子。重组后的国际（勘探开发）有限公司负责统筹规划和归口管理股份公司国内外石油勘探开发对外合作项目。

同日　股份公司“苏里格大型气田发现及综合勘探技术”获 2002 年度国家科技进步一等奖，“委内瑞拉边际油田挖潜技术及应用”、“准噶尔盆地石西油田的发现与高效开发”获 2002 年度国家科技进步二等奖。

7 日　中共中央政治局候补委员、国务委员吴仪到塔里木油田考察工作。

同日　中央政治局候补委员、国务委员吴仪一行到股份公司塔里木油田分公司考察。考察期间，吴仪听取郑虎、孙龙德的工作汇报并作重要指示。

7—18 日　在集团公司与劳动和社会保障部、中石化集团公司共同组织的全国石油石化行业六个工种的职业技能竞赛活动中，集团公司有 15 名选手获“全国技术能手”荣誉称号，23 名选手获“集团公司技术能手”称号；大港油田等七个单位被授予团体优胜单位。

9 日　股份公司大连石化分公司 350 万吨/年重油催化裂化装置的第一台大机设备——风机电机试车成功，这是迄今为止石化系统内最大的风机电机。

同日　股份公司质量安全环保部、审计部、监察部与西气东输管道公司及有关专家组成西气东输工程联合检查组，分三个小组开始为期20天的西气东输工程联合大检查，西气东输管道公司“飞检”也全面展开。

10日　股份公司华北油田分公司乌里雅斯太凹陷木日格构造带太27井试油压裂以后自喷获日产油105立方米、天然气6166立方米。这是二连盆地单井首次获日产百立方米以上的油井。

11日　股份公司大庆石化分公司扁平型腈纶纤维开发成功。全国惟一的500吨/年腈纶科研基地——大庆石化分公司腈纶中试科研装置，开发生产出扁平异型腈纶纤维，主要质量指标中的长度比值、异型度均达到国外同类产品标准。扁平异型腈纶纤维在纺织市场用量较大，生产控制难度复杂，国内主要的扁平异型纤维市场份额一直由国外企业控制。扁平异型腈纶纤维的研发成功，将为国内纺织企业提供更加丰富的质优价廉的扁平异型腈纶纤维，同时也提高了腈纶产品差别化，增强了企业竞争能力。

12日　股份公司独山子石化分公司22万吨/年乙烯改扩建工程投产试运行，生产出合格产品。独山子22万吨/年乙烯改扩建工程是国务院批准建设的第一个中型乙烯改扩建项目，也是股份公司化工板块近年来投资最大的建设项目之一。该项目的建成投产，不但全面提升了独山子石化分公司的盈利能力，使独山子石化分公司由资源优势型企业向效益优势型企业迈出了可喜的一步，也为股份公司中型乙烯的改扩建积累了宝贵经验。

14日　集团公司副总经理陈耕随外经贸部部长石广生出访马来西亚。

同日　股份公司与山西省天然气股份有限公司在北京签订《陕京二线天然气供用意向书》，明确了在陕京二线途径山西省境内向沿线七市、地的供气计划。股份公司副总裁史兴全、山西省副省长牛仁亮及双方有关部门领导出席了签字仪式，北京华油天然气有限责任公司刘勇总经理主持了签字仪式。

18日　集团公司副总经理阎三忠、总经理助理谢志强会见台湾中鼎工程股份有限公司董事长余俊彦，就双方在西气东输等项目上的合作交换意见。

18—22日　股份公司大庆炼化分公司王东华在全国石油石化职业技能竞赛中，取得了催化裂化工种比赛第二名，被国家劳动与社会保障部授予“全国技术能手”称号。大庆炼化公司还取得了竞赛团体总分第八名的好成绩。

19日　集团公司副总经理郑虎会见日本住友金属株式会社副社长加藤幹雄，就中日钢铁贸易等事宜进行了探讨。

同日　中国石油天然气集团公司与泛华能源有限公司，在北京正式签署了《中华人民共和国四川盆地梓潼区块勘探、开发与生产合同》。

22日　股份公司大连石化分公司350万吨/年重油催化裂化装置备用风机组试车成功，该风机组采用了我国自行设计的生产功率最大的直接启运鼠笼式异步电动机。备用风机的国产化成功，为石化行业内的催化装置建设提供了一个成功的范例。

22—27日　中油国际（印尼）公司在北京饭店召开了Jabung、Tuban、Bangko、Salawati Basin和Salawati Island等五个区块的技术管理委员会和作业管理委员会会议（TCM/OCM），中油国际（印尼）公司各区块总经理主持了会议，印尼国家石油公司Pertamina、马来西亚国家石油公司Petronas、美国Amerada Hess、Ross Energy、Coastal公司、法国Coparex、Lutin公司、日本Mitsui公司、印尼Medco公司、韩国SK公司等十几家合作伙伴公司120余名代表与会。国际公司寿铉成总经理及股份公司规划计划部、国际公司项目管理部、计划发展部等领导和专家参加了会议。

23日　集团公司副总经理阎三忠、总经理助理刘海胜会见美国杜邦公司知识资产部全球管理总监贺喜，就吉化合作项目交换了意见。

同日　国家发展计划委员会下发了《关于核定塔中—轮南和轮南—库尔勒天然气管输价格的通知》（计价格［2002］1692号），自2002年10月5日起，塔中—轮南和轮南—库尔勒输气管线价格为0.11元/立方米和0.12元/立方米。

24日　集团公司在北京召开了企事业单位领导干部会议（详见专稿）。

同日　股份公司长庆油田分公司长庆气田—内蒙古呼和浩特输气管道工程开工典礼在长庆气田第二净化厂北侧的施工现场举行。长呼管道工程南起长庆气田第二净化厂，北至呼和浩特市，总长度497千米，总投资为83881万元，设计输气能力为13亿立方米/年。

同日　投资4000多万元的股份公司独山子石化公司5万吨/年石蜡加氢精制装置实现一次投料试车成功，产出了合格的高档石蜡产品，填补了新疆高档石蜡产品的空白。该工程的建成投产，不但丰富了独石化的炼油加工手段，提高资源利用效率，还优化了产品结构，增加了适销品种，可生产出优质食品级蜡、食品包装级蜡、化妆品级蜡及优质微晶蜡等数十个高等级蜡产品，同时以石蜡加氢工艺取代白土精制工艺，从根本上解决了粉尘污染严重、废白土处理困难等环境问题。

同日　股份公司乌鲁木齐石化分公司40万吨/年连续重整装置试车投料一次成功，创造了国内外同类装置建设和试车时间最短、操作人员最少的新记录。该项目投资3.4亿元，是乌鲁木齐石化分公司发展承上启下的一项重点工程。

24—26日　中国—印尼能源论坛在印尼举行。国家计委主任曾培炎和印尼能矿部部长共同主持了会议，股份公司副总裁刘宝和、国际公司薄启亮书记、外事办茅启平主任等参加。会后，曾培炎主任、刘宝和副总裁等到印尼公司参观，对中国石油在印尼拓展石油、天然气开发工作给予了高度评价。

25日　“西气东输万里行”新闻采访活动开始。该活动由集团公司、股份公司和中华全国新闻工作者协会共同主办，西气东输管道公司和中国石油报承办。参加西气东输工程万里行采访活动的有新华社、人民日报、中央电视台、经济日报、中央人民广播电台、科技日报、中国日报、中国经济导报、中国石油报、石油影视中心、石油商报，以及西气东输工程沿线各省省报、省台和地方主要媒体。

同日　股份公司首届董事会第十五次会议在北京召开。马富才董事长主持会议，公司董事和董事会秘书出席了会议，公司监事和总裁班子成员列席了本次会议。本次会议共有五项议程：(1) 审议关于公司继续向香港联交所申请关联交易豁免的议案；(2) 审议关于成立独立董事委员会的议案；(3) 审议关于聘任公司独立财务顾问的议案；(4) 审议关于中油集团未上市销售企业资产重组项目的议案；(5) 审议关于公司召开临时股东大会的议案。分别通过了董决字〔2002〕11号、12号、13号、14号、15号决议。

同日　股份公司印发《关于国际（勘探开发）有限公司印尼项目薪酬及福利待遇问题的批复》（石油人字〔2002〕229号），确定国际（勘探开发）有限公司印尼项目员工薪酬福利待遇水平。

26日　中国石油天然气集团公司与中国石油天然气股份有限公司签署资产重组协议，对未上市销售企业进行全面重组。

27日　国务院批准了股份公司大庆炼化公司建设国内最大的单线30万吨/年聚丙烯工程计划。该项目采用国际先进的工艺技术设备和相对廉价的原料来源，使工程建成后生产的聚丙烯产品在国内、国际市场上将具有很强的竞争力，也将使大庆炼化公司成为集炼油化工、油田化学助剂、润滑油、化纤、塑料型石油炼化企业。

同日　集团公司副总经理吴耀文会见伊朗驻华大使 Verdinejab，就双边合作交换了意见。

29日　股份公司大庆石化分公司催化重整装置改造工程实现中交，标志着催化重整装置改造工程全面完成，正式进入开工生产阶段，使催化重整装置加工能力由15万吨/年扩大为30万吨/年，出厂汽油质量达到了国际标准。

同日　兰州—成都—重庆成品油管线在兰州首站进柴油，10月18日输送到达末站重庆，标志着兰州—成都—重庆成品油管线运行投产成功。

30日　公安部、国家经贸委、国土资源部联合印发通知，部署油田区域治安秩序专项整治行动工作方案（详见专稿）。

十　月

1日　集团公司聘任汪东进为中国石油天然气勘探开发公司总经理。集团公司党组决定汪东进同志任中国石油天然气勘探开发公司党委副书记，集团公司聘任孙波为中国石油天然气集团公司苏丹工程建设项目协调领导小组组长。

同日　股份公司辽河油田分公司欢三联2万立方米/日稠油污水处理站投产，工程总投资12500万元。该工程是一项环保工程，在技术上取得了重大突破，开创了稠油污水回用锅炉的先例，使稠油污水达到了回用锅炉的指标，产生了巨大的经济效益和社会效益。

同日　股份公司新疆油田分公司第二大气田—盆5气田（150万立方米/日）地面工程开工建设。该项目建成后，新疆油田的天然气将送往乌鲁木齐。

同日　股份公司独山子石化分公司乙烯裂解装置压缩区的一台消音器发生爆炸着火事故，造成两人死亡，三人不同程度受伤。独山子石化分公司认真吸取事故教训，加大重点要害部位巡检，及时消除隐患，强化设备消缺保运，保证生产安全。

4日　我国第二条沙漠公路——塔且公路全线竣工。塔且沙漠公路位于塔里木盆地东南区域，全长118千米，是一条国家级标准的沙漠公路。该项工程由长庆建设工程总公司于2001年2月修建，2002年7月19日提前高质量完成全部施工任务。

8日　股份公司抚顺石化分公司采用5000吨/年丁苯透明抗冲树脂工业化试验装置全流程贯通，投料试车一次成功，产出了与国外同类产品性能相当的合格产品，建成了国内第一套丁苯透明抗冲树脂装置，实现了我国丁苯透明抗冲树脂零的突破，填补了我国丁苯透明抗冲树脂完全依赖进口的局面，形成了具有自主知识产权的成套生产技术。

同日　国家质量检验协会授予化工与销售分公司“全国质量稳定合格产品”单位。被授予“全国质量稳定合格产品”的合成橡胶包括：兰州石化的丁苯橡胶、丁腈橡胶；吉林石化的丁苯橡胶、乙丙橡胶；独山子石化的顺丁橡胶；锦州石化的顺丁橡胶。

同日　在全国石油石化行业职业技能竞赛中，张勇等15名选手被国家劳动和社会保障部授予“全国技术能手”荣誉称号。大港石油集团有限责任公司等七个单位被授予团体优胜单位称号。

8—12日　在海拉尔盆地贝尔凹陷西洼槽贝16断块钻探的贝16井获重大突破，发现白垩系大磨拐河组和南屯组油层61层194.8米。贝16断块初步圈定含油面积4.0平方千米，估算石油地质储量2500万吨。该区还有五个与贝16井地质条件相似的构造，合计圈闭面积为31.8平方千米，估算储量规模在3000万—5000万吨之间，展现了海拉尔盆地贝尔凹陷油气勘探的广阔前景。

同日　中国海域最大的海上钻井平台——赵东一号在山东龙口码头顺利下水。股份公司副总裁刘宝和、阿帕契（中国）公司总经理当·米勒、大港油田分公司总经理姚和清等主要领导，以及800余名参与工程建造的中外人员，参加剪彩仪式。

9日　集团公司副总经理吴耀文出席中油国际（阿克纠宾）油气股份公司2002年第三次董事会，并会见孟加拉COSMOS公司总经理Enayet Ullah Khan，探讨了合作的可能性。副总经理吴耀文、总经理助理周吉平会见出席中油国际（阿克纠宾）油气股份公司2002年第三次董事会成员。

9—12日　中国石油对外合作勘探开发技术交流会在杭州召开。来自勘探与生产分公司、各油（气）田分公司、物探局、中国石油天然气集团公司有关院所以及中国石油化工集团公司等单位的领导和国内外专家代表共100多人参加了这次会议。股份公司总地质师贾承造出席会议并讲话，国际公司寿铉成总经理主持了开幕式，并做了大会总结，中国石油翟光明院士、中国工程院罗平亚院士等特邀专家也做了报告和发言。这次会议交流了来自油田公司、外国油公司和技术服务公司等单位的报告共31篇，取得了良好的效果。

10日　国家税务总局下发《关于中国石油天然气股份有限公司和中国石油化工股份有限公司2002年度缴纳企业所得税问题的通知》（国税函［2002］834号），规定大庆油田有限责任公司2002年度在当地预交企业所得税的比例为年度应纳企业所得税额的40%；中国石油天然气股份有限公司润滑油分公司及下属分支机构，从2002年度起，纳入中国石油天然气股份有限公司合并纳税范围。

10—12日　股份公司化工与销售分公司参加了中国安全论坛和安全展览会，会上介绍了股份公司化工企业开展HSE管理体系的情况，并展出了编制出版的HSE管理体系丛书，受到国内外同行的关注。

11日　集团公司总经理马富才、总经理助理周吉平会见俄罗斯能源部副部长舍列波夫，就中俄油气合作交换了意见。

同日　集团公司副总经理吴耀文会见巴基斯坦阿拉伯炼油有限公司总裁哈克，就双方合作前景交换了意见。

同日　集团公司副总经理吴耀文会见吉尔吉斯共和国外交部副部长奥斯马拉里耶夫，就双方合作交换了意见。

14日　集团公司副总经理吴耀文会见Parsons公司副总裁Ernest Slocum，就双方合作交换了意见。

同日　在全国职工艺术节“中原油田杯”舞蹈大赛中，大庆石化分公司参赛的踢踏舞作品《我为祖国献石油》荣获金奖，同时获得最佳编导奖、最佳表演奖。

14—18日　中国石油油气集输与处理技术交流会在成都召开。与会代表100人，收到论文40多篇，股份公司副总裁刘宝和到会作了重要讲话。会上，进一步明确了油气集输及处理的主体技术、地面系统存在的主要问题及技术发展的主攻方向，研讨了老油田改造的技术思路和勘探开发一体化地面工程的应对措施。

15日　集团公司决定撤销东北输油管理局建制。

同日　股份公司总裁黄炎在股份公司贵宾室会见国际能源署署长罗伯特·普利特先生。

同日　我国地质界青年最高荣誉奖——首届黄汲清青年地质科学技术奖颁奖大会在北京召开，中共中央政治局委员、国务院副总理温家宝出席了颁奖典礼。股份公司新疆油田分公司总经理王宜林和大港油田分公司副经理吴永平获此奖状和荣誉证书。

同日　股份公司东北销售分公司经过18个月时间建立并实施的HSE管理体系，通过了中国环境科学院组织的体系认证，并成为销售系统中首家通过职业健康安全体系（OHSMS 18001）和环境管理体系（ISO 14001）国家级认证的企业，实现了与国际管理规范接轨。

16日　兰州—成都—重庆管道设在股份公司甘肃销售分公司的分输油库临洮分输库建成投产。该库投资2637.55万元，库容总量10000立方米。

17日　集团公司总经理马富才会见阿曼工商大臣马格布勒，探讨双方合作中有关问题。

同日　中国石油天然气股份有限公司职业病防治工作中心组建，该中心作为股份公司职业病防治工作的技术支持机构，业务上接受质量安全环保部指导，行政上隶属于石油规划设计总院。

18日　兰州—成都—重庆成品油管道工程投产。该项目概算总投资为38.3407亿元，设计输量500万吨/年，实现了投产一次成功。19日首批管输油到达重庆。

18—19日　股份公司勘探与生产工程技术服务市场管理工作研讨会在北京召开。十三个油气田公司、股份公司财务部、法律事务部、北京石油勘探开发研究院、集团公司市场管理部等单位主管市场的领导和有关人员共67名代表参加了会议。股份公司副总裁刘宝和在开幕式上作了重要讲话，并就如何搞好下一步市场管理工作提出了八点要求。这次会议回顾和总结了近三年工程技术服务市场管理取得的主要成绩和经验，深入分析了当前市场管理目的和主要任务，研究和探讨了全面推进工程技术服务市场开放在控制投资和降低成本中的重要作用。

20—22日　股份公司化工与销售分公司在上海召开了“化工市场信息专题会”，会议紧紧围绕如何做好信息工作、体现统销优势的中心议题，对信息网络的建设、市场价格的认定标准及入库买断价格的制定达成了共识，并做了统一规定。进一步明确了上海信息平台具有相对独立性，以保证信息披露客观、公正、准确。

23日　股份公司海外研究中心成立会议在中国石油勘探开发研究院召开。海外研究中心是中油国际公司的决策参谋部、技术支持中心、技术服务中心和人才培训中心，其任务由中油国际公司下达，接受中油国际公司的业务上的指导，依托勘探院的研究力量和技术条件优势，适当利用院外技术力量，共同做好中油股份国际公司的国内、外项目的技术支持工作。

同日　集团公司总经理马富才会见委内瑞拉国家石油公司副总裁Gorge Kamkoff，就双方合作交换了意见。

同日　管道局与中国石油建设公司合作中标利比亚西部陆上长输管道工程。签字仪式在利比亚首都的黎波里Agip石油公司总部举行。该管道工程为油气两条管线并行，两条管线长度总和1054千米，合同总价1.37亿欧元加1060万利比亚第纳尔。

25日　集团公司副总经理郑虎会见利比亚国家石油公司代表团。

同日　股份公司总裁黄炎出席《商业周刊》在东方君悦酒店举办的CEO论坛。

26日　牙哈凝析气田地面建设工程被评为“国家优质工程金奖”。牙哈凝析气田产天然气320万立方米/日，凝析油50万吨/年，为目前国内规模最大的采用循环注气部分保持地层压力方式开发的高压整装凝析气田。其油藏流体类型复杂、埋藏深、地层压力高，气田开发地面工程难度大、技术含量高。循环注气采用高压注气压缩机增压，注气压力之高、单台排量之大，创国内外先例。

28日　集团公司副总经理郑虎会见加拿大卡尔加里大学副校长丹尼斯·萨拉乌博。

29日　中国石油天然气集团公司技术创新奖评审会委员会评出2002年度集团公司技术创新奖49项，其中特等奖一名、一等奖10名、二等奖38项（详见专稿）。

同日　由共青团中央、国家经贸委、国家知识产权局、中国科协联合组织的首届全国青年创新创效奖评选活动中，集团公司大庆石油管理局电力总公司油田热电厂韩庭秀、吉林石油集团钻井工程服务公司韩子平、股份公司大庆油田设计院水化室吴迪、大庆石化分公司塑料厂赵明昌、抚顺石化分公司石油一厂杨青松，荣获全国青年创新创效奖。

30日　集团公司总经理马富才会见苏丹能矿部部长贾兹一行。

同日　集团公司总经理马富才、副总经理吴耀文出席“苏丹六区PSA补充协议及原油管线协议签字仪式”，吴耀文副总经理、贾兹部长分别代表双方签署协议。

同日　中国石油天然气勘探开发公司（CNODC）与苏丹能矿部在北京签署《苏丹6区产品分成协议

（PSA）的补充协议》、《管线协议》和《租地协议》。

31 日　股份公司大连石化分公司“十五”期间重点项目之一——600 万吨/年蒸馏装置扩能改造项目完成并实现开车一次成功。该项目投资 2.09 亿元，装置的加工能力由 280 万吨/年扩能改造为 600 万吨/年。它的建成投产将使大连石化分公司的年加工能力由原来的 730 万吨提高至 1050 万吨，成为股份公司首座千万吨级炼厂。

十 一 月

1 日　集团公司召开总部机关机构调整和岗位竞聘动员会，集团公司总经理马富才作了动员讲话，副总经理郑虎作了工作安排，总部机关机构调整和岗位竞聘工作正式启动。

同日　中国石油销售系统先进事迹报告会在北京召开。集团公司党组成员、纪检组组长、股份公司监事会主席李克成，股份公司副总裁、炼油与销售分公司总经理林青山出席会议并作重要讲话。股份公司机关各部门、各专业公司及直属单位、部分销售企业的负责人和职工代表共 150 多人参加了报告会。

2—4 日　中国石油辽阳石化分公司年产 80 万吨精对苯二甲酸及配套原料工程技术改造可行性研究报告现场调研暨评估会在辽阳石化分公司召开。国家经贸委、中国国际工程咨询公司、中国纺织工业设计院、洛阳石油化工工程公司、股份公司等单位的有关领导、专家、代表参加了会议。辽阳石化分公司《80 万吨 PTA 可行性研究报告》顺利通过评估。

3—6 日　中国石油学会在上海市召开了“第二届中俄测井国际学术交流会”，来自中国、俄罗斯、哈萨克斯坦的专家学者 164 人参加了会议。中俄双方代表在注水开采油田测井新技术、新理论、新方法等方面进行了广泛交流，为中俄两国长期的学术交流开拓了新的局面。

4 日　集团公司副总经理吴耀文会见加拿大阿尔伯达省经济发展部部长 Mark Norris，就双方合作问题交换了意见。

4—10 日　股份公司油气勘探年会在重庆召开，勘探与生产分公司及所属 13 个油气田分公司和直属研究院所主管勘探工作的领导带队参加了会议。集团公司咨询中心老领导、股份公司副总裁、勘探与生产分公司总经理刘宝和、股份公司总地质师贾承造、勘探与生产分公司赵政璋副总经理出席了会议，并在会议结束时做了重要讲话。会上，13 家油气田分公司分别汇报了 2002 年油气勘探成果及 2003 年勘探部署和工作安排计划，对各油田 2002 年三级储量完成情况进行了认真的审查。

6 日　集团公司副总经理吴耀文、总经理助理周吉平会见哈萨克斯坦新闻记者代表团。

同日　大庆萨中南一区二次加密及聚驱产能建设标志性工程——聚中 14 联投产。该工程投资 1.1 亿元。该站处理液量 1.8 万立方米/日，污水处理量 2 万立方米/日，注水量 2.4 万立方米/日。

7 日　集团公司副总经理吴耀文会见吉尔吉斯共和国驻华大使阿勃德尔达耶夫，就双方合作进行了探讨。

8 日　为加强集团公司总部功能建设和深化机关人事制度改革，对机关机构设置、人员编制和管理职能进行调整。调整后的部门机构设置如下：办公厅、发展研究部、规划计划部、财务资产部、资本运营部、人事劳资部、科技发展部、国际事业部、市场管理部、质量安全环保部、审计部、党组纪检组（监察部）、政治思想工作部（直属党委）、离退休职工管理局。

同日　大庆油田海拉尔盆地贝 16 井试油获日产 125.8 吨高产工业油流，储量丰度每平方千米超过 600 万吨，初步圈定断块油藏面积 4 平方千米（贝 16 井构造带尚有四个类似断块），展示了海拉尔盆地良好的石油勘探前景。

10 日　兰州—成都—重庆输油管道竣工仪式在成都召开（详见专稿）。

11—13 日　股份公司 2002 年度财务决算会议在北京召开。会议部署公司 2002 年度决算工作，研讨萨班斯—奥克斯利法案对公司影响、新会计准则及影响、股权管理办法及清理程序等。

12 日　集团公司副总经理吴耀文、总经理助理周吉平会见美国雪佛龙德士古公司副总裁克兰，就双方合作前景交换了意见。

13 日　《重庆忠县—武汉输气管道工程可行性研究报告》获国家计委批复（计产业［2002］2440 号）。

13 日—12 月 2 日　大庆油田徐深 1 井在营城组 3592.0—3624.0 米井段压裂后日产天然气 53 万立方米，实现松辽盆地火山岩产能的重大突破。这一勘探成果展示了松辽盆地深层天然气勘探的良好前景。

14 日　集团公司副总经理吴耀文、总经理助理周吉平会见伊拉克石油部副部长萨达姆·Z·哈桑，就双方在伊拉克的合作情况进行了探讨。

同日 股份公司批准永（清）—唐（山）—秦（皇岛）输气管道工程可行性研究报告。该项目是中国石油为满足津冀地区天然气需求，改善能源结构和生态环境准备兴建的输气管道工程。管道长 291 千米，管径 508 毫米，设计年输量 13 亿立方米。

同日 “西气东输万里行”活动总结汇报会在北京举行。集团公司党组成员、纪检组组长、股份公司监事会主席李克成，股份公司副总裁史兴全等领导出席汇报会并讲话，集团公司、股份公司机关有关部门负责人参加了会议。为“宣传中国石油，打造形象工程”，采访团沿着西气东输管线，从上海溯源而上，直到新疆塔里木油田，横贯 10 省区市 66 个县，采访了西气东输工程四个管理处、27 个参建队伍、15 个沿线地方政府及相关部门以及塔里木油田和吐哈油田。

15 日 集团公司聘任许永发为集团公司办公厅主任、严绪朝为集团公司发展研究部主任、江夕根为集团公司规划计划部主任、温青山为集团公司财务资产部主任、李庆毅为集团公司资本运营部主任、刘振武为集团公司科技发展部主任、章欣为集团公司国际事业部（外事局）主任（局长）、安郁培为集团公司市场管理部主任、王海森为集团公司质量安全环保部主任、陈维忠为集团公司审计部主任、祖凤鸣为集团公司监察部（纪检组）主任（副组长）、关晓红为集团公司政治思想工作部主任、蒿成为集团公司离退休职工管理局（老干部局）局长。集团公司人事劳资部主任仍由郑虎兼任，刘海胜不再兼任集团公司规划计划部主任职务。

同日 陕京输气管道地下储气库扩建工程采气系统建成投产。该项目扩建后，储气库的运行压力在 13—25 兆帕，最大库容达到 4.65 亿立方米，有效工作气量 2.17 亿立方米。扩建工程的完工，对缓解冬季供气紧张局面，保证京津地区天然气需求将发挥重要作用。

15—30 日 四川盆地川西地区黎雅庙潜伏构造上钻探的黎雅 1 井，完井后在须二、四段 3780—4477 米井段试气，用 50.8 毫米临界速度流量计 29 毫米孔板测试，获日产气 67.2 万立方米。须二、四段获高产气流，新增含气面积 56.4 平方千米，预测天然气地质储量 147.09 亿立方米，表明了川西地区须家河组是一个重要的勘探目的层系。黎雅庙潜伏附近还有 17 个构造，展示了未来勘探的巨大潜力。

18 日 集团公司副总经理吴耀文、总经理助理周吉平会见吉尔吉斯国家大剧院总经理叶欣一行。

同日 股份公司 QHSE 体系审核暨大港油田分公司 2002 年第二次体系内部审核首次会议在油田公司召开。此次审核是股份公司开展的首次 QHSE 管理体系审核。

同日 股份公司大连石化分公司“十五”期间重点工程——350 万吨/年重油催化裂化装置建成并实现一次开车成功。该装置总投资 10.7 亿元，是目前国内规模最大、总体设计达到世界先进水平的重油催化裂化装置，它的建成投产，解决了二次加工的瓶颈制约问题，初步实现了大连石化分公司每年 1050 万吨一、二次加工能力的配套，对提高加工深度、降低消耗，实现规模经济具有重要意义。

同日 世界最大的三元复合驱弱碱化试验区——大庆油田北三西试验区正式投注。它标志着国产弱碱化表面活性剂试验由室内转入现场。

19 日 股份公司 2002 年临时股东大会在北京召开。马富才董事长主持了会议，与会人员有公司股东代表、董事、监事和董事会秘书。公司管理层、金杜、富而德律师事务所和工商东亚的代表列席了会议。本次股东大会共有三项议程：（1）审议并批准《关于选举本公司新任董事的议案》；（2）审议并批准《关于选举本公司新任监事的议案》；（3）审议并批准《关于本公司与中国石油天然气集团公司进行持续性关联交易的议案》。

同日 西气东输管道分公司在南京组织召开南京—芜湖、常州—长兴支干线设计交底会，标志着西气东输工程支干线施工正式启动。

20 日 集团公司总经理马富才、总经理助理周吉平会见俄罗斯驻华使馆公使衔参赞冈察洛夫，就中俄油气合作前景交换了意见。

同日 集团公司总经理马富才、副总经理苏树林、总经理助理周吉平会见阿曼欧姆赛公司总裁欧玛尔·扎瓦维，就双方未来的合作前景进行了探讨。

同日 集团公司党组决定孙先锋同志任中国石油审计服务中心临时党委书记，免去李大林同志中国石油审计服务中心临时党委书记、委员、纪委书记职务。聘任陈安家为集团公司机关行政事务中心主任；孙祖岭为集团公司人事服务中心主任。

同日 集团公司人事服务中心成立。

21 日 集团公司总经理马富才、总经理助理周吉平陪同国务委员吴仪会见阿曼欧姆赛公司总裁欧玛尔·扎瓦维。

同日　集团公司决定曾玉康任集团公司总经理助理兼任大庆石油管理局局长、党委副书记（主要工作在大庆）。

22 日　集团公司副总经理吴耀文、总经理助理周吉平会见瑞士银行华宝亚洲有限公司董事总经理何迪，就双方合作的可能性进行了探讨。

同日　集团公司副总经理吴耀文、总经理助理周吉平会见印度 ONGC 公司海外公司董事经理 Atul Chandra，就双方今后合作交换意见。

同日　集团公司副总经理吴耀文、总经理助理周吉平会见花旗集团/所罗门美邦俄罗斯投资银行董事 Irackly Mtibelishvily，外方介绍了 Slavneft 公司有关情况并就双方关心的问题进行了探讨和交流。

同日　集团公司机关行政事务中心成立。

22 日　股份公司统计工作会议暨年度统计核算布置会在北京召开。股份公司所属专业公司、地区公司和科研院所的统计主管负责人和相关人员共 150 人参加了会议。会议内容包括：总结一年来统计工作，表彰统计工作先进集体、先进个人及优秀统计分析，交流统计工作经验，布置股份公司 2002 年综合统计核算年报和 2003 年定期统计核算报表及上报软件，讨论统计工作目标管理办法、统计论文评比办法、统计分析评比办法和炼化分公司信息系统概要设计方案。

同日　股份公司大庆石化分公司腈纶短纤维被评为全国用户满意产品。

同日　股份公司独山子石化分公司乙烯厂中化室顺丁橡胶分析站 QC 小组攻克“硫化机工作稳定性差”技术难题。该项成果荣获全国“八喜杯”QC 小组成果一等奖。

23 日　大庆油田第一口阶梯式水平井——州 103 区块州 62—平 61 井诞生。历时 24 天 12 小时完钻的这口水平井首创大庆油田在水平段同时穿越两个油层的新纪录，并在国内首创水平井在 1 米左右薄油层内穿行 613.7 米的尖端钻井技术。

同日　在准噶尔盆地彩南油气田西侧彩 43—31 井区钻探的彩 43 井在 1600—2500 米井段的侏罗系和白垩系地层中发现三大段油层，解释油层、油气层、气层、可能油层厚度 88 米，试油于侏罗系获日产气 40790—92040 立方米，储量规模至少 5000 万吨。该井的发现具有非常重要的战略意义，打开了这一地区隐蔽油藏勘探的局面，有利勘探面积近 1000 平方千米，是一个亿吨级的发现。

25 日　集团公司党组决定何树山同志任吉林石油集团有限责任公司党委副书记，委派其为吉林石油集团有限责任公司董事、董事长，并建议聘任其为吉林石油集团有限责任公司总经理，同时解聘其吉林石油集团有限责任公司总工程师职务。

同日　印尼 SP 收购项目合作签字。SP（Selat Panjiang）区块合同拥有者为印度尼西亚 Petronusa 公司（51%权益）和 IMR 公司（马来西亚国际矿产资源有限公司，49%权益）。2001 年该区块合同拥有者拟寻找合作伙伴参与联合作业，为此，股份公司先后两次组团对该区块进行了考察和评价工作，与 SP 区块合同拥有者进行了洽谈。股份公司为主要作业者，项目合同期 30 年。

同日　国家重点企业总法律顾问制度试点工作小组正式批复《中国石油天然气股份有限公司总法律顾问制度试点方案》（国经贸厅法规［2002］164 号），股份公司试点工作进入实施阶段。

26 日　股份公司召开炼化工程设计、器材设备质量管理工作座谈会。会上针对近几年来的工程建设情况，认真总结和交流在工程建设、投料试车过程中暴露出来的设计、器材设备质量问题，以及由此引起的后果，剖析问题产生的深层次原因特别是管理的原因，提出了加强设计、器材设备质量管理及确保工程投产一次成功和实现安全、平稳、长周期运行的对策和措施。

27 日　由大庆炼化、大连化物所和石油大学共同承担的重油制烯烃项目之一的 RSCC 中试成果通过股份公司验收，该项目完成了催化剂研制及中试考评，以及反应再生系统的概念设计，烯烃产品收率达到了合同要求。该项目以重油为原料通过催化裂化生产烯烃（乙烯、丙烯），可以降低烯烃生产成本，标志着中国石油已经掌握了重油制烯烃催化剂及催化工艺的关键技术。

同日　股份公司决定刘磊同志任管道分公司总经理，免去黄维和同志的管道分公司总经理职务；李斌同志任股份公司电子商务部总经理。

28 日　中国石油天然气勘探开发公司（CNODC）所属中油国际（达尔）公司苏丹 3/7 区项目发现亿吨级油田。

同日　股份公司与阿帕奇中国公司和路安勘探中国有限公司签订了《中华人民共和国大港赵东对外合作区块塘沽储运码头原油提油协议》，由国际公司总经理寿铉成代表股份公司在协议上签字。提油协议根据赵东石油合同第 13 条阐明的原则，确立了规范提油管理和提油程序的规则，以确保渤海湾赵东石油合同项下生产的原油的有序分配和提油。按协议规定，各方在赵东石油合同项下的权益油的提取与分配都应遵循协议确立的规则与程序，包括产量预测和报告、指定程序、船舶装载量和指定数量限制、提油计划、船舶指定、装卸货时间、提油不平衡的解决、税费等规定。还授权提油协调人对提油程序进行管理并负责协调提油计划的执行。

同日　集团公司党组决定李文勖同志任呼和浩特石化分公司党委书记，免去白泽生同志的呼和浩特石化分公司党委书记、委员职务。

同日　集团公司在京举行《石油摇篮》首发式暨座谈会。集团公司党组成员、副总经理陈耕，党组成员、纪检组组长李克成，中国石油学会副理事长罗英俊，原石油工业部老领导焦力人、秦文彩、李天相、李敬以及集团公司有关部门领导和早年曾经在玉门油田工作过的老同志共 70 多人出席了会议。《石油摇篮》为“一部记载玉门油田 60 年历史进程的断代史书”。

30 日　西气东输管道分公司与舞阳钢厂在北京就小批量生产 X70 热轧钢板达成供货协议，迈开了直缝钢管全面国产化的实质性一步。

11 月　股份公司吐哈油田分公司位于三塘湖盆地条湖凹陷石板墩构造带的预探井——条五井，利用有机硼压裂后获得重大突破，24 小时开井状态下油压 0.02 兆帕，稳定产液 20.64 立方米，产油 15.24 吨，与压前相比日增油 12 倍，成为目前三塘湖盆地产量最高的一口井。

十 二 月

1—2 日　股份公司监察部总经理陈明一行代表股份公司管理层到辽阳石化分公司宣布对 2.23 事故责任人处理决定。

2 日　集团公司总经理马富才会见委内瑞拉外交部部长罗伊·查德顿·马托斯，双方就在委内瑞拉的合作事宜交换了意见。

同日　国家安全生产监督管理局发布第一届国家安全生产科技成果公告，《中国石油天然气集团公司 HSE 管理体系》和《在役油气管道安全评估技术研究与应用》被评为一等奖，《涩宁兰输气管道工程（A，D 段）不良地貌单元水土保护方案的改进研究》被评为二等奖，《FS－100 型远程自动控制高压安全试压系统》和《放射性源自动装卸装置》被评为三等奖。

同日　股份公司乌鲁木齐石化分公司被自治区质量技术监督局评为自治区质量管理先进单位，天池牌尿素、PTA、柴油被评为新疆名牌产品。

3 日　集团公司副总经理吴耀文会见新加坡胜科工程公司总裁黄显辉，双方就合作的可能性交换了意见。

同日　集团公司副总经理吴耀文出席中联煤层气公司与美国远东能源公司“云南恩洪及老厂煤层气项目”合同签字仪式及招待会。

同日　中国石油集团测井有限公司成立。（以下简称“测井公司”）。测井公司的经营范围：测井技术服务、井筒电缆作业、测井技术研究、自研成果转让等业务。测井公司下设长庆测井分公司、华北测井分公司、吐哈测井分公司、青海测井分公司、塔里木测井分公司和技术中心。注册资本总额为 7.1 亿元人民币。

同日　股份公司第二届董事会第一次会议在北京召开（详见专稿）。

同日　股份公司大庆石化分公司丁烯－1 装置改造项目通过黑龙江省鉴定。该项目采用了丁二烯加氢国产催化剂 DD－1 替代进口催化剂，降低了生产成本。通过改造，新增加了异丁烯产品，大大提高了经济效益，属国内首创。该技术成熟可靠，达到了国际水平。

4 日　集团公司党组决定苏玉添同志任大庆石油管理局党委书记，免去徐绍铭同志大庆石油管理局党委书记、常委、委员职务；

同日　股份公司大连石化分公司首次试炼尼日利亚的 brass river 原油获得成功。

同日　大庆油田第一采油厂中 16 联合站获“全国青年文明号”荣誉称号。

5 日　中国石油集团东方地球物理勘探有限责任公司成立（简称东方地球物理公司）。东方地球物理公司主要从事国内外地球物理（化学）勘探服务、工程勘探与技术服务、物探技术产品及计算机软硬件的开发集成与销售等业务。注册资本总额为 51.6 亿元人民币。

同日　中国石油与斯伦贝谢公司 2002 年度测井服务合作年会在蛇口召开。会议交流了 2002 年中国石油所属油气田针对越来越复杂的油气勘探开发目标通过积极应用斯伦贝谢先进的测井技术所取得的成果，以及合作研究的思路及进展。充分肯定了斯伦贝谢先进技术在解决勘探开发疑难问题中所发挥的作用，并对斯伦贝谢2002年测井服务过程中存在的不足提出了具体整改要求，落实了2003年的合作计划和工作目标。

同日　股份公司召开机关大会，宣布股份公司管理层调整（详见专稿）。

5—7日　股份公司2002年度检修工作总结暨经验交流会在江苏江阴召开。会上，化工与销售分公司对2002年化工企业的停工大检修工作和停工大检修期间开展的零事故竞赛工作进行了总结，对大检修风险管理零事故先进单位和停工大检修期间开展零事故活动的先进单位进行表彰。2002年共检修装置372套，完成检修项目44000余项，由于实施大检修风险管理，实现死亡事故为零，污染事故为零的目标。

6日　集团公司在北京召开了中国石油集团东方地球物理勘探有限责任公司和中国石油集团测井有限公司成立大会。集团公司总经理马富才为两个新专业公司揭牌。集团公司党组成员李克成出席大会，国家经贸委、中央企业工委以及集团公司和中油股份公司有关部门参加了会议。

同日　西气东输管道分公司召开干部大会，股份公司高级副总裁苏树林出席会议，提出“贯彻十六大精神，按期、优质、安全、高效、廉洁建设管道”的要求。

9日　经集团公司党组研究并推荐，中国石油集团东方地球物理勘探有限责任公司股东会及首届董事会、首届监事会选举和审议，中国石油集团东方地球物理勘探有限责任公司首届董事会由王小牧、徐文荣、石兴春、张中洲、王育山、高云建、刘自强、王立民、娄铁强等九人组成，王小牧任董事长；首届监事会由殷会祥、王振中、马凤岗等三人组成，殷会祥任监事会主席；徐文荣任中国石油集团东方地球物理勘探有限责任公司总经理、党委副书记，王小牧任中国石油集团东方地球物理勘探有限责任公司党委书记。

同日　经集团公司党组研究并推荐，中国石油集团测井有限公司股东会及首届董事会、首届监事会选举和审议，中国石油集团测井有限公司首届董事会由饶永久、李剑浩、时兴春、刘自强、王立民、娄铁强、高云建、吴文阳、孙鹏等九人组成，饶永久任董事长；首届监事会由马驰、袁培森、王一玲等三人组成，马弛任监事会主席；李剑浩同志任中国石油集团测井有限公司总经理、临时党委副书记，饶永久同志任中国石油集团测井有限公司临时党委书记。

10日　集团公司聘任白泽生为石油工业出版社社长，免去魏宜清石油工业出版社社长、总编辑职务。

同日　国家计委《关于下达中国石油天然气集团公司新疆和田电站供气管道工程中央预算内基建投资计划的通知》（计投资［2002］2697号），下拨2002年中央预算内基建投资1亿元，专项用于塔里木油田分公司建设和田电站供气管道工程的补助投资。

10—18日　股份公司2003年业务发展计划落实会在北京召开。各专业公司、地区公司和科研院所主管规划计划工作的领导及有关人员共400多人分两批参加了会议。会议的主要议题是将董事会批准的2003年生产经营和投资计划分解落实到各单位，同时会议深入分析了股份公司面临的形势，安排部署了2003年计划任务和重点工作，研究探讨了新形势下加强和改善规划计划工作的思路和措施。

11日　集团公司总经理马富才会见吉尔吉斯外交部部长艾特马托夫，双方就合作事宜交换了意见。

同日　集团公司副总经理吴耀文出访俄罗斯、哈萨克斯坦。

同日　上海质量体系审核中心向股份公司乌鲁木齐石化分公司颁发三项体系（QHSE）认证证书，标志乌鲁木齐石化分公司三项体系认证取得圆满成功。

同日　股份公司大庆石化分公司与哈尔滨工业大学联合开发的大型氮肥厂工艺冷凝液和尿素水解水回收利用技术成果，通过黑龙江省鉴定。该项技术属国内首创，在国际上处于领先水平，在氮肥行业具有重要的推广价值。

同日　“能源一号”网站当天的统计结果显示，截至12月10日，股份公司通过该网站实施的网上采购额超过100亿元，达到100.08774亿元，提前21天完成全年电子采购计划。全年共实现网上采购106亿元，节约采购资金超过6.7亿元。同时，实现电子销售87亿元，为股份公司的产品销售开辟了一条有巨大发展潜力的新方法。

12日　在劳动和社会保障部组织的2002年度第六届“中华技能大奖”和“全国技术能手”评选表彰活动中，集团公司有四名同志荣获“全国技术能手”荣誉称号，受到党和国家领导人的接见。

同日　集团公司总经理马富才会见俄罗斯优科斯公司董事长霍多尔科夫斯基，就合作前景交换了意见。

同日　股份公司长庆油田分公司在甘肃西峰油田经过近两年多的开发试采，日产原油突破400吨大关，标志着西峰油田已成为陇东油区新的生产主力区块。在已勘探的4500平方千米区域，累计探明三级储量3.1亿吨。其中2002年新增三级储量2.2亿吨，位居股份公司2002年十项重大突破之首。

同日　经东北认证有限公司审核组现场审核，股份公司大连石化分公司一次整合通过了ISO 9000质量管理体系2000版的换版认证和ISO 14001：1996环境管理体系认证。

同日　陕京输气管道大张坨地下储气库被中国企业联合会及中国企业家协会审定为第七批中国企业新记录。

同日　大庆油田有限责任公司副总地质师计秉玉入选首届"中央企业十大杰出青年"。

14日　股份公司大庆炼化分公司1.3万吨/年高抗盐聚丙烯酰胺装置实现一次投料成功，生产出第一批合格产品。该装置是目前国内生产能力最大、技术最先进的高抗盐聚丙烯酰胺装置，总投资8200万元，总工期仅用了四个多月的时间，创造了国内炼化装置建成史上的新纪录。该装置的建成投产，解决了油田污水回注难题，提高了聚丙烯酰胺注射器的耐盐性，成为大庆炼化公司的又一个效益增长点。

同日　股份公司吉林石化分公司与北京化工大学合作的以DMSO为溶剂的湿法丙烯腈基碳纤维原丝纺丝技术，在10吨/年的中试装置上成功开发出1K和3K原丝，产品主要质量指标达到设计要求，并向国家有关部门提供批量产品。

16日　在哈萨克斯坦第11个独立日，哈萨克斯坦肯基亚克—阿特劳输油管道开始向干线管道注油。管道全长450千米，干线管径24英寸，一期工程年输油能力为600万—700万吨。该管道的建成，对进一步拓展集团公司在中亚石油合作领域，促进中哈原油管道建设具有重要意义。

同日　股份公司决定贾承造兼任勘探开发研究院院长，免去沈平平勘探开发研究院院长职务。

同日　股份公司统一组织搭建的"petrochina.com.cn"的电子邮件系统正式上线运行，首批用户4.3万人，成为股份公司集成使用、范围最广、用户最多的网络应用系统，是国内最大的企业电子邮件系统，达到了国际油公司的先进水平，树立了对外的统一形象。

18日　股份公司召开总裁办公会，陈耕总裁、苏树林高级副总裁等股份公司第二届管理层领导首次专项听取西气东输项目工作汇报。西气东输管道分公司总经理黄维和等参加了汇报会。陈耕总裁听取汇报后强调：随着西气东输东段主体完工，西气东输管道分公司的任务将更加繁重，运营管理工作应迅速提上日程，从运营人员的培训到各项规章制度的制定都要开始准备，及早介入，要与西段工程建设同时抓好，并由专人负责积极开拓市场，落实天然气用量，尽快把用气协议转变成用气合同。

同日　股份公司大连石化分公司首次试炼泰国的pattani原油并获成功。

19日　股份公司长庆石化分公司ISO 14001环境管理体系通过华夏认证中心认证。

20日　股份公司决定胡文瑞任勘探与生产分公司总经理，免去刘宝和兼任的勘探与生产分公司总经理职务；蔺爱国任炼油与销售分公司总经理，免去林青山炼油与销售分公司总经理职务；孙立任化工与销售分公司总经理，免去张新志化工与销售分公司总经理职务；黄维和任天然气与管道分公司总经理，免去史兴全天然气与管道分公司总经理职务。

同日　股份公司独山子石化分公司荣获"2002年度新疆维吾尔自治区质量管理奖。"

22日　股份公司新疆油田分公司年产原油突破1000万吨，宣告了我国西部第一个千万吨大油田的诞生（详见专稿）。

同日　集团公司党组决定胡文瑞任勘探与生产分公司党委书记，免去刘宝和勘探与生产分公司党委书记职务；蔺爱国任炼油与销售分公司党委副书记，免去林青山炼油与销售分公司党委委员职务；孙立任化工与销售分公司党委书记，免去张新志化工与销售分公司党委书记职务；黄维和任天然气与管道分公司党委书记，免去史兴全天然气与管道分公司党委书记职务。

23日　集团公司决定刘迪任前郭炼油厂厂长、党委委员、副书记，免去宫喜云前郭炼油厂厂长职务。

同日　股份公司首次年度钻井工作汇报会在北京召开。各油田分（子）公司认真总结了2002年钻井工作，交流了近两年水平井、欠平衡钻井、油气层保护等技术应用及地质效果，对本油田勘探开发中钻井工程具体存在的技术和管理问题进行了分析，并提出了2003年工作建议。

24日　集团公司副总经理吴耀文、总经理助理周吉平会见哈萨克斯坦国家油气公司总裁季诺夫，就双方石油合作交换了意见。

同日　新疆油田原油年产上千万吨祝捷大会在克拉玛依举行，集团公司总经理马富才出席并作重要讲话。这标志着新中国第一个大油田实现了历史性大跨越，准噶尔盆地已成为中国石油最重要的战略接替区。

同日　股份公司甘肃销售分公司第一个“万吨站”——兰州公司兴隆加油站建成。

同日　股份公司组织召开忠县—武汉输气管道工程初步设计审查会。

26日　集团公司决定陈青松任锦州石油化工公司经理、党委副书记，赵增和任锦州石油化工公司副经理、党委委员、常委、书记；免去冷述铁锦州石油化工公司经理、党委书记、常委职务。

同日　陕京线给北京市供气日输量达到1824万立方米，创历史最高水平。

同日　股份公司塔里木油田分公司原油生产年产量首次突破500万吨大关，已生产原油500.6万吨；天然气年产量达到10.6亿立方米。塔里木油田成为我国陆上第六大油田。

同日　股份公司润滑油分公司获得中国方圆标志认证中心颁发的“质量管理体系认证证书”，体系覆盖各类润滑油、添加剂的设计、开发、生产和销售。为了保证产品质量和服务质量，该公司提出了“优良资源+优势技术+优质服务=高品质昆仑产品”的质量方针。

27日　集团公司副总经理吴耀文、总经理助理周吉平会见厄瓜多尔未来总统能源顾问希尔马尔，就双方合作前景交换了意见。

同日　长兴—杭州天然气管道工程试验段在浙江省德清县举行开工典礼。该试验段是西气东输管道常州—杭州支干线的浙江线路，属浙江省输气干线，是西气东输下游重要的配套输气干线。

同日　为了加强财务管理，规范会计核算，根据《企业会计准则》和《企业会计制度》及股份公司的有关规定，制定了《中国石油天然气股份有限公司资产减值准备计提、确认、核算及管理办法（试行）》，对减值准备提取的原则、内容和有关工作程序等加以规范。

28日　中国石油天然气勘探开发公司（CNODC）在海外建设的第一座成品油库在苏丹竣工。

29日　股份公司吉林油田分公司英台采油厂原油年产突破100万吨，是吉林油田历史上第一个百万吨采油厂的诞生。

29—31日　定远—合肥、南京—芜湖两条支干线相继打火开焊。两线由大港油建、华北油建、吉林油建和四川天驰油建等单位施工，线路全长120千米，管径为508毫米。各施工单位抓住江南冬季的黄金季节，按照西气东输管道分公司确定的支干线建设目标开展工作，与干线同步建成投运。

30日　中国石油天然气勘探开发公司（CNODC）控股的中油—阿克纠宾油气股份公司原油生产日产突破13700吨/日（年产500万吨水平）。2002年原油产量增长幅度继续保持在哈萨克斯坦六大石油公司首位。

同日　新疆陆梁油田实现年产原油100万吨。2002年陆梁油田开发方案通过股份公司审查，当年新建原油生产能力53万吨，累积建成91.5万吨生产能力，2002年生产原油100.05万吨，首次突破100万吨大关，为新疆油田分公司原油上产做出了贡献。

同日　股份公司大港油田分公司QHSE体系首次通过国内两家认证机构的联合现场审核。这是长城质量保证中心和北京中油HSE认证中心在油田公司召开的“质量、安全、环保、管理”即QHSE体系认证审核末次会上共同宣布的。

31日　大庆油田生产原油5013.1033万吨，天然气20.22亿立方米，连续27年实现原油5000万吨以上高产稳产。

同日　股份公司印发《关于引大入港—南部油田供水系统总体调整工程可行性研究报告的批复》（石油计字［2002］318号）。

同日　西气东输管道工程全年完成管道焊接1759千米，回填1679千米，硅管敷设1732千米。累计完成管道焊接1791千米，为总工程量的47%，其中东段管道焊接1431千米（余54千米），西段管道焊接360千米（约余1970千米），平均焊接一次合格率为97.53%。

同日　股份公司长庆油田公司全年生产原油610万吨、生产天然气39.1亿立方米。油气产量（当量）突破1000万吨，实现了历史性的跨越。

12月　四川盆地最大天然气田——罗家寨气田被发现。经国家矿产资源储量委员会组织专家审定，罗家寨气田储量达581亿立方米，位列四川盆地已发现的100个气田之首。经气藏描述，该气田储层丰度为7.6亿立方米/平方千米，探明储量近100亿立方米/井，勘探效益十分明显。

12月　国家重点工程股份公司辽河石化分公司80万吨/年重交沥青技术改造工程达到了设计标准，2002年共生产重交沥青80万吨，为我国交通事业的发展做出了重大贡献。

本年　股份公司化工与销售华东分公司全年销售54.8万吨，收入33亿元，实现利润1312万元，全面完成 KPI 指标，一举实现扭亏为盈。

本年　“六五”世界环境日，集团公司总经理马富才在《中国石油报》发表《实施可持续发展战略，开创环保工作新局面》的文章，强调加强环境保护宣传教育，大力推行清洁生产，促进集团公司可持续发展，创造能源与环境的和谐。

本年　集团公司企事业单位公有住房普查工作基本完成。根据集团公司规定，已向通过初步审核的部分单位预拨了一次性住房补贴金。

（续桂春　邹春英　李海燕
尚　真　刘北生　宛亚军　张桂珍　杜久霞）

第十三篇

附　　录

2002年集团公司主要指标情况

指标名称	单　位	数　值
一、主营业务收入	亿元	3791.9
利润总额	亿元	535.5
上缴税费	亿元	644
工业总产值（不变价）	亿元	1202.1
工业总产值（现价）	亿元	3510.9
工业销售产值	亿元	3505.8
企业增加值	亿元	2017.3
其中：工业增加值	亿元	1594.1
二、油气产量		
原油	万吨	11761.6
其中：海外权益产量	万吨	1015.2
天然气	亿立方米	233.0
其中：海外权益产量	亿立方米	7.7
三、炼油化工主要产品产量		
汽、煤、柴、润合计	万吨	5896.2
汽油	万吨	2038.2
煤油	万吨	310.8
柴油	万吨	3411.3
润滑油	万吨	135.9
乙烯	万吨	158.2
合成树脂	万吨	219.3
合成橡胶	万吨	25.9
合成纤维	万吨	31.4
尿素	万吨	341.1
四、冶金产品产量		
石油焊接钢管	吨	485692
石油套管	吨	41520
冷拔钢管及钢丝绳	吨	23818

续表

指标名称	单位	数值
五、机械产品产量		
钻机	套	53
抽油机	台	5649
抽油杆	万米	536
抽油泵	台	14616

2002年股份公司原油、天然气产量完成情况

	原油产量（吨）	天然气产量（万立方米）
合　　计	107416728	2247497
一、股份公司	103615236	2247497
大庆油田有限责任公司	50131033	202156
吉林油田分公司	4440298	21710
辽河油田分公司	13511517	113130
辽河辽宁油田	13409191	113130
辽河内蒙古油田	102326	—
华北油田分公司	4380026	53285
华北冀中油田	3643566	52552
华北二连油田	736460	733
大港油田分公司	3939128	39440
冀东油田分公司	652568	4118
新疆油田分公司	10050168	201867
吐哈油田分公司	2510015	114264
塔里木油田分公司	5020084	108806
长庆油田分公司	6101218	391379
长庆陕西油田	2367040	383344
长庆甘肃油田	1790360	2198
长庆宁夏油田	1943818	3161
长庆内蒙古油田	—	2676
青海油田分公司	2140168	115066
玉门油田分公司	600999	6179
西南油气分公司	138014	876097
西南四川油气田	137948	395664
西南重庆油气田	66	480433
二、托管单位	3801492	—
延长油矿管理局	3801492	—

说明：股份公司海外部分全年完成作业产量1636.6万桶（224.19万吨），权益产量574.7万桶（78.73万吨），份额产量408.8万桶（56万吨）。

2002年股份公司化工主要产品产量

单位：吨

	乙烯	丙烯	纯苯	合成树脂		合成纤维	合成橡胶	精对苯二甲酸	丙烯腈	聚酯	冰醋酸	合成氨	尿素
				合计	聚烯烃树脂								
合　计	1582043	1633074	558704	2080060	2077430	267097	214003	364315	156949	446569	260133	2274328	3411220
一、股份公司	1582043	1633074	558704	2069842	2067212	267097	214003	364315	156949	446569	260133	2233725	3411220
塔里木油田泽普石化厂	—	—	—	—	—	—	—	—	—	—	—	151396	249729
青海格尔木炼油厂	—	—	—	13839	13839	—	—	—	—	—	—	—	—
玉门炼油厂	—	169	—	13733	13733	—	—	—	—	—	—	—	—
大庆石化分公司	465116	199777	82720	490449	490449	62026	—	—	76060	—	84379	405948	545018
大庆炼化分公司	—	142121	—	—	—	2092	—	51415	—	—	—	—	—
哈尔滨石化分公司	—	57317	—	—	—	—	—	—	—	—	—	—	—
吉林石化分公司	509755	292618	172949	312076	312076	—	114148	—	—	—	175754	74809	—
前郭石化分公司	—	342	—	42318	42318	—	—	—	—	—	—	—	—
辽阳石化分公司	114246	59489	104778	76466	76466	157089	—	275030	—	401523	—	—	—
抚顺石化分公司	165509	182833	46713	207941	207767	—	—	—	—	—	—	—	—
锦州石化分公司	—	88655	7650	21856	21856	—	22018	—	—	—	—	—	—
锦西石化分公司	—	54084	6032	39914	39914	—	—	—	—	—	—	—	—
大连石化分公司	—	146607	25985	138426	135970	7327	—	—	—	—	—	—	—
乌鲁木齐石化分公司	—	—	14080	33144	33144	21893	—	89285	—	45046	—	668609	1164115
独山子石化分公司	157409	108410	42251	191262	191262	—	16734	—	—	—	—	—	—
兰州石化分公司	170008	141427	55546	301617	301617	16670	61103	—	29474	—	—	270102	322307
宁夏石化分公司	—	—	—	—	—	—	—	—	—	—	—	662861	1130051
大连西太平洋有限公司	—	109180	—	102407	102407	—	—	—	—	—	—	—	—
华北石化分公司	—	—	—	57375	57375	—	—	—	—	—	—	—	—
呼和浩特石化分公司	—	17268	—	14535	14535	—	—	—	—	—	—	—	—
辽河石化分公司	—	6559	—	12484	12484	—	—	—	—	—	—	—	—
克拉玛依石化分公司	—	26218	—	—	—	—	—	—	—	—	—	—	—
二、托管单位	—	—	—	10218	10218	—	—	—	—	—	—	40603	—
大元化工有限公司	—	—	—	10218	10218	—	—	—	—	—	—	40603	—

2002 年股份公司炼油

	原油加工量	商品液化气	汽、煤、柴、润	汽油	煤油	柴油
合　计	89473481	4283489	56984895	19490436	2938695	33196888
一、股份公司	83677454	3992698	52876156	17779789	2936570	30800921
塔里木油田泽普石化厂	282578	18495	236715	104394	1432	130889
长庆马岭炼油厂	342685	22157	254467	83444	—	171023
长庆马家滩炼油厂	246002	23424	196925	69409	—	127516
青海格尔木炼油厂	604304	55063	464645	209434	—	255211
玉门炼油厂	2240321	59082	1468229	448397	100746	888990
西南南充炼油厂	502275	39905	302482	109695	27582	144500
大庆石化分公司	5346666	518961	3496679	1071920	172965	2251794
大庆炼化分公司	5060897	291209	3780201	1576752	19	2203430
哈尔滨石化分公司	2044587	101233	1730411	750061	53131	927219
吉林石化分公司	4561343	157196	2164322	801441	—	1354512
前郭石化分公司	1731142	111427	1240014	565806	2150	672058
辽阳石化分公司	3075475	106278	1442128	—	50878	1391250
鞍山炼油厂	955747	32973	325985	144469	—	181516
抚顺石化分公司	8213721	324189	5032479	1777836	253519	3001124
锦州石化分公司	5004878	338876	3271133	1097223	108548	2065362
锦西石化分公司	4803299	140001	3237834	1067284	146572	1934823
大连石化分公司	6745536	334415	4500882	1915329	242607	2342898
乌鲁木齐石化分公司	3554352	185183	2324507	728489	90883	1505135
独山子石化分公司	3579691	102647	2245468	620571	81913	1542984
兰州石化分公司	6352228	83265	3692784	1086552	319821	2286411
大连西太平洋有限公司	6672666	304116	3844882	1111327	1161862	1571693
华北石化分公司	1884521	200812	846164	463866	—	382298
呼和浩特石化分公司	1167501	47552	730622	304409	—	426213
大港石化分公司	2297843	173295	1317498	513804	—	803694
辽河石化分公司	2305815	48834	886017	266147	—	612749
长庆石化分公司	1500000	122324	1144611	387059	99551	658001
克拉玛依石化分公司	2601381	49786	1494690	504671	22391	967628
润滑油公司	—	—	1203382	—	—	—
二、托管单位	5796027	290791	4108739	1710647	2125	2395967
延长炼油厂	1820236	68378	1112167	403711	2125	706331
延安炼油厂	2363870	150073	1894080	834418	—	1059662
胜华炼油厂	461086	11328	160640	43003	—	117637
庆阳炼化有限公司	392655	22326	322283	138939	—	183344
大元化工有限公司	758180	38686	619569	290576	—	328993

加工主要产品产量

单位：吨

润滑油	燃料油	商品燃料油	溶剂油	石蜡	洗涤剂原料	沥青	化工轻油	石脑油	石油焦
1358876	7706619	6519029	510937	856351	212493	1849114	5479423	4040884	1593914
1358876	7138332	6004752	475974	856351	212493	1697082	5479423	4040884	1593914
—	—	—	—	—	—	—	—	—	—
—	22101	11725	—	—	—	—	12211	—	—
—	1304	811	—	—	—	—	—	—	—
—	25355	25355	—	—	—	—	—	—	—
30096	84176	81332	15848	25305	41538	114984	56241	56241	—
20705	43618	38517	27716	7148	—	22168	14410	—	—
—	310219	234018	8561	145455	—	—	544998	374419	161718
—	335723	315352	—	40719	—	—	95089	95089	—
—	39012	20811	—	—	—	—	877	877	—
8369	686436	603176	7933	3299	—	1074	609750	78344	—
—	61123	43932	—	—	—	—	100911	100911	—
—	212141	152351	27961	—	—	—	824439	660613	327118
—	501610	482160	—	—	—	—	38528	38528	—
—	428163	337600	7875	296227	144360	—	534035	334379	229425
—	408470	156779	134101	—	—	—	50467	50467	314384
89155	615582	452381	-183	45230	26595	10141	66437	66437	321870
48	480073	321833	—	240560	—	—	125940	108914	—
—	292615	292615	87212	—	—	10021	93599	93599	94762
—	64389	64389	27202	14094	—	—	469443	237767	100829
—	598626	547888	14322	38314	—	424973	490591	392842	—
—	961504	900689	—	—	—	43589	974889	974889	—
—	375263	365349	106121	—	—	—	138313	138313	—
—	219285	214680	—	—	—	—	72812	72812	—
—	150586	148793	2859	—	—	—	—	—	—
7121	208999	181142	—	—	—	640734	76649	76649	—
—	16156	15271	—	—	—	—	88794	88794	—
—	-4197	-4197	8446	—	—	429398	—	—	43808
1203382	—	—	—	—	—	—	—	—	—
—	568287	514277	34963	—	—	152032	—	—	—
—	455833	442969	—	—	—	—	—	—	—
—	86453	66061	—	—	—	—	—	—	—
—	5758	649	34963	—	—	152032	—	—	—
—	—	-9135	—	—	—	—	—	—	—
—	20243	13733	—	—	—	—	—	—	—

股份公司按照国际会计准则编制的财务概况[①] 单位：百万元人民币

项　　目	1998 年	1999 年	2000 年	2001 年	2002 年
营业额	153448	181671	245279	241320	244424
经营支出					
采购、服务及其他	(63138)	(65868)	(64251)	(78529)	(71690)
雇员酬金成本	(10430)	(11598)	(15129)	(14608)	(16248)
勘探费用（包括勘探干井）	(5990)	(7344)	(8680)	(7344)	(8095)
折旧、损耗及摊销	(18081)	(23706)	(34209)	(33615)	(36782)
销售、一般性和管理费用	(10617)	(13447)	(17621)	(21735)	(22474)
裁员费用及关闭生产设施	—	—	(6579)	(487)	(2121)
重估值损失	—	(1122)	—	—	—
由中油集团保留的资产耗减损失	(310)	(2007)	—	—	—
除所得税外的其他税赋	(9604)	(10293)	(13258)	(13951)	(14613)
其他（支出）/收入净值	(294)	201	(119)	88	(60)
经营支出总额	(118464)	(135184)	(159846)	(170181)	(172083)
经营利润	34984	46487	85433	71139	72341
融资成本					
外汇收益	44	129	1406	390	133
外汇损失	(1916)	(2362)	(234)	(140)	(449)
利息收入	1334	638	591	809	463
利息支出	(12402)	(9056)	(6286)	(4408)	(3516)
融资成本总额	(12940)	(10651)	(4523)	(3349)	(3369)
应占联营公司的利润	88	128	584	341	268
税前利润	22132	35964	81494	68131	69240
税项	(7543)	(9414)	(27014)	(23066)	(22231)
除少数股东权益前利润	14589	26550	54480	45065	47009
少数股东权益	57	(127)	165	404	(99)
净利润	14646	26423	54645	45469	46910
每股基本及摊薄盈利（人民币元）[②]	0.09	0.17	0.32	0.26	0.27
非流动资产					
由中油集团保留的净资产	8478	—	—	—	—
物业、厂房及机器设备	231064	327348	343319	366970	397798
长期投资	3708	3845	4948	5530	5680
无形资产和其他资产	1835	2017	2681	4148	4507
	245085	333210	350948	376648	407985
流动资产					
存货	18423	18396	32499	28313	28441
应收账款	19482	14943	12786	7392	6079
预付款和其他流动资产	20747	29118	11913	24427	18269
短期投资	53	1489	—	—	—
有返售协议之应收款项	—	—	5815	11505	9786
到期日为三个月以上定期存款	—	—	—	3253	2612
现金和现金等价物	15413	18090	18085	11127	9977

续表

项　目	1998 年	1999 年	2000 年	2001 年	2002 年
流动资产总值	74118	82036	81098	86017	75164
流动负债					
应付账款及应计负债	42087	47707	39550	53210	57793
应付税款	3902	4747	16570	14434	10927
短期贷款	65006	62057	41514	25323	20633
	110995	114511	97634	92967	89353
流动负债净值	（36877）	（32475）	（16536）	（6950）	（14189）
总资产减流动负债	208208	300735	334412	369698	393796
资金来源					
股本		160000	175824	175824	175824
留存收益		134	29279	35607	59004
储备		49552	66543	79175	81848
股东权益	77986	209686	271646	290606	316676
少数股东权益	3798	4200	4989	5136	4854
非流动负债					
应支付给中油集团的款项	8478	—	—	—	—
长期贷款	105432	84512	53412	65546	60655
递延货项及其他长期负债	2133	1155	1196	1380	1684
递延税项	10381	1182	3169	7030	9927
	126424	86849	57777	73956	72266
	208208	300735	334412	369698	393796
其他财务数据					
资本支出③	（43933）	（43310）	（60130）	（61549）	（73726）
经营活动产生的现金净额	38068	53658	103309	84439	98341
用于投资活动的现金净额④	（39290）	（40622）	（60126）	（61491）	（71662）
用于融资活动（融资活动提供）的现金净额⑤	（55）	（10359）	（43188）	（29906）	（27829）
扣除累计折旧后的固定资产	231064	327348	343319	366970	397798
总资产	319203	415246	432046	462665	483149
股东权益	77986	209686	271646	290606	316676

①股份公司于 2002 年度收购了中油集团的成品油销售企业的资产、负债和权益，并采用相同于权益结合法的会计处理方法重新编制了所列示的所有期间的会计报表以体现此收购。

②计算截至 1998 年和 1999 年 12 月 31 日，每股基本及摊薄利润的假设是在股份公司于 1999 年 11 月 5 日成立时所有已发行和发行在外的 1600 亿股国有股在所有的时期均已发行在外。截至 2000 年 12 月 31 日，每股基本及摊薄盈利是按照净利润除以本会计年度已发行股份之加权平均之数 1716.3 亿股计算。截至 2001 年和 2002 年 12 月 31 日，每股基本及摊薄盈利是按照净利润除以本会计年度已发行股份之数 1758.2 亿股计算。

③不包括由中油集团保留之资产开支，在上述各年度分别为 16.87 亿元人民币、1.11 亿元人民币、零元人民币、零元人民币和零元人民币。

④包括由中油集团保留之资产的资本开支，在上述各年度分别为 16.87 亿元人民币、1.11 亿元人民币、零元人民币、零元人民币和零元人民币。

⑤包括中油集团对其保留之资产的出资，在上述各年度分别为 16.87 亿元人民币、1.11 亿元人民币、零元人民币、零元人民币和零元人民币。

股份公司各业务板块的资本性支出①

项　　目	2002 年		2001 年		2003 年预测值	
	百万元人民币	%	百万元人民币	%	百万元人民币	%
勘探与生产	46078②	62.5	41193②	66.9	44280②	57.4
炼油与销售	11327	15.4	11416	18.5	9463	12.3
化工与销售	3175	4.3	4062	6.6	5737	7.4
天然气与管道	13013	17.6	4557	7.5	17000	22.1
其他	133	0.2	321	0.5	600	0.8
合计	73726	100.0	61549	100.0	77080	100.0

①截至各年度 12 月 31 日。

②如果包括与地质和地球物理勘探费用相关的投资部分，勘探与生产板块 2001 年和 2002 年的资本性支出及投资以及 2003 年资本性支出及投资的预测值分别为 451.15 亿元人民币、506.46 亿元人民币和 491.00 亿元人民币。

股份公司原油、天然气已评估探明储量和探明开发储量

项　　目	原油（百万桶）	天然气（十亿立方英尺）	合计（油当量百万桶）
探明开发和未开发储量			
基准日 2000 年 12 月 31 日的储量	11031.8	32532.6	16453.9
对以前估计值的校正	189.6	487.6	270.9
扩边和新发现	360.4	3773.4	989.3
提高采收率	140.8	35.8	146.7
当年产量	-763.5	-726.8	-884.6
基准日 2001 年 12 月 31 日的储量	10959.1	36102.6	16976.2
对以前估计值的校正	348.6	-224.2	311.3
扩边和新发现	329.7	3539.5	919.6
提高采收率	30.6	0	30.6
购置储量	38.7	192.6	70.8
当年产量	-769.8	-793.8	-902.1
基准日 2002 年 12 月 31 日的储量	10937.0	38816.8	17406.4
探明开发储量			
基准日为 2000 年 12 月 31 日	9545.7	12502.5	11629.4
基准日为 2001 年 12 月 31 日	9308.8	12945.6	11466.4
基准日为 2002 年 12 月 31 日	9198.1	11921.2	11185.0

股份公司综合损益表①

单位：百万元人民币

项　　目	2001 年	2002 年
营业额	241320	244424
经营支出		
采购、服务及其他	(78529)	(71690)
雇员酬金成本	(14608)	(16248)

续表

项 目	2001 年	2002 年
勘探费用（包括勘探干井）	(7344)	(8095)
折旧、损耗及摊销	(33615)	(36782)
销售、一般性和管理费用	(21735)	(22474)
裁员费用及关闭生产设施	(487)	(2121)
除所得税外的其他税赋	(13951)	(14613)
其他（支出）/收入净值	88	(60)
经营支出总额	(170181)	(172083)
经营利润	71139	72341
融资成本		
外汇收益	390	133
外汇损失	(140)	(449)
利息收入	809	463
利息支出	(4408)	(3516)
融资成本总额	(3349)	(3369)
应占联营公司的利润	341	268
税前利润	68131	69240
税项	23066	22231
除少数股东权益前利润	45065	47009
少数股东权益	404	(99)
净利润	45469	46910
每股基本及摊薄盈利	0.26	0.27

①截至 2002 年 12 月 31 日年度。

2002 年度股份公司各业务板块的综合财务报表 单位：百万元人民币

项 目	勘探及生产	炼油及销售	化工及销售	天然气及管道	其 他	合 计
销售及其他经营收入（包括板块间销售）	147308	174621	29661	12733	—	364323
减：板块间销售	(106266)	(9988)	(1093)	(2552)	—	(119899)
外部销售及其他经营收入总额	41042	164633	28568	10181	—	244424
折旧、损耗和摊销	(21972)	(7144)	(6336)	(1213)	(117)	(36782)
板块业绩	76943	17815	(1217)	1796	(462)	94875
其他成本	(4804)	(14997)	(1945)	(244)	(544)	(22534)
经营利润/（亏损）	72139	2818	(3162)	1552	(1006)	72341
融资成本						(3369)

续表

项　　目	勘探及生产	炼油及销售	化工及销售	天然气及管道	其　他	合　计
应占联营公司的利润/（亏损）	（38）	12	（8）	71	231	268
税前利润						69240
税项						（22231）
少数股东权益						（99）
净利润						46910
利息收入（包括板块间利息）	1942	1061	1136	109	4499	8747
减：板块间利息收入						（8284）
外部利息收入						463
利息支出（包括板块间利息）	（2979）	（2516）	（1810）	（263）	（4232）	（11800）
减：板块间利息支出						8284
外部利息支出						（3516）
板块资产	289277	113751	64169	33740	427709	928646
对销板块间结余						（449642）
在联营公司的投资	1422	1774	178	6	765	4145
总资产						483149
板块资本性支出						
物业、厂房及机器设备	46078	11327	3175	13013	133	73726
板块负债	89663	68701	44318	22488	113236	338406
其他负债						20927
板块抵消						（197714）
总负债						161619

股份公司原油、天然气勘探及生产活动经营业绩　单位：百万元人民币

项　　目	2001 年	2002 年
销售及其他经营收入		
第三方销售	37539	41042
板块间销售	110738	106266
	148277	147308
除税外生产成本	（29224）	（29913）
勘探费用	（7344）	（8095）
折旧、损耗及摊销费用	（18423）	（18302）
除所得税外的其他税赋	（4921）	（5299）
税前利润	88365	85699
税项	（29160）	（25958）
生产活动经营业绩	59205	59741
联营公司生产活动经营业绩的利润	178	132

2001—2002 年世界原油需求量和供应量①

单位：百万桶/日

项目＼时间	2001 年	2002 年				年份	
	第四季度	第一季度	第二季度	第三季度	第四季度	2001	2002
需求量							
美国	19.9	20.1	19.9	20.4	20.4	20.1	20.2
加拿大	2.2	2.1	2.0	2.2	2.2	2.1	2.1
欧洲	15.4	15.5	14.6	15.1	15.8	15.2	15.3
日本	5.6	6.1	5.0	5.2	5.7	5.5	5.5
其他经合组织国家	5.2	5.1	5.0	5.3	5.3	5.1	5.1
经合组织国家总计	48.3	48.9	46.5	48.2	49.4	47.9	48.2
前苏联	3.5	3.7	3.5	3.5	3.5	3.6	3.6
欧洲	0.7	0.8	0.8	0.8	0.8	0.7	0.8
中国	4.7	5.0	4.9	4.9	4.9	4.8	4.9
其他亚洲国家	7.0	7.0	7.0	6.8	7.1	6.9	3.0
其他非经合组织	11.9	11.9	12.1	12.2	12.1	12.0	16.0
非经合组织国家总计	27.8	28.4	28.3	28.2	28.4	27.9	28.3
世界需求总计	76.1	77.3	74.8	76.4	77.8	75.8	76.5
供应量							
美国	9.2	9.1	9.1	9.0	9.0	9.0	9.1
加拿大	2.8	3.0	3.0	3.1	3.1	2.8	3.0
墨西哥	3.5	3.6	3.6	3.6	3.6	3.6	3.6
北海	6.4	6.2	5.8	5.9	6.2	5.9	6.0
其他经合组织国家	2.1	2.1	2.1	2.1	2.1	2.1	2.1
经合组织国家总计	24.0	24.0	23.6	23.7	24.0	23.4	23.8
前苏联	9.0	8.9	9.0	9.2	9.2	8.8	9.1
中国	3.3	3.3	3.4	3.4	3.4	3.3	3.4
其他非经合组织	11.1	11.3	11.4	11.6	11.7	11.2	11.5
非经合组织国家总计	52.8	51.7	51.6	53.4	53.7	53.5	52.6
世界供应总计	76.8	75.5	75.2	77.2	77.7	76.9	76.4
欧佩克成员国供应量	29.3	28.2	27.8	29.2	29.3	30.1	28.7
非欧佩克国家供应量	47.5	47.3	47.3	47.9	48.4	46.7	47.8
独联体净出口量	5.5	52	5.4	5.6	5.7	5.3	5.5

①资料来源：美国能源情报署。

说明：非经合组织国家供应量总计中包括欧佩克成员国供应量。

1991—2002年世界主要国家和地区石油产量[1]

单位：万吨

国家和地区	1991年	1992年	1993年	1994年	1995年	1996年	1997年	1998年	1999年	2000年	2001年	2002年
世界总计	299430	298800	297720	301400	307980	315160	323340	331512	322760	336170	318474	330214
中国	13940	14120	14480	14750	14970	15580	15990	15978	16010	16187	16475	17000
印度尼西亚	7030	6700	6610	6570	7460	6930	6870	6445	6442	6337	6000	5600
马来西亚	3250	3290	3210	3190	3240	3220	3210	3656	3634	3450	3600	3800
澳大利亚	2710	2650	2470	2660	2520	2670	2840	2960	2369	3500	3200	3165
印度	3110	2720	2660	3100	3350	3270	3220	3297	3303	3230	3200	3315
越南	400	520	610	700	880	870	900	1132	950	1520	1525	1520
文莱	720	820	790	810	750	770	720	678	756	890	900	925
泰国	220	260	260	270	250	300	290	418	375	555	570	650
巴基斯坦	360	370	310	280	270	290	280	277	262	267	295	300
巴布亚新几内亚	1	260	630	600	500	570	380	396	501	349	290	230
新西兰	200	180	200	210	160	210	310	219	225	180	170	170
日本	80	90	80	70	70	70	70	68	63	64	64	60
缅甸	60	60	70	80	80	50	60	50	75	40	40	50
孟加拉国	3	6	5	6	6	8	8	10	15	17	17	25
菲律宾	15	45	50	25	15	7	4	4	4	6	5	70
中国台湾	10	10	10	10	—	—	—	5	4	3	4	4
亚太小计	32109	32100	32440	33330	34520	34820	35150	35593	34984	36591	36354	36884
挪威	9340	10680	11270	12850	13850	15400	15810	15247	14843	16060	15663	15750
英国	9080	9280	9570	12300	12770	12710	13050	13300	13677	12569	11300	11250
丹麦	710	780	830	920	930	1030	1150	1175	1464	1815	1675	1825
意大利	440	410	440	440	490	540	540	544	504	454	370	435
德国	340	320	300	280	290	280	270	288	275	313	338	359
土耳其	420	410	370	350	340	330	340	320	340	280	280	235
法国	300	290	280	290	250	210	180	170	154	142	138	131
荷兰	320	290	260	410	340	280	270	283	293	147	135	210

续表

国家和地区	1991年	1992年	1993年	1994年	1995年	1996年	1997年	1998年	1999年	2000年	2001年	2002年
奥地利	120	120	120	120	110	100	100	105	105	96	93	92
西班牙	100	100	90	80	70	60	40	55	32	23	35	33
希腊	70	70	60	50	40	50	40	32	—	26	20	16
西欧小计	21240	22750	23590	28090	29480	30990	31790	31519	31684	31922	30045	30335
俄罗斯	—	—	—	—	—	—	—	30434	29515	31625	34475	36925
哈萨克斯坦	—	—	—	—	—	—	—	2560	2640	3375	3935	4000
阿塞拜疆	—	—	—	—	—	—	—	1142	1275	1375	1500	1500
土库曼斯坦	—	—	—	—	—	—	—	637	635	700	733	900
乌兹别克斯坦	—	—	—	—	—	—	—	818	840	775	715	750
罗马尼亚	700	680	690	690	690	670	660	675	625	615	600	590
乌克兰	—	—	—	—	—	—	—	235	245	365	370	390
白俄罗斯	—	—	—	—	—	—	—	183	180	175	175	175
匈牙利	190	170	290	350	170	150	130	130	121	129	118	109
克罗地亚	220	210	200	180	160	150	150	148	124	115	107	105
波兰	20	20	20	60	30	30	30	36	22	72	85	83
塞尔维亚	110	110	110	100	100	100	110	115	90	90	85	80
阿尔巴尼亚	—	—	—	—	—	—	—	25	28	30	30	31
捷克	—	—	—	—	—	—	—	42	35	16	18	25
格鲁吉亚	—	—	—	—	—	—	—	13	10	10	10	10
保加利亚	20	5	5	5	5	4	4	4	5	5	5	5
吉尔吉斯斯坦	—	—	—	—	—	—	—	5	5	5	5	10
斯洛伐克	—	—	—	—	—	—	—	10	10	5	5	5
立陶宛	—	—	—	—	—	—	—	28	15	—	—	—
塔吉克斯坦	—	—	—	—	—	—	—	5	5	—	—	—
前苏联	51270	44570	39110	35010	35460	33620	34100	36247	—	—	—	—
捷克斯洛伐克	10	10	20	40	10	40	40	—	—	—	—	—
东欧和独联体小计	52690	45820	40490	36490	36670	34800	35260	36304	36424	39481	42969	45693

续表

国家和地区	1991 年	1992 年	1993 年	1994 年	1995 年	1996 年	1997 年	1998 年	1999 年	2000 年	2001 年	2002 年
沙特阿拉伯	40630	40520	39380	38900	39140	39030	39340	40290	37248	39975	32350	36900
伊朗	16720	17210	18280	17850	17990	18270	17980	17985	17309	18409	15650	17250
伊拉克	1410	2120	2230	2740	2990	2870	5330	10570	13267	12834	9800	10150
阿布扎比	9700	9170	8960	9140	9120	9730	9960	9465	8445	9500	7775	8450
科威特	680	4380	8420	9020	8920	9000	9090	8980	8165	8825	7200	8000
阿曼	3490	3700	3880	4020	4230	4410	4460	4473	4475	4667	4800	4475
卡塔尔	1920	2120	2140	2030	2260	2430	3020	3320	3163	3442	2870	3200
中立区	640	1700	1790	1880	2140	2410	2640	2735	2500	3150	2700	2675
叙利亚	2380	2580	2760	2860	3010	2870	2790	2775	2684	2613	2575	2450
也门	990	910	1110	1680	1680	1820	1820	1909	2029	1770	1750	1750
迪拜	2160	2000	1740	1680	1600	1330	1250	1573	1503	1400	1150	1250
巴林	190	180	530	520	520	520	520	511	509	512	513	870
沙迦	170	200	220	250	250	350	350	350	350	250	225	220
哈马尔角	4	5	5	5	4	3	3	3	3	3	3	2. 5
以色列	1	1	1	1	1	1	2	1	1	1	1	0. 5
中东小计	81080	86790	91440	92570	93850	95040	98550	104938	101647	107347	89361	97643
尼日利亚	9300	9470	9490	9380	9410	11190	11300	10400	9846	10150	10500	9650
利比亚	7510	7440	6780	6870	6920	6940	7050	6975	6679	7050	6800	6500
阿尔及利亚	4000	3840	3720	3740	3800	4070	4230	4090	3829	4040	4100	4250
埃及	4370	4350	4400	4450	4590	4260	4360	4212	4254	4050	3775	3750
安哥拉	2480	2640	2550	2730	3090	3440	3560	3629	3809	3700	3425	4500
加蓬	1460	1490	1560	1640	1810	1830	1830	1800	1696	1625	1500	1470
刚果共和国	790	860	920	920	870	1100	1340	1192	1200	1325	1300	1250
苏丹	—	—	—	—	—	—	—	63	60	925	1000	1050
赤道几内亚	—	—	—	—	—	—	—	415	425	838	850	675
喀麦隆	760	680	590	550	510	550	620	625	625	425	375	345
突尼斯	540	530	480	450	440	440	400	397	416	380	330	355

续表

国家和地区	1991 年	1992 年	1993 年	1994 年	1995 年	1996 年	1997 年	1998 年	1999 年	2000 年	2001 年	2002 年
刚果（前扎伊尔）	140	120	110	120	140	150	140	139	126	125	120	115
南非	—	—	—	—	—	—	—	173	100	130	110	107.5
科特迪瓦	—	—	—	—	—	—	—	50	50	60	50	—
加纳	—	—	—	—	—	—	—	25	25	30	30	30
贝宁	—	—	—	—	—	—	—	15	15	5	5	—
摩洛哥	—	—	—	—	—	—	—	1	1	2	2	15
象牙海岸	17	5	3	—	55	140	140	—	—	—	—	25
非洲小计	31380	31470	30730	30980	31760	34110	35330	34200	33156	34858	34272	34087.5
阿根廷	2440	2760	2930	3320	3590	3900	4160	4240	4034	3754	3800	3750
美国	36930	35710	34100	33170	32670	32190	31870	31874	29879	29110	29050	28850
墨西哥	13810	13290	13310	13370	13560	14750	15060	15241	14657	15060	15500	15900
委内瑞拉	11700	11520	11630	12270	12990	14630	15810	15540	13913	15140	14150	12075
加拿大	7710	7990	8350	8680	8990	9130	9360	10100	9313	10175	10200	10975
巴西	3110	3120	3180	3310	3430	3890	4210	4779	5442	5640	6050	7440
哥伦比亚	2140	2280	2270	2270	2860	3100	3160	3714	4125	3437	3125	2915
厄瓜多尔	1490	1600	1690	1890	1930	1910	1920	1915	1858	2006	2000	1990
特立尼达和多巴哥	720	670	610	640	640	630	620	604	622	595	560	635
秘鲁	570	580	630	640	620	600	600	550	516	490	465	465
古巴	70	100	90	110	140	160	160	35	135	220	220	200
玻利维亚	110	110	110	130	140	150	130	140	140	138	150	155
危地马拉	20	30	30	40	50	60	100	132	121	104	100	117.5
苏里南	—	—	—	—	—	—	—	51	59	61	63	64
智利	90	80	70	60	50	50	50	45	45	35	35	35
巴巴多斯	—	—	—	—	—	—	—	8	10	8	7	5.5
西半球小计	80795	80045	79315	80134	81625	84919	87627	88964	84866	85971	85474	85572
欧佩克小计	112530	117790	121520	122970	125470	127705	137070	139235	132660	140500	121275	126175

①资料来源：美国《油气杂志》。

1990—2002 年世界主要国家和地区天然气产量[①]

单位：亿立方米

国家和地区	1990 年	1991 年	1992 年	1993 年	1994 年	1995 年	1996 年	1997 年	1998 年	1999 年	2000 年	2001 年	2002 年
世界总计	21397	21651.9	21582	21770.5	21800.1	22206.6	23379.2	22997.1	23388	23484	23884.2	24802.8	24981.2
印度尼西亚	391	385.2	483.1	532.7	524.3	614.3	646	660.9	679	705.5	741.2	644.4	590.3
澳大利亚	212	213.8	241.6	239.9	282.2	294.9	299.1	300.8	302.6	306.2	311.3	325.3	338.1
马来西亚	161	165.6	208	207	206.4	261.8	257.6	247.8	239.7	240.3	241.5	409.9	416.0
印度	123	137.3	161.2	156.2	170	195.6	215.5	223.4	232.1	229.2	270.2	280.8	272.5
中国	147	153	155	165.6	169.6	172	196.7	209.5	216.9	243.4	273.0	303.0	328.1
巴基斯坦	128	144	148.9	147.2	142.9	178.3	174.4	183.2	203.9	221.5	242.1	255.3	262.5
泰国	60	74	79.7	89	99.2	104.7	122.1	147.7	163.3	163.2	190.8	185.2	211.0
文莱	79	82.5	87.4	88.5	89.8	99.8	101.2	101.9	97.6	94.9	106.0	109.2	111.4
新西兰	46	41.6	48.1	47.6	47.6	47.6	47.7	47.6	47.6	47.6	47.7	53.3	53.6
日本	16	16.1	20.8	21.4	21.8	21.8	21.9	22	22.5	21.9	23.5	24.4	24.0
越南	—	—	7.1	7	7	7	7	7	10.9	11	11.4	11.0	—
巴布亚新几内亚	—	—	—	0.8	1	0.9	1.4	1.3	1.4	1.3	1.4	1.4	1.2
其他亚太国家	59.8	58.6	65.2	79.7	82.7	99.4	101.7	103.2	106.2	117.4	123.5	128.3	141.5
亚太小计	1435.6	1481.5	1714.5	1783	1844.4	2098.8	2191.2	2256.4	2323.8	2403.4	2583.7	2731.4	2750.2
荷兰	741	831.2	822.8	855.1	784.4	772.5	897	843.1	738.3	833.2	711.9	710.3	710.6
英国	481	552.4	534.9	631.8	718.8	749.8	892.3	917	958.7	1047.7	1157.5	1126.8	1081.1
挪威	254	246.1	258.2	248	268	277.9	373.6	426	434.5	473.7	504.5	535.4	650.2
意大利	209	208.6	169.3	193	203.3	202.8	203.8	202.7	194	182.6	167.4	154.4	146.7
德国	160	273.8	210.8	177	185.2	190.8	205	203.3	202.2	219.8	200.0	196.6	203.3
丹麦	29	37.7	38.3	42.2	45.6	49.5	60.2	73.4	69.9	71.4	74.9	77.1	76.9
法国	30	34.4	33.3	35.6	35.4	33.7	29.2	25.9	21.9	16.4	18.3	18.2	17.5
奥地利	12	13.5	14.4	15	13.4	14.8	14.2	13.9	14.4	15.9	18.3	19.4	19.4
西班牙	13	13.4	12.3	6.4	6	1.9	2	2	2	1	0.4	—	—

续表

国家和地区	1990年	1991年	1992年	1993年	1994年	1995年	1996年	1997年	1998年	1999年	2000年	2001年	2002年
土耳其	2	2	2	2	2	2	2	2	2	1	4.9	2.6	3.25
其他西欧国家	—	26.1	26.1	25.8	26.3	26.1	28.7	27.7	27.8	27.7	28.1	15.2	20.2
西欧小计	1932.2	2232.6	2122.3	2232	2288.4	2321.7	2708	2736.9	2665.7	2890.3	2886.3	2857.1	2929.2
独联体	—	—	—	—	7265.7	7044.8	7288.4	6746.8	6999.1	6891.5	6795.8	—	—
俄罗斯	—	—	—	—	—	5960	6010	5710	5910	5910	5760.0	5687.8	5957.2
罗马尼亚	334	260.5	251	213.2	194.5	212.9	213.5	212.7	212.9	210.4	207.2	47.4	50.4
匈牙利	—	49.8	47.9	53.4	59.9	55.5	42.7	41.8	39.8	37.1	29.3	32.2	30.9
克罗地亚	—	—	—	19	19	18.7	18.7	13	13.5	13.1	14.9	15.7	15.3
塞尔维亚	—	—	—	9	7.6	7.6	7.7	7.6	7.6	7.6	7.8	6.5	—
阿尔巴尼亚	—	7	1.4	1.4	1.4	1.4	0.7	0.3	0.2	0.1	0.1	0.2	—
其他东欧国家	—	48.5	66.1	56.8	53.7	54.1	52	50.4	48.2	43.9	46.8	50.4	56.9
东欧和前苏联小计		8488.1	8254.7	7961.8	7601.7	7395	7623.6	7072.5	7321.3	7203.9	7101.8	7054.8	6110.7
阿尔及利亚	449	458.3	520.3	505.9	503.5	519	571.7	593.3	584.6	602	654.0	820.4	750.8
埃及	68	74.8	89.2	96.9	84.2	117.6	132.4	136.9	134.7	134.7	133.2	154.8	149.0
利比亚	57	65.4	67.7	63.6	64	63.4	64.2	65.6	63.6	59.7	61.0	59.7	69.8
尼日利亚	38	32.8	47.1	47.1	45.7	42.6	40.1	40.2	38.3	34.7	35.0	69.2	85.5
安哥拉	6	5.8	5.7	5.6	5.6	5.6	5.6	5.7	5.8	5.6	5.8	5.3	6.2
突尼斯	4	4	2.4	2.4	2.8	3.4	3.4	3.4	3.4	3.4	19.7	23.9	22.7
加蓬	1	1	1	1	1	1	1	1	1	1	1.0	1.0	1.0
其他非洲国家	0.3	0.3	0.3	0.3	0.3	0.2	19.4	19.6	19.7	19.7	19.8	31.9	27.4
非洲小计		642.5	733.6	712.7	707	752.8	837.8	865.8	851	860.7	929.5	1168.6	1112.4
沙特阿拉伯	397	450.7	328.2	321.3	316.9	377.8	374.2	368.4	355	316.9	318.9	442.1	423.4
伊朗	242	220.9	266.4	288.2	281.5	319.2	329.2	335.1	339.5	312	302.5	502.8	441.8
阿联酋	309	332.5	255.3	243.3	239.3	243.2	247.8	240.2	244.3	212.2	233.2	236.4	375.4

续表

国家和地区	1990年	1991年	1992年	1993年	1994年	1995年	1996年	1997年	1998年	1999年	2000年	2001年	2002年
卡塔尔	75	71.1	89.9	79.9	68.8	134.2	137.5	172.2	193.6	194.8	205.9	237.1	221.8
巴林	59	44.3	46.9	51.1	51.7	52.4	55	57.4	60.8	62.5	67.2	66.3	69.9
科威特	42	4.4	26.5	44.7	46.6	59.9	59.6	59.2	58.6	51.8	56.8	70.6	65.5
叙利亚	7	13.4	34.8	37	41.6	44.1	43.9	43.7	40	39.1	38.6	59.9	56.6
阿曼	25	25.8	34.6	35.5	35.5	43.5	44.3	46.6	45.9	46.4	48.3	64.2	67.0
伊拉克	40	6.1	16.5	19.1	24.9	34.3	34.8	43	65.4	76.1	68.7	29.1	19.9
其他中东国家	2.5	1.9	1.8	2.3	3.1	3.2	3	3.1	2.8	3.3	2.9	2.9	2.6
中东小计	1198.9	1170.8	1101	1122.3	1109.8	1312.4	1329.1	1368.8	1404.8	1314.9	1343.1	1711.4	1743.9
美国	5195	5288.2	5271.2	5444.8	5609.6	5561.5	5663.7	5630.9	5636.2	5566.6	5679.5	5758.5	5703.9
加拿大	1208	1302.1	1430.2	1564.7	1666	1753.8	1836.3	1831.7	1881.7	1909.1	2004.2	2057.8	2074.9
墨西哥	377	380.5	371.4	371.1	374.4	388.3	434.6	461.1	496.9	496	484.7	465.9	456.9
委内瑞拉	244	284.7	229.6	222.9	236	253.9	269.6	282.8	273	258.3	237.8	279.6	245.6
阿根廷	231	211.6	171.7	172.8	174.2	173.3	290.8	274.2	295.8	341.6	376.6	367.6	382.2
特立尼达和多巴哥	50	46.6	54.1	52	60.5	60.7	72.3	73.8	86.4	94.2	97.5	140.2	171.2
哥伦比亚	40	40.7	40.8	40.7	47.9	44.4	44.5	60.1	64.7	53.4	59.9	61.7	62.3
玻利维亚	31	30	30.5	30.8	32.8	32.9	23.4	20.4	20.4	20	32.5	48.4	59.9
巴西	32	28.7	31.2	33.2	30.5	32.1	32	37.1	39.8	45.5	46.9	70.6	79.8
秘鲁	13	12.8	13.1	13	13	13	9.7	9.7	9.9	9.8	2.8	3.5	4.4
智利	11	9.1	10.7	11.4	11.5	11.7	11.5	12.8	15.3	15.1	15.0	19.5	—
厄瓜多尔	1	1	1	1	1	1	1	1	1	1	2.0	1.1	0.3
其他拉美国家	—	0.3	0.3	0.3	0.3	0.3	0.3	0.3	0.4	0.4	0.4	5.4	24.8
西半球小计	7437.4	7636.3	7655.7	7958.6	8248.8	8326.7	8689.5	8696.7	8821.4	8810.8	9039.8	9279.6	9266.2
欧佩克小计	2286	2313.9	2332.6	2369.6	2774.6	2352.4	2663.5	2861	2856.6	2790	2881.1	3323.0	3205.4

说明：科威特和沙特的产量各包括中立区一半的产量。

①资料来源：美国《油气杂志》。